中国列电

——新中国建设开路先锋丛书 三

中国列电丛书编纂委员会

主　编　赵文图

副主编　谭亚利　曹以真

编　撰　万　馨　王树山　孔繁寅

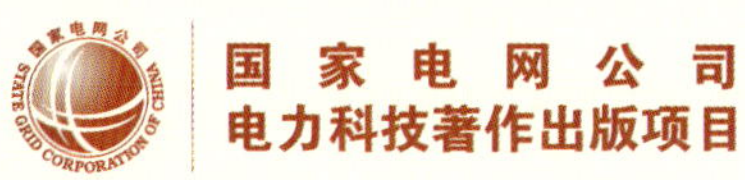

中国电力出版社
CHINA ELECTRIC POWER PRESS

内容提要

本丛书首次详实记述了一个鲜为人知的行业——中国列电。在它存续的30余年间，转战全国各地，为各行各业重点工程服务，在实现国家工业化，尤其是在国防科技、抢险救灾等应急用电中，发挥了不可替代的作用，不愧为新中国建设的开路先锋。

本丛书由《列电志略》《列电岁月》《列电名录》三册组成。列电是我国电力工业的重要组成部分，但从事该行业的人员最多时只有8000余人。本着以人为本的宗旨，《列电名录》收录了95%以上的列电从业者名单，3500多名列电人的简历，致力于为列电人"树碑立传"。

本丛书的出版发行，填补了中国电力史的空白，可作为电力企业及相关单位馆藏书目，为电力及经济发展史研究人员提供珍贵的史料，为电力行业和社会思政教育提供生动的教材。

图书在版编目（CIP）数据

列电名录 / 赵文图主编；中国列电丛书编纂委员会组编 . 一北京：中国电力出版社，2019.12
(中国列电——新中国建设开路先锋丛书)
ISBN 978-7-5198-4088-4

Ⅰ . ①列… Ⅱ . ①赵… ②中… Ⅲ . ①列车发电－工程技术人员－中国－名录 Ⅳ . ① K826.16-62

中国版本图书馆 CIP 数据核字（2019）第 287007 号

出版发行：中国电力出版社
地　　址：北京市东城区北京站西街19号（邮政编码100005）
网　　址：http://www.cepp.sgcc.com.cn
责任编辑：王惠娟　冯宁宁
责任校对：黄　蓓　王小鹏　常燕昆
装帧设计：王英磊
责任印制：吴　迪

印　刷：三河市百盛印装有限公司
版　次：2019年12月第一版
印　次：2019年12月北京第一次印刷
开　本：787毫米×1092毫米　16开本
印　张：50.25　13插页
字　数：975千字
定　价：180.00元

1 第 1 列车电站
2 第 2 列车电站
3 第 3 列车电站

第四列車发电站全体职工凭弔雨花台烈士合影 57.3.9.

第六列車电站于平顶山 1959年11月4日

4 第 4 列车电站
5 第 5 列车电站
6 第 6 列车电站

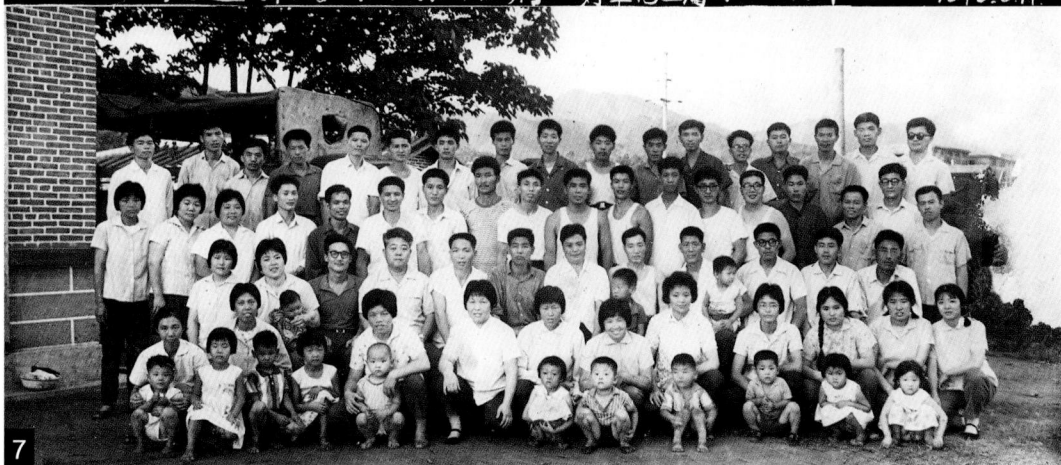

7 第 7 列车电站
8 第 8 列车电站
9 第 9 列车电站

列車电业局第十列車电站1960年于牡丹江市抗洪斗爭胜利全体合影留念

第11列车电站
第二次大修
全体职工合影
1961.5月于山东官桥

水利电力部
列车电业局
第十二列车电站全体职工合影
1982年10月4日

10 第 10 列车电站
11 第 11 列车电站
12 第 12 列车电站

第13列车电站部分职工
1963年鹤壁
13

14站职工在大凉山支农收割
1969.5.1于彝族自治州甘洛
14

15
十五列車电站五好車间全体同志合影 63年8.20.

13 第 13 列车电站
14 第 14 列车电站
15 第 15 列车电站

16 第 16 列车电站
17 第 17 列车电站
18 第 18 列车电站

19 第 19 列车电站
20 第 20 列车电站
21 第 21 列车电站

22
水利电力部
列車电业局
第二十二列車电站全站留念
六0年三月十日柳州

水电部列車电业局第24列車电站留念
78.2.16
24

22 第 22 列车电站
23 第 23 列车电站
24 第 24 列车电站

25 第 25 列车电站
26 第 26 列车电站
27 第 27 列车电站

第28列车电站来局合影
因公缺席王永学刘西华李恒松
王书印叶年治 1959、11、30于保定
水利电力部
列車电业局
第廿八列車电站

第 29 列车电站锅炉车间在湖北黄石发电站扬合影

伊春市一〇一电厂欢送孫加勤同志荣转留念一九八四年四月廿五日

28 第 28 列车电站
29 第 29 列车电站
30 第 30 列车电站

第31列车电站被评为大庆式电站
1979年3月于北京长辛店
PD 031
学
大庆式电站

水电部部长钱正英看望在葛洲坝发电的32站职工

31 第 31 列车电站
32 第 32 列车电站

33 第 33 列车电站

34 第 34 列车电站

水电部部长钱正英看望在葛洲坝发电的35站职工 1978.2.10
高举红旗学大庆为建大坝当尖兵

35

36

37

35 第 35 列车电站
36 第 36 列车电站
37 第 37 列车电站

38 第 38 列车电站
39 第 39 列车电站
40 第 40 列车电站

第41列车电站筹建全体职工与局领导合影留念
1963.8于保定基地

42站于迁安水厂铁矿欢送欧利华参军 1974.12

43站广东英德冬瓜铺为英德硫铁矿发电合影留念

41 第 41 列车电站
42 第 42 列车电站
43 第 43 列车电站

第44列车电站山西运城发电留念 1975.10

瞻仰毛主席旧居韶山留念 四十五列电 1973.6.4.

44 第 44 列车电站
45 第 45 列车电站
46 第 46 列车电站

47 第 47 列车电站
48 第 48 列车电站
49 第 49 列车电站

50

51

50 第 50 列车电站

51 第 51 列车电站

52站支援唐山陡河电厂建设部分职工合影
1977.4
52

我们曾经在一起 53站团支部 81.4.5.
53

52 第 52 列车电站
53 第 53 列车电站
54 第 54 列车电站

水电部
列电局 第54列車电站欢送张主任留念
75.10.6.
54

55 第 55 列车电站
56 第 56 列车电站
57 第 57 列车电站

水利电力部
列車电业局
第五十六列車电站命名大庆式企业纪念

第 58 列车电站职工在山西晋城合影
1986.1于山西晋城
58

59站表彰安装工作先进个人和集体　1978年佳木斯
59

第61列車电站全体职工人员留影 1979.11.26
60

58 第 58 列车电站
59 第 59 列车电站
60 第 61 列车电站

62站锅炉工段职工合影
1982.5于无锡
61

61 第 62 列车电站
62 跃进 1 号船舶电站
63 跃进 2 号船舶电站

跃进一号船舶电站分别纪念 1973年12月于浙江临海
62

船舶二站完成九江6214工程发电任务合影
1973年11月
63

64 拖车电站
65 保定列车电站基地
66 武汉列车电站基地

67

67 保定列车电站基地

68 西北列车电站基地
69 华东列车电站基地
70 列车电业局动力学院

71 1982 年 5 月，列车电业局工作会议合影

《中国列电》丛书编纂委员会

主　任　郭要斌

副主任　解居臣　赵文图

顾　问　余卫国　杨文章　张增友　杨　信　车导明　肖　兰　陈孟权　高鸿翔　邱子政　张宗卷

委　员　王现鹏　王强跃　刘乃器　刘建明　刘振伶　杜尔滨　李　桦　杨文贵　何自治　汪晓群　陈义国　陈光荣　周　密　孟庆荣　郝永华　谭亚利　霍福岭

编辑部

主　编　赵文图

副主编　谭亚利　刘乃器　周　密

《列电志略》

主　编　赵文图

副主编　刘乃器　谭亚利

编　撰　原世久　唐莉萍

《列电岁月》

主　编　赵文图

副主编　周　密　闫瑞泉

编　撰　唐莉红　曾庆鑫

《列电名录》

主　编　赵文图

副主编　谭亚利　曹以真

编　撰　万　馨　王树山　孔繁寅

综合通联　孙秀菊　张淑云　孟庆荣

“列电人”公众号　谭亚利　周　密　闫瑞泉　唐莉红　谢殿伟　王秀荣

前 言

1983年4月，列车电站管理体制改革，水电部所属列车电业局撤销，虽然少数列车电站仍在不同地方持续发挥作用多年，但列电作为一个整体已经消失了。如今，我们的国家已经彻底改变了“一穷二白”的面貌，正以全面小康的崭新形象屹立于世界之林。列电早已成为过往，然而列电为共和国大厦拓土奠基、添砖加瓦的历史不应该忘记，列电人志在四方、甘于奉献的家国情怀和吃苦耐劳、艰苦奋斗的创业精神更值得传承。这也正是列电丛书出版的意义所在。

列电是新中国电力事业的重要组成部分，在特定的时期以其机动灵活的特性发挥过特殊作用，作出过重要贡献，不愧为新中国建设的开路先锋。然而，现有电业书籍中列电内容很少；地方志及地方电力志对列电多有涉及，但仅是只言片语，缺乏全面系统的反映。2016年，在列电局撤销30多年之后，一群列电人又集聚起来，打开回忆，钩沉历史，编纂列电志略，梳理列电岁月，征集列电名录。由此构成的列电丛书，记载列电事业筚路蓝缕、以启山林的发展历程，描绘列电人四海为家、艰苦创业的精神风貌，在共和国的创业史上填补上列电应该拥有的那一页。

本丛书的编纂指导思想是，以辩证唯物主义和历史唯物主义的历史观为指导，以新中国经济社会发展为宏观背景，真实地展现中国列车电站事业的发展过程和特殊贡献，记录一代列电人四海为家、艰苦奋斗、勇于奉献、开拓进取的创业历史。编纂中贯彻以人为本的思想，记录列电历史，传承列电精神，为中国列电事业树碑，为八千列电人立传，以告慰先人，激励来者。

《中国列电》丛书分为《列电志略》《列电岁月》《列电名录》3个分册。以志为主、史志结合，侧重不同、互为补充。我们的目标是编纂一部真实性、史料性、思想性兼备，统一性、规范性、可读性共有的列电丛书。

《列电志略》由概述、列电单位分述、专题、大事记和附录等构成。概述是纵向分段梳理列车电站产生、发展、高峰、调整、撤销的历史脉络，横向简略介绍列车电站的引进、制造、调迁、服务、体制、管理、队伍等基本情况，适当加以论述与评说。列电单位分述是列电局所属单位的介绍，包括各电站、基地、中试所和电校、干校共 76 个单位。专题则是专项记述某一方面的情况，6 个专题分为两类，一类反映列电自身的经营特点和技术改造等，另一类反映列车电站的服务及贡献。大事记依年代顺序，择要记载列电局及所属单位的大事要情。附录则是若干重要文件、资料的集纳。

如果说《列电志略》是列电事业的主体和躯干，那么《列电岁月》就是列电事业的血肉和细胞。《列电岁月》以列电人回忆录、访谈录为主，辅以追忆文章，提倡有特点、有意义、有故事性、有历史价值的典型题材。它是根据个人的亲身经历、从个人的视角，微观诠释《列电志略》中的宏观叙事，书写列电的历史，具体反映列电人“四海为家、艰苦创业”的精神，反映列车电站机动灵活的特点和应急供电的作用。

列电事业是列电人共同创造的，编纂《列电名录》的初衷，就是为列电人“树碑立传”。《列电名录》收录了列电人名册和列电人简历。名册以原列电单位为收集单元，凡是在本单位工作过的职工都收录在内，77 个单位共收集不同时期的列电职工 12000 多人，达到了从业人数的 95% 以上。简历不同于一般的志书名录，不分职级，以老列电人为采集重点，共收录 3500 多份。每份简历基本包括被收录人的自然状况、工作经历、特殊贡献等。

编纂列电丛书的建议是 2016 年初提出的，启动之初编纂工作面临不少困难。一是没有依托单位，缺少行政或组织的推动。二是参与者基本为退休人员，受精力、身体状况和技术手段等多种限制。三是缺少经费支持，需要花很大心思筹集经费。四是时间久远，列电解体已经 30 多年，这恰恰也是它存在的年限，老人故去或状态不佳者较多，失去了很多有价值的信息源。但这项工作得到了国家电网有限公司领导的支持，也吸引了越来越多列电朋友的参与。

“大家的事情大家办”，这是编纂大纲明确的工作原则，也是列电丛书编纂中的群众路线。我们成立通联组织，负责宣传、动员、组织工作；建立了微信工作群，物色并形成了文稿撰写和名录采集骨干队伍；以原列电单位为基础，建立起数十个基础网群，实现了工作面的广泛覆盖；在“列电人”公众号开展列电岁月征文，征集刊发了大批作品，加强了编纂工作支持系统。

在编纂过程中，自始至终强调以丰富、准确的资料，保证丛书的品味和内涵。花大功夫查阅列电档案，实现档案资料的“深耕细作”；同时采访一批老列电人，广泛征集列电图片及相关资料，特别是搜集到流散到社会的列电统计资料汇编，以及60年前拍摄的列电科教片；还从地方、行业及企业志中搜集到大量与列电有关的资料，为列电丛书撰写和补充完善提供了借鉴。

以编委会、编辑部为核心的工作团队，是一个“老弱病残”的团队，也是一个志同道合的团队。各位同仁珍惜几十年后再次共事的缘分，勇于担当、甘于奉献，团结协作、取长补短，埋头苦干、精益求精，不怕困难、任劳任怨。可以说，大家是在以列电精神编纂列电丛书。

列电事业融入了列电人的青春甚至毕生付出，列电丛书是他们的精神寄托，因此丛书编纂工作得到了积极响应、热情支持，直接参与编纂工作的有数百人之多。编纂《列电志略》的不辞辛苦、反复修改；撰写《列电岁月》的史海钩沉、突出亮点；收集《列电名录》的解困排难、耐心动员。特别是一些“老列电”，提供资料、接受采访、撰写回忆，从他们的热心参与中我们感受到温暖，增添了力量。更不能忘记，曾为主编《中国列电三十年》而呕心沥血的刘冠三同志，他对列电的挚爱和忘我工作精神，一直鞭策着我们。

我们十分感谢国家电网有限公司及华北分部领导，为列电丛书编纂提供的良好工作条件，华北分部综合及财务部门给予的具体支持，使我们免除了后顾之忧。十分感谢国网办公厅、国网档案馆、离退休工作部等部门，在档案资料查阅和使用方面提供的帮助，使我们获得了不可或缺的宝贵资料。十分感谢中国电力出版社在编纂、出版、发行方面给予的热心指导和鼎力支持，使得这套丛书得以精彩面世。

列电丛书是通过列电历史、列电人故事，弘扬幸福源自奋斗、成功在于奉献、平凡造就伟大的价值理念。在本套丛书付梓之际，谨以这套丛书，告慰那些在新中国创业年代，曾经为列电事业、为电力工业、为祖国繁荣富强而努力奋斗的人们，激励后来者发扬创业精神，继承光荣传统，不忘初心、继续奋斗，实现中华民族伟大复兴，创造祖国更加美好的未来。

由于列电丛书编纂任务艰巨，时间相对紧迫，更由于编纂力量不足和编纂水平所限，虽然我们以精品为目标，努力追求完美，但遗憾在所难免。敬请包括列电人在内的所有读者，在给予几分谅解的同时，不吝严正的批评和指正。

《中国列电》丛书编纂委员会

2019 年 10 月

编写说明

一、《中国列电》丛书由《列电志略》《列电岁月》《列电名录》三个分册构成。它以辩证唯物主义和历史唯物主义的历史观为指导，以新中国经济社会发展为宏观背景，真实地展现中国列车（船舶）电站事业的发展过程和特殊贡献。

二、上限起于1950年10月第2列车电站的启用，下限断至1983年4月列车电业局的撤销。为了事件的完整性，部分内容的时限适当后延。列电人简历内容未加时限。

三、《列电志略》分册，主要结构由五大块组成，即概述、列电单位分述、专题、大事记、附录。其中，概述纵横结合，描述中国列车（船舶）电站事业的发展脉络及综合面貌；列电单位分述分别记述列电系统76个单位的基本情况，是本书的主体部分；专题从六个方面记载列车电站的功能、特点和奉献；大事记以编年体为主、辅以纪事本末体，记录列电系统的大事、要事；附录是重要文件资料的辑录。

四、《列电岁月》分册，通过创业征程（1950—1959）、家国情怀（1960—1969）、永远列电（1970—1983）三大部分，辑录了160余篇列电人的访谈、追忆文章，以此展现列电人"四海为家、艰苦创业"的精神风貌，反映列车电站机动灵活的特点和应急供电的特殊作用。力求内容真实，主题鲜明，结构顺畅，文字可读，并注意选材的典型性、广泛性和覆盖面。

五、《列电名录》分册，按单位收录了1983年4月前入职列电的职工名册和以老列电人为主的3500多份职工简历，卒年不确定的用"?"标示。简历排序，不分单位，11位局级领导按任职先后列前，3500多位员工按进入列电系统时间排序。由于列电系统解体多年，职工散落四面八方，职工简历未能完整收集。

六、单位名称首次出现使用全称，此后除特别需要外，一般用简称。

如燃料工业部简称燃料部，水利电力部简称水电部，电力工业部简称电力部。列车电业局简称列电局。以此类推。

列车电站序号一律用阿拉伯数字，如第 1 列车电站，简称 1 站。新第 3、4、5、19、20 列车电站，简称新 3 站、新 4 站、新 5 站、新 19 站、新 20 站。跃进 1 号船舶电站，简称船舶 1 站，跃进 2 号船舶电站，简称船舶 2 站。拖车电站保养站，简称拖电。“三七”站是为新安江水电站工程供电的第 3、7 列车电站合称。两站或多站合并机构供电时，表达方式为 4（5）站，31（32）站，6（8、9、15、21、46）站等。

保定列车电站基地，简称保定基地；西北列车电站基地，简称西北基地；武汉列车电站基地，简称武汉基地；华东列车电站基地，简称华东基地。

列电人简历中，涉及单位名称时可直接用简称。1956 年前的第 2 列车电站，主管部门更替多，自身名称变化大，均可简称老 2 站。1963 年前的保定基地，体制及名称也多次变化，除涉及职务任命外，一般用保定基地。

七、《列电志略》行文以中国电力企业联合会 1989 年 3 月 25 日印发的《关于编写电力工业志行文规范与格式的若干统一要求》，1992 年 4 月 8 日补发的《关于编写电力工业志行文规范与格式的若干补充要求》的规定为准。

计量单位使用，符合 1984 年《中华人民共和国法定计量单位》有关规定。数字、标点符号使用，由《出版物上数字用法》（GB/T 15835—2011）、《标点符号用法》（GB/T 15834—2011）规范。

地名、行政区名称、单位名称等，均按记事当时名称书写。地名一般不加“省”“市”“区”“县”等字。

根据《列电岁月》的文体特点，力求规范性与灵活性的统一。

八、资料来源于国家电网有限公司档案馆、原列电企业档案、电力工业志书和地方志记载、媒体报道，以及列电人的人事档案、笔记和回忆。多数资料通过“列电人”微信公众号和列电人微信群进行了审核。

目 录

前言

编写说明

概述 / 1

列电人名册 / 27

第 1 列车电站 / 28
第 2 列车电站 / 30
第 3 列车电站 / 31
第 4 列车电站 / 32
第 5 列车电站 / 33
第 6 列车电站 / 34
第 7 列车电站 / 35
第 8 列车电站 / 36
第 9 列车电站 / 37
第 10 列车电站 / 38
第 11 列车电站 / 39
第 12 列车电站 / 41
第 13 列车电站 / 42
第 14 列车电站 / 43
第 15 列车电站 / 44
第 16 列车电站 / 46
第 17 列车电站 / 47
第 18 列车电站 / 48
第 19 列车电站 / 49

第 20 列车电站 / 49
第 21 列车电站 / 50
第 22 列车电站 / 51
第 23 列车电站 / 51
第 24 列车电站 / 53
第 25 列车电站 / 54
第 26 列车电站 / 55
第 27 列车电站 / 56
第 28 列车电站 / 57
第 29 列车电站 / 58
第 30 列车电站 / 59
第 31 列车电站 / 60
第 32 列车电站 / 61
第 33 列车电站 / 63
第 34 列车电站 / 64
第 35 列车电站 / 65
第 36 列车电站 / 65
第 37 列车电站 / 66
第 38 列车电站 / 67
第 39 列车电站 / 68
第 40 列车电站 / 69
第 41 列车电站 / 70
第 42 列车电站 / 71
第 43 列车电站 / 72
第 44 列车电站 / 73
第 45 列车电站 / 74
第 46 列车电站 / 75
第 47 列车电站 / 76
第 48 列车电站 / 77

第 49 列车电站 / 78
第 50 列车电站 / 79
第 51 列车电站 / 80
第 52 列车电站 / 80
第 53 列车电站 / 82
第 54 列车电站 / 83
第 55 列车电站 / 84
第 56 列车电站 / 85
第 57 列车电站 / 86
第 58 列车电站 / 87
第 59 列车电站 / 88
第 60 列车电站 / 88
第 61 列车电站 / 89
第 62 列车电站 / 90
新第 3 列车电站 / 90
新第 4 列车电站 / 91
新第 5 列车电站 / 91
新第 19、20 列车电站 / 92
跃进 1 号船舶电站 / 93
跃进 2 号船舶电站 / 93
拖车电站保养站 / 94
密云干校 / 95
保定电力学校 / 95
中心试验所 / 97
保定列车电站基地 / 98
武汉列车电站基地 / 107
西北列车电站基地 / 113
华东列车电站基地 / 118
列车电业局机关 / 119

列电人简历 / 123
一、列车电业局领导 / 124
二、列电系统部分员工 / 127

列电人简历姓名索引（按姓名汉语拼音字母顺序排列） / 726
列电人简历姓名索引（按姓名笔画顺序排列） / 758
后记 / 788

概　述

列电是列车电站的简称。所谓列车电站，就是把发电设备安装在列车上，能沿着铁路线流动到各地发电的发电厂。中国的流动电站主要是列车电站，还有少量的船舶电站、拖车电站，习惯上统称列车电站。列车电站是新中国电力工业的重要组成部分，被誉为电力系统的“尖兵”“轻骑兵”，新中国建设的“开路先锋”。

中国的列电事业肇始于中华人民共和国成立之初，从20世纪50年代初到80年代中期，经历了从无到有、发展壮大，直到撤销的过程。在存续的30余年中，八千列电职工不惧艰险、不怕困难，“哪里需要哪里去”，充分发挥列车电站机动灵活特性和战备应急作用，转战祖国四面八方，服务于各行各业，在国家社会主义建设，特别是国防科技、工业基地、三线建设以及抢险救灾中，作出了特殊的不可磨灭的贡献。

一、列电事业的初创

中国的电力事业发轫于19世纪80年代初，在社会动乱、战争频发的旧中国，经过近70年的坎坷发展，到1949年，全国发电装机容量不过184万千瓦，年发电量仅43亿千瓦·时。

新中国成立之初，百废待兴。电力工业千疮百孔，设备残缺，出力不足。经过三年经济恢复，电力设备利用率有了较大提高，发电量增长较多，但装机容量并没有多少增加，除少数地区外，大多是以城市为中心的孤立电厂和低压电网，多数地区无电少电。

电力是国民经济的基础产业、先行产业。早在1950年2月，第一次全国电业会议就明确指出，“电气事业是恢复和发展工业生产最重要的前驱部门”。1953年11月，中共中央在批准燃料工业部工作报告时明确指示，“煤、电、石油是国家工业化的先行工业”。

国民经济恢复任务完成之后，实现国家工业化成为新中国经济建设最主要的任务，随着“一五”计划的实施，大批重点项目开工建设。建设事业发展、人民生活改善，特别是实现工业化，迫切需要电力支持，需要电力工业有一个较大的发展。当时发电装机少，电网规模小，加上战争、灾荒等应急需求，更需要一种机动灵活电源的支持。

为了适应这种需求，列车电站这一特殊的电力生产方式应运而生。伴随新中国电力工业的恢复和发展，中国的列电事业开始起步，并迅速发展起来。列车电站是社会需求的产物，同时也借鉴了苏联和英美电业的发展经验。列车电业局所属 2、3、4、5、19、20、22、50 站等列车电站，都是由英美移动发电设备和快装机改装而成。这些机组是 20 世纪三四十年代购进的，适应应急需要，用于流动发电。而 1 站则是从苏联进口的，是苏联使用过的旧机组，苏联用于二战及经济建设的列车电站曾经达到百台以上。

1950 年 10 月，燃料部电业管理总局修建工程局，组建第四工程队，决定从戚墅堰电厂无锡双河尖发电所接收一套移动发电设备，正式组建中国第一台列车电站。这台 2500 千瓦英制列车电站，对中国列电事业的发展产生了重大影响。

1946 年 10 月，国民政府经济部所属扬子公司从英国茂伟公司购进一台移动发电机组，1947 年 2 月运抵上海，之后安装在江苏常州戚墅堰电厂。当年 10 月试运，11 月 1 日并入电网。为防止国民党飞机轰炸，这套设备于 1949 年 12 月拆迁至无锡双河尖发电所。1950 年 10 月，燃料部电业管理总局修建局第四工程队拆迁这台机组，开始执行流动发电任务，成为中国第一台列车电站。这台列车电站在列车电业局成立时编为 2 站，又称“老 2 站”。老 2 站虽然屈居第二，但成立之初的表现令人刮目相看。最突出的是两次应急调迁发电。

一次是 1952 年 7 月上旬，由于鸭绿江水丰发电厂在大规模空袭中被炸，位于抗美援朝前哨的安东失去主要电源，老 2 站奉命从河北石家庄急调安东。在安东市鸭绿江边就位，伪装隐蔽，取鸭绿江水为冷却水，经过 7 天紧急安装，开机发电，保障了空军机场、高炮部队、防空雷达等重要军事设施以及安东市用电。老 2 站冒着敌机轰炸的危险，坚持安全生产。为了表彰电站职工英勇卓越的贡献，燃料部特制“抗美援朝纪念章”，每人一枚。

另一次是 1954 年 7 月初，在湖北武汉防汛抗洪关键时刻，老 2 站接到紧急调迁命令。电站昼夜兼程，开进汉口，停靠在长江边丹水池列车机务段。经过 72 小时紧张安装，7 月 10 日投产发电，承担市区水泵排水供电任务。电站职工多次排除生产故障，保证安全供电，同时参加紧急抢险，直到 10 月 8 日防汛斗争取得完全胜利。在武汉防汛中，老 2 站获得二等红旗奖，一批职工立功受到表彰。

老 2 站发挥的应急作用及电站职工的不凡表现，对列电事业的发展有着重要的示范和先导作用。华东、东北、中南等地区电力部门，几乎同时开始组建列车发电厂，4

台列车电站相继改装、进口，投入运行。

1954 年 9 月，上海电业管理局成立 4106 工程处，将浦东电气股份有限公司 1946 年从英商安利洋行购买的一台移动机组，从张家浜发电所厂房内搬到列车上，改装轮对，组建中国早期的另一台列车电站。组建后不久，即调到河北邯郸发电。该电站与老 2 站同型，列电局成立时编为第 3 列车电站。

1954 年 10 月，哈尔滨电业局从苏联进口一台 4000 千瓦汽轮发电机组，翌年 4 月，在苏联专家的帮助下安装调试，6 月在佳木斯电厂投产，称为哈尔滨电业局列车发电厂。列电局成立时，这台电站因其容量最大，又是从苏联进口的，从而编为第 1 列车电站。

1955 年 7 月，武汉冶电业局从上海南市电厂拆下两台美制 2000 千瓦汽轮发电快装机组，在武昌改装为列车电站。这两台电站于 1956 年年初先后调往河南洛阳，为正在那里兴建的几项国家重点工程发电。3 月移交列电局后，编为第 4、第 5 列车电站。

截至 1955 年年底，中国已有 5 台列车电站投运，总容量 1.3 万千瓦，职工 678 人。而且，电力工业部已经开始考虑国外订购、国内改装、自己制造列车电站的雄伟计划了。当年 7 月第一届全国人大二次会议通过的国民经济发展“一五”计划，就列入“购置流动发电设备 5 套”，并计划增订 20 套流动发电设备，共 6.5 万千瓦。

显然，在这种形势下，列车电站的统一管理提上了议事日程。1955 年年底，受电力部委托，北京电管局抽调淮南电业局局长康保良及韩国栋、谢芳庭、车导明等，开始筹建列车电站的管理机构，时任北京电管局副局长季诚龙负责筹建工作。

1956 年 1 月 14 日，电力部以（56）电生高字第 004 号文，发布《关于成立列车电业局统一管理全国列车电站的决定》。同年 3 月 1 日，列车电业局正式成立，康保良担任列电局首任局长。临时办公地点设在北京南营房北京电管局内。

筹建工作首当其冲的是建局选址。建局地址除设有局本部机构外，还需考虑建设具备多台列车电站同时安装和试运条件的装配厂，以及后勤基地。在北京及其周边几经踏勘、难以满足需要的情况下，最后选定河北保定市西南郊，京广线北侧、清水河两边 50 余万平方米的土地。局址一经选定，1956 年春夏之交，即开始了基建施工。年底，一期工程基本竣工。

列电局组建前后，不仅是基本建设，其他各项工作，诸如原有列车电站移交、电站经营管理、人员调配及培训、今后发展规划，以及配合列车电站进口的对外谈判等事宜，均进入紧锣密鼓的筹划和具体的操作之中。

1955 年 11 月，有关方面商定老 2 站移交事宜。

1955 年 12 月，电力部制定《列车电厂管理暂行办法草案》。

1956年2月，电力部批准列电局计划任务书。

1956年4月，安徽八公山电厂首批支援人员调入列电局工作。

1956年7月，列电局党组第一次扩大会议，决定开办训练班，开展新学员培训。

1956年9月，列电局机关从北京迁往保定，并公布各科室任职名单。

1956年12月，在保定新建生产区，正式成立保定修配厂。

1956年12月，任命第1至第9列车电站厂长、副厂长。

列电局成立之后，各项工作立即进入快车道，呈现出一派开基创业的形势。列电事业即将迎来一个大发展的时期。

二、列电事业的发展

列车电业局1956年3月成立，1983年4月撤销。在存续期间，先后拥有列车电站67台、船舶电站2台，另有拖车电站13台，总容量近30万千瓦，曾经占到全国发电装机总容量的1.9%。列电机组是列车电站发挥作用最重要的物质基础，它的投产状况反映了列电事业的兴衰和发展脉络。这其中既有初期的大踏步前进，又有中后期的步履蹒跚；在“文革”中建制几乎撤销，随之又有振奋人心的百万千瓦发展规划；数年之后，完成其使命的列电事业终于成为历史。

列车电站就其发展速度而言，大体可以分成两大阶段：第一个阶段是列电局建立前期，这个阶段大致是列电局成立之初的六七年间，即国家实施国民经济发展“一五”计划后期和“二五”计划期间。这个阶段列电事业发展迅速，电站台数和容量有了显著增长。至1962年年底，列车电站已经发展到50台，总容量14.28万千瓦；第二个阶段是列电局的中后期，从三年经济调整、“三五”计划，直到“六五”计划期间。这个阶段前后20年，列车电站发展缓慢，但单机容量增大，国产6000千瓦机组成为主力机组。

列电发电装备的发展主要采取三种方式：机组改装、国外进口和自己制造。这三种方式相互补充，在不同的阶段侧重不同。第一阶段以机组改装、国外进口为主，第二阶段以自己制造为主。

为什么在第一阶段短短的几年内，而且经历了国家经济困难时期，列车电站能够得到迅速的发展呢？一方面是经济发展客观需要，国家重视，把有限的资金投入到电力、投入到列电中；另一方面是正逢“大跃进”前后，形成了大发展的氛围，虽然后来贯彻国民经济调整方针，下马了很多基建项目，包括一些电力项目，特别是水电项目，但列电机组进口计划全部得以落实；还有一方面是以康保良局长为首的列电人发扬开创精神，抓住了发展的大好时机，在实践中选择了比较切合中国实际的列电发展方针。

快装机改装是现实的选择。初期的列车电站，5 台中有 4 台是由移动机组或快装机组改装的。列电局成立之初，在自己尚不能制造的情况下，选择了改装的办法。1957 年 4 月，电力部就调拨快装设备改装为流动电站专门发文，安排 1957 年内第一批 4 个电厂 4 套设备改装。从 1957 年 12 月到 1959 年 6 月，依次有 19、22、20 站和船舶 1 站，以及煤炭部 2 站投运发电。这 5 台电站除 22 站为 2000 千瓦外，其余均为 1000 千瓦，而且都是美制快装机组。电力部安排的 4 套机组改装任务，因设备老化等原因，2 套没有落实。2 套改装成功，即无锡双河尖发电所机组改装的 22 站、贾汪电厂机组改装的 20 站。而且增加了西安第一电厂机组改装的船舶 1 站、湘潭杨家桥发电所机组改装的 19 站，以及山东新汶矿务局孙村电厂机组改装的煤炭部 2 站。

进口列车电站是第一阶段列电发展最主要的途径。在 20 世纪 40 年代，中国就进口英美流动发电机组，新中国成立后，最早进口的是苏联机组，即哈尔滨电业局列车发电厂。列电局成立之初，列入国家进口计划的主要是捷克斯洛伐克 2500 千瓦和苏联 4000 千瓦列车电站成套设备。捷克机械制造业比较发达，上海汽轮发电机制造装备和技术也是从捷克引进的。当时的国际关系也决定了同是社会主义国家的捷克，成为中国列电机组的主要来源。那时中苏友好是最重要的对外关系，苏联工业发达，拥有多台列车电站，从苏联进口列电机组不言而喻。

从捷克进口列车电站共 5 批。第一批进口 5 台，其中第一台 1957 年 2 月到达国内，当年 3 至 4 月在保定基地安装试运，5 月调河南三门峡工程首次发电。这批电站依次编为列电局所属 6、7、8、9 站，以及煤炭部第 1 列车电站，先后于当年的 5 至 9 月投产发电。第二批 6 台，1958 年进口，编为列电局所属 13、14、15、16、17、18 站，先后于当年 6 至 8 月投产发电。第三批 5 台，1959 年进口，编为列电局所属 23、24、25、26、27 站，先后于当年 4 至 7 月投产发电。第四批 4 台，1960 年进口，编为列电局所属 33、34、35 站及煤炭部所属第 3 列车电站，先后于当年 4 至 7 月投产。第五批 6 台，1961 年进口，编为列电局所属 36、43、44、45、46 站，以及煤炭部所属第 4 列车电站，先后于当年 3 至 8 月投产。至此，我国从捷克进口 2500 千瓦列车电站共 26 台，总容量 6.5 万千瓦。

列电局成立后，先后从苏联进口 2 批列车电站。第一批 3 台，1957 年 9 月至 1958 年年初进口，编为列电局第 10、11、12 列车电站，1958 年 3 至 4 月投产。第二批 2 台，1960 年 12 月进口，编为列电局第 38、39 列车电站，分别于 1961 年的 5 月、1 月投产。连同最早进口的第 1 列车电站，共进口苏联机组 6 台，总容量 2.4 万千瓦。

1960年4月下旬，中国从瑞士BBC公司进口两台6200千瓦燃气轮发电机组，分别编为第31、32列车电站。这两台机组是当时国内单机容量最大、自动化程度最高的单循环燃气轮发电机组，而且改变了中国列车电站单一汽轮发电机组的状况。燃气轮发电机组具有调迁便捷、启动快速的特点，更适应战备应急和调峰需要，进口后不久就在大庆油田开发中发挥了重要作用。

与此同时，为实现列电国产化，有关部门进行了大胆实践和积极尝试。早在1957年11月，第一机械工业部、电力工业部和电机制造工业部，就发布了《关于列车电站设计与试制工作的联合决定》。三部同意在京成立列车电站设计试制委员会，在上海成立设计试制工作组，并明确了设计试制工作分工。根据这个决定，华东电力设计院负责设计，上海三大动力设备厂提供锅炉、汽轮机和发电机等主机设备，齐齐哈尔车辆厂提供车辆。1959年年末如期试制出首台国产LDQ–Ⅰ型6000千瓦汽轮机组列车电站，即列电局所属第29列车电站。该电站于1960年3月在湖北黄石投产发电。另一台国产同型号6000千瓦列车电站，即第28列车电站，1962年5月在河南鹤壁投入运行。

与此同时，根据部领导关于列车电站发展到300台的指示，列电局决定自制列车电站。1958年7月，适应“大跃进”形势，列电局成立新机办公室，保定装配厂扩展为包括锅炉制造、汽轮机制造、发电机制造在内的7个厂，主要任务是制造列车电站。从1958年8月开始，采取边练兵、边设计、边备料、边制造的方针，发扬协作精神，克服重重困难，终于自制成功第一台列车电站。1959年10月，这台列车电站在保定并网投运，即列电局所属第21列车电站。这也是第一台国产2500千瓦列车电站。此后，又完成了37、40、41站和船舶2站4台电站机组的设计制造，总容量1.55万千瓦。

由于技术条件所限，相对于国家专业制造厂，列电局自制电站的质量和成本都不占优势，所以基地工厂的工作重点逐步转移到备品备件制造及电站检修安装上。但当时自制列车电站弥补了电站数量和容量的不足，特别是解放了思想，锻炼培养了列电队伍的技术创新能力，为以后的检修、安装和制造打下了基础。在列电以后的发展中，列电机组制造一直以国家专业大厂为主，而列电基地则承担了大量的机组安装任务，并担负了一定的制造任务。

列车电站制造的国产化体现了“独立自主、自力更生”的建设方针，具有重要意义。特别是国产6000千瓦机组的制造成功和投运，不仅使中国燃煤列车电站的单机容量和效率提高了一个等级，而且给国家节约了大量外汇和资金。国产列车电站的造价远低于进口价格，容量单价仅为苏联、捷克进口电站的二分之一或者更低。因此，

1962年以后，列电的发展以增加国产6000千瓦电站为主。

1963到1982年，即列电发展的第二阶段，列车电站共增加21台，除1963年投产的41站和船舶2站为4000千瓦汽轮发电机组外，其他均为6000千瓦及以上机组。其中1964年投产的30站、1966年投产的42站、1967年投产的52站，均为LDQ－Ⅰ型6000千瓦汽轮发电机组；1969年投产的54站，1970年投产的53站，1971年投产的55、56站，1972年投产的57、58站，1978年投产的59站，1980年投产的60站，以及1975年落地安装的新19、新20站，1983年下放伊敏河的61站，均为LDQ－Ⅱ型6000千瓦汽轮发电机组；1980年投产的62站为国产LDQ－Ⅲ型6000千瓦汽轮发电机组；1968年投产的国产6000千瓦燃气轮发电机组51站，1975年投产的加拿大进口9000千瓦燃气轮发电机组新4站、新5站，1977年投产的英国进口2.3万千瓦燃气轮发电机组新3站。总共21台机组，总容量14.5万千瓦。

这20年间，平均每年投产一台列车电站，比初期的发展速度明显降低。这一方面是由于三年经济调整，主要任务是“填平补齐”，国家投资减少。但主要是由于“文革”破坏了国民经济正常发展，不仅因停工停产一度降低对列电的需求，而且严重干扰了列电发展计划。1970年前后甚至要解散列车电业局，搞散了人心。但这期间列电的单机容量显著提高，6000千瓦汽轮机组列车电站成为主力机组。汽轮机组列车电站不再进口，主要由一机部所属制造厂制造，列电局也承担了部分制造任务。安装调试主要由保定、西北、武汉等几个基地承担。LDQ－Ⅱ型、LDQ－Ⅲ型与LDQ－Ⅰ型比较，增加了锅炉容量，减少了锅炉车厢，由4台锅炉减少到3台、2台，增强了机动性能，减少了占地面积，这反映了技术上的进步。在燃气轮机组方面，不仅制造出了6000千瓦燃气轮机组列车电站，而且密切关注世界燃气轮机技术的发展，70年代进口的加拿大9000千瓦燃气轮发电机组和英国23000千瓦燃气轮发电机组，都代表了当时世界燃气轮发电机组发展水平。这些机组利用率不高，国家进口主要着眼于国外先进技术的引进，以及自己的长远发展。

这期间，在6000千瓦及以上机组不断投产的同时，一些老旧列车电站退出了列电系统。1973年7月，根据国家计委批复，水电部同意将第2、4、5、19、20、50列车电站和跃进1号船舶电站下放地方使用。从当年10月到翌年8月，这7台电站机组先后下放地方，连同1970年下放韩城的3站、1971年下放海南的22站，共9台机组下放。这些机组全部是列电局成立前后由移动或快装机组改装的列车电站，容量小，服役时间长。因后来投产的新机组填补了电站序号，才有了新3站、新4站、新5站、新19站、新20站等称谓。

随着列车电站的增加，作为大后方的列车电站基地也逐渐建立。1956年，与列电局机关同时建设了保定列车电站基地。此后，又相继在1958年建设武汉基地，1965年建设西北（宝鸡）基地。配合列电十年发展规划，1975年开始建设华东（镇江）基地，并筹建东北（双城堡）基地，扩建武汉基地。到70年代末，除东北（双城堡）基地没有完成外，其他各基地都已成为具有一定规模的电力修造企业。四个基地承担了列车电站安装调试、大修（返厂或就地）及事故抢修、备品备件制造、协助电站调迁、开展电站分区管理，以及流动职工安置等多项任务。此外还承担了系统内外大量机电设备制造任务，除列车电站制造任务外，还曾批量生产水轮发电机、风力发电机、电动机、铁路吊车、行车、矿用翻斗车、底开门车，以及多种机床设备和电厂专用消声器等产品。

回顾列电的发展，还有一些情况值得记载、说明。一个是列电前期发展设想。1960年1月，列电局向水电部专题报送列车电站发展计划设想报告。该报告提出，“二五”末列车电站发展到100台，容量36万千瓦。这反映了当时水电部某些领导的意见，仍旧是“大跃进”思维的产物，脱离现实需求和实际制造能力。实际情况是，列车电站的发展远远没有达到这个目标，但这个阶段落实进口机组计划，电站台数和总容量的确得到了较大的增长，为列电作用的发挥奠定了物质基础。这个期间还有煤炭部列车电站的划转。1962年5月，煤炭部和水电部联合指示，煤炭部所属4台列车电站，总容量8500千瓦，随车职工300名，自当年7月1日起，全部移交列电局统一管理。这4台电站分别编为第47、48、49、50列车电站。这是打破行业界限，整合流动电站资源，统筹发挥列车电站作用的重要举措。

另一个是后期的列电十年发展规划。1975年7月，为了扭转电力短缺的严峻局面，国务院发出加快电力工业发展的通知。当月，水电部转发国务院批准的国家计委《关于列车电站十年规划意见的报告》。这个《报告》是经国务院领导批示，国家计委牵头，会同水电部、一机部和铁道部共同研究制定的。《报告》对中国列电事业的作用和贡献给予了高度好评，称“列车电站解决临时性用电有很大作用，战时更是不可缺少的机动电源。无论平时和战时，国家拥有一定数量的列车电站作为机动电源都是十分必要的”。按照这个《报告》，今后十年列车电站拟增加80万千瓦，其中“五五”期间增加30万千瓦，燃煤凝汽式机组和燃气轮机组各占一半。汽轮机单机容量达到1.2万千瓦，并计划发展一些汽车拖车电站和内河船舶电站。水电部要求，要着重落实“五五”期间计划增加的30万千瓦的主机、配套设备、车辆等条件。但实施并不顺利，1977年6月、1978年8月，列电局两次向水电部报告，“主机安排少，车辆不落实”，还有燃气轮机电站燃油供应等问题。从根本上讲，是当时并不具备大发展的条件。到1979年国民经济调整，列电供求关系发生较大变化，十年发展规划“无疾而终”。

三、列车电站的作用

列车电站作为战备应急电源，曾经为中国的国防科技、三线建设、抢险救灾，为石油、水电、煤炭、铁路、钢铁、化工、纺织各个行业，为严重缺电的城市和农业抗旱，应急调迁，发供电力。30余年间，历经425台（次）调迁，足迹遍及全国29个省（直辖市、自治区），解决各行业用电之困难，满足各地区用电之急需，发挥了特殊的作用。

编纂人员花费很大工夫整理并反复核实的列车电站调迁发电统计表，为了解列电打开了一个窗口，也为研究列电提供了一条路径。我们不妨从这个统计表入手，结合经济社会背景，来具体认识列电留下的足迹、服务的领域、发挥的作用、作出的贡献。

从年代分析，30余年间，列电历年调迁次数及服务地区，反映了列车电站供求关系在不同时期的变化。随着列车电站数量的增加，调迁服务的地域越来越广阔，发电服务的地区越来越多。1957年为7个省（市、区）的14个地区，1958年为14个省（区）的28个地区，1959年为20个省（市、区）的34个地区，1960年为21个省（市、区）的45个地区。自此以后，每个年份列电支援的省（市、区）均在20个左右，发电服务地区在40个以上。进入20世纪70年代，每年发电服务地区均达到50个以上。

从地域分析，30余年间，列电在全国各省（市、区）租用情况，反映了不同地区对列电的需求及列电发挥的作用。据统计，除西藏、台湾以外，列车电站足迹遍布全国各省（市、区）。其中，租用列电较多的省（区）是黑龙江、内蒙古、河北、河南、山东、山西、湖北、湖南、江苏、广东、四川、贵州、福建、甘肃等。而且，电站租赁分布在不同时期也呈现了较大的变化。如20世纪50年代主要服务于国家重点项目、大型工业企业，多分布于内地省份；60年代主要服务于国防科技及三线建设，多分布于西北、西南省区；70年代特别是后期的分布，一方面是黑龙江、内蒙古等边远省区，另一方面是江苏等经济发达省份。

从行业分析，30余年间，列电服务不同行业的情况，反映了各行业对列电的需求及列电在其发展中的作用。据统计，在列电调迁的425台（次）中，除返基地大修或待命70次外，支援国民经济各部门共355次。其中：煤炭行业67次，占19%；水利电力60次，占17%；钢铁冶金行业42次，占12%；石油化工行业30次，占8%；国防军工26次，占7%；铁路交通21次，占6%；轻工纺织13次，占4%；农业林业13次，占4%；社会用电包括建材、食品加工等83次，占23%。

这些统计分析数据，反映了各地区、各行业的发展状态及其对电力的需求，反映了电网的发展水平及电力供求关系，反映了列电发挥的应急补缺作用及其重要贡献。

在20世纪60年代初，台湾海峡形势一度紧张。1962年6月、7月，列电局两批共20台列车电站，奉命做好了人员和设备等各种准备，快速进入战备状态。人员经过严格政审，进行了调整；发电设备和车辆，经过彻底检修，全部处于良好状态。列电局还统一规划储备战备物资，做好战备电站防空、防弹改造计划。因为列电承担战备应急重要任务，为便于调度指挥，1962年列电局机关又从保定迁入北京。1960年4月，27站奉命从三明调到厦门，在炮声中坚持生产，保证了前沿炮兵阵地、雷达等军事设施的用电。1979年2月，西南战事发生，根据上级指示，列电局确定19台电站作为战时第一批战备应急电站，要求各电站做好准备，一旦需要保证顶得上。拖车电站派员赴广西那坡野战医院，以6160型发电机组承担保障电源，出色地完成了任务。

从1957到1970年，列车电站共有21台（次），在黑龙江、湖南、甘肃、青海、山西、江西等地，服务于国防科技、军工企业。早在1958年，就有列车电站参加湖南铀矿的开采。20世纪60年代初，4台电站先后调到甘肃酒泉、青海海晏，为我国核工业基地浓缩铀提炼，核弹的研发、试验提供电力支持。1968年年初，又有一台电站急调酒泉，为远程火箭和卫星发射基地工程建设供电。1964年10月我国第一颗原子弹试验成功，1970年4月我国第一颗人造卫星发射成功，都有列电的贡献。

1960年，在国家最困难时期、最艰苦条件下，大庆石油会战拉开了序幕。当年6月，进口不久的34站就率先调往萨尔图，为大庆石油会战供电。翌年1月，36站进口后即在萨尔图安装发电。当年又有31、32站两台瑞士进口燃气轮机组列车电站先后到达萨尔图。4台电站总容量1.74万千瓦，成为油田最可靠的主力电源。其中31站在大庆服务达12年之久。从1957年8站为玉门油矿发电开始，列车电站先后为甘肃玉门、广东茂名、湖南长岭、黑龙江大庆、山东胜利等多个石油企业发供电。1958至1969年间，先后有6台电站参与茂名石油会战。电站在艰苦恶劣的条件下，克服重重困难，担当起供电重任，为国家石油工业的开发建设作出了历史性贡献。

1964年前后，国家提出“备战备荒为人民”方针，开始实施三线建设战略。多台列车电站流动在大西南等地区，支援三线重点项目建设。从1964到1971年，共计16台电站、23台（次），为三线的军工、铁路、钢铁、煤矿、电厂建设服务。贵州六盘水是三线建设的特区，全国近11万建设者集聚这里。从1964年开始，先后有7台列车电站在这里支援特区建设。贵昆、成昆、湘黔、阳安等铁路施工，多以列电为主要施工电源。43站在贵州7年多时间，随铁路建设的进展，先后搬迁六枝、水城、野马寨、贵定等地，在极其艰苦的条件下，含辛茹苦，克服困难，为贵昆和湘黔两条铁路建设近距离供电。

列电在水利电力工程，尤其是大型水利枢纽工程建设中，也发挥了重要作用。据不完全统计，1957 至 1982 年的 25 年间，有 20 台电站先后参加三门峡、新安江、新丰江、青铜峡、丹江口、葛洲坝等大型水利水电工程建设。1957 年，首台进口捷制电站便开往刚开工的三门峡工地供电。在我国自行设计、制造、建设的首座大型水电站新安江水电站建设中，3、7 站联合供电，直到水电站首台机组投产。在汉江大型水利枢纽丹江口工程建设中，先后有船舶 1 站和 2、3 站十余年间持续供电。在黄河上游青铜峡工程建设中，曾有 5 台电站供电，其中 24 站服务近 10 年之久。长江干流上第一座水利枢纽葛洲坝工程建设中，5 台列电为大坝浇筑和水泥生产提供电力，全力服务工程建设。在广东新丰江、辽宁清河水库等水利水电建设工地，也都曾留下列电的足迹。

在列电服务的用户中，就行业划分看，煤矿用户占据最大的比例。黑龙江双鸭山、勃利，吉林蛟河，山西大同、晋城，陕西韩城，内蒙古平庄、乌达、海勃湾、扎赉诺尔、伊敏河、大雁，河南平顶山、鹤壁，山东枣庄、济宁，江苏徐州，江西萍乡、高坑，湖南资兴、白沙、涟邵，广东曲江、火烧坪，四川永荣、荣山，贵州水城等数十座大中型煤矿，都曾租用列电。煤矿租得列电，相当于获得了自备坑口电厂。有的矿务局数次租用列电，有的同时租用电站两台以上。11 站在枣庄煤矿多次续租，历时 23 年，创造了列电在一地发电时间最长的纪录。在列电存在期间，全国数十个矿务局依靠列电获得了安全稳定的电力供应。

列电不仅在国家经济建设，特别是工业化过程中，为各行各业的重点项目、重点企业发供电，还曾多次奉国家领导人之命，完成紧急供电任务。除前述老 2 站 1952 年急调安东为军用机场和高炮部队供电、1954 年急调武汉为抗洪排涝供电外，还有不少实例。1962 年，周恩来总理在东北视察中得知，伊春林区引进的纤维板厂因缺电无法投产，指示尽快解决，随后 45 站紧急调迁至林区，为纤维板厂供电。1972 年广交会开幕在即，因广州严重缺电，影响了电讯传送，遵照国务院领导指示，32 站从济南紧急调迁，在广交会开幕前赶到广州，保证了广交会顺利进行。1976 年唐山大地震，伤亡惨重的 52 站第 4 天就修复柴油发电机发电供水，在大连的新 5 站奉命紧急调迁至秦皇岛，以 9000 千瓦的电力供应地震灾区。

长期以来，列车电站承担的另一大任务是，为缺电地区的电业部门租用后，与当地电网并列运行，而成为"公用电厂"，用来填补当地的电力缺口。这种情况，在改革开放初期，尤为突出。大批列车电站由边远地区，转移到发生严重"电荒"的大城市和沿海经济发达地区，如北京、南京、镇江、苏州、无锡和昆山等地，一定程度地填补了这些城市的电力缺口，犹如向严重"贫血"的电网，输进了新鲜"血液"，为改革

开放作出了贡献。

需要说明的是，从列车电站的发电量看，设备利用率并不高。列电调迁是影响发电设备利用率的一个因素。除此之外，还与用户负荷性质、电网调度、供需形势，甚至社会状态等很多因素有关。有些用户急需电力，但用电负荷不大，而电站单机运行，设备利用率不可能高。三线建设时期，西南一些电站根据用户需要，开开停停，设备利用率也不高。特别是"文革"期间，一些地方停工停产，导致用电量大幅下降，对电站发电生产影响比较大。因此，虽然与常规火电厂一样，列车电站也有发电量、供电煤耗、厂用电等生产指标的统计，但电站租金并不与这些指标挂钩。因为对列电的主要要求，不是发电量，而是一旦需要能调得动、动得快、发得出，及时满足用户需求。这也正是列电的特殊作用。

四、列车电站的管理

从列电局建立直到解体撤销，列车电站的管理贯穿始终，经历了制度建立、管理完善、曲折反复、整顿提高的全过程，并形成了一套适应流动发电的管理体制和管理方法。

建局之初，列电局便出台了《列车电站暂行管理办法》，对人事、劳资、生产等工作研究部署，并着手各项规章制度的建立。1957 年 9 月，开办经营管理研究班，涉及物资、财务、人事、劳资、调迁等 24 项内容。当年 11 月，先后制定了《列电局内部劳动规则》，颁发了《列电局物资技术供应办法》。1958 年 3 月，提出列电局组织机构与随车人员定员方案。当年 8 月，各电站开始实施生产固定费用包干办法。

20 世纪 60 年代初，结合国民经济调整、贯彻《国营工业企业工作条例（草案）》，列车电站管理逐步完善。1961 年 7 月，列电局转发水电部厅局长会议《关于列车电站管理方面若干问题的意见（草稿）》。12 月又转发《列车电站技术管理手册》，要求各电站结合各自实际，建立健全 21 种基本生产制度。其中有基础工作管理制度 8 项、责任制管理制度 2 项、日常生产管理制度 6 项、其他管理制度 5 项。此期间，列电局还以 13 站为试点，提出了电站"五定五保"管理意见，1962 年 1 月向水电部报告，4 月在全局推广。1963 年 3 月的列车电站厂长会议，讨论部署开展增产节约、争创"五好企业"劳动竞赛。1964 年 8 月，又决定对 21 种基本制度进一步调整完善。至此，列车电站的管理日臻成熟。

"文革"十年，与全国电力企业一样，随着政治经济形势的变化，列电管理也走过了一段曲折反复的历程。在"文革"初期，规章制度作为"管卡压"受到冲击，企业管理一度削弱。1972 年 10 月，列电局召开电站生产管理座谈会，落实中央《关于加强安全生产管理的通知》的要求，批判极“左”思潮和无政府主义，研究提出了加强列车电站生产管理的意见。生产管理等方面的规章制度逐渐恢复，并制定了化学、热工等技术监督工作条例。此后，虽然又有一些反复，但总体上看，列车电站的各项管理进一步改进。

20 世纪 70 年代中后期，通过企业整顿、工业学大庆，列车电站管理步入正轨。1978 年 9 月，根据《中共中央关于加快工业发展若干问题的决定（草案）》（简称《工业三十条》）和列车电站实际，讨论制定了《关于加强列车电站管理的初步意见》和《列车电站厂长职责条例》。1979 年 1 月，颁发了《列车电站安全监察员职责条例》，印发了《列车电业安全工作规程》。当年 8 月，为加强经济核算、增收节支，修订了电站固定费用定额。1979 年全局完成清产核资工作，并于翌年重新核定各单位流动资金定额。1981 年各基地开始实行亏损包干、减亏提成暂行规定。这个期间，还修改了选建厂规程，颁发了《列车电站租金管理暂行规定》。这些都是为适应新形势而采取的管理措施。

列车电站与固定发电厂都是电力生产企业，在国民经济发展中都具有基础地位、先行作用；都贯彻“人民电业为人民”的宗旨，以用户为中心；都实行严格的生产管理和集中统一调度，追求安全、经济发供电。这是他们的共性。鉴于列车电站流动发电的性质，及其担负的战备应急任务，对列车电站的管理又提出了特殊的要求，采取了不同的经营管理方式。

一般发电厂固定在一地，与电网并列运行，面向一般用户，保障安全、经济发供电即可。而列车电站，面对的用户是国防军工、战备应急、抢险救灾、重点工程施工，以及严重缺电的地区和工矿企业。列车电站发供的是“应急电”，要应用户之所需，解用户之所急。因此，列车电站除安全经济外，还要做到灵活机动。对列车电站最重要的要求是：哪里需要，就到哪里去。只要一声令下，就要立即行动，以最短的时间，为用户发供电力。

中央领导对列电的要求是，“哪怕平时无事，一旦有事，它可以抵挡一阵”。水电部曾对提高列电的机动性能特别提出要求。列电局的历任领导者和广大列电职工，始终都把服从调令、机动应急看作是最崇高的使命、最重要的工作要求。列电局从建局之初就把列车电站的机动性作为根本，从管理体制、经营方式、设计改进、设备革新、队伍配备、技能提高、规章制度等多方面，采取多项措施，提高列电机动灵活性能，并取得了显著效果，满足了各类用户的需要。

1. 列车电站实行集中统一和分区属地相结合的管理体制

列车电站分布在全国各地，服务于各行各业，必须实行集中统一的管理。1956 年成立列电局，就是为了统一管理全国的列车电站。列车电站的调动均由列电局的主管部决定，其他管理均由列电局负责。针对列车电站流动发电的性质，1956 年中央致电各省（区、市）党委，明确列电局及列车电站党组织同时接受所在地党委领导。

随着列车电站数量的增加，列电局直接管理电站力不从心，于是分区管理提到了议事日程。1960 年开始实行中心站管理体制，全国分 4 个区域，列电局在各区域列车电站的厂长中任命一位厂长兼任中心站长，协助列电局管理本区电站，主要是帮助、指导、监督、检查。1962 年，为加强对列车电站的领导及电站间的技术协作，根据水电部《关于加强列车电站领导的规定》，撤销中心站，在电站集中的地区设立 5 个驻省（区）工作组。各组设组长、工程师、秘书、办事员各 1 人，在列电局和省局（厅）共同领导下开展工作。驻省（区）工作组“文革”中撤销。

1965 年下半年，列电局颁发《关于武汉基地代局管理部分电站试行方案》，但因形势变化而没有贯彻实施，10 年后才真正实行。1975 年，保定、武汉、西北、华东等基地相继建设完善，根据列电局和基地管理电站的权限与职责分工，开始实行基地代局分区管理全国各地列车电站，一直到列电系统解体。

为了保证列车电站机动灵活地执行发电任务，所有电站均采用精简的机构设置和精干的人员配备。

列电局成立不久，就基本形成了不同于一般电厂的组织机构。列车电站的组织机构，可概括为“一二三二四”制：

一个厂部，设正、副厂长，1964 年后设正、副指导员。党支部书记多为兼职，电站领导一般为 2 人。

二个管理组织，即一个生产技术组，一个综合管理组。生产技术组设组长和机、炉、电、化等专业工程师或技术员，4 人左右；综合管理组设组长和劳资、财务、材料、总务等，4 人左右。

三个工段，即汽机、锅炉、电气工段，每工段有工段长 1 人，运行人员若干和少量维修工。

二个专业室，即化验和热工两室，化验室 4~5 人，热工室 2 人。

四个运行班，是发电生产组织，运行班中设有锅炉司炉长和司炉、汽机司机和副司机、电气正副值班员，以及化验员。运行班（值）长，多由电气正值班员兼任。调度电话一般安装在电气车厢，电气值班员负责与调度的联系。

电站日常管理工作由生产技术组和综合管理组两组具体负责：

生产技术组简称生技组，在厂长或副厂长领导下管理全厂的生产技术工作，包括运行、检修、设备、安全、调迁等管理，以及技术培训、技术革新、生产制度等。电站安全员也由生技组人员兼职。生技组的职能几乎囊括了固定电厂全部生产技术业务科室的工作。

综合管理组简称管理组，在厂长或副厂长领导下负责经营管理及行政后勤工作。建局初期，电站设秘书 1 人，1965 年取消秘书岗位，在管理组设组长 1 人。管理组负责劳资、财务、材料、总务、保卫等工作，人员大多兼职，一人多岗，各站情况不尽相同。

早期的列车电站，生产与管理机构层次较多，摊子较大，内部有车间和业务股的设置，后精简规范。先是撤销股的设置，后车间改为工段。

2. 列车电站实行租赁经营

一般发电厂实行售电制，即发电厂按核定的电价和售电量取得发电收入，初期的列车电站也是这样核算经营。列电局筹建之初也曾这样考虑，如 1955 年 12 月电力部制定的《列车电厂管理暂行办法草案》就提出，“列车电厂的售电单价原则上实行两部制电价”，仍然是售电经营。

列电局成立之后的第一次电站厂长会议，总结电站流动发电的经验，就提出改自营售电制为电站租赁制，即列车电站流动发电不是按电量收取电费，而是收取租金。电力部批准的《列车电站暂行管理办法》明确规定，“各列车电站由列车电业局按租赁形式出租给建设单位使用，电站作为使用单位的一个生产单位，并由双方签订合同、协议，有关事项共同遵守执行。”

列车电站的租赁经营方法，是通过标准租约和标准协议书来约束甲乙双方（租方为甲方，列电为乙方）的供求关系的。甲乙双方签订租用合同和建厂协议，组成发电生产统一体。乙方在租赁期间作为甲方的一个生产单位，服从甲方的生产调度，甲方则按月向乙方支付租金。租金并不是全部生产费用，主要包括固定资产折旧、大修基金、闲置准备金（设备改进费）、管理费等项目。建厂费用、燃料费用以及辅助用工开支等均由甲方支付。租金相对稳定，以 1975 年为例，2500 千瓦燃煤机组每月租金 3.95 万元，4000 千瓦燃煤机组每月租金 5.88 万元，6000 千瓦燃煤机组每月租金 7.72 万元，9000 千瓦燃气轮机组每月租金 5.3 万元。

列电租赁经营是在计划经济体制下采取的市场经济办法，具有创造性。这种经营方式自 1956 年 4 月实行，在以后的 20 多年中不断完善。租赁合同在“文革”中曾一度被认为是“资产阶级法权”而失效，但实践证明，它有利于规范甲乙双方关系，保持电站的机动灵活性能，稳定电站收入，保障用户用电需求，减轻用户负担，是一种适应列车电站流动发电需要的经营方式。

3. 列车电站的调迁管理是一项特殊的管理

调迁是列车电站的一项重要工作，也是考验电站组织协调能力和机动性能的艰巨任务。列电局由计划部门归口管理调迁工作。为了规范和指导电站调迁，1956 年颁发了《列车电站调迁规程》，并根据实践经验，不断修改完善。《调迁规程》对电站调迁的工作程序、选建厂技术要求、设备拆迁运输、职工调迁组织、机组安装试运，以及甲乙方关系等，都做了明确规定。

列车电站调迁工作的主要内容是：用户向列电局及其主管部提出申请，列电局主管部根据用户需求、性质和列车电站的现状，综合平衡做出是否同意出租的决定。如果同意用户申请则下达调令，列电局根据调令发出组织调迁工作的通知，并负责与用户签订租赁合同。相关电站根据上级调令和通知，组成选建厂小组，在甲方配合下选择厂址，签订建厂协议。甲方负责生产、生活设施的建设施工，电站负责设备的检修、拆迁，并申请专列运输计划。建厂施工基本完成后，电站组织设备运输和职工调迁。列车进场定位后，立即进行安装、调试，一般三五天内可对外供电。

为保证列电能够随时调动，建局初期请铁道部车辆局安排相关铁路局协助检修列车电站台车。1961 年列电局颁发了《列车电站台车维护暂行制度》，并开始在保定等基地设立车辆班，按照铁道部有关规定，定期对电站车辆进行轴制检和保养，电站调迁时，基地派员随电站押运组“保驾护行”。

为了免除电站快速调迁中的后顾之忧，1963 年 6 月，国务院发文批转水电部报告，同意列车电站随车职工、家属等，50 人以上的跨省调动，由水电部直接审批，不再经劳动部批准。该文件解决了电站调迁中随车职工及家属户口、粮食关系转移问题，为快速调迁创造了条件。

列车电站必须服从调令，哪里需要哪里去。这是对电站调迁工作的根本要求，也是列电职工的共识。列车电站多在条件艰苦的边远地区发电，每次调迁都需要强有力的思想动员工作，对不服从调令的现象严肃批评。虽然“文革”中出现过调令失效的情况，但那是极个别的现象。30 余年间，数百次调迁，列电职工不讲条件，服从调动，做到了“调得动、动得快、发得出”，及时满足了用户的应急需求。

4. 列车电站生产技术管理的特殊要求

列车电站往往担负着应急发供电任务，多在电网没有延伸到的地区或电网可调出力不能满足需求的地区发供电，这对电站的机动灵活性和安全可靠性提出了更高要求。

针对列车电站生产特点，列车电站建立起一套完整的生产技术管理机制，制订了一整套自成体系的规章制度，如安全规程、运行规程、检修规程，以及巡回检查、交接班、事故处理等规章制度，并严格执行。电站安全生产管理、生产指标统计考核、设备检修改造、人员培训、职称评定、考工定级等，均能做到有章可遵、有规可循。

列车电站执行计划检修制度，一般每季度一次小修、每年一次大修和必要时的返基地大修。后来根据设备运行小时和设备健康状况确定检修间隔，编制大小修计划及检修进度。凡是计划检修，都要制定安全和技术措施计划、检修质量标准、检修专用工具及材料计划、人员组织计划等。有的电站 20 多年未返基地大修，保持了设备的良好状态。

列车电站针对自身的生产特点，坚持进行技术革新、技术改造。60 年代初攻克进口燃气轮机组试烧原油难关，为大庆油田会战提供了主力电源，节省了大量柴油。70 年代对冷却塔持续进行革新改造，大大提高循环水冷却效率，可使全局减少冷却塔 80 台，该项目获得 1978 年全国科学大会奖。此外，不同类型除尘器的不断改进、晶体管技术在继电保护和自动装置的普遍应用、差压计无汞化改造的全部完成、胶球清洗凝汽器技术的广泛推广，以及后期开展的 2500 千瓦捷制机组“两机合并”、列车电站的集中控制、汽动给水泵的制造、列电新型锅炉的设计等，都提高了电站安全、经济水平，增强了电站的机动灵活性能。

1959 年 6 月成立的列电局保定中心试验所，作为全局唯一的技术单位，为列车电站提供技术服务，成为全局技术监督、技术改进、技术调试、技术培训和技术情报等工作的中心。由于长期有效地坚持开展技术监督工作，遍布全国不同自然条件下发供电的列车电站，基本上消灭了绝缘事故、雷害事故和化学腐蚀等事故。

5. 列车电站的经营管理也有别于一般电厂

列车电站实行定员管理。不同机型的电站随车定员不同，且根据人力资源和机组发展状况会有小幅变动。1972 年的定员是：2500 千瓦汽轮机组 69 人，4000 千瓦汽轮机组 77 人，LDQ–Ⅰ型 6000 千瓦汽轮机组 88 人（Ⅱ型 80 人），燃气轮机组大体在 35~44 人之间。电站人员的配备、调动均由列电局管理。上煤、除灰等辅助生产岗位，则由甲方负责。全国工资标准按地区分为 11 个类别，根据国家政策，列车电站执行 6 类地区标准。为鼓励职工在艰苦地区工作，电站调迁到 6 类以下地区时工资不减，调迁到 6 类以上地区时按照当地标准补差。电站职工流动发电期间，享有每月 12 元的流动津贴。

列车电站生产运营发生的费用，除按合同规定由甲方负担的费用外，由列电局负担的费用实行定额管理。根据电站类型和容量大小，核定不同数额的固定费用和流动资金。电站费用按月向列电局报销。1960 年 4 月，列电局开始实行《大修费用及四项费用管理的规定（草案）》。1962 年 9 月，列电局正式颁发《四项费用暂行管理办法》。

这些规定或办法，明确了大修费用的概念和使用原则，以及技术组织措施、劳动安全保护措施、新种类产品试制、零星固定资产购置等四项费用的使用办法。列车电站固定资产的折旧和大修费按国家规定，由列电局统一提取，大修及更新改造资金实行计划管理，由列电局统筹安排。

列车电站的物资管理采取集中与分散结合的办法。计划内物资如钢材、木材及备品备件等，由列电局按计划分配供应；计划外物资，如低值易耗品等，由电站自行采购。列电局在北京及保定、武汉设有物资仓库，电站配备材料车厢一节，存放随车备品备件、材料及五金工具等。遇到紧急抢修，甲方往往也会热情提供帮助。列电局重视仓库管理、备品管理，多次开展全局性的清产核资，以加强物资供应，减少资金占用，保证电站生产需要。

五、列电队伍建设

特殊的工作性质和艰苦条件，锤炼了一代又一代特别能战斗的“列电人”。30余年中，列电职工胸怀报国之志，肩负应急发电之责，四海为家、艰苦奋斗，爱岗敬业、一专多能，在频繁流动及各种艰苦条件下，出色地完成了各项任务，取得了引以为荣的不朽成就。

1956年列电局成立之初，全局共有职工678人，主要是5台电站的随车职工。1979年，全局职工8279人，其中随电站流动职工4812人，这是最多时的人数。1982年年底，列电局撤销之前，因部分流动职工已经下放地方，全局职工数已经不足8000人。大体上讲，列电系统解体前后有职工8000名，这就是“八千子弟兵”的来历。

列电局组建之时，职工主要来自几个方面：一是老2站的人员，即电业管理总局修建局工程队的人员，不少来自张家口下花园电厂、解放区兵工厂，老工人居多，带有红色基因；二是1站的人员，即哈尔滨电业局列车发电厂的人员，以去苏联学习列车发电技术的一批人为代表，东北人为主，年纪较轻，文化程度相对较高；三是3站的人员，即上海电管局列车发电厂的人员，以上海电业人为主；四是4站、5站，以及15站人员，以武汉、衡阳等中南电业人为主；五是建局之初从淮南调来的两批人员，当时淮南电业局归北京电管局管辖。这些来自五湖四海的电业人，有管理干部，有专业技术人员，有工匠式的技术工人，具有较高的综合素质，成为列电事业的骨干力量，其中很多人成为独当一面的各级领导干部。

列电局成立之后，列电机组发展迅速，职工队伍也随之迅速壮大。到1960年年底，职工总数已增加到5600多人。在这个期间，进入列电系统的，一部分来自电力部、水电部及北京电管局等管理机关，主要是管理人员；一部分来自电力专业学校，如南京电校、北京电校、郑州电校、西安电校、上海动校、芜湖工业学校，以及沈阳电力技校等；一部分是招收的学员，1956年在北京、济南等地招收学员400多名，经过几个月的集中培训，成为接新机的有生力量。当年还接收复转军人60名。1958至1960年，均成批招收学员，特别是1958、1959两年，招收学员总数有千名以上，1960年学员占到职工总数的近1/3，这些学员边培训边担负起岗位工作。

1961年10月，保定电校第一届毕业生进入列车电站，自此以后，列电职工队伍的来源转变为以中专、中技毕业生为主，他们来自保定电校、北京电校、郑州电校、长春电校、泰安电校、旅大电校、长沙电校等。分配到列电系统的大学毕业生也逐渐增加，职工队伍的专业素质逐步提高。1962年，根据上级精简职工的要求，下放新招职工近300人，但煤炭部4台电站划归列电局，随车职工增加了300名。此后，为了弥补电站人员的不足，招收了几批学员。比较集中的一次是1964年，主要从河北省3个地区招收高中毕业生200名。1970年以后，列车电站在各地也招收一批学员，其中不少上山下乡知青。为了照顾随车流动职工子女就业困难，根据国家政策，也招收了一批列电职工子女，形成了“列二代”。

列电的领导干部和一般管理人员，除最初5台电站配备及上级机关调入以外，主要是从工人和专业技术人员中培养、选拔。列电前期，电站领导干部中还有一定数量的战争时期参加革命的老干部，后期则主要是在列电工作实践中锻炼成长起来的中青年干部。因为社会原因，不同时期人才选拔也存在一些问题，但总体上看，列车电站的基层领导，熟悉生产，与职工联系密切，能担负起相应的职责。劳资、财务、材料等管理干部也多是列电局自己培养的。在20世纪60年代初期，列电干部队伍的调整、补充还有几个渠道：一是1962年战备期间，为加强电站领导，由地方党委负责配备了一些电站领导干部；二是从水电部所属三门峡工程局、长江水利委员会输入了一批干部；三是1964年学习解放军，接收了一批部队转业干部，此前此后，也曾接收、安置一些部队转业干部。

从列电队伍的大体来源可以看出，列电这支队伍来自五湖四海，而且在不断的接机、分站中互相交融。一个电站几十名职工往往来自十多个省（区、市）。不同地域、不同文化、不同背景的职工，一起工作、一起学习、一起生活，形成了一个取长补短、团结战斗的集体。

列电系统重视职工队伍建设，列电局自成立起便把队伍建设置于重要位置。几十年中，尽管有形势的变化、领导的更迭，但对职工队伍建设及教育培训都比较重视。1956年7月，列电局第一次党组扩大会议，人事、劳资、教育便是主要议题，并作

出开办各类培训班的决定，当年招收的400名学员普遍进行了为期数月的专业培训。1963年11月，列电局发布《列车电站大练基本功考试办法（草案）》，列电系统掀起了持续的大练基本功热潮。1964年4月列电局召开工作会议，贯彻全国电力工业和全国水利电力政治工作会议精神，提出要突出政治，以大庆为榜样，实现企业革命化，做到开得动、送得出、顶得住，成为能应付任何紧急任务的电业突击队。1981年10月，处在调整中的列电系统仍召开全局教育工作会议，着眼职工未来，研究部署文化教育和专业培训计划。

列电系统不仅从全国各地引进技术和管理人员，而且成立专业学校培养人才，开办各种培训班提高政治和业务水平，坚持生产一线的实践锻炼和现场培训，加强思想政治工作和良好作风的养成，整个列电队伍保持了较高的专业文化水平和综合素质。

首先是学校教育。列电局成立不久，就设想建立培养列电人才的学校。1958年7月，经水电部批准，列电局开办动力学院。动力学院计划先设预科和动力系，后设电机系、机械制造系和冶炼系。学制预科2年、本科4年。翌年5月，动力学院改为全日制中等专业学校，即保定电力学校。虽然保定电校的学制及隶属关系几度变化，但它为列电提供了最主要的人力资源。从1961年开始，大多年份都有保定电校毕业生分配到列电。据统计，从建校到1983年，除去因“文革”7年没有招生外，保定电校共输送中专中技毕业生4895人，其中分配到列电系统的占到80%以上。除机、炉、电等3个主要专业外，1964年开始，还开设劳资专业，输送了3期毕业生。保定电校可称为列电系统的“黄埔军校”。1975年，列电局还在武汉基地、西北基地、中试所开办“七二一”大学，2年学制，培养毕业生近百名。

其次是开办培训班。一类是领导干部培训班，主要是中层以上领导干部培训班，培训内容包括政治理论、方针政策、经营管理、专业知识等。一类是管理干部培训，主要是财务管理、物资供应等培训。如1959年举办的经营管理培训班，1964年举办的财会培训班，1973年举办的物资供应培训班。一类是专业技术培训，这是最多的。从专业看，主要是学校设置比较少的化学、热工专业，1962年以后，全局性的化学班、热工班都举办过8次以上。还有电气试验、电气仪表以及焊接、钳工、电子、英语等培训，也有青工补习类的锅炉、汽机、电气专业集中培训。培训班一般由列电局主管科室统筹，保定中试所、保定电校、密云干校及有关基地承办。

第三是生产一线培训。为了做到队伍精干、提高电站机动性能，列电局建局伊始，就实行“运检合一”的生产模式，要求电站所有生产人员，做到“一工多艺、一专多能”。列车电站与固定电厂不同，生产运行与设备检修不分家，不配备专职检修工种，要求所有生产人员，开起机来能运行，停下机来会检修。鼓励职工通过大练基本功，不仅熟悉本专业的知识，掌握生产运行技能，还能兼任机修、焊工、起重工等工作。各电站普遍建立起职工培训制度，签订师徒合同，形成了学习上进的氛围。针对列车电站发展迅速、新人员多的特点，各电站根据自己的设备特点，分专业编制练功图册，定期开展技术培训和安全培训，开展专业性和全厂性事故演习。列电工人普遍具有技术“多面手”的素质和能力。

第四是思想作风建设。电站历来重视职工队伍的思想作风建设，电站党支部负责思想政治工作，大多数电站保持了良好的站风。列车电站思想政治工作的内容与形式，与不同时期的社会形势密切相关。如20世纪60年代的学大庆、学雷锋、学毛主席著作，创五好企业、当五好职工，70年代的创建大庆式企业，加强领导班子和职工队伍建设，等等。这些活动有一定的时代局限，但在列电精神的形成和传承中发挥了重要作用，促进了职工队伍综合素质的提高，培养和保持了良好作风，保证了各项艰巨任务的完成。1959年，为新安江水电站建设供电的“三七站”的代表参加了全国群英会；1964年，最早为大庆会战供电的34站被评为水电部系统学大庆先进企业；1979年，37站被评为全国电力系统大庆式企业标兵单位……这些先进单位以及大批先进模范人物，就是列电人精神风貌的代表和集中体现，也是思想作风建设成效最好的诠释。

列电精神是列电职工在长期工作实践中形成的共同理念、追求和价值观，是“人民电业为人民”服务宗旨集中而特殊的体现。由于经历和认识的不同，人们对列电精神有不同的理解和概括，但也形成了基本的共识：

——四海为家，听从召唤。列电是机动电源，承担着经济建设、国防战备、抢险救灾等应急供电的特殊任务，发电地点不分东西南北，紧急调迁是工作常态。“哪里需要哪里去，哪里艰苦哪安家”是列电的真实写照。只要祖国需要，一声召唤，就像军队服从命令一样，不论天南地北，不论千里万里，不讲条件，不讲价钱，不提要求，招之即来，来之能战，战之能胜。

——艰苦奋斗，不畏艰险。列电所到之处，多是边远、贫困地区，自然环境恶劣，生活条件艰苦，往往是“先生产，后生活”。列电人独立作战，“特别能吃苦，特别能战斗”，艰苦奋斗、自力更生。“有条件要上，没有条件创造条件也要上”。无论在什么条件下，都能够凭着这种拼搏精神、优良作风和过硬技术，应对各种挑战，克服一切困难，坚决完成发供电任务。

——家国情怀，甘于奉献。列电人对国家和人民有深情大爱，以国家富强和人民幸福为理想追求，勇于担当，甘于奉献。责任感、使命感和担当奉献精神，成为列电人强大的精神动力。因此才能舍小家、顾大家，以厂为家，爱岗敬业；因此才能认真负责，勤勉工作，精益求精，不断创新；因此才能在艰苦条件下，克难攻坚，30年奋

斗不已、奉献不止。

——团结战斗，集体观念。列车电站流动发电，来自五湖四海的列电人，背井离乡，为了共同的目的，不仅结成紧密的生产关系，而且生活在一个集体之中。他们朝夕相处、利益相关、荣辱与共，需要团结一致，共同应对遇到的困难和挑战。在长期的工作、生活中，互相关心，互相帮助，建立了深厚的友谊，形成了强烈的集体荣誉感以及团结战斗精神。

列电精神具有传承性和时代性。它既是中华民族优秀传统文化的继承，也是社会主义时代精神在列电行业的体现。列电的建立和发展正处在全国人民艰苦创业的时期，列电精神正是在这样一个时期，为适应列电工作性质需要而形成的。列电精神与列电队伍的构成及长期的队伍建设相关，更是南北转战、历经磨练的结果，是在 30 年艰苦而丰富的实践中形成并趋于完善的。列电精神是列电队伍所特有的，是各级领导提倡引导、老列电人言传身教、八千列电人共同锤炼而形成的。

列电精神是列电的灵魂，是鼓舞八千列电人奋进的旗帜和号角。它孕育了一支能征善战的列电队伍。用列电精神武装起来的列电人，有理想、有担当，作风强、技术精，眼界宽、肯创新，有超常的适应能力。在列电精神的激励下，数十年来，他们或拖家带口、或孤身一人，在频繁的流动中，在天寒地冻、战争硝烟、地震洪水、饥饿疾病等各种困难条件和恶劣环境下，顽强应对，出色地完成任务。细数每一台电站，都有它的光辉历程，都有引以为荣的建树和业绩。列电人在奋斗中耗去了青春甚至毕生，但他们无怨无悔，以苦为荣、以苦为乐，在奋斗中展示了才华，在奉献中实现了价值。

列电精神并没有伴随着列电事业的终结而消失。列电解体后，列电人特别是年轻一代，在不同的行业和不同的岗位上积极进取，成就卓然，业绩突出，这与列电工作的锻炼、列电精神的激发密切相关。列电精神是宝贵的精神财富，已经成为“人民电业为人民”精神的组成部分，作为文化积淀汇入中华民族精神的大海。四海为家、艰苦创业的列电精神永存！

六、列电事业的终结

1983 年 4 月 30 日，根据水电部决定，列车电业局机关停止办公，人员及资产、设备分别移交给部有关部门和部属单位。以此为标志，列电调整基本完成，列电局完成了它的历史使命，列电系统就此解体。

为了了解和认识列电为何解体，有必要梳理一下有关背景和情况。

早在“文革”中的1970年，电网体制下放、部直属规划设计及科研院所解散之时，水电部军管会就先后两次向国务院报送关于列车电站管理体制的报告，建议撤销列车电业局，电站分别划归各省区领导和管理。理由是打破“独家办电”、“条条专政”，“认真搞好斗批改”。由于李先念、余秋里等领导明确反对才没有实施。从1970到1973年，根据国家计委批复和水电部决定，列电局将9台列电初期改装的机组下放，那是技术装备的更新，与列电局撤销无关。

1975年7月，水电部转发国务院批准国家计委《关于列车电站十年规划意见的报告》。这个规划及国务院领导的批示，给广大列电职工极大的鼓舞和激励。全局上下，从规划设计、企业整顿、基地建设等多方面，着手进行大发展的准备。这个规划反映了国务院领导对列电事业的重视，比50年代末提出的列电发展300台的目标要切实得多。但1975年是全面整顿、国民经济恢复发展特殊的一年，此后由于计划统筹、资金安排、主机和车辆生产能力等都存在问题，列电发展规划落实的条件并不充分。到1979年，贯彻国民经济调整方针，压缩基本建设。1974至1979年，列电年均基建投资都在2000万元，1980年要降到600万元，十年发展规划落空成为必然。

1979年以后，贯彻国民经济调整方针，列电供求形势发生变化，闲置电站逐渐增多，列电经营问题逐渐突出。1979年实际租金收入2800万元，虽然没有完成收入计划，但完成了上缴470万元的任务，还超额20万元。当时认为列电局不是没有调整任务，但列电不属于关停并转范围。从1980年开始，形势逐渐严峻。当年运行电站下降到32台，1981年下降到27台，1982年下降到24台。虽然电力部批准1980年上交任务降低到100万元，但财务算账，当年计划收入只有2500万元。这2500万元，除上缴100万元，需支出成本2452万元，而西北、武汉、保定三个基地需要补贴230万元。

面对这种从来没有过的情况，列电局领导层深刻反思列电存在的问题，思考解决问题的办法，认识到列电的生命线在于机动，列电的主要矛盾不是发展问题，而是管理问题。同时多次召开会议，研究列电调整工作，提出实事求是是列电调整的根本出发点，早认识、早动手、早主动。

1980年7月，列电局向电力部领导汇报情况，反映列电存在的主要问题是，电站闲置，队伍人多，设备老化。应对办法是，从增加数量转变为提高质量，精简队伍，广开门路，安置职工。10月21日，电力部副部长李鹏来到列电局，进一步了解情况，指导工作。他肯定列电发挥的作用，具体分析了供求形势，认为调整加强一部分、淘汰下放一部分的工作方针是正确的。提出具体问题具体分析，不要一刀切，流动职工一定要妥善安置，基地要发挥优势，广开门路，希望有步骤地进行调整。

1981年1月，列电局向电力部报送《关于列车电站调整工作的报告》。李鹏与列电局领导一起进行了研究。5月12日部长办公会通过，并以（81）电生字第57号文批复列电局，原则上同意列车电站调整意见，要求按照该意见与有关单位具体联系，分期分批办理。按照这个报告，列车电站要分4类情况，采取不同对策，保留40%的台数、50%的容量。6月初，列电局召开工作会议，传达电力部关于列电调整的批复意见，统一列电调整势在必行的认识，明确了减少电站数量、精干职工队伍、增强机动性能、降低能源消耗、提高工作水平的调整任务，强调在调整过程中必须加强思想政治工作。

与此同时，按照列电调整的精神，两次召开基地生产和工作座谈会、调迁租赁工作会议，就加强列电经营管理、改善经营状况进行深入研究，并采取了多项改进措施。1981年3月，颁发《列车电站租金管理暂行规定》，强调电站租金是财务计划的重要经济指标，要求各基地电管处要专人负责办理。4月，颁发《列车电站基地实行亏损包干、减亏提成的暂行规定》，拖车电站保养站、中试所参照执行。6月，发布《列车电站固定费用定额全年包干结余提成试行办法》修改补充规定，强调在保证设备健康水平、安全运行的前提下节约开支、降低费用。鉴于出租电站减少、收入下降，基地任务不足、亏损增加的情况，水电部同意对列电局实行亏损包干责任制。核定亏损包干基数为300万元，减亏分成比例为25%。

列电调整，电站职工安置是上下关注的大事。1982年年初，列电局召开流动老职工安置会议。会议讨论通过了《电站职工安置试行办法》，并提出机组有价调拨、基地自筹资金等工作建议。1981年年底，全局有职工7763人，其中电站流动职工4383人，45岁以上、1956年以前参加工作的干部132人、工人110人。《安置试行办法》明确了基地安置主要对象，以及安置方法、措施，要求在1983年前将符合安置条件的职工安置完毕。

1982年5月下旬，列电局召开工作会议，中心议题是列电调整。29日，水电部副部长李代耕到会讲话，他肯定了列车电站30年的突出贡献，传达了列电局与机械制造局合并的决定，表示水电部要对大家负责，安置好流动职工。他称列电局与机械局合并，是水电部着眼机构改革、体制调整作出的决定，同时明确列电局牌子不摘。这次工作会议强调，列电压缩比发展更困难，要充分认识调整的艰巨性，做好思想政治工作，严格组织纪律，搞好安全生产。

列电工作会议之后，列电局会同各基地，抽调工作骨干数十人，组成华北（含东北）、华东、中南3个工作组，开始进行全面的列电调整调查研究工作。调研内容包括电站基本情况、设备划拨进展、职工思想状态，特别是人员摸底，包括电站领导和职工的籍贯、安置意愿等，以及职工子女就业等各种各样的问题。根据李鹏、李代耕等部领导加快列电调整的要求和调研情况，列电局于1982年10月下旬向水电部报送《列电所属单位调整方案》和《列电局机关人员调整方案》。

1982年11月3日，水电部以（82）水电劳字第85号文，发布《进一步调整下放列车电站管理体制的决定》，同意列车电业局进一步调整的方案。按照这个决定，列车电站要分区打捆下放。列电局随即又派工作组到各省区进行交接工作，并于12月30日向水电部报送贯彻85号文的报告，反映列电移交范围、管理机构设置、亏损补贴、库存基建设备处理、职工户口迁移等具体问题。

1983年1月，李代耕在北京主持召开相关网省局局长参加的列电交接座谈会。会议要求抓紧做好列车电站交接工作，除华北地区外，原则上在哪个省的电站由哪个省电力局负责接收或协助就地安置。水电部以（急件）（83）水电劳字第17号文转发了会议纪要。2月下旬，水电部又连发4个加急文件，分别就江西、山东、江苏境内电站和基地的交接和安置作出决定，明确自1983年1月1日起移交相关省电力局，3月底前办理完毕。4月15日，水电部发布列电局在京单位管理体制改变的决定，明确列电局于4月30日停止办公，在部内设立列电管理处，自5月1日办公，负责电站移交及职工安置未了事宜。

至此，成立27年的列车电业局，在经历蓬勃发展、取得辉煌业绩之后，在电力体制调整中终于落下帷幕。此后几年内仍有一些电站在水电部有关部门管理下调迁发电，但列电作为一个系统就此解体了。

这样的结局自有其必然的原因。

从内外两方面看，至少有这样一些因素在发生作用：从外部看，随着电力工业的发展，电网覆盖面扩大，电力供求矛盾缓和，电源结构变化，应急补缺的需求减少。在列电解体后，虽然随着经济调整结束电力需求增加，随之掀起的集资办电热潮中又有不少小火电上马，但这不过几年的光景。虽然因自然灾害及电力发展不平衡等，今后仍需要一定的备用机动电源，但总的趋势是电网扩展、电力供应增加，对应急电源的需求减少。

从内部看，随着电力工业的发展，列电机组容量小、能源消耗高、环保水平低的问题逐渐凸显，而且列电初期进口的机组大多接近使用寿命。电站队伍庞大，超定员较多，与20年前相比平均年龄增长十岁以上，拖家带口的增多，子女上学就业问题突出。建厂费用增加，机动性能减弱。虽然在设备改造及电站管理上作了不少努力，但机动性能没有明显增强。

一个现实的问题，是电站退租增加，租金收入锐减。列电3.57亿元的固定资产，

1979年租金收入2951万元，上缴利润561万元；1980年租金收入2852万元，上缴利润429万元；1981年租金收入1914万元，上缴利润不到133万元；1982年继续减少，面临亏损境地。在日益讲求经济效益的条件下，这种状况显然不能持续下去。

1980年5月，电力部副部长李鹏在江苏无锡曾到列车电站，指出小火电只能是权宜之计。此时华东30万千瓦汽轮机组已经投运，全国发电装备发生很大变化，早已不是25年前，上海电管局局长李代耕为3站送行的时节了。熟悉电力生产管理的这些电力部门的主政者们，在决策列电的去留时自然会有更多的比较。至于抢险、救灾、战备等应急需要，此后电力部门配备的大批机动电源已经承担起这些职责。理性地看，列电事业的终结，是我国电力工业发展和企业改革的必然结果。

面对最终的结果，列电人更多的是无奈与遗憾。所幸在各级领导的重视和关心下，电站流动人员大多有了较好的归宿，并以列电人特有的奋斗精神，在新的岗位继续发挥作用。

中国的列电事业诞生于新中国成立之初，30余年间完成了它的使命，已经成为过往的历史，但高耸的社会主义共和国大厦基础中，有列电人以血汗竭诚贡献的浆石。共和国的史册上铭记着新中国建设的开路先锋——中国列电！

列电人名册

《列电名录》包括列电人名册和列电人简历两部分，收录时间上限为 1950 年我国第 1 台列车电站即老 2 站的组建，下限为 1983 年 4 月列电局撤销。

列电人名册以原列电单位为收集单元，凡是在本单位工作过的都收录在内，77 个统计单位，共收集不同时期的列电职工 12000 多人。名册以原列电系统单位组合排列，单位历任领导按任职先后列前，员工均按入列时间排序。由于职工在单位之间经常调动，所以名册名单是有重复的，达到 21000 多人次。

第 1 列车电站

王桂林　李恩柏　张静鹗　王再兴　张兴义　范世荣　卢焕禹　宫振祥　苏振家
孙玉泰　高文纯　葛君义　管金良　黄时盛　张平安　谢希宗　梁世闻

彭芳凤　富玉珍　于天维　周茂友　安守仁　郭广范　何立君　李元孝　唐存勖
王克均　张增友　赵陟华　周　冰　周国吉　傅相海　陈嘉芝　陈子楠　丁再奎
李怀伦　李怀玉　李顺东　李应棠　李跃熏　刘永俊　时景阁　汪火平　魏汉禄
吴长龄　钟其东　王维先　徐宗善　周春霖　白乃玺　白占春　陈景太　陈士平
崔　富　崔　恒　崔振华　董春富　董椿瑞　付连伙　付守信　高舜贤　葛春城
郝云生　贾树文　李芳新　李树生　李庭元　梁玉芝　林祯元　刘景春　刘万山
刘玉林　刘再春　鲁春元　马仁卿　马文义　倪绍玉　戚丰玉　齐文启　史德才
宋玉林　隋光华　孙旭文　王春华　王春玲　王凤全　王桂兰　王桂莲　王庆才
王太福　王作山　吴魁元　项书臣　谢时英　徐凯峰　杨　庆　姚殿元　于洪才
于振声　余钦周　张德林　张均和　张庆富　张文忠　张玉林　赵　江　赵贵才
赵国良　王春富　罗时造　栾尚前　黄忠海　金石玉　李昌珍　李　臣　李德福
刘万昌　闵恩营　王忠铁　吴标荣　杨绪飞　张文彦　周广才　程淑兰　董淑坤
范桂芳　郭化民　郭淑兰　李桃仙　梁巨森　刘洪生　刘玉刚　龙树果　沈　伟
孙忠厚　田金录　王静恩　王荣滋　王湘华　杨凤琴　杨衍甫　姚国忠　尹仲田
赵德英　韩承宝　尹金锡　丁玉琴　佟惠兰　晁树清　董明发　窦万昌　杜绍贤

高　升　郭守玉　韩君成　黄盛茂　李鸿信　李绍文　李万林　刘安富　刘天禄
刘有才　刘长斌　刘长福　罗振亚　吕凤坤　马新发　朴成龙　齐殿礼　齐星海
曲文范　时洪玉　宋志敏　孙丽兰　孙庆山　王德山　王国君　王和文　王　兴
王　艺　王玉梅　王　云　魏淑云　徐墨琴　叶柏云　殷玉昌　尹保才　于桂云
于景水　于淑荣　于振远　余丙银　袁　金　岳清江　张吉福　张淑芳　赵瑞侠
朱克志　邹积德　李培元　刘桂云　陈德义　徐敦宏　赵占廷　赵在玑　杨克鹤
惠天祥　蒋仁祥　孟庆友　苏敏敏　成源沪　常粉明　梁远基　陈　昌　陈庆祥
陈树华　丁世荣　董淑琴　冯冠荫　高俊臣　郭占奎　韩凤云　郝世凯　康惠英
李春和　刘　敏　刘小良　沈荣洲　王　昌　王瑞芳　伊　田　张家喜　张金生
张增厚　张增明　朱增光　左俊杰　尹国英　孔祥春　张凤岐　孟　林　王家治
才朋久　段秀明　韩国英　韩永良　李广忠　王毅刚　魏宝生　徐　琦　于德利
王金铁　王宁保　龙武权　刘立华　林水金　刘圣敏　吴怀光　常锡祥　董顺常
段延宗　韩志华　贾锡昌　李玉善　刘德林　牛俊乔　石清润　孙增章　王　茸
薛大国　周玉梅　李秀英　战广学　李建伦　邓秀云　霍炳新　罗大巩　宋志清
苏计昌　张志路　范维剑　李素莲　许亚南　贯瑞安　韩树志　黄鹤田　黄振江
李继增　邵秋菊　宋淑兰　王保弟　杨建明　张喜魁　郑源芳　姜美来　张金玉
刘述臣　陈贺荣　赵文峰　吕志民　王禄斌　王淑霞　方箴德　张福生　陈绍林
刘惠庆　韩振山　刘金铭　王甫卿　陈鸿森　廉生元　谷守芝　陈铁成　武少英
田秀英　钟芳洲　陈明华　冯善德　郝家诚　郝英才　吕家春　张金济　张昭泗
李桂珍　杨晓天　傅志盈　李广平　李志信　梅继宏　汪灼生　魏　超　薛　忠
杨万昌　张如新　张善奎　解居臣　邱同福　张桂忠　张锁柱　陈跃忠　马寅虎
王升荣　王致祥　邢海生　冷桂云　刘成花　张爱玉　王增田　宋海民　孙静颖
龚自坚　白　羽　许建青　陈昌久　高景丽　高丽娟　黄敬华　黄　伟　李　东
申超奇　苏洪礼　孙淑华　吴静清　张辉坚　孙建义　李秀英　刘洪勤　李兰普
洪佩英　刘肖燕　王　杰　姜世甲　王抗美　张铁兵　赵伯平　郑书来　郭子波
程永红　姜云霞　蒋济生　李幼新　魏玉刚　郑乃新　李　恩　曲家莲　杨小宁
殷　岳　周解机　史天启　何久茹　石彦荣　尹建坤　杨淑珍　高建凤　王长水
陈建功　黄　征　廖海英　徐福生　柴金波　陈作清　崔砚明　姜秀君　梁爱琴
任厚君　阳升山　苏凤云　阎香传　杨秀芹　于道严　李沧生

第2列车电站

高昌瑞　李　德　韩国栋　郝森林　秦中华　李生惠　叶如彬　孙照录　尹喜明
张门芝　王世春　李汉征　廖国华　汤名武　肖绍良　朱开成

黄志跃　贾占启　吕文海　马洛永　舒占荣　孙书信　王　会　王来法　吴国良
赵桢祥　白　义　孙玉泰　戴　策　郭荣德　毕万宗　谷清河　姜林林　黎素芳
李玉志　吕兴华　王明山　王文华　尉承松　于学周　郑　禄　杨文章　段玉桥
韦德忠　孙玉琦　陈恒德　陈荣文　邓　义　龚成龙　顾锡荣　籍砚书　季祥生
李恒松　李振水　莫德灿　沈来昌　王阿毛　王锦福　吴德喜　徐济安　薛金秀
杨喜昌　翟云康　张秉仁　张凤祥　张广筌　张松茂　张同若　赵洪恩　赵长命
朱廷国　朱武辉　孙景明　刘根堂　顾锡良　曹树声　玉荣棉　刘芝臣　陈广文
陈孟权　程克森　丁泉根　冯本良　公玉祥　关伟耀　金扬兴　李德顺　李国华
李连栓　陆汉良　孟瑞祥　庞善玉　孙彦斌　唐杰功　夏秉太　徐士英　易　云
赵坤皋　李士杰　张来根　周鸿逵　范成泽　李长春　蔡保根　常宝琪　范奎凌
李士义　孟宪泰　任来增　王良祥　席连荣　徐国平　张广义　张突有　张学义
朱希江　杨凤林　安德顺　贾增明　徐祖福　唐存勖　杜树荣　杭　祥　李怀伦
马福贵　孟祥瑞　沈　嵘　孙俊田　王庆昌　魏伯荣　廖国华　程洁敏　初丽华
樊秋彪　葛祖彭　郭淑兰　韩英杰　洪国勋　胡振双　阚照兰　康存生　李富文
李汉明　李景川　李俊生　李卯辰　李如海　李树君　李振华　李竹云　刘丰厚
刘克德　刘明耀　刘世燕　刘长海　刘智远　龙树果　陆雅娟　马德泰　毛俊荣
孟　钺　穆瑞林　南蕴兰　任惠英　任一筠　戎福英　宋昆山　宋新泽　孙彦博
孙忠厚　谭鸿录　佟惠兰　王成祥　王风昌　王桂芝　王金玉　王　凯　王荣滋
王湘华　王永学　王赞韶　魏广德　徐庆春　杨绍馨　杨增琴　姚炎熙　叶素红
易金珍　尹何明　尹燕琪　于瑞祥　于泽生　张凤来　张富保　张景芝　张俊明
张淑清　张　莹　张玉明　赵志芳　郑永忠　周学增　朱介江　朱兆忠　张庆玉
王书印　王淑贤　成源沪　何铸华　吉长法　李长福　廖国香　刘兵初　刘文和
刘志成　宋守宏　唐存生　王万荣　王玉英　徐家祥　殷德明　张建顺　张俊刚
张　仁　李丕真　陈永弘　程光荣　程理和　程同行　樊家兴　顾龙妹　韩守权
何珍明　胡德修　黄春银　黄林义　黄忠秀　李建春　李锦荣　林宝霞　林国琛
林启坤　刘东华　刘国桢　刘立华　刘长明　逯振燕　年延生　漆惠玲　桑诚斌

沈荣洲　宋文荣　孙学媛　陶开杰　滕照棋　王文长　王　义　王兆银　肖加武
谢继富　徐裕坤　杨国海　杨连璋　杨敏华　杨秀珍　杨永均　袁光煜　张安奎
张全华　赵福南　赵　琳　赵仁华　郑立华　仲跻铭　周伯泉　周振英　朱小清
朱学谦　朱玉伦　马　鉴　华应岚　李玉芳　王两已　王龙源　王士湘　曾高祥
常银芝　陈立和　关太平　郭家强　李庆军　刘桂全　莫瑞琦　任景秀　谭宪文
吴星甫　尹德新　张开润　朱桂英　王桂元　许元恽　张培华　朱永光　董宝泉
王志贞　张建须　刘海清　吴素珍　刘铁城　陈云娟　马延光　杨永丰　吴如玉
张凤龙　肖月娟　艾利洲　王建农　肖惠娟　肖荣寿　吉长德　刘平安　王兴云
周化庆　朱振琴　宋彩兰

第3列车电站

杜树荣　王林森　孙品英　王阿根　叶如彬　陶晓虹　孙书信　杨文章　范成泽
程克森　康丕允

虞良品　谷清河　李恒松　莫德灿　王德宝　薛金秀　顾锡荣　李阿根　包祥安
曹福堂　曹瑞亭　陈　冲　陈宜豹　戴根林　董炳祥　范存心　方仁根　房海龙
费荣生　高鸿翔　高颂岳　侯毛团　胡传慧　胡观涛　胡眉倩　胡惟法　胡兆青
胡振璇　蒋龙清　李阿四　李振声　梁彤瑶　刘国权　刘树福　刘子瑾　陆慰萱
马伯岑　马伯生　马根发　马林裕　马妙福　马耀生　秦金培　瞿国仁　任仲桂
沈春桃　沈金林　沈正祥　孙诗圣　汤妙福　田锡三　万世昌　汪大义　汪　慧
王炳兴　王东林　王浩川　王惠林　王远赛　吴锦华　夏新娣　徐本大　徐根年
徐良甫　徐敏德　徐文明　宣美英　颜立文　杨庆俭　姚祥林　俞根宝　袁　健
袁兆璋　张淦清　张桂生　张金国　张茂生　赵荣根　赵以仁　郑炳华　周妙林
周元芳　朱阿四　朱陶计　车导明　陈逢春　孟祥瑞　陈宝康　郑乾戌　谢芳庭
薛金秀　郜复昆　顾天麟　徐秀生　陈友仁　王美荣　李秀英　刘恩硕　忻礼章
张宝毓　陈建功　董文生　樊泽清　付树群　高连库　姜福成　李其昌　刘式进
汪惠英　王凤武　王桂茄　杨守恭　张焕昌　张立华　赵福喜　赵世瑜　郑守信
常洪英　冯新娣　韩月珠　稽世英　蒋承益　李成章　李鸿生　刘长贵　王婉英
夏竞芳　宣恒淦　周跃欧　陈桂兰　樊振岭　郭新安　乐秀珠　李成宽　李桂香

刘广顺 彭桂香 汤美娟 田瑞云 王洪兰 王书印 王文银 王义勇 魏兰香
吴金亭 吴秀英 杨德智 尹成生 于秀桂 余陈荣 袁发芝 张德智 张东振
张　芳 张　健 张培和 张淑华 张延孝 张兆义 赵重茂 周兴云 朱雯需
陆敏华 王锦秋 尤婉琴 蔡亚光 李刘荣 潘庚年 周福宝 朱福弟 朱明云
侯炳桃 程文荣 莒慧英 葛　磊 朱永光 陈素华 丁兰贵 洪森林 侯永根
钱志昌 宋荣生 田承信 童爱珠 王行俊 王琴华 王延昌 余乐夫 张子坤
宣建生 刘瑶翡 韩幼花 金肇基 戴耀基 刘砚田 唐行礼 李玉芳 张志锟
葛慧英 夏友芳 毕跃敏 葛世宁 黄占国 杨秀菊 顾龙妹 蒋孝侯 张承根
张书益 周光裕 刘志恒 张俊和 陈富琛 董春枝 冯星华 齐洛文 石春仁
王行德 吴国成 薛祥云 严玲红 杨宗行 张兰生 赵万起 朱宗齐 姚铁树
杜俊明 王国玉 周昌年 江秧存 莫秀珍 江仲云 陆爱花

第4列车电站

刘晓森 李炳星 孙品英 邵晋贤 赵坤皋 王鹤林 荆树云 王汉英 蒋龙清

程礼和 付守信 丁敬义 吕卓华 李玉淦 吴立维 潘耕海 余志道 于振声
蔡根生 陈帮富 邓达云 陈秀云 范仲禹 陈运校 董庆云 陈秉山 许汉清
孙吉寿 游本厚 张辛酉 别士杰 步同龙 蔡大稷 蔡克强 曾民生 程时祥
程水松 笪连友 丁菊明 董传英 甘承裕 高玉生 顾文伯 韩天鹏 何世雄
贺连春 侯玉卿 黄石林 黄玉佩 蒋国平 康际宏 雷慧英 李登富 李金海
李金树 李铭锐 李启基 李先引 李秀君 李永熙 李　云 梁子富 刘玉明
刘玉琴 刘长喜 芦玉民 罗建华 潘良德 潘升华 彭祖坤 钱小毛 乔　木
任淑学 史庭凡 史有宾 司秀英 孙申寿 王黛玉 王福祥 王　虹 王继宗
文长松 吴庆祥 伍新民 夏冬蓉 夏明福 谢正良 徐瑞庭 杨敬玉 叶方剑
易金珍 尹金锡 尹仲田 詹多松 张梅英 张黔滨 张荣良 张淑华 张振帮
张宗卷 周福宝 周继根 周占昌 朱文光 戴广让 张修伦 朱克志 戴行彧
柴昌观 赵　平 郜复昆 李汉明 陈友仁 殷维启 梁洪滨 姚菊珍 程建华
宋志敏 张延孝 陈惠芬 蔡俊善 陈鸿德 丁文法 勾殿忠 韩树全 胡尚奎
李吉良 刘玉河 马正奇 倪华清 潘顺高 宋昌业 王秀婷 王有民 魏帮良

于之江 翟启忠 张丽芝 周文香 陈芳文 苏理平 王兆秦 陈凡秋 崔恩华
方玉兰 房德森 龚博环 黄华民 姜静芝 李伯盛 李明基 林芝英 刘淑鸿
吕爱丽 区东苟 任炳英 荣家亮 宋克勤 王才旺 吴法生 杨国良 杨婉芳
杨永忠 叶美兰 游云娣 赵士龙 赵玉萍 郑文彩 周荣和 崔正芳 伍惠英
喻建强 陈洪奎 谭胡妹 齐国祯 汪 战 李咸霞 郄增祥 李菊英 高树林
陈 旭 吴绪龙 于继新 岳卫红 周兰芳

第5列车电站

刘晓森 邵晋贤 杨成荣 赵立华 李树玉 余志道 李辅堂 贾 生 文士昌
蒋国平 王胜文

刘根堂 崔炳玉 张树美 贾增明 江尧成 李长春 荆树云 杨有才 张跃忠
陈运校 董庆云 陈秉山 葛建华 张茂盛 步同龙 陈瑞龙 陈自恭 崔小鱼
董转英 范植之 高慧芳 胡腾蛟 李登中 李枝荣 李秀君 李郑菊 刘水仙
邵瑾荣 司秀英 宋顺昌 孙齐文 孙玉成 王玉兴 夏定一 夏佩云 杨凤琴
杨永顺 赵国檀 赵佩贞 赵秀玲 朱存山 王美荣 孙吉寿 邱子政 刘丰厚
李培元 高兆仁 李开新 刘克德 杨立滋 于继涛 远玉岱 翟恩贵 张宝莲
张翠云 张金岑 张秀云 赵春英 周长岭 杨克鹤 刘玉民 汪嘉声 吴世菊
张俊峰 张子爵 李 涛 陈昌兴 陈申寿 崔淑婷 高乃英 高栓来 贾延梓
康宝贵 李景明 李 绥 李 毅 刘宝堂 刘凤枝 刘宣堂 刘玉柱 孟德新
南英臣 秦宝贵 任俊生 沙宗俊 谭少舫 王文玉 谢继贤 谢学修 许正德
袁国良 张后生 王文玉 孙士杰 钟晓东 陈汉林 王仲元 王金铁 王美华
何昌国 安振华 崔宪中 洪 清 刘圣敏 彭兰英 宋世昌 熊康英 张月英
刘文芝 胡代庆 潘清甫 芮晋泉 李 锐 李世光 徐秀花 许怀星 闫存善
赵长忠 李清顺 张桂芳 段魁琴 安志宏 陈景泉 焦汉文 刘六合 刘悦安
王国忠 许 福 李树文 尹喜田 田金友 李瑞恒 李诗春 李玉贵 吕云秋
彭双辰 杨维禹 张凤荣 张国英 赵清晨 周秋季 曹汉民 管敦良 刘成奇
任复清 肖庚生 张永贤 王贵锁 王伦生 李克尧 唐长锁 张宝生 杨玉斌
成少坤 程礼和 伴国柱 冯元琴 郝凤英 牛尚玉 王克琴 谢胜帮 杨为民

尹国柱 臧泽祥 张惠元 张蓬林 贺福顺 苗润楼 段冬春 卢建军 谭奇霞
资明秀 资中华 刘志林 谢海林 谢秋生 严秀芳 朱晓阳 罗冬英 李克实
张宝元 彭解平

第 6 列车电站

陶瑞平 胡德望 林俊英 马洛永 刘广忠 吴锦石 陆锡旦 李 满 孙旭文
宋 智 李秋乐 邹积德

刘仕科 周鸿逵 丁敬义 袁 健 周元芳 沈金林 魏汉禄 王春华 冯庆华
高惠芳 李秀君 刘广顺 刘克顺 齐殿礼 忻礼章 杨立兹 张宝莲 张翠云
李占昌 张茂盛 刘恩硕 邱子政 曹正坤 常金龙 陈世凯 戴广让 段成玉
段荣昌 段友昌 樊宝璐 樊泉先 范希臣 范植之 高竹泉 龚德成 郝道来
胡德宣 孔庆柱 李登富 李 杰 吕树海 吕友才 庞明凤 平多芳 钱之庆
任文臣 邵瑾荣 盛怀恩 盛怀风 盛学元 孙邦国 孙齐文 孙玉成 唐开福
陶开亮 陶开友 陶开元 王殿仕 王福均 王友金 王宗贤 魏克明 吴立云
吴兴才 许振声 杨传金 杨家忠 杨守恭 姚宜奎 张炳宪 张茂英 张庆玉
张修伦 张玉明 范红梅 李明川 路国威 庞永元 李开新 李 满 杨克鹤
龚荣春 郭孟寅 娄凤成 吴煜杰 连伟参 蔚启民 贾铁流 陈芳文 陆佩琴
范志明 黄仁荣 康淑英 康中顺 李敬敏 李文玲 刘文硕 刘彦彰 刘振环
苗文彬 孙振声 田正春 杨代娅 殷燕玲 于庆祥 于学哲 张宝辰 张惠霄
张英杰 张恒造 王福全 周明生 郑汉清 刘金榜 张秀云 王恩余 周智生
罗凤珍 苏全珍 李国清 伊 田 彭玉鑫 赵光秀 蔡风录 李秀德 任景秀
王树民 刘文芝 蔡永金 曹福祥 陈付芬 陈树潮 邓仲权 梁森全 刘钦敬
刘月娥 吴伯欣 肖 瑛 叶真相 赵代业 黄 欣 王勤生 石长春 陈精文
李志钧 卢俊杰 李振声 石义荣 张锡武 马进孝 屈耀武 于志学 王家骏
王通和 周国柱 李 旭 王登基 王士云 张书林 赵清晨 邹大芬 张延雨
张英普 赵庭贵 王玉萍 李维亭 马延光 石秀华 孙由礼 王景田 周秉泽
沈景贵 吴素珍 王 通 修吉庆 吴玉珍 茅亦沉 郭合芝 李桂春 刘锦义
刘真林 宋成立 王秀兰 王兆增 吴淑珍 岳文甫 张凤龙 管学友 常英智

郑万玲　谢晚生　颜桂芬　邓　波　刘治江　王汉奇　徐宗民　于天祥　杜俊明
王国玉　章文秀　吕广生　魏金梅　董顺山　高美科　郭润芝　林振喜　原世久
张风霞　胡冬秀　邹德福　魏　佳　潘家絮　沈宝珍　徐文秀　陈国祝　高宝玲
高正禹　黄连州　江允文　李　刚　李占春　刘桂生　刘淑芹　穆瑞田　秦连壁
孙耀光　王栗阳　王　萍　王淑敏　王祥英　王学礼　王正华　王子义　徐学刚
徐卓民　袁冬生　张吉普　张佩云　张书义　张振洞　张志刚　赵太平　周淑敏
蔡学帮　王学增　蒋旭国　宋彩兰　殷芝祥　张俊秀　张文发　王　昕　杜　嵛
韩金阳　侯玉琴　季　文　贾惠明　康新生　李欣生　李秀华　林国庆　藺学红
刘敦刚　刘建萍　刘克宝　刘丽萍　刘胜荣　刘玉珍　马春芝　钱　安　史佩昌
陶建华　王晓华　肖慧玉　许龙启　许　明　杨义民　远　征　张焕双　张云生
赵雨利　周在成　刘东河　只金来　姜朋美　祃开宣　唐杏茹　王莲瑾　魏鹏杰
吴桂芝　赵金荣　李志鹏　马　良　王新堂　华增芳　沈宝弟　李沧生　张银生
王　霞

第7列车电站

郝森林　戴丰年　杨文章　毕万宗　孙书信　范成泽　程克森　张鸿夫　陈成玉
郭厚本　蒋龙清　刘恩硕　李赞民　蔡保根　郑汉清

马洛永　张秉仁　陈恒德　徐济安　沈来昌　曹树声　李德顺　李国华　庞善玉
李连栓　吴国良　张来根　贾增明　朱福弟　张广义　莫德灿　周柱涛　倪继章
李应棠　李选引　韩月珠　胡振双　李汉明　廖　汉　任惠英　孙秀琴　王赞韶
吴玉华　尹燕琪　赵荣新　朱兆忠　刘智远　金志钰　王寿章　初丽华　王湘华
高连库　蒋承益　李壬午　于振远　李正蓉　陈光荣　马海明　闫熙照　张赖民
顾耀勋　郭长富　邓秀中　黄叶薇　金仁福　经家树　李雪英　林奕新　倪守林
邱维树　邵秀芬　王金华　王世瑜　余乐夫　张文怀　张德臣　程家瑞　胡金才
雷道正　钱天矶　王国治　宣建生　罗法舜　江德有　王玲娣　伍　新　马仁德
陈庆祥　王照衍　陈金元　杨灶土　方有元　侯永根　魏桂荣　王秋雯　万福荣
刘述臣　佟祥兰　陈中品　陈玲珍　周通友　来壮秋　王朝美　王桂英　方忠才
万治国　吴懿华　邢玉春　许石山　张　钧　张杏堂　周惠根　程汝敏　张书益

张明达　李玉林　齐秀荣　王有才　林泽恩　蔺　琦　宗艳芬　李素欣　孟繁志
郭长寓　苑俊珍　宫银东　黄桂玲　刘树勋　任兆福　徐松娣　麻惠书　张银海
张义文　李连鹏　赵玉华　刘宝树　刘真如　王学斐　邱银官　张　俊　靳学锋
李春兰　周土凡　陈月娥　江秧存　何丽荣　倪世绥　牛占英　田士军　胡梅宝
王明卿　李秀兰　嵇明颐　陈国照　陈杭明　陈莹莹　嵇冰怡　郎凤英　苏建伟
苏来成　韦莲珠　陈贞祥　张艳荣　陈一成　朱飞泉　黎桃英　廖全林　赵久金
陈继忠　方素珍　涂礼平　徐志勇　王　昕　张育芳　甘　霖　陆政文　徐　萍
曾新海　杨全祥　刘玉云　崔青云　徐伟志　张　杰　徐静流　赖梅芳　蒋友强
李永红　刘伟勤　昌小皖　郭　星　蔡敏英　王爱华

第 8 列车电站

杜树荣　王阿根　袁　健　曹德华　高鸿翔　张桂生　张成发　王守玉　吕存芳
张兆义　张树美　郭长明

陈洪奎　冯树德　田锡三　丁敬义　包祥安　陈宜豹　方仁根　高颂岳　胡传慧
胡兆青　沈金林　孙诗圣　汪大义　王炳兴　夏新娣　徐良甫　赵荣根　周泽彦
栾尚前　樊改明　部复昆　李新生　李　云　林玉喜　刘克顺　刘增才　宋宁宏
孙绪策　孙玉成　王凤昌　王继宗　张　健　赵国檀　赵秀玲　赵佩贞　刘恩硕
董文生　付树群　姜福成　刘世燕　张立华　李成章　李鸿生　吕　堃　孙玉良
张修伦　周耀欧　陈友仁　李成宽　刘广顺　汤美娟　田瑞云　汪惠英　王文银
王义勇　魏兰香　吴金亭　张德智　张东振　张　芳　周兴云　陈惠芬　杨克鹤
施连舫　连伟参　陈芳文　李德浩　蔡菊平　龚荣春　怀道良　贾铁流　马承鳌
宋昌业　惠致宽　李志强　陆佩琴　蔡风录　陈成杰　陈湖简　陈立居　陈深泉
陈镇元　程茂江　崔正芳　董国祥　窦生田　冯华球　冯振海　韩晋思　何永科
侯卓均　黄贺球　黄建敏　黄明珑　李　波　李广山　李国璋　李继文　连惠参
刘俊生　刘廷俊　刘燮儒　陆邦才　马守魁　马再德　苗同学　牛录林　彭景荣
容少为　孙巧云　谭伯珍　王金华　王永垂　吴关铭　吴寿南　武克恭　许　宽
薛学金　于庆祥　张光作　张恒造　张念妹　张文斌　张文怀　赵华依　赵喜顺
赵玉新　郑亚味　朱升光　左汉林　张国忠　杨秉富　王恩余　苏全珍　刘文全

李国清　刘爱卿　娄凤成　孙长源　王龙吟　王雪玲　邱文英　陈廷章　刘志广
吕鸿才　马贞龙　王　文　王　瑄　张景梅　张庆茹　王子杰　朱连惠　方建舟
郭福玉　计宝龙　王雪芳　龚君三　何雅文　吴伯欣　赵代业　陈建松　陈宜虎
方桐坤　刘　兰　潘清圃　张凤玲　张济国　赵志香　刘伯秋　覃继文　刘丰盈
裴庭奇　朱秀芬　马凤美　谭胡妹　孟祥普　宋承宝　杨仁宇　张秀亭　胡永哲
马进孝　史青录　杨志循　韩秋祥　范奇志　要九合　郑伟儒　冯景凯　巩福昌
刘振军　齐秀荣　王登基　张慎荣　赵金库　朱海泉　刘淑英　王志贞　董振英
郭守海　石关生　李　秀　张乱成　高　深　赵麟趾　孙庆芬　江竹林　田　筑
王玉英　修吉庆　杨桂珍　余占儒　马文华　荆爱英　周跃宗　刘真林　郭廷文
李连祥　满运国　庞秀淑　秦昆仑　王继红　王俊英　王喜和　王　云　肖俊娥
张守芝　姜庆华　陆义文　周　丽　王敬伍　陈　涛　杨富贵　郑金华　幸水平
龙　毅　丁正武　潘成玉　任林兴　李树贤　李北杨　刘桂凤　徐惠坤　赵世祺
张铁钢　应为民　张新巧　郑茂林　刘振堂　武莲芳　张殿国　吕存芳　田文栋
韩秀凤　黄乐武　王武昌　王玉生　马克珍　张智生　郑天西　陈　军　李金山
史金栋　王亚安　张书平　安　靖　卢立南　张建伟　曹仁虎　杨玉莲　张锐勃
张淑萍　祝士修　刘占岭　史改兰　周月英　崔晓华　裴　沛　张文才　陶宝勇
赵凤菊　李秀春　刘向朵　吴先锋　张景书　张　平　陈幼爽　李伍学　邝技能
刘同运　索宪法　吴生武　赵振洋　张永贵　白秀梅　陈方庆　付戈萍　贺京华
刘志英　汪慧玲　汪秋梅　王亚非　韦良生　肖定国　肖晓莉　徐炳虎　徐莉莎
许冬年　薛春雯　杨家珍　姚学明　翟忠萍　张国华　张洛英　周武昌　陈海莉
丁永丽　刘　羽　梁维平　王进步　王孙峰　余承冀　罗家凡　宋梅霞　徐鹏程
周厚芬　朱玉红　张海平　王建华　王胜双　张树庚　张树明　韦　杰　吴中荣
杨少青　蒋　琪　卜桂菊　李向来　王瑞花　王秀朋

第 9 列车电站

刘晓森　王　虹　安守仁　曹德华　陶晓虹　侯玉卿　王克均　何世雄　李华南
丁敬义　刘恩硕　陈本生　邹积德　沙德欣　闫春安　张喜乐

虞良品　吕卓华　陆慰萱　范世荣　赵贵才　赵　平　余志道　樊改明　李培元

梁洪滨 刘 楷 卢风岐 谢克谦 张英杰 周泽彦 王湘华 赵佩贞 李成章
郑久义 张 健 别桂阁 李秀荣 曹礼庆 李正蓉 唐开福 汪嘉声 吴芳鳌
陈必金 梁民安 吴和臣 赵国绪 范茂凯 范志明 殷国强 程文荣 陈湖简
陈瑞先 邓子城 葛同昌 郭冬花 郭永沛 胡伏莲 赖福初 李道清 李延春
刘振阁 刘宗敏 马振民 牛录林 欧阳菊英 邱维树 任炳英 任春贵 石湘云
宋振民 王才旺 王建章 王金华 温寿炳 文国洪 吴至彬 杨代娅 杨先树
袁秀英 张金荣 张平安 张文怀 钟青云 罗荣辉 刘凤兰 张国志 戴耀基
庄增贵 范敬全 许贯中 向方荣 刘忠义 施惠林 刘玉山 黄治安 马百克
郝志远 马腊梅 谭跃裳 阳济吾 李志钧 孟庆国 石长春 叶 钧 张达人
张怀志 刘西绵 项 如 张连福 李玉林 王忠立 冯福禄 陈 弢 赵淑珍
周 琦 董振英 李 秀 李 旭 芦海江 马汉民 佘玉谨 王同贵 杨 权
于志学 张庆春 李红果 梅清河 王 信 杨树湛 张灵果 赵占奎 邹大芬
徐鸿升 樊玉弘 段天官 刘顺安 吴克恭 刘景廷 刘 明 石秀华 苏作银
孙由礼 田 筑 王思华 谭淑焕 王彦江 李印春 刘金良 许道纪 吕家春
章文秀 高志奇 牛二棒 庞双吉 曹太荣 董国兴 董天栋 段有泉 李荣增
李长友 李振东 吕存芳 穆金柱 庞双喜 邱振水 沈金德 沈士芬 谭连刚
田文栋 王华泽 文留保 杨树元 易平柱 尹秀岭 张俊东 张忠普 章文康
贺佛俊 毛贵福 邹德福 刁兴国 李爱民 梁 荣 曲勇军 孙友春 王素萍
张友良 周锦玲 周伟建 蔡学帮 于神礼 张运增 杨素梅 赵治祥 江津义
张书文 张晓波 刘惠云 常秋风 梁作勤 冀金柱 周俊义 闫学庆

第 10 列车电站

王桂林 张增友 宋玉林 张桂生 陈嘉芝 王维先 张 彩 张喜乐 范惠智
李绍文 张贵堂

丁再奎 傅相海 李顺东 隋光华 吴长龄 项书臣 谢希宗 袁秀云 陈士平
崔 恒 崔振华 郝 荣 林祯元 戚丰玉 王春富 于洪才 张德林 张玉林
赵国良 刘玉林 闵恩营 孙吉寿 范桂芳 高 升 郝云生 蓝锦义 刘宝生
刘天禄 王 敏 闫德光 韩承宝 于桂云 张修伦 陈德义 冯炎申 李胜功

田金录　俞世雍　张淑芳　马静华　赵在玑　张长发　梁民安　田　发　贲玉林
陈维祥　陈秀荣　崔　文　丁　旭　高成贤　高玉贤　顾文华　郝玉民　扈润科
李贵福　李洪森　李家骅　李秀云　刘志民　孟宪章　齐庆彬　史振铎　王克俭
王　儒　王　勋　谢清林　袁忠信　张守学　张文祥　张艳芬　马同建　王树新
郑国忠　孟繁长　马清祥　马元斗　李福纯　刘春林　彭玉鑫　王振刚　袁广福
臧尔谦　郭树清　李秀英　柳景滨　陶德祥　刘明远　佟又敏　吕赞魁　戚务田
张桂兰　张淑兰　赵惠云　叶年治　王兆荣　史丽文　谢胜才　贲秀清　陈淑琴
霍凤芝　刘宝臣　娄淑珍　米建旗　王伏林　王秀清　闫　英　于金兰　方桐坤
郑荣亮　裴玉华　王奇昌　张　瑛　李焕新　李俊乔　张金茹　郑源芳　蒋庆贵
陈前忠　崔纯石　李宗民　刘跃华　任淑坤　阮振香　杨占民　张景虎　张振龙
赵振奎　王富珍　吴俊玲　霍兰香　穆长俊　苏长河　姚维兰　张文枝　张忠义
赵学礼　郑玉宏　陈素彩　宋锦荣　唐凤羽　仝喜林　王保国　王伦阁　闫永昌
张善梅　范宗智　郭忠堂　李福湖　孙洪民　王宝江　吴炳均　相金发　徐长发
张聚臣　高玉达　段山林　王永生　王尔邦　何佩亮　李璐莹　苑振爱　郝世杰
吴士元　郑德蓉　安智仁　朱若虹　张美茹　董惠珍　任裕才　董正峰　李东林
刘启河　汤　敏　王　丽　郝润仙　崔　远　单新梅　范青湖　孔令忠　李爱民
李希先　孟凡辉　谭瑞民　王德东　张　霞　郑玉山　王丹仙　张　勤　陈洪国
郑殿甲　傅建利　靳七十　戚务英　苑里军　张秀峰　白金波　白录文　崔新民
董淑媛　樊巨川　顾久信　郝祥云　黄桂珍　姜进立　李贵荣　李喜平　李晓军
李玉莲　刘　瑛　刘云辉　茅渭英　乜章起　秦巧叶　沈小刚　孙殿福　孙文梅
王和平　王　杰　王利才　王　柱　魏苏静　邢福同　杨宝林　翟立军　张东连
张建如　张建中　张铁兵　赵　琦　赵润兰　赵子学　黄翠芬　林　莉　李会贤
莽禹华　黄笑平　富　锦　李建绥　张雅明　胡卫敏　李二毛　刘春玉　邵鹤敏
韩　英　张景德　张秀芬　李明科

第 11 列车电站

田　润　李生惠　孙玉泰　胡德望　席连荣　张桂生　刘子德　尹喜明　余竺林
宋新泽　鲍成训　石建国

刘芝臣 吕兴华 于学周 季祥生 唐若蕴 朱廷国 李士杰 范奎凌 彭芳凤
王良祥 陈远校 张雪红 赵以仁 李克贞 郑永忠 栾尚前 罗时造 车导明
范红梅 何本兆 李代圣 李枝荣 廖 汉 刘光裕 王俊乙 王全恒 魏广德
许振声 颜俊珍 张 沛 周跃欧 朱存山 范希臣 庞明凤 盛怀凤 王福均
程建华 杜福海 韩月珠 金城居 李桂香 李桂芝 李 杰 李景川 李长生
刘克德 马新发 孙裕良 王金堂 武继倩 徐墨琴 徐瑞英 叶柏云 于桂云
远玉岱 张秀云 赵同相 周海晔 周永茂 周长岭 邹治平 李开新 王文银
翟恩贵 魏长瑞 张学义 何自治 姬惠芬 康德龙 刘亮京 潘健康 裴悌云
瞿润炎 王西豪 王重旭 徐武英 杨淑英 张继锁 王凤梧 黄位中 程礼和
郭岐军 李绪刚 林奕新 卢锡玖 孟宪章 沙朝均 宋宜臣 庄增贵 张凤岐
范敬全 黄文表 周国尧 郭泮武 陈 清 陈庆元 龚联霜 李国珍 李金荀
刘文全 王连池 韩国英 张永喜 边玉栋 管昶裕 李宝胜 董崇德 韩幼花
洪根源 洪 淼 侯永根 黄开生 刘纯福 马林奎 史才金 宋 诚 王国雄
尉正良 夏友芳 项永泉 谢景福 徐先林 应湘仁 俞凤兴 丰仕缙 韩步云
钱文娟 裘东平 冯培根 韩幼珍 赖寿章 赖秀笑 史文玉 王立淳 杨文翔
朱志香 范炎林 范炎松 骆光金 戴如槐 林水金 宋正锦 季像生 陈中品
蒋根福 李学忠 卢明杰 陆金龙 邵坤鑫 邵钦岳 孙开仕 汪彩银 熊东荣
徐明功 严瑞菊 杨嗣清 应冠全 方菊英 江玲娥 齐水凤 韩成龙 洪碧香
李鸿发 林美练 林盛灵 刘百娥 宋世昌 唐大庆 温标龙 肖开英 许少杰
鲍林府 蔡光亮 洪秋秋 黄金生 黄益舜 黄有荣 李善仪 廖森寿 刘仕仁
刘振旺 陆石敬 罗松清 吕来富 阮国志 沈绍儒 汤志汉 吴景星 徐海明
徐井水 叶爱逊 叶达聪 叶汪迓 张如光 郑六禄 周通友 祖心安 陈明藻
高 斐 来壮秋 马百克 钱梅兰 吴希敏 徐志豪 张瑞林 郑芝芳 朱显光
邹贵根 郑邦杰 方益鸣 马美丽 赵省华 马绪昌 胡胜昌 凌段秀 龙秀德
王明礼 杨 涛 张秀英 郑树连 毕跃敏 陈 彬 崔兆英 杜桂兰 顾龙妹
郭德刚 郭俊思 郭廷献 郭云志 季茂兰 李殿臣 李咸霞 李振迎 李正居
刘伯义 刘昌起 刘德岭 刘继田 刘月华 卢福海 孟庆真 荣令喜 商茂英
宋思宜 田银芝 佟祥兰 王金英 王景田 徐延胜 许传真 杨万玉 杨玉玖
殷延芬 张金茹 张明珠 张荣科 赵建华 周传英 周长林 李秀荣 朱桂花
张锡武 苏东京 段魁琴 李玉林 郑源芳 王淑芳 王淑琴 王志贞 郭积先
梁贵生 王通和 卢久明 刘秀芳 高海英 王玉萍 崔校锡 马美德 魏锡坡
张大慧 张慧珠 李金星 孟金钟 钟安静 胡 英 段学明 刘殿华 徐庆祯

宋遵道　郭峰　高振英　刘子发　于神礼　曹万明　董守义　宋朝来　孙秀兰
杨位民　于世才　周国义　董惠珍　刘德清　王兴彦　吴卫东　王超　甘宜善
贾慧敏　常景元　陈庆利　陈勇　陈忠华　段瑞玲　冯敏　高平　耿传和
侯庆民　姜元华　李新华　李绪岭　李运岭　刘林英　吕秀海　马振泰　倪诗勇
彭井玉　彭景芳　钱文华　孙风岭　唐建平　王鲁敏　王慎全　魏忠　严伟强
翟淑琴　张爱国　张修昂　张友良　赵勇　赵月兰　张永军　邱平　毕可胜
胡琴昌　姜世甲　刘炳胜　马恩波　马铁柱　苏桂芳　张传秀　郑书来　刘玉臻
李春海　程代众　季茂才　李国萍　梁克安　刘维祯　宋世乐　苏华　王莉
王品　王瑞金　徐光勇　银晋华　张高潮　张国庆　赵喜增　李博　路利民
王福海　肖德平　杨素梅　赵杰　尹林琴　柳忠诚　汪桂芳　黄峰青　艾民
冯波　韩学丽　孟凡耀　宋玉辉　田雅萍　王淑珍　魏霞　张凉　张文谦
杨三英　李丽　贺喜谟　宋洪彬　闫明太　周彩芝　高文杰　石景光　谢黎海
李洪良　赵鹏　胡浩昌　骆华良　陈忠霞　刘俊兰　刘丽荣　娄来华　齐盛林
石景萍　王国保

第12列车电站

郭广范　张兴义　崔富　高文纯　管金良　荆树云　张文忠　周冰　乔勤
刘万山　彭玉宗

李元孝　陈景太　葛春城　李怀伦　王风权　王泰福　吴魁元　杨绪飞　李桃仙
石志晶　孙丽兰　张宝毓　赵德英　姜树柄　慈顿礼　吕凤坤　樊登成　魏克明
乐秀珠　黄盛茂　惠天祥　王学厚　何自治　钱如高　陈云书　郭秀敏　李永祥
刘宗敏　孙钊　王树新　薛贵良　张向奎　田丛文　吕赞魁　杜维义　李光荣
刘存德　王广文　岳官玉　耿兆忠　杨保家　朱秀荣　黄忠秀　曹有成　陈昌
高俊臣　李国清　潘禹然　杨九林　刘廷富　肖军　孙汝庚　李秀英　王树元
吴怀光　王祥恒　杨嗣清　段延宗　韩志华　李富国　石振国　李桂珠　高文勇
宫成谦　任尚义　张承根　张济国　衡家月　韩春礼　彭金荣　何惠民　廖复勋
楼秀风　楼学文　楼章气　罗大巩　汪秀风　吴仲苗　谢志野　季益好　季占林
肖明利　夏振钤　崔顺琪　张春雨　马德惠　曹树斌　曾学岩　郭葆良　齐国祯

张锡武　周智翔　邸树强　刘兰亭　王文清　赵泮增　刘凤江　周俊英　周秋季
徐珏琦　张秀花　赵宝宗　孙六合　葛敬桐　李从国　谭希兰　周俊峰　骆振录
崔庆山　吴金洪　袁秀文　刘瑞生　陈鸿森　李凤英　赵俊元　亓汝爱　武振江
闫守正　安锋进　常广滋　胡正文　姜叙全　李树武　刘玉顺　吴占魁　徐方荣
张凤云　张　岩　李金旺　张家寿　王世明　刘文斌　马天定　李成田　武素华
张世华　王守伦　李怀玉　李成良　孙玉华　吴基春　刘定华　王生安　吴兴元
吕兴元　王建农　丁富梅　王运生　杨淑兰　陈成军　陈成宪　程风江　侯尚利
胡顺胜　李德田　刘本权　桑胜华　宋阁臣　孙孟东　王本义　王文秀　谢　宏
徐丽荣　袁秀臣　张丁成　张月光　赵乃友　赵锡元　周化庆　周长海　蔡远田
丁宝胜　董茂庆　顾迎新　黄永东　宋连杰　吴运杰　张　军　张书义　赵秀英
姜连生　刘福安　刘佳斌　邢守良　黄继红　高　欣　李满囤　刘淑梅　孙　杰
车喜英　孙宝成　张书贵　陈志全　刘美玲　孟祥恩　宋洪彬　吴凤源　闫建党
张绍芬　张书利　高赤平　刘海兰　乔　燕　任锦平　孙继华　彭根来　亓汝柏
解雨来　黎启乐　符国昌　郝卫星　李柏锁　李凤兰　李　宁　孙玉霞　王景富
王绪政　张平平　赵亚丽　高造堪　张金波　朱和平　季　双　娄小刚　王毅清
张彩玲　孟庆军　袁朝熠　韩　勤　曹国昌

第 13 列车电站

韩国栋　陈本生　郭荣德　陈荣文　李汉征　李庚辛　邵晋贤　周国吉　米淑琴
刘润轩　李玉强　王占东　邓　发　刘广忠　冯炎申　陈成玉　李汉明

贾占启　舒占荣　白　义　姜林林　王文华　王明山　段玉桥　孙玉琦　籍砚书
李振水　杨喜昌　翟云康　朱武辉　孙景明　陈孟权　丁泉根　李连栓　孙彦斌
易　云　崔炳玉　蔡保根　沈　嵘　王维茂　杨风林　张书勋　李选引　赵志芳
任一筠　程洁敏　樊明德　郜复昆　刘丰厚　罗荣海　孙绪策　王成祥　王金玉
王湘华　王玉林　王赞韶　徐文忠　尹燕琪　张富保　张立安　张淑清　朱彩求
马德泰　陈建功　钱之庆　杨守恭　姚菊珍　张焕昌　佟惠兰　刘广顺　刘明耀
邓秀中　王宪均　张尚荣　朱开成　陈光荣　阚　宇　邱秀泽　鲍睦合　曹荣俊
常永振　陈凡秋　陈胜然　傅俊吉　郭计锁　郭永沛　韩惠新　胡德修　李敬敏

李顺海 李新田 李智君 刘舜华 刘增录 刘占欣 米福龙 米景章 米玉姑
年延生 齐振和 宋洪进 田殿银 佟新顺 王昌民 王慧敏 王季良 王克勤
王庆洲 王永庚 王永顺 谢继富 徐 谨 许应钦 袁天印 张福振 张连瑄
赵菊初 郑亚味 杨素清 张文斌 李 德 许兆龙 周智生 王两已 邵荣贵
段秀明 郝士英 李元泽 王学群 林宝霞 林灼禄 王梦麟 刘振远 杨玉兰
莫瑞绮 张开润 和庆芳 侯照星 贾素珍 李武超 林书田 刘钦敬 王丽娜
杨玉华 赵菊茂 朱学山 邱振德 洪美英 陈玲珍 朱升广 李家栋 唐英功
马景斌 郑宪兰 陈咸炎 丁培林 范钟江 高桂梅 郭俊岩 郭淑文 和克勤
黄天晴 贾 森 姜祖英 李富章 李桂青 李基成 李灵改 李 秋 李英茹
李玉珍 梁晓弟 刘丰盈 刘新莉 芦长江 吕宏兴 马锦章 麦志强 孟令普
米鸿恩 齐培宽 齐志祥 曲培芝 孙继章 孙友岐 田宝鑫 佟祥兰 吴秀英
王德顺 王桂英 王金凤 王 楷 王秦生 王勤生 谢林芳 谢胜才 邢洪芳
徐广祥 许应明 许桂馨 许继珍 杨全战 张耕如 张 毅 张云福 赵志玉
赵子安 周维新 周兴旺 朱广德 李玉升 赵美德 袁召昌 郭新启 常守民
温彦华 赵兴才 左舜玲 侯照龙 李锦熙 安彬祺 陈敖虎 董春元 顿如一
李凤鳌 闫 琪 杨建祥 张金柱 张铁练 董月昌 李兰州 刘惠英 彭彦斌
王太和 谢子振 徐道真 薛德宏 张慎荣 张文山 赵文峰 李惠芬 宋步桥
苑俊珍 李维亭 陈学年 冯日升 王秋芸 王文全 杨建华 袁士君 朱秀兰
王广韬 茅亦沉 武瑞森 杨忠勤 蒋厚良 李 庸 梁国康 谭 辉 张秀华
郑新阁 臧泽祥 白景芬 陈俊善 陈正玲 郭润生 侯合群 胡永生 李博学
李国卿 刘兰田 刘润诚 刘增福 刘振福 宋国军 宋建国 王香平 王新贞
王琢昆 吴占军 杨小勋 张福林 张银水 郑国旗 郑占军 苑振爱 张玉清
陈英华 王兰芳 曾嫦英 杜继松 廖贵武 汪清梅 王国宝 王 联 刘淑芹
包钢柱 李钦生 陆永坚 王胜果 周 锋 杨志欣 刘喜花 张广新 陈 斌
梁啸吟 刘培岩 欧阳爱琴 袁秋芬 赵二年 杨 杰 李记锁 李铜锁
张广民 周 宣 郜贞轩 安秀珍 娄 菲 潘杏仪 王莲荣 杨秀珍 张佐英

第 14 列车电站

邓 嘉 范世荣 何立君 杨武寅 贾占启 苏振家 刘福生 孙学海 梁子富

张世铨　刘仕科　程理和　董长胜　李世清　代俭根　范桂琴　谢祖兴　刘　焕
吴国宰　程克耕　陈秀云　程淑兰　胡德选　何本兆　黄玉金　黄玉佩　廖　汉
吕树海　司秀英　陶开典　田胜才　魏光辉　吴明华　吴文治　夏定一　游本厚
袁天成　张瑞启　张尹林　赵志恩　杨锡臣　钱仁福　张永池　李庆祥　王自靖
熊金全　徐桂英　杨冠群　张永池　周韵洁　郭洪鉴　梁洪滨　姚宜奎　卢焕禹
刘汉宗　张宝莲　张翠云　倪振初　陶瑞平　贾国良　吕美忠　汪嘉声　张门芝
张秀月　阚　宇　宋佳宁　顾经纬　丁曾安　蔡继成　蔡家英　柴国良　陈宝辉
陈秀荣　戴耀基　段述迴　范正谦　方传权　高肇仁　何以然　何珍明　孔繁玉
李家骅　刘复良　刘连祥　刘长明　刘治英　路国威　罗法舜　马继宗　彭树周
戚广宏　任德来　孙桂宗　唐素真　王保祥　王　儒　王世春　杨万章　余廷龙
袁　廉　赵福南　周光发　漆惠玲　冯国俊　熊　忠　程冒爱　胡俊岭　王玉芬
徐成合　杨树林　尹福兴　张振君　张振书　赵惠云　王恩余　华应岚　杨祖德
张成良　胡仲礼　梁英华　邓吉光　杜瑞来　郑吉光　褚守业　周纯密　杜敏玲
李新田　张人桂　施惠林　幹自强　黄友德　吴安平　杨国明　张仁怀　陈绍珍
盛林春　侯照龙　刘焕玲　殷凤臣　唐秀国　李志钧　白　皙　柏素琴　李秀云
王金铭　陶保福　郭文海　曹秉忠　李　顺　赵　恭　邝振英　陈　瑞　韩振生
徐振祥　张振运　盛莉娟　蒋昭华　杨宝生　曹善伍　王永庆　杨凤山　朱永珍
王　浩　雷胜清　刘金梅　栾怡荣　王振兴　田　秋　赵秀花　龚联波　李战平
时继东　宋志远　崔允哲　裘为民　翟振国　蒋金平　芦志真　郭秀娟　胡玉英
纪敦忠　雷凌云　雷青云　李瑞兰　李阳珍　刘振兴　彭洪章　沈跃鑫　王金德
王延年　王永宁　王予斌　肖金岭　徐全志　叶德兴　应惠英　赵顺生　郑惠平
庄翠霞　韩武科　贾汉生　刘卫泽　马福祥　张树合　王建华　李平伟　王翠芬
禹赛花　赵　鹏　葛　原　马照云　葛桂玲　毕学平　李建新　苏春成　张国良
李明兰　陈淑兰　彭　玫　刘淑芳　纪　静　刘淑湘　彭　涛　孙渝环　吴兴亮
王新建　章浩林　刘光华　孙明森　赵英纪

第15列车电站

褚孟周　吴锦石　文士昌　赵廷泽　陈启明　蒋龙清　胡在清　张平安　苗文彬
李秋乐　李保军　余竺林

段玉桥　王相汤　陈孟权　李文魁　王良祥　肖光辉　赵云浩　丁敬义　周柱涛
刘国权　张雅秋　吴英智　黄应彬　黎素芳　廖国华　刘宝善　莫　健　庞永元
任一筠　盛迪武　王湘华　王孝全　肖云峰　徐应祥　姚贤坦　姚炎熙　张松永
吕长海　胡德选　李成章　刘　权　吴弟云　吴玉杰　吴兆铨　范茂凯　吴懋盛
刘桂芝　郑汉清　王仕定　卜永宝　安宝真　陈成杰　陈湖简　陈克谨　陈永弘
陈志和　楚作明　单福杞　邓成裕　邓锦生　范祖晓　傅碧辉　傅宝家　傅俊吉
龚联霜　谷振煌　股艳玲　郭永强　何永科　胡伏莲　胡桂生　胡国清　胡克民
胡善者　胡耀喜　胡再益　黄乐堂　黄仁荣　黄所欣　黄有根　计万元　金雨时
乐成士　李柏阳　李春生　李广仁　李景明　李来福　李茂华　李一惠　李祖培
梁庆光　廖四一　凌　凯　刘笃庆　刘际帮　刘佳兴　刘龙珠　刘诗近　刘彦彰
刘元庆　刘志英　龙彩兰　骆光金　吕爱丽　毛玉立　聂志铨　欧学易　欧阳丁旺
彭树周　秦邦杰　荣家亮　石补天　宋玉茹　孙振声　覃正群　谭木华　谭少房
唐见高　王美华　王若冰　王永垂　王征良　文国洪　吴明沛　谢景福　谢理四
谢培吴　许宏发　阳树泉　杨保生　杨德安　杨建华　姚冬林　姚怀根　尹岱秀
于庆祥　余道国　俞惠芳　张光作　张惠霄　张俊品　张念妹　张位轩　周光发
周西安　罗茂华　马召锡　苏作英　王纪尧　廖刚兰　温巨臣　武记贺　武建礼
王才旺　张秋传　陈应祥　徐发亮　周明生　田胜才　罗凤珍　杨佑卿　范敬全
柳长德　刘　珏　王继孟　王普生　吴孔世　武焕忠　赵光秀　周承祖　周得意
周桐荪　刘家兴　董国祥　邓就仁　寿景云　吴兴义　余碧坤　玉桂元　杨成柏
袁克文　洪秋秋　黄有荣　叶爱逊　谭柏源　赵元壮　常敬干　王勤生　石长春
张达人　程骏德　李咸霞　李木楠　梁恒启　刘彩英　陈念芳　卢俊杰　刘　合
史天培　赵连城　朱桂花　石义荣　黄　兴　刘改婷　田金有　赵占奎　李文明
李淑敏　李志鹏　李树贤　张书林　王通和　邢树昌　王金涛　宣梦章　孙庆芬
曹济香　李宝田　余占儒　朱建元　荆爱英　常英智　陈棣辉　陈德华　王秉林
张玉忠　郑万玲　姜庆华　郭建平　吴高华　吕玉梭　徐宗民　李庆利　王述祖
邢玉荣　杨锡贤　李北杨　夏技师　杨德贞　杨新款　姚彦坤　周永汉　庄枝英
袁玉芳　苑振爱　宋连城　王景明　张铁勇　赵兰恒　陈昌文　崔光普　杜汉平
耿淑英　胡冬秀　胡士牙　蒋忠义　刘善建　余新桂　高秀英　李雪航　丁景珠
胡家明　李明桂　苗　勇　张忠德　苏来成　柳宏福　李春亭　孙厚良　王抗美
王幼华　董世坦　黄金华　杨木堂　伊书全　陈佑梅　汪桂芳　郭良平　华君良
黄继庭　赖宏铭　林开文　刘景顺　刘秀山　孟凡德　邱郁昌　修再珩　叶安全
叶水源　谢黎海　李玉红　骆华良

第 16 列车电站

杨成荣 屈安志 吴锦石 马洛永 邱子政 刘广忠 支义宽 董文生 阳树泉
黄石林 郭守海 孙伯源 王卫东 曹志文

刘芝臣 王锦福 周鸿逵 肖光辉 贾增明 孙景明 李启基 罗启明 李应棠
汪火平 董庆云 曾宪皋 陈金生 付宝家 胡腾蛟 康存生 李品先 潘升华
彭祖坤 盛迪武 史庭凡 孙邦国 王杰天 宿开国 杨来裕 崔正瑞 张宝莲
张国祥 张金兰 张学陵 张耀忠 赵国檀 赵学增 郑汉强 周文友 周泽彦
朱彩求 宋宁宏 赵秀玲 葛建华 李成章 胡德选 李春森 施连舫 李忠才
杨克鹤 张益群 张俊峰 连伟参 陈光荣 张绪杰 唐绍荣 曹天秋 阚　宇
方云楚 易承寄 毕永贤 孙继新 丁彦国 高炳武 高　文 高郁文 郭永沛
韩晋思 洪积丰 黄福琴 蒋继周 雷　舟 李宇达 李志修 刘本信 刘鹤御
罗跃阳 毛淑琴 苏赏恩 孙家瑶 谭祖萍 王季良 王世考 望　潮 谢柏清
闫杏稳 杨聚明 杨振宇 尹淑媛 袁卓光 樊明德 翟伯超 张福诗 张桂荣
张世廉 张秀珍 郑儒乾 郑儒林 王凤燕 曹秋珍 陈运新 葛兴华 罗凤珍
孙继新 沈琴珍 沈惠明 许正德 黄平湘 杨文翔 宋崇贤 谢承菊 陈侠男
景明新 李希华 刘天碧 谭赛华 吴宏良 杨文硕 周伯顺 刘曼琴 刘元迺
王衍玉 吴德好 张新民 周恩玉 王爱明 章汪盛 陶　洁 王召南 常敬干
高乃英 强俊英 王春生 王翠英 文国芬 禹永安 王金凤 顿如一 宋承宝
倪宝初 冀景荣 时及铎 杨继红 占　元 刘增泉 杨宝坤 任鸿臻 袁秀文
马玲芳 张树仁 陈国宾 梁振兴 刘子威 卢建忠 茅亦沉 苏国仓 王义和
陈贵田 陈占明 付振元 高义春 解子纲 金凤图 马书明 沈懿琳 宋春山
孙盛惜 孙玉厚 问庭欣 杨国华 张树茂 赵　忠 任　毅 郝英才 吕家春
薄向东 钱东绥 陈建华 高美科 贾桐群 廖文媛 刘俊平 王宝山 米万琴
高永耀 安裕光 陈　军 廖贵武 彭桂芬 封先明 甘嗣烈 高增力 胡端生
黄明林 李福平 连　文 彭佩民 苏健婴 覃秀娟 文毅民 肖建华 张荣华
赵建云 周永江 阳宗华 张兴琼 顾宝根 郭　莉 郭淑贤 刘培军 刘正伟
卢有林 邱忠正 王建英 王秀荣 薛良炎 杨贵宝 易红梅 殷宝立 章　红
赵凤菊 赵凤英 陈金芳 魏金元 赵宝珍 朱秉孝 闫瑞泉 康锦英 刘　彦
马福龙 孙同生 王竹君 张景云 李　进 王　光 吴江波 张汉青 魏喜玉

郭泉玲　李水林　张富中　李　刚　夏香梅　夏英芹　程福奎　吕月兰　康二毛
李树荣　王　开　刘亚楠　曹丽琴　张亚男　郭玉宝　施　明　王丽敏　王玉春

第 17 列车电站

周国吉　孟庆友　杜玉杰　崔　富　黄耀津　李　臣　李树生　曹志文　梁子富
杨德厚　王荆州　孙长源　李山立

唐存勖　赵荣根　时景阁　孙旭文　项书臣　钟其东　高舜贤　姚殿元　周广才
梁秀梅　刘长海　龙树果　莫光谱　时洪玉　司秀英　孙景泉　孙庆山　孙忠厚
王国君　王玉林　王玉梅　杨立滋　岳晓江　张继福　张淑芳　张文彦　周永茂
邹积国　刘桂云　于桂云　李开新　徐墨琴　王　贵　孙士杰　包连余　包振环
曹志芳　常素梅　陈克谨　褚　程　崔木荣　董庆德　范玉忠　高　旺　郭柏林
郝凤鸣　李殿臣　李士奇　李树祥　李顺吉　李绪刚　刘克顺　刘文伏　刘志辉
马清祥　齐庆彬　苏德斌　佟新顺　王宝弟　王瑞芳　吴德贵　徐　瑛　许静文
颜文质　杨秉富　杨建华　杨香记　杨玉章　张道芳　齐松山　么子臣　程骏德
路延栋　苑志斌　陈金龙　李云奇　郑祥全　恒东立　杜莲花　国　友　李　娥
李灵改　李永新　马华山　马秀兰　牛吉顺　齐志祥　苏德恩　田玉清　王殿清
王丰太　王万德　项占臣　赵志香　王　也　曹文胜　冯万美　公义厚　靳惠哲
李国斌　刘清泉　王玉芬　翟守恩　张玉琦　赵　玉　朱　琦　侯宝富　李振声
任一龙　冯景凯　赵新民　王仲芳　程云馥　李申海　徐永亮　隋树兰　沈景贵
耿惠民　关德英　何兰序　李学良　汪莲珍　王德振　张聚臣　冯秀兰　姜　泉
苏长锁　丛玉英　张定新　刘德柱　刘福平　马秀芬　宋金贵　苏保义　张　鹏
王玉环　李　峰　闫怀林　张满栓　白秀芝　范惠智　胡卫国　李凤岐　李晓峰
李绪岭　吕万萍　时桂兰　唐建平　梁宏才　孙学林　许云茂　赵丽华　马广彦
田素云　崔春安　冀凤英　王竹君　赵凤海　崔春善　李洪茂　马凤霞　王玉君
王长民　褚玉清　哈　沙　刘丽萍　孙向群　魏　江　杨　勇　臧秀梅　张相殿
夏云风　毕建英　郭泉龄　郭　曦　霍桂云　江文英　刘祥国　罗庆友　马　良
王玉芹　许凯峯　崔新亮　狄忠贵　李风龙　李静严　孙洪德　温　亮　肖宝新
董玉波　李宝新　王　刚　黄剑平　熊小年　杜　军

第 18 列车电站

周春霖　赵陟华　张门芝　唐存勖　杜玉杰　张均和　赵仁勇　张庆富　于振声
刘丙军

胡海棠　陈士平　付守信　李怀玉　刘玉林　时景阁　王春华　魏汉禄　付连伙
鲁春元　赵　江　罗时造　韩承宝　金万山　孔祥元　刘永俊　石志达　宋志敏
王　艺　吴标荣　张克华　宋望平　贾铁流　张喜乐　边长安　陈金元　范玉忠
范志英　郭　琏　郭增仁　孔祥春　李光跃　李延春　李义和　梁成达　刘国柱
刘龙珠　刘运芬　陆宝祥　齐庆彬　冉秀田　邵寿根　沈龙弟　史才金　佟　贵
王翠金　王存恒　王建惠　吴国栋　杨学忠　杨增山　郑国忠　马元斗　曹志敏
李文兆　田玉镜　周贵朴　程风然　焦玉存　应锦鸿　张汉一　庄大华　付天成
黄治安　张栓石　蒋根福　李云奇　吴希敏　郭培程　李国志　李君英　刘苹芯
隋洪珍　王贵华　易占忠　朱蜀樨　朱志平　张济国　肖明利　肖淑珍　韩越辰
崔轼芳　高德申　韩义国　李世杰　刘述俭　吕杰军　史占铎　王克臣　薛汉根
赵洪国　赵怀良　王里仓　张运增　代绍成　刘瑞生　崔　克　李春和　宋桂荣
徐振祥　杨雨生　于新川　张子森　潘风华　李士杰　王玉泉　王文明　管学友
程志学　戴　由　李志明　石文琨　王自玉　徐绍军　禹成七　张桂琴　许永胜
郭清纯　何树成　蒋根弟　刘艳芬　石良玉　时情运　赵金和　赵庆和　周泰芬
安全海　李国贵　李同贵　刘汉民　刘洪魁　刘庆财　刘铁男　卢兴文　谭道明
王学江　武新力　闫志瑞　杨际元　孙国兴　王喜田　王玉刚　付桂兰　付桂英
郭凤山　李　芹　李万江　李　伟　翟淑琴　张晓燕　赵茹叶　张　昌　杜锁春
郭胜娥　韩太平　贾惠霞　李建东　田润志　王立庄　张杏菊　李志强　吕跃东
王兆贤　魏文茂　于宪安　张克俭　赵铁军　周丽艳　左建敏　李树柏　刘文国
吕　立　屈振海　向　晖　冯慕艳　王忠良　袁玉海　张继琴　段魁华　孟静艳
张金芝　刘新芳　栾新东　纪占同　李　鑫　杨德生　门跃波　米明森　时春林
许传文　张瑞佳　孔令通　马兆建　侯卫东　李　敬　李拥军　陆　岩　孙树峰
沙洪彬　张银生

第 19 列车电站

陶晓虹　王克均　黄时盛　张广笙　于学周　侯玉卿　陈精文　袁　健

舒占荣　吕兴华　朱平勇　邓　义　沈来昌　王炳森　王维森　张凤祥　陈纲才
公玉祥　李连栓　刘树福　刘学斌　孟宪泰　何泽民　李前锡　秦金培　李克贞
陈桂兰　程时祥　富家兴　刘　楷　刘世燕　刘兴叶　刘玉河　孙长根　田瑞云
王桂芝　徐秀生　杨上尊　易金珍　于泽生　袁秀英　张梅芬　张雨桐　孙吉寿
谢文篁　王凤武　杨守恭　成源沪　苏敏敏　苏信元　董润茹　李壬午　李　涛
赵国绪　姬惠芬　白治帮　程文荣　冯光芝　黄天友　李吉生　李秀文　李跃勇
刘玉升　沈农地　王玲娣　温贤德　闻永根　许保国　袁唐基　张宝山　张金荣
张守学　贺元祥　唐世全　杨师欢　陈友仁　姚常林　张德利　石金生　张静杰
蔡祖元　邓吉光　张毓梅　郭　峰　舒立珍　王瑞芳　尚金韶　龙武权　马洪恩
彭纯菁　谭双琪　魏玉生　杨双流　勇砚英　沈耀新　项　如　史丽文　刘新莉
张玉群　徐慰国　杨建祥　王　聚　陈吉荣　周智翔　付继先　曾定文　陈冠忠
李　银　彭良举　崔桂兰　宁世英　王大禄　武启儒　朱学信　张宝媛　李维嘉
文　友　王文涛　姜国方　姚圣英　徐义光　马玉珍　陈铁成　于俊杰　冯学信
袁履安　陈　涛　于崇友　艾志泉　李志玉　王玉友　申光华　李长友　王桂梅
曾祥义　陈德胜　黄　珍　雷祖木　李寿安　王和平　吴成华　姚光荣　袁　斌
周艳娥

第 20 列车电站

李生惠　贾增明　黄位中　于学周　虞良品　黄时盛　侯玉卿　赵国绪

舒占荣　朱平勇　郑　禄　吕兴华　邓　义　李士杰　李　涛　孟宪泰　王殿真
刘国权　秦金培　李克贞　车导明　吕文昌　邹积国　刘宝善　张中秋　魏兰香
张德智　张秀云　张绪杰　沈伍修　孙长根　姬惠芬　杨淑英　刘玉生　陈俊生
谷　慎　郝洪仁　李雪英　刘荣柱　吕凤节　石湘云　吴国栋　薛建德　于涵俊

赵玉新　朱汉良　王吉星　廖刚兰　张恒造　刘玉升　李秀文　舒立珍　张春贞
丁善琴　尚金韶　赵省华　马洪恩　张秀荣　蔡元恺　尹树清　冯万良　郝洪礼
刘春幸　杨建祥　王　聚　付继先　牛学伦　于桂玲　马玉珍　宋锡纯　杨景林
张钧玉　张来普　刘文池　文　友　沈惠清　宣忠华　陈以芬　王敏桂　周光宇
刘宏图　吴树伦　戴建忠　齐淑岚　周国正　孟玉茹　郭忠堂　冯学信　吕玉梭
王忠义　边来运　葛庆华　李新靖　徐书元　徐学敏　张东忠　张恩仁　赵希仁
张世华　李建民　郭生年　韩景云　刘承山　罗　森　马志贤　冉慧荣　吴琪瑞
周永昌　周永明　周兆明　朱秀田　程学增　段更勤　郭玉萍　黎　明　李继才
李善林　牛尊荣　权金玉　孙彦友　陶大银　谢松云　徐文芳　杨仲贤　张进学
张毓民　张长安　白敖特根　韩路顺　侯庆禄　郎秋菊　乔祝明　王志有　谢　宏
张宝全　张秀合　李　淑

第21列车电站

周妙林　蒋龙清　贾占启　杜玉杰　马海明　陈耀祥　陆锡旦　展宪宗　沙德欣

黄志跃　刘子瑾　丁敬义　宣美英　马伯岑　周元芳　胡观涛　范桂芳　王玉林
孙彦博　王桂如　杨淑琴　尹承生　王德宝　张秉仁　张焕昌　沈芝兰　李万林
毛金余　闫熙照　金家杰　陆佩琴　邓光宗　胡月新　刘玉生　陆林祥　罗荣辉
马伯占　毛桂林　潘惠芳　戚美贞　陶严品　王恩卫　王金水　张秉智　张秀荣
周　泉　周淑德　袁世舜　陆焕儒　万福荣　王秋雯　沈惠明　来雁秋　来引年
王国祥　付子明　李刘荣　张　杰　李洪波　罗慰擎　张树仁　邓坤根　金兰英
张贵良　周振玲　刘砚田　陈中品　温标龙　江德有　曲淑仪　吕淑娟　杨玉洁
王景田　陈运龙　李中海　周国柱　张立茹　刘恩惠　史占铎　薛福禄　翟　金
崔吉安　赵兰芳　赵振声　王凤禄　徐玉敏　宋凯旋　李秀英　赵逢文　陈满水
路玉根　杨德利　陈　瑞　程兆娣　何春元　蒋昭华　李春和　林庆常　唐振云
王玉荣　徐振祥　杨金贵　杨云江　张玉根　姜成森　李秀荣　高　岩　何文峰
李庚寅　施文江　徐正兴　朱连福　黄士英　李喜军　刘贯文　刘国英　郭留章
李金生　李文江　时长友　张思敏　曲桂华　张树合　陈运良　杜书君　冯春萍
高宝珍　葛文灿　葛文科　胡安华　江德贵　苏齐荣　吴永规　邹成华　邹成英

褚燕娇 刘海泽 刘宝田 马法厂 郭德庆 李荣珍 孟庆岚 隋　勇 向　晖
刘媛媛 柳忠诚 郑桂英 杜文建 孔凡军 谭燕燕 张胜利 胡秀芬 李树荣
王淑军 于春永

第 22 列车电站

叶如彬 肖绍良 张广笙 计万元 郭守海 刘恩硕

陈恒德 顾锡良 王锦福 唐杰功 陆玲娣 范存心 袁兆璋 胡尚均 胡腾蛟
黄麟仪 康存生 李品先 刘长海 孟　钺 任惠英 夏竞芳 杨来裕 田孝平
李鸿生 杨守恭 李桂芝 张金岑 景茂祥 于银堂 刘亮东 贠志国 张继锁
陈立居 陈镇元 程光荣 丁兰贵 冯振海 刘惠荣 刘志辉 米培元 孙家瑶
田桂芬 谢宁台 谢清林 徐世范 杨德安 杨国新 叶宗西 尹淑媛 张连瑄
许兆龙 顾锡俊 肖勤发 袁国昌 吕长海 陈登雄 肖金发 袁国良 曹炳文
柴文学 谷荣文 刘子久 马国惠 莫云凤 潘远汉 阮宗贤 王庚林 吴希南
叶柏仁 叶万贵 李一惠 傅碧辉 王永兴 李玉芳 孙继新 王化东 肖金良
何其枫 叶瑞琪 周仁萱 王兴懋 陈汉木 陈荣木 苏子阶 谭宪文 朱玉华
刘代光 覃兰勇 杨　震 袁宗贤 张仁柏 程骏德 归承修 王桂红 朱中奇
杨成柏 刘聚臣 叶桂兰 李汉宁 唐英功 莫跃孚 常敬千 裴庭奇 许继珍
陈秋灵 何莲英 李秀芳 靳惠哲 胡永哲 张宏逸 陈冠忠 齐秀荣 王　聚
赵新民 温俊英 李　秀 谭小玉 周春生 李申海 于新川 杜建英 吕玉梭
胡祥珍 黄国秀 蒋奇年 蒋梓年 焦国生 刘玉霞 芮晋泉 韦志问 谢护民
杨广江 游亚男

第 23 列车电站

张静鹗 赵廷泽 周春霖 张炳宪 何世雄 李从璋 宋玉林 李赞民 刘桂福

周茂友 胡传慧 傅相海 刘万山 王桂兰 段友昌 房春生 蒋国平 金长聚
孔祥元 刘水仙 马永祥 孟广安 陶开友 田启芳 杨跃义 张立安 赵在玑
李占昌 刘桂云 郝云生 樊宝璐 翟恩贵 张茂英 孙齐文 赵占廷 孟庆友
蔚启民 阚 宇 邱秀泽 冯 振 葛青山 耿兆忠 韩凤云 贾德山 康淑英
康同恩 孔祥春 林瑞肖 刘金榜 宋 智 王永兴 王振刚 张金生 郑万松
任宪德 周西安 张志诚 方有伦 刘英俊 曹玉真 曹志明 党颜坤 丁少轩
高福增 郭守义 韩林涛 何树衡 何锡美 蒋国庆 蒋文海 焦惠道 焦玉存
李根发 李汉民 李明霞 李秀英 李长明 林格鲁 林贞员 刘风成 刘风岐
刘立本 刘长福 刘振华 马星华 秦和秀 全龙万 仁显德 时景阁 时俊琪
苏木荣 苏瑞彦 王德功 王桂琴 王金发 王立军 王淑敏 王树欣 王衍玉
王永贵 吴兰波 谢宗新 辛玲霞 许金涛 于善娟 于淑德 袁有成 张桂兰
张庆福 张振书 赵思惠 张新民 蔡永金 蔡郡尉 赵省华 安全生 常敬干
段同顺 郝志远 史春财 王桂英 王家凤 武忠仁 翟同改 陈 云 贺长恩
蒋和清 黄焕珍 杨伦昌 杨仕宗 袁俊杰 张明琪 张锡武 祁凤书 仇作辉
樊先发 冯华仁 冯仕荣 高佑龙 郭李晓 李俊藩 李士荣 刘宝生 刘定民
刘秀明 陆森鑫 骆启光 申彩仙 粟裕昆 田风江 王国振 王家骏 王文冬
王喜梅 薛洪标 张喜泉 郑万振 周祖铭 蒋 浩 曾庆元 李淑敏 邢树昌
张文英 陈国亨 邓清诗 冯 晓 何心荣 黄启国 刘海清 罗 杰 毛国珍
谭小玉 唐桂兰 王克勤 张嘉友 张尚康 张萱容 赵庭贵 周春生 罗庆芳
王思华 魏锡坡 殷善续 赵 恭 李 冲 王德荣 刘引江 刘增柱 孙生泉
王成礼 王丽霞 杨树茂 杨显家 岳文甫 张洪永 张立生 盛国强 徐洪全
张文彩 方秀兰 石大明 吕振江 葛永宪 刘存义 路长河 张培英 张同斌
高美科 范海忠 杨英勋 聂志萍 柴玉娥 侯春魁 贾有理 李 杰 王春华
王秀峰 王永久 吴玉花 辛 阔 杨二廷 杨占海 郑建平 周国安 耿福喜
鲁永行 任鸿川 宋桂英 宋海明 王 悦 王振财 张兰英 赵家祥 陈 薇
廖贵武 张普莲 曲兆林 梁继荣 王秀英 徐匡兰 张法栋 杨连儒 周社平
陈增录 程用西 崔 勇 付春祥 王开强 吴 涛 仙教化 杨跃军 岳文智
张新选 白蟾蜍 蒋绍莉 李淑碧 冯结连 李亚宝 彭广峰 向亮华 张秀合
杜玲秀 黄秀波 马占林 张建武 贺素芬 王宝旭 赵文杰 于敬兰 张玉莲

第 24 列车电站

孙玉泰 于学周 宋昌业 王福均 张成发 张　彩 刘作祥 张成焕 刘尚谦
赵云浩 王　龙 杨文贵 苑振河 李保军 郭跃彩

冯树德 朱武辉 刘桂芝 孙景明 代俭根 张德林 黄麟仪 黎素芳 李喜明
李枝荣 田启芳 夏冬蓉 谢惠珍 杨跃义 姚炎熙 尹何明 周继根 程建华
范希臣 郝道来 李成章 李桂芝 李景川 李长生 刘克德 于桂云 张秀云
赵同相 江尧成 吴世菊 陈芳文 姬惠芬 康德龙 裴悌云 王西豪 潘健康
陈怀盛 程立富 冯达帮 赖秀笑 廖国香 刘元庆 苗同学 沈绍儒 屠智谋
王国雄 吴　亮 闫润远 翟文治 江玲娥 张仁生 赵　琳 周振林 郭泮武
龚联霜 刘文全 边玉栋 韩幼花 侯永根 金香苓 尉正良 项永泉 赵学桂
冯培根 徐家淳 杨文翔 宋　诚 陈星好 单进轩 方建舟 冯桂业 郝景林
黄新路 蒋光祥 李福元 李庆军 李秀花 刘寿华 刘志广 吕菊香 马川宝
倪玲丽 谭宪文 王惠生 王慧玲 王纪兰 王金池 吴善才 肖　瑛 杨德义
杨玉兰 勇砚英 张仕荣 赵占德 郑菊初 周志忠 朱金才 成仙芝 邓寿香
洪仙柳 黄连生 江德寿 刘茂全 齐水凤 王松林 严瑞菊 张希未 张青青
谭爱华 余爱华 祝香俭 陈其周 方　森 刘福珍 阴法海 陈晓玲 李希华
李子永 罗绪琼 吴文清 谢斌娥 郭新启 常文占 陈惠忠 房养懿 孟秀珍
孙立仁 要九合 朱振山 高志祥 韩越辰 马承盛 郑国栋 崔桂兰 胡善明
李玉萍 刘二栓 马玉珍 马长久 宁世英 孙六合 王永录 邢秋柱 张淑敏
马玲芳 姚维兰 王　偏 夏军路 张树茂 李孟芝 张以桢 曹济香 李玉莲
全润娥 张跃武 杜建英 解居臣 李占柱 刘金树 刘　亮 刘文华 苗　毅
秦怀信 沈继来 王立顺 王少华 杨凤清 周长江 丁国华 韩志林 温凤山
周国茹 韩　平 郝秀阁 贺福顺 侯玉明 孙继生 张蓬林 马立华 高和平
刘建民 苗润楼 阮传善 郑立民 艾利洲 郎宪芬 莫秀珍 王建农 肖惠娟
肖荣寿 张淑琴 付桂凤 胡云跃 李艺平 梁福生 刘志雄 唐顺生 熊建平
张玉纯 郑义平 刘国相 王　建 张同忠 胡士牙 贾慧敏 李永琴 覃秀娟
吴山林 杨敬宜 杨淑兰 杨永霞 周永江 刘志林 谢海林 谢秋生 严秀芳
朱晓阳 王跃坤 黎桃英 童正连 李克实 柳宏福 杨同兴 张宝元 赵元俊
林咸光 马　丹 刘志忠 李俊生 张佳芳 陈正群 吴国华 张　平 郜贞干

李翠珍　李　瑟　叶　林　张广新　范录珍　李保国　王西林　张建新　章祖孝
唐德海　秦和平　王跃全　常　红　楚群芬　钱绪进　王其金　李春芬　王俊芝
陈国平　陈玉霞　樊雅琴　唐国荣　易泽红　陈普明　李惠娟　言军跃　周景文
朱益聪　乔　红　孙惠宾　孙勇波　王海京　向惠玲　胡树梅　陈金贤　谌忠荣
李　富　何万如　李凤霞　李义封　刘超然　王仙明　朱承红　祝瑞生　李　娟
黄玉华　宋恒问　周雪琴　胡永红　黄小武　许　晖　阴杰锋　张晓平

第 25 列车电站

袁　健　王维先　宋玉林　张兴义　郑守义　何立君　白　义　孙长源　刘丙军

王桂兰　陆慰萱　刘国权　李昌珍　隋光华　王春玲　张玉林　赵国良　安长京
王凤全　王桂莲　赵在玑　程淑兰　田金录　邢玉勤　金龙万　张立华　刘有才
朴成龙　李鸿生　张兆义　冯炎申　陈秀荣　丁　旭　郭秀敏　刘本信　刘建英
刘森林　柳景滨　马同建　秦宝贵　王宝珍　王树新　杨秉富　杨万发　俞世雍
张忠祥　李一惠　李家骅　王两已　陈庆祥　林宝霞　刘鹤松　魏桂荣　王桂云
张润华　臧尔谦　陈汉木　陈荣木　陈仰志　梁汉渊　麦大群　孙香瑞　王国忠
王永贵　杨　汉　郑万烈　周崇海　韩仁龙　何宝根　何雅文　黄乐堂　莫跃孚
谭跃裳　吴厚寅　吴纪贺　赵元壮　钟宜恩　范广义　米建旗　王家凤　刘景乱
江仁宪　朱秀芬　郭新启　闫乃文　张贵堂　陈　云　张铁练　陈精文　胡慧敏
卢志明　冯福禄　刘玉环　牛　义　王加增　邓文兴　吕　坤　张乱成　赵振声
吕留栓　马洪印　冯　晓　于宝生　陈发祥　陈元礼　郭宏勋　韩右民　胡克顺
李贵阁　李　蕙　林连伏　刘长源　齐盛林　孙庆秋　孙云生　王浩明　杨维贤
俞炳殷　赵恩蕙　崔恩沛　杜万生　何文生　李凤英　马继才　徐振林　杨毓凤
张士高　刘景桐　王伦阁　蔡　胜　董继和　王　路　魏贵友　王振民　徐　惠
黄秀君　柴　信　高贵明　李茂惠　田化敏　武万贵　许连山　袁　义　翟长友
赵起福　赵永录　崔考礼　李茂勋　张新巧　佟继业　聂志萍　郎宪芬　刘秀芳
刘治中　曲桂华　侯玉明　王惠珍　谢秋生　朱晚阳　孟香玲　王跃坤　郑殿甲
张建国　付万会　连黑虎　梁继荣　孟庆本　杨兰忠　张法栋　康仕义　何　平
郭文运　宋海光　冀翠梅　刘同运

第 26 列车电站

赵学增　周墨林　韩真生　吴永规　董庆云　乔　木　李启基　汤名武　黄石林
郭武昌　余竺林　胡腾蛟

吴玉杰　曾民生　程美娥　洪志华　黎素芳　李登忠　李玉玺　林俊英　罗启明
姚炎熙　张庆玉　贺俊德　邵瑾荣　黄　河　伍明先　杨双林　孙祥生　黄舜莲
勾殿忠　张俊峰　张绪杰　张益群　刘玉柱　陆世英　韩晋思　曹志学　崔正芳
方玉兰　冯振海　韩贵成　洪积丰　胡伏莲　霍俊卿　廖国香　廖艳英　刘本信
任春贵　宋克勤　尹淑媛　张春贞　张桂荣　张振荣　包　德　包　海　崔丰奇
崔正瑞　付友兰　郭文士　何才书　刘学文　刘自有　刘宗甫　罗永钦　孟庆禄
苏士才　孙要森　王兆顺　周国辉　高朋云　吕素婷　张新民　张长发　陈运新
王秀英　杨敏华　赵福南　李玉琴　王茂森　彭玉鑫　李淑英　刘景华　李想林
曹秀珍　郝景林　李希华　刘英杰　薛福康　朱桂英　李艺松　刘曼琴　王爱明
刘桂全　冯桂业　肖　瑛　沙吉有　王太基　王树华　殷荣华　楚文胜　朱龙才
刘　福　张桂芳　马玉德　关惠兰　郭荣珍　田丰阳　张国祥　胡善明　王永录
张淑敏　赵玉萍　罗　杰　王金香　朱新楼　陈德芬　宋士学　吴　峰　郑永友
曲学俭　密文雄　辛永利　杨洪立　杜建英　姜德顺　赵望琳　宓文雄　冯银恒
康铁柱　周桂秋　许道纪　徐孟姣　李忠东　董玉兴　杨智华　王金海　曾向红
曾越奇　陈林生　崔安维　单合军　邓爱武　邓宝宏　邓　鸿　邓文武　丁贵春
丁　立　樊建川　费玉琴　耿江需　关　峰　郭宝玉　郭杏元　郝吉祥　何汉飞
贺　力　黄革清　黄金华　黄美娟　黄伟萍　黄永超　黄远志　霍丽娟　霍战林
黎元海　李国新　李克田　李艺茸　廖军杰　林开建　林　政　刘宏斌　刘维和
刘　洋　刘　永　鲁子健　宁素华　欧阳顺　庞鸿康　彭国民　彭解平　秦　全
秦铁柱　邱　斌　任洪贤　卜繁华　石适凡　史国华　舒兴无　宋学书　苏密云
孙素萍　孙　祥　索保香　谭　峰　汤国群　王国栋　王　林　王文荣　王忠民
王作如　文　胜　吴若双　吴寿阳　向云霞　肖安维　谢子刚　许瑞镇　杨峰平
杨素敏　易　敏　易子清　赵柏春　赵海棠　朱新康　宋连城　马立华　黎端坤
李艺平　胡冬秀　韦莲珠　段冬春　李三全　李永琴　廖贵武　廖勇兵　苗和平
王先柱　王先柱　杨淑兰　余　平　张凤霞　张　萍　资中华　张　萌　李秀荣
陈向东　向太清　李保国　李艳琴　李　光　胡树斌　王德清　张　玲　哈　沙

张江林 易金伟 边 羽 周景文 杨 杜 余红玲 袁 菊 张玉梅 张跃兵
张跃辉 张芸兰 张芸梅 赵素霞 赵艳兰 周凤兰 柴文海 陈兵山 陈贵金
刘超英 吕 铭 许长福 张士平 李盛明 王柏林 谌忠荣 王 刚 车仁利
肖西平

第27列车电站

廖国华 张鸿夫 邵中奇 夏振铃 李来福 石宏才 杨义杰 王家治

周柱涛 蔡群洲 曹炳元 柴亦珍 丁树敏 黄应彬 黎素芳 王相汤 吴玉华
肖云峰 谢运生 徐应祥 杨继红 姚贤坦 姚炎熙 詹 元 张松永 王正丰
张淑贞 梁民安 马正奇 曹志学 陈君学 陈俊生 陈永弘 高炎贵 葛永生
洪积丰 胡善者 胡在益 黄春银 黄银舟 黄友德 黄中一 金雨时 朗华文
李显安 廖国香 廖四一 刘笃庆 刘天碧 罗俊仁 罗兰馨 倪守林 欧德瑞
秦邦杰 沈金德 舒桂新 苏赏恩 唐广杰 田绍才 王殿林 吴安平 吴福林
吴功信 谢培吴 徐家祥 张成如 张金兰 张骏品 张美玉 张仕荣 张淑霞
张志诚 周鸿根 朱汉良 马召锡 傅碧辉 项永泉 武焕忠 陆石敬 成仙芝
陈扯瓦 陈 雷 丁祖根 何惠民 贺万如 衡家月 李志明 彭金荣 王昌才
余碧坤 章 华 李志陞 谭胡妹 刘 合 贺福云 祁凤书 苑国君 吉临江
金 山 马同贵 郑俊儒 郑玉辰 殷文辉 陈 坤 朱建元 常 儒 韩德祥
李宝林 李英强 吕志兴 闫明亮 张学让 朱遐宝 党阿金 吴银斐 陈 祥
韩贺田 焦惠欣 解万章 缪云娣 王建中 王秀英 温广月 谢东青 杨洪春
张维强 赵 金 窦淑芳 李玉洁 白金云 丁景珠 邱国富 尹元姬 张建生
姚锦业 郑菊仙 郝珍兰 杨振芳 陈国勤 周建文 曹 峰 陈向东 陈友权
崔忍琦 姜海涛 李海波 刘冀鹏 马兆兰 孟丽君 母孝民 申宁真 王过征
徐稳爱 杨讲运 杨丽敏 尹秀婵 袁吉贵 朱连奎 毌孝民 路惠欣 徐宏妹
张瑞兰 周庆术 刘永格 武小惠 杨长肖 张新广 邹建军 李淑军 汪清英
王丽娟 吴志欣 肖西平 占大富 占列兵

第28列车电站

李　德　孙照录　席廷玉　李辅堂　郭荣德　毛文华　周　冰　张宝忠　王福均
崔树伦

王来法　李玉志　李恒松　宋昆山　薛金秀　杨喜昌　于泳洲　安德顺　梁玉芝
冯庆华　刘成山　刘丰厚　刘长海　孙国荣　孙丽兰　王永学　张宝玉　张梅芬
刘有才　武继倩　宣恒淦　王书印　宋顺昌　张凤来　崔木荣　崔正仁　董景俊
侯启予　李汉宁　李一惠　李振群　刘国桢　倪少毓　齐振和　宋玉茹　唐松友
王金华　王考儒　严国增　杨素清　叶宗西　应德星　张文怀　张振荣　张志儒
周建祥　朱兴洲　祝美琳　左俊杰　韩守权　黄忠秀　刘长明　沈荣洲　陶开杰
王龙源　王士湘　杨连璋　杨敏华　赵福南　邵荣贵　曹洪年　郭　峰　李丕真
李淑英　林国琛　刘东华　刘立华　孙学媛　肖加武　袁光煜　张安奎　郑立华
仲跻铭　周振英　李玉江　刘纯福　邵秀芬　何其枫　丁少轩　董国通　李长明
林格鲁　熊金泉　付天成　蒋彩云　谭承庚　杨吉梅　杨玉华　叶年治　余碧坤
宋　奎　田世芳　王玉英　夏水泉　张作强　朱长珍　蒋祖鞭　武新农　张忠卫
周凤山　李素珍　马衍盛　潘云英　甘朝顺　李福元　赵国才　巩学富　韩如意
秦秀萍　史成法　孙献杰　王金凤　王明礼　余玉普　张云福　周维新　陈孝耀
李秀芳　孙永聚　徐慰国　张明达　林福灵　曲范先　刘改婷　董增长　侯永俊
康瑞辰　李铁荒　刘香罗　王尚义　王玉德　吴子祥　张贵奇　张淑欣　王德友
王　聚　薛福禄　袁爱华　张福生　刘淑桂　王禄斌　樊树林　郭家富　刘玉海
刘振刚　吕连顺　孙六合　王大禄　王明增　王胜考　武启儒　姚荣坤　殷贵群
张金贤　张泽凯　张志华　孙献宝　周素梅　桂春英　陈永鹤　韩　明　冀金双
李金环　潘忠禹　王兰彪　张明亮　赵振山　周金昌　高海英　路玉根　张思敏
李学明　刘研娣　刘志恒　罗致华　王志强　魏金明　邢炳强　杨育峰　范惠珠
张延明　白振东　陈思庆　程敬训　杜学礼　王乃亭　左之岩　高　青　王翠英
陈永恒　柳凤娇　陈培根　陈天才　段兰凤　范　敏　李振平　马鸿生　彭树芳
王秀恋　杨　林　于会庭　张绍萍　李文斌　乔争林　徐静平　崔桂芳　李全友
刘群吉　刘玉春　王玲玲　杨增宪　孟利锁　李　喧　马东升　宋培珍　田富荣
汪文忠　王金荣　袁新忠　张　涛　周胜林　陈正平　江启伦　李其润　邓建民
王政林　张福田　赵贤春　高新美　李　岩　刘春杰　刘淑玲　杨传忠　陈庆利

孙成军　李玉华　胡　婕　刘福生　孙国安　王桂玲　陶宝勇　范维华　赵玉京
毛丽英　王宝生　宋明新　王春梅　王　洋　杨衍平　张国良　安学志　边建萍
段忠华　孔晓青　李孟库　李生贵　刘宝侠　刘明远　刘栓厚　骆丽娜　潘建荣
苏金锁　王翠荣　王淑玲　张关莉　张国军　张晓荣　赵春利　赵景春　周万河
顾素琴　徐秀玲　李晓山　封淑静　王建新　梅瑞英　魏桂婷　郭学军　亓汝柏
李安宁　毛丽青　潘建三　潘正明　王　瑛　周殊丽　李启文　宋洪彬　张绍芬
毛进军　毛丽玲　石景光　张维平　彭双兴　朱花芬　曲　艺　李俊华　奚　波
高桂玲　何淑云　王　霞　王兴泉　吴继伟　张晨光　周公海　尹晓东　朱丽英

第29列车电站

王永华　贾占启　李　德　姬光辉　王成祥　张宗卷　陈精文　张文英　赵文图
乔　木　田清海　梁洪滨

刘树春　王来法　王明山　尉承松　孙玉琦　籍砚书　孙景明　吴德喜　朱武辉
金扬兴　崔炳玉　王良祥　张广义　费荣生　袁兆璋　杨风林　陈自恭　何本兆
李卯辰　卢风岐　马德泰　王凤昌　王荣滋　王赞韶　尹燕琪　周学增　祝修墉
佟惠兰　夏竞芳　张连明　刘明耀　游逸珍　郑增楼　陈光荣　蔡家英　常永振
陈运新　丁振超　方秀勇　高化武　高兰惠　谷子茹　胡国柱　李　德　李景明
李长禄　李振群　李智君　林灼禄　刘金凤　刘淑敏　刘振远　米景章　石富荣
唐松友　田正春　佟新顺　王继新　王梦麟　王永耕　吴国亮　吴振全　谢桂英
徐　谨　杨宝生　杨秉富　姚佩好　张　芳　张福振　张瑞子　王桂梅　杨敏华
王稷耕　王毅刚　李淑英　李秀文　马洪恩　来培章　刘　坤　刘圣敏　梅产松
王桂红　郑理治　郑祥泉　顾金兴　洪美英　余碧坤　付天成　李家栋　杨玉兰
成雪恨　边秀文　陈周毅　董凤刚　方丽华　霍守法　李士英　李云恒　李云禄
刘建斌　罗锡新　马洪星　马惠彬　马腊梅　马秀兰　石梦媛　王德儒　王建军
文岳谦　杨义杰　姚慧生　苑国欣　张连珍　张英吉　张玉发　周一龙　朱宗群
杨玉洁　陈行军　贾清海　李君复　冉银起　孙富贵　理维莲　吕高年　徐乃福
陈满长　陈有忠　邸树强　孟淑兰　陈广德　胡信媛　胡长明　李英丽　李振东
马淑惠　王国生　杨玉环　张国祥　赵宝印　刘淑桂　安树钦　冯宪英　胡　昆

刘凤彩　杨景茹　李　金　李瑞祥　薛玉香　李学明　晏德禄　吴志平　高吉泉
李承全　齐克敬　沈惠清　文　友　宣忠华　杨德利　高敏兰　刘树隆　张志帮
郑　贤　张延雨　程振起　崔广丽　韩文秀　侯玉文　宋俊德　张文兰　李金星
李绍兰　刘承坚　刘焕德　谭炯芝　张　金　张义英　钟安静　安炳慧　常　青
郝德才　霍福岭　刘志正　孟祥全　王贺田　王玉奎　吴宏建　吴树伦　殷　富
翟小五　赵恩民　周国江　黄秀君　贾富钢　李金钊　李作新　刘茂菊　王德荣
薛继和　丛日新　杜守江　段学明　冯学信　高坤台　郭连生　郭学本　姜国武
孔繁勤　李树璋　李长江　刘殿华　刘荣厚　鲁秀春　齐淑岚　王善杰　王志荣
武瑞森　武则康　徐玉林　殷锡海　袁克富　张福山　王新宇　刘惠兰　田清海
高元民　李广亮　冯玉成　高南征　靳书瑞　李广信　李启明　李山立　李思聚
刘　虹　刘化志　刘新伟　牛志红　唐修全　王国才　王继生　王　萍　杨喜芳
臧三元　张俊祥　张若愚　张　文　张裕阜　周　弘　袁长寿　赵世杰　刘茂才
李新江　吕明奇　詹荣珍　解菊红　张德山　陈露芳　高衍志　黄玉成　李崇适
马　申　南晨明　涂光滋　王燕玮　卫玉茹　邢永霞　薛保勤　张有明　祝德骥
秦庆伟　王慧琴　赵汝辉　柴永连　毕金选　丁志英　何　杰　李平卫　李伟健
梁　荣　刘炎明　王同芝　吴秀水　袁中平　张　欣　赵光林　王志芳　赵荣兴
李明珠　李水林　费美英　田启明　于志美　阮志辉　宋海光　张慧玉　闪国花
谭红卫　杨勤海　尚　峰　胡裕康　张思敏　王国范　张　勇　韩景春　边　羽
曹运启　杜文建　韩毓琛　李三顺　吕凤枝　乔继红　沈淑珍　徐晓昇　许文生
翟普强　高文杰　贺喜谟　周彩芝　周景文　张玉兰　武成平　姬志田　祝春生
汪年旺　周金钟　陈同春　陈　星　陈　忠　谌东峰　崔广华　贾春荣　李　玲
刘荣军　吕凤鸣　师根民　王泽郁　邢志成　徐晓明　杨建斌　申少忠　王秀丽
白中平　陈保安　程　红　孙志中　王景跃　王跃华　谢　贤　余　进　袁朝熠
贾春香　钱亦鸣　石爱华　孙云华　谭红咏　余春红　雷　黎　赵凤霞　梁冀蜀
崔广杭

第30列车电站

张兴义　王维先　田　发　李家骅　张喜乐　崔树伦　田清海　苑振河

李元孝 孙景明 李忠田 梁玉芝 安德顺 闵恩营 付守信 张玉林 安长京
王桂莲 陈德义 冯庆华 金龙万 宋望平 王 贵 崔木荣 姜树勋 李 波
李培林 李振群 刘小良 齐庆彬 佟 贵 王考儒 王贤成 王则荣 张凤琴
张振荣 赵雅琴 赵海生 张虎子 刘金榜 查跃华 郭泮武 赵福南 杨敏华
高俊臣 高 仁 李淑英 王福泉 王桂云 齐松山 仲跻铭 陈廷章 丁少轩
董国通 金南哲 来培章 刘聚臣 全龙万 叶年治 贠玉林 杨吉梅 毛恩贵
王玉英 夏水泉 张希未 林盛喜 袁光煜 刘 兰 任尚义 张英吉 黄满照
李君复 张志华 张锡午 张贵奇 陈满长 刘伯良 王玉德 陈贺荣 牛 义
张 本 崔轼芳 邓文兴 扈玉成 李士华 刘俊已 罗少康 张思敏 高景祥
李凤英 刘树柯 王建辉 于金延 李 平 卢久云 时振清 吴秀兰 张红勤
张铁兴 郑启业 翟文臣 邓永印 窦传发 康建乐 李敬仁 隋广录 杨洪立
朱月英 邹 平 高玉霞 郭学仁 李德民 田德生 王同生 张维仁 周晓霞
冯长州 陈继光 安邦祯 陈传富 刘洪久 夏松平 薛家升 杨万波 姚志官
于永义 郑吉盛 戴 由 郝东城 刘玉萍 李志明 卢兴文 许连山 刘铁男
单国礼 于敬册 高志忠 陈庆利 彭景芳 钱文华 张爱国 郭凤山 宝厚浩
蔡洋于 贺润柱 黄冠云 陆金宝 钱 安 史佩昌 吴山林 严黎冬 郑新生
朱三虎 杨敬宜 郑双安 牛献国 陈宝良 张俊丽 张关莉 鲍洲江 毕 悦
葛 杰 纪占同 李应丽 刘会云 么 伟 闵志忠 亓汝柏 邱景波 孙宝成
孙继华 魏 成 闫志瑞 张如新 张书会 张志路 张绍芬 高赤平 刘海兰
彭双来 乔 燕 任锦平 臧西田 曹秋田 常 浩 陈业增 黄卫华 贾 光
李凤兰 李光亮 李俊福 李树田 王景富 王久英 王晓梅 张金亭 赵文忠
赵秀兰

第31列车电站

王鹤林 张静鹗 孟庆友 袁长富 刘润轩 米淑琴 余钦周 蔡保根 王有民
李晋文 李汉征 赵祝聪

丁敬义 周茂友 傅相海 胡灵文 闵恩营 贾树文 谢时英 刘万昌 吴立维
李天科 王恒业 王杰天 王静恩 杨翠娣 于景水 张宏景 陈建功 刘桂云

吴秀英　张淑华　赵占廷　马静华　丁文法　贾国良　魏宝全　闫吉奇　于之江
张丽芝　陈洪德　张宝珩　崔恩华　崔登云　段惠云　谷永昌　廖品财　刘国桢
莫似球　戚广宏　任德来　王凤燕　王秀珍　杨代甫　张厚荣　冯元琴　杨祖德
梁凤才　王家治　李桂新　王双吉　何学达　温贤岗　向方荣　徐先林　张润华
么子臣　包连发　曹玉真　尹国英　张桂兰　张月英　陈玲珍　恒东立　侯照星
李家栋　张凤桐　戴云霞　石清润　蔡郡尉　张学山　邵宝琨　江仁宪　吕淑珍
宋天亮　张立知　韩入善　田润芝　王进财　韦　乔　徐　黑　叶正蓉　安树钦
冯宪英　刘凤彩　徐润涛　李凤鸣　贺福云　鲁金凤　吴懋盛　郑庭武　李春魁
刘建明　刘秀清　刘兆明　孟炳君　肖善和　于立芬　高鹏举　郝玉存　梁　晨
王荣琪　杨世大　张延明　何绍江　季丽生　刘广安　刘振英　薄元良　宋希云
王承荣　夏军路　张克勤　周秉泽　朱宝芹　韩长举　安树题　安玉存　冯月华
贺长生　侯玉成　李庆生　厉永泉　刘恩禄　刘宏图　刘景富　刘盛田　刘兴杰
苗德先　石桂荣　王德纯　王墨儒　王玉泉　王兆增　夏金岭　徐　佐　杨国安
杨西哲　杨泽长　赵殿友　徐竹生　梁国忠　潘芃西　史惠荣　田永成　田云芝
王有华　武少英　杨连喜　张贵春　安贵友　高英华　戚桂兰　孙晏书　颜桂芬
杨守山　赵素芬　郑玉子　冯善德　朴吉滢　唐长锁　陈海冰　侯元伦　栾玉琴
潘世光　张德发　张视远　赵萍莉　高立山　李连喜　骆学仁　杨秀兰　贾佩荣
申长利　苏锡刚　杨学书　张吉才　张维全　张玉珍　张振江　赵炳欣　郑国君
杨丽华　张宝莲　何亚芳　孙耀光　杨桂芳　张兴录　郑国胜　叶丰江　崔长富
丁科选　高仕伟　高淑玉　谷彦波　侯兰香　贾佩凡　贾佩君　贾树华　李文宝
李秀凡　刘金礼　刘力生　刘永泉　吕德爱　吕万萍　钱菊萍　孙长友　许建良
许世潮　尹建政　尤志平　张　丽　周会林　马秀英　宋彩兰　李大中　刘桂芝
刘力平　宋淑琴　马福龙　孙建国　马金焕　史天启　杨晓葵　郭要斌　娜　仁
苏传华　张　铭

第32列车电站

张静鹗　孟庆友　袁长富　刘润轩　米淑琴　余钦周　蔡保根　王有民　曹玉真
张学山　刘建明　刘恩禄　丁元科　王家治

莫德灿　金扬兴　王锦福　周鸿逵　吕卓华　周茂友　傅相海　胡灵文　闵恩营
贾树文　谢时英　刘万昌　吴立维　李天科　王恒业　慈顿礼　王杰天　杨翠娣
于景水　王静恩　张宏景　李占昌　李成章　刘桂云　张淑华　赵占廷　马静华
丁文法　闫吉奇　王学厚　魏宝全　陈洪德　崔登云　张宝珩　谷永昌　廖品财
蔡郡尉　邵宝琨　江仁宪　陈永弘　李时雨　莫似球　沈惠明　王凤燕　王秀珍
杨代甫　张厚荣　杨祖德　梁凤才　王双吉　周荣和　李桂新　何学达　温贤岗
向方荣　徐先林　张润华　包连发　么子臣　尹国英　玉桂元　张桂兰　顾金兴
陈玲珍　恒东立　侯照星　李家栋　张凤桐　戴云霞　吕淑珍　宋天亮　张立知
韩入善　田润芝　王进财　韦　乔　徐　黑　叶正蓉　方丽华　关惠兰　刘　福
陆来祥　冯宪英　刘凤彩　安树钦　徐润涛　贺福元　鲁金凤　吴懋盛　郑庭武
刘兆明　刘秀清　肖善和　李春魁　孟炳君　于立芬　高鹏举　郝玉存　梁　晨
王荣琪　杨世大　张延明　何绍江　刘广安　刘振英　薄元良　宋希云　季丽生
王承荣　张克勤　周秉泽　朱宝芹　王有华　夏金岭　戚桂兰　姜国方　姚圣英
安树题　冯月华　李庆生　厉永泉　贺长生　侯玉成　刘宏图　刘景富　刘盛田
刘兴杰　苗德先　王德纯　石桂荣　王墨儒　王玉泉　安玉存　王兆增　徐　佐
杨国安　李晋文　杨西哲　杨泽长　赵殿友　韩长举　徐竹生　潘芃西　谢晚生
梁国忠　史惠荣　田永成　田云芝　武少英　刘振江　杨连喜　张贵春　安贵友
高英华　孙晏书　颜桂芬　赵素芬　郑玉子　杨守山　朴吉滢　符仲琼　苏风琴
陈海冰　侯元伦　栾玉琴　潘世光　张德发　张视远　赵萍莉　高立山　李连喜
骆学仁　李锦荣　徐正兴　袁长寿　董海兴　郭如贵　郭顺龙　梁星浩　吴忠贵
周　卫　莫秀珍　刘在欣　刘大敏　柳光胜　陆祖明　苗培政　徐新章　郭连印
蒋　宏　关燕玲　何浩波　何启岗　赫英强　刘锦华　刘铭湛　区少芳　伍惠芬
叶卓升　周日光　陈　旭　丁科选　吴绪龙　于继新　岳卫红　周兰芳　陆爱花
卢风莲　魏金元　易红梅　陈金芳　顾宝根　郭　莉　郭淑贤　刘培军　刘正伟
卢有林　邱爱珍　邱忠正　王建英　王秀荣　薛良炎　杨贵宝　殷宝立　章　红
赵宝珍　赵风菊　赵凤英　朱秉孝　崔金英　董　宏　关明华　李士平　李云汉
孟艳萍　潘泽林　喻忠林　张崇旺　张明海　张　丽　董慧玲　贵　平　黄陆生
刘　红　陆　盛　毛　晔　施　红　孙若凯　杨惠玲　杨　杰　姚　平　张　芳
张雅芳　赵　薇　周玉斌　谷斯达　韩勤超　王兆英　李醒俊　朱年春　李玉爱
韦　英　向　阳　严循根　蔡敏英

第33列车电站

毕万宗　吴国良　唐守文　李华南　张炳宪　郑惠周　白永生

翟云康　曹树声　李秀英　郑炳华　张光普　彭正国　蔡亚光　常淑梅　陆玲玉
高连库　虞友娥　赵志芳　冯德存　刘式进　张景生　周永茂　樊宝璐　张培和
范希臣　王谨秋　张继锁　陈昌兴　谷洪图　刘树声　徐槐兴　闫庭武　赵金才
蒋为光　经家树　宣建生　高述善　马保恩　汝玉成　孙振声　覃兆远　田承信
易建强　应德星　范纪弟　方权祥　黄叶薇　沈德彩　王腊仙　殷燕玲　陈凡秋
杨仁杰　宋兆玲　唐瑞山　任爱伍　杨秉富　唐寅秋　王国正　邵东芳　应湘仁
唐行礼　黄佩荣　陈明藻　郎德生　杨好学　余爱华　赵志峰　李雪琴　杨孝文
陈立宝　赵菊茂　张　蜜　赵志玉　王以忠　邢玉文　姚文林　杜秀琴　郭玉兰
秦富宝　杨瑞琴　潘桂茹　白坤荣　米建斌　任瑞祥　刘万辉　安宝真　王二敏
郭爱华　郭积先　谢三科　杨金生　白素玲　温俊英　刘呈河　李玉英　曹树恩
马美德　冀志聪　孟庆荣　潘俊达　韩保生　郎淑贞　姜辉远　孙德明　王嘉驹
李作新　刘金良　袁克富　袁好良　王发群　程德文　吴　华　王福兰　赵若珍
石珍梅　郝金玉　董秀田　薛淑敏　冯金水　李新江　霍国臣　谢希德　李永成
吴开忠　杨志才　叶明茹　于广义　彭建贺　宋顺国　朱连元　章家凤　訾正印
曾年生　彭火印　王　艳　喻建初　郭津荣　王祖伟　解月红　王长芳　张汉芳
解菊红　孙明新　谷秀兰　张保全　张淑惠　甄俊国　付天成　唐大英　贺兆忠
李　理　王玉武　周全石　曹小垂　冯士峰　刘新群　秦明才　田启明　于志美
郭绍刚　陈和慧　任利民　徐玲珍　鲁家顺　王开胜　李明兰　尚　峰　于金用
吴芳秀　彭桂芬　魏朋杰　姚陶生　何　平　郭爱香　冀　梅　乔继红　杜永荣
牛志平　王家鸣　王志开　杨三英　王凤先　赵祥仁　孔　洁　王淑芬　闫明太
于　北　李永林　程立山　周树亮　赵玉珍　陈金贤　常建萍　刘文平　宋　雷
冀金柱　刘　兵　李红心　李长江　罗　英　席晓东　杨月卿　曹成军　李伯华
潘永金　张剑锋

第 34 列车电站

马洛永 张炳宪 周国吉 钟其东 孙旭文 安 民 邹积德 范桂芳 韩振生
马惠彬 岳清江

徐培明 李忠田 王春玲 陈嘉芝 隋光华 项书臣 谢希宗 赵在玑 郝云生
孙景泉 王国军 王全恒 张乃千 杨家忠 魏克明 陶开友 樊宝璐 朱开成
蔚启民 李国良 马 琢 樊景荣 范兆路 耿兆忠 贾延梓 孔凡英 林敬彬
刘建英 刘宪武 吕国英 米寿荣 潘兆祥 孙大成 王吉仁 王明久 王淑芝
王秀珍 张宝才 张宝祥 张道芳 张贵发 周国辉 周学志 刘金榜 李元泽
田正春 孔繁英 莫瑞绮 毕万达 李国庆 刘彩艳 刘福耀 么子臣 朱玉华
周通友 陈金龙 李云奇 刘大智 牛义忠 于桂芳 周志忠 姜美芳 李桂阁
李灵改 刘振环 孟庆芬 周万祥 朱杏德 周瑞娟 鲍连发 刘香果 马玉德
崔志申 郭松龄 徐宝珍 要九合 姜文英 李发生 刘恩祥 刘惠荣 王长河
武兴孝 张书中 马同顺 臧同林 陈满长 戴绍成 杨祖德 叶正蓉 李建英
李金泉 吕 坤 王玉民 张乱成 张文闪 胡志月 张 本 张建须 赵大乱
刘铁城 张来普 李玉珍 丁兴久 李 发 吴金宏 李春和 王义和 徐振英
许秀芝 李连鹏 路殿明 关文玉 许洪滨 陈国占 程树林 韩德福 韩福兴
姜世忠 刘占让 平兆海 孙 诚 孙庆海 汤国华 王金旺 王志俊 吴国臣
薛连瑜 尹尚伊 张宝珍 王良民 白耀第 马 斌 姜 泉 牛金泉 屈国强
张秀芳 陈铁成 崔彩英 李 英 刘戎武 刘文斌 刘秀山 马天定 任林兴
荣季坤 田惠荣 张定新 张 雷 赵志华 宋钦文 张绍萍 李景生 李占柱
赵秋仙 张新巧 马锦兰 郝玉琪 侯庆禄 曹建一 陈 军 韩金泉 王志敏
肖志才 徐淑清 于金兆 张国强 张华芝 周敬改 贾惠霞 焦存喜 刘 青
杨喜顺 张素改 李长春 付春祥 李东山 赵振双 王玉英 高鲁民 梅瑞英
彭顶成 王凤杰 王喜荣 臧宝山 张继琴 张淑芳 梁 虹 刘焕娣 沈洪涛
王丽娟 胡秀芬 李启文 刘德喜 孙志刚 徐淑敏 葛 伟 金芝英 芦月楼
王洪志 王永超 温存海 吴社苑 武祝捷 尹慧卿 宋淑露

第 35 列车电站

叶如彬 高鸿翔 闫殿俊 李生惠 周国吉 刘润轩 米淑琴 常金龙 孙学海
周仁萱

陈荣文 唐杰功 崔 恒 张德林 康存生 刘长海 孟 钺 闫 英 于振远
杨来裕 张秀珍 郝道来 王宗贤 杨守恭 李桂芝 谢家鑫 景茂祥 于银堂
贠志国 张继锁 蔡菊平 陈泰山 丁兰贵 杜济光 冯达帮 顾文华 何其枫
胡德修 蒋如东 经家树 李敬敏 吕炳文 宋荣生 王金华 王庆洲 魏学林
严举贤 杨国新 叶宗西 袁天印 张俊英 张连瑄 张文怀 张永年 郑亚昧
朱连惠 朱学谦 朱学山 顾锡俊 孙家瑶 安自成 卞长春 陈士川 高金培
王敦先 王福根 王毅堂 徐兆星 周沛林 庄增贵 庄仲珍 袁国良 李玉芳
王化东 叶瑞琪 刘玉山 刘紫英 万 乘 徐美芳 叶桂兰 唐英功 林盛喜
贾素珍 刘保芳 马景斌 孙友岐 谭爱华 徐桂馨 朱升广 郭淑文 郝志远
贾臣太 李灵改 罗绪琼 王桂英 王 凯 阿木提 邓 南 顾国华 何树东
黄泉计 李 秋 廖汝安 刘玉琪 马继仁 孟梅芳 齐美芳 覃国福 覃继文
王玿瑜 温敬群 文国芬 杨海清 殷荣华 孟祥普 周惠根 朱瑞仪 冯福禄
安民启 刘玉环 时及铎 阎风岗 宗艳芬 韦 乔 段宗华 王广韬 陈久荣
王福生 王志民 吕小东 王建中 张登平 赵全瑛 吕晓东 陈国庆 杨 卿
陈松根 马圣青 常彩云 张亚非 薛中华 周厚芬 陈国平 罗珊萍 马炳其
张 瑛

第 36 列车电站

郭荣德 陈耀祥 黄耀津 周 健 钟其东 董文生 吴兆铨 陈成玉 王占东

白 义 王文华 张继昌 李振水 傅相海 崔振华 张德林 杨有才 陈书琴
程洁敏 葛建华 李秀君 刘广顺 刘长海 孙绪策 田瑞云 徐应祥 尹金锡
张淑芳 张淑清 张玉田 张家玉 刘世燕 罗永海 金长聚 吴秀英 马静华

陈忆明 马承鳌 朱开成 包木和 卜凡志 陈成杰 董桂兰 杜代石 韩会新
纪凤英 李顺海 李云奇 刘保田 刘东权 刘众群 米福荣 石书奇 宋洪进
孙巧云 王殿林 王金锁 王玉忠 王振刚 徐 谨 许松华 杨亭轩 袁卓光
张福诗 张更需 张念妹 张仁生 张淑霞 张文斌 韩凤云 刘淑鸿 孙继新
董国祥 莫瑞绮 邓就仁 林书田 邱振德 许应明 许应钦 张顶先 赵菊初
赵菊茂 朱彩求 朱中奇 侯照星 蔡新益 常守民 陈玉琴 范振江 郭新启
姜美芳 姜祖英 李福章 李士英 李 勇 李玉升 李云茹 梁晓弟 刘桂玲
刘新莉 娄鹏珍 马锦章 任原礼 沙学鹏 石长春 田宝欣 田玉清 王丽娜
魏淑芝 谢林芳 邢洪芳 许广平 杨长义 由东恒 于金霞 原敬民 袁召昌
张利华 赵美德 赵兴才 周兴旺 朱广德 曲培芝 侯照龙 方桐坤 张达人
黄生秀 杨占亮 单云诺 韩成喜 李坤奇 乔宝忠 温兰台 颜世甲 李文明
李树祥 阮振香 于亚光 赵忠会 孙永聚 苑俊珍 张凤兰 刘学礼 潘秀花
怀万斌 吕世涛 丘 信 姚淑娟 刘 伟 孙素英 崔秀荣 蒋金平 卢志贞
郭秀娟 刘贵臣 宋建设 宋友良 赵臣生 赵巧云 高国昌 侯瑞善 路荣华
孟学礼 赵荣兴 郑银芬 郭留章 汪青梅 王保珍 刘连芬 海 岩 李秀华
王学礼 海 涛 郑福生 支润梅 胡秀兰 刘玉芬 谌东峰 崔广华 高建忠
吕凤鸣 谭洛红 杨建斌 孙建平

第 37 列车电站

张静鹗 孙书信 孟庆友 李生惠 步同龙 张秉仁 张芳利 刘本立 刘丙军
冀景荣 展宪宗 闫春安

王阿毛 余钦周 傅相海 周茂友 李克贞 贾树文 刘万昌 曾宪皋 贾观岑
金长聚 李桂芝 刘桂云 刘长富 刘智远 卢焕禹 马永祥 孟 钺 王秀婷
张义贵 赵佩贞 朱瑞和 王静恩 杨翠娣 于景水 刘顺臣 姜福成 刘学安
马静华 魏宝全 韩凤云 贾德山 姜国庆 孔祥春 刘树红 卢金山 吕克銮
任宪德 孙承文 王华束 王衍玉 吴德好 谢淑欣 徐桂英 杨国新 杨瑞宏
叶宗西 于善娟 赵淑梅 蔡郡尉 莫似球 王化东 郭 峰 李桂新 舒立珍
徐先林 曹玉真 陈廷章 万 乘 王树元 徐美芳 赵海生 赵双廷 韩志华

许桂英 丁桂英 韩如意 贾如元 解英杰 李国志 李君英 李颂来 廉大力
刘　兰 刘众群 吕宏兴 吕俊江 吕俊娟 吕淑娟 吕淑珍 孟庆和 秘加章
亓培宽 任俊志 谭大力 王惠英 王秀英 王银改 吴国庆 徐跃发 于翠珍
张汝抄 张顺臣 周文友 刘志安 白增彦 高占祥 刘金文 杨雪红 周景辉
王荆州 高秀端 付继先 聂紫徽 赵怀良 董淑义 桂春英 王德运 范惠珠
侯国玺 孟宪英 王炳达 王国珍 王秋芸 张振兴 马同友 段秀梅 胡金波
侯亚英 廖文媛 王宝山 武日庆 杨国忠 周锦玉 王占海 郭泉生 白　羽
范秀娟 孟爱莲 孟平芬 王衡生 王建华 肖桂英 杨加和 贾惠明 归洪信
张佳丽 李玉珍 崔春善 樊桂珍 付桂荣 国会祥 胡铁栓 李洪茂 刘明玉
马凤霞 闵志斌 石克谦 王淑华 王晓荣 王玉君 杨继清 杨仁政 于　晶
张　波 张俊丽 贾惠民 李　红 李素霞 李文海 李志杰 刘秀娥 孙　杰
田凤兰 吴忠奇 张凤英 张永明 白美艳 高建平 高建跃 耿会兰 李伟光
任跃鹏 任跃青 宋艳普 苏怡娥 孙跃兰 王凤英 王顺来 王英明 张　春
张国忠 张利英 张　燕 赵静丽 贾　琳 张建忠 鲁会芝 左之岩 宋俊德
韩　勤

第38列车电站

席连荣 李生惠 周　健 邓发 刘贵传 张鸿夫 张桂生 李晋文 冀景荣
蔡根生

朱廷国 范奎凌 孟祥瑞 栾尚前 罗时造 范红梅 廖　汉 刘振才 孟广安
田振华 吴玉华 周耀欧 庞明凤 李桂香 马新发 石志晶 孙裕良 王金堂
周长岭 陈忆明 刘学安 顾耀勋 何自治 王重旭 丁兰贵 韩步云 李　德
刘振远 卢锡玖 佟静馥 佟新顺 张俊英 周国尧 陈庆元 李国珍 李秀文
洪根源 洪　淼 黄开生 钱文娟 史才金 吴荣福 韩幼珍 朱志香 骆光金
马洪恩 王立淳 董国通 郭家强 孙香瑞 王玉英 张士荣 陈中品 李竹恩
齐水凤 邵坤鑫 徐明功 杨嗣清 应冠全 战广学 计宝龙 韩成龙 洪碧香
李鸿发 林盛灵 温标龙 夏水泉 鲍林府 黄金生 黄益舜 李善仪 刘仕仁
刘振旺 罗松清 汤志汉 徐海明 叶爱逊 叶达聪 叶汪迓 张如光 周通友

高　斐　钱梅兰　张瑞林　刘聚臣　马美丽　毕跃敏　何惠民　王秀英　杜桂兰
李正居　刘伯义　刘昌起　刘锡英　孟庆真　田银芝　杨玉玖　张明珠　周传英
李咸霞　李爱菊　朱桂花　刘桂荣　马增荣　曾学岩　郭葆良　黄连生　刘桂华
马同顺　臧同林　范克卫　蒋庆贵　任淑坤　王行山　李秀荣　张正河　殷文辉
刘秀芳　孙永美　孙兆清　邸荣杰　方箴德　郭占军　李仕琦　苏殿祯　王金祥
谢增祥　刘振山　崔国均　胡敏兰　刘　平　王　敏　张庆耀　赵海胜　吴清云
王伦生　柳凤娇　史宗正　李顺华　段山林　李怀玉　王成金　王景清　常朝东
陈世元　黄兰生　王喜民　王学毅　张志诚　贾占山　刘红梅　王桂兰　张玉清
于景凤　丁菁华　杜书君　华建平　史改兰　孙家华　田桂珍　王培元　吴铁励
吴忠旺　邢久彦　张燕辉　陈贞祥　朱其林　陈　勇　刘　珊　勾　华　黄翠芬
徐国兰　严伟强　赵喜增　冯少华　兰淑霞　李景臣　王翔英　张　皋　张勇华
赵玉琴　庞晓林　安　刚　郭凤茹　李　姝　刘广平　刘俊江　刘铁军　刘希辉
刘湘杰　罗云燕　马　波　孟翠萍　宁旭文　石绍利　田桂珠　王际光　王新堂
王长春　文秀敏　闫晓丽　阴桂香　张宏丽　张　杰　张为群　张艳芳　赵宝华
朱彩琴　徐荣华　范茹芳　赖梅芳　朱玉芬　吴　克　朱福根　胡素君　关美丽
马昌锦　高　民　沈寿祥

第39列车电站

葛君义　刘万山　贾永年　沙德欣　张永喜　张宝忠　王敏桂　毕孝圣

刘福生　郑　禄　富玉珍　胡双进　于泳洲　安长京　倪华庭　张义贵　赵贵才
曹德新　程美娥　郭淑兰　何德贵　胡振双　李登富　李玉玺　刘玉刚　王庆才
闫德光　杨士坤　张景生　张庆玉　杜福海　高惠芳　刘安富　韩安臣　曹敏芝
房德勇　冯冠荫　付丽君　谷荣文　霍国忠　刘小良　刘永宗　刘增新　罗永钦
马　鉴　马玺华　阮世舜　石补天　孙克昌　田桂芬　佟静馥　王宝玖　王贤成
杨秉富　俞惠芳　张宝才　张虎子　张汝林　张增明　张志儒　赵大斗　周德昌
陆宝祥　李国珍　陈　昌　杜瑞来　高俊臣　李广忠　王占兴　伊　田　周纯密
郝世凯　米明友　唐传奇　田正春　王　茸　范炎松　张国忠　胡孝须　高福增
刘士祥　刘忠义　王德功　王满照　王素珍　夏秀芳　尹国英　郑俊英　程骏德

刘汝森 石振国 韩仁龙 黄桂茹 吴宏良 李国柱 崔顺实 马均福 许元恽
张国志 吴宝秋 罗大巩 马玉德 王化永 徐建勋 郁维哲 陈 彬 季益好
崔振国 杜敏玲 马德惠 齐兴海 邱治贤 王久珍 王玉英 姚占祥 曹树斌
郭玉兰 王文清 李和松 王淑芳 张瑞珠 郑莉莉 白素玲 郭爱华 张惠英
樊树林 郎清荣 王明增 张志民 尹增国 苏进顺 李 英 张英森 李士杰
孟宪英 周广宇 王英连 谷守芝 亓汝爱 谭淑焕 王桂敏 范嫦娥 柳凤娇
吴士发 侯文勋 李金海 阮国珍 杨 林 陈绍镇 朱理琛 翟树全 张 鹏
张祖和 王忠义 张继先 方长有 刘英贤 何 芳 何 平 夏同慧 胡云跃
陈庆利 彭景芳 周爱民 毕崇利 车仁辉 葛 萍 那达奎 孙成军 孙友春
王式云 王素萍 王振良 徐振华 张永军 赵秀英 郑哲升 赵丽华 王 新
张玉英 曹伟利 曾庆鑫 陈春祥 陈 明 崔晓华 董桂芝 范淑华 高云峰
贾贵义 贾永秀 姜宝山 解世彬 景惠珍 李艾玲 李福生 李惠珍 李 金
李长春 刘福生 刘希虎 骆树迪 马乃森 么焕泽 裴 沛 任传荣 宋菊芳
孙东宁 孙建国 孙月英 田 杰 汪 洋 王桂珍 王洪儒 王九江 王新华
王兆金 王志强 邢毅刚 邢玉光 徐德林 于庆英 张立勋 张素改 赵 华
郑晓军 支广森 周在成 朱华乐 李素华 曹晓霞 贺素芳 龙建萍 彭志毅
曲卫兵 宋桂华 宋海光 孙建平 杨国华 吴寒秋 高建英 杜东滨 王跃忠
江茂生 周宝生 朱振华 张关莉 贾威远 邵云芳 王淑珍 袁兴林 韩学丽
刘士英 马 明 米丰敏 邵鹤敏 韩 文 蔡娟茹 韩学杰 祝再英 郝洪安
赵赞省 钟敬华

第 40 列车电站

侯玉卿 刘溪鲁 张门芝 王汉英 尉承松 乔 木 葛树文 宁廷武 孙彦博
尹道友 石建国 吴国良 王家凤 刘树春 冯炎申

罗茂华 崔德林 王德宝 惠德明 赵 平 傅相海 柴昌观 陈映辉 李培元
刘爱莲 罗永海 商会林 杨凤琴 姚贤坦 程建华 李桂香 马静华 邵科清
沈伍修 曹天秋 边玉栋 曹建章 曹友成 曾金昌 陈成杰 陈继贵 邓光宗
丁俊玲 冯培根 郝凤鸣 黄仁荣 兰尧辉 李洪波 连伟参 吕赞魁 马仁容

欧阳菊英　宋宜臣　谭世荣　王大生　王德顺　王克俭　尉正良　魏锡民　熊　忠
薛建德　杨永忠　张连福　张念妹　张世廉　赵久峯　朱家成　王宁保　刘金凤
董国通　胡广志　焦惠道　王积兰　齐水凤　薛福康　章汪盛　周月娥　周恩玉
温标龙　蔡永金　庄家武　程建军　杨　涛　刘锡英　李木楠　葛廷素　贾政科
刘元德　袁　通　张丙戌　王秀英　刘桂华　郑万飞　郑俊儒　石秀芳　徐　福
张文茹　王金乱　杨景茹　刘志欣　宋步桥　杨蔼华　鹿克端　王家勤　潘克香
赵　菲　宗少林　宫殿章　王发群　陈兰林　从玉英　郝家成　姜晓玲　李文国
王桂荣　王述祖　邢玉泉　杨富贵　杨锡贤　袁成建　王九州　郝金玉　缪雨林
王俊森　王钦国　张宝祥　谢云海　薄向东　李大中　吴必忠　刘茂才　侯占英
王荷生　王永松　徐振全　郝宝玉　刘振珂　马青花　张怀亮　张永战　郑泰永
李守忠　郭天佑　丛树贵　刘成海　毕卫国　崔双占　郭如贵　蔡　冰　曾金娟
曾庆忠　陈松青　单鹤君　邓　古　关连生　郭造明　侯贵生　胡奖旗　黎志伟
李惠南　李义封　梁海雄　刘兴泉　尚惠民　王进朝　王燕华　王依锦　吴桂香
夏秋霞　谢秀兰　杨双林　杨彦浦　游　进　苑希蓉　张德山　蔡文新　曾嫦英
蒋宝国　李钦生　李云芳　陆永坚　唐　峥　王　联　张　勤　杨运卿　区少芳
叶卓升　甘嗣烈　周伟建　啜　晖　罗　兰　孙同生　王庆林　张明海　刘玉兰
董学农　莫思明　孙北雁　袁秋芬　黄笑平　哈　沙　王丽娟　陈德想　李玉生
宋桂林　苑高飞　郭挺生　史科泉　杨翠萍　周学健　吴雪华　张永良　罗　芬
沈淑文　孙　平　崔广杭

第41列车电站

齐延龄　康　健　张门芝　黄耀津　崔树伦　王福均　王继福　蒋国平　田同道

金树永　史玉珠　于廷龙　何洪昌　荆德才　史顺民　王赞韶　尹燕琪　余陈荣
张兆雨　赵佩贞　刘洪宝　刘仕科　杨家忠　姚宜奎　谢家鑫　张宝英　李胜功
李秀莲　张伯廷　蔡祖元　董景杰　范正谦　高礼泉　谷子茹　郭增仁　李培林
李　琴　李文忠　刘东华　刘金祥　刘卫国　刘秀金　马计庄　潘复才　石广玉
石金洪　史成新　苏赏恩　田恩亭　王翠金　王克明　王庭池　王文才　王则荣
王兆秦　魏桂荣　杨计锁　袁秀清　张国庆　张敬仁　张瑞子　张书田　张双元

张廷芳 张秀海 张增明 李志英 赵海生 朱明义 陈庆祥 霍锦华 康希尧
李　智 刘惠忠 王成根 张胜才 赵荣珍 周振英 鲁　池 徐银普 毕万达
陈瑞峰 崔银署 韩洪智 郝文兴 尚秀峰 田志棉 吴宏良 张金祥 黄清华
李国均 孙文海 王　静 张延鳌 马华山 温玉玺 许伯儒 杨树森 杨永峰
唐修成 叶　钧 郁维哲 刘清华 张瑞珠 郑玉辰 王里仓 邸瑞华 郎清荣
梁国卿 宗少林 郭立保 司向华 徐　惠 段学明 孔繁勤 刘殿华 陈继光
陈　晓 姜长春 梁　建 刘邱生 刘　伟 张铁库 杨忠勤 范桂云 韩宝章
霍宏伟 李丽冰 宋延韶 王惠芳 王新宇 王佩仁 徐书元 徐学敏 帅永辉
刘定华 赵世祺 陈咏梅 刘卫珍 王龙富 徐桂兰 张德昌 毕卫国 李　勤
易平柱 窦淑芳 李秀清 潘传瑞 张连义 王　玲 游立言 蒋立勇 杨维荣
杨传忠 曹玉珍 李　民 李　强 刘虹霞 刘露霞 孙菊岭 叶经斌 叶　卫
张惠滨 祝惠滨 兰鹏富 李玉华 孙秀法 孙秀云 张玉珍 朱爱国 胡　敏
王德海 蒋　柯 于翠荣 范维华 范维一 黄　杰 李新华 刘丽华 刘润芝
马丰彦 钱忠伟 谭亚利 田友玲 王承德 王德胜 王德新 王美华 王　萍
魏本娥 熊友林 姚嘉生 姚　建 张恩德 赵世祜 赵玉京 陈和慧 黄鲁涛
姬忠杰 张忠华 郑　峰 訾月华 刘　红 王凤先 安世平 张世昌 曹　铁
常彩霞 陈秋妹 陈玉霞 达朝霞 郜贞轩 葛　华 耿国华 郭宝霞 阚小荣
李惠娟 李惠丽 李明忠 李同锁 李志洁 罗　坚 邵志敏 田玉琴 王秀琴
王耀城 于　北 周　宣 朱益聪 杨维华 李建军 田　飞 鲁会芝 潘永金
刘根富 王治民 孙勇军 刘占江

第 42 列车电站

余志道 侯元牛 孙玉泰 李家骅 宋　智 罗法舜 刘兰亭

龚成龙 许汉清 金扬兴 房海龙 潘耕海 王桂兰（会计） 赵　平 曾民生
葛明义 李枝荣 路国威 罗启明 盛迪武 田启芳 王凤昌 王俊乙 王荣滋
夏定一 杨耀义 张立安 甘承裕 樊振岭 夏志强 李春森 邓秀中 陈光荣
方云楚 陈振江 崔淑婷 方秀勇 傅碧辉 高化武 耿兆忠 黄崔麟 金肇基
康淑英 来雁秋 雷　舟 李瑞恒 李文江 粟启元 刘长槐 孟庆禄 米景章

米培元　潘兆祥　庞振海　沙宗俊　邵华荣　宋志勇　王振刚　望　潮　肖勤发
徐世范　叶政直　伊　田　何珍明　王茂森　陈秀荣　王化东　李丕真　仲跻铭
丁彦国　杨文翔　冯　熙　来培章　李学忠　刘加雄　龙春莲　唐国杰　项林春
薛富康　余碧坤　赵菊茂　周美霞　归承修　王桂红　徐美芳　杨吉梅　朱中奇
黄元治　杨好学　成雪恨　边秀文　李云恒　罗锡新　佟祥兰　文岳谦　龚国兴
苑国欣　赵忠达　关惠兰　刘　福　顾龙妹　刘　合　徐宝珍　皮庆荣　谭希兰
殷贵群　张秀梅　张泽凯　马　琢　莫守梅　张延雨　陈素彩　宣忠华　刘研娣
罗致华　韩文秀　姜士慧　刘振山　殷　富　周国江　宗华成　李长林　安炳慧
陈顺山　刘承坚　于长兴　陈鼎新　侯启权　黄发元　田化敏　袁克富　臧文德
张聚臣　钟继国　秦德凤　高坤台　徐玉林　殷锡海　彭淑珍　赵祝聪
王桂兰（电气）　俞泽亮　冯书全　李存田　李志荣　汪智锁　王新海　张宝云
张志魁　赵录瑞　赵长生　于水芝　白存劳　付志琪　韩仓智　郝明亮　梁明理
梁有祥　刘广元　秦建忠　王君科　王水乾　刘金良　毛贵福　章家凤　刘玉斌
喻光前　白玉刚　贾佩君　李爱民　赵亚敏　郑新生　何亚芳　方华梅　耿利华
侯兰香　罗海燕　孙建义　王子义　余　冰　余承豫　余　鹏　张淑云　赵保华
陶　丽　杜　嵛　韩金阳　季　文　李　刚　李欣生　李秀华　蔺学红　刘东河
刘敦刚　刘克宝　刘丽萍　刘胜荣　马春芝　马　英　王晓华　徐学刚　许　明
杨义民　袁冬生　张焕双　张佩云　张云生　张志刚　赵雨利　余明贤　孔祥印
李春芳　李金岁　李玉兰　朱长新　井桂花　王玉莲　李晓明　于　澄　李淑芝
梁维平　宋素乔　田瑞英　朱光华　卢秀英　方华香　李永汉　许冬萍　余承冀
赵伟华　陈宝森　陈素庆　陈卫国　孙盛茂　汪煜英　王祥珍　刘玉军　姚锦龙
吴宝群　庄翠英　毕萍燕　陈　萍　廖学群　王学红　谢家源　赵爱华

第 43 列车电站

袁　健　周　健　陈启明　张兆义　于学周　梁世闻　王汉英　郭长明

周鸿逵　范存心　胡传慧　刘国权　陆慰萱　沈金林　沈正祥　郑乾戌　吴英智
李鸿生　李新生　孙玉成　汤美娟　王继宗　尉银海　吴金亭　张东振　朱雯需
李桂香　何沁芳　陈忆明　翟启忠　施连舫　惠致宽　姬惠芬　曾金昌　程光荣

楚作明　窦升田　范祖晓　黄华民　刘燮儒　罗茂华　孙家瑶　文国芬　武伯清
于庆祥　张光作　张国忠　陈运新　沈惠明　陈登雄　陈汉木　陈荣木　陈仰志
李亿松　梁汉渊　麦大群　莫兴贵　苏子阶　薛福康　杨　汉　郑万烈　周崇海
郭福玉　龚君三　冯杜明　何宝根　何雅文　黄乐堂　莫跃孚　寿景云　谭柏源
吴厚寅　吴纪贺　赵元壮　钟宜恩　陈洪奎　刘丰盈　马腊梅　谭胡妹　谭跃裳
汤应华　张济国　朱秀芬　郑荣亮　陈念芳　池振光　官玉明　李木楠　李秀芳
梁恒启　梁祥光　林德坤　刘彩英　吴凤琴　谢克谦　徐文光　张汉生　张玉珍
陈端阳　杜　华　廖贵亭　裴庭奇　韩秋祥　李发生　史青录　邢玉文　张立茹
张祥林　钟振荣　田金有　李树贤　刘呈河　王勤生　俞惠珠　代大成　李　秀
刘淑英　王淑霞　王通和　高　深　刘顺安　赵麟趾　严瑞霖　任洪臻　孙庆芬
王玉萍　薛树奎　鄢悦蝶　苏文波　田　筑　王玉英　杨桂珍　张英森　曹树恩
刘茂文　张学凯　荆爱英　杨长生　陈静树　张粉英　姜庆华　陈　涛　戴丽华
高秀兰　辜水平　龙　毅　王敬伍　张朝阳　郑金华　仲根贵　丁正武　马天俊
宗德友　李　英　任林兴　曹晓德　邓万益　范存斌　马文保　毛文保　任定国
王德明　王正国　王正先　徐成文　杨本华　袁汝高　朱德才　马克珍　刘俊荣
周　峰　周小梅　周月英　邝技能　李芳英　李伍学　索宪法　赵建荣　赵振洋
白秀梅　陈方庆　付戈萍　贺京华　李启家　刘志英　汪慧玲　汪秋梅　王亚非
韦良生　肖定国　肖晓莉　徐炳虎　徐莉莎　许冬年　薛春雯　杨家珍　姚学明
张国华　张洛英　周武昌　吴生武　李柳青　罗家凡　王德清　王孙峰　王进步
徐鹏程　周厚芬　朱玉红　王胜双　张海平　张树庚　张树明　王顺义　韦　杰
王秀朋

第 44 列车电站

贾占启　籍砚书　刘溪鲁　范世荣　李智君　张　福　彭玉宗　石宏才　马惠彬
吴增平　冯全友

王明山　尉承松　吴德喜　张秉仁　赵长命　朱武辉　陈纲才　刘润平　龚瑞兰
佟惠兰　李卯辰　刘智远　田胜才　梁洪滨　张连明　张翠云　宋家宁　陈光荣
刘亮京　楚怀贞　方淑珍　葛永森　郝凤鸣　何自珍　刘淑敏　刘以芬　马国惠

孟　林　桑诚斌　邵寿根　王福全　王继新　谢桂英　杨兰英　姚佩好　张　杰
张志诚　张志儒　郑欲鑫　祝瑞芝　段秀明　刘春林　刘振远　宋喜周　佟新顺
王稷耕　王梦麟　王兴州　王毅刚　林灼禄　董国祥　成雪根　杨玉兰　白志英
陈周毅　董景杰　杨玉洁　姚慧生　赵兴才　董凤刚　霍守法　李士英　汪德儒
杨义杰　张连珍　张玉发　秦富宝　邢玉文　蒋福林　李国斌　李振声　刘伯良
刘兰亭　刘振伶　马义琴　齐国祯　祁凤书　杨建明　杨伦昌　杨少敏　张明琪
赵泮增　卜祥发　张洪军　张金祥　李申海　苏幸彩　丁兴久　杨德利　苏殿祯
潘克香　肖俊娥　杨玉清　张子森　兴纯喜　赵俊元　田香段　张德矿　陈全贵
崔　克　李福堂　刘　明　邵战华　沈景贵　魏锦程　吴志远　徐振英　闫长庚
张含文　张勤然　赵海胜　周耀宗　张海玉　陈兰林　陈润祥　冯丽华　付永成
郭廷坦　侯润昌　胡莲燕　姜晓玲　黎正平　李丰林　李文国　李振忠　梁万善
王本堂　王贵有　王桂荣　信庆贵　杨玉斌　袁成连　张延绪　孛银凤　蔡焕仓
葛双锁　韩伟芬　郝兰惠　李德文　刘爱莲　史晓生　常兴武　张建民　马筱凤
牛二棒　庞双吉　张金生　张秀英　白建中　李生俊　王二全　薛文泉　赵隋朝
郅英玉　张树弼　王培汤　关连生　常　浩　胥　平　蔡胜峰　黄德顺　郎秋菊
康建军　臧立元　房秀梅　韩海英　何丽雅　李廷聘　宋鲁仁　田素珍　王继勇
温树林　吴慧敏　吴惠静　姚新生　于国强　俞　济　张京生　张长萍　谭秀华
褚燕娇　王临仙　王素芳　张峰太　张荷叶　张增祥　张秀兰　牛献国　袁国立
曹小垂　归洪信　康清文　刘新群　王春亭　夏　辉　杨喜顺　张晓渠　张杏菊
郝洪仁　史建华　宋翠萍　于志芬　贾晓春　李锁林　胡铁栓　李扬民　刘彦杰
魏建平　苏香玲　韩建生　韩玉海　王秀莲　丁兰香　孙长春　翟普强　马金涛
郭新莲　荆春礼　李春友　李荷花　徐晓昇　蒋雪卿　高振国　郭　玲　郝卫星
常建萍　王双明　李　续　齐新红　延宏鹏　何宏举　胡树彪　秦旺生　卜晋勇

第 45 列车电站

周春霖　赵陟华　陈士平　刘桂福　周贵朴　王荆州

杨庆俭　王春华　魏汉录　张均和　张庆富　周广才　刘永俊　董椿瑞　刘景春
刘玉林　鲁春元　高　升　郭安民　韩林诗　王　艺　杨胜斌　刘兵初　刘桂全

吴星甫 郭彦生 李淑君 李彦君 刘树声 马元斗 孟繁长 潘发兴 杨德芳
袁有成 张化民 张素贞 张廷合 张学芝 房德勇 焦玉存 李林友 谭宪文
于淑德 陈福辉 邸贵然 冯新民 何炳珍 李邦产 李志杰 彭墩庆 隋洪珍
王宗英 肖明利 徐 媛 易占忠 翟同改 张国桦 张济国 张启安 张运增
周思媛 朱志平 肖淑珍 白贵婷 董志全 贺福云 黄满照 李志明 和文江
田金有 范五昌 马殿财 马天俊 孟庆荣 王克忠 王玉英 邸金占 郝群峰
李 冲 刘茂香 钱继成 王俊杰 杨鹏举 赵丙戌 程德文 刘成华 舍明喜
吴 华 方秀兰 董秀田 陈招远 黄国富 刘春英 刘卫平 薛淑敏 杨新敬
叶明儒 张林香 常新民 陈正莉 陈正玲 崔小其 贾志义 刘天祥 刘泽祥
王景仁 柴淑芳 国英奇 蒋 宏 商会合 谢世方 薛 平 张普莲 姬秀云
文毅民 赵建云 余承豫 杨同兴 魏金元 赵宝珍 徐正年 张淑云 陈正群
郭宝霞 付佳滨 王 波 颜安莉 杨跃进 赵 鹏 朱建民

第46列车电站

荆树云 张宗卷 刘广忠 步同龙 郑汉清 韩道玉

于振声 程礼和 丁敬义 周泽彦 张德林 陈帮富 曹炳元 潘升华 齐殿礼
王福祥 王继宗 王杰天 王秀婷 詹多松 张学陵 付树群 钱之庆 李成章
张修伦 李胜功 陈惠芬 胡尚奎 宋志敏 夏明福 翟启忠 张延孝 陈祥祯
金家杰 刘玉生 安崇斌 安国英 曹文礼 陈凡秋 陈焕之 陈克谨 董国祥
高炎贵 郭永沛 黄华民 刘凤英 吕爱丽 毛淑琴 任炳英 荣家亮 王凤燕
吴国栋 谢宁台 张恒造 张骏品 张祖辉 赵玉新 张世廉 曾金昌 黎贺年
李道魁 罗乃兴 陈煜志 刘舜华 姜尚泗 李生鄂 李时雨 刘洪宝 刘世良
宋宗贤 吴树元 杨友荣 朱家华 左汉林 韩晋思 刘运芬 王才旺 易承寄
周智生 苏全珍 喻建强 陈金元 李景要 宋崇贤 曾松壁 刘紫英 张景梅
欧学易 梁世闻 朱彩求 严举贤 邓就仁 洪秋秋 谭柏源 李晶莹 刘伯秋
强俊英 王贵华 董志勇 侯信权 李维杰 王树华 肖程川 邢玉春 熊华芝
杨志敏 张舒坦 刘高级 方桐坤 孟庆国 李咸霞 汪 战 陈念芳 陈德跃
屈耀武 姜永祥 金玉辉 亢庆怀 李兴国 王淑霞 黄庆川 孟令春 王士云

严童贵　王淑琴　宏秀云　孙庆芬　徐培生　薛树奎　茅亦沉　武日庆　田启云
张洪旗　亢锦玺　荆爱英　肖盘寿　吴玉珍　陈棣辉　吴志远　刘鹤御　贾永源
董书林　范金库　任　钧　高义春　侯启权　李连祥　王秉林　王世珍　石德昌
苏蹼琪　黄敦林　张俊峰　米万琴　王明卿　高振玉　王功成　王润生　王永欣
王华英　白秀芝　陈甬军　孙维成　姜　丽　张艳荣　商建国　王碧华　尉世忠
徐建清　袁　凯　张金标　张晓君　叶文金　吴国华　张　平　范翠兰　郜贞干
李翠珍　李　瑟　叶　林　张广新　王跃全　王鲁闽　宋　琦　付戈萍　陈金儿
洪笃民　胡文龙　田　科　吴敏强　吴珍玲　徐孟鲁　张　扬　庄水泉　王汉林
陈六均　柯孙乐　黄万联　黎桂闽　王俊芝　廖学军　李之健　陈华胜　洪乃佳
蒋志刚　郎凤英　杨志和　张世明　张艳丽　郭良平　林开文　郑　旗

第 47 列车电站

孙品英　谢德亮　赵坤皋　徐学成　尹喜明　原有成　贾永年　宁廷武　张位轩
石建国　刘桂福　冯炎申　张文忠　杨义杰

周鸿逵　骆兴招　蔡根生　李炳星　范仲禹　韩天鹏　孙吉寿　张荣良　曹德新
丁菊明　董书坤　杜技芝　甘承裕　黄华林　雷慧英　陆敏华　潘良德　徐瑞庭
尹仲田　张庆玉　张义琴　范正华　贺连春　郭伯安　邵瑾荣　戴行彧　蔡大稷
殷维启　胡尚奎　董宁义　古耀武　韩安臣　韩南亚　侯兆兰　稽同懋　李昌萌
邵华荣　汪印波　殷玉昌　张壁华　朱文浒　倪华庭　张纪锁　张绪杰　陈树庄
邱素莲　程立富　董景俊　范志和　冯正光　高兰惠　黄崔麟　继文成　李殿臣
李诗英　李玉英　卢秀英　穆常俊　屈洪祥　宋兆玲　谭世荣　吴振全　张春贞
张淑霞　张振喜　赵金阁　赵占德　邹正仁　刘长明　张守忠　彭玉鑫　赵晓山
刘志广　于淑德　张清莲　赵德义　戴秋云　樊志和　顾明德　胡炳廉　胡志平
李富春　李开求　刘克夫　毛秋凡　彭玉屏　秦飞雄　秦晓珍　施金荣　汪金生
谢斌娥　杨永林　张学诗　周英廉　朱海堂　朱阳生　曹志红　廖复勋　刘广益
彭细恒　李和秀　原敬民　谢胜才　冬渤仓　刘纪平　陈紫凡　刘建群　孙立仁
王玉敏　许佰祥　张黔滨　王久珍　李淑云　廖庆光　刘光荣　郭玉兰　齐国祯
王志贞　胡广志　程骏德　郭爱华　杜文祥　李玉萍　曹景凯　聂国昌　宋步桥

王化芳　王希才　张相栋　赵庭贵　崔校锡　高文兰　刘　楷　栾宝玉　张大慧
朱秀兰　李淑青　胡德祥　刘茂香　刘石虎　孙盛惜　陈淑欣　冯建民　臧文德
刘彩碧　彭金华　彭永金　唐传元　李金海　任锡坤　阮国珍　金晓明　田惠荣
杨丽琴　赵丕跃　苗　贵　曾广墨　田瑞雨　郭　光　李恒茂　刘乃器　彭火明
郑万山　段吉贵　高国昌　彭良学　温云才　周建文　冯　敏　蒋宝国　苗和平
宁跃宏　谭　玲　谭奇霞　汪清英　文英权　张　前　张世全　张书义　张英明
曹晓芹　曾淑惠　郭　翰　杨素琴　吕志书　曹　山　关希武　郭学初　卢桂芝
张佑祥　赵春珊　刘玉芬　张书学　马素萍　刘晓芬　王　芳　于汝海　袁　勇
张书利　张书会

第48列车电站

谢德亮　殷维启　蔡俊善　荆树云　胡尚奎　潘顺高　郭跃彩　毕万宗　丁敬义
蔡根生　康锡福

李昌荫　周鸿逵　潘耕海　李祝善　彭正国　冯恩祥　黄华林　刘秀英　陆玲玉
乔古山　田振华　杨世庆　印永哲　郭伯安　徐瑞庭　殷善续　李成章　张　健
侯兆兰　刘学安　宋志敏　张继锁　继文成　刘宪武　刘运芬　任炳英　宋兆玲
王玉珍　吴国栋　郑云銮　朱芙香　胡新志　宋后起　曹洪年　程立富　戴致和
宋芳福　唐传奇　唐云秋　田长义　张秀美　黄清荣　沙朝均　沈惠明　陈业泉
胡长树　李桂元　鄢朝顺　黄生仁　李登忠　刘英杰　邱子祥　熊秋耕　张成如
赵代业　潘昭仁　史丽文　陈淑琴　黄月英　李开求　潘新民　阙运兰　施金荣
汤应华　唐三春　吴文清　曹志红　廖复勋　张桂芳　周　洁　龚国兴　贺若平
贺宜长　李和秀　欧阳幸生　孙怀林　王世义　阳济吾　阳正兰　郑菊初
周合林　彭金荣　方桐坤　杨永林　王运清　车启智　孙培南　姚文彬　叶宣仁
赵俊田　吴尚贤　张慎荣　杜文祥　韩生会　李连奇　刘淑严　刘佑民　潘　椿
任清波　王淑琴　易南初　刘振山　傅金华　李彦茂　刘满忠　米万堂　王季芳
王淑华　杨岱禄　张桂平　张淑美　颉文水　袁克富　曾和平　吴则康　薛继和
崔干伟　崔贵山　韩秀英　胡怡增　贾定雪　李晓春　刘彩碧　刘石虎　刘太平
苗　贵　王金城　赵广春　赵丕跃　徐玉卿　林顺喜　刘顺福　刘玉民　吕谦兴

时宗英 田向东 王保生 张秀云 任和平 陈广友 李焕清 李永忠 刘发龙
万庆明 赵登科 赵英荣 吴学鼎 蒋厚良 毕乔燕 刘芳华 李福平 彭桂芬
邓志刚 宁东明 曹新来 高正禹 姜锡军 李端美 李秀荣 吕志书 田启明
佟户兴 王德胜 王祥瑞 夏　辉 徐卫国 许卫国 张紫兰 周锦玲 朱经常
段林华 刘锦富 张跃君 李嘉峪 吴雪华 张永良 李嘉峪 胡树彪 张金珠
莫孟军 吴　宁 熊晓兰

第 49 列车电站

孙品英 康　健 赵学增 乔　木 何世雄 赵仁勇 汤名武 王　龙 陈文山
康锡福 李智君 刘尚谦

张书勋 赵　平 孙吉寿 曹德新 崔小鱼 戴行彧 贺连春 刘丰厚 范正华
郭俊彦 钱之庆 雷慧英 杜济光 稽同懋 陈树庄 刘金凤 刘舜华 穆春青
赵洪新 刘爱卿 刘福生 王占兴 段德云 李宝胜 李　智 刘福田 米明友
彭传义 沙玉霞 宋　岐 宋宜臣 周振林 李景要 李玉江 邵秀芬 吕鸿才
王祥恒 张今禹 孙承文 周全在 杨玉华 张作强 马贞龙 李玉英 李福元
刘福珍 赖慈贤 庄家武 史丽文 范维俭 韩如意 黄天晴 牛吉顺 史成法
赵兴才 曹秀增 曹志红 陈晓琳 邓志文 黄湘杰 彭书香 秦飞雄 王庭斌
王文利 向河栋 朱永年 朱正新 栾孟林 陈紫凡 康枚初 刘广益 刘纪平
彭细恒 谢胜才 杨月姣 朱加华 吴颂年 李继增 程发荣 单炳忠 丁振起
杜继芝 郭松龄 侯兆兰 李素英 刘国汉 刘建群 梅香保 明青山 王宝玉
王思东 许汉清 杨辛德 张黔滨 赵荣堂 朱万友 朱新生 贺福云 车启智
张明达 李泽厚 吕玉福 倪鸿鹏 汪仕林 王素云 魏子刚 陆杏大 夏凤兰
刘桂荣 马增荣 展德美 江　达 李玉林 李振声 刘述俭 张金祥 马长久
王　熔 薛汉根 孙永聚 王富珍 孙献宝 李根妹 王永庆 范惠珠 张含文
田香段 苏作银 司象华 杨建华 谷守芝 李伟勤 徐全志 袁克富 程淑芝
刘　铭 商振山 田继宗 王振忠 吴春喜 姜　泉 郑祥泉 张东忠 郭廷坦
杨凤山 周春玲 苑振爱 孙凤岐 张善勇 李焕英 包在志 崔双占 邓长荣
范金良 胡光华 李明海 吕明奇 吕人伟 田金祥 田祥有 王兆福 余友儒

赵荣显 邹祚光 张满栓 陈正平 胥　平 赵德明 车仁辉 陈洪国 董　芳
高长山 吴宜祥 杨宝君 赵一娟 赵一敏 张玉珍 谭秀华 毕玉梅 程安平
郭莉敏 任光辉 于国旗 周爱民 于志芬 刘　山 陈永清 刘德忠 任树江
史美凤 杨志勇 周建新 富雅珍 蔡素玲 陈秋妹 陈素清 陈卫国 陈玉霞
董　全 丰润兰 冯九贞 高增禄 耿国华 郭玉梅 胡晓云 贾广银 阚小蓉
孔　洁 兰和平 李　蓓 李惠丽 李记锁 李　明 李同锁 罗　坚 邵志敏
孙黎明 田淑萍 田玉琴 王晓刚 张东进 张敏丽 周　宣

第 50 列车电站

谢德亮 张荣良 张广笙 蔡根生 乔　勤 韩天鹏

陈振茂 康　程 曲　轮 谢汉民 杨树基 杨永林 姜炳峰 孔繁航 李汉珍
张继良 高玉莲 何其坤 胡克林 刘兴海 吕仲侠 乔彩云 孙尔玺 袁　慎
张光普 范仲禹 才凤英 丁菊明 顾文伯 申永联 宋顺昌 吴庆玉 薛伟文
陈树庄 黄秋凤 李德泉 李舒武 林发光 刘定山 刘鸿仙 刘荣柱 刘淑英
陆启森 罗海泉 欧天炳 秦贞序 孙晋云 孙汝庚 徐关贞 张光瑛 周继勇
王占兴 曾松壁 陈木泉 方文桂 冯桂英 胡秀兰 黄有荣 金秀芳 李如红
林雨听 刘　英 王继尧 杨永日 张国庆 周宗林 胡翠英 胡峰英 蒋敦红
凌段秀 刘新莉 欧阳楚云 欧阳满福 彭俊贞 乔爱莲 宋柳荣 王英明
王运求 谢斌生 叶余皋 钟铁凡 周细娥 陈敖虎 何作宝 金巧枝 廖秀珍
罗阿花 谭兆棠 张　存 周继英 李宝玲 刘菊英 王玉珍 陆来祥 耿协森
曹洪新 罗仁贵 石春青 崔荣菊 耿蔚欣 李金旺 刘文培 刘秀英 宓文雄
田洪年 张桂清 赵起福 范玉全 程文斌 侯玉明 乔浮岭 佟继业 周学海
常殿茹 陈英华 郝润仙 郝玉凤 郎宪芬 刘秀芳 刘志忠 马福顺 王培汤
郑建平

第 51 列车电站

余钦周 张学山 乔明铎 刘子德 王鹤林 董庆云 赵国绪 王德纯 刘树春
丁元科

吴立维 杨翠娣 张宏景 张淑华 丁文法 闫吉奇 殷德明 张宝珩 何仕祯
孔祥春 李时雨 孙晋云 王永和 于涵俊 陈秀荣 崔恩华 孟庆禄 杨敏华
赵福南 陈 清 李桂新 梁凤才 王双吉 刘明远 向方荣 徐先林 廖品财
侯照星 戴云霞 王爱明 韩仁龙 张培华 张 毅 张立知 姚文彬 刘改婷
陈有忠 徐 黑 吕云秋 杨维禹 鲁金凤 李春魁 孟炳君 于立芬 李凤英
戚桂兰 曹洪新 薄元良 季丽生 张延明 周秉泽 郝玉存 刘洪图 杨世大
安玉存 贺长生 侯玉成 厉永泉 刘景富 石桂荣 王有华 安贵友 毛俊荣
刘秋生 孔 强 苏风琴 孙学用 田杰祥 于茹桂 李新靖 阮 钢 贝学盛
杜凤梅 侯元伦 尚国成 石松平 刘玉华 邢建忠 董海兴 周新亚 朱若虹
金振生 李国昌 苏朋顺 王凤德 张永智 赵志军 邱同福 孙崇胜 徐 鸣
敖学武 林玉科 刘软香 高云清 龚伯涛 李义军 盛春斌 于法海 于孝国
张洪战 郑 佳 王 玲 陈力群 商和运 关长春 侯庆民 刘守亮 彭 荣
宋德兰 宋风岐 万建奇 尹新民 于桂英 于秀荣 边来运 许文芳 陈秀英
丁景兰 段永立 李振京 马光美 彭月辉 汪本凤 王嘉禾 王瑞金 武国灵
原边果 张晋生 张月娟 赵边疆 只金来 朱 颖 宋桂云 邓友平 李菊香
孙 军 张国维 许善兰 赵 薇 刘 红 施 红 张 芳 张雅芳 姚 平
王伟杰 蔡敏英

第 52 列车电站

钟其东 安 民 谢希宗 李 波 陈德义 田 发 张道芳 张进森 杨德厚

赵敬熙 胡海棠 刘国权 赵荣根 刘再春 孟祥瑞 王桂兰 王湘堂 程懋瑗
郝云生 李希贤 刘永忠 张立安 周韵洁 郭伯安 李成章 于桂云 张 健

李世荣　马承鳌　周瑞林　安　颖　崔正芳　崔正仁　方梅云　高成贤　李　德
李海林　李秀英　梁江龙　林敬彬　刘本信　刘金成　刘连祥　刘思荣　刘增新
陆邦才　马秋芝　冉秀田　史书岐　宋凯旋　苏赏恩　孙大成　万福荣
王福生（电 1）　王福生（电 2）　王克明　王明久　王秋芸　魏宝生　吴应战
徐春荣　徐　瑛　徐玉敏　许应钦　杨学忠　于涵俊　袁广福　张宝祥　张　杰
赵大斗　周德昌　王秋雯　徐成合　张子权　杨玉华　张作强　熊东荣　路延栋
吴希敏　杨好学　黄　欣　姜美芳　李玉昇　刘景乱　孟庆芬　牛吉顺　杨玉洁
于金兰　郑祥泉　朱杏德　刘香果　刘月华　崔吉安　董宝泉　李颜新　孙立仁
邢成仁　张贵奇　张书中　周智翔　张锡武　皮庆荣　曹秉忠　高建州　薛文珍
张尚文　宋梦娥　薛汉根　尹增国　李艳欣　陈永鹤　丁兴久　高　青　柏素琴
邓永印　姜成森　姜世忠　刘树柯　路殿明　孙庆海　王新英　王志俊　吴国臣
尹延军　于金延　赵逢文　王　通　胡　英　王兆增　刘茂香　屈国强　沈伟荣
颜桂芬　冯立民　高俊峰　郝继水　李德水　李同发　祁小祥　王树伟　袁国英
张良民　祖连斗　安邦祯　陈久荣　丁　毅　范　敏　李素芹　盛国强　王惠芳
王增莲　王志民　张东忠　张绍萍　赵志华　郑吉盛　王　雷　陈传富　刘洪久
夏松平　薛家昇　杨万波　姚志官　余勇义　郑吉顺　胡绍彦　秦怀信　吴继春
吴继和　张　宝　张岳新　周春玲　薛　忠　齐志强　陈士英　陈文学　程启贤
杜连柱　归荣力　郭天佑　侯春长　刘福元　马连启　宋建国　王学江　王延年
杨金贵　岳洪恩　张继先　赵金成　郅英玉　周彩芳　李振忠　薛文泉　陆祖明
安海书　付桂英　郝玉琪　刘瑞芝　毛连杰　宋桂英　王春英　王　奇　王新华
谢殿峰　徐振华　张阿斌　张　建　张卫军　张永军　张玉珍　赵德明　关燕玲
刘锦华　沈宝珍　王子义　高景丽　陶　丽　裴　沛　陈春祥　杜　嵛　韩金阳
贾贵义　景惠珍　李　刚　李欣生　李秀华　李占春　蔺学红　刘敦刚　刘贵生
刘建萍　刘克宝　刘丽萍　刘胜荣　骆树迪　马春芝　马　英　穆瑞田　任传荣
王晓华　王秀荣　王正华　邢毅刚　徐学刚　杨义民　袁冬生　远　征　张焕双
张吉普　张佩云　张志刚　赵太平　赵雨利　周在成　董兰花　郭慧萍　贾守东
梁惠娟　梁素珍　程秀英　付桂荣　何久茹　贾顺同　李淑芝　梁雪霞　刘福海
刘金刚　刘瑞海　谢永惠　闫渝生　杨继清　张　驰　段成柱　高海臻　高小云
侯宝生　胡振雨　康月敏　李慕寒　李万华　李　英　马素萍　宋艳普　孙建中
王绍平　文秀敏　项九云　谢兴年　张建峰　张胜宁　张　英　张志敏　赵志福
张　蕾　胡　琳　李桂玲　邱晨旭　袁　勇　张国和　周建新　陈玉霞　罗　坚
王　勇　孔　莉　陈福娟　陈勇弘　胡秀芬　孔繁军　潘家旭　田凤兰　徐玉坤

严黎冬　张金珠　周北丽

第53列车电站

原有成　尉承松　方一民　周妙林　陈文山　吴国良　汤名武

赵仁勇　顾锡荣　丁泉根　胡跃喜　骆兴招　秦金培　汪大义　徐明德　张金国
郑炳华　樊振岭　顾天林　刘明耀　刘秀英　王婉英　尉银海　徐文忠　杨世庆
虞友娥　朱文需　柴昌观　宣恒淦　何沁芳　李鸿义　毛金余　王重旭　张继锁
李德浩　程理和　程东行　程立富　范纪弟　冯培根　顾文华　韩洪志　何立芳
侯永根　李雪英　林观贤　林启坤　马计庄　潘福才　潘仁山　钱文娟　邱素莲
裘东平　邵东芳　沈龙弟　史春人　苏　理　唐云秋　王才旺　王国治　王世瑜
王兆银　徐福寿　薛贵良　叶国权　余爱贤　张瑞子　张秀英　朱汉良　黄炳根
王　凯　田志棉　陈瑞峰　崔银署　方菊英　潘昭仁　尚秀峰　寿景云　朱桂英
朱显光　洪美英　方桐坤　郭俊思　贺若平　黄月英　霍凤芝　王世义　徐裕坤
杨秀菊　姚慧生　原敬民　张承根　郑菊初　郑荣亮　马庆肖　翁文泉　陈素芹
厉　荣　周光裕　李根妹　刘振山　陈素兰　孟金钟　陈　晓　薛继和　李纯兴
刘　威　骆栋林　张铁库　金晓明　杨立群　张东忠　张宗富　赵丕跃　周冬秀
陈庆玉　贡国强　黄竞峥　贾守东　刘学铭　吕　竞　王景清　王立成　杨　成
于文祥　张岳新　赵硕斌　朱汉录　何桂荣　李印海　李宗泽　刘俊平　吕宗武
孙绍逊　孙学昌　佟继业　王连和　王维德　闫秀琴　杨　卿　刘卫泽　刘秀芳
陈福娟　范银海　耿肖朝　贺　军　贺迎一　侯兰香　黄竞安　金鸿飞　林春国
刘秀英　骆雅芳　秦大弟　任美达　商和运　史奇坤　吴小明　吴伊玲　徐国雄
徐静强　徐芝桦　杨维荣　张　前　张忠德　赵亚敏　赵银花　周鸣纯　周询良
吴忠旺　黄冠云　周小梅　徐定铮　蒋旭国　丁　平　郭淑贤　李申言　李世英
厉双喜　邱爱珍　孙顺地　万　柏　常安俊　崔彦茹　顾树芳　郭爱叶　韩天恩
郝海生　廖发兴　罗瑞义　彭　清　钱银珍　陶志新　王桂芹　原文明　姚振华
白建立　陈卫国　高春堂　尚敏壮　涂福昌　吴晓红　姚宣伟　叶文静　应惠康
张志华　庄水泉　樊美丽　李素清　陶宝智　陈国平　冯　健　胡立昌　易金伟
原　青　赵德胜　邱　力　蔡丽君　邓桂枝　吕全才　杨文浩　顾素娟　陈丽敏

唐　俭

第 54 列车电站

陈本生　张成发　霍福岭　董福祥　李山立　周仁萱

张继昌	冯树德	顾锡良	金扬兴	陆玲娣	陈宜豹	杨风林	李希贤	李喜明
柳樟桂	蒲振典	汤其盛	谢惠珍	忻礼章	李长生	周兴云	沈伍修	苏信元
张尚荣	丁静芳	高　仁	解赤强	孔繁英	李文玲	李跃勇	李祖培	刘元庆
刘长槐	马　鉴	孙国凤	肖勤发	肖玉莲	杨宝生	俞振兴	翟文治	张宝才
张宝山	张　芳	张志儒	李秀文	宋　智	孙汝庚	陆世英	徐家淳	杨文翔
马洪恩	毕万达	冯　熙	靳世芳	李秀德	李玉善	林格鲁	王　新	杨德义
张青青	赵菊茂	顾金兴	江德寿	康素英	刘文芝	黄桂茹	李武超	费继祥
王建军	王金凤	肖基宏	张云福	方丽华	刘建斌	张国兴	陈　云	董宝泉
房养懿	贾清海	杨建祥	杨素环	周祖祥	陈惠忠	孙立仁	朱振山	张国祥
赵振奎	冯　晓	刘海清	罗　杰	陈德芬	李承全	崔恩沛	王贺田	张善梅
程振起	崔广丽	宋俊德	张克勤	张文兰	张英森	李玉莲	刘焕德	吴树伦
殷　富	周贻谋	柳凤娇	袁克富	齐素岚	刘惠兰	石大明	安邦祯	陈传富
付永义	刘洪久	刘化志	王尔邦	王　萍	夏松平	薛家升	杨万波	姚志官
于永义	郑吉盛	郑先德	周万海	富　岩	钱东绥	闫贵昌	张春经	秦怀信
魏文超	徐学勤	冯文城	李春满	刘树林	吕广生	马峰龙	田英奎	王利民
王玉春	徐敏颖	杨福瑞	赵素明	赵元明	郑茂林	郑　顺	周长江	韩玉林
刘德才	刘乃器	解居臣	张祖和	陈国庆	李新喜	章义康	董惠珍	韩秀凤
梁　涛	刘树聪	刘　震	佟桂玲	杨宝录	赵明岐	胡峨山	陈松根	陈正平
马圣青	王　丽	游振邦	常殿茹	陈国珍	陈燕燕	崔　远	丁昌华	龚自坚
黄桂荣	景云华	李松柏	罗良富	邬宇众	席学全	胥　平	喻光前	喻建新
张小虎	赵德贵	郑学仁	祝光明	柳凤琴	汤　敏	赵一娟	韩路顺	郝江兰
冯　敏	叶经斌	冯定国	韩秀珍	秦梅花	黄兰芳	洪佩英	刘尚书	何　平
温双存	蔡桂兰	张铁兵	曹　山	谭亚利	冷桂云	汤少钧	吴言宏	吴言知
张素珍	章书桂	马运乐	谢文礼	于志芬	郭淑兰	忻　明	谭琴英	柳凤仙

曹效民 郭 选 李国光 赵起福 马瑞琴 陈 琳 冯孝梅 黄爱君 解 杰
谢东辉 李学文 刘绪轩 刘振铭 芦起云 仝文宝 王新莲 王永先 杨宝平
杨国荣 杨俊莲 张润祥 朱凤顺 陈文琴 张予竹 马明兰 李树林 毛丽青
潘建三 耿国华 王秀琴 陈玉强 解 芬 孙继萍 杨全义 俞 青 郭永洁
潘杏仪 黄建平 陈钢泉 陈玉丽 冯孝彬 邓其良 高金玉 马振青 潘永前
陈碧飞 马友富 杨爱玉 朱丽华 高银珠

第55列车电站

马洛永 刘万山 贾臣太 张 彩 白 义 阳树泉 安 民 冯全友

赵国良 吴德喜 富玉珍 刘润平 张富保 李明川 李庆祥 刘玉刚 周韵洁
梁洪滨 于桂云 崔正芳 董庆德 郭柏林 胡信媛 金香玲 李灵改 刘本信
刘桂英 刘金成 刘淑敏 刘宗敏 马秋芝 陶于堂 王梦麟 王庆洲 王树民
王兴周 谢桂英 徐春荣 杨建华 伊 田 于行信 曹友成 李海林 张恒造
赵学桂 赵玉新 王桂梅 潘昭仁 尹德新 路延栋 唐英功 陈书琴 方桐坤
姜美芳 李玉升 齐志祥 王殿清 王维茂 殷凤臣 朱杏德 原敬民 马玉德
陈精文 苏东京 赵泮增 刘兰亭 刘振伶 李秀英 张尚文 张文闪 姚维兰
陈素彩 苏殿祯 崔 克 李 信 邵战华 王秀兰 吴蕴波 肖俊娥 闫长庚
张德矿 周跃宗 孙庆海 张勤然 贾富钢 张聚臣 徐浩世 范 敏 王增莲
张恩仁 赵 泉 张良民 李素芹 王 雷 陈润祥 王本堂 姜晓玲 李文国
李德良 王有堂 朱理琛 赵秋仙 刘学铭 梁 涛 王新海 阮传善 张惠元
白存劳 王玉莲 王文秀 王 玲 张淑琴 马福顺 陈秋红 褚文伶 丁富梅
董超力 郭津荣 韩国伟 黄健群 梁光彩 刘国相 刘金萍 刘玉斌 卢炳岩
罗金波 潘秋元 齐晋生 宋树茂 孙静颖 孙庆才 汪洪涛 王 超 王广誉
王桂珍 王 健 王晓菊 王玉刚 王运生 温金宝 吴丽艳 薛 明 闫立兵
杨增辉 于 宝 于晓明 原录祥 张宝仙 张树华 张同忠 张垣生 张振华
周金陵 杨彦浦 罗冬英 周化庆 资明秀 卢建军 宋秀华 沙桂珍 刘喜花
唐春菊 李世英 崔保新 刘西来 裴建华 朱文兰 崔锦玉 李文荣 刘玉臻
赵凤兰 梁淑琦 吴银婷 张金生 王开强 蒋绍莉 籍 萍 马克俭 苏继业

王志伟　张　玲　袁兴林　白凤刚　李小花　徐小梅　袁秀珍　周广军　郝乃平
彭　浩　乔　梁　苏全义　王国臣　阳庭芝

第56列车电站

马海明　陈启明　杜尔滨　李来福

劳择一　张学义（汽机）　查跃华　吕仲侠　王太福　葛明义　韩承宝　汤其盛
王杰天　刘长富　张梅芬　王福均　王桂如　王守仁　殷德明　张学义（电气）
刘培仁　范茂凯　杨香记　陈云书　程同行　董庆德　樊家兴　何立方　姜静芝
李宝玲　李跃勇　李祖培　梁成达　刘志英　孟　林　漆惠玲　齐庆彬　苏　理
孙家瑶　王凤燕　王景田　王贤成　肖玉莲　俞凤兴　袁光煜　张振荣　郑云銮
周柏泉　周光发　周家宝　周长栋　朱永光　陈　清　徐世范　刘玉生　张秀荣
孔繁英　郝金芳　桑诚斌　沙朝均　徐家淳　宋崇贤　仲跻铭　蒋德有　金兰英
周广裕　葛玉琦　江德寿　王桂红　杨嗣清　顾金兴　杨吉梅　肖开英　马贞龙
戴如槐　杨好学　张青青　李武超　潘昭仁　衡家月　王维茂　文国芬　杨宝森
贺若平　汪德儒　张连珍　顾龙妹　刘月华　许传真　刘清泉　徐慰国　皮庆荣
周智翔　房养懿　黄振江　张喜魁　刘述俭　唐学敏　王淑琴　赵振声　张宝忠
陈云娟　林庆常　隋树兰　于长兴　李志鹏　戴　由　徐道品　郭　峰　韩武科
吉长德　贾汉生　曲桂华　朱振琴　安学华　曹士香　陈佃喜　陈怀良　池汉玉
冯红代　姜汉玉　李安春　李前观　裴秀禄　乔传忠　沈西林　石维华　王化善
王学金　谢寿来　熊万帮　许昌文　叶永忠　张爱玉　张德岭　张广志　张艺谋
朱宝山　周育楼　朱从洲　朱建飞　白金云　丁菁华　葛文科　葛文灿　彭景芳
周淑敏　胡安华　闫其海　毕崇树　陈宝良　丁　平　杜德柱　范维华　范维一
冯　静　高同春　郭辛宽　郭友丽　韩海萍　侯优良　黄　杰　姜莲华　姜志俊
李春林　李克勇　李中苏　刘京越　刘丽华　卢国强　马丰彦　马田福　孟爱华
钱忠伟　任书玉　尚学茹　宋福强　宋海燕　宋子玉　孙福宏　谭亚利　王德新
王美华　王　萍　王秀发　魏本娥　吴中福　杨魁兰　姚　建　张宝国　张恩德
张　军　张立志　张鸣文　赵建华　赵世祜　赵玉京　赵振兵　钟　志　周　煜
宋海光　房惠娥　李长华　刘保荣　石彦荣　宋明新　杜玉莲　李凤来　袁久杰

张曼玉　杜啸英　周殊丽　许鹏翔　张振华　潘杏仪　郭　梅　孙　闽　金扬兴
张国兴　方丽华

第 57 列车电站

张广笙　高鹏举　张乃千　吴国栋　曹德华　马新发　吕有国　卢鸿德　岳清江

孙彦斌　杨世庆　刘元德　张景生　张梅芬　沈伍修　闫吉奇　陈宝珠　张继锁
金香玲　刘砚田　刘运芬　马再德　宋兆玲　王德顺　余世镛　张金生　张志儒
赵学桂　钟晓东　高俊臣　张艳芬　何树成　王宝富　王树元　王　新　张希未
马锦章　乔向民　王勤生　王太基　文岳谦　杨秀菊　张承根　刘宝臣　崔振国
房贺昌　富雅珍　贾清海　安志宏　田祥有　田丰阳　徐慰国　杨素环　李泽厚
倪鸿鹏　苏东京　周智翔　马同顺　臧同林　白素玲　冯景凯　刘增泉　孟繁志
张金贤　刘瑞生　齐志祥　宋凯旋　王希才　张钧玉　罗致华　邢炳强　晏德禄
崔校锡　何绍江　刘书香　沈懿琳　石春青　石文琨　王家勤　张大慧　张克勤
李敬仁　常　青　孟祥全　崔荣菊　柳凤娇　武少英　阮　刚　田杰祥　郝英才
王素玉　田英奎　陈庆玉　贡国强　刘金树　刘玉萍　马峰龙　苗　毅　钱东绥
赵元明　李大中　韩贺田　乔争林　郑银芬　李玉玲　路荣华　信春生　伴国柱
刘建民　刘乃器　刘铁男　周锦玉　陈正平　于景凤　赵家祥　崔　远　杨前忠
胡学明　蔡世友　高井泉　高景才　金木珍　李爱国　李惠清　刘国敏　陆崇权
唐文敏　王静远　张辑林　赵双喜　赵志义　刘锐升　李　岩　张玉屏　郭　新
刘洪芬　王淑艳　王晓华　张焕双　张云生　么玉祥　闫渝生　曹新来　范淑华
甘秀元　李素芝　苏桂芳　田占芳　佟文友　曹晓芹　张紫兰　赵润兰　何国庆
胡献江　张金宗　贺庆树　李春海　王战胜　许再生　袁存厚　张玉杯　刘会星
刘雯姊　王凤杰　魏建平　杨志勇　赵宝舟　梁晓霞　杜兰英　马　波　张宏丽
张书学　孟静艳　张为群　张艳芳　刘晓芬　王丽娟　闵志忠　陈秋妹　陈志全
胡晓云　李　明　宋洪彬　孙云华　姚　峰　高赤平　闫建军　付建文　俞学军
梁作勤　许长福　董玉荣　甘秀英　刘承军　刘兴茹　宋趁新　张国喜　黄元春
姜岳斌　李淑慧

第58列车电站

计万元 郭守海 胡腾蛟 吕存芳 贾臣太

吕晓新 张栓柱 赵国良 顾锡良 陆玲娣 袁兆璋 胡尚均 李鸿生 田启芳
杨跃义 邹积国 杨家忠 夏竞芳 张连明 黄林义 李春森 陈俊德 陈俊生
贺俊德 孔繁英 刘惠卿 刘志辉 王凤梧 王建章 王衍玉 吴德好 徐世范
杨兰英 尹淑媛 张祖辉 阮宗贤 马计庄 周明生 刘长明 杨永钧 孙继新
杜瑞来 牛录林 毕万达 王积兰 王兴懋 王桂红 程骏德 唐英功 张希未
朱学山 付俊吉 郭淑文 李灵改 罗锡新 任尚义 周万祥 马玉德 霍守法
公义厚 王素云 汪仕林 杜敏玲 徐鸿升 张运增 冯日升 李　信 李宝善
李申海 刘锦义 刘景庭 宋继忠 于新川 张志帮 王　录 邵战华 徐振英
张红勤 李伟勤 贾富钢 张秀芳 吕玉梭 冯长州 郝明亮 刘广元 陈继光
李德良 王有堂 赵秋仙 徐从保 董天栋 段有泉 高志奇 李玉文 王　伟
许连山 尹秀岭 张惠元 胡娥山 孟学礼 任俊杰 张树弼 任锡祯 陈秋红
卢炳岩 闫立兵 原录祥 张振华 韩国伟 任金宝 刘平安 王兴云 陈卫平
耿素瑛 乔祝明 孙俊莲 尉世海 张文强 苏惠芳 杨维荣 臧立生 付建英
黄　钊 李宝星 宋雅兰 张明仁 赵秋红 赵忠秀 高宝玲 高建荣 官长春
丁津兰 魏俊生 魏书平 甄淑华 李荣瑛 王春亭 段永立 来建全 李玉珍
刘也香 马凤美 孟月华 孟月瑛 石文茹 王嘉禾 王瑞金 杨宝庆 张月娟
赵边疆 白建立 程旭卿 葛双锁 桂莲娜 贾晓春 李锁林 刘双石 秦和平
史建华 司英建 王琳瑛 闫佩瑛 张荣枝 陈海莉 付家兴 贡丽瑛 胡玉生
金建平 李　静 李金荣 李生民 刘　彦 刘铁链 刘学亮 刘志宪 王　丽
王建和 温　杰 温莲枝 席清杰 周　征 朱锡明 向　晖 袁玉海 张　玲
罗志霞 吕小巧 苏香玲 原发林 梁　虹 来成友 段玉明 方林军 方振宇
韩红涛 马宜慈 庞乃元 任锦平 吴莉莎 李永林 胡树梅 常胜利 陈志英
马改荣 门跃波 王普太 杨妞花 杨若花 周培育 王建明 肖锡娟 袁兴莲
赵继发 李芳玲 李化民 王双明 申玉兰 张宝昱 李银风 李宝瑛 白云飞
冯晓虹 郭建斌 何宏举 贺志强 李　敬 李夏冰 刘庆祥 马宜莲 施　明
苏继波 王　军 王建荣 王熙海 王岳红 席晓东 徐秀琴 延宏鹏 张　捷
张　紧 张晓红 赵　勉 周　琪 宫殿武 贾婉霞

第59列车电站

宋玉林　沙德欣　白　义　张文英　卢鸿德　马新发

李忠田　张学义　李昌珍　李顺东　闵恩营　晁树清　吕凤坤　赵佩贞　晁凤庭
丁兰贵　郝世凯　刘剑英　戚务田　王　茸　袁广福　张文祥　朱秀荣　齐松山
国　友　江德寿　刘汝森　王　儒　叶汪迓　赵惠云　郑俊英　周纯密　杨好学
毕跃敏　李桂阁　吴保秋　崔振国　房贺昌　房养懿　李焕新　马德惠　皮庆荣
苏进顺　郑万飞　李　顺　李英丽　马承盛　吴俊玲　尹增国　郭占军　李宝田
刘树隆　王英连　闫永昌　吕世涛　赵雅琴　张东忠　郝东城　赵世祺　张建宇
曹士香　胡云跃　沈西林　温金宝　许昌文　于景凤　张德岭　朱宝山　朱从洲
高　平　胡卫国　吕秀海　商会合　宋连杰　孙成军　王政林　徐淑清　周淑敏
时桂兰　毕崇树　崔晓华　杜德柱　范维华　范维一　房秀萍　冯　静　高同春
郭友丽　何　平　侯优良　黄　杰　姜莲华　李春林　李惠珍　刘丽华　马丰彦
马广彦　马田福　么焕泽　孟爱华　宋福强　谭亚利　王桂珍　邢玉光　姚　建
张恩德　张建国　赵　华　赵建华　赵润兰　赵世祐　赵玉京　钟　志　朱华乐
陈宝良　王九江　付春祥　胡秀兰　宋海光　程　进　胡玉康　刘淑梅　邢新征
杨　波　张惠玉　张　野　毕　悦　常胜利　晁新晖　葛　杰　梁永路　刘玉军
闵志忠　彭双来　邱景波　孙宝成　王跃安　魏　成　吴润芬　么　伟　张玉兰
赵风森　周兆国　张书会　狄忠贵　丁　琦　杜金贵　郭忠秋　黄顺玉　李　华
刘玉兰　马清泉　权贞玉　时春林　苏　俭　王　芳　王景富　许传文　于汝海
张巧利　张庆堂　张瑞新　郑世平　周金钟　李凤兰　白建梅　代　英　邓旭明
国惠恩　李姬玉　李建茹　刘亚楠　戚　波　石爱华　时春江　史科泉　孙　闽
唐义芳　王颖琦　魏志明　谢　贤　张丽娟　张振华　马英茹

第60列车电站

于振声　王维先　刘万山　李树生　李绍文　步同龙

张继昌　付守信　李昌珍　王秀婷　尉银海　李胜功　李春森　陈维祥　顾文华
郭秀敏　扈润科　王树新　尉正良　朱汉良　唐寅秋　唐行礼　邵寿根　陈金元
刘纯福　李家栋　马百克　余爱华　邵钦岳　霍凤芝　姜美芳　周万祥　刘玉仲
马庆肖　翁文泉　邢玉春　杨加成　徐建勋　朱杏德　霍守法　裴玉华　陈　云
李俊乔　陈前忠　张秀梅　冯宪英　张泽凯　蔡　胜　董继和　杜万生　张子森
王振民　张秀芳　李茂惠　田化敏　吴高华　王永生　李德良　徐惠坤　李璐莹
吴必忠　郑德容　朱若虹　卢兴文　聂志萍　高志忠　佟继业　李东林　刘秀芳
陈　薇　尉世海　宝和浩　王　铁　王晓梅　郑德慧　范银海　冯　敏　金鸿飞
林春国　吴伊玲　徐静强　徐芝桦　周询良　李宝星　赵忠秀　刁兴国　孟香玲
姜　丽　王碧华　周　莉　施春仙　叶文金　张芝华　李晓军　曹　山　付万会
顾久信　贾惠霞　靳七十　连黑虎　刘　瑛　孟庆本　孙文梅　王利才　魏苏静
邢福同　杨兰忠　张东连　付春祥　孟月瑛　史建华　冀翠梅　李生民　王锡林
温连枝　薛孟福　白建立　陈海莉　贾晓春　李锁林　石文茹　王　丽　周　征
陈卫国　向亮华　李志强　柳凤仙　刘春林　刘焕娣　李志凡　陆秀荣　魏秀荣
姚学善　蔡丽君　范书臣　高国通　李西柱　田成尧　闫振凯　杨俊德　周建国
周淑芬　向　阳

第61列车电站

周贵朴　孙伯源

葛建华　郭新安　陈永弘　崔淑婷　胡国柱　任宪德　吴兰波　谢承菊　袁有成
张学芝　赵景阁　钟晓东　李瑞恒　吕炳文　王国玉　王　儒　赵惠云　胡孝须
葛世宁　李志杰　王银改　翟同改　张顺臣　李君英　白增彦　陈　云　张书益
周国柱　冯福禄　冯　晓　骆振录　袁秀文　闫守正　常英智　陈占明　杜俊民
张良民　徐宗民　詹红旗　徐道品　刘泽祥　王　枫　杨建军　高保萍　周学海
郭泉生　鲁玉滨　陈国祝　姬秀云　王　萍　杨加和　张凤英　张永民　李秀凡
张凤霞　厉双喜　刘东河　王晓华　许　明　张佳丽　张俊秀　张云生　付天成
李月娥　陶　波　吴银婷　许淑君　叶凤昆　袁　军　岳文智　张兰娜　赵玉刚
郑　光　程　进　付桂珍　姜朋美　李洪茂　闵志斌　许淑英　杨仁政　张润平

张永明　樊美丽　任跃明　张国忠　郭宝霞　孙　峰　陈书民　王宝旭　杨玉林
赵文杰　赵赞省

第 62 列车电站

马海明　李家骅

王琴华　韩承宝　王杰天　余陈荣　张梅芬　王桂如　范茂凯　陈秀荣　李文玲
李雪英　梁成达　刘治英　陆焕儒　漆惠玲　王凤燕　王行俊　袁秀清　周柏泉
周光发　周家宝　朱永光　林国琛　桑诚斌　袁光煜　郑立华　董崇德　徐家淳
邓吉光　江德有　金兰英　张青青　郑六禄　秦秀萍　王金凤　张云福　祝美玲
顾龙妹　徐慰国　周祖铭　张贵良　赵永昌　程兆娣　崔恩沛　刘秀英　于长兴
耿蔚欣　王学斐　沈伟荣　周昌年　蒋金平　刘卫泽　张爱玉　毕乔燕　丁菁华
叶丰江　李平伟　马照云　李中苏　刘正伟　王美华　张立志　陆　璐　王耀忠
张国良　屈树群　王志刚　徐秀玲　顾素琴　江茂生　周宝生　尹林琴　黄顺发
杜啸英　周树萍　葛建斌　江　洪　冯　健　宫殿凤　毛丽英　詹红旗　张　华
孔　莉　白　宇　李　怡　肖蜀平　侯谷丰　林　焚　马改敏　秦志强　章继武
赵玉川　樊衡秀　高长荣　郭永洁　张　娟

新第 3 列车电站

杜玉杰　张学山　苏振家

张宝毓　乐秀珠　包连余　刘长槐　卢锡玖　沈德彩　宋芳福　张汝林　刘淑敏
徐　琦　徐先林　金肇基　赖秀笑　冯　熙　王满照　周美霞　黄佩荣　应冠全
杜莲花　李雪琴　凌段秀　刘高级　赵志峰　赵志玉　朱自力　姚文彬　常文占
吕云秋　徐珏琦　杨维禹　郑国栋　崔桂兰　徐润涛　孟宪英　潘克香　季丽生
王承荣　吴志远　刘洪图　石桂荣　夏金岭　王玉泉　徐庆祯　高贵娥　姜述权

徐兰田　苏风琴　李新靖　张德发　赵萍莉　石松平　杜佩玲　李宪平　刘　军
刘俊岩　刘淑艳　夏　卿　张美茹　周　卫　周　燕　郭顺龙　徐文芳　龚伯涛
张洪战　郑　佳　罗海燕　陈力群　刘守亮　彭　荣　宋风岐　张月娟　张　辉
张晋生　段永立　彭月辉　段为总　王雪非　杜东滨　尹林琴　毕江燕　邵云芳
王永先　陈洪春

新第 4 列车电站

葛君义　刘建明　支义宽　吴增平　刘恩禄

富玉珍　刘玉刚　房德勇　闫杏稳　闫延武　孙汝庚　吴兴义　冬渤仓　王化永
李淑云　陈有忠　李春魁　刘兆明　张树仁　沈惠清　宣忠华　宋希云　安炳慧
范嫦娥　冯月华　孙生泉　王　毅　冯学信　高坤台　梁国忠　吕玉梭　史惠荣
田永成　郭学本　高英华　孔繁勤　李树璋　孙晏书　王善杰　李丽冰　姜晓玲
李文国　张裕阜　陈海冰　栾玉琴　潘世光　于茹桂　张俊祥　张视远　郑德蓉
朱若虹　申长利　张玉珍　赵炳欣　周学海　郝玉凤　郑国君　刘在欣　陆祖明
徐新章　王培汤　卫玉茹　邢永霞　丁科选　高仕伟　贾佩君　李秀凡　刘永泉
吕万萍　钱菊萍　王志有　叶丰江　张淑萍　关燕玲　房秀梅　葛　萍　黄云香
高云峰　贾永秀　陆　璐　田素云　夏振莲　张洪臣　孟庆芬　孟昭华　陈志英
姜春基　葛　华　葛　杰

新第 5 列车电站

葛君义　刘建明　刘恩禄　曹志文

王俊乙　韩贵成　孙家瑶　文惠芬　杜升香　周文玉　马清祥　伊　田　朱彩求
李家栋　李　娥　冯宪英　李文毅　刘兆明　张树仁　冯月华　王玉泉　李晋文
杜守江　郭学本　梁国忠　刘　伟　王发群　薄福财　陈海冰　陈润祥　栾玉琴

潘世光　王九州　王述祖　王新宇　徐书元　徐学敏　杨玉斌　张世华　郝金玉
姜晓玲　李文国　刘　虹　马青花　赵炳欣　周学海　郑国君　刘在欣　陆祖明
郝玉凤　白玉刚　丁科选　贾佩君　李秀凡　吕万萍　谢　宏　叶丰江　关燕玲
于国强　黄云香　卢凤莲　高云峰　贾永秀　刘正伟　陆　璐　田素云　张洪臣
王竹君　孟昭华　姜春基　王素芳　付桂珍　高建英　雷淑敏　王勇斗　安晓君
谯惠平　彭双来

新第 19、20 列车电站

吴国良　赵云浩　廖国华　王家凤

许振声　胡尚均　胡振双　李登富　陶　洁　朱存山　张庆玉　徐瑞英　王锦秋
陆敏华　彭腊夫　安崇斌　陈润娥　冯正光　高　文　胡桂生　胡再益　黄春银
黄中一　李舒武　廖四一　刘凤英　沙朝均　孙振声　王　凯　王腊仙　王昭三
谢宁台　谢培吴　杨新进　易承寄　殷燕玲　余道国　赵　琳　周明生　毛淑琴
刘长明　樊秋彪　刘桂芝　陈凡秋　廖复勋　李建春　刘　楷　仲跻铭　黄清荣
庄大华　唐行礼　范炎松　张国忠　阙运兰　潘昭仁　熊康英　张光普　张今禹
丰仕缙　孙开仕　胡孝须　林美练　唐大庆　杨吉梅　石振国　洪秋秋　沈绍儒
戴如槐　余爱华　赵菊茂　贺若平　毛秋凡　欧阳幸生　王世义　杨孝文　朱蜀樨
刘广益　王翠英　徐建勋　刘月华　王久珍　车启智　秦晓珍　刘增新　王淑琴
梁贵生　温俊英　王大禄　张英森　陈福佑　郭合芝　姜士慧　王淑芳　肖盘寿
陈德华　胡德祥　潘俊达　贾定雪　徐敏颖　张祖和　高国昌　刘子发　朱应碧
王兴彦　李焕清　李永忠　万庆明　吴学鼎　李玉洁　陈　薇　安学华　付桂凤
王华英　毕乔燕　甘宜善　贾慧敏　李三全　廖勇兵　刘芳华　柳凤仙　骆雅芳
王衡生　易红梅　张世全　张英明　资中华　谭奇霞　陈殿喜　段冬春　彭佩民
李新华　江大胜　黎瑞欣　刘红军　赵元俊　陈　明　陈尚木　范淑华　冯　敏
甘秀元　高金波　高泳铜　高振杰　龚　悦　郭子波　李春亭　李俊生　李素芝
林国庆　林咸光　刘桂松　刘润芝　刘振芳　龙明珠　么玉祥　任尚华　尚锁柱
孙顺地　田友玲　田占芳　佟文友　王承德　王春亭　王国忠　王增梅　王兆金
熊　焰　熊友林　许龙启　姚嘉生　尹　英　张佳芳　张瑞清　赵伯平　赵增海

左乾奇　董仕坦　郝新亮　蓝广万　李德玉　李训林　林玉仙　刘碧蓉　刘会星
刘雯姊　刘中元　欧阳军　谭晓苹　唐国平　唐　莉　王和平　王冀生　王美茹
吴英惠　张年元　章书桂　唐德海　向亮华　罗惠玲　陈佑梅　丁国强　丁菊花
董　安　黄晓荣　蒋太春　赖铁明　李滨华　李　平　廖湘涛　林文学　刘景巧
刘　蓉　邱　力　王刚毅　王建军　魏宏星　谢佑芳　毕江燕　陈建平　闪国花
吴晓红　丁湘萍　达朝霞　李　影　于　北　张士平　李建军　王彦春　张淑斌
赵茂平　刘超英　樊　跃　廖爱军　阳松武　董宝元　胡家寿　孙　平　赵青萍
朱　冰　朱　君　王莉玲　车仁利　樊　庆

跃进 1 号船舶电站

褚孟周　吴兆铨　贾　生　朱开成　杨武寅　管金良　吴永规

吴文清　曹炳元　李竹云　魏广德　尹何明　宣恒淦　江尧成　吴世菊　张子爵
郭　辉　解赤强　李永生　乔玉林　孙士杰　王金花　王文玉　叶梅鑫　赵云浩
陈汉林　柳长德　刘爱卿　杜小毛　冯培根　何昌国　吕鸿才　莫瑞绮　李春仙
邓寿香　胡孝须　黄佩荣　李国才　李竹恩　刘福生　刘光有　尚同利　王子杰
赵常忠　朱家成　黄润荣　彭树华　郭泮文　周宝生　黄义贵　钱惠芳　翟轩堂
张秀英　黄满照　石青春　翟庆录　苏庆禄　翟雨芬　齐浩然　高建州　高敏兰
王行山　王迎普　王玉民　赵宝印　王兴山　赵景海　周松山　曾广照　崔国均
戴荣珍　王　敏　刘兴汉　白耀第　蔡平声　刘　平　宋继忠　孙　治　王喜才
王喜和　李福来　王世珍　李顺华　陆荣明　马连启　孟利锁　任锡祯　杨金贵
杨永霞　周正玲

跃进 2 号船舶电站

吴兆铨　侯元牛　张位轩　邱子政　张树美　王家凤　阳树泉　刘树春　李启基

彭林华　史有宾　赵更寿　李卯辰　倪继章　邵瑾荣　彭正国　吴文广　高栓来
洪礼寿　李秀君　刘秀英　罗永海　任淑学　闫友善　张　茂　杨锡臣　张子爵
安振民　陈　铨　董伯康　冯　振　李文玲　李　毅　刘笃庆　刘际帮　马仁凤
齐振国　任德来　宋文荣　王仕定　王文玉　王章皂　许翠景　于行信　袁家斌
曹秋珍　漆惠玲　方云楚　刘俊香　樊炳耀　高泰发　勒世芳　钟家湘　苏信元
王宁保　叶瑞琪　黄巧荣　刘圣敏　彭纯甫　王金池　尹德新　李竹恩　程骏德
钱伟民　朱礼康　黄云华　刘吉然　陶　洁　陈晓琳　黄湘杰　李素菊　孟淑兰
王文利　赵清山　贺福云　刘长发　芦英章　齐浩然　王贵锁　杨建明　杨景茹
翟雨芬　郑凤梅　周凤歧　苏庆禄　王立学　闫跃增　张宝忠　王增敏　董振英
郎永秀　李文毅　王敏增　肖玉泉　郑俊儒　李淑英　刘海清　罗　杰　宣梦章
曹　明　崔恩沛　刘新荣　王　偏　张永贤　陈棣辉　姜国方　姚圣英　李润福
成梅军　耿蔚欣　霍志有　张玉忠　周贻谋　宋继忠　章北辰　房贺昌　姜国武
侯定国　方秀兰　袁玉芳　胡宝海　李焕英　张美玉　刘五一　马志成　王思祥
温云才　武莲芳　张建元　祝　英　辛继清　张铁勇　黄启翔　梁光才　刘智林
沙善民　王忠利　钟孝球　陈迪河　黎端坤　李庆图　潘传瑞　王忠发　夏铭鼎
张连义　旷庆辉　沙爱军　张慈梅　段生根　辜　刚　王正根　余长根　邹节法
常彩云　胡家明　黄明林　孙家华　张荣华　张英明　陈贞祥　张保全　王友力
刘红军　董传龙　王　昕　龚　悦　郭学初　胡昌球　李训林　毛昌金　吴道凤
蒋文先　黄国南　高岸初　刘长英　彭金莲　饶天进　覃冬仙　易先全　赵顺利
杨惠玲　张雅芳　丁湘萍　华君良　孔祥牛　李红初　李景辉　李　影　李岳屏
李子岚　苗丽英　孙　研　万　健　肖文斌　赵桂香　周四喜　朱经常　甘典凤
高建忠　邵萍霞　阳松武　李伯华　王小衡　赵民爱　阳松文

拖车电站保养站

高文纯　李华南　李建伦

王庆才　贾树文　刘再春　戎福英　郭淑兰　薛文珍　李俊生　刘立华　恒东立
吕赞魁　王秀珍　鲁永行　沈荣洲　王淑霞　何绍江　姜士慧　徐竹生　郑玉子
武少英　赵素芬　赵瑞杰　朴吉滢　唐长锁　郝家诚　张　军　王占海　宋海民

高景丽 侯英杰 龙　军 孙静颖 肖桂英 许建良 孙长友 孙建义 许建青
白　羽 孙淑华 尹建政 刘国军 高树明 胡啟翔 王秀川 瞿维平 张敬献
冯济华 赵　青 王　娟 范国英 贺玉华 秦福平 陈　羽 张铁山 张海军
王占宗 杨京文 倪全忠 姜建京 吴彦杰 韩　玲 孙福境 李　英 韩　强

密云干校

毕万宗 张子芳 赵立华 刘尚谦

徐国平 李汉征 何玉柱 陆玲玉 荆德才 佟惠兰 吕志彬 刘玉生 李广山
谷永昌 王继康 马再德 杨玉清 李德文 段秀明 侯文光 刘振远 吴兴义
薛大国 李建瑞 王辛亥 孙福生 赵春芝 戴贵春 章玉华 周　忠 吴序东
周尚贤 段绪然 王子平 李清顺 郑庭武 李　英 王培一 刘洪勤 张　峰
黄菊圃 田德山 王海军 王治国 王全江 王玉华 李淑平 刘秀珍 范仲福
魏建国 孙绍勤 许小利 付宝义 韩又新 刘胜京 王全喜 孙宝华 王彦培
穆瑞秋 张　军 王永耍 赵　青 李翠霞 张玉华 张春艳 张阿丽 胡凤莲
贾君琴 郝淑云 毛毅茹 靳民珍 孙　玉 武万春

保定电力学校

邓钟岱 王震东 戴丰年 陈长庚 吴庆平 张崇礼 刘　超 周　朴 安守仁
赵立华 张　儒 朱　明 黄时盛 张根深 李华南 张秉廉 吴荣兴 温根波

孙照录 易　云 胡观涛 刘国权 马文义 尹承俊 王殿仕 韩月珠 廖　汉
齐延龄 邢晰苑 胡德望 王凤武 朱显光 邹贵根 曾宪皋 刘涤华 马漆波
米淑琴 钱耀泽 舒治蓉 王殿辉 王福长 王绍聿 王士忠 张国华 张汉清
李树玉 李树贵 刘　磊 李守义 马艳萍 任栋梁 王培玉 张清峰 赵萱堂
陈兰荣 臧　定 许兆麒 蔡俊善 曹天秋 马　琢 刘培仁 毕华序 谷　慎

李庆华　李瑞恒　李自明　沈淑英　王宝珍　王才旺　王兆荣　文皓辉　徐　瑛
张平安　胡博闻　李子信　凌湘生　宋奉勤　王绣君　张子权　郑子罕　杨玉田
姜静芝　杜尔滨　高世雄　李福纯　李志斌　王连池　金学海　李智君　罗慰擎
汪天贻　王学群　贾守忠　宋佩斌　张庭仁　葛慧英　叶治经　张延鳌　房德勇
吴国栋　张秀华　陈少林　关大贺　孔令惠　李秀芬　唐松友　汪壁臣　王慧玲
周绍敏　卜凡志　李松林　刘喜瑞　沈美英　肖山禄　周大增　陈　山　许振恭
张自华　赵德章　董崇庆　胡昌林　黄　华　王治忠　杨志斌　张俊生　马百克
寿景云　徐志豪　白子玺　董大庚　李崇义　刘振英　张福智　景明新　徐博文
梁崇禄　李国柱　赵杏昌　陈纯义　郭子珍　解英杰　金　莹　李凤山　李玉强
裴庭奇　杨朋斌　姚玉发　尹一祥　张淑然　董志祥　刘洛聚　刘树栋　岳金田
张禹民　任岱东　石明海　鲁焕庭　韩春礼　马治国　赵祥生　赵永祥　叶　钧
郭春明　杨儒善　韩景桥　李广文　褚国荣　崔秉重　龚德发　韩志英　黄金声
李秀绵　林振馨　刘大志　刘淑兰　刘玉贵　田平安　王桂千　席洪藻　许云茂
闫庆海　杨仁宇　张芳林　张秀英　赵国祥　赵新世　赵友深　赵玉林　卓顺德
安魁杰　安志宏　范兰凤　郭煜恒　韩秀花　李来源　李淑芬　李树海　李琰琳
孙俊卿　杨德山　陈颖琴　朱凤年　邓淑兰　徐宝珍　陈学根　黄振江　陶连山
赵永民　卜祥发　边光瑞　程明一　高丽华　金继升　李思孚　刘林先　孟繁长
王彦卿　谢秉慧　杨冬麟　刘淑桂　杨　权　崔三庆　刘佑民　刘志欣　任清波
王二敏　王金乱　杨玉斌　胡德铨　姜国昌　可志平　李建民　李嗣安　李秀云
刘雅琴　孟凡长　宋邦祯　王家善　王文苑　王学增　王永贵　于宝生　张家祥
赵景山　王振山　杨蔼华　李朝栋　吴文治　张金兰　陈大奎　陈　坤　卢本平
王建勤　闫志明　余叙元　张维贤　赵玉福　郑心台　高　岩　郭文起　韩文秀
侯国章　侯玉文　罗桂彬　乔　勤　王　浩　王连元　王淑荣　杨占忠　赵俊元
杨庆余　翟松彩　马洪阁　孙晓钟　王年山　魏荣根　许世勋　张荣年　李秋乐
李苏玲　李振英　彭敏华　孙昆夏　王德纯　陈静树　冯　志　贾庚寅　刘　和
索旭东　王桂珍　王建勋　王文明　王玉祥　肖长发　杨鹏举　尹春林　于志河
俞根宝　张建勋　朱立功　任雨清　陈贵田　霍志有　牛春国　袁大兴　张忠乐
李印春　张玉声　高金位　霍胜民　潘芃西　沈瑞民　沈瑞民　宋砚田　汤福禄
王树森　于香兰　王本友　杨富修　曹凤羽　刘邱生　阮　刚　杜凤梅　王永生
周　弘　徐学勤　李振忠　林振喜　谢金生　薛文泉　姜元华　赵克良　王惠英
胡德光　郑殿甲　高大申　马金花　肖会雨　黄元春　任　远　田秀珍　王增海
祝振瑜　苏文义　陈　琴　杜艳新　苟淑敏　郭亚利　李惠欣　李克勇　王卫民

吴正强 闫瑞泉 周　伟 祖振华 刘　琴 柳书香 李芬霞 刘长久 潘福英
赵少敏 安占国 张国俊 刘　颖 王济棠 宁　宇 王静远 赵广然 刘慎勤
陶　杰 温熙明 富　锦 赵国珍 马东法 胡应仁 蔡荣欣 李洪建 刘治安
柳贺萍 唐莉萍 王光和 王玲仙 王树山 朱建辉 梁庆仁 赵福军 郑亚光
薛国庆 白子发 桂祥国 王志惠 韩文生 张　刚 吉长祐

中心试验所

应书光 赵旺初 王桂林 谢芳庭 张增友 李庭元 郝森林 孙照录 李　臣
何立君 陈本生 周国吉 周　冰

孙玉琦 陈孟权 赵坤皋 潘庚年 周茂友 孙诗圣 俞根宝 胡惟法 范世荣
车导明 李怀伦 沈　嵘 高舜贤 徐宗善 谢时英 杨绪飞 葛祖彭 李桃仙
平淑君 王德宝 王俊昌 吴纯莹 杨　鹤 尹承俊 尹仲田 赵国桢 甄玉梅
邱子政 程淑兰 李庆祥 于桂云 张淑华 张文彦 孙丽兰 王玉梅 张淑芳
陈殿邦 宁资谓 彭树周 钱耀泽 王绍聿 魏长瑞 尹耀华 周瑞林 陈光荣
贾　熙 裴悌云 张宝珩 潘健康 吴秀荣 成源沪 陈典祯 葛同昌 郭淑英
韩书宸 郝金芳 黄福琴 李庆珊 李祖培 廖元博 南献军 彭殿琪 苏振家
汤颂光 汪传章 徐　瑛 张成山 张秀英 张毓梅 胡博闻 胡昌林 杨佑卿
王仲元 王存恒 周西安 孙长源 王忠立 肖德新 范志英 继文成 洪晶元
臧尔谦 赵　卿 吴国芬 李海泉 莫润民 沈佩萍 李云奇 柴淑贞 路延栋
赵德章 朱舜华 方润屋 余云凤 恒东立 李秀珍 曲淑仪 王桂英 任岱东
单钦贡 冯克明 李祖碧 郑国栋 朱　琦 陈惠忠 高连增 胡慧敏 刘振伶
卢志明 王　聚 姚文林 卜祥发 郄增祥 周秋季 尹凤臣 赵洪国 李连奇
刘淑严 潘　椿 苏幸彩 武启儒 陈汉卿 陈绍林 窦宝良 李凤鸣 李树忠
刘明坤 王振山 叶乃贵 臧民生 仲连群 周　琦 文祖国 陈洪萍 王桂芬
苏文波 张淑美 韩长举 刘福英 马洪阁 袁振江 白雅兰 刘秀珍 牟晚仪
田云芝 徐义光 华立明 姜　立 李　棕 王本友 袁履安 赵洪瑞 贾汉明
王玉芝 张文淑 王福生 周士凡 王崇山 甘世瑄 魏　超 禹成七 李玉洁
赵丽欣 梁崇禄 张玉忠 周兴文 贾汉生 李洪亮 郝玉茹 黄　杰 杜金花
解宗杰 赵秀荣 张　波 付会欣 马金涛 李光熙 李　雪 高卫家 郝长海

李长义　陈宝英　何家龙

保定列车电站基地

段成玉　刘晓森　王震东　王桂林　杨成荣　张沛兴　郝森林　邓　嘉　褚孟周
郭广范　李恩柏　屈安志　赵允忠　王阿根　刘　超　朱　明　徐凤祥　陶晓虹
张成发　黄耀津　魏春凤　张　彩　平　忠　董敬天　杨运珊　魏长瑞

贾占启　李　德　刘芝臣　吕文海　马洛永　赵桢祥　孙书信　王　会　黄志跃
赵二录　张子平　陈国栋　邹连生　段玉桥　张　仁　王明山　孙玉琦　冯树德
顾锡荣　徐济安　张世铨　赵　森　宋昆山　李荣生　范正谦　玉荣绵　许温华
刘仕科　王景生　田存兴　公玉祥　李德顺　李连栓　庞善玉　王德宝　周英华
唐杰功　王者明　赵坤皋　张金国　范世荣　张静鹗　包祥安　高鸿翔　宫振祥
胡惟法　田锡三　徐国平　于天维　袁　健　张兴义　贾增明　曹福堂　常宝琪
陈　冲　房海龙　胡海棠　胡眉倩　李士义　史玉珠　田　廉　王　儒　王远赛
张茂生　张喜春　周茂友　安德顺　汪海涛　俞根宝　徐祖福　韩淑文　于廷龙
安守仁　何立君　张增友　周国吉　高颂岳　刘国权　马林裕　董炳祥　苏集祥
陈士平　崔　富　崔　恒　李德福　李国高　李庭元　李应棠　宋玉林　孙九如
孙旭文　车导明　付　寿　高舜贤　葛春城　韩慧君　杭　祥　何玉柱　胡尚均
黄书彬　贾同军　李怀伦　李克贞　李跃熏　梁国卿　栾宏君　闵恩营　屈范先
沈　嵘　王春华　王桂兰　王庆昌　王维民　魏汉禄　谢祖兴　杨绪飞　张玉林
赵贵才　郑学煜　陈岩婵　程克耕　代俭根　朱根福　徐宗善　白占春　付连伙
刘玉林　鲁春元　王桂莲　吴魁元　项书臣　谢时英　陈敬亮　肖长发　谢芳庭
李占昌　范桂芳　葛祖彭　何味琴　胡腾蛟　黄　河　荆德才　门殿卿　齐延龄
孙伯源　陶开典　王　虹　魏广德　闫　英　张芳利　赵国桢　周墨林　卢焕禹
李汝强　白宏昌　蔡德成　曾宪皋　柴亦珍　陈步伟　陈士凯　陈书琴　储令云
邓适清　丁书林　董书坤　段县善　樊振东　郭化民　韩启民　何洪昌　侯永仁
蒋国平　金保春　金克昌　李成学　李培元　李佩章　李朋学　李桃仙　李秀荣
李衍义　李永熙　李柱国　梁巨森　梁秀梅　廖元博　刘光裕　刘洪生　刘慧珍
刘其臣　刘世燕　刘文煜　刘希儒　刘秀金　刘延玉　刘砚田　刘增才　卢焕良

陆　萍	路克亮	马树敏	穆瑞林	牛财英	彭学道	平淑君	邱绍荣	任未增
阮洵德	史顺民	宋宝森	宋缘福	孙国荣	孙见宝	孙喜来	孙修玉	孙玉侠
汤美娟	田金录	田瑞云	田胜才	田世荣	童连生	王殿仕	王凤仪	王海文
王恒业	王继福	王俊昌	王绍康	王守仁	王述先	王先华	王孝全	王延年
王　艺	王兆鑫	王志榜	吴纯莹	吴文治	吴宜芳	向济民	邢晰苑	徐友昌
闫贵荣	杨凤琴	杨广德	杨　鹤	杨士杰	尹承俊	尹仲田	于桂云	张宝英
张贵珍	张国宾	张洪泉	张金兰	张俊明	张克华	张　沛	张芹元	张　莹
张雨桐	张兆雨	张振才	张振生	赵春玉	赵荣新	赵志恩	甄玉梅	周鸿香
周继彭	周启明	朱翠丽	金学海	李玉强	陈瑞龙	戴广让	潘庚年	刘恩硕
王光庭	张瑞启	孙守珍	邢玉勤	赵玉岑	胡德宣	孙明佩	陈建功	丁玉琴
段友昌	樊泉先	付树群	高竹泉	郝道来	李登富	任文臣	任一筠	盛怀恩
汪惠英	徐宗尧	姚菊珍	姚宜奎	张焕昌	张茂英	戴行彧	金桂芝	雷慧英
王立生	谢家鑫	赵久岭	朱翠清	陶瑞平	倪振初	蒲镇典	游本厚	朱福弟
张传义	李　臣	朱显光	张雅秋	于之江	席廷玉	安　林	曹天秋	陈玉生
郭　健	康殿举	罗东河	罗宗武	宋昌业	王安熙	王殿辉	袁宜根	张崇权
卞述中	闫金海	成家瑞	单自强	方一民	防闻德	葛宗永	韩其生	侯长山
胡礼隆	贾国良	金有才	景茂祥	郎起增	李春杏	李国刚	李荣章	李时雨
李顺茹	刘　权	刘延鑑	吕美忠	吕淑琴	倪振勋	宁资谓	齐云常	钱耀泽
邵连生	万星现	汪嘉声	王冰华	王东波	王福长	王金波	王美林	王绍聿
王秀英	王长荣	夏昭昌	谢长江	杨　彬	杨传金	杨淑英	尹耀华	于银堂
于增忠	詹　衍	张门芝	张尚荣	张兴友	张秀月	赵行之	郑增楼	钟高林
周瑞林	朱开成	陈芳文	谢德亮	张子频	刘学斌	金家杰	陈成玉	李淑梅
王洪胜	金秀华	宋家宁	李守义	周稼田	褚作越	范茂凯	顾宗汉	贾　熙
裴悌云	唐绍荣	吴懋盛	张伯廷	臧　定	陈士礼	吴秀荣	殷国强	吕志彬
常粉明	何沁芳	程理和	应书光	陈本生	梁远基	毕庶泽	崔正芳	郭忠武
李　波（管理）		李建云	李培林	刘本立	刘润轩	彭殿琪	齐安吉	王国荣
王瑞先	王造福	闫金堂	杨聚明	于学哲	张进森	张振家	赵旺初	周贵朴
陈典祯	董长胜	冯大申	程文荣	段清海	杨　鼎	方梅云	于翰林	何以然
安国英	安文义	安振华	毕华序	蔡风录	蔡继成	蔡家英	曹恒泽	曹洪斌
曹荣俊	曹永昌	曹志钦	曾文祥	柴文斌	常晋周	常树章	常锡祥	陈宝辉
陈炳华	陈炳军	陈炳奎	陈大栓	陈凤林	陈福全	陈光才	陈木生	陈士珍
陈双海	陈泰山	陈　闻	陈秀荣	陈义成	陈运新	陈振江	陈志强	陈志祥

程　舵　崔登云　崔家民　崔淑婷　崔砚君　代惠玲　代占海　邓卫熙　邓志诚
丁福来　丁俊玲　丁秀如　丁秀英　丁秀玉　丁　旭　定景尧　董伯康　董景杰
董庆德　董友敏　杜代石　杜济光　杜金和　段宝琛　段海清　段惠云　段立泉
段述迥　段玉兴　凡炳秋　樊炳耀　樊廷明　范德瑞　范金荣　范金水　范廷明
范玉祥　范玉忠　方传权　方传相　冯达帮　冯国俊　冯国林　冯国路　冯　礼
冯清山　冯　振　高化武　高礼泉　高瑞芹　高世雄　高述善　高　太　高　旺
高文硕　高文英　高彦琴　高云峰　高肇仁　葛　才　葛二冬　葛同昌　葛永森
耿墨珍　谷洪图　谷　慎　谷振波　谷子林　谷子茹　顾　贵　郭宝珍　郭　虎
郭计锁　郭兰琴　郭利昌　郭　琏　郭其增　郭庆丰　郭淑英　郭树林　郭素芬
郭秀英　郭严章　郭彦生　郭彦田　郭增仁　郭占奎　韩东昇　韩凤田　韩福财
韩洪其　韩洪志　韩群岭　韩効民　韩业善　韩友军　韩占民　郝凤鸣　郝元兴
何福贵　何午辰　何云俊　何珍明　贺从东　洪晶元　侯启予　胡国斌　黄福琴
黄清华　黄锡义　黄志学　霍锦华　霍俊卿　霍震京　霍芝秀　霍忠友　贾法臻
贾逢贵　贾顺志　贾文泽　贾杏春　贾振国　姜国庆　姜茂林　姜西考　姜玉珍
蒋增基　焦国章　觉敌誓　金明智　金玉深　居　榕　阚　宇　康桂英　康国栋
康瑞辰　孔繁玉　孔祥春（库管）　郎文英　雷　舟　李炳臣　李春和　李翠芝
李登录　李东桥　李二栓　李福瑞　李福顺　李光跃　李广云　李桂芬　李海林
李洪江　李洪生　李慧奇　李家骅　李金保　李金龙　李聚太　李俊荣　李连霞
李培英　李庆华　李庆全　李汝祥　李瑞芳　李世杰　李淑英（电气）　李蜀琴
李四尔　李铁元　李文江　李文凯　李文立　李文忠　李兴元　李学义　李永祥
李玉兰　李玉芝　李振江　李振群　李志明　李治英　李致生　李　智　李子光
梁江龙　梁　俊　廖四一　林宝财　林巧云　刘继光　刘本信　刘春来　刘德义
刘凤田　刘复良　刘庚田　刘桂连　刘国尔　刘国厚　刘国京　刘国荣　刘国祥
刘国学　刘国柱　刘互民　刘惠卿　刘惠荣　刘惠忠　刘吉顺　刘金刚　刘金华
刘金祥　刘开敏　刘麦收　刘　敏　刘明芬　刘　强　刘芹勤　刘如镍　刘瑞阁
刘胜敏　刘书贵　刘淑琴　刘淑英　刘树江　刘廷玉　刘卫国　刘闻礼　刘闻敏
刘喜芝　刘秀玲　刘秀仙　刘延明　刘永臣　刘永俊　刘玉全　刘玉月　刘振阁
刘振坤　刘志欣　刘志英　刘宗敏　卢宝喜　卢剑英　鲁　池　陆邦才　陆懿华
路景素　路　跃　罗法舜　吕炳文　吕绍文　吕世元　吕素婷　吕喜赏　吕献忠
马凤琴　马桂娥　马国田　马洪生　马继宗　马清祥　马庆富　马仁凤　马升庄
马同建　马　新　马彦欣　马艳华　马玉华　马玉泉　梅振国　门占高　孟德新
孟繁君　孟广济　米培元　米振江　苗同学　南国柱　南英臣　牛明德　潘春茂

潘大久　潘恩敬　潘复才　潘　树　潘友章　潘志平　庞振海　裴春永　裴文德
彭古昌　彭建民　彭俊彦　彭书田　彭树周　彭晓佔　彭占民　平浩德　戚广宏
齐东良　齐景风　齐清顺　齐荣格　齐新民　齐玉珍　齐振国　齐振和　钱梅兰
秦宝贵　秦炳辰　秦跃明　邱秀凤　邱秀泽　裘裕如　屈俸章　冉庭贵　任德来
任书琴　任宪德　任振忠　茹　萍　邵六合　邵青恒　申连珠　申锡纯　沈翠娥
沈浩然　沈淑珍　沈需骥　盛林春　盛学元　石广玉　石恒荣　石冕荣　石胜禄
石振东　史成新　史工善　史洛套　史书岐　史套奎　宋贵祯　宋桂祥　宋淑英
宋　旺　宋文荣　宋文茹　宋希周　宋喜云　宋振民　苏根阁　苏小乱　孙国凤
孙建国　孙诗顺　孙世成　孙世杰　孙绥新　孙文海　孙艳琴　孙　钊　唐国杰
唐素真　陶德桦　陶秀荣　田恩亭　田　庚　田贵才　田桂芬　田立福　田同道
田维新　田雨耕　佟静馥　汪传章　汪长山　王爱民　王保祥　王炳全　王炳义
王昌民　王成根　王翠金　王　泛　王凤友　王福明　王贵华　王国玲　王慧敏
王建刚　王建惠　王建章　王金池　王金华　王金庆　王金生　王进先　王晋民
王景文　王俊田　王克明　王克真　王理均　王利民　王乱子　王培盛　王　岐
王琴华　王　瑞　王瑞芳　王润春　王三桂　王尚会　王世春　王世瑜　王树民
王　顺　王素琴　王铁山　王庭池　王文才　王文慧　王文玉　王喜成　王星周
王兴国　王杏棉　王秀君（幼教）　王彦卿　王一魁　王　义　王　引　王英华
王永庚　王永和　王永兴　王育明　王　跃　王则荣　王泽密　王占京　王章皂
王振刚　王振儒　王正茂　王志坤　王　株　位金祥　魏　铭　魏琉发　魏学林
文皓辉　闻永根　吴德贵　吴兰波　吴文书　吴文忠　吴喜田　吴秀琴　吴正月
吴中雄　武孟林　武维林　武喜增　郗振生　肖惠英　肖金城　萧金徽　谢承菊
邢玲勤　熊　忠　徐凤鸣　徐桂萍　徐国华　徐海林　徐　济　徐建国　徐　瑾
徐银普　徐玉海　许翠景　许申尧　薛贵良　闫殿英　闫润远　闫文栓　闫杏稳
严国增　彦景芳　杨宝生　杨德伍　杨芳田　杨桂芬　杨洪轩　杨化池　杨进学
杨兰英　杨连山　杨令周　杨民安　杨瑞宏　杨素清　杨天义　杨万田　杨文荣
杨锡成　杨　孝　杨秀英　杨银牌　杨　印　杨云改　杨增山　杨针锁　杨志友
杨仲杰　姚　起　姚秀珍　游玉杰　游志刚　于德江　于行信　于喜河　于增臣
余廷龙　袁家斌　袁　廉　袁有成　袁玉珍　袁卓光　苑德仲　苑庆山　苑祝增
岳兵军　岳景林　臧瑞斌　翟文治　翟振民　张宝辰　张成山　张凤桐　张福振
张国栋　张国庆　张海义　张恒瑞　张恒造　张洪生　张　华　张华振　张　金
张金祥　张进忠　张景贤　张敬仁　张静杰　张俊英　张丽珍　张梁梅　张龙泉
张录山　张木铎　张　全　张瑞斌　张瑞子　张润华　张尚才　张胜才　张守兰

张书田　张书银　张双立　张双元　张廷芳　张文怀　张文生　张文祥　张喜明
张秀海　张秀华　张秀兰　张秀琴　张秀山　张秀英　张秀云　张学芝　张英莲
张应鳌　张玉凤　张玉杰　张振仁　张振荣　张振喜　张志昌　张志杰　张志全
张志儒　张志祥　张志泽　张忠卫　张忠祥　张仲荣　张宗云　张祖辉　仉缘章
赵璧归　赵春亮　赵冬娴　赵贵良　赵海生　赵海珍　赵惠智　赵景阁　赵俊英
赵连久　赵　卿　赵荣珍　赵双义　赵　信　赵延年　赵彦庆　赵玉梅　赵玉普
赵园贞　赵志思　郑　彬　郑国忠　郑金科　智光宗　钟晓东　周光发　周国臣
周汉忠　周建锋　周振林　周志忠　朱家成　朱景辉　朱　孝　祝香俭　祝泽民
庄新宝　祖新整　左　翰　左俊杰　左锡英　孙家瑶　蒋如东　林瑞肖　卢玉华
郑纪熙　张文斌　康同恩　李　琴　易承寄　李鸿生　刘瑶翡　胡德选　朱士珍
谷永昌　陶开杰　甄凤凯　石金洪　王恩余　胡仲礼　张成良　张毓梅　王士忠
周智生　贺　璇　苏全珍　王继康　张桂生　祖凤如　丁曾安　梁英华　刘培民
王仲元　吴保英　杨祖德　李玉琴　杜尔滨　邵荣贵　张淑兰　王守玉　董金玉
郝士英　郝淑珍　刘福生（管理）　刘国州　刘树堂　刘文明　王书田　肖德新
张　帆　赵彦卿　甄万龙　侯文光　张文占　安庆民　曹连锁　曹志芳　曹志敏
陈庆祥　陈　学　段书桂　房鹤奎　冯　华　高斌奎　高锡恩　高哲英　葛瑞娥
郭　峰　郭新民　郝金芳　郝文绿　何建恒　黄玉杰　康建国　康文敏　康希尧
孔凡敏　兰志强　李春忠　李惠萍　李树森　李文兆　李新田　李长斋　李忠现
连焕清　梁水来　刘爱姑　刘国顺　刘家季　刘景华　刘　珏　刘双庆　刘彦卿
马志功　孟昭新　南献军　牛冠英　彭振英　齐吉通　邱文英　沈琴珍　史二喜
宋佩斌　宋聖杰　宋艳玲　苏文茹　苏振英　孙怀章　孙圣章　孙士杰　孙玉珍
唐国瑞　田玉镜　王恩普　王庚乐　王昆岗　王龙吟　王文林　王亚民　王义国
王振华　魏广太　魏金祥　夏维廉　肖凤仕　徐金凯　许桂花　杨连生　杨寿先
杨同舟　杨香记　杨　祥　杨新国　要恒祥　袁　义　张宝林　张福臣　张律芬
张树仁　张水利　张英俊　张振祥　赵敬民　赵守亮　赵锡英　赵新爱　赵幼军
左俊岩　左培美　段云中　耿永珍　郭宗成　李成彬　李金华　马秋芝　尚金韶
汤颂光　王克义　王玲玲　王庆正　杨计锁　佟又敏　孙俊记　张文玉　周秀文
刘宝慈　江跃志　张人桂　刘大生　刘一荣　吴国芬　赵保太　方润屋　刘秀青
孙永振　王名权　王仲先　闫殿俊　毕万达　赵育新　刘忠义　么子臣　白新东
蔡贵忠　曹冠英　曹锡恩　曹秀珍　柴淑珍　车复元　陈臣福　陈洪奎　陈廷章
陈友德　崔树伦　崔银署　董国通　段景梅　冯世煜　高宝珍　郭　辉　郝文兴
焦玉存　李国均　李红刚　李红溪　李峻峰　李树安　李振清　李振仁　刘秉忠

刘福珍　刘俊香　刘寿华　刘英杰　刘玉山　马三平　莫润民　仁文立　尚秀峰
邵印堂　沈佩萍　时景阁　宋　奎　宋世昌　孙凤先　孙兰雄　唐广鑑　田世芳
王　安　王恩芳　王福生　王国忠　王建宗　王　静　王久杰　王立京　王素仙
王　瑄　王学文　王缘福　魏庆华　吴希敏　许桂英　杨乱山　尹德新　优振海
于曾臣　于淑德　于志民　展宪宗　展新文　张呈华　张连占　张秋生　张升贤
张延鳌　张英祥　张跃彬　张中元　赵惠云　赵岫岚　周绍敏　朱连惠　朱舜华
朱玉华　程风然　刘圣敏　葛玉琦　贾景芳　张富英　张俊艳　赵常忠　龚瑞兰
刘振永　谢素欣　郭福玉　田志棉　杨兴友　叶桂兰　刘彦明　常素琴　崔福贵
黄治安　蒋殿华　孔冬季　黎发启　李富国　李国庆　李兰英　李义凯　刘吉然
刘庆栓　马之平　孙业雄　唐英功　田凤格　王甲辰　王立尔　王泉水　王文杰
吴长青　徐　勋　于增祥　苑志斌　张秋季　张淑银　张栓石　张希未　赵天增
周建祥　陈金龙　雷秀君　刘占忠　吕跃宗　马占川　秦小纪　田振荣　张俊奎
郑仝乐　蔡翠敏　谭爱华　成雪根　游水仙　代文富　张立德　成君召　宫成谦
李燕虎　张沛然　段金明　安旺生　蔡书敏　曹俊省　曹如意　曹增信　车民治
崔祥荣　单钦贡　邓道清　杜保琴　樊洪喜　范常喜　冯克明　高民柱　葛世宁
巩学富　顾荣娣　郭怀义　韩金峰　韩如意　韩文田　郝敬信　黄玉英　霍炳新
计金良　蒋玉儒　焦生倫　李　娥　李凤学　李国志　李金艺　李灵改　李秀珍
刘炳贞　刘焕吉　刘惠庆　刘建民　刘　兰　刘淑岑　刘素芳　刘文灿　刘占兴
刘振环　龙秀德　娄永每　罗有合　马国民　马华山　马永凤　墨振洞　宁志明
牛世丑　裴玉嶺　齐淑英　钱文卷　强俊英　秦兆安　曲淑仪　汝义成　芮文华
沈洪友　石梦媛　史文义　宋继福　宋书元　宋志良　宋忠仁　隋洪珍　孙献宝
孙秀玉　唐修成　陶三妹　滕国昌　汪从行　汪从继　王翠芬　王恩川　王化生
王井忠　王连杰　王万德　王文学　王延亭　王银改　王玉芝　王振棉　魏锡生
温玉玺　吴登其　吴淑珍　吴文清　吴中风　武文生　谢连忠　谢永琴　徐西轩
许喜生　闫迺文　杨广清　杨金龙　杨淑琴　杨永先　杨志坤　叶淑美　易占忠
尹文学　于僧林　余彩莹　袁书阁　翟同改　张采蕊　张滁青　张洪良　张洪平
张怀岑　张俊国　张俊珍　张立才　张岑茹　张顺臣　张学让　张学山　张玉发
张玉新　张在廷　张正坤　张忠三　章士富　赵鸿彦　赵　健　赵连银　赵木林
赵淑恒　郑海林　周　朴　朱玉芬　邹太平　孟梅芳　王立新　王建军　王加生
洪素梅　金桂兰　郭金星　陈文录　刘玉海　张大同　刘锡英　张淑英（后勤）
齐玉林　白增彦　陈　云　程发荣　邓淑贤　董志章　段魁琴　范修志　郭荣珍
侯宝华　胡永哲　李俊儒　李祖碧　刘春幸　刘厚祥　马爱萍　毛燕霞　齐士及

乔宝忠　孙富贵　王春岩　王玉德　王玉芬　魏锡民　谢明华　杨瑞琴　杨志循
姚文林　虞志新　苑国君　翟雨芬　张书益　张秀芳　郑国栋　朱　琦　李颜新
顿如一　梁崇禄　李秀芬　姚玉发　李梅杰　李樟海　詹志新　高秀端　刘恩祥
韩越辰　刘桂华　刘振伶　马义琴　郑万飞　陈颖琴　李锡光　梁建华　韩真生
李华南　李兰州　刘尚谦　王永忠　杜文祥　高德申　葛敬桐　郭桂芳　韩生会
韩义国　胡志月　姜玉芬　亢庆怀　李学文　刘恩惠　刘凤江　刘菊芬　卢海江
吕桂荣　吕连顺　牛　义　齐秀荣　阮振香　王宝生（汽机）　王加增　王瑞臣
王淑霞　王有才　薛德宏　闫跃增　杨宏兴　袁启荣　张炳旭　张凤荣　张玉国
甄彦臣　周国柱　周俊英　周秋季　陈贺荣　郭守海　杨玉斌　张　本　张　俊
郭定贤　康　健　李辅堂　林绍遂　刘兆明　袁长富　蔡莉珍　陈汉卿　陈绍林
邸荣杰　冯　晓　高志敏　韩　明　扈占营　李发荣　李凤鸣　李仕琦
李淑英（磨工）　李树忠　李艳欣　刘明坤　刘秀峰　骆振录　石少城　王金祥
王兰彪　王廷海　王玉和　王振山　王仲芳　魏金明　文祖国　闫树旗　姚维兰
叶乃贵　袁秀文　臧民生　张思敏　霍景江　周　琦　马惠芬　李德荣　刘秀清
徐永亮　张兴国　陈洪萍　程云馥　崔国均　董智全　杜万生　段宗华　宫银东
郭洪军　韩昌举　郝国定　何文生　侯国玺　胡明堂　黄桂玲　黄士英　冀志聪
江竹林　颉文水　李云辉　刘景桐　刘新荣　刘玉祥　马继才　马文华　孟福州
裴俊英　时振清　孙庆海　田香段　王定根　王福太　王桂芬　王国珍　王林太
王希森　王玉英　吴秀兰　闫守正　杨毓凤　袁振江　张宝珍　张桂珍　张世达
赵景明　周金平　朱秀兰　翟松彩　李自明　闫永昌　陈静树　邹　平　刘洪英
周孚林　周富珍　朱学玲　王连元　郭廷文　白春桃　常英智　陈铁成　陈　晓
陈跃坤　陈占明　成继武　杜俊民　高义春　耿惠民　宫殿章　谷宝贵　郝群峰
郝瑞林　何文学　何锡忠　华立明　霍大国　贾富钢　贾汉明　姜德顺　姜　立
金凤图　李　冲　李茂惠　李明珠　李培群　李岐山　李学良　梁国忠　刘宝树
刘宝玉　刘　铭　刘文利　刘秀珍　刘增柱　刘真如　鲁志新　孟喜振　牟晚仪
秦昆仑　屈国强　沈洪娟　沈伟荣　田化敏　田金祥　田云芝　汪莲珍　王秉林
王成礼　王福全　王富强　王嘉驹　王兰英　王淑珍　王喜和　王小华　吴春喜
吴英华　相金发　徐义光　杨铭自　杨鹏举　袁国英　袁履安　臧文德　张贵春
张洪永　张文淑　张亚男　赵丙戌　赵洪瑞　管学友　倪孝华　张振瑞　章北辰
李　棕　臧文东　李振良　刘秋生　庞乃书　张良民　张秀合　赵　斌　陈　莉
常平记　陈继光　陈久荣　丁　毅　韩宝章　李启明　李素芹　刘惠兰　刘秀山
孙学用　田杰祥　王　萍（管理）　王树臣　王志民　吴　华　徐宗民　于福全

张绍萍　张文彩　张义泉　赵经源　赵瑞先　赵志华　李春兰　郝英才　祖秀花
马峰龙　甘世瑄　郭　清　何培亮　贾平凯　李喜军　李战胜　刘桂凤　刘金凤
刘顺福　卢春生　马秀芬　钱东绥　施文江　石文琨　孙玉华　王秀珍　武新力
张淑珍　张育忠　周建东　朱连福　马　力　魏　超　周春玲　吕振江　魏培珍
冯文城　赵素明　王玉春　游振邦　武玉琴　段秀梅　高士辛　郝银牌　黄竞峥
黄兰芳　贾春芳　李全生　李耀子　刘　斌　刘连奎　刘万峰　秦占杰　裘为民
任宝生　苏保义　王宝生（锅炉）　吴士元　吴兴元　徐道品　许建新　薛　忠
闫贵昌　杨克勤　于文祥　张春增　张青波　赵春燕　周丽艳　马慧明　米兰振
安全海　白俊岑　常淑华　陈正莉　陈正玲　成新芳　董玉兴　范惠兰　冯金水
高卫国　高晓丽　韩志峰　郝玉珍　黄　凯　贾德惠　姜玉清　康喜荣　康月钧
李大禹　李金生　李景生　李　军　李全友　李新喜　李秀琴　李秀英　李宗泽
林振喜　刘保生　刘宝珍　刘成海　刘和平　刘兰田　刘连庆　刘　泽　刘泽祥
刘占奇　鲁乃荣　鲁玉杰　吕桂森　马东升　马筱凤　苗　青　聂二龙　齐国栋
秦淑坤　曲淑贤　商志敏　盛开敏　汪文忠　王　枫　王会军　王连和　汪　婉
王兴彦　王艺文　王永欣　吴基富　杨承伟　杨衍舟　杨玉柱　杨增宪　杨智华
于　欣　张春斋　张红兵　张建国　张淑英（管理）　张喜光　张新民　张振江
赵生恒　郅英玉　周革平　周继余　周学海　胡　勇　杨建军　高保萍　李新平
马林杰　孙吉生　贾桐群　周　燕　陈素娟　陈正河　程宪义　褚晓明　丁丽英
董家义　杜善菊　范玲素　郭泉生　郭　勇　韩凤英　韩瑞生　黄志华　贾建华
李廷强　李文秀　李增义　梁亚玲　凌建生　刘大敏　刘仁聚　刘文举　刘文军
刘晓辉　刘志忠　卢传荣　鲁玉滨　吕利芳　马福祥　马淑珍　马永发　牛淑巧
齐素霞　乔善宽　屈华丽　任鸿川　史俊英　宋淑霞　宋银花　孙　辉　王建福
王　健　王绿波　王瑞君　王瑞平　王志新　谢永新　徐凤云　许兰英　许　颖
杨玉林（管理）　姚文慧　袁祖光　张宝柱　张海燕　张淑琴　张正国　赵　伟
赵志群　赵中华　钟长录　侯英杰　刘玉斌　龙　军　陈国祝　陈　军　国英奇
韩海英　姬秀云　冠喜占　李东文　李洪亮　李锦辉　李竞赛　李秀兰　林玉芬
刘玉华　刘占刚　牛秀兰　孙维成　孙学林　王惠珍　王建华（管理）　王立福
王　萍（电气）　王　奇　王绍平　吴和春　夏丽华　许世潮　杨加和　臧立元
翟淑琴　张凤霞　张普莲　张淑云　赵德明　周新茹　柴永连　贾立军　李秀联
梁厚林　柳全杰　皮光壁　齐秀英　陶　丽　汪克中　王洪涛　王培一　于素玲
周凤霞　王镇生　白　寅　成卞方　段魁胜　段魁霞　高津生　孔祥春（司机）
李宝勤　李　洪　李全喜　李文华　连焕荣　刘福生（电气）　刘金英　刘旭红

穆怀年　阮　杰　宋成江　宋秀玲　王绍复　王苏华　吴玉华　徐凤琴　于吉林
于立根　张爱玲　张　企　张中建　赵玉敏　朱瑞卿　朱文涛　杨春林　安志宏
范维一　郭莉敏　郭友丽　郝显明　康月梅　李建华　李士珍　李素清　李锡耕
厉双喜　刘东河　刘利平　刘媛媛　骆树迪　马丰彦　马铁柱　孟庆本　裴　沛
钱忠伟　孙淑珍　孙文梅　王新平　王以澄　许　明　张佳丽　张俊秀　张淑恩
张晓渠　毕玉梅　程安平　郭胜娥　刘西来　王立庄　陈玉池　程用西　戴淑英
郭慧萍　郭建平（司机）　郝宝和　和淑平　李树华　李月娥　廖文娟　吕登亚
孟大新　宋　琦　孙秀芬　王长水　吴　涛　吴银婷　袁　军　岳文智　赵玉刚
郑　光　左建敏　华　炜　付家兴　程　进　樊桂珍　付桂珍　贺跃进　姜朋美
李　方　李洪茂　李庆武　李瑞芬　廖克彬　刘福海　刘金霞　刘明玉　吕　立
闵志斌　宋开英　宋素乔　陶　波　王保平　王淑玲　王　颖　王勇斗　武丽娜
项树斌　徐立珂　许淑君　许淑英　杨仁政　么乃芳　姚桂湘　姚志义　于　萍
张　翅　张　芳　张凤英　张润平　张永明　张志勤　赵治祥　张国秀　庞晓林
何　平　邱晨曦　李志清　王瑞祥　班建国　程宪华　崔淑华　代　军　段成柱
段魁华　高　云　郭建平（锅炉）　霍绪方　贾洛宁　贾全民　李凤珍　李光玉
李慕寒　李卫红　李　英　李志鹏　刘金文　刘　磊　刘胜利　刘淑芳　刘长友
罗　艳　米淑慧　任跃明　任跃青　宋艳普　孙建中　孙跃兰　王胜民　王新多
王艺孔　王玉祥　吴俊岭　项九云　许兰香　杨成德　杨金明　于　敏　于　平
苑文新　张国忠　张建合　张　燕　张　英　赵铁军　赵志福　赵志宏　周玉斌
霍佃玖　常文霞　陈云云　代　萍　杜玲秀　段桂芝　段书忠　段素仙　冯九贞
葛兰池　郭宝霞　郭泉玲　郭祖亮　韩景春　何志勇　侯宝生　胡振宇　华增芳
霍顺花　李　波（后勤）　李金玉　李毅保　梁予峰　林婵燕　刘法新　刘文同
吕利秋　穆怀富　潘　路　平　锋　齐建敏　钱东玲　阮志飞　邵志敏　盛　伟
孙　峰　孙秀菊　田新花　田振全　王国利　王海云　王建华（汽机）
王　强（焊工）　王文海　王秀君（车工）　王　勇　魏　江　徐喜成　杨建华
么　伟　张建凯　周　密　周　宣　王艺仓　李桂玲　赵广学　陈　刚　陈建辉
陈京军　陈　利　陈　明　陈书民　陈　旭　程海丽　郝顺才　郝显香　康　鹏
李宏建　李金红　李树青　李文义　李秀芝　刘俊杰　刘　涛　潘清敏　宋开凤
王宝旭　王录花　王　太　王晓智　王秀春　王　元　吴志平　肖　岚　肖锡娟
许传文　杨娟伟　杨艳霞　杨玉林（焊工）　于　红　袁　刚　袁祖芳　张　琳
张青花　张素芳　赵文杰　赵艳芬　赵赞省　周　瑞　孙黎雪　檀华敏　赵学强
刘玉萍　徐发顺　陈园慧　付雅萍　高爱民　葛金池　何彦秋　黄　梁　贾新宁

李汉平 李 桦 李建茹 李 杰 李金平 连俊花 刘国良 刘 宏 刘建英
刘亚楠 门卫红 宁保华 齐跃建 钱亦鸣 苏志广 田新潮 田振锋 王宝珍
王 强（车工） 王秀丽 王毅清 王颖琦 伍厚琼 席亚民 杨 林 姚丽英
姚秀英 于广军 于 玲 苑高翔 张国凤 张会珍 张巧利 张维民 张文娟
张晓琳 张玉柱 赵海一 张福林 陈秀美 褚静玉 崔凤丹 顾大成 金 梅
李光秀 李 楠 刘丽娟 卢 焱 吕广宇 宁双哲 齐京红 史双城 唐莉红
王宏程 王金鹏 要恩惠 张彦玲 赵 康 甄素华 周金利 周殊敏 李汉民
车琦文 陈宗志 代 明 董燕予 范维平 谷国彬 侯宝江 黄 楠 李 华
刘国霞 马东雷 马丽珍 孙 红 万 馨 王国兴 杨 先 张东华 张 君
张艳坤

武汉列车电站基地

王桂林 刘晓森 吴庆平 褚孟周 陈本生 范成泽 陶瑞平 叶如彬 陶晓虹
张静鹗 毕万宗 张 彩 邓道清 陈启明 安守仁 胡金波 唐存勖 贾永年

虞良品 李敏锐 杨士高 张子频 姜林林 吕家群 韦德忠 杨绍兴 劳择一
杨树基 翟云康 张世铨 方云楚 许汉清 曹树声 崔德林 金扬兴 李士杰
李文魁 李连栓 王良祥 张来根 李 涛 徐荣泰 曹福堂 李长春 李洪深
刘桂芝 刘学斌 吕卓华 赵云浩 丁敬义 程礼和 汪海涛 陈宜豹 徐祖福
包祥安 蔡祖元 周柱涛 李振声 刘树福 陆慰萱 孙品英 董炳祥 何泽民
胡观涛 马伯岑 马林裕 孙诗圣 徐文明 张茂生 赵以仁 宣美英 周元芳
刘再春 荆树云 陈宝康 黄书彬 潘耕海 董书坤 李根妹 李祝善 王福祥
袁 慎 周泽彦 余志道 何其坤 戚丰玉 王 虹 傅相海 倪华庭 吴英智
朱文光 刘景春 陈帮富 邓达云 彭正国 吴立维 伍新民 陈秀云 范仲禹
李选引 叶方剑 陈秉山 程水松 侯玉卿 张跃忠 孙子谋 董庆云 何世雄
陈运校 史德才 谢芳庭 詹多松 王国均 孙吉寿 乔 木 张荣良 李国华
李汝强 才凤英 晁树清 陈自恭 程时祥 戴广让 丁菊明 冯德存 葛明义
顾文伯 黄桂农 黄 河 黄应彬 蒋国平 康际宏 李汉明 李希贤 李竹云
刘根堂 刘振才 莫 健 潘良德 盛迪武 孙国荣 孙绪策 孙玉侠 田振华

王黛玉 王静恩 徐应祥 薛伟文 杨志超 尹仲田 甄凤凯 周鸿香 周墨林
范正华 闫关东 蔡克强 钱小毛 任淑学 张黔滨 陈福金 陈瑞坪 谌为政
崔忠连 邓玉莹 郭定元 郭金玉 贺连春 胡圣祥 稽世英 李继明 李相法
李友德 李玉华 刘昌成 刘兴玉 刘玉庭 马永缘 钱仁福 万松林 王良生
王文友 王修金 王永明 王再祥 魏明发 武其然 徐茂坤 杨淀成 杨少斌
张国家 张继胜 张其明 张万薪 赵继华 左训德 梁洪滨 程洁敏 段友昌
甘承裕 李代圣 李秀君 刘汉宗 任文臣 沈芝兰 王友金 谢徽敏 姚菊珍
张炳宪 张修伦 金克昌 申永联 杨传金 蔡大稷 曾民生 程建华 戴行彧
樊宝璐 阚照兰 雷慧英 李景川 刘建群 彭祖坤 唐开福 徐端庭 许斯利
阎关东 张忠秋 郑久义 郑学煜 韩天鹏 吴和臣 易金珍 尹燕琪 张茂英
张庆芝 赵志芳 倪振初 徐敦宏 侯永仁 王赞韶 周兴云 史有宾 陈惠芬
游本厚 别士杰 张英杰 朱福弟 殷维启 黄玉佩 马静华 别桂阁 李秀荣
杨克鹤 施连舫 胡尚奎 卞述中 安永泉 陈树庄 丁文法 方一民 侯兆兰
彭腊夫 王长荣 吴锦石 吴兆铨 翟启忠 张赖民 张秀月 张长发 郑增楼
何沁芳 李树玉 蔚启民 卢淑真 张雅秋 金家杰 李善章 孙　颂 杨远千
李淑梅 王忠立 陈必金 梁民安 王洪胜 李柱国 李国良 蔡俊善 朱开成
郭孟寅 苏敏敏 吴懋盛 张子爵 陈士礼 成源沪 白治帮 葛宗永 吴叔亚
张景裕 张永池 常粉明 黄位中 熊　忠 李德浩 袁宜根 李金树 程文荣
卜凡志 晁凤庭 丁静芳 董伯康 段惠云 黄崔麟 继文成 蒋如东 金香苓
李洪胜 李瑞芳 李兴元 刘凤朵 刘复良 刘宪武 刘永宗 芦秀英 吕素婷
吕长海 莫恒付 彭殿琪 戚广宏 荣家亮 宋文荣 孙家瑶 王成根 伍声府
徐槐兴 杨聚明 袁忠福 张国栋 张厚荣 张金禄 张世廉 张位轩 张喜乐
张忠卫 赵旺初 赵学桂 郑理治 易承寄 李鸿生 吕美忠 葛　磊 胡仲礼
华应岚 李玉芳 刘国学 罗凤珍 杨佑卿 张成良 周智生 王世春 陈汉林
范敬全 乔爱莲 苏全珍 杨永钧 应书光 张志昌 樊　秋 付保实 郭树清
李玉琴 米玉姑 覃正群 魏　铭 伍　新 柳长德 张守忠 龚博环 董淑琴
冯金林 韩永良 刘爱卿 彭玉鑫 唐长根 王金铁 文长松 杨宝善 杨代娅
喻建强 张继良 张志锟 赵晓山 陈庆祥 丁俊玲 杜小毛 段学礼 葛慧英
郭宝珍 李景明 李丕真 李信田 梁月霞 刘　珏 任炳英 石胜禄 王　勋
王玉珍 杨连生 袁天印 赵德义 张志诚 陈冬梅 丁翠英 高友章 黄清荣
李慧敏 李想林 李正蓉 刘春仙 刘金凤 刘金英 刘荣仙 刘玉梅 史春人
佟又敏 王国正 邬礼英 徐红合 姚菊莲 袁林树 樊坤福 方有元 耿金水

龚坤福　刘宝慈　刘章堃　魏桂荣　伍惠英　叶美兰　喻汉洲　袁华雄　朱秉昌
胡玉龙　伍文泉　李海泉　范炎林　何昌国　吕鸿才　杨成华　杨锡贤　姜念常
赵长柱　杨广江　李学忠　冯桂英　关太平　宁光烈　谭赛华　李杰祥　蔡元恺
刘光有　刘行中　莫瑞绮　莫瑞章　钱镇龙　王爱明　臧荣华　高文堂　路延栋
余秀花　郭福玉　韩福财　蒋彩云　肖章禄　叶桂兰　尹树清　张成如　张淑银
黄传坤　贾素珍　李义凯　王永安　雷秀君　陈凤娇　江　平　蒋峻夫　刘大年
栾秀珍　王雪芳　梁玉兰　瞿长琪　刘月娥　姚凤奎　郑宪兰　安继祯　蔡郡尉
杜培云　惠文涛　康家山　康远志　李福元　肖汉娇　肖仁发　尹南洲　游水仙
赵国才　周世厚　方　森　刘忠元　罗礼中　潘光弼　彭全发　沈浩然　熊国良
陈道金　陈阳见　张淑贞　杨元英　史丽文　朱士珍　袁维清　陈凤桥　贾宗中
金振生　李树正　马文华　张雁铭　孙维俊　徐景安　裘文涛　周桐荪　朱庆坤
黄桓农　黄植农　钟玉林　邹积江　荆淑华　李晶莹　蔡新益　陈　雷　传荣华
黄生秀　李富春　李国印　李雪琴　刘兴桂　钱惠芳　汝文爱　王俊才　王首道
吴天安　许振琦　姚兴元　于金顶　赵振良　周兴明　徐西轩　安永松　雷玉川
崔芝庆　龚建华　马文志　任岱东　王　健　张福生　蒋淑珍　张玉枝　龚国兴
温彦华　张书坤　周瑞娟　左舜玲　李锦熙　李淑菊　龙云腾　米建旗　彭细恒
王伏林　毋树银　袁蓉华　麦志强　彭金荣　孙楚江　吴想正　谢胜才　朱秀芬
陈紫凡　韩勤政　刘纪平　陆根林　石长春　杨永林　殷惠云　张达人　赵忠达
范维俭　顾龙妹　黄银舟　李咸霞　张维新　蔡云香　毋树金　杨月娥　程汝敏
柳世保　彭定毅　王少荣　刘云秀　司徒丽珍　陈文希　罗阿花　邵志顺　杨仁宇
张桂棠　戢志成　邹志顺　周荣江　陈光移　肖立汉　陈兴发　邓文谋　李兴发
刘清珍　汤大炎　王秀英　许静安　杨春泉　杨望香　张春轩　董善卿　廖庆光
唐守文　陈转弟　曲范先　许连升　邓坯俭　刘光荣　张裴祥　胡信媛　孙雁君
吴尚贤　杨宝生　郑源芳　陈吉荣　陈有忠　和文江　李清非　芦英章　马祥令
倪宝初　祁凤书　杨开耀　张金茹　韩星宇　刘　德　吕姜忠　詹殿生　崔纯石
李名江　刘玉怀　薛文珍　李跃然　林士鲁　刘佩芳　刘士泽　马敬德　石克豪
唐佟成　王良辉　肖敏平　阳树泉　钟敏标　余云凤　张良启　严学云　蔡水清
马玉珍　万金书　杨宝坤　于桂玲　孙良文　黄芝香　刘向辉　王华元　严童贵
李淑敏　耿协森　李　银　徐敦才　杨有义　周常清　韩真生　樊玉弘　郭开祥
何运发　周素梅　殷文辉　冯　枢　林绍遂　潘忠禹　奚广秀　姚维兰　周松山
周鸿根　侯元牛　李维家　司长连　周　琦　查顺昌　代志成　韩光佑　刘大安
鲁金凤　肖厚清　杨长根　易南初　田祖仁　黄云华　杨秀兰　汤英盛　张春起

管捧一 李茂华 戴德芳 毛文华 沈懿琳 唐凤羽 李长林 王伦阁 陈素兰
陈以芬 张宝山 莫守梅 胡清秀 陈 辉 陈克强 葛启奋 郭齐凤 何秋珍
荆爱英 李福明 李杰珍 李敬涛 罗 勇 罗转运 覃正尧 万树言 王才华
王启平 吴 霖 肖章海 杨腊喜 杨木华 杨棋樟 杨有堂 殷昌雄 虞寸银
张光喜 周伯伦 周望喜 于立芬 姜响生 杨玉春 杨长生 周明清 李淑青
刘恩禄 罗仁贵 张桂萍 桂学开 田 秋 苗宝成 文国芬 刘鹤松 李向群
左徒白珍 徐庆祯 白耀第 成梅军 关德英 华立明 郭善惠 郭义平 何秉平
毛惠德 盛迎武 刘丽华 马大中 秦德凤 熊荣恩 赵秀婷 陈金凤 王月新
姜庆华 李家珍 王梅生 吴福生 赵仁勇 喻再姑 董仕铭 梁碧荷 朴素贞
田根华 周德生 曾和平 范玉全 黄敦林 李良发 彭振毅 沈伟荣 徐长发
张家寿 张秀梅 张永涛 朱遐宝 管金良 陈文连 杜文清 侯俊英 李明海
连天欢 潘俊达 宋遵道 孙惠玲 田其清 谢晚生 袁履安 张海玉 张在话
郑 贤 周凤池 韩书根 贾汉明 蒋同祥 李纯新 钱为民 苏士才 阎乃文
赵洪瑞 陈明亭 陈梅芳 符仲琼 于素玲 张素兰 王仁星 阳厚福 郭福祥
施可政 汪元香 万武久 李文珠 陈和展 万学峰 王尔邦 张守香 张文兰
郑吉盛 周建纯 陈玉珍 李有蓉 贺必新 胡茂云 姜万法 胡安泰 倪 辉
王玉清 史菊利 丁正武 张友英 李华明 徐静平 张昌运 陈芝生 亢东生
李乾鑫 王厚坤 苑振爱 周莉琼 高树林 李菊英 汪灼生 王生安 郭武昌
王连斌 刘银州 罗生祥 廖如竟 艾志泉 肖思明 付建立 应为民 安智仁
杜长英 牛志轩 蒋 琪 李印海 徐香萍 刘兆华 卞修芬 陈格香
陈元英（钳工） 邓元秀 董文英 董秀芳 段桃花 胡正娣 黄彩君 李东兰
李 惠 李慧卿 刘荣亭 刘秀芳 鲁和生 陆秀英 孟荣欣 聂姣生 牛 杰
彭腊梅 阮国琪 邵景子 王静芳 王久兰 吴春梅 肖珍梅 徐代芳 姚佑春
姚中桃 叶若兰 俞天莲 张桂楠 张震生 程孟生 董惠珍 段福堂 李全友
刘安生 商志敏 沈承俊 孙万石 唐 涛 王鸿儒 闫玉勤 杨格忠 杨增宪
张保生 张文法 甄淑辉 高志敏 童玉珍 张玉清 刘起军 汪祥和 邓 发
马克珍 乔永强 田顺生 胡娥山 娄淑琴 闫正勤 张幼伦 张晓华 冯启芳
吕汉英 谢党恩 刘卫珍 江仲云 胡云跃 黄建中 艾爱民 蔡更新 曾国富
曾年生 曾宪东 曾祥义 陈保平 陈德胜 陈国望 陈良清 陈巧云 陈秀华
谌先娥 谌秀清 邓爱民 邓荣芳 杜明汉 冯运梅 高腊云 耿崇元 龚贻龙
何双莲 胡汉平 胡红寿 胡竹波 黄联玉 黄培珍 黄小强 黄 珍 黄祖明
江志远 雷祖木 李德新 李腊梅 李寿安 李顺清 李致言 刘白村 刘轻骑

刘双全　刘稳当　刘小毛　刘正生　刘志远　罗立荣　吕柏清　吕汉臣　毛惠兰
欧阳继红　潘孟顺　潘益顺　彭火印　彭建贺　彭玲玲　彭宗成　渠汉英
沈　健　沈建新　沈日建　宋利亚　孙欣宇　田汉芝　汪德惠　汪汉松　汪秀珍
王和平（管理）　王明清　王树体　王望江　王玉芳　王志洪　王祖伟　吴成华
夏宝卿　夏荣华　夏长清　肖善夫　谢文康　徐光裕　许小玉　严新杰　杨发祥
杨乐安　杨明汉　杨清平　杨迎春　姚光荣　尹建国　尹　炼　余俊红　余淑红
喻建初　袁　斌　张敦华　张　静　张茂济　张苏修　张忠祥　章青华　章秋梅
郑彦平　钟汉才　周崇新　周春发　周艮春　周淑芬　周显臣　周艳娥　周永红
周祖安　朱光辉　左　军　张汉芳　张忠胜　蔡正文　沈建平　罗守贵　徐　硕
范惠智　赵贤春　梁雪娥　张建伟　唐国卫　陈俊平　许　启　钟翠珍　袁　凯
何浩波　沈传云　王丹仙　张　勤　史改兰　方华梅　梁　荣　孟凡辉　许淑萍
杨根保　张　萍（司机）　赵一敏　周锦玲　陶　丽　童正连　吴　迪　易和生
林　英　杨元贵　夏桂珍　刘奇明　李佐峰　徐金玉　刘桂萱　陈一伦　李铭煌
邱青林　武思荣　金勤华　苏传芬　夏维其　屈家高　詹学元　杨勤服　包富余
陈天应　付运华　傅茂坎　田国登　汪小玲　肖章金　肖振斌　许正明　周春生
周克斌　彭建秋　朱炎丹　刘秀花　范乐章　李桂兰　罗来运　陈金松　黄有群
鲁久木　吕明英　吴远华　许维国　汤回力　万新学　王春生　蔡华卫　曾国良
陈爱荣　陈庆望　陈　群　陈永承　程春凤　程智雄　邓安琪　邓兴琪　方志英
甘克喜　季莲英　李新民　林先忠　刘秀华　龙海滨　毛进民　苫继纲　陶　红
万帮利　王怀生　吴丽丽　吴天壁　吴文兰　徐爱平　徐炳雄　许桂芳　杨家英
姚艳萍　殷良秋　袁沁棋　张冬秀　张国胜　张　丽　赵国枝　郑国良　郑盛强
周玉荷　陈方灿　陈汉平　陈接海　陈解福　陈小兰　陈元英（刨工）　程　静
段明华　凡明华　冯先荣　李国喜　李　静　李　雪　刘春香　刘新民　柳亚琛
龙新国　罗国平　潘顺兴　钱民锋　宋　毅　唐东明　唐梅芳　汪新钟　王道云
王道芝　王国庆　王海成　王和平（焊工）　王秋顺　翁金武　肖国保　肖天珍
熊启家　徐建喜　许明亮　严月仙　颜月新　杨　力　杨　秋　尹望明　袁济群
张民飞　朱庆生　白希如　蔡明建　陈华利　陈新宪　邓建华　高树豪　何冬梅
何凤云　胡昌廉　胡耀浦　胡振华　黄先尧　鞠传玉　李碧英　李汉平　刘曼辉
刘　宣　刘玉萍　罗晓梅　彭光玉　戚务英　钱惠亮　苏冀湘　孙　勇　唐邦新
唐满秀　陶宝勇　王汉桥　王宏辛　王洪年　王清元　魏晓京　吴华芳　吴其林
向希如　肖汉明　肖立芳　肖玉英　杨卫红　杨新民　俞跃帮　袁　敏　张莉莉
张晓飞　张亚非　张玉芬　周谋华　庄细群　宗和成　白崇伦　蔡腊梅　陈宝珠

陈九连　范小江　冯春华　韩国祥　郝祥云　胡　丹　黄桂珍　黄小清　李　理

刘炳南　刘冬香　刘沙丽　陆检保　马克家　彭姣英　彭玉祖　平良基　孙黄新

唐巧玲　陶德英　童希平　万鹤鸣　汪义冬　汪子维　王群英　王　柱　吴珍爱

夏顺芝　谢卿作　徐小想　杨重仙　姚忠林　于悠尔　余三元　俞密尔　苑里军

张为玲　周常兴　罗启发　邹开建　冯炎坤　傅建利　葛　原　林　莉　刘　智

吕传想　唐冬梅　王金汉　夏冬生　杨红松　易北迎　詹浦君　施厚胜　郑红英

官登厚　姜　俊　李幼英　李爱华　程毅斌　黄伯琴　夏定中　严天宜　张鸿凤

耿凤阳　任月娥　罗贤美　晏三明　叶　林　戢道清　肖　静　熊启亮　陈文强

陈迎宪　范乐华　关明华　胡忠建　亢汉生　刘建华　刘建萍　刘同运　刘玉英

彭　清　宋家旺　索宪法　王黛华　王兰梅　吴国芝　吴建华　谢恩玲　徐玲珍

李　进　邓秀亭　蔡竹云　陈绍芳　史代雄　万厚德　刘开万　汪禄生　白秀梅

陈春香　付戈萍　龚建珍　李启家　李　瑟　刘志英　柳　军　陶宝智　童扬红

汪慧玲　汪秋梅　王应刚　韦良生　吴国华　肖定国　肖晓莉　徐炳虎　徐莉莎

杨家珍　张国华　张洛英　张新民　周汉华　周武昌　黄公觉　莽禹华　杨素梅

张新明　陈方庆　陈小荣　段宗美　贺京华　王亚非　夏　巧　许冬年　薛春雯

姚学明　张　萍（电气）　赵德林　柳爱华　王克敏　卞清利　刘玉清　王汉林

余承冀　范汉浦　胡佩霞　黄校元　黄笑平　李　江　李锦标　刘昌平　刘红光

申少忠　王汉平　闫　俊　余新云　张春宝　李喜安　刘　璐　施国华　黄少华

黄因连　李慧贤　芦凤莲　曾凡清　方　正　黄荣光　揭世明　李法春　李　光

刘平华　刘彦如　刘志平　孙家冀　孙莎沙　张光富　朱玉红　徐　红　张新光

范意贤　贾威远　孙培贤　李　红　喻光超　胡伟敏　王大权　方华香　侯爱军

沈继汉　韦　杰　张冬珍　张枝英　胡望荣　汪治仁　谭绍纲　杜民启　王明高

安　敏　张芳芹　安卫平　闵以巧　陈国栋　董慧玲　段宗润　方水福　冯建刚

管予兵　侯浩娣　侯墨娟　胡汉祥　金晓越　荆筱敏　李尉林　梁　明　刘功凤

刘义祥　龙红霞　马玉芹　彭汉生　钱婉萍　秦江南　施国卿　宋四运　王跃华

向世祥　肖瑞娟　肖艳娟　徐建远　杨保平　杨海生　杨素华　杨素娟　虞　荣

翟莉莉　张建文　张　玲　张小月　张娱珍　周　鸣　周伟君　朱武清　陈国平

陈素庆　刘春玉　汪煜英　张胜利　刘长安　沈月建　肖德洲　倪　慧　陈选香

陈智杰　张柏森　黄新民　王小珍　方冬梅　李献珍　叶顺平　朱正奇　成千珍

程东慧　程继莲　邓宝英　董福兰　段阳春　洪小梅　胡秀兰　纪根弟　李辉霞

李会兰　刘桂荣　刘望先　芦满根　罗玉芳　罗玉华　瞿连珍　汤锦云　唐木兰

唐　峥　汪金凤　王金贤　王文英　徐慧君　徐金秀　袁基梅　张景珍　张学红

周秀英 安　琪 陈燕群 何十斤 刘　新 牛淑华 孙腊梅 肖晓冬 杨　群
郑凤玉 周汉国 周慧群 陈爱玲 程　斌 付爱民 杨新维 苑令芝 黄建华
刘山梅 柳　玲 王厚余 张国良 张为国 刘惠萍 游立民 张秀芬 李明科
李祥来 瞿忠萍 张　平 汪慧平 吴龙荒 李爱云 李泳芳 刘明香 刘　玮
马兰英 田湘柳 韦　英 徐玉珍 张春龙 张有国 智　明 邓建超 邓伶娜
董康宁 郭　荣 黄玉香 吴　林 徐汉英 殷长清 虞　鄂 赵一丽 周　莉
朱康斌 张定平 安志民 邓汉林 段宗英 方化跃 郭　旋 李　英 钱逸平
田湘忆 肖定斌 许德明 许明华 张枝良 赵静莲 周惠芳 朱康明 蔡晓林
戴亚平 范红文 傅　岚 胡宝胜 荆筱丽 李　平 李　胜 廖丽华 刘明亮
刘巧英 刘　英 刘玉琳 刘志刚 倪　宝 彭玉芳 钱小平 邱新桥 瞿忠雄
史海峰 史海泉 孙　蓬 汪香梅 王道兰 王怀平 魏晓燕 吴　洪 吴远宏
肖建平 徐建强 徐振海 尹　建 张春海 张美桢 曾庆玲 范　玲 贺跃莲
胡宝忠 蒋远东 檀华敏 吴　林 徐立祥 袁明广 张丽萍 张玲娟 周燕辉
李界平 密玉梅 田　斌 王应鸿 别国锋 别国平 韩新平 刘珀华 宋克齐
别国强 蔡武玲 邓汉平 侯春生 侯多生 雷琼霞 罗侯玉 邱继春 王莉萍
胡珠一 李　滨 李湘忠 刘志国 王宝玲 肖焱平 张忠利 邓翠芳 文　静
余承湘 朱榴生 曾庆龙 管苏平 侯长江 胡洪甫 胡群跃 李　军 李　梅
李　宁 李　荣 李荣生 刘志强 倪秀明 汪小梅 王成涛 王道广 王解平
谢柳佳 许明力 尹丽华 余承湘 张建利 张　硕 张武英 张小洲 周汉军
郑大荣 杜　琳 何竹昌 李汉民 刘春梅 刘汉英 吴小玲 韩可希 安志军
戴海平 丁　慧 段宗秀 郭战洪 李　艳 李　勇 乔继雷 孙　唯 唐雁平
王翠英 魏晓红 吴利民 闫　璐 姚玲玲 张　宏 张　勇 周翠仙 周利臣
张俊华 范海年 兰桂玲 吴小东 朱满生 蔡　红 陈幸福 陈　逸 董文革
付　辉 李保忠 李香玉 秦燕萍 王春玲 王翠苹 孟淑兰 杨荣健 孙建平
安智涛 蒋菊芳 史小杰 孙海霞

西北列车电站基地

陈本生 郭广范 赵仁勇 李　德 胡孝须 宫振样 周国吉 张子芳 郝森林
胡金波 黄时盛 籍砚书 魏春凤 王明喜 杨祖德 李芳新

白 义 孙书信 舒占荣 昝云常 毛桂林 张继昌 陈振茂 顾锡荣 劳择一

沈来昌 王炳森 王相汤 张凤祥 邓 义 陈纲才 崔德林 丁泉根 李士杰

庞善玉 席连荣 白宝其 陈宜豹 李永生 刘子瑾 孟宪泰 王良祥 王远赛

赵荣根 于廷龙 高颂岳 刘国权 沈正祥 刘再春 赵德英 郑干戌 陈秉山

陈景太 崔 恒 丁再奎 何玉柱 闵恩营 王泰福 陈宝康 吕仲侠 范仲禹

杨有才 曹德华 王成祥 张宗卷 周墨林 吕树海 曹秉忠 程懋瑗 程淑兰

段荣昌 龚瑞兰 郭彩芝 郭俊彦 韩启民 黄玉金 稽世英 李庆祥 李希贤

梁子富 刘 德 刘根堂 刘克德 刘克顺 柳樟桂 龙树果 卢焕良 陆 萍

马永祥 潘升华 蒲振典 史秀英 司秀英 孙忠厚 王光庭 王立生 王玉兴

王自靖 吴立云 夏定一 宿开国 徐有昌 闫 英 杨冠群 杨立滋 杨上尊

杨锡臣 叶正蓉 张翠云 张富保 张连明 赵春玉 甄凤凯 周兴云 周秀文

周学增 周永茂 袁天成 魏光辉 杨家忠 张立华 翟恩贵 赵占廷 谢德亮

赵国绪 李树玉 席廷玉 闫金海 陈树庄 惠天祥 惠致宽 贾铁流 江尧成

景茂林 景茂祥 陆佩琴 陆锡旦 罗宗武 吕美忠 牛冠英 邵连生 石恒荣

宋望平 王 勋 王东波 蔚启民 吴世菊 闫熙照 张静杰 张俊峰 张赖民

张尚荣 张秀月 胡 珉 钱 镛 张春起 蒋仁祥 金家杰 蔡菊平 宋家宁

王凤梧 潘顺高 安 民 柴国良 高云峰 王兴国 肖绍良 蔡祖元 边玉栋

申连珠 蔡家英 曹善武 曹文礼 曹友成 常素梅 常素琴 陈 学 陈君学

陈力斌 陈少娥 陈士土 陈云书 丁静芳 董金玉 樊景荣 葛青山 葛永森

谷洪图 郭柏林 韩凤田 韩淑文 韩幼花 华应岚 黄玉杰 江跃志 蒋继周

解赤强 孔繁英 李春忠 李广忠 李海林 李洪江 李金华 李铁元 李文立

李志修 李祖培 梁江龙 廖四一 廖艳英 刘东权 刘笃庆 刘凤英 刘鸿仙

刘家季 刘金榜 刘荣柱 刘树声 刘瑶翡 刘玉明 马秋芝 孟昭新 南献军

齐东良 齐吉通 任德来 史二喜 宋贵祯 宋佩斌 宋艳玲 苏赏恩 孙凤仙

孙国凤 孙怀章 孙俊记 孙士杰 孙业雄 谭柏源 唐国强 唐素真 田振荣

王保祥 王炳义 王成根 王行俊 王进先 王理均 王玲娣 王琴华 王文林

王永兴 王玉兰 魏宝生 吴国芬 吴国亮 吴长青 伍惠英 肖玉莲 谢长江

邢珍勤 徐 勋 许怀星 闫杏稳 杨秉富 杨芳田 杨建华 杨兰英 杨寿先

杨香记 杨银牌 杨玉章 姚秀珍 于增祥 袁 义 袁忠福 苑志斌 张 金

张宝才 张宝山 张凤岐 张进森 张景贤 张文王 张新民 张英俊 张志儒

赵立华 赵秀花 郑云銮 左俊岩 左培美 刘永宗 曹克文 蒲宝林 朱兴洲

张成良 刘长明 王龙源 胡新志 陶开杰 何建恒 黄清荣 佟又敏 喻汉洲

李丕真　尹树清　毕万达　方润屋　高　旺　郭守义　雷　舟　李秀英　刘福生
刘茂全　刘占忠　刘振华　毛恩贵　孙惠英　王　新　王名权　王泉水　吴兰波
熊东荣　勇砚英　于淑德　展宪宗　战广学　张今禹　朱金才　王　瑄　阙运兰
王桂红　郑仝乐　陆根林　荆淑华　常敬干　侯永珍　李建立　李志杰　李志钧
凌段秀　刘俊灵　任尚义　王殿清　王金凤　徐　缓　徐文光　杨锦龙　殷凤臣
余玉普　张云福　赵忠达　宁光烈　任定国　刘桂福　包振环　曹文胜　崔志申
冯华仁　冯万美　高秀端　公义厚　何旭霞　侯宝华　刘清泉　刘以芬　骆启光
马义琴　石宏才　史天培　翟守恩　翟雨芬　张金玉　张玉琦　赵　玉　赵连城
钟振荣　刘宝生　曾定文　李兴国　张洪军　张庆春　李文明　霍秀婷　蒋　浩
刘淑英　马承盛　佘玉瑾　薛文珍　张尚文　赵兰芳　赵占奎　严童贵　张嘉友
周祖祥　陈国亨　崔广丽　贺长贵　胡元惠　邝振英　李根妹　李建民　李敬真
马惠芬　唐桂兰　王永庆　魏金明　张岁元　蔡莉珍　王振山　易南初　赵　森
曹济香　戴德芳　胡敏兰　李宝玲　李孟芝　刘新荣　马文华　宋桂荣　苏长锁
隋树兰　王贺田　王军美　许玉香　于金延　张金生　张耀武　周广宇　祝桂萍
李柏荣　张安定　俞汉洲　周望喜　白春桃　白雅兰　陈梅芳　成丛海　方文才
冯秀兰　公佩珍　宫殿章　郝建忠　何兰序　贾富钢　姜　立　寇万英　李　全
李金钊　李良发　李明珠　刘大保　刘秀珍　柳凤娇　孟淑琴　孟玉茹　牟晚仪
彭云记　邱　信　沈慰荣　宋长湖　连天欢　孙惠玲　孙金林　孙生泉　田鸿牛
王丽霞　王巧明　王青芳　王善杰　王士珍　王文全　王文胜　王玉芝　肖月娟
杨金莲　杨树茂　杨显加　尤东恒　张　凯　张宝忠　张凤龙　张凤山　张立生
张连喜　张文淑　张秀梅　张秀英　周贻谋　唐彦坤　王守林　王俊英　安全世
白彦江　常平记　陈　莉　樊世明　冯　毅　高景星　胡书进　黄来旺　李树森
刘建彬　刘学信　骆栋林　庞乃书　师万生　唐金生　田振忠　王前华　王梧庭
魏继华　吴应战　张　潭　张水旺　赵练文　王天才　郭福祥　兰淑梅　万学峰
乔惠希　王玉泉　许殿林　董洪策　富　岩　龚联波　侯定国　李雪航　马淑芳
肖庆玉　谢居良　张恩仁　张良民　周万海　王树臣　冯福茹　高秀云　武素敏
张如新　李保军　吕振江　张　彬　侯连生　李素贤　刘学铭　刘引江　刘玉华
王志刚　赵锦秀　严兴文　孟庆荣　郭玲珍　陆荣明　范海忠　付智琪　郭润芝
韩元庆　韩志峰　何桂荣　侯春魁　黄名录　贾鹤远　李　宽　李申玲　李玉文
李志荣　刘　晓　刘志平　逯爱荣　吕存芳　马彩彦　秦振生　阮传善　王丕林
王新海　王秀英　谢际莲　谢金生　徐桂兰　闫耕武　杨同生　杨英勋　要玉萍
张红兵　张建宇　张景玉　张祥泰　张玉森　赵殿跃　赵亚东　周凤鸣　石　磊

张玉生 白存劳 梁有祥 柳光胜 李　波 安维生 白玉红 边宝定 卜莲英
曹雅琴 曾新民 常兴安 陈　凌 陈继红 成菊香 程安每 程学增 褚文伶
崔仰光 党卫华 董文新 杜桂香 段更勤 宫殿英 郭建中 郭泉生 郭玉萍
韩宝茹 韩国伟 何　华 何　鲁 侯有生 胡伟芬 黄健群 蒋丽玲 冷　军
黎　明 李俊婷 李孟缓 李庆萍 李秋霞 李善林 李秀岐 李秀清 李银霞
李玉忠 李忠喜 梁光彩 刘宝花 刘宝兰 刘金萍 刘丽霞 刘仁聚 刘绪林
刘雪花 鲁银库 罗金波 马丽佳 马文英 孟玉君 聂俊华 牛尊荣 齐　英
秦　阳 屈树群 任百胜 沙　红 申宝花 沈中一 石爱中 宋宝花 宋宝莲
宋树茂 宋新玉 孙　涛 孙春梅 孙良宏 孙社芬 孙彦友 孙玉霞 陶大银
王　杭 王爱玲 王宝平 王迪津 王福香 王怀武 王惠林 王君科 王兰芳
王黎晓 王秦育 王世模 王淑娟 王小明 王新爱 王艳琴 王毅红 王玉刚
王玉莲 王志伟 魏冠凤 温明义 夏秋霞 谢阿宁 谢松云 谢忠才 邢瑞清
薛　明 杨爱莲 杨爱云 杨宝芝 杨敬甫 杨彦浦 杨增辉 杨仲贤 杨自光
于　宝 于海英 于西安 张　淙 张宝莲 张进学 张兰英 张晓山 张小霞
张学斌 张玉纯 张玉玲 张垣生 张长安 赵桂芝 郑义平 郅悟光 周翠琴
周化庆 周菊香 钟凤英 江仲云 周兴文 邓建民 高宝玲 谷洪谦 江允文
康建军 李凤岐 刘道威 卢建军 罗冬英 邢惠琼 杨建民 尹根林 赵忠秀
谷秀兰 谢桂林 贾　文 宋秀华 唐春菊 杨玉琴 张　举 岙　峰 曾玉如
陈国才 陈丽华 高启荣 韩仓智 刘建华 刘淑敏 罗连弟 罗正盛 马恩凯
曲兆林 沙桂珍 苏　杰 吴宝源 夏汉彬 邢雅琴 杨德科 杨愈芳 叶宏儒
袁维民 张春杰 张干英 张美玉 张铁华 曹连娣 曹习厚 曾贤顺 陈保木
陈春贤 陈厚善 陈学忠 崔保新 戴文孝 邓桂芳 董志强 符　洲 付营修
郭兆牢 何　斌 何大章 何冠军 何香芬 华增芳 柯玉芳 雷维庆 李　诚
李炳焕 林根琪 刘喜花 刘振武 牟芝茂 彭其乃 任宝生 苏佩敏 谭继芳
田　钧 田桂兰 闫洪成 阳本喜 杨运河 张法栋 张建峰 张立悟 张乃良
张培泉 张淑芳 张述先 张芝琴 张志锟 赵　斌 赵福明 郑长寿 周英翰
朱文兰 董宝顺 张文亮 陈应武 梁继荣 陈德伦 白　云 白德禄 曹　峰
曹剑锋 常巧云 陈友宋 陈增录 代宝魁 董绍清 杜安华 冯长江 高玉宝
葛君琍 管　勇 郭荣友 侯　鹏 惠玖丽 姜海涛 蒋光彤 李　文 李春梅
李生民 李文荣 梁淑琦 刘　秀 刘彩婷 刘冀鹏 刘兰学 刘学敏 骆会霞
吕光新 马维照 潘　仓 彭志毅 强玲红 钦桂华 曲维斌 石文茹 石旭莲
宋瑞娥 苏　科 苏根林 孙建平 孙秀芬 孙跃峰 王　海 王宝生 王崇权

王开强	王智生	温连枝	吴寿琪	吴　涛	武　威	仙教化	谢宝生	徐稳爱
晏桂珍	杨讲运	杨永吉	杨志兰	姚美丽	姚竹梅	叶惠民	于晓冬	袁极贵
张　辉	张桂珍	张国庆	张建国	张康顺	张良宝	张茹良	张希仁	张湘生
张新选	赵　平	周社平	邹君政	邹天旭	谢文瑜	成实之	程　英	丛　武
戴丽华	代淑华	代学凤	董　锋	段忠华	封淑敏	付庆云	高　阳	高万霞
葛淑琴	葛亚莉	籍　萍	贾宝琪	蒋绍莉	李　荣	李梅英	李孟库	李平安
李生贵	李晓山	刘　莉	刘宝侠	刘栓厚	卢国朝	卢明星	马建强	潘建荣
沈建平	孙田恩	汤其盛	王　维	王新婷	吴月英	徐秀玲	许希岳	闫浩玲
杨广栋	杨菊莲	杨素梅	尹建国	张　玲	张佰茹	张宝明	张存超	张广辰
张晓荣	赵　军	赵大鸣	赵桂香	赵惠玉	赵继兴	赵景春	周万河	曹建平
沈　彬	杜东滨	冯结连	李　光	陈　维	陈东锦	陈玉强	杜建国	樊宝君
樊香琴	方宝忠	高国平	高晓萍	宫殿来	郭安平	韩晓光	何敬山	胡伟敏
黄顺发	姜书贵	靳陇凤	来　朗	李　伟	李虎斌	梁　军	廖佳斌	刘积会
刘向鲲	刘亚生	刘运勤	刘振宇	吕小容	潘冀荣	庞乃生	邵云芳	盛永宝
谈海荣	王喜林	闫俊华	闫铁钢	杨祥录	姚胜利	于素凤	袁兴林	张宝平
张宝征	张鸿柱	张江华	张森旺	张玉莲	赵燕云	赵振平	邵荣丽	周慧敏
陈桂华	陈淑英	成玉贵	党喜忠	段忠茂	樊西丽	方林军	方林全	方淑琴
冯　勇	冯　瑞	富　锦	高宝全	高定国	公　勇	宫殿凤	郭　满	郭英华
何以文	黄秀波	籍文忠	贾雷鸣	金爱云	康书安	寇爱民	李　丽	李建发
李金荣	李献珍	李小花	李新宝	梁水安	梁玉民	刘　谦	刘丽萍	吕利芳
吕玉香	马季辉	马占林	潘正明	庞乃元	彭　旭	强志农	乔春兰	曲卫东
任小玲	石　润	史红乾	隋学军	孙凤铃	谈宝珍	王宝民	王翠燕	王国庆
王龙海	蔚永娥	谢　冬	徐卓光	晏晓杰	杨桂华	袁汉春	张　荣	张　瑛
张金萍	张新蒙	张秀合	张秀云	张月清	赵　杰	赵春波	赵雅琴	赵艳滨
赵玉红	甄贞卫	郑久忠	周广军	周艳敏	程玉贵	边建国	曾绍华	柴文琪
陈诗容	陈同春	丁君伟	杜秀玲	段忠侠	付佳滨	宫殿武	郝乃平	侯玉兰
黄余道	籍文安	寄秀平	金凌云	康建伟	李　宁	李百锁	李芳玲	李跃平
李增杰	刘　剑	刘　杰	刘　强	刘存英	牛宝爱	彭　浩	乔　梁	乔文丽
苏晓明	唐　莉	陶　玲	陶志萍	王宝新	王纪元	王强跃	王为民	王玉国
魏建忠	魏美玲	闻静梅	吴正和	肖锡娟	杨　明	于敬兰	于香玲	袁兴莲
张　伦	张宝峰	张保卫	张炳荣	张继峰	张郁聪	赵继发	赵兰香	周毛玲
朱移山	白建梅	曾顺俊	高天德	何　晓	黄开俊	江丹茹	李俊华	李献国

李有明 卢　燕 卢传群 陆　岩 孟永强 任　伟 任建辉 王　洁 王　静
王　英 徐秀琴 余　进 张晋平 张培森 赵红革 赵晓明 赵艳玲 赵长生
白宝平 陈淑萍 崔永强 高玉芳 公雪霞 郭　莉 黄顺强 黄卓华 巨世忠
康宝华 寇惠芹 来金祥 李贵生 李文远 梁　萍 强天信 苏建军 王　余
王盼生 韦新春 魏华容 魏建国 谢　青 谢　翔 杨红卫 阳庭宝 杨振东
翟文江 战大军 张红光 张居平 张世喜 张新萍 张玉洁 张志国 赵艳梅
郑　红 周俊鑫 周殊敏 张天虎 杨国栋 杨天谋 贺文赢 李金风 孙德才
王　芳 王千钧 王燕云 张炳青 张湘霞 周　鸿 周青松

华东列车电站基地

刘晓森 邓　嘉 尹喜明 谢德亮 屈安志 毕万宗 谢芳庭 胡惟法

姜林林 唐若蕴 陈恒德 王东林 陈荣文 龚成龙 顾锡良 沈来昌 王锦福
张广笙 陆玲娣 周鸿逵 张学义 高鸿翔 张桂生 蔡祖元 张广义 蒋龙清
袁兆璋 范世荣 杨庆俭 杨敏华 赵国良 赵在玑 蒲振典 吕树海 廖元博
王瑜昆 邱绍荣 樊登成 韩天鹏 马德泰 朱海泉 丁菊明 稽世英 邱子政
王　凯 吴标荣 杨家忠 樊泉先 李鸿生 刘瑶翡 任惠英 夏竞芳 周鸿香
周跃欧 陆玲玉 宋新泽 杨立滋 叶正蓉 张宝莲 张连明 戴林生 龚瑞兰
刘明耀 王锦秋 原有成 胡德选 方一民 李顺茹 彭腊夫 王正丰 金秀华
丁曾安 宋家宁 钱如高 瞿润炎 唐绍荣 徐武英 顾宗汉 郭长富 吴秀荣
夏志强 曹天秋 陈玉生 葛宗永 刘培仁 袁宜根 何沁芳 阚　宇 董长胜
陈典祯 黄忠秀 石补天 孙晋云 杨兰英 郭　琪 蒋仁祥 张寿良 华应岚
杨祖德 张成良 张义宏 刘长明 马元斗 赵福南 梁英华 王玲娣 胡新志
计万元 孔繁英 陆林祥 马仁德 孙国凤 万福荣 吴福林 戴致和 葛慧英
管昶裕 郭树林 李建春 邱素莲 沈惠明 沈琴珍 王成根 王腊仙 王庭斌
张律芬 张人桂 赵惠智 蔡郡州 高友章 马林奎 王才旺 袁瑞芬 高彦琴
何其枫 戚美贞 邱秀泽 王秋雯 叶瑞琪 史文玉 张才一 王　引 毕万达
王金华 程骏德 洪美英 钱镇龙 汪彩银 朱连惠 章汪盛 汤宏发 王少林
盛林春 陶　洁 王召南 杨兴友 袁克文 方建舟 李善仪 项　如 方润屋

来壮秋　郎德生　汤颂光　吴功信　朱金才　李桂珠　葛玉琦　宋正锦　丁祖根
刘新莉　马凤美　洪素梅　阳正兰　李锦熙　杨玉洁　朱志平　徐建勋　周维新
叶　钧　季茂兰　夏振钤　肖明利　肖淑珍　徐文光　臧孝珍　陈敖虎　陈学根
杜秀琴　王志贞　李素欣　邵中奇　陈耀祥　王先华　陶仁凯　黄云华　曹洪新
王文敏　杨长生　赵恩民　赵　菲　陈洪萍　阳宗华　王　毅　王巧明　钱为民
王贵华　李金海　阮国珍　卢焕英　石　峰　吴必忠　蔡洋子　俞惠芳　田国庆
詹荣珍　屈华丽　陆晋宝　苏惠芳　杨运卿　杨维荣　贺润柱　杨文浩　朱三虎
徐定铮　黎桃英　郑聚仙　刘云香　施春先　李桂兰　钱民锋　张大春　费美英
章　红　叶惠民　莫恒富　季茂才　陆惠霖　姜　超　高广如　黄继红　蔡镇东
陈文志　纪国华　贾玉龙　孔繁寅　李　晔　马慧萍　沈友琪　王晶华　王若兰
徐定镇　严忠如　姚家勤　尹克已　尹　玲　尹学玉　张淑芬　朱元寿　邹思梅
唐小兰　王新建　邱晨曦　孙昌钺　徐有华　宗连彬　杨秀英　陈月珍　祝　新
祝永勤　王　勇　谢燕华　姚庆荣　刘志潜　毕南燕　陈北祥　陈国芳　陈　敏
陈长江　邓　杰　范秀莉　韩　英　钱建庭　孙　研　袁双林　张　华　原　青
稽　峰　胡　琳　李　丽　周光林　谢荣新　屈爱丽　宋　莉　董朝德　范恩杰
屠赞和　胡浩昌　古理华　管炎德　史天生　姚保洪　董淑华　缪桂珍　沈惠萍
王　惠　王学梅　姚宝沂　袁敏莉　张冬根　张　捷　钱海英　汤巧玲　陈崇敏
樊美荣　罗　英　禹甫仁　赵姣君　陈长海　符桃芝　龚建峰　马承旺　邱　萍
邱　真　汤　勤　王建东　葛　彪　高建辉　管绍新　裴　棐　屈　岩　王启发
樊　彪　宫　芹　郭永宽　王垂荣　王　敏　曹月珍　顾　彦

列车电业局机关

康保良　邓致逵　李尚春　李子芳　李　岩　季诚龙　刘国权　俞占鳌　贾格林
刘冠三　杨文章

韩国栋　郝森林　徐国平　孙玉泰　陈广文　郑永忠　段玉桥　李生惠　赵长命
唐若蕴　田锡三　易　云　赵敬熙　陈孟权　公玉祥　陈纲才　贾增明　安守仁
陈　冲　杜树荣　王阿根　王桂林　王远赛　谢芳庭　徐良甫　于天维　张增友
孙诗圣　胡观涛　车导明　陈逢春　陈嘉芝　李俊生　李选引　王桂莲　王再兴

杨绪飞　杨衍甫　白乃玺　潘顺高　戎福英　刘晓森　蔡景恩　柴昌观　柴国良
柴亦珍　常宝琪　陈菊芳　陈全青　邓淑娴　丁树敏　董善礼　樊泉先　范红梅
管昶裕　何味琴　何玉柱　何韻华　侯永仁　胡　俊　黄华林　贾　熙　金克昌
金秀华　李成学　李佩章　李秀荣　李玉强　廖　汉　廖元博　林俊英　刘柴荣
刘光裕　刘桂林　刘松桥　龙婉琴　吕有国　邱绍荣　邱子政　任振伍　阮洵德
若　军　沈　伟　孙九如　孙明佩　孙文英　孙玉侠　孙种勇　唐光惠　田家瑞
田　润　田志均　王德海　王恒业　王俊昌　王俊乙　王述先　王永华　魏广德
吴纯莹　吴庆平　吴若男　吴秀荣　吴宜芳　夏志强　肖玉堂　谢宗林　修国范
徐道逊　徐庆春　颜俊珍　杨　鹤　杨炼金　杨志超　姚菊珍　尹承俊　于鸿江
于瑞祥　于学哲　詹　衍　张国芬　张乃千　张　沛　张芹元　张　仁　张　莹
张雨桐　赵敬诚　赵蕴萍　周继彭　初丽华　管昶玉　李衍义　孙　瑞　孙彦博
唐光会　王湘华　张国栋　张雅秋　曹天秋　陈殿邦　董敬天　郭　健　李顺如
梁巨森　钱耀泽　隋淑芬　万星现　魏长瑞　杨远千　尹跃华　邓　嘉　方一民
吕志彬　石宝安　宋昌业　王毓茹　殷国强　臧铁诚　曹德华　李树玉　卢淑真
刘　德　王鹤林　唐绍荣　李德浩　陈典祯　梁远基　冯大申　毕庆和　常晋周
陈士土　崔砚君　房德勇　高彦琴　葛　磊　郭淑英　胡淑敏　稽同懋　郎文英
李广文　李连宝　李庆珊　李三贵　李　致　李自明　刘涤华　刘　磊　刘胜敏
刘淑英　刘以芬　刘银成　陆　萍　马玉华　门占高　彭殿琪　钱　镛　冉秀田
沈汉江　苏集祥　孙培贤　孙　颂　孙香瑞　孙玉珍　汪传章　王昌民　王国荣
王文慧　王　株　伍　新　肖惠英　应书光　张成山　张永珍　张仲荣　赵立华
赵旺初　甄万龙　周良彦　朱景辉　李　琴　常泽新　崔恩华　戴耀基　方淑珍
谷永昌　郭俊峰　郎化文　李福兴　李广山　李敬敏　李　瑛　刘凤朵　刘国桢
刘　敏　刘元西　刘宗敏　柳景滨　孟　林　任　俞　孙　钊　王稽康　王　宽
魏福纯　许静文　许志富　杨保家　袁爱华　袁秀山　张平安　张庆武　张元训
张增厚　赵廷泽　郑　均　张毓梅　贺　璇　侯文光　王双吉　张润华　柴淑贞
常素琴　代文富　冯世煜　刘月轩　路延栋　盛林春　王丽霞　王明喜　王　瑄
王玉芝　王仲先　吴希敏　徐凤祥　杨兴友　赵惠云　朱舜华　曹振宇　薛大国
张淑兰　章汪盛　陈立宝　成君召　顾荣娣　李鸿义　刘炳贞　谭胡妹　谢永琴
叶淑美　余彩莹　张淑英　章自富　赵　健　刘洪恩　王元敏　杨义杰　由敬新
吴彦平　李俊儒　刘厚祥　毛燕霞　张秀芳　陈冠忠　王荆州　周国鋆　姜玉芬
吕桂荣　王永忠　袁启荣　冯景凯　巩福昌　蒋有高　王艳珍　朱学珍　蔡莉珍
冯　枢　高明基　苏学波　奚广秀　杨　信　郑庭武　潘忠禹　毕芝龄　曹　明

陈福佑　陈吉辉　陈孝耀　崔　瑛　高鹏举　韩志林　刘书灿　潘克香　乔善宇
秦永生　瞿献高　谭炯芝　田均恕　王春彦　王恩敏　吴志远　杨德修　俞振富
张子芳　赵文图　周作桃　翟松彩　杜文清　鲁秀春　沈伟荣　王慧玲　尹　兴
郑　贤　赵祝聪　杨仁宇　解居臣　孙长福　王秀欣　白绪铭　侯英杰　龙　军
孙静颖　尹　炼　郭跃康　何亚芳　胡　达　任潮海　许建良　尹　力　刘洪勤
周　莉　陈作楫　曹以真　陈长海　董树然　何淑珍　黄菊圃　廉延寿　刘连成
刘荫椒　罗凯军　任　颖　王　婷　王悦明　杨　泽　张　峰　张奉春　张铁林
张晓丽　赵天荣　赵占良　王君滂　孙绍勤　张桂茹　郭要斌　刘肖燕　苏传华
徐福生　巴为玲　蒋晓东　万小坤　易志明

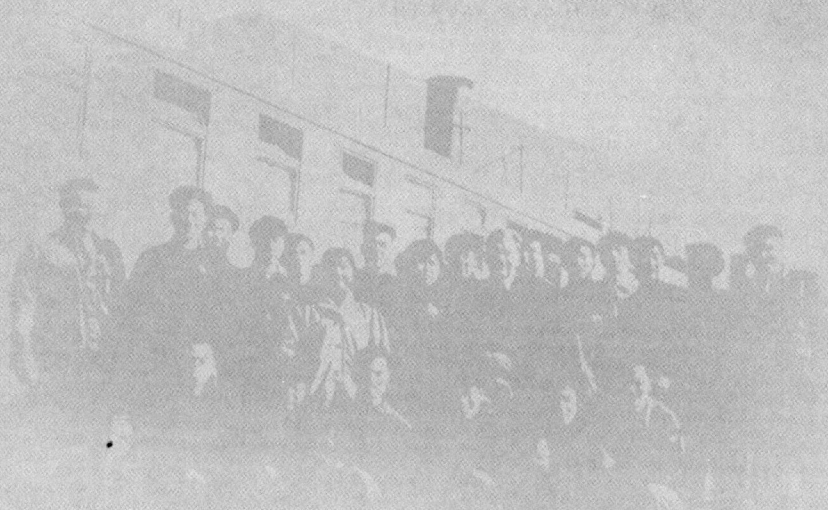

列电人简历

《列电名录》包括列电人名册和列电人简历两部分，收录时间上限为 1950 年我国第 1 台列车电站即老 2 站的组建，下限为 1983 年 4 月列电局撤销。

列电人简历 3500 多份，内容包括自然状况、工作经历、特殊贡献等，重点是职工在列电时期的简要经历和业绩，但不限于列电时期。简历排序，不分单位，11 位局级领导按任职先后列前，3500 多位员工不分单位按进入列电系统时间排序。

一、列车电业局领导

Kang Baoliang

康保良（1912.9—1991.10） 河北满城人，1938年11月参加革命，1943年5月加入中国共产党，任晋察冀军区三分区政治部管理员、军区工业部股长、工会主任。1947年始任石家庄第一、二、三、四发电厂厂长。1950年9月起，任淮南电厂厂长、淮南电业局局长。1955年年底，受命组建列车电业局，成为第一任局长、党委书记，为筹建列电局做了大量基础工作，是我国列电事业的开创者。1959年12月调任大连第二发电厂副厂长。1962年1月任东北电业管理局行政处处长。曾获华东、华北电管局和电力部的嘉奖及表彰。离休后异地安置于保定列车电站基地。

Deng Zhikui

邓致逵（1918.7—2012.9） 湖北孝感人，国立西南联合大学机械系毕业，1949年2月加入中国共产党。1946年5月参加革命，在新四军从事军工技术。自1949年5月起先后任青岛发电厂厂长、青岛电业局副局长。1955年11月调入北京电业管理局，任技术监察处副处长。1958年2月调入列车电业局，任副局长、党组成员，分管生产技术工作。在他的主持下，成立了技术改进所，建立健全多种生产技术管理制度，加强电站内部管理。曾参加瑞士燃气轮发电机组的进口、验收、组装、调试全过程，解决了启动电源、改烧原油等关键问题，开拓了我国燃机事业。1966年3月任水电部对外工程公司副经理。1971年2月任新疆水电局业务组长。1978年3月任水电部核电局副局长。1979年9月任电力部物资局副局长。1981 年 7 月任电力部核电局副局长。1983 年 5 月离休。

Li Shangchun

李尚春（1915.12—1995.12） 山西武乡人，1936 年 11 月参加革命，1938 年 10 月加入中国共产党。曾任山西长治县牺盟会协理员，武乡县武西办事处副主任兼独立营副营长、公安局代局长，湖北罗田县平湖区、浠水县兰溪区区委书记。后历任浠水县委宣传部部长，新洲县委书记，黄冈地委组织部部长，黄河三门峡工程局干部处处长、汽车分局书记兼局长。1959 年 7 月调入列车电业局，任局长、党委书记。在经济困难时期，落实列车电站发展计划，调整基地经营方向，使列电事业有了较大发展。1963 年 4 月调回湖北，任黄冈地委副书记，后任省农机厅厅长，省纪委常委。1984 年离休。

Li Zifang

李子芳（1917.2—2001.1） 山东曹县人，1937 年春参加革命，1938 年 5 月加入中国共产党。参与创建抗日救国互助会，曾任曹县抗日救国联合会主任，定陶县副县长。1950 年后，历任引黄济卫工程处长，水利部计划司专员。筹建水利部干部学校，后任校长。1958 年任吉林电力学院党委书记。1959 年 10 月调入列车电业局，任局党委副书记。1962 年秋在水电部干部学校电力生产专修班学习。1964 年 9 月调任西北电力设计院副院长、党委副书记。曾领导完成“人民胜利渠”工程，组织陕西略阳电厂、秦岭电厂现场设计，负责山东辛店电厂的现场设计，参加刘连西线路踏勘定位等工作。

Li Yan

李岩（1915.3—2006.1） 河北清苑人，初中文化，1937 年 1 月参加革命，1937 年 11 月加入中国共产党。曾任八路军总部电台报务主任，冀鲁豫军区三科副科长，中央军委三局试验室技术员。1950 年 5 月，任北京电业局局长。1952 年 12 月始，任华北电管局、电业管理总局副局长。1955 年调任电力部生产司副司长。1963 年 3 月至 1965 年 7 月，兼任列车电业局局长、党组书记。1977 年 4 月任水电部技术情报所副所长。1978 年 1 月任电力科学研究院副院长。1982 年 12 月离休。

Ji Chenglong

季诚龙（1916.11—2012.4） 江苏江阴人，高中文化，1936 年 7 月参加革命，1936 年 12 月加入中国共产党。曾任抗大二期四大队党总支副书记、陕北公学党总支书记、中共中央职工运动委员会研究员兼党总支书记。1946 年 1 月起先后任蓟县、玉田县县长。1949 年转入电业部门工作，历任唐山电业局局长、华北电管局副局长、水电建设总局副局长兼设计总院院长。在华北电管局任职期间曾负责列电局的筹建工作，1963 年 3 月调入列车电业局，任副局长、党组成员，主持局全面工作，整顿

工作作风、开展工业学大庆活动、创办密云干校等。1972年12月起，任河南姚孟电厂工程会战指挥部副指挥，中国科学院高能物理所常务副所长、党委副书记，国家能委党组成员兼办公厅主任。1982年12月离休，享受部长级医疗待遇。

Liu Guoquan

刘国权（1922.9—2016.2） 河北任丘人，1945年参加革命，1946年3月加入中国共产党。曾任晋察冀边区军工局三〇八厂工长。1949年1月转入电业部门，历任天津第三发电厂军代表、副厂长、厂长。1950年被燃料部授予“模范厂长”称号。1958年5月起先后任天津西郊发电厂筹建处第一副主任、天津电力建设工程处主任。1959年出席河北省工交科技系统群英大会。1962年2月任水电部援蒙古人民共和国乌兰巴托第二电站工程处主任兼专家组长。1965年1月调入列车电业局，任局党组副书记、副局长。1968年4月任局革委会副主任，1970年9月任局党的核心小组副组长，1978年5月任局党组副书记、副局长，长期主持日常工作。1982年7月后任水电部机械修造公司副经理、水电部办公厅副主任，分管列电管理处。1984年10月离休。

Yu Zhan'ao

俞占鳌（1915.7—2009.8） 江西大余人，初中文化，1932年3月参加革命，1933年5月加入中国共产党。在中国工农红军第一军团任通讯员、宣传员、班长、副排长、党支部书记，参加二万五千里长征。抗日战争及解放战争期间，先后在军委通信学校、中央局电台、大连电报局等单位任支书、台长、局长。1954年4月后任旅大电业局纪委书记、党委书记、局长。1962年8月后任吉林省电业管理局副局长、局长、党委书记。1965年7月调入列车电业局，任局长、党组成员，1965年11月任党委书记。1968年4月任局革委会主任，1970年9月任局党的核心小组组长。1978年5月任局党组书记、局长。为北京市第七届人大代表、西城区代表团副团长。1983年1月离休，享受副部长级医疗待遇。

Jia Gelin

贾格林（1916.3—2008.7） 山西盂县人，初中文化，1947年1月加入中国共产党。1936年12月参加革命，曾任晋察冀边区盂阳五区政治指导员、作战参谋，晋冀二分区司令部科长、作训股长。1950年2月在中央军委军训部检查科任科长。1951年参加抗美援朝，回国后任总参谋部军训部编辑。1966年2月调列车电业局，任副局长、党委委员。1975年6月任局革委会副主任，1978年5月任局党组成员、副局长，分管财务和物资供应等工作，参与企业整顿。1982年10月离休。1990年被能源部机关党委评为离退休支部优秀党务工作者。

Liu Guansan

刘冠三（1928.9—2009.3） 山东汶上人，1945年6月参加革命，1946年7月加入中国共产党。曾任汶上县武工队副队长、汶南县七区区长等职。1956年转入电业部门，任三门峡工程局生产调度室主任。1964年3月任水电部政治部组织处副处长。1972年7月调入列车电业局，任政工组组长，局党的核心小组成员、革委会委员。1975年6月任局党的核心小组副组长、革委会副主任，1978年5月任党组副书记、副局长。1978年6月任局机关第一届总支委员会书记。主抓落实干部政策、企业整顿、干部培训、职工教育、企业改革等工作。自1982年5月起先后任水电建设总局政治部副主任、党委成员，水利水电规划设计院纪检组组长。1990年9月离休。1996年主编《中国列电三十年》等书。2005年获抗日战争胜利60周年纪念章。

Yang Wenzhang

杨文章（1936.6— ） 天津市人，高级工程师，中共党员。1951年3月在天津考入电业职工学校，经北京电业管理总局修建局培训，同年7月被选调到老2站，1952年7月随电站到安东支援抗美援朝，1954年夏参加武汉防汛并加入中国共产党。1957年7月接新机第7列车电站，任电气工段长。1958年10月起任“三七站”副厂长、厂长。1961年7月调任第5中心站站长、后任工作组组长。1963年3月调入局机关，任局党组秘书。1975年6月任局革委会副主任、局党的核心小组成员。1978年5月任副局长、局党组成员，分管全局生产技术、计划基建及工业学大庆等工作。1982年6月任国家计委节能局煤代油处处长。1985年3月起，相继任华能发电公司副总经理，华能集团综合利用公司总经理、华能集团公司总经理助理（正局级）。1998年8月退休。

二、列电系统部分员工

Ma Luoyong

马洛永（1927.10—1996.5） 河北完县人。1946年10月在华北兵工局十五兵工厂八分厂参加革命工作，同年加入中国共产党。1949年10月调入大同平旺电厂。1950年10月进入老2站，曾任班长、副股长。1952年7月随电站赴安东执行抗美援朝发电任务，1954年7月参加武汉防汛发电。1956年3月调派筹建第7列车电站，任工段长。1958年1月调16站任工段长。同年9月起，先后任6、34站副厂长、厂长。1962年8月调16站任厂长。1970年10月调55站任厂长。1972年2月调入保定基地，历任安检科科长、质管科科长等职务。1985年12月离休，享受县（处）级待遇。

Wang Hui

王会（1927.3—2018.12） 河北张家口人。1943年在下花园发电所参加工作，1950年10月进入老2站，从事锅炉运行与检修。1952年7月随电站赴安东执行抗美援朝发电任务，1954年7月参加武汉防汛发电并荣立二等功。1956年7月调入保定基地，在锅炉车间从事锅炉制造及检修工作，曾参加基地系列汽轮发电机机组制造及检修。1958年被评为保定市先进工作者。1979年7月退休。

Lü Wenhai

吕文海（1928.8—2017.4） 天津人，曾用名吕文泉，技师。1945年8月在张家口宣化兴华铁厂参加工作，1946年7月加入中国共产党。后调晋察冀边区兵工局十五兵工厂八分厂、大同平旺发电厂工作。1950年10月进入老2站，1952年7月随电站赴安东执行抗美援朝发电任务，1954年7月参加武汉防汛发电。1956年8月调入保定基地，从事电站制造、安装工作。1958年被评为保定市先进工作者，1959年被评为河北省及保定市先进工作者。1960年6月起，先后任电机车间、金工车间、铸造车间、试验室副主任、主任。1979年12月离休，享受县（处）级待遇。

Sun Shuxin

孙书信（1917.11—1996.6） 北京人。1945年8月参加革命工作，1946年7月加入中国共产党。曾在下花园发电所、山西第四十七职工合作社、晋察冀边区兵工局十五兵工厂八分厂、大同平旺电厂等单位工作。1950年10月进入老2站，1952年7月随电站赴安东执行抗美援朝发电任务，1954年7月参加武汉防汛发电。1957年调入第3列车电站，历任3站厂长、“三七站”副厂长。1959年10月，代表为新安江水电工程局发电的“三七站”出席全国群英会。1961年1月任37站厂长。1965年1月参加筹建西北基地，先后任锅炉、金工车间主任，总务科科长。1978年11月调入保定基地，1979年11月离休，享受县（处）级待遇。

Sun Yutai

孙玉泰（1930.4—2003.1） 河北张家口下花园人，中共党员。1948年10月在下花园发电所参加革命工作。1950年10月进入老2站，任值长。1952年7月随电站赴安东执行抗美援朝发电任务，1954年7月参加武汉防汛发电并荣立二等功。1957年9月调入第11列车电站，后任党支部书记兼厂长。1959年1月接新机24站，任党支部书记兼厂长。1961 年后任西北中心站站长、第二工作组组长。1963 年起任 1、12 站党支部书记兼厂长，曾带电站为二机部十四局（404 厂）服务。1966 年任 42 站厂长。1972 年 12 月调入局机关，先后从事行政管理和电站调迁工作。1983 年 4 月调入水利电力出版社，任行政处处长。1990 年 5 月离休。

Sun Zhaolu

孙照录（1924.12—2009.7） 河北曲阳人，初中文化，中共党员。1946 年 2 月始，在晋察冀边区兵工局十五兵工厂八分厂工作。1949 年 10 月调入大同平旺发电厂，任锅炉安装队组长。1950 年 10 月进入老 2 站，曾任值长。1952 年 7 月随电站赴安东执行抗美援朝发电任务，1954 年 7 月参加武汉防汛发电。1956 年 9 月后，历任 2 站工会主席、列电局审干办公室干事。1958 年 10 月起，先后任 2、28 站副厂长、厂长。1974 年调入列电局中心试验所，任主任，同年 10 月调入保定电力技工学校，任总务科科长。1985 年 1 月离休。

Li Shenghui

李生惠（1915—2000.4） 河北涿鹿人，1946 年 3 月加入中国共产党。1945 年 8 月参加革命工作，在下花园发电所从事汽机专业，同年 10 月任股长。1947 年在平山西固舍从事运输工作。1948 年 6 月调入微水电厂，任汽机股长。1949 年 10 月调大同平旺发电厂。1950 年 10 月进入老 2 站，1951 年调电业管理总局修建局，任工会主席。1954 年 7 月随电站参加武汉防汛发电。1954 年 9 月任副队长，1956 年 12 月任第一副厂长。1957 年 9 月调任 11 站副厂长。1958 年 10 月起，先后任 20、35、37、38 站厂长。1975 年调局仓库工作。1982 年 6 月离休，享受县（处）级待遇。

Li De

李德（1920.1—1987.8） 河北张家口下花园人，1945 年 8 月在河北下花园发电所参加工作，1946 年加入中国共产党。1946 年 10 月，曾任山西灵邱第四十七运输队队长、晋察冀边区兵工局十五兵工厂八分厂股长、大同平旺发电厂股长。1950 年 10 月进入老 2 站，任副队长。1952 年 7 月带领电站赴安东执行抗美援朝发电任务，1954 年 7 月参加武汉防汛发电。1958 年 10 月起，历任第 2、28、29 列车电站副厂长、厂长，西北基地工会主席。1981 年调保定基地工作。1982 年 9 月离休，享受县（处）级待遇。

Meng Xiantai

孟宪泰（1919.4—1973.5） 山东武城人，中共党员。1933 年在北京泉顺铁工厂学徒。1941 年起，在包头、张家口电厂工作。1950 年 10 月进入老 2 站，1950、1951 年被电业管理总局修建局评为劳动模范。1952 年 7 月随电站赴安东执行抗美援朝发电任务，1954 年 7 月参加武汉防汛发电。

1958年7月接新机第20列车电站，任汽机车间主任。随电站调迁山西临汾、榆次，陕西咸阳，湖北武汉，青海西宁，四川绵阳、广元，天津，河北衡水，甘肃甘谷等地发电。1966年调入西北基地，参加了基地的基本建设，后从事汽机检修。

Zhao Zhenxiang

赵桢祥（1921.6—2012.9） 河北怀安人，技师，中共党员。1948年9月在山西大同工程队参加工作，1950年10月进入老2站，从事锅炉运行与检修。1952年7月随电站赴安东执行抗美援朝发电任务，1954年7月参加武汉防汛发电。1956年8月任锅炉车间主任。1957年调保定基地，同年被评为保定市先进生产者。1958年任列电局锅炉制造厂厂长。1959年调入列电局武汉装配厂，任车间主任。1960年6月调入保定基地，先后任冷作车间、检修车间、锅炉车间副主任、主任。1983年11月离休，享受县（处）级待遇。

Han Guodong

韩国栋（1929.7—2017.9） 北京人，初中文化，1945年8月参加革命工作，1946年1月加入中国共产党。先后在下花园发电所、晋察冀兵工总局二处、第十五兵工厂、大同平旺发电厂从事电气专业。1950年10月进入老2站，任电气专业主任。1952年7月随电站赴安东执行抗美援朝发电任务。同年10月任副厂长。1954年7月带队参加武汉防汛发电。1955年10月参与列电局筹建工作，在基建科任副科长、科长。1957年9月，任第2列车电站第一副厂长。1958年5月接新机13站，任厂长。1959年3月调入局机关，任党委组织部部长兼人事科科长。1960年12月调保定热电厂，在党委组织部工作。1962年8月至1964年8月在水电部干部学校电力生产专修班学习。1964年8月任保定热电厂电气分场党支部书记。1965年3月后，先后任北京电力公司保定工程队副队长、保定热电厂生产处副处长、燕山石化动力厂副厂长。1989年12月离休，享受司局级待遇。

Shu Zhanrong

舒占荣（1917.9—1986.1） 北京人。1932年起，先后在北京长沼电业社、石景山发电厂工作。1950年2月在北京电业职校学习，同年10月进入老2站，在电气车间从事运行与检修。1952年7月随电站赴安东执行抗美援朝发电任务，1954年7月参加武汉防汛发电。1958年3月调第13列车电站，同年7月任20站电气车间主任。随电站调迁山西临汾，陕西咸阳，湖北武汉，河南新乡，青海西宁，四川绵阳，河北静海、衡水，甘肃甘谷等地发电。1974年调入西北基地，从事电气工作。

Liu Zhichen

刘芝臣（1910.10—1981.5） 河北任丘人，技师。1931年参加工作，先后在华北电灯公司、华北电业发电厂、大同平旺发电厂等单位从事锅炉专业。1950年11月调入老2站，1952年7月随电站赴安东执行抗美援朝发电任务，1954年7月参加武汉防汛发电。列电局成立后，先后在第2、11、16列车电站，从事锅炉运行与检修，曾任11、16站锅炉工段长。随电站调迁陕西咸阳，山西榆次、阳泉，湖北武汉，江西萍乡，江苏常州、新海连，福建南平，湖南资兴等地发电。1960年6月调入保定基地，曾任装配车间副主任。

Bai Yi

白义（1934.1—2017.4） 山西平定人，中共党员。1950年12月进入老2站，从事后勤及保卫工作，1953年6月转锅炉工段从事运行与检修。1952年7月随电站赴安东执行抗美援朝发电任务，1954年7月参加武汉防汛发电。1957年始，先后在第13、36列车电站，任值长、司炉长、工段长、生技组长。1972年起，先后任25、55、59站副指导员、副厂长。随电站调迁陕西咸阳，湖北武汉，河南兰考、鹤壁，黑龙江大庆、佳木斯等地发电。1982年调入西北基地，任金工车间党支部书记、检验科科长。

Xiao Shaoliang

肖绍良（1919.2—2006.2） 江苏无锡人，中共党员。1935年始，曾在制衣厂、铁工厂、双河尖发电所工作。1950年12月随拆迁的列车发电机组（老2站）到石家庄整修。1951年9月返双河尖发电所，1953年后任汽机分场副主任。1958年4月，再次随双河尖发电所拆迁组建的第22列车站进入列电系统，先后任22、2站副厂长。随电站调迁广西柳州，广东海南昌江，湖北丹江口，陕西西乡，湖南株洲等地发电。1975年调入西北基地，任中心实验室主任、检验科党支部书记。

Gao Changrui

高昌瑞（1916.6— ） 江苏无锡人，大学毕业。1936年参加革命工作，1948年加入中国共产党。曾任中共南方局科技青年协会组织负责人、上海地下学联负责人、发电厂接管人员、扬子公司军事代表。1950年12月随老2站离开无锡双河尖，准备北上抗美援朝发电，成为中国第一座列车电站首任厂长。后在抚顺参加5万千瓦的发电机组安装。1952年任基建队第四副队长。1954年在北京电管局任基建供应处处长。1954年6月在太原第一发电厂任副厂长兼总工程师。1958年3月后，历任太原市科委电子研究所所长、中国科协电视处负责人等职。1988年离休。

Zhang Ren

张仁（1927.7—1996.12） 山西太原人，太原工业学校机械系毕业，工程师。1946年7月在太原参加电业工作。1950年5月在华北电业检修工程队设计室任技术员。1951年3月进入老2站，任技术员、生技股股长。1952年7月随电站赴安东执行抗美援朝发电任务，1954年7月参加武汉防汛发电并荣获三等功。1956年10月调入局机关，在生产技术科任锅炉技术员、工程师。1969年3月到列电局密云干校学习。1970年7月调入保定基地，任检修车间、质管科工程师。

Duan Yuqiao

段玉桥（1925.9—2002.8） 河北大城人。1945年9月在石家庄华安织布厂参加工作，1951年4月进入老2站，从事锅炉运行与检修，1952年7月随电站赴安东执行抗美援朝发电任务，1954年7月参加武汉防汛发电。1958年6月起，任第13、29列车电站锅炉车间主任。1960年12月到中南区中心站工作。随电站调迁辽宁安东，陕西咸阳，山西榆次、阳泉，湖北武汉、黄石，江苏常州、新连海，河南新乡等地发电。1962年7月调局机关保定仓库，任主任。1965年2月调保定基地，任仓库负责人。

Guo Rongde

郭荣德（1926—1997） 山东潍坊人。1949年6月在青岛四方发电厂参加工作。1951年进入老2站。1952年7月随电站赴安东执行抗美援朝发电任务，1954年7月参加武汉防汛发电。后调入第13列车电站，任副厂长。1960年12月接新机36站，任第一副厂长。1973年12月调入28站。曾随电站调迁辽宁安东，黑龙江大庆，吉林敦化，河北石家庄，陕西咸阳，山西榆次、阳泉，湖北武汉，江西萍乡，江苏常州、新海连，河南新乡、鹤壁、商丘，山东潍坊等地，参加过大庆石油会战发电。1975年调入潍坊电业局。

Yu Xuezhou

于学周（1935.9— ） 天津人，大专学历，中共党员。1951年5月考入天津电业局，经电业总局修建局培训，同年8月进入老2站，从事汽机运行与检修。1952年7月随电站赴安东执行抗美援朝发电任务，1954年7月参加武汉防汛发电。1956年调入山东新汶煤矿孙村电厂。1957年调回列电系统，在11站任汽机主任。1959年起，历任24、20、19、43站副厂长、厂长。1974年随20站机组下放到西安交通大学。工作期间，先后参加电力部火电培训班、交大在职大专班的学习。1996年9月退休。

Sun Yuqi

孙玉琦（1934.9— ） 天津人，中共党员。1951年5月在天津电业局参加工作，经电业总局修建局培训，同年8月进入老2站。1952年7月随电站赴安东执行抗美援朝发电任务，1954年7月参加武汉防汛发电。1954年1月任化验组长。1958年调第13列车电站，任汽机车间主任。后参加29站筹建，任锅炉车间主任。1962年3月调列电局技术改进所，任化学组组长，为列车电站热力设备的防腐、防垢和解决水源污染问题做了大量工作。1974年参与编写《列车电站化学技术问答手册》。

1986年3月后，在河北电力职工大学任行政科科长。

Li Shiyi

李士义（1933.1— ） 天津人。1949年4月入华北人民革命大学天津分校学习，同年7月转入中国人民解放军20兵团干训班，1949年10月在20兵团电影队任组长。1951年经电业总局修建局培训，同年8月进入老2站，从事汽轮机运行与检修。1952年7月随电站赴安东执行抗美援朝发电任务，1954年7月参加武汉防汛发电。1955年8月在“反事故运动”中被错误处理，1980年5月经阳泉市中级人民法院（80）法刑复字第90号判决书宣告无罪，同年9月进入保定基地，在供应科仓库值班。

Zhang Bingren

张秉仁（1935.11—2014.7） 天津人，中共党员。1951年5月在天津电业局参加工作，经电业管理总局修建局培训，同年8月进入老2站，从事电气运行与检修。1952年7月随电站赴安东执行抗美援朝发电任务，1954年7月参加武汉防汛发电。1957年3月接新机第7列车电站，后任电气车间主任。1960年接新机44站，任电气工段长。1964年调37站，1972年12月起任厂长、党支部书记。任职期间，37站建成全国电力工业大庆式企业标兵。1976年调入北京燕山石化总厂动力分厂，任电站站长。

Jia Zhanqi

贾占启（1929.12—2012.7） 河北张家口人，中共党员。1945年10月进入下花园发电所学徒，1950年10月转入电业总局修建局，1951年8月进入老2站，任班长、车间主任。1952年7月随电站赴安东执行抗美援朝发电任务，1954年7月参加武汉防汛发电。列电局成立后，任第2列车电站电气分场主任。1958年3月调入13站，任车间主任。1959年6月接新机29站，任副厂长。1961年2月筹建44站，任厂长兼党支部书记。1973年8月任14站厂长兼党支部书记。1982年5月调入保定基地，任老干部科科长，1989年6月离休。

Bi Wanzong

毕万宗（1932.2— ） 江苏无锡人，中共党员。1951年5月在无锡双河尖发电所参加工作。同年10月进入老2站，从事汽机运行与检修。1952年7月随电站赴安东执行抗美援朝发电任务，1954年7月参加武汉防汛发电。后任电站工会主席。1958年10月起，任第7列车电站副厂长、党支部书记。1959年在建设新安江水电站工程中荣立一等功。1960年3月任33站厂长，1963年6月任列电局密云农场培训班副主任、党支部书记。1970年11月任48站党支部书记，1975年2月调任武汉基地副主任。1976年1月参与筹建华东基地，先后任基地副主任、党委书记。列电体制改革后，任列车电站企业管理协会第三届理事会会长。

Chen Hengde

陈恒德（1932.8—2013.9） 江苏溧阳人，会计师，中共党员。1951 年 8 月起先后在电业管理总局政训班、修建工程局财训班学习。1952 年 3 月进入老 2 站，从事财务工作，1954 年 7 月随电站参加武汉防汛发电。1956 年 10 月调入局机关财务科工作。1957 年 4 月调入第 7 列车电站，1958 年 2 月调入 2 站，1958 年 9 月调入 22 站，1963 年 3 月调入第五（“三七站”）中心站。在电站，均从事财务工作。1978 年 1 月调入华东基地，先后任财务科负责人、副科长、科长。1958 年被评为列电局先进个人。

Zhang Fubao

张富保（1937.11—1983.12） 山西榆次人。1952 年进入老 2 站，同年 7 月随电站赴安东执行抗美援朝发电任务，1954 年 7 月参加武汉防汛发电。1958 年 1 月接新机第 13 列车电站，从事锅炉运行与检修。1967 年 8 月调入西北基地，1975 年调入 55 站。随电站调迁河南新乡、鹤壁，青海海晏，山西垣曲、长治等地，曾参加二机部九局（221 厂）发电。1979 年调回西北基地，在保卫科工作。

Liu Gentang

刘根堂（1936.6—2010.8） 山东武城人，中共党员。1952 年 11 月进入老 2 站。1953 年 11 月调入太原电管局第 8 工程公司工作。1955 年调电力部良乡修配厂。1958 年进入第 5 列车电站，从事锅炉运行与检修，随电站在湖南郴州发电。1961 年调入列电局武汉装配厂，锅炉车间，焊工。1966 年调入西北基地，参加了基地基本建设。

Hang Xiang

杭祥（1922.9—2001.6） 山西大同人。1945 年始，曾在山西大同教导队、大同军管会、大同平旺发电厂工作。1952 年 6 月后在电业管理总局修建工程局、阜新发电厂工作，焊工。1953 年 2 月进入老 2 站，1954 年 7 月随电站参加武汉防汛发电。1958 年 7 月调入保定基地。

Hao Senlin

郝森林（1917.6—2008.12） 河北张家口人，中共党员。1945 年 8 月参加革命工作。曾任晋察冀边区兵工局 2 处、1 处电气股长、厂工会主席，察中电业局宣化营业所军代表、主任。1950 年 11 月在电业管理总局修建局工作。1953 年 2 月进入老 2 站，任队长。列电局成立后，历任第 2、7 列车电站厂长。1958 年 9 月调入保定基地，任党支部书记、厂长。1960 年起，先后任列电局工会主席，保定基地代理党委书记、副厂长。1973 年 1 月任西北基地副主任。同年 4 月任列电局中试所主任。1974 年 12 月离休，享受处级待遇。

Zhu Wuhui

朱武辉（1934.5—1991.4） 广西北海人，

大专文化。1948年在广东湛江赤坎光布厂工作，1950年11月在湛江赞化中学高级会计班学习，1951年9月进入燃料部河南焦作干部学校会计班学习。1952年11月分配至华北电管局修建局，人事科实习生。1953年3月进入老2站，1954年7月随电站参加武汉防汛发电，并荣立三等功。后相继在第13、29、44列车电站，列电局西北工作组、24站工作，历任人事员、财务员、秘书、管理组长。1986年8月，随电站人员调入长沙重型机器厂。

Li Hanzheng

李汉征（1923.9—2012.9） 天津人，中共党员。1952年12月在天津电业局参加工作。1953年3月进入老2站，曾任班长。1954年7月随电站参加武汉防汛发电。1958年接新机第13列车电站，任电气工段长。1960年起，先后任13、2、31站副厂长、厂长。1975年5月调入列电局密云干校，1981年3月调回31站任厂长。1983年4月调入北京二七车辆厂，在劳动服务公司工作。

Song Kunshan

宋昆山（1931— ） 河北定县人，中共党员。1952年2月，在燃料部电业总局修建局参加工作。1953年3月进入老2站，1954年7月随电站参加武汉防汛发电。列电局成立后，先后在第2、28列车电站，从事电气运行与检修。随电站调迁江西高坑、河南鹤壁、河北邢台、河南开封等地发电。1966年2月调入保定基地，在印刷车间从事电工。

Li Lianshuan

李连栓（1930.11—2006.7） 河北定县人，中共党员。1953年3月在华北电管局修建局保卫处工作，同年4月调入老2站，从事保卫工作。1954年7月随电站参加武汉防汛发电。1957年1月调入第7列车电站，1958年4月调入19站，车工。1959年6月调入列电局武汉装配厂，曾被评为武汉市先进生产工作者。1960年11月调入13站，1965年3月调入保定基地，先后在汽机车间、金工车间工作。1981年11月退休。

Cao Shusheng

曹树声（1934.4— ） 河北顺义人，中共党员。1952年11月在电业总局修建局参加工作。1953年5月进入老2站，1954年7月随电站参加武汉防汛发电。后相继在第7、33列车电站，从事汽机运行与检修，曾任33站汽机工段长。随电站调迁山西榆次、湖北武汉、江西萍乡、浙江宁波、贵州水城等地发电，曾为贵昆铁路建设服务。1971年10月调武汉基地，先后在机修车间、制造车间、三车间，从事汽机检修、安装工作。1986年3月退休。

Zhai Yunkang

翟云康（1934.4— ） 江苏启东人，中共党员。1951年11月在燃料部电业总局参加工作。1953年5月进入老2站，1954年7月随电站参加武汉防汛发电。后相继在第13、33列车电站，从事锅炉运行与检修，历任司炉长、锅炉车间副主任、锅炉工段长。随电站调迁江西萍乡，江苏戚墅堰，河南新乡、鹤壁，贵州贵阳、六枝、水城等地发电。1971年7月调入武汉基地，先后在机修车间、一车间从事检修工作。

Wang Laifa

王来法（1923.4—1972.12） 上海浦东人。1950年始，在华记打捞公司、江南造船厂从事沉船打捞工作。1953年6月进入老2站，从事锅炉运行与检修，1954年7月随电站参加武汉防汛发电并荣立二等功。1959年10月起，先后在第28、29列车电站工作，曾任29站工会主席。随电站调迁山西榆次、阳泉，江西萍乡，江苏新海连，河南鹤壁、平顶山、信阳等地发电，1972年在协助部队进行锅炉维修时，不幸因公殉职。

Wang Jinfu

王锦福（1926.11—2013.4） 上海川沙人。1953年6月进入老2站，从事锅炉运行与检修，1954年7月随电站参加武汉防汛发电。1958年10月接新机第22列车电站，任锅炉工段长。1962年5月调入16站，任锅炉工段长。1979年7月调32站。随电站调迁河北、陕西、山西、湖北、江西、江苏、广西、海南岛、湖南、内蒙古等地，曾为葛洲坝工程服务。1981年调入华东基地，从事锅炉检修。

Yu Rongmian

玉荣绵（1931.1—2014.10） 满族，北京人。1949年8月参加工作，1952年3月在良乡电力修造厂学习，1953年6月进入老2站，随电站调迁陕西咸阳，山西榆次、阳泉，湖北武汉，江西萍乡，江苏常州、新海连等地发电，曾为武汉防汛服务。1958年10月入列车电业局动力学院学习，1959年5月进入保定基地，先后在车辆车间、铸造车间从事制造与安装工作。1985年12月退休。

Zhu Tingguo

朱廷国（1927.8—2019.12） 浙江嵊县人，中共党员。1953年6月进入老2站，从事锅炉运行与检修，1954年7月随电站参加武汉防汛发电。1957年9月调入第11列车电站，后任锅炉车间副主任、主任。1960年9月接新机38站，任锅炉工段长兼工会主席、党支部委员。随电站调迁陕西咸阳，湖北武汉，山西榆次、阳泉、运城，江西萍乡、九江，江苏常州、新海连、昆山，福建南平、三明，山东官桥，甘肃金川，广东韶关，河北迁安等地发电。1983年随电站下放，在江苏昆山列车电厂任燃料车间主任。

Li Hengsong

李恒松（1931— ） 江苏镇江人，高中文化。1953年6月进入老2站，从事化验专业。1954年7月随电站参加武汉防汛发电。1959年接新机第28列车电站，1961年底调入3站。随电站调迁陕西咸阳，河北石家庄，山西榆次、阳泉，江西萍乡，江苏戚墅堰、新海连，广东曲江，河南鹤壁、西平，湖北丹江口、陕西韩城等地发电。1984年调入江苏昆山列车电厂，任化验组长。

Wu Guoliang

吴国良（1927.5—2005.12） 江苏武进人，中共党员。1953年6月进入老2站，1954年7月随电站参加武汉防汛发电。1957年2月接新机第7列车电站，任车间主任。1960年3月接新机33站，1962年2月起任33站副厂长。1975年4月筹建新19、20站，任厂长。1979年9月任40站厂长。1980年12月任53站厂长。1985年7月调入华东基地，先后任车间党支部书记、服务公司经理。

Shen Laichang

沈来昌（1931.3—2019.5） 上海人，中共党员。1953年6月进入老2站，从事锅炉运行与检修，1954年7月随电站参加武汉防汛发电。1957年3月接新机第7列车电站，1958年4月调入19站。随电站调迁河北、陕西、山西、湖北、江西、江苏、浙江、四川等省发电。1966年8月调入西北基地，1979年6月调华东基地，从事锅炉检修。

Zhang Guangsheng

张广笙（1931.11— ） 江苏仪征人，政工师，中共党员。1953年6月进入老2站，后任电气值班长，1954年7月随电站参加武汉防汛发电。1958年4月接新机第22列车电站，任电气车间主任，同年被评为列电局先进生产者、建设社会主义青年积极分子。1962年2月起任22站副厂长，1963年5月任19站副厂长，同年11月起，先后任50站副厂长、指导员兼厂长。1972年1月筹建57站，任指导员兼厂长。1976年1月参与筹建华东基地，1977年3月调入华东基地，先后任行政科、组织科科长。

Zhang Laigen

张来根（1929.5— ） 江苏无锡人，中共党员。1950年1月参加工作，上海机电厂、电业管理总局修建工程队钳工。1953年6月进入老2站，1954年7月随电站参加武汉防汛发电。1957年3月接新机第7列车电站，均从事锅炉运行与检修。1959年9月调入列电局武汉装配厂，先后在铸造车间、检修车间、计划科、二车间、外协办公室工作。1981年被评为武汉市供电局优秀共产党员。

Chen Rongwen

陈荣文（1927.9—2009.12） 浙江绍兴人，中共党员。1953年6月进入老2站，从事锅炉运行与检修，1954年7月随电站参加武汉防汛发电。1957年6月调入第13列车电站，任锅炉工段长。1960年至1964年9月，历任副厂长、厂长、党支部书记。1965年11月调入35站，从事管理工作。曾随电站为青海海晏二机部九局（221厂）服务。1977年9月调入华东基地，先后任行政科副科长、科长。

Jiang Linlin

姜林林（1929.8—2015.12） 江苏海门人，中共党员。1953年6月进入老2站，从事汽机运行与检修，1954年7月随电站参加武汉防汛发电。1958年5月接新机第13列车电站，后任汽机工段长。曾随电站为青海海晏二机部九局（221厂）服务。1970年调入武汉基地。1977年8月调入华东基地，任维修班班长，后任行政科管理员。1979年被评为镇江市先进生产者。1988年1月退休。

Mo Decan

莫德灿（1930.1—2010.5） 浙江萧山人，中共党员。1952年前在上海公私合营企业工作。1953年6月进入老2站，从事锅炉运行与检修，1954年7月随电站参加武汉防汛发电。后调入"三七站"，曾任锅炉工段长。1970年5月随电站下放陕西韩城，任厂长。1978年10月又调入列电局32站。随电站调迁陕西、山西、湖北、江西、江苏、浙江、河南等地发电。1984年6月调至葛洲坝水电厂工作。

Gu Xirong

顾锡荣（1926.11—1999.4） 浙江绍兴人。1953年6月进入老2站，从事锅炉运行与检修，1954年7月随电站参加武汉防汛发电。1956年5月调第3列车电站。1958年10月调保定基地，1966年3月调入西北基地，1970年5月调53站，均从事锅炉运行与检修。随电站调迁河北、陕西、山西、湖北、河南、浙江、江苏等省发电。1981年7月退休。

Xu Ji'an

徐济安（1934.1— ） 浙江杭州人，初中文化，中共党员。1949年10月在上海公兴机械厂参加工作。1952年11月到电业总局修建局工作，1953年6月进入老2站，从事锅炉运行与检修，1954年7月随电站参加武汉防汛发电。1957年3月接新机第7列车电站，曾任锅炉工段长。1958年10月调入保定基地，从事锅炉制造与检修。1961年8月调入7站。1966年10月调回保定基地，曾任金工车间钳工班长。

Cai Baogen

蔡保根（1932.1—2017.5） 上海人，中共党员。1953年6月进入老2站，1954年7月随电站参加武汉防汛发电。1958年3月接新机第13列车电站，1959年8月接燃气轮机组31站，任气机工段长。1964年6月起，任副厂长、革委会副主任。三次被大庆油田工委授予五好红旗手。1968年12月，31（32）站分站后任32站革委会副主任、厂长、党支部书记。曾随电站为大庆石油会战、广州交易会、葛洲坝工程建设服务。1981 年在大江截流工作中荣立三等功。1982 年 4 月任 7 站厂长。1988 年 1 月调入华东基地，任安装工程队副队长。

Xue Jinxiu

薛金秀（1934.11— ） 女，上海人。1953 年 6 月进入老 2 站，车工，1954 年 7 月随电站参加武汉防汛发电。1959 年接新机第 28 列车电站，1961 年年底调入 3 站。随电站调迁陕西、河北、山西、江西、江苏、广东、河南、湖北等地发电。1984 年调江苏昆山列车电厂。

Wang Liangxiang

王良祥（1919.10—1999.1） 河北秦皇岛人。1941 年始，曾在秦皇岛铁路局、秦皇岛电厂工作。1953 年进入老 2 站，从事锅炉运行与检修，1954 年 7 月随电站参加武汉防汛发电。1956 年调入山东新汶煤矿自备电厂。1958 年 3 月调至第 11 列车电站，1959 年 5 月任锅炉车间主任。1960 年 2 月调入列电局武汉装配厂，任三车间工会主席。1961 年 11 月调入 15 站，1963 年 8 月调入 29 站，均任锅炉工段长。1966 年春调入西北基地，参加了基地的基本建设，后从事锅炉安装、检修工作。

Li Shijie

李士杰（1921.12—1998.12） 河北安平人。1949 年在石景山电厂参加工作。1953 年 7 月进入老 2 站，1954 年 7 月随电站参加武汉防汛发电。1956 年至 1957 年在新汶煤矿自备电厂工作。先后在第 11、20 列车电站，从事锅炉运行与检修，曾任班长、工段长。随电站调迁陕西咸阳、福建南平、山西临汾、青海西宁、四川绵阳等地发电。1963 年调入武汉基地，在锅炉车间工作。1966 年 7 月调入西北基地，在锅炉车间从事吊运设备、安装检修。

Chen Mengquan

陈孟权（1931.1— ） 福建厦门人，厦门大学电机系发电专业毕业，教授级高级工程师。1953 年 7 月进入老 2 站，从事技术工作，1954 年 7 月随电站参加武汉防汛发电并荣立三等功。1957 年任生产技术股股长。1958 年 3 月调入 13 站，1959 年 5 月调入第四中心站。1963 年 7 月调入局机关，在生产技术科（处）负责电气专业工作。1983 年 4 月调入水电部办公厅政策研究室，后相继在水电部生产司火电处从事电气专业工作，在国家计委以煤代油资金办公室所属华电电力科技开发公司任产品开发部经理。1988 年 8 月调入华能集团公司，在电厂管理处负责新建电厂设计审查工作。1994 年 1 月退休，被华能发电公司返聘至 1997 年。

Zhou Hongkui

周鸿逵（1930.6—2009.7） 天津人。1951 年 5 月在燃料部华北修建局从事会计工作。1953年进入老2站，1954年7月随电站参加武汉防汛发电。1957年2月调入第4列车电站。1957年6月后，相继在煤炭部1、3站工作。1963年12月至1968年5月，先后调入列电局密云、商都、克山农场。1968年6月始，先后在6、16、43、32站，任材料核算员、管理组长。曾为葛洲坝工程建设服务。1982年10月调入华东基地，财务科会计。

Pang Shanyu

庞善玉（1922.11—2004.4） 山西大同人。1938年在山西参加八路军，曾在兵工厂工作。1948年转业到内蒙古丰镇发电厂，1949年调入山西大同平旺发电厂。1953年7月进入老2站，1954年7月随电站参加武汉防汛发电。1956年7月接新机第7列车电站。1958年9月调入保定基地，任钳工。1965年获保定市劳动保护工作积极分子称号。1967年3月调入西北基地，先后在金工车间、后勤维修班工作。

Mu Ruilin

穆瑞林（1911.2— ） 天津人，1949年1月在天津发电厂工作，后调入大同平旺发电厂。1953年进入老2站，从事运行与维修，1954年7月随电站参加武汉防汛发电。随电站调迁陕西咸阳，山西榆次、阳泉，湖北武汉，江西萍乡，江苏常州、新海连，广东曲江等地发电。1965年调入保定基地，在锅炉车间任锅炉管道组组长，后在行政科服务组任值班员。

Yi Yun

易云（1930.4—2004.12） 湖北黄陂人，中南军政大学毕业，中共党员。1949年10月参加中国人民解放军。1950年参加抗美援朝，1953年9月转业到老2站，从事人事管理，1954年7月随电站参加武汉防汛发电。列电局成立后，历任第2、13列车电站秘书、副厂长。1958年10月和1960年10月，先后两次去捷克斯洛伐克接运新进口列车电站机组。曾被评为列电局先进工作者。1959年4月调入局机关，任经营科副科长。1960年4月调入保定电力学校，任办公室主任。1961年4月调回局机关，任党委办公室秘书，1962年10月任干部科副科长。1970年3月负责劳资科（处）工作。1978年12月任办公室副主任。1983年4月调入水电部办公厅，在电业史志编辑室工作。1988年12月调入中电联电业史志编委会，任秘书处处长。1994年5月退休。

Zhao Kungao

赵坤皋（1918.7—2001.10） 山东无棣人，中共党员。1940年参加八路军，曾任工作队队员、某部排长。1951年8月参加抗美援朝。1953年9月转业到老2站，1954年7月随电站参加武汉防汛发电。曾任管理股长、车间工会主席。列电局成立后，任行政科长。1957年3月始，先后调入第4列车电站、煤炭部1站，历任党支部副书记、副厂长、厂长。1964年3月调入保定基地。1974年5月调入列电局中试所，任管理组长（享受正科级待遇）。

Ji Yanshu

籍砚书（1934.8—2007.8） 河北武安人，中共党员。1951年8月在华北修建局参加工作。1954年1月进入老2站。1954年7月随电站参加武汉防汛发电。1958年3月接新机第13列车电站，1958年11月接新机29站，1961年2月接新机44站，均任汽机车间主任。1962年3月起任44站副厂长，1969年8月任党支部书记、革委会副主任。在44站工作期间，注重电站管理和人才培养。1975年5月调入西北基地，先后任副主任、主任，党委副书记，任职期间主持底开门煤车等新产品的开发。列电体制改革后任宝鸡车辆修造厂厂长、党委副书记。1984年9月任调研员。

Sun Yanbin

孙彦斌（1935.6— ） 通县人，中共党员。1953年6月由北京市劳动就业部门介绍在华北修建局工作，1954年2月进入老2站，从事汽机运行与检修。1958年5月接新机第13列车电站，1972年任汽机副工段长。1982年10月调入57站。随电站调迁山西榆次、阳泉、大同，江西萍乡，江苏戚墅堰、新海连，河南新乡、鹤壁、商水，青海海晏，云南禄丰，广东广州、韶关，河北迁安等地，曾参加二机部九局（221厂）发电。1982年11月随电站成建制下放迁安首钢矿山公司。

Jia Zengming

贾增明（1913.11—1986.9） 北京人，初中文化，1939年7月加入中国共产党。1940年1月参加八路军。1949年4月转业，曾在大同发电厂、北京修建工程局工作。1954年2月进入老2站，任保卫股股长。1956年11月，先后在第7、5、16、20列车电站，从事人事保卫工作，后任20站副厂长。1958年11月调入局机关任人保员。1960年1月调保定基地，任保卫科副科长、科长。1982年12月离休。

Sun Jingming

孙景明（1936.2— ） 河北定兴人，中共党员。1952年在华北电业管理局土建公司参加工作。1954年3月进入老2站，同年7月随电站参加武汉防汛发电。先后在16、13、24、29、30列车电站，从事锅炉运行与检修。1958年在保定基地培训一年。随电站调迁山西、江西、江苏、河南、宁夏、湖北、黑龙江等地发电。1985年调回信阳明港原29站，后任明港火电厂副厂长、新建机组工程副总指挥。1995年退休。

Li Changchun

李长春（1934.12—2018.10） 天津人，中共党员。1951年6月始，曾在北京电总职工学校、青岛电总检修队、辽宁阜新抚顺工程队、华北电管局修建局工作。1954年3月进入老2站，任人事保卫干事，同年7月随电站参加武汉防汛发电。后调第5

列车电站，从事锅炉运行与检修。1962 年 10 月调入列电局武汉装配厂，在车间从事锅炉维修，后任车间计划统计员、政治处组织干事。1974 年 8 月起，先后任子弟小学副校长、知青办带队干部、学大庆办公室干事，车间党支部副书记、副主任。1987 年 6 月退休。

Xu Zufu

徐祖福（1924.4—2000.11） 山西五台人。1950 年 7 月参加工作，曾在太原检修工程队、电业总局修建局任会计。1954 年 3 月进入老 2 站，任会计，同年 7 月随电站参加武汉防汛发电。随电站调迁山西阳泉、江西萍乡等地发电。后调局机关财务科任会计。1958 年 9 月调入列电局武汉装配厂，先后在财务科任会计，制造车间、设备动力车间、四车间任车间核算员、管理员。1980 年 5 月退休。

Zhang Guangyi

张广义（1933.1— ） 天津人。1950 年 4 月在山西榆次晋华纱厂参加工作。1954 年 4 月进入老 2 站，从事运煤工作，同年 7 月随电站参加武汉防汛发电。1957 年 7 月接新机第 7 列车电站，吊车司机。1959 年 6 月接新机 29 站，后转焊工。随电站调迁山西榆次、阳泉，江西萍乡，甘肃永登，浙江新安江，湖北黄石，河南平顶山、信阳等地发电。1981 年 2 月调入华东基地。

An Deshun

安德顺（1917.9—1990.12） 山东巨野人，中共党员。1949 年 2 月在青岛电业局参加工作。1951 年进入燃料部电业总局修建局，1954 年进入老 2 站，从事电气运行与检修，随电站参加武汉防汛发电。列电局成立后，相继在第 2、28、30、18 列车电站工作，曾任电气工段长。随电站调迁湖北武汉，山西榆次、阳泉，江西萍乡，江苏常州、新海连，河南鹤壁，吉林延边，黑龙江伊春等地发电。1977 年 9 月调入保定基地。

Fan Kuiling

范奎凌（1929—1968.7） 河北乐亭人，初中文化，中共党员。1948 年参加革命工作。1954 年 7 月进入老 2 站，从事汽机运行与检修，随电站参加武汉防汛发电。1957 年 9 月调第 11 列车电站，1958 年 6 月任汽机车间主任。1960 年 9 月调入 38 站，任汽机工段长兼工会主席、党支部副书记。随电站调迁福建南平、三明，山东官桥，山西运城，甘肃金川，广东韶关等地发电。1968 年 7 月，“文革”中受迫害去世。1978 年，列电局为其平反。

Xu Guoping

徐国平（1917.9—1999.6） 河南安阳人，中共党员。1954 年进入老 2 站。1956 年 1 月参与筹建列电局，在局基建科工作。同年 8 月调入列电局锅炉制造厂，任模型组组长。1957、1958 年，被评为保定市先进生产者。1963年4月任保定基地电机车间党支部书记。1965年7月调入列电局密云训练班工作，1970年10月调入保定基地，任行政科副科长。

Xi Lianrong

席连荣（1928.6—1967.9） 河北张家口人，1949年9月加入中国共产党。1943年10月在下花园发电所参加工作。1950年9月调至电业总局修建局，先后在第1、10、7、9工程队任锅炉安装班长。1954年7月进入老2站，随电站参加武汉防汛发电并荣立三等功。1957年9月调入第11列车电站，曾任锅炉工段长。1958年6月起，历任第三副厂长、副厂长、党支部书记。同年7月被评为水电部先进生产者。1960年9月筹建38站，任厂长兼党支部书记。1966年3月调入西北基地，任金工车间党支部书记。"文革"中受迫害不幸去世。1979年4月，西北基地党委为其平反。

Lü Zhuohua

吕卓华（1934.8—2010.12） 广东新会人，清华大学电机工程系发电厂电机专业专科毕业，高级工程师。1954年8月分配到筹建中的武汉冶电业局列车发电厂实习，翌年任电气技术员，1956年3月任第4列车电站生技股股长。1956年12月参与筹建9站，任生技股副股长。1959年8月调入列电局武汉装配厂，任电气技术员。1974年11月调入32站。随电站调迁河南洛阳，四川成都、金堂、德阳、江油，广东广州等地发电。1975年5月调至广州供电局技工学校，任教师。1976年12月调入广州供电公司计划科，历任工程师、主任工程师、代处长、副处长。

Zhu Fudi

朱福弟（1926.11—1998.10） 上海人，技师，中共党员。1942年3月参加工作，曾在上海华丰、浦东电气公司从事钳工。1954年9月进入上海电管局列车发电厂（3站），从事电气运行与检修。后在保定基地、第7列车电站工作，曾任7站电气工段长。1968年7月调入武汉基地，先后在检修车间、一车间从事发电机设备检修，后任五车间电气技师。1980年5月退休。

Ma Buocen

马伯岑（1930.10—1998.11） 浙江余姚人。1954年10月进入上海电管局列车发电厂（3站），后调入第21列车电站，均从事锅炉运行与检修。随电站调迁河北邯郸、河南焦作、陕西西安、浙江新安江、广东茂名、黑龙江克山、内蒙古集宁、江苏徐州等地发电。1973年12月调入武汉基地，先后在机修车间、一车间从事锅炉维修、钳工工作。1988年1月退休。

Wang Donglin

王东林（1935.5—2012.12） 江苏泗阳人，中共党员。1954年10月进入上海电管局列车发电厂（3站），后调入第21列车电站，均从事锅炉运行与检修。随电站调迁河北邯郸，河南焦作、西平，陕西西安、韩城，浙江新安江、宁波，湖南株洲，湖北丹江口、宜昌等地，曾为新安江水电站、葛洲坝水利工程服务。1982年8月调入华东基地。

Wang Agen

王阿根（1922.1—2007.9） 江苏溧阳人，1944年11月参加新四军，1945年12月加入中国共产党。历经抗日战争、解放战争和抗美援朝战争，曾任班、排长，指导员，副教导员。解放战争时被评为营模范干部，抗美援朝中荣立二等功，并荣获朝鲜共和国三级国际勋章。1954年10月转业到上海电管局列车发电厂（3站），任保卫股股长。1956年3月起，先后在第3、8列车电站，任副厂长、厂长。组织电站调迁河北邯郸，河南焦作，陕西西安，浙江新安江，甘肃玉门、酒泉等地发电。任职期间，8站在高寒、艰苦地区确保安全运行发电，荣获列电局安全生产银盾奖。1960年5月调入保定基地，先后任工会主席、党总支书记、革委会副主任、基地副主任。1981年1月离休。

Tian Xisan

田锡三（1919.11—2003.8） 山东黄县人，高中文化。1954年10月进入上海电管局列车发电厂（3站）。列电局成立后，先后在第3、8列车电站工作，曾任总务股长。随电站调迁河北邯郸，河南焦作，陕西西安，浙江新安江，甘肃玉门等地发电。在玉门电站机组大修会战中，获红旗手荣誉称号，受到朱德委员长的接见。1958年调入局机关，任行政科副科长。1970年调到北京电业管理局602厂，任行政科科长。1972年调保定热电厂，任行政科科长。1983年退休。

Bao Xiang'an

包祥安（1918.5—2013.3） 上海人，机械技师。1949年5月在上海浦东电气公司参加工作。1954年10月进入上海电管局列车发电厂（3站），后调入8站，均任修配组组长。1958年6月调入保定基地，任金工大组长、金工车间副主任。1959年被评为保定市社会主义建设积极分子。1961年8月调入列电局武汉修配厂，先后任三队副主任、检验组组长、金工车间副主任兼安全员、生技科检验员、试验室副主任。

Liu Shufu

刘树福（1920.12—2007.10） 上海人。1949年5月在上海电气公司参加工作，钳工。1954年10月进入上海电管局列车发电厂（3站），后调入第19列车电站。随电站调迁河北邯郸、河南焦作、陕西西安、浙江新安江、四川江油等地发电。1962年3月调入列电局武汉装配厂，先后在检修车间、制造车间、一车间从事维修钳工工作。1975年7月退休。

Sun Shisheng

孙诗圣（1935.5— ） 上海人，上海电业学校电力专业毕业，工程师。1952年7月参加工作，曾任上海电管局计划处技术员。1954年10月进入上海电管局列车发电厂（3站），电气技术员，1956年8月任电气分场主任。后相继任第8列车电站生技组长，列电局技术科、中试所技术员。1965年2月调武汉基地，先后在生产科、试验室、安全监察科、技术科任电气试验员、工程师。参与了第一台1000千瓦燃机励磁启动两用机的设计和制造，可控硅励磁电压调节器的设计制造和调试。其中《53站复式整流装置调试成果报告》刊登在1979年华北三省《电力科技通讯》第3期。1987年12月退休。

Sun Pinying

孙品英（1914.5—1997.12） 江苏沭阳人，中共党员。1940年8月参加革命工作，曾任新四军特三团六连班长，江苏沭阳县乡长、公安分局长、苏北三支队政治副教导员，第24军某部教导员。1954年10月进入上海电管局列车发电厂（3站），任党支部书记，1956年12月任4站厂长。1957年9月始，先后任煤炭部第1、4列车电站厂长。1964年7月调入武汉基地，先后任基建科、劳资科、行政科副科长、科长。1973年11月退休，1981年5月改离休，享受正处级待遇。

Li Zhensheng

李振声（1918.10—？） 江苏阜宁人。1936年8月始，在上海杨树浦电厂、浦东电气公司工作。1954年10月进入上海电管局列车发电厂（3站）。随电站调迁河北邯郸，陕西西安，河南焦作，浙江新安江、宁波等地发电。1965年1月调武汉基地，先后在三队、一车间、检修车间、设备动力车间从事机修等工作。

Yang Qingjian

杨庆俭（1934.2—2007.7） 女，上海宝山人，中共党员。1954年5月在上海技工训练班培训，同年10月进入上海电管局列车发电厂（3站）。1976年6月调入第45列车电站，均从事化验专业。随电站调迁河北邯郸，河南焦作、西平，陕西西安、韩城，浙江新安江、宁波，湖南株洲，湖北丹江口、宜昌等地，曾为新安江水电站、葛洲坝水利工程建设服务。1982年8月调入华东基地。

Zhang Maosheng

张茂生（1911.9—？） 上海人。1948年3月参加工作，曾在上海浦东电气公司、公私合营电气公司从事瓦工。1954年10月进入上海电管局列车发电厂（3站）。随电站调迁河北邯郸、河南焦作、陕西西安、浙江新安江等地发电，后调保定基地。1961年8月调入列电局武汉装配厂，先后在锅炉本体车间、检修车间、一车间工作。

Zhang Guisheng

张桂生（1932.8—1999.11） 江苏泰兴人，中共党员。1954年1月在上海浦东电气公司参加工作。1954年10月进入上海电管局列车发电厂（3站），从事汽机运行与检修。1956年12月接新机第8列车电站，任汽机工段长、团支部书记。在甘肃玉门、酒泉发电期间，被评为玉门市社会主义建设红旗手，1958年被评为列电局建设社会主义青年积极分子。1960年4月起，历任8、10、11、38站副厂长、厂长、党支部副书记、书记。1977年2月调入华东基地，任供应科科长兼党支部书记。

Lu Weixuan

陆慰萱（1930.11—2011.1） 上海人，中共党员。1954年1月在上海浦东电气公司参加工作。1954年10月进入上海电管局列车发电厂（3站），后在第9、25、43列车电站，从事锅炉运行与检修，曾任锅炉车间主任、工段长。随电站调迁河南焦作、浙江新安江、辽宁开原、广东英德等地。1965年1月调入武汉基地，先后在一队、锅炉本体车间、检修车间、一车间从事锅炉检修，后任班长。1980年7月退休。

Chen Chong

陈冲（1937.5—2017.6） 辽宁海城人，解放军第六后勤干校财务专业毕业，文学创作一级，中共党员。1951年7月参军，1954年10月复员到上海电管局列车发电厂（3站）。1956年6月调入列电局机关，任秘书。在“反右运动”中被定为“右派”，1978年平反。1979年7月调入保定基地，在工会工作。1982年任保定市第五届政协委员。1983年4月调入河北省文联，并加入中国作家协会。为河北省作家协会专业作家，河北省作家协会第二、三、四届理事及第三、四届副主席。1955年开始发表作品，主要有《无反馈快速跟踪》《铁马冰河入梦来》《小厂来了个大学生》《修补》《厂长今年二十六》《社会学UFO》等。

Chen Yibao

陈宜豹（1936.12—1990.10） 浙江海宁人，初中文化。1954年10月进入上海电管局列车发电厂（3站）。1957年调入第8列车电站，1961年调入列电局武汉装配厂，1966年调入西北基地，1982年调入54站，均从事汽机运行与检修。随电站调迁河北邯郸，河南焦作，陕西西安，甘肃玉门、酒泉，江苏无锡等地发电。1984年12月随电站成建制下放无锡新苑公司热电厂。

Zhou Yuanfang

周元芳（1933.11— ） 浙江宁波人，上海电业学校热能动力专业毕业，高级工程师，中共党员。1953年2月分配至杨树浦电厂，1954年2月调上海电管局生技处，参与了列车发电厂的筹建，同年10月进入上海电管局列车发电厂（3站），任技术股长。后任“三七站”生技组长，21站、列电局东北中心电站、华东工作组技术负责工程师。1965年7月调入武汉基地，任生产组、生技科工程师、技术负责人。1978年12月起，先后任主任工程师、副总工程师。1984年1月调入华中电管局科技处。1992年6月退休。

Hu Guantao

胡观涛（1925.12—2014.10） 安徽太平人，安徽池州师范学校毕业，会计师，中共党员。1954年10月，进入上海电管局列车发电厂（3站）任会计。先后在列电局财务科、21站、保定电力技工学校任会计。随电站调迁河南焦作、陕西西安、河北保定等地发电。1974年4月调入武汉基地，在财务科从事会计工作。

Hu Weifa

胡惟法（1929.10—2012.11） 江苏武进人，苏州东吴大学化学系毕业，教授级高级工程师，中共党员。1952年10月在上海杨树浦发电厂参加工作。1954年10月进入上海电管局列车发电厂（3站），是列电局成立当年任命的3名工程师之一。历任第3列车电站技术员，列电局生技科、列电局新机办公室、武汉基地工程师，列电局中心试验所主任工程师，保定基地安检工程师、生技科副科长。1977年3月调入华东基地，先后任生技科副科长、副总工程师、总工程师。1959至1966年，连续两届担任河北省保定市青年联合会副主席、河北省青联委员。

Hu Meiqian

胡眉倩（1936.6—2010.7） 女，浙江慈溪人，初中文化，会计师。1954年10月在上海电管局列车发电厂（3站）参加工作，从事化学专业。随电站调迁河北邯郸、河南焦作、陕西西安等地发电。1956年8月调入列电局机关财务科。1958年5月调入保定基地，先后在计划调度科、财务科工作。

Xuan Meiying

宣美英（1933.12— ） 女，浙江诸暨人。1954年10月进入上海电管局列车发电厂（3站），先后在第3、7、21列车电站从事化验专业。1962年6月至1963年5月在列电局工作组工作。随电站调迁河南焦作，浙江新安江、宁波，广东茂名，黑龙江克山等地发电，曾为新安江水电站、茂名石油开发会战服务。1965年7月调入武汉基地，在试验室从事化验工作。

Fei Rongsheng

费荣生（1909—1974.11） 江苏盐城人，中共党员。1949年前在上海浦东电气公司张家浜发电所工作，曾任锅炉运行班长。1954年10月进入上海电业管理局列车发电厂（3站）。1959年接新机第29列车电站。随电站调迁河北邯郸，河南焦作、平顶山、信阳，陕西西安，浙江新安江，

湖北黄石等地发电，曾长期担任锅炉工段长，1974年退休。

Yuan Zhaozhang
袁兆璋（1935.11— ） 上海人。1954年10月进入上海电业管理局列车发电厂（3站），从事锅炉运行与检修。1960年1月接新机第29列车电站，1961年调入22站，1971年6月接新机58站。随电站调迁河北邯郸，河南焦作，浙江新安江，湖北黄石，广东海南昌江，山西永济、晋城等地发电。1979年2月调入华东基地。

Yuan Jian
袁健（1926.10—1995.12） 江苏新沂人，中共党员。1950年10月参加中国人民解放军，在空军后勤部工作。1954年10月转业到上海电业管理局列车发电厂（3站），人事保卫员。1958年10月任第8列车电站副厂长。1959年2月接新机25站，任副厂长。1961年3月任43站副厂长。1965年1月至1968年期间，相继到6、8站工作。1972年5月起，先后任19、8站副厂长。1979年调入保定基地，任卫生所所长。1986年10月离休，享受县（处）级待遇。

Xu Wenming
徐文明（1928.5— ） 江苏海门人。1949年4月在上海闸北电厂参加工作，材料员。1954年10月进入上海电管局列车发电厂（3站），后调入保定基地，均为材料员。1963年10月调入武汉基地，先后在材料科、物资供应科任材料员、运输员。1983年11月退休。

Xu Liangpu
徐良甫（1926.8—2006.5） 浙江宁波人，上海会计学校财会专业毕业，高级会计师，中共党员。1948年6月起，先后在汉口斌胜源百货店、上海电业管理局工作。1954年10月进入上海电管局列车发电厂（3站），1957年8月调入第8列车电站，均任会计。1959年2月调入局机关，在财务处工作。1979年2月任财务处副处长，曾主持财务培训班培训工作。1983年4月起，先后在水电部办公厅列电管理处、审计局二处任副处长。1987年12月退休。

Gao Hongxiang
高鸿翔（1933.11— ） 江苏淮安人，中共党员。1954年1月在上海浦东电气公司参加工作。1954年10月进入上海电管局列车发电厂（3站），从事锅炉运行与检修。1956年12月接新机第8列车电站，任锅炉工段长、工会负责人，在甘肃玉门、酒泉发电期间，被评为甘肃省建设社会主义青年积极分子、省先进生产者（享受省劳模待遇），列电局建设社会主义青年积极分子。1960年4月起，历任8、35站副厂长，保定基地生产科副科长。1981年8月调入华东基地，先后任车间主任、纪委副书记，电管处、热电安装处副主任，生活服务公司经理。1992 年被评为镇江市劳动模范。著有个人回忆录《越飞千里》。

Dong Bingxiang

董炳祥（1919.2—？） 上海崇明人。1953 年 6 月在上海电管局参加工作。1954 年 10 月进入上海电管局列车发电厂（3 站）。后在保定基地，煤炭部第 1、2 列车电站从事后勤工作。随电站调迁河北邯郸、河南焦作、陕西西安、内蒙古平庄、江西萍乡、广东坪石等地。1964 年 8 月调入武汉基地，在行政科工作。

Xie Fangting

谢芳庭（1919.1—2008.3） 浙江上虞人，浙江大学毕业，教授级高级工程师，九三学社社员。1945 年 4 月在抚顺发电厂参加工作，曾任抚顺发电厂技术员、上海浦东电气公司工程师、发电股长。1954 年 10 月进入上海电管局列车发电厂（3 站），任主任工程师。1955 年 12 月参与列电局的筹备工作，1956 年 9 月起，历任列电局基建科负责工程师，列电局保定装配厂总工程师，武汉基地工程师，列电局中心试验所副主任、高级工程师。1981 年 2 月调入华东基地，任试验室主任、教授级高级工程师。1953 年，为上海市市政企业先进工作者代表，1977 年 12 月为河北省第四届政协委员。

Yu Tianwei

于天维（1934.5— ） 山东龙口人，初中文化，经济师，中共党员。1952 年在佳木斯电业局参加工作。1954 年 12 月，参与筹建佳木斯列车发电厂（1 站），在管理股工作。1956 年 9 月调入列电局机关材料科工作，曾在电力部上海办事处任长驻代表。1961 年调水电部天津办事处任长驻代表。1962 年调入保定基地，先后任供应科副科长、科长，办公室主任、管理三支部书记、离退休党支部书记，1993 年 5 月退休。

Wang Guilin

王桂林（1923.7—1968.9） 黑龙江尚志人，初中文化，中共党员。1946 年在鸡西电厂参加工作，曾任车间副主任、生产科长、副厂长。1954 年 9 月到燃料部干部学校学习，1954 年 12 月赴苏联学习列车电站技术和管理，并任领队。1955 年 5 月任哈尔滨电业局列车发电厂（1 站）厂长。1956 年 4 月起，先后任第 1、10 列车电站厂长，曾就发电机设备质量问题与苏方多次谈判并赢得赔偿。1958 年 6 月筹建列电局武汉装配厂，任厂长。1959 年 2 月调入列电局任党组副书记。1960 年 6 月任列电局保定制造厂厂长、党总支委员。1962 年 10 月任列电局办公室主任，党组成员。1963 年 12 月任保定基地主任、党总支书记。1964 年带领职工支援保定防洪堤坝建设，受到市委表彰。“文革”中遭迫害，1968 年 9 月去世。1980 年 7 月列电局为其平反，恢复政治名誉。

An Shouren

安守仁（1931.8—1997.10） 河南安阳人，中共党员。1949 年 5 月参加革命工作，曾在西安第一发电厂人事股、西安电业局任股长、副科长。1954 年 12 月赴苏联学习列车电站技术和管理。1955 年 5 月任佳木斯列车发电厂（1 站）汽机车间主任。1956 年 9 月起，历任列电局教育科科长、局机关党总支书记，第 9 列车电站厂长，列电局铸造厂、铸锻厂厂长，保定电力学校副校长、副书记、副主任。1971 年 9 月调山西娘子关电厂，任党委副书记。1978 年 9 月返回列电系统，任武汉基地党委副书记兼工会主席。1983 年 11 月调华中电网局，任老干部处处长。1991 年 8 月离休，享受厅局级待遇。

Li Yingtang

李应棠（1928.5—2003.7） 山西大同人，中共党员，技师。1946 年参加革命工作，曾任兰州电厂军代表。1954 年 12 月赴苏联学习列车电站技术和管理。1955 年 5 月到佳木斯列车发电厂（1 站），1956 年 5 月，任第 1 列车电站电气分场副主任。1958 年调入 16 站，任电气工段长。同年 12 月，调入保定基地，先后任检修、电气、金工车间副主任、主任，安检科科长，工会副主席。曾获西北解放纪念章、华北解放纪念章、人民功臣奖章。1961 年被评为保定市劳动模范。离休后享受县（处）级待遇。

Li Enbai

李恩柏（1928.1—1994.12） 吉林辽源人，辽源东丰师范学校毕业，高级工程师，中共党员。1948 年 8 月在辽源电厂参加工作，曾任技术员、车间主任、计划股长。1954 年 9 月到燃料部干部学校学习，1954 年 12 月赴苏联学习列车电站技术和管理。1955 年 5 月任佳木斯列车发电厂（1 站）生技股股长。1957 年 3 月任第 1 列车电站副厂长。1958 年 10 月起，先后任列电局铸造厂厂长、党总支委员，锅炉厂安检科科长、检修车间主任。曾多次担任自制列车电站鉴定委员会委员。1963 年 12 月起，先后任保定基地副主任、主任、党委副书记。列电体制改革后，任华北电管局列车电站管理处主任。1984 年 6 月任调研组副组长。1988 年 1 月离休，享受司（局）级待遇。

He Lijun

何立君（1933.7—2015.8） 辽宁沈阳人，中共党员。1944 年参加工作，曾在吉林七道沟铁矿、通化二道江中国共产党建国联合会、二道江电厂工作，1950 年荣立本系统三等功。1954 年 12 月赴苏联学习列车电站技术和管理。1955 年 5 月到佳木斯列车发电厂（1 站），曾任值长。1957 年 3 月任第 1 列车电站汽机分场副主任。1960 年 12 月赴捷克斯洛伐克接运新进口列车电站机组（14 站），先后任 14 站电气车间主任、副厂长、党支部书记。1972 年 12 月任 25 站厂长、党支部书记。1975 年

12月调入列电局中试所，任副主任、党支部书记。1983年5月起，任华北电管局列车电站管理处党支部书记，保定电力修造厂工会副主席。1993年5月离休，享受县（处）级待遇。

Zhang Xingyi

张兴义（1931.10—2018.6） 山东阳谷人，工程师，中共党员。1945年8月在吉林延吉电业局参加革命工作，1950年5月调龙井发电厂，曾任班长、值长、代理车间主任，1953年被评为东北电管局劳动模范。1954年7月到燃料部俄语进修班学习，同年12月赴苏联学习列车电站技术和管理。1955年5月进入佳木斯列车发电厂（1站），曾任值长。1958年12月调第12列车电站，任副厂长。1959年3月任1站厂长。1960年5月调入列电局保定制造厂，任装配车间主任兼党支部书记。1961年2月起，先后任25、30站厂长、党支部书记。1976年调入保定基地，任生产技术科科长。列电体制改革后，先后任保定电力修造厂办公室主任、电站管理处主任、开发公司经理等职务。1991年12月离休，享受县（处）级待遇。

Zhang Jing'e

张静鹗（1930.2—1999.12） 河北丰润人，中专学历，中共党员。1949年2月参加革命工作，曾在燃料部电业总局生技处任锅炉技术员。1954年12月赴苏联学习列车电站技术和管理。1955年5月任佳木斯列车发电厂（1站）锅炉车间主任。1958年10月起，历任第1、23、37、31（32）列车电站副厂长、厂长、党支部书记。曾为大庆石油开发会战服务。1963年5月任列电局第五工作组组长。1964年3月起，任武汉基地副主任。1978年3月调入中国水利电力物资总公司武汉公司，任总经理。1990年2月离休，享受厅（局）级待遇。

Zhang Zengyou

张增友（1933.2— ） 山东龙口人，大专学历，教授级高级工程师，中共党员。1952年7月在哈尔滨发电厂任技术员。1954年3月在燃料部干部学校学习俄语，同年12月赴苏联学习列车电站技术和管理。1955年5月在佳木斯列车发电厂（1站），曾任值长。1957年9月调入第10列车电站，历任生技股长、副厂长、厂长兼第一区中心站厂长、第一工作组组长。1964年3月调列电局技术改进所，任副主任、党支部书记。1971年技改所撤销后到保定基地劳动。1972年9月任列电局中试所主任、党支部书记。1973年1月调入局机关，在生产技术科（处）任副处长。1983年4月调入水电部机械局，先后任副处长、处长、副局长（正处），1988年7月任能源部电力机械局副局长。1991年11月组建中国电站管道工程公司，任总经理（正局级）。

Fan Shirong

范世荣（1930.6—2019.3） 辽宁沈阳人，

工程师，中共党员。1946年2月在沈阳纺织自备电厂参加工作，曾任沈阳电业局技术员、变电所副所长。1954年9月在燃料部干部学校俄语班专修科学习。同年12月赴苏联学习列车电站技术和管理。1955年5月任佳木斯列车发电厂（1站）电气值长，1957年3月后，先后任第1、9列车电站电气车间主任。1958年10月起，历任14、44、1站副厂长、厂长。1963年5月调入保定基地，1965年7月任生产技术科科长。1975年10月借调列电局基建科，负责筹建东北基地。1978年1月调入华东基地，先后任生产技术科、开发设计科科长。1990年7月离休，享受处级待遇。

Zhou Bing

周冰（1934.11.7—1998.5） 曾用名周福寿通县人，北京电力学校电厂化学专业毕业，高级工程师，中共党员。1954年12月赴苏联学习列车电站技术和管理。1955年5月进入佳木斯列车发电厂（1站），任化验室技术员。1957年4月后，历任第10、12列车电站，化验室组长、生技组长及副厂长。1973年10月任28站副厂长、厂长。1982年10月任列电局中心试验所副主任。1983年1月任华北局保定列电试验所副所长、所长。1986年3月后，在河北电力职工大学任劳资科长。

Zhou Maoyou

周茂友（1920.4—2006.5） 山东蓬莱人。1945年5月参加革命工作，在冀热辽军区服役，后返乡。1953年6月在佳木斯电业局基建科任材料员。1954年12月参与筹建佳木斯列车发电厂（1站），材料采购员。1959年5月参与筹建第32列车电站，任秘书。1960年3月调入37站，1961年3月调31站，均任秘书。1962年4月调入局行政科工作，1963年12月调入保定基地，先后在供应科、保卫科工作至退休。

Zhou Guoji

周国吉（1929.8—2014.7） 辽宁锦州人，中共党员。1950年在北票发电厂参加工作。1954年12月赴苏联学习列车电站技术和管理。1955年5月进入佳木斯列车发电厂（1站），曾任车间主任。1957年至1965年，历任第10、17、34列车电站副厂长，35站指导员兼厂长，参加了为大庆石油会战、二机部九局（221厂）的发电。1962年被评为大庆五好红旗手。1966年8月调入西北基地，任基地副主任和电站管理处主任。1982年11月调入列电局中试所，任主任。1986年3月后任河北电力职工大学党委副书记。

Zhou Chunlin

周春霖（1933.11— ） 辽宁辽阳人，中共党员。1951年3月在抚顺发电厂参加工作。1954年3月在燃料工业部干部学校俄语班学习，1954年12月赴苏联学习列车电站技术和管理。1955年5月在佳木斯列车发电厂（1站），任锅炉分场副主任、主任。1957年12月至1962年2月，先后4次赴捷克斯洛伐克验收、接收、押运进口电站设备。1958年10月任18站副厂长。1962年2月任45站厂长。1964年1月，任列电局驻东北工作组组长。1968年5月调入黑龙江省电力局，先后任生产调度、农电处副处长、公安处处长。

Zhao Zhihua

赵陟华（1932.5— ） 辽宁锦州人，中共党员。1950年6月在辽宁北票发电厂参加工作。1954年12月赴苏联学习列车电站技术和管理，1955年5月在佳木斯列车发电厂（1站），任汽机运行班长、汽机分场副主任。1958年3月任10站中心站汽机车间副主任、生技股长。1959年1月起，历任第18、45列车电站副厂长、厂长兼党支部书记。随电站调迁黑龙江佳木斯、哈尔滨、牡丹江、伊春，河北通县，江西新余、泉江、鹰潭等地发电。1972年调辽河石油勘探热电厂，先后任修建分场主任、厂政治处副主任、主任、厂党委副书记兼纪委书记。1981年5月调入锦州发电厂。

Gao Songyue

高颂岳（1909.8—2001.12） 上海市人，初中文化，技师。1923年起先后在沪东造船厂、重庆电厂、浦东电厂从事钳工、汽机值班工作。1954年7月在上海浦东电气公司张家浜发电所担任值长。1954年12月进入上海电管局列车发电厂（3站）。列电局成立后，先后在第3、7、8列车电站任值长、技师。随电站调迁河南焦作，陕西西安，浙江新安江、宁波，湖北丹江口，广东茂名，甘肃玉门等地发电。1965年5月调入西北基地，在汽机车间从事安装检修，参加了基地的基本建设和红心汽动给水泵、1500千瓦自由活塞燃气轮发电机组的制造。

Guo Guangfan

郭广范（1927.11—2008.12） 吉林怀德人，工程师，中共党员。1948年参加革命工作，曾任锦州合成发电厂厂长、丰满电厂工会主席、组织科科长。1954年12月赴苏联学习列车电站技术和管理，1955年5月在佳木斯列车发电厂（1站），任电气车间主任。1956年调入列电局专家工作室。1957年9月起，任第12列车电站副厂长、党支部书记。1958年1月至6月，赴捷克斯洛伐克接运新进口列车电站机组。1958年10月任列电局电机制造厂厂长。1963年任保定基地副主任。1965年6月调西北基地，先后任副主任、革委会主任、主任、党委书记。1966年被宝鸡市授予“焦裕禄式好干部”，1975年被陕西省授予工业学大庆先进个人称号。

Tang Cunxu

唐存勖（1935.12—2014.9） 江苏无锡人，武汉水力电力学院发电厂与电力网专业毕业，中共党员。1951年7月在无锡双河尖

发电所参加工作。1954 年 12 月赴苏联沙拉托夫学习列车电站技术和管理。1955 年 5 月在佳木斯列车发电厂（1 站），任汽机司机值长。1958 年始，历任第 10、17、18 列车电站汽机工段长、副厂长、第一副厂长。1958 年至 1961 年连续四年到捷克斯洛伐克接运新进口列车电站机组。1964 年 7 月调入武汉基地，任党总支秘书、生产组调度。1975 年 2 月起，先后任车间副主任、主任。1978 年 12 月，任基地副主任。1983 年 11 月调入华中电管局，任调研室副主任、企业管理处副处长、企业协会秘书长。

Liang Yuanji

梁远基（1920.8—1995.9） 山东威海人，初中文化，中共党员。1949 年 5 月在哈尔滨电业局参加工作，1954 年 12 月调入佳木斯筹建列车发电厂（1 站），任总务股长。列电局成立后，任第 1 列车电站管理股股长、秘书。1958 年 10 月调入列电局炼铁厂任副厂长。1960 年 5 月起，先后在列电局泰康、克山农场任副场长。1967 年借调局机关，先后在行政科、办公室工作，任行政科副科长。1982 年 3 月调入保定基地，任行政科副科长，1984 年 2 月退休。

Ge Junyi

葛君义（1932.3—2008.10） 辽宁复县人，中共党员。1950 年在长春发电厂参加工作，1954 年 12 月赴苏联学习列车电站技术和管理，1955 年 5 月在佳木斯列车发电厂（1 站），曾任值班长、电气车间主任。1958 年 9 月至 1960 年 3 月赴捷克斯洛伐克接运新进口列车电站机组。1960 年 3 月任第 1 列车电站副厂长。1960 年 6 月筹建 39 站，任厂长。1974 年 10 月筹建新 4（5）站，承接从加拿大进口的燃气轮机列车电站，任党支部书记、厂长。1981 年 12 月调入大连电业局，任一次变电工区主任、修配厂厂长。

Liu Yongjun

刘永俊（1935.7— ） 朝鲜族，黑龙江哈尔滨人，沈阳电力技工学校毕业，工程师，中共党员。1954 年 12 月进入哈尔滨发电厂工作，1955 年 1 月进入佳木斯列车发电厂（1 站），列电局成立后，先后在第 1、45、18 列车电站，从事锅炉运行及维修，曾任 18 站技术员、锅炉工段长。随电站调迁黑龙江佳木斯、勃利、伊春，河北通县、保定，甘肃酒泉等地发电。1977 年 9 月调入保定基地，在质管科理化组任技术员、工程师。

Luan Shangqian

栾尚前（1933.3— ） 山东莱芜人，中共党员。1952 年在哈尔滨发电厂参加工作。1955 年 1 月进入佳木斯列车发电厂（1 站），1957 年 9 月调入第 8 列车电站，1958 年 6 月调入 11 站，1960 年 9 月接新机 38 站，吊车、推土机司机。1962 年 3 月调入列电局克山农场，负责机工队机械维修。1969年调入局机关，1970年1月调入保定基地，在锅炉转动组工作。1970年12月调入黑龙江巴彦县粮食局，负责粮库管理。1979年评为松花江地区粮食系统劳模。1980年评为黑龙江省粮食系统劳模。1986年12月退休。

Sun Xuwen

孙旭文（1935.6— ） 辽宁沈阳人，初中文化，政工师，中共党员。1951年8月在沈阳沈荣工具厂参加工作，后转入东北电管局大修工程队。1955年2月进入筹建中的佳木斯列车发电厂（1站），从事锅炉专业。1956年被评为佳木斯市社会主义建设青年积极分子。1957年1月起，先后在第10、17列车电站，从事锅炉运行与检修，曾任锅炉工段长。1963年被评为大庆一级红旗手。1964年7月起任34站副厂长。同年，代表34站出席水电部先进企业会议。1971年7月任6站厂长兼党支部书记。1980年被河北沧州市评为职工业余教育先进工作者。1982年6月调入保定基地，先后任电站管理处副主任兼生产组组长、电站科科长、基建科科长。1993年6月退休。

Li Kezhen

李克贞（1924.9—1996.7） 河北定兴人。1940年始，曾在北京石景山钢铁厂、石景山电厂工作。1955年2月进入老2站。列电局成立后，先后在第2、19、20、11、37列车电站，从事汽机运行及检修，曾任汽机工段长。1974年调入保定基地，先后在汽机车间、行政科工作。

Yu Zhidao

余志道（1928.2—1993.10） 安徽寿县人，技师，中共党员。1949年12月始，曾在鄂南电力公司、中南电管局安装队工作。1955年2月参与筹建武汉冶电业局列车发电厂（4、5站），曾任汽机车间主任。1957年3月任9站汽机分场主任。1958年10月起，先后任第5、42列车电站副厂长、厂长。随电站调迁河南洛阳，湖南郴州、株洲，四川成都、九里，陕西略阳，河北保定、迁安等地发电。1976年5月调入武汉基地，先后任试验室主任、居委会党支部书记。

Qi Fengyu

戚丰玉（1913.3—1988.1） 山东威海人，技师。1953年3月在黑龙江佳木斯电厂参加工作，从事锅炉运行与检修。1955年2月进入佳木斯列车发电厂（1站），1958年调第10列车电站，从事锅炉运行与检修。随电站调迁河北通县，黑龙江哈尔滨、牡丹江，吉林蛟河，山东济宁，山西大同等地发电。1974年11月在10站退休。

Song Yulin

宋玉林（1928.9—2003.12） 辽宁锦州人，技师，中共党员。1948年11月在辽宁北票电厂参加工作，1953年7月进入东北大修队工作，1955年3月进入筹建中的佳木

斯列车发电厂（1站），从事电气运行与维修，曾任车间主任。1959年9月起，历任第10、25、23、59列车电站副厂长、厂长。随电站调迁黑龙江佳木斯、牡丹江、哈尔滨，河北通县，吉林延边、蛟河，河南商丘，山西朔县、大同，云南昆明等地发电。1982年11月调入保定基地，先后在调研室、金工车间工作。1987年12月离休，享受县（处）级待遇。

Gong Zhenxiang

宫振祥（1917.5—1979.6） 山东乳山人，中共党员。1942年6月在佳木斯电厂参加工作。1953年被评为佳木斯市二等劳动模范。1955年3月进入筹建中的佳木斯列车发电厂（1站），任锅炉检修班班长。1958年5月调入列电局保定装配厂，在锅炉车间任主任。1962年5月起任1站副厂长，曾为二机部十四局（404厂）服务。1966年5月调入西北基地，先后任一车间主任、党支部书记，基地革委会副主任。1975年夏带队参加40站大修时，遭遇河南遂平特大洪水，参与了抗洪救灾和电站的修复工作。1979年6月在安装62站锅炉时因公殉职。

Gao Wenchun

高文纯（1932.12— ） 山东蓬莱人，中共党员。1949年9月在大连机械厂参加工作。1952年8月后在大连第一发电厂、东北电管局大修队从事汽轮机检修。1955年3月进入佳木斯列车发电厂（1站），从事汽机工作，同年获黑龙江省"青年突击手"称号。1957年6月调筹建中的第10列车电站，在10（12）站合并发电时，任12站汽机工段长。1959年10月起，先后任12、1站副厂长、厂长、党支部书记，局机关招待所所长，拖车电站厂长、党支部书记。曾为二机部十四局（404厂）服务。1983年5月随电站成建制下放华北电管局机械建筑公司，任机械处基建组组长。1986年1月调入北京电力科学研究院，任沙河试验站书记、总务科党支部书记。

Yu Zhensheng

于振声（1933.5—2014.12） 山东莱芜人，中共党员。1955年4月进入佳木斯列车发电厂（1站），从事化验专业。列电局成立后，历任第4列车电站化验组组长，46站生技股技术员，18站厂长兼党支部书记。1978年6月筹建60站，1979年2月任东北基地筹建处主任。1981年5月任东北列车电站管理处主任。1983年调入哈尔滨第三发电厂，任纪委书记、工会主席。1962年被评为茂名市先进工作者。1991、1992年被评为黑龙江省优秀工会主席。

Wang Chunhua

王春华（1936.3— ） 女，黑龙江鸡西人，初中文化。1949年在军工部鸡西办事处被服厂参加工作，1953年调入鸡西市第五区，任团委干事。1955年4月进入佳木斯列车发电厂（1站）。列电局成立后，先后在第1、10、18、45、6列车电站，从事管理工作，随电站调迁黑龙江佳木斯、勃利、伊春、哈尔滨，吉林蛟河，江西新余，贵州六枝、水城，河北沧州等地发电。1982年调入保定基地，在基建科从事管理工作。

Liu Xiaosen

刘晓森（1924.5—2010.9） 河北枣强人，中共党员。1945年5月参加革命工作，曾任河北清河县、湖南醴陵县副区长、区长，常德专署人事科副科长，湘中电业局新厂筹建处副主任。1955年4月负责筹建武汉冶电业局列车发电厂（4、5站）。历任第4（5）、9列车电站副厂长、厂长、党支部书记，列电局办公室主任，列电局保定装配厂厂长、新机制造厂党总支书记。1958年3月筹建列电局武汉装配厂，1959年5月任厂长兼党支部书记。1963年11月起，先后任武汉基地主任兼党支部书记、革委会副主任、主任兼党委书记、党委书记。1976年1月，筹建华东基地，任筹建领导小组组长。1977年1月调回武汉基地。1984年6月离休，享受厅局级待遇。

Li Fangxin

李芳新（1935.3—1992.9） 河南杞县人，河南省立商丘高师肄业，助理经济师，中共党员。1953年3月招工到燃料部，参加燃料部举办的热工仪表专业知识培训班，10月分配到佳木斯电厂。1955年4月进入佳木斯列车发电厂（1站）。随电站调迁河北通县、保定，甘肃酒泉等地发电。曾为二机部十四局（404厂）服务。1966年5月调入西北基地，任热工室班长。1972年任三车间指导员，1979年任检验科科长，1980年任基地工会主席兼政工部党支部书记。

Chen Shiping

陈士平（1935.3— ） 辽宁建昌人，高中文化，政工师、助理经济师，中共党员。1950年10月进入黑龙江桦川电厂学徒，后调入佳木斯电厂。1955年4月进入佳木斯列车发电厂（1站），从事汽机运行与检修。列电局成立后，历任第10（12、17、18）列车电站工会主席、18站汽机车间主任。1962年调入45站，任汽机工段长。1965年4月起，历任45站副指导员、党支部书记、厂长。1982年4月调入保定基地，任锅炉车间主任。在宜昌发电期间，被三三〇工程局授予一等功。1993年6月退休。

Chen Jingtai

陈景太（1935.7— ） 山东聊城人，初中文化。1951年9月在哈尔滨电厂参加工作，从事电气检修工作。1954年4月调入佳木斯电厂，1955年4月进入佳木斯列车发电厂（1站），从事电气运行。1957年7月在哈尔滨参与筹建第10、12列车电站，后在12站工作。随电站调迁黑龙江佳木斯、哈尔滨，河北通县、保定，安徽合肥、濉溪，甘肃酒泉等地发电。曾为二

机部十四局（404厂）服务。1965年5月调入西北基地，参加了基地的基本建设，先后从事电气检修安装、电气试验。

Xiang Shuchen

项书臣（1935.5—1991.3） 辽宁义县人。1952年在阜新火电工程技工学校学习电焊技术，1953年4月在北安电厂参加工作，1955年4月进入佳木斯列车发电厂（1站），焊工。1958年起，相继在第10、17、34列车电站，均为焊工。随电站调迁黑龙江佳木斯、哈尔滨、伊春、萨尔图，内蒙古扎赉诺尔，河北通县等地，曾参加大庆石油会战发电。1964年10月调入保定基地，在行政科工作。

Zhao Guicai

赵贵才（1933.4—2014.7） 河北交河人。1952年10月在哈尔滨电厂参加工作，1955年4月进入佳木斯列车发电厂（1站）。列电局成立后，先后在第1、39、9列车电站，从事锅炉运行与检修，曾任39站锅炉工段长。随电站调迁黑龙江佳木斯，河北通县、保定、束鹿，内蒙古平庄、扎赉诺尔，湖南衡阳，山东滕县、烟台等地发电。1982年调入保定基地工作。

Xu Zongshan

徐宗善（1922.3—2001.11） 山东黄县人。1944年8月在青岛发电厂参加工作。曾在吉林省辽源发电厂汽机分厂、东北电管局设计处热机科、辽源发电厂生产技术股担任技术员。1955年4月进入佳木斯列车发电厂（1站）。1956年10月调入局机关，在生技科从事技术管理工作。1961年10月调入列电局技术改进所，任热机组组长，多年从事消除汽轮发电机组振动和调速系统摆动等技术工作。1977年在《列电技术报导》期刊上发表《捷克2500千瓦汽轮机通流部分的改进》一文。1980年翻译《捷克4000千瓦反动式汽轮机运行说明书》。

Cui Fu

崔富（1931.8—2008.4） 吉林伊通县人，中共党员。1947年4月在黑龙江鸡西发电厂参加工作，1953年12月进入东北电管局大修工程队。1955年4月进入佳木斯列车发电厂（1站），从事汽机专业。列电局成立后，先后在第1、12列车电站，任汽机分场副主任、工段长。1958年10月起任12站副厂长。1962年任17站厂长兼党支部书记。随电站调迁黑龙江佳木斯、哈尔滨、虎林、双鸭山，安徽合肥、濉溪，河北通县、邯郸等地发电。1970年4月调入保定基地，先后任汽机车间主任、党支部书记，基地党委委员，生产顾问。1991年8月离休。

Wei Hanlu

魏汉禄（1936.8— ） 河南范县人，东北电业技训班电气专业毕业，中共党员。1952年7月分配到佳木斯发电厂电气车间工作，1955年4月进入佳木斯列车发电厂（1站）。列电局成立后，先后在第1、

10、18、45、6列车电站，从事电气运行及检修，曾任10站副工段长。随电站调迁黑龙江佳木斯、哈尔滨、勃利、伊春、吉林蛟河，江西新余，贵州六枝、水城，河北沧州等地发电。1982年调入保定基地，在电气车间从事电气工作，1993年6月退休。

Wang Zaixing

王再兴（1922.4— ） 吉林农安人，1944年毕业于哈尔滨工业大学电机科，教授级高级工程师。1945年参加工作，曾任长春发电厂值长，抚顺发电厂值长、运行主任、计划科科长。1955年5月调入佳木斯列车发电厂（1站），任总工程师。1956年9月调局机关，任运行监察工程师。1957年调入佳木斯发电厂，任总工程师，长期从事电厂生产运行及技术管理工作。

Wang Chunfu

王春富（1936.7— ） 山东夏津人，工程师，中共党员。1950年分配到北安电厂，经专业培训班学习，从事电气检修工作。1955年5月进入佳木斯列车发电厂（1站）。1958年11月调入第10列车电站，1959年5月调入保定基地，任励磁机班班长。1960年11月调入10站，任电气工段长。随电站调迁河北通县、保定、邢台，黑龙江哈尔滨、牡丹江，吉林蛟河，山东济宁等地发电。1973年7月调入济宁电力局，在修试所任副所长。1980年调入任城供电局，任总工程师兼修试所主任。

Wang Weixian

王维先（1933.9—1990.6） 山东汶上人，中共党员。1952年在黑龙江佳木斯电业局参加工作。1955年5月进入佳木斯列车发电厂（1站），吊车司机。1958年3月调入第10中心站，任燃料车间大班班长，1959年9月任车间副主任。1961年1月起任25站党支部副书记。同年7月调入10站，1965年起任副厂长、厂长。1976年2月任30站厂长。1978年6月筹建60站，1979年2月任东北基地筹备处副主任。1983年调入59站，后转入黑龙江佳木斯纺织厂，任发电车间党支部书记。

Fu Shouxin

付守信（1929.4— ） 黑龙江哈尔滨人。1952年4月在哈尔滨发电厂参加工作，锅炉检修工。1955年5月进入佳木斯列车发电厂（1站），从事锅炉运行与检修。1958年调入4站，1963年5月调18站，任锅炉工段长。1975年调入30站，1979年调入60站。随电站调迁黑龙江佳木斯、伊春，河北通县，广东河源、坪石、火烧坪，河南新乡，浙江海宁等地发电。1985年8月调入华东基地，行政科管理员。

Fu Lianhuo

付连伙（1933.8— ） 河北献县人。1952年10月在哈尔滨发电厂参加工作，1955年5月进入佳木斯列车发电厂（1站）。1956年3月起，先后在第1、18列车电站，从事汽机运行与维修。随电站调迁黑龙江佳木斯、伊春、牡丹江，河北通县，江西新余、泉江、鹰潭等地发电。1977年调入保定基地，先后在汽机车间、保卫科工作。

Bai Naixi

白乃玺（1933.6— ） 吉林市人，高中文化，高级工程师，中共党员。1949年2月在合江地区农业班学习，享受国家供给制待遇。1949年10月在佳木斯发电厂从事化验工作。1955年5月进入佳木斯列车发电厂（1站），从事化学专业，后任车间主任、技术负责人。1960年6月调入局机关，在生产技术科（处）从事技术管理，编写和主持制订有关化学专业方面的规程制度、锅炉运行管理和锅炉监察办法。曾被评为保定市先进工作者、列电局先进工作者。1983年4月调入中国水利电力对外公司，在电力处从事技术管理工作。1994年3月离休，享受正处级待遇。

Bai Zhanchun

白占春（1918.3—1998.12） 辽宁沈阳人，初中文化。1949年9月在佳木斯电业局工程队工作。1955年5月进入佳木斯列车发电厂（1站），列电局成立后，随第1列车电站调迁黑龙江佳木斯，河北通县、保定等地发电，1960年调入保定基地，先后在财务科、供应科工作，1974年12月退休。

Liu Yulin

刘玉林（1936.12—2014.11） 辽宁沈阳人，中共党员。1952年11月在沈阳电厂参加工作，1953年5月调入哈尔滨发电厂，1955年5月进入佳木斯列车发电厂（1站）。列电局成立后，先后在第1、10、18、45列车电站，从事电气运行及检修。随电站调迁黑龙江佳木斯、哈尔滨、伊春，河北通县，吉林蛟河等地发电。1965年12月调入保定基地，在电气车间从事安装与检修，曾任班长，1986年12月退休。

Li Chen

李臣（1935.4—2004.12） 安徽阜阳人，长春电力学校发电厂电气专业毕业，中共党员，高级工程师。1955年5月分配至佳木斯列车发电厂（1站）。1956年起，先后在第1、17列车电站，任电气技术员、工段长。1965年5月，任17站副指导员、党支部书记。1974年4月调入列电局中心试验所，任副主任。1975年6月，负责筹建列电局“七二一”大学热工自动化专业教学班。1979年10月，负责主持捷式2500千瓦列车电站两机合并鉴定试验工作。1985年9月后任河北电力职工大学基建科科长。

Li Zhuyun

李竹云（1932.5— ） 河北元氏人，中共党员。1952年在山西阳泉电厂参加工作。1955年5月进入老2站。1957年底调入5站，1959年1月接船舶1站，均从事锅炉运行与检修。随电站调迁山西阳泉，江西萍乡，江苏戚墅堰、新海连，湖南郴州，湖北丹江口，浙江临海等地发电。1974年7月调入武汉基地，先后在汽车队从事汽车维修、吊车司机工作。1983年8月退休。

Li Shundong

李顺东（1933.8— ） 朝鲜族，吉林公主岭人，沈阳电力技工学校锅炉专业毕业，工程师，中共党员。1955年5月分配至佳木斯列车发电厂（1站）。1958年3月调第10列车电站，历任锅炉技术员、车间主任、生技组长。1973年和1975年在发电地，先后被山东省电力局、山西大同市评为先进个人，1976年出席过水电部电力生产学大庆会议。1977年10月调入59站，任技术员。1984年2月调黑龙江佳木斯纺织印染厂热电站，任锅炉工程师。1983年至1992年多次被评为佳木斯市劳动模范。1987年至1989年，被评为黑龙江省纺织系统劳动模范。

Li Defu

李德福（1935.11—2013.1） 吉林前郭尔罗斯蒙古族自治县人，沈阳电力技工学校毕业，中共党员。1954年12月进入哈尔滨电业局大修队工作，1955年5月进入佳木斯列车发电厂（1站），从事汽机运行与检修。曾任汽机技术员、汽机工段长。随电站调迁黑龙江佳木斯，河北通县、保定，甘肃酒泉、陇西，四川泸沽等地发电，曾为二机部十四局（404厂）服务。1971年7月调入保定基地，先后任汽机车间维修班长、车间副主任、主任。

Yang Fenglin

杨风林（1930.8—2016.5） 河北石家庄人，中共党员。1950年参加工作。1955年5月进入老2站，从事运煤出灰工作。1959年接新机第29列车电站，从事锅炉运行与检修。1978年调入54站。随电站调迁山西阳泉，江西萍乡，江苏戚墅堰、新海连、无锡，湖北黄石，河南平顶山，信阳，山西大同等地发电。1976年曾作为先进个人代表参加水电部电力生产学大庆会议。1978年获大同市劳动模范称号。1980年退休。

Wu Kuiyuan

吴魁元（1910.4—1983.4） 辽宁盖县人，1951年12月在哈尔滨电业局北安电厂参加工作。1955年5月进入佳木斯列车发电厂（1站），从事锅炉运行与检修。1957年调入正在筹建中的第12列车电站，从事电气运行及检修，随电站调迁黑龙江佳木斯，安徽合肥、濉溪等地发电。1964年调入保定基地，在锅炉车间瓦工组工作，1974年退休。

Min Enying

闵恩营（1934.9—2019.11） 辽宁北镇人，沈阳电力技工学校毕业。1954年12月进入哈尔滨电业局大修队参加工作，1955年5月进入佳木斯列车发电厂（1站）。列电局成立后，先后在1、10、31、32列车电站，从事汽机运行与维修，曾任10站汽机工段长。1966年调入西北基地，在汽机车间从事检修。1975年调入30站，1979年调59站，任汽机工段长。1983年调入保定基地，在汽机车间工作。

Zhang Wenzhong

张文忠（1933.10—2004.3） 河北献县人，初中文化，政工师，中共党员。1952年10月在哈尔滨发电厂参加工作，从事锅炉专业。1955年5月进入佳木斯列车发电厂（1站），从事锅炉运行与检修。1957年10月在哈尔滨参加第10、12列车电站的筹建，次年分配至12站，曾任电站文书。1972年12月起任副指导员。随电站调迁黑龙江佳木斯、哈尔滨，河北保定，安徽合肥、濉溪，甘肃酒泉，内蒙古赤峰、扎赉诺尔等地发电。1978年任47站党支部书记兼厂长。1984年调入保定热电厂，任纪检书记、机关党支部书记、调研员。

Zhang Yulin

张玉林（1927.3—1989.8） 黑龙江海林人。1947年8月在牡丹江参加中国人民解放军，任高炮团一营汽车司机，1949年7月因病复员。1951年4月在牡丹江电业局参加工作，1952年5月调入哈尔滨电业局器材库工作。1955年5月进入佳木斯列车发电厂（1站），吊车司机。列电局成立后，先后在第1、10、25、30列车电站工作，均为吊车司机。1982年7月调入保定基地。

Luo Shizao

罗时造（1935.10— ） 江西永修人。中专学历，高级技师。1953年6月在黑龙江佳木斯电厂参加工作。1955年5月进入佳木斯列车发电厂（1站），后任化学运行值班长。1958年3月调入第11列车电站，1960年9月调入38站，均任化验室负责人。1962年借调列电局参与举办化学训练班，编写培训教材，并任授课教师。1962年7月调18站。1964年12月调入江西省电力科学研究院，从事电厂化学研究工作。1985年11月，参与编写的《电刷镀技术应用成果汇编》，在全国电刷镀专业会上获“优秀技术论文”二等奖。

Zhao Deying

赵德英（1934.2— ） 河北献县人，初中文化，中共党员。1952年参加工作，1955年5月进入佳木斯列车发电厂（1站），从事锅炉运行与检修。1958年后调入第12列车电站，任燃料班长。随电站调迁河北通县、保定，黑龙江哈尔滨，安徽合肥、濉溪，甘肃酒泉等地发电，曾为二机部十四局（404厂）服务。1966年5月调入西北基地，在锅炉车间任班长，1976年起任车间主任、党支部书记。1985年任子弟学校校办工厂厂长。曾被评为宝鸡市引渭灌溉工程先进个人。

Zhong Qidong

钟其东（1932—2000.6） 黑龙江五常人，初中文化，中共党员。1950年在哈尔滨市发电厂参加工作，从事汽机专业。1955年进入佳木斯列车发电厂（1站），任汽机运行班长。1957年10月后，相继在第10、17列车电站工作，曾任汽机车间主任。1962年5月起，先后任34、36站副厂长、厂长、党支部副书记、书记。1967年组建52站，任厂长兼党支部书记。随电站调迁黑龙江哈尔滨、双鸭山、大庆，内蒙古扎赉诺尔，湖北襄樊，河北邢台等地发电。1970年调入牡丹江电业局，任政治部主任。

Fu Xianghai

傅相海（1935.8—2017.2） 吉林榆树人。1950年10月在黑龙江佳木斯发电厂参加工作。1955年5月进入佳木斯列车发电厂（1站），1959年后相继在第23、37、31、32、34、36、10、40列车电站，从事电气运行与检修。曾参与32站测绘工作。随电站调迁河北通县、辽宁开原、内蒙古乌达、黑龙江萨尔图、吉林敦化、山西晋城、河南遂平等地，参加过大庆石油开发会战发电。1976年1月调入武汉基地工作。1958年获列电局建设社会主义青年积极分子称号。1986年12月退休。

Lu Chunyuan

鲁春元（1930.8—1996.5） 辽宁法库人，中共党员。1949年6月在哈尔滨电厂参加工作，1955年5月进入佳木斯列车发电厂（1站），从事锅炉专业。列电局成立后，先后在第1、12、18、45列车电站，从事锅炉运行及检修，曾任工段长、工会主席。随电站调迁黑龙江佳木斯、伊春，江西鹰潭，贵州水城等地发电。1968年调入保定基地，在锅炉车间工作，1984年病退。

Xie Xizong

谢希宗（1934.3— ） 山东莱州人，中央党校（函授）本科毕业，中共党员。1951年参加工作，1953年考入哈尔滨市发电厂。1955年年初调入佳木斯列车发电厂（1站），从事汽机检修。1957年10月调入第10列车电站，曾任车间主任、团支部书记、工会主席、生技组长。1965年6月后，历任34、52站车间主任，工会主席、副厂长、厂长、党支部书记。1976年1月调入第1列车电站，任厂长、党支部书记。1982年6月调入拖车电站。1983年4月调入中国电力科学研究院，先后任实验工厂厂长、党支部书记、行政处处长、党委办公室主任、正处级监察员。

Zhu Wenguang

朱文光（1922.5—2007.6） 江苏南京人。1949年11月参加工作，曾在湖北省农业厅棉花政务处、中南电管局基建科任技术员、工务段股长。1955年6月进入武汉冶电业局列车发电厂（4、5站），任材料员。随电站调迁河南洛阳、江苏南京、广东河源等地发电。1959年6月调入列电局武汉装配厂，先后在材料科、设备动力车间、五车间工作。1980年5月退休。

Li Tingyuan

李庭元（1926.7—2018.7） 辽宁沈阳人，技师，中共党员。1948年11月在抚顺发电厂参加工作。1955年6月进入佳木斯列车发电厂（1站），曾任热工室主任兼电站工会主席。1957年10月调局机关，在技术科任技师。1959年6月调入新机办中心试验所，从事热工专业。1961年10月调入列电局技术改进所，任热工组长、副主任。1982年7月在中心试验所退居二线。1985年12月离休。

Hu Shangkui

胡尚奎（1924.3—1995.7） 湖北沔阳人，中共党员。1953年2月在武汉冶电业局第五发电厂参加工作。1955年6月进入武汉冶电业局列车发电厂（4、5站），从事运煤除灰工。历任煤炭部第1、3列车电站锅炉工段长、副厂长、党支部书记。随电站调迁河南洛阳，山东枣庄，内蒙古平庄，贵州六枝，湖南双峰、衡阳等地发电。1972年11月调入武汉基地，先后任车间副主任，基建科主任。

Wang Fuxiang

王福祥（1920.9—1978.6） 湖北鄂城人，中共党员。1949年7月在湖北黄石大冶电厂参加工作。1955年7月进入武汉冶电业局列车发电厂（4、5站）。列电局成立后调入第46列车电站，从事锅炉运行与检修。随电站调迁河南洛阳、江苏南京、广东河源、宁夏青铜峡、广东茂名等地发电。1963年10月调入武汉基地，先后在锅炉车间、行政科工作。

Liu Jingchun

刘景春（1927.8—2006.10） 黑龙江佳木斯人。1950年5月在黑龙江佳木斯发电厂参加工作。1955年7月进入佳木斯列车发电厂（1站），后调入第10列车电站，从事锅炉运行与检修。随电站调迁黑龙江佳木斯、哈尔滨，河北通县等地发电，1958年10月调入列电局武汉装配厂，先后在锅炉本体车间、检修车间、一车间工作。1975年8月退休。

Meng Xiangrui

孟祥瑞（1937.1— ） 河北定兴人。1955年7月进入老2站，从事锅炉运行与检修。1957年调入第7列车电站，1966年7月调入3站，1967年7月调52站，后任锅炉工段长。1978年调入38站，任运行班长、副工段长。随电站调迁山西阳泉，江西萍乡，江苏戚墅堰、新海连、昆山，浙江新安江、宁波，湖北丹江口、襄樊，河北邢台、唐山等地发电。1983年随电站下放，在江苏昆山列车电厂工作。1994年调入昆山锦港集团。1988年获昆山市节能能手称号。

Wei Borong

魏伯荣（1927.11— ） 江苏无锡人，南京电力学校干部班毕业，高级工程师。1950年参加工作，曾在第2列车电站任助理技术员。1956年12月调出列电系统。后相继任淮南电业局承装工程队技术员，安徽送变电工程公司科长、副经理、总工程师、总经济师等职。参与指挥220千伏淮南—合肥—芜湖、淮南—涡阳—阜阳线路施工，蚌埠和凤台淮河高跨及500千伏海河—繁昌等线路的施工。1963年被评为安徽省劳动模范。

Deng Dayun

邓达云（1926.11—2003.10） 湖南湘潭人。1949年5月在湖南长沙电厂参加工作，从事锅炉专业。1955年8月进入武汉冶电业局列车发电厂（4、5站），从事锅炉运行与检修。随电站调迁河南洛阳、江苏南京、广东河源等地发电。1959年5月调入列电局武汉装配厂，先后在三队、检修车间、一车间从事锅炉、钳工。1980年2月退休。

Liu Wanshan

刘万山（1934.10—2005.6） 黑龙江五常人，初中文化，中共党员。1950年8月在哈尔滨发电厂参加工作，从事锅炉专业。1955年8月进入佳木斯列车发电厂（1站），从事锅炉运行与检修。1959年调入第23列车电站，任锅炉工段长。1965年起，先后任39、55、12、60站副厂长。1979年1月调入东北基地筹备处，任生产科长，副总工程师。1983年9月调入哈尔滨第三发电厂，历任动力科科长、总务科长、后勤党支部书记，1995年10月退休。

Zhang Qingfu

张庆富（1931.3—2019.9） 黑龙江呼兰人，中共党员。1951年7月进入鸡西滴道技工培训班学习，1952年8月毕业后分配到哈尔滨电厂工作。1955年8月进入佳木斯列车发电厂（1站）。1958年9月调入第23列车电站，1962年3月调入45站，任车间主任、代厂长。1964年5月起任18站厂长。随电站调迁黑龙江佳木斯、伊春、牡丹江，河北通县，辽宁瓦房店，内蒙古伊敏等地发电。1983年10月任伊敏矿区机电处副处长。

Zhang Rongliang

张荣良（1926.3—2011.10） 河南南阳人，中共党员。1949年1月参加革命工作，曾任河南南阳茶菴区乡中心学校教师、郑州电厂工程处及363工地筹建处总务组长、洛阳热电厂筹建处代理总务科长。1952年评为郑州363工地筹建处一等工作模范。1955年8月进入武汉冶电业局列车发电厂（4、5站），历任行政股长、秘书。1962年6月起，任第50列车电站厂长兼党支部书记。1963年10月调入武汉基地，先后任行政科、材料科、教育科副科长。1981年12月离休，享受正处级待遇。

Cui Heng

崔恒（1934.10—1999.3） 黑龙江延寿人，初中文化，中共党员。1951年9月在哈尔滨发电厂参加工作。1955年8月进入佳木斯列车发电厂（1站），1960年10月调入第10列车电站，均从事锅炉运行与检修。1961年4月调入35站，任锅炉工段长。随电站调迁黑龙江佳木斯、牡丹江，河北通县、保定，新疆哈密，青海海晏等地发电，曾为原子弹试验基地服务。1965年10月调入西北基地，后任锅炉车间副指导员。1978年12月调东北基地筹备处并筹建60站，任筹备处副科长。1981年1月调入保定基地，任安全科副科长。

Peng Zhengguo

彭正国（1928.6—2015.8） 江苏建湖人。1949年2月在上海南市发电厂参加工作，从事司炉工工作。1955年8月进入武汉冶电业局列车发电厂（4、5站）。列电局成立后，先后在第47、50、48、33列车电站，船舶2站，从事锅炉运行与检修。随电站调迁河南洛阳、江苏南京、内蒙古平庄、江西萍乡、湖南双峰，贵州六枝等地发电。1976年6月调入武汉基地。1980年9月退休。

Cai Gensheng

蔡根生（1929.10— ） 上海人，中共党员。1955年8月进入武汉冶电业局列车发电厂（4、5站）。1957年调入煤炭部第1列车电站，从事锅炉运行与检修。1958年调煤炭部2站，历任工段长、工会主席。1965年8月起，先后任50、48、38站党支部副书记、副厂长。随电站调迁河南洛阳、漯河，内蒙古平庄，江西萍乡，广东坪石，湖南金竹山、衡阳，山西娘子关、闻喜、朔县，江苏昆山等地发电。1983年随电站下放，在江苏昆山列车电厂工作，1985年从事列车电厂调研员。

Yang Xufei

杨绪飞（1935.11—2016.9） 山东蓬莱人，吉林工业学校分析化学专业毕业，高级工程师。1955年9月毕业分配进入佳木斯列车发电厂（1站）。1956年10月调入局机关，在教育科任教师，完成局第一届化学培训班教学及组织工作。1957年4月调入12站，筹建化验室，曾支援浙江衢州化工厂工作。1959年10月调入列电局新机办公室，在中心试验所化学组工作期间，在列车电站化学建制和人员培训及解决列车电站水源污染、循环水处理、热力设备防腐防垢方面做了大量工作，并于1974年参与编写《列车电站化学技术问答》手册。1985年10月，先后任河北电力职工大学基建科副科长、试验所主任。

Fan Zhongyu

范仲禹（1918.4—2002.6） 湖北宜昌人。1952年12月在武汉冶电业局参加工作，在调度所任统计员。1955年9月进入武汉冶电业局列车发电厂（4、5站），任劳资员，后调煤炭部第2列车电站、西北基地，任管理股副股长、财务科会计。1975年12月调入武汉基地，先后从事劳资科劳资员、材料科料账员。

Wang Yuansai

王远赛（1934.10—　）上海人，上海卫校毕业，医师，中共党员。1954年毕业后分配到上海电管局职工医院，1955年10月调入上海电管局列车发电厂（3站）医务室工作，随电站调迁河南焦作，浙江新安江等地发电。1960年夏，调入列电局局机关、保定基地卫生所工作。1967年4月调入西北基地，1971年任卫生所所长。荣获卫生部办公厅颁发的从事医政管理工作30年荣誉证书。

Che Daoming

车导明（1935.10—　）江苏江阴人，南京电力学校发电厂及电力系统专业毕业，高级工程师，中共党员。1955年10月毕业分配至上海电管局列车发电厂（3站），参与筹建列电局及第6、11、20列车电站，历任电气技术员和技术负责人。1959年5月调局设计科，从事电站制造设计工作。1961年10月调局技术改进所，1964年始相继担任高压和电气专业组组长。1974年至1980年，组织晶体管继电保护研制应用和推广晶体管半自动同期和负荷自动负荷自动调整装置，被评为列电局技术革新先进个人。1965年5月编印完成《列车电站防雷保护》手册。1982年，组织合著《中小型发电厂和变电所电气设备的测试》一书。1985年12月调入江阴电厂筹建指挥部，任副厂长兼总工程师。1990年12月调任江阴市驻京联络处主任。曾为江阴市人大代表和政协委员。

Ye Fangjian

叶方剑（1933.12—2001.5）湖北武汉人。1951年8月在武汉冶电业局第五发电厂参加工作，从事汽机运行工作。1955年10月进入武汉冶电业局列车发电厂（4、5站），后任汽机车间副主任、工段长。随电站调迁河南洛阳、江苏南京、河北保定、湖南郴州等地发电。1962年2月调入列电局武汉装配厂，先后在车间、总务科工作，曾任子弟小学校长。

Li Xuanyin

李选引（1931.10—?）湖南耒阳人，郑州电力工业学校锅炉设计及检修专业毕业，工程师。1953年7月分配至郑州363电厂任技术员。1955年10月进入武汉冶电业局列车发电厂（4、5站），历任第5、13、7列车电站技术员、代理生技股长、列电局锅炉厂技术员，列电局新机办公室设计科、中试所锅炉小组副组长。1962年1月调入列电局武汉装配厂，先后任生产科技术组组长、车间锅炉技术员、电站组组长，曾借调西北基地筹建处工作。1981年5月起，任车间副主任、技术科副科长。1985年9月退休。

Zhang Yuezhong

张跃忠（1936.10—1999.2）湖北黄冈人，中共党员。1951年2月参加工作，在湖北

黄石电厂从事汽机运行。1955 年 10 月进入武汉冶电业局列车发电厂（4、5 站），从事汽机运行与检修。后调第 16 列车电站，任汽机车间主任。随电站调迁河南洛阳、河北保定、湖南邵阳等地发电。1961 年 6 月调入列电局武汉装配厂，先后在车间、质量检验科工作。1986 年 3 月退休。

Hou Yuqing

侯玉卿（1916.2—1981.2） 湖北武汉人，中共党员。1949 年 5 月在湖北大冶电厂参加工作，从事锅炉运行。1955 年 10 月进入武汉冶电业局列车发电厂（4、5 站），历任第 4（5）、9、40、19、20 列车电站，锅炉车间主任，副厂长、党支部书记兼厂长。随电站调迁河南洛阳，四川成都、广元，甘肃永昌，陕西韩城等地发电。1974 年 11 月调入武汉基地，在基建办公室任基建项目管理员。1975 年 7 月退休。

Cheng Lihe

程礼和（1915.8—1989.8） 湖北武汉人，中共党员。1946 年 12 月在武汉利济路电厂参加工作。1955 年 10 月进入列电系统，先后在武汉冶电业局列车发电厂（4、5 站），第 11、5 列车电站从事锅炉运行与检修。随电站调迁河南洛阳、江苏南京、福建南平、湖南郴州等地发电。1959 年 6 月调入列电局武汉装配厂，先后在锅炉本体车间、检修车间、一车间工作。

Sun Zimou

孙子谋（1912.12—？） 湖北武汉人，中共党员。1948 年 4 月参加工作，曾在鄂南电力公司大冶钢铁厂、武汉冶电业局第一发电厂，从事钳工、汽机运行值班。1955 年 11 月进入武汉冶电业局列车发电厂（4、5 站），后调入第 9 列车电站，从事汽机运行与检修，曾任汽机车间主任。1959 年 7 月调入列电局武汉装配厂，先后任汽机车间主任、二队党支部副书记、材料科仓库主任、工具室保管员。1953 年在黄石市防汛工作中荣立二等功。

He Qikun

何其坤（1910.11—？） 湖北武汉人。1948 年 6 月在湖北黄石电厂参加工作。1955 年 11 月进入武汉冶电业局列车发电厂（4、5 站），后调煤炭部第 2 列车电站，从事水处理专业。随电站调迁河南洛阳、江苏南京、江西萍乡、广东坪石等地发电。1964 年 7 月调入武汉基地，在材料科工作。

Chen Xiuyun

陈秀云（1921.9—2007.12） 湖南湘潭人。1946 年 1 月在武汉汉口电厂参加工作，从事锅炉专业。1955 年 11 月进入武汉冶电业局列车发电厂（4、5 站），后相继在第 9、14 列车电站，从事锅炉运行与检修，曾任锅炉工段长。随电站调迁河南洛阳、江苏南京、四川广元、黑龙江牡丹江等地发电。1964 年 6 月调入武汉基地，先后在一队、检修车间、行政科工作。

Chen Bangfu

陈帮富（1919.10—2002.11） 湖北大冶人，中共党员。1949年5月在湖北黄石电厂参加工作。1955年11月进入武汉冶电业局列车发电厂（4、5站），后调第46列车电站，从事汽机运行与检修，曾任汽机车间主任。随电站调迁河南洛阳、江苏南京、湖南许家洞、宁夏青铜峡、广东茂名等地发电。1963年11月调武汉基地，先后在机修车间、二车间从事汽机检修、煅工。

Zheng Qianxu

郑乾戌（1934.10— ） 浙江海宁人，军事院校毕业，工程师，中共党员。1955年11月转业到上海电管局列车发电厂（3站），从事汽机专业，任助理技术员。相继在第8、25、43列车电站，任汽机分场主任、生技组长、党支部委员。随电站调迁河南焦作，陕西西安，山东淄博，甘肃玉门、嘉峪关，辽宁开原，吉林延边，广东英德等地发电。1972年调入西北基地，先后任汽机车间主任，生产科、技术科科长，总工办主任。曾参与红心汽动给水泵的生产制造。

Yuan Shen

袁慎（1922.3—2008.11） 湖北黄冈人。1949年8月在湖南湘潭湘煤电厂参加工作，电工。1955年11月进入武汉冶电业局列车发电厂（4、5站），后调第50列车电站，从事电气运行与检修，曾任电气工段长。随电站调迁河南洛阳、江苏南京、广东河源、湖南金竹山、河南漯河、山西娘子关等地发电。1971年12月调入武汉基地，先后在三车间从事电工，工具室任保管员。1975年9月退休。

Wang Hong

王虹（1925.11—1992.3） 女，湖南慈利人，师范学校毕业，中共党员。1949年1月在慈利县教育局参加工作。曾任慈利县三区政府税务局干部、澧县及常德粮食局人事股长、湘中电业局技训班教务组长、中南电管局列车电站筹建处团委书记。1955年12月进入武汉冶电业局列车发电厂（4、5站），历任第4（5）、9列车电站人事科长、党支部书记，局机关工会副主席，新机办公室人事科科长。1959年5月调入列电局武汉装配厂，先后任人事科科长，三车间党支部书记，“七二一”大学副主任兼党支部书记。1975年11月退休，1983年8月改离休，享受正处级待遇。

Shi Decai

史德才（1934.2— ） 辽宁岫岩人，鸡西电力学校火力发电厂锅炉专业毕业。1952年9月参加工作，在黑龙江佳木斯电厂从事锅炉专业。1955年12月进入佳木斯列车发电厂（1站），从事锅炉运行与检修。1961年2月调入列电局武汉装配厂，先后在检修车间、三车间、经营计划科、四车间工作。曾为解决燃气轮机静叶片制作，设计了铝铬合金钢板弯制的弯板机，获列电局奖励。1985年8月退休。

He Shixiong

何世雄（1936.4—2011.11） 湖南武冈人，中共党员。1954年7月参加工作，曾在中南电管局、武汉冶电业局、长沙电厂从事汽机专业。1955年12月进入武汉冶电业局列车发电厂（4、5站），从事汽机运行与检修。1962年2月起，历任第9、23、49列车电站副厂长、厂长。随电站调迁河南洛阳，江苏南京，四川成都、金堂、德阳、江油、荣昌、甘洛，山西大同等地发电。1975年10月调入武汉基地，先后任车间副主任、指导员、主任、党支部书记，10站厂长，基地安全监察科科长。1986年7月退休。

Chen Yunxiao

陈运校（1921.11—？） 湖南湘潭人。1949年1月在湖南长沙发电厂参加工作，从事锅炉专业。1955年12月进入武汉冶电业局列车发电厂（4、5站），后调第9列车电站、船舶2站，从事锅炉运行与检修。随电站调迁河南洛阳、河北保定、广东茂名、江西九江、湖南衡阳等地发电。1978年7月调入武汉基地，在保卫部门工作。

Dong Shukun

董书坤（1936.7—？） 女，山东长清人，武汉大学化学专业本科毕业，工程师。1954年8月在湘中电业局第二发电厂参加工作，电工。1955年12月进入武汉冶电业局列车发电厂（4、5站），后相继在第4、1、47、51列车电站，任人事员、会计，武汉基地人事保卫干事、车间技术员，保定基地子弟中学教师。1975年4月调山东济南机车厂，在厂办中学、职工大学任化学教师。1983年5月调入武汉基地，先后任教育科教师，技术科、设计科工程师。1985年10月退休。

Dong Qingyun

董庆云（1933.4—　） 河南叶县人，中共党员。1954年9月在武汉冶电业局技工训练班学习。1955年12月进入武汉冶电业局列车发电厂（4、5站），从事化验工作。1958年2月接新机第16列车电站，任化验负责人。1959年3月接新机26站，任汽机工段长。后任26、51站工会主席、副厂长、厂长兼党支部书记。随电站调迁江苏南京，湖南资兴、湘潭，内蒙古赤峰、通辽，宁夏青铜峡，山东胶县，新疆乌鲁木齐，湖北宜昌等地发电。1983年8月调入武汉基地，任二车间党支部书记。

Zhan Duosong

詹多松（1920.5—1987.12） 安徽怀宁人。1949年10月在湖北黄石第一发电厂参加工作，从事锅炉专业。1955年12月进入武汉冶电业局列车发电厂（4、5站），1958年1月接新机第16列车电站，从事锅炉运行与检修，后任16站锅炉车间主任。随电站调迁河南洛阳、河北保定、湖南邵阳、内蒙古乌达等地发电。1963年10月调入武汉基地，先后在检修车间、一车间、三车间工作。

Ding Jingyi

丁敬义（1938.8— ） 湖南常德人，武汉水力电力学院纪检监察专业（二年制）毕业，高级政工师，中共党员。1954年9月在长沙电厂参加工作。1956年1月进入武汉冶电业局列车发电厂（4、5站）。1960年4月接新机第31列车电站，1961年1月接新机46站，任电气工段长。1965年4月起，先后任9、48站副指导员、党支部副书记、书记。1976年8月调入武汉基地，先后任劳资科副科长、科长。1983年2月调华中电管局，任纪律检查处副处长、纪检监察组副组长兼监察室主任（正处级）。在《中国电业》《水电政工研究》《华中电力报》等刊物共发表文章13篇。

Sun Jishou

孙吉寿（1936.10—2001.9） 辽宁旅顺人。1953年8月始，曾在辽宁大连第一发电厂、中南电业局工作。1956年1月进入武汉冶电业局列车发电厂（4、5站）。后相继在煤炭部第1列车电站，第49、19、10列车电站，从事电气运行与检修。随电站调迁河南洛阳、河北保定、江苏南京、内蒙古平庄、甘肃酒泉、四川广元、吉林蛟河、山东济宁、山西大同等地发电，曾为酒泉清水卫星发射基地服务。1980年12月调入武汉基地，在保卫科工作。1983年9月退休。

Li Zhanchang

李占昌（1928.5— ） 上海人，1952年毕业于上海交通大学电机系，高级工程师。1956年进入列电系统，曾任第6、23、32列车电站电气工程师，随电站调迁河南三门峡、平顶山，广东茂名，四川广顺场、荣昌，黑龙江大庆等地发电。后调入保定供电公司，历任工程师、调度所主任，副总工程师。曾获1978年河北省科技先进工作者称号。

Wu Liwei

吴立维（1938.8—2005.12） 湖南长沙人，技师。1954年10月在湘中电业局技工训练班学习汽机专业，后在湖南衡阳发电厂从事汽机运行。1956年1月进入武汉冶电业局列车发电厂（4、5站），从事汽机运行与检修，后任第31、51列车电站汽机工段长。1961年至1963年连续3年被大庆油田评为五好红旗手。随电站调迁黑龙江萨尔图、山东济南等地，曾参加大庆石油开发会战发电。1972年5月调入武汉基地，先后在一车间、五车间从事汽机检修、钳工工作，后任班长，技术科从事机械技术设计。1978、1979年获武汉市供电局先进生产者工作者、标兵。1992年3月退休。

Zhang Yutong

张雨桐（1925.5—2000.1） 山东齐河人。1949年5月参加工作，在山东济南市电力公司从事财务工作，1956年1月调入列电局机关基建科工作，1958年4月调入第19列车电站，从事管理。随电站调迁四川江油、广元等地发电。1963年调入保定基地，先后在计划组、铸造车间、绿化队等部门工作，1974年12月退休。

Chen Deyi

陈德义（1933—1976.7） 江苏镇江人，南京电力学校毕业，中共党员。1956年1月分配至第1列车电站。1957年参与筹建10站，1963年9月筹建30站，1969年调入52站，均任生技组长。1974年起，任副厂长、党支部组织委员，全面负责电站的生产工作。随电站调迁黑龙江佳木斯、哈尔滨、牡丹江，吉林蛟河、龙井，河北通县、邢台、唐山等地发电。1976年7月在唐山地震中不幸遇难。

Jing Shuyun

荆树云（1926.10—2013.2） 山东平度人，中共党员。1947年6月参加革命工作，曾在陆、海军部队服役，历任班长、排长、政治助理员。1956年1月进入武汉冶电业局列车发电厂（4、5站），1958年4月起，历任第4、46、48、12列车电站副厂长、厂长、党支部书记、指导员。随电站调迁河南洛阳，江苏南京，广东河源、茂名、坪石，宁夏青铜峡，内蒙古平庄等地发电。1970年3月调入武汉基地，任政治处副主任、纪委副书记。1983年1月离休，享受正处级待遇。

Qiao Mu

乔木（1938.1— ） 河南尉氏人，政工师，中共党员。1954年7月，在武汉冶电业局技工培训班学习，学习结束分配至汉口电厂实习。1956年2月进入第5列车电站，从事锅炉运行与检修。历任第16、26列车电站团支部书记、锅炉工段长。1965年起，先后任26、49、40、29站副指导员、党支部书记、副厂长。1982年12月调入武汉基地，政治处组织干事。1983年4月起，任附属综合厂、离退休党支部副书记。1987年被华中电管局老干部处评为全网老干部先进工作者。1996年获湖北省经贸委优秀共产党员称号。

Zhang Yingjie

张英杰（1937.2— ） 湖北武汉人。1954年5月，在武汉冶电业局、湖北大冶狮江发电厂工作。1956年2月进入列电系统，先后在第5、9、6列车电站，从事锅炉运行与检修，后任锅炉工段长。随电站调迁四川金堂、广元，广东茂名，湖南衡阳，新疆哈密等地发电。1972年11月调入武汉基地，先后在制造车间、五车间、钢窗车间从事汽机检修、汽机安装、钳工、机床维修。1986年3月退休。

Zhang Qianbin

张黔滨（1936.12—2009.1） 女，湖南醴陵人，湖南湘潭卫生学校护士专业毕业，主治医师。1954年8月，在武汉冶电业局从事护理工作。1956年2月进入列电系统，先后在第4列车电站，煤炭部1、4站，任医生兼护士。1968年6月调入武汉基地。1981年12月退休。

Chen Bingshan

陈秉山（1937.9— ） 湖南益阳人。1954年9月始，曾在湘中电业局技工训练班热机专业学习，后分配湘潭下摄司电厂工作。1955年10月在武昌赵家墩安装列车发电厂。1956年2月进入武汉冶电业局列车发电厂（4、5站），从事锅炉维修，后任班长、生产技术组负责人。随电站调迁河南洛阳、新乡，江苏南京，广东河源等地发电。1965年5月调入西北基地，负责6000千瓦国产机组管道制作，任班长。1975年3月调武汉基地，先后任三车间精密铸造班长、工具室管理员、生产科调度、厂工会宣传干事兼俱乐部主任。1979年出席武汉市供电局先进个人代表大会。

Qian Xiaomao

钱小毛（1907.3—1971.10） 浙江宁波人，技师，中共党员。1946年9月在武汉汉口电厂参加工作，从事电气、配电班值班，曾任电气分场第二副主任、主任。1956年2月进入武汉冶电业局列车发电厂（4、5站），从事电气运行与检修，后任电气车间主任。随电站调迁河南洛阳、江苏南京、广东河源等地发电。1965年2月调入武汉基地，先后在三车间、行政科从事电气检修。1954年在武汉市防汛工作中荣立三等功。

Cai Keqiang

蔡克强（1930.5—1988.11） 海南万宁人，主治医师。1951年12月入伍，曾在第15军、3151部队医院任护士、医助。1956年2月进入列电系统，先后在第4、5、16、6、8、15列车电站，武汉基地，保定基地工作。1954年在部队为抢救危重病人荣立三等功。1973年被评为武汉市供电局先进生产工作者并出席代表大会。1986年7月退休。

Wei Guanghui

魏光辉（1928.11—1999.3） 江西临川人。1941年开始学徒，1951年8月起，曾在江西省工会干部训练班、会计班、工人政治训练班学习。1954年在电厂电气车间工作。1956年2月进入列电系统，相继在第5、4、9、14列车电站，从事电气运行与检修。随电站调迁河南洛阳，江苏南京，四川荣昌、金堂、甘洛、德阳，内蒙古赤峰，黑龙江牡丹江，宁夏青铜峡，甘肃酒泉，陕西汉中等地发电。1971年10月调入西北基地，参与了红心汽动给水泵、1500千瓦自由活塞燃气轮发电机组的安装制造。

Liu Enshuo

刘恩硕（1937.7— ） 河北滦县人，初中文化，中共党员。1956年3月进入第3列车电站。1958年1月调入8站，均从事锅炉运行与维修，后任管理组长、锅炉工段长、团支部书记。1964年4月任6（8、9、15、21、46）站党总支干事。1966年2月调入22站，任厂长兼党支部书记。1973年4月任9站厂长兼党支部书记。1976年2月任7站厂长兼党支部书记。1982年8月调入保定基地，先后在老干部科、电站科、组织部工作，1993年6月退休。

Wu Chunying

吴纯莹（1938.4— ）女，湖南沅陵人，初中文化。1956年3月进入列电系统，先后在列电局新机办设计科任描图员，列电局技术改进所资料情报组任资料员，保定基地生技科、设计科任资料员。

Fan Guifang

范桂芳（1936.12— ）女，辽宁辽阳人，中共党员。1950年参加中国人民解放军，同年12月进入解放军总部三部无线电专业学校学习，1952年毕业，先后到东北电管局、哈尔滨电业局工作。1956年3月进入列电系统，先后在第1、10、21、34列车电站，从事电气专业及管理工作。1973年起，先后任34站副指导员、厂长。1982年6月调入保定基地，任工会副主席。列电体制改革后，先后任保定电力修造厂纪委副书记、车间书记、电力研究所副所长。

Zhao Ping

赵平（1931.11— ）满族，吉林长春人，初中文化。1953年1月在长春电业局参加工作，后调入武汉治电业局，1956年进入第4（5）列车电站，从事电气运行与检修。同年年底接新机第9列车电站，任电气工段长。后相继在40、42站工作，均任电气工段长。随电站调迁河南洛阳，江苏南京，四川成都、金堂、德阳、江油、广元，山西晋城，四川峨眉，陕西略阳，湖南株洲，河北迁安，江苏苏州等地发电。1983年3月调入苏州化工农药集团热电车间，在电气工段工作。

Zhao Guozhen

赵国桢（1930.10—2014.3）江苏武进人，南京电力学校发电厂电网及系统专业毕业，工程师，中共党员。1956年3月进入列电系统，随局机关到保定筹建列车电站基地。1957、1958年，被评为保定市先进生产者。列电局中试所成立后，调高压组从事高压电气试验，曾任电气高压试验室组长。1959年荣获保定市青年红旗手称号，并受到团中央和团省委的表彰。1971年进入保定基地，相继在电气车间、质管科工作，曾任质管科电气组组长。1973年2月任安检科副科长，1986年退休。

Zhao Guotan

赵国檀（1935.5—2014.8）河北衡水人，初中文化，中共党员。1951年11月入伍，1956年3月复员，分配到第5列车电站，从事汽机运行与检修。1958 年 3 月接新机第 16 列车电站，任汽机工段长。1979 年 8 月调入第 8 站，任电气工段长，随电站调迁河南洛阳，湖南郴州、邵阳，内蒙古乌达、丰镇，广西桂林、宜山，湖北武汉，北京等地发电。1983 年 4 月随电站下放北京新型建筑材料厂。

He Lianchun

贺连春（1933.9—　）湖南双峰人。1949 年 7 月参加中国人民解放军，曾在湖南浏阳武工队、湖南湘潭军分区任通讯员、司号员。1951 年 11 月复员至湖南湘潭下摄司发电厂。1956 年 3 月进入列电系统，先后在第 5 列车电站、煤炭部 1、4 站，从事车工专业、汽机运行与检修，后任 49 站汽机工段长。随电站调迁河南洛阳，江苏南京，山东陶庄、莱芜，内蒙古海勃湾，甘肃酒泉等地发电。1971 年 11 月调入武汉基地，在试验室、质量检验科从事检验。1984 年 2 月退休。

Qian Renfu

钱仁福（1926.11—2007.5）江苏无锡人，南京电力学校电机专业毕业，助理工程师，中共党员。1956 年 3 月进入列电系统，历任第 4、9、14 列车电站值长、经营管理组长、秘书、第三工作组秘书。随电站调迁河南洛阳、江苏南京、四川成都、广东茂名、黑龙江牡丹江等地发电。1964 年 12 月调入武汉基地，先后任基建科技术员、供销科采购员、行政科房产管理员，招待所、绿化队负责人。

Zhen Yumei

甄玉梅（1937.12—1990.10）女，河北唐县人，初中文化，中共党员。1956 年 3 月进入列电系统，先后在列电局锅炉制造厂任车间管理员，新机办技术科任描图员，列电局技术改进所从事管理工作。1971 年进入保定基地，先后在车间、厂办公室从事管理工作。

Ding Juming

丁菊明（1930.10—2016.11）女，江苏太仓人，南京电力学校发电厂电网及系统专业毕业，工程师，中共党员。1951 年 3 月在上海县通益纱厂参加工作。1956 年 4 月由电校分配至第 4 列车电站，任电气技术员。1957 年 6 月调入煤炭部 1 站，1958 年 7 月调入煤炭部 2 站，任汽机技术员兼工段长。1974 年 7 月从 50 站调入武汉基地。1976 年 11 月调入华东基地，电气技术员、工程师。

Ma Detai

马德泰（1937.6—2017.6）北京人。1956 年 4 月进入第 2 列车电站。1958 年 3 月接新机 13 站，1959 年 3 月接新机 29 站。均从事锅炉运行与检修。随电站调迁山西阳泉，江西萍乡，湖北黄石，河南新乡、平顶山、信阳等地发电。1980 年 11 月调入华东基地，从事锅炉检修。1994 年 4 月退休。

Wang Youjin

王友金（1923.12—2009.10） 江苏盱眙人。1949年2月参加中国人民解放军。1950年11月分配到淮南市公安二中队。1956年4月进入列电系统，先后在第6、34列车电站，从事锅炉运行与检修。曾为茂名、大庆石油开发会战服务。1961年2月调列电局武汉装配厂，先后在一队、机修车间、行政科工作。1975年9月退休。

Wang Zijing

王自靖（1936.10—2013.8） 北京人，初中文化。1956年4月进入第5列车电站，在锅炉工段学徒。1957年8月调入9站，1959年9月调入14站。随电站调迁河南洛阳、四川成都、金堂、德阳、荣昌，内蒙古平庄，黑龙江牡丹江，宁夏青铜峡，甘肃酒泉等地发电。后调入西北基地，在锅炉班从事安装检修，曾任动力科锅炉班班长。1992年6月退休。

Wang Jintang

王金堂（1938.7—2009.4） 北京人，初中文化。1956年4月进入列电局技术培训班学习，后到第6列车电站实习。1957年9月接新机11站，从事锅炉运行与检修。1960年接新机38站。随电站调迁福建南平、三明，山东官桥，山西运城，甘肃金川，广东韶关，江西九江，河北迁安，江苏昆山等地发电。1983年随电站下放，在江苏昆山列车电厂工作，1994年调入昆山锦港集团发电车间，任锅炉专业班长。

Wang Guiru

王桂如（1938.10— ） 女，河南温县人，中共党员。1956年4月进入第3列车电站，从事汽机运行与检修。1959年9月接新机21站，1970年接新机56站，后任工段长。1979年接新机62站，任工段长。随电站调迁陕西西安，河南焦作，浙江新安江，河北保定，广东茂名，黑龙江克山，内蒙古集宁，江苏徐州、无锡等地发电。1982年10月随电站下放无锡市。曾为两届无锡区人民代表。

Wang Fujun

王福均（1932.2—2015.6） 安徽蚌埠人，初中文化，中共党员。1952年在淮南电业局八公山电厂参加工作，1956年4月调入列电系统，参加了首台2500千瓦捷克进口机组（6站）的安装工作。1957年9月调入第11列车电站，从事电气运行与维修，后任车间副主任。1959年1月调入24站任电气工段长，1962年2月起任副厂长。1974年5月任41站副厂长。1982年11月任28站副厂长，1983年10月任56站副厂长。列电体制改革后，调入徐州电厂工作。

Gan Chengyu

甘承裕（1939.6— ） 江苏南通人。1956年4月进入第4列车电站，1957年调煤炭部1站，1965年7月调42站，曾任锅炉工段长。随电站调迁河南洛阳、江苏南京、内蒙古平庄、四川峨眉、陕西略阳、湖南株洲、河北迁安等地发电。1978年12月调入武汉基地，先后在一车间、二车间从事锅炉检修、维修钳工工作。1994年12月退休。

Lü Shuhai

吕树海（1933.1—2016.10） 安徽六安人。1952年12月在淮南电厂参加工作。1956年4月进入列电系统，在阜阳电厂从事安装，1956年8月接新机第6列车电站，1964年9月调15站，均从事汽机运行与检修。随电站调迁河南三门峡、平顶山，广东茂名等地发电。1966年4月调入西北基地。1977年8月调入华东基地，在维修班从事钳工工作，后任行政科、保卫科管理员。

Ren Huiying

任惠英（1933.9— ） 女，江苏宜兴人。1956年4月进入第2列车电站，从事化验工作。1958年9月调入22站。1963年3月调入7站。随电站调迁江西萍乡、江苏戚墅堰、广东曲江、湖北丹江口、广西柳州、广东海南昌江，福建漳平等地发电。在电站从事化验工作22年。1978年1月调入华东基地，试验室化验员。

Liu Shiyan

刘世燕（1933.2— ） 河北丰润人。1949年2月参加革命工作，曾在冀东日报社、河北公安总队唐山公安部队，先后任通讯员、文书、文化教员。1956年4月复员到第2列车电站，同年10月参加列电局化学培训班学习，结业后先后在8、19、36站从事化验工作，曾任化学组组长。随电站调迁甘肃玉门，四川江油，黑龙江大庆，吉林敦化，河南商丘、西平等地发电。1982年11月调入保定基地，先后在动力车间、电站管理科工作，1993年4月退休。

Liu Shike

刘仕科（1933—1993.10） 安徽怀远人，初中文化，中共党员。1952年在安徽淮南电厂参加工作。1956年4月进入列电系统，先后在保定基地，第6、14列车电站工作。1976年调入41站，从事汽机运行与检修。随电站调迁河南三门峡、平顶山，四川荣昌，山东昌邑，湖北荆门等地发电。1985年5月调湖北沙市热电厂，在汽机车间工作。

Liu Hanzong

刘汉宗（1934.4— ） 广东兴宁人。1956年4月进入列电系统，先后在第5、9、14列车电站，从事锅炉运行与检修，参加了列电局锅炉培训班学习。随电站调迁河北保定，四川广元、甘洛，内蒙古平庄，黑龙江牡丹江，宁夏青铜峡，甘肃酒泉，陕西阳平关，江苏徐州等地发电。1973年5月调入武汉基地，先后在检修车间、一车间、五车间从事锅炉维修、钳工。1987年12月退休。

Liu Zhiyuan

刘智远（1938.1— ） 女，北京人。1956年4月进入第2站列车电站。1957年3月接新机7站，1960年接新机44站，1969年调入37站，均从事电气运行与检修。随电站调迁浙江新安江、山西晋城、湖南临湘、福建福州、河北沧州等地发电。1976年调入燕山石化总厂动力分厂。

Xu Hanqing

许汉清（1928.10—1995.6） 湖北武汉人，中共党员。1947年3月参加中国人民解放军，后在建设兵团任通讯员。1952年10月转业到武汉冶电业局第五发电厂，在汽机分场从事水泵运行值班。1956年4月进入第4列车电站，1957年调煤炭部1、4站，1965年调42站，均从事汽机运行与检修，曾任汽机工段长。1978年12月调入武汉基地，为二车间铸工。1980年8月退休。

Sun Mingpei

孙明佩（1917.11—2007.12） 江苏宿迁人，武汉大学工学院电机系毕业，高级工程师。1947年1月始，先后在淮南电厂、淮南电业局任技术员、运行值长、工程师、主任工程师。1956年4月调入列电局，参加了列电局迁址保定及筹建保定基地的工作。历任局机关技术科工程师、科长，新机办公室主任工程师。在任职期间，负责解决调迁电站的发电设备缺陷问题，建立安全生产制度。曾负责组织、领导自制系列发电设备的技术设计工作。1965年6月调入保定基地，先后任工程师、高级工程师。列电体制改革后，任风力发电研究室负责人，在北京八达岭西拨子成立风力发电试验场（简称CB试验场）。1985年3月退休，后改离休。

Ji Dunzhong

纪敦忠（1940.10— ） 湖北汉阳人。1956年4月进入第5列车电站，同年参加列电局举办的汽机培训班学习，结业后分配至9站工作。1957年调入14站，1972年起任汽机工段长，随电站调迁四川成都、荣昌、甘洛，内蒙古赤峰，黑龙江牡丹江，宁夏青铜峡，甘肃酒泉，陕西阳平关，江苏徐州等地发电。曾参加列电局共青团干部培训班、柴油机训练班的学习。1982年调入南京金陵石化工作。

Li Chengzhang

李成章（1932.12—2000.3） 江苏海门人，初中文化，中共党员。1956年4月进入第3列车电站，从事汽机运行与检修。1957年4月调入8站，1965年4月调入9站，任党支部委员、汽机工段长。1973年3月调入48站，1982年3月调入52站。随电站调迁陕西西安，河南焦作，甘肃玉门、酒泉，宁夏青铜峡，广东茂名、湛江，山西宁武，山东莱芜、烟台，湖南衡阳，江苏苏州等地发电。

Li Ruqiang

李汝强（1933.12—2014.5） 河北静海人。

1950年12月入伍，在3983部队服役。1956年4月复员进入列电系统，先后在第2、13列车电站、保定基地从事锅炉专业。随电站调迁江西萍乡，江苏戚墅堰、新海连，河南新乡等地发电。1962年2月调入列电局武汉装配厂，先后在锅炉本体车间、机修车间、一车间、材料科从事锅炉维修、钳工、吊车司机。1986年3月退休。

Li Xiujun

李秀君（1938.11— ） 女，河北赵县人。1956年4月进入列电系统，先后在第5、6、39列车电站、船舶2站，从事化验专业。随电站调迁河南洛阳、河北保定、广东茂名、福建福州、四川五通桥、江西九江、山东滕县等地发电。1979年1月调入武汉基地，在行政科、服务公司任劳保仓库管理员。

Yang Chuanjin

杨传金（1924.12—1978.5） 安徽淮南人，中共党员。1945年8月参加工作，曾在安徽淮南田家庵发电厂、八公山电厂从事锅炉专业。1956年4月进入列电系统，先后在第6列车电站、保定基地从事锅炉专业。随电站调迁河南三门峡、平顶山，广东茂名等地发电。1960年8月调入列电局武汉装配厂，任车间副主任，后在车间从事车辆检修、铸工。1973年2月任二车间副主任。1975年8月退休。

Yang Jiazhong

杨家忠（1927.10— ） 安徽淮南人，中共党员。1949年9月在淮南电厂参加工作，1956年4月进入列电系统，在第1列车电站参加大修。1956年8月接新机6站，从事汽机运行与检修。1959年11月调入34站，任汽机车间副主任。1964年5月调入18站，任汽机工段长。1965年5月调入西北基地，任汽机班长。1972年3月调入58站，任汽机工段长。1975年4月调入41站。曾参加茂名、大庆石油开发会战发电。1981年1月调华东基地，保卫科管理员。1986年退休。

Bu Tonglong

步同龙（1933.2—2010.6） 河北交河人，中共党员。1951年1月入伍，曾任班长、沧州地委公安处直属队供给员。1956年4月复员至第5列车电站，从事电气运行与检修。1957年7月调入4站。1965年4月起，任37站副指导员。1972年10月任46站副指导员、指导员。1980年11月任60站厂长兼党支部书记。随电站调迁河南洛阳，江苏南京，广东河源、坪石、火烧坪、广州，河南新乡，湖南临湘，福建福州、漳州，浙江海宁等地发电。1987年10月调入华东基地，任离退休办公室主任、党支部书记。

Xiao Jinling

肖金岭（1939.3—2004.10） 湖北汉阳人。1956年4月进入第5列车电站，同年参加

列电局举办的汽机培训班学习，结业后分配至 9 站工作。1958 年调入 14 站。随电站调迁四川金堂、成都、荣昌、甘洛，内蒙古赤峰，黑龙江牡丹江，宁夏青铜峡，甘肃嘉峪关，陕西阳平关，江苏徐州等地发电。1982 年调入南京金陵石化工作至退休。

Wu Liyun

吴立云（1916.4—1975.8） 安徽淮南人，小学文化，中共党员，1938 年在淮南田家庵电厂工作。1956 年 4 月进入列电系统，协助阜阳电厂拆迁机电炉设备，后调第 6 列车电站，起重工。随电站调迁河南三门峡、平顶山，广东茂名等地发电。1966 年初调入西北基地，参加了基地的基本建设，后在汽机工段和生产科起重班工作。

Wu Biaorong

吴标荣（1924.8—2017.12） 安徽休宁人，南京电力学校发电厂电网及其系统专业毕业，工程师。1956 年 4 月由电校分配至第 1 列车电站，任汽机技术员。1957 年 5 月接新机 10 站，1959 年 7 月调入 18 站，任生技组长。1975 年 4 月至 1979 年 12 月借调列电局，参加集控及配合 6000 千瓦新机组设计工作。随电站调迁黑龙江佳木斯、哈尔滨、牡丹江、伊春，江西新余、泉江、鹰潭等地发电。1980 年 1 月调入华东基地，任车间技术员、生产技术科汽机工程师。

Qiu Zizheng

邱子政（1931.2— ） 曾用名邱荣兴，江苏无锡人，南京电力学校发电厂电网及系统专业毕业，工程师，中共党员。1949 年 12 月在江阴县华墅镇永丰纱厂参加工作。1956 年 4 月毕业分配至局机关生产科。1956 年 11 月任第 6 列车电站技术员，参加了电站设备交接、调试的全过程。1957 年 11 月调入 5 站。1958 年 1 月起任 16 站副厂长，同年被列电局、河南引黄蓄灌工程指挥部授予先进工作者、青年突击手称号。1972 年 3 月任船舶 2 站厂长兼党支部书记。1975 年 11 月调入列电局中试所，任设计室负责人。1981 年 8 月调入华东基地，任电站管理处副主任。

Tong Huilan

佟惠兰（1938.1— ） 女，北京人，初中文化。1956 年 4 月进入列电系统，先后在第 2、13、29、44 列车电站，从事水处理设备运行与检修。1976 年 3 月借调到列电局密云干校，1978 年 10 月调入 1 站，任化验室组长。列电体制改革后，随电站下放北京煤矿机械厂，任电力车间化验工段长。

Shen Zhilan

沈芝兰（1934.7— ） 女，浙江慈溪人。1956 年 4 月进入列电系统，先后在第 3、21 列车电站，从事化验专业。随电站调迁河南焦作、陕西西安、浙江新安江、广东茂名、黑龙江克山、内蒙古集宁、江苏徐州等地发电。1973 年 12 月调入武汉基地，在制造车间、一车间从事刨工。1983 年 9 月退休。

Chu Lihua

初丽华（1938.10— ） 女，山东烟台人，对外经贸大学外贸财会专业大专毕业，会计师，中共党员。1956年4月进入第2列车电站。1956年11月参加列电局财务训练班学习。1957年5月调入7站，从事财务工作，曾被新安江工程局评为红旗突击手、先进生产者、五好职工。1963年5月调入列电局第四工作组。1963年10月调入局机关财务处。1975年8月至1976年8月在水电部小汤山“五七”干校劳动。1983年4月调入中国水利电力对外公司，在财务处工作。曾被评为1984、1985、1991年公司先进工作者、优秀共产党员。

Zhang Lihua

张立华（1931.10— ） 河北武邑人，中共党员。1948年3月参加中国人民解放军，曾任班长。1955年被授予解放奖章。1956年4月复员到第3列车电站。1956年12月参加列电局汽机训练班学习，结业后相继在8、25站从事汽机运行与检修。1963年10月调入12站，曾为二机部十四局（404厂）服务。1966年5月调入西北基地，参加了基地的基本建设，后从事汽机安装检修工作。

Zhang Qingyu

张庆玉（1929.10— ） 河北灵寿人，中共党员。1950年10月入伍，1956年4月复员后进入第2列车电站，从事锅炉运行及检修。1972年调入26站，1973年调入6站，从事劳资和文秘工作。随电站调迁江西高坑，江苏戚墅堰、新海连，广东曲江、韶关，湖北丹江口，陕西西乡，湖南株洲、衡阳、湘潭，河北沧州等地发电。1984年调入河北省电建二公司，在行政科工作。

Zhang Maoying

张茂英（1931.9—1983.4） 安徽淮南人。1952年12月在安徽淮南八公山电厂参加工作，从事汽机专业。1956年4月进入列电系统，先后在第6、34、23列车电站，从事汽机运行与检修，后任34站汽机车间主任。随电站调迁河南三门峡、广东茂名、黑龙江萨尔图、四川广元等地，曾参加茂名、大庆石油开发会战发电。1964年10月调入武汉基地，先后在检修车间、一车间从事汽机检修，材料科备品库、工具室任保管员。1980年7月退休。

Zhang Xiulun

张修伦（1933.4—1994.1） 安徽无为人。1955年2月参加工作，在安徽淮南八公山电厂从事电气专业。1956年4月进入列电系统，先后在第6、4列车电站，从事电气运行与检修，后在46、6、15、8、19站任材料员。随电站调迁河南三门峡、江苏南京、宁夏青铜峡、河北衡水、山西临汾等地发电。1973年10月调入武汉基地，任材料科、物资供应科采购员。1983年7月退休。

Zhang Bingxian

张炳宪（1931.8— ）安徽寿县人，中共党员。1946年10月参加工作，曾在安徽淮南电厂、八公山电厂从事锅炉、汽机专业。1956年4月进入列电系统，后入保定电力学校锅炉专业学习。先后任第6、34列车电站汽机车间主任。1960年5月起，历任33、23站代理副厂长、厂长兼党支部书记。1971年5月调入武汉基地，先后任二车间党支部书记兼主任，电站管理处负责人、生技科副科长、科长。1983年5月调入华中电管局老干部处。

Shao Jinrong

邵瑾荣（1933.8— ）安徽淮南人，北京水电学校化学专业毕业。1951年7月在淮南电厂参加工作。1956年4月进入第5列车电站，从事化验工作。1958年调煤炭部1站，任化验室负责人、工会主席。1960年至1961年在北京电力学院学习。1963年调入26站，1975年调入船舶2站。随电站调迁河南洛阳，安徽蚌埠，江苏南京，内蒙古平庄、赤峰、通辽，宁夏青铜峡，湖南湘潭、株洲、衡阳等地发电。1983年3月随电站下放衡阳电业局。1993年11月退休。

Pang Mingfeng

庞明凤（1936.7— ）安徽长丰人，初中文化，中共党员。1952年在淮南电厂（八公山发电所）参加工作，从事电气专业。1956年4月进入列电系统，后调第6列车电站，从事电气运行与检修。1957年9月接新机11站，1958年6月任电气车间主任兼工会主席。1960年9月接新机38站，负责电气工段工作，1961年4月任电气工段长兼工会主席。随电站调迁河南三门峡，福建南平、三明，山东官桥，山西运城，甘肃金川，广东韶关等地发电。1970年12月调入广东韶关市铸锻厂动力科，任电气技术负责人。1975年被评为韶关市先进生产者。

Meng Yue

孟钺（1926.2—2012.11）江苏东台人，南京电力学校发电厂电网及系统专业毕业，工程师。1956年4月由电校分配至第2列车电站，任电气技术员。1958年8月接新机22站，任生技股长。1960年2月接新机35站，1964年8月调入37站，均任生技组长，1980年8月晋升为工程师。1982年3月调入华东基地，在生产技术科任电气工程师，1985年在生产计划科兼任安全员。

Zhao Zaiji

赵在玑（1934.11— ）上海人，南京电力学校发电厂电网及系统专业毕业，高级工程师。1948年10月，在上海华美泰织造厂参加工作。1952年10月，入南京电力学校读书。1956年4月始，在第1、10、25、34、23列车电站，任技术员，电气车间副主任、主任等。1976年2月，调入华东基地。1979年7月，调苏州炭黑厂，曾任厂科协咨询部部长。1986年，参与的炭黑尾气发电环保技术改进项目，获苏州市科技进步三等奖。1987 年，该项目获化工部科学进步三等奖。

Hu Dexuan

胡德宣（1935.7— ）安徽寿县人，初中文化，中共党员。1952 年 8 月考入淮南电业局八公山电厂。1956 年 4 月调入列电局，参与筹建保定基地，从事列车电站制造、安装工作，参加了第一台 2500 千瓦进口捷克机组（6 站）的安装与调试运行工作。曾任列电局电机厂电气车间安装班班长、车间代理党支部书记。1958 年获列电局社会主义建设积极分子称号。1959 年，所带班组被保定市授予优秀青年突击队称号。1975 年 4 月，任保定基地电气车间主任兼党支部书记。列电体制改革后，任保定电力修造厂安全科科长及管理二支部党支部书记。1993 年 6 月退休。

Hu Dewang

胡德望（1921.12—1998.6）安徽淮南人，小学毕业，1953 年 1 月加入中国共产党。1941 年 7 月参加工作，在淮南发电厂从事电气专业，1949 年 1 月任八公山电厂电气分场主任。1956 年 4 月进入列电系统，同年 9 月任第 6 列车电站电气分场主任。1958 年 6 月起，历任 11 站第二副厂长、厂长兼党支部书记。1979 年 9 月调入保定电力技工学校，任干训班副主任，共举办厂（站）长培训班四期。1985 年 9 月退休。

Duan Youchang

段友昌（1928.2—2016.4）安徽淮南人。1949 年 12 月参加工作，曾在安徽淮南田家庵电厂、八公山电厂，从事锅炉检修。1956 年 4 月进入列电系统，先后在第 1 列车电站、保定基地，从事锅炉安装与检修。后任 6、34、23 站锅炉车间主任、工段长。随电站调迁黑龙江佳木斯、萨尔图，河南三门峡，广东茂名，四川荣昌、甘洛等地，曾参加茂名、大庆石油开发会战发电。参加了列电局密云干部培训班的学习。1968 年 3 月调入武汉基地。1959 年出席茂名市先进生产者代表大会。1978 年为武昌区人民代表。1980 年 7 月退休。

Duan Chengyu

段成玉（1913.2—1988.1）安徽蚌埠人，中共党员。1949 年 1 月在蚌埠发电厂参加工作。1953 年 12 月调入淮南电业局八公山电厂，任车间副主任。1956 年 4 月调入列电局，参与筹建保定基地。同年 12 月，任列电局保定修配厂汽机分场主任，领导安装了第一台进口的 2500 千瓦列车发电站（6 站）。1957 年 5 月，任保定装配厂副厂长、党支部书记。1960 年 5 月起，历任保定基地党总支委员，金工车间、汽机车间、制造车间主任。曾多次担任自制列车电站鉴定委员会委员。1974 年 12 月离休。

Duan Rongchang

段荣昌（1926.7— ） 安徽淮南人，中共党员。1946 年在淮南发电厂参加工作。1955 年评为安徽省社会主义积极分子。1956 年 4 月进入列电系统，在第 1 列车电站从事检修，同年 6 月接新机 6 站，从事汽机运行与检修，后任班长、工段长。随电站调迁河南三门峡、平顶山，广东茂名等地发电。多次参加茂名市先进生产者代表大会。1966 年调入西北基地，参加了基地的基本建设，后在汽机车间任班长。1990 年离休。

Yao Yikui

姚宜奎（1929.3—1999.6） 安徽淮南人，中共党员。1956 年 4 月由安徽淮南八公山电厂进入保定基地，从事列车电站安装。1963 年 7 月调第 41 列车电站，从事汽机运行与检修，后任汽机工段长、工会主席。随电站调迁黑龙江勃利，河南平顶山，山东东营、昌邑，湖北荆门等地发电。1980 年调入河南平高集团，在动力车间工作。

Yao Juzhen

姚菊珍（1934.10—2008.9） 女，江苏吴县人，工程师。1948 年 8 月在江苏吴县江南缫丝厂参加工作。后入南京电力学校发电厂电网及其系统专业学习。1956 年 4 月进入列电系统，先后在第 4、13 列车电站任助理技术员，列电局电机附属设备制造厂、列电局设计科任电气技术员。随电站调迁河北保定、河南新乡等地发电。1962 年 1 月调入列电局武汉装配厂，先后在生产科、检修车间、基建科任技术员，试验室、计量检验科任安监员、工程师。

Gao Zhuquan

高竹泉（1913—1989） 天津人，1949 年 1 月在淮南电业局八公山电厂工作，1956 年 4 月调入列电系统，参加安装第一台 2500 千瓦进口机组（6 站）。1957 年 7 月随电站调迁河南三门峡、平顶山等地发电。1958 年 12 月调入保定基地，先后在材料组、轻金工车间、行政科从事材料供应及后勤工作，1974 年 12 月退休。

Gao Lianku

高连库（1934.5—2005） 北京昌平人。1951 年 1 月入伍，先后在河北公安总队、3989 部队服役，1956 年 4 月复员进入第 3 列车电站，从事锅炉运行与检修。1960 年 8 月接新机 33 站，后任锅炉工段长。1977 年 1 月调入 7 站。随电站调迁陕西西安，河南焦作，浙江新安江、宁波，贵州都匀、六枝、水城，湖南衡阳，福建漳平等地发电。1982 年 9 月调入华东基地。1992 年 10 月退休。

Gao Huifang

高慧芳（1937.8— ） 女，河北望都人。1956 年 4 月进入第 6 列车电站，从事化验工作。1960 年 10 月调 39 站。随电站调迁河南三门峡、平顶山，广东茂名，内蒙古平庄，湖南衡阳，河北束鹿，山东滕县等地发电。1983 年 10 月随电站人员调入山东十里泉发电厂，从事化验工作。1986 年 12 月退休。

Tang Kaifu

唐开福（1926.5—？） 安徽天长人，中共党员。1949 年 2 月参加中国人民解放军，曾在安徽淮南警备部队、淮南电业局警卫队服役。1956 年 4 月进入列电系统，分别在第 6、9 列车电站，从事锅炉运行与检修，曾代理 6 站锅炉车间主任。随电站调迁河南三门峡、平顶山，广东茂名、湛江，山西宁武，山东莱芜、烟台等地发电。1976 年 3 月调入武汉基地，先后在检修车间、一车间从事锅炉维修、钳工。

Sheng Huaien

盛怀恩（1930.1—2013.4） 安徽灵璧人，中共党员。1949 年 10 月在淮南电业局八公山电厂参加工作。1956 年 4 月调入列电系统，参加安装第一台 2500 千瓦进口机组（6 站），后任第 6 列车电站锅炉工段长，随电站调迁河南三门峡、平顶山，湖南衡阳等地发电。1967 年调入保定基地，先后在车辆车间、锅炉车间工作，1979 年 7 月退休。

Liang Min'an

梁民安（1933.8— ） 河北卢龙人，中共党员。1948 年 6 月参加中国人民解放军，曾在 3989 部队服役。1956 年 4 月复员进入列电系统，先后在第 5、9、27、10 列车电站，从事电气运行与检修。随电站调迁河南洛阳、河北保定、四川广元、广东茂名、山西大同、湖北安陆等地发电。1983 年 9 月调入武汉基地，先后在保卫科、电站检修队、物资储运公司工作。

Liang Hongbin

梁洪滨（1933.11—2013.11） 河北卢龙人，中共党员。1948 年 6 月参加革命工作，曾任冀东军区十二区小分队通讯员、唐山专区公安大队通讯班长、河北总三团、3989 部队警卫班长。1956 年 4 月进入列电系统，先后在第 4、9 列车电站，从事汽机运行与检修，曾任 14、44、55 站汽机工段长。1978 年 3 月任 29 站副厂长。1982 年 11 月调入武汉基地，先后任管理第四党支部副书记、五车间主任兼党支部副书记、检修大队队长兼党支部书记，储运站主任，张家界华电宾馆所长。1986 年 11 月离休，享受正处级待遇。

Dong Wensheng

董文生（1931.1—2003.12） 河北丰南人，中共党员。1949 年 10 月入伍，在唐山服役。1956 年 4 月复员进入第 3 列车电站。1957 年 4 月接新机 8 站，1972 年调入 36 站。均从事电气运行与检修。1973 年 1 月起，先后任副指导员、副厂长。随电站调迁陕西西安，甘肃玉门、酒泉，宁夏青铜峡，广东茂名，河北衡水，河南焦作、商丘、西平等地发电。1985 年 2 月随电站人

员下放河南巩县电厂。

Han Tianpeng

韩天鹏（1932.12—2012.4） 江苏海安人，南京电力学校发电厂电网及其系统专业毕业，高级工程师，中共党员。1949 年 5 月参加革命工作，曾在江苏常熟军事管制委员会农村工作队、常熟粮食局工作。1956 年 4 月进入第 4 列车电站，任锅炉技术员。1957 年 5 月至 11 月，先后在煤炭部 1、2 站任电气工段长、生技股长。1973 年 3 月起，历任 50 站副厂长，武汉基地试验室副主任。1976 年 11 月调入华东基地，先后任生计科科长、质量管理办公室主任、副总工程师兼总工办主任。1993 年 2 月离休，享受处级待遇。

Cheng Jiemin

程洁敏（1940.1— ） 女，山东诸城人。1956 年 4 月进入列电系统，参加了列电局举办的机电炉化验专业短期培训班。先后在第 2、13、36 列车电站，从事汽机运行与检修。随电站调迁江西萍乡，江苏新海连，河南新乡、鹤壁，黑龙江萨尔图，河南西平等地，曾参加大庆石油开发会战发电。1975 年 10 月调入武汉基地，在材料科任钢材库保管员、统计员。

Yu Liangpin

虞良品（1925.1—1985.9） 浙江镇海人，中共党员。1950 年 4 月在苏南行署卫生处参加工作，后在苏州电力工业学校电气专业学习。1956 年 4 月进入第 4 列车电站，任技术员。1961 年 1 月起，历任 9、19、3 站副厂长、党支部副书记、革委会主任。随电站调迁四川江油、广元，山西临汾等地发电。1973 年 1 月调入武汉基地，在生产科、试验室任技术员。1979 年 1 月起，任试验室副主任。1980 年 5 月退休。

Fan Baolu

樊宝璐（1936.12—1982.1） 女，安徽舒城人。1955 年 3 月在安徽淮南电业局参加工作，任会计。1956 年 4 月进入列电系统，先后在第 6、34、30、23、33 列车电站，均任会计。随电站调迁河南三门峡、广东茂名、黑龙江萨尔图、四川荣昌、贵州水城等地，曾参加茂名、大庆石油开发会战发电。1971 年 6 月调入武汉基地，财务科会计。1981 年 8 月退休。

Fan Quanxian

樊泉先（1925.12—2012.6） 安徽凤台人，中共党员。1949 年 3 月参加革命工作。曾在淮南电厂、八公山电厂工作。1956 年 4 月进入列电系统，在阜阳电厂装机，1956 年 8 月接新机第 6 列车电站，材料员，兼任过工会主席。曾参加茂名石油开发会战发电。1960 年 3 月调列电局东北（泰康）农场。1964 年 3 月调入保定基地，任仓库管理员。1978 年 9 月调入华东基地，任后勤管理员。1986 年 1 月离休。

Wang Yi

王艺（1941.3— ）女，黑龙江佳木斯人，初中文化，助理经济师，中共党员。1956年5月进入第1列车电站学徒，1956年10月参加列电局举办的化验训练班学习。1957年4月起，先后在第1、10、18、45列车电站，任化验室负责人。1982年4月调入保定基地，任计划生育办公室负责人，曾连续9年获国家计生委颁发的计划生育先进工作者称号。

Lu Fengqi

卢凤岐（1936.6— ）湖南岳阳人。1956年5月进入第5列车电站，同年12月参加列电局锅炉专业培训班学习。1957年4月结业分配到9站，从事锅炉运行与检修。随电站调迁四川成都、金堂、德阳、江油、广元，广东茂名、湛江，山西宁武，山东莱芜、烟台，内蒙古扎赉诺尔，黑龙江嫩江等地发电，曾任司炉、检修班长。1983年调入下放河南信阳的29站。1993年退休。

Shen Yonglian

申永联（1935.10—2019.2）河南兰考人，中共党员。1956年5月进入列电系统，先后在第4列车电站、煤炭部第1、2列车电站，从事锅炉运行与检修。随电站调迁河南洛阳、江苏南京、山东陶庄、江西萍乡、广东坪石等地发电。1964年12月调入武汉基地，先后在一队、锅炉车间、检修车间、一车间从事锅炉检修，后任班长。1978年7月起，任一车间副主任。1984年5月后，任工会民事调解干事。

Feng Yanshen

冯炎申（1939.10— ）河南荥阳人，中共党员。1956年5月进入第5列车电站，从事电气运行与检修。1957年5月接新机10站，1961年2月调入25站，任电气工段长、团支部书记。1965年5月调入13站，任电气工段长。1976年4月起，先后任13、47、40站副厂长、党支部书记、厂长。随电站调迁河南洛阳、商丘、遂平，黑龙江哈尔滨、海林、牡丹江，吉林蛟河、延吉，青海海晏，广东广州、韶关，云南牟定，山西大同等地发电，曾为二机部九局（221厂）服务。1984年10月调入河北电力局物资公司保定仓库，任主任，1990年9月调入保定供电局仓库任主任。1996年10月退休。

Ren Shuxue

任淑学（1938.5—2019.3）女，河南郑州人。1956年5月进入列电系统，先后在第5列车电站、船舶2站，从事化验专业。随电站调迁河南洛阳、湖南郴州、福建福州、四川五通桥、江西九江等地发电。1972年10月调入武汉基地，在工具室任保管员。1980年10月退休。

Liu Kede

刘克德（1937.5—2005.11）山东济南人，高中文化。1956年5月进入列电系统，先后在第2、11、24列车电站，从事锅炉运行与检修，曾任值长。随电站调迁江西高坑、福建南平、宁夏青铜峡等地发电。1960年荣获青铜峡工程局先进个人称号。1966年调入西北基地，在锅炉车间从事检修，后调入动力科。曾为宝鸡市金台区第十、十一届人民代表。

Liu Jianqun

刘建群（1937.4—2003.1） 女，湖南湘潭人。1956年5月进入列电系统，先后在第5列车电站、煤炭部第1、4列车电站，从事汽机运行与检修。随电站调迁河南洛阳、江苏南京、山东陶庄、内蒙古海勃湾等地发电。1967年12月调入武汉基地，先后在检修车间、三车间从事汽机检修。1986年3月退休。

Yan Guandong

闫关东（1938.11— ） 河南汲县人。1956年5月进入列电系统，在第4（5）列车电站从事汽机运行与检修。曾在6站、保定电力技工学校训练班学习。随电站调迁河南洛阳、河北保定等地发电。1958年7月调入保定基地，从事汽机检修。1959年6月调入列电局武汉装配厂，先后在车间、总务科工作。1987年被评为华中电管局服务工作先进个人。

Li Mingchuan

李明川（1940.5— ） 湖北黄陂人，武汉科技干部进修学院热能工程专业毕业。1956年5月参加列电局培训班学习，结业后分配至第6列车电站，从事锅炉运行与检修。1958年被评为列电局先进生产者，1960年被评为茂名市先进生产者。1975年12月调入55站。1981年4月调入武汉丝绸印染厂，先后任车间主任、设备科主任、能源计量环保科科长。曾获得武汉市1982年抗洪救灾先进个人，武汉市节能、推广新技术先进个人。1994年退休。

Li Hongsheng

李鸿生（1932.10—2001.10） 江苏常熟人。1956年5月进入第3列车电站。1957年1月参加列电局电气训练班学习。同年3月接新机8站，1959年2月接新机25站，1961年1月接新机43站，1964年11月调入22站，1971年7月调58站。均从事电气运行与检修。随电站调迁陕西西安，河南焦作，甘肃玉门、酒泉，吉林通化、延吉，广东英德、广东海南昌江，山西永济、晋城等地发电。1978年9月调入华东基地。1991年1月退休。

Yang Fengqin

杨凤琴（1940.9—1996.9） 河南广武人。1956年5月参加列电局短期训练班培训，结业后相继在第5、40、1列车电站，从事水处理设备的运行与检修。随电站调迁河南洛阳，河北保定，湖南郴州，甘肃永昌、酒泉、陇西，四川泸沽等地发电。1973年5月调入保定基地，先后在印刷车间、质管科理化组从事校对和化验工作。

1986 年 3 月退休。

Yu Chenrong

余陈荣（1933.12— ） 上海人，中共党员。1956 年 5 月进入第 3 列车电站，从事锅炉运行与检修。1978 年 3 月调入 41 站，1979 年接新机 62 站。随电站调迁陕西西安、韩城，河南焦作、西平，浙江新安江、宁波，湖北丹江口、荆门，江苏无锡等地发电。1982 年 10 月，随电站成建制下放无锡市。

Zhang Zhongqiu

张忠秋（1934.9— ） 河北河间人。1956 年 5 月进入列电系统，先后在第 5、16、25、20 列车电站，从事锅炉运行与检修。随电站调迁河南洛阳、河北保定、湖南资兴、内蒙古乌达、吉林蛟河、陕西韩城等地发电。1974 年 10 月调入武汉基地，先后在机修车间、设备动力车间、总务科工作。

Zhang Meifen

张梅芬（1940.1— ） 女，江苏常熟人。1956 年 5 月进入第 5 列车电站。先后在 4、19、28、57、56、62 站工作，均从事电气运行与检修。随电站调迁河北保定，广东河源，四川广元，云南昆明，山东济宁，河南洛阳、漯河，江苏徐州、无锡等地发电。1982 年 10 月随电站成建制下放无锡市。

Jin Changju

金长聚（1938.7—2015.4） 河南郑州人。1956 年 5 月进入第 5 列车电站，1957 年 1 月参加保定技工训练班培训，1957 年 5 月分配至 1 站，从事锅炉运行与检修。1959 年 3 月接新机 23 站，1960 年 3 月接新机 37 站，1973 年调入 36 站，从事汽车驾驶。随电站调迁河南洛阳、新乡、商丘、西平，河北通县、保定，辽宁开原、瓦房店，内蒙古乌达，广东广州，湖南临湘，福建福州等地发电。1985 年 2 月随电站人员下放河南巩县电厂。1994 年 6 月退休。

Jin Kechang

金克昌（1912.8—1999.4） 江苏盐城人，上海交通大学铁道管理专业本科毕业，会计师。1936 年 9 月始，曾在郑州西安陇海铁路局、宝鸡交通部材料库、兰州电厂、青岛电厂、青岛电业局任会计，后任财务科长。1956 年 5 月进入局机关，在财务科从事财务管理，同年 9 月任财务科科长。1965 年 5 月调入武汉基地，任财务科科长。

Zhou Yueou

周跃欧（1932.7— ） 女，江苏盐城人，中共党员。1956 年 5 月进入第 3 列车电站。1957 年 4 月接新机 8 站，1961 年 4 月调 10 站，1962 年 1 月调入 11 站，均从事汽机运行与检修。1971 年 8 月调入 38 站，任汽机副工段长，代理工段长。随电站调迁河南焦作、浙江新安江、甘肃酒泉、黑龙江牡丹江、山东官桥、江西九江、河北迁安等地发电。1977 年 3 月调入华东基地，在办公室从事文书工作。

Zhou Hongxiang

周鸿香（1938.9— ）女，山东济南人。1956 年 5 月进入列电系统，先后在第 2、1、4 列车电站，从事化验工作。随电站调迁江西萍乡、河北通县、江苏南京、广东河源等地发电。1959 年 3 月调入列电局武汉装配厂。1978 年 7 月调入华东基地，试验室化验员。1981 年 10 月退休。

Zheng Jiuyi

郑久义（1940.1— ）湖北汉川人。1956 年 5 月进入列电系统，先后在第 5、9、6 列车电站，从事电气运行与检修。随电站调迁河南洛阳、河北保定、四川成都、广东茂名、湖南衡阳、新疆哈密等地发电。1970 年 10 月调入武汉基地，先后在一车间从事电工，计量检验科从事电气试验。1998 年 5 月退休。

Zhao Xiuling

赵秀玲（1936.4— ）女，河北衡水人，初中文化。1956 年 5 月进入第 5 列车电站，从事化验工作。1957 年 8 月至 1958 年 5 月，参加列电局化学训练班培训。1958 年 6 月分配至 16 站，1979 年 8 月调 8 站。随电站调迁河南洛阳，湖南郴州、邵阳，内蒙古乌达、丰镇，广西桂林、宜山，湖北武汉，北京等地发电。1983 年 4 月随电站下放北京新型建筑材料厂。

Xuan Henggan

宣恒淦（1937.8—2007.11）安徽合肥人。1956 年 5 月进入第 3 列车电站，1957 年 7 月接新机 8 站，1958 年 6 月调 5 站，1959 年 1 月调入船舶 1 站，1974 年 8 月调 28 站，1982 年 12 月调入 53 站，均从事电气运行与检修。随电站调迁陕西、河南、浙江、甘肃、河北、湖南、湖北、山东、江苏等地发电。1984 年 5 月调入华东基地，从事电气工作。1989 年退休。

Xu Duanting

徐端庭（1931.8— ）湖北武汉人。1956 年 4 月在武汉市造纸厂参加工作。1956 年 5 月进入第 4（5）列车电站，后调煤炭部 1、3 站，均从事锅炉运行与检修。随电站调迁山东枣庄、内蒙古平庄、湖南双峰等地发电。1963 年 5 月调入武汉基地，先后在锅炉车间、机修车间、一车间从事锅炉检修、焊工工作。1980 年 12 月退休。

Guo Huamin

郭化民（1938.8—1997.5）回族，河南开封人。1956 年 5 月进入第 1 列车电站，从事汽机运行与检修，曾任汽机工段长。随电站调迁黑龙江佳木斯，河北通县、保定，甘肃酒泉等地发电。1966 年 12 月调入保定基地，先后在汽机车间、锅炉车间、基建科、行政科、列电服务公司工作。

Peng Zukun

彭祖坤（1935.10— ） 湖北武汉人。1956年5月进入列电系统，先后在第5、6、11、16列车电站，从事汽机运行与检修。随电站调迁河南洛阳、河北保定，广东茂名、湖南衡阳、山东官桥、广西宜山等地发电。1973年12月调入武汉基地，先后在机修车间、一车间从事汽机检修，钳工。1986年3月退休。

Cheng Jianhua

程建华（1938.3— ） 山西襄垣人，助理经济师。1956年5月进入列电系统，先后在第5、6、11、24列车电站，从事锅炉运行与检修，后调40站任材料员。随电站调迁河南洛阳、三门峡，福建南平，宁夏青铜峡，甘肃永昌，山西晋城，河南遂平等地发电。1975年3月调武汉基地，先后在基建办公室、材料科、物资科任材料员，物资储运公司、厂办公室任车辆调度员。1996年6月退休。

Zeng Minsheng

曾民生（1932.10—2004.5） 湖北汉川人。1956年5月进入列电系统，先后在第5、16、26、42列车电站，从事锅炉运行与检修。随电站调迁河南洛阳，河北保定、迁安，湖南资兴、株洲，内蒙古乌达，陕西略阳等地发电。1979年4月调入武汉基地，在二车间从事机修钳工。1982年1月退休。

Lei Huiying

雷慧英（1937.2— ） 女，湖北咸宁人。1956年5月进入列电系统，先后在第4（5）、煤炭部1、4列车电站，从事汽机运行与检修。随电站调迁河南洛阳、河北保定、内蒙古海勃湾等地发电。1967年12月调入武汉基地，先后在检修车间、一车间从事汽机检修，焊工。1983年9月退休。

Cai Daji

蔡大稷（1940.7— ） 女，湖北黄陂人。1956年5月进入第4（5）列车电站，1957年调煤炭部1站，均从事化验专业。随电站调迁河南洛阳，江苏南京，内蒙古平庄等地发电。后因政策精减待业多年。1981年4月落实政策进入武汉基地，先后在实业公司、招待所工作。1990年8月退休。

Kan Zhaolan

阚照兰（1935.8— ） 女，江苏泰兴人，中共党员。1956年5月进入列电系统，分别在第2、7列车电站，从事车工专业、汽机运行与检修。随电站调迁江西萍乡、浙江新安江等地发电。1959年9月调入列电局武汉装配厂，先后在制造车间、三车间、一车间、试验室工作。1982年1月退休。

Dai Xingyu

戴行彧（1938.1— ） 浙江宁波人。1956年5月进入列电系统，先后在第4（5）列车电站任计划员，煤炭部1站任司炉、班长、材料员。后任煤炭部4站、列电局49站经营管理股股长、秘书。随电站调迁河南洛阳、河北保定、内蒙古海勃湾等地发电。1967年12月调入武汉基地，先后在机修车间、一车间、总务科工作。1987年3月起，任总务科科长、综合服务公司副总经理。1996年6月退休。

Yu Xuezhe

于学哲（1929.4— ） 河北昌黎人，高中文化，中共党员。1949年进入燃料部干部培训班学习，毕业后留校工作。1956年6月调入列电局机关，任办公室秘书。1958年调入第6列车电站，从事管理工作。1959年任局办公室秘书。1970年调入保定基地，任办公室秘书。1973年起，先后任财务科副科长、车间指导员、厂办公室主任。

Ma Xinfa

马新发（1940.11— ） 山东昌邑人，政工师，中共党员。1956年6月进入第1列车电站，从事锅炉运行与检修。1957年1月参加列电局举办的专业班培训。同年8月分配到11站。1963年3月，被山东官桥矿务局授予社会主义建设积极分子荣誉称号。1960年8月调入38站，后任机、电、炉专业组检修大班长、党支部委员、团支部书记。1973年5月调入57站，任工段长兼工会主席。1975年5月起任副厂长。1976年唐山地震后，因电站在抗震救灾、恢复生产中取得的成绩，受到列电局及天津汉沽区政府的表彰。1983年3月任59站副厂长，后调黑龙江佳木斯纺织厂，任发电车间主任。

Wang Xing

王兴（1940.12—2005.9） 黑龙江汤原人，中共党员。1956年6月进入第1列车电站，从事锅炉运行与检修，曾任锅炉工段班长、技术员。随电站调迁甘肃酒泉、陇西，四川冕宁，北京房山等地发电。曾为二机部十四局（404厂）服务。在锅炉燃油掺水超声乳化燃烧研究中，获北京市人民政府颁发的科学技术成果三等奖。列电体制改革后，随电站下放北京煤矿机械厂，历任电力车间副主任、行政处修建工程队副队长。

Wei Dezhong

韦德忠（1923.1—2004.7） 湖北武汉人。1949年4月参加工作，曾任华东工业部电力工业处事务员，山西大同电业局筹备处文书、统计，华北电业管理总局人事处职员，石家庄修建工程局事务长。1956年6月进入列电系统，历任第2、7列车电站材料股长、总务股长、秘书。随电站调迁山西阳泉、江西萍乡、甘肃永登、浙江新安江等地发电。1958年9月任局机关材料科副科长。1961年10月调入列电局武汉装配厂，先后任材料科副科长、科长。

Yin Yanqi

尹燕琪（1939.12— ） 女，山东济南

人。1956年6月进入列电系统，参加列电局汽机专业训练班培训。先后在第2、7、13、29、41列车电站，从事汽机运行与检修。随电站调迁甘肃永登，浙江新安江，河南新乡、信阳，湖北黄石、荆门等地发电。1981年8月调入武汉基地，在技术科从事晒图和技术图纸管理工作。

Tian Jinlu

田金录（1937.10—2018.11） 山东平原人，初中文化。1956年6月进入列电系统，先后在第1、10、25列车电站，从事汽机运行及检修工作。随电站调迁河北通县、保定，黑龙江哈尔滨、牡丹江，吉林延吉、蛟河，河南商丘，山西朔县等地发电。1977年调入保定基地，在汽机车间工作，1988年10月退休。

Tian Ruiyun

田瑞云（1939.10— ） 女，山东济南人，初中文化。1956年6月进入第3列车电站。1956年10月参加列电局化学训练班培训，结业后相继在8、19、36站任化验员。随电站调迁河南焦作，四川江油，黑龙江大庆，吉林敦化，河南商丘、西平等地发电。1982年11月调入保定基地，先后在铸造车间、动力车间工作。1989年10月退休。

Liu Guangshun

刘广顺（1939.11—2003.10） 河北吴桥人，初中文化，中共党员。1956年6月进入第3列车电站，同年12月参加列电局汽机训练班培训。1957年4月结业后接新机8站，从事汽机运行与检修。1958年4月接新机13站，1960年12月调到新建的36站，任汽机工段长，曾兼任工会主席。1975年12月调入6站。随电站调迁山东淄博，甘肃玉门，黑龙江大庆，吉林敦化，河南商丘、西平、焦作，河北沧州等地发电。1984年5月调入沧州电力局，在保卫科工作。

Liu Guiyun

刘桂云（1939.6— ） 女，黑龙江富锦人。1956年6月进入列电系统，先后在第1、23、37、17、31列车电站，从事电气运行与检修。1957年2月至5月参加列电局电气训练班培训，随电站调迁黑龙江佳木斯、双鸭山、大庆，河北通县、保定，辽宁开原，内蒙古乌达，湖南湘乡等地发电。曾获大庆油田五好红旗手、技术能手称号。1973年1月调入佳木斯电业局，在试验所工作。

Xu Jingwen

许静文（1916—2003） 山东宁津人，高中文化。1936年在北京电灯公司从事会计工作。相继在北京供电局、华北电管局工作。1956年6月进入列电系统，在局机关财务科工作。1958年8月调入第10（12、17、18）列车电站，任管理组财务负责人，同期兼培训财务学员工作。1959年7月任17站管理组长、秘书。1962年7月调入列电局第一区工作组，任秘书。1968年调入局机关，在行政科从事会计、总务工作。1978年退休。

Sun Yanbo

孙彦博（1938.3— ）北京通州人，初中文化，中共党员。1956年6月进入第2列车电站，从事汽机运行与检修。1956年10月参加列电局发电专业知识培训班。1957年8月调入7站，1959年11月调入21站，1963年12月调入40站，1970年4月任工段长，1974年7月起，任副指导员。1975年3月调入局机关，先后在政治部、干部处从事干部管理工作。1983年4月调入水电部机械局，在干部处工作，1985年5月任纪检组副组长。1986年12月起，先后调入水电部物资局、中国水利电力物资总公司，任党委办公室副主任、主任，1995年11月任人事处处长。

Li Guixiang

李桂香（1940.1— ）女，山东阳谷人，初中文化。1956年6月进入列电系统，参加了列电局举办的电气专业培训班学习。结业后分至第3列车电站，同年8月调入6站，1957年9月调入11站，1960年9月调入38站，均从事电气运行与检修。随电站调迁河南焦作、三门峡，福建南平、三明，山东官桥，山西运城，甘肃金川，广东韶关等地发电。1970年12月调广东韶关市铸锻厂，在机修车间从事电气检修工作。

Li Peiyuan

李培元（1940.11—1997.10）山东东平人。1956年6月参加列电局短期训练班培训，结业后相继在第9、40、1列车电站，从事汽机运行与检修工作。随电站调迁四川金堂、德阳，甘肃永昌、酒泉、陇西，四川泸沽等地发电。1973年5月调入保定基地，先后在汽机车间、质管科从事检修、检验工作，1982年任列电“五七”厂厂长。

Yang Lizi

杨立滋（1937.11— ）山东陵县人，助理经济师。1956年6月进入第5列车电站，从事化验工作。1956年9月接新机6站，1962年6月调入21站，1965年3月调入西北基地，从事物资管理工作。1975年8月调入17站。随电站调迁河南洛阳、三门峡、平顶山，广东茂名，黑龙江海拉尔等地发电。1981年11月调入华东基地，供应科材料员。

Wu Hechen

吴和臣（1935.6—1996.12）山东济南人。1956年6月进入第2列车电站，从事汽机运行与检修，后任9站汽机工段长。随电站调迁江苏新海连，四川广元，广东曲江、茂名、湛江等地发电。1966年12月调入武汉基地，先后在制造车间、一车间、计量检验科工作。

Wang Huiying

汪惠英（1932.11—2016.9）女，江苏无锡

人。1956年6月进入第3列车电站，从事汽机运行与检修。1958年3月调入8站。随电站调迁河南焦作，浙江新安江，甘肃玉门、酒泉等地发。1960年5月调入保定基地，先后在汽机车间、检修车间从事制造与维修工作。1979年5月退休。

Song Xinze

宋新泽（1938.2— ） 河北定县人，中共党员。1956年6月进入第2列车电站，1957年6月接新机6站，从事汽机运行与检修。1957年12月接新机11站，吊车司机，1959年9月转锅炉运行与检修，1967年改焊工，在武汉基地参加了3个月的焊工培训。后任锅炉工段长、工会主席，1972年12月起任副厂长。随电站调迁江西萍乡，河南三门峡，福建南平、三明，山东官桥等地发电。1979年1月调入华东基地，先后任车间副主任、行政科科长。1963年被评为山东省劳动模范，出席山东省群英会。

Zhang Dongzhen

张东振（1937.10— ） 山东济南人，中共党员。1956年6月进入列电系统，先后在第3、8、43列车电站工作，曾任43站锅炉工段长、工会主席。随电站调迁河南焦作，甘肃酒泉，贵州水城、贵定，广东韶关，湖北武汉，北京等地发电。1983年3月随电站下放北京新型建筑材料厂，先后任锅炉车间主任，治安委员。

Zhang Zhaoyi

张兆义（1936.6— ） 山东平阴人，初中文化，中共党员。1956年6月进入列电系统，1961年从内蒙古满洲里接捷克进口机组第43列车电站，到广东英德安装投产。历任副厂长、党支部副书记、厂长、党支部书记。随电站调迁广东英德，贵州六枝、水城、贵定，湖北武汉等地发电。1981年43站与8站合并后任党支部书记。1983年3月随电站下放北京新型建筑材料厂，后任动力分厂厂长兼书记，石膏板厂、辰龙公司党支部书记。

Zhang Qingzhi

张庆芝（1933.12—2015.10） 女，山东莱阳人。1956年6月进入列电系统，先后在第3、7列车电站，从事汽机运行与检修。随电站调迁河南焦作、甘肃永登、浙江新安江等地发电。1959年7月调入列电局武汉装配厂，先后在汽机车间、机修车间、一车间从事汽机检修、钳工。1980年3月退休。

Zhang Baolian

张宝莲（1941.4— ） 女，山东济南人。1956年6月进入第5列车电站，同年9月参加列电局化验训练班培训。1957年7月分配至6站，从事化验专业，曾脱产2年负责工会工作。1962年5月调入16站，任化验室负责人。1979年6月调入华东基地，任车间管理员。1958年获平顶山市第一届运动会女子跳远第二名，1960年获茂

名石油公司“女能手”称号。1990 年 6 月退休。

Zhang Jian

张健（1940.12— ） 女，山东济南人，初中文化。1956 年 6 月进入第 3 列车电站，从事化验工作。1957 年 4 月调 8 站，1959 年起从事热工专业。1965 年 4 月调入 9 站，1973 年 3 月调入 48 站，1982 年 3 月调入 52 站。随电站调迁河南焦作，甘肃玉门、酒泉，宁夏青铜峡，广东茂名、湛江，山西宁武，山东莱芜、烟台，湖南衡阳，江苏苏州等地发电。

Zhang Cuiyun

张翠云（1938.7— ） 女，山东济南人。1956 年 6 月进入第 5 列车电站，同年 8 月参加列电局化验训练班培训，1957 年 6 月接新机 6 站，从事化验专业。1958 年 5 月调入 14 站。同年 8 月，参加了科教片《列车电站》中化验员工作的拍摄。1962 年 4 月调 44 站。随电站调迁河南洛阳、三门峡、平顶山，四川成都，山西晋城等地发电。1966 年 6 月调入西北基地，从事管理工作。1984 年 7 月调入华东基地。

Lu Lingyu

陆玲玉（1936.12—2000.8） 女，江苏无锡人，中共党员。1956 年 6 月进入第 2 列车电站。1957 年 2 月接新机 7 站，1960 年 2 月接新机 33 站，均从事电气运行与检修。1964 年 8 月，调列电局密云农场，从事文书收发兼总务工作。1970 年 11 月调入 48 站，任劳资员。随电站调迁河北、陕西、山西、湖北、江西、江苏、浙江、贵州、湖南等省发电。1978 年 6 月调入华东基地，任组织科人事干事。

Fan Hongmei

范红梅（1935.5— ） 女，浙江宁波人，初中文化，助理经济师。1956 年 6 月进入局机关，任人事劳资科科员。1957 年调入第 6 列车电站，任文书员。1958 年 1 月调入 11 站，从事锅炉运行与检修，同年改任财务会计。1960 年接新机 38 站，任会计，后改材料员。随电站调迁河南三门峡、平顶山，福建南平、三明，山东官桥，山西运城，甘肃金川，广东韶关，江西九江，河北迁安，江苏昆山等地发电。1983 年随电站下放，在江苏昆山列车电厂工作。

Yi Jinzhen

易金珍（1938.5— ） 女，湖北武汉人。1956 年 6 月进入第 4（5）列车电站，同年 12 月入太原技工学校保定分校汽机专业培训班学习。1957 年 7 月后，相继在 4、19、2 站，从事汽机运行与检修。随电站调迁江苏南京、四川广元、广东韶关等地发电。1974 年 10 月调入武汉基地，先后在车间、电站检修队从事汽机检修、钳工。

Zhou Xingyun

周兴云（1940.3— ） 女，山东济南人，初中文化。1956年6月进入第3列车电站，从事化验工作。1957年调入8站，1961年调入列电局武汉装配厂，1966年调入西北基地，1982年调入54站。随电站调迁陕西西安，河南焦作，甘肃玉门、酒泉，江苏无锡等地发电。1984年12月随电站成建制下放无锡新苑公司热电厂，从事电气工作。

Fang Chunsheng

房春生（1940— ） 山东济南人，太原电力学校热能动力装置专业毕业。1956年进入列电系统，先后在第6、34、23列车电站，从事汽机运行与检修。随电站调迁广东茂名，黑龙江伊春、萨尔图，四川荣昌、甘洛，山西芮城、大同等地发电。1972年5月调入核工业部816厂。

Zhao Zhifang

赵志芳（1937.2— ） 女，江苏启东人。1956年6月进入列电系统，先后在第2、13、33列车电站，从事化验专业。随电站调迁江西萍乡，江苏戚墅堰，河南新乡、鹤壁，贵州贵阳、六枝、水城等地发电。1971年7月调入武汉基地，在试验室、计量检验科从事化验专业。

Xia Jingfang

夏竞芳（1937.3— ） 女，上海人。1956年6月进入第3列车电站。1960年1月接新机29站，1961年调入22站，1971年6月接新机58站。在电站从事化验工作23年。随电站调迁河南焦作，浙江新安江，湖北黄石，广东海南昌江，山西永济、晋城等地发电。1979年2月调入华东基地，从事汽机检修。

Guo Xin'an

郭新安（1938.2— ） 山东聊城人。1956年6月进入第3列车电站。1961年2月调入18站，1961年10月调入45站，均从事锅炉运行与检修。1979年10月接新机61站，任锅炉工段长。随电站调迁河南焦作，浙江新安江、宁波，江西泉江，黑龙江勃利、伊春，贵州六枝、水城，吉林长春，湖南株洲，湖北宜昌等地发电。1983年1月调入华东基地，从事锅炉检修。

Tao Ruiping

陶瑞平（1914.9—1977.6） 安徽凤台人，中共党员。1949年1月在安徽淮南田家庵发电厂参加工作，曾任田家庵发电厂工会主席、八公山发电厂厂长。1956年6月进入列电系统。同年12月起，历任第6列车电站厂长，列电局保定锅炉厂厂长，局机关工会主席。1960年6月起，先后任列电局武汉装配厂副厂长，武汉基地副主任。主要负责后勤管理工作。

Han Chengbao

韩承宝（1938.10—2012.5） 山东济南人。1956年6月进入第1列车电站，1957年

接新机10站，从事汽机运行与检修。1960年4月调18站，从事锅炉运行与检修。1970年调入56站，焊工。1979年接新机62站，焊工兼工会负责人。随电站调迁河北通县，黑龙江哈尔滨、伊春，江西泉江、鹰潭，江苏徐州、无锡等地发电。后调无锡双河尖热电厂。

Xie Jiaxin

谢家鑫（1935— ） 山东济南人，初中文化。1956年6月进入保定基地，后调入第35、41列车电站，从事锅炉运行与检修。随电站调迁山东昌邑、湖北荆门等地发电。1985年5月调湖北沙市热电厂，从事锅炉检修工作。

Fan Gaiming

樊改明（1938.7— ） 河南鄢陵人。1956年进入列电系统，先后在第9、8列车电站，曾任8站锅炉工段长。随电站调迁四川江油、广元，广东茂名，河北衡水，湖北武汉，北京等地发电。1983年3月随电站下放北京新型建筑材料厂，1985年起任该厂石膏板厂汽热车间主任、技术顾问。

Ding Shumin

丁树敏（1922.1—2007.2） 江苏无锡人，高级工程师，中共党员。1948年在江苏戚墅堰发电厂参加工作。1956年7月进入第2列车电站。1958年调入局机关，在办公室主持工作，先后任办公室主任、计划经营科科长。1963年2月为列电局党组成员。1970年调入福建邵武27站。1972年调江苏宜兴张渚电厂，任高级工程师、生产副厂长。1979年调入无锡市经委，负责筹备62站到无锡发电的前期工作，1980年调入62站。

Ma Yongxiang

马永祥（1940.3— ） 河北清苑人，中共党员。1956年7月进入列电系统，先后在第1、23、37列车电站，从事汽机运行与检修，曾任班长、工段长。随电站调迁黑龙江佳木斯，辽宁开原、瓦房店，内蒙古乌达，河南新乡，广东广州等地发电。1966年3月调入西北基地，在汽机车间工作，参与了自主设计的Ⅰ型、Ⅱ型红心汽动给水泵、1500千瓦自由活塞燃气轮发电机组的安装制造。1983年后在车辆车间从事安装检修工作。

Wang Jietian

王杰天（1936.9—1983） 吉林长春人。1956年进入第5列车电站，从事电气运行与检修。1958年2月接新机16站，1961年4月接新机46站，1962年调入31站。1968年8月，31（32）站分站时调入32站，1971年4月调入56站，1979年接新机62站，任电气工段长。随电站调迁河南洛阳、兰考，湖南资兴、邵阳，宁夏青铜峡，山东济南，江苏徐州、无锡等地，曾参加茂名、大庆石油开发会战发电。1982年10月随电站成建制下放无锡市。

Wang Jizong

王继宗（1931.5— ） 河北饶阳人，初中文化，中共党员。1956 年部队复员进入第 4（5）列车电站，从事汽机运行与检修。后调入 43 站任汽机工段长、工会主席。随电站调迁河南洛阳，广东英德、韶关，贵州六枝、贵定，湖北武汉，北京等地发电。1983 年 3 月随电站下放北京新型建筑材料厂。

Wang Jifu

王继福（1928.6—2000.6） 河南获嘉人，中共党员。1956 年 7 月由西安电厂进入保定基地，从事列车电站安装。1963 年 7 月调入第 41 列车电站，从事锅炉运行与检修。后任锅炉工段长、副厂长。随电站调迁黑龙江勃利，河南平顶山，山东东营、昌邑，湖北荆门等地发电。1985 年 5 月调湖北沙市热电厂，在燃料办公室工作。

Wang Qinhua

王琴华（1936—1986） 江苏常州人，高中文化，中共党员。1956 年 7 月进入保定基地，被评为保定市先进生产者。1962 年调第 3 列车电站，1978 年调入西北基地，1980 年调入 62 站，从事人事工作。随电站调迁浙江宁波、湖北丹江口、陕西韩城、河南西平、江苏无锡等地发电。1982 年 10 月随电站成建制下放无锡市。

Yin Jinxi

尹金锡（1938.8— ） 山东济南人，初中文化。1956 年进入第 1 列车电站，同年在保定基地参加汽机训练班培训。1957 年结业后分配至 4 站，从事汽机运行与检修。1974 年调入 36 站，任汽机工段长。随电站调迁江苏南京，广东河源、坪石、火烧坪，河南新乡、信阳、西平等地发电。1985 年 2 月，随电站下放河南巩县电厂，后任汽机车间主任。

Shi Zhijing

石志晶（1937.6—2007） 山东济南人。1956 年进入列电系统，参加列电局技术培训班。结业后分配至第 12 列车电站，从事锅炉运行与检修。1963 年调入 38 站。随电站调迁安徽合肥、甘肃金川、广东韶关、江西九江、河北迁安、江苏昆山等地发电。1983 年随电站下放，在昆山列车电厂从事锅炉运行与检修。

Tian Zhenhua

田振华（1929.6—1971） 河北新乐人。1956 年由公安部队转业进入第 4 列车电站，从事电气运行与检修。1957 年接新机煤炭部 1 站，1960 年 1 月接新机煤炭部 3 站，1965 年调入武汉基地，从事维修电工。1966 年调入 38 站，任电气维修组长、电气工段长。随电站调迁江苏南京、湖南双峰、广东韶关、江西九江等地发电。1971 年因公殉职。

Zhu Cunshan

朱存山（1937.5— ） 江苏南京人。1954

年1月在石家庄电力局培训班结业，分配到石家庄热电厂工作。1956年调入第5列车电站，从事锅炉运行与检修，1975年3月调入11站，1975年7月调入新19站。随电站调迁广东韶关，湖南郴州、耒阳、衡阳，山东滕县等地发电。1983年随电站下放衡阳冶金机械厂。1987年退休。

Liu Mingyao

刘明耀（1936.7—2005.8） 浙江镇海人，北京电力学校毕业，工程师。1956年7月分配至第2列车电站，见习技术员。1956年10月调入局机关，任教育科教员、生技科汽机技术员。1957年12月后，先后在第2、13、29、53列车电站，任技术员、生技组长。1978年8月调入华东基地，在生技科任技术员、助理工程师、工程师。1985年7月起，任开发设计科、技术科、质量科副科长，质量检验科科长。

Liu Xuean

刘学安（1930.10—2016） 河北武清人。1956年由公安部队复员进入第4列车电站，从事汽机运行与检修。1957年随电站人员接新机煤炭部1站。1960年1月接新机煤炭部3站，任汽机工段长。1965年5月调入37站，1972年调入46站，1978年调入38站。曾参加37、46、38站水塔改玻璃钢的技术革新，获列电局1978年度技术革新个人显著奖。1982年调入37站。1985年调河北电力建设公司，从事机电维修工作。1991年退休。

Li Guohua

李国华（1934.10— ） 河北唐山人，北京电校汽轮机和叶片加工专业毕业，工程师。1953年7月分配至燃料部电业管理总局修建局一队任技术员。1956年7月进入第7列车电站，技术员。1959年7月调入列电局武汉装配厂，先后任铸造车间、制造车间金属切削技术员，生技科、技术科汽机工程师。在汽轮机叶片加工工艺和装具、夹具设计方面有专长。1987年12月退休。

Yang Chengrong

杨成荣（1923.4— ） 江苏江浦人，高中文化，1941年2月参加革命工作，1943年6月加入中国共产党。1956年进入列电局机关工作。1957年9月调任第5列车电站厂长。1958年4月调任16站厂长。1960年6月调入列电局保定制造厂，任党总支副书记。1962年12月，调入江苏省电力局物资处工作。

Zhang Baoying

张宝英（1940— ） 女，北京人，初中文化。1956年7月进入保定基地，从事列车电站安装。1963年7月调入第41列车电站，从事电气运行与检修。随电站调迁黑龙江勃利，河南平顶山，山东东营、昌邑，湖北荆门等地发。1986年10月调入湖北荆门热电厂工作。

Fan Zhenghua

范正华（1933.4—2007.5） 湖北武汉人。1955年5月参加工作，在电业管理总局基建工程局包头工程处从事锅炉检修。1956年7月进入列电系统，先后在第4列车电站，煤炭部1、4站，从事锅炉运行与检修，后代理锅炉工段长。随电站调迁江苏南京，内蒙古平庄、海勃湾等地发电。1967年12月调入武汉基地，曾在机修车间、四车间、三车间工作。1983年5月退休。

Zhou Zeyan

周泽彦（1925.12—1997.6） 湖南长沙人。1950年3月参加工作，曾在湘潭湘江煤矿警卫队、武汉冶电业局警卫队任护警。1956年进入列电系统，后相继在第5、16、46、6、9、8列车电站工作，均为车工。随电站调迁河南洛阳、广东茂名、湖北武汉、北京清河等地发电。1982年4月调入武汉基地，在保卫科工作。1985年9月退休。

Pang Yongyuan

庞永元（1938.3— ） 天津人，太原电力学校汽轮机专业毕业。1956年7月分配到第6列车电站，焊工。曾参加6站安装调试工作，后调15站。随电站调迁河南三门峡、平顶山，广东茂名，陕西略阳等地发电。1971年调入略阳电厂，任焊工班班长。1984年调入西北电管局，从事金属雕塑城市美容工作。1993年3月退休。

Ni Zhenchu

倪振初（1935.12—2018.7） 安徽枞阳人，安徽芜湖工业学校机械专业毕业，工程师。1954年8月在淮南田家庵发电厂参加工作，任生产技术股助理技术员。1956年7月进入保定基地，在冷作车间任锅炉技术员。1961年9月调入列电局武汉装配厂，先后在车间、生技科、技术科任锅炉技术员、助理设计师、工程师。1986年3月退休。

Huang Shilin

黄石林（1933.7—1996.11） 广东台山人，初中文化，中共党员。1951年在广州电厂参加工作，1956年进入第5列车电站，从事锅炉运行与检修。1958年调入16站，任锅炉工段长、副厂长。1975年12月任26站副厂长。曾随电站调迁河南洛阳、兰考，湖南邵阳、株洲，内蒙古乌达、丰镇，广西桂林、宜山等地发电。1984年随电站下放株洲钢厂，任电站党支部书记。1985年后在株洲钢厂纪律检查办公室工作。

Liang Zifu

梁子富（1933.12— ） 山西太原人，北京电力专科学校热动锅炉专业毕业，高级工程师，中共党员。1953年毕业后到燃料部干部俄文培训班学习。1955年分配到湖北青山热电厂筹备处。同年12月借调武汉冶电业局列车发电厂（4、5站），任实习值长。1956年7月正式调入第5列车电站，同年12月参与进口机组6、9站的组装工作，任值长兼俄文翻译。1957年调入9站，任车间主任兼技术员。1958年被列电局授予快速调迁社会主义竞赛突击手称号。1964年起任14站副厂长。1972年12月任17站厂长。1975年调入西北基地，任供应科科长。列电体制改革后，调入山西电力修造厂，先后任经营销售科、生产科科长，总工办主任。

Wei Yinhai

尉银海（1938.12—？） 浙江绍兴人。1956年7月进入第2列车电站。1957年1月在保定基地参加锅炉训练班培训，同年6月分配至1站。1957年9月接新机10站，1961年1月调入25站，1966年调入43站，1969年12月接新机53站。均从事锅炉运行与检修。随电站调迁江西萍乡，河北通县，黑龙江哈尔滨、牡丹江，吉林蛟河，浙江宁波，江苏镇江等地发电。1985年10月调入华东基地，1996年4月退休。

Jiang Guoping

蒋国平（1931.9—2014） 湖南湘潭人，初中文化，中共党员。1956年年初进入武汉冶电业局列车发电厂（4、5站），从事保卫工作。后调入武汉基地，任车间党支部书记。1970年任第5列车电站厂长。1974年5月随电站下放湖南耒阳白沙煤矿。1977年10月调入新19站，1978年6月任41站党支部书记、厂长。1981年7月调入葛洲坝水泥厂，任烧成车间党支部书记、党办主任。后离休。

Wang Yongxue

王永学（1933.5—2016.6） 河南淇县人，北京电力学校热能动力专业毕业，工程师。1956年8月由电校分配至第1列车电站，同年10月调列电局机关，任教育科教员。1957年5月调入3站，1958年3月调入2站，任技术员。1959年2月调入28站，任技术员、生技组长。1980年11月晋升为工程师。1983年1月调入7站，1984年6月调入华东基地，从事电缆桥架新产品的开发和设计工作，后任技术科专业工程师。

Wang Jinqiu

王锦秋（1937— ） 上海宝山人，北京电力学校锅炉专业毕业，工程师。1956年8月由电校分配至第3列车电站，从事锅炉运行与检修，后任锅炉技术员。1960年1月接新机33站，锅炉技术员。1975年6月调新19站，任生技组长。随电站调迁河南焦作，浙江新安江，贵州贵阳、都匀、六枝、水城，湖南衡阳等地发电。1982年8月调入华东基地，任锅炉工程师，后在技术科从事消声器产品设计。

Wang Zanshao

王赞韶（1936.11— ） 河南长垣人，郑州电力学校发电厂电网及系统专业毕业，高级工程师。1956年8月分配至列电系统，先后任第2、7、13列车电站电气技术员，29站生技组长、电气车间副主任，41站生技组长、电气工程师。1981年8月调入武汉基地，先后在电站管理处、设备科任电气工程师。1960年7月参与编写《电气运行规程解释》。1970年7月，主持并设计6000千瓦机组由双排列改为单排列技术图纸及改进工程。

Xing Xiyuan

邢晰苑（1931.1— ） 女，河北赵县人。1952年8月毕业于天津师范学校，同年，在天津参加工作。1956年8月调入列电局机关工作。1957年7月调入保定电力工人技术学校任教，曾任语文教研组组长。1978年7月调入保定基地，在列电中学任语文教师，1984年8月调入石家庄电力工业学校工作。

Tang Mingwu

汤名武（1934.8—2004.3） 江苏镇江人，中共党员。1956年8月进入第2列车电站，从事电气运行与检修，任电气负责人。1973年4月起任副厂长。同年10月任49站党支部书记。1975年11月任26站党支部书记。1982年11月任53站副厂长。随电站调迁江西萍乡，江苏戚墅堰、新海连、镇江，广东曲江、韶关，湖北丹江口，陕西西乡，山东烟台，湖南株洲等地发电。1985年9月调入华东基地，先后任供应科、动力科副科长，服务公司副经理。

Sun Jiuru

孙九如（1930— ） 天津人，1949年毕业于天津师范学校，中共党员。1951年8月参加工作，在燃料工业部从事人事工作。1956年8月调入列电局机关，在干部科任科员。1963年11月调入保定基地。1972年起，历任锅炉车间副主任、铸造车间指导员、教育科科长兼职工子弟学校校长、管理三支部党支部书记。1985年被评为保定市教育局先进工作者。

Sun Xuce

孙绪策（1936.9— ） 湖北武汉人，郑州电校发电厂电网及系统专业毕业，高级工程师。1956年8月进入列电系统，先后在第1、8、13列车电站任电气技术员。1960年底接新机36站，任生技组长。随电站调迁黑龙江佳木斯，甘肃玉门，河南新乡、鹤壁、商丘、西平，黑龙江萨尔图、吉林敦化等地，曾参加大庆石油开发会战。1975年10月调入武汉基地，先后任技术员、电气工程师。1983年5月调入华中电管局基建处。

Li Hanming

李汉明（1936.10— ） 广西南宁人，本科学历，工程师，中共党员。1956年8月郑州电力学校发电厂电网及其系统专业毕业，分配至第4列车电站，后在2、7站任技术员、生技组长。1964年调35（13）站，为二机部九局（221厂）发电。次年分站时调入13站，任生技组长。1972年

3月起，任站革委会副主任、厂长。1975年5月调武汉基地，先后任生产技术科、计划科科长。1983年2月调入华中电管局，任计划处主任工程师、副处长、处长，副总经济师。

Zhang Zongjuan

张宗卷（1935.11— ） 河南焦作人，郑州电校发电厂电网及系统专业毕业，工程师，中共党员。1956年8月进入第5列车电站，任电气技术员。1957年起先后在4、46站工作。1958年被评为列电局先进生产者，1959年荣获新丰江工程局先进生产者称号。1962年2月任46站副厂长。1974年6月调入29站。随电站调迁河南洛阳、信阳，江苏南京，广东河源、新丰江、茂名，宁夏青铜峡，湖南临湘等地发电。1976年7月调入西北基地，在生产技术科任副科长、科长。1983年11月任宝鸡车辆修造厂副厂长。

Lu Minhua

陆敏华（1936.9—1996.10） 女，江苏无锡人，北京电力学校热能动力装置专业毕业，工程师，中共党员。1956年8月分配到第3列车电站，同年底调列电局培训班，任教师。1957年调入煤炭部第1列车电站，任锅炉技术员、生技组长。1975年调新19站，任锅炉技术员、助理工程师、生技组长。1981年调入无锡国棉一厂，任动力科科长、无锡市锅炉协会常任理事。曾获无锡市劳动模范和优秀共产党员称号。

Zhou Xuezeng

周学增（1936.6—2018.11） 天津人，北京管理局太原电力工人技术学校热机专业毕业。1956年8月分配到保定基地，在热工室从事热工专业。1959年调入第29列车电站，后任热工室负责人。随电站调迁湖北黄石、河南平顶山等地发电。1966年3月调入西北基地，参加基地基本建设，从事热工仪表的安装、维护。

Zhao Zhanting

赵占廷（1935.11— ） 河南新郑人，郑州电校发电厂电网及系统专业毕业，工程师，中共党员。1956年8月进入列电系统，先后在第1、23、32、31列车电站，从事技术管理，曾参与或主持多项重要技术工作：燃气轮机启动电源改造、纠正继电保护接线完善，用乙二醇替代盐水解决冷却系统防冻防腐问题、用补焊方法修复燃机叶片磨损；机电集控改造；发电机重大事故修复等。1976年6月调入西北基地，任技术员、动力科长。1984年10月被聘为宝鸡钢窗厂副厂长。1987年5月起，任河南新郑电厂总工程师，新郑电业局局长。1993年获河南省电力局先进工作者称号。

Yuan Youcheng

原有成（1937.2— ） 河南济源人，郑州电力学校发电厂电网及其系统专业毕业，中共党员。1956年8月由电校分配至第4列车电站，任技术员。1957年9月调入煤炭部1站，任生技组长。同年，被评为内蒙古平庄矿务局先进生产者，1963年起任47站副厂长。1969年11月接新机53站，任厂长兼党支部书记。随电站调迁河南洛阳、江苏南京、山东枣庄、内蒙古平庄、贵州六枝、浙江宁波、江苏镇江等地发电。1981年12月调入华东基地，先后任电站管理处副主任、组织科科长。1986年11月调入江苏吴县电厂，任厂长兼书记。

Ge Zupeng

葛祖彭（1910—？） 浙江东阳人，清华大学动力工程专业毕业，工程师。1933年9月参加工作，先后在重庆水电所、中纺公司任工程师。1956年8月进入第2列车电站，任工程师。1958年调入列电局新机办公室，任计划科科长。1959年6月调入列电局锅炉制造厂，任主任工程师。1960年调入列电局技术改进所，任专职工程师。1962年为保定市第三届政协委员。1971年到保定基地车间劳动，1974年调入北京石油化工总厂，任工程师。

Wang Junchang

王俊昌（1928.10—2016.8） 河北赵县人，天津河北工学院附设高级工业职业学校大专毕业，高级工程师。1951年8月分配到燃料工业部，在干部处工作。1951年11月到大连、沈阳俄文专科学校学习。1954年1月调燃料部干部学校任教。1956年9月调入列电局机关，在生技科和设计科从事技术工作。1957年任翻译组组长，负责进口电站交接时的翻译工作，为专家现场翻译，并完成大量资料翻译。1961年10月调入列电局技术改进所。1970年4月起先后在保定基地电气车间、生技科、风力发电研究室工作。1984年8月调入河北省电力试验研究所，在情报室从事翻译工作。

Shi Youbin

史有宾（1935.5—1998.7） 河南郑州人，中共党员。1954年10月始，曾在武汉冶电业局训练班学习，后在湖北大冶发电厂参加工作。1956年9月进入第5列车电站，从事锅炉运行与检修，后任人事员、代理技术员、生技组长。1960年1月调入船舶2站，任锅炉工段长。随电站调迁河南洛阳、湖南郴州、四川五通桥、江西九江等地发电。1972年10月调入武汉基地，任政治处、组干科组织干事。1981年5月起，先后任组织科、保卫科副科长、科长，纪委委员。1993年4月退休。

Chen Huifen

陈惠芬（1939.8— ） 女，江苏南京人。1956年9月进入列电系统，先后在第6、4、46、8、19列车电站，从事电气运行与检修。随电站调迁河南三门峡、江苏南京、宁夏青铜峡、河北衡水等地发电。1973年9月调入武汉基地，先后在检修车间、一车间从事电气维修工作。

Meng Guang'an

孟广安（1938.9— ） 河南安阳人，郑州电力学校发电厂电网及系统专业毕业，高级工程师。1956年9月分配至第6列车电站，电气技术员，1959年6月任电气车间副主任。1961年1月调入34站，任生技组负责人。1962年6月调入23站，任生技组长。1980年9月调入38站，任电气工程师、生技组长。曾参加茂名、大庆石油开发会战发电。1983年随电站下放，在江苏昆山列车电厂工作，任生技科长、副厂长。曾为昆山市第九、十届政协委员。

Hou Yongren

侯永仁（1933.10—2011.9） 辽宁沈阳人，天津工业学校土木建筑专业毕业，工程师。1951年11月在燃料部土木建筑公司任科员。1956年9月进入列电系统，先后在列电局基建科、计划科，新机办公室基建组任技术员。1960年7月调入列电局武汉装配厂，先后任基建科、生技科技术员，行政科、基建办公室工程师。1987年10月退休。

You Benhou

游本厚（1917.8—1993.10） 湖南益阳人，湖南大学电机专业本科毕业，工程师。1946年1月参加工作，曾任湖南省建设厅枕木委员会股长，汉口既济水电公司技术员，汉口发电厂总值长、生产股长。1956年9月进入列电系统，历任第4列车电站生技组长、总工程师，第16、14列车电站工程师，列电局汽轮机制造厂总工程师。1959年2月任列电局武汉装配厂生产科科长。1962年9月任5站、第四中心站、工作组工程师。1964年6月调入武汉基地，任基建科、生计科、生产科、试验室工程师，厂安全员。

Wang Xiuting

王秀婷（1939.11— ） 女，河北博野人。1956年10月在列电局保定汽机训练班培训。1957年6月分配至第6列车电站，从事汽机运行与检修。1957年8月调入4站，1964年12月调入37站，1972年10月调入46站，1980年9月调入60站。随电站调迁河南三门峡、新乡，江苏南京，广东河源、坪石、火烧坪、广州，湖南临湘，福建漳州、福州等地发电。1985年7月调入华东基地，从事汽机检修工作。

Sun Boyuan

孙伯源（1937.11— ） 河南鹿邑人，初中文化，中共党员。1955年8月在河南洛阳热电厂参加工作，1956年10月调入列电系统，先后在第5、16列车电站，从事锅炉运行与检修，曾任锅炉工段长，1977年任16站副厂长。1979年8月任61站副厂长。随电站调迁河南洛阳、兰考，湖南郴州、邵阳，内蒙古乌达、丰镇，广西桂林、宜山，河北保定等地发电。1982年12月调入保定基地，先后任行政科副科长、科长。1993年11月退休。

Bie Shijie

别士杰（1925.4—1992.11） 河南内乡人，中共党员。1951 年 1 月参加工作，曾在武昌线路工区、汉口电厂任劳资员。1956 年 10 月进入列电系统，历任第 4（5）列车电站劳资员、列电局保定修配厂总务员。1961 年 3 月调入列电局武汉装配厂，先后任总务员、材料员、仓库管理员。后因政策精减回原籍。1980 年 12 月落实政策返回基地。1981 年 1 月退休。

He Yuzhu

何玉柱（1926.10—2007.8） 河北石家庄人，医师，中共党员。1947 年参加革命。1949 年被选送石家庄微水电厂。1956 年 10 月调入局机关卫生保健站。1963 年始，在列电局克山农场、商都农场工作后，回局机关医务室。1969 年 2 月调入西北基地，在医务室任医师、负责人。1977 年借调到列电局密云干校。1986 年回西北基地医务室。

Zhang Wenyan

张文彦（1935.12— ） 辽宁大连人，吉林电力学校发电厂及电力系统专业毕业，工程师。1956 年 10 月毕业分配到第 1 列车电站，任汽机技术员。1957 年 8 月调入 10（12、17、18）站，任联合值长。1959 年 10 月调入 17 站，任生技组长。工作期间先后主持设计完成 17 站汽轮机加装电动水抽真空泵和盘车装置改造、捷克履带吊车的技术改造，该项目在列电局年度生产会上曾进行交流和推广。1979 年 12 月调入列电局中心试验所，在设计室汽机专业组工作，完成了 12000 千瓦蒸汽轮机列车电站逆流式冷水塔初设方案设计。1986 年 3 月后在河北电力职工大学任教。

Zhang Shufang

张淑芳（1938.3— ） 女，黑龙江佳木斯人，列车电业局动力学院电气专业肄业。1956 年 10 月进入第 1 列车电站，从事化验工作。1957 年后相继在第 17、34、36 列车电站化验室工作。1978 年 5 月调入列电局中心试验所，在化学组及资料室工作。1986 年 3 月后在河北电力职工大学图书馆任管理员，1986 年 12 月退休。

Ma Jinghua

马静华（1937.7— ） 女，黑龙江富锦人。1952 年 2 月在哈尔滨针织厂参加工作。1956 年 11 月进入列电系统，先后在第 23、37、31、32、34、36、10、40 列车电站，从事化验专业。随电站调迁辽宁开原、内蒙古乌达、黑龙江萨尔图、吉林敦化、山西晋城、河南遂平等地发电。1976 年 1 月调入武汉基地，在铸造车间工作。1981 年 1 月退休。

Wang Chengxiang

王成祥（1936.2—2011.9） 山东济南人，中共党员。1955 年 4 月入伍，后因身体原因退伍。1956 年 11 月进入列电系统，先后在第 2、7、13、29 列车电站，从事电气运行与检修。1965年曾参加列电局团支部书记培训班。1966年3月任29站副厂长。随电站调迁江西高坑，河南新乡，湖北黄石，河南平顶山、信阳等地发电。1978年7月调入西北基地，先后在锅炉车间、检验科、纪委等部门任主任、科长。

Yin Weiqi

殷维启（1925.11—2009.9） 湖北黄冈人，中共党员。1949年5月在湖北黄石第一发电厂参加工作。1956年11月进入第4（5）列车电站，任锅炉车间主任。后任煤炭部1、3站副厂长、党支部书记。随电站调迁河南洛阳、江苏南京、湖南双峰、贵州六枝等地发电。1965年5月调入武汉基地，先后任一、五车间副主任。1980年5月退休。

Huang Yupei

黄玉佩（1918.10—1996.4） 女，湖南益阳人。1951年9月在武汉市汉口电厂参加工作，合作社任会计。1956年11月进入列电系统，先后在第4、14列车电站任会计。随电站调迁河南洛阳、河北保定、四川成都等地发电。1958年11月调入列电局新机办公室。1959年1月调入列电局武汉装配厂，先后任行政科财务会计、车间管理员。

Li Xiurong

李秀荣（1929.1—2019.3） 女，江苏徐州人，中共党员。1953年1月在西安发电厂参加工作，电工。1956年12月进入列电系统，先后在保定基地、第9列车电站工作。1958年，调回保定基地。1971年9月调山西娘子关电厂，1978年8月调武汉基地。1962、1963年先后被评为保定市劳动模范、先进生产者。

Yang Kehe

杨克鹤（1928.9— ） 江西星子人。1953年3月在黑龙江佳木斯发电厂参加工作，从事化学试验。1956年12月进入列电系统，先后在第1、5、16、6、8列车电站，从事化验专业。随电站调迁河北通县、衡水，河南洛阳，湖南邵阳，广东茂名等地发电。1982年5月调入武汉基地，先后在质量检验科、保卫科工作。

Sun Song

孙颂（1921.2—2009.12） 女，江苏武进人，中共党员。1949年6月参加工作，曾在青岛市军管会工矿部、中国煤业青岛支公司、青岛商业学校，任会计、会计股副股长、教师。1957年1月进入列电系统，在局机关劳动工资科工作。1965年5月调武汉基地，先后在生产科、行政科任科员。1971年11月退休。

Yang Yuanqian

杨远千（1908.6—?） 江苏宜兴人，上海正风文学院国学专业毕业。1950年1月参加工作，曾在安徽蚌埠电厂、淮南电业局总务科任副科长、福利股副股长、主任科员。1957年1月进入列电局保定基地，任行政科总务股长。1963年12月调入武汉基地，先后在基建科、行政科工作。

Chen Fangwen

陈芳文（1935.8— ） 女，四川巴县人，初中文化，中共党员。1954年2月进入重庆电厂工作。1957年1月调入列电系统，先后在第6、4、8、24列车电站，从事电气运行及检修，曾任24站电气工段长。随电站调迁河南三门峡，江苏南京，广东河源，甘肃酒泉、嘉峪关，宁夏青铜峡等地发电。1964年9月调入保定基地，先后在电气车间、经营计划科、计划调度室从事电气工作。1985年退休。

Li Shumei

李淑梅（1933.10— ） 女，吉林桦甸人，会计师。1950年10月参加工作，曾在河北省财经委员会、通县石棉厂财务股、天津杨柳青手工业联合会任会计。1957年2月进入列电系统，在局机关财务科任会计。1960年7月调入列电局武汉装配厂，先后在行政科、财务科任会计。

Lian Weican

连伟参（1936.11— ） 广东潮阳人，初中文化。1957年3月进入正在组建的第6列车电站，从事电气运行与检修。1959年12月 调8站，1960年12月 调16站，曾任电气工段长。1983年调入40站。随电站调迁河南三门峡、平顶山，广东茂名、韶关，甘肃酒泉，湖南邵阳，内蒙古乌达、丰镇，广西桂林、宜山等地发电。1984年随电站下放广东韶关凡口铅锌矿。

Shao Liansheng

邵连生（1936.4— ） 北京人，初中文化。1950年7月在石景山发电厂参加工作。1955年5月调入包头第三发电厂。1957年3月进入保定基地。1966年4月调入西北基地，参加基地基本建设，先后任锅炉车间焊工班长、计划科质量检验员、后勤科“五七”工厂负责人、待业队负责人。曾参与1500千瓦自由活塞燃气轮发电机组、32米高空作业车、翻斗上煤车的制造。

Ni Huating

倪华庭（1935.11—2008.2） 湖北黄冈人。1953年3月参加工作，在辽宁营口电业局、鞍山电业局从事输变电检修。1957年3月进入列电系统，先后在煤炭部第1列车电站和39站，从事电气运行与检修。随电站调迁山东枣庄、内蒙古平庄、湖南衡阳等地发电。1968年1月调入武汉基地，先后在机修车间、五车间、行政科从事维修电工。1986年9月退休。

Wu Fang'ao

吴芳鳌（1936.1— ） 四川乐山人，初中文化。1957年4月进入第9列车电站，从事锅炉运行与检修，1965年起改焊工，随电站调迁四川成都、金堂、德阳、江油、广元，广东茂名、湛江，山西宁武，山东莱芜、烟台，内蒙古扎赉诺尔，黑龙江嫩江等地发电。1982 年调入湖南益阳电厂工作。1995 年退休。

Meng Qingyou

孟庆友（1931.6—2011.4） 黑龙江富锦人，中共党员。1948 年参军，第四野战军某部通信员。1952 年 1 月复员，在长春电机高等职业学校变电技工训练班学习，同年 4 月分配到佳木斯合江电业局，调度员。1957 年 4 月进入列电系统，先后在第 1、23、37、17 列车电站，从事电气运行与检修，后任电气车间主任。1961 年 11 月调入 31 站，曾参加大庆石油会战。1962 年 6 月起任 31（32）站副厂长，1963 年 8 月兼任 31（32）站党支部书记，1964 年 7 月任 31（32）站厂长。曾被评为大庆油田先进生产者、五好红旗手。1973 年 1 月调入佳木斯电业局，历任变电工区主任、勃利供电局局长、佳木斯农电局局长。后离休。

Zhao Peizhen

赵佩贞（1936.1—1998.11） 女，北京人。1956 年进入列电系统，参加列电局保定集训班学习。1957 年 4 月分配至第 9 列车电站，从事化验工作。1965 年 4 月调入 8 站，1970 年 1 月调入 41 站，1979 年调入 59 站。随电站调迁四川成都、金堂、德阳、江油、广元，广东茂名，河北衡水，山东东营、昌邑，黑龙江佳木斯等地发电。1983 年 9 月调入佳木斯纺织印染厂热电站。

Liu Dihua

刘涤华（1922.8—1998.2） 北京房山人，初中文化。1949 年 2 月参加工作，曾在燃料工业部电业管理总局劳动工资科任科员，1955 年 9 月任电力部劳动工资司科员。1957 年 5 月调入列电局机关，任财务科科员。1958 年 11 月调入列电局动力学院，任总务科副科长，1959 年 5 月动力学院调整后，在保定电力学校任行政科副科长。1971 年 5 月学校并入保定基地，任行政科副科长，1972 年 12 月复校后回校工作，任总务科副科长。

Li Zhuguo

李柱国（1939.3—2018.10） 河北新城人。1956 年 8 月在电力部印刷厂参加工作。1957 年 5 月入保定电力学校短训班学习，后分配至保定基地从事锅炉检修。1961 年 8 月调入列电局武汉装配厂，先后在检修车间、一车间、五车间、设备科工作。1998 年 5 月退休。

Yang Bin

杨彬（1934.10— ） 河北行唐人。1952 年 12 月在电业管理总局参加工作，1957 年 5 月抽调保定筹建太原电力工人技术学校保定分校。1958 年 10 月调入保定基地，先后在技术科、安全科工作。曾参加基地第一台列车电站制造，负责励磁机制造项目，并进入制造专业队，从事自制机床工作。1985 年病退。

Jin Xiuhua

金秀华（1933.4—2010.12） 女，江苏苏州人，浙江医科大学临床医学专业肄业。1956年4月在徐州贾汪煤矿医院参加工作。1957年5月进入保定基地，在医务室从事司药工作。1977年3月调入华东基地，在医务室工作。

Li Guoliang

李国良（1934.11— ） 江苏宜兴人，上海动力学院锅炉专业毕业，工程师，中共党员。1956年8月在河北峰峰发电厂参加工作，任锅炉分厂技术员。1957年6月进入列电系统，先后在第1、12、10、17、18、34列车电站，任技术员、生技组长。1961年参加大庆石油会战，被评为二等五好红旗手、五好团员。1981年6月调入武汉基地，先后在电站管理处、技术科、检修队、设计科任技术员、助理工程师，在总工程师办公室任标准化员。参与编修列电局《列车电站安全工作规程》。

Zhang Yongchi

张永池（1935.9— ） 四川乐山人。1956年8月在成都发电厂参加工作。1957年6月进入第9列车电站，从事锅炉运行与检修。1958年8月接新机14站。随电站调迁四川成都、金堂、甘洛、德阳，内蒙古平庄，黑龙江牡丹江，宁夏青铜峡，甘肃酒泉，陕西阳平关，江苏徐州等地发电。1975年5月调入武汉基地，先后在机修车间、五车间、物资科从事锅炉检修等工作。

Wan Xingxian

万星现（1925.12— ） 四川邻水人，复旦大学分院法律系毕业。1949年11月考入第二野战军军政大学学习。毕业后随部队参加了抗美援朝，并荣获朝鲜民主共和国三级国际勋章及证书，获三等功一次。1956年转业到北京水电科学研究院，在教育科工作。1957年调入列电局机关，在工会从事职工文化教育工作。1962年10月调入保定基地，先后在工会、总务科、子弟学校工作。曾参加列电中学的筹建，所教学科曾连年取得市中考成绩前三名，获得水电部、保定市先进教师荣誉称号。

Wang Shouren

王守仁（1937.11—2008.8） 山东潍坊人，初中文化，中共党员。1956年4月在山东青岛发电厂参加工作。1957年在保定电力学校培训学习，后分配至保定基地电气车间。1979年9月调入第56列车电站，从事电气运行与检修，随电站在江苏徐州发电。1983年1月调入山东烟台第二化工厂自备电厂。

Wang Fuchang

王福长（1936.8—1994.1） 河北三河人，北京电力学校锅炉专业毕业，中共党员。1955年8月参加工作，1957年进入保定电力学校，在教务科任教。后调入保定基地，历任检修车间、计划调度室技术员、工程师。1979年任基地“五七”工厂厂长。1982年1月调入保定市劳动局工作。

Wang Zhendong

王震东（1919.9— ） 山东海阳人，高中文化。1944 年 1 月参加革命工作，1949 年 2 月加入中国共产党。1957 年 7 月起，先后在太原电力工人技术学校保定分校、保定电力工人技术学校工作，任党支部书记、副主任、副校长。1958 年 7 月调入列电局，任新机办公室主任。1960 年调入水电部工作。

Yin Yaohua

尹耀华（1931.5— ） 福建厦门人，中央税务学校华东分校毕业，会计师。1949 年 5 月在上海印钞厂参加工作。1957 年调入局机关，在行政科从事财务管理。1963 年调入列电局技术改进所，在管理组从事财务工作。1971 年技改所与保定基地合并，在车间劳动，后在财务科任会计。1985 年退休。

Deng Xiuzhong

邓秀中（1937.10— ） 上海人，上海动力学校锅炉专业毕业，高级工程师。1957 年 7 月分配至第 7 列车电站，从事锅炉运行与检修。1964 年 8 月调 13 站，任锅炉技术员，1970 年任生技组长。1981 年调入 42 站。曾随电站调迁甘肃永登，浙江新安江、杭州、宁波，青海海晏，广东广州、韶关，云南禄丰，山西大同，河南商水，江苏苏州等地，为二机部九局（221 厂）服务。1983 年 3 月调苏州化工厂。

Lu Huanliang

卢焕良（1936.5— ） 山东泰安人，初中文化，1957 年 7 月进入保定基地，在金工车间工作。1965 年 5 月调入西北基地，参加基地的基本建设。先后在金工车间钳工班、五车间机械班、新产品开发公司小金工班、小火电安装公司金工班任班长。曾参加红心汽动给水泵、1500 千瓦自由活塞燃气轮发电机组的加工制造。

Zhu Kaicheng

朱开成（1934.3—2017.10） 江苏阜宁人，江苏扬州财政学校财政预算专业毕业，会计师，中共党员。1954 年 1 月参加工作，曾在燃料部电业管理总局、电力部财务司任会计。1957 年 7 月进入列电系统，任局机关财务科科员，第 13、36、34 列车电站秘书，船舶 1 站和 2 站副厂长。随电站调迁河南新乡、鹤壁，黑龙江萨尔图，浙江临海、湖南株洲等地，曾参加大庆石油开发会战发电。1975 年 10 月调入武汉基地，先后任财务科副科长、科长，管理党支部书记、分工会主席。1986 年 9 月退休。

Liu Yanjian

刘延鑑（1926.3—1987.12） 河北大城人，1945 年在天津电业临时管理处（天津电业管理局前身）参加工作。1952 年调到华北电业管理局工作，1957 年调入保定基地，先后在食堂、金工车间、厂办公室、组织科、教育科等部门工作，1978 年退休。

Liu Rongzhu

刘荣柱（1936.2—2000.11） 安徽肥东人，初中文化。1954 年 9 月在山东新汶发电厂任调度员。1957 年 7 月进入煤炭部第 2 列车电站，在电气车间任值长。随电站调迁江西萍乡、广东坪石、湖南金竹山等地发电。1966 年 5 月调入西北基地，参加基地的基本建设，从事电气检修工作，后在生产计划科任调度。

Mi Shuqin

米淑琴（1931— ） 女，河北唐山人，天津大学毕业。1957 年 7 月进入列电系统，先后任保定电力学校教师，第 31（32）列车电站副指导员、党支部副书记，35（13）站副指导员。任职期间，31（32）站被评为红旗电站，受到大庆油田指挥部表彰。后调入河北省电力局，任教育科科长。

Su Minmin

苏敏敏（1936.12—2013.9） 女，浙江宁波人，西安电力学校发电厂电网及系统专业毕业，助理工程师。1957 年 7 月分配至列电系统，先后在第 19、1 列车电站，电气技术员。随电站调迁四川江油、广元，甘肃酒泉等地发电。1961 年 2 月调入列电局武汉装配厂，先后任车间、试验室技术员。1983 年 1 月退休。

Li Shouyi

李守义（1934.5—1986.1） 吉林长春人，长春电力学校发电厂热能动力装置专业毕业，工程师、讲师，中共党员。1954 年 6 月在沈阳电力技工学校任教师。1955 年 7 月调入太原电力工人技术学校任教师，1957 年 7 月参与筹建保定电力技工学校，曾任（技校、动力学院、中专）教研组长、教务组长、教研室主任等。1971 年 5 月学校并入保定基地，1972 年 12 月复校后回校任教，主要从事锅炉设备及运行、流体力学和泵与风机等课程的教学工作。1974 年 10 月任锅炉专业队队长，1978 年 2 月任教务科副科长，1984 年 1 月任科长。曾被评为 1981 年度保定市先进工作者、1983 年度华北电管局先进工作者。保定市新市区第七、八届人民代表大会代表。

Li Shuyu

李树玉（1927.1—1996.10） 河北灵寿人，中共党员。1944 年 2 月参加八路军，后在东北公安局、辽宁军区任警卫。1948 年 12 月转业，先后在东北电管局任股长、华北电业局微水供应站任主任、太原电校任科长。1957 年 7 月任保定电力学校科长。1958 年 8 月任第 5 列车电站党支部副书记。1959 年 8 月调入列电局武汉装配厂，任总务科科长。1961 年调入局机关副业科工作，曾任克山农场场长。1968 年 9 月调入西北基地，先后任二车间党支部书记、总务科科长、厂办主任。还曾担任过厂办农场负责人、知青下乡点带队干部。1979 年 10 月离休。

Wu Shiju

吴世菊（1935.11— ） 女，浙江宁波人，初中文化。1957 年 7 月进入第 5 列车电站，从事电气运行及检修。1959 年调入船舶 1 站，任电气工段长。1963 年在保定基地第二工作组任办事员，随电站调迁河北保定、湖南许家洞、湖北丹江口等地发电。1965 年 4 月参加西北基地的筹建，在财务科任会计，1968 年在电气实验室工作，1977 年至 1978 年代理财务科长。

Wang Jiasheng

汪嘉声（1937.8—2013.12） 福建福州人，北京电力学校电厂化学专业毕业，工程师。1957 年 8 月分配到列电系统，先后在第 5、14、9 列车电站，从事汽机专业技术工作，随电站调迁河北保定，四川成都、江油等地发电。1960 年调入保定基地，先后在实验室、铸造车间、车辆车间任技术员、工程师。1993 年 6 月退休。

Zhang Junfeng

张俊峰（1931.12— ） 河南柘城人，初中文化。1949 年 8 月参加中国人民解放军，曾任文书、军械员、司务长。1951 年在广西剿匪工作出色，受到省政府、军区的嘉奖。1956 年 3 月复员到洛阳热电厂。1957 年 7 月进入列电系统，先后在第 5、16、26 列车电站，从事后勤管理工作。随电站调迁河北保定，湖南郴州、湘潭，内蒙古赤峰、通辽，宁夏青铜峡等地发电。1973 年 6 月调入西北基地，在供应科任材料员，1987 年调入干部科老年办公室。

Lu Peiqin

陆佩琴（1937.11—2019.8） 女，陕西西安人，西安电校发电厂电网及系统专业毕业，工程师。1957 年 7 月分配到第 6 列车电站。1959 年 2 月被评为列电局社会主义建设积极分子。曾在第 6 列车电站任值长。1968 年调入 8 站，任技术员。1973 年 6 月调入 21 站，任电气技术员。1981 年调入西北基地，负责职工教育工作。1984 年被评为西北电管局职工教育先进教师。1986 年在开发公司从事技术工作。

Lu Xidan

陆锡旦（1935.1—2009.4） 江苏常州人，上海动力学校锅炉专业毕业，工程师，中共党员。1957 年 7 月进入第 6 列车电站，任锅炉技术员、生技组长，在茂名石油会战发电期间，曾任代理副厂长、党支部书记。1973 年 6 月调入 21 站，任生技组长、厂长。随电站调迁河南三门峡、平顶山，广东茂名，新疆雅满苏，黑龙江牡丹江等地发电。1982 年 5 月调入西北基地，先后任厂待业队队长、财务科科长、产品开发公司副主任。

Fan Maokai

范茂凯（1939.1—2018） 上海人，上海动力学校毕业，工程师。1957 年 7 月分配至保定基地，1961 年调入第 9 列车电站，从事汽机运行与检修，后任生技组长。1965

年调入15站，1970年接新机56站，任汽机技术员。1979年接新机62站。随电站调迁广东茂名，陕西略阳，江苏徐州、无锡等地发电。1982年10月随电站成建制下放无锡市。1998年退休。

Zheng Zenglou

郑增楼（1937.8— ） 河北安国人，初中文化。1954年招工进入天津第三发电厂，在锅炉车间学徒。1955年调至包头发电三厂。1957年调至保定基地，从事锅炉安装。1958年入伍，1961年复员回厂。同年调入列电局武汉装配厂，从事检修与安装。1974年调入第29列车电站，从事锅炉运行与检修。1983年随电站下放信阳电业局，1993年退休。

Zhao Guoxu

赵国绪（1936.7—2016.9） 河南新郑人，郑州电校发电厂电网及系统专业毕业，中共党员。1957年7月分配到第19列车电站，任电气技术员，后调入20站任生技组长。1972年12月起，任副指导员、党支部书记。1974年任51站党支部书记。随电站调迁四川江油、广元、绵阳，河北天津、衡水，甘肃甘谷，陕西韩城，山东胶县，新疆乌鲁木齐等地发电。1979年调入西北基地，先后任厂子弟学校校长、车间主任、劳资科科长。

Jing Decai

荆德才（1930.12—2011.1） 吉林双阳人，初中文化。1945年10月参加革命，1947年10月加入中国共产党。曾在38军114师服役，1953年10月转业到华北电管局，在供应处工作。1955年2月调入燃料部生产司工作。1957年7月调入保定基地，从事材料供应。1962年8月调入第41列车电站，任秘书。1965年3月到列电局密云训练班任干事。1970年10月调回保定基地，在供应科工作，1973年2月任供应科副科长。1990年12月离休，享受县（处）级待遇。

Hou Changshan

侯长山（1938.1—1993.2） 河北保定人，中共党员。1957年进入保定基地，先后任食堂采购员、克山农场生产队长、总务科房管员，基建科修建队队长、供应科任材料员，1979年到列电劳动服务公司商业组任负责人。

Gu Yaoxun

顾耀勋（1939.8—2011） 上海人，上海动力学校汽机专业毕业，高级工程师。1957年8月进入第3列车电站，任汽机技术员。1966年调入7站，1979年8月调入38站，任汽机工程师。随电站调迁浙江新安江、宁波，湖北丹江口，福建漳平，江苏昆山等地发电。1983年随电站下放，在江苏昆山列车电厂工作，1986年任副厂长。曾被评为昆山市先进工作者。

Kang Dianju

康殿举（1925.3—1968.2） 山东聊城人，

1947年6月在东北参加中国人民解放军，同年加入中国共产党，1950年随42军126师参加抗美援朝战争。1951年1月进入齐齐哈尔27军步兵学校学习，1951年10月转业到东北电业管理局工作。1957年调入保定基地，曾任总务科副科长。

Chu Mengzhou

褚孟周（1924.8—2018.8） 吉林延吉人，初中文化，中共党员。1945年8月参加工作，先后在延吉电业局第一变电所、东北冀察热辽军区办事处工作。1949年5月参加中国人民解放军，同年8月随部队南下，相继任下摄司发电厂军代表，湘潭电业局营业所长，株洲线路工区主任，长沙电业局历任输电工程处主任、基建科副主任，衡阳线路工区主任，衡阳电厂副厂长。1957年7月调入列电系统，筹建第15列车电站，任厂长。1958年8月筹建船舶1站，任厂长。1959年6月筹建列电局武汉装配厂，任副厂长。1960年6月调入列电局保定制造厂，任副厂长。1963年12月任保定基地副主任。1971年9月调入山西娘子关电厂，任副厂长。1985年4月离休。

Cai Junshan

蔡俊善（1930.2—1984.10） 河南浚县人，北京电力学校汽机专业毕业，工程师，中共党员。1951年7月参加工作，曾任平原省学生联合会副主席、天津工业学校党支部副书记、沈阳电力技工学校学生科主任、电力部教育司技工科干部。1957年7月进入列电系统，历任第4列车电站、列电局保定装配厂技术员，保定电力技校技工部副主任、武汉装配厂计划科副科长。1963年5月起，任48站厂长兼党支部书记、局机关建房工作组组长。1965年4月调入武汉基地，先后在基建科、车间、生产科任技术员、生产调度。1979年7月起，任行政科副科长、附属综合厂厂长、车间副主任、教育科副科长。

Wei Qimin

蔚启民（1938.3—2013.8） 陕西大荔人，西安电力学校发电厂电网及系统专业毕业，工程师，中共党员。1957年7月进入列电系统，先后在6站、34站、武汉基地、23站，任电气技术员、工程师、车间负责人、生技组组长。随电站调迁河南三门峡、平顶山，广东茂名，黑龙江南岔、萨尔图，四川广顺场、甘洛，山西风陵渡、大同，云南昆明，内蒙古临河等地发电。1982年随23站调入西北基地，先后在子弟学校任总务主任、技术科负责科技管理。

Wei Changrui

魏长瑞（1929.8—2012） 北京人，毕业于清华大学机械系火力发电厂热力专业，高级工程师。1952年9月分配到北京水电设计院工作。1957年调入局机关，在生产技术科任工程师。同年，参加第11列车电站的安装、试运工作，并任生技组组长。

1958年10月调入列电局新机办公室，任设计科工程师。1959年6月调入列电局中心试验所，任电气试验组工程师、汽机组组长。1971年进入保定基地，先后在设计科、生产科任工程师，1978年任副总工程师。列电体制改革后，任保定电力修造厂总工程师。保定市第七届、第八届人大代表，河北省第五届政协委员。1990年11月退休。

Ma Haiming

马海明（1934.12—2006.3） 上海人，上海动力学校汽机专业毕业，工程师，中共党员。1957年8月分配至第7列车电站，从事汽机运行与检修。1959年9月接新机21站，任技术员、生技组长。1964年2月起任副厂长。1970年12月组建56站，任厂长兼党支部书记，曾借调列电局基建科工作。1979年9月任62站厂长兼党支部书记。随电站调迁浙江新安江，河北保定，广东茂名，黑龙江克山，内蒙古集宁，江苏徐州、无锡等地发电。1982年10月随电站成建制下放无锡市。

Ma Qibo

马漆波（1939.6— ） 浙江绍兴人，中国人民大学函授学院工业企业经济专业毕业，工程师、高级经济师，中共党员。1957年8月上海动力学校毕业，分配至保定电力（技工、动力学院）学校任教，曾任教务（导）科副科长。1964年2月调入水电部劳资司。1973年10月后，历任水电部（电力部）劳资司、教育司副处长、处长，水电部机关第一服务公司党委书记、总经理兼党委书记，中国水利电力对外公司党委副书记、副总经理，中国电力技术进出口公司党委书记、副总经理（正局级）等职。1979年3月，组织制定全国统一的电力技工学校教学计划（试行），后经修订以水电部文件颁发施行。1960年度被评为保定市文教战线群英会代表。

Wang Youmin

王有民（1938.7— ） 陕西长武人，西安电力学校发电厂电网及系统专业毕业，工程师，中共党员。1957年8月分配至第4列车电站，任实习技术员。1959年7月调入31站，历任电气技术员、电气车间主任、指导员、党支部书记。随电站调迁江苏南京，广东河源，四川重庆、荣昌，黑龙江大庆，湖南湘乡，北京等地发电。1981年3月调入北京二七机车厂，先后任设备科工程师、动力车间党支部书记、扩建指挥部党支部书记、中国铁路机车车辆工业南戴河干部培训部副主任（副处级）。1963年被评为黑龙江省电力工业第五届先进生产者，1965年被评为大庆石油会战五好标兵。

Wang Chongxu

王重旭（1937—2004） 浙江鄞县人，上海动力学校热能动力装置专业毕业，工程师。1957年8月分配至第11列车电站，汽机技术员。1960年10月接新机38站，

1977 年调入 53 站，均任生技组长。1978 年参与列电局在 53 站试点的冷水塔改造项目，同年获列电局技术革新个人显著奖。随电站调迁福建南平、三明，山东官桥，山西运城，甘肃金川，广东韶关，江西九江，河北迁安，浙江宁波，江苏镇江等地发电。1982 年 5 月调入华东基地，先后在技术科、电站管理处任技术员、工程师。

Wang Helin

王鹤林（1929.11—2011.3） 河北唐山人，中国人民大学工厂管理专业毕业，高级工程师，中共党员。1953 年毕业分配到华北电管局，任计划科科长。1957 年 8 月调入第 4 列车电站，任厂长。1959 年 6 月任 31 站厂长。1962 年 3 月调入局机关，任计划科科长。1970 年 9 月调入 51 站，从事锅炉运行与检修，后任厂长。1973 年 3 月调河南姚孟电厂，任基建处处长。1978 年 12 月任中国科学院物理研究所基建处处长。1981 年 1 月任水电部通信调度局办公室主任。1983 年 10 月调入华能集团，任办公室主任、财务部经理。

Lu Shuzhen

卢淑真（1933.6— ） 女，上海人。1953 年 7 月哈尔滨外国语学院俄语专业毕业，高级工程师。1953 年 7 月分配至燃料部电力建设总局专家工作室任专家翻译。1957 年 8 月进入列电局机关。1970 年秋调入武汉基地。1973 年年底调入广州石油化工建设指挥部，任专家翻译，参与广州石油化工总厂建设、生产、发展的全过程。1988 年 12 月退休。

Yang Zhichao

杨志超（1934.12— ） 广东中山人，中南电气工业学校发电厂及电力网专业毕业，教授级高工，中共党员。1953 年 6 月在燃料部电业管理总局干部学校俄语专修班学习。1955 年 12 月分配至电力建设总局，被授予建设社会主义青年积极分子。1957 年 8 月进入列电局机关，1959 年合著出版《列车电站出力鉴定》，参与列车电站机组在大庆被撞事故处理，武汉燃机设计制造。1970 年调入武汉基地。1973 年调入广州石油化工建设指挥部，任总机械师、副总工程师。曾获联合国奖学金在奥地利进修，享受国务院特殊津贴。

He Zizhi

何自治（1934.9— ） 陕西乾县人，西安电力学校发电厂电网及系统专业毕业，电气工程师，中共党员。1957 年 8 月分配到第 11 列车电站，任电气技术员兼团支部书记。1960 年 10 月调入 38 站，任技术员，团支部书记党支部委员，后兼工会主席。1977 年 10 月调入 12 站任技术员、助理工程师。1959 年 1 月获福建团省委红旗青年突击手奖章。1975 年被评为首钢总公司先进工作者。1976 年 8 月获首钢大石河铁矿抗震救灾三等功，被评为优秀共产党员。1982 年 10 月调入黑龙江双城糖厂，任动力车间副主任。1988年10月调入石家庄鹿泉电厂，任电气工程师。

Zhang Zipin

张子频（1913.3—?） 江苏太仓人。1948年3月参加工作，曾在南京资源委员会电业管理处、华东工业部电力工业处、燃料部电业管理总局、电力部教育司任会计。1957年8月进入列电局保定装配厂任会计，1958年10月任列电局新机办公室财务科副科长，1959年4月任列电局锅炉制造厂财务主管。同年10月调入列电局武汉装配厂，先后任财务科副科长、科长。

Zhang Xueyi

张学义（1936.5— ） 陕西西安人，西安电力学校发电厂电网及系统专业毕业，高级工程师，中共党员。1957年8月分配至第11列车电站，曾任电气技术员、工段长，生技组长。1971年5月调入56站，先后任生技组长、电气工程师、党支部委员、生产负责人。1975年到列电局密云干校学习半年。1984年调入徐州市热电公司筹建北区热电厂，历任电气工程师、生技科长、大车间运行主任、党支部副书记。1986年7月调入徐州房地产开发公司并转入徐州民用建筑设计研究院，任设计师、主任工程师。

Zhang Xujie

张绪杰（1938.5—2018.4） 河南孟津人，西安电力学校发电厂电网及其系统专业毕业，工程师。1957年8月分配至第16列车电站，电气专业改为汽机专业。1959年接新机26站，1966年调入47站，1967年调入20站，均任汽机技术员。随电站调迁内蒙古赤峰、贵州六盘水、陕西韩城等地发电。1974年10月随20站下放西安交通大学，在发电教研室工作。1988年12月，参与研制汽机叶片振动特性四通道、三通道遥测设备，获西安交大一等奖。1993年11月，参与研制汽机长叶片动频及动应力遥测技术设备，获陕西省教委科技进步三等奖。

Chen Lanrong

陈兰荣（1937.4— ） 女，浙江镇海人，太原电力工人技术学校电气专业毕业，馆员。1956年8月参加工作，在太原电校实习工厂任教。1957年8月后，调入保定电力技工学校任教。1971年5月学校并入保定基地。1972年12月复校后回校，在图书馆任图书馆员。曾被评为1982、1985、1986年度保定市优秀工会积极分子。

Chen Guangrong

陈光荣（1938.4— ） 陕西韩城人，西安电力学校发电厂电网及系统专业毕业，高级工程师。1957年8月进入列电系统，先后在第7、13、29、44、42列车电站任电气技术员、生技组长。1964年至1965年在列电局技术改进所工作。1976年唐山地震时迅速赶到电站现场，及时组织恢复了生产水源。曾参与编写《列车电站调迁规

程》。1983 年 3 月调入苏州热电厂，任电气工程师、车间主任。1993 年获苏州市科学技术进步奖和江苏省优秀技术开发人员金牛奖。1999 年 4 月退休。

Fan Zhiming

范志明（1937.6— ） 上海人，上海动力学校热能动力装置专业毕业，工程师。1957 年 8 月分配至第 6 列车电站，任技术员。1965 年调入 9 站，任生技组长。随电站调迁河南三门峡、平顶山，广东茂名、湛江，山西宁武，山东莱芜、烟台，内蒙古扎赉诺尔等地发电。1982 年调河南周口市棉纺厂自备电厂，任生技组长。1987 年调入昆山列车电厂，任生技科长。后任昆山锦港集团车间副主任。

Jia Tieliu

贾铁流（1939.10—2010.7） 北京人，北京电力学校电厂化学专业毕业，工程师，中共党员。1957 年 8 月毕业分配到第 8 列车电站，在化验室工作，后调入 6 站，任化验室技术员，1967 年 10 月调入 18 站。随电站调迁甘肃玉门、宁夏青铜峡、新疆雅满苏、广东茂名等地发电。1966 年 5 月调入西北基地，参加基地的基本建设，后任化验室负责人。1983 年后任质量检验科科长。

Jia Xi

贾熙（1932.7—2013.9） 安徽阜阳人，大专学历，长春电力学校热能动力装置专业毕业，高级工程师。长春电校毕业后又在北京外语学院俄语系学习，1955 年 2 月起，先后在抚顺第二工程公司、本溪第 14 工程处及电力基建总局从事翻译工作。1957 年 8 月调入列电局机关，从事翻译工作。1958 年 9 月在设计科从事技术工作。1961 年 10 月调入列电局技术改进所，从事锅炉专业技术工作。1979 年自主设计的列车电站锅炉二次风改造项目获列电局技术革新奖。1980 年主持完成列车电站 17 吨 / 时锅炉的鉴定试验与改进，并发表“列车电站 17 吨 / 时炉的缺陷分析与改造”一文。1986 年 9 月后在河北电力职工大学动力系专业教研室任教。参与了河北电力职工大学《校志》的编写。

Qian Rugao

钱如高（1934.11— ） 江苏高邮人，上海动力学校热能动力专业毕业，工程师，中共党员。1957 年 8 月由电校分配至第 12 列车电站，任锅炉技术员。随电站调迁黑龙江哈尔滨，安徽合肥、濉溪，甘肃酒泉，内蒙古平庄、扎赉诺尔等地发电，曾为二机部十四局（404 厂）服务。1977 年 4 月调入华东基地，先后在生产组、生技科任技术员、工程师。1961 年评为安徽省电业局社会主义建设积极分子。

Xu Wuying

徐武英（1937.12— ） 女，上海崇明人，上海动力学校热能动力专业毕业，工程师。1957 年 8 月由学校分配至第 11 列车电站，任锅炉技术员，后任汽机技术员、安全监察员。1976年5月至1976年12月，由列电局借调到无锡锅炉厂及华东电力设计院，从事（17吨/小时）锅炉及汽机设计工作。随电站调迁福建南平、三明，山东官桥等地发电。1979年1月调入华东基地，先后任生技科工程师、生产计划科统计员。

Guo Mengyin

郭孟寅（1938.5— ） 河北昌黎人，北京电力学校电厂化学专业毕业，高级工程师。1957年8月分配至第6列车电站，从事技术工作，后任化学水处理技术员、生技组长。随电站调迁河南三门峡、平顶山，广东茂名，湖南衡阳，新疆哈密等地发电。1972年9月调入武汉基地，在试验室任金属化学技术员、工程师。1991年3月起，任安全主任工程师。在6站调迁新疆哈密雅满苏镇中，提出水处理设计方案，保障了电站的正常发电。

Tang Shaorong

唐绍荣（1933.1—2019.11） 安徽巢县人，工程师。1951年8月在太原电力修造厂参加工作。同年8月至1953年1月，在燃料部电业管理总局俄文专业班学习，曾在华北修建局、太原火电三公司、佳木斯工程处专家工作室、基建工程管理局工作，从事俄文翻译。1957年8月进入列电局机关，任技术科俄文翻译。1958年3月调入第16列车电站，同年11月调入保定基地，任技术员。1976年1月参与华东基地的筹建，1977年3月调入华东基地，先后在生产组、生技科任技术员、热处理工程师。

Ji Huifen

姬惠芬（1939.2— ） 女，陕西西安人，西安电力学校发电厂电网及系统专业毕业，工程师。1957年8月分配至第11列车电站，任电气技术员。1959年1月接新机24站，1962年调入20站，1972年调入43站，后又调入20站，均任电气技术员。随电站调迁福建南平、三明，宁夏青铜峡，四川绵竹、广元，陕西韩城，天津，河北衡水等地，参加天津、衡水两地抗洪救灾发电。1974年10月随20站下放西安交通大学，在发电教研室工作。

Gong Rongchun

龚荣春（1938—1976） 浙江余姚人，上海电力学校热能动力装置专业毕业。1957年8月分配到第8列车电站，任汽机技术员，后任生技组长。1966年10月，调入6站。后期抽调至无锡锅炉厂参加列车电站三型机组设计。随电站调迁甘肃玉门、酒泉，宁夏青铜峡，广东茂名，湖南衡阳等地发电。

Xie Deliang

谢德亮（1923.2—2007.1） 山东黄县人，中国人民大学工业经济系毕业，1940年3月加入中国共产党。1939年10月参加八

路军，1949年参加了渡江战役。后任青浦县区委书记、松江地区团地委副书记。1957年大学毕业后在煤炭部计划司任秘书。同年8月起，历任煤炭部第1、2、3列车电站副厂长、党支部书记、厂长。1963年5月调入保定基地，1965年1月参与筹建西北基地，任土建办公室负责人。1976年1月参与筹建华东基地，先后任筹建处成员、基地副主任。1985年12月离休。

Zang Ding

臧定（1939.9— ） 上海人，上海动力学校锅炉装置专业毕业，工程师、高级讲师。1957年8月参加工作，分配至保定电力学校任教师，主要从事机械制图等课程的教学工作。1971年5月学校并入保定基地。1972年12月复校后回校继续任教，曾任教研组组长（期间曾在天津工学院画法几何制图师资班进修）。1986年调入江苏河海大学常州分校任教，1990年调入上海电力工业学校任教。1963年主编《机械制图》教材，由中国水利电力出版社出版。

Pei Tiyun

裴悌云（1939.9— ） 江西吉安人，西安电力学校发电厂电网及系统毕业，技术员。1957年8月毕业分配到第11列车电站，任热工技术员。1959年2月调入24站。1962年12月调入列电局技术改进所，在热工组工作，参与完成《列车电站国产锅炉仿苏双冲量和苏式 ЭPⅢ-K型给水调节器的改进》，实现同类型列车电站给水调节器正常投运。1973年编写《2.3万千瓦燃气轮机电站热工仪表及自动化系统调试大纲》。1974年编写《热工仪表培训讲义》。1996年退休。

Pan Shungao

潘顺高（1931.11— ） 安徽歙县人，1952年11月燃料部干部学校财会专业毕业，助理经济师，中共党员。1952年12月参加工作，先后在燃料部电业管理总局、电力部从事机要工作。1957年8月进入第4列车电站，从事秘书工作。1963年6月调入列电局第五工作组，后任48站副指导员。1964年5月调入局机关，任劳动工资科副科长。1970年7月调入西北基地，先后任政工组副组长、劳动工资科科长、财务科科长。1983年7月调入华东基地，任劳动工资科科长、企业质量管理办公室主任。

Qu Runyan

瞿润炎（1938— ） 上海人，上海动力学校热能动力专业毕业，工程师。1957年8月由电校分配至第11列车电站，从事锅炉运行与检修，后任锅炉技术员、生技组长。在11站工作了22年，随电站调迁福建南平、三明，山东官桥等地发电。1979年7月调入华东基地，先后任车间技术员、电站管理处锅炉工程师。

Wang Shizhong

王士忠（1933.11—2014.7） 河北怀安人，太原工学院电机专业毕业，工程师、高级讲师。1957 年 9 月参加工作，在太原电力工人技术学校保定分校任教师。1958 年 10 月在列电局动力学院任教师。此后，相继在保定电力学校、保定电力技工学校任教。1971 年 5 月学校并入保定基地，1972 年 12 月复校后仍回校任教。1988 年 10 月任保定电力学校高级讲师。30 多年来，一直从事电工学、电子学等课程的教学和建设工作。

Bian Yudong

边玉栋（1935.11—2017.1） 河北石家庄人。1951 年 5 月，在河北石家庄电厂参加工作，从事锅炉运行与检修。1957 年 9 月进入列电系统，先后在第 11、24 列车电站工作，曾任值长。随电站调迁福建南平、三明，宁夏青铜峡等地发电。1962 年调入保定基地。1966 年 3 月调入西北基地，在锅炉车间从事检修工作。1983 年后调入厂生产科，从事仓库保管工作。

Cheng Yuanhu

成源沪（1938.11—1990.8） 上海人，上海动力学校汽机专业毕业，工程师。1957 年 9 月进入列电系统，先后在第 1、19 列车电站任电气技术员，在列电局中心试验所热机组任组长，在 19、2 站任汽机助理技术员、生技组长。随电站调迁河北通县，四川广元，广东韶关，湖北丹江口，陕西西乡，湖南株洲、耒阳等地发电。1974 年 10 月调入武汉基地，先后在生技科、生产科、技术科任电气技术员、工程师。

Liu Xuebin

刘学斌（1929.5—1996.9） 河南偃师人。1951 年 3 月在西安第一电厂参加工作。1957 年 9 月进入保定基地，参与第 19 列车电站的安装，随后调入 19 站从事运行与维修。随电站调迁四川江油、广元等地发电。1970 年 8 月调入武汉基地，先后在检修车间、一车间、五车间从事检修安装工作。1980 年 11 月退休。

Liu Lei

刘磊（1923.10—2013.11） 女，河北安平人，中共党员。1940 年 10 月参加革命，1949 年 10 月前为冀中军区宣传员、胜芳政府秘书、怀仁县政府教育科员、雁北军分区卫生处副政治指导员、察哈尔军区速成学校干事等。1949 年 10 月后在华北军区第一文化补习学校任教员，1957 年 9 月调入保定电力技工学校任教。1971 年 5 月学校并入保定基地后任科员，1972 年 12 月复校后回校在党委办公室任科员。1984 年 7 月离休。

Li Qinghua

李庆华（1933.12—2016.1） 河北新乐人，高中文化，工程师。1954 年 5 月参加工作，1957 年 9 月调入保定基地，在土建工程队任技术员。1958 年调入保定电力学校任技术员。1971 年调入保定基地，先后在经营计划科、基建科从事土建技术工作，任助理工程师、工程师。曾参加基地大型厂房设计工作。

Wu Xiurong

吴秀荣（1933.4— ） 女，河南浚县人，1953 年 8 月北京电力学校毕业，工程师。同年 8 月至 1955 年 1 月，在燃料部电业管理总局俄文专业班学习，1955 年 1 月在电业管理总局基建工程局参加工作，从事俄文翻译。1957 年 9 月进入列电局机关，在技术科任俄文翻译。1958 年 9 月调入列电局中心试验所，在汽机组任技术员。1977 年 5 月调入华东基地，先后在生产组、生技科任技术员、工程师。

Song Changye

宋昌业（1930.3—2011.9） 青海西宁人，西北工学院电机专修科毕业，工程师，中共党员。1953 年 7 月分配到电业管理总局，在生技处从事生产管理。后调电力部人防司任技术员。1957 年 9 月调入第 4 列车电站，任工程师、生技股长。1960 年 10 月调入西北区中心站，从事技术、生产管理等工作。1961 年 4 月调入 24 站，任副厂长。1964 年 11 月调入局机关，曾在办公室、供应科从事宣传、物资工作。1973 年 6 月调入保定基地，曾任铸造车间副主任、经营科工程师。列电体制改革后，历任保定电力修造厂计划科科长、开发部副部长、基建科科长、经营部部长。

Zhang Baoheng

张宝珩（1936.5— ） 天津宝坻人，北京电力学校电厂化学专业毕业，工程师。1957 年 9 月毕业分配到第 7 列车电站。1959 年 7 月调入 31 站，任 31（32）站联合值长组组长，参与大庆石油开发会战发电，被大庆油田会战指挥部评为年度先进分子及技术能手。1965 年 5 月接新机 51 站，任生技组组长。1978 年 4 月调入列电局中心试验所，任设计室汽机专业组长。1979 年至 1980 年间参与完成列电局 6000 千瓦快装电站及 12000 千瓦蒸汽轮机列车电站方案设计。1981 年参加研发列车电站Ⅰ、Ⅱ型横流式冷水塔项目，获列电局技术革新奖。1986 年 3 月后，在河北电力职工大学工作，曾任图书馆馆长。

Chen Shili

陈士礼（1936.6— ） 安徽无为人，芜湖电力学校金属切削加工专业毕业，高级工程师，中共党员。1957 年 9 月分配至保定基地。1959 年 6 月调列电局武汉装配厂，任车间助理技术员。1964 年 7 月起，先后任车间副主任、主任，设备科负责人、质检科科长、副总工程师兼工艺科科长。1990 年 10 月任副厂长。1958、1959 年分别被评为保定市、列电局建设社会主义青年积极分子。1978 年被评为武汉供电局先进科技工作者。

Xia Zhiqiang

夏志强（1933.3—2019.8） 浙江上虞人，

助理经济师。1953 年 1 月在燃料部干部学校第四期 11 队器材班学习，同年 8 月结业后曾在燃料部电业管理总局材料处、电力部供应司工作。1957 年 9 月进入列电局机关，在材料科任材料员。1963 年 11 月调入第 42 列车电。随电站调迁四川峨眉、陕西略阳、湖南株洲、河北迁安等地发电。1978 年 3 月调入华东基地，供应科材料员。

Yin Guoqiang

殷国强（1937.12—2007.10） 上海人，上海动力学校锅炉专业毕业，高级工程师，中共党员。1957 年 9 月进入第 9 列车电站，从事锅炉运行与检修。1961 年 12 月调入局机关，在生产技术科（处）负责锅炉技术管理。1963 年 11 月调入列电局技术改进所，负责锅炉技术管理。1964 年 1 月调入保定基地。1970 年 11 月调西北基地。1972 年 12 月调回局机关，在生产技术科（处）负责全局锅炉检修管理。曾主编《锅炉检修标准和工艺要求》《锅炉运行规程》及锅炉评级标准等规程和管理制度。1983 年 4 月调入中国水利电力对外公司，在电力处负责承包劳务工作，后任副处长。

Wang Hongsheng

王洪胜（1934.3— ） 安徽界首人。1951 年 3 月参加中国人民志愿军，随部队赴朝参战。1956 年 4 月复员到太原电业局第二发电厂。1958 年 10 月入列车电业局动力学院学习，后分配至保定基地，从事锅炉专业。1961 年 6 月调入列电局武汉装配厂，先后在锅炉本体车间、一车间、五车间、保卫科工作。1985 年 10 月退休。

Bian Shuzhong

卞述中（1933.9—2019.11） 江苏南京人，工程师。1951 年 8 月参加工作，曾任燃料部电业管理总局人事处，电力部干部司、教育司办事员。1957 年 10 月入保定电力学校学习。1958 年 11 月分配至保定基地，车工。1961 年 8 月调入列电局武汉装配厂，先后在车间从事车工、机修工、生产调度等，后任设备科设备管理员、金工车间技术员、技术科助理工程师、计划科销售员。1985 年 1 月起，先后任经营计划科科长、副总经济师兼经营计划科科长、副总工程师。1972 年参与基地扩建工程。1981 年为基地签订了第一台翻车机合同。

Deng Zhongdai

邓钟岱（1916.6—1999.3） 北京人，辅仁大学西语系毕业。1949 年 10 月前，一直在唐山电业部门工作，曾任唐山电业局业务科科长。1949 年 10 月后，曾任电力工业部干部培训处副主任。1953 年至 1955 年先后筹建了北京良乡电力技工学校、太原电力工人技术学校，并任两校副校长。1957 年 7 月被派往河北保定，组建太原电力工人技术学校保定分校，同年 10 月任保定电力工人技术学校校长。1958 年 10 月任列电局动力学院副院长，1959 年 5 月动力学院改为保定电力学校后任副校长。1961 年 10 月，河北保定电力专科学校与保定电力学校合并，任副校长。1962 年 8 月，保定电力学校与保定电力技工学校合并，任副校长。保定市第三届政协常委。一生从事电力技术人才的培养工作，于 20 世纪 80 年代初离休。

Bai Zhibang

白治帮（1931.1—2007.3） 陕西平兴人。1948 年 2 月始，曾在晋绥工业部第四兵工厂、陕西兵工部第二大队、西安电业局检修厂、西安第一发电厂工作。1957 年 10 月进入第 19 列车电站，从事电气运行与检修，历任班长、电气工段长。随电站调迁四川江油、广元，山西临汾等地发电。1970 年 8 月调入武汉基地，先后在制造车间、设备动力车间、四车间从事电气工作，后任班长。1983 年 8 月退休。

Lü Zhibin

吕志彬（1936.2—2017.6） 山东青岛人，中央党校经济管理系本科毕业，中共党员。1950 年 9 月参加中国人民解放军，先后在青岛干部学校、海军基地工作，被评为一级技术能手。1957 年 10 月转业到列电局机关，在行政科任副科长。曾在列电局密云绿化队工作。1983 年 4 月调入水电部行政司，任行政处副处长。1985 年调入国家发展改革委能源所，任办公室主任。论文《中国能源环境发展》刊登在国家能源一级刊物上，曾参加《中国能源辞典》编写。1996 年 11 月获得国家计委、科工委、财政部 85 科技攻关重大科技成果表彰奖。

Liu Peiren

刘培仁（1936.3— ） 河北新城人，北京电力学校热能动力专业毕业，高级工程师，中共党员。1955 年 8 月在太原电力学校参加工作，任教师。1957 年 10 月调入保定电力学校。1958 年 7 月调入列电局新机办公室任技术员。1960 年 2 月调回保定电力学校，任教研室副主任。1970 年 4 月，随电校并入保定基地。保定电力学校恢复后，任教研组长、动力研究室主任。1975 年 10 月调入 56 站任技术员，1978 年获列电局技术革新个人显著奖。1979 年 2 月调入华东基地，先后任主任工程师，技术科、开发设计科科长。

Yan Jinhai

闫金海（1930.11—1978.5） 北京人，初中文化，技师。1943 年 6 月在石景山电厂参加工作，车工。1955 年 3 月调包头第三发电厂。1957 年 10 月调入保定基地，历任车工组组长、金工组组长、车工班班长，曾加工汽轮机转子、叶片等高精度工件。1966 年 4 月调入西北基地，先后在金工车间任技师，生产技术科任调度。

An Lin

安林（1932.3— ） 山西新绛人，芜湖电校金属切削加工专业毕业，工程师，中共党员。1957 年 9 月在马鞍山钢铁公司参加工作。同年10月调入保定基地，在安检科、电气车间任技术员，期间曾参加“四清”工作队。1966年9月任保定基地革委会副主任。1977年10月调入保定热电厂工作。1978年3月调回保定基地，先后在政治处、组织科、科协工作，曾任副科长。1993年6月退休。

Yang Wenrong

杨文荣（1936.9—2017.8） 河北完县人。1956年8月在石家庄电业局参加工作，从事电气检修。1957年10月到保定电力工人技术学校学习，结业后进入保定基地，从事汽轮发电机机组和水轮发电机组的制造、安装。后在车辆车间、供应科仓库、基建科工作，1981年2月退休。

Yang He

杨鹤（1932.5—2010.9） 河北南宫人，高中文化。1949年7月参加工作，在唐山开滦煤矿军代表处任通讯员，同年11月，调入燃料工业部工作。1952年5月至10月曾担任亚洲及太平洋区域和平会议通讯员。1957年10月调入列电局机关，在基建科工作，曾在水电部干部学校绘图班学习一年。后调入列电局中试所，在管理组任科员。中试所与保定基地合并后，先后在基地基建科、供销科、列电劳动服务公司工作。

Wang Haitao

汪海涛（1920.6—1982.5） 湖北蕲春人。1949年2月始，曾在华北电业公司警卫班、电业管理总局行政科、北京电管局秘书处接待室工作。1957年10月进入列电系统，在局机关从事收发工作。1959年5月调入列电局武汉装配厂，先后在办公室、材料科、行政科工作。1980年7月退休。

Zhang Qinyuan

张芹元（1925.9—2009.9） 江苏宿迁人。1944年6月参加工作，曾在南京运输公司等单位从事汽车驾驶工作。1951年10月进入解放军军事学院工作，1952年6月进入南京市劳动局学习，同年11月进入电业管理总局华北电业管理局工作。1957年10月调入保定电力工人技术学校。1962年起，先后在列电局机关、商都农场、克山农场工作。1966年12月调入保定基地，在总务科、厂办公室工作。

Zhang Yaqiu

张雅秋（1923.1—2013.12） 女，吉林延吉人，中共党员。1947年参加中国人民解放军，从事医疗护理工作。1949年5月随军南下，参加军管下摄司发电厂工作。转业后，进入湖南电业系统。1957年10月进入第15列车电站，从事人事管理。1958年调入局机关，在保卫科工作。1959年6月调入列电局武汉装配厂，任工会干事。1960年7月调回保定基地，筹建职工子弟幼儿园并任园长。1971年9月调入山西娘子关电厂，任子弟学校校长，1983年离休。

Chen Yusheng

陈玉生（1939.2—2017.12） 安徽芜湖人，芜湖电力学校金属切削加工专业毕业，高级工程师，中共党员。1957年10月进入保定基地，在铸造车间负责铸钢技术，曾去北京学习炼铁和炼钢技术。1963年5月负责筹建车辆车间，任技术员。参与《改造苏联马克洛索夫制动阀为中国GK制动阀》技术革新项目。历任金工车间主任，生产计划科科长。1976年1月参与华东基地的筹建。1981年8月调入华东基地，先后任车间主任、党支部书记，生产科、计划科科长，企业整顿办公室主任，副总工程师兼厂长助理、桥架分厂厂长。

Luo Zongwu

罗宗武（1938.7— ） 江苏南京人，安徽芜湖电力学校机械专业毕业，高级工程师，中共党员。1957年7月参加工作。同年10月调入保定基地，任见习技术员。后在轻金工车间任技术员。1965年调入西北基地，先后在金工车间、技术科任技术员。1981年调入保定基地，先后任金工车间主任、计划科科长。列电体制改革后，任保定电力修造厂副厂长，1993年7月退休。

Zhou Yinghua

周英华（1935.12—2005.5） 河北武清人，1953年2月在华北电业管理局修建工程局工程队参加工作，1954年调入燃料部行政司幼儿园，从事采购工作。1957年10月到列电局保定电力工人技术学校学习，1958年11月进入保定基地，在锅炉车间从事锅炉安装及检修工作，曾任班长、车间安全员。1976年、1983年荣获保定市先进个人及市工会积极分子称号。

Zhou Ruilin

周瑞林（1933.7—2015.2） 浙江永康人，安徽芜湖电力学校金属切削加工专业毕业，工程师。1957年8月参加工作，同年10月调入列电系统，在保定基地从事技术工作。1969年调入列电局技术改进所，任柴油机组组长。曾从事柴油机、汽轮机、车床、飞机头发电改装等技术研究与改进工作。1979年调入第52列车电站，任汽机专业工程师。

Zhou Jiatian

周稼田（1938.10—1979.2） 安徽南陵人，安徽芜湖电校毕业，中共党员。1957年9月分配到合肥矿山机械厂工作。同年10月调入列电局，在整风办公室工作。1958年8月调入保定基地，先后任计划调度科、生产科调度员，计划组组长，政治处“四清”办公室干事。曾在铸造车间劳动，1976年起任政治处副主任。

Yuan Yigen

袁宜根（1933.1— ） 江苏丹徒人，中共党员。1952年在安徽蚌埠麻纺厂参加工作。1952年8月在芜湖电力学校学习，1957年10月由电校分配至列电局保定装配厂，任专职团总支书记。1960年8月调入保定基地，任团委书记，1965年8月，任政治处组织干事。1976年3月调入武汉基地，任车间副主任。1977年4月调入华东基地，先后任干部科、劳动工资科、宣传教育科科长、专职纪检员。

Gu Zonghan

顾宗汉（1935.2— ）浙江镇海人，芜湖电力学校金属切削加工专业毕业，工程师，中共党员。1957年10月由电校分配至保定基地，任技术员。1976年1月参与华东基地的筹建，1977年3月调入华东基地，先后在生产组、生技科任技术员、工程师。1982年10月起，任车间副主任、主任，企业质量管理办公室主任。1961年被评为保定市劳动模范。

Cao Tianqiu

曹天秋（1936.9— ）女，安徽绩溪人，芜湖电力学校毕业，经济师，中共党员。1957年9月在安徽合肥矿山机械厂参加工列电局作。同年10月进入保定基地，从事团总支和人事工作。1960年5月调入保定电力学校，1961年12月调入列电局机关财务处，1962年10月调入保定基地，1964年2月调入第40列车电站，1965年9月调回保定基地，任子弟小学副校长。1972年7月调入16站，从事劳资和工会工作。1979年6月调入华东基地，任劳资科劳资员、管理党支部书记。

Ge Zongyong

葛宗永（1936.7— ）安徽寿县人，安徽芜湖电力学校金属切削加工专业毕业，工程师，中共党员。1957年10月由电校分配至保定基地，任技术员。1959年3月调入列电局武汉装配厂，历任团总支书记、子弟学校负责人、“七二一”大学副校长。1978年7月调入华东基地，先后任车间副主任、车间党支部书记，教育科副科长、科长。

Fang Yimin

方一民（1934.3— ）江苏无锡人，燃料部干部学校工薪专业毕业，中共党员。1952年12月参加工作，先后在燃料部电业管理总局劳资处、电力部劳动工资司任科员。1957年11月进入列电局保定基地，任办公室秘书。1959年6月调入列电局武汉装配厂，人事科、党委办公室科员。1963年12月调入局机关，在政治部干部科任科员。1972年12月起，任第53列车电站指导员、党支部书记。1978年8月调入华东基地，先后任学大庆办公室主任、工会副主席、服务公司经理、热电安装工程处副主任。

Liu De

刘德（1933.3—2000.9）贵州福泉人，二野军大毕业，统计师、经济师。1950年6月入二野军大五分校学习。1955年1月转业到电力部，在计划生产处任计划员。1957年11月调入列电局，在北京办事处从事统计工作。1958 年 11 月入上海交大学习。1961 年 9 月调入列电局武汉装配厂，在生产科从事统计工作。1965 年 5 月调入西北基地，在供应科任计划员。

Li Wenkui

李文魁（1927.9—2018.6） 湖南衡阳人。1950 年 7 月在湖南衡阳电厂参加工作，曾任线路工区事务员、工程处材料组长、线路工区代理组长、财务股长。1957 年 11 月进入列电系统，历任第 15 列车电站秘书、局机关生技科管理员、列电局第四工作组秘书。1964 年 5 月调武汉基地，先后任基建科业务员、食堂管理员、行政科房管员、材料科材料员。1958、1959 年曾出席列电局先进生产工作者、建设社会主义积极分子大会。1980 年 10 月退休。

Li Tao

李涛（1931.2—2014.2） 河北束鹿人。1953 年 3 月在石家庄微水发电厂参加工作，从事锅炉专业。1957 年 11 月进入列电系统，先后在第 5、20、19 列车电站，从事锅炉运行与检修。随电站调迁河北保定、湖南许家洞、河北衡水、四川广元、山西临汾等地发电。1970 年 8 月调入武汉基地，先后在机修车间、基建办公室、一车间从事锅炉检修、钳工、焊工。曾四次获得武汉市供电局先进工作者称号。1983 年 9 月退休。

Li Man

李满（1934.11— ） 河北滦南人，中共党员。1957 年 11 月进入第 6 列车电站，从事锅炉运行与检修，后转焊工，曾代理副指导员。随电站调迁河南平顶山、广东茂名、湖南衡阳、新疆哈密、河北沧州等地发电。1983 年 12 月调入河北省电建二公司工作。

Wu Zhaoquan

吴兆铨（1934.12— ） 湖南长沙人，中共党员。1949 年 11 月参加工作，曾任湖南衡阳电厂生产教育股长、发电车间党支部书记，衡阳市委干部科科员。1957 年 11 月进入第 15 列车电站，任电气工段长。1958 年起，先后任船舶 1、船舶 2 站副厂长、厂长、党支部书记，36 站副指导员、厂长。1975 年 9 月借调局机关基建处工作。1978 年 12 月调入武汉基地，先后任厂办公室、党委办公室主任，服务公司经理。1989 年 11 月，调入中国华能综合利用公司，任武汉办事处主任。

He Qinfang

何沁芳（1934.7— ） 女，江苏无锡人，燃料部干部学校会计专业毕业，会计师。1952 年 11 月始，曾在燃料部电业管理总局财务处、北京电业管理局中心试验所工作。1957 年 11 月进入列电局新机办公室，从事财务工作。1959 年 8 月调入列电局武汉装配厂，在材料科工作。1964 年 8 月调入第 43 列车电站，1970 年 8 月调入

53站。随电站调迁贵州六枝、水城，浙江宁波等地发电。1978年10月调入华东基地，财务科会计。

Zhang Shiquan

张世铨（1934.4—2015.3） 浙江湖州人。1952年12月参加工作，曾在安徽省矿务局学徒、安徽淮南田家庵电厂从事锅炉专业。1957年11月进入列电系统，参与筹建第14列车电站，从事锅炉运行与检修，随电站在四川成都发电。后调入列电局保定基地，从事汽机检修。1961年8月调入列电局武汉装配厂，先后在第一检修队、检修车间、三车间、一车间工作。1987年9月退休。

Chen Qiming

陈启明（1934.3— ） 湖南湘潭人，中共党员。1952年6月在湖南衡阳电厂参加工作。1957年11月进入第15列车电站，从事电气运行与维修。1962年2月起任副厂长。1964年11月任43站厂长兼党支部书记。1970年4月筹建56站，同年12月任厂长兼党支部书记。随电站调迁湖南衡阳、资兴，广东茂名，贵州六枝，江苏徐州等地发电。1975年5月调入武汉基地，先后任副主任、主任。1982年3月任武汉电力设备修造厂厂长、党委书记。1991年6月调入华中电管局信访办。1975年曾亲自带领武汉基地40余人到河南遂平支援40站抗洪抢险救灾、抢修设备。

Jing Jiajie

金家杰（1935.8— ） 河南武陟人，中共党员。1951年在西安电厂机修分厂参加工作。1957年11月调入保定基地，任钳工班班长，1958年4月被评为列电局先进生产者。1959年6月参与筹建列电局武汉装配厂，曾出席武昌区先进生产者大会。1961年12月起，先后在第46、21列车电站，任汽机工段长。1964年12月调入保定基地，任汽机班班长、车间党支部委员。1966年5月调入西北基地。1975年2月起，先后任车间党支部书记、主任、保卫科科长、司法办主任。1993年被评为西北电管局先进司法工作者。

Tao Xiaohong

陶晓虹（1929.2—2013.6） 江苏溧阳人，大学文化，高级经济师。1937年8月参加八路军，1947年2月加入中国共产党。1948年6月到中国人民解放军华北军区电讯工程学校学习，毕业后到解放军工程学校工作。1950年4月到中国人民大学工业经济系学习，1954年7月分配到燃料部计划司工作。1955年9月调入电力部，任劳动工资司副科长。1957年11月调入第3列车电站，任党支部书记。1958年3月组建19站并任厂长。1960年5月任9站厂长兼第三区中心站站长。1962年7月任列电局第三工作组组长，1964年1月调武汉基地，任党委副书记、副主任。1975年5月调入保定基地，任主任、党委书记。列电体制改革后，任华北电管局列车电站管理处党委书记、保定电力修造厂调研组组长。1988年12月离休，享受司（局）级待遇。

Cao Dehua

曹德华（1928.10—2006.9） 北京人，初中文化，中共党员。1949年底在华北电管总局参加工作，从事人事管理。1954年调入燃料部，任劳资司科员，1955年任工人管理科负责人。1957年11月进入第9列车电站，任秘书。1958年10月起任副厂长、厂长。1960年5月任8站厂长兼第二区中心站站长。1961年10月调局机关，1962年3月任组织部副部长（正科级）。1970年调西北基地，任金工车间指导员。1974年4月任57站厂长。1980年3月调入天津河东区，为区政协委员。1989年9月，被聘为国家能源投资公司驻华北地区大型发电设备制造厂首席代表。

Chang Fenming

常粉明（1933.2—1998.6） 江苏江都人。1956年5月在河北石家庄第一发电厂参加工作，车工。1957年11月进入列电系统，先后在第1列车电站、保定基地工作。1959年5月调入列电局武汉装配厂，先后在金工车间、二车间、制造车间、三车间从事车工、金工检验工作，任班长。1988年11月退休。

Liao Guohua

廖国华（1921.3—1984.5） 湖南衡山人，中共党员。1943年在衡阳水口山二厂参加工作，1950年调入衡阳电厂，曾任锅炉维修班长、工段长、厂工会主席。1957年11月调到第27列车电站，任副厂长。1969年任2站副厂长，1975年任新19（20）站副厂长。随电站调迁福建厦门、三明、邵武，陕西西乡，湖南株洲、耒阳、衡阳等地发电。

Kan Yu

阚宇（1936.6— ） 安徽肥东人。1957年11月进入列电局第16列车电站。1958年2月接新机14站，1958年10月调入保定基地，1961年调入23站，1975年调入13站，均从事汽机运行与检修。随电站调迁四川成都、荣昌、甘洛，山西芮城、大同，河南商水等地发电。1982年调华东基地，从事汽机检修。1992年12月退休。

Ding Zeng'an

丁曾安（1935.2— ） 山东潍坊人，中共党员。1952年12月始，曾在山东潍坊电厂、青岛四方电厂、淮南田家庵电厂工作。1957年12月在四川成都进入第14列车电站，1958年10月调入保定基地，钳工。1979年12月调入华东基地，任钳工班班长。1987年2月起，任车间副主任、党支部书记。

Wang Shaoyu

王绍聿（1915.8—1990.10） 江苏盐城人，上海雷士德工学院毕业，高级工程师，中共党员。1931 年 4 月进入杨树浦发电厂学徒，其间就读雷士德工专四年。1939 年衡阳飞机修理厂任机械士，同年参加中国共产党。1942 年 1 月起，先后在贵阳电厂、中南橡胶厂任工程师。1951 年 6 月进入燃料部电业管理总局，先后任供应处、设计处工程师，修建工程局第一工程队、工程科工程师。1957 年 12 月调入保定电力工人技术学校工作。1958 年起，在保定基地技术科任工程师。后调入列电局技术改进所任专职工程师。1971 年 3 月在保定基地车间劳动，后到基地教育科工作。1984 年 2 月退休，1987 年 7 月改离休，享受司（局）级待遇。

Jiang Yaocheng

江尧成（1933.12—1971.4） 江苏常州人，1953 年毕业于浙江大学电机系，工程师，中共党员。1953 年 9 月分配到石家庄电业局。1954 年被评为石家庄市电业局劳动模范。1957 年 12 月进入列电系统，在列电局机关工作。1958 年起，先后在第 5 列车电站、船舶 1 站任工程师。1964 年 3 月到列电局第二工作组负责技术工作。1965 年 4 月参与筹建西北基地。1966 年在水电部党校学习后借调局机关，在基建科任科长。1970 年调回西北基地。

Li Zhisheng

李致生（1912.3—1986.11） 北京人。1949 年参加工作，在北京华商电灯股份有限公司工作。1957 年 12 月进入列电系统，先后在列电局机关、保定基地从事后勤工作。1961 年 3 月在职工子弟学校工作。

Li Dehao

李德浩（1929.10—2012.8） 上海人，上海工业专科学校电机工程专业毕业，高级工程师。1951 年 8 月分配至上海电力公司实习，后在华东电管局、北京电管局任技术员。1957 年 12 月进入列电系统，历任第 8 列车电站生技组长、列电局安监工程师、53 站技术负责人。随电站调迁甘肃玉门、酒泉，浙江宁波等地发电。1976 年 7 月调入武汉基地，先后在生技科、生产科、计划科、试验室、总工办、安全监察科任技术员、工程师。

Zhang Zijue

张子爵（1934.10—2016.12） 河北枣强人。1954 年 8 月在石家庄第一发电厂参加工作。1957 年 12 月进入列电系统，先后在第 5 列车电站、船舶 1 站、船舶 2 站，从事汽机运行与检修。随电站调迁河北保定、湖北丹江口、福建福州、四川乐山、江西九江、湖南衡阳等地发电。1976 年 11 月调入武汉基地，先后在检修车间、一车间从事汽机检修、钳工，计量检验科从事检验。

Zhang Guohua

张国华（1938.8— ） 河北保定人。1957 年 12 月进入保定电力技工学校，水暖工。1971 年 5 月学校并入保定基地，1972

年12月复校后回校在总务、后勤等部门工作，水暖维修工，曾任班长。

Chen Chengyu

陈成玉（1934— ） 山东莱阳人。1954年在山东莱阳电厂参加工作，锅炉值班员。1957年进入保定电力工人技术学校学习，同年底分配到保定基地，后调入第7列车电站，从事锅炉运行与检修，1965年任副厂长。1975年调入36站任副厂长，1979年调入13站任厂长。1982年调入周口棉纺织印染厂工作。后在周口退休。

Zhou Molin

周墨林（1927.11—1993.7） 河北徐水人，中共党员。1937年在石家庄大兴纱厂学徒。相继在石家庄电灯公司第二发电厂电气班任班长、在石家庄供电局电机修理股任股长、材料科科长。1957年12月进入保定基地，任电气车间主任。1959年5月调入列电局武汉装配厂，任电气车间主任。1961年调回保定基地，任科长。1963年任第26列车电站厂长，1965年调入西北基地，参加了筹建工作，任材料科科长、厂办公室主任。1979年离休，享受处级待遇。

Shi Lianfang

施连舫（1924.12—2006.12） 湖南常德人，湖南大学财经企业管理专业本科毕业，会计师。1951年9月参加工作，曾任湖南益阳省立资江财经技术学校、常德省立工业技术学校教师，华北电管局财务处会计。1957年12月进入列电系统，先后在局机关财务科，第16、43、6、8列车电站任会计。参加了列电局密云财务训练班学习，曾借调水电部财务司工作。1976年6月调入武汉基地，先后在财务科、附属工厂任会计。

Qian Yaoze

钱耀泽（1923.2—2005.5） 河北遵化人，北京市立高级工业职业学校机械科毕业，高级工程师。1944年7月进入华北电业公司石景山发电厂工作，1949年10月起，相继到北京市干部训练班、华北经济核算班及水电部华北电业管理局锅炉监察班学习。结业后，先后担任厂查定工作组组长、生产技术科检修改进组组长。1957年12月调入保定电力技工学校，在实习工厂工作。1958年7月任保定基地工程师。1959年4月调入局机关设计科，任锅炉组、综合组工程师。1961年11月调入列电局技术改进所，任锅炉组工程师。技改所与保定基地合并后，任锅炉工程师。后离休，享受县（处）级待遇。

Huang Weizhong

黄位中（1921.8—2004.5） 河南郑州人，中共党员。1949年11月参加工作，曾在陕西咸阳纱厂自备电厂、西安第一发电厂从事锅炉专业。1957年12月进入第11列车电站，从事锅炉运行与检修，后任20站锅炉车间主任、副厂长。随电站调迁福建南平、山西临汾、青海西宁、四川绵阳等地发电。1964年2月调入武汉基地，先后在车间从事锅炉检修、材料科仓库保管工作。1979年10月，任车间副主任。1980年5月退休。

Huang Yingbin

黄应彬（1920.12—1990.1） 湖南长沙人，中共党员。1951年7月在湖南衡阳电厂参加工作。1957年12月进入列电系统，先后在第15、27列车电站任会计、会计兼秘书，在局机关财务科任科员。随电站调迁湖南衡阳、广东茂名、福建三明等地发电。1965年8月调入武汉基地，先后在财务科、子弟小学、基建办公室任会计、出纳、审核会计，检修车间从事车间管理员。

Dong Jingtian

董敬天（1936.9— ） 江苏阜宁人，中共党员，大专文化，会计师。1953年12月参加工作，1957年12月调入列电局机关，在财务科任会计。1970年6月调入保定基地，从事财务工作，后任财务科科长。列电体制改革后，先后任华北电管局列车电站管理处副主任、保定电力修造厂副厂长、党委委员、总会计师，1996年7月退休。

Zeng Xiangao

曾宪皋（1934.12—2005.10） 河北唐山人，南京电力技工学校汽机专业毕业，一级实习指导教师。1951年5月参加工作后进入南京电校学习，1952年2月分配至河北微水电厂工作。1957年12月调至保定基地。1961年10月调入第37列车电站，任汽机工段长。1963年12月调入保定电力技工学校任实习教师，历任汽机专业队副队长、动力教研室副主任、材料基建科副科长。1987年2月后转入教学教务科，协助实习、实验教学管理工作。

Zang Tiecheng

臧铁诚（1928.2— ） 北京人，中共党员。1949年10月参加工作，相继在电业管理总局、电力部从事汽车驾驶。1957年12月进入列电系统，在列电局北京供应站百子湾仓库，从事汽车驾驶和修理工作。1983年4月调入水电部机械局，汽车驾驶。

Wang Longyuan

王龙源（1934.12—2006.9） 安徽无为人，无为师范肄业。1955年2月先后在淮南田家庵电厂锅炉分厂、检修队从事司炉和检修工作。1958年1月调入第2列车电站。1959年3月接新机28站，从事锅炉运行与检修。随电站调迁广东曲江、山东济南、河南鹤壁等地发电。1966年5月调入西北基地，参与基地的基本建设，在锅炉车间从事安装检修。

Wang Enyu

王恩余（1935.2— ） 安徽肥东人，初中文化，中共党员。1954 年 8 月在淮南田家庵电厂参加工作，从事锅炉运行。1958 年 1 月进入第 8 列车电站，从事锅炉运行及检修。1966 年 10 月调入 6 站，曾任运行班长、锅炉工段长兼工会主席。随电站调迁甘肃玉门、嘉峪关，宁夏青铜峡，湖北武汉，广东茂名，湖南衡阳，新疆哈密，河北沧州等地发电。列电体制改革后，调入河北省电建二公司工作。1993 年 3 月退休。

Yin Guoying

尹国英（1938.1— ） 河北定州人，高中文化。1958 年 1 月进入第 1 列车电站，从事汽机运行与检修。1962 年调入 31 站，曾任汽机工段长，随电站调迁河北保定，黑龙江大庆，湖南湘乡，北京等地发电。1981 年调入北京二七车辆厂，在电工车间工作。

Kong Fanyu

孔繁玉（1915.9—2004.10） 河南安阳人。1950 年 3 月在淮南电业局田家庵电厂参加工作。1958 年 1 月调入第 14 列车电站，从事新机组安装、运行及维修，随电站在四川成都发电。同年 12 月调入保定基地，在汽机车间从事汽轮发电机机组和水轮发电机组的制造及安装工作，曾任电气阀门组组长，后到行政科服务组工作。

Deng Jia

邓嘉（1923.1—1998.8） 江苏江宁人，中共党员。1950 年 3 月在淮南电厂参加工作，曾任淮南电业局供应科长、新机筹建工程处副主任、田家庵发电厂副厂长。1958 年 1 月进入列电系统，负责组建第 14 列车电站，任党支部书记兼厂长。1958 年 8 月起，历任列电局汽机制造厂党支部书记兼厂长、修造厂厂长，6000 千瓦汽轮机制造总指挥，保定基地副主任，列电局基建科长。1975 年 8 月参与华东基地的选址与筹建工作，先后任筹建处成员，基地第一副主任、主任，党委副书记、书记。列电体制改革后，任列车电站企业管理协会第一届理事会会长。1950 年被评为全国电业劳动模范，1951 年 3 月出席燃料部第二次全电会议。

Lu Huanyu

卢焕禹（1928.3—1993.9） 山东泰安人，初中文化，中共党员。1949 年 1 月，在淮南电业局田家庵电厂参加工作，曾任值班工。1958 年 1 月调入列电系统，接新机第 14 列车电站。同年 12 月调入列电局保定基地，从事新机制造、安装并任组长。1959 年参加筹建、安装新机 37 站，同年被评为列电局先进工作者。1962 年起，任保定基地电机车间副主任、党支部书记。1963 年 5 月任 1 站厂长。1964 年 4 月调回保定基地，历任车辆车间主任、铸造车间指导员，安全科科长。

Tian Shengcai

田胜才（1937.8—2014.2） 安徽淮南人，

中共党员。1956年11月在安徽淮南电厂参加工作。1958年1月进入保定基地，同年2月调入第14列车电站，1958年11月调回保定基地。1961年5月调入15站，1961年11月调入44站。1983年先后在53、56站工作，均从事锅炉运行与检修。随电站调迁四川成都，湖南衡阳，山西晋城、运城、长治，江苏镇江等地发电。1988年10月调入华东基地。1997年9月退休。

Feng Dashen

冯大申（1912— ）北京人，大学学历。1936年7月毕业后，相继在西安火车站、北京火车站从事货物员、材料员。1946年进入北京电力公司运输队工作。1949年2月调入北京电业管理总局，在水电科从事材料员，1958年1月调入保定基地，先后在供应科、基建科从事材料供应，1979年7月退休。

Bi Huaxu

毕华序（1906—1967.7）山东荣成人，中共党员。1948年9月在济南发电厂参加工作，曾任检修工段长。1953年调入鲁中电业局，在电力工程安装队任队长。1956年荣获华东电业管理局劳动模范称号。1958年1月调入列电局保定电力工人技术学校，任实习教师。同年7月，调入保定基地，在热处理组任锻工班班长。1960年7月调回保定电力学校任实习教师。工作期间，曾获列电系统优秀教师称号。

Hua Yinglan

华应岚（1939.7— ）女，江苏无锡人。1955年3月在淮南田家庵发电厂参加工作。1958年1月进入第14列车电站，从事电气运行与检修。1959年调2站。随电站调迁四川成都、广东曲江等地发电。1961年调入列电局武汉装配厂，1965年6月调西北基地，从事热工专业。1976年6月调入华东基地，先后在车间和试验室从事电气和仪表检测。

Liu Quan

刘权（1912.7—1995.12）湖南宁乡人，中山大学机械系毕业，工程师。1947年4月参加工作，先后在湖南湘潭下摄司发电厂历任技术员、生技股长、工程师。1958年1月接新机第15列车电站，任工程师，1959年1月调入列电局武汉装配厂，任生技科工程师。1961年4月调入保定基地，先后在汽机车间、安检科、绿化队、生产技术科工作。1973年退休。

Liu Guoxue

刘国学（1929.5—1997.4）河南浚县人，中共党员。1949年6月在安徽淮南田家庵电厂参加工作。1958年1月进入列电局保定基地，铸工。1960年8月调入列电局武汉装配厂，先后在铸造车间铸煅班、二车间铸铁班工作。1980年10月退休。

Xu Zhifu

许志富（1922.8— ）北京昌平人。1949年2月在电业总局南池子仓库参加工作。1955年调入北京电管局仓库。1958年进入列电系统，在列电局北京供应站百子湾仓库工作。1983年3月调入水电部机械局，从事仓库管理。1988年3月退休。

Su Quanzhen

苏全珍（1935.1— ）女，湖北武汉人。1953年3月参加工作，在水利部水电设计总院勘测处任干部。1958年1月进入列电系统，先后在局机关、武汉基地，第13、46、6、8列车电站，列电局第四工作组，保定基地任文书员、办事员、材料员、统计员。1967年11月调入武汉基地，任行政科文具劳保管理员、材料科采购员、厂工会干事。1986年7月退休。

Li Yufang

李玉芳（1922.5—2000.8）女，江苏泰兴人，中共党员。1944年5月参加革命工作，为江苏泰兴地下党运送弹药、护送干部。1949年10月始，曾在江苏省劳动局、华东电管局、北京电管局从事收发、文书工作。1958年1月进入列电系统，先后在第3、2、22、35列车电站工作。1960年9月调入列电局武汉装配厂，任生产资料员、人事档案管理员。1974年12月退休，1983年7月改离休，享受副处级待遇。

Li Jiahua

李家骅（1936.10— ）安徽合肥人，中共党员。1954年8月在淮南电厂参加工作。1958年1月进入第14列车电站，从事锅炉运行与检修。1958年10月调入列电局保定基地，从事汽机安装质检员工作。1960年11月调入25站，任锅炉工段长。1965年10月接新机42站，任锅炉工段长，1973年5月起任副厂长。1974年5月任30站副厂长。1979年8月任62站副厂长。随电站调迁四川成都，吉林蛟河、延吉，河南商丘，四川峨眉，陕西略阳，河北迁安，黑龙江伊春，江苏无锡等地发电。1982年10月随电站成建制下放无锡市。1983年4月任无锡市列车发电厂副厂长。

Yang Youqing

杨佑卿（1927.8—2006.8）湖南醴陵人。1952年10月在衡阳湘中电业局参加工作，从事热工专业。1958年1月进入列电系统，先后在第15列车电站、保定基地工作。随电站调迁湖南衡阳、资兴，广东茂名，陕西略阳等地发电。1971年12月调入武汉基地，在试验室从事热工专业。1985年9月退休。

Yang Zude

杨祖德（1938.10— ）安徽当涂人，中央党校函授学院经济管理专业毕业，高级政工师，中共党员。1955年2月在安徽淮南电厂参加工作。1958年1月接新机第

14列车电站，从事电气运行与检修。1959年6月调入列电局保定基地，任班长的转子班，曾被保定团市委命名为“杨祖德突击队”。1960年9月接新机31站，任电气工段长、副业队长，随电站在大庆发电期间，被评为一级红旗手。1962年10月调入34站。1966年调入西北基地，历任电气车间主任、党支部书记，基地工会副主席。1979年6月调入华东基地，先后任生产技术科副科长、科长，1985年8月任基地工会主席，后兼任实业公司总经理。

Yang Minhua

杨敏华（1935.8—2005.10） 女，江苏无锡人。1955年2月在安徽淮南电厂参加工作。1958年1月进入第2列车电站。1959年3月接新机28站。1962年7月至1982年12月，先后在29、30、26、51站工作，均从事汽机运行与检修。随电站调迁江苏新海连，广东曲江，河南鹤壁，湖北黄石，河南平顶山，吉林龙井等地发电。1982年12月调入华东基地。

Wu Jinshi

吴锦石（1930.2—1991.1） 河北唐山人，中共党员。1949年2月参加革命工作，曾任湖南邵阳公安局管教股第一副股长、湖南电业局保卫科副科长、技校副校长。1958年1月进入列电系统，同年10月起，任第15、16、6列车电站副厂长、厂长、党支部书记、党支部书记兼厂长、指导员。1974年11月调武汉基地，先后任基建办公室主任、电站管理处筹建负责人。1983年5月调入华中电管局，任华中电力干休所所长、海南办事处处长。1990年2月离休，享受正处级待遇。

He Yiran

何以然（1921.2—2005.4） 安徽蚌埠人，高中文化。1941年在安徽省建设厅参加工作，1950年2月进入淮南电业局田家庵电厂工作，1958年1月调入第14列车电站，从事新机组安装、运行与检修工作，同年12月调入保定基地，先后从事管理、文秘、仓库保管。1979年10月退休。

Song Jianing

宋家宁（1936.3—2012.11） 安徽肥东人，中共党员。1954年在安徽淮南电厂参加工作。1958年1月进入第14列车电站。1959年调入保定基地，1961年接新机44站，均从事汽机运行与检修。随电站调迁四川成都、山西晋城等地发电。1966年调入西北基地，1979年12月调入华东基地，任汽机班班长。1986年8月起，先后任车间党支部书记、主任，设备科科长、工程队队长。

Zhang Menzhi

张门芝（1922— ） 安徽淮南人，中共党员。1935年起在淮南大通煤矿、田家庵电厂从事锅炉推煤工作，1950年在电厂从事锅炉运行与检修。1958年1月进入列电系统，参加筹建第14列车电站，任锅炉车间主任。1959年起，历任2、18、40、41站副厂长、厂长。随电站调迁四川成都、荣昌，河南兰考、平顶山，江西鹰潭，黑龙江伊春、勃利，山西晋城，山东东营等地发电。1973年调入安徽淮南电厂。1982年离休。

Zhang Chengliang

张成良（1932.6— ） 河南长垣人，工程师。1949年6月参加革命工作。同年6月至9月在第二野战军军政大学学习，后随军进军大西南，曾参加1951年10月1日的北京天安门阅兵式。1952年9月转业至安徽淮南电厂。1958年1月进入列电系统，先后在第14列车电站、列电局保定基地、武汉基地、西北基地任技术员。1975年7月参与华东基地的选址和筹建，1977年3月调入华东基地，任生产技术科技术员、工程师。1987年2月起，任电管处副主任、副总经济师。1992年8月离休。

Zhang Ruiqi

张瑞启（1933.9— ） 安徽寿县人，初中文化，中共党员。1956年3月在淮南田家庵电厂参加工作，1958年1月调入第14列车电站，从事新机组安装及电气运行与检修，随电站调迁四川成都、荣昌等地发电。1958年12调入保定基地，先后在车辆车间、汽机车间从事维修及检验工作。曾参加基地系列汽轮发电机机组和水轮发电机组制造及电站大修工作。

Zhang Yumei

张毓梅（1925.1—1998.3） 湖南涟源人，武汉大学机械工程专业毕业，高级工程师。1951年8月分配到燃料部计划司工作。1955年9月进入电力部计划司，先后在任基建处和科技处工程师。1958年1月进入列电系统，先后任列电局设计科汽机专业工程师，第19列车电站生产技术负责人。曾参与31站试烧原油工作。1961年10月调入列电局技术改进所，任技术情报组组长及工程组组长，多年从事科技情报工作。自1972年起，陆续完成英国JB、加拿大Oranda、美国GE公司燃机技术资料及培训手册约80万字的翻译工作，主持编辑出版发行《列电技术报导》30余期。

Fan Zhengqian

范正谦（1933—1982.2） 山东泰安人。1952年2月在淮南电业局田家庵电厂参加工作。1958年1月调入第14列车电站，从事新机组安装、运行与检修。同年12月调入保定基地，从事生产管理及物资供应工作，1974年调入41站，任材料员。随电站调迁四川成都，山东昌邑，湖北荆门等地发电。1981年调回保定基地，在电站管理处工作。

Luo Fengzhen

罗凤珍（1934.5— ） 女，湖南常德人。1956年5月参加工作，曾在湖南衡阳电厂任会计，武汉电管局财会干部培训班学习。1958年1月进入列电系统，先后在第

15、6 列车电站，武汉基地任会计，在 16 站从事汽机运行与检修。曾调湖南衡阳电机厂工作，后返回列电系统。1974 年 11 月调入武汉基地，先后在行政科、财务科任会计。1980 年 6 月退休。

Luo Fashun

罗法舜（1936.2— ） 安徽肥东人，中共党员。1952 年 11 月在安徽省铜陵铜矿参加工作，1954 年 3 月调入淮南市田家庵发电厂。1958 年 1 月进入第 14 列车电站，车工。1958 年 10 月调入保定基地，同年评为列电局建设社会主义青年积极分子。1962 年 4 月调入 7 站，从事汽机运行与检修，1963 年 5 月任汽机工段长。1965 年 10 月调入 42 站，1975 年 8 月起任副厂长。1976 年唐山地震时，42 站是唐山地区唯一保持电源的电站，曾代表电站参加唐山丰南地震抗震救灾模范人物和先进集体代表大会。1983 年 3 月调入苏州热电厂。

Zhou Guangfa

周光发（1934.12— ） 安徽巢县人，南京电校业余中专毕业。1955 年 3 月在淮南电厂参加工作。1958 年 1 月进入保定基地。1961 年 8 月调入第 15 列车电站，从事锅炉运行与检修。1975 年 4 月调 56 站，1979 年 10 月接新机 62 站，曾任锅炉工段长。随电站调迁湖南资兴，广东茂名，陕西略阳，福建厦门，江苏徐州、无锡等地发电。1982 年 10 月，随电站成建制下放无锡市。1993 年 12 月退休。

Zhou Zhisheng

周智生（1927.12—1997.11） 安徽枞阳人。1949 年 4 月参加革命工作，曾任水电总局勘察处、设计院勘察处秘书。1958 年 1 月进入列电系统，历任第 13、46、6 列车电站，武汉基地秘书，保定基地总务员。1967 年 11 月调入武汉基地，从事材料统计、工程结算、材料计划工作，后任行政科总务员、厂办公室秘书、基建办公室科员。1980 年 5 月退休，1983 年 4 月改离休，享受正科级待遇。

Zhao Yunhao

赵云浩（1932.2—2010.3） 湖南衡阳人，中共党员。1947 年 8 月进入衡阳市力报馆工作，1949 年 12 月入伍，1952 年 9 月复员。同年 12 月分配到衡阳电厂，汽机值班员，曾任值班长。1958 年 1 月调入第 15 列车电站，从事汽机运行与检修。1958 年 8 月调入船舶 1 站，任汽机负责人。1959 年 3 月调至列电局武汉装配厂，任金工车间党支部书记。1961 年 11 月调入 24 站，历任汽机工段长、副厂长。1975 年 7 月调入新 19（20）站，任厂长、党支部书记。1983 年随电站下放衡阳冶金机械厂，1990 年 12 月退休。

Hu Zhongli

胡仲礼（1936.6—1993.1） 天津人。1954 年 8 月在安徽省淮南田家庵电厂参加工作，从事锅炉运行。1958 年 1 月进入列电系统，先后在第 14 列车电站、保定基地，从事锅炉运行与检修。1961 年 8 月调入列电局武汉装配厂，先后在车间、计划科工作。1991 年 12 月退休。

Mo Jian

莫健（1934.10—2016.2） 湖南衡阳人，中共党员。1949 年 10 月始，曾在湖南衡阳新民粮食行、湖南衡阳电厂工作。1958 年 1 月进入列电系统，先后在第 15 列车电站、第四工作组、5 站工作。1965 年 7 月调入武汉基地，在二车间从事钳工，后任“四清”工作组成员、检修队副队长、三车间连长、生产技术科工时定额员。1978 年 1 月起，任制造车间副主任、厂办公室主任兼企业管理办公室主任。1983 年 11 月调入华中电管局工作。

Chai Guoliang

柴国良（1934.7—2011.9） 安徽淮南人，初中文化，中共党员。1952 年 7 月在淮南电厂参加工作。1958 年 1 月进入列电系统，在列电局新机办公室负责设备总装筹备工作。1960 年调入第 14 列车电站，曾任汽机工段长。随电站调迁四川荣昌、内蒙古平庄、黑龙江牡丹江、宁夏青铜峡等地发电。1965 年调入西北基地，在汽机车间、金工车间、生产科、计划科工作。1976 年起，先后任金工车间主任、生产科科长、厂党委委员。曾在汽机车间负责新产品 1500 千瓦自由活塞燃气轮发电机组的安装工作。1983 年后调入四川德阳电业局工作。

Gao Zhaoren

高肇仁（1937—2014.6） 山东章丘人，初中文化。1956 年 6 月在淮南电业局田家庵发电厂参加工作，1958 年 1 月调入第 14 列车电站，从事新机组安装、运行与检修工作，同年 12 月调入保定基地，从事刨工、钳工、油漆工，后调入保卫科任值班员。

Tao Kaijie

陶开杰（1923.4—2001.11） 安徽淮南人，中共党员。1944 年在淮南电厂锅炉车间工作，后任班长。1958 年 1 月进入第 2 列车电站，从事锅炉运行与检修，曾任车间主任。1959 年接新机 28 站，任锅炉工段长，1963 年 8 月被授予防洪英雄称号。随电站调迁广东曲江、山东济南、河南鹤壁等地发电。1966 年 4 月调入保定基地。1966 年 7 月调入西北基地，参与基地的基本建设，后从事红心汽动给水泵、自由活塞燃气轮发电机组的安装制造。

Tao Kaidian

陶开典（1928.10—1978） 安徽淮南人，技师，中共党员。1943 年 10 月在淮南电业局田家庵发电厂参加工作，曾荣获淮南市先进工作者。1958 年 1 月调入列电系统，接新机第 14 列车电站，随电站在四川成都发电。同年 12 月调入列电局保定基地，任检修班长。1960 年 6 月起，先后任铸造车间、汽机车间、车辆检修车间副主任、党支部书记。1958 年被评为保定市先进生产者，1959年被评为河北省先进工作者。1971年9月调入娘子关发电厂，任燃料车间主任。

Huang Zhongxiu

黄忠秀（1935.11—2002.9） 安徽宿州人，中共党员。1954年12月在安徽淮南田家庵电厂参加工作。1958年1月进入第2列车电站，从事锅炉运行与检修。1959年3月接新机28站，1962年5月调入12站，先后任锅炉副工段长、工段长。曾为二机部十四局（404厂）服务。1981年3月调入华东基地，从事锅炉检修。1995年2月退休。

Liang Yinghua

梁英华（1936.9— ） 广东梅州人，上海动力学校毕业，高级工程师。1955年7月在安徽淮南田家庵电厂参加工作。1958年1月进入第14列车电站，任汽机技术员，1958年9月，被列电局抽调到北京，向苏联专家学习汽轮机制造技术。1959年1月调入保定基地，参与2500、4000、6000千瓦的国产汽轮机制造。1976年1月参与华东基地的筹建，1977年2月调入华东基地，任生技科技术员、工程师。1985年7月起，任生产计划科科长、副总工程师、电站管理处副主任。

Ge Lei

葛磊（1928.3— ） 山东日照人。1948年11月参加革命工作，曾在河北正定华北大学一部、北京华北合作总社学习，后任平原省供销合作总社业务处干事、北京电业管理局劳动工资科科员。1958年1月进入列电系统，历任局机关劳动工资科劳资员，第3列车电站秘书。1961年调回局劳动工资科。1965年3月调入武汉基地，先后任材料科材料记账会计、电站管理处负责人。1984年5月离休，享受正处级待遇。

Dong Changsheng

董长胜（1935.7— ） 安徽蚌埠人。1954年12月在安徽田家庵电厂参加工作，从事锅炉运行。1958年1月进入刚组建的第14列车电站，从事锅炉运行与检修。随电站在四川成都发电。1958年10月调入保定基地，1978年2月调入华东基地，从事钳工工作，后任质量检验科检验员。

Xiong Zhong

熊忠（1935.2—1985.1） 安徽宿松人，大学学历，工程师，中共党员。1952年10月安徽芜湖工业学校汽机专业毕业，分配至安徽淮南田家庵发电厂，曾任汽机分场专责技术员、检修副主任。1958年1月进入列电系统，历任第14列车电站助理技术员、保定基地汽机技术员、40站技术组负责人。1972年10月调入武汉基地，任铸造车间生技股长。1974年2月起，先后任车间副主任、计划科副科长、副总工程师。1959年获保定市先进工作者和科普协会先进者。

Ma Yuandou

马元斗（1938.5— ） 山东泰安人，初中文化。1958年2月进入第10（12、17、18）列车电站，1959年分站时调入18站，1960年接新机45站，材料员。随电站调迁黑龙江哈尔滨、勃利、伊春，江西新余，贵州六枝、水城，吉林长春，湖南株洲等地发电。1975年5月，参与华东基地的筹建工作，1977年3月调入华东基地，供应科材料员。1994年5月退休。

Ma Shumin

马树敏（1934.12—2013.10） 女，河北容城人。1954年3月参加工作，在燃料部幼儿园从事幼儿教育。1958年2月调入保定基地，先后在制造车间汽机班、金工车间钳工班，从事钳工和后勤管理。1984年12月退休。

Wang Shixiang

王士湘（1934.5— ） 安徽灵璧人，南京电力学校热工仪表专业毕业。1956年2月在淮南电厂参加工作，学徒。1958年2月进入第2列车电站，从事热工仪表维护。1959年1月接新机28站。随电站调迁江苏新海连，广东韶关，河南鹤壁、开封，河北邢台，云南昆明，山东济宁等地发电。1972年12月调入淮南电化厂，1988年10月退休。

Wang Shichun

王世春（1928.5—2010.12） 安徽淮南人，中共党员。1945年1月在安徽淮南田家庵发电厂参加工作，从事汽机检修，曾任分场党支部书记。1958年2月进入列电系统，同年5月接新机第14列车电站，从事汽机运行与检修，后任汽机车间主任。1958年12月任2站厂长。随电站调迁四川成都、广东曲江等地发电。1960年8月调入列电局武汉装配厂，先后任车间主任、党支部书记，政治处工会筹备小组负责人、工会主席、党委委员、学大庆办公室主任。1980年10月退休，1998年6月改离休。

Wang Liangyi

王两已（1936.7— ） 江苏连云港人，初中文化。1954年在淮南田家庵电厂参加工作，1958年2月调入第2列车电站，从事锅炉运行与检修。1963年调入13站。1966年调入25站。随电站调迁江苏新海连，广东曲江、广州，青海海晏，山西朔县等地发电，曾为二机部九局（221厂）服务。1971年调入合肥客车厂，在锅炉车间工作。2014年退休。

Wang Kai

王 凯（1938.3—2000.7） 安徽怀远人。1956年4月在安徽田家庵电厂参加工作。1958年2月进入第2列车电站，1974年9月调入53站，1975年11月调入新19站，均从事电气运行与检修。随电站调迁江苏新海连，广东曲江、韶关，湖北丹江口，陕西西乡，湖南株洲、耒阳、衡阳，浙江宁波等地发电。1982 年调入华东基地。

Lü Meizhong

吕美忠（1937.7—2016.11） 安徽六安人，初中文化。1954 年 8 月在淮南电厂参加工作。1958 年 2 月进入列电系统，接新机第 14 列车电站，在四川成都发电，从事汽机运行及检修。后相继调入保定基地、武汉基地。1966 年 2 月调入西北基地，参加了基地的基本建设，参与红心汽动给水泵、1500 千瓦自由活塞燃气轮发电机组的制造、安装。后在汽机车间、车辆车间、发展公司小火电安装队从事安装检修。

Yang Yongjun

杨永钧（1928.9—1997.10） 安徽淮南人，中共党员。1952 年 10 月在安徽淮南电厂参加工作，从事锅炉运行。1958 年 2 月进入列电系统，先后在第 2、58 列车电站，从事锅炉运行与检修，曾任锅炉工段长。随电站调迁江苏新海连，广东曲江、韶关，湖北丹江口，陕西西乡，湖南株洲，山西晋城等地发电。1976 年 11 月调入武汉基地，先后在设备动力车间、四车间从事机修工作，后任减速机班班长。1979 年 10 退休。

Wu Yifang

吴宜芳（1935.12— ） 女，天津人，初中文化。1954 年进入燃料部行政司工作，在幼儿园从事幼儿教育。1958 年 2 月调入保定基地，先后在铸造车间、计划科、总务科、子弟幼儿园、金工车间、厂办公室工作，1980 年 10 月退休。

Gu Zilin

谷子林（1938.8—2017.6） 河北完县人，初中文化。1958 年 2 月进入局机关从事维修电工。1963 年调入保定基地，先后在行政科、基建科、动力车间从事电工，曾任电工班班长，负责全厂供电线路、变电站运行及检修。1979 年荣获保定市劳动模范称号。1993 年退休。

Ying Shuguang

应书光（1923.12— ） 浙江宁波人，上海杨树浦发电厂工人大学锅炉专业毕业，教授级高级工程师，中共党员。1940 年 2 月在上海杨树浦发电厂参加工作。1946 年 3 月在青岛发电厂任值班工程师、锅炉分场主任。1954 年 1 月在青岛电业局任专业工程师、工程处工地主任。1955 年 9 月在北京电业管理局技术监察处任工程师。1958 年 2 月调入列电局机关，在生技科任副科长。1959 年 1 月至 1962 年 8 月代理列电局技改所主任。1970 年 9 月在武汉基地任基建办公室副主任。1979 年 9 月在局机生技科（处）任副处长兼主任工程师。1983 年 4 月调任水电部机械局技术处副处长。1986 年 9 月退休。

Shen Hanjiang

沈汉江（1927.4—2013.3） 江苏江阴人，

重庆大学热能动力装置专业毕业，高级工程师。自1953年8月起，相继在华北电管局基建处、北京电管局设计处从事技术管理工作。1958年2月调入列电局机关，任生技科生产组组长。1973年8月到水电部小汤山“五七”干校劳动。1974年8月回局机关基建科工作。1978年8月任供应处主任工程师。1983年4月调入水电部农电司，负责小火电管理工作。退休后享受司局级待遇。

Shen Rongzhou

沈荣洲（1934.3— ） 安徽肥东人，中共党员。1954年8月在淮南田家庵电厂参加工作。1958年2月进入列电系统，先后在第2、28、1列车电站，从事锅炉运行与检修。随电站调迁江苏新海连，广东曲江，河南鹤壁，甘肃酒泉、陇西，四川冕宁，北京房山等地发电。1978年调入拖车电站，后调入中国医学科学院肿瘤医院工作。

Fan Jingquan

范敬全（1908.6—1996.12） 安徽太和人。1949年6月始，曾在江西上饶转业军人招待所、上饶铁路建设大队工作。1958年2月进入列电系统，先后在第11、9、15列车电站工作，炊事员。随电站调迁福建南平、山东官桥、广东茂名、陕西略阳等地。1968年9月调入武汉基地，先后在行政科从事后勤、保卫工作。1972年1月退休。

Zhou Liangyan

周良彦（1923.10—2018.12） 浙江镇海人，上海交通大学机械系汽轮机专业毕业，教授级高级工程师。1946年9月在南京下关发电厂任技术员、值班工程师。1953年9月起，先后在华东电管局、北京电管局生技处从事技术工作，1956年曾主持全国汽轮机振动研究班。1958年2月调入列电局机关，在生技科（处）任科长，1979年2月任处长、主任工程师，1981年9月任局副总工程师。长期负责局生产技术管理。主持的列车电站冷水塔改造项目获得全国科技进步奖。曾与西安交大共同举办汽机研讨班，为列电系统厂长培训班授课。1983年4月调入水电部政研室。1984年6月任中国电机工程学会副秘书长。主要著作有《凝汽式汽轮机调速系统的检修和整定》。1987年2月退休。

Zhao Lihua

赵立华（1925.5—2003） 河北束鹿人，1948年10月加入中国共产党。1942年1月参加革命，曾在束鹿小学任教，后在石家庄电厂任工会秘书。自1950年5月起先后在电业管理总局、华北电管局、北京电管局任组织科长、行政科长、干训班主任。1958年2月调入第5列车电站，任厂长。1958年10月调入列电局机关，在党委办公室任宣传部长。1960年8月调入保定电校，任副校长。1964年3月任保定电力技工学校副校长。1964年5月任局办公室主任。1970年11月调西北基地。

1974年5月调任保定电力技工学校党委副书记。1978年5月调任列电局密云干校副校长、党支部书记。1981年5月调回局机关，在纪检组主持工作。1983年4月调入水电部机械局，任纪检组副组长。1985年12月离休，享受司局级待遇。

Zhao Tingze

赵廷泽（1927.6—2003.12） 河北玉田人，中共党员。1944年10月参加革命，在冀东军区任保卫干事、指导员、副营长，曾荣获二、三等功。1953年10月后在华北电管局、电力部机关担任团总支书记。1958年2月调入列电局机关，曾在审干办公室和行政科工作。1958年10月任第23列车电站副厂长，1960年3月任中南工作组组长兼15站厂长。1963年8月后任局干部科代科长、政治部副主任兼干部科科长。1968年4月为局革委会成员，政工组副组长。1972年4月在局办公室协助行政科工作。1979年3月任供应处副处长。1983年4月调入中国水利电力对外公司，任对外物资供应站主任。1989年2月离休。

Zhao Xin'ai

赵新爱（1940.9—　） 女，河北唐县人。1958年2月进入保定基地，在铸造车间从事砂型制造工作。曾参加汽轮发电机组的气缸铸造及电站备品备件铸件工作。1961年，所在砂型小组获保定市先进集体荣誉。

Huang Yujin

黄玉金（1936.7—2015.5） 安徽淮南人，中学文化，中共党员。1952年在淮南电厂参加工作，从事热工仪表专业。1958年2月进入列电系统，接新机第14列车电站，随电站调迁四川成都、荣昌，内蒙古平庄，黑龙江牡丹江，宁夏青铜峡、甘肃酒泉等地发电。1966年3月调入西北基地，任热工仪表班班长。

Cheng Lihe

程理和（1935.8—　） 安徽含山人，初中文化。1954年4月在淮南电厂参加工作，从事锅炉运行。1958年2月接新机第14列车电站，1959年3月调入2站，均从事锅炉运行与检修。1969年调入53站。随电站调迁四川荣昌，广东曲江，湖北丹江口，浙江宁波等地发电。1971年调入安徽电力修造厂金工车间，从事设备检修。

Ji Tongmao

稽同懋（1915.4—2010.5） 江苏常熟人，清华大学电机系动力工程专业毕业，高级工程师。自1950年1月起先后在开滦煤矿唐山矿电务科任技术助理、林西发电厂任汽机值班工程师。1955年1月调入燃料部干校，任代理教师。1958年2月调入煤炭部第1列车电站，任技术负责人。1963年10月调入列电局机关，在生技科负责备品配件工作。1972年12月调入水电部情报所，从事技术管理工作。1986年12月，获全国水利电力科技情报成果二等奖。1987 年 4 月退休。

Ding Wenfa

丁文法（1935.11—1985.12） 江苏南京人。1957 年 5 月在江苏南京参加工作，人委建设科任办事员。1958 年 3 月进入第 4 列车电站，从事电气运行与检修。后任 31、51 站材料员。随电站调迁江苏南京、广东河源、黑龙江萨尔图、山东历城等地，曾参加大庆石油开发会战发电。1968 年 4 月调入武汉基地，先后在金工车间、设备动力车间、四车间工作。

Wang Lingdi

王玲娣（1934.10—2013.11） 女，上海人，中共党员。1953 年 6 月参加工作，曾在陕西咸阳国棉二厂、陕西国棉四厂从事挡车工。1958 年 3 月进入第 7 列车电站，1958 年 4 月调入第 19 站，均从事汽机运行与检修。随电站调迁浙江新安江，四川江油、广元等地发电。1966 年 8 月调入西北基地，1975 年 3 月起任车间副指导员、党支部书记。1979 年 6 月调入华东基地，任车间副主任。

Ji Wanyuan

计万元（1936.1— ） 上海人，上海动力学校毕业，工程师，中共党员。1955 年 9 月在湖南衡阳电厂参加工作。1958 年 3 月进入第 15 列车电站，任生技组长。1963 年 3 月随电站参加广东茂名石油开发会战，任一区 6（46）站党支部书记。1966 年 2 月调入 22 站，任副厂长、厂长、党支部书记。1970 年 7 月接新机 58 站，任党支部书记。随电站调迁湖南衡阳、资兴，广东茂名，广东海南昌江，山西永济、晋城等地发电。1979 年 4 月调入华东基地，任供应科、宣传科科长，储运公司经理。

Xiang Jimin

向济民（1924.12— ） 女，四川万县人，高中文化。1956 年 10 月在北京电业管理局参加工作。1958 年 3 月调入列电系统，在保定基地从事管理工作，曾任冷作车间管理组组长。1963 年起，先后在汽机车间、行政科、金工车间任管理员、会计。

Zhuang Xinbao

庄新宝（1932.4— ） 江苏无锡人，初中文化，技师，中共党员。1951 年 2 月在上海虹口区正泰铁厂学徒，后调淮南煤矿机械厂、徐州煤矿机械厂。1958 年 3 月调入保定基地，先后在锅炉车间、金工车间从事锻造专业，曾任班组负责人。1971 年 9 月调入娘子关电厂，1993 年 8 月退休。

Yang Ding

杨鼎（1916.5— ） 湖南长沙人，南京防空学校照测专业毕业，大学文化。1940 年 8 月起，先后在重庆军委会、工矿调整处、和平日报社、南京资源委员会工作。1950 年 7 月进入石家庄电业局会计科。1952 年 12 月调入北京电业管理局，1958 年 3 月调入保定基地，一直从事财务工作，1978 年 4 月退休。

Wu Yingzhi

吴英智（1938.18—　）女，安徽合肥人。1954 年 9 月在湖南湘中电业局技训班学习电气专业，后在衡阳电厂任电气值班员。1958 年 3 月进入列电系统，先后在第 15、43、56 列车电站，从事电气运行与维修。随电站调迁广东茂名、贵州六枝、江苏徐州等地发电。1975 年 4 月调入武汉基地，在试验室从事电气试验工作。1983 年 10 月退休。

Chen Shitu

陈士土（1923.2—1993.7）浙江温岭人，中央大学电机系毕业，高级工程师。1949 年起，先后在华东电管局、北京电管局和电力部从事技术管理工作。1958 年 3 月调入列电局机关，在生技科（处）从事电站运行技术管理。1970 年 8 月调西北基地。1978 年 8 月借调到局机关，在生技处从事技术管理。在列电系统工作期间，曾参与列车电站技术管理手册、《列车电站出力鉴定》的编写及电气专业有关规章制度的制定，参与解决船舶 2 站等电站电机运行实际技术问题。1983 年 4 月借调到水电部办公厅政策研究室。

Lang Qizeng

郎起增（1921.5—　）河北清苑人。1958 年 3 月进入保定基地，先后在生产车间、经销科仓库从事起重、吊装工作。参加过基地系列发电机组的吊装、运输工作，1979 年 7 月退休。

Xu Yingxiang

徐应祥（1934.8—　）河南博爱人，中共党员。1952 年 12 月在衡阳电厂参加工作，从事汽机检修。1958 年 3 月进入列电系统，先后在第 15、27、36 列车电站，从事汽机运行与检修，曾任汽机工段长。随电站调迁湖南衡阳、资兴，广东茂名，福建三明，河南西平等地发电。1978 年 12 月调入武汉基地，先后在一车间、物资科、电站检修队、储运站工作。

Wang Yongxing

王永兴（1935.12—　）四川成都人，初中文化。1958 年 4 月进入第 22 列车电站，从事锅炉运行与检修。1959 年调入保定基地，铣工，后调入 23 站，从事锅炉运行与检修。随电站调迁广西柳州、四川荣昌等地发电。1965 年 8 月调入西北基地，在金工车间工作，曾任班长。曾参与红心汽动给水泵、1500 千瓦自由活塞燃气轮发电机组的加工制造。1992 年 12 月退休。

Fang Yunchu

方云楚（1929.4—2008.10）湖南衡阳人。1951 年 5 月在衡阳电厂参加工作，在警卫连任警卫。1958 年 4 月进入列电系统，先后在第 15、16、42 列车电站，船舶 2

站，从事锅炉运行与检修。随电站调迁湖南衡阳、株洲，四川五通桥，内蒙古乌达，陕西略阳，河北迁安等地发电。1979年3月调入武汉基地，1980年8月退休。

Tian Shifang

田世芳（1943.6— ）河北保定人。1958年4月进入保定基地，车工。1961年7月调入第28列车电站。随电站调迁河南鹤壁、开封，河北邢台，云南昆明，山东济宁等地发电。1971年8月调入保定基地，在金工车间工作。1981年退休。

Wu Xin

伍新（1930.2—2017.3）女，河北沧州人。1948年11月参加革命工作，曾电业管理总局基建工程局第26工程队和保定热电厂学习和工作。1958年4月进入列电系统，历任列电局机关科员，第3、2列车电站财务会计。1961年11月调入局机关计划科。1965年3月调入武汉基地，在三队、生产科、行政科任管理员。1975年12月退休，1983年4月改离休，享受正科级待遇。

Mi Yugu

米玉姑（1941.12— ）女，河北定县人。1958年4月进入保定基地，从事汽机专业。后调入第13列车电站，从事汽机运行与检修。随电站调迁河南鹤壁，青海海晏，广东广州、韶关，云南禄丰，山西大同等地，曾为二机部九局（221厂）服务。1975年5月调入武汉基地，先后在试验室、计量检验科任计量员。

Li Yuqin

李玉琴（1935.10— ）女，山西大同人，中共党员。1951年6月始，曾在山西大同矿务局、北京电业管理局等单位工作。1958年4月进入保定基地，1959年3月调入列电局武汉装配厂，焊工，曾任班长。1980年11月退休。

Zheng Hanqing

郑汉清（1936.9— ）辽宁瓦房店人，沈阳电力学校电气专业毕业，中共党员。1956年10月在衡阳电厂参加工作。1958年4月进入第15列车电站，1964年调入6站，均从事电气运行与检修。1966年5月调入46站，任电气工段长后任副厂长、厂长。1982年6月任7站副厂长。随电站调迁湖南资兴、临湘，广东茂名，福建福州、漳州等地发电。1984年6月调入华东基地，先后任车间副主任、主任，56站副厂长、厂长，镀锌车间筹备组负责人。

Hu Xinzhi

胡新志（1929.5—2018.7）女，上海嘉定人，高中文化。1949年11月始，曾在上海松江地委干部学校学习，先后在上海青浦县政府、煤炭部计划司工作。1958年4月进入煤炭部电站管理筹建处，后调煤炭部第3列车电站，从事财务工作。1965年

7月调入西北基地，从事物资管理工作。1979年2月调入华东基地。

Xia Zhaochang

夏昭昌（1936.12— ） 山东昌邑人，初中文化。1954年9月在山东青岛电厂参加工作，1958年4月进入保定基地，任钳工班班长。曾参加基地系列汽轮发电机机组和水轮发电机组的制造及检修工作。1983年获华北电管局先进个人称号。1986年退休。

Guo Yongpei

郭永沛（1938.10—2011.10） 四川成都人，高中文化，经济师。1958年4月进入第9列车电站。1966年调入46站，任材料员。1974年10月调入16站。随电站调迁四川成都、金堂、德阳、江油、广元，广东茂名，湖南临湘，福建福州、漳州，内蒙古丰镇等地发电。1983年11月调入在河南商水的13站。1984年5月调入四川德阳电业局什邡分局，在第三产业部任经理。

Guo Shuqing

郭树清（1936.12—2013.12） 辽宁海城人。1958年4月进入第10列车电站，先后从事电气运行与检修、办公室总务。随电站调迁黑龙江哈尔滨、牡丹江，吉林蛟河，山东济宁，山西大同，湖北安陆等地发电。1959年因公致残。1983年12月调入武汉基地，在保卫科从事门卫值班。1996年7月退休。

Tang Suzhen

唐素真（1935.9— ） 女，安徽亳州人，初中文化。1954年9月在淮南电厂参加工作。1958年4月进入列电系统，在保定基地化验室工作。1966年3月调入西北基地，在化验室工作。1986年退休。

Cui Enhua

崔恩华（1936.1— ） 女，江苏镇江人，中央党校经济管理专业毕业，高级会计师，中共党员。1958年4月进入第4列车电站。1958年10月入列电局动力学院学习，1959年5月回4站从事会计工作。1961年10月调入31站。1962年4月调入列电局机关，在财务科工作。1970年9月调入51站，从事汽机运行与检修，后任会计。1973年3月调入河南姚孟电厂。1978年12月调入中国科学院高能物理研究所。1981年1月调入中国电力报社。1994年1月调入中国水利报社。1998年4月退休。曾获水电部颁发的“三八”红旗手称号。

Qin Zhengqun

覃正群（1935.10—2018.6） 女，湖南石门人。1950年12月入伍，曾在中南军分区任会计。1953年6月转业至湖南衡阳发电厂，从事电气专业。1958年4月进入列电系统，先后在第15列车电站、保定基地，从事电气专业。1959年6月调入列电局武汉装配厂，在检修车间从事电气检修，后任车间计划员、统计员，资料室档案管理员。

Wei Ming

魏铭（1932.12—1998.2） 山西大同人，经济师。1949 年 5 月参加工作，曾任山西大同平旺电厂车间统计员、北京电业管理局行政科科员。1958 年 4 月进入列电系统，在保定基地。负责技术工作。1959 年 3 月调入列电局武汉装配厂，先后任材料科、物资科、经营计划科计划员。

Wang Zhaorong

王兆荣（1937.8—2016.11） 山东龙口人，讲师，中共党员。1958 年 3 月参加工作，在哈尔滨市道外区街道办事处任干事。1958 年 5 月调入第 18 列车电站，从事电气运行与检修，随电站在哈尔滨发电。1958 年 10 月入列车电业局动力学院电机系学习，1959 年 5 月动力学院调整后，分配至保定电力学校任教。1971 年 5 月学校并入保定基地，1972 年 12 月复校后回校任教，主要从事数学等课程的教学工作。

Wang Qi

王岐（1923.3—2018.4） 河北徐水人。1958 年 5 月进入保定基地，一直在行政科从事后勤服务工作。1961 年被评为保定市劳动模范，1963 年被评选为保定市五好职工代表。1979 年 5 月退休。

Wang Shuxin

王树新（1938.7—2017.1） 黑龙江哈尔滨人，高中文化。1958 年 5 月进入第 10（12、17、18）列车电站，分站到 12 站。1963 年 10 月调入 25 站，1977 年接新机 60 站，1985 年调入 56 站。均从事电气运行与检修。随电站调迁黑龙江哈尔滨、牡丹江，吉林蛟河、延吉，河南商丘，山西朔县，浙江海宁，江苏镇江等地发电。1988 年调入华东基地，从事电气工作。1998 年 7 月退休。

Wang Bingyi

王炳义（1936.12— ） 河北定州人，列车电业局动力学院肄业。1958 年 5 月进入保定基地，从事锅炉检修，1965 年 6 月调入西北基地，参加基地基本建设，参与Ⅰ型、Ⅱ型红心泵和自由活塞的安装制造。1983 年后，在车辆车间从事安装检修工作。

Liu Yongchen

刘永臣（1941.12— ） 河北定兴人，中共党员。1958 年 5 月进入保定基地，一直在铸造车间工作，先后在锅炉组、木工组从事铸件与模型工作，曾任班长、技术员。参加基地系列汽轮发电机组缸体铸造及电站备品备件铸件工作。所在班组曾获保定市先进集体称号。1973 年 2 月任铸造车间副主任。1986 年 12 月退休。

Liu Guizhi

刘桂芝（1936.8— ） 女，湖北黄冈人，初中文化，中共党员。1954 年 10 月参加湘中电业局技工训练班学习，1955 年 5 月分配到衡阳电厂，电气值班员。1958 年 5 月调入第 15 列车电站，从事电气运行与检修。1958 年 8 月调入船舶 1 站。1959 年 3 月调入列电局武汉装配厂。1961 年 11 月调入 24 站，1975 年调入新 19（20）站，曾任 24、新 19（20）站电气工段长。1983 年随电站下放衡阳冶金机械厂。

Du Erbin

杜尔滨（1936.3— ） 天津人，高级工程师，中共党员。1958 年 5 月进入第 10 列车电站，同年 10 月入列电局动力学院电机系学习。1959 年 6 月分配到保定电力学校，任政治教师、政治教研组长、校团委书记。保定电校与保定基地合并后为党委委员，1972 年保定电校恢复后任政治教师。1974 年 11 月起，历任 56 站副指导员、党支部副书记、书记、厂长。曾获列电局社会主义积极分子称号。1982 年 11 月调入徐州徐塘电厂，任党委副书记。1986 年 5 月任 59 站厂长兼党支部书记，后任北京中光电力联合公司小火电部经理、华电装备公司经理。

Li Zhibin

李志斌（1938.8— ） 河北献县人，武汉基地“七二一”大学燃气轮机专业毕业，高级讲师，中共党员。1958 年 5 月在第 10 列车电站参加工作，同年 10 月入列车电业局动力学院学习，1959 年 5 月肄业后分配到保定电力学校任教师。1971 年 5 月学校并入保定基地，1972 年 12 月复校后回校任教师，曾任力学教研组组长。1988 年 2 月任基础科副科长。曾被评为 1995、1996 年度华北电业管理局优秀教师。

Li Fuchun

李福纯（1937.11— ） 黑龙江哈尔滨人，高级政工师，中共党员。1958 年 5 月在第 10 列车电站参加工作，同年 10 月入列电局动力学院学习，1959 年 5 月动力学院调整后，分配到保定电力学校任教师，主要从事数学等课程的教学工作。1971 年 5 月调入中共保定新市区委，任秘书、办公室副主任。1979 年 5 月调回保定电校，任教师、总务科长。1986 年 9 月任保定电校党委副书记，1988 年 1 月兼任纪委书记，1993 年 8 月任保定电校党委书记。曾被评为保定市级优秀共产党员、优秀教师，华北电力集团党组优秀党委书记。1998 年 3 月退休。

Yang Hongxuan

杨洪轩（1930.9—1995.3） 河北清苑人，技师，中共党员。1951 年 7 月进入山西太原第二发电厂工作，1958 年 5 月调入保定基地，从事汽轮发电机机组和水轮发电机组制造及电站备件加工，曾任金工车间钳工班班长。列电体制改革后，从事结构件加工，在塔机制造设备改造中解决了平稳焊接及高空平衡问题。1988 年被评为保定市劳动模范、华北电业管理局先进生产者。

Zhang Xinmin

张新民（1938.10—2018.4） 河南泌阳人，唐河师范学校毕业，经济师。1958 年 5 月进入第 26 列车电站，在管理组从事财会工作。1976 年在 23 站管理组负责物资供应工作。随电站调迁内蒙古赤峰、临河、通辽，宁夏青铜峡，湖南湘潭、株洲，山西大同，云南昆明等地发电。1981 年 8 月随 23 站调入西北基地，在供应科任材料统计核算员。1995 年退休。

Yi Chengji

易承寄（1934.1— ） 湖南常宁人，初中文化。1958 年 5 月在衡阳第 15 列车电站参加工作，同年 8 月调入保定基地。1959 年 3 月调入正在筹建中的列电局武汉装配厂，1963 年 10 月调入在茂名的第 46 列车电站，从事锅炉运行与检修。1974 年 1 月调入在内蒙古丰镇的 16 站，历任锅炉技术员、生技组组长。1982 年 8 月调入新 19 站。1983 年随电站调到衡阳冶金机械厂。

Zhou Zhutao

周柱涛（1937.3—2017.4） 湖南益阳人，中共党员。1954 年 10 月，先后在湘中电业局第一发电厂、湖南衡阳电厂从事司炉。1958 年 5 月进入第 15 列车电站，从事锅炉、热工专业。后任 27 站锅炉工段长、代理副厂长。1971 年 6 月调入武汉基地。后任“五七”连附属工厂管理员、学大庆办公室科员、政治处组织干事兼电站管理处负责人。1985 年 4 月起，先后任总务科副科长、科长。1990 年评为武汉市先进个人。1996 年 6 月退休。

Zheng Guozhong

郑国忠（1941.12— ） 河北清河人，初中文化，中共党员。1958 年 5 月进入第 10 列车电站，从事锅炉运行与维修。后参加了 17、18 站的安装，并调入 18 站。曾任锅炉工段长、团支部书记。随电站调迁黑龙江哈尔滨，江西新余、萍乡、鹰潭，黑龙江伊春等地发电。1977 年 6 月调入保定基地，在锅炉车间工作，任锅炉班长和车间调度。

Meng Fanchang

孟繁长（1939.3— ） 山东龙口人，大学学历，教授级高级工程师。保定电力学校发电厂电力网及其系统专业毕业，1958 年 5 月进入第 10 列车电站。1958 年 10 月入列车电业局动力学院学习，后转入保定电力学校学习。1961 年 10 月留保定电力学校，任物理教师。1962 年 10 月调 45 站，任电气技术员。1964 年 4 月任列电局第一工作组技术员。1968 年 8 月调入黑龙江省电力公司，先后任工程师、高级工程师。1996 年获黑龙江省电力公司先进科技工作者。

Liu Changde

柳长德（1937.2—1998.11） 安徽蒙城人，高级技师。1954年7月在衡阳电厂参加工作。1958年5月进入列电系统，先后在第15列车电站、船舶1站，从事汽机运行与检修。随电站调迁湖南衡阳、湖北丹江口等地发电。1959年2月调入列电局武汉装配厂，先后在车间、计量检验科从事锅炉检修、安装和检验工作。1965年评为武汉市供电局优秀工人。

Liu Jingbin

柳景滨（1940.11—1990.11） 山东黄县人，中学文化，中共党员。1958年5月进入第10列车电站，从事汽机运行与检修。1961年1月调入25站。1964年5月调列电局机关，任宣传科干事。1970年6月回到局机关宣传组，任干事。1975年8月到水电部小汤山"五七"干校劳动。1976年7月在局机关所在街道抗震指挥部从事抗震救灾工作。1977年5月回到局机关政治部宣教科，1978年6月在机关党总支任干事。1983年4月调入水利电力出版社。

Yuan Tiancheng

袁天成（1933.2—1984.11） 四川永昌人，小学文化，中共党员。1953年在永昌煤矿电厂工作。1958年5月调入第14列车电站，从事汽机运行与检修。随电站调迁四川成都、荣昌，内蒙古平庄、黑龙江牡丹江、宁夏青铜峡、甘肃酒泉等地发电。1966年11月随电站到西北基地检修，后调入西北基地，在汽机车间、供应科维修班工作，参与红心汽动给水泵的安装制造。

Cai Zuyuan

蔡祖元（1937.1— ） 河南信阳人。1954年8月在燃料部中南电业局第六工程公司参加工作，后在北京良乡修造厂。1958年5月进入刚组建的第19列车电站，从事锅炉运行与检修。1959年3月调入列电局武汉装配厂，1966年5月调入西北基地，焊工。1978年4月调41站。曾随电站调迁四川江油、湖北荆门等地发电。1982年11月调华东基地。1992年10月退休。

Kong Xiangchun

孔祥春（1941.12— ） 山东济南人。1958年6月进入列电系统，先后在第1、23、37、51、18列车电站，从事锅炉运行与检修。1964年7月至1968年4月曾在列电局商都农场工作。随电站调迁河北保定、辽宁瓦房店、内蒙古乌达、山东胶县、黑龙江牡丹江等地发电。1977年9月调入保定基地，先后在供应科、车队工作。

Deng Jiguang

邓吉光（1941.7— ） 重庆人，初中文化。1958年6月进入第19列车电站，从事汽机运行与检修。1960年调入14站，1979年10月调62站。随电站调迁四川江油、广元、甘洛，内蒙古平庄，黑龙江牡丹江，甘肃酒泉，陕西阳平关，江苏徐州、无锡等地发电。1982 年调入四川江油发电厂。1998 年退休。

Ren Xiande

任宪德（1935.6— ）河南延津人，北京电力学校锅炉专业毕业，工程师。1958 年 6 月分配到列电局机关。1959 年 6 月起，先后在第 23、37、61 站，从事锅炉技术工作。随电站调迁辽宁清河，内蒙古乌达，河南新乡，广东广州，湖南长岭，福建福州，河北沧州、保定等地发电。1982 年调保定基地工作。1993 年退休。

Liu Zhanxin

刘占欣（1939.8—2015.4）河北安国人。1958 年 6 月进入第 13 列车电站，从事汽机运行及检修。随电站调迁河南新乡、鹤壁，青海海晏等地，曾为二机部九局（221 厂）发电。1965 年 8 月调入邯郸地区第一热电厂。

Liu Maoquan

刘茂全（1936.11— ）浙江龙游人，初中文化，中共党员。1958 年 6 月进入第 24 列车电站，从事汽机运行与检修，随电站在宁夏青铜峡水利工程发电。1961 年被评为水电部青铜峡水利工程先进生产者。1966 年 5 月调入西北基地，先后在汽机车间、后勤科维修班、小火电汽机班工作。1975 年被评为列电局先进生产者、宝鸡市工会积极分子。

Li Jingmin

李敬敏（1937.7— ）河北定州人，1983 年中央党校正规化教育第一期毕业，1986 年中央党校函授经济管理专业肄业，助理经济师、政工师，中共党员。1958 年 3 月在河北农学院参加工作，6 月进入第 6 列车电站，从事财会工作。后相继在 13、35 站担任管理组长、在茂名 6（8、9、15、21、46）站任财务组长。曾获得茂名市青年红旗手称号。1972 年 3 月调入局机关，在政治部干部科（处）工作。1983 年 4 月调入水电部，在办公厅列电管理处工作。1984 年 3 月任水电部密云干休所所长。1986 年 4 月任水电部老干部局综合处副处长、处长。

Li Fuxing

李福兴（1940.12—2019.8）河北唐县人，初中文化，经济师。1958 年 6 月进入列电局机关，在基建科（处）任科员，1964 年 2 月在列电局北京物资供应站工作，1968 年 2 月至 1975 年 8 月在水电部小汤山“五七”干校劳动。1983 年 4 月调入中国水利电力对外公司，在物资处从事物资管理工作。

Zhang Fengqi

张凤岐（1940.8— ）河北满城人，中学文化，中共党员。1958 年 6 月招工进入第 11 列车电站，从事锅炉运行与检修，同年 10 月调入 1 站。随电站调迁福建南平，河北保定，甘肃酒泉、陇西等地，曾为二机部十四局（404厂）发电。1967年7月调入西北基地，曾任金工车间车工班班长。1983年起，先后任车间主任，检验科、动力科科长。1998年5月退休。

Zhang Shouzhong

张守忠（1923.12—2003.6） 江苏沭阳人，中共党员。1944年10月参加革命工作，曾在华东野战军、26军、志愿军独立团任班长、副排长、连长、参谋，参加抗美援朝。1956年5月转业到内蒙古赤峰糖厂，任行政科负责人。1958年6月进入煤炭部第1列车电站任秘书。1965年1月调入武汉基地，任工会、人武部干事。1975年7月退休，1983年1月改离休，享受副处级待遇。

Zhang Zenghou

张增厚（1932.11— ） 北京人，中技毕业，中共党员。1950年11月进入水利部，在秘书处工作。1958年6月进入第1列车电站，从事锅炉运行与检修工作，后从事物资工作，曾为二机部十四局（404厂）服务，1963年被评为404地区优秀工作者和模范党员，1965年被评为列电局先进工作者。1966年8月调入局机关，在供应科（处）从事物资管理。1983年4月起，先后在水电部机械制造局、物资局，从事物资管理工作。

Lu Shiying

陆世英（1942.5—2013.8） 河南商丘人，职高毕业，经济师。1958年进入第16列车电站，从事汽机运行与检修。1960年调入26站，1973年调入54站，曾任汽机工段长、生技组长。1979年负责54站调迁无锡的选厂设计工作。随电站调迁湖南资兴，内蒙古赤峰、通辽，宁夏青铜峡，湖南湘潭，山西大同，江苏无锡等地发电。1984年12月随电站成建制下放无锡新苑集团公司热电厂，任办公室主任、副厂长。

Chen Qingyuan

陈庆元（1936.2— ） 福建莆田人，高中文化。1958年6月进入第11列车电站。1960年接新机38站，1981年调入27站，均从事锅炉运行与检修。随电站调迁福建南平、三明，山东官桥，山西运城，甘肃金川，广东韶关，江西九江、吉安，河北迁安，江苏昆山等地发电。1983年后落地浙江诸暨。1995年退休。

Zhou Xi’an

周西安（1936.1— ） 湖北广济人，高中文化。1958年6月进入第15列车电站，从事电气运行及检修。1963年7月调入23站，任电气值班员。1977年成功研发半自动并车装置及晶体管负荷自动调整装置，获列电局技术革新奖。1979年1月调入列电局中心试验所，先后在电气组从事电气试验，劳服公司从事技术管理工作。1980年独立研发列车电站冷水塔自控装置并得到应用。1989年12月后，在河北电力职工大学电力系任实验教师。1992 年 6 月退休。

Zhou Ronghe

周荣和（1927.11—2001.9） 广东五华人。1950 年 11 月在广东五华县建筑工程队参加工作，1958 年 6 月进入第 4 列车电站，木工，1962 年 7 月转材料员。随电站调迁广东河源、坪石，河南新乡、信阳等地发电。1974 年 5 月调入 32 站，在广州为保障出口商品交易会正常用电发电。1975 年 6 月调入广州供电公司路灯管理所，任事务员。

Meng Lin

孟林（1928.1— ） 北京人，中共党员。1946 年 8 月在北京钓鱼台做后勤服务工作。1949 年 1 月参加革命，先后在钓鱼台、水电部幼儿园，任仓库保管员、服务员。1958 年 6 月进入第 1 列车电站，从事锅炉运行与检修。1959 年 3 月调入 23 站。1962 年 1 月调入 44 站，从事锅炉运行与检修，后从事食堂管理。1970 年 11 月调入 56 站，任材料管理组组长。1974 年 7 月调入列电局马连道仓库，从事物资保管工作。1983 年 4 月起，先后在水电部机械局仓库、办公室任行政管理员、科员。1990 年 4 月离休。

Duan Qinghai

段清海（1925.4— ） 河北保定人。1958 年 6 月进入保定基地，先后在装配车间、供应科从事起重工。参加过基地系列发电机组的吊装运输工作，1979 年 5 月退休。

Jiang Jingzhi

姜静芝（1938.12— ） 女，江苏江阴人。1958 年 6 月进入第 4 列车电站，同年 10 月在列车电业局动力学院电机系学习，1959 年 5 月，动力学院撤销后留保定电力学校任数学教师。1971 年保定电校与保定基地合并，1972 年电校恢复后回校任教。1975 年调入 56 站，任生技组统计员。1982 年调入徐州电业局劳动服务公司，负责待业青年管理工作。

Gao Yunfeng

高云峰（1938.2— ） 河北唐县人，列车电业局动力学院肄业，助理经济师，中共党员。1958 年 6 月调入保定基地，在锅炉车间从事安装检修。1966 年 3 月调入西北基地，参加了基地的基本建设，在锅炉车间任班长，参与安装 1500 千瓦自由活塞燃气轮发电机组。1979 年任车间主任。列电体制改革后，先后任计划科调度、劳动服务公司小火电安装公司负责人。

Gong Lianshuang

龚联霜（1940.12— ） 福建南平人，中共党员。1958 年 6 月进入第 11 列车电站，从事锅炉运行与检修，曾兼吊车司机。1959 年 1 月接新机 24 站，从事锅炉运行与检修，曾任团支部书记、党支部委员、锅炉工段长。1967 年初，任临时生产委员会主任，主抓生产。1983 年 8 月调入厦门电业局，在基建部工作。1960 年 2 月曾被青铜峡工程局授予一等功。

Kang Zhongshun

康中顺（1937.11— ）河北定县人，初中文化，技师。1958 年 6 月在第 6 列车电站参加工作，从事锅炉运行及检修，随电站调迁河南平顶山、广东茂名、湖南衡阳、新疆哈密、河北沧州等地发电。1982 年调入河北正定纬编厂，任锅炉车间维修技师。1994 年退休。

Han Shuzhi

韩树志（1937.12— ）河北满城人，保定电力学校发电厂电力网及其系统专业毕业，工程师，中共党员。1958 年 6 月进入保定基地，同年 10 月入列车电业局动力学院（预科班）学习，后转入保定电校学习。1961 年 11 月分配到第 1 列车电站，从事电气运行与检修，曾任电气工段技术员。随电站调迁甘肃酒泉、陇西，四川冕宁，北京房山等地，曾为二机部十四局（404 厂）服务。1982 年随电站下放北京煤矿机械厂，历任电力车间工程师、生技组长、工会主席。

Zhen Fengkai

甄凤凯（1924.6—1979.7）河北定县人，1943 年 7 月加入中国共产党。同年参加八路军。1951 年 2 月参加抗美援朝，历任机要科通信员、班长、排长、指导员。荣立三等功一次，1956 年 3 月荣获解放奖章，独立自由奖章。1958 年 6 月转业进入列电系统，先后在保定基地、武汉基地工作。1965 年调入西北基地，参加了基地的基本建设，在生产科起重班从事大型设备、大型材料的起吊工作。1979 年退休。

Dai Yaoji

戴耀基（1932.11—2014.12）广东武华人，重庆大学电机系电厂、电网及系统专业毕业，教授级高级工程师。1953 年 7 月大学毕业，先后在燃料部、电业总局、电力部从事技术工作。1958 年 6 月进入列电系统，先后在第 9、14、3 列车电站，从事技术管理，任工程师。1960 年 7 月在第三中心站工作。1964 年 8 月调入局机关，在生技科（处）从事技术管理。熟悉列车电站机、电、炉、热、化各专业技术，编写了《列车电站出线过流速断保护》培训教材。1983 年 4 月起，相继在电力科学研究院、水电部科技情报所，任主任工程师（副处级）。曾获能源部科技进步奖、信息成果奖。1996 年 9 月退休。

Ding Xu

丁旭（1937.4— ）女，河北徐水人，初中文化。1958 年 10 月进入列电局动力学院学习，1959 年 5 月到列电局装配厂，钳工。1960 年 5 月起，先后在第 10、25 列车电站，从事汽机运行与检修。随电站调迁黑龙江牡丹江、河南商丘、吉林蛟河、山西朔县等地发电。1979 年 1 月调入保定基地，在质管科试验室工作，1986年12月退休。

Bu Fanzhi

卜凡志（1939.10— ） 河南兰考人，大专学历，工程师。1958年进入第16列车电站，同年10月入列车电业局动力学院学习，1959年5月分配至1站，1960年调入保定电力学校任教。1962年调入船舶2站，1963年调入武汉基地。1964年至1966年在华南工学院学习。1976年调入36站，从事热工专业，后任热工室负责人。1985年2月，随电站人员下放河南巩县电厂，任热工室主任。

Yu Deli

于德利（1941.11— ） 山东乳山人，高中文化。1958年7月进入第1列车电站，从事电气运行与检修。随电站调迁河北保定，甘肃酒泉、陇西，四川冕宁，北京房山等地发电。曾为二机部十四局（404厂）服务。在四川冕宁泸沽发电期间与徐琦共同解决了铁道兵四台柴油发电机并机的技术难题。1980年5月任电气工段长。列电体制改革后，随电站下放北京煤矿机械厂。

Wan Furong

万福荣（1939.6— ） 上海嘉定人，初中文化。1958年7月进入第7列车电站。1959年4月接新机21站，1966年10月接新机52站，1970年调入7站，均从事锅炉运行与检修。随电站调迁浙江新安江，广东茂名，河北保定、邢台，黑龙江克山，湖北襄樊，福建漳平等地发电。1978年12月调入华东基地，从事汽车修理工作。1997年10月退休。

Ma Qingxiang

马清祥（1940.8— ） 河北秦皇岛人，沈阳电力技工学校汽轮机专业毕业，中共党员。1958年7月进入列电系统，先后在第10、17、新5列车电站，从事汽机运行及检修工作。随电站调迁黑龙江哈尔滨、双鸭山、虎林、海拉尔，河北邯郸、秦皇岛，辽宁旅大等地发电。1982年4月调入保定基地，在汽机车间工作。1993年退休。

Ma Jian

马鉴（1937.10—2015） 江苏连云港人，高中文化。1958年7月进入第2列车电站，从事电气运行与检修工作。1973年任54站电气工段长，1977年调入39站，从事电气运行与检修。随电站调迁江苏新海连，广东曲江、韶关，湖北丹江口，陕西西乡，湖南株洲，山西大同，山东滕县等地发电。1983年10月随电站人员调入山东十里泉发电厂，从事电气工作。

Wang Huadong

王化东（1939.8— ） 辽宁朝阳人，沈阳电力学校电气专业毕业。1958年7月进入列电局保定装配厂，电工。后相继在第

22、35、37、42 列车电站，从事电气运行与检修。随电站调迁广西柳州，新疆哈密，河南新乡，广东广州，湖南临湘，福建福州，河北沧州，江苏苏州等地发电。1983 年 3 月调入苏州热电厂，在电气车间工作。

Wang Fengyan

王凤燕（1938.12— ） 女，辽宁新宾人。1958 年 7 月进入列电系统，先后在第 16、46、31、32、56 列车电站，从事电气运行与检修。1979 年接新机 62 站。随电站调迁湖南邵阳，宁夏青铜峡，广东茂名，黑龙江萨尔图，山东济南，江苏徐州、无锡等地，曾参加茂名、大庆石油开发会战发电。1982 年 10 月随电站成建制下放无锡市。

Wang Wenyu

王文玉（1936.9—2019.2） 河北邢台人，沈阳电力工人技术学校毕业。1958 年 7 月分配到第 5 列车电站，从事汽机运行与维修。1960 年 6 月调入船舶 1 站，1961 年 8 月调入船舶 2 站，任汽机工段长兼工会主席。随电站调迁河北保定、湖北丹江口、四川五通桥、江西九江、湖南衡阳等地发电。1982 年 8 月调入保定基地，在安全科工作。

Wang Shutian

王书田（1941.12— ） 河北涿县人，初中文化，技师，中共党员。1958 年 7 月进入保定基地，先后在砂型组、铸造车间造型班工作，曾任班长。在从事基地系列汽轮发电机电站的气缸铸造工作中，所在班组曾获保定市先进集体荣誉。1988 年任铸造车间副主任。1995 年退休。

Wang Zhanxing

王占兴（1938.3—2018.5） 山东枣庄人。1958 年 7 月进入煤炭部第 2 列车电站，1961 年 3 月接新机煤炭部 4 站，从事汽机运行与检修。随电站调迁江西萍乡，广东坪石，山东莱芜、烟台，内蒙古海勃湾、集宁、大雁等地发电，曾为甘肃酒泉清水卫星发射基地服务。1983 年 3 月调山东十里泉发电厂。1997 年 3 月退休。

Wang Yongshun

王永顺（1935.5—2018.7） 河北安国人，中共党员。1958 年进入第 13 列车电站，从事锅炉运行与检修，1965 年起任锅炉工段长。随电站调迁河南新乡、商水、鹤壁，青海海晏，广东广州、韶关，云南禄丰，山西大同等地发电，曾为二机部九局（221 厂）服务。1983 年调入河南平顶山姚孟发电厂。

Wang Zerong

王则荣（1939.10— ） 河北徐水人，初中文化。1958 年在保定基地参加工作，从事列车电站安装工作。1963 年调入第 41 列车电站，后调入 30 站，从事锅炉运行与检修，随电站调迁随电站调迁黑龙江勃利、伊春，河南平顶山，山东东营、昌邑等地发电。1986 年调入苏州工作。

Wang Shouyu

王守玉（1939.1— ） 辽宁喀左人，中共党员。1958 年毕业于沈阳电力技工学校，同年分配到保定基地，1971 年任检修车间指导员。1976 年 1 月调入第 8 列车电站，曾任副厂长兼党支部书记。1981 年 43 站与 8 站合并。随电站调迁河北衡水，湖北武汉，北京等地发电。1983 年 3 月随电站下放北京新型建筑材料厂，1984~1993 年任该厂淀粉分厂副厂长。

Wang Changmin

王昌民（1939.5— ） 河北曲阳人，列车电业局动力学院肄业，中共党员。1958 年 7 月进入列电系统，先后在局行政科、第 13 列车电站管理股、保定基地劳资科从事管理工作。曾为二机部九局（221 厂）服务。1995 年 7 月退休。

Wang Jintie

王金铁（1940.10—1997.10） 北京人。1958 年 7 月进入列电系统，先后在第 1、5 列车电站，从事热工专业。1960、1963 年两次参加列电局举办的热工仪表及自动化训练班。1974 年 9 月调入武汉基地，先后在试验室、钢窗车间、计量检验科从事热工仪表和检验工作。

Wang Xuequn

王学群（1932.8—2010.7） 河南洛阳人，郑州工业学校电机专业毕业，工程师、高级讲师。1952 年 9 月参加工作，在郑州发电厂任技术员。1954 年 9 月调电业管理总局劳动保护部任安全员。1958 年 7 月调入第 13 列车电站，从事电气技术工作，随电站调迁河南新乡、鹤壁等地发电。1960 年 7 月调入保定电力学校任教师，1971 年 5 月学校并入保定基地，1972 年 12 月复校后回校任教师，主要从事电工测量等课程的教学以及实验教学和实验室建设等工作。主编《电工仪表检修》教材由水利电力出版社出版。

Wang Baoxiang

王保祥（1935.11— ） 安徽淮南人，中学文化，技师，中共党员。1958 年 7 月进入列电局机关，在材料科工作，后任副科长。1966 年调入西北基地，任生产技术科调度。1967 年起，先后任计划科副科长、三车间主任、新产品发展公司经理、小火电安装处负责人。曾参与开发红心汽动给水泵、1500 千瓦自由活塞燃气轮发电机组、32 米高空作业车、翻斗上煤车等新产品项目。

Wang Jiazhi

王家治（1939.1—2009.1） 辽宁喀左人，沈阳电力工人技术学校电气专业毕业，经济师，中共党员。1958 年 7 月分配到第 1 列车电站，从事电气运行与检修。1959

年9月参加32站筹建，1961年到上海汽轮机厂配合机组回装，参与调试和验收，随电站参加大庆石油会战、广州出口商品交易会、葛洲坝水利工程发电。1977年7月起任副厂长。1981年11月调入27站，1982年10月调回32站，均任副厂长。1984年8月调入葛洲坝水力发电厂，历任大江电厂管理科长、行政科长、工会主席、深圳办事处主任。

Wang Fuquan

王福全（1939.10—2010.1） 河北满城人，初中文化。1958年7月进入列电系统，先后在第6、44列车电站，从事电气运行与维修。1965年到克山农场，同年调入保定基地，先后在电气、金工车间工作。1983年加入中国美术家协会河北分会，历任河北省科普美术研究会会员，保定市科普作协副秘书长，并被编入《中国现代美术家人名大辞典》。多年从事业余美术及造型艺术的创作研究，主要作品有《抗日战争碑》《风采周恩来碑》《莲池微碑》《毛泽东诗词碑廊》《太行木雕》等。2007年获华北电网“迎奥运、扬和谐”一等奖。1986年退休。

Wang Cuijin

王翠金（1939.7— ） 女，河北安平人，初中文化。1958年进入保定基地，从事列车电站设备安装。1963年7月调入第41列车电站，1974年调入18站，车工。随电站调迁黑龙江勃利、伊春、牡丹江，河南平顶山，山东东营，内蒙古伊敏河等地发电。1986年8月调入山西省电力公司，在材料科工作。

Wang Yigang

王毅刚（1937.12—2011） 河北望都人，初中文化。1958年7月进入第13列车电站，1960年6月调入1站，曾任人事保卫员、锅炉工段吊车司机、管理组材料采购员。随电站调迁甘肃酒泉、陇西，四川冕宁，北京房山等地发电。曾为二机部十四局（404厂）服务。列电体制改革后，随站下放北京煤矿机械厂，在机动分厂调度室工作。

Wen Changsong

文长松（1941.10—2016.12） 湖北天门人。1958年7月进入第4列车电站，从事锅炉运行与检修。随电站调迁广东河源、坪石、火烧坪，河南新乡，信阳等地发电。1973年4月调入武汉基地，先后在机修车间、一车间、电站检修队、三车间从事锅炉检修、钳工、起重工。1991年10月退休。

Shi Jinhong

石金洪（1937.1— ） 河北完县人，初中文化。1958年7月进入保定基地，从事列车电站安装。1963年7月调入第41列车电站，从事汽机运行与检修。随电站调迁黑龙江勃利，河南平顶山，山东东营等地发电。1971年4月调入胜利油田孤岛二电厂，在汽机车间工作。

Tian Dianyin

田殿银（1940.3—2016.10） 河北安国人。1958年进入第13列车电站，从事锅炉运行及检修。随电站调迁河南新乡、鹤壁、商水，青海海晏，广东广州、韶关，云南禄丰，山西大同等地发电，曾为二机部九局（221厂）服务。1972年起任锅炉副工段长。1984年10月调入河南洛阳发电厂工作。

Bai Chuntao

白春桃（1940.12— ） 河北定县人，列车电业局动力学院肄业，技师，中共党员。1958年7月进入保定基地，在锅炉车间从事安装检修。1965年7月调入西北基地，参加了基地的基本建设，曾任锅炉班班长，多次改进检修工具及操作方法。后相继任生产技术科材料员、"五七"工厂生产负责人、新产品开发公司小火电安装公司技师。曾获列电局先进生产者，优秀党员称号。

Feng Yuanqin

冯元琴（1937.12— ） 河北平山人，初中文化，技师。1958年7月进入第5列车电站，从事电气运行与检修。1975年调入31站，从事电气检修。随电站调迁湖南郴州、耒阳，广东韶关，北京丰台等地发电。1980年调入北京第三热电厂，在电气车间从事检修。

Feng Zhen

冯振（1936.11— ） 河北保定人，初中文化。1958年7月进入保定基地，从事材料供应工作。1963年起，先后在第23列车电站、船舶2站，从事材料供应。随电站调迁辽宁开原、瓦房店，四川荣昌，福建福州，江西九江，湖南衡阳等地发电。列电体制改革后，调回保定基地，相继在设备代管组、供应科工作。

Bi Yongxian

毕永贤（1935.6—2018.9） 河南兰考人，初中文化。1958年进入第16列车电站，从事锅炉运行及检修。随电站调迁河南兰考，湖南郴州、邵阳，内蒙古乌达、丰镇，广西桂林、宜山等地发电。列电体制改革后，1983年5月调至河南兰考县粮食局工作。

Bi Shuze

毕庶泽（1937.11— ） 山东荣成人，保定电力技校毕业，工程师，中共党员。1958年7月分配到保定基地，从事电气专业工作，曾任电机班班长。1968年起，先后任电气车间副主任、主任。曾参加组织基地系列发电机机组的制造、安装、调试工作。列电体制改革后，任绝缘子车间主任、党支部书记。1990年任合成绝缘子试制小组副组长，试制中攻克了绝缘材料耐高温问题，提高了发电机材料耐高温等级，并成功消除运行机组振动，解决了转子动平衡问题。1995年5月荣获华北电业管理局颁发的合成绝缘子重大贡献一等奖，保定市颁发产品创新奖。

Zhu Yongguang

朱永光（1943.3—2015.6） 上海人，列车电业局动力学院肄业，工程师。1958年进入第2列车电站。1962年调入3站，1974年调入56站，1979年调入62站，均从事热工专业。随电站调迁广东曲江，浙江宁波，湖北丹江口，江苏新海连、徐州、无锡等地发电。1982年10月随电站成建制下放无锡市。1984年调入无锡市节能办公室。

Liu Xiaoliang

刘小良（1944— ） 河北高阳人。保定钢铁学校肄业。1958年分配到第1列车电站，从事锅炉运行与检修。1960年接新机39站。1972年调入30站，任司炉长。随电站调迁内蒙古赤峰，湖南衡阳，河北束鹿，山东滕县，黑龙江伊春等地发电。1982年调入北戴河水电部疗养院，任维修班长。1996年退休。

Liu Weiguo

刘卫国（1937.12—1970.10） 河北满城人，初中文化。1958年进入保定基地，从事列车电站安装。1963年7月调入第41列车电站，从事锅炉运行与检修。随电站调迁黑龙江勃利、河南平顶山等地发电。1970年10月，41站在河南平顶山矿务局发电时发生锅炉水冷壁管爆管事故，因公殉职。

Liu Dongquan

刘东权（1937.5— ） 辽宁朝阳人，沈阳电力学校锅炉专业毕业。1958年7月分配到第36列车电站，从事锅炉运行与检修。随电站为大庆石油开发会战发电。1966年3月调入西北基地，参加了基地的基本建设，先后在锅炉车间、动力科、小火电安装公司、维修小工厂工作。参与红心汽动Ⅱ型给水泵、1500千瓦自由活塞燃气轮发电机组的安装制造。

Liu Gouzhen

刘国桢（1941.1— ） 北京人，高中文化。1958年7月进入第2列车电站，从事汽机运行与检修。1959年3月接新机28站。曾被评为河南省鹤壁市五好共青团员。1975年12月调入31站。随电站调迁广东曲江，河南鹤壁、开封，河北邢台，云南昆明，山东济宁、潍坊，北京长辛店等地发电。1979年12月调入局机关，在行政科从事电工。1983年4月调入水利电力出版社。

Liu Jinxiang

刘金祥（1939.8—1995） 河北满城人，初中文化，中共党员。1958年7月进入保定基地，从事列车电站安装。1963年7月调入第41列车电站，从事电气运行与检修，后任电气工段长。随电站调迁黑龙江勃利，河南平顶山，山东东营、昌邑，湖北荆门等地发电。1986年5月调入葛洲坝水泥厂，在厂变电所工作。

Liu Jinbang

刘金榜（1938.10— ）河北满城人，初中文化，中共党员。1958年7月进入列电系统，先后在第6、34、30、23列车电站，从事锅炉运行与检修。随电站调迁广东茂名，黑龙江大庆，四川荣昌、甘洛，山西风陵渡、大同，云南昆明，内蒙古临河等地，曾参加大庆石油会战发电。1981年8月随23站调入西北基地，先后在锅炉车间、车辆车间从事安装检修、维修钳工，参与了底开门漏斗上煤车的加工制造。

Liu Zongmin

刘宗敏（1938.12—2016.2）河北唐县人，初中文化。1958年7月进入列电系统，先后在第9、12、55列车电站，从事财务管理，随电站调迁四川金堂、德阳、江油，甘肃酒泉，内蒙古扎赉诺尔，山西长治等地发电。1982年8月调入保定基地，在动力车间任核算员。1993年退休。

Liu Yantian

刘砚田（1938.11— ）河北秦皇岛人，沈阳电力技工学校毕业。1958年分配至第3列车电站。1959年9月接新机21站，从事锅炉运行与检修，后转焊工与检修。1982年调入57站。随电站调迁浙江新安江、广东茂名、黑龙江克山、内蒙古集宁、江苏徐州、黑龙江牡丹江、河北迁安等地发电。1982年11月随电站成建制下放迁安首钢矿山公司。1996年退休。

Liu Runxuan

刘润轩（1927— ）河北丰润人，天津大学毕业，中共党员。1948年参加工作，1958年进入列电系统，曾任保定基地安检科副科长。1963年5月任第31（32）列车电站副厂长。电站在参加大庆石油会战发电期间，被评为红旗电站，受到大庆油田会战指挥部的表彰。1964年5月任35（13）站副厂长。随电站调迁青海海晏，广东广州，云南禄丰等地发电，曾为二机部九局（221厂）服务。1972年调入石家庄热电厂，任电气车间党支部书记。

Liu Min

刘敏（1932.11— ）河北蓟县人，初中文化。1955年参加工作，在水电部从事后勤服务。1958年7月进入列电系统，在列电局保定基地工作。1963年8月调入第1列车电站，从事汽机运行与检修，1977年6月任工段长。随电站调迁甘肃酒泉、陇西，四川泸沽，北京房山等地发电。曾为二机部十四局（404厂）服务。1978年调入列电局仓库。1983年4月起先后在水电部机械局、能源部电力机械局、电力部电力机械局，从事仓库管理工作。

Liu Hongxian

刘鸿仙（1940.9— ）女，山东枣庄人，初中文化。1958年7月进入煤炭部第2列车电站，在化验室从事水处理工作。随电站调迁江西、湖南、广东等省发电。1966年5月调入西北基地，在汽机车间从事安装与检修，参与红心汽动给水泵和1500千瓦自由活塞燃气轮发电机组的安装制造。1975年4月在金工车间钳工班从事备品及检验工作。

Liu Shuhong

刘淑鸿（1940.12— ） 女，山东济宁人，曾用名刘淑红，初中文化。1958年7月进入第4列车电站，从事电气运行与检修。1974年4月调入36站。随电站调迁广东河源、坪石、火烧坪，河南新乡、信阳、西平等地发电。1985年2月随电站人员调入河南巩县电厂。

Liu Zenglu

刘增录（1939—2012） 回族，河北保定人。1958年进入第13列车电站，从事电气运行及检修，随电站调迁辗转河南新乡、鹤壁，青海海晏，广东广州、禄丰、韶关，山西大同等地发电，曾为二机部九局（221厂）服务。1972年起任电气副工段长。1984年调入河南焦作发电厂工作。

Liu Deyi

刘德义（1929.5—1999.2） 安徽宿县人，中共党员。1948年10月在安徽宿县参加革命，任区小队队员，同年12月编入中国人民解放军部队。1949年2月转业到淮南电业局，1951年3月进入淮南电厂，从事电气运行工作。1958年7月调入保定基地，先后在大炉组、机修车间、行政科工作。1979年7月退休。

Liu Xieru

刘燮儒（1938.1— ） 河北满城人，初中文化。1958年进入列电系统，1964年11月在广东茂名参加石油会战时，由列电群调入第43列车电站，从事热工仪表维护工作，曾任热工室主任。1981年43站与8站合并。随电站调迁广东茂名、英德、韶关，贵州六枝、贵定，湖北武汉，北京等地发电。1983年3月随电站下放北京新型建筑材料厂。

Jiang Deyou

江德有（1934.10— ） 浙江建德人，初中文化。1958年进入第7列车电站，从事后勤管理、材料发放工作。同年到保定基地接新机21站，1971年调入56站，材料员。1979年调入62站，从事后勤管理工作。随电站调迁浙江新安江，广东茂名，黑龙江克山，内蒙古集宁，江苏徐州、无锡等地发电。1982年10月随电站成建制下放无锡市。

An Min

安民（1936.8—2001.11） 秦皇岛人，沈阳电力技工学校锅炉专业毕业，中共党员。1958年7月进入列电系统，先后在第34、52、55列车电站，从事锅炉运行与检修。1965年4月起，历任副指导员、副厂长、厂长、党支部书记。1976年7月唐山地震时，在电站人员、设备遭受极大损失的情况下，组织并参与了抗震救灾发电供水工作。随电站调迁黑龙江大庆、扎赉诺

尔，湖北襄阳，河北邯郸、唐山等地，参加了大庆石油会战发电。1979 年 9 月调入西北基地，任动力科科长、党支部书记。曾荣获劳动模范、先进生产者、技术标兵等称号。

Sun Shijie

孙士杰（1936.7— ） 河北石家庄人。1954 年在石家庄电厂参加工作。1958 年进入第 5 列车电站，1959 年 1 月调入船舶 1 站，从事汽机运行与检修。随电站调迁河北保定，湖南许家洞，湖北丹江口、枝城，浙江临海等地发电。1972 年调入石家庄地方工作。

Sun Changyuan

孙长源（1940.9—2012.3） 河北高阳人，保定电力学校热能动力装置专业肄业，助理经济师，中共党员。1958 年 7 月分配到第 8 列车电站，从事汽机运行及检修工作。1959 年 3 月调入 25 站，1972 年 12 月任副厂长。1978 年 2 月任 17 站副厂长。1983 年 6 月调入华北电管局保定列电试验所，任办公室负责人。1986 年 3 月后在河北电力职工大学，先后任总务科副科长、服务公司副经理、保卫科副科长。1998 年 6 月退休。

Sun Xiuqin

孙秀琴（1942.11— ） 女，北京人。1958 年 7 月进入第 7 列车电站，在电站工作了 25 年，均从事汽机运行与检修。1959 年 7 月至 1960 年 1 月，曾借调北京电力部展览办公室担任全国劳动保护展览馆讲解员。随电站调迁浙江新安江、杭州、宁波，福建漳平等地发电。1983 年 12 月调入华东基地，从事钳工工作。

Sun Junji

孙俊记（1941.9—2013.2） 河北定县人，中学文化。1958 年 7 月进入保定基地，车工。1966 年 3 月调入西北基地，曾任金工车间车工班班长。参与了西北基地自主设计的 Ⅰ 型、Ⅱ 型红心汽动给水泵和 1500 千瓦自由活塞燃气轮发电机组零部件的加工。

Sun Guizong

孙桂宗（1938.7— ） 河北秦皇岛人，沈阳电力技工学校热机专业毕业。1958 年分配到第 14 列车电站，从事锅炉运行及检修，随电站调迁四川成都、甘洛、荣昌，内蒙古赤峰，黑龙江牡丹江，宁夏青铜峡，甘肃酒泉，山西阳平关，江苏徐州等地发电。1983 年调入仪征化纤公司热电厂。

Sun Jixin

孙继新（1935.9—1994.6） 河南兰考人，初中文化。1958 年 7 月进入第 16 列车电站。同年 11 月转入保定基地，1961 年 8 月调入 22 站，1964 年 2 月调入 6 站，1965 年 5 月调回 22 站。1971 年 8 月接新机 58 站，1975 年调入 36 站。均从事锅炉运行与检修。随电站调迁河南兰考、西平，湖南资兴，广东昌江、茂名，山西永济等地发电。1982年5月退休。

Du Minling

杜敏玲（1943.4—2012.7） 女，河北博野人，中技文化。1958年7月进入第14列车电站。1973年11月调入58站，1979年7月调入39站，均从事化验工作。随电站调迁四川成都、荣昌、甘洛，内蒙古平庄，黑龙江牡丹江，宁夏青铜峡，甘肃酒泉，陕西阳平关，江苏徐州，山西永济、晋城，山东滕县等地发电。1983年10月随电站人员调入山东十里泉发电厂。

Du Ruilai

杜瑞来（1937.5— ） 河北鹿泉人，初中文化，会计师。1955年10月至1956年9月为代课教师。1958年7月进入第14列车电站，从事会计工作。1973年11月调入58站，材料员。1979年7月调入39站任会计。随电站调迁四川成都、荣昌、甘洛，内蒙古平庄，黑龙江牡丹江，宁夏青铜峡，甘肃酒泉，陕西阳平关，江苏徐州，山西永济、晋城，山东滕县等地发电。1983年10月随电站人员调入山东十里泉发电厂，任财务科主管会计。

Li Guangzhong

李广忠（1939.8— ） 河北秦皇岛人，沈阳电力技工学校锅炉专业毕业，中共党员。1958年7月分配至第1列车电站，从事锅炉运行及检修。1975年5月调入39站，1976年3月起，先后任锅炉副工段长、工段长。曾为二机部十四局（404厂）服务。1983年10月随电站人员调入山东十里泉发电厂，先后在燃料车间系统班、锅炉车间阀门班从事检修，后在厂石油液化气站从事技术管理。1997年9月退休。

Li Yongsheng

李永生（1933.12— ） 江苏南京人。1954年12月在石家庄电厂参加工作。1958年进入第5列车电站，1959年1月调船舶1站，从事汽机运行与检修工作。随电站调迁河北保定，湖南许家洞，湖北丹江口、枝城，浙江临海等地发电。1974年1月随船舶1站设备下放临海县，同年调南京地方工作。

Li Qingshan

李庆珊（1925.4—2012.10） 河北宁晋人，北京大学工学院电机工程系毕业，教授级高级工程师。1949年7月参加华北各大学毕业生暑期学习团，享受国家供给制。自1949年9月起相继在燃料部、电力部、水电部计划司从事技术管理工作。1958年7月进入列电系统，先后在列电局机关设计科、列电局技改所任电气组长，曾编制过电站的筹建安装说明，基地新建、扩建项目书。1970年9月调入西北基地。1972年在生产科，负责基建和设备大修的更新改造计划。1974年调回局机关，先后在办公室、计划基建处负责全局的基建计划。1983年4月起，先后在水电部机械局、能源部机械修造局，从事基建计划管理。1988 年 2 月离休，享受司局级待遇。

Li Guoqing

李国清（1939.10— ）辽宁喀左人，沈阳电力技工学校电气检修专业毕业，电气工程师。1958 年 7 月分配至第 8 列车电站，1960 年被评为酒泉钢铁公司青年积极分子，1965 年获茂名石油公司生产能手称号。1966 年调入 6 站，1978 年调入 12 站，均从事电气运行与检修。1979 年获扎赉诺尔矿务局劳动模范称号。随电站调迁甘肃玉门、嘉峪关，宁夏青铜峡，广东茂名，湖南衡阳，河北沧州，内蒙古扎赉诺尔等地发电。1983 年 6 月随电站下放扎赉诺尔矿务局，先后任电站电气技术员、生技科长、副厂长。1988 年调入喀左县计经委。1992 年 8 月调入石家庄鹿泉（原 55 站）电厂，任生技科长、扩建工程处电气负责人。

Li Hailin

李海林（1941.1— ）河北保定人，列车电业局动力学院肄业，中共党员。1958 年进入列电系统，1959 年 5 月起相继在第 25、52 列车电站，从事车工专业。1971 年 1 月调入 55 站。随电站调迁辽宁开原，吉林通化、延边、蛟河，河南商丘，湖北襄樊，河北邢台，山西垣曲、长治等地发电。1982 年 12 月调入西北基地，在检验科工作。1995 年 5 月退休。

Li Hongsheng

李鸿生（1938.7— ）河北秦皇岛人，沈阳电力学校动力专业毕业。1958 年 7 月分配到保定基地，从事汽机专业。同年 11 月调入列电局武汉装配厂，在装配车间从事汽机专业工作。1975 年 3 月调入保定基地，在汽机车间从事维修及检验。1983 年到质管科，负责筹建计量室并在计量组工作，1993 年退休。

Li Qin

李琴（1933.6—2017.12） 女，安徽怀远人，中共党员。1958 年 7 月进入列电局保定基地，从事幼儿园保育工作。1976 年调入第 41 列车电站，从事材料管理。随电站调迁山东昌邑、湖北荆门等地发电。1985 年 5 月调入湖北沙市热电厂，在总务后勤部门工作。

Li Zhijun

李智君（1940.10— ）河北望都人，河北广播电视大学工商企业管理专业毕业，政工师，中共党员。1958 年 7 月进入列电系统，先后在第 13、29 列车电站，从事电气运行与检修。1972 年 12 月起，任 44 站副厂长。1975 年 8 月任 49 站指导员。1979 年 8 月调入保定电力技工学校干部训练班，任专职书记、副主任，负责厂长培训班工作。曾借调局机关政治部组织干部科工作，后转入保定电校，先后任党委办公室主任、党委委员，工会主席、服务公司经理。

Li Ruiheng

李瑞恒（1936.4—2014.1） 河北安国人，初中文化。1958年7月进入第5列车电站，从事汽机运行与检修，后调入42站。1979年9月接新机61站。随电站调迁湖南郴州、株洲，河南洛阳，河北保定，湖北武汉，陕西略阳等地发电。1982年2月调至保定电力（技工）学校实习工厂，工人编制。主要从事金工实习的教学与指导、设备组装等工作。1993年12月退休。

Li Xintian

李新田（1937.9— ） 河北定州人，中共党员。1958年进入保定基地，从事汽机组装及检修。1964年调入第13列车电站，1968年起任汽机工段长，随电站调迁青海海晏，广东广州、禄丰、韶关，山西大同，河南商水等地发电，曾为二机部九局（221厂）服务。1984年调入内蒙古锡盟查干诺尔矿业公司，任自备电厂厂长。1988年10月调入山西忻州电厂，任厂长。

Yang Daizheng

杨代娅（1941.9— ） 女，四川金堂人。1958年7月进入列电系统，先后在第9、6列车电站，从事化验专业。随电站调迁四川金堂、广元，广东茂名，湖南衡阳，新疆哈密等地发电。1972年11月调入武汉基地，先后在铸造车间从事铸工，厂工会从事图书管理。

Yang Bingfu

杨秉富（1939.9—2010.11） 河北秦皇岛人，沈阳电力技工学校毕业。1958年分配到第8列车电站，从事锅炉运行与检修。1959年接新机25站。1961年调入39站。1966年调入西北基地，在锅炉车间工作。1975年5月调入17站，随电站到海拉尔发电。1977年7月调入在河南信阳的29站。1991年调至河北石家庄栾城热电厂，任副厂长。

Yang Baoshan

杨宝善（1938.5—？） 河北秦皇岛人，沈阳电力工人技术学校电气专业毕业。1958年7月分配至保定基地，参与第21列车电站的安装，后调入21站从事电气运行与检修。曾为茂名石油开发会战发电。1964年6月调入武汉基地，从事电气检修工作。

Yang Xiangji

杨香记（1939.4— ） 河北定州人。1958年7月进入保定基地，车工，1966年曾获河北省先进个人称号。1971年调入第56列车电站，1978年调入17站，1981年调入56站。均为车工。随电站调迁江苏徐州、内蒙古海拉尔等地发电。1982年调入徐州发电厂工作。

Yang Yinpai

杨银牌（1938.10— ） 女，河北定县人，初中文化。1958年7月进入列电局保定装配厂，在金工车间从事车工专业。1966 年 3 月调入西北基地，参与了基地的基本建设及红心汽动给水泵、1500 千瓦自由活塞燃气轮发电机组的加工制造。后调机修钳工班、动力科，负责机床的维护、维修。1983 年后，在检验科从事产品及车辆检验工作。

Xiao Dexin

肖德新（1936.11— ） 河北容城人，沈阳电力技术学校电工仪表专业毕业，助理经济师，中共党员。1954 年 1 月就职于黑龙江省齐齐哈尔市电业局，从事电度表维护及检定工作。1956 年 1 月在沈阳电力技术学校学习。1958 年 7 月毕业分配到列电局，在新机办中心试验所工作。1961 年 10 月调入列电局技术改进所，在电气仪表组工作。1963 年独立完成 0.5 级电流、电压、电力表试验台的设计、制作工作。1973 年主持完成捷式电站电气仪表更新改造项目。1978 年成功设计并组装 UJG 型Ⅱ级电位差计试验台。1984 年 10 月后，任保定列电试验所和河北电力职工大学工会主席。

Wu Ximin

吴希敏（1937.6— ） 浙江兰溪人，列电局保定动力学院肄业。1959 年 5 月分配至第 11 列车电站，从事锅炉运行与检修。1960 年 2 月调入局机关工会，任职业夜校教师。1962 年调入 18 站，1970 年调入 52 站，参加了 1976 年唐山的抗震救灾，后任锅炉工段长。随电站调迁福建三明，山东官桥，江西鹰潭，黑龙江伊春，河北邢台、唐山，江苏吴县等地发电。1985 年任 52 站锅炉安装队长，从事地方供热锅炉安装与检修。

He Wenfeng

何文峰（1940.9— ） 河北满城人。1958 年进入第 21 列车电站，从事汽机运行与检修。1959 年入保定电力学校汽机专业学习，1962 年 10 月毕业回到 21 站。1982 年调入 59 站。随电站调迁广东茂名，黑龙江克山，内蒙古集宁，江苏徐州，黑龙江牡丹江、佳木斯等地发电。1986 年随电站调迁河北涿州发电。

Zou Jide

邹积德（1937.10— ） 辽宁喀左人，沈阳电力技工学校电气专业毕业，中共党员。1958 年分配到第 1 列车电站，从事电气运行及检修。1960 年调入 34 站，随电站参加大庆石油会战发电，并获得 1961 年度一级五好红旗手称号。1966 年起，先后任 34、9、6 站副厂长。随电站调迁河北保定、沧州，黑龙江伊春、扎赉诺尔，山东德州、烟台等地发电。列电体制改革后，调入天津大沽化工厂，历任热电分厂副厂长、动力处副处长。

Song Guizhen

宋贵祯（1942.12— ） 河北保定人，保定钢铁学校肄业，技师。1958 年 7 月进入保定基地，在汽机车间从事维修钳工。1966年调入西北基地，先后在汽机车间、车辆车间工作。参加了基地的基本建设，参与红心汽动给水泵和1500千瓦自由活塞燃气轮发电机组的安装制造。1990年后，在新产品开发公司和小型火力发电厂，从事安装检修，1994年任负责人。

Zhang Wenhuai

张文怀（1940.7—2016.7） 河北定州人。1958年7月进入保定基地，钳工。1961年9月调入第35列车电站，1963年1月调入8站，1965年4月调入9站，1975年12月调入28站，1979年6月调入7站。均从事锅炉运行与检修。随电站调迁新疆哈密，广东茂名、湛江，山西宁武，山东莱芜、烟台、枣庄，福建漳平等地发电。1982年9月调入华东基地，从事锅炉检修。1997年9月退休。

Zhang Shirong

张仕荣（1939.2—1991） 浙江绍兴人，高中文化。1958年7月进入第7列车电站，从事锅炉运行与检修。1960年电站推荐到保定电力学校学习。1963年毕业分配至27站，从事锅炉专业。1981年8月调入38站。随电站调迁浙江宁波，福建漳平、邵武，甘肃山丹，江西吉安，江苏昆山等地发电。

Zhang Yongxi

张永喜（1939.6— ） 河北满城人，初中文化，中共党员。1958年7月在列电局保定基地培训，同年9月分配至第11列车电站，从事锅炉运行与检修。1961年3月调入39站，1973年6月任锅炉工段长。1976年8月起，任副厂长兼党支部副书记、书记。随电站调迁福建南平、三明，内蒙古平庄，湖南衡阳，河北束鹿，山东官桥等地发电。1983年10月随电站人员调入山东十里泉发电厂，任锅炉车间、灰水车间主任，厂工会副主席。1997年9月退休。

Zhang Fan

张帆（1939.8— ） 女，辽宁喀喇沁左翼蒙古族自治县人，曾用名张桂珍，沈阳电力工人技术学校毕业。1958年7月分配到保定基地，先后在检修车间、金工车间从事电气维修。1990年1月退休。

Zhang Zhikun

张志锟（1938.1—2017.5） 四川宜宾人，列车电业局动力学院肄业。1958年7月进入列电系统，先后在第7、3列车电站，从事电气运行与检修。随电站调迁浙江新安江、杭州、宁波，福建漳平，陕西韩城等地发电。1975年调入西北基地，从事电气安装工作。1978年11月调入武汉基地，先后在一车间、结构车间从事电气维修工作。1994年9月退休。

Zhang Xiuyun

张秀云（1938.8— ） 女，北京延庆人。

1956年10月在燃料部行政司幼儿园参加工作，1958年7月调入第6列车电站，从事锅炉运行及检修。1960年调入保定基地，在金工车间先后从事铣工、仓库管理。1986年12月退休。

Zhang Xiuhua

张秀华（1941.10— ） 女，河北保定人，中共党员。1958年7月进入保定基地，1963年6月调至保定蔬菜公司。1970年4月返回列电系统，在第13列车电站从事后勤管理工作。随电站调迁云南牟定，广东韶关，山西大同，河南商水等地发电。1982年8月调入保定电力技工学校总务科，从事后勤管理工作。

Zhang Baochen

张宝辰（1939.1— ） 河北满城人，初中文化。1958年7月进入第6列车电站，从事汽机运行及检修，曾任汽机工段长，随电站调迁湖南衡阳、新疆雅满苏、河北沧州等地发电。1982年7月调入保定基地，在汽机车间工作。1986年12月退休。

Zhang Shengcai

张胜才（1938—2003.12） 河北定县人，初中文化。1958年7月进入保定基地，从事列车电站安装。1963年7月调入第41列车电站，从事锅炉运行与检修。随电站调迁黑龙江勃利，河南平顶山，山东东营、昌邑，湖北荆门等地发电。1983年8月调入12站。1988年8月调入河北石家庄鹿泉电厂，从事锅炉运行工作。

Zhang Jiliang

张继良（1935.10— ） 山东新泰人。1957年7月参加工作，在山东新汶电厂从事汽机运行工作。1958年7月进入煤炭部第2列车电站，从事汽机运行与检修工作。随电站调迁江西萍乡、广东坪石等地发电。1964年7月调入武汉基地，先后在一队、检修车间、一车间、计量检验科工作。

Zhang Zengming

张增明（1941.6— ） 河北清苑人，初中文化。1958年进入第1列车电站，1960年调入39站，1970年调入41站，均从事汽机运行与检修。随电站调迁河北保定、束鹿，内蒙古平庄，湖南衡阳，河南平顶山，山东东营、昌邑等地发电。1976年7月调入胜利油田孤岛二电厂，在汽机车间工作。

Lu Linxiang

陆林祥（1939.4— ） 江苏无锡人，中共党员。1958年7月进入第7列车电站，1959年3月接新机21站，从事锅炉运行与检修，后转焊工，在武汉基地参加了3个月的焊工培训。随电站调迁浙江新安江、河北保定、广东茂名、黑龙江克山、内蒙古集宁、江苏徐州等地发电。1978年4月调入华东基地，任焊工班班长。1987年2月起，先后任车间主任、热电安装公司经理。1997 年 11 月退休。

Chen Bensheng

陈本生（1924.8—2013.11） 山东肥城人，初中文化。1940 年 5 月在山东参加抗日区队，1943 年 8 月加入中国共产党。1953 年 2 月转业进入华北电管局，任材料科科长，1956 年 6 月调入电力部供应司，任计划科科长。1958 年 7 月调入列电系统，先后任列电局炼铁厂厂长、1959 年 1 月任第 13 列车电站厂长。1960 年 5 月调入列电局武汉装配厂，任厂长。1964 年 3 月任列电局第二工作组组长。1965 年 6 月负责筹建西北基地，任主任。1969 年 11 月起，相继任 54 站厂长，9、49 站党支部书记，列电局中心试验所主任。1982 年调入保定基地，1984 年 8 月离休，享受司（局）级待遇。

Chen Xiurong

陈秀荣（1938.9—2019.5） 女，四川成都人。1958 年 7 月进入第 14 列车电站，从事财会工作。同年 10 月调入保定基地。1962 年 3 月调入 25 站，从事化验工作。1965 年 10 月接新机 42 站，1974 年 5 月调入 30 站，从事财会工作。1979 年 11 月调入 62 站。随电站调迁四川成都，吉林蛟河、延吉，河南商丘，四川峨眉，陕西略阳，河北迁安，黑龙江伊春，江苏无锡等地发电。1982 年 10 月随电站成建制下放无锡市。1983 年 4 月调入无锡市列车发电厂，从事财会工作。

Lin Baoxia

林宝霞（1938.12— ） 女，江苏连云港人，初中文化。1958 年 7 月进入第 2 列车电站，从事锅炉运行与检修。1963 年调入 13 站，1966 年调入 25 站。随电站调迁江苏新海连，广东曲江，青海海晏，广东广州，山西朔县等地发电，曾为二机部九局（221 厂）服务。1971 年调入合肥客车厂，在锅炉车间工作。2013 年退休。

Luo Weiqing

罗慰擎（1934.1— ） 广东大埔人，郑州电力学校发电厂电力网及其系统专业毕业，工程师、高级讲师，中共党员。1949 年 3 月参加闽粤赣边纵队，曾任报社记者。1956 年 7 月任《电力工人报》社编辑、记者。1958 年 7 月，任第 21 列车电站技术员，同年 9 月转入保定电力技工学校任教师。1971 年 5 月学校并入保定基地，在宣传部门工作，1972 年 12 月复校后回校任教，1978 年 2 月任教务科副科长，1983 年 12 月后，历任保定电力技工学校副校长、校长、校长兼党委书记。曾兼任全国电力职教委副主任、《中华人民共和国电力工业史教育卷》副主编。主编《电机学》等教材，在《电力职业技术教育》刊物上发表论文 40 多篇。曾被评为能源部优秀教师、河北省模范校长。

Jin Lanying

金兰英（1935.10— ） 女，浙江建德人，初中文化。1958 年进入第 7 列车电站，从事热工专业。同年到保定基地接新机21站，1971年调入56站，1979年调入62站。随电站调迁浙江新安江，广东茂名，黑龙江克山，内蒙古集宁，江苏徐州、无锡等地发电。1982年10月随电站成建制下放无锡市。

Jin Xuehai

金学海（1931.8— ）福建霞浦人，福建高级工业职业学校电讯专业毕业，高级经济管理师，中共党员。1951年4月参加工作，福州团市委干事。后调入福州市委党校、华东电业管理局、电业管理总局、水利电力部等单位任职员。1958年7月进入列电系统。在保定电力技工学校任教师，1971年5月学校并入保定基地，1972年12月复校后回校在办公室工作，1982年2月任办公室副主任。曾被评为1962年度保定市先进工作者、1987年度河北省劳动人事厅先进工作者。

Zhou Chunmi

周纯密（1942.7— ）重庆人，中共党员。1958年7月进入第14列车电站，从事锅炉运行与检修，后任副工段长、工段长。1976年5月调入56站，1976年8月参与筹建59站，从事人事管理工作。1982年4月调入39站，从事锅炉运行与检修。1983年10月随电站人员调入山东十里泉发电厂，在锅炉车间从事磨煤机检修、厂铁路专用线道口调度工作。1997年9月退休。

Zhou Baiquan

周柏泉（1939— ）浙江绍兴人。1958年7月进入第3列车电站，1959年3月调入船舶1站，1962年调入船舶2站，1971年调入1站，1973年调入56站，1979年调入62站，后任锅炉副工段长。随电站调迁浙江新安江，湖北丹江口，福建福州，四川五通桥、泸沽，江西九江，江苏徐州、无锡等地发电。1982年10月随电站成建制下放无锡市。1998年调入无锡双河尖热电厂。

Ding Jingyao

定景尧（1937.7— ）满族，北京人。1949年2月在冀北电力有限公司参加工作。1958年7月调入保定基地，曾在基建科、装配车间、锅炉车间、列电服务公司等部门工作，曾参加基地系列汽轮发电机机组及水轮发电机组制造、安装、维修工作。1986年9月退休。

Guan Ruian

贯瑞安（1939.12—2007.11）河北新城人，保定电力学校发电厂电力网及其系统专业毕业，工程师，中共党员。1958年7月进入保定基地，同年9月进入保定电校学习，1961年10月毕业分配到第1列车电站，从事电气运行与检修。1970年5月起，先后任电气技术员、生技组长。列电体制改革后，随电站下放北京煤矿机械厂，历任电力车间电气工程师，车间副主任、主任兼党支部书记。

Hao Shiying

郝士英（1938.11— ） 河北定州人，初中文化，中共党员。1958 年 7 月进入列电局保定基地，先后从事铸造、炼钢和锅炉检修工作。1965 年 4 月调入第 35 列车电站，从事锅炉运行与检修。1965 年 12 月调入 13 站，1967 年起，历任材料保管员、出纳员、电站人事员和管理组长。随电站调迁青海海晏，广东广州、韶关，云南禄丰，山西大同和河南商水等地发电，曾为二机部九局（221 厂）服务。1984 年调入平顶山发电厂，历任组织科干事、电气分厂党支部副书记、退休办主任和劳资科档案管理员。1997 年退休。

Hao Shuzhen

郝淑珍（1940.7— ） 女，北京人。1958 年 7 月进入保定基地工作。先后在汽机制造厂、金工车间从事机加工及车间后勤管理，并兼车间计划生育管理员工作，1986 年 3 月退休。

Zhong Xiaodong

钟晓东（1940.7— ） 高山族，安徽凤阳人，初中文化。1958 年 7 月进入列电系统，先后在第 5、57、61 列车电站，从事汽机运行与检修，曾任运行班长。1982 年 12 月调入保定基地，在电站管理处工作。1994 年 1 月退休。退休后一直从事海峡两岸文化联谊交流工作，1988 年为保定市第六届政协委员，1998 年 8 月任保定市台湾同胞联谊会第一届理事，后连任二、三、四届理事。2002 年 12 月当选为河北省台湾同胞联谊会第六届理事。

Duan Xiuming

段秀明（1939.6— ） 河北大城人，焊接技师。1958 年 7 月进入第 1 列车电站，从事锅炉运行与检修。1962 年 5 月调入 44 站，1962 年 9 月及翌年同月，先后 2 次参加列电局在武汉基地举办的焊接培训。1976 年 3 月借调到列电局密云干校，1978 年 10 月调入 1 站。列电体制改革后，随电站下放北京煤矿机械厂，在电力车间工作。

Hong Senlin

洪森林（1937.1— ） 浙江淳安人。1958 年 7 月进入第 3 列车电站，从事锅炉运行与检修，曾任锅炉工段长。随电站调迁浙江新安江、宁波，湖北丹江口，陕西韩城，河南西平等地发电。1987 年调江苏昆山列车电厂。1989 年退休。

Xuan Jiansheng

宣建生（1944— ） 浙江诸暨人，出生地福建建阳。1958 年进入第 7 列车电站。1960 年接新机 33 站。1962 年因病离岗。1963 年赴港求医，辗转到中国台湾，先后进入台北师大附中、成功大学电机系学习。毕业后赴美继续深造，相继获得美国波士顿大学系统工程硕士、纽约布鲁克林理工学院系统工程与工业管理博士学位，并任职于通用电气（GE）研发部工业管理部门。1981 年回到中国台湾，历经百事可乐、东南碱业、潘氏集团等知名企业，从事经营管理。1988 年接任 AOC（冠捷）总裁，1999 年推动冠捷在香港及新加坡同步上市，并出任董事局主席暨总裁。因在全球显示类产品领域取得突出成就及对华人社会做出的卓越贡献，获得 2010 年度美洲中国工程师学会（CIE）杰出成就奖及纽约理工大学杰出校友。

Yuan Tianyin

袁天印（1941.2— ） 河北定县人，中共党员。1958 年 7 月进入第 13 列车电站，从事汽机运行与检修，后在 36、35（13）站任汽机工段长。随电站调迁河南新乡、鹤壁，黑龙江萨尔图，青海海晏，贵州水城等地，参加了大庆石油开发会战发电，曾为二机部九局（221 厂）服务。1977 年 9 月调入武汉基地，历任物资供应科材料员、车间计划员、计划科业务员、经营计划科销售员。1991 年 3 月起，任钢窗分厂、武汉华能公司网架厂副厂长。1998 年 5 月退休。

Yuan Youcheng

袁有成（1941.8— ） 河北保定人，初中文化。1958 年 7 月进入列电系统，先后在第 23、45、61 列车电站，从事锅炉运行与维修，随电站调迁辽宁开原、瓦房店，黑龙江勃利、伊春，贵州六枝、水城，吉林长春，湖南株洲，湖北宜昌等地发电。1982 年调入保定基地，从事电气、焊接工作。1985 年获华北电业管理局先进生产者称号。

Yuan Xiuqing

袁秀清（1940— ） 女，浙江宁波人。1958 年前在宁波市灯泡厂工作。1958 年进入第 3 列车电站，从事锅炉运行与检修。1978 年 3 月调入 41 站，1979 年接新机 62 站。随电站调迁浙江新安江、宁波，湖北丹江口、荆门，陕西韩城，河南西平，江苏无锡等地发电。1982 年 10 月随电站成建制下放无锡市。1994 年退休。

Xu Shifan

徐世范（1938.12—2005） 江苏苏州人，中专学历。1958 年 7 月进入第 22 列车电站，从事管理工作。1971 年 9 月调入西北基地，1974 年调入 56 站，1981 年调入 42 站。随电站调迁广西柳州，海南昌江，江苏徐州、苏州等地发电。1983 年 3 月调入苏州热电厂。

Xu Daoxun

徐道逊（1929.2—2010.12） 辽宁沈阳人，高中文化。1948 年 10 月进入东北人民政府电管局沈阳电业局，1955 年 7 月调入电力部，1958 年 7 月进入局机关，均从事材料供应、计划管理。1964 年 3 月先后在水电部供应司材料处、北京供应站（办事处）从事材料计划供应工作。1968 年 11 月调回局机关基建科（处）。1983 年 5 月调入水电部机械制造局，从事物资管理。

1988年10月调入中国水利电力物资总公司，在信息部工作。

Gao Ren

高仁（1938.9— ）辽宁喀左人，沈阳电力技校毕业。1958年分配至第12列车电站。1961年调入3站，1964年接新机30站，1982年调入37站，同年调54站。均从事锅炉运行与检修。随电站调迁黑龙江哈尔滨、伊春，安徽合肥，吉林龙井，浙江宁波，河北沧州，江苏无锡等地发电。1984年12月随电站下放无锡新苑公司热电厂，后任列电车间锅炉工段长。

Gao Junchen

高俊臣（1939.9— ）河北秦皇岛人，沈阳电力学校锅炉专业毕业。1958年7月分配至第1列车电站，从事锅炉运行与检修。1959年8月接新机39站，参加电站锅炉安装、调试与运行，在内蒙古平庄发电期间，被评为平庄矿务局劳动模范。1966年8月调入12站，转焊工。1982年12月，调入已下放迁安首钢矿山公司的57站。1996年8月退休。

Guo Hui

郭辉（1943.8—2010.11）女，河北清苑人，初中文化。1958年进入保定基地，1959年4月调入船舶1站，从事会计工作。随电站调迁湖北丹江口、枝城，浙江临海等地发电。1973年调入保定基地子弟小学任教师。

Guo Zengren

郭增仁（1939.7— ）河北保定人，初中文化，中共党员。1958年在列电局保定基地参加工作，从事列车电站安装工作。1963年7月调入第41列车电站，1974年调入至18站，在管理组工作。随电站调迁黑龙江勃利、伊春、牡丹江，河南平顶山，山东东营，内蒙古伊敏河等地发电。1986年8月调入山西省电力公司，在劳资科工作。

Tang Ruoyun

唐若蕴（1933.9— ）女，河北宁河人，会计师。1952年1月在电业管理总局华北修建局参加工作，1958年7月进入列电局机关，在财务科工作。1964年8月至1965年2月，任列电局财会人员培训班班主任、授课教师。1970年9月调入山东官桥第11列车电站。1978年6月调入华东基地，任财务科会计、内审员。

Huang He

黄河（1938.2— ）江苏武进人，高中文化，经济师，中共党员。1956年进入燃料部工作。1958年调入保定基地，在人事保卫科任科员。1963年调入第26列车电站，任人事员。1965年2月调入武汉基地劳资科工作。1977年10月调回保定基地，先后任劳资科、人教科副科长、科长。保定市成年教育先进工作者、优秀教育工作者荣誉称号。

Cao Youcheng

曹友成（1937.8— ） 河北滦南人，初中文化。1958年7月进入第12列车电站，从事汽机运行与检修。1978年调入40站，1979年底调入55站。随电站调迁黑龙江哈尔滨，安徽合肥、濉溪，甘肃酒泉，内蒙古平庄，内蒙古扎赉诺尔，曾为二机部十四局（404厂）服务。1982年12月随电站转入西北基地，在一车间从事钳工。1993年8月退休。

Chang Yongzhen

常永振（1938.10—2000.2） 河北定县人，初中文化。1958年招工进入第13列车电站，从事汽机运行与检修。1959年赴湖北黄石接新机29站，随电站调迁河南平顶山、信阳等地发电。1983年随电站下放信阳电业局，任汽机车间主任。曾在1967年借调49站，为“东方红一号”卫星基地服务1年。

Kang Tongen

康同恩（1939.10— ） 河北定县人，初中文化，中共党员。1958年7月进入第6列车电站，从事锅炉运行与检修。1959年12月调入34站，1961年12月调入23站。1963年转热工专业，曾任工会主席。随电站调迁河南平顶山，广东茂名，黑龙江伊春、萨尔图，四川荣昌、甘洛，山西芮城、大同，内蒙古临河等地，参加了大庆石油会战发电。1980年1月调至保定基地，从事锅炉维修，兼车间工会主席，党支部委员。1994年1月退休。

Kang Xiyao

康希尧（1936.1— ） 河北涿州人，初中文化。1958年8月进入保定基地，从事列车电站安装。1963年7月调入第41列车电站，从事锅炉运行与检修。随电站调迁黑龙江勃利，河南平顶山，山东东营、昌邑，湖北荆门等地发电。1983年8月调入12站。1988年8月随电站调入石家庄鹿泉电厂。

Ge Yongsen

葛永森（1940.10— ） 河北徐水人，中学文化。1958年7月进入保定基地，在金工车间从事车工专业。1961年接新机第44列车电站，随电站在山西晋城发电。1969年调入西北基地，在金工车间任车工班长，参与了红心汽动给水泵和1500千瓦自由活塞燃气轮发电机组的加工制造。1979年调入27站，随电站在江西安福发电。1982年调回西北基地，在检验科从事产品检验工作。

Dong Guotong

董国通（1943.11— ） 河北高阳人。保定钢铁学校肄业，高级技师。1959年进入保定基地。1962年12月调入第40列车电站，1963年3月调入38站，1978年调入30站，1982年调入28站，均从事锅炉运行与检修。随电站调迁甘肃金川，广东韶关，江西九江，河北迁安，黑龙江伊春等地发电。1983 年随电站成建制下放山东省电力局。1984 年调入山东淄博张店热电厂，任运行值长、锅炉车间副主任。1998 年 11 月退休。

Dong Jinyu

董金玉（1936.9— ） 女，辽宁喀左人，沈阳电力学校电气专业毕业。1958 年 7 月分配到保定基地，从事电气检修与安装。1966 年 5 月调入西北基地，在机电炉车间电气工段工作。参加了基地的基本建设。1983 年后，在动力科电气班，从事设备的电气维护等工作。1988 年 9 月退休。

Dong Shuqin

董淑琴（1939.12—2003.9） 女，北京人。1958 年 7 月进入第 1 列车电站，从事汽机运行与检修。随电站调迁河北保定，甘肃酒泉、陇西，四川泸沽等地，曾为二机部十四局（404 厂）服务。1972 年 3 月调入武汉基地，在材料科、行政科从事库房保管、后勤服务。1986 年 3 月退休。

Han Fengyun

韩凤云（1938.12— ） 女，北京人，初中文化。1958 年 7 月进入第 1 列车电站。1959 年接新机 23 站，1960 年接新机 37 站，1973 年调入 36 站。均为车工。随电站调迁河北通县、保定，辽宁开原、瓦房店，内蒙古乌达，河南新乡、西平，广东广州，湖南临湘，福建福州等地发电。1985 年 2 月随电站人员下放河南巩县电厂。

Han Yongliang

韩永良（1936.11— ） 河北满城人，工程师，中共党员。1958 年 7 月进入保定基地，同年 9 月入保定电力学校发电厂电力网及其系统专业学习。1961 年 10 月分配至第 1 列车电站，任电气技术员。1962 年 5 月调入列电局武汉装配厂，先后任车间电气技术员、试验室电气试验员，教育科培训教员，技术科、质管科助理工程师。1993 年 4 月起，任电力自动控制公司经理。1995 年 10 月退休。

Jing Maoxiang

景茂祥（1935.1— ） 北京人，北京电力学校锅炉专业毕业。1958 年 7 月分配到第 22 列车电站，在生技组任锅炉技术员。1960 年 3 月接新机 35 站，任化验技术员，随电站调迁广西柳州，海南昌江，新疆哈密等地发电。1964 年 5 月调入保定基地，在锅炉车间工作。1966 年 8 月调入西北基地，先后任锅炉车间技术员、检验科质检计量员。

Yu Jianqiang

喻建强（1936.10—2018.3） 湖北武汉人。1958 年 7 月进入列电系统，先后在第 4、46 列车电站，从事汽机运行与检修。随电站调迁广东河源、坪石、茂名，河南新乡，湖南临湘，福建福州、漳州等地发电。1973 年 5 月调入武汉基地，先后在制造车间、农场、五车间、钢窗车间工作。1992 年 4 月退休。

Cheng Tonghang

程同行（1940.9— ） 江苏连云港人，初中文化。1958 年进入第 2 列车电站，从事汽机运行与检修。1974 年 7 月起先后调入 53、56 站。随电站调迁广东曲江、韶关，湖北丹江口，陕西西乡，湖南株洲、耒阳，浙江宁波，江苏徐州等地发电。1978 年调入江苏连云港市外贸局汽车队工作。

Lu Chi

鲁池（1940.12—2015.7） 河北保定人，初中文化。1958 年进入保定基地，从事列车电站安装。1963 年 7 月调入第 41 列车电站，从事热工，随电站调迁黑龙江勃利，河南平顶山，山东东营、昌邑，湖北荆门等地发电。1986 年 10 月调湖北荆门热电厂，从事锅炉检修工作。

Pan Yuran

潘禹然（1939.2— ） 辽宁喀左人，沈阳电力技工学校电气检修专业毕业，中共党员。1958 年 7 月分配至第 12 列车电站，从事电气运行与检修，后任电气工段长。随电站调迁黑龙江哈尔滨，安徽合肥、濉溪，甘肃酒泉，内蒙古赤峰、扎赉诺尔等地，曾为二机部十四局（404 厂）服务。被评为扎赉诺尔矿务局优秀共产党员。列电体制改革后，调入辽宁锦州发电厂，任电源班班长。曾出席锦州电力系统先进代表大会，获电力管理奖。1989 年退休。

Ding Junling

丁俊玲（1938.8—?） 河北望都人，中共党员。1958 年 8 月进入保定基地，车间管理员，负责车间团组织工作。后调入第 40 列车电站从事化验专业。随电站调迁甘肃永昌、山西晋城、河南遂平等地发电。1975 年 3 月调入武汉基地，在生产科从事资料管理工作。

Yu Qingxiang

于庆祥（1939.3— ） 河北定县人，大专文化，高级会计师。1958 年 8 月进入列电系统，先后在第 8、25、15、43 列车电站，从事财务工作。随电站调迁甘肃玉门、酒泉，吉林通化，广东英德、茂名、韶关，湖南郴州，陕西略阳，福建厦门，湖北武汉，北京等地发电。1983 年 3 月随电站下放北京新型建筑材料厂，曾任构件分厂副厂长和北京新型建筑材料集团公司审计处处长。后任集团公司龙都宾馆总会计师。

Yu Hanlin

于翰林（1935.10— ） 河北抚宁人，初中文化。1955 年 12 月在电力部水电总局北京勘测设计院参加工作，设计科描图员。1958 年 8 月调入保定基地，材料员、仓库保管员。1994 年 10 月退休。

Ma Zhanchuan

马占川（1936.6— ） 河北望都人。1958 年 8 月进入列电系统，同年 10 月入列电局动力学院学习，1959年5月到保定基地，先后在轻金工车间、检修车间、汽机车间、结构车间工作。

Wang Wenlin

王文林（1938.12— ） 河北定州人，列电局动力学院肄业。1958年8月进入列电系统，在保定基地从事金属材料热处理工作，1965年荣获保定市生产能手称号。1966年5月调入西北基地，参加了基地的基本建设，在金工车间热处理班任班长，参与了自制红心汽动给水泵、1500千瓦自由活塞燃气轮发电机组、底开门上煤厂的加工制造。1995年12月退休。

Wang Wenhui

王文慧（1938.7— ） 女，河北清苑人，高中文化。1958年8月进入列电系统，同年10月入列车电业局动力学院学习，后在列电局新机办公室设计科工作，描图员。后转入保定基地，先后在子弟学校、幼儿园、总务科、铸造车间、厂办公室工作。1986年病退。

Wang Yuzhen

王玉珍（1937.12— ） 女，江苏无锡人。1958年8月进入列电系统，先后在煤炭部第2、1、3列车电站，从事水处理值班。随电站调迁江西萍乡，广东坪石，内蒙古平庄，湖南洪山殿，山西阳泉、闻喜等地发电。1973年2月调入武汉基地，先后在生技科、技术科从事资料管理、描图兼晒图工作。

Wang Longyin

王龙吟（1940.9—2012.10） 河北定州人，高中文化，中共党员。1958年8月进入保定基地，从事设备制造及安装。1978年5月调入第8列车电站，从事汽机运行与维修，随电站调迁河北衡水、湖北武汉、北京清河等地发电。1982年随电站下放北京新型建筑材料厂，历任石膏制粉分厂总工程师、分厂厂长。

Wang Xingjun

王行俊（1936.10— ） 浙江建德人，中共党员。1958年8月进入第3列车电站，从事汽机运行与检修。1978年调入西北基地，1980年调入62站。随电站调迁河南焦作，浙江新安江、宁波，湖北丹江口，河南西平，江苏无锡等地发电。1982年10月随电站成建制下放无锡市。

Wang Kungang

王昆岗（1935.6— ） 河北涞水人。1958年8月进入列电系统，同年10月入列电局动力学院学习，后到保定基地锅炉车间、车辆车间焊工。一直从事基地系列汽轮发电机机组和水轮发电机组制造及电站大修工作，1986年退休。

Wang Gengle

王庚乐（1934.12— ） 河北顺平人。1958年8月进入列电系统，同年10月入

列电局动力学院学习，后到保定基地。1971年9月调入山西省娘子关发电厂，历任电气车间照明班班长、厂工会退休办公室副主任。

Wang Tingbin

王庭斌（1936.10—1991.12） 河南淮阳人。1956年9月为煤炭部第1列车电站临时工，1958年8月正式进入该站，从事汽机运行与检修。1961年6月调煤炭部4站。随电站调迁内蒙古平庄、海勃湾等地发电。1966年12月调入保定基地，1968年调入武汉基地。1976年5月参加华东基地的筹建工作，维修班钳工，后在生产技术科任生产调度。

Wang Zhengang

王振刚（1940.5— ） 河北定县人，初中文化。1958年8月进入列电系统，相继在第10、23、36、42列车电站，从事财务管理工作。随电站调迁黑龙江牡丹江、吉林蛟河、四川甘洛、河南西平、河北迁安等地发电。1977年10月调入保定基地，先后在财务科、列电服务公司从事财务工作。

Wang Enpu

王恩普（1937— ） 河北易县人，初中文化。1958年8月进入保定基地，焊工，曾参加基地汽轮发电机机组和水轮发电机组的制造及电站返厂大修工作。列电体制改革后，在保定电力修造厂质管科负责焊工培训和焊接质量检验工作，1993年5月退休。

Wang Lijun

王理均（1933.10—1999.6） 山西临漪人，西安电力学校发电厂电网及其系统专业毕业，工程师，中共党员。1954年8月在武汉送变电工程局任电气技术员。1955年荣获武汉地区电力工业建设青年积极分子称号。1958年8月进入列电系统，在保定基地任检修车间技术员、生技科技术组组长。1959年获列电局建设社会主义积极分子称号，1965年被评为保定市五好青年。1973年6月调入西北基地，先后在生技科、水电安装工程处任工程师。

Wang Menglin

王梦麟（1938— ） 河北定州人，初中文化。1958年8月进入第13列车电站，1959年至1971年相继在29、44、55站工作，均从事锅炉运行与检修。在44站制作汽轮机动平衡试验台和参加汽车组装工作，曾任44、55站锅炉工段长。1970年8月，在北京电力建设公司修配厂参加55站的超出力改造和安装工作。随电站调迁河南新乡，湖北黄石，广东茂名，山西晋城、垣曲等地。1974年调入北京燕山石化热电厂。

Wang Laxian

王腊仙（1941.12— ） 女，江苏常州人。1958年8月进入“三七站”，分站时调入7站，1960年2月调入33站，1975年6月调入新19站，均从事汽机运行与检修。随电站调迁浙江新安江，贵州贵阳、都匀、六枝、水城，湖南衡阳等地发电。1982年8月调入华东基地工作。

Niu Guanying

牛冠英（1935.10—2006.12） 山东莒县人，高中文化，中共党员。1951年在鲁中电业局修验场学徒。1952年11月调济南供电局。1958年8月进入列电局保定装配厂电气车间从事安装检修。1966年3月调入西北基地，先后在生技科、物资供应科、发展总公司、火电工程处从事技术管理、物资采购、生产计划、产品开发、火电安装工作。

Mao Shuqin

毛淑琴（1938.11— ） 女，河北保定人，列电局动力学院热机专业肄业。1958年进入列电局动力学院学习。1959年5月调入列电局武汉装配厂，1963年10月调入在茂名的第46列车电站，从事汽机运行与检修。1973年10月调入在内蒙古丰镇的16站，1982年8月调入新19站。1983年随电站下放衡阳冶金机械厂。

Wen Haohui

文皓辉（1939.7— ） 湖南湘潭人，初中文化。1956年10月进入北京水电设计院学习，1957年5月到水电设计院中心试验室工作。1958年8月调入列电系统，先后在保定基地汽机车间、塔机车间从事焊接工作，在保定电力学校实习工厂担任过辅导老师。曾参加基地系列汽轮发电机机组和水轮发电机组制造、电站大修及大型塔机的制造工作。1992年退休。

Kong Fanmin

孔凡敏（1937.7— ） 河北博野人。1958年8月进入保定基地，在车间从事制造与维修工作，参加基地系列汽轮发电机机组和水轮发电机组的制造、安装及电站大修工作。1986年9月退休。

Shi Guangyu

石广玉（1941.10— ） 女，北京人，初中文化。1958年8月进入保定基地，从事列车电站安装。1963年7月调入第41列车电站，从事电气运行与检修。随电站调迁黑龙江勃利，河南平顶山，山东东营、昌邑，湖北荆门等地发电。1986年5月调入葛洲坝水泥厂，在厂变电所工作。

Shen Xichun

申锡纯（1940.7—2008.9） 河北清苑人，初中文化，中共党员。1958年8月进入保定基地，先后在制造车间生产组任保管员，宣传科任干事，供应科任保管员。列电体制改革后，在保定电力修造厂电气车间、绝缘子分厂任管理员。

Tian Yujing

田玉镜（1938.12—2019.9） 河北满城人，技师。1958年8月进入列电系统，同年10月入列车电业局动力学院学习。1959年5月到保定基地工作，1980年调入在内蒙古伊敏的第18列车电站，均从事车工。1985年调入华东基地，曾任车工班班长。1997年11月退休。

Tian Zhengchun

田正春（1939.12— ） 河北保定人，初中文化，中共党员。1958年8月进入第6列车电站。1960年10月调入39站，均为材料员。1983年10月随电站人员调入山东十里泉发电厂，在物资科从事物资管理，任材料仓库班班长。1989年2月调入山东华能德州发电厂，从事物资供应工作。1997年7月退休。

Tian Tongdao

田同道（1938—2016.1） 河北定县人，初中文化，中共党员。1958年8月进入保定基地，从事列车电站安装。1963年7月调入第41列车电站，从事锅炉运行与检修，后任锅炉工段长、指导员。随电站调迁黑龙江勃利，河南平顶山，山东东营、昌邑，湖北荆门等地发电。1987年4月调入湖北省电力局超高压局荆门分局工作。

Tian Enting

田恩亭（1940.10—1994.7） 河北高阳人，初中文化，中共党员。1958年8月进入保定基地，从事列车电站安装。1963年7月调入第41列车电站，从事汽机运行与检修，后任汽机工段长。随电站调迁黑龙江勃利，河南平顶山，山东东营、昌邑，湖北荆门等地发电。1978年8月调入北京大兴中国化学工程重型机械化公司工作。

Shi Erxi

史二喜（1937.12— ） 河北清苑人，初中文化。1958年8月进入保定基地，从事铸型工。1967年调入西北基地，1978年调回保定基地，在铸造车间砂型组从事砂型工。曾参加基地系列汽轮发电机缸体铸造及电站备品备件的铸件工作。1961年，所在班组获保定市先进集体荣誉。

Zhong Qiming

仲跻铭（1937.6— ） 江苏连云港人，初中文化。1958年8月进入第2列车电站。后相继在28、30、42、56站、新19站从事锅炉运行与检修。随电站调迁广东、河北、河南、陕西、江苏、湖南等省发电。1981年调入连云港商业系统工作。

Ren Bingying

任炳英（1939.8— ） 女，山东掖县人，大专学历。1958年8月进入列电系统，先后在第4、46、9、48列车电站，从事电气运行与检修。随电站调迁广东河源、坪石，宁夏青铜峡，广东湛江，河北保定，山东莱芜，湖南衡阳等地发电。1976年8月调入武汉基地，在试验室从事热工仪表专业。1975年10月至1977年8月，在列电局中试所“七二一”大学学习热工专业。1980年12月办理退职。

Liu Kaimin

刘开敏（1926.10— ） 山西解县人，北洋大学机械系毕业，高级工程师。1948年毕业，到天津济安自来水公司任实习技术员。1949年后，历任燃料部修建局大同工程队技术员，大同平旺电厂汽机车间主任，华北电业管理局基建处工程师。1958年8月进入列电系统，先后在列电局新机办公室、保定基地任工程师。后在天津电业局高压供电所任工程师，天津电力试验研究所情报室任主任、副总工程师。1984年研制出100兆瓦汽轮机寿命消耗曲线，1986年研制出100兆瓦汽轮机寿命管理在线监测技术，并在国产机组上应用。1987年在西德大电站技术协会维也纳国际代表大会上发表了论文《汽轮机转子寿命损耗的在线检测》。

Liu Lihua

刘立华（1938.11— ） 女，江苏连云港人。1958年8月进入列电系统，先后在第2、28、1列车电站，从事水处理设备的运行与检修，曾任化验室组长。随电站调迁广东曲江，河南鹤壁，甘肃酒泉、陇西，四川泸沽，北京房山等地发电。1978年调入拖车电站。后调入中国医学科学院肿瘤医院工作。

Liu Lanting

刘兰亭（1939.11—2019.3） 河北顺平人，保定电力学校发电厂电网及其系统专业毕业，中共党员。1958年8月进入保定基地，后转入保定电力学校学习。1961年10月分配至第44列车电站，从事电气运行与检修，1968年为革委会副主任。1970年调入55站，任电气工段长、工会主席。1974年任12站经营管理组长，1978年起任副指导员。1979年2月任42站副指导员。1983年3月调入苏州热电厂，先后任车间主任、保卫科长。1990年被评为苏州市防止民间纠纷激化先进个人。

Liu Guoshun

刘国顺（1937.10—1999.12） 河北定县人，初中文化。1958年8月进入列电系统，同年10月入列电局动力学院学习，后到保定基地，先后在车辆车间、杆模车间、保卫科工作。曾任车辆检修副班长，参加了系列汽轮发电机机组和水轮发电机组制造及电站车辆大修工作。1989年退休。

Liu Jue

刘珏（1937.2—2016.7） 女，湖南长沙人。1958年8月进入列电系统，先后在第15列车电站、保定基地，从事热工与电气专业。随电站调迁湖南衡阳、资兴，广东茂名，陕西略阳等地发电。1971年12月调入武汉基地，先后在机修车间、一车间从事电气检修，教育科从事员工培训管理。

Liu Zhenyuan

刘振远（1942.8— ） 河北望都人，中共党员。1958年8月进入保定基地，后相继在第13、29、44列车电站从事汽机运行与检修。1976年在30站曾负责生产管理。1978年调入38站，1982年调入44站。随电站调迁河南新乡，湖北武汉、黄石，广东茂名，山西晋城、运城、长治，黑龙江伊春，河北迁安，江苏昆山等地发电。1983年11月随电站成建制下放山西惠丰机械厂。1997年退休。

Liu Aiqing

刘爱卿（1938.7— ） 女，河北安国人。1958年8月进入列电系统，先后在第5、49、8列车电站、船舶1站，从事化验专业，曾任电站团组织委员、化验组负责人。随电站调迁湖南许家洞、湖北丹江口、浙江临海、山东莱芜、湖北武汉等地发电。1982年5月调入武汉基地，先后在行政科、技术科任办事员、晒图员。

Liu Huizhong

刘惠忠（1939.4— ） 河北顺平人，初中文化。1958年8月进入保定基地，从事列车电站安装。1963年7月调入第41列车电站，从事锅炉运行与检修。1983年8月调入12站。随电站调迁黑龙江勃利，河南平顶山，山东东营、昌邑，湖北荆门等地发电。1988年8月随电站调入石家庄鹿泉电厂，从事锅炉运行工作。

Liu Huiqing

刘惠卿（1938.12— ） 河北博野人，初中文化，汽机技师，中共党员。1958年8月进入保定基地，在汽机车间从事制造及维修。在电站检修中，多次带领班组提前完成检修任务。1977年，先后荣获列电局、保定地区、保定市先进生产者称号。1978年主动承担6000千瓦机组的锅炉安装任务，并以高质量提前安装完成。同年相继被评为水电部劳动模范、列电局先进工作者、保定市先进个人。1979年被评为保定市劳动模范。1981年调入第18列车电站，1982年12月调入58站，均从事汽机运行与检修。1988年12月调保定电力修造厂，在金工车间工作，曾任维修班班长。1989、1991年被评为华北电业管理局先进个人。1992年12月退休。

Yan Jintang

闫金堂（1940.3— ） 河北满城人，初中文化，中共党员。1958年8月进入列电系统，同年10月入列电局动力学院学习，后到保定基地，车工。1965年任保卫科干事，1971年起先后任保卫科副科长、科长。

Sun Rugeng

孙汝庚（1936.3— ） 江苏沭阳人，初中文化，中共党员。1958年8月进入煤炭部第2列车电站，曾任管理组长。1973年参加筹建燃气机组新4站，1976年5月调入28站，同年10月调入12站，1982年12

月调入54站，均从事材料管理工作。随电站调迁江西萍乡、山西闻喜、辽宁大连、山东枣庄、内蒙古扎赉诺尔、江苏无锡等地发电。1984年12月随电站成建制下放无锡新苑集团公司热电厂。1996年3月退休。

Sun Jinyun

孙晋云（1941.2— ） 女，山东枣庄人，初中文化。1958年8月进入煤炭部第2列车电站，从事汽机运行与检修。1974年年底调入51站。随电站调迁江西萍乡，广东坪石，湖南金竹山，河南漯河，山西娘子关、闻喜、朔县，新疆乌鲁木齐，湖北宜昌等地发电。1979年12月调入华东基地，从事汽机检修。

Su Zhenying

苏振英（1938.11— ） 女，河北清苑人，曾用名苏翠茹，中共党员。1958年8月招入保定基地，先后在锅炉车间、印刷车间、车辆车间工作。曾参加过基地系列汽轮发电机机组和水轮发电机组制造与检修。

Du Xiaomao

杜小毛（1935.9— ） 湖北武汉人，中共党员。1950年1月参加工作，曾在武汉市建设局、武汉市水上运输公司从事汽车驾驶。1958年8月进入船舶1站从事维修。随电站调迁湖北丹江口、汉阳、枝城，浙江临海等地发电。1973年2月调入武汉基地，先后在材料科、一车间工作。1986年11月退休。

Du Yujie

杜玉杰（1931.4— ） 河南洛宁人，天津大学火力发电专业毕业，高级工程师，中共党员。1948年3月参加革命，曾任河南洛宁县政府通讯员、警卫员、宣传员。1954年8月进入天津大学电力系学习，1958年8月分配到第10列车电站，后相继在12、17、18站任技术员、值长组组长。1959年9月调入17站，任生技组组长、副厂长。1963年3月调入21站，任党支部书记、厂长兼克山农场厂长。1973年6月，筹建新进口的2.3万千瓦燃气轮机组新3站，任厂长、党支部书记。1982年随电站下放南京，后任南京市电力开发公司副总工程师。1991年4月离休。

Li Pizhen

李丕真（1941.4— ） 女，山东济南人，助理会计师。1958年8月进入列电系统，先后在第2、28、42列车电站，从事电气运行与检修。随电站调迁广东曲江、韶关，河北邢台，四川峨眉等地发电。1968年10月调入西北基地，在子弟小学任代课教师。1975年5月调入武汉基地，先后任子弟小学代课教师，五车间、储运公司成本核算员。1993年9月退休。

Li Chengbin

李成彬（1937.11—2016.9） 河北完县人。1958年8月进入保定基地，在机加工车间工作。曾参加基地系列汽轮发电机机组和水轮发电机组制造及检修。1978年被评为保定市先进个人，1979 年被评为保定市劳动模范。1993 年 6 月退休。

Li Zhiming

李志明（1937.10— ） 河北满城人，初中文化。1958 年 8 月招工进入保定基地，先后在电机车间、电气车间工作。曾从事基地系列汽轮发电机机组和水轮发电机组的制造、安装。1993 年 10 月退休。

Li Laifu

李来福（1939.6—2012.1） 河北武清人，初中文化，助理政工师，中共党员。1958 年 8 月进入第 15 列车电站，从事锅炉运行与检修。1959 年 4 月接新机 27 站，后任锅炉工段长，1976 年 11 月起任副厂长。1978 年 4 月任 56 站副厂长，1985 年 8 月任 56 站党支部书记、副厂长。随电站调迁湖南衡阳，福建厦门、邵武、三明，甘肃山丹，江苏徐州、镇江等地发电。1989 年 3 月调入华东基地，先后任车间党支部书记、专职纪检员。1997 年 9 月退休。

Li Guogao

李国高（1923.11—1986.1） 河北蔚县人，初中文化，技师，中共党员。1950 年 3 月进入燃料部华北电业管理总局工作。1958 年 8 月调入保定基地，从事铸造，曾任铸锻组组长，1958 年获保定市先进生产者称号。1960 年起，先后任锅炉车间、制造车间主任，金工车间主任兼党支部书记。1983 年在调研室工作。

Li Jianyun

李建云（1934.4—2011.11） 河北深县人，中共党员。1958 年 8 月进入保定基地，在模型铸造组、检修车间工作，均为木工。1973 年 3 月任检修车间副主任。同年 12 月，任子弟学校工宣队队长、党支部书记。1975 年起先后任车辆车间副指导员、副主任。1993 年退休。

Li Jianchun

李建春（1938.6—2016.6） 女，江苏连云港人。1955 年 9 月在新海连新浦铁路小学任代课教师。1958 年 8 月进入第 2 列车电站。1974 年 9 月 调 56 站，1975 年 11 月接新机 19 站。均从事电气运行与检修。随电站调迁江苏新海连、徐州，广东曲江、韶关，湖北丹江口，陕西西乡，湖南株洲、耒阳、衡阳等地发电。1982 年调入华东基地，从事钳工。

Li Zupei

李祖培（1926.6— ） 四川成都人，武汉大学热能动力专业毕业，高级工程师。1951 年 8 月先后在燃料部、电力部从事技术管理工作。1958 年 8 月进入列电系统，先后在第一、三区中心电站及第 15、54、56 列车电站，从事技术工作。1975 年 12 月调入列电局中心试验所，在资料室任主任科员。1981 年 12 月调入华北电力学院科研处，曾任电力情报期刊总编。1977 年翻译 10 万字《燃气轮机检修手册》一书。1978 年翻译 35 万字《CE 燃气轮机培训手册》一书。

Li Peilin

李培林（1938.2—2005.7） 河北安新人，初中文化，中共党员。1958 年 8 月进入列电系统，同年 10 月入列车电业局动力学院学习，1959 年 5 月到保定基地从事财务工作。1966 年调入第 41 列车电站，从事财务管理。随电站调迁河南平顶山，山东东营、昌邑等地发电。1976 年 5 月调回保定基地。1979 年 7 月调入 30 站，从事财务管理。1982 年调回保定基地，先后任电站管理处会计，财务科副科长，1986 年 12 月退休。

Li Huiping

李惠萍（1938.11— ） 女，河北定州人，初中文化。1958 年 8 月进入保定基地，在铸造车间工作，木工兼车间管理员。参与制造基地第一台 2500 千瓦列车发电机组。

Li Jingming

李景明（1935.10—2011.12） 女，河北唐县人。1958 年 8 月进入列电系统，先后在第 15、29、42 列车电站、武汉基地、5 站，从事电气运行与检修。随电站调迁湖南衡阳、资兴、湖北黄石，河南平顶山，河北迁安等地发电。1974 年 9 月调入武汉基地，在机修车间、一车间从事行车工。1985 年 7 月退休。

Li Zhi

李智（1938— ） 河北定县人，初中文化。1958 年 8 月进入保定基地，从事列车电站安装。1963 年 7 月调入第 41 列车电站，从事锅炉运行与检修。随电站调迁黑龙江勃利，河南平顶山，山东东营、昌邑，湖北荆门等地发电。列电体制改革后调河北辛集工作。

Li De

李德（1940.6— ） 河北涿鹿人，初中文化，中共党员。1958 年 8 月进入第 13 列车电站，从事汽机运行与检修。1959 年调入 29 站，1966 年 5 月任工段长。1975 年调入 38 站，任汽机工段长兼党支部委员，负责生产管理。1982 年调入 52 站，1983 年任副厂长，主管销售工作。随电站调迁河南新乡、平顶山、信阳，河北迁安，江苏昆山、吴县等地发电。1983 年随电站调入江苏吴县。1997 年退休。

Yang Zaotu

杨灶土（1940.2—2016.1） 浙江建德人。1958 年 8 月进入第 7 列车电站，从事锅炉运行与检修。随电站调迁浙江新安江、宁波，福建漳平等地发电。1983 年 12 月调入华东基地，钳工。1991 年 9 月退休。

Yang Xinguo

杨新国（1941.6—2005.11） 河北满城人，

曾用名杨兴国，初中文化。1958年8月进入保定基地，先后在电机车间、检修车间，制造车间、铸造车间、电气车间、绝缘子车间，从事制造、安装、检修。曾参加过基地系列汽轮发电机机组和水轮发电机组制造、安装及电站大修工作。1996年8月退休。

Yang Juming

杨聚明（1936.5—2004.9） 河北清苑人，北京电力学校毕业，工程师。1958年8月分配到第16列车电站，在生技股任锅炉技术员。1965年10月调入局机关，在技术科设计组任技术员。1969年调入保定基地，先后在检修车间、生产科、教育科任技术员、工程师。1993年6月退休。

Xiao Jincheng

肖金城（1941.7— ） 河北清苑人。1958年8月进入列电系统，同年10月入列车电业局动力学院学习，1959年5月到保定基地，先后在砂型组、水泥组、车辆车间维修组、列电服务公司工作。曾参加基地系列汽轮发电机机组和水轮发电机组的制造及电站大修工作。

Qiu Wenying

邱文英（1938.6—2018.12） 女，河北丰润人，初中文化。1958年8月在保定基地参加工作，从事砂型铸造专业。1978年5月调入第8列车电站，从事锅炉运行与维修，随电站调迁河北衡水、湖北武汉、北京清河等地发电。1982年随电站下放北京新型建筑材料厂，在岩棉分厂从事成品统计工作。

Qiu Sulian

邱素莲（1940.5— ） 女，浙江宁波人。1958年8月进入煤炭部第1列车电站。1969年11月调入53站，均从事汽机运行与检修。随电站调迁内蒙古平庄、贵州六枝、浙江宁波、江苏镇江等地发电。1982年2月调入华东基地。1988年2月调苏州市吴县热电厂。

Gu Yongchang

谷永昌（1939.9— ） 河北望都人，列电局动力学院肄业，高级会计师。1958年8月进入列电局锅炉制造厂，钳工。同年10月进入局动力学院，后转入财务训练班学习。1959年9月进入局机关，在财务科工作。1961年3月调入泰康农场，负责财务兼人事工作。1964年6月调甘南农场。1965年10月调入31站，负责财务兼劳资工作。1975年6月调列电局密云“五七”干校。1978年12月调回局机关财务处。1983年4月调入中国水利电力对外公司，先后在财务处任副处长、处长，审计处处长。

Gu Shen

谷慎（1936.7— ） 河北完县人，中共党员。1958年8月在保定电力学校任教，并任班主任。后调到第20列车电站，从事人事管理工作。1970年调入保定基地，先后任政治处保卫组干事、厂办公室干事、机要秘书。

Sha Chaojun

沙朝均（1939.11— ）江苏徐州人，初中文化。1958年8月进入煤炭部第1列车电站，从事电气运行与检修。1960年调入煤炭部3站，1968年调入11站，任电气工段长。1975年调入新19站，1977年调入56站，任电气工段长。随电站调迁内蒙古平庄，湖南洪山殿、株洲、衡阳，贵州六枝，山东官桥，江苏徐州等地发电。1982年调入徐州市供电局输变电工程公司，任变电工区主任、技术科科长。

Shen Shuying

沈淑英（1935.7— ）女，上海人，北京电力学校电厂化学专业毕业，工程师、讲师。1952年11月参加工作，在燃料部基建总局任团委干事。1955年8月在北京电力学校学习。1958年8月进入列电系统，1959年9月先后调至河北省电力学校、河北保定电力专科学校任教师。1961年10月在保定电力（技工）学校任教师。1971年5月学校并入保定基地，1972年12月复校后回校任教，主要从事普通化学、电厂化学等课程的教学和班主任工作，曾任电化教研室组长、教务科教学质量检查员。自编教材《电厂化学》供教学使用。曾为保定市第七届人民代表大会代表。

Song Wenrong

宋文荣（1938.12— ） 女，河北定县人，初中文化。1958年8月进入列电系统，同年10月入列电局动力学院学习，1959年5月在保定基地，从事电气专业。1963年调入船舶2站，从事汽机运行与维修。1965年2月调入武汉基地，焊工。1975年3月调入保定基地，在汽机车间工作，焊工。1990年5月退休。

Song Peibin

宋佩斌（1936.5— ）河北安国人，初中文化，中共党员。1958年8月进入保定基地，车工，曾任班长。1966年1月调入西北基地，1979年12月调入第52列车电站，车工。随电站在苏州吴县发电。1981年5月调入保定电力技工学校实习工厂任教师，主要从事机床操作的实习教学与指导。曾被评为保定市模范教师。

Song Zhi

宋智（1939.10— ） 河北保定人，苏州化工职大（业余）哲学专业毕业，中共党员。1958年8月进入第6列车电站，后调入34站，从事热工专业。1961年7月调入23站，劳资管理员。1971年4月调入6站，1972年12月起任副指导员。1979年8月任42站指导员、厂长。随电站调迁河南平顶山，广东茂名，黑龙江萨尔图，四川荣昌、甘洛，山西芮城、大同，新疆雅满苏，河北沧州，江苏苏州等地，参加了大庆石油会战发电。1960年被大庆水电工程指挥部授予一级红旗手称号。1983年3月调入苏州化工农药集团，任热电车间负责人、科室党支部书记。

Zhang Rengui

张人桂（1938.10— ） 女，四川成都人。1958年8月进入第14列车电站，随电站在四川荣昌发电。同年10月调入保定基地，刨工。1979年12月调入华东基地，刨工。

Zhang Wenzhan

张文占（1938.8—2013） 河北定县人，初中文化，中共党员。1958年8月进入保定基地，矽铁组、铸造车间炉前工、铸工。1959年被评为保定市青年红旗手。1977年为河北省第五届人大代表。1978年起，先后任汽机车间副书记，金工车间副主任、党支部书记。1981年被评为保定市优秀党员。1994年退休。

Zhang Wenbin

张文斌（1943— ） 河北定县人，高中文化。1958年8月进入列电系统，先后在第36、8列车电站，从事材料管理工作。列电体制改革后，调入保定基地，供销科仓库保管员。

Zhang Shuangli

张双立（1936.12—2008.9） 河北高阳人，初中文化。1958年8月进入列电系统，1958年10月入列电局动力学院学习。后到保定基地，先后在汽机车间、总务科、行政科从事劳保管理工作。

Zhang Guangzuo

张光作（1943.3— ） 湖南郴州人，初中文化，中共党员。1958年8月由衡阳电厂进入第15列车电站，从事汽机运行与检修。1964年11月在广东茂名参加石油会战时，由电站群调入43站，曾任汽机工段长。1981年43站在武汉与8站合并。随电站调迁广东茂名、英德、韶关，贵州六枝、水城、贵定，湖北武汉，北京等地发电。1983年3月随电站下放北京新型建筑材料厂，曾任自备电厂副厂长。

Zhang Xiangkui

张向奎（1939.3—2019.5） 山东黄县人，高中文化。1958年8月进入第12列车电站，从事汽机运行和检修，曾任站团支部书记。随电站调迁黑龙江哈尔滨，安徽合肥、濉溪，甘肃酒泉，内蒙古赤峰、扎赉诺尔等地发电。1983年6月调入哈尔滨第三热电厂工作。

Zhang Zhicheng

张志诚（1940.8— ） 河北安新人，经济师，中共党员。1958年8月进入列电系统，1958年10月入列电局动力学院学习。1959年5月起，先后在第23、44、27列车电站，从事材料、人事劳资、总务工作。随电站调迁辽宁开原，辽宁瓦房店，四川荣昌，山西晋城，福建三明、邵武等地发电。1971 年 1 月调武汉基地，材料员。1980 年 2 月起，先后任附属综合厂厂长，物资科副科长兼储运站负责人、科长，居委会主任。1978 年被评为武汉市供电局先进工作者。1996 年 2 月退休。

Zhang Xiushan

张秀山（1936.2— ） 河北深县人。1953 年 6 月参加工作，1958 年 8 月进入保定基地，先后在锅炉车间、汽机车间从事钳工，曾参加基地系列汽轮发电机机组的制造工作。列电体制改革后，在保卫科工作。1983 年退休。

Zhang Jin

张金（1939.8—2018.2） 河北满城人，初中文化。1958 年 8 月进入保定基地，在轻金工车间，车工。后调入第 25 列车电站，从事汽机运行与维修。1965 年调入西北基地，在汽机车间。1973 年调回保定基地，检修车间、汽机车间车工，1986 年 9 月退休。

Zhang Baolin

张宝林（1938.8— ） 河北高阳人，初中文化。1958 年 8 月进入保定基地，先后在铸造车间、锅炉车间、制造车间、汽机车间从事汽轮机制造及检修，曾任机修班班长。参加了基地系列汽轮发电机机组和水轮发电机组制造及电站大修工作。1993 年 8 月退休。

Zhang Chunzhen

张春贞（1940.2— ） 女，河南安阳人，高中文化。1958 年 8 月进入第 16 列车电站，从事电气专业。1958 年 10 月调入 26 站，1966 年 5 月调入 47 站，1968 年调入 20 站，从事电气运行和检修。随电站调迁湖南双峰、内蒙古赤峰、贵州六盘水、陕西韩城等地发电。1974 年 10 月随 20 站下放西安交通大学，在动力厂（校实习工厂）工作，后在发电教研室任行政秘书。1991 年 9 月退休。

Zhang Shumei

张树美（1937.12— ） 河北成安人，初中文化，中共党员。1954 年在保定热电厂参加工作，1958 年 8 月调入第 5 列车电站，1961 年调入船舶 2 站，1977 年调入 8 站。先后任船舶 2 站副厂长，8 站厂长、党支部副书记、书记。1983 年 3 月随电站下放北京新型建筑材料厂。1991 年任集团建材股份有限公司纪委副书记兼纪检监察、审计处处长。1957 年出席河北省保定市青年社会主义建设积极分子大会，1959 年出席列电局青年积极分子大会，1964 年出席福建省劳模大会。1995 年被评为集团建材股份有限公司劳动模范。

Zhang Lüfen

张律芬（1938.10— ） 女，河北清苑人。1958 年 8 月进入列电系统，同年 10 月入列电局动力学院预科班学习。1959 年 5 月进入保定基地，车工。1963 年在汽机车间从事汽机维修。1977 年 3 月调入华东基地，从事汽机检修。

Zhang Zhenxiang

张振祥（1936.5—2017.8） 河北唐县人，1958 年 8 月进入列电系统，同年 10 月入列电局动力学院学习，后到保定基地。1971 年 9 月调入山西省娘子关发电厂，先后在电气车间配电班、2 号机组工程指挥部、行政科电工班、厂水泥车间工作，曾任电工班班长。1986 年 12 月退休。

Zhang Ruizi

张瑞子（1929.12—2008.8） 河北完县人。1948 年 9 月参加中国人民解放军，1949 年 8 月加入中国共产党。1958 年 8 月进入列电系统，先后在第 41、53、29 列车电站，从事锅炉运行及检修。随电站调迁黑龙江勃利、河南平顶山、浙江宁波、河南信阳等地发电。1982 年 9 月调入保定基地，在保卫科工作。

Chen Qingxiang

陈庆祥（1940.4— ） 河北定兴人，北京财贸金融函授学院财会系审计专业毕业，会计师，中共党员。1958 年 8 月进入列电系统，同年 10 月入列电局动力学院预科班学习，先后在局机关，第 25、41、7 列车电站，从事财务工作。1981 年 10 月调入武汉基地，任电站管理处会计。1983 年 7 月调入华中电管局。1989 年 12 月，任华能集团公司华中分公司副总经理。1998 年 9 月在华能华中分公司退休。

Chen Yunxin

陈运新（1937.8— ） 天津宝坻人，北京电力学校电厂化学专业毕业，工程师。1958 年 8 月分配到列电系统，先后在第 16、26、43、29 列车电站，从事化学专业，曾任化验室负责人，并兼任华北电站化学协作组组长。随电站调迁湖南郴州，内蒙古赤峰，广东英德，河南平顶山、明港等地发电。1978 年 4 月调入保定基地，先后在试验室、电站管理处任工程师，1993 年退休。

Chen Dianzhen

陈典祯（1928.1—2015.10） 江西丰城人，南开大学机电工程专业毕业，高级工程师。1953 年 1 月参加工作，先后在东北电管局、北京电管局、电力部、水电部设计司任技术员。1958 年 8 月进入列电局新机办公室。1961 年 4 月参与筹建列电局中心试验所。1965 年 10 月调入局机关设计组，1966 年 7 月调保定基地。参与了第一台 4000 千瓦汽轮发电机设计、国内 1500 千瓦汽轮机配套发电机组的设计修改，编制了列车电站发电机制造图纸、制造工艺资料、安装图纸等。1978 年 2 月调入华东基地，任工程师、高级工程师。

Chen Jinlong

陈金龙（1941.1— ） 河北唐县人，初中文化。1958 年 8 月进入列电系统，先后在第17、34列车电站，从事锅炉运行与检修、材料采购工作，随电站调迁黑龙江双鸭山、牡丹江、大庆，内蒙古扎赉诺尔、大雁，山东德州，河北衡水等地，参加了大庆石油会战发电。列电体制改革后，调入保定基地工作。

Miao Wenbin

苗文彬（1938.11— ） 河北曲阳人，中学文化，中共党员。1958年7月进入第6列车电站，先后任材料员、管理组长。1972年起任15站副厂长，曾被评为厦门市供电局优秀共产党员。1982年11月调入厦门特区房地产开发公司，历任企业科科长、兴裕实业公司经理、湖里民用房屋建筑公司经理、党支部书记。曾被评为房地产开发公司优秀共产党员、先进工作者。

Lin Qikun

林启坤（1935.8— ） 女，江苏连云港人，初中文化。1958年8月进入第2列车电站，焊工。1969年调入53站，随电站调迁江苏新海连，广东曲江，湖北丹江口，浙江宁波等地发电。1971年调入安徽电力修造厂，焊工。2013年退休。

Lin Guochen

林国琛（1939.10—2015.8） 山东烟台人。1958年8月进入第2列车电站，1959年接新机28站，从事电气运行与检修。1976年8月，参加了唐山地震后的电站设备抢修安装工作。1979年接新机62站，后任电气工段长。随电站调迁广东曲江、韶关，河南鹤壁、开封，河北邢台，云南昆明，山东济南、济宁、潍坊、枣庄，江苏无锡等地发电。1982年10月随电站成建制下放无锡市。

Zheng Wansong

郑万松（1941.10— ） 广东潮安人，中共党员。1958年8月进入第6列车电站，从事汽机运行与检修。1959年12月调入34站，1961年12月调入23站。随电站调迁黑龙江伊春、萨尔图，四川荣昌、甘洛，山西芮城、大同等地，参加了大庆石油会战发电。1972年5月调至中国核工业单位816厂，2000年10月退休。

Qu Anzhi

屈安志（1926.2—2019.4） 山东平邑人，1945年5月加入中国共产党。1943年参加革命工作。曾任山东滕县酿酒厂政治指导员、滕州公署税务局税务股股长。1949年后任华东税务学校秘书股股长、华东财政局行政科副科长（县团级）、燃料工业部和电力工业部监察司监察科副科长。1958年8月负责筹建第16列车电站，同年10月任副厂长兼党支部书记。1960年任列电局保定制造厂财务科长，1965年6月任保定基地副主任，负责分管劳动工资、财务等工作。1979年8月调入华东基地，先后任基地副主任、调研员。1987年5月离休，享受副厅局级待遇。

Zhao Youjun

赵幼军（1940.11— ）河北定县人，中共党员。1958 年 8 月进入列电系统，1959 年 10 月入列电局动力学院学习，后到保定基地，在铸造车间从事机、电、炉设备铸件及电站备品备件的铸造工作，曾任班长。1965 年 5 月获保定市委、市人委挖河筑堤奖。1986 年在质量管理科从事检验工作。1989 年获保定市劳动模范称号。1993 年 5 月退休。

Zhao Rongzhen

赵荣珍（1941.9— ）女，河北保定人。1958 年 8 月进入列电系统，同年 10 月入列电局动力学院学习，后到第 41 列车电站，从事管理工作。1966 年 9 月调入保定基地，先后在生技科、印刷车间、仓库、铸造车间、板模车间从事人事管理工作。1986 年 12 月退休。

Zhao Huizhi

赵惠智（1942.3— ）女，河北徐水人。1958 年 8 月进入保定基地，在保定基地工作了 20 年，均从事木工。1979 年 12 月调入华东基地。

Zhao Xiying

赵锡英（1939.5—2019.2）女，河北高阳人，初中文化。1958 年 8 月进入保定基地，在铸造车间砂型组从事铸型兼车间女工委员工作。曾参加了基地系列汽轮发电机制造的铸造缸体及电站备品备件的铸造工作。1961 年，所在班组获保定市先进集体荣誉。1988 年 12 月退休。

Zhao Deyi

赵德义（1940.1— ）河南叶县人，中共党员。1958 年 8 月进入煤炭部第 1 列车电站，从事锅炉运行与检修。随电站调迁内蒙古平庄、贵州六枝、广西玉林、黑龙江海林等地发电。1978 年 8 月调入武汉基地，先后在一车间、三车间、四车间从事锅炉检修、维修钳工。1996 年 6 月退休。

Hao Fengming

郝凤鸣（1941.12— ）河北定县人。1958 年 8 月在列电局汽机制造厂参加工作，同年 10 月入列电局动力学院学习后转入保定电校热能动力装置专业学习，1961 年 10 月毕业。先后在第 40、17、44 列车电站，从事锅炉运行与检修、材料管理工作。1982 年 12 月调入保定基地，相继在基建科、供应科从事材料供应，1996 年 7 月退休。

Hao Jinfang

郝金芳（1941.6— ）女，保定高阳人，初中文化。1958 年 8 月进入保定基地，电工。1963 年 3 月调入列电局技术改进所，在热工仪表专业组工作。1979 年 9 月调入第 56 列车电站，从事热工专业，随电站在江苏徐州发电。1983 年 1 月调入山东烟台第二化工厂自备电站热工室。

Rong Jialiang

荣家亮（1939.9— ）湖北武汉人。1958年8月进入列电系统，先后在第4、46、15列车电站，从事锅炉运行与检修。随电站调迁广东河源、茂名，宁夏青铜峡，陕西略阳，福建厦门等地发电。1972年12月调入武汉基地，先后在一车间从事锅炉检修，机修车间、四车间、三车间工作。1996年6月退休。

Hu Bowen

胡博闻（1937.8—2013.6）广东顺德人，1958年8月华中工学院热能动力装置专业毕业，高级工程师。同年分配到列电局动力学院任教。1959年11月调入保定电力技工学校，先后任数理化教研组长、汽机及动力教研室副主任及主任。1976年调入列电局中试所，任热机组副主任。1977年至1982年间在《列电技术报导》等刊物发表《捷克2500千瓦汽轮机组提高出力》《列车电站提高热经济性的几项措施》《第57列车电站热电合供的效果分析》等论文。1985年后调入河北省电力试验研究所，任汽机室主任、副总工程师、总工程师。

Nan Xianjun

南献军（1941.10— ）河北曲阳人，初中文化。1958年8月进入保定基地，在装配车间、安检科热工仪表组工作。1965年调入西北基地，从事热工专业。1972年调入列电局中心试验所，从事热工仪表专业。1978年8月调回保定基地，在质管科热工组工作。

Duan Shugui

段书桂（1937.2— ）河北高阳人，初中文化，中共党员。1958年8月进入保定基地，在铸造车间工作，曾任木模班班长。参加过基地系列汽轮发电机制造的缸体铸造制模工作，所在班组曾获得保定市先进班组荣誉。1993年退休。

Hou Wenguang

侯文光（1932.1— ）北京市人，初中文化，中共党员。1951年11月在电业管理总局参加工作。1955年9月调入电力部生产司，从事行政工作。1958年8月调入列电局锅炉制造厂，在人保组任组长。1960年5月调入局机关，任生活办公室秘书。1961年4月在商都农场负责全面工作。1963年9月在甘南农场任副场长。1965年4月在克山农场任副场长。1967年12月至1969年11月在局机关。1969年11月在保定基地车辆车间。1970年4月在基地农场任负责人。1973年4月任四车间副主任。1975年10月调列电局密云“五七”干校，任生产组长。1981年3月调入电力部密云绿化队，任队长。1983年4月调入水电部行政司，在机关二服公司任副经理兼密云绿化基地主任。

Yao Qi

姚起（1936.4— ）河北保定人。1951年

1月在河北日报社参加工作，1956年8月进入河北省机务训练班学习，结业后，分配到河北宁晋县拖拉机站工作。1958年8月调入保定基地，在汽车队任汽车司机，1992年3月退休。

Yuan Guangyu

袁光煜（1941.5— ） 江苏连云港人。1958年8月进入第2列车电站，从事汽机运行与检修，因接新机先后在第28、30、56、62列车电站工作，曾任56、62站汽机工段长。随电站调迁河南鹤壁，吉林龙井，江苏徐州、无锡等地发电。1984年调入连云港碱厂。

Jia Shouzhong

贾守忠（1935.12— ） 北京人，北京电力学校热能动力装置专业毕业，工程师、讲师，中共党员。1958年8月进入武汉基地，任技术员。1961年4月调入保定电力（技工）学校任教师，1971年5月学校并入保定基地，1972年12月复校后回校任教师，主要从事热力发电厂、汽轮机辅助设备等课程的教学工作，退休前一直任专业教研组组长。自编教材《汽轮机辅助设备》供教学使用，参编教材《热力发电厂》由水利电力出版社出版。曾被评为1989年度华北网局优秀教师、1990年度华北电力联合公司优秀教师。

Gu Wenbo

顾文伯（1941.2— ） 上海人。1958年8月进入煤炭部第2列车电站，从事汽机运行与检修。随电站调迁江西萍乡、广东坪石、湖南金竹山、河南漯河等地发电。1971年12月调入武汉基地，先后在车间从事汽机检修、钳工，生产科、计划科从事销售工作。1985年1月起，先后任四车间主任，生产科、经营计划科副科长。1998年4月退休。

Xu Yinpu

徐银普（1941— ） 河北安国人，初中文化。1958年8月进入保定基地，从事列车电站安装。1963年7月调入第41列车电站，从事汽机运行与检修。随电站调迁黑龙江勃利，河南平顶山，山东东营、昌邑，湖北荆门等地发电。列电体制改革后调河北辛集工作。

Xu Jin

徐谨（1939.7— ） 黑龙江宝清人，北京电力学校电厂化学专业毕业，工程师。1958年8月毕业分配到列电系统，先后在第13、36、26、43、29列车电站，从事化学专业，曾任化验室负责人和汽机技术员。随电站调迁河南新乡、鹤壁、平顶山、信阳，黑龙江大庆，内蒙古赤峰，广东英德等地发电。1978年4月调入保定基地，先后在质管科电厂化学组、研究所从事标准化管理。曾兼列电局密云化学训练班教师、基地电视大学化学专业辅导教师、基地企业整顿领导小组成员。曾获保定市标准化优秀工作者奖。1993年退休。

Guo Changming

郭长明（1936.1— ） 河北满城人，初中文化，中共党员。1958 年进入第 43 列车电站，曾任管理组长、副厂长。1981 年 43 站在武汉与 8 站合并。随电站调迁广东英德、韶关，贵州六枝、贵定，湖北武汉，北京等地发电。1983 年 3 月随电站下放北京新型建筑材料厂，任动力厂党支部书记（正处级）。

Guo Xiumin

郭秀敏（1941.2— ） 女，黑龙江兰西人。1958 年 8 月进入第 10 列车电站，从事电气运行与检修。1963 年 10 月调入 25 站，后任电气副工段长。1977 年 12 月接新机 60 站，1985 年 8 月调入 56 站。随电站调迁黑龙江牡丹江，吉林蛟河、延吉，河南商丘，山西朔县，浙江海宁，江苏镇江等地发电。1988 年调入华东基地。

Guo Baozhen

郭宝珍（1939.3—2018.3） 河北保定人，助理经济师。1958 年 8 月进入保定基地，从事锅炉检修，后入保定电力技校锅炉专业学习。1961 年 8 月分配至列电局武汉装配厂，先后在检修车间、一车间从事锅炉检修。后任生产调度、汽车班班长、基建办公室采购员。1981 年 12 月起，任五金油漆综合加工厂副厂长、开发公司负责人。

Guo Fuyu

郭福玉（1938.12—2015.3） 河北涿县人，中共党员。1958 年 8 月进入列电系统，同年 10 月入列电局动力学院学习，后在保定基地、武汉基地工作，车工。1961 年 6 月调湖北太子山林管局石龙林场机修厂，任党支部副书记。1966 年 5 月返回列电系统，先后在第 15、43 列车电站，从事锅炉运行检修、劳资工作。1980 年 8 月调入武汉基地，纪委办公室干事。1983 年 1 月起，先后任附属综合厂、车间党支部副书记、离退休办公室主任。1996 年 6 月退休。

Tao Xiurong

陶秀荣（1939.12— ） 女，河北衡水人，初中文化。1958 年 8 月进入保定基地，在铸造车间砂型组从事铸型工作。曾参加基地系列汽轮发电机缸体铸造工作。1961 年，所在班组获保定市先进集体荣誉。

Sang Chengbin

桑诚斌（1938.12— ） 江苏连云港人，高中文化。1958 年 8 月进入第 2 列车电站，后调入保定基地。1961 年 3 月接新机 44 站，从事物资供应工作。1966 年 2 月调入 41 站，1970 年调入 56 站，1979 年接新机 62 站。随电站调迁广东曲江，山西晋城，河南平顶山，江苏徐州、无锡等地发电。1982 年 10 月随电站成建制下放无锡市。

Cui Zhengfang

崔正芳（1940.10— ）河南泌阳人，河南大学财会专业毕业。1958年8月进入保定基地。1961年5月起，先后在第26、8、4、52、55列车电站从事财务工作。随电站调迁内蒙古赤峰、甘肃酒泉、宁夏青铜峡、广东茂名、河南新乡、河北邢台、山西长治等地发电。1978年调回保定基地，任财务科副科长，1984年调入河南开封电厂。

Cui Yanjun

崔砚君（1940.4— ）河北新城人，初中文化。1958年8月进入保定基地，先后在铸造车间、供应科工作。1975年调入保定市曲艺团，历任编剧、戏曲研究室主任、曲艺团团长、市曲艺副理事长、曲协河北分会副主席等，中国作家协会河北分会会员、曲协河北分会会员、中国曲艺家协会会员。主要作品：中篇鼓书《莲花魂》《落花情》《血染莲花》，大型戏曲《订婚花环》，大型话剧《洞房交响曲》，小剧《卖猪》《小巷情歌》，短片《告别》《大山情》等。

Liang Yuexia

梁月霞（1937.3— ）女，海南万宁人。1956年6月在万宁橡胶农场参加工作。1958年8月进入列电系统，先后在第16、6、15列车电站工作，随电站调迁湖南邵阳、广东茂名、陕西略阳等地发电。1969年3月调入武汉基地，先后在制造车间、三车间、四车间工作，车工。1983年1月退休。

Liang Chengda

梁成达（1939.2— ）女，黑龙江哈尔滨人。1958年8月进入第10列车电站，从事化验工作。1960年4月调入18站，1970年调入56站，1979年接新机62站。曾随电站调迁黑龙江哈尔滨、伊春，江西泉江、鹰潭，江苏徐州、无锡等地发电。后调无锡双河尖热电厂。

Ge Qingshan

葛青山（1939— ）河北保定人，中学文化，中共党员。1958年8月进入第6列车电站，1961年调入23站。随电站调迁河南平顶山，广东茂名，大连瓦房店，四川荣昌、甘洛，山西芮城、大同，内蒙古临河等地发电。1982年随23站调入西北基地，先后在锅炉车间、车辆车间从事检修安装。

Ge Ruie

葛瑞娥（1937.7— ）女，河北完县人，初中文化。1958年8月进入列电系统，同年10月入列车电业局动力学院学习。1959年5月入保定基地，先后在制造车间冷冲班、金工车间钳工班工作。曾参加基地系列汽轮发电机机组和水轮发电机组的制造及电站返厂大修工作。1986年7月退休。

Ge Huiying

葛慧英（1934.10— ） 女，浙江上虞人。1953 年 5 月在东北小丰满水力发电厂参加工作。1958 年 8 月在浙江新安江进入第 3 列车电站，1959 年 1 月调列车电业局动力学院，任人事科科员，动力学院撤销后留保定电力学校。1962 年 1 月调入列电局武汉装配厂，先后从事人事、共青团工作。1978 年 6 月调入华东基地，从事工会工作。

Cheng Duo

程舵（1938.10— ） 河北高阳人，初中文化。1958 年 8 月进入保定基地，先后在矽铁组、铸造车间工作。曾参加基地系列汽轮发电机制造和缸体铸造。

Xie Changjiang

谢长江（1930.3— ） 安徽砀山人，芜湖市高级职业学校毕业，后续自学考试统计专业大专毕业，统计师。1950 年 6 月入伍。1956 年复员到水电部水电总局，在三峡水质试验室工作。1958 年 8 月进入保定基地，从事管理工作。1961 年 5 月调入船舶 2 站。1971 年 12 月调入西北基地，从事材料统计、会计工作。

Guan Changyu

管昶裕（1931.12—2017.4） 江苏常州人，中专学历，经济师。1950 年 10 月在常州水利局参加工作。1952 年 1 月至 1952 年 10 月，在天津工业学校学习。曾在北京良乡修造厂、北京电管局、水电部供应公司工作。1958 年 8 月进入列电局机关，在材料科任材料员。1970 年 9 月调入第 11 列车电站，材料员。1978 年 6 月调华东基地，任仓库主管，1987 年 2 月任供应科副科长。

Zhai Qizhong

翟启忠（1937.9— ） 山东枣庄人，中共党员。1958 年 8 月进入列电系统，先后在第 4、46、43、35 列车电站，从事锅炉运行与检修。随电站调迁广东河源、茂名，宁夏青铜峡，贵州六枝等地发电。1977 年 9 月调入武汉基地，先后在二车间、电站检修队、一车间、外协办从事精密铸造、锅炉检修、产品检验等工作。1996 年 6 月退休。

Fan Bingyao

樊炳耀（1939.1— ） 河北望都人，保定电力学校电机专业毕业，助理工程师。1958 年 8 月进入保定基地，1961 年 8 月调入船舶 2 站，均从事电气工作。曾任电气工段长。随电站调迁福建福州、四川五通桥、江西九江、湖南衡阳等地发电。1983 年 3 月随电站下放衡阳电业局。个人撰写的《电动机断相与过流保护》《用电流互感器供电的节电消声器》两文，载于《电世界》杂志。1985 年获衡阳市人民政府科研三等奖。1995 年 12 月退休。

Pan Shenghua

潘升华（1931.10—2008.2） 湖南湘潭人，初中文化。1950 年 4 月入伍。1958 年 8 月复员进入列电系统。先后在第 15、46 列车电站，从事电气运行与检修，曾任电气班班长、代理工段长。随电站调迁湖南衡阳、岳阳，广东茂名等地发电。1966 年 6 月调入西北基地，曾在电气车间一班任班长。

Huo Jinhua

霍锦华（1936.6— ） 河北清苑人，初中文化。1958 年 8 月进入保定基地，从事列车电站安装。1963 年 7 月调入第 41 列车电站，从事汽机运行与检修。随电站调迁黑龙江勃利，河南平顶山，山东东营、昌邑，湖北荆门等地发电。1983 年 8 月调入 12 站。1988 年 8 月随电站下放石家庄鹿泉电厂，从事汽机运行工作。

Dai Zhihe

戴致和（1938.8—2002.3） 江苏连云港人。1958 年 8 月进入煤炭部第 1 列车电站，从事汽机运行与检修。1959 年 12 月接新机煤炭部 3 站。1965 年 3 月，在黑龙江克山农场劳动，1965 年 11 月又调入 47 站。随电站调迁内蒙古平庄、湖南双峰、贵州六枝、广西玉林、黑龙江海林等地发电。1980 年 5 月调入华东基地，从事汽机检修。1993 年 4 月退休。

Wei Jinxiang

魏金祥（1943.5— ） 河北清苑人，初中文化。1958 年 8 月进入保定基地，在铸造车间砂型组曾参加基地系列汽轮发电机缸体铸造工作。1961 年，所在班组获保定市先进集体荣誉。

Ma Linkui

马林奎（1941.4— ） 上海嘉定人。1958 年 9 月进入第 3 列车电站，同年 10 月调入 11 站，在电站工作 24 年，均从事汽机运行与检修。随电站调迁浙江新安江，福建南平、三明，山东官桥等地发电。1982 年 8 月调入华东基地。1997 年 7 月退休。

Wang Caiwang

王才旺（1936.5— ） 江苏南京人，助理经济师。1958 年 9 月进入第 4 列车电站，同年 10 月入列电局动力学院学习，1959 年 5 月回 4 站，从事锅炉运行与检修。同年 12 月调保定电力学校任教。1962 年 7 月调入 46 站。1964 年 12 月调入 9 站，1975 年 10 月调入 15 站，1979 年 9 月调入 53 站，均从事物资供应工作。随电站调迁广东河源、湛江、茂名，山西宁武，山东莱芜、烟台，福建厦门，江苏镇江等地发电。1983 年 5 月调入华东基地。

Wang Yi

王义（1939.2—2016.6） 河北保定人，保定电力技校毕业。1958 年 9 月进入列电系统，先后在列电局商都农场、局机关食堂工作。1969年3月调入保定基地，在锅炉车间工作，曾任瓦工班班长。1979年获保定市劳动模范称号，所在班组多次获得先进班组荣誉称号。1988年2月退休。

Wang Ningbao

王宁保（1939.4— ） 江苏武进人，北京电力学校电厂化学专业毕业，工程师，中共党员。1958年7月留校筹建校办工厂。同年9月进入第1列车电站，先后任技术员、运行值长。1963年10月调入40站，任化学技术员兼负责人。1969年10月调船舶2站。随电站调迁河北保定，甘肃酒泉，山西晋城，四川乐山，江西九江，湖南衡阳等地，曾为二机部十四局（404厂）服务。1983年3月随电站下放衡阳电业局。1995年12月退休。

Wang Ru

王儒（1933.1—2008.11） 黑龙江阿城人，中国人民解放军军事工程学院雷达声控专业毕业，高级经济师，中共党员。1958年9月进入局机关工作，1963年6月调入第10列车电站，从事物资管理。1973年调入14站，1977年8月参与筹建59站，1979年5月参与筹建61站。随电站调迁吉林蛟河、山东济宁、江苏徐州、黑龙江佳木斯等地发电。1982年调入保定基地，在离退休科工作。

Ye Zhijing

叶治经（1939.2— ） 浙江温州人，华东水利学院水港水工建筑专业肄业，工程师、高级讲师。1958年9月进入第3列车电站，同年10月入列车电业局动力学院学习，1959年5月在保定电力学校任教师，从事物理、电子技术基础等课程的教学。1971年5月学校并入保定基地，在金工车间工作，1972年12月复校后回校继续任教。1983年8月调入温州工人业余大学，任高级讲师、副校长。曾兼任温州市特约人民检查员，温州市高等学校教师职务评审委员会委员。1985年被评为浙江省工会系统优秀教育工作者。

Shi Caijin

史才金（1939.3—1973.8） 江苏溧阳人。1958年9月进入第3列车电站，同年10月调入11站，1961年调入18站，1972年调入38站，均从事锅炉运行与检修。随电站调迁浙江新安江，福建南平、三明，山东官桥，江西鹰潭、九江，黑龙江伊春，河北迁安等地发电。

Shi Chunren

史春人（1940.3—2016.2） 江苏溧阳人。1958年9月进入列电系统，先后在第3、53、57列车电站从事电气运行与检修。随电站调迁浙江新安江、宁波，湖北丹江口，天津汉沽等地发电。1976年10月调入武汉基地，先后在四车间、五车间、设备科从事电气安装、维修。1995年2月退休。

Xiang Fangrong

向方荣（1938.12— ）四川成都人，初中文化，中共党员。1958年9月进入列电系统，先后在第9、31、51、32列车电站，从事热工仪表维护工作。1959年11月参加首台进口6200千瓦燃气轮机列车电站31站筹建，1961年5月随电站参加大庆石油会战。1965年11月参加首台国产6000千瓦燃机51站筹建，1968年8月在山东济南发电。1972年5月调入32站，赴广州为保障出口商品交易会正常用电发电，1976年6月到宜昌为葛洲坝工程建设发电。曾任32站工会主席、党支部委员。1985年10月调入葛洲坝水力发电厂工作。

Liu Jinfeng

刘金凤（1937.3— ）女，河南尉氏人。1958年9月进入列电系统，先后在第16、26列车电站从事化验工作，在49、40、29站从事物资供应工作。随电站调迁河南兰考，内蒙古赤峰，甘肃酒泉，河南遂平、信阳等地发电。1982年12月调入武汉基地，在综合服务公司招待所从事客房服务工作。

Liu Zhiying

刘治英（1936.12— ）女，安徽和县人，会计师。1958年9月进入保定基地。1961年10月调入第15列车电站，从事管理工作，1975年4月调入56站，从事财务工作，1979年8月接新机62站。随电站调迁湖南资兴，广东茂名，陕西略阳，福建厦门，江苏徐州、无锡等地发电。1982年10月随电站成建制下放无锡市。

Liu Zhenling

刘振伶（1940.9— ）河北望都人，保定电力学校发电厂电力网及系统专业毕业，高级工程师，中共党员。1958年9月进入列电系统，1961年11月分配至第44列车电站，从事电气专业，曾任代技术员。1970年8月，参加了列电局委托北京电力建设公司对55站安装和超出力改造项目。1971年1月调入55站，曾任电气工段长。1976年1月调入列电局中心试验所。1978年1月调入保定基地，在电气试验室从事电气试验，任副组长。1986年3月调中国石化总公司河南石油勘探局，任水电厂供电大队技术负责人、主任工程师。曾在国内科技刊物发表技术文章20余篇，职务发明型专利2项，实用新型专利7项。获石油部部级科技三等奖一次，河南石油勘探局局级科技进步一、二、三等奖多次。

Tang Songguang

汤颂光（1938.5— ）浙江绍兴人，工程师。1958年9月进入第3列车电站，1958年10月入列电局动力学院学习，1959年5月进入列电局中心试验所，从事电气高压专业。1971年4月中试所并入保定基地，任检验科试验室检验员。熟悉列电高、低压电气设备的调整试验技术，完成多台列车电站大修，安装交接的电气试验，与他人合著的《中小型发电厂和变电所电气设备的测试》，1982 年由水利电力出版社出版。1981 年 3 月调入华东基地，任试验室电气试验员。1995 年 6 月退休。

Sun Peixian

孙培贤（1930.1—1998） 山东荣成人，初中文化。1956 年 7 月在北京电业管理局中心试验所电气测量室任电气仪表试验员。1958 年 9 月进入列电系统，在列电局技术改进所仪表组任仪表修理试验员。1964 年 2 月调入局机关，在生产技术科管理图书资料。1970 年 9 月调至第 34 列车电站，任电气值班员。1977 年 9 月工伤，1980 年 2 月调回局机关生技处。1983 年 4 月调入水电部机械制造局。

Li Zhengrong

李正蓉（1939.11— ） 女，四川成都人。1958 年 9 月进入列电系统，先后在第 9、7 列车电站任会计。随电站调迁四川金堂、德阳、江油、广元，广东茂名、湛江，山西宁武，山东莱芜，福建漳平等地发电。1981 年 10 月调入武汉基地，先后在材料科、总务科工作。1993 年 12 月退休。

Li Ziming

李自明（1932.9— ） 重庆人，解放军第 11 军卫生学校全科毕业，医师，中共党员。1950 年 12 月参军，川东军区直属医院护士。1951 年获二等功。1954 年 9 月转业到燃料部电业管理总局干校，护士。1958 年 9 月调入列电局机关，在保健站工作。1961 年 1 月调入保定电力学校，任医师，1971 年随保定电力学校并入保定基地，1972 年复校回校，曾任卫生所所长。

Li Zhixiu

李志修（1941.1— ） 湖南嘉禾人，初中文化。1958 年 9 月进入第 16 列车电站，从事锅炉运行检修。1963 年 10 月至 1964 年 3 月在武汉基地学习焊接技术。随电站调迁湖南郴州、邵阳，内蒙古乌达，广西桂林等地发电。1966 年 5 月调入西北基地，在锅炉工段焊工班从事安装检修。1983 年后在车辆车间工作。1995 年 1 月退休。

Yang Jiulin

杨九林（1936.10—1996.6） 河北秦皇岛人，沈阳电力技工学校汽机专业毕业。1958 年 9 月分配到第 12 列车电站，从事汽机运行与检修。随电站调迁黑龙江哈尔滨，安徽合肥、濉溪，甘肃酒泉，内蒙古赤峰、扎赉诺尔等地发电。曾获列电局社会主义建设积极分子称号。1972 年 12 月调入秦皇岛市海洋渔业公司。

Wu Rongfu

吴荣福（1940.4— ） 浙江衢县人。1958 年 9 月进入第 3 列车电站，同年 10 月调 11 站，从事汽机运行与检修。1960 年接新机 38 站，曾任汽机工段长。1976 年唐山大地震后，赴 52 站抗震救灾。随电站调迁浙江新安江，四川南平，福建三明，湖北官桥，山西运城，甘肃金川，广东韶关，江西九江，河北迁安，江苏昆山等地。1983 年随电站下放，在江苏昆山列车电厂工作，1987 年后任二车间、燃料车间主任。1997 年退休。

Tong Youmin

佟又敏（1944.9— ） 河北满城人。1958 年 9 月进入列电系统，先后在保定基地、列电局农场、西北基地从事电气维修。后调第 10 列车电站从事电气运行与检修，随电站在山西大同发电。1979 年 10 月调入武汉基地，先后在一车间、电站检修队、服务公司从事电气检修。1998 年 8 月退休。

Zhang Xiuying

张秀英（1941.4— ） 女，山东馆陶人，初中文化。1958 年 9 月进入保定基地。1961 年 11 月起，先后在第 41、53 列车电站，从事化学专业。随电站调迁黑龙江勃利、河南平顶山、浙江宁波等地发电。1973 年 11 月调回保定基地，在质管科从事金属化学试验。

Zhang Zhenjia

张振家（1939.8— ） 河北完县人，初中文化，中共党员。1958 年 9 月进入列电系统，同年 10 月入列车电业局动力学院学习，后进入保定基地，在供应科从事材料供应工作。1985 年 10 月任供应科副科长。

Chen Yunshu

陈云书（1939.10— ） 女，吉林扶余人。1958 年 10 月进入第 12 列车电站，从事热工专业，后任热工组长。曾为二机部十四局（404 厂）服务。1970 年调入西北基地，从事管理工作。1976 年调入 56 站。随电站调迁黑龙江哈尔滨，安徽合肥、濉溪，甘肃酒泉，内蒙古平庄等地，先后在江苏徐州、镇江等地发电。

Chen Qingxiang

陈庆祥（1938.11— ） 河北定县人，定县农机学校肄业。1958 年 9 月进入列电系统。1961 年 8 月调入第 1 列车电站，从事物资管理。随电站调迁甘肃酒泉、陇西，四川冕宁，北京房山等地发电，曾为二机部十四局（404 厂）服务。1980 年 1 月调入北京煤矿机械厂，在供销科任钢材计划员。

Fan Yiansong

范炎松（1938.10—2001.2） 安徽太和人。1958 年 9 月进入第 11 列车电站。1961 年 7 月调入 39 站，1975 年调入 19 站，均从事锅炉运行与检修。随电站调迁福建南平、三明，山东官桥，内蒙古平庄，湖南衡阳等地发电。1985 年调入地方电厂，从事运行检修。1995 年退休。

Lin Zhuolu

林灼禄（1937— ） 江苏南京人，南京工学院动力系发电厂配电网及电力系统专业毕业，高级工程师。1958 年 9 月分配至第 13 列车电站实习，同年接新机 29 站，任电气技术员。在 29 站期间，被列电局委派常驻上海，任国产 3 套 6000 千瓦机组设备交接临时工作组负责人。1961 年调入 44 站，后任生技组长。在 44 站期间主持 2 号出线高压开关改为厂用变压器开关和电站防雷保护的完善工作。随电站调迁河南新乡，湖北黄石，广东茂名，山西晋城等地发电。1972 年后在安徽广德烽火机械厂、南京有线电厂工作。

Zhou Jinghui

周景辉（1939.1— ） 河北定兴人，中教一级。1958 年 9 月进入保定基地，同年 10 月入列电局动力学院预科班，后转保定电校学习。1961 年 10 月保定电校发电厂电力网及其系统专业毕业，同年 11 月分配至第 37 列车电站，从事电气运行与检修。随电站调迁河南新乡、河北沧州等地发电。1984 年 12 月调河北石家庄电力学校，从事实习教学工作。

Zhao Wangchu

赵旺初（1920.4—2015.9） 湖南长沙人，浙江大学工学院电机系毕业，教授级高级工程师。1945 年 10 月在四川宜宾机械厂设计科实习。1946 年 4 月在湖北武昌电厂任工务员。1949 年 3 月在湖北大冶电厂工作。1950 年 9 月起相继在燃料部技术监察处、电业总局安监处、电力部技术监察司任技术员、工程师。1958 年 9 月进入列电局，在新机办公室任设计科科长。1970 年 9 月调入武汉基地，1976 年 7 月调入保定基地，均从事技术管理工作。1980 年 12 月调入局机关，在劳资处任高级工程师。1983 年 5 月调入电力科学研究院，1985 年 6 月调入电力科技情报研究所。1987 年 3 月退休。

Hong Miao

洪淼（1936.10— ） 浙江建德人，高中文化，经济师。1958 年 9 月进入第 3 列车电站，同年 10 月调入 11 站，材料员。1960 年接新机 38 站，曾参与晋南电业局和金川有色金属公司两单位的租赁洽谈。1973 年参与编写列电局材料员培训教材。随电站调迁福建南平、三明，山东官桥，山西运城，甘肃金川，广东韶关，江西九江，河北迁安，江苏昆山等地。1983 年随电站下放，在江苏昆山列车电厂工作。1987 年 1 月调入杭州电力经济管理学校，历任材料员、科长、后勤工会主席。1992 年 5 月退休。

Yuan Lian

袁廉（1942.2— ） 河北满城人，初中文化。1958 年 9 月进入第 14 列车电站，从事汽机运行与检修。随电站调迁四川荣昌、内蒙古平庄、黑龙江牡丹江、宁夏青铜峡、甘肃酒泉、四川甘洛、陕西阳平关、江苏徐州、北京门头沟等地发电。1981年10月调入保定基地，在金工车间工作。1992年5月退休。

Xia Youfang

夏友芳（1940.8— ） 女，上海人。1958年9月进入第3列车电站，同年调11站，从事电气运行与检修工作。随电站调迁浙江新安江，福建南平、三明，山东官桥等地发电。1969年6月调入四川成都电焊机厂，配电室值班电工。

Qian Wenjuan

钱文娟（1939.6—2016.11） 女，浙江宁波人，初中文化。1958年9月进入第3列车电站，同年调入11站。1960年接新机38站，1975年调入53站，均从事汽机运行与检修。随电站调迁浙江新安江、宁波，福建南平、三明，山东官桥，山西运城，甘肃金川，广东韶关，江西九江，河北迁安，江苏镇江等地发电。1983年调入华东基地。

Gao Shixiong

高世雄（1909.12—2001.9） 北京人，高中文化。1941年2月参加工作，私营公司职员。1949年10月后进入电力部门，在电业管理总局财务科任会计，后调入电力部劳动工资司等单位工作。1958年9月调入保定电力技工学校，食堂会计。1974年12月退休。

Ji Wencheng

继文成（1937.7— ） 北京人，北京电力学校热能动力装置专业毕业，工程师。1958年8月毕业，分配到煤炭部列车发电管理处。1958年9月至1962年5月在煤炭部第1、3列车电站，任热工和锅炉技术员。划归列电局后，在48站任锅炉技术员和工段长，完成除尘器改造项目，首次将水膜除尘器成功应用于列车电站，电站获列电局技术革新奖。1976年2月调入列电局中试所，任热机组组长。1978年主持参加36站加装空气二次风技改项目，获列电局技术革新奖。1979年《空气二次风在列车电站的应用》一文在电力科技期刊发表。列电体制改革后，在河北职工大学任岗位职务培训办公室主任。

Huang Kaisheng

黄开生（1940.9— ） 浙江建德人。1958年9月进入第3列车电站，同年10月调入11站，从事锅炉运行与检修。1960年10月接新机38站，1963年参加列电局举办的车辆养护员培训班。1976年唐山大地震后，赴52站参加抗震救灾。曾任团支部书记、锅炉工段长。随电站调迁浙江新安江，福建南平、三明，湖北官桥，山西运城，甘肃金川，广东韶关，江西九江，河北迁安，江苏昆山等地发电。1983年随电站下放，在昆山列车电厂任发电车间副主任、厂安装队负责人。1994年调入昆山锦港集团，任热电厂车间副主任、厂安全员。

Cui Zhengren

崔正仁（1940.12— ） 河南驻马店人。1958 年 9 月进入第 28 列车电站。1976 年调入 52 站，1985 年调入 56 站，均从事会计工作。随电站调迁河南鹤壁、开封，河北邢台、唐山，云南昆明，山东济宁、潍坊、枣庄，江苏吴县、镇江等地发电。1990 年 6 月调入华东基地，在后勤部门从事会计工作。1997 年 12 月退休。

Kang Jiashan

康家山（1938.10— ） 湖北汉川人，技师。1958 年 1 月在武汉汉阳钢铁厂参加工作，从事拖拉机驾驶。同年 9 月进入武汉基地，电工。1961 年 8 月入伍。1968 年 6 月复员回到武汉基地。先后在制造车间、设备动力车间、四车间从事电气检修，曾任班长。1982 年出席武汉供电局先进个人代表大会。1998 年 5 月退休。

Kang Ruichen

康瑞辰（1939.9— ） 河北满城人，保定电力学校发电厂电力网及系统专业毕业，工程师。1958 年 9 月进入保定基地，同年 10 月入列电局动力学院预科班，后转保定电校学习。1961 年 10 月毕业进入第 28 列车电站，从事电气运行及维修。1974 年调入保定基地，在质管科从事继电保护、电气自动装置整定校验工作。

Peng Yuxin

彭玉鑫（1943.1—2008.8） 湖北沙市人。1958 年 9 月进入列电系统，先后在第 6、26、47、10 列车电站，从事汽机运行与检修。随电站调迁广东茂名、内蒙古赤峰、贵州六枝、广西玉林、黑龙江海林、山西大同、湖北安陆等地。1983 年 12 月随电站成建制调入武汉基地，先后在物资科、电站检修队、储运站工作。1998 年 5 月退休。

Jiang Zengji

蒋增基（1934.2— ） 上海人，南京工学院发电厂动力网及动力系统专业毕业，高级工程师。1958 年 9 月进入列电系统，先后在列电局新机办设计科，保定基地设计科、车辆车间、生产技术科从事技术工作。曾参加基地系列汽轮发电机机组和水轮发电机组制造的技术设计。历任技术员、工程师。1982 年调入保定市轻工业局，后任副局长。

Han Youhua

韩幼花（1937.12— ） 女，浙江绍兴人，初中文化。1958 年 9 月进入列电系统，先后在第 3、11、24 列车电站，从事电气运行和劳资、财务等管理工作。随电站调迁浙江新安江，福建南平、三明，宁夏青铜峡等地发电。1966 年调入西北基地，先后在财务科、劳资科、总务科、供应科工作。1978 年在华东基地参加列电局物资供应先进个人大会。

Han Hongzhi

韩洪志（1932.8— ） 河北望都人。1958

年9月进入保定基地，从事锅炉制造与检修工作。1963年调入第41列车电站，1969年调入53站，均从事锅炉运行及检修。随电站调迁黑龙江勃利、河南平顶山、浙江宁波、江苏镇江等地发电。1979年调入保定基地，在锅炉车间工作，1986年12月退休。

Shu Lizhen

舒立珍（1941.7— ）女，北京人。1958年9月进入第20列车电站，从事汽机运行与检修。1967年调入19站，1973年调入37站。随电站调迁青海西宁，四川汉旺、广元，山西临汾，福建福州，河北沧州等地发电。列电体制改革后，调河北石家庄电力技工学校工作。

Cai Junwei

蔡郡尉（1940.9— ）江西上饶人，中共党员。1958年9月进入第23列车电站，从事财务工作。1961年12月到上海汽轮机厂接新机32站，曾参加大庆石油会战，后转燃气轮机运行与检修。1968年12月随电站到山东济南发电，1972年5月赴广州为中国出口商品交易会发供电。1976年6月调入武汉基地，安装钳工。1985年1月起，先后任一车间副主任、主任，经营计划科副科长，服务公司经理。1992年12月调入中国水利水电物资公司武汉分公司，任开发部经理。1998年9月退休。

Qi Huiling

漆惠玲（1940.4— ）女，四川成都人。1958年9月进入第14列车电站，从事电气运行与检修。同年11月调入保定基地。1961年7月调入船舶2站，1971年7月调入2站，1973年6月调入56站，1979年10月调入62站。随电站调迁福建福州，四川五通桥，江西九江，湖南株洲，江苏徐州、无锡等地发电。1982年10月随电站成建制下放无锡市。

Men Dianqing

门殿卿（1904—1972.2）山东宁津人，初中文化，中共党员。1943年1月起，先后在安徽淮南发电厂田家庵发电所、八公山发电厂、枣庄电厂、徐州电业局工作。1958年10月调入列电局汽机制造厂，任副厂长。后任电机制造厂铸造车间主任。1963年4月起，历任保定基地供应科副科长、金工车间党支部书记。

Ma Qiuzhi

马秋芝（1936.7— ）女，河北获鹿人。1958年10月进入保定基地，在金工车间从事安装检修。1966年3月调入西北基地，参与了基地的基本建设，在金工车间从事钳工。1971年4月调入52站，从事汽机运行与检修。随电站调迁河北邢台、唐山、保定，内蒙古扎赉诺尔等地。在唐山大地震中受重伤、后痊愈。1979年11月调入55站，1982年12月随电站转入西北基地，在车辆车间工作。1986 年 9 月退休。

Wang Yin

王引（1939.12— ）女，河北辛集人，中共党员。1956 年 6 月参加工作，先后在石家庄风山电厂、石家庄电厂检修队工作。1957 年 9 月入太原技校保定分校电气专业学习，1958 年 10 月由技校分配至保定基地，从事电气工作。1981 年 9 月调入华东基地，先后从事电气专业和车间管理员工作。1993 年 4 月退休。

Wang Qiuwen

王秋雯（1938.10— ）女，浙江建德人。1958 年 10 月进入第 7 列车电站。1961 年 10 月调入 21 站，1966 年 10 月接新机 52 站，1970 年 12 月调入 7 站，均从事化验工作。随电站调迁浙江新安江、杭州、宁波，广东茂名，黑龙江克山，湖北襄樊，河北邢台，福建漳平等地发电。1979 年 2 月调入华东基地工作。

Fang Youyuan

方有元（1939.08—2017.11）浙江淳安人。1958 年 10 月进入“三七站”，从事电气运行与维修。1965 年 11 月分站时调入 7 站。随电站调迁浙江新安江、宁波，福建漳平等地发电。1978 年 11 月调入武汉基地，先后在机修车间、一车间、结构车间从事电气维修，后任车间安全员、设备管理员。1996 年 6 月退休。

Fang Runwu

方润屋（1939.12— ）浙江淳安人，助理工程师。1958 年 10 月入列电局动力学院热机专业学习，1959 年 5 月进入列电局中心试验所，1961 年 12 月调入保定基地。1965 年 12 月调入西北基地，在检验科从事无损检测工作。1979 年 12 月调入华东基地，任试验室无损检测员。1996 年 5 月退休。

Ye Meilan

叶美兰（1936.6— ）女，广东河源人。1958 年 10 月进入第 4 列车电站，从事汽机运行与检修。随电站调迁广东河源、坪石、火烧坪，河南新乡、信阳等地发电。1975 年 1 月调入武汉基地，在三车间工作。1983 年 9 月退休。

Ye Guilan

叶桂兰（1939.6— ）女，江苏泰兴人。1958 年 10 月进入列电系统，先后在第 22、35 列车电站，从事汽机运行与检修、化验工作。随电站调迁广西柳州，新疆哈密等地发电。1964 年 7 月调入保定基地，在车辆车间工作。同年 12 月调武汉基地，先后在一队、检修车间、五车间从事汽机检修、汽机安装工作。1983 年 7 月退休。

Ye Ruiqi

叶瑞琪（1942.9— ）江苏苏州人，列电局动力学院肄业。1958 年 10 月分配至第22列车电站。1960年4月调入35站，1964年8月调入40站，1969年12月调入船舶2站，均从事锅炉运行与检修。随电站调迁广西柳州，新疆哈密，山西晋城，四川五通桥，江西九江，湖南衡阳等地发电。1977年9月调入华东基地，从事锅炉检修。

Lü Zankui

吕赞魁（1938.8— ）山东莱州人。1958年10月进入第10列车电站，从事电气运行与检修。1959年10月调入12站，1965年10月调入40站，后任电气工段长。随电站调迁黑龙江哈尔滨、牡丹江，安徽合肥、濉溪，甘肃酒泉，山西晋城，河南遂平等地发电，曾为二机部十四局（404厂）服务。1977年调入拖车电站，任电气班长。1979年2月随柴油发电机组赴云南为战地医院服务，获自卫反击战奖章。1983年5月调入电力科学研究院工作。

Zhu Shizhen

朱士珍（1917.9—？）河北怀柔人。1950年6月参加工作，曾在北京第五建筑公司从事瓦工。1958年10月进入保定基地。1959年11月调入列电局武汉装配厂，先后在基建办公室、行政科工作。

Liu Fengduo

刘凤朵（1940.10— ）河北高阳人，初中文化。1958年10月进入局机关，为电话总机室话务员、局办公室文秘。1963年1月调入武汉基地，任团支部书记、团总支委员。1972年3月调回局机关，在办公室从事文秘工作。1983年4月调入水利电力出版社。

Liu Xiujin

刘秀金（1938.7— ）山东宁津人，初中文化，助理工程师，中共党员。1956年8月在石家庄电管局技工训练班学习，1958年10月入列电局动力学院热机预科班学习。同年12月到保定基地，1963年调入第41列车电站，从事汽机运行与检修。随电站调迁黑龙江勃利，河南平顶山，山东东营、昌邑，湖北荆门等地发电。1983年8月调12站，1988年8月随电站调入石家庄鹿泉电厂，任汽机车间主任。

Liu Chunfu

刘纯福（1941.7— ）北京人。1958年10月进入第3列车电站，同月调入11站，从事化验工作。1978年2月调入28站，材料员。1982年2月调入60站。随电站调迁浙江新安江、海宁，福建南平、三明，山东官桥、枣庄等地发电。1985年10月调入华东基地，供应科材料员。1997年9月退休。

Liu Baoci

刘宝慈（1942.4—2011.10）北京人。1958年10月进入保定基地，从事锅炉检修。1959年3月调列电局武汉装配厂，先后在检修车间、一车间、附属综合厂、总务科工作。1996 年 6 月退休。

Liu Zhangkun

刘章堃（1935.4— ） 湖北武汉人，武汉华中工学院热力发电厂专业本科毕业，高级工程师。1958 年 10 月分配至武汉基地，任技术员工程师。1984 年 2 月起，任设备科副科长兼四车间副主任，设备动力科科长、主任工程师。主持过 1000 千瓦燃气轮机静叶片持环精密铸造、精铸真空电炉、中频感应电炉及辅助设备的制造、安装、调试工作。

Liu Shuying

刘淑英（1940.6— ） 女，河北满城人，初中文化。1958 年 10 月参加工作，局机关电话总机室话务员。1961 年 9 月调入保定基地，在职工子弟幼儿园从事幼儿教育，曾任幼儿园园长。1988 年退休。

Xu Guanzhong

许贯中（1938.11— ） 河北徐水人，初中文化。1958 年 10 月入列电局动力学院学习，1959 年 5 月进入第 9 列车电站，从事锅炉运行与检修。1978 年任化验负责人。1983 年调入 59 站。随电站调迁四川成都、金堂、德阳、江油、广元，广东茂名、湛江，山西宁武，山东莱芜、烟台，内蒙古扎赉诺尔，黑龙江嫩江、佳木斯，河北涿州等地发电。1989 年 9 月随电站下放涿州。

Li Guogang

李国刚（1922.10—1990.5） 河北满城人。1957 年 10 月在保定市参加工作，从事餐饮职业。1958 年 10 月调入保定基地，先后在行政科后勤食堂、基地幼儿园当炊事员。

Li Jinshu

李金树（1928.5—2006.5） 女，湖南长沙人。1956 年 9 月在河南洛阳涧西区国营食堂参加工作，营业员。1958 年 10 月进入第 4 列车电站，从事汽机运行与检修，随电站在广东河源发电。1959 年 5 月调入武汉基地，先后在检修车间、一车间从事汽机检修。1975 年 8 月退休。

Li Bo

李波（1939.1— ） 河北蠡县人，初中文化，经济师，中共党员。1958 年 10 月参加工作，列电局新机办公室供应科保管员。1962 年 12 月调入保定基地，在人保科任办事员。1962 年 10 月调入第 8 列车电站，从事锅炉运行与检修。1963 年 12 月调入 30 站任人事员。1966 年 10 月调入 52 站，司炉，后任管理组组长、副指导员。1975 年 12 月调回保定基地，任政治处组织组组长、组织科科长、劳资科科长。1994 年 1 月退休。

Yang Wenxiang

杨文翔（1941.6— ） 浙江绍兴人，初中文化。1958 年 10 月进入第 11 列车电站，从事锅炉运行与检修，同年12月转电气运行与检修。1959年3月接新机24站，1960年6月改热工专业。1962年8月调入16站，任热工室负责人。1979年9月调入54站，1981年调入42站。随电站调迁福建南平，宁夏青铜峡，内蒙古乌达、丰镇，广西桂林、宜山，江苏无锡、苏州等地发电。1983年3月，调入江苏苏州化工农药集团热电车间。

Yang Yunshan

杨运珊（1935.4—2018.12） 回族，河南内乡人，华中工学院毕业，高级工程师，中共党员。1958年10月分配到保定基地，先后任技术员、工程师。列电体制改革后，任电管处副主任、厂长、厂党委委员，1986年7月调往河南南阳市，任市经委副主任。

Yang Xichen

杨锡臣（1931.7— ） 安徽阜阳人，初中文化。1956年4月在淮南电厂参加工作，从事电气运行与检修。1958年10月进入列电系统，接新机第14列车电站。1961年调入船舶2站。随电站调迁成都、荣昌、福州、乐山、九江等地发电。1971年调入西北基地，先后在电气车间、动力科、车辆车间工作。

He Qifeng

何其枫（1941.7— ） 江苏泰兴人，中共党员。1958年10月进入第22列车电站，从事管理工作。1959年6月至1960年4月，参加了列电局第一届管理干部培训班。1960年4月接新机35站，1962年2月调入28站，从事锅炉运行与检修。随电站调迁广西柳州，新疆哈密，河南鹤壁、开封，河北邢台，云南昆明，山东济宁、潍坊、枣庄等地发电。1977年5月调入华东基地，从事锅炉检修。1990年3月起，任56站副厂长、工贸公司副经理。1997年11月退休。

He Weiqin

何味琴（1908—1998.12） 女，河北石家庄人，天津女子师范学院毕业。1939年2月进入冀西专署，在民教科任科员。1942年6月受中共冀中党组织委派，在南营村、冀中敌工部联络站、正定联中等开展革命工作，1946年4月加入中国共产党。1950年1月后调入石家庄女中、水利部教育司工作。1958年10月调入列电局动力学院，从事图书管理。1961年3月调入保定基地，筹建列电局职工子弟小学，任校长。离休后享受县（处）级待遇。

Wang Chuanzhang

汪传章（1936.12—） 上海市人，天津大学继电保护及系统专业毕业，高级工程师。1958年10月进入列电系统，先后在列电局新机办设计科、技术改进所高压组任技术员。曾在保定基地铸造车间大炉组劳动在设计科、质管科电气实验室任工程师、高级工程师。在技改所工作期间，主持了捷制机组“PTP–H”型复合过流差动保护的技术改进、变压器瓦斯继电器校验室的建立及瓦斯继电器的整定校验工作。

Song Fengqin

宋奉勤（1915.1—2018.2） 女，辽宁开原人，哈尔滨外语专科学校俄语专业毕业，讲师。1951 年 10 月参加工作、职员。1958 年 10 月调入列电局动力学院任教师，1959 年 5 月在保定电力学校任教师，主要从事俄语、英语等课程的教学，1964 年 8 月后从事图书管理。1971 年 5 月学校并入保定基地在车间劳动，1972 年 12 月复校后回校任图书管理员，1986 年 6 月退休。

Song Baosen

宋宝森（1933.2— ） 河北通州人。1956 年 3 月在燃料部参加工作，电工。1958 年 10 月调入保定基地，先后在维修组、计划调度室、行政科维修组，从事电气维修。

Zhang Bingzhi

张秉智（1941.3— ） 天津市人，高中文化。1958 年 10 月进入第 7 列车电站，从事电气运行与检修。1960 年调入 21 站，曾任运行值班长。随电站调迁浙江新安江，广东茂名，黑龙江克山、牡丹江，内蒙古集宁，江苏徐州等地发电。1967 年 10 月随电站返保定基地大修。1986 年调入在河北涿州的 59 站工作。

Lu Huanru

陆焕儒（1939.10— ） 上海人，初中文化。1958 年 10 月进入第 7 列车电站。1959 年接新机 21 站，1979 年接新机 62 站，均从事锅炉运行与检修。随电站调迁浙江新安江，黑龙江克山，广东茂名，内蒙古集宁，江苏徐州、无锡等地，曾为新安江水电站、茂名石油开发会战供电。1982 年 10 月，随电站成建制下放无锡市。1988 年调入上海禽蛋五厂。

Chen Yingqin

陈颖琴（1942.11— ） 女，河北香河人，辽宁省刊授大学古典文学专业大专毕业。1958 年 10 月进入列电局，办公室文秘职员。1961 年 5 月调入保定电力学校，办公室科员。1971 年 5 月调入保定基地，在子弟学校任教，1972 年 12 月保定电力技工学校复校后，回校在保卫科工作。

Lang Desheng

郎德生（1939.8— ） 浙江兰溪人，列电局动力学院热机专业肄业。1958 年 10 月进入第 7 列车电站，从事锅炉运行与检修。1960 年 2 月调入 33 站。随电站调迁浙江新安江，贵州贵阳、都匀、六枝、水城，湖南衡阳，山西运城等地，曾为新安江水电站工程、贵昆铁路建设供电。1978 年 6 月调入华东基地，从事电气和热工专业。1997 年 10 月退休。

Fang Deyong

房德勇（1938.7—2007.9） 河北定兴人，高中文化，会计师。1958年10月参加工作，列车电业局财务科练习生。1961年3月任第45列车电站会计，随电站调迁黑龙江勃利、伊春，贵州六枝、水城，吉林长春，湖南株洲，湖北宜昌等地发电。1975年调入39站，任会计。1978年11月调至保定电力（技工）学校，在财务组任主管会计，1987年2月任财务科副科长（主持工作）。在学校财务科工作期间，致力于财务工作电算化的研究和应用，成效显著。1996年8月退休。

Hu Changlin

胡昌林（1932.1—1997.10） 江西南丰人，华中工学院热能动力装置专业毕业，高级工程师，中共党员。1955年8月毕业分配到微水发电厂，任汽机车间技术员、副主任等。1958年10月调入保定电力技工学校，曾任教学科副科长。1959年获河北省先进工作者称号。1977年在《列电技术报导》发表论文《汽轮机滑参数启动中的一些原则性问题的分析》，曾为列电局在密云举办的厂长培训班授课。1978年调入中心试验所设计室，任主任。1978年发表《运用热效率系数法评价和分析列车电站运行经济性》一文。1983年后调入河北省电力试验研究所，任所长、总工程师兼河北省电力局计量办公室主任。

Qian Zhichang

钱志昌（1940.2— ） 浙江淳安人。1958年10月进入第3列车电站，从事锅炉运行与检修工作，后任锅炉工段长。随电站调迁浙江新安江、宁波，湖北丹江口，陕西韩城等地，曾为新安江、丹江口水电站建设供电。后调地方从事供热锅炉运行与检修。1987年调江苏昆山列车电厂。1997年退休。

Xu Xianlin

徐先林（1942.10— ） 浙江建德人，在职大专学历，中共党员。1958年10月进入第11列车电站，从事电气运行与检修。1959年10月调保定参加筹建32站。1960年5月派往31站学习，同年9月接新机37站到内蒙古乌达发电。1962年5月调回32站，参加大庆石油会战。1965年11月参加筹建首台国产6000千瓦燃气轮机电站51站，1971年5月接新机56站，1973年5月参加筹建新3站，承接从英国引进的23000千瓦燃气轮发电机组在南京发电，曾任电气工段长。1982年9月随新3站下放，为南京市自备电厂，任副厂长。

Gao Yanqin

高彦琴（1939.12— ） 女，河北保定人，列电局动力学院肄业。1958年10月进入列电系统，在列电局新机办设计科任描图员。1959年5月在保定基地任设计科资料管理员。1962年10月转木工，1963年5月转油漆工。1977年3月调入华东基地，车间工具房管理员。

Xi Tingyu

席廷玉（1938.1— ） 河北定县人，曾用名席怀印，中共党员。1956年3月在石家庄电业局参加工作，1957年9月到保定电力技术工人学校带职学习。1958年10月进入保定基地。1965年7月任金工车间党支部副书记。1966年调第28列车电站任副指导员。1971年10月调入西北基地，先后任金工车间副主任、"七二一"大学负责人、工会干部。1978年4月调回保定基地政治处工作，1979年2月任金工车间副主任。列电体制改革后，历任铸造车间副主任、党支部书记，子弟学校党支部书记。

Tang Xingli

唐行礼（1941.10— ） 浙江衢州人。1958年10月进入第3列车电站，从事热工专业。1960年2月接新机33站，任热工组组长。1975年7月调入新19站，任热工负责人。1982年8月调入60站。随电站调迁浙江新安江、海宁，贵州贵阳、六枝、水城，湖南衡阳等地，曾为新安江水电站、贵昆铁路建设供电。1986年9月调入江苏昆山列车电厂，任热化班长。1997年5月退休。

Cao Rongjun

曹荣俊（1938.3—1993.6） 女，河北定县人。1958年10月进入第13列车电站，从事电气运行与检修，随电站调迁河南新乡、鹤壁，青海海晏等地，曾为国家重点工程原子弹发射基地供电。1965年调入保定基地，先后在制造车间、金工车间从事机床维修工作。

Qi Meizhen

戚美贞（1941.1— ） 女，上海人。1958年10月进入第3列车电站，从事汽机运行与检修。1959年4月接新机21站。随电站调迁河北保定、广东茂名、黑龙江克山、内蒙古集宁、江苏徐州等地，曾为新安江水电站工程、茂名石油开发会战供电。1978年4月调入华东基地，从事汽机检修。

Kang Guiying

康桂英（1939.8—2017.9） 女，河北满城人。1958年10月进入列电局机关，办公室电话员。1959年被派送学习汽车驾驶技术，先后在保定基地总务科、起重运输车间、汽车队工作，司机。后到行政科从事电工维修工作。1989年9月退休。

Jiang Jizhou

蒋继周（1941.12—2003.12） 山东烟台人，高中文化，中共党员。1958年10月进入第16列车电站，从事锅炉运行与检修，随电站调迁河南兰考、湖南邵阳、内蒙古乌达等地发电。1963年调沈阳电力修造厂。1969年调入西北基地，先后在锅炉车间、车辆车间从事焊接等工作。参与了红心汽动给水泵和1500千瓦自由活塞燃气轮发电机组的加工制造。

Qiu Dongping

裘东平（1942.4— ）浙江绍兴人，技师，中共党员。1958年10月进入第11列车电站，从事汽机运行与检修，1974年任汽机工段长。1978年先后调入53、56站。随电站调迁山东官桥，江苏徐州、镇江等地发电。1988年调华东基地，从事小火电机组安装。1998年4月退休。

Zang Erqian

臧尔谦（1934.1— ）河北安新人，天津大学发电专业毕业，高级工程师。1958年10月分配到第10列车电站，任电气技术员。1960年1月调入25站。1978年10月调入列电局中试所，在设计室及电气组工作。1978年12月负责完成3000千瓦燃气轮机快装电站发、配电设备布置等技术设计。1979年6月参与6000千瓦蒸汽燃气轮机快装电站方案电气部分初设。1980年12月参与完成12000千瓦蒸汽轮机列车电站配电车厢方案设计。1986年3月后在河北电力职工大学任电力教研室及电力系副主任。

Wei Guirong

魏桂荣（1940.8— ）女，河北高阳人。1958年10月进入保定基地，电话总机转接线员。1963年10月，先后在第25、41、7列车电站，从事化验专业。随电站调迁吉林蛟河、河南商丘、山西朔县、山东东营、福建漳平等地发电。1981年11月调入武汉基地。

Ding Langui

丁兰贵（1939.11— ）河北秦皇岛人，沈阳电力技术学校锅炉专业毕业。1958年11月分配至第22列车电站，从事锅炉运行与检修。1961年调入35站，1963年调入3站，后任锅炉工段长。1978年调入59站，1979年调入38站。随电站调迁广西柳州，新疆哈密，浙江宁波，湖北丹江口，陕西韩城，河南西平，黑龙江佳木斯，江苏昆山等地发电。1983年随电站下放江苏昆山，在列车电厂工作。1997年退休。

Wang Lichun

王立淳（1937.9— ）浙江绍兴人，高中文化。1958年11月进入第11列车电站。1960年9月接新机38站，均从事锅炉运行和检修。随电站调迁福建南平、三明，山东官桥，山西运城，甘肃金川，广东韶关，江西九江，河北迁安，江苏昆山等地发电。1983年调入浙江绍兴市政府第二招待所，从事锅炉运检工作。

Wang Binghua

王冰华（1929—2012）女，江苏南京人，曾用名王达仁，初中文化，统计师。1950年参军，文艺战士。1951年转业，先后在山西大同平旺电厂和北京电业管理局工作。1957年10月进入太原电力工人技术学校保定分校学习。1958年11月进入保定基地，相继在财务科、汽机车间、经营计划科等部门工作，1985年退休。

Shi Wenyu

史文玉（1940.11—2009.9） 江苏常州人，中专学历，助理政工师，中共党员。1958年11月进入第11列车电站，从事锅炉运行与检修。1960年9月由电站选派入保定电力学校，在热能动力装置专业学习。毕业后回到11站，先后在锅炉工段、电站军管办公室、食堂、电站办公室工作。随电站调迁福建南平、三明，山东官桥等地发电。1982年2月调入华东基地，历任宣传科、组织科、政工部干事。1997年10月退休。

Zhu Zhixiang

朱志香（1941.5— ） 浙江绍兴人，初中文化。1958年11月进入第11列车电站，从事电气运行与检修。1960年6月参加列电局热工仪表培训班。1960年10月调入筹建中的38站，1972年任电气工段长。随电站调迁福建南平、三明，山东官桥，山西运城，甘肃金川，广东韶关，江西九江，河北迁安等地发电。1977年7月调入浙江宁波市镇海炼油厂热电站，任电气班长，工段长。

Liu Yusheng

刘玉生（1941.10— ） 河北保定人，初中文化。1958年11月进入第46列车电站，从事电气运行与检修。1961年调入20站，1974年调入21站，1979年调入56站。随电站调迁宁夏青铜峡，四川绵阳，河北唐官屯、衡水，四川广元，甘肃甘谷，陕西韩城，江苏徐州等地发电。1982年12月调徐州市热电公司。

Li Shuqin

李蜀琴（1934.10— ） 四川高县人，中共党员。1951年7月参加工作，1957年10月进入太原电力工人技术学校保定分校学习，1958年11月分配到保定基地，从事制造与安装，参加了基地首台自制2500千瓦列车电站的制造与安装。1959年获保定市青年红旗手称号。1963年起，先后在制造车间保卫科工作。

Wu Guodong

吴国栋（1939.2—2016.9） 河南镇平人，大专文化，中共党员。1958年11月参加工作，先后在列电局机关、第20、46、48、18、57列车电站，任秘书、人事劳资员、管理组长等。随电站调迁山西临汾，青海西宁，广东茂名，湖南临湘、衡阳，黑龙江伊春，天津汉沽、河北迁安等地发电。1965年被黑龙江翠峦林业局评为模范干部。1974年3月后，历任57站副指导员、党支部书记、厂长等。1983年4月调入保定电力技工学校，同年12月任党委副书记。1986年9月调任保定电力建设工程处党委书记，1989年9月任保定电力学校纪委书记。

Yu Zhulin

余竺林（1939.11— ） 浙江淳安人，浙江建德师范学校毕业，政工师，中共党员。1958年11月进入第11列车电站，从事锅炉运行与检修。1960年1月参军，任电影放映员、排长。1971年转业回11站，在电站办公室工作。1972年12月任副指导员，1975年12月任26站指导员。1976年任11站副指导员，1979年末任党支部书记、厂长。随电站调迁福建南平、厦门三明，山东枣庄，湖南株洲等地发电。1983年2月任15站党支部书记、厂长。1983年5月调入厦门供电局，后任莲坊电厂书记、厂长。

Zhang Shutian

张书田（1936.1—1985.10） 河北保定人，初中文化。1958年11月进入保定基地，同年到第41列车电站从事锅炉运行及检修。随电站调迁黑龙江勃利，河南平顶山，山东东营、昌邑，湖北荆门等地发电。列电体制改革后，调回保定基地，从事后勤维修工作。

Zhang Xiuyue

张秀月（1938.10— ） 女，安徽淮南人，初中文化。1956年11月在田家庵电厂参加工作。1958年11月，接新机第14列车电站，从事锅炉运行与检修。随电站调迁四川成都、荣昌发电。后相继在保定基地、武汉基地从事电焊工作。1966年2月调入西北基地，1983年10月退休。

Zhang Xiurong

张秀荣（1943.10— ） 女，山东济南人，初中文化。1958年11月进入第20列车电站，从事电气运行与检修。1974年调入21站，1979年调入56站。随电站调迁山西临汾，青海西宁，四川绵阳、广元，河北唐官屯、衡水，甘肃甘谷，陕西韩城，江苏徐州等地发电。1982年12月调入徐州市热电公司。

Zhang Runhua

张润华（1941.4— ） 女，河北高阳人，初中文化。1958年11月进入列电局机关，先后从事人事管理、幼儿教育、财务管理工作，曾参加局第一届管理干部训练班。1959年9月调入第25列车电站。1968年10月调入31站，从事热工仪表维护。1975年2月调入列电局招待所。1976年8月在密云绿化队负责果园种植与管理。1978年12月调回局招待所。1983年4月调入水利部服务局。

Chen Guangcai

陈光才（1933.1—1997.8） 河北香河人。1953年1月参加工作，1957年10月进入太原电力工人技术学校保定分校学习。1958年11月分配到保定基地，先后在锅炉车间、电气车间、厂材料库工作，曾参加基地系列汽轮发电机机组和水轮发电机组的制造。1986年退休。

Chen Weixiang

陈维祥（1942.8— ） 黑龙江双城人，中共党员。1958年11月进入第10列车电站，从事汽机运行与检修，后任汽机工段长。1978 年 7 月调东北基地筹备处，1979 年接新机 60 站，1985 年 10 月调入 56 站。随电站调迁黑龙江哈尔滨、牡丹江，吉林蛟河，山东济宁，浙江海宁，江苏镇江等地发电。1990 年 10 月调入华东基地 1997 年 10 月退休。

Fan Yuxiang

范玉祥（1938.3—2016.8） 河北满城人，高中文化。1958 年 11 月进入保定基地，先后在安检科、质管科从事高压电气试验。曾负责第 60、61 列车电站安装出厂试验，参加过基地协助保定农机厂、482 厂等单位的电气预防性试验，邯郸地区小型水力发电站的安装、大修试验及合成绝缘子高压试验等。

Zhou Renxuan

周仁萱（1939.2— ） 江苏无锡人，初中文化，中共党员。1958 年 11 月进入第 22 列车电站，从事锅炉运行与检修。1960 年 3 月接新机 35 站，后任锅炉工段长。1979 年任 35 站副厂长。1982 年 1 月任 54 站副厂长。随电站调迁广西柳州，新疆哈密，青海海晏，贵州水城，湖北宜昌，江苏无锡等地，曾为二机部九局（221 厂）、葛洲坝水电枢纽工程供电。1984 年 12 月随电站成建制下放无锡新苑集团公司热电厂，1986 年任热电厂厂长，1996 年任无锡能达热电公司总经理。

Zhou Guipu

周贵朴（1939.5— ） 黑龙江双城人，初中文化，中共党员。1958 年 11 月进入列电系统，先后在第 18、45、61 列车电站工作，曾任 45 站工段长、副厂长。1979 年 8 月，任 61 站厂长兼党支部书记。1982 年 12 月调入保定基地，任电站管理处人事组长。列电体制改革后，历任动力车间、钢模板车间党支部书记，质管科科长兼支部书记，工会主席，党委副书记，纪委书记。1994 年 8 月退休。

Hao Shikai

郝世凯（1940.7— ） 河北定兴人，保定电力技工学校动力专业毕业，中共党员。1958 年 11 月分配至第 1 列车电站，材料员。1960 年接新机 39 站，1977 年接新机 59 站。随电站调迁河北保定、内蒙古平庄、湖南衡阳、河北束鹿、山东滕县、黑龙江佳木斯等地发电。1981 年调入北戴河水电部疗养院，从事基建管理，后负责疗养院三产工作。1996 年退休。

Xu Minggong

徐明功（1939.12—2019.5） 浙江淳安人，浙江建德师范学校毕业。1958 年 11 月进入第 11 列车电站，从事锅炉运行与检修。1960 年接新机 38 站，代理锅炉技术员。随电站调迁福建南平、三明，山东滕县，山西运城，甘肃金川，广东韶关等地发电。1970 年调入广东韶关铸锻厂，从事模具制作。1981 年调入安徽歙县化肥厂自备电厂。1995 年 12 月退休。

Han Youzhen

韩幼珍（1941.2— ） 女，浙江绍兴人，初中文化。1958 年 11 月进入第 11 列车电站，从事电气运行与检修。1960 年 9 月接新机 38 站，从事电气运行与检修。随电站调迁福建南平、三明，山东滕县，山西运城，甘肃金川，广东韶关，河北迁安等地发电。1977 年 7 月调浙江宁波市镇海炼油厂热电站，从事电气仪表校验，曾任电气班班长。

Niu Lulin

牛录林（1939.1— ） 河北定州人，技师。1958 年 12 月进入第 6 列车电站，从事锅炉运行与检修。1968 年 12 月调入 8 站，1976 年后调入 9、58 站。随电站调迁河南平顶山、广东茂名、河北衡水、内蒙古扎赉诺尔、山西晋城等地，曾为茂名石油开发会战供电。1992 年 5 月随电站下放山西晋城矿务局自备电厂。

Fang Meiyun

方梅云（1937.11— ） 女，浙江永康人，安徽屯溪师范学校毕业，经济师。1957 年 8 月分配到安徽宣城县某小学任教。1958 年 12 月调入保地基地，从事汽机制造厂材料管理，基地劳资管理。1979 年 11 月调入第 52 列车电站，从事劳资工作。

Zuo Peimei

左培美（1939.2— ） 女，山东泰安人，初中文化。1958 年 12 月进入保定基地，电气车间维修电工。1965 年 5 月调入西北基地，在电气工段从事安装与检修，参与了基地的基本建设。后调入动力科电气班，从事值班、检修、安装、生活区线路改造等工作。1986 年退休。

Lü Hongcai

吕鸿才（1934.10— ） 吉林长春人，吉林电力学院热能动力装置专业毕业，工程师。1958 年 12 月分配至船舶 1 站，汽机技术员。后调入第 49、8 列车电站，任生技组长。1961 年参与编写船舶电站汽机运行规程，1966 年修编。1970 年参与编写船舶电站选建厂规程及长江中上游江心发电安全措施。参与筹建 12000 千瓦燃机船舶电站。1982 年 5 月调入武汉基地。1985 年 1 月起，历任经营计划科、技术科副科长，华兴公司汉办主任，华兴电站设备公司经理。

Wu Huiying

伍惠英（1937.12— ） 女，广东河源人。1958 年 12 月进入第 4 列车电站，从事电气运行与检修，任副值班长。随电站调迁广东河源、河南新乡等地发电。1965 年 5 月调入西北基地。1975 年 3 月调入武汉基地，先后在设备动力车间、三车间、四车间工作。1983 年 8 月退休。

Liu Yirong

刘一荣（1940.1— ） 女，湖南衡阳人，初中文化。1958 年 12 月进入保定基地，在铸造车间砂型组从事铸型工作。曾参加系列汽轮发电机缸体铸造及电站备品备件的铸件管理。

Liu Dasheng

刘大生（1939— ） 河北保定人，初中文化。1958 年 12 月进入列电系统，先后在列电局锅炉厂、汽机厂、制造厂供应科，保定基地车辆车间冷作班、基建科等部门，从事材料供应及外协工作。1994 年退休。

Liu Jiguang

刘继光（1936.10— ） 河北安国人，高中文化。1958 年 12 月进入列电系统，在列电局锅炉制造厂从事行政管理。后在保定基地总务科、行政科任科员，从事材料、劳保、后勤等方面采购、管理工作，1986 年退休。

Liu Yaofei

刘瑶翡（1939.3— ） 女，浙江宁波人，初中文化。1958 年 12 月进入第 3 列车电站，从事化验工作，随电站在浙江为新安江水电工程发电。1960 年 4 月调入保定基地，在电气车间从事安装与检修。1967 年 6 月调入西北基地，1983 年调入动力科电气班。

Li Haiquan

李海泉（1938.7— ） 河北蠡县人，中共党员。1958 年 12 月进入列电局中试所，从事金属探伤试验。1962 年 1 月调武汉基地，在试验室从事金属探伤试验。后任人事科劳资员、武昌区保安街小学工宣队员、保卫科干事、劳动工资科劳资员。1982 年 12 月起，任劳动工资科副科长、组干科组织干事。1987 年 10 月退休。

He Changguo

何昌国（1938.5— ） 湖北武汉人。1958 年 12 月进入列电系统，先后在第 5 列车电站、船舶 1 站，从事锅炉运行与检修。随电站调迁湖南许家洞、湖北丹江口、浙江临海等地发电。1971 年 6 月调入武汉基地，先后在铸造车间、二车间从事热处理、设备维修，后任班长。1996 年 6 月退休。

Song Chongxian

宋崇贤（1940.9— ） 女，河南商丘人。1958 年 12 月进入第 16 列车电站。1961 年 4 月调入 46 站，1985 年 10 月调入 56 站，均从事汽机运行与检修。随电站调迁宁夏青铜峡、广东茂名、湖南临湘、福建福州、漳州、江苏镇江等地，曾为广东茂名石油开发会战供电。1990 年 8 月调入华东基地，从事钳工工作。

Zhang Chongquan

张崇权（1935.7— ） 北京人，中共党员。1951年11月在北京电业管理总局修建工程局参加工作。1955年5月调入燃料部，办公厅团委干事。1957年10月到太原电力工人技术学校保定分校学习。1958年12月进入保定基地，先后在金工车间、团委、铸造车间、生产科、厂办公室工作，曾任团总支书记、厂办主任等职务。1997年退休。

Zhang Daofang

张道芳（1939.9—2015.8） 吉林延吉人，吉林师范学校毕业，中共党员。1958年12月进入第17列车电站，从事锅炉运行与检修。1961年5月调34站，从事汽机运行与检修，参加了大庆石油开发会战，被大庆油田工委评为一级红旗手。1968年7月调入52站，任汽机工段长。1976年8月在唐山抗震救灾中荣立一等功。1978年任党支部书记。1982年4月调入华东基地，先后任电站管理处副主任、56站厂长、热电安装公司副经理。

Jin Renfu

金仁福（1939.10—2015.1） 上海人，高中文化。1958年12月进入第7列车电站，均从事汽机运行与检修。随电站调迁浙江新安江、杭州、宁波，福建漳平等地，曾为新安江水电站工程建设供电。1982年9月调入华东基地，从事钳工工作，后任车间管理员。1997年9月退休。

Hu Dexuan

胡德选（1937.7—2017.7） 安徽淮南人，中共党员。1956年10月在安徽淮南电厂参加工作。1958年12月进入保定基地，汽机车间工人。1962年1月调入第16列车电站，1974年12月任汽机副工段长。随电站调迁湖南邵阳，内蒙古乌达、丰镇，广西桂林、宜山等地发电。1981年12月调入华东基地，从事汽机检修。

Luo Guangjin

骆光金（1938.11— ） 浙江淳安人。1958年12月进入第11列车电站。1960年10月接新机38站，均从事汽机运行与检修。1972年参加列电局材料员培训班学习。1977年调入11站，材料员。1982年12月调入15站。随电站调迁福建三明、山东滕县、福建厦门等地发电。1983年5月调入厦门供电局，1984年4月借调厦门燃气电厂筹建处，后任厦门燃气电厂物资供应科副科长、科长。

Cheng Wenrong

程文荣（1929.4—2019.10） 女，河北行唐人，1947年3月参加革命，先后在晋察冀边区妇幼卫生学校、中央卫生部妇幼司工作。1950年3月到中央卫生部卫生学校学习，1951年3月起，先后在北京怀柔卫生院、燃料部西山疗养院工作。1958年12月调入列电系统，先后在第19、9列车电站，任代理秘书。1962年4月调第三工作组，任会计。1964年1月调入武汉基地，相继在卫生所、生产科任司药员、资料员。1975 年 5 月调入保定基地，在生产科任资料员。1983 年 7 月离休。

Wang Guihong

王桂红（1940.9— ） 女，江苏苏州人，初中文化。1959 年 1 月进入第 22 列车电站，从事汽机运行与检修。1971 年 9 月调入西北基地，1974 年调入 56 站，1981 年调入 42 站。随电站调迁广西柳州，广东海南，江苏徐州、苏州等地发电。1983 年 3 月调入苏州热电厂。

Wang Aiming

王爱明（1935.11—2009.3） 女，河南叶县人。1958 年 7 月在石家庄国棉一厂参加工作，挡车工。1959 年 1 月进入列电系统，先后在第 16、26、51 列车电站，从事化验专业。随电站调迁湖南资兴、湘潭，内蒙古赤峰、通辽，宁夏青铜峡，山东胶县、湖北宜昌等地发电。1984 年 3 月调入武汉基地。

Zhu Lianhui

朱连惠（1936.1— ） 女，江苏宝应人。1959 年 1 月进入第 8 列车电站，从事汽机运行与检修。1960 年 6 月调入 35 站，从事化验工作。1961 年 6 月调回 8 站。1978 年 1 月调入保定基地。随电站调迁宁夏青铜峡、甘肃嘉峪关、广东茂名、河北衡水等地发电，曾为青铜峡水电站工程、茂名石油开发会战服务。1981 年 8 月调入华东基地，从事汽机维修。

Zhu Caiqiu

朱彩求（1941.12— ） 湖南双峰人，曾用名朱彩球，初中文化。1959 年 1 月进入第 16 列车电站。1961 年接新机 36 站，1964 年调入 35 站，1974 年底调入新 5 站，1977 年调入 13 站，同年调入 46 站，1983 年 1 月调回 36 站，均从事锅炉运行与检修。随电站调迁湖北资兴、邵阳，黑龙江萨尔图，延边敦化，贵州水城，河北秦皇岛，河南商水、西平，福建漳州等地，曾为大庆油田石油开发会战、二机部九局（221 厂）供电。1985 年 2 月，随电站人员下放河南巩县电厂。

Liu Zhongyi

刘忠义（1944.1— ） 河北保定人，保定钢铁学校肄业。1959 年 1 月进入保定基地，从事汽机检修。1961 年 8 月在保定电校热能动力装置专业学习 1 年，1962 年分配至第 9 列车电站。1980 年 4 月调入 39 站，任汽机副工段长。1983 年 10 月随电站人员调入山东十里泉发电厂，在燃料车间从事燃料系统设备检修。1997 年 9 月退休。

Liu Manqin

刘曼琴（1940.12— ） 女，河南安阳人，高中文化，会计师。1959 年 1 月进入第 16 列车电站，同年 6 月参加列电局第一期财务管理干部培训班，结业后返站任会计，随电站调迁湖南邵阳，内蒙古乌达，广西桂林、宜山，内蒙古丰镇等地发电。1975年1月调入26站，任会计。1984年随电站下放湖南株洲钢厂，从事财务内部审计工作。

Yan Juxian

严举贤（1937.5—1966.6） 江苏泰兴人。1959年1月进入第22列车电站，从事锅炉运行与检修。1960年4月接新机35站，1961年4月接新机46站。随电站调迁广西柳州、新疆哈密、宁夏青铜峡、广东茂名等地，曾为青铜峡水电站、茂名石油开发会战供电。1966年6月，电站调迁湖南临湘长岭炼油厂时，在吊卸设备过程中，由于甲方吊车液压系统失灵，因公殉职。

Chen Hanlin

陈汉林（1938.4—2015.9） 湖北武汉人，中共党员。1958年6月在武汉市粮食局参加工作。1959年1月起在第5列车电站、船舶1站从事维修。随电站调迁湖南郴州、湖北丹江口、浙江临海等地发电。1974年6月调入武汉基地，先后在行政科五车间工作。1996年6月退休。

Shao Kunxin

邵坤鑫（1941.10— ） 浙江淳安人。1959年1月进入第11列车电站，车工。1960年10月接新机38站。随电站调迁山东滕县、福建三明、山西运城、甘肃金川、广东韶关、江西九江、河北迁安、江苏昆山等地发电。1983年随电站下放江苏昆山，在列车电厂任机修车间主任。1997年退休。

Zhao Huiyun

赵惠云（1937.11— ） 女，广西柳州人，高中文化，会计师。1956年8月进入广西师范学院参加工作。1959年1月进入第22列车电站，从事财务工作。同年调入列电局，在机关财务科任会计。1963年6月后在10、14、59、61站工作。1982年调入保定基地，在风力发电室、财务科任会计。

Hong Meiying

洪美英（1939.4— ） 女，北京人。1959年1月进入第13列车电站，从事管理工作，同年4月接新机29站，1967年12月调入53站。随电站调迁河南鹤壁、平顶山，湖北黄石，浙江宁波等地发电。1978年8月调入华东基地。1995年10月，在国家电网公司离退休职工文艺调演中，代表华东电网公司在人民大会堂参加演出，荣获京剧节目“菊花奖”。

Mo Ruiqi

莫瑞绮（1941.8— ） 女，广西柳州人。1959年1月进入列电系统，先后在第22、13、36、34列车电站，船舶1站、船舶2站，从事汽机运行与检修。随电站调迁广西柳州，河南新乡、鹤壁，黑龙江萨尔图，浙江临海，湖南衡阳等地，曾为大庆油田石油开发会战供电。1975年10月进入武汉基地，在试验室、质量检验科从事计量检验。

Gu Jinxing

顾金兴（1939.12—　）江苏苏州人，初中文化，中共党员。1959年1月进入第29列车电站，从事锅炉运行与检修。1968年调入54站，1971年接新机56站。随电站调迁湖北黄石，河南平顶山，贵州水城，江苏徐州等地发电。1974年6月调入32站，从事燃气轮机检修，随电站在广州为中国出口商品交易会发电。1976年6月到宜昌为葛洲坝水利枢纽建设供电。1984年4月调入葛洲坝水力发电厂，任修配车间主任。

Qian Zhenlong

钱镇龙（1930.11—　）浙江上虞人，上海复旦大学英语专业毕业，翻译。1956年9月在全国人大常委会编译室工作。1959年1月进入列电局，从事英文资料翻译。1961年1月调入列电局武汉装配厂。1978年4月调入华东基地。1989年11月退休。

Cheng Junde

程骏德（1942.11—　）江苏苏州人。1959年1月进入第22列车电站，从事锅炉运行与检修。1963年11月至1965年，先后在47、39站，船舶2站工作。1965年调入15站，曾随电站为广东茂名石油开发会战供电。1967年调入22站，1971年8月接新机58站，汽车驾驶员。1974年调入17站。1976年11月调入华东基地，任生产计划科业务员、工程部业务经理。1997年9月退休。

Cai Yuankai

蔡元恺（1937.11—　）河南南阳人，广西农业学校毕业。1959年1月进入列电系统，列电局机关公社办公室练习生。同年9月调入第20列车电站，从事锅炉运行与检修。随电站调迁四川绵阳、广元，河北衡水，陕西韩城等地发电。1974年10月调入武汉基地，先后在检修车间、三车间、五车间工作。1996年6月退休。

Zang Ronghua

臧荣华（1942.1—　）湖南益阳人。1959年1月进入武汉基地。1961年8月入伍，在广州军区部队服役。1965年12月复员回到列电局武汉装配厂，先在金工车间、设备动力车间、三车间、四车间，从事车工、钳工、设备维修等工作，后调保卫科工作。1996年6月退休。

Fang Juying

方菊英（1940.8—　）女，浙江建德人。1959年2月进入第11列车电站，在站工作23年，均为车工。1982年11月调入53站。随电站调迁山东滕县、江苏镇江等地发电。1985年8月调入华东基地，在行政科工作。

Ye Nianzhi

叶年治（1937.7— ）广西柳州人，天津财经大学（电视业余大学）工业会计专业毕业，注册会计师，中共党员。1959 年 2 月进入第 28 列车电站，从事财务工作。1964 年 1 月调入 30 站，1966 年 2 月调入 10 站。随电站调迁河南鹤壁，河北邢台，吉林延吉、蛟河，山东济宁，山西大同等地发电。1979 年 3 月调入天津长途汽车公司，1985 年 5 月调入天津市公用局，在财务处任副处级助理调研员。

Liu Zhenhua

刘振华（1938.3— ）河北顺平人，保定电力技工学校锅炉专业毕业。1959 年 2 月进入第 23 列车电站。曾在辽宁清河水库防汛抢险中被评为青年红旗手。1960 年 9 月在保定电校学习。1961 年 11 月毕业后回到 23 站，曾任锅炉副工段长、技术员。1963 年被评为永荣矿务局五好青年。1970 年被评为大同市五好职工。1982 年 3 月调入西北基地，在生产科铲车班任班长。1992 年在新产品开发公司小火电安装队任锅炉工段长。1995 年 8 月退休。

Wang Caiyin

汪彩银（1937.10— ）女，浙江兰溪人。1959 年 2 月进入第 11 列车电站，在山东滕县发电。在站工作 20 年，均从事管理工作。1979 年 1 月调入华东基地。

Chen Lingzhen

陈玲珍（1936.1—2005.1）女，上海人。1951 年 7 月参加工作，曾在上海川沙横汪镇毛巾厂、上海川沙百大益棉织厂从事挡车工。1959 年 2 月进入第 13 列车电站，从事汽机运行与检修。1959 年 8 月调入 31 站，车工。1964 年至 1965 年被大庆油田评为五好红旗手。1968 年 11 月，31（32）电站分站时调 32 站，从事汽机运行与检修。曾为大庆石油开发会战、葛洲坝水利枢纽建设工程供电。1979 年被“330 工程”局水电厂评为先进生产者。1982 年 8 月调入华东基地。

Tang Songyou

唐松友（1926.8—2007.9）河南嵩县人，开封中原大学毕业。1949 年 7 月参加革命，曾任湖北军区独立二师司令部见习参谋、政治部秘书科文书、新兵团团部书记、武汉市警备司令部作战参谋、湖北黄石工农中学教师等。1954 年 4 月转入电业部门，在沈阳电业管理局供应局工作，同年 8 月调入水电部干校教务处。1959 年 2 月调入第 28 列车电站，曾任管理组组长。1962 年 9 月调至 29 站任材料员。随电站调迁河南鹤壁、平顶山、信阳等地发电。1981 年 10 月调入保定电力技工学校，1985 年 11 月离休。

Zhang Wangsheng

章汪盛（1934.2— ）安徽绩溪人，中共党员。1949 年 9 月参加革命工作，曾在安徽绩溪县第5、3、7区委、绩溪团县委、华东第一建筑工会、西北第一建筑公司工会、茂名中建部4局第一公司工作。1959年2月进入列电局，任工会秘书。1963年10月起在第40、16列车电站任秘书、管理组长。1979年6月调入华东基地，任工会干事、列电工贸公司经理。1994年3月离休。

Lu Yandong

路延栋（1936.5— ） 辽宁沈阳人，吉林电力学校发电厂热能动力装置专业毕业，高级工程师，中共党员。1959年2月分配到列电局，在新机办公室设计科锅炉组工作。自1961年11月起，先后在第17、52、55列车电站任锅炉技术员、工段长和生技组长。1976年2月调入列电局中试所，在设计室任锅炉和车辆专业组组长，负责新型列车电站锅炉联合设计、燃气轮机拖车电站及全沸腾燃烧锅炉设计工作。1983年1月，在华北电管局保定列电试验所工作期间，负责组织筹建环保组并任负责人。1986年3月后，在河北电力职工大学任动力系副主任。

Wang Yuying

王玉英（1941.8— ） 女，山东济南人。1959年3月进入第28列车电站，在济南钢厂实习后接新机28站，从事电气运行与检修。1963年接新机30站，1979年调入38站。随电站调迁河南鹤壁、吉林龙井、黑龙江伊春、江苏昆山等地发电。1983年随电站下放江苏昆山，在列车电厂办公室从事总务管理。

Yin Shuqing

尹树清（1930.5— ） 四川重庆人。1949年11月参加工作，曾在重庆卫生局清理大队、重庆巴县白市驿站从事勤杂工、汽车修理工。1959年3月进入列电系统，先后在武汉基地、水电部泰康农场、西北基地、第20列车电站，从事汽车驾驶工作。1973年12月调入武汉基地。1980年11月退休。

Tian Zhimian

田志棉（1937— ） 河北南宫人，曾用名田子棉。1956年8月考入石家庄电业局钳工训练班学习。1956年11月调入石家庄电业局检修队工作。1957年10月进入太原电力工人技术学校保定分校学习。1958年11月分配到北京电力建设公司第五工程处。1959年3月，保定基地钳工。1963年起，调第41、53列车电站从事电气运行与检修。1973年11月调回保定基地，在电气车间任电机班班长。1995年退休。

Zhu Yuhua

朱玉华（1937.5— ） 天津宝坻人，北京电力学校汽轮机装置专业毕业，工程师。1959年3月，进入第22列车电站任汽机技术员。1973年1月，调入34站。随电站调迁广西柳州、海南昌江、山东德

州、河北衡水等地发电。1979 年 11 月调入保定基地，历任生产计划科、电站科工程师。

Zhu Xueshan

朱学山（1937.9— ）河北宁河人，吉林电力学校毕业，高级工程师。1959 年 3 月分配至第 13 列车电站，从事汽机运行与检修。1965 年 8 月调入 35 站。1974 年 7 月调入 58 站。随电站调迁河南新乡、鹤壁，青海海晏，贵州水城，山西晋城等地发电，曾为二机部九局（221 厂）服务。1975 年 12 月，调入山西晋城矿务局供电所，任汽机技术员、生技组长。1990 年 5 月，调入晋城矿务局自备电厂，任生技科长、总工程师。

Ren Jingxiu

任景秀（1941.8— ）女，安徽涡阳人，初中文化。1959 年 3 月，在第 2 列车电站参加工作，从事汽轮机运行及检修。随电站调迁广东韶关、湖北丹江口、陕西西乡、湖南株洲与耒阳等地发电。1974 年 9 月调入 6 站，1984 年调入沧州电力局工作。1992 年 3 月退休。

Liu Fusheng

刘福生（1936.7— ）河北清苑人，中共党员。1959 年 3 月北京电力学院中专部毕业，分配到第 1 列车电站，从事锅炉运行与检修。1960 年 5 月调入 39 站，任锅炉技术员。随电站调迁内蒙古赤峰，湖南衡阳，河北辛集，山东滕县等地发电，曾任电站技术负责人。1978 年调入 14 站，任副厂长。1982 年随电站调入江苏仪征化纤厂，历任热电厂工程师、车间主任和书记、安技科长、办公室主任、副厂长、电机工程学会仪化秘书长等职。

Liu Juchen

刘聚臣（1937.1— ）河北饶阳人，北京电力学校毕业，工程师，中共党员。1959 年 3 月进入第 22 列车电站，任锅炉技术员。1961 年调入 38 站。1975 年 12 月调入 30 站。随电站调迁广西柳州、甘肃金川、广东韶关、江西九江、河北迁安、黑龙江伊春等地发电。1982 年调入保定化工二厂。

Li Hanning

李汉宁（1942.3— ）广西融水人，初中文化，中共党员。1959 年 3 月招工进入第 22 列车电站，后到济南筹建 28 站，从事锅炉运行与检修。随电站调迁河南鹤壁、开封，河北邢台，云南昆明，山东济宁等地发电。1973 年 3 月调入融水县汽车运输公司，后调到融水县工商局工作。

Li Xiurong

李秀荣（1939.10— ）女，黑龙江巴彦人。1959 年 3 月进入第 11 列车电站，车工。1960 年接新机 38 站，从事化验工作。1964 年调入 21 站，从事锅炉运行与检修。随电站调迁福建三明、山东滕县、山西运城、甘肃金川、黑龙江克山、内蒙古集宁等地发电。1969 年调入黑龙江巴彦县电业局，从事安装、检修。1973 年调入县粮库。

Li Jiadong

李家栋（1939.12— ） 山东济南人，初中文化。1959 年 3 月进入列电系统，先后在第 13、29、31、32、新 5、60 列车电站，从事材料采购、燃气轮机、汽轮机运行与检修等工作。随电站调迁河南新乡，湖北黄石、宜昌，黑龙江萨尔图，山东济南，广东广州，河北秦皇岛，浙江海宁等地发电。1985 年 10 月调入华东基地，先后在行政科、保卫科工作。1997 年 8 月退休。

Yang Yuhua

杨玉华（1943.7— ） 女，辽宁丹东人。1959 年 3 月进入第 13 列车电站，1961 年接新机 28 站，1976 年 1 月调入 49 站，1982 年 8 月调入 52 站，从事汽机运行与检修。随电站调迁河南鹤壁、开封，河北邢台，云南昆明，山东济宁、潍坊，内蒙古集宁、大雁，江苏吴县等地发电。1987 年 8 月调入江苏连云港热电厂。

Yang Xingyou

杨兴友（1939.9— ） 江苏南京人，南京电力学校热动能装置专业毕业，高级工程师，中共党员。1959 年 3 月分配至列电局，任设计科设计员。1961 年 10 月调保定基地，在设计科和车间任技术员。1976 年 1 月参与华东基地的初步设计，承担总平面图的部分设计任务。1977 年 3 月调入华东基地，任技术科技术员、工程师。1985 年 7 月任车间主任。1986 年 3 月任基地副主任，1990 年 7 月任副厂长、总工程师、实业总公司副总经理。1997 年 10 月退休。

Song Shichang

宋世昌（1942.9— ） 河北保定人，初中文化。1959 年 3 月进入列电系统，先后在第 5、11 列车电站，从事电气运行及检修。随电站调迁湖南郴州、广东韶关、湖南耒阳、山东滕州等地发电。1982 年 1 月调入保定基地，先后在行政科、电气车间工作。1993 年退休。

Zhang Chengru

张成如（1940.1—2008.12） 湖南邵东人。1959 年 3 月进入列电系统，先后在第 27、48 列车电站，从事电气运行与检修工作。随电站调迁福建三明、邵武，湖南衡阳等地发电。1976 年 7 月调入武汉基地，先后在检修车间、质量管理科、服务公司从事电工维修，计量检验科从事金属切削探伤兼检验。1995 年 3 月退休。

Chen Tingzhang

陈廷章（1938.11—2011.12） 河北通县人，北京电力学校汽机专业毕业，工程师。1959 年 3 月进入列电系统，先后在第 8、37、30 列车电站，从事汽机运行与检修。随电站调迁甘肃酒泉，内蒙古乌达，河南新乡，广东广州，湖南临湘，福建福州等地发电。1975 年 8 月调入保定基地，相继在技术科、生产科，任助理工程师、工程师。

Yuan Zhenhe

苑振河（1942.1—2019.2） 河北满城人，初中文化，清苑县南大冉师范学校肄业，中共党员。1959 年 3 月在第 24 列车电站参加工作，从事汽机运行与检修，曾任值长、工段长、副厂长。随电站调迁宁夏青铜峡，湖南耒阳、湘潭、株洲等地发电。1979 年 8 月调入 30 站，任副厂长，1982 年 6 月调回 24 站，任副厂长。1984 年 9 月，带领部分职工赴新疆鄯善县安装 47 站。1986 年 8 月，随电站调入长沙重型机器厂，任副厂长。1994 年 3 月退休。

Lin Shengling

林盛灵（1942.3— ） 广东揭阳人，技师。1958 年在福州水电学校电气专业学习一年。1959 年 3 月进入第 11 列车电站，从事电气运行与检修。1960 年接新机 38 站，后任电气工段长。1976 年唐山大地震后，赴唐山 52 站抗震救灾。随电站调迁福建三明，山东滕县，山西运城，甘肃金川，广东韶关，江西九江，河北迁安，江苏昆山等地发电。1983 年随电站下放江苏昆山，在列车电厂工作，后任电气技术员。1997 年退休。

Zhan Guangxue

战广学（1937.10— ） 辽宁大连人，吉林电力学院中专班热能动力装置专业毕业，工程师，中共党员。1959 年 3 月分配到第 1 列车电站，1966 年调入 38 站，曾任汽机技术员、生技组长。随电站调迁河北保定，甘肃酒泉、陇西，广东韶关、江西九江等地，曾为二机部十四局（404 厂）、113 铝厂等国家重点工程供电。1972 年调西北基地，参与红心汽动给水泵的制造，历任金工车间副主任、汽机车间主任兼支部书记、开发办副主任、小火电安装工程处工程师等。

Hou Zhaoxing

侯照星（1940.5— ） 山东济南人，高中文化。1959 年 3 月进入第 13 列车电站，从事汽机运行与检修。1960 年冬接新机 36 站，1962 年调至 31 站，1968 年分至 32 站，后调入 51 站。随电站调迁河南鹤壁，山西晋城，黑龙江大庆和山东济南等地发电，曾为二机部九局（221 厂）服务。1974 年调入山东电力修造厂。1999 年退休。

Heng Dongli

恒东立（1937.1— ） 吉林长春人，吉林电力学校热能动力专业毕业，工程师。1959 年 3 月分配至第 17 列车电站，从事汽机运行与检修，随电站调迁黑龙江哈尔滨、双鸭山等地发电。1959 年 12 月调入 32 站，任气机助理工程师。1960 年 5 月到满洲里接由瑞士引进的燃气轮机组，后到上海汽轮机厂参加测绘。1961 年随电站到萨尔图与 31 站合并，历任气机运行值长、技术员、助理工程师。1968 年 12 月分站留在 31 站，随电站调迁湖南湘乡、北京丰台等地发电。1978 年 9 月调入拖车电站。1984 年调入华北电管局建筑公司工程处，1984 年调入电力科学院沙河试验站任工程师。

Yuan Kewen

袁克文（1939.9— ） 江苏武进人，南京电力学校发电厂电网及其系统专业毕业，工程师，中共党员。1959 年 3 月进入第 15 列车电站，任电气技术员。1963 年 3 月，随电站赴广东茂名参加石油开发会战，1969 年 3 月任生技组长。随电站调迁湖南衡阳、资兴、陕西略阳、福建厦门等地发电。1977 年 7 月调入华东基地，任电气技术员、工程师。

Yuan Weiqing

袁维清（1943.3—1992.8） 女，河南信阳人。1958 年 7 月在河南信阳双河钢铁厂参加工作，后在信阳电厂从事汽机专业。1959 年 3 月进入列电局武汉装配厂，先后在检修车间、三车间、五车间、钢窗车间、四车间工作。

Xia Shuiquan

夏水泉（1942.9— ） 江苏苏州人，中共党员。1959 年 3 月进入第 28 列车电站，从事电气运行与检修。1963 年接新机 30 站，任电气专业负责人。1979 年调入 38 站，任电气工段长。随电站调迁河南鹤壁，吉林龙井，黑龙江伊春，江苏昆山等地发电。1983 年随电站下放江苏昆山，1987 年任发电车间副主任、电气工段长。曾被评为昆山市先进生产者。1997 年退休。

Chai Shuzhen

柴淑贞（1937.11— ） 女，吉林四平人，吉林电力学校发电厂电力网及其系统专业毕业，工程师。1959 年 3 月毕业分配到列电局，在设计科任技术员、团支部书记。1961 年 10 月调入局技术改进所，曾在仪表和电气组参与捷制电站继电保护装置改造和晶体管继电保护研制应用，参与设计和筹建瓦斯继电器实验室并开展试验工作，保证了列车电站厂用变与主变的安全运行。1986 年 3 月后在河北电力职工大学电力系继电保护实验室任教。

Guo Jiaqiang

郭家强（1938.1— ） 北京人，北京电力学校热能动力专业毕业，工程师。1959 年 3 月分配至第 2 列车电站，从事汽机运行与检修。1963 年调 38 站，任汽机技术员，曾解决汽轮机振动隐患。正确处置唐山大地震时的紧急情况。随电站调迁广东曲江、韶关，甘肃金川，江西九江，河北迁安等地发电。1979 年调入河北迁安首钢矿业公司大石河铁矿，在机动科工作。1997 年 5 月退休。

Sheng Linchun

盛林春（1939.4— ） 江苏武进人，南京电力学校热动能装置专业毕业，工程师，中共党员。1959 年 3 月进入列电局机关，设计科设计员。1961 年 10 月调入保定基地，生产科科员。1962 年 8 月调入 14 站，任技术员、工程师。随电站调迁四川荣昌、甘洛，内蒙古平庄，黑龙江牡丹江，宁夏青铜峡，甘肃酒泉，陕西阳平关，江苏徐州等地发电。1982 年 5 月调华东基地，任教育科、生产科科员。1990 年 3 月起，先后任 56 站副厂长兼生技组长，质量检验科副科长。1997 年 10 月退休。

Peng Shuhua

彭树华（1937.4— ） 河北石家庄人，保定电力学校热动专业毕业。1959 年 3 月进入船舶 1 站，从事锅炉运行与检修，后任技术员。随电站调迁湖北丹江口、枝城，浙江临海等地发电。1974 年 1 月船舶 1 站设备下放临海县。同年调石家庄拖拉机厂工作。

Jiang Rudong

蒋如东（1936.4— ） 江苏泰兴人，经济师，中共党员。1959 年 3 月进入第 22 列车电站，参加了列电局材料员训练班，后分配至 35 站任材料员。随电站调迁广西柳州、新疆哈密等地发电。1964 年 8 月调入保定基地，任供应科采购员。同年 12 月调武汉基地，在材料科、计划科、物资供应科任采购员。1985 年 1 月起，先后任物资供应科副科长、物资供销公司经理。1960 年出席新疆重工业厅先进工作者代表大会。

Yu Shude

于淑德（1942.4— ） 女，河北保定人，保定钢铁学校肄业，中共党员。1959 年 4 月在保定基地参加工作。1961 年 8 月起，先后在第 45、47、23 列车电站从事机加工、保卫、出纳等。1962 年被评为伊春市林业局五好职工。随电站调迁黑龙江伊春，贵州六枝、水城，吉林长春，广西玉林，云南昆明，内蒙古临河等地发电。1982 年 8 月调入西北基地。

Ma Zhiping

马之平（1941.12— ） 河北保定人，保定钢铁学校肄业。1959 年 4 月进入保定基地，先后在电机厂、汽机车间、金工车间、铸造车间从事技术工作。曾参加基地系列汽轮发电机机组和水轮发电机组制造及电站大修。1983 年 4 月曾为服务公司提供技术指导。1993 年 6 月退休。

Wang Yongan

王永安（1932.2—2000.5） 辽宁宁城人，中共党员。1947 年 1 月参加革命，八路军 17 旅总队、第 48 军干部队、东江军区司令部，警卫。1952 年 8 月转业，在武昌公安分局肖家巷交通队、分局秘书科工作。

1959年4月进入列电局武汉装配厂，吊车司机。后在检修车间、一车间从事起重吊车检修等。1982年12月退休，1983年7月改离休，享受副处级待遇。

Wang Zhaonan

王召南（1938.4— ）江苏宝应人，南京电力学校发电厂电网及其系统专业毕业，工程师。1959年4月分配至第16列车电站，从事电气专业。参与了配电车间控制仪表盘改造，设计和安装半自动准同期装置，参与捷制机合并（电气）设计。随电站调迁湖南资兴、邵阳，内蒙古乌达、丰镇，广西桂林、宜山等地发电。1979年6月调入华东基地，任生技科技术员、工程师。参与开发的电缆桥架和高真空吸尘车新产品，获江苏省电力局科技进步二等奖及电力部机械局科技进步三等奖。镇江市摄影协会会员。

Wang Jinhua

王金华（1940.11—2002.1） 女，河北满城人，保定钢铁学校肄业。1959年4月进入保定基地，铣工。1961年8月接新机35站，从事化验专业。1963年1月调入8站，1965年4月调入9站，1976年1月调入28站，1979年6月调入7站。随电站调迁新疆哈密，广东湛江，广东茂名，山西宁武，山东莱芜、烟台、枣庄，福建漳平等地，曾为茂名石油开发会战供电。1982年9月调入华东基地，从事钳工工作。

Wang Rong

王茸（1941.11— ） 女，河北容城人，保定钢铁学校肄业。1959年4月进入第1列车电站，从事热工专业。1960年调入39站，1977年8月调入59站，任热工仪表室负责人。随电站调迁内蒙古平庄，湖南衡阳，河北保定、束鹿，山东滕县、黑龙江佳木斯等地发电。1981年调水电部北戴河疗养院。1994年退休。

Wang Zaofu

王造福（1942.10— ） 河北满城人，保定钢铁学校肄业，中共党员。1959年4月进入保定基地工作，木工。1974年11月起，历任团委书记、党委宣传组组长、厂教育办公室副主任。列电体制改革后，任厂办公室主任。

Wang Jing

王静（1936— ） 河北清苑人，初中文化。1959年4月进入保定基地，从事列车电站设备安装。1963年7月调入第41列车电站，从事锅炉运行与检修。随电站调迁黑龙江勃利，河南平顶山，山东东营、昌邑，湖北荆门等地发电，曾为胜利油田会战服务。1983年调入湖北荆门玻璃厂工作。

Zhi Yikuan

支义宽（1935— ） 江苏淮安人，南京电力学校毕业，工程师，中共党员。1959年4月分配到第16列车电站，电气技术员，随电站在湖南郴州发电。1960年

10月至1978年7月，随电站调迁湖南邵阳，内蒙古乌达、丰镇，广西桂林、宜山等地发电。1976年任16站副厂长，1978年8月调入新4站任副厂长。1982年6月调入江苏仪征化纤公司热电厂，历任工程师及该公司中专学校讲师。

Shi Luotao

史洛套（1940.8— ）河北清苑人，曾用名史英杰，保定钢铁学校肄业。1959年4月进入保定基地，参加了基地系列汽轮发电机机组和水轮发电机组的制造与安装。列电体制改革后，为钢模板车间钳工。1986年9月退休。

Liu Gengtian

刘庚田（1940.8— ）河北清苑人，保定钢铁学校肄业。1959年4月进入保定基地，从事锅炉制造、安装及维修。1961年3月调入列电局商都农场，1968年5月调回保定基地，先后在锅炉车间、结构分厂工作，1986年退休。

Liu Yanming

刘彦明（1943.3— ）河北蠡县人，保定钢铁学校肄业，中共党员。1959年4月进入保定基地，从事制造及检修，曾任班长、技术员。参加了基地系列汽轮发电机机组和水轮发电机组制造及电站大修、大型设备的技术改造工作。1975年，被评为保定市先进生产者。1986年任汽机车间副主任。

Liu Delin

刘德林（1940.4— ）河北清苑人，保定钢铁学校肄业。1959年4月进入第1列车电站，从事锅炉运行与检修。1982年5月调黑龙江友谊农场工作。1987年10月调入59站。随电站调迁甘肃酒泉、陇西，四川冕宁，北京房山，河北涿州等地发电，曾为二机部十四局（404厂）服务。1989年9月电站下放更名涿州市发电厂后，在发电厂锅炉车间工作。

Qi Jitong

齐吉通（1940.5— ）河北保定人，初中文化。1959年4月进入保定基地，金工车间车工。1966年3月调西北基地，在金工车间工作，参与了基地的基本建设，红心汽动给水泵、1500千瓦自由活塞燃气轮发电机组的加工制造。1979年2月调入保定543厂。

Sun Wenhai

孙文海（1940.1—2017.11）河北徐水人，保定钢铁学校肄业，锅炉技师，中共党员。1959年4月进入保定基地，从事列车电站设备安装。1961年调入筹建中的第41列车电站，从事锅炉运行与检修，后任锅炉工段长。随电站调迁黑龙江勃利，河南平顶山，山东东营、昌邑，湖北荆门等地发电。1984年调入河北经贸大学，在总务处从事锅炉运行管理工作。

Sun Shengzhang

孙圣章（1943.9— ） 河北景县人，保定钢铁学校肄业，技师。1959年4月进入保定基地，先后在汽机厂、车辆车间、锅炉车间从事制造、安装、维修，曾参加基地系列汽轮发电机组及水轮发电机组制造及电站维修工作。列电体制改革后，在钢模板车间、塔基车间工作。1991年被评为华北电管局先进生产工作者。

Li Yikai

李义凯（1938.1— ） 河北徐水人，保定钢铁学校肄业。1959年4月分配至保定基地，任钳工。1961年10月调入武汉基地，先后在车间、基建办公室从事锅炉检修，曾任班长。后任经营计划科科员、物资储运公司销售服务组长、业务主管。1995年1月，任物资供销储运公司副经理。1973年出席武汉供电局先进生产工作者代表大会。1996年6月退休。

Li Wenzhong

李文忠（1940.1—2010.2） 河北容城人，助理经济师。1958年8月考入保定钢铁学校，1959年4月进入保定基地，先后在铸造车间从事材料管理、后勤管理。1962年10月调入第41列车电站。1972年1月调回保定基地。1994年1月退休。

Li Lanying

李兰英（1939.10— ） 女，河北蠡县人，曾用名李瑞英。1958年8月考入保定钢铁学校，1959年4月进入列电局锅炉制造厂工作，参加了首台2500千瓦汽轮发电机组的锅炉设备制造。1960年在汽轮机制造厂工作，从事制造与安装。1963年后，相继在保定基地金工车间、厂招待所工作。

Li Zhuen

李竹恩（1942.4— ） 河北石家庄人，初中文化。1959年4月进入船舶1站，从事电气运行与检修。1973年调入38站。随电站调迁湖北丹江口、枝城，浙江临海、河北迁安等地发电。1975年调入河北石家庄电业局工作。

Li Chunhe

李春和（1939.11— ） 河北满城人，初中文化。1958年8月考入保定钢铁学校学习，1959年4月进入保定基地，在转子组从事安装与检修。1963年8月调入第1列车电站，从事锅炉运行与维修。1964年被评为五好职工。1965年12月调回保定基地，先后在汽机车间、计划科，从事机加工、检修、外协工作。

Li Hongjiang

李洪江（1942.4— ） 河北保定人，保定钢铁学校肄业。1959年4月进入保定基地锅炉车间从事安装与检修。1965年荣获保定市抗涝防洪先进个人称号。1966年3月调入西北基地，在锅炉班参与了基本建设、1500千瓦自由活塞燃气轮发电机组的安装制造。1983年后调新产品开发公司小

火电安装处，参与了32米带电高空作业车及小火电的调试安装。

Yang Xiao

杨孝（1940.9— ） 河北满城人，初中文化。1959年4月在保定基地参加工作，先后在金工车间做刨床工、铣床工，行政科水暖班从事维修，曾任水暖班班长。负责生产区、生活区暖气炉安全经济运行及大修、改进工作。1995年退休。

Xiao Zhanglu

肖章禄（1930.6—1988.4） 湖北武汉人。1956年5月参加工作，曾在武汉市运输公司、武汉市化学肥料厂从事运输、汽车修理。1959年4月进入列电局武汉装配厂，在汽车队、运输队当汽车驾驶员。1980年9月退休。

Zhang Zuoqiang

张作强（1940.12— ） 江苏连云港人，经济师，中共党员。1959年4月进入列电系统，先后在第28、49列车电站从事物资、财务、劳资、人事保卫等管理工作。1983年电站归地方管理时调入52站，继续留在49站培训地方接收人员，1984年1月离开内蒙古大雁，回苏州52站。1987年7月调入连云港连众玻璃钢集团有限公司，先后任供销科长、党支部书记。

Zang Xiwei

张希未（1942.10— ） 河北清苑人。1958年8月考入保定钢铁学校学习，1959年4月进入保定基地，从事锅炉专业工作。1963年12月起，先后在第24、57、30、58列车电站，从事锅炉运行及检修。随电站调迁宁夏青铜峡、湖南耒阳、天津汉沽、黑龙江伊春、山西晋城等地发电。1992年6月在保定基地退休。

Zhang Jinxiang

张金祥（1938— ） 河北容城人，初中文化。1959年4月进入保定基地，从事列车电站设备安装。1963年7月调入第41列车电站，从事锅炉运行与检修。随电站调迁黑龙江勃利，河南平顶山，山东东营、昌邑，湖北荆门等地，曾为胜利油田会战供电。1986年10月调入湖北荆门热电厂工作。

Zhang Shuyin

张淑银（1940.12— ） 女，河北保定人，中共党员。1958年8月在保定钢铁学校车工专业学习，1959年4月分配至保定基地。1963年8月调入武汉基地，后任车工，班长。1976年6月，任三车间副主任。1984年5月后，在厂办公室任计划生育专职。

Zhang Jingren

张敬仁（1942.4— ） 河北博野人。1958年8月考入保定钢铁学校学习，1959年4月进入保定基地，在轻金工车间从事机加工，钳工。1963年10月调入第41列车电站，从事锅炉运行及检修，随电站调迁黑龙江勃利、河南平顶山、山东东营等地发电。1972 年调回保定基地，先后在锅炉车间、钢模板车间、列电服务公司工作。1986 年 9 月退休。

Chen Ruifeng

陈瑞峰（1938.4— ）河北保定人，初中文化。1959 年 4 月进入保定基地，从事列车电站设备安装工作。1963 年 7 月调入第 41 列车电站，从事汽机运行与检修。随电站调迁黑龙江勃利，河南平顶山，山东东营、昌邑等地，曾为胜利油田会战供电。1978 年调入胜利油田孤岛二电厂，从事汽机运行工作。

Yuan Zhibin

苑志斌（1941.9— ）河北保定人，初中文化，中共党员。1959 年 4 月进入保定基地，1967 年调入西北基地，1975 年调入 17 站，均为车工。1984 年调入河北张家口下花园电厂。曾为海拉尔市第七次党代会代表。1997 年退休。

Zhou Yumei

周玉梅（1940.12—1989.3）女，河北满城人，保定钢铁学校肄业。1959 年 4 月进入第 1 列车电站，从事锅炉运行与检修，后转为专职焊工，随电站调迁甘肃酒泉、陇西，四川冕宁，北京房山等地，曾为二机部十四局（404 厂）等重点工程供电。1982 年，随电站下放北京煤矿机械厂。

Zhao Yuxin

赵育新（1942.4— ）女，河北保定人。1958 年 8 月考入保定钢铁学校学习，1959 年 4 月进入保定基地。先后在第 20、8、46、55 站，从事汽机运行与维修。随电站调迁青海西宁，四川绵阳，广东茂名，湖南临湘，山西垣曲、长治等地发电。1979 年 7 月调入保定基地，在金工车间工作，1991 年 12 月退休。

Zhao Haisheng

赵海生（1941.10—1994.7）河北蠡县人，初中文化。1958 年 8 月考入保定钢铁学校学习，1959 年 4 月进入保定基地，从事列车电站设备安装。1962 年调入筹建中的第 41 列车电站，从事汽机运行与检修。1975 年 9 月调入 37 站，后任汽机工段长。1981 年调入 30 站，随电站调迁黑龙江勃利、伊春，河南平顶山，山东东营、昌邑，河北沧州等地发电。1984 年 10 月调往山东滨化集团股份有限公司，任热电车间汽机工段长。

Yao Hengxiang

要恒祥（1942.10— ）河北满城人，初中文化，技师，中共党员。1959 年 4 月进入保定基地，先后在供应科、金工车间工作，曾任刨床班班长。参与 6000 千瓦汽轮发电机、自制大型设备 250 吨冲床、加药泵、电站备品备件等加工，1963 年所在班组获保定市先进集体荣誉称号。

Duan Yanzong

段延宗（1942.5—2013.12） 河北清苑人，保定钢铁学校肄业。1959 年 4 月进入第 1 列车电站，1975 年 11 月调入 12 站，从事汽轮机运行与检修。随电站为甘肃酒泉钢厂、二机部十四局（404 厂）、陇西 113 铝加工厂、四川泸沽铁矿、北京房山煤矿机械厂、内蒙古扎赉诺尔矿等重点工程发电。列电系统解体后，调入天津汉沽碱厂动力分厂。

Jia Xichang

贾锡昌（1942.12—2010.10） 河北博野人，保定钢铁学校肄业。1959 年 4 月进入第 1 列车电站，从事锅炉运行与检修。随电站调迁甘肃酒泉、陇西，四川冕宁，北京房山等地，曾为二机部十四局（404 厂）等重点工程供电。列电体制改革后，随电站下放北京煤矿机械厂，在电力车间工作。

Xu Jianguo

徐建国（1939.7— ） 河北蠡县人，曾用名徐其昌，初中文化，中共党员。1958 年 8 月进入保定钢铁学校学习，1959 年 4 月进入保定基地工作。1960 年参军，在青岛海军 4041 部队服役，1968 年退伍复员回到保定基地，在印刷组工作。

Gao Liquan

高礼泉（1936.10— ） 河北安国人，1958 年 8 月招入保定钢铁学校学习。1959 年 4 月进入保定基地，钳工。1963 年 7 月调入第 41 列车电站，从事锅炉运行与检修。随电站调迁黑龙江七台河，河南平顶山，山东东营、昌邑等地发电。1978 年 4 月调回保定基地，先后在锅炉车间、供销科仓库工作。

Tang Yinggong

唐英功（1941.12—2018.2） 山东黄县人，初中文化。1959 年 4 月进入列电系统，先后在第 22、35、13、55、58 列车电站，从事锅炉运行及检修。随电站调迁广西柳州，新疆哈密，广东广州，云南牟定，山西垣曲、永济、晋城等地发电。1976 年 8 月调入保定基地，相继在锅炉车间、列电开发公司从事焊接及技术指导等工作，1986 年 12 月退休。

Zhan Xianzong

展宪宗（1942.12— ） 河北蠡县人，保定钢铁学校肄业，助理政工师，中共党员。1959 年 4 月进入保定基地，在金工车间工作。1965 年 12 月调入西北基地，先后任车工班长、工段长，自 1977 年 6 月起，任车间副主任、太白知青点带队干部、车队队长。1977 年 5 月任 21 站副指导员。1982 年任 37 站副厂长。1984 年 12 月开始，在石家庄电校任工会副主席、行政科副科长等。1997 年被评为河北省电力公司先进工作者。

Tao Jie

陶洁（1933.5— ） 女，江苏江阴人，工程师，中共党员。1947 年 4 月在江阴华墅新华纱厂参加工作。后入南京电力学校发电厂电网及其系统专业学习，1956 年 4 月分配至南京工学院，任动力系实验员（期间在南京工学院夜大发配电专业肄业）。1959 年 4 月进入第 16 列车电站，任电气技术员。1972 年 3 月调船舶 2 站，任电气工段长。1976 年 1 月调入新 19 站。随电站调迁湖南资兴、邵阳，内蒙古乌达，广西桂林、宜山，江西九江，湖南衡阳等地发电。1982 年 8 月调入华东基地，任车间技术员、生产科工程师。

Huang Chuankun

黄传坤（1929.5—2008.9） 女，湖北随州人。1954 年 5 月参加工作，在武汉市中南育才幼儿园任保育员。1959 年 4 月进入第 4 列车电站，从事化验专业，随电站在广东河源发电。1959 年 6 月调入列电局武汉装配厂，先后在三车间、一队、检修车间、一车间工作。

Huang Qinghua

黄清华（1940.12— ） 女，河北定县人，保定钢铁学校肄业。1959 年 4 月进入保定基地，从事列车电站设备安装。1961 年调入正在筹建中的第 41 列车电站，从事热工专业。随电站调迁黑龙江勃利，河南平顶山，山东东营、昌邑，湖北荆门等地，曾为胜利油田会战供电。1984 年调入河北经贸大学，在总务处从事库房管理工作。

Chang Suqin

常素琴（1940.10— ） 女，山西临猗人，中学文化，审计师，会计师。1958 年 6 月在临漪县商业局百货批发部任会计。1959 年 4 月进入保定基地，在幼儿园从事保育工作。1967 年 5 月在财务科从事会计工作。1973 年 6 月调入西北基地，在金工车间管理组负责生产统计、材料核算。1978 年 5 月在审计科从事会计工作。

Chang Xixiang

常锡祥（1942.12— ） 河北清苑人，保定钢铁学校肄业，中共党员。1959 年 4 月进入第 1 列车电站，从事锅炉运行与检修。随电站调迁甘肃酒泉、陇西，四川冕宁，北京房山等地，曾为二机部十四局（404 厂）等重点工程供电。1979 年调入北京新型材料厂工作。

Cui Shulun

崔树伦（1941.10— ） 河北保定人，初中文化，中共党员。1958 年 9 月参加工作，1959 年 4 月进入保定基地，1963 年 7 月调入第 41 列车电站，从事汽机运行与检修，1975 年 5 月起任党支部副书记、书记。1978 年 7 月任 30 站党支部书记，1982 年 12 月任 28 站党支部书记。随电站调迁黑龙江勃利、伊春，河南平顶山，山东东营、昌邑、枣庄，湖北荆门等地发电。1984 年 10 月调入山东十里泉发电厂，先后任招待所所长、服务公司副经理、“三产”办公室主任，驻海南物业贸易公司经理。

Dong Jingjie

董景杰（1938.7— ）河北蠡县人，保定钢铁学校肄业。1959年4月进入保定基地，安装过第21、28、41列车电站设备。1960年调入筹建中的41站，从事锅炉运行与检修。1978年9月调入保定基地制造电动吊车。1980年7月调入18、44站。随电站调迁勃利、平顶山、东营、伊敏河、长治等地发电。1986年退休。

Han Zhihua

韩志华（1941.10— ）河北清苑人，保定钢铁学校肄业，中共党员。1959年4月分配至第1列车电站，从事汽机运行和检修。1975年10月调入12站，1982年11月调37站，曾任1、12站汽机工段长。随电站调迁河北保定、沧州，甘肃酒泉、兰州、陇西，四川泸沽，北京房山，黑龙江扎赉诺尔等地，曾为二机部十四局（404厂）供电。1985年5月调入河北电力局第二建设公司，从事汽机安装与调试。1997年10月退休。

Lei Xiujun

雷秀君（1939.4— ）女，河北满城人，助理政工师，中共党员。1958年8月在保定钢铁学校车工专业学习。1959年4月分配至保定基地，车工。1961年8月调入武汉基地，后任车工，班长。1979年12月后，任厂工会副主席。1977年12月被评为武汉市武昌区人民法院民事调解“先进工作者”。1979年2月为武汉市总工会第六次代表大会代表。

Cai Fenglu

蔡风录（1944.6— ）河北清苑人，保定钢铁学校肄业。1959年4月进入保定基地，从事机加工工作。1961年调入第8列车电站，参加了茂名石油大会战，曾获1964年度“五好职工”称号。1966年10月调入6站，先后为车工、汽机司机、运行值长。列电体制改革后，调入河北省电建二公司，1997年退休。

Fan Tingming

樊廷明（1940.1— ）河北完县人，初中文化。1958年8月考入保定钢铁厂参加工作，1959年4月进入保定基地，先后在锅炉厂、制造厂、车辆车间从事制造与安装工作。1980年3月调入保定列电子弟学校任教，1986年9月退休。

Xue Dagou

薛大国（1945.4—2012.3）河北清苑人，保定钢铁学校肄业，中共党员。1959年4月进入第1列车电站，从事汽机运行与检修，曾任团支部书记。1976年1月调入密云“五七”干校。1981年1月调入列电局招待所，任所长。1983年4月调入水电部招待所，任办公室主任。自1989年起相继任能源部基建办公室主任、电力部基建人防办副主任、白广路办公楼改建办主任。1996年调入中兴电力实业发展总公司，在工程部任副经理，曾于1997~1999

年任国家电网中心大楼工程指挥部计划部任主任。

Dai Yunxia

戴云霞（1941.4— ） 女，河北蠡县人，初中文化。1959年4月进入第23列车电站，从事电气运行与检修。随电站调迁辽宁开原、瓦房店，四川荣昌等地发电。1962年4月调入31站，参加大庆石油会战。1965年11月参加首台国产6000千瓦燃气轮机列车电站51站筹建，1968年8月随51站到济南发电。1972年5月调入32站，赴广州为中国出口商品交易会发电，1976年6月到湖北宜昌为葛洲坝水利枢纽建设供电。1985年10月调入葛洲坝水力发电厂工作。

Wei Qinghua

魏庆华（1940.1— ） 河北博野人。保定钢铁学校肄业，1959年4月进入保定基地，先后在制造厂、汽机车间、塔机车间工作，钳工。曾参加基地系列汽轮发电机组和水轮发电机组的制造及塔机制造工作。1993年退休。

Wei Chunfeng

魏春凤（1939.11— ） 女，河北清苑人，中共党员。保定钢铁学校肄业。1959年4月进入保定基地，在金工车间做磨床工。1966年1月调入西北基地，曾任车间副指导员、厂团委委员、厂副主任、党委常委。1978年11月调回保定基地，历任副主任、党委常委、工会副主席、计划生育办公室主任。1993年6月退休。

Ma Zhenlong

马贞龙（1942.4— ） 河南柘城人，技师。1959年5月进入列电系统，先后在第24、8、56、49列车电站，从事锅炉运行与检修。随电站调迁宁夏青铜峡，甘肃酒泉，广东茂名，河北衡水，江苏徐州，内蒙古集宁、大雁等地发电，曾为青铜峡水电站、茂名石油开发会战服务。1988年4月调入河北辛集汽缸盖厂。

Wang Shaolin

王少林（1938.12— ） 江苏丹徒人，初中文化。1959年5月进入第2列车电站，从事汽机运行与检修。1973年调入40站。随电站调迁广东曲江、韶关，湖北丹江口，陕西西乡，湖南株洲，河南遂平等地发电。经历了1975年8月遂平特大水灾，参与了电站抢险救灾供电。1979年12月调入华东基地。1997年9月退休。

Wang Chenggen

王成根（1939.3—1996.9） 女，河北枣强人，列车电业局动力学院热机专业肄业。1959年5月进入保定基地，车工。1964年12月调入武汉基地，1966年6月调入西北基地，从事质量检验工作。1978年3月调入湖北荆门第41列车电站，车工。1982年11月调入华东基地。

Fang Jianzhou

方建舟（1944.10— ）上海市人，技师。1959年5月进入第8列车电站。1961年12月调入24站，1977年7月调入7站。均为焊工。随电站调迁甘肃酒泉，宁夏青铜峡，湖南耒阳、湘潭，福建漳平等地，曾为酒泉钢铁公司、青铜峡水电站建设供电。1980年12月调入华东基地。1997年9月退休。

Bi Wanda

毕万达（1939.12—2009.4）河北昌黎人，保定钢铁学校肄业。1959年5月进入保定基地，1963年10月接新机41站。1965年6月调入西北基地，1969年11月接新54站，1972年3月接新机58站，1975年12月调入34站，从事锅炉运行与检修。随电站调迁黑龙江勃利、牡丹江，湖南双峰，贵州水城，山西永济、晋城，山东德州，河北衡水，内蒙古大雁等地发电。1982年7月调入华东基地。1993年4月退休。

Liu Zhenwang

刘振旺（1933.5— ）福建浦城人，中共党员。1950年9月入伍，1953年至1954年两次荣立三等功，1957年复员。1958年7月在三明电机厂参加工作。1959年5月进入第11列车电站，吊车司机。1960年9月接新机38站，先后从事吊车、食堂管理工作。随电站调迁福建三明、山东官桥、山西运城、甘肃金川、广东韶关等地发电。1970年调入甘肃金川有色金属公司。曾被评为公司先进生产者。1986年5月退休。

Liu Shumin

刘淑敏（1941— ）女，河北保定人，列车电业局动力学院肄业。1959年5月参加列电局财训班学习，同年分配至第29列车电站，从事财务工作。1961年调入44站，先后从事财务和化验。1971年1月调入55站，从事化验工作。随电站调迁湖北黄石，广东茂名，山西晋城、垣曲等地发电。1974年调入北京燕山石化热电厂。

Jiang Ping

江平（1936.2— ）四川宜宾人。1958年10月列车电业局动力学院肄业。1959年5月分配至列电局武汉装配厂，先后在财务科、材料科、计量检验科任办事员、采购员、检验员，安装车间、制造车间、三车间电工。

Li Yushan

李玉善（1944.10— ）河北蠡县人，中共党员。1959年5月进入第1列车电站，从事电气运行与检修，后任电气工段长。1980年5月调入54站，1982年任电气工段长、党支部委员。随电站调迁甘肃酒泉、陇西，四川泸沽，北京房山，江苏无锡等地发电，曾为二机部十四局（404厂）服务。1984年12月随电站成建制下放无锡新苑公司热电厂，任电气车间主任、党支部书记。后调入保定石油化工厂，任电气工段长、党支部委员。

Li Shanyi

李善仪（1943.2—2019.11） 福建南平人，初中文化，中共党员。1959 年 5 月进入第 11 列车电站，从事化验工作。1960 年 10 月调入 38 站，后任化验组长，1963 年被评为甘肃省社会主义建设青年积极分子。随电站调迁福建三明、山东官桥、山西运城、甘肃金川、广东韶关、江西九江、河北迁安等地发电。1977 年调入华东基地，供应科材料管理员、管理组长。1998 年 6 月退休。

Lian Huanqing

连焕清（1939.2— ） 河北徐水人，初中文化，中共党员。1958 年 8 月进入保定钢铁联合厂工作。1959 年 5 月调入保定基地，先后在金工车间、车辆车间从事钳工，曾随车辆检修小分队多次赴发电站现场检修发电设备。列电体制改革后，在保定电力修造厂结构车间从事钳工，后任质管科检验员。

Shen Shaoru

沈绍儒（1942.11— ） 福建浦城人。1959 年 5 月进入第 11 列车电站。1975 年调入 19 站，1979 年调入 24 站，从事锅炉运行与检修。随电站调迁福建三明，山东官桥，湖南衡阳、株洲等地发电。1986 年 8 月随电站成建制调入湖南长沙重型机器厂，在供热车间从事锅炉运行与检修。1992 年退休。

Zhang Yueying

张月英（1943.9— ） 女，辽宁本溪人，初中文化。1959 年 5 月在第 5 列车电站参加工作，从事化验工作。1975 年调入 31 站。随电站调迁湖南郴州、耒阳，广东韶关，北京丰台等地发电。1980 年调入北京第三热电厂。

Zhang Hengzao

张恒造（1940.11— ） 河北保定人，初中文化。1958 年 7 月考入列电局动力学院学习，1959 年 5 月进入列电系统，先后在第 20、8、6、46、55 列车电站，任材料员。1979 年 7 月调入保定基地，相继在基建科、供应科工作。1983 年 7 月调入 61 站，1984 年 7 月调回保定电力修造厂，先后在供应科、绝缘子分厂从事物资供应工作，1996 年 7 月退休。

Zhou Tongyou

周通友（1937.7—1987） 福建浦城人。1958 年 12 月在福建三明市电机厂参加工作。1959 年 5 月进入第 11 列车电站。1960 年 10 月接新机 38 站，1977 年 8 月调入 34 站，1979 年 11 月调入 7 站，从事汽机运行与检修。随电站调迁福建三明、漳平，山东官桥，山西运城，甘肃金川，广东韶关，江西九江，河北迁安、衡水等地发电。1983 年调入华东基地。

Zheng Lizhi

郑理治（1936.7— ） 浙江温州人，列车电业局动力学院锅炉专业肄业，工程师。1959年5月分配至列电局武汉装配厂，1961年调至第29列车电站，从事锅炉运行与检修，随电站调迁湖北黄石，河南平顶山、信阳等地发电。1983年随电站下放信阳电业局，担任电站生技科煤气安全监督员。1995年退休。

Jia Suzhen

贾素珍（1939.9— ） 女，河南新乡人。1959年5月进入列电系统，先后在第13、36、35（13）列车电站，从事化验工作，后任35站化验组长。随电站调迁河南新乡、鹤壁，青海海晏，贵州水城等地发电，曾为大庆石油开发会战、二机部九局（221厂）服务。1977年9月调入武汉基地，在试验室、计量检验科从事化验工作。

Xu Jingshui

徐井水（1942.9—2019.6） 浙江江山人，初中文化。1958年12月在福建三明电机厂参加工作。1959年5月进入第11列车电站，从事电气运行和检修。1960年转热工专业，后任热工室负责人。1978年7月调入45站，任热工负责人。随电站调迁福建三明、山东官桥、湖北宜昌等地发电，曾为葛洲坝水利枢纽工程建设服务。1985年5月调入葛洲坝电厂，在生活服务公司工作。

Xu Haiming

徐海明（1941.5— ） 福建浦城人。1958年12月在福建三明电机厂参加工作。1959年5月进入第11列车电站，从事汽机运行与检修。1960年10月接新机38站，后任汽机工段长。随电站调迁福建三明、山东官桥、山西运城、甘肃金川、广东韶关、江西九江、河北迁安、江苏昆山等地发电。1983年随电站下放江苏昆山，在列车电厂从事材料仓库管理。1997年退休。

Luan Xiuzhen

栾秀珍（1938.10— ） 女，河北清苑人，中共党员。1959年5月进入第5列车电站，车工，随电站在湖南郴州许家洞为711矿发电。1962年1月调入列电局武汉装配厂，在三车间从事机加工，后调厂工会、厂办公室工作。

Huang Yourong

黄有荣（1940.12— ） 福建浦城人，初中文化。1959年5月进入第11列车电站，从事锅炉运行与检修。1964年12月调入50站，1974年12月调入15站。随电站调迁福建三明，山东官桥，湖南金竹山，河南漯河，山西娘子关、闻喜、朔县，福建厦门等地发电。1981年调厦门侨办机械工程公司工作，从事安装与检修。1995年退休。

Huang Yishun

黄益舜（1939.9— ） 福建浦城人。1958年12月在福建三明电机厂参加工作。1959年5月进入第11列车电站，从事锅炉运行与检修。1960年10月接新机38

站。1976年唐山大地震后，赴52站抗震救灾。随电站调迁福建三明、山东滕县、山西运城、甘肃金川、广东韶关、江西九江、河北迁安、江苏昆山等地发电。1983年随电站下放江苏昆山，在列车电厂工作，1997年退休。

Huang Xiyi

黄锡义（1941.7— ）河北清苑人，保定钢铁学校肄业，中共党员。1959年5月进入保定基地工作，在电机制造厂轻金工车间学徒。1961年8月参军，在中央警卫师服役。1968年4月复员，回到保定基地工作，先后在锅炉车间锅炉本体组从事检修、印刷车间从事材料供应工作。

Dong Chongqing

董崇庆（1936.12—2010.6）浙江绍兴人，列电局动力学院肄业，高级讲师。1959年5月参加工作，保定电力学校教师。1971年5月学校并入保定基地后在车间劳动，1972年12月复校回校任教，主要从事机械制图等课程的教学工作，曾任教研组组长。主编由中国电力出版社出版的教材《电力工程识图与绘图》和《电力工程识图与绘图习题解答》。被评为1992年度华北网局级先进工作者称号。

Jiang Junfu

蒋峻夫（1930.1—2012.8）湖南安化人，中共党员。1950年11月参加中国人民志愿军，随部队赴朝参战。1956年4月复员分配至太原第五电厂筹建处，后入太原电力工人技术学校保定分校学习。1959年5月进入列电局武汉装配厂，先后在锅炉车间、检修车间、一车间从事车辆检修工、维修钳工、管道工等。1989年9月退休。

Ma Baike

马百克（1938.1— ）浙江绍兴人，列电局动力学院电气专业肄业。1959年6月分配至第11列车电站，从事电气运行和检修。1960年3月调至保定电力学校任教师，1962年调入4站，1973年调入9站，1980年调入6站，均从事热工仪表维护。随电站调迁河南新乡、信阳，山东烟台，内蒙古呼伦贝尔，河北沧州等地发电和武汉基地机组大修。1984年7月调至浙江绍兴涤纶厂，从事计量管理工作。

Liu Xihua

刘喜花（1942.3— ）女，山西太原人。1959年6月进入第13列车电站，1976年调入55站，从事后勤服务。随电站在河南平顶山、新乡，青海海晏，山西长治等地发电，曾为二机部九局（221厂）服务。1979年随电站到西北基地大修。1982年12月随电站调入西北基地，先后在后勤科总务科从事后勤管理工作。

Li Chunzhong

李春忠（1943.12— ）河北定县人，初中文化，中共党员。1959年6月进入保定基地，在铸造车间工作。1966年5月调入西北基地，1971 年 8 月任一车间主任。1980 年 3 月任车辆车间主任。1998 年 5 月退休。

Xiao Kaiying

肖开英（1940.11— ） 女，广东大埔人。1958 年福建水电学校动力专业（中技）学习一年多，后分配至福州电厂。1959 年 3 月在第 11 列车电站培训，后正式调入 11 站，从事汽机运行与检修，曾任检修班组长。1971 年 5 月调入 56 站。随电站调迁福建三明、山东官桥、江苏徐州等地发电。1984 年调入徐州北区热电厂基建科，从事土建施工辅助工作。

Wu Gongxin

吴功信（1940.1— ） 江苏如皋人。1958 年 7 月在福建三明电厂参加工作。1959 年 6 月进入第 27 列车电站，从事汽机运行与检修。随电站调迁福建三明、厦门、邵武，甘肃山丹，江西安福等地发电。1981 年 4 月调入华东基地，从事汽机检修。

Wu Xingyi

吴兴义（1930— ） 广西浦北人。1959 年 6 月进入第 6 列车电站，参加茂名石油会战。后相继在第 8、15、46、新 4（5）站、列电局密云干校等，任食堂管理员。曾获得旅大电力局、列车电业局先进工作者称号。1983 年 4 月调入广西北海电业局，任行政科长。

Fan Yanlin

范炎林（1941.2— ） 安徽太和人。1959 年 6 月进入第 11 列车电站。1960 年 1 月入伍，在 68 军服役。1965 年 1 月复员，先后在第 11、56 列车电站，从事锅炉运行与检修工作。随电站调迁山东官桥、江苏徐州等地发电。1975 年 2 月调武汉基地，先后在基建办公室从事锅炉检修，在材料科、计划科任材料员、产品销售员。1998 年 5 月退休。

Xiang Ru

项如（1939.12— ） 江苏武进人，助理经济师。1959 年 6 月进入第 19 列车电站，从事汽机运行与检修。1960 年 9 月在保定电力学校管理干部培训班学习，1962 年 7 月分配至 9 站，先后从事财务、材料采购工作。随电站调迁四川广元，广东茂名、湛江，山西宁武，山东莱芜、烟台等地，曾为茂名石油开发会战供电。1978 年 6 月调华东基地，1989 年 1 月任供应科副科长。1997 年 10 月退休。

Gao Fei

高斐（1938.7— ） 湖南衡阳人，列车电业局动力学院电机系肄业。1959 年 6 月分配至第 11 列车电站。1960 年 9 月接新机 38 站，1977 年 11 月调入 11 站，均从事电气运行与检修。随电站调迁福建三明，山东官桥，山西运城，甘肃金川，广东韶关，江西九江，河北迁安等地发电。1983 年 4 月调至山东邹城电厂。曾被评为济宁市劳动模范。

Huang Yuanzhi

黄元治（1940.12— ） 广东新会人，中共党员。1958年12月在广东茂名石油公司技工学校参加培训。1959年6月进入第6列车电站，同年9月调入26站，从事锅炉运行与检修。1964年2月接新机42站，先后任司炉、司炉长、锅炉工段长。1976年唐山地震时当班司炉长，处理得当，保证了锅炉正常供汽。随电站调迁内蒙古赤峰，四川峨眉，陕西略阳，湖南株洲，河北迁安，江苏苏州等地发电。1983年3月调入苏州热电厂锅炉车间。

Cao Zhenyu

曹振宇（1934.2— ） 河北抚宁人，捷克斯洛伐克比尔森机械电机学院机械制造（水压机）专业肄业，副译审，中共党员。1959年6月进入列电系统，在北京办事处任科员、翻译。1962年10月调局机关办公室，后任副科长。曾参加进口机组的试运行，对机组缺陷及存在问题的分析进行捷文口、笔译。1983年4月调入中国水利电力对外公司，在进出口处任项目经理。

Dong Guoxiang

董国祥（1941.9— ） 河北清苑人，列车电业局动力学院热机专业肄业。1959年6月进入第15列车电站，材料员。1966年6月调入8站，从事管理工作。1973年1月调入44站，材料员。1973年8月调入36站，1982年1月调入46站。随电站调迁湖南衡阳，广东茂名，河北衡水，山西运城，河南西平，福建漳州等地发电，曾为茂名石油开发会战服务。1985年10月调入华东基地，供应科材料员。1997年10月退休。

Jin Shifang

靳世芳（1942.10— ） 女，河北肃宁人，列车电业局动力学院电气专业肄业。1959年6月进入船舶1站。1962年调入船舶2站，1980年12月调入第54列车电站，均从事电气运行与检修。随电站调迁湖北丹江口，福建福州，四川五通桥，江西九江，湖南衡阳，江苏无锡等地发电。1984年12月随电站成建制下放无锡新苑集团公司热电厂。1992年8月退休。

Cai Cuimin

蔡翠敏（1936.12— ） 女，河北宁晋人。1958年7月在保定市棉纺厂参加工作。1959年6月调入保定基地，先后在检修车间、锅炉车间工作。1981年11月退休。

Tan Boyuan

谭柏源（1939.10—1998.5） 广东新会人。1958年10月在茂名建工部三局三公司参加工作。1959年6月进入列电系统，先后在第6、25、43、15、46列车电站工作，随电站调迁广东茂名、英德、韶关，辽宁开原，吉林通化、延边，陕西略阳，湖南临湘，福建福州、漳州等地发电，曾为茂名石油开发会战服务，一直从事热工专业，曾任热工室负责人。1979年调入广州黄埔电厂。

Ma Wenhua

马文华（1931.8—1985.2） 女，河北阜平人，初中文化，中共党员。1952年在阜平县马兰小学任教。1959年7月进入列电系统，在第5列车电站从事锅炉运行与检修，后调入列电局武汉装配厂。1961年6月调入保定基地。1968年9月调入西北基地，先后在一、二、三车间从事油漆工、刨工等工作。

Wang Shumin

王树民（1942.4— ） 河北博野人，保定钢铁学校肄业，1959年进入保定基地，在电机分厂从事电工工作。1961年调入列电局中南中心站检修队，1962年先后调入第16、35、55、17、6列车电站，从事锅炉运行与检修，曾任班长、工段长，随电站调迁内蒙古乌达，青海海晏，贵州水城，山西垣曲，河北沧州等地发电。列电体制改革后，调入沧州电力局工作。1998年退休。

Mao Engui

毛恩贵（1937.1—2014.1） 北京市人，北京电力学校热能动力装置专业毕业，工程师。1959年7月在河北省电力学校任教，与保定电力学校合并后在保定电力学校任教。后调入第30列车电站，任锅炉技术员，随电站在吉林龙井、黑龙江伊春发电。1980年调入西北基地，先后任锅炉车间技术员、技术科安全员、生产计划科计划员、总工办工程师等，曾获西北电管局安全技术奖。

Liu Yuee

刘月娥（1939.7— ） 女，广东揭西人。1958年10月在广东第四工程局三公司参加工作。1959年7月进入第6列车电站，先后从事化验、汽机运行与检修工作。随电站调迁河南三门峡、平顶山，广东茂名，湖南衡阳，新疆哈密等地发电，曾为茂名石油开发会战服务。1972年9月调入武汉基地，先后在一车间从事钳工、电焊条房保管员工作。

Yan Dianjun

闫殿俊（1925.1—1998.6） 山东宁津人，中共党员。1945年参加革命，曾在解放军359旅、新疆南疆军区任团政委，参加运城、西安、新疆、西藏的解放工作，并分获解放战争、解放新疆、解放西藏荣誉勋章。1959年转业到新疆哈密三道岭自备厂，1962年在第35列车电站任党支部书记。1964年调列电局机关工作。1972年调入保定基地，先后任基地子弟学校书记、教育科科长、电大校长。1985年1月离休。享受县（处）级待遇。

Jiang Deshou

江德寿（1938.3— ） 浙江建德人，中共党员。1954年在浙江建德县粮食局参加工作。1959年7月进入第24列车电站，从事汽机运行与检修。1969年接新机54站，1971年7月调56站，任汽机工段长。1977年接59站，1981年调回56站，任汽机工段长。随电站调迁宁夏青铜峡、贵州水城、江苏徐州、黑龙江佳木斯等地发电。1982年调入中国工商银行徐州分行，1987年调入交通银行徐州分行，任信贷科科长。

Yin Fahai

阴法海（1939.2— ） 山东肥城人，毕业于速成师范学校。1958年9月为小学代课教师，1959年7月进入第24列车电站，从事汽机运行与检修工作。1970年任检修组长，1975~1992年4月任汽机工段长。随电站调迁宁夏青铜峡，湖南郴州、湘潭、株洲等地发电。1992年4月分配到长沙重型机器厂工作。

Du Peiyun

杜培云（1936.2— ） 女，湖北武汉人。1958年7月在武汉汉阳钢铁厂参加工作。1959年7月调入列电局武汉装配厂，先后生产车间、基建办公室、总务科从事电气检修与安装、现场电气维修、后勤服务工作。

Li Wuchao

李武超（1940.9— ） 江苏南通人，初中文化，中共党员。1959年7月进入第13列车电站，从事汽机运行与检修。1982年4月调入56站，1983年2月调入54站。随电站调迁河南鹤壁，青海海晏，广东广州、韶关，云南禄丰，山西大同，河南商水，江苏徐州、无锡等地发电，曾为二机部九局（221厂）服务。曾荣获列电局“练功能手”称号。1984年12月随电站成建制下放无锡新苑集团公司热电厂，任汽机代理副工段长、列电车间主任、汽机车间主任。

Li Shunru

李顺茹（1934.3— ） 女，江西丰城人，武昌医士学校临床医学专业毕业，主治医师。1957年7月，在湖北麻城明山水库工地医院参加工作。1959年7月进入保定基地，医务室医师。1978年2月调入华东基地，医务室医师。

Li Guizhu

李桂珠（1940.7— ） 女，江苏东台人。1958年8月在安徽淮南电厂参加工作。1959年7月进入第12列车电站，从事汽机运行与检修。随电站调迁黑龙江哈尔滨、扎赉诺尔，安徽合肥、濉溪，甘肃酒泉，内蒙古平庄等地，曾为二机部十四局（404厂）供电。1977年4月调入华东基地，从事汽机检修。

Yang Yuanying

杨元英（1940.11—2009.6） 女，湖北应城人，中共党员。1958年11月在汉阳钢

铁厂参加工作。1959年7月调入列电局武汉装配厂，车工，后任班长、工会女工委员。1975年10月起，先后任车间党支部副书记、书记，副指导员、车间主任、指导员。1987年后，在劳动人事科负责人事档案管理工作。1973年4月为武汉市第四次妇女代表大会代表。1992年3月退休。

Yang Yulan

杨玉兰（1939.3—　）女，辽宁东沟人，小学文化。1959年入第29列车电站，在锅炉工段学徒。1961年接新机44站。1962年调至24站，均从事锅炉运行与检修。随电站先后在湖北武昌，宁夏青铜峡，湖南耒阳、湘潭、株洲、长沙等地发电。1986年8月，随电站调入长沙重型机器厂。

Wu Boxin

吴伯欣（1939.12—　）广东新会人，茂名石油技术学校毕业。1959年分配至第6列车电站，从事锅炉运行与检修。1966年10月调入8站，1976年11月调入48站。随电站在广东茂名、河北衡水、湖南衡阳等地，曾为茂名石油开发会战供电。1986年调入华东基地，从事锅炉检修。1994年退休。

Wu Hongliang

吴宏良（1942.1—2016.5）河南开封人，高中文化。1959年7月进入第16列车电站，从事电气运行与检修。1969年调入41站，1978年调入39站。随电站调迁湖南资兴、邵阳，内蒙古乌达，广西桂林，河南平顶山，山东东营、昌邑、滕县等地发电。1983年10月调入山东十里泉发电厂，任电气运行班长。

Yu Yunfeng

余云凤（1931.10—2014.10）女，四川遂宁人，四川化工学院化学工程专业毕业，高级工程师，中共党员。1953年8月分配至哈尔滨军事工程学院任教。自1955年2月起先后在燃料部、石油部及石油科学研究院从事技术管理工作。1959年7月调入列电局，在新机办中心试验所任化学组组长。1962年1月调入列电局武汉装配厂，任理化组组长。1978年11月调入列电局中心试验所，任金属组组长。列电体制改革后，在河北电力职工大学任教务科副科长。1986年获华北电管局先进教育工作者称号。

Yu Aihua

余爱华（1940—　）女，浙江龙游人。1959年7月进入第24列车电站。1961年调33站，1975年7月接新19站，1982年8月调入60站，均从事锅炉运行与检修。随电站调迁宁夏青铜峡，贵州贵阳、六枝、水城，湖南衡阳，浙江海宁等地发电，曾为青铜峡水电站、贵昆铁路建设服务。1986年调入江苏昆山列车电厂，从事锅炉运行与检修。

Chen Shaozhen

陈绍珍（1942.3— ）女，重庆合川人。1958年在北碚机械厂参加工作，1959年调入灌县都江堰机械厂，同年7月调入第14列车电站，在化验室工作。曾参加列电局举办的化验培训班学习，随电站调迁四川荣昌，内蒙古赤峰，黑龙江牡丹江，宁夏青铜峡，甘肃酒泉，四川甘洛，陕西宁强，江苏徐州等地发电。1982年调入南京金陵石化工作。

Hu Yuying

胡玉英（1943.2— ）女，湖北汉阳人。1958年在北碚机械厂参加工作，1959年调入灌县都江堰机械厂，同年7月调入第14列车电站，从事车工专业，随电站调迁四川荣昌、内蒙古赤峰、黑龙江牡丹江、宁夏青铜峡、甘肃嘉峪关、四川甘洛、陕西宁强、江苏徐州等地发电。1982年调入南京金陵化工厂工作。

Shi Huilin

施惠林（1939.10—1974.9） 江苏张家港人，大专文化，工程师。1959年南京电力专科学校毕业，分配到第9列车电站，1960年调入14站，电气专业工程师。随电站调迁四川荣昌、内蒙古赤峰、黑龙江牡丹江、宁夏青铜峡、甘肃嘉峪关、四川甘洛、陕西宁强、江苏徐州等地发电。

Qin Xiuping

秦秀萍（1944.9— ）女，河北安国人。1959年进入第23列车电站，从事电气运行与检修。1963年调入28站，1979年接新机62站。随电站调迁辽宁开原、瓦房店，四川荣昌，河南鹤壁、开封，河北邢台，云南昆明，山东济宁、潍坊、枣庄，江苏无锡等地发电。1982年10月，随电站成建制下放江苏无锡市。

Guo Shulin

郭树林（1943—1991） 河北徐水人，中共党员。1959年进入保定基地。1961年入伍，曾任排长。1968年复员回到保定基地工作。1979年12月调入华东基地。经省电力公司批准，1988年1月由基建施工员转为干部。

Gong Bohuan

龚博环（1931.12—2016.2） 广东紫金人。1958年6月在广东新丰江水力发电工程局参加工作，任管理员。1959年7月进入第4列车电站，任材料员。随电站调迁广东河源、坪石、火烧坪，河南新乡、信阳等地发电。1975年1月调入武汉基地，先后在材料科、物资供应科任材料员。1983年6月退休。

Gong Ruilan

龚瑞兰（1937.10— ）女，安徽肥东人。1957年7月在安徽肥东医院参加工作。1959年进入保定基地。1961年接新机44站，从事汽机运行与检修，随电站在山西晋城发电。1966年调入西北基地，1979

年 12 月调入华东基地，从事汽机检修。

Chang Jinggan

常敬干（1941.11— ）河南襄县人，初中文化。1959 年 7 月进入第 22 列车电站，从事锅炉运行与检修，随电站调迁广西柳州，海南昌江等地发电。1963 年调入 15 站，曾参加茂名石油大会战。1966 年返回 22 站。1970 年调入 43 站，1972 年调入 16 站，1975 年调入 23 站。随电站调迁贵州水城，广西宜山，内蒙古丰镇、临河，山西大同，云南昆明等地发电。1981 年 8 月调入西北基地，在锅炉车间工作。

Dong Dageng

董大庚（1930.6— ）天津市人，中国人民大学财政系毕业，高级讲师。1954 年 7 月参加工作，燃料工业部电业管理总局基建局财务科职员。1959 年 9 月先后调至河北省电力学校、河北保定电力专科学校任教师。1961 年 10 月在保定电力（技工）学校任教师。1971 年 5 月学校并入保定基地在车间劳动，1972 年 12 月复校后回校任教，主要从事企业管理、语文、体育等课程的教学及体育场地和有关设施的建设等工作。

Jiao Yucun

焦玉存（1936.7—2019.4）河北博野人，北京电力学校汽机专业毕业，工程师。1959 年 7 月进入列电系统，先后在第 23、45、18 列车电站，从事汽机专业，相继任 23、45 站生技组组长，18 站汽机技术员，随电站调迁辽宁开原，黑龙江勃利、伊春、牡丹江，内蒙古伊敏河等地发电。1982 年调入保定基地，在电站科任工程师。

Qu Changqi

瞿长琪（1936.1—2017.12）湖南桃江人，武汉市公安学校毕业，中共党员。1955 年 9 月参加工作，曾在江岸区公安局、派出所，武昌区交通中队任民警。1959 年 7 月进入列电局武汉装配厂，历任人保科保卫干事、组织干事。1972 年 12 月起，先后任车间、第 20 列车电站安装队党支部副书记、书记，行政科副科长兼党支部书记，服务公司副经理、经理，离退休办公室党支部书记。

Wang Xuefang

王雪芳（1945.1—2014.10）女，上海市人。1959 年 8 月进入第 8 列车电站，从事汽机运行与检修。随电站调迁甘肃酒泉、宁夏青铜峡等地发电。1964 年 3 月调入武汉基地，先后在二车间、检修车间、一车间行政科招待所从事车辆检修、冷作钳工及后勤服务工作。

Yin Nanzhou

尹南洲（1937.4—2003.12）湖南益阳人。1957 年 1 月始，曾在武汉市汉阳钢铁厂、汉阳建设局抽水站工作。1959 年 8 月进入列电局武汉装配厂，先后在车间、设备科从事电气检修，曾任班长。1995 年 1 月起，任众星电器厂副厂长。1996 年 6 月退休。

Yin Dexin

尹德新（1940.1— ） 女，北京市人，北京电力学校汽机专业毕业，工程师。1959 年 8 月分配到北京 509 厂自备电厂任技术员。1961 年 11 月调入列电系统，先后在第 2 列车电站、船舶 2 站、55 站，从事电气、汽机技术工作。1979 年 8 月调入保定基地，相继在汽机车间、设计科、经营计划科工作，历任助理工程师、工程师。

Zuo Junyan

左俊岩（1938.9— ） 女，河北定州人，列电局动力学院肄业。1959 年 8 月进入保定基地，从事车工专业，参与局产列车电站机组的制造。1967 年 1 月调入西北基地，在二车间从事备品备件、1500 千瓦自由活塞燃气轮发电机组和红心泵的加工，后调入机修班。1989 年 5 月退休。

Cheng Xuehen

成雪恨（1939.2— ） 女，陕西西安人，1958 年 7 月西安电力学校肄业。1959 年 8 月由西安电机厂进入第 29 列车电站，从事热工仪表专业。1961 年 1 月接新机 44 站，后从事电气运行与检修。1964 年 7 月，调入保定基地检修车间。1965 年 7 月接新机 42 站。随电站调迁湖北黄石、山西晋城、四川峨眉、陕西略阳、湖南株洲、河北迁安、江苏苏州等地发电。1983 年 3 月调入苏州热电厂电气二次组，从事继电保护工作。

An Jizhen

安继祯（1933.12— ） 湖北武汉人，主治医师。1949 年 12 月入伍，曾在部队任统计员、代理护士长、防疫员。1956 年 8 月转业，先后在北京第三建筑公司保健站、北京电机厂任防疫员。1959 年 8 月进入武汉基地，在保健站从事护理工作，后任卫生所医生、主治医师、代理所长、所长。

Li Jiexiang

李杰祥（1941.10—2014.2） 湖北武汉人。1958 年 10 月在武汉市汉阳钢铁厂参加工作。1959 年 8 月进入列电局武汉装配厂。1963 年 8 月入伍，在武汉市人民武装部服役，1965 年 5 月退伍回到基地，先后在生产一队、检修车间、一车间从事锅炉检修、钳工、焊条房保管员。1994 年 4 月退休。

Li Shuying

李淑英（1939.8— ） 女，陕西汉中人，西安电力学校发电厂电力网及电力系统专业肄业。1959 年 8 月进入第 28 列车电站，1962 年 8 月调入 29 站，均从事热工专业，1964 年 1 月调入 30 站任热工负责人。随电站调迁河南鹤壁、湖北黄石、吉林延边、黑龙江伊春等地发电。1982 年 8 月调入保定基地工作。

Yang Chenghua

杨成华（1942.2—1997.12） 湖南桃源人。1958 年 12 月在武汉汉阳钢厂参加工作，电工。1959 年 8 月进入列电局武汉装配厂，先后在二车间、机修车间、设备动力车间、三车间从事电气检修，在行政科、总务科、服务公司从事线路检修兼家属院居民用电管理。

Yang Shouxian

杨寿先（1941.7— ） 河北定兴人，列车电业局动力学院肄业，中共党员。1959 年 8 月在保定基地参加工作，参与了局产列车电站机组的制造。1967 年 1 月调入西北基地，曾任班长、车间支部书记等职，参与Ⅰ型、Ⅱ型红心泵、1500 千瓦自由活塞燃气轮发电机组等自主设计产品的加工。备战备荒期间，参与宝鸡市下达的半自动步枪、五七高炮零部件的加工任务。

Xiao Renfa

肖仁发（1936.10—2017.9） 湖北武汉人。1958 年 12 月参加工作，先后入职武汉汉阳钢铁厂、汉阳建设局。1959 年 8 月进入列电局武汉装配厂，相继在电气车间、机修车间、设备动力车间、四车间、一车间从事电气维修，曾任班长。1986 年 4 月退休。

Zhang Kairun

张开润（1937.5—2010.4） 江苏连云港人，初中文化。1959 年 8 月进入第 2 列车电站，从事财务工作。1972 年 8 月调入 13 站，随电站调迁广东韶关，湖北丹江口，陕西西乡，湖南株洲，山西大同，河南商水等地发电。1984 年调入平顶山姚孟发电厂，从事财务工作，1986 年任财务科长。

Zhang Shulan

张淑兰（1938.12— ） 女，山东阳谷人，高中文化，会计师，中共党员。1958 年 7 月在哈尔滨 101 厂中央试验室工作。1959 年 8 月进入列电系统，在第 10 列车电站从事化验。1962 年 5 月调入列电东北工作组，任会计。1964 年 3 月调入保定基地。1973 年 1 月调入局机关财务科（处）。1983 年 4 月调入水利电力出版社财务处。1996 年 3 月退休。

Zhang Fuzhi

张福智（1938.10— ） 江苏句容人，北京机械学院中专部机床制造专业毕业，工程师、高级讲师。1959 年 8 月参加工作，在列电局保定制造厂从事汽轮机制造。1960 年 5 月调入保定电力（技工）学校任教师，1971 年 5 月学校并入保定基地在车间劳动，1972 年 12 月复校后回校任教师，主要从事理论力学、材料力学等课程的教学及实验室建设和班主任等工作，后任力学教研组组长。主审的教材《工程力学》由水利水电出版社出版。曾被评为保定市级技工学校系统优秀教师等。

Zhou Shihou

周世厚（1933.7—2019.2） 湖北武汉人。1952 年 9 月在武汉汉阳胡义麻绳店参加工作。1959 年 8 月进入列电局武汉装配厂，先后在材料科任仓库保管员，机修车间、一车间、物资供应科、三车间、储运站起重工。1986 年 3 月退休。

Zhou Shaomin

周绍敏（1937.5—2006.3） 女，北京市人，曾用名周绍忞。北京通州师范学校毕业，中教一级，中共党员。1959 年 8 月分配到保定电力学校任教，1962 年 9 月调入保定基地子弟学校任教，先后在小学部、初中部任班主任，并任初中教研组组长。1983 年荣获保定市先进个人荣誉，1991 年获河北省数学会电视大赛优秀教练奖，1990、1992 年获华北电力联合公司优秀教师荣誉。

Zhao Guocai

赵国才（1943.11— ） 湖北武汉人。1958 年 12 月在湖北汉阳钢铁厂参加工作。1959 年 8 月进入列电局武汉装配厂，钳工。1965 年 10 月调入第 42 列车电站，在四川峨眉九里镇发电。1968 年调回武汉基地，先后在机修车间、一车间、电站检修队、结构车间、计量检验科从事锅炉钳工及计量检验工作。1996 年 6 月退休。

Luo Qiguang

骆启光（1940— ） 广东台山人，初中文化，中共党员。1959 年 8 月在建工部三公司参加工作，1959 年 8 月调入第 6 列车电站，从事电气运行与检修。1960 年 2 月调入 34 站，1960 年 8 月调入列电局武汉装配厂，1961 年 12 月调入 23 站，1972 年任电气工段长，1973 年任电站党支部委员、电站人事员。随电站调迁广东茂名，黑龙江伊春、萨尔图，四川荣昌、甘洛，山西芮城、大同，内蒙古临河等地发电。1982 年调入西北基地，劳人科科员。1984 年 4 月调至广东台山市林业局红岭种子园工作。

Yuan Huaxiong

袁华雄（1939.5— ） 江西九江人。1958 年 10 月入列车电业局动力学院热机专业学习，1959 年 8 月进入列电局武汉装配厂，先后在材料科、安装车间、检修车间、二车间、五车间从事材料保管、电气检修、机电设备维修工作。1996 年 6 月退休。

Xu Zongyao

徐宗尧（1935.10— ） 上海市人，初中文化。1951 年 8 月在上海电气行参加工作，1956 年响应国家支持外地建设的号召，先后到淮南、徐州等煤矿从事电气维修工作。1959 年 8 月调入保定基地，相继在汽机制造厂、金工车间、安全科，从事电气维修及管理工作，1986 年退休。

Huang Guiru

黄桂茹（1940.7— ） 女，江苏连云港人。1959年8月进入第2列车电站，从事化学工作。1973年调入54站从事食堂管理。1977年调入39站，车工。随电站调迁广东曲江、韶关，湖北丹江口，陕西西乡，湖南株洲，山西大同，山东滕县等地发电。1983年10月随电站人员调入山东十里泉发电厂，在机加工车间工作。

Kang Yuanzhi

康远志（1940.7—1997.9） 湖北天门人。1959年1月在武汉汉阳钢铁厂参加工作。同年8月进入列电局武汉装配厂，先后在锅炉本体车间、一车间、五车间、结构车间、附属综合厂、电气分厂从事锅炉检修、安装工作。1996年6月退休。

Yu Hanzhou

喻汉洲（1941.10—2012.11） 湖北孝感人。1958年10月在武汉汉阳钢铁厂参加工作。1959年8月进入列电局武汉装配厂，先后在锅炉本体车间、检修车间、一车间质量检验科从事车辆检修及焊接检验。1995年12月退休。

Yao Zichen

么子臣（1936.6—1995.7） 辽宁北镇人。1956年5月参加工作，先后在沈阳军区被服厂和双鸭山煤矿建设集团工作。1959年9月进入列电系统，先后在第17、31（32）、34列车电站，从事运行与维修及筹建工作。1982年4月调入保定基地，在供应科、保卫科工作。1986年12月退休。

Wang Mingquan

王名权（1937.6— ） 湖南衡阳人，大连工学院机械制造专业毕业，高级工程师。1959年9月分配到保定基地，从事技术工作。1965年调入西北基地，先后在金工车间技术组、技术科任技术员、工程师。1980年调回保定基地，任生技科工程师。列电体制改革后，历任保定电力修造厂技术科科长、副总工程师、总工程师。1994年2月退居二线，1996年7月退休。

Wang Xingguo

王兴国（1937.6—2018.1） 河北顺平人，保定电力学校热能动力装置专业毕业，助理工程师，中共党员。1959年9月分配到保定基地，在金工车间工作。1966年调西北基地，曾任金工车间班长，参与了基地的基本建设，红心汽动给水泵、1500千瓦自由活塞燃气轮发电机组的制造。1976年任金工车间主任，1979年任检验科党支部书记，1981年任动力科党支部书记。1989年在基地开发公司从事技术工作。1995年退休。

Wang Xun

王勋（1928.6— ） 河北清苑人，列车电业局动力学院肄业。1959年5月参加保定电力技校财会训练班学习，1959年9月进入列电系统，先后在列电局财务科、中试所任会计。1961年11月后，相继调入第40、10列车电站工作。1983年11月随电站成建制调入武汉基地。

Liu Zhongyuan

刘忠元（1935.12—1999.1） 湖北孝感人。1953 年 5 月参加工作，曾在武汉市手工业生产合作社、汉阳模型厂从事木工。1959 年 9 月进入列电局武汉装配厂，先后在一队、铸造车间、二车间、一车间从事木工、人力起重工。1986 年 9 月退休。

Liu Qinjing

刘钦敬（1937.3—1992） 安徽太和人，茂名市石油技术学校机电专业毕业，中共党员。1959 年 9 月分配到第 6 列车电站，从事电气检修及运行，曾任电气工段长。随电站参加过茂名石油大会战。1976 年调入 15 站，1980 年调入 13 站。1984 年调入平顶山姚孟发电厂，任电气检修负责人、电气分厂党支部委员。1989 年调入湖北汉川电厂。

Shen Peiping

沈佩萍（1935.8— ） 上海市人，上海交通大学动力机械制造系锅炉制造专业毕业，工程师。1959 年 9 月进入列电系统，先后在列电局锅炉厂、制造厂从事技术工作。1960 年 11 月调入列电局技术改进所，在锅炉组从事技术工作。1971 年技改所并入保定基地后，先后任基地制造车间技术员、计划调度室工程师。

Shen Haoran

沈浩然（1939.10—2015.11） 浙江绍兴人。1958 年 8 月入列车电业局动力学院学习。1959 年 9 月分配至保定基地，从事锅炉检修。1961 年 8 月调入列电局武汉装配厂，先后在锅炉车间、检修车间、一车间、质量检验科从事锅炉检修及检验工作。1994 年 3 月退休。

Zhang Genshen

张根深（1924.2—2000.5） 河北容城人，初中文化。1943 年 5 月参加中国共产党，曾任容城县五区委秘书、容城县委秘书。1950 年 6 月后任容城县供销社副主任、紫荆关水电工程局办公室副主任、河北省电力工业局秘书等职。1959 年 9 月调入河北省电力学校、河北保定电力专科学校工作。1961 年 10 月河北保定电力专科学校与保定电力学校合并，1962 年 8 月保定电力学校与保定电力技工学校合并，曾任校党委办公室副主任、政治处副主任等。1971 年 5 月学校并入保定基地，从事党务工作。1972 年 12 月复校后，任保定电力技工学校领导小组副组长、临时党支部副书记。1978 年 1 月任学校第一副校长，4 月兼任学校党总支副书记。1985 年 2 月离休。

Chen Fufen

陈付芬（1940.10— ） 广东汕头人，茂名建工部第三建筑公司技工学校机电专业毕业，技师。1959 年 9 月分配到第 6 列车电站，从事汽轮机运行及检修，曾任检修班长，参加了茂名石油大会战。随电站调迁衡阳、哈密等地发电和西北基地机组

大修。1972 年 12 月调入山东德州电业局工作。

Chen Shuchao

陈树潮（1939.10— ） 广东潮州人，广东茂名石油技术学校机电专业毕业，政工师，中共党员。1959 年 9 月分配到第 6 列车电站，从事锅炉检修及运行。1965 年改转材料员工作，随电站调迁广东茂名，湖南衡阳，新疆哈密，河北沧州等地发电。1984 年分配到沧州供电局，任局长秘书、工会秘书等，1998 年退休。

Luo Lizhong

罗礼中（1938.10—2018.9） 湖北武汉人。1953 年 3 月在武汉市建华木器厂参加工作，木工。1959 年 9 月进入列电局武汉装配厂，先后在铸造车间、二车间质量检验科工作，曾任班长。曾获得武汉市电业局安全标兵，1996 年 6 月退休。

Zhao Daiye

赵代业（1940.6—2018.3） 广东新会人，茂名建工部技术学校毕业。1959 年 9 月分配至第 6 列车电站，从事锅炉运行及检修。1975 年 4 月调入 48 站。随电站调迁广东茂名，新疆哈密，河北沧州，湖南衡阳等地发电，曾为茂名石油开发会战服务。1985 年 1 月调入衡阳轧钢厂。1990 年 4 月调入广东佛山市针织厂，从事锅炉运行。

Liang Senquan

梁森全（1942.5— ） 广东开平人，茂名建工部第三建筑公司技工学校机电专业毕业。1959 年 9 月分配到第 6 列车电站，从事汽轮机运行及检修，参加过茂名石油大会战，随电站调迁湖南衡阳，新疆哈密，河北沧州等地发电。1980 年 10 月调入广东工业设备安装公司，从事设备安装工作。曾参加“43 项援藏工程”建设，获中华人民共和国国务院援藏证书，参加援非工程建设两年。

Peng Quanfa

彭全发（1941.4— ） 湖北沔阳人。1958 年 12 月在武汉汉阳钢铁厂参加工作，在修造车间从事炉工。1959 年 9 月进入武汉基地，先后在铸造车间、二车间从事炉前铸工、炉工，行政科、基建管理办公室从事管道工、现场施工管理工作。1998 年 6 月退休。

Peng Dianqi

彭殿琪（1926.10—1996.2） 四川遂宁人，武汉大学机械工程专业毕业，高级工程师，中共党员，1951 年 8 月毕业分配到燃料部，先后在基建司、设计司任职。1959 年 9 月调入列电局，在设计科工作，后任负责人。1962 年 1 月调入列电局武汉装配厂，在生技科工作，曾任副科长。1975 年参与翻译《加拿大奥伦达 9000 千瓦燃气轮机说明书》。1978 年 12 月调入列电局中心试验所，在设计室工作。1982 年 1 月调入华北电力学院，曾在动力系热机教研室任教、技术情报部门从事外文翻译。

Jing Mingxin

景明新（1933.3— ） 河北怀安人，毕业于清华大学水电工程系，副教授。1959年9月分配至保定电力学校，从事教学工作，曾任力学制图教研室主任，获得年度优秀教师称号。1975年5月调入在内蒙古丰镇的第16列车电站，任汽机技术员。1978年9月调入内蒙古呼和浩特市土默特左旗民族中学任教。在内蒙古工作期间，被评为少数民族地区先进科技工作者。1986年9月调入张家口河北师范学院任教。

Xiong Guoliang

熊国良（1942.2—2001.10） 湖南桃江人，技师，中共党员。1958年12月在武汉汉阳钢铁厂参加工作。1959年9月进入武汉基地，先后在安装车间、三车间、四车间从事钳工，任三车间叶片班长、四车间生产调度。1992年8月起，任四车间主任。1973年出席武汉供电局先进个人大会。1983年被评为武汉供电局先进生产者。

Pan Guangbi

潘光弼（1944.3— ） 浙江上虞人。1959年9月进入列电局武汉装配厂，木模工。1961年3月入伍，曾任41军123师369团通讯员、保管员。1964年1月复员回到武汉基地，木工。后在计划科、生产科任外协员、组长。1987年3月起，先后任外协办公室副主任、外协经营部经理、物资供应科科长。2000年5月退休。

Li Yunqi

李云奇（1938.3— ） 河南开封人，列车电业局动力学院电机工程专业肄业，助理工程师。1959年10月进入列电系统，先后在第18、17、34、36列车电站任电气值班员、技术员和工段长。1978年5月调入列电局中试所，在电气仪表组工作。1986年3月后在河北电力职工大学任工会主席。

Li Xiufen

李秀芬（1936.7— ） 女，北京市人，河北北京师范学院数学专业毕业，高级讲师，中共党员。1959年10月参加工作，先后在河北省电力学校、河北保定电力专科学校任教师，1961年10月在保定电力（技工）学校任教师。1971年5月学校并入保定基地在车间劳动，1972年12月复校后回校任教，主要从事数学课程的教学和班主任等工作。曾被评为1986年度保定市先进工作者，1988年度河北省劳动人事厅模范教师和华北电业管理局“三八”红旗手等。

Li Xiuying

李秀英（1942.11— ） 女，山东枣庄人，中共党员。1958年10月在淮南电厂参加工作，1959年10月进入第12列车电站，1966年12月调入1站，从事电气运行与检修。随电站调迁安徽合肥、濉溪，甘肃酒泉、陇西，四川冕宁，北京房山等地发电。曾为二机部十四局（404 厂）等重点工程发电。列电体制改革后，随电站下放北京煤矿机械厂，在电力车间工作。

Wu Huaiguang

吴怀光（1943.4—1997.11） 安徽淮南人，中共党员。1959 年 10 月进入第 12 列车电站，从事汽轮机运行与检修，随电站调迁安徽合肥、濉溪，甘肃酒泉等地发电。1966 年 12 月调入 1 站，曾任工段长，随电站调迁甘肃陇西，四川冕宁，北京房山等地发电，曾为二机部十四局（404 厂）、113 铝加工厂重点工程服务。随电站下放北京煤矿机械厂，曾为电力车间负责人。1995 年病退。

He Yawen

何雅文（1941.1— ） 广东江门人，茂名石油技工学校毕业。1959 年 10 月分配到第 25 列车电站，从事汽机运行与检修，随电站调迁吉林通化、延吉、蛟河等地发电。1961 年调入 43 站，参加茂名石油会战，随电站调迁广东茂名、英德、韶关，贵州六枝、贵定，湖北武汉，北京等地发电。1981 年 43 站与 8 站合并后，随电站调迁北京新型建筑材料厂发电并下放。1984 年 7 月调入贵州省档案馆工作。

Shen Meiying

沈美英（1937.12— ） 女，江苏南通人，初中文化。1951 年 10 月参加工作，纺织厂操作工。1959 年 10 月调至保定电力技工学校，从事收发、实习工厂内勤等工作。1971 年 5 月学校并入保定基地后在车间劳动，1972 年 12 月复校时回校。

Zhang Shuzhen

张淑贞（1938.12— ） 女，河北蠡县人。1958 年 8 月入列车电业局动力学院学习，后分配至保定基地工作。1959 年 10 月调入第 27 列车电站，任会计。随电站调迁福建三明、厦门、邵武等地发电。1971 年 6 月调入武汉基地，先后在物资科、四车间任材料会计、成本核算员。

Chen Yangjian

陈阳见（1936.9—2007.1） 湖北黄冈人。1956 年 1 月在武汉市汉阳钢丝厂参加工作。1959 年 10 月进入列电局武汉装配厂，在铸造车间、二车间从事锻工，在仓储站从事起重工，后在保卫科工作。1986 年 12 月退休。

Chen Daojin

陈道金（1921.6—1998.7） 湖北黄冈人。1953 年 10 月参加工作，曾在湖北黄石机械修配厂、鄂城公私合营修船厂从事锻工，湖北大学任管理员。1959 年 10 月进入列电局武汉装配厂，先后在铸造车间、二车间工作。1979 年 10 月退休。

Guo You

国友（1940.10— ） 吉林榆树人，初中文化。1958年10月在黑龙江双鸭山岭西铁矿参加工作，1959年10月进入第17列车电站，从事财务工作。1982年10月调入59站。随电站调迁河北邯郸、黑龙江虎林、内蒙古海拉尔、黑龙江佳木斯等地发电。1986年5月随59站到河北涿州发电。1989年9月电站下放更名涿州市发电厂后，任厂服务公司会计。

Hong Jingyuan

洪晶元（1935.10— ） 浙江建德人，列车电业局动力学院电力工程专业肄业，工程师。1959年10月进入列电局新机办中心试验所热工组。1961年10月调入技术改进所。1961年作为试验小组成员参加燃机改烧原油试验，并负责热力参数检测。1975年作为技术负责人组织完成列车电站系统有汞差压计技术改装，实现无汞化。1983年7月任华北电管局保定列电试验所服务公司副经理。1986年7月后在河北电力职工大学总务科工作。

Ge Yuqi

葛玉琦（1938.8— ） 女，江苏常州人，太原电力学校毕业，助理馆员。1956年10月在北京石景山发电厂参加工作。1959年10月进入保定基地，1975年9月调入第56列车电站，从事会计工作。1979年2月调入华东基地，先后从事车间管理、技术图书、技术刊物资料管理工作。1989年6月退休。

Zhai Songcai

翟松彩（1935.2— ） 女，河北束鹿人，华北电业管理局土建公司卫生培训学校全科毕业，医师。1952年12月参加工作并进入土建公司政训班学习，1953年4月进入土建公司医训班学习，毕业后于1954年5月分配至公司第24工程队医务室，护士。1959年10月调入列车电业局保健站。1961年1月调入保定电力技工学校，在卫生所任医师。1971年5月并入保定基地，1972年复校回校。

Wang Zhongxian

王仲先（1934.12— ） 女，辽宁阜新人，沈阳军区卫生学校卫生专业毕业，医师，中共党员。1951年2月进入中国人民解放军辽宁阜新第22陆军医院，1959年11月转业进入保定基地，在卫生所先后任护士、医师，1973年任所长。

Wang Mingxi

王明喜（1923.11—2013.7） 河南济源人，1946年2月加入中国共产党。1945年8月参加八路军，1946年4月后在东北民主联军任营政治指导员等。1950年7月在四野任团政治处民运股股长。1950年参加全国战斗英雄代表大会。1951年参加抗美援朝，任团干部处处长。1953年被授予朝鲜荣誉徽章国旗勋章（三级），1957年荣获三级解放勋章。1959年3月任四野团政治处副主任。1959年11月转业到列电局机关，先后任人事和干部科科长。1963年2月任局党组成员，11月起在水电部干部学校电力生产专修二班学习两年。1965年调入西北基地，历任政治处主任、一车间书记、厂工会主席等职。1977年参加两台捷制列车电站（24、25站）合并工作。1979年7月离休。

Shi Liwen

史丽文（1940.2— ）女，湖南宁乡人。1959年11月进入列电系统，先后在煤炭部第3列车电站，第49、19、10列车电站，从事电气运行与检修。随电站调迁湖南双峰、内蒙古海勃湾、甘肃酒泉、四川广元、吉林蛟河、山东济宁、山西大同等地发电，曾为清水卫星发射基地服务。1980年12月调入武汉基地，在设备动力车间从事电气维修。

Dai Wenfu

代文富（1927.9—2004.3） 黑龙江庆安人，1947年参加中国人民解放军，同年进入中国人民解放军第二政治学校学习，毕业后到第47军工作。1949年2月加入中国共产党，曾参加抗美援朝。1959年11月转业到保定基地工作，曾任工会主席、劳资科科长。1979年12月离休，享受县（处）级待遇。

Liu Yuexuan

刘月轩（1922.10—1994.4） 河北博野人，中共党员。1942年3月参加革命，在博野县工委城工部任指导员、宣传干事。1949年10月起，先后在保定公安局第一派出所任所长、在保定市建筑工程局保卫股任秘书、副股长。1959年11月调入列电局机关，在保卫科工作。1983年4月调入中国水利电力对外公司办公室，享受副处级待遇。1985年12月离休。

Zhang Lide

张立德（1925.2—2002.8） 河北任丘人，1941年参加民兵，1942年3月加入中国共产党。1949年11月进入中国人民解放军河北军政干部学校学习，曾任排长、连长、指导员。1959年11月转业到列电局中试所，任管理员。1963年2月调克山农场任指导员。1970年10月调入保定基地，历任食堂管理组长、驻保定第九中学工宣队队长、管理部门支部书记、行政科科长等职务。离休后享受县（处）级待遇。

Zhao Jumao

赵菊茂（1943.10— ） 江苏启东人。1959年11月进入第13列车电站，从事锅炉运行与检修。1960年12月调入36站，曾为大庆石油会战供电。1962年12月起，先后调入33、42、新19、54站。1984年12月，随电站成建制下放无锡新苑公司热电厂，任列电车间副主任。2001年退休。

Yao Fengkui

姚凤奎（1930.3—2001.7） 内蒙古翁牛特旗人，中共党员。1946年6月参加革命工作，曾任48军143师通讯班长、排长，四野后勤军法处排长，江汉、武昌公安分局办事员。1959年12月进入列电局武汉装配厂，先后在机修车间、保卫科、行政科工作。1975年7月退休，1983年1月改离休，享受副处级待遇。

Yan Ying

闫英（1938.8— ） 女，黑龙江延寿人，中共党员。1956年在延寿县政府参加工作。1960年1月进入列电系统，先后在第10、35列车电站，从事材料供应及管理。随电站调迁黑龙江牡丹江、吉林蛟河、新疆哈密、青海海晏等地发电，曾为二机部九局（221厂）服务。1966年12月调入西北基地，曾任行政科副科长。1979年1月调往黑龙江双城，筹建东北基地及60站。1981年1月调入保定基地，历任行政科副科长、科长。1997年退休。

Li Yuqiang

李玉强（1936.12—1997.10） 安徽利辛人，高小文化，1955年8月加入中国共产党。1956年1月入伍，9089部队战士、班长。1960年1月复员转入列电系统工作，曾任列电局保卫科干事、保定基地党总支干事。后任第13列车电站副厂长，随电站调迁青海海晏，湖北武汉，广东广州，云南牟定，湖南韶关，山西大同，河南商水等地发电，曾为二机部九局（221厂）服务。1980年5月调入保定电力技工学校，组织锅炉、汽机、电气培训班多期。1987年2月后任保定电校总务科副科长、服务公司副经理等职。

Yu Caiying

余彩莹（1937.9— ） 女，安徽亳县人，初中文化。1960年1月进入列电局，在职工夜校任语文教师。1961年9月调入保定基地，在列电职工子弟学校任教，从事小学语文教学，曾任小学高年级语文教研组组长，1985年12月病退。

Yao Yufa

姚玉发（1938.3— ） 河北青县人，太原电力工人技术学校保定分校电气检修专业毕业。1956年3月参加工作，太原市电业局输配电线路维修工人。1957年10月进入太原电力工人技术学校保定分校电气检修专业学习，毕业后留校工作。1971年5月学校并入保定基地后在车间劳动，曾任班长，1972年12月复校时回校在总务科工作，维修电工、班长。

Jia Chentai

贾臣太（1932.4—2018.7） 四川三台人，大专学历，经济师，中共党员。1953年1月参加中国人民志愿军，随军入朝参战，同年6月回国参加坦克兵学习培训，1954年1月再次入朝。1958年转业至河南三门峡水利工程局。1960年1月进入列电系统，先后在第2、35、14列车电站任秘书、管理组长。1971年1月调入55站，1972年12月起任指导员，1979年2月任58站党支部书记。1992年5月随电站下放山西晋城矿务局。

Liu Ziying

刘紫英（1940.11—2005.8） 女，江苏泰兴人。1960年2月进入第35列车电站，从事汽机运行与检修。1961年2月调入46站，曾在46站托儿所工作。1982年9月调入7站。随电站调迁新疆哈密，湖南临湘、福建福州、漳州等地发电。1982年9月调入华东基地。

Guo Shuwen

郭淑文（1940.7— ） 女，天津静海人，初中文化。1960年2月进入列电系统，先后在第13、35、58列车电站，从事汽机运行与检修，后任化验室负责人。随电站调迁河南鹤壁、青海海晏、河北保定、贵州水城、山西晋城等地发电，曾为二机部九局（221厂）服务。1992年5月随电站调入山西晋城矿务局自备电厂。

Lei Yuchuan

雷玉川（1937.4— ） 湖北天门人。1956年3月入伍，曾在9089部队当汽车驾驶员。1960年2月复员进入列电局武汉装配厂，先后在材料科、三车间从事汽车驾驶，后在一车间从事汽机检修。1970年后在汽车班从事汽车驾驶。在部队曾荣立三等功一次。1996年6月退休。

Ma Wenzhi

马文志（1937.2—2000.4） 安徽阜阳人。1956年3月入伍，在9135部队任下士、副班长。1960年3月复员进入列电局武汉装配厂，先后在汽车队、运输队、储运站工作，蒸汽吊车司机。曾在齐齐哈尔车辆运输科学习蒸汽吊车驾驶技术。1986年12月退休。

Wang Jian

王健（1937.12— ） 安徽阜阳人。1956年3月入伍，曾在9135部队服役。1960年3月复员进入列电局武汉装配厂，先后在电气车间、机修车间从事钳工专业，曾任车间团支部书记、厂团总支干事。1964年10月借调武汉市社教工作队。1966年12月后，在保卫科工作。1986年12月退休。

Deng Daoqing

邓道清（1935.7—2003.5） 湖北沔阳人，中共党员。1954年9月参加工作，曾任湖北沔阳县毛咀区古堤营业信用社主任。1956年3月入伍，任班长、上士军需给养员。1960年3月复员，先后任保定基地人事科专职民兵干事，总务科管理员。调入武汉基地后，历任总务科管理员、房管员，武装保卫干事，工会干事。1973年1月起，任行政科副科长。1975年2月任基地副主任。1981年9月办理退职。

Shi Minghai

石明海（1930.2—2015.10） 江苏如皋人，上海基建局文化学校毕业，中共党员。1947 年 10 月参加革命，历任部队区队副班长、副排长，某队排长、副指导员，工程队指导员等。1953 年 8 月转业，曾任华北电业局土木建筑公司秘书，电力基建总局监察室监察员，河北电力设计院人事科主任科员等职。1960 年 3 月调入河北保定电力专科学校任办公室秘书，1961 年 10 月后在保定电力（技工）学校办公室、基建维修组等部门工作。1990 年 2 月离休。

Ye Shumei

叶淑美（1924.4— ） 女，广东番禺人，高中文化。1944 年在贵阳西南公路局参加工作，1951 年调入北京秀贞女医院，1956 年调入华北电业管理局。1960 年 3 月调入列电局，筹办保定基地职工子弟学校并留校任教。

Qu Peizhi

曲培芝（1941.11—1987.6） 山东招远人，初中文化。1960 年 3 月进入第 13 列车电站。1961 年接新机 36 站，从事汽机运行与检修。随电站调迁黑龙江萨尔图、吉林敦化，河南鹤壁、商丘、西平等地发电，曾为大庆油田会战服务。1985 年 2 月，随电站人员调入河南巩县电厂。

An Yongsong

安永松（1937.2— ） 四川彭水人，四川成都工学院电气专业本科毕业，教授级高级工程师，中共党员。1959 年 8 月参加工作，在北京水电部干部学校任教员。1960 年 3 月进入列电局武汉装配厂，历任车间电气技术员、生产调度、技术科电气工程师。1981 年 5 月起，任生技科副科长、副总工程师。1983 年 11 月，先后任副厂长、总工程师、厂长兼电力机械设计研究所所长。曾获得列电局技术革新显著奖、华中电管局科技进步奖。与河北电力学院曲和南合作出版《QF～1～2 型汽轮机谐波励磁及其工业试验》。

Zhang Xueshan

张学山（1939.10— ） 安徽亳州人，中共党员。1956 年 3 月入伍，1960 年 3 月复员到保定基地，同年 6 月调入第 31 列车电站，从事燃气轮机运行与检修，参加大庆石油会战。1965 年 11 月参加首台国产 6000 千瓦燃机电站 51 站筹建，1968 年 7 月随电站到济南发电，曾为党支部委员。1972 年 5 月调入 32 站，同年 12 月任副厂长。1973 年 5 月参加筹建新 3 站，任副厂长。1982 年 9 月随新 3 站下放，在南京市自备电厂先后任办公室副主任、副厂长。

Zhang Fusheng

张福生（1923.5—1997.8） 湖南湘潭人，中共党员。1953 年 1 月在武昌公安局参加工作，任公安干事。1960 年 3 月进入武汉基地，在保卫科任干事，后相继在二车间、检修队、机修车间、一车间，从事起重专业。1980 年 8 月退休。

Zhou Wenyou

周文友（1934.10—1989） 安徽阜阳人，中共党员。1956 年 3 月入伍，曾在 9120、9135 部队服役，1960 年 3 月复员至第 37 列车电站。1975 年 12 月调入 16 站，从事锅炉运行与检修。随电站调迁内蒙古乌达、丰镇，河南新乡，广东广州，湖南临湘，福建福州，河北沧州等地发电。1982 年 8 月调华东基地。

Jing Shuhua

荆淑华（1936.3—1998.6） 女，黑龙江望奎人，初中文化，助理会计师。1955 年 10 月在望奎县人委托儿所工作，后调县农机局。1960 年 3 月进入列电系统，在列电局北京办事处从事文书工作，后在牡丹江列电局中心站、武汉基地，从事财务、档案、车间管理等工作。1965 年 6 月调入西北基地，在工会、食堂等部门工作。

Jia Sen

贾森（1941.11— ） 河南新乡人。1960 年 3 月进入第 13 列车电站，从事电气运行及检修。随电站调迁河南鹤壁，青海海晏，广东广州等地发电，曾为二机部九局（221 厂）服务。1969 年调入河南新乡水泵厂，1973 年调入新乡市重工业局，曾任供销科科长。

Xu Xixuan

徐西轩（1936.2—?） 安徽阜阳人，中共党员。1956 年 6 月入伍，曾在 133 师任中士、副班长、班长。在部队曾多次获嘉奖。1960 年 3 月复员进入保定基地，在冷作车间从事锅炉检修。1964 年 8 月调入武汉基地，在锅炉本体车间、检修车间从事锅炉检修、钳工，后任班长。

Cui Zhiqing

崔芝庆（1935.10—2014.1） 湖北天门人。1956 年 3 月入伍，在 399 团炮兵营服役，曾任班长。1960 年 3 月退伍进入列电局武汉装配厂，先后在检修车间、一车间、物资科、二车间，从事车辆钳工、安装钳工、下料工，后在厂工会从事图书管理。

Xie Yongqin

谢永琴（1936.6— ） 女，黑龙江庆安人，初中文化，中共党员。1960 年 3 月进入保定基地，在幼儿园从事教育工作，1983 年 8 月退休。

Ma Fengmei

马凤美（1932.8—2016.7） 江苏海安人。1947 年 8 月参加中国人民解放军，1951 年赴朝参战，三等残疾军人。1955 年 5 月复员回乡。1960 年 4 月进入第 8 列车电站，炊事员。随电站调迁甘肃酒泉、宁夏青铜峡、广东茂名、河北衡水等地，曾为青铜峡水电站工程、茂名石油开发会战供电。1978年调入华东基地，曾任炊事班长。1981年7月退休。

Wang Chaomei

王朝美（1931.7—2017.6） 浙江义乌人，金华师范学校统计专业毕业。1953年6月在河南三门峡83分局参加工作。1960年4月进入第7列车电站，从事管理工作。随电站调迁浙江宁波、福建漳平等地发电。1984年8月调入华东基地，仓库管理员。1990年7月退休。

Zhang Yuzhi

张玉枝（1935.2— ） 女，湖北武汉人。1958年10月参加工作，曾在武昌造船厂、武东船用机械厂从事车工专业。1960年4月进入列电局武汉装配厂，先后在金工车间、制造车间、铸造车间、三车间，从事车工、钳工、热处理工等。1980年9月退休。

Zhang Xiuying

张秀英（1942.4— ） 女，河北清苑人，小学文化。1960年4月在船舶1站参加工作，随电站调迁湖北丹江口，浙江临海等地发电。1970年9月调至山东滕县11站，从事汽机运行与检修。1983年1月调入青岛东风化工厂，在设备科工作。1989年9月退休。

Wang Fulin

王伏林（1945.6— ） 河北徐水人。1960年5月进入第10列车电站，从事热工专业，后任组长。随电站调迁黑龙江牡丹江、吉林蛟河、山东济宁、山西大同、湖北安陆等地发电。1983年11月随电站人员调入武汉基地，在储运站从事起重工。1986年5月退休。

Yang Zhenglan

阳正兰（1940.11— ） 女，湖南宁乡人。1959年在湖南云湖煤矿参加工作。1960年5月进入煤炭部第3列车电站，从事汽机运行与检修。随电站调迁湖南双峰、衡阳，贵州六枝等地发电。1980年5月调入华东基地，从事汽机检修。1990年6月退休。

Li Zhushan

李祝善（1928.3—2015.7） 湖南衡南人。1951年8月参加工作，曾在衡南县栗江煤矿、双峰县双峰煤矿工作。1960年5月进入煤炭部第3列车电站，在湖南双峰发电，水泵工。1964年10月调入武汉基地，先后在三队、铸造车间、二车间工作，曾任班长。1980年10月退休。

Li Jicheng

李基成（1941.4— ） 山东济南人。1960年5月进入第13列车电站，从事电气运行及检修。随电站调迁河南鹤壁，青海海晏，广东广州、韶关，云南禄丰，山西大同，河南商水等地，曾为二机部九局（221厂）供电。1982年3月调入河南周口纱厂热电站，1985年调入河北石家庄东方热电厂，任副厂长。

Zhang Shukun

张书坤（1914.5—？） 河北冀县人，主治医师。1950 年 2 月参加工作，曾任石家庄农校、河北保定防疫站、保定干部疗养院工作，主治医生。1960 年 5 月进入列电系统，先后在保定电力学校、保定基地卫生所任医师。1964 年 9 月调入武汉基地后，任医务室主治医师。

Yuan Guoxin

苑国欣（1944.8— ） 河北安国人。1960 年 5 月进入第 29 列车电站，从事锅炉运行与检修。1965 年 5 月接新机 42 站，1966 年 7 月转焊工。随电站调迁湖北黄石，河南平顶山，四川峨眉，陕西略阳，湖南株洲，河北迁安，江苏苏州等地发电。1983 年 3 月调苏州热电厂。

Zhou Ruijuan

周瑞娟（1937.8— ） 女，江苏宜兴人，助理会计师。1960 年 5 月进入列电系统，先后在第 17、34 列车电站任会计。随电站调迁黑龙江双鸭山、柴河，河北邯郸、衡水，山东德州，内蒙古大雁等地发电。1981 年 6 月调入武汉基地，先后在行政科、综合附属厂、财务科任会计。

Hong Sumei

洪素梅（1932.4— ） 女，辽宁沈阳人。1960 年 5 月进入保定基地，从事幼儿园保育员工作。1978 年 1 月调入华东基地，从事幼儿园保育员工作。1980 年 3 月退休。

Gong Guoxing

龚国兴（1929.10—2005.2） 湖南双峰人。1949 年 12 月入伍，在某独立团服役。1956 年 6 月转业，在湖南地质队、洪山煤矿任采购员。1960 年 5 月起，先后在煤炭部第 3 列车电站、武汉列电基地、第 42 列车电站，任采购员、食堂管理员。1979 年 12 月调入武汉基地，先后在农场、行政科、总务科任管理员、房管员、总务员。1952 年湖北荆江分洪荣立三等功。

Lu Huanting

鲁焕庭（1921.7—2001.4） 辽宁营口人，日本早稻田大学理科专业毕业，工程师、高级讲师，中共党员。1949 年 7 月参加工作，在沈阳东北工学院任助教。1958 年 3 月调入河北省工业厅任技术员，1959 年 1 月调入河北省电力局安装公司任技术员。1960 年 5 月调至河北省电力学校、河北保定电力专科学校任教。1961 年 10 月并入保定电力（技工）学校任教师，主要从事电子技术等课程的教学工作。1971 年 5 月学校并入保定基地后在车间劳动，1972 年 12 月复校时回校任教师。曾获得 1983 年度全国“五讲四美”为人师表优秀教师称号，被评为 1982 年度保定市先进工作者、1983 年度华北电业管理局优秀教师等。1987 年 3 月退休。

Wen Yanhua

温彦华（1944.3— ） 女，广西柳州人。1960 年 5 月进入第 13 列车电站，从事电气运行与检修。同年 7 月调入武汉基地，先后在金工车间、行政科、设备动力车间、三车间从事电气设备维修等工作。

Xie Linfang

谢林芳（1939.12— ） 山东历城人，初中文化。1960 年 5 月进入第 13 列车电站，1961 年接新机 36 站，从事汽机运行与检修。随电站调迁黑龙江萨尔图、吉林敦化，河南鹤壁、商丘、西平等地发电，曾为大庆石油会战服务。1985 年 2 月，随电站人员下放河南巩县电厂。

Wang Wande

王万德（1939.10— ） 河南洛宁人，初中文化，中共党员。1960 年 6 月进入第 17 列车电站，从事电气运行与检修。随电站调迁黑龙江双鸭山、虎林，河北邯郸等地发电。1975 年 5 月调入保定基地，在印刷车间从事排版校对工作。1982 年到基地服务公司，从事电气、锅炉安装及修理，1991 年退休。

Wang Fengtai

王丰太（1940.2— ） 河南洛宁人，初中文化。1960 年 6 月进入第 17 列车电站，从事电气运行及检修工作。1970 年 6 月调入河北省武安县玉石洼矿山工作，1995 年 5 月退休。

Wang Guiying

王桂英（1944.10— ） 女，吉林榆树人。1960 年 6 月进入第 13 列车电站，从事电气运行与检修。1965 年 11 月调入 35 站。1976 年 9 月调入 7 站。随电站调迁河南鹤壁、青海海晏、贵州水城、福建漳平等地，曾为二机部九局（221 厂）供电。1982 年 8 月调入华东基地，从事电气工作。1992 年 10 月退休。

Wu Shuyin

毋树银（1944.11— ） 河南焦作人。1960 年 6 月进入第 13 列车电站。同年 7 月调列电局武汉装配厂，铸工。1962 年 7 月入伍，在 135 部队服役，上等兵。1968 年 3 月复员回到武汉基地，先后在制造车间、一车间、三车间从事车工专业。1996 年 3 月退休。

Long Yunteng

龙云腾（1920.2—2004.5） 四川重庆人。1948 年 11 月参加革命工作，曾任河南开封公安局警卫员、武汉市公安局监狱看守员。1960 年 6 月进入列电局武汉装配厂，在检修车间从事车辆钳工，后在食堂、保卫科工作。1975 年 8 月退休。1998 年 6 月改离休。

Lu Shuzhen

吕淑珍（1943.10— ） 女，河北安国人，初中文化。1960 年 6 月进入列电系统，参加筹建第 37 列车电站，调迁乌达发电。

1962年4月调入31（32）站，参加大庆石油会战，从事电气运行与检修。1968年12月分站后，随32站调迁山东济南发电。1972年5月调迁广东广州为出口商品交易会供电。1976年6月到湖北宜昌为葛洲坝水利枢纽建设服务。1984年6月调入葛洲坝水力发电厂工作。

Liu Zhenhuan

刘振环（1937.10—2018.12） 女，辽宁沈阳人，1960年6月进入列电系统，先后在第17、34、6列车电站工作，车工。随电站调迁黑龙江双鸭山、内蒙古扎赉诺尔、山东德州、河北沧州等地发电。1982年6月调入保定基地，在金工车间工作。1986年9月退休。

Liu Xinli

刘新莉（1945.2— ） 女，河南新乡人。1960年6月进入第13列车电站，1961年1月接新机36站，1962年2月调入19站，1968年6月调入50站，1975年1月调13站，从事化验工作。随电站调迁黑龙江萨尔图，四川广元，河南漯河，山西娘子关，闻喜、朔县、大同等地，曾为大庆石油会战供电。1979年2月调入华东基地，先后从事锅炉检修、化验工作。1993年8月退休。

Mi Jianqi

米建旗（1943.4—2015.3） 河北定县人。1960年6月进入列电系统，先后在第10、25列车电站，从事汽机运行与检修。随电站调迁黑龙江牡丹江，吉林延吉、蛟河，河南商丘，山西朔县、大同，湖北安陆等地发电。1983年12月随电站人员调入武汉基地，先后在物资科、电站检修队、三车间、储运站从事搬运、汽机检修、钳工、起重工。1996年6月退休。

Li E

李娥（1942.6— ） 女，辽宁风城人。1960年6月进入列电系统，先后在第17、5列车电站，从事电气运行及检修，随电站调迁黑龙江双鸭山，河北武安、秦皇岛，内蒙古海拉尔等地发电。1980年4月调入保定基地，在印刷车间工作。1986年12月退休。

Li Shuju

李淑菊（1939.10— ） 女，河北衡水人。1960年6月进入列电系统，先后在船舶1站、船舶2站从事锅炉运行与检修。随电站调迁湖北丹江口，福建福州，四川五通桥，江西九江，湖南衡阳等地发电。1976年11月调入武汉基地，在二车间从事热处理工作。1986年10月退休。

Li Jinxi

李锦熙（1938.10—2019.10） 女，江苏海门人。1960年6月进入第13列车电站，从事锅炉运行与检修。同年9月调入武汉基地，车工。1977年3月调入华东基地，车工。

Zhang Yunfu

张云福（1942.1—1994.8） 山东济南人。1960年6月进入第13列车电站，从事汽机运行与检修。1963年调入16站，1969年接新机54站，焊工。1975年调入28站，1979年接新机62站。随电站调迁河南鹤壁，内蒙古乌达，贵州水城，湖南双峰、湘潭，山西大同，山东枣庄，江苏无锡等地发电。1982年10月，随电站成建制下放无锡市。1990年退休。

Zhang Peixing

张沛兴（1920.1— ） 河北涿鹿人，中专文化。1939年3月参加革命工作，1943年3月加入中国共产党，参加过抗日战争、解放战争。转业后进入三门峡水电工程局。1960年6月调入列电局保定制造厂，任党总支书记。1965年调入河北邯郸电业局工作。

Yuan Ronghua

袁蓉华（1937.10— ） 女，江苏无锡人。1958年8月在无锡市无线电设备厂参加工作。1960年6月进入列电系统，先后在第17、18列车电站，从事电工、车工专业。随电站调迁黑龙江双鸭山，江西新余、泉江、鹰潭等地发电。1964年4月调入武汉基地，三车间车工，后在质量检验科从事金工检验。1990年12月退休。

Kang Xifu

康锡福（1943.7— ） 湖南双峰人，经济师，中共党员。1960年6月进入煤炭部第1列车电站，1961年3月接煤炭部新机4站。1963年8月入伍，1969年3月复员到49站，从事劳资人事工作。1974年12月至1975年2月，参加了列电局举办的干部培训班。1975年6月起任副厂长。1979年2月任48站党支部副书记。随电站调迁内蒙古平庄、海勃湾、集宁，山东莱芜、烟台，湖南衡阳等地发电。1983年随电站下放湖南省电力局后任电站厂长兼党支部书记。1993年任湖南冶金厅轧钢厂第四党支部书记，曾被选为衡阳市第四届党代会代表。

Liao Fuxun

廖复勋（1938.8— ） 湖南双峰人，经济师。1960年6月进入煤炭部第1列车电站。1974年参与筹建新第19、20列车电站，1978年1月调入12站，1980年调48站，均从事材料员工作。随电站调迁内蒙古平庄、贵州六枝、广西玉林、湖南衡阳、内蒙古扎赉诺尔等地发电。1984年调入湖南双峰电力局工作。1995年12月退休。

Huo Fengzhi

霍凤芝（1943.3— ） 女，吉林榆树人。1960年6月进入第17列车电站，从事化验工作。1978年9月调入东北基地筹备处，1980年6月调入60站。1982年12月后，在53站、56站、华东基地工作。曾随电站调迁黑龙江双鸭山、虎林、海拉尔，河北邯郸，浙江海宁等地发电。

Ma Zhiguo

马治国（1931.4—2004.3） 河北安平人，高级政工师，1948年10月加入中国共产党。1945年6月参加革命，晋察冀边区公安管理处警卫员。1948年2月进入华北军政大学学习，同年10月结业。曾在华北野战军任文化教员，政治处指导员，运输处指导员，补训团政治干事，坦克团连指导员等。1960年7月转业至保定电力技工学校保卫科任干事，1976年8月任保定电校政治处主任，1984年3月任调研室调研员。1992年4月离休。

Ma Huibin

马惠彬（1945.6— ） 河北安国人，中共党员。1960年7月进入列电系统，先后在第29、44列车电站，从事电气运行与检修。1975年12月起，任44站副指导员，1978年任副厂长。1982年2月任34站副厂长。随电站调迁湖北黄石，山西晋城、运城、长治，内蒙古大雁等地发电。1985年11月调入山西惠丰机械厂惠丰电厂工作。2000年退休。

Wang Xiuying

王秀英（1941.10— ） 女，河北安国人。1960年7月进入保定基地，同年调第37列车电站，1978年10月调入38站，均从事汽机运行与检修。随电站调迁内蒙古乌达，河南新乡，广东广州，湖南岳阳，福建福州，河北沧州、迁安，江苏昆山等地发电。1983年随电站下放江苏昆山，在列车电厂工作。

Wang Jianjun

王建军（1942.8— ）河北安国人。1960年7月进入第29列车电站，锅炉工段学徒，随电站调迁湖北黄石、河南平顶山发电。1967年借调49站，赴酒泉为“东方红一号”卫星发射工程发电，后接新机54站。随电站调迁贵州水城，湖南双峰、湘潭，山西大同，江苏无锡等地发电。1980年调入保定基地，先后在锅炉车间、钢模板车间从事检验工作。1986年退休。

Wang Guilan

王桂兰（1943.12— ） 女，内蒙古赤峰人，初中文化。1960年7月进入第26列车电站，从事电气运行与检修，同年调入武汉基地。1965年8月接新机42站，1977年底调入38站。随电站调迁内蒙古通辽、四川峨眉、湖南株洲、河北迁安、江苏昆山等地发电。1983年随电站下放江苏昆山，在列车电厂工作，从事电气运行与检修。

Deng Xiuyun

邓秀云（1944.3— ） 女，河北博野人。1960年7月进入第1列车电站，从事热工仪表维护工作。随电站调迁甘肃酒泉、陇西，四川冕宁，北京房山等地发电，曾为二机部十四局（404厂）等重点工程服务。1982 年下放北京煤矿机械厂，在电力车间工作。1994 年 3 月退休。

Tian Yinzhi

田银芝（1943.12— ） 女，山东汶上人。1960 年 7 月进入第 11 列车电站，同年 10 月接新机 38 站，从事电气运行与检修。随电站调迁山东官桥，山西运城，甘肃金川，广东韶关，江西九江，河北迁安，江苏昆山等地发电。1983 年随电站下放江苏昆山，在列车电厂工作，后任电气工段长。

Bi Yuemin

毕跃敏（1945.5— ） 女，山东枣庄人。1960 年 7 月进入第 11 列车电站，从事化验工作。1961 年调入 3 站，1978 年调入 59 站，1979 年调入 38 站，曾任化验负责人。随电站调迁山东官桥，浙江宁波，湖北丹江口，陕西韩城，河南西平，黑龙江佳木斯，江苏昆山等地发电。1983 年随电站下放江苏昆山，在列车电厂工作。

Lü Hongxing

吕宏兴（1943.9—2007.12） 河北安国人，初中文化。1960 年 7 月进入第 37 列车电站，从事汽机运行及检修。1964 年 8 月调入 13 站，随电站调迁内蒙古乌达，青海海晏，广东广州、韶关，云南禄丰，山西大同，河南商水等地，曾为二机部九局（221 厂）供电。1984 年调入内蒙古锡盟查干诺尔碱矿，任电厂安全员。

Zhu Xiufen

朱秀芬（1939.2— ） 女，河北涞水人。1958 年 8 月参加工作，在河北涞水供销社代销店工作。1960 年 7 月进入列电局武汉装配厂，钳工。1961 年 8 月调湖北太子山林场工作。1976 年 6 月调回列电系统，先后在第 15、43 列车电站，从事汽机运行与检修。1980 年 8 月调入武汉基地，在五车间从事钳工。1984 年 6 月退休。

Liu Guangzhong

刘广忠（1932.1—2015.9） 河南项城人，中共党员。1948 年参加解放战争。1958 年转业到茂名石油总公司，1960 年调入茂名会战的第 6（8、9、15、21、46）列车电站，任党总支副书记。1966 年随 46 站到湖南临湘长岭炼油厂发电，任指导员。1972 年 9 月调任 16 站指导员，随电站调迁广西宜山，内蒙古丰镇等地发电。1976 年 12 月调任 13 站指导员。1984 年调到平顶山姚孟发电厂，历任“五讲四美”办公室主任、劳动服务公司支部书记等职。1992 年 2 月离休。

Liu Bingjun

刘丙军（1943.10— ） 河北安国人，高中文化，助理经济师，中共党员。1960 年 7 月进入第 37 列车电站，从事汽机运行与检修。1965 年 3 月入伍，在海军北海舰队服役，1970 年 3 月复员回到 37 站，1975 年 11 月起任副厂长。1976 年 6 月后，任第 25、18、58 站副厂长。随电站调迁内蒙古乌达、海拉尔，河南新乡，湖南临湘，福建福州，河北沧州，黑龙江牡丹江，山西朔县、晋城等地发电。1992 年 5 月随电站下放山西晋城矿务局自备电厂，任厂长兼党支部书记。

Liu Junling

刘俊灵（1941.9— ） 女，河北安国人，初中文化。1960 年 7 月进入第 29 列车电站，从事锅炉运行与检修。随电站调迁湖北黄石、河南平顶山、信阳等地发电。1978 年 7 月调入西北基地，在锅炉车间负责生产统计核算等综合管理等工作。1983 年 9 月调入厂生产科，从事仓库保管工作。

Sun Youqi

孙友歧（1940.6— ） 江苏扬州人。1958 年在长春第一汽车制造厂参加工作，锅炉工。1960 年调入第 35 列车电站，从事锅炉运行与检修。1965 年底调入 13 站。随电站调迁青海海晏，广东广州、韶关，云南禄丰，山西大同，河南商水等地，曾为二机部九局（221 厂）供电。

Mai Zhiqiang

麦志强（1943.3—2016.12） 广西柳州人。1960 年 7 月进入第 13 列车电站，锅炉工段学徒。1960 年 11 月调入列电局武汉装配厂，先后在锅炉车间、检修车间、一车间、电站检修队、结构车间工作，锅炉检修工、车辆工、钳工、冷作工。1996 年 7 月退休。

Lu Changjiang

芦长江（1941— ） 山东济南人。1960 年进入第 13 列车电站，从事锅炉运行及检修。随电站调迁河南鹤壁，青海海晏，广东广州、韶关，云南禄丰等地，曾为二机部九局（221 厂）供电。1973 年调入济南蛋品公司工作。

Su Jichang

苏计昌（1943.9— ） 河北博野人，初中文化。1960 年 7 月进入第 1 列车电站，从事汽轮机运行与检修。随电站调迁甘肃酒泉、陇西，四川冕宁，北京房山等地，曾为二机部十四局（404 厂）等重点工程供电。列电体制改革后，调入北京北海公园工作。

Li Jingying

李晶莹（1942.11— ） 女，山东汶上人。1960 年进入第 46 列车电站，从事汽机运行与检修。1962 年因政策被下放。1966 年在贵州水城百货公司任营业员。1976 年调入 35 站从事汽机运行与检修。1977 年 9 月调入武汉基地，先后在汽车队、二车间、一车间工作。

Yang Yijie

杨义杰（1943.10—2018.2） 河北博野人，中共党员。1960 年 7 月进入第 29 列车电站，从事锅炉运行与维修，1961 年 4 月调入 44 站。1975 年 10 月到水电部干部培训班学习，结业后到列电局机关，任局党的核心小组成员，分管宣传教育及工业学大庆工作。1979 年 12 月调入 47 站任厂长，1982 年 4 月调入 27 站任厂长兼支部书记，1984 年 4 月调入 58 站任厂长，1994 年 10 月退休于保定电力修造厂。

Yang Yujie

杨玉洁（1939.6— ） 女，河北博野人。1960 年 7 月进入第 29 列车电站，从事电气运行与检修。1961 年 3 月调入 44 站，1961 年 7 月调入 21 站，1966 年 10 月调入在唐山的 52 站。1976 年 7 月遇唐山地震，积极参加了抗震救灾和电站短期恢复发电工作。1979 年 12 月调入华东基地，从事钳工工作。

Wu Baoqiu

吴宝秋（1941.8— ） 河北博野人。1960 年 7 月进入第 39 列车电站，从事锅炉运行与检修兼推土机司机。1977 年 4 月接新机 59 站。1981 年 10 月调入 39 站。随电站调迁内蒙古平庄，湖南衡阳，河北束鹿，黑龙江佳木斯，山东滕县等地发电。1983 年 10 月随电站人员调入山东十里泉发电厂，在材料科工作。1989 年 2 月调入山东华能德州发电厂，从事锅炉检修。1997 年 7 月退休。

Chen Zhouyi

陈周毅（1940— ） 上海市人，上海动力学校热能动力装置专业毕业，工程师。1960 年 7 月分配至第 29 列车电站，从事汽机运行与检修。1961 年调入 44 站，任汽机技术员。随电站调迁湖北黄石，山西晋城、运城、长治等地发电。

Luo Dagong

罗大巩（1943.11—2014.12） 河北博野人，初中文化。1960 年 7 月进入第 1 列车电站，1975 年 11 月调入 12 站，后调入 39 站，均从事汽机运行与检修工作。随电站调迁甘肃酒泉、陇西，四川冕宁，北京房山，黑龙江扎赉诺尔，山东滕县等地，曾为二机部十四局（404 厂）供电。1983 年 10 月随电站人员调入山东十里泉发电厂。

Zhou Huigen

周惠根（1942.11— ） 江苏无锡人。1960 年 7 月进入第 35 列车电站，从事电气运行与检修。1976 年 9 月调入 7 站。随电站调迁新疆哈密、三道岭，青海海晏，贵州水城，福建漳平等地，曾为二机部九局（221 厂）供电。1982 年 8 月调入华东基地，从事电气工作。1997 年 11 月退休。

Zhao Yongxiang

赵永祥（1926.12—1984.10） 河北廊坊人，解放军速成中学毕业，1947 年 11 月加入中国共产党。1946 年 12 月参加中国人民解放军，历任副班长、班长、副排长、排长、副连长、连长等职。1950 年 10 月参加抗美援朝战争，1951 年 7 月立大功一次。1960 年 7 月转业至保定电力技工学校，任总务科副科长。1971 年 5 月学校并入保定基地后，在车间劳动，1972 年 12 月复校后回校任总务科科长。

Zhao Xingcai

赵兴才（1942.3— ） 山东济南人，初中毕业。1960 年进入第 13 列车电站，从事锅炉运行与检修，同年 11 月调入 36 站。1972 年 7 月调入 49 站，1981 年 8 月调入 44 站。随电站调迁河南鹤壁、商丘，黑龙江萨尔图，吉林敦化，山东莱芜、烟台，内蒙古集宁，山西长治等地，曾为大庆石油开发会战供电。1983 年 11 月随电站成建制下放山西惠丰机械厂。1997 年退休。

Zhao Zhixiang

赵志香（1946.6— ） 河北武邑人，初中文化。1960 年进入第 17 列车电站，从事汽机运行与检修，随电站调迁黑龙江双鸭山、虎林，河北邯郸，内蒙古海拉尔等地发电。1980 年调入 8 站，1983 年 3 月随电站下放北京新型建筑材料厂，1988 年起任石膏板厂机修车间主任、材料科科长等。

Yuan Jingmin

原敬民（1945.11— ） 河南济源人。1960 年 7 月进入煤炭部第 1 列车电站，1971 年 10 月调入 55 站，1979 年 7 月调入 36 站，均从事汽机运行与检修。1980 年 8 月调入 53 站。随电站调迁内蒙古平庄，贵州六枝、贵定，山西垣曲、长治，河南西平，江苏镇江等地，曾参加为三线建设项目六枝煤矿、湘黔铁路建设供电。1985 年 5 月调入华东基地，在供应科工作。1998 年 5 月退休。

Guo Junyan

郭俊岩（1943.2— ） 女，河北安国人。1960 年进入第 13 列车电站，从事汽机运行及检修，随电站调迁河南鹤壁、青海海晏等地发电，曾为二机部九局（221 厂）服务。1965 年 8 月调入邯郸地区第一热电厂。

Guo Yuecai

郭跃彩（1942— ） 湖南双峰人，助理经济师。1960 年 7 月在第 48 列车电站参加工作。随电站调迁湖南双峰、衡阳，贵州六盘水等地发电。1979 年 8 月任 24 站副厂长，1983 年 2 月随电站下放到湖南株洲电业局，1986 年 8 月任长沙重型机器厂列电副厂长，1992 年 4 月任长沙重型机器厂分厂工会主席。1965 年曾被评为水利电力部先进生产者。

Tang Xiuguo

唐秀国（1935—1990） 女，四川永川人，高中文化。1956 年 8 月在永川煤矿参加工作，1960 年调入第 14 列车电站，从事化验工作，随电站调迁四川荣昌、甘洛，内蒙古赤峰，黑龙江牡丹江，宁夏青铜峡，甘肃嘉峪关，陕西宁强，江苏徐州等地发电。1982 年调入仪征化纤公司工作。

Huang Tianqing

黄天晴（1940— ） 山东济南人。1960年进入第13列车电站，从事锅炉运行及检修，随电站调迁河南鹤壁，青海海晏，广东广州，云南禄丰，广东韶关等地，曾为二机部九局（221厂）发电。1973年调入济南某公司工作。

Hu Runke

扈润科（1943.7— ） 吉林榆树人。1960年进入第10列车电站。1964年入伍，1968年复员回到10站。1979年接新机60站，1985年调入56站，均为焊工。1990年调入华东基地，从事小火电机组安装工作。1997年10月退休。

Peng Xiheng

彭细恒（1943.11— ） 女，湖南双峰人。1960年7月进入列电系统，先后在煤炭部第1、4列车电站，从事电气运行与检修。随电站调迁内蒙古平庄、海勃湾，甘肃酒泉等地发电，曾为酒泉卫星发射基地供电。1967年12月调入武汉基地，先后在检修车间、一车间、附属综合厂从事电气检修工作。

Peng Hongzhang

彭洪章（1931—2018） 四川乐山人。1947年在四川永川华昌煤矿参加工作。1960年调入14列车电站，从事锅炉运行与检修，曾任锅炉工段长，随电站调迁四川荣昌、甘洛，内蒙古赤峰，黑龙江牡丹江，宁夏青铜峡，甘肃嘉峪关，陕西宝鸡、宁强，江苏徐州等地发电。1982年随电站调入仪征化纤公司工作。

Han Chunli

韩春礼（1937.1— ） 河北辛集人，河北体育专科学校普通专业毕业，讲师，中共党员。1960年7月参加工作，河北保定电力专科学校教师。1960年10月在保定电力（技工）学校任教师，主要从事体育教学工作。1976年11月调至内蒙古扎赉诺尔的第12列车电站，从事管理工作。1984年10月调回保定电校任体育组组长。主笔起草的《体育教学大纲》、参编的《全国技工学校体育教材》均由中国劳动出版社出版。曾被评为1990年度河北省劳动厅模范教师、1994年度电力部优秀教师等。

Wang Jinfeng

王金凤（1942.12— ） 女，山东济南人。1960年8月进入第13列车电站，从事化验工作。1963年调16站，1969年接新机54站，从事锅炉运行与检修。1975年调28站，1979年接新机62站，随电站调迁河南鹤壁，内蒙古乌达，贵州水城，湖南双峰、湘潭，山西大同，山东枣庄，江苏无锡等地，曾为二机部九局（221厂）服务。1982年10月，随电站成建制下放无锡市。

Fang Lihua

方丽华（1944.11— ） 女，湖北武汉人，初中文化。1960年8月进入列电系统，先后在第29、54、56列车电站，从事化验工作。随电站调迁湖北黄石，河南平顶山，贵州水城，江苏徐州等地发电。1974年6月调入32站，在广州为保障中国出口商品交易会发电，1976年6月到湖北宜昌为葛洲坝水利枢纽建设发电。1984年4月调入葛洲坝水力发电厂工作。

Shi Changchun

石长春（1941.2— ）女，河北武邑人，西安电力学校发电厂电力网及其系统专业毕业。1960年8月进入列电系统，先后在第9、6、15、36列车电站，从事电气运行与检修。随电站调迁四川广元、广东茂名、湖南衡阳、福建厦门、河南西平等地，曾为茂名石油会战供电。1981年10月调入武汉基地，先后在计划科、二车间、外协办从事电气检修等部门工作。

Ye Jun

叶钧（1938.6— ）江苏靖江人，上海电力学校热能动力装置专业毕业，高级工程师，中共党员。1960年8月分配至保定电力学校中专部，任热力教研组教师。1962年2月调入第9列车电站，任锅炉技术员。1972年9月调入41站。随电站调迁四川广元，广东茂名、湛江，山西宁武，山东莱芜、东营、昌邑等地发电。1978年4月调入华东基地，负责筹建农场。同年11月调入江苏太仓劳动局工作。

Dong Bocang

冬渤仓（1938.11— ）河北唐山人，唐山煤矿学校矿山机电专业毕业，工程师。1960年8月分配到煤炭部第1列车电站，从事热工仪表维护工作，1965年5月随电站参加西南三线及湘黔铁路建设。1974年11月调入新4（5）站，任热工组长。1982年调到唐山冀东水泥厂，在计量控制处任工程师。1965年曾获武汉供电局生产能手称号。

Feng Keming

冯克明（1938.10—2004.12）河北抚宁人，吉林电力学校热工仪表及自动控制专业毕业，工程师。1960年8月分配到列电局，在新机办中心试验所任技术员。1961年10月在局技术改进所任热工组技术员。1961年作为技改所派出人员，全程参加31站改烧原油工作。1972年自行设计制作完成具有体积小、触点质量高的电容冲击点焊机。1986年3月后在河北电力职工大学电力系电子实验室任教。

Zhu Zhiping

朱志平（1939.12— ）上海市人，上海电力学校热能动力装置专业毕业，工程师。1960年7月分配至第18列车电站，任锅炉技术员。1969年3月调入45站。随电站调迁江西泉江、鹰潭，黑龙江伊春，贵州水城，湖南株洲，湖北宜昌等地，曾为葛洲坝水利枢纽工程建设供电。1982年7月调入华东基地，任技术科工程师。1985 年 7 月起，先后任基建科、质量检验科副科长。1997 年 10 月退休。

Liu Jiping

刘纪平（1935.10— ） 女，湖南双峰人。1960 年 8 月进入列电系统，先后在煤炭部第 1、4 列车电站，任会计、统计兼出纳。随电站调迁内蒙古平庄、海勃湾等地发电。1964 年 11 月调入武汉基地，先后在三队、铸造车间、二车间等部门工作。1983 年 5 月退休。

Li Zhijun

李志钧（1938.11— ） 陕西咸阳人，西安电力学校电网及电力系统专业毕业，工程师。1960 年 8 月进入列电系统，先后在第 14、9、6 列车电站，从事电气运行与检修，后任值长、工段长等。随电站调迁四川成都、广元，广东茂名，湖南衡阳，新疆雅满苏等地发电。1972 年调入西北基地，先后任电气班班长、机动科电气技术员、技术科安全员、电管处工程师等。

Li Yanhu

李燕虎（1940.10—2004.11） 天津人，上海电力学校热能动力装置专业毕业，工程师。1960 年 8 月分配到列电局中心试验所金属组任试验员，1961 年 2 月调入保定基地，先后在安检科、生产科任技术员。1965 年 10 月起到锅炉车间、克山农场劳动。1980 年起，先后任锅炉车间、经营科工程师，全面质量管理办公室副主任、质管科科长。1994 年 1 月退休。

Yang Yonglin

杨永林（1932.9—1993.5） 河北丰南人，工程师。1952 年 10 月在河北开滦煤矿参加工作，从事电气专业。1957 年 10 月在唐山煤矿学校矿山机电专业学习。1960 年 8 月进入列电系统，先后在煤炭部第 1、3 列车电站，50 站工作。曾任锅炉技术员、生技组长。1973 年 2 月调入武汉基地，先后在试验室、质量检验科任技术员、工程师。1979 年评为武汉供电局先进工作者。1983 年 9 月退休。

Tong Xianglan

佟祥兰（1942.6— ） 女，山东枣庄人。1960 年 8 月进入第 11 列车电站，从事电气运行与检修。后调入 7 站，1964 年 8 月调入 13 站，1981 年调入 42 站。随电站调迁山东官桥，浙江宁波，广东广州、韶关，云南禄丰，山西大同，河南商水，江苏苏州等地，曾为二机部九局（221 厂）供电。1983 年 3 月调入苏州化工厂。

Yu Yupu

余玉普（1938.10— ） 女，安徽寿县人，技校毕业。1957 年 4 月从事幼教工作。1958 年 9 月在寿县拖拉机厂工作。1960 年 8 月进入列电系统，在第 28 列车电站从事电气运行与检修。随电站调迁山东济南、河南鹤壁等地发电。1966 年 5 月调入西北基地，在电气工段从事安装检修和维护工作。

Zhang Daren

张达人（1941.4— ）陕西三原人，西安电力学校毕业，高级工程师，中共党员。1960年8月分配至第9列车电站，从事电气运行与检修。1969年调入15站，1979年调入36站。随电站调迁四川江油、广元，广东茂名，陕西略阳，福建厦门，河南西平等地发电。1981年10月调入武汉基地，任物资科、技术科工程师。1984年4月起，先后任物资科副科长兼储运站负责人、技术科副科长。1992年调华能集团华中分公司。

Lu Genlin

陆根林（1939.1—2006.6）上海市人，上海电力学校热能动力装置专业毕业，工程师。1960年8月分配到列电局武汉装配厂，在供应科从事仓库保管、材料等工作。1966年5月调入西北基地，在供应科工作，1983年9月起，先后任副科长、科长。后曾任四车间管理组任统计员、火电工程处任技术员、多种经营办公室负责人、生产部主任、厂长助理等职。

Chen Hongkui

陈洪奎（1939.9— ）上海市人，上海电力学校热能动力装置专业毕业，工程师。1960年8月分配到保定基地，后相继调入第40、28、41、4、43站工作，曾任43站生技组长。随电站参加了机组返西北基地、武汉基地的设备大修和广东韶关凡口铅锌矿、武汉国棉二厂的选场和发电。1983年3月随电站下放北京新型建筑材料厂，曾任自备电厂副厂长、厂长（正处级）等。

Chen Zifan

陈紫凡（1945.6— ）女，湖南双峰人。1960年8月进入煤炭部第1列车电站，后调入49站，从事锅炉运行与检修。随电站调迁内蒙古平庄、海勃湾，贵州六枝等地发电。1967年4月调入武汉基地，先后在一车间、三车间、五车间、钢窗车间从事锅炉检修等工作。

Yu Weizhe

郁维哲（1940— ）浙江宁波人，上海电力学校热能动力装置专业毕业。1960年8月分配至筹建中的第39列车电站，后调入41站任汽机技术员。随电站调迁内蒙古平庄，湖南衡阳，湖北武汉、荆门，河北束鹿，山东滕县、昌邑等地发电，1981年调入湖北蒲圻市纺织印染总厂工作。

Zhou Weixin

周维新（1944.12— ）江苏海门人。1960年8月进入第13列车电站，从事锅炉运行与检修。1962年12月调入河南鹤壁人民医院，1964年1月调入28站。随电站调迁河南鹤壁、开封，河北邢台，云南昆明，山东济宁、潍坊、枣庄等地发电。1979年7月调入华东基地，从事锅炉检修。1997年10月退休。

Shan Qingong

单钦贡（1935.7— ） 湖南平江人，华中工学院化学工程专业毕业，高级工程师，中共党员。1960年8月分配到列电局，在新机办中心试验所工作。1961年10月调入技术改进所，从事列车电站汽轮机专业技术工作。1974年首先提出列车电站冷水塔使用斜波纹塑料填料设想，通过改装试验获得成功，该项目获1978年全国科学大会三等奖及列电局技术革新奖。1986年10月后在河北电力职工大学任动力系专业教研室教师。

Zhao Zhongda

赵忠达（1938.4— ） 上海市人，上海电力学校热能动力专业毕业，工程师，中共党员。1960年8月分配至列电局武汉装配厂，任检验员、技术员。1965年12月后，先后任第42列车电站、西北基地技术员。1975年5月调入武汉基地，在生技科、计划科任助理技术员、计划员。1984年2月起，先后任计划科副科长、设备科科长兼四车间主任、企业管理办公室副主任（正科级）、主任。1991年4月退休。

Duan Jinming

段金明（1929.7—2009.12） 河北徐水人。1950年8月在保定运输公司汽车保养厂参加工作。1960年8月进入列电局保定基地，1961年8月借调列电局商都农场，1962年4月回保定基地车队，1964年6月借调21站，以上均从事汽车驾驶兼维修。1965年1月回保定基地，先后在汽车队、供销科仓库等部门从事大车运输及车辆维修工作，曾任司机班班长。1979年7月退休。

Gong Chengqian

宫成谦（1940.11— ） 山东滕县人，上海电校热能动力装置专业毕业，工程师，中共党员。1960年8月分配到列电局技术改进所工作。1961年4月调入第12列车电站，任技术员、生技组长，随电站调迁安徽濉溪，甘肃酒泉，内蒙古平庄，黑龙江扎赉诺尔等地发电。1973年4月调入保定基地，在技术科工作。1984年5月起，历任保定电力修造厂副厂长、党委委员、厂长，1993年4月任调研员，1994年3月退休。

Yao Huisheng

姚慧生（1939— ） 上海市人，上海动力学校热能动力装置专业毕业，工程师。1960年8月分配至第29列车电站，从事锅炉运行与检修。1961年调入44站，任锅炉技术员、生技组长。后调入53站。随电站调迁湖北黄石、山西晋城、浙江宁波等地发电。后调离列电系统。

Xu Guangxiang

徐广祥（1941— ） 山东济南人。1960年8月进入第13列车电站，从事汽机运行与检修，随电站调迁青海海晏、广东广州、韶关，云南禄丰，河南商水等地，曾为二机部九局（221厂）发电。1984年调入第11列车电站。

Cao Zhihong

曹志红（1945.12— ）女，湖南双峰人，中共党员。1960年8月进入煤炭部第1列车电站，1961年1月接煤炭部新机4站，从事化验工作。1979年3月调入48站。随电站调迁内蒙古平庄、海勃湾、集宁，山东莱芜、烟台，湖南衡阳等地，曾为甘肃酒泉卫星发射基地供电。1985年1月调入衡阳轧钢厂。

Han Qinzheng

韩勤政（1947.9— ）河南邓县人，高级技师。1960年8月进入列电局武汉装配厂，先后在车间、计划科、经营计划部、售后服务部等部门工作。曾参与自制双向刨刀加工发电机座，改造C5.6车床扩大加工范围。1974年被评为武汉市供电局先进工作者。2001年11月退休。

Xie Shengcai

谢胜才（1937.6— ）湖南双峰人。1960年8月进入列电系统，先后在煤炭部第1、4列车电站，第13、10列车电站从事汽机运行与检修。随电站调迁内蒙古平庄、海勃湾，甘肃酒泉，云南禄丰，广东韶关，山西大同，湖北安陆等地，曾为酒泉卫星发射基地供电。1983年12月调入武汉基地，在行政科从事后勤服务。1996年6月退休。

Tan Humei

谭胡妹（1939.6— ）女，上海市人，上海电力学校热能动力装置专业毕业，工程师。1960年8月分配到列车电业局设计科工作。之后相继调入第27、4、43列车电站，任锅炉技术员。随电站参加了机组返西北基地、武汉基地设备大修和调迁广东韶关，湖北武汉等地发电。1983年3月，随电站下放北京新型建筑材料厂，任锅炉工程师。

Qu Shuyi

曲淑仪（1932.10—2010.2）女，山东蓬莱人，长春电力学校发电厂及电力系统专业毕业，工程师。1953年9月毕业分配到华北电管局，参加干部训练班，1954年1月在设计处任描图员，曾到北京电校进修。1960年9月进入列电局，在新机办中心试验所仪表室工作。1961年10月调入第21列车电站，任助理技术员。1965年6月调入技术改进所，在电气仪表组工作。1986年3月后，在河北电力职工大学电力系电工实验室任教。

Liu Fu

刘福（1941.2— ）辽宁凌源人。1960年9月进入第26列车电站，材料员。1973年3月调入32站，1973年3月至4月，参加保定电校第二期干部管理培训班。

1978年3月调入42站。随电站调迁内蒙古赤峰、通辽，宁夏青铜峡，湖南湘潭，广东广州，湖北宜昌，江苏苏州等地发电，曾为葛洲坝水利枢纽工程建设供电。1983年3月调入江苏苏州化工农药集团设备动力处。

Guan Huilan

关惠兰（1940.10— ） 女，河北秦皇岛人。1960年9月进入第26列车电站，从事财务工作。1973年3月调入32站，1973年3月至4月，参加保定电校第二期干部管理培训班。1978年调入42站。随电站调迁内蒙古赤峰、通辽，宁夏青铜峡，湖南湘潭，湖北宜昌，江苏苏州等地发电，曾为葛洲坝水利枢纽工程建设供电。1983年3月调入江苏苏州化工农药集团财务处。

Du Guilan

杜桂兰（1943.3— ） 女，山东汶上人。1960年9月进入第11列车电站，从事汽机运行与检修。1961年调入38站，从事化验工作，后任化验组长。随电站调迁山东滕县，山西运城，甘肃金川，广东韶关，江西九江，河北迁安，江苏昆山等地发电。1983年随电站下放江苏昆山，在列车电厂从事煤质化验分析工作。

Xiao Mingli

肖明利（1940.3— ） 女，湖南长沙人。1960年9月进入第12列车电站。1961年1月调入18站，同年7月接新机45站，从事财务工作。随电站调迁安徽濉溪，江西泉江，黑龙江勃利、伊春，贵州六枝、水城，吉林长春，湖南株洲，湖北宜昌等地，曾参加为三线建设项目、葛洲坝工程发供电。1977年3月调入华东基地，财务科会计。

Xiao Shuzhen

肖淑珍（1943.8— ） 女，江西萍乡人。1960年9月进入第18列车电站，1969年3月调入45站，从事电气运行与检修。随电站调迁江西泉江、鹰潭，黑龙江伊春，贵州水城，吉林长春，湖南株洲，湖北宜昌等地，曾参加为三线建设项目、葛洲坝工程发供电。1982年7月调入华东基地，从事电气工作。

He Huimin

何惠民（1938.8— ） 浙江诸暨人。1960年9月进入第12列车电站，从事锅炉运行与检修。1961年调入27站，参加了武汉基地的筑炉培训班。1981年调38站，从事筑炉工作。随电站调迁安徽合肥，福建邵武、三明，甘肃山丹，江西安福，江苏昆山等地发电。1983年随电站下放江苏昆山，在列车电厂工作。1997年退休。

Wang Zhan

汪战（1943.11— ） 安徽歙县人。1960年9月进入第4列车电站，从事电气运行与检修。1961年3月接新机46站，后任电气工段长。随电站调迁广东河源、茂名，宁夏青铜峡，湖南临湘，福建福州、漳州等地发电，曾为青铜峡水电站建设、茂名石油会战供电。1984年8月调入华东基地，在行政科从事电气维修，后在小火电安装队从事电气安装工作。1998年4月退休。

Song Zhengjin

宋正锦（1943.4— ） 女，安徽寿县人。1960年9月进入第11列车电站，在站工作22年，均从事电气运行与检修，在山东官桥发电。1982年8月调入华东基地，从事电气工作。

Zhang Chenggen

张承根（1941.2— ） 安徽芜湖人，中共党员。1960年9月进入第12列车电站，从事锅炉运行与检修。1961年2月调入3站，1969年12月接新机53站，1972年7月接新机57站，后任锅炉工段长。1982年4月后，相继在53、56站任锅炉工段长。随电站调迁安徽合肥、濉溪，浙江宁波，天津汉沽，河南漯河，河北迁安，江苏镇江等地发电。1985年10月调入华东基地。1976年1月曾被评为天津汉沽区学大庆先进个人。1997年10月退休。

Zhang Jiguo

张济国（1941.11— ） 安徽风台人，初中文化，中共党员。1960年9月进入列电系统，先后在第12、18、45列车电站工作。1978年7月调入43站，任热工室负责人。随电站调迁安徽濉溪，湖南株洲，湖北宜昌、武汉等地发电。1983年3月随电站下放北京新型建筑材料厂。

Fan Weijian

范维俭（1939.11— ） 吉林敦化人，吉林电力学院发配电专业毕业，工程师。1960年9月分配至列电系统，先后在第1、49列车电站任电气技术员。随电站调迁甘肃酒泉、内蒙古海勃湾等地发电。1967年12月调入武汉基地，从事电气检修。后在试验室、工艺科、技术科、计划科、机械设计研究所任电气技术员、助理电气工程师、工程师。1998年8月退休。

Ji Maolan

季茂兰（1945.1— ） 女，山东宁阳人，山东济宁电力技工学校肄业。1960年9月进入第11列车电站，先后从事化验、汽机运行与检修工作。1982年7月调入华东基地工作，后任离退休办公室管理员。

Ji Yihao

季益好（1943.6— ） 安徽无为人，初中文化，中共党员。1960年9月进入第12列车电站，从事锅炉运行及检修。随电站调迁多地曾为二机部十四局（404厂）供电。1982年1月调入39站。1983年10月随电站人员调入山东十里泉发电厂，在燃料车间从事燃料系统设备检修。在担任燃料系统班长期间，因系统设备改造成效显著，受到山东省电力工业局的表彰，1986年被授予山东省劳动模范。1997年9月退休。

Zhou Chanying

周传英（1944.10— ） 山东汶上人，初中文化，中共党员。1960年9月进入第11列车电站，1961年1月调入38站，从事电气运行与检修。随电站调迁山东官桥、山西运城、甘肃金川、广东韶关、江西九江、河北迁安等地发电。1975年，调入山东汶上县拖拉机站，从事电气工作。

Xia Zhenqian

夏振钤（1939.5— ） 安徽当涂人，助理政工师，中共党员。1960年9月进入第12列车电站，1961年2月调入27站，从事锅炉运行与检修，曾任团支部书记，后任综合管理组长。1968年8月起任革委会副主任，1971年任副厂长。1976年4月调入华东基地，任办公室负责人。1977年4月调回27站，任厂长兼党支部书记。随电站调迁安徽濉溪，福建厦门、邵武、三明，甘肃山丹，江西安福等地发电。1982年4月调入华东基地，先后任党委办公室副主任、主任、离退休办公室负责人。1997年10月退休。

Gu Longmei

顾龙妹（1946.2— ） 女，上海市人，山东济宁电力技工学校肄业。1960年进入第11列车电站，从事化验工作。1961年3月开始，先后在3、42、2、56站工作，1979年接新机62站。曾随电站调迁山东枣庄，浙江宁波，四川峨眉，湖北丹江口，陕西西乡，湖南株洲、耒阳，江苏徐州、无锡等地发电。1982年10月，随电站下放无锡市。1984年调入无锡市节能办公室。

Guo Yunzhi

郭云志（1942.12— ） 山东汶上人。1960年9月在第11列车电站参加工作，从事锅炉运行及检修。1983年1月调至山东兖州拖拉机制造厂，在动力车间工作。2002年12月退休。

Guo Chunming

郭春明（1935.8—2017.12） 河北蠡县人，河北师范学院化学专业毕业，工程师、高级讲师。1960年9月分配到河北保定电力专科学校任教师，1961年10月在保定电力（技工）学校任教师。1971年5月学校并入保定基地后在车间劳动，1972年12月复校后回校任教师，主要从事物理、化学、工程力学等课程的教学及课程建设和实验室建设等。编写《热工学理论基础实验指导书》等教学资料，1989年1月任保定电力职业学校高级讲师。

Guo Junsi

郭俊思（1943.11— ） 女，山东汶上人，山东济宁电力技工学校肄业。1960年

9月进入第11列车电站，1978年后调入56站，均从事化验专业工作。随电站调迁山东官桥、浙江宁波、江苏镇江等地发电。1986年调入华东基地。

Huang Shengxiu

黄生秀（1939.4— ）陕西临潼人，西安电力学校电气专业毕业，助理工程师，中共党员。1960年9月进入列电局武汉装配厂，从事电气工作。1961年8月调入第22列车电站，任技术员。1963年6月调入列电局北京密云农场。1964年12月调4站。1974年10月调入36站。随电站调迁广西柳州，海南昌江，河南新乡、信阳、西平等地发电。1985年2月，随电站调入河南巩县电厂。后任电气运行车间副主任。1994年4月退休。

Huang Yinzhou

黄银舟（1936.12— ）湖北孝感人。1960年9月进入列电系统，在第27列车电站从事锅炉运行与检修。随电站调迁福建三明、邵武等地发电。1970年12月调入武汉基地，先后在制造车间、农场、电站检修队、一车间等部门工作。1990年2月退休。

Peng Jinrong

彭金荣（1942.2— ）女，湖北武汉人，“七二一”大学燃机专业毕业。1960年9月进入列电系统，先后在第12、27、48列车电站，从事汽机运行与检修。随电站调迁安徽濉溪，甘肃酒泉，福建邵武，湖南衡阳等地发电，曾为二机部十四局（404厂）供电。1976年7月调入武汉基地，先后在一车间、电站检修队、五车间从事汽机检修、安装钳工，在三车间任技术员。1965年曾代表三明市参加全省民兵射击比赛并获奖。1987年11月退休。

Heng Jiayue

衡家月（1942.3— ）女，安徽凤阳人。1960年9月进入第12列车电站，从事锅炉运行与检修。1961年2月调入27站，1977年7月调入56站。随电站调迁安徽合肥、濉溪，福建邵武、三明，甘肃山丹，江苏徐州、镇江等地发电。1985年7月调入华东基地。

Zuo Shunling

左舜玲（1943.8—1988.1）女，广西顺德人。1960年6月进入第13列车电站，车工。同年10月调入列电局武汉装配厂，先后在金工车间、制造车间、三车间从事机加工，在计量检验科任检验员。

Jiang Renxian

江仁宪（1939.10— ）辽宁抚顺人，河北承德石油学校化学分析专业毕业，工程师。1960年10月，分配至保定电力技工学任教师，从事化学课程教学。1963年调入第25列车电站，1965年调入31站，从事化验工作，曾随电站调迁吉林蛟河，黑龙江大庆，湖南湘乡，北京丰台等地发电。1981年调入北京二七车辆厂，在技术科任工程师。

Yang Rushan

杨儒善（1937.3— ） 山西平定人，上海动力学校热能动力装置专业毕业，工程师、讲师，1960年10月进入列电系统。1957年8月参加工作，在石家庄热电厂任技术员，后调入邯郸热电厂、河北省电力工业局等单位从事技术工作。1960年10月调入河北保定电力专科学校任教师。1961年10月并入保定电力（技工）学校后任教师。1971年5月学校并入保定基地后在车间劳动，1972年12月复校后回校任教师，主要从事热力发电厂等主要课程的教学工作，后调入教务科从事教学管理、任教务组组长等。曾被评为1989、2000年度华北网局（省局级）优秀教育工作者。

Zheng Yuanfang

郑源芳（1942.12— ） 河北高阳人，保定电力学校发电厂电力网及其系统专业毕业，高级工程师。1961年10月进入列电系统，先后在第1、11、10列车电站工作，代理干部，任电气技术员、电气工段长。1983年11月调入武汉基地，先后在技术科、检修队、四车间、总工办、工艺科、生技科、设计科任电气工程师。1995、1997年，参与开发的新产品XLJ800型悬链式链斗卸船机，分获华中电业管理局、电力部科学技术进步一、二等奖。1998年5月退休。

Wu Shujin

毋树金（1942.11— ） 河南焦作人。1956年7月在河南焦作机械厂从事机电工作。1960年11月进入列电局武汉装配厂，在电气车间从事电气维修。1961年8月入伍，在7289部队任卫生员。1965年11月复员回到基地，先后在制造车间、四车间、五车间、钢窗车间从事电工维修工作，任班长。1986年9月退休。

Li Xianxia

李咸霞（1944.7— ） 女，山东枣庄人，山东邹县技校汽机专业毕业。1960年11月进入列电系统，先后在第11、38、4、46、15列车电站，从事汽机运行与检修。随电站调迁山东官桥，广东韶关、河源、茂名，宁夏青铜峡，陕西略阳，福建厦门等地发电，曾为茂名石油会战、青铜峡水电站建设供电。1972年12月调入武汉基地，先后在三车间、四车间、质量检验科工作。

Yang Yuee

杨月娥（1931.8—2016.3） 湖北武汉人。1950年8月参加工作，曾任武昌第一纱厂宣传干事、武昌区委理论教员。1960年11月进入列电局武汉装配厂，先后任二队管理员、检修车间车辆检修工、三车间工具房保管员。1975年7月退休。

Zhang Chunxuan

张春轩（1929.1—？） 湖北黄石人。1953年2月参加工作，曾在中南卫生干校、武汉钢铁厂任炊事员。1960年11月进入武汉基地，在行政科从事后勤工作。1980年11月退休。

He Yunfa

何运发（1919.2—2000.3） 湖北洪湖人。1952年10月参加工作，曾在武汉冶电业局第三发电厂、广东湛江电厂工作。1960年12月进入列电局武汉装配厂，先后在安装车间、机修车间、一车间、总务科、五车间，从事锅炉瓦工、钳工、起重工等工作。参加了1958年湖北荆江、汉江分洪抢险任务。

Chen Nianfang

陈念芳（1943.8— ） 女，广州人，高小文化。1960年12月由广州市无线电厂调入第43列车电站，后相继调入15、46站，1976年12月调回43站，从事汽机运行与检修工作。随电站调迁陕西略阳，湖南临湘，福建福州、漳州等地发电。1978年12月调入广州黄埔电厂，1992年退休。

Liu Shibao

柳世保（1937.10—1992.3） 湖北武汉人。1956年6月在武汉市裕华纱厂参加工作，从事金属加工。1960年12月进入武汉基地，先后在金工车间、制造车间、检修车间、一车间、四车间、计量检验科等部门从事铣工、钳工、机修工、安装工，以及质量检验等工作。1986年7月退休。

Guo Kaixiang

郭开祥（1941.11—2017.4） 湖北武汉人。1958年8月，在武汉裕华纱厂工作。1960年12月进入列电局武汉装配厂，先后在二车间、汽车班、附属综合厂、外协办公室，从事锅炉钳工、汽车修理工及汽车驾驶等工作。1995年12月退休。

Huang Yueying

黄月英（1936.12— ） 女，江苏江阴人，河北唐山开滦卫生学校护理专业毕业。1960年7月分配到唐山市开滦煤矿赵各庄医院，从事护士工作。1960年12月进入煤炭部第3列车电站，1969年10月接新机53站，均从事总务工作。1985年9月调入56站。随电站调迁湖南双峰、贵州六枝、浙江宁波、江苏镇江等地发电。1986年5月调入华东基地，车间管理员。

Ma Aiping

马爱萍（1925.6— ） 女，山西泌县人，后续福州工业学校毕业。1941年1月在山西泌县参加革命工作，1941年12月加入中国共产党。曾在泌县联合会政府任妇救会主席、治保委员，县高级小学任支部书记。1951年2月起，先后在福建省委招待所、福建造纸厂、三门峡工程局党委办公室工作。1961年1月调入保定基地，在招待所任管理员。1979年6月退休，2002

年改为离休。

Yang Chunquan

杨春泉（1914.2—？） 湖北孝感人。1958年1月参加工作，在武昌白沙洲储木厂、武昌钢铁厂，从事泥瓦工。1961年1月进入列电局武汉装配厂，先后在基建办公室、行政科、总务科从事房屋、管道维修工作，曾任班长。

Chen Xingfa

陈兴发（1933.10—2016.3） 湖北红安人，中共党员。1956年1月参加工作，曾在武汉市第十七白铁合作社、武昌钢铁厂工作。1961年1月进入列电局武汉装配厂，先后在一队、机修车间、一车间、工艺科、汽车队、五车间，从事锅炉检修、安装钳工、质量检验等工作。1986年3月退休。

Guo Jian

郭健（1924—2001.4） 河北蠡县人，医师。1951年2月在河北工业公司做业务员，1953年调入保定河北干部疗养院任主任，1961年1月调入保定基地，任卫生所所长，1985年12月退休。

Cheng Rumin

程汝敏（1943.6— ） 女，山东诸城人。1960年12月在北京重型机器厂参加工作。1961年1月进入“三七站”，从事电气运行与检修。1965年11月分站时调入7站。随电站调迁浙江宁波、福建漳平等地发电。1978年11月调武汉基地，在生产科任成品库保管员。

Guan Jingliang

管金良（1926.5—2011.8） 江苏泰州人，中共党员。1944年8月参加革命工作，曾任新四军1师、闽浙赣支队18师、20军58师卫生员、医助、医务所长。1956年12月转业至三门峡水电站，任湖滨区医院所长、工会主席。1961年1月进入列电系统，任第12列车电站党支部书记。1965年10月调入船舶1站，任党支部书记兼厂长。随电站调迁安徽濉溪，甘肃酒泉，浙江临海等地发电，曾为二机部十四局（404厂）供电。1974年10月调入武汉基地，任行政科副科长、卫生所所长。1983年10月离休，享受副处级待遇。

Deng Wenmou

邓文谋（1923.11—？） 湖北孝感人。1951年7月参加工作，曾在武汉市第四砖瓦制造厂、武昌钢铁厂，从事运坯工、炉前工。1961年2月调入列电局武汉装配厂，先后在铸造车间、二车间保卫科从事铸造工、造型工及警卫等工作。

Shao Zhishun

邵志顺（1918.12—？） 湖北武汉人。1950年11月参加工作，曾在长沙协裕织布厂、武昌钢铁厂从事修理工、钳工。1961年2月进入列电局武汉装配厂，先后在锅炉本体车间、检修车间、一车间、行政科、五金油漆综合加工厂从事车辆检修、钳工、油漆工工作，1975 年 7 月退休。

Ji Zhicheng

戢志成（1911.10—1984.12） 湖北黄冈人。1949 年 10 月参加工作，曾在武昌车辆检车队、江岸区车辆段从事修车工、检车员工作。1961 年 2 月调入列电局武汉装配厂，相继在锅炉本体车间、一车间、检修车间从事车辆检修工作。

Che Qizhi

车启智（1927.2—2019.4） 黑龙江双城人，中共党员。1948 年 4 月参加中国人民解放军，第 47 军 160 师 478 团警卫连战士，后转入独立 15 团。1952 年 6 月任邵东县武装部政治干事。1959 年 9 月转业，分配到邵东牛马司煤矿医院，从事行政管理。1961 年 3 月调入煤炭部第 3 列车电站，从事管理工作。1962 年 9 月调入 49 站，1976 年 6 月调入新 19 站，均从事行政管理。1982 年离休。

He Fuyun

贺福云（1942.4— ） 湖南双峰人，中共党员。1961 年 3 月进入煤炭部第 4 列车电站，从事汽车驾驶。1965 年后相继调入 31 站，27 站，45 站，船舶 2 站。随电站调迁黑龙江萨尔图，内蒙古海勃湾，福建邵武，湖南株洲、衡阳等地，曾为大庆石油会战、葛洲坝水利枢纽工程建设供电。1983 年 3 月随电站下放衡阳电业局。1996 年 5 月退休。

Wang Wenli

王文利（1942.6— ） 女，湖南长沙人。1959 年在宁夏石嘴山土建队参加工作。1961 年 5 月进入煤炭部第 4 列车电站，从事电气运行与检修。随电站调迁内蒙古海勃湾、集宁、大雁，甘肃酒泉，山东烟台，湖南衡阳等地，曾为酒泉卫星发射基地建设供电。1982 年 12 月调入船舶 2 站。1983 年 3 月随电站下放衡阳电业局。1986 年 12 月退休。

Liu Houxiang

刘厚祥（1944.5— ） 女，湖南宁乡人，初中文化，幼教一级。1961 年 5 月进入保定基地，在幼儿园从事幼儿教育工作。1993 年 5 月退休。

Wang Suyun

王素云（1944.9— ） 女，辽宁北镇人，后续函授大专毕业，助理经济师，中共党员。1961 年 6 月进入列电系统，在第 49、58 列车电站，先后从事锅炉、热工、人事劳资岗位工作。随电站调迁内蒙古海勃湾，甘肃酒泉，山东莱芜、烟台，山西晋城等地。曾随电站为酒泉卫星发射基地建设工程发电。1993 年 7 月调入保定电力修造厂卫生所工作。1994 年 8 月退休。

Xu Jingan

许静安（1941.6— ） 女，湖北团风人。

1958年1月参加工作，曾在武昌新文印刷厂、武昌钢铁厂从事印刷排字、焊工。1961年6月调入列电局武汉装配厂，先后在锅炉车间、检修车间、一车间从事焊工，后任班长。1970年评为武汉市“三八”红旗手、先进生产者。1983年6月退休。

Yang Wangxiang

杨望香（1936.3— ） 女，湖北孝感人。1958年8月在湖北省拖拉机配件厂参加工作。1961年6月调入列电局武汉装配厂，先后在金工车间、检修车间、一车间从事车工、车辆工、钳工等。1980年11月退休。

Xiao Lihan

肖立汉（1932.7— ） 湖北麻城人。1948年10月参加工作，在武汉第八白铁生产合作社、武汉钢铁厂从事钳工。1961年6月调入列电局武汉装配厂，先后在检修车间机修组、试验室、四车间，从事钳工、热力仪表工、模具技术工作，曾任刀具班班长。后在设备动力科负责全厂机床设备检修。1986年3月退休。

Zhang Fangli

张芳利（1938.7— ） 河北献县人，初中文化，中共党员。1956年10月进入河北省水利工程处电训班学习，1957年3月调入河北省水利工程局白洋淀水利枢纽工作。1961年6月调入第37列车电站，曾任电气车间主任、副厂长、厂长兼党支部书记。随电站调迁内蒙古乌达、河南新乡、广东广州、湖南临湘、福建福州、河北沧州等地发电。1979年代表37站出席了水电部大庆式企业表彰大会。1982年调入保定基地，历任服务公司、钢模板车间党支部书记。1994年1月退休。

Ma Zengrong

马增荣（1940.8—2013.10） 河北滦县人，唐山煤矿学校矿山机电专业毕业，工程师，中共党员。1961年7月分配至煤炭部第4列车电站，从事电气运行与检修，兼团支部书记。1973年1月调入38站，1976年唐山大地震后，赴52站参加抗震救灾。随电站调迁内蒙古海勃湾，甘肃酒泉，山东莱芜、烟台，河北迁安等地发电。1979年调迁安首钢矿业公司，先后任科员、科长。1987年被评为北京市先进工作者。1996年11月退休。

Wang Jingzhou

王荆州（1934.10— ） 湖北天门人，高小文化，中共党员。1954年参加工作，任本区农业合作社会计、指导员。1956年入伍，1961年7月复员进入第37列车电站。1965年4月借调列电局机关，曾任局党的核心小组成员，生技科（处）负责人。1979年7月任17站指导员。1981年9月任45站厂长。1983年4月调入葛洲坝水电厂。

Mao Yanxia

毛燕霞（1942.8— ） 女，河北高阳人，保定师范学校毕业，小学高级教师。1961年7月分配到保定基地职工子弟学校，任小学语文教师，并多年从事班主任工作。1977年9月，子弟学校分小学、初中部后，任小学部教导处主任。1980年获得保定市优秀教师称号。1993年7月退休。

Bai Zengyan

白增彦（1936.4—1993.5） 河南灵宝人，初中文化。1956年考入三门峡水利工程局工作，1961年调入列电系统，先后在第37、61列车电站，从事锅炉运行及检修。随电站调迁内蒙古乌达，河南新乡，广东广州，湖南临湘，福建福州，河北沧州等地发电。1982年随61站调入保定基地，在行政科工作，1993年5月退休。

Zhu Guihua

朱桂花（1943.8— ） 女，山西临汾人。1959年在山西临汾纺织厂参加工作。1961年7月进入第38列车电站，从事锅炉运行与检修、化验工作。1978年调入11站，1983年调入15站。随电站调迁山西运城，甘肃金川，广东韶关，江西九江，河北迁安，山东滕县，福建厦门等地发电。后调福建厦门供电局机电安装公司。

Liu Fengying

刘丰盈（1945.1— ） 山东济南人，初中文化。1960年参加工作，1961年调入第43列车电站，从事锅炉运行与检修。随电站调迁贵州六枝、野马寨、贵定，广东韶关，湖北武汉等地发电，1981年随电站调迁北京新型建筑材料厂发电，1983年3月随电站下放该厂。

Liu Guirong

刘桂荣（1939.7— ） 女，河北卢龙人，唐山煤矿学校矿山机电专业毕业。1961年7月分配至煤炭部第4列车电站，从事化验工作。1973年1月调入38站。随电站调迁内蒙古海勃湾，甘肃酒泉，山东莱芜、烟台，河北迁安等地发电。1979年调迁安首钢矿业公司大石河铁矿，任机动科设备员，从事固定资产管理工作。1994年6月退休。

Lin Zhenxin

林振馨（1936.7— ） 福建古田人，上海交通大学电力系统自动化专业毕业，工程师、高级讲师，中共党员。1957年9月，在石家庄供电局从事继电保护工作。1961年调入河北保定电力专科学校任教，同年下半年并入保定电力学校任教。1971年5月学校并入保定基地后在车间工作。1972年12月复校时回校任教师，主要从事电力系统继电保护等课程的教学工作，后任电力教研室主任。1987年2月任电力专业科科长。1988年1月调入福州电力技工学校任副校长、校长等。主编《电力系统继电保护》等教材主持开办电气试验专业和创建电气仪表实验室等。

Zhao Guoxiang

赵国祥（1927.10—2016.6） 河北献县人，小学文化，1945 年 3 月加入中国共产党。1943 年 10 月参加革命，河北献县八小队战士、通讯员。1946 年 12 月任晋察冀三纵队通讯营副班长、班长。1950 年 5 月先后进入 63 军速成中学、188 师教导队学习，结业后任某队司务长、副政治指导员、指导员。1960 年 7 月转业至河北保定电力专科学校任事务员，1961 年 10 月转入保定电力技工学校党务部门工作。1983 年 12 月离休。

Zhong Zhenrong

钟振荣（1938.9— ） 女，河北易县人，保定电力学校热能动力装置专业毕业，工程师。1961 年 7 月分配到第 43 列车电站，在汽机工段从事运行与检修。随电站调迁广东英德，贵州六枝、水城、野马寨、贵定等地发电。1972 年 3 月随电站返西北基地大修后调入基地，在汽机车间从事安装检修。1983 年后在车辆车间从事技术工作。

Xu Weiguo

徐慰国（1937.8—2010） 上海人，西安交通大学热能动力装置专业毕业，工程师。1961 年 7 月年分配至第 9 列车电站（西南中心站），1962 年后相继在 19 站、28 站、57 站、56 站、62 站，任技术员、锅炉工程师、生技组长。随电站调迁江西萍乡，四川广元，河南鹤壁、开封，河北邢台，云南昆明，天津汉沽，江苏徐州、无锡等地发电。1982 年 10 月，随电站成建制下放无锡市。1991 年调入无锡市能源研究所。

Gao Xiuduan

高秀端（1939.10— ） 女，河北唐县人，保定电力学校热能动力装置专业毕业，助理工程师。1961 年 7 月分配到第 37 列车电站，从事化验生技管理等。1963 年调入保定基地，在生产科从事描图工作。1966 年 5 月调入西北基地，先后在汽机车间从事安装、检修，在生技科从事资料管理、描图，在供应科从事材料管理。

Dong Shanqing

董善卿（1922.12—1982.10） 湖北黄冈人，中共党员。1951 年 8 月参加工作，曾在武昌第四砖瓦厂、钢铁厂从事瓦工。1961 年 7 月调入列电局武汉装配厂，先后在检修车间、一车间、四车间，从事锅炉瓦工、钳工、设备维修工等工作。

Cheng Farong

程发荣（1929.5—1998.12） 山东平原人，初中文化。1945 年 9 月参加革命，曾在中国人民解放军第四野战军服役，随部队参加了黑山阻击战役。1950 年转业到河北张家口军委工程学校工作，警卫。1961 年调入列电系统，先后在第 49、30 列车电站，任吊车司机。1974 年调入保定基地，先后在供销科仓库、行政科工作，1980 年

12月退休。

Pei Tingqi

裴庭奇（1940.10— ）河北大名人，大专学历，工程师。1961年9月河北电力学院干部培训班毕业，分配到保定电校任教。1963年调入22站，后调入43站，从事锅炉运行与检修。随电站调迁海南昌江，贵州水城、贵定，广东韶关，湖北武汉，北京等地发电，1983年3月随电站下放北京新型建筑材料厂，曾任北新集团供应科副科长、联营处齐齐哈尔联营公司经理等。

Bao Zhenhuan

包振环（1939.1— ）辽宁清原人。1957年在黑龙江双鸭山做临时工。1958年在石灰厂工作。1959年3月入伍，1961年8月复员进入第17列车电站，从事锅炉运行与检修。随电站调迁黑龙江双鸭山、虎林，河北邯郸等地发电。1974年5月调入西北基地，从事锅炉安装、检修，后相继在物资供应科、保卫科工作。

Su Dongjing

苏东京（1935.3— ）河北肃宁人，上海电力学校热能动力专业毕业，工程师。1961年8月分配至第11列车电站，1971年调入57站，1982年调入55站，均任汽机技术员。1983年调入12站，任生产副厂长。随电站调迁山东滕县，天津汉沽，河北迁安，内蒙古扎赉诺尔等地发电。1983年随电站下放后，调入扎赉诺尔矿务局，从事电站生技工作，后任工程师。1988年，随55站调入河北石家庄鹿泉电厂，任副厂长。

Li Xingfa

李兴发（1913.8—？）江苏泰州人。1958年10月在武汉市徐家棚钢铁厂参加工作。1961年8月调入列电局武汉装配厂，先后在行政科、保卫科工作。

Li Shuyun

李淑云（1940.12— ）女，河北承德人，唐山煤矿学校矿山机电专业毕业，工程师。1961年8月分配到煤炭部第1列车电站，从事电气运行及检修。1965年5月随电站为西南“三线”建设发电。1974年11月调入新4（5）站。1982年调至唐山冀东水泥厂，在电气处任工程师。

Li Zhanghai

李樟海（1936.1— ）浙江义乌人，大连工学院机械系铸造工艺及设备专业毕业，高级工程师，中共党员。1961年8月分配到保定基地，任铸造车间技术员，1976年任车间副主任，1978年到生技科从事设计与管理工作，曾任副科长。1981年4月调入南京线路器材厂，历任铸造车间副主任、工艺科高级工程师、计量室主任等职。

He Zemin

何泽民（1934.10—1994.11） 四川南充人。1952年12月参加工作，曾在重庆市第一建筑工程处、狮子滩水电工程局，从事泥工、焊工。1961年8月进入第19列车电站，焊工。随电站调迁四川广元、山西临汾等地发电。1974年2月调入武汉基地，先后在检修车间、基地农场、一车间从事焊工工作。1985年9月退休。

Chen Zhuandi

陈转弟（1931.7—2018.4） 女，湖北武汉人。1949年5月参加工作，曾在武汉申新纺织厂、武汉江口五二工厂、武昌钢铁厂工作。1961年8月进入列电局武汉装配厂，先后在三车间、二车间、总务科，从事车工、铸工、水泵工工作。1975年7月退休。

Hou Baofu

侯宝富（1936.3—2018.9） 河北玉田人，吉林电力学院（中专部）热力系统自动化专业毕业，工程师。1961年8月分配至列电局，同年10月调东北中心站（第31、32、34、36列车电站）工作，参加了大庆油田会战。1962年3月调入17站，曾任技术员、助理工程师、热工负责人。随电站调迁黑龙江牡丹江、双鸭山、虎林，河北邯郸，内蒙古海拉尔等地发电。1982年10月调黑龙江双城糖厂，任动力车间仪表组负责人，1987年12月调入河北张家口发电厂筹建处，任热工工程师。1994年退休。

Tang Shouwen

唐守文（1921.12—2006.10） 山东平邑人，中共党员。1944年5月参加八路军，曾任班长、副排长、连指导员、营副教导员。1957年10月起，曾任贵州安顺市法院副院长、院长，贵州省水利电力厅第一工程处党委办公室主任。1961年8月调入第33列车电站，任党支部书记、厂长。随电站调迁贵州贵阳、都匀、六枝等地发电。1965年10月调武汉基地，历任政治处政工干事、工会图书管理员、行政科管理员。1975年12月退休。1981年5月改离休（享受正处级待遇）。

Bu Xiangfa

卜祥发（1938.1— ） 河南滑县人，河南电力学院发电厂及电力网专业中专部毕业，工程师，中共党员。1959年2月在河北保定电力专科学校任教，1961年9月河北电专合并至保定电力学校，任机械制图教员。1962年8月调入第44列车电站，任热工室组长。1975年7月参与44站汞表改装工作获运城盐化局集体一等功。1981年12月调入列电局中试所。1986年3月后在河北电力职工大学任动力系力学机械教研室主任、动力系副主任。

Wang Yuzhi

王玉芝（1936.7— ） 女，北京通州人，通州女子师范学校毕业，国家级篮球裁判员。1959年9月到保定市第六中学任教师，后调入保定市体校任班主任。1961年

9月调入保定基地职工子弟学校任体育教师。工作期间，所带运动队在区、市比赛中成绩优异，1984年8月被河北省人民政府授予“优秀园丁”称号。

Shi Tianpei

史天培（1932.10— ）女，河南南阳人，河南南阳女子师专毕业。1954年在三门峡水工机械厂参加工作。1961年9月进入第15列车电站，从事化验。随电站调迁湖南郴州、广东茂名等地，曾参加茂名石油大会战。1965年6月调入西北基地，在实验室工作。

Zhu Zhenshan

朱振山（1940.8— ）河北徐水人，保定电力学校汽机专业毕业，中共党员。1961年9月分配至第24列车电站，从事汽机运行与检修。1969年11月调入54站。随电站调迁宁夏青铜峡，贵州水城，湖南双峰、湘潭，山西大同，江苏无锡等地发电。1984年12月随电站成建制下放无锡新苑公司热电厂，1989年任热电厂副厂长。

Liu Guangrong

刘光荣（1938.12— ）女，湖南益阳人，东北工学院金属学及钢铁热处理专业本科毕业，高级工程师，中共党员。1961年9月分配至煤炭部第1列车电站，任水化工段负责人、化学技术员。1965年4月调入武汉基地，先后任生技科、理化试验室、一车间焊接技术员，试验室技术员、工程师等职，1987年3月起，历任计量检验科科长、副总工程师。曾承担1000~23000千瓦燃气轮机叶片探伤检测及原理分析及处理工作。1991年获华中电管局直属单位优秀党员。

Sun Yanjun

孙雁君（1931.11—2012.10）上海青浦人，西安交通大学机械制造工艺金属切削机床及工具专业本科毕业，高级工程师。1950年5月参加工作，曾任东北煤矿管理局、上海铁路局机务段技术员，后在西安交通大学脱产学习5年。1961年9月分配至列电局武汉装配厂，任技术员、工程师。制定并编写《列车电站车辆养护规程》《列车电站车辆标记涂打方法》《试制1000千瓦燃气轮机中的机械加工工艺》等主要规程。1983年11月任总工程师。1984年评为全国水利电力系统劳动模范。1987年10月退休。

Zhang Shuyi

张书益（1938.1— ）浙江湖州人，天津大学电工系发电专业毕业，高级工程师，中共党员。1961年9月进入列电系统，先后在第3、7、61列车电站汽机技术员。1982年调入保定基地，在经营计划科任工程师。列电体制改革后，历任保定电力修造厂质管科科长、副厂长，1984年被评为保定市先进个人。1996年7月退休。

Chen Aohu

陈敖虎（1938.2—2017.7） 江苏丹徒人，浙江大学热能动力专业毕业，高级工程师。1961 年 9 月进入煤炭部第 2 列车电站，汽机技术员。1975 年 1 月调入 13 站，任助理工程师、工程师。随电站调迁广东坪石，湖南金竹山，河南漯河、商水，山西娘子关、闻喜、朔县、大同等地发电，1979 年 2 月调入华东基地，任生技科工程师。1985 年 7 月起，先后任消声器研究所所长、技术科副科长、副总工程师。1993 年 3 月退休。

Zhao Liancheng

赵连城（1930.11— ） 河南西平人，高中文化，统计师，中共党员。1949 年在三门峡水工机械厂参加工作。1961 年 9 月进入第 15 列车电站，任秘书。随电站调迁湖南郴州、广东茂名等地发电，曾参加支援茂名石油大会战。1965 年 6 月调入西北基地，先后在计划科、生产科、厂办从事统计管理、文秘等工作。

Guo Rongzhen

郭荣珍（1917.6—2016.1） 女，湖南长沙人，高中文化。1956 年在湖南湘潭电厂参加工作，任技术资料室资料员。1961 年 9 月调入保定基地，先后在生产科、材料科、供应科等部门工作，1973 年退休。

Liang Chonglu

梁崇禄（1936.9— ） 北京市人，北京师范学院物理专业大专毕业，经济师。1959 年 9 月分配到河北保定电力专科学校，从事化学教学工作。1961 年 9 月河北电专合并至保定电力学校，任教师。1970 年 7 月在保定基地供应科任物资采购员。1980 年 5 月调入局中心试验所，从事基建工作。1986 年 3 月后在河北电力职工大学总务科工作。

Liao Qingguang

廖庆光（1935.10— ） 广东梅县人，东北工学院金属学及钢铁热处理专业本科毕业，教授级高级工程师，中共党员。1953 年 7 月在黑龙江航运局参加工作，从事汽车驾驶。1961 年 9 月进入煤炭部第 1 列车电站，任锅炉技术员。1965 年 4 月调入武汉基地，任技术员、助理工程师。1982 年 12 月起，任车间副主任，技术科副科长、质管科科长。1990 年 10 月任总工程师。曾负责 1000 ~ 23000 千瓦燃气轮机高温叶片的热处理工艺的研究，推广并应用《辉光离子氧化》新技术。1982 年被评为武汉市劳动模范。

Ma Tongshun

马同顺（1937.7— ） 河北唐县人，保定电力学校热能动力装置专业毕业，工程师，中共党员。1961 年 10 月分配至第 38 列车电站，从事锅炉运行与检修，后任锅炉技术员。1981 年调入 34 站，1982 年调入 57 站。随电站调迁山西运城、甘肃金川、广东韶关、江西九江、河北迁安、江苏昆山、黑龙江牡丹江等地发电。1983 年调入迁安首钢矿业公司机动处，任动力科锅炉压力容器专业员、负责人。

Ma Jinxiao

马进孝（1940.11— ）河北徐水人，保定电力学校热能动力装置专业毕业，工程师。1961 年 10 月分配到第 8 列车电站，从事锅炉运行及检修，随电站调迁甘肃嘉峪关，宁夏青铜峡，广东茂名等地发电。1966 年 10 月茂名分站时调入 6 站，从事锅炉运行及检修，随电站调迁湖南衡阳，新疆哈密，河北沧州等地发电，曾任运行值长。1985 年 4 月调入河北省电建二公司，1997 年 7 月退休。

Ma Dehui

马德惠（1944.11— ）女，河北河间人，保定电力学校发电厂电力网及其系统专业毕业。1961 年 10 月分配至第 39 列车电站，从事电气运行与检修。1978 年 1 月调入 59 站，任化验室主任。随电站调迁内蒙古平庄，湖南衡阳，河北束鹿，山东滕县，黑龙江佳木斯等地发电。1983 年 3 月调黑龙江佳木斯纺织印染厂热电站工作。

Wang Yude

王玉德（1938.4— ）河北满城人，保定电力学校发电厂电力网及系统专业毕业，工程师。1961 年 10 月分配到列电系统，先后在第 28、30 列车电站，从事电气运行及检修。1974 年调入保定基地，在质管科试验室从事电气高压试验等，曾参加基地生产的发电机制造工艺试验、出厂安装交接试验及大修的预防性试验，以及基地承揽的小型水电站的电气试验工作。

Wang Long

王龙（1938.11— ）河北徐水人，保定电力学校热能动力装置专业毕业，工程师，中共党员。1961 年 10 月分配至第 24 列车电站，历任技术员、锅炉工段长、生技组长、副厂长。1975 年 8 月，调入 49 站任厂长、党支部书记。随电站调迁宁夏青铜峡，湖南耒阳、湘潭，山东烟台，内蒙古集宁、大雁等地发电。列电体制改革后，在大雁负责培训地方接收人员，1984 年 1 月调入 6 站。1985 年 5 月调入河北电建二公司，任工会主席。1972 年在青铜峡水利工程局被评为先进生产者。

Wang Guiying

王桂英（1939.4— ）女，山东阳谷人，保定电力学校热能动力装置专业毕业。1961 年 10 月分配到第 23 列车电站，从事汽机运行与检修，曾任站工会委员。随电站调迁四川荣昌、甘洛，山西芮城、大同，内蒙古临河等地发电。1979 年 1 月调入列电局中试所，在机修班工作。1983 年在河北电力职工大学后勤组工作。

Yin Chunlin

尹春林（1941.4— ）河北定兴人，中共党员。1958 年 8 月参加工作，定兴县液压件厂工人。1959年8月先后调入河北省电力学校、河北保定电力专科学校，食堂炊事员。1961年10月调入保定电力技工学校，食堂炊事员。1971年5月学校并入保定基地后在车间劳动，1972年12月复校时回校任炊事员，1987年2月任伙食科主管科员。曾被评为华北电业管理局先进工作者。

Shi Hongcai

石宏才（1939.12— ） 河北完县人，保定电力学校电厂热能动力装置专业毕业，助理工程师，中共党员。1961年10月分配到第44列车电站，从事锅炉运行与检修，后任锅炉工段长。1977年任27站副厂长。随电站调迁山西晋城、运城、长治，甘肃山丹、江西安福等地发电。1982年5月调入西北基地，先后任动力科技术员、总务科副科长、基本建设科助理工程师、车辆厂小火电助理工程师等。

Lu Junjie

卢俊杰（1937.12— ） 河北深泽人，保定电力学校热能动力装置专业毕业，高级工程师，中共党员。1961年10月分配到第15列车电站，从事锅炉运行及检修。1966年10月调入6站，曾任班长、值长。随电站调迁湖南郴州、衡阳，广东茂名，新疆哈密，河北沧州等地发电、西北基地机组大修。1981年12月借调到沧州化工厂，从事自备电厂设计工作。1983年8月调入天津碱厂，从事自备高压电站设计，任副厂长。曾获三次省级先进称号。

Tian Jinyou

田金有（1938—2011） 河北定兴人，保定电力学校发电厂电力网及其系统专业毕业。1961年10月分配至第15列车电站，1964年11月后调入43、45站，从事电气运行与检修。随电站调迁贵州六枝、水城、贵定，湖南株洲，湖北宜昌等地发电。列电体制改革后，调入河北保定印染厂。

Shi Qinglu

史青录（1937.4— ） 河北定县人，保定电力学校毕业。1961年10月分配至第8列车电站，从事锅炉运行与检修。1964年11月调入43站。随电站调迁广东茂名，甘肃酒泉，宁夏青铜峡，贵州六枝、水城、野马寨、贵定，广东韶关，湖北武汉，北京清河等地发电，参与茂名石油开发会战。1983年随第15、46列车电站下放内蒙古阿尔山林业局。

Fu Jixian

付继先（1941.7— ） 河北博野人，保定电力学校发电厂电力网及其系统专业毕业。1961年10月分配至第20列车电站。1967年调入19站。1973年19站建制撤销调入37站，从事电气运行与检修工作。随电站调迁四川广元，山西临汾，福建福州，河北沧州等地发电。1982年调入河北石家庄电力技工学校工作。

Zhu Ming

朱明（1921.8—1989.4） 福建长汀人，高小文化，1934年9月参加革命，1934年10月参加二万五千里长征，1935年12月加入中国共产党。曾任红一方面军独立团一营警卫连战士，陕北红军29军军部通讯员、陕甘宁边区385旅旅部警卫员、晋冀鲁豫军区党校警卫队队长、冀鲁豫军区政治部警卫排排长等职。1955年转入电业部门，曾任石家庄热电厂科长、微水电厂副厂长、河北保定电力专科学校人保科科长。1961年10月任保定电力学校科长。1962年8月任保定电力技工学校科长。1969年9月任校革委会第一副主任，1970年10月任校党委书记。1971年5月学校并入保定基地，任党委副书记。1981年8月离休。1947年立二等功1次，1948年、1951年立三等功各1次。

Liu Guifu

刘桂福（1939.4— ） 河北满城人，保定电力学校发电厂电力网及其系统专业毕业，中共党员。1961年10月分配到第45列车电站，先后从事锅炉、电气、热工等专业工作，1965年代理厂长。后相继在47、23站任副厂长、党支部书记等职。随电站调迁黑龙江勃利、海林、伊春，贵州六枝、贵定，广西玉林，内蒙古临河，新疆吐鲁番等地发电。1982年8月调入西北基地，历任厂子弟学校校长、支部书记，厂办公室主任。1993年退休。

Liu Qinghua

刘清华（1937.11— ） 河北涞水人，保定电力学校发电厂电力网及其系统专业毕业，助理工程师。1961年10月毕业后留校，从事教学工作。1962年调入第41列车电站，从事化验专业，后任化验负责人。随电站调迁黑龙江勃利，河南平顶山，山东东营、昌邑，湖北荆门等地发电。1987年4月调入江苏昆山列车电厂，任化验组长。1996年调入昆山锦港集团热电厂，任化学分析监督员。

Liu Qingquan

刘清泉（1939.8—2016.1） 河北满城人，保定电力学校热能动力装置专业毕业，工程师。1961年10月分配至第17列车电站，从事汽机运行及检修。1974年4月调入西北基地，曾任培训教师。1979年调入56站，汽机技术员。随电站调迁河北邯郸，黑龙江虎林，江苏徐州等地发电。1982年4月调中国工商银行徐州市分行，历任信贷科股长、副科长、副经理。1989年至1999年为徐州市政协委员。

Liu Chao

刘超（1904.2—1977.6） 河北蠡县人，1927年8月毕业于河北省立第二师范学校，1928年2月参加工作，1930年1月加入中国共产党。1949年10月前曾任教员、科长、教导主任、校长等职。1949年10月后曾任保定师范学校校长兼党支部副书记、定县师范学校校长、定县专区中等学校总校部副总校长、河北天津师范学院总务主任、保定市第一中学校长。1959年9月后调入河北省电力学校任校长、保定电力专科学校校长。1961年10月河北保定电力专科学校与保定电力学校合并，任校长。1962年8月保定电力学校与保定电力技工学校合并，任校长、党委委员。1971年5月学校并入保定基地，任革委会副主任。1972年12月学校复校，任保定电力技工学校领导小组组长。1973年1月离休。

Liu Huirong

刘惠荣（1940.12— ） 女，河北保定人，保定电力学校动力专业毕业，工程师。1961年10月分配到第22列车电站，1973年1月调入34站，均从事汽机运行与检修。随电站调迁广西柳州，广东昌江，山东德州，河北衡水等地发电。1979年11月调入保定基地，在质管科任计量检验管理工程师，1993年12月退休。

Qi Yulin

齐玉林（1940.11—1996.8） 河北完县人，保定电力学校热能动力装置专业毕业，中共党员。1961年10月分配到保定基地，同年12月参军，曾任营教导员。1975年8月转业回保定基地，先后任印刷车间主任、电站管理处副科级人事员、列电服务公司印刷厂负责人。1992年5月因病提前退休。

Qi Guozhen

齐国祯（1937.12— ） 河北唐县人，保定电力学校电气专业毕业，工程师，中共党员。1961年10月分配至第4列车电站，从事电气运行与检修。1964年5月调入47站，1966年任电气工段长。1973年调保定基地，从事高压电气试验。1976年7月调入12站，1982年6月调入44站生技组工作。

An Kuijie

安魁杰（1939.1— ） 河南杞县人，郑州电力学校发电厂电力网及其系统专业毕业，工程师，1960年8月参加工作，在河北保定电力专科学校任教师，1961年10月并入保定电力学校任教师。1971年5月学校并入保定基地后在电气车间劳动，1972年12月复校时回校任教，主要从事电气专业的实习教学与指导以及实习工厂的电气设备组装等工作，任实习工厂电气工程师。

Xu Yunmao

许云茂（1936.4—2000.3） 河北易县人，保定师范学校数学专业毕业，高级政工师，中共党员。1959年9月参加工作，先后任河北省电力学校教师、河北保定电力专科学校教师。1961年10月任保定电力学校教师，主要从事数学等课程的教学。1971年5月学校并入保定基地后在车间劳动，1972年12月复校时回校任教。曾任教务科学生组组长，1984年5月任学校工会副主席。

Sun Junqing

孙俊卿（1940.10— ） 河北满城人，保定电力学校热能动力装置专业毕业，讲师，中共党员。1958 年 9 月进入保定电校学习，1961 年 10 月留校任教。1971 年 5 月学校并入保定基地后在车间劳动，1972 年 12 月复校时回校任教，主要从事流体力学、泵与风机、热工学理论基础等课程的教学工作，曾任教研组组长。

Lu Yingzhang

芦英章（1939— ） 河北定县人，保定电力学校毕业。1961 年 10 月进入船舶 2 站，从事锅炉运行与检修。随电站调迁福建福州，四川五通桥，江西九江，湖南衡阳等地发电。1982 年调河北张家口市第五毛纺厂，历任厂办主任、厂长助理、副厂长、厂长。

Su Qinglu

苏庆禄（1938.11—2015.8） 河北望都人，保定电力学校热能动力装置专业毕业，工程师，中共党员。1961 年 10 月分配至船舶 1 站，从事锅炉运行与检修。1962 年 8 月调入船舶 2 站。随电站调迁湖北丹江口，福建福州，四川五通桥，江西九江，湖南衡阳发电。1983 年 3 月随电站调入衡阳电业局。1984 年 11 月任船舶 2 站副厂长。1995 年 12 月退休。

Li Huanxin

李焕新（1939.2— ） 河北望都人，保定电力学校发电厂电力网及其系统专业毕业，工程师，中共党员。1961 年 10 月分配至第 10 列车电站，从事电气运行与检修，1974 年任电气工段长。1977 年 5 月调入 59 站，任电气工段长、党支部委员、工会主席。1982 年 4 月调入佳木斯纺织印染厂热电站，历任动力分厂副主任、公司副经理、总工程师。1998 年 7 月退休。

Li Yanlin

李琰琳（1933.8—2019.1） 女，河北盐山人，河北师范学院物理专业毕业，高级讲师。1956 年 11 月参加工作，在保定市第九中学任教师。1961 年 10 月调入保定电力技工学校任教师，1971 年 5 月学校并入保定基地后在电气车间劳动，1972 年 12 月复校时回校任教，主要从事物理类课程的教学、实验室建设等工作。1989 年 7 月退休。

Yang Wengui

杨文贵（1941.7— ） 河北定兴人，保定电力学校热能动力装置专业毕业，工程师，中共党员。1961 年 10 月分配至第 24 列车电站，从事锅炉运行与检修，曾任运行值长、维修组长等，1975 年 8 月任副指导员，1976 年至 1987 年任党支部书记并主持全面工作，随电站调迁宁夏青铜峡，湖南耒阳、湘潭、株洲等地发电。1989年任长沙重型机器厂列电分厂副厂长，1993年转任长沙重型机器厂基建处综合组科长。编有《岁月如歌》诗集。

Yang Lunchang

杨伦昌（1941.1— ） 河北蠡县人，保定电力学校热能动力装置专业毕业，工程师，中共党员。1961年10月分配至第23列车电站，任锅炉技术员，曾代理生技组长，1976年5月为党支部委员。1980年调入44站，任生技组长、锅炉工段长。随电站调迁四川荣昌、甘洛，山西芮城、长治、大同，云南昆明，内蒙古临河等地发电。1983年11月随电站成建制下放山西惠丰机械厂，后任党支部书记、副厂长。1997年退休。

Yang Deshan

杨德山（1936.8— ） 河南叶县人，郑州电力学校发电厂电力网及其系统专业毕业，高级政工师，中共党员。1960年9月参加工作，先后在河北保定电力专科学校、保定电力学校任教师。1973年7月调入中国人民解放军38军113师单晶硅厂担任车间主任、技术科长等职，1983年6月调回保定电校任教师。1984年9月起，历任党委办公室副主任、宣传科长等职。在38军曾获三等功，华北电管局优秀思想政治工作者等。

Wu Shangxian

吴尚贤（1930.8— ） 湖南长沙人，中共党员。1951年1月入伍，曾在湖南衡阳军分区服役。1956年2月复员，相继在湖南衡阳市营房建设大队、黑龙江宝清县基建队从事木工。1961年10月进入煤炭部第3列车电站，木工，随电站调迁湖南双峰发电。1965年12月调入武汉基地，先后在铸造车间、二车间、行政科做木工，基建办公室现场施工管理。1980年11月退休。

Wu Rongxing

吴荣兴（1938.2— ） 江苏无锡人，郑州电力学校发电厂电力网及其系统专业毕业，工程师、高级政工师，1971年9月加入中国共产党。1959年3月参加工作，先后在河北省电力学校、河北保定电力专科学校、保定电力学校任教师。1971年5月学校并入保定基地后在车间劳动，1972年12月复校时回校任教师，主要从事电气专业有关课程的教学，后任保定电校教育革命组组长。1978年1月起，先后任保定电力技工学校教务副校长、总务副校长，1986年10月任学校工会主席。曾被评为1992、1993年度华北电力系统优秀工会干部。

Zhang Shuzhong

张书中（1940— ） 河北涿州人，保定电力学校发电厂电力网及其系统专业毕业，工程师。1961年10月分配至第34列车电站，从事电气运行与检修。1972年调入52站，后任技术负责人。随电站调迁黑龙江萨尔图、扎赉诺尔，山东德州，河北唐山，江苏吴县等地，曾为大庆石油会战供电。电站下放后，1985年调吴县供电局，后任副总工程师。

Zhang Xiuting

张秀亭（1944.9—　）女，河北保定人，保定电力技工学校电气专业毕业，中共党员。1960年3月进入保定电校学习，1961年10月分配到第6列车电站，后调8站从事电气运行与检修。随电站调迁甘肃酒泉，宁夏青铜峡，广东茂名，河北衡水，湖北武汉等地，参与武汉基地机组大修。1983年3月随电站下放北京新型建筑材料厂，1985年任后勤处支部书记（正处级）、龙骨厂支部书记。

Zhang Mingqi

张明琪（1937.12—　）河北定县人，保定电力学校热能动力装置专业毕业，中共党员。1961年10月分配至第23列车电站，从事汽机运行与检修，1977年任汽机工段长。1980年春调入44站，任汽机工段长。随电站调迁四川荣昌、甘洛，山西芮城、大同，云南昆明，内蒙古临河，山西长治等地发电。1983年11月，随电站成建制下放山西惠丰机械厂。1986年退休。

Zhang Binglian

张秉廉（1928.6—　）河北唐县人，速成中学毕业，1946年12月加入中国共产党。1947年4月参加革命工作，河北完县县委宣传部干事，区宣传委员。后曾任水电部官厅水电工程处党委组织部干事，水电安装公司黄口安装队党支部书记，新安江水电安装队党支部书记，河北天津电力工业局机关党委干事等职。1960年7月调入河北省电力学校、河北保定电力专科学校，任教务科长。1961年10月河北保定电力专科学校与保定电力学校合并，任科长。1962年8月保定电力学校与保定电力技工学校合并，任科长。1971年5月学校并入保定基地后在检修车间任副指导员，1972年12月保定电力技工学校复校时回校工作，1973年6月任学校党总支副书记，1978年1月任学校副校长等。1989年12月离休。

Zhang Jinru

张金茹（1940.11—　）女，河北满城人，保定电力学校发电厂电力网及其系统专业毕业。1961年10月进入列电系统，先后在第11、10列车电站，从事电气运行与检修，任副值班长。随电站调迁山东官桥、济宁，山西大同、湖北安陆等地发电。1983年12月随电站调入武汉基地，在物资科、三车间从事维修电工。

Zhang Ying

张瑛（1938—　）河北新城人，工程师。1961年毕业于保定电力学校发电厂电力网及电力系统专业，同年10月分配到第10

列车电站，从事电气运行与检修和相关技术管理工作。随电站调迁吉林蛟河，山东济宁，山西大同等地发电。1977年调入石油工业部廊坊管道局工作后，再转调到胜利油田企业任教育科科长。

Zhang Xiwu

张锡武（1937.9— ） 河北定州人，保定电力学校发电厂电力网及其系统专业毕业，中共党员。1961年10月分配至第23列车电站，从事电气运行和检修，曾任电气副工段长兼厂工会主席。1975年至1978年，先后调入6、52、12站，曾任副工段长。随电站调迁四川荣昌、甘洛，陕西潼关，山西大同，河北沧州、唐山，黑龙江扎赉诺尔等地发电。1984年11月调入石家庄市联合制碱厂，任动力车间副主任、党支部书记。

Zhang Fu

张福（1936.9— ） 河北保定人，保定电力学校热能动力装置专业毕业，工程师，政工师，中共党员。1961年10月分配至第44列车电站，从事锅炉运行与检修。1972年12月起任副厂长，1973年5月任厂长兼党支部书记。随电站调迁山西晋城、运城、长治等地发电。1983年11月随电站成建制调入山西惠丰机械厂。

Chen Huizhong

陈惠忠（1941.11— ） 河北徐水人，保定电力学校热能动力装置专业毕业，工程师。1961年10月分配到第24列车电站，任汽机值班员，后任工段长。1969年10月调入54站，任汽机技术员、工段长。1973年为提高列车电站机动性，独立设计完成54站外部管道上车改造工程。1975年12月调入列电局中试所，在设计室工作。1976年独立完成LDQ-Ⅲ型6000千瓦列车电站调速油系统和轴封蒸汽系统的施工设计。1981年参与完成列车电站热电合供技术改造工作。1986年后在河北电力职工大学任动力系教学秘书。1998年7月退休。

Chen Manchang

陈满长（1939.8— ） 河北唐县人，保定电力学校发电厂电力网及系统专业毕业，中共党员。1961年10月分配到第29列车电站，从事电气运行与检修，1966年任电气工段长。随电站调迁湖北黄石，河南平顶山、信阳等地发电。1979年调入30站，1982年调入34站。1983年电站下放后，任大雁矿务局电务厂二电厂长。1988年调至河北辛集，1990年调入辛集工业防水建材总厂，在生技科工作。

Zhou Zhixiang

周智翔（1942.4— ） 河北望都人，保定电力学校发电厂电力网及系统专业毕业，电气工程师，中共党员。1961年10月分配至第19列车电站，从事电气运行和检修。1964年末借调至列电局技改所，从事电气调试。1969年至1979年12月，先后调入54、56、57、12站，均从事电气运行和检修。1976年参加了唐山抗震救灾工作。1983年初调入17站，任电气工段长，随电站调迁四川广元，贵州水城，江苏徐州，天津汉沽，黑龙江扎赉诺尔、海拉尔等地发电。1984年11月调至张家口下花园电厂，任电气工程师。1997年退休。

Qu Yaowu

屈耀武（1938.11—1984.8） 河北满城人，保定电力学校热能动力装置专业毕业，中共党员。1961年10月分配到第46列车电站，从事汽轮机运行及检修，随电站参加了茂名石油大会战。1966年10月调入6站，随电站调迁湖南衡阳，新疆哈密，河北沧州等地，1983年12月调入河北沧州电力局工作。

Zhao Panzeng

赵泮增（1938.3— ） 河北安国人，保定电力学校热能动力装置专业毕业，工程师，中共党员。1961年10月分配到第44列车电站，从事锅炉运行及检修，1965年任副工段长。1971年1月调入55站任工段长，1975年6月调入12站任副工段长、工段长。随电站调迁山西晋城、运城、长治、垣曲，黑龙江扎赉诺尔等地，参与西北基地机组大修。1984年11月调入张家口发电厂筹建处。

Hu Yongzhe

胡永哲（1940.5— ） 河北博野人，保定电力学校发电厂电力网及系统专业毕业，电气工程师。1961年10月始，先后在第8、22、58列车电站，从事电气运行与检修。随电站调迁甘肃嘉峪关，宁夏青铜峡，广东茂名，海南昌江，山西永济等地。1974年调入保定基地，在质管科试验室从事电气仪表维修校验。1987年调入河北博野县电业局。

Hu Xinyuan

胡信媛（1940.12— ） 女，四川荣昌人。1959年3月在四川荣昌广顺场电厂参加工作，电工。1961年10月进入列电系统，先后在第44、55、29列车电站，从事电气运行与检修。随电站调迁山西晋城、垣曲、长治，河南信阳等地。1982年11月调武汉基地，在行政科招待所从事服务工作。

Jiang Guochang

姜国昌（1920.11—2007.9） 山东平原人，中央合作干部学校毕业，高级讲师。1950年12月参加工作，河北省供销总社财务处科员。1951年12月进入河北政治学院学习，1952年12月起，先后任邢台专办财务科股长、邢台合作学校教师、省社（技术、事业、财贸）干校教师。1960年2月调入河北省电力学校、河北保定电力专科学校任教师，保定电力技工学校任教师。1987年3月退休。

Ni Baochu

倪保初（1941.11—　）安徽枞阳人，保定电力学校发电厂电力网及其系统专业毕业。1961年10月分配至第16列车电站，从事电气运行与检修。随电站调迁湖南邵阳，内蒙古乌达、丰镇，广西桂林等地发电。1975年6月调入武汉基地，先后在设备动力车间、三车间从事维修电工，后任班长。1998年5月退休。

Xu Baozhen

徐宝珍（1941.6—　）女，北京人，保定电力学校热能动力专业毕业，工程师，中共党员。1961年10月在保定电力学校任教。1962年9月调入第34列车电站，1965年4月调入42站，均从事锅炉运行与检修。随电站调迁黑龙江萨尔图，四川峨眉，陕西略阳，湖南株洲，河北迁安等地，参与大庆石油会战供电。1978年4月调入天津大港发电厂综合车间。

Xu Duncai

徐敦才（1938.1—　）湖北武汉人。1958年6月参加工作，曾在武汉汉阳铸造厂、武汉机械制造厂从事造型工。1961年10月调入列电局武汉装配厂，先后在铸造车间、二车间从事铸工，曾任班长，后在质量检验科从事检验。

Guo Baoliang

郭葆良（1939.8—　）河北定兴人，保定电力学校发电厂电力网及系统专业毕业，电气工程师，中共党员。1961年10月分配至第38列车电站，从事电气运行及检修。随电站调迁山西运城，甘肃金川，广东韶关，江西九江，河北迁安等地发电。1976年唐山大地震中，参加了抗震救灾工作。1976年9月调入12站。1984年11月调入张家口下花园电厂，在电气车间高压开关班从事检修工作，后转输煤车间，任运行工程师。

Guo Yuheng

郭煜恒（1938.6—2016.12）河北徐水人，保定电力学校热能动力装置专业毕业，工程师、高级讲师，中共党员。1961年10月参加工作，任保定电力技工学校教师，主要从事热工学理论基础等课程的教学工作，曾任锅炉教研室主任。1984年3月后，历任教务科副科长、动力专业科主任、教育信息中心主任、教务科科长等职。主持的《热自专业一体化教学改革》获第三届电力职业技术教育优秀科研成果三等奖。参编教材《热工基础》由水利电力出版社出版。曾被评为1978年度保定市先进工作者、1987年度华北电业管理局先进工作者和1988年度保定市优秀共产党员等。

Tao Baofu

陶保福（1941—　）河北定州人，保定电力学校发电厂电力网及系统专业毕业，电气工程师。1961年10月分配到第14列车电站，从事电气运行和检修及相关技术管理工作。随电站调迁四川荣昌、甘洛，内蒙古赤峰，宁夏青铜峡，甘肃酒泉，陕西阳平关，江苏徐州等地发电，1983 年随电站调入江苏仪征化纤厂。

Cao Shubin

曹树斌（1935.8—2018.5） 满族，河北保定人，保定电力学校热能动力装置专业毕业。1961 年 10 月分配到第 39 列车电站，从事汽机运行和检修，曾任工段长。1977 年 10 月调入 12 站，1982 年 10 月任工段长，随电站调迁内蒙古平庄，湖南衡阳，河北束鹿，山东滕县，黑龙江扎赉诺尔等地发电。1983 年 6 月调入十里泉发电厂工作。

Han Zhanmin

韩占民（1935.10— ） 河北霸县人，曾用名韩占明，中共党员。1958 年 7 月在密云水库参加工作。1961 年 10 月调入列电局商都农场，1963 年 10 月调入保定基地，先后在印刷车间从事保卫，铸造车间从事锻工。1986 年 9 月退休。

Han Qiuxiang

韩秋祥（1939.8— ） 河北满城人，保定电力学校热能动力装置专业毕业。1961 年 10 月分配到第 43 列车电站，从事锅炉运行与检修。随电站调迁广东英德、韶关，贵州六枝、水城、贵定，湖北武汉，北京等地发电。参与返西北基地、武汉基地设备大修。1983 年 3 月随电站下放北京新型建筑材料厂。

Han Yuechen

韩越辰（1938.12— ） 河北高邑人，保定电力学校发电厂电力网及系统专业毕业，电气工程师。1961 年 10 月进入列电系统，先后在第 24、18 列车电站，从事电气运行与检修及管理工作。1977 年调入保定基地，在电气车间从事发电机制造、电站电气安装，基地承揽的地方变电站、小型水电站的检修、安装和调试。1993 年退休。

Zeng Xueyan

曾学岩（1937.2— ） 河北完县人，保定电力学校热能动力装置专业毕业，工程师，中共党员。1961 年 10 月分配至第 38 列车电站，从事汽机运行和检修。1966 年 6 月调入保定基地，在汽机车间工作。1977 年 5 月调入 12 站。随电站调迁山西运城，甘肃金川，广东韶关，黑龙江扎赉诺尔等地发电。1984 年 12 月调入张家口下花园发电厂，历任汽机车间和生产科汽机工程师。曾获华北电管局 1992 年度汽机革新二等奖。

Jin Huizhe

靳惠哲（1939.11— ） 河北曲阳人，保定电力学校热能动力装置专业毕业，技术员，中共党员。1961 年 10 月分配到第 17 列车电站，从事锅炉运行与检修。随电站调迁河北邯郸，黑龙江虎林等地发电。1975 年 4 月调至保定基地。1978 年 5 月调回 17 站，曾任工段长、技术员。1983 年 3 月调入河北曲阳县化肥厂，1986 年 5 月调入县科协从事科普工作。

Chu Guorong

褚国荣（1940.1— ） 河北藁城人，先后毕业于水电部干部学校机械制图和武汉基地"七二一"大学燃气轮机专业，高级讲师，中共党员。1956 年 9 月至 1959 年 8 月，相继在石家庄热电厂、邯郸供电局工作。1959 年 9 月调入河北省电力学校、河北保定电力专科学校、保定电力技工学校任教师。1979 年 6 月任团委负责人，1984 年 1 月后，历任学生科长、办公室主任、校长助理兼办公室主任、校长助理兼培训中心主任等。参与编写《电力工程识图与绘图》，由中国电力出版社出版。

Zhai Yufen

翟雨芬（1938— ） 河北新乐人。保定电力学校发电厂电网及电力系统专业毕业，电气工程师。1961 年 10 月毕业，分配到船舶 1 站，1962 年 12 月调入船舶 2 站，均从事电气运行与检修。随电站调迁福建福州、四川五通桥、湖北丹江口、江西九江等地发电。1973 年调入西北基地，从事列车电站设备安装、大修等工作。1981 年调入保定基地，在基建科从事工程预算及相关管理工作。

Ma Yiqin

马义琴（1939.8— ） 女，河北满城人，保定电力学校热能动力装置专业毕业，助理工程师，中共党员。1961 年 11 月分配到第 44 列车电站，在山西晋城矿务局发电，从事汽机运行与检修工作。1963 年 5 月调入保定基地。1966 年 3 月调入西北基地，参加了基地基本建设，先后在技术科管理技术资料，在组织科任干事、在车辆车间任技术员。

Ma Xiangling

马祥令（1932.1—2007.11） 湖北武汉人，上海财经学院财务会计专业本科毕业，高级会计师，中共党员。1953 年 4 月参加工作，曾在燃料部财务司、人民监察司任会计、助理监察员。1961 年 11 月进入列电系统，先后任列电局财务科会计组负责人、第四工作组科员。1963 年 7 月调入武汉基地，任财务科会计。1985 年 11 月起，先后任审计科专职审计员、副科长、科长。主编了《列车电业局列车电站会计核算办法》《电站基本业务会计核算办法》。1956 年被评为电力部先进生产者。

Deng Shulan

邓淑兰（1938.1— ） 女，河北三河人，保定电力学校热能动力装置专业毕业，中共党员。1958 年 9 月至 1961 年 10 月，先后在河北水电学院、河北省电力学校、保定电力学校学习，1961 年 11 月毕业参加工作，在保定电力技工学校办公室任科员、文书。1971 年 5 月学校并入保定基地后在车间劳动，1972 年 12 月复校时回校工作，在办公室任文书。曾被评为华北电管局优秀学生干部和档案先进工作者。

Shi Yirong

石义荣（1938.5— ）女，河北满城人，保定电力学校热能动力装置专业毕业，经济师。1961 年 11 月分配到第 15 列车电站，从事锅炉运行及检修。1963 年 3 月随站参加广东茂名石油会战，1964 年调入 8 站。1966 年 10 月调入 6 站，均从事电气运行与检修，随电站调迁湖南衡阳，新疆哈密，河北沧州等地，参与西北基地机组大修。1985 年 4 月调入河北省电建二公司工作。

Lu Zhiming

卢志明（1938.1— ）河北定州人，保定电力学校热能动力装置专业毕业，工程师。1961 年 11 月分配到第 25 列车电站，曾任锅炉工段长。1976 年独立设计制作锅炉抛煤机间断叶片轴（给煤均匀器），并在 25 站安装使用。1977 年 1 月参加列车电站捷克机组两机合并前期调研及改造工作。1978 年 8 月接新机 60 站，任锅炉工段长。1979 年 12 月调入列电局中试所，曾先后在设计室、热机组工作。1980 年参与编写《空气二次风在列车电站锅炉上的应用》，并在《电力科技通讯》上发表。1986 年 3 月后在河北电力职工大学任劳动服务公司副经理。1997 年 12 月退休。

Ran Yinqi

冉银起（1938.6—2008.4） 河北完县人，保定电力学校热能动力装置专业毕业，工程师。1961 年 11 月分配到第 29 列车电站，曾任食堂管理员，汽机值班员，技术员等。随电站调迁湖北黄石，河南平顶山、信阳等地发电。1986 年调至涿州市发电厂（原 59 站），历任汽机车间主任、生技股副股长、热力站总工等。

Xing Yuwen

邢玉文（1945.6— ）河北安新人，保定电力学校发电厂电力网及其系统专业毕业，高级工程师，中共党员。1961 年 11 月分配至第 43 列车电站，从事电气运行与检修。1965 年 10 月调入 33 站，任电气工段长、生技组长。1983 年 2 月调入 44 站。1983 年 5 月调入山西太原中煤总公司七处，任机电队长、副总工程师、副处长。1988 年获太原市劳动模范称号。

Zhu Qi

朱琦（1943.6— ）天津市人，保定电力学校发电厂及电力系统专业毕业，工程师。1961 年 11 月毕业分配至第 17 列车电站，从事电气运行及检修。1973 年 3 月调入保定基地，在试验室任电气技术员。1975 年 5 月调入列电局中试所，在电气组从事高压电气试验。1978 年主持完成列车电站冷水塔单线选频控制器试制工作。1979 年参与完成列车电站 JBT 型晶体管导前相角半自动同期装置及 JTF-1 型有功负荷自动调整装置的改进与推广。1986年3月后调入河北电力职工大学，先后从事技术管理和图书管理工作。1997年11月退休。

Qi Haoran

齐浩然（1938—　）河北定州人，保定电力学校发电厂电力网及其系统专业毕业。1961年11月分配至船舶1站，从事电气运行与检修。1962年8月调船舶2站，后任电气技术员。随电站调迁湖北丹江口，福建福州，四川五通桥，江西九江等地发电。1974年调入江西瑞昌工作。

Qi Fengshu

祁凤书（1940.12—　）女，河北徐水人，保定电力学校发电厂电力网及其系统专业毕业，工程师。1961年10月进入列电系统，先后在第23、44、27列车电站，从事化验、电气运行与检修。随电站调迁四川荣昌，山西晋城，福建邵武、三明等地发电。1971年1月调入武汉基地，先后任车间电气技术员、试验室电气试验员、教育科职工文化班数学教师、技术科技术员、质量检验科仪表校验员及电气检验员。

Xu Liansheng

许连升（1930.8—2014.9）辽宁沈阳人，中共党员。1948年9月参加革命工作，曾在沈阳汽车十二厂、武汉四野运输汽车厂、湖南衡阳3053厂、武昌钢厂从事电气工作。1961年11月调入武汉基地，先后在检修车间、一车间从事电气检修。1978年2月任“五七连”党支部书记、行政科管理员，主要负责房屋管理、后勤服务工作。1980年8月退休，1983年7月改离休（享受正科级待遇）。

Sun Zhao

孙钊（1935.7—2017.11）河北新城人，1961年11月保定电力学校毕业，高级会计师。曾在列电局财务处工作。1975年调入第12列车电站，在内蒙古扎赉诺尔发电任会计。1984年12月调入河北张家口下花园电厂，任财务部主管。

Sun Fugui

孙富贵（1937.3—　）河北满城人，保定电力学校热动专业毕业。1961年11月分配到第29列车电站，从事锅炉运行与检修。随电站调迁湖北黄石，河南平顶山、信阳等地发电。1980年12月调入保定基地，在锅炉车间从事安装与检修，1986年3月退休。

Du Xiuqin

杜秀琴（1940.10—　）女，河北饶阳人，保定电力学校电气专业毕业，工程师。1961年11月分配至第33列车电站，从事电气运行与检修。随电站调迁贵州都匀、六枝、水城，湖南衡阳，山西运城等地发电。1978年6月调入华东基地，从事电气检验等工作。1991年1月退休。

Li Sulian

李素莲（1937.8—2009.10） 女，河北新城人，保定电力学校发电厂热能动力装置专业毕业，工程师。1961 年 11 月分配到第 1 列车电站，从事汽轮机运行与检修。随电站调迁甘肃酒泉、陇西，四川冕宁，北京房山等地发电，参与二机部十四局（404 厂）等重点工程发电。列电体制改革后，随电站下放北京煤矿机械厂，在电力车间任汽机工程师。

Li Zhensheng

李振声（1938.7— ） 河北满城人，保定电力学校热力动能装置专业毕业，工程师，中共党员。1961 年 11 月分配至第 44 列车电站，从事汽机运行与检修，后任汽机工段长。工作期间，承担了汽轮机组由 2500 千瓦提高至 3000 千瓦的技改项目，率先实行了汽机管理交接班评分制。1975 年 5 月后，先后调入 17、49 站，任汽机工段长。1983 年底调入 6 站，1985 年 5 月调入河北电建二公司工作。

Yang Kaiyao

杨开耀（1928.1—1999.9） 湖北武汉人。1952 年 9 月参加工作，曾在武昌区工会任通讯员。1961 年 11 月进入列电局武汉装配厂，先后在锅炉本体车间、检修车间、一车间从事锅炉检修，钳工。后在保卫科从事保卫工作。1959 年获武昌区工会先进工作者。1983 年 8 月退休。

Di Shuqiang

邸树强（1941.1— ） 河北唐县人，保定电力学校发电厂电力网及其系统专业毕业，电气工程师。1961 年 11 月分配到第 29 列车电站，从事电气运行和检修。1977 年 10 月调入 12 站，1982 年 1 月转任热工室负责人。1984 年 11 月后，相继调入下花园电厂、张家口发电总厂，从事电气专业工作，曾在生技科任电气工程师。1997 年 12 月退休。

Zhang Yuqi

张玉琦（1941.8— ） 河北高碑店人，保定电力学校热能动力装置专业毕业。1961 年 11 月分配到第 45 列车电站，从事汽机运行与检修。1965 年调入 17 站，随电站调迁黑龙江勃利、伊春、双鸭山、虎林，河北保定、邯郸等地发电。1975 年在西北基地大修后留在基地汽机车间。参与红心汽动给水泵的安装制造。后调入质量检验科，负责铸造件检验工作。

Zhang Jinyu

张金玉（1926.7—1996.10） 河南长葛人，初中文化，1949 年 5 月入党。1947 年 6 月参加中国人民解放军，在中南二纵先后任班长、排长、副指导员。1952 年 11 月参加抗美援朝，曾任指导员。1954 年 11 月转业到洛阳家具厂，先后任车间主任、副股长。1957 年 11 月调入三门峡工程局，1961 年 11 月进入列电系统，在第 1 列车电站任秘书。随电站调迁甘肃酒泉、陇西等地，参加了为二机部十四局（404厂）的发电。1966年10月调入西北基地，相继在大庆办任干事、在供应科汽车队任队长。1988年1月离休。

Lin Ruixiao

林瑞肖（1944.6— ） 女，河北石家庄人，保定电力学校热能动力装置专业毕业。1961年11月分配到在四川荣昌的第23列车电站，从事电气运行与检修工作，随电站调迁四川甘洛，山西芮城、大同，内蒙古临河等地发电。1981年8月调入广东韶关发电厂，在电气车间继保班工作。

He Wenjiang

和文江（1940.12—2018.2） 河北定县人，保定电力学校热能动力装置专业毕业。1961年11月分配至列电系统，先后在第45、33列车电站，从事汽机辅机运行。随电站调迁黑龙江勃利、伊春，贵州六枝、水城等地发电。1971年10月调武汉基地，先后在一车间、行政科工作。1983年10月退职。

Zheng Wanfei

郑万飞（1941.12— ） 河北曲阳人，保定电力学校汽机专业毕业。1961年11月分配到列电系统，先后在第40、59列车电站，从事汽机运行与检修。随电站调迁甘肃永昌，山西晋城，河南遂平，黑龙江佳木斯等地发电。1983年调入保定基地，先后在汽机车间、技术科工作。1993年6月退休。

Zheng Fengmei

郑凤梅（1936.8— ） 女，河北威县人，保定电力学校发电厂电力网及其系统专业毕业。1961年11月毕业留校，1962年3月调入船舶2站，从事电气运行与检修工作，后任电气技术员。随电站调迁福建福州、四川五通桥、江西九江、湖南衡阳等地发电。1983年3月随船舶2站下放衡阳电业局。1986年11月退休。

Fang Yangyi

房养懿（1939.12— ） 女，河北保定人，保定电力学校电气专业毕业。1961年11月分配至第24列车电站，从事电气运行与检修。1969年接新机54站，1971年调回56站，1977年接新机59站，1981年调回56站，任电气技术员。随电站调迁宁夏青铜峡，贵州水城，江苏徐州，黑龙江佳木斯等地发电。1982年12月调入中国工商银行徐州分行。

Meng Shulan

孟淑兰（1939—1988） 河北张家口人，保定电力学校发电厂电力网及其系统专业毕业。1961年11月分配至第29列车电站，从事电气运行与检修。后调入船舶2站。随电站调迁河南平顶山、信阳，江西九江，湖南衡阳等地发电。1982年调入河北张家口毛条厂工作。

Zhao Yu

赵玉（1939.4— ）河北满城人，保定电力学校热能动力装置专业毕业，工程师，中共党员。1961 年 11 月进入第 17 列车电站，从事汽机运行与检修，后做技术管理工作。随电站调迁黑龙江双鸭山、虎林，河北邯郸等地发电。1974 年 5 月调入西北基地，先后在锅炉车间从事安装检修，在车辆车间管理组负责底开门漏斗车的技术管理工作。参与了 1500 千瓦自由活塞燃气轮发电机组、红心汽动给水泵的安装制造。

Zhao Yongmin

赵永民（1936.11— ）湖南湘潭人，华中工学院热能动力专业毕业，工程师、高级讲师。1958 年 10 月参加工作，河北水电学院教师。1960 年 9 月并入河北保定电力专科学校任教师，1961 年 11 月河北电专并入保定电力学校任教师，主要从事汽轮机设备及运行等课程的教学工作。1971 年 5 月学校并入保定基地后在车间劳动，1972 年 12 月复校时回校工作，先后任教师、汽机教研室与动力教研室副主任。1984 年 2 月任教务科副科长，1986 年 1 月任科长，1988 年 12 月任副校长，1993 年 9 月退二线工作。主编《汽轮机设备及运行》《热力发电厂》教材。曾当选保定市新市区第九届人民代表大会代表。

Yao Wenlin

姚文林（1941.11— ）河北徐水人，保定电力学校热能动力装置专业毕业，经济师，中共党员。1961 年 11 月毕业分配到第 33 列车电站。1964 年 12 月调入武汉基地，从事材料供应工作。1965 年 10 月调回 33 站，从事人事管理及财务工作。1973 年 4 月调列电局中试所，从事材料供应及管理工作。1986 年 3 月调入河北电力职工大学，先后任党委委员、组干科长、党委工作部主任、纪检监察员。1998 年 9 月退休。

Gao Lianzeng

高连增（1942.6— ）河北保定人，保定电力学校发电厂及电力网专业毕业，助理工程师。1961 年 11 月毕业分配到第 40 列车电站，任电气值班员。1976 年 11 月调入列电局中试所，任材料员。1986 年 3 月后在河北电力职工大学任学生食堂管理员。1998 年 8 月退休。

Huang Zhenjiang

黄振江（1937.8— ）河北定县人，保定电力学校热能动力装置专业毕业，助理工程师。1961 年 11 月参加工作，先后在第 1、21、56 列车电站从事锅炉运行与检修。随电站调迁湖北武汉，甘肃酒泉、陇西，河北保定，内蒙古集宁，江苏徐州等地发电。1977 年 8 月调入保定电力技工学校任实习教师，主要从事热动专业的实习教学与指导以及实习场地的建设等工作。1986 年 12 月退休。

Cao Wensheng

曹文胜（1938.10— ） 女，河北满城人，列车电业局动力学院肄业。1961年11月进入第17列车电站，从事汽机运行与检修。随电站调迁黑龙江双鸭山、虎林，河北邯郸等地发电。1974年5月调入西北基地，在汽机车间从事安装检修，参与红心汽动给水泵、1500千瓦自由活塞燃气轮发电机组、底开门煤炭漏斗车的安装制造。1983年退休。

Cui Zhishen

崔志申（1940.12— ） 河北保定人，初中文化，技术员，中共党员。1961年11月进入第34列车电站，从事化验工作。随电站在黑龙江萨尔图、内蒙古扎赉诺尔发电，曾参加大庆石油会战。1966年调西北基地，在锅炉班从事安装检修，参与了基地的基本建设，红心汽动给水泵、1500千瓦自由活塞燃气轮发电机组的安装制造。后相继在厂子弟学校工宣队、厂办、监审科、工会工作。1981年被宝鸡市总工会授予工会积极分子称号。

Cui Bingzhong

崔秉重（1934.12—2019.11） 女，河北涿州人，保定师范学院数学专业毕业，讲师，中共党员。1959年8月参加工作，先后在河北省电力学校、河北保定电力专科学校、保定电力（技工）学校任教师，主要从事数学课程的教学工作。1971年5月学校并入保定基地后在车间劳动，1972年11月复校时回校任教师。获得电力教育工作30年荣誉证书，1990年2月退休。

Peng Yuzong

彭玉宗（1938.10—2019.6） 河北博野人，保定电力学校发电厂电力网及其系统专业毕业，电气工程师、高级政工师、中共党员。1961年11月分配到第44列车电站，从事电气运行与检修。随电站调迁山西晋城、运城、长治等地发电，先后任电气工段长、副厂长。1976年11月调入12站，任副厂长。1984年12月调入张家口下花园发电厂，在扩建工程处任党支部书记、党总支书记。1989年3月任沙岭子电厂筹建处党支部书记，1989年12月任张家口发电总厂党委组织部部长。

Han Zhiying

韩志英（1938.10— ） 女，河北丰南人，河北省体育学校田径专业毕业，讲师，中共党员。1959年9月参加工作，先后任河北省电力学校、河北保定电力专科学校、保定电力技工学校体育教师，1971年5月学校并入保定基地后在车间劳动，1972年12月复校后回校任体育教师，曾任体育教研组组长。

Han Daoyu

韩道玉（1940— ） 河北望都人，保定电力学校发电厂电力网及其系统专业毕业，电气工程师，中共党员。1961年11月分配至第46列车电站，从事电气运行与检修，先后任电气值班员、电气技术员，1978 年起任副厂长。随电站调迁宁夏青铜峡，广东茂名，湖南临湘，福建福州、漳州等地发电。1982 年 11 月，调入内蒙古阿尔山林业局，任机电科科长。1987 调河北束鹿机械厂工作。

Pei Yuhua

裴玉华（1944.5— ） 女，河北清苑人，保定电力学校毕业。1961 年 11 月分配至第 10 列车电站，从事化验工作。1978 年 7 月调东北基地筹备处，1979 年接新机 60 站，1985 年 10 月调入 56 站。随电站调迁黑龙江牡丹江、吉林蛟河、山东济宁、山西大同、浙江海宁、江苏镇江等地发电。1990 年 10 月调华东基地。1992 年退休。

Zhai Qinglu

翟庆录（1937.5— ） 河北新乐人，保定电力学校电气专业毕业。1961 年 11 月分配至船舶 1 站，从事电气运行与检修。随电站调迁湖北丹江口、枝城，浙江临海等地发电。1974 年 1 月随船舶 1 站下放临海县，同年调河北石家庄第 3 中学工作。

Deng Shuxian

邓淑贤（1936.1— ） 女，北京市人，毕业于通州护士学校。1954 年 9 月分配到河北省张家口市宣化区医院，护士。1961 年 12 月调入保定基地，先后在基地卫生所、电气车间、工会工作，1981 年退休。

Cheng Junzhao

成君召（1916.12—2004.9） 河南滑县人，初中文化。1939 年 3 月在河南抗日政府征收处参加工作，1947 年 3 月加入中国共产党，曾在冀鲁豫兵站、河南省黄河河务局、黄河工程处等单位工作，历任股长、科长、段长、队长、主任。1961 年 12 月调入列电局，任局物资站站长。1965 年 5 月调入保定基地，历任财务科科长、工会主席。1981 年 2 月离休，享受县（处）级待遇。

Zhang Jun

张俊（1922.1—2008.7） 河南濮阳人，中共党员。1954 年 8 月在中共菏泽专署机关任党总支副书记兼政法机关支部委员、菏泽地委办公室副主任。1956 年 8 月调三门峡工程局设计分局，任副科长兼党支部组织委员等职。1958 年 10 月调三门峡水电大学，任机械专业支部书记兼主任。1959 年 12 月调三门峡水电学校，任校党办主任兼科室支部书记等职。1961 年 12 月调入保定基地，历任工会主席兼党总支委员、教育科科长。1982 年 1 月离休，享受县（处）级待遇。

Zhao Qingshan

赵清山（1931.10— ） 河南新乡人，中共党员。1959 年在三门峡工程局参加工作。1961 年 12 月进入船舶 2 站，从事劳动人事工作，曾任后勤组长。随电站调迁福建福州，四川乐山，江西九江，湖南衡阳等地发电。1983 年 3 月随船舶 2 站下放衡阳电业局。1992 年 5 月退休。

Jiang Meilai

姜美来（1932.10— ） 山东平阴人。1947 年 1 月在东阿县参加中国人民解放军，在黄河司令部第一大队任通讯员。1951 转业到黄河水利学校干部班学习，1954 年学习期满后分配到三门峡工程局，在行政处从事管理工作。1961 年 12 月调入第 1 列车电站，从事总务内勤工作。1980 年调入北京煤矿机械厂供销科，任仓库保管员。1992 年离休。

Han Xingyu

韩星宇（1927.11—2007.3） 河南邓县人。1948 年 9 月参加革命工作，曾在河南许昌中原军政大学、南京二野军政大学学习。1950 年 5 月始，先后在重庆西南铁路局警卫团，河南三门峡工程局工作。1961 年 12 月进入第 33 列车电站，任秘书。随电站调迁贵州贵阳、六枝等地发电。1965 年 10 月调武汉基地，车辆钳工。后从事材料、劳保用品采购工作。1987 年 11 月离休。

Wang Zhizhen

王志贞（1934.6— ） 女，河北宣化人，经济师，中共党员。1962 年进入列电系统，在第 2 列车电站从事劳资工作。后调入 47、11 站、华东基地、8 站，均从事劳资工作，曾随电站调迁广东曲江等地发电。1992 年退休。

Yin Ximing

尹喜明（1928.12— ） 河北丰宁人，1948 年 4 月加入中国共产党。1947 年 8 月参加革命工作，先后在河北省丰宁县张百万小区区公所、丰宁县武委会、张家口市冀热察工矿局、张家口市税务局工作。1949 年后任官厅水库工程局组织干部科科长、三门峡工程局企业分局工会副主席。1962 年 1 月进入第 2 列车电站，任厂长兼党支部书记。1964 年 4 月调入 47 站，任厂长兼党支部书记。1972 年 3 月调入 11 站，任厂长、指导员。1976 年 1 月参与筹建华东基地，先后任筹建处成员、党委副书记、调研员。1989 年 1 月离休。

Feng Wanmei

冯万美（1926.12—2004.11） 河北怀安人，初中文化，中共党员。1951 年 4 月在怀安县委工作，曾任组织部委员。后相继在官厅水库、水电部工程一局、三门峡机电局修配厂任人事员、工会主席。1962 年 1 月调第 17 列车电站，任秘书。1966 年 5 月调入西北基地，历任总务科科员、厂子弟学校校长、厂政治处干事。

Li Xiguang

李锡光（1932.12—2007.12 ） 河南新安人，初中文化，中共党员。1950 年 2 月在本县参加土地改革工作队，任农会主席。1952 年 2 月进入新安县团委工作，1956

年调入黄河三门峡工程局，先后任企业分局团总支书记、企业局党总支书记。1962年1月调入保定基地，历任党总支干事、铸造车间主任。1979年1月调入保定市二轻局，任局长。

Chen Jingwen

陈精文（1934.6— ） 吉林永吉人，北京经济函授大学经济管理专业毕业，中共党员。1952年在吉林丰满水电公司任职员，后调入黄河三门峡工程局筑坝二分局从事团委工作。1962年1月进入列电系统，曾任第6、25、55列车电站秘书。1972年5月调入19站，同年12月任指导员。1975年3月调任29站任指导员。1982年调入信阳地区电业局，历任办公室主任、工会副主席。

Yuan Yuzhen

袁玉珍（1935.11— ） 女，河南兰考人，大专文化，统计师。1950年12月在河南省陈留专区文工团参加工作。1952年1月起，先后到河南省艺术学校、省师专学习。结业后，相继到黄河总工会文工团、黄河三门峡工程局、企业分局技术科、工程局小学工作。1962年1月调入保定基地，历任车间管理员、计划科统计员。1985年11月退休。

Liang Jianhua

梁建华（1923.7—2002.1） 山西襄垣人，山西宝峰师范学校毕业，中共党员。1937年10月参加革命工作，1949年2月起，曾任福建连江县委组织部长、区长、区委书记、古田工程局干部处处长、党支部书记。1957年7月调入黄河三门峡工程局任机要科长，后调任三门峡中央化工厂党办室任副主任。1962年1月调入列电局，任农副业科科长。1965年起，历任保定基地行政科、供应科科长。1982年离休，享受县（处）级待遇。

Si Changlian

司长连（1941.7—2007.12） 女，安徽宿松人。1960年3月在宿松二郎造纸厂参加工作，从事化验工作。1962年2月进入列电系统，先后在保定基地、第40列车电站，从事化验专业。1972年11月调入武汉基地，在检修车间从事汽机检修，后任材料科计划员、计划科资料管理员、生产科毛坯库保管员、一车间管理员。

Li Mingjiang

李名江（1935.4— ） 浙江镇海人，华中工学院热动专业本科毕业，教授级高工，中共党员。1958年10月，曾任南京轻工业学院教师、黑龙江佳木斯综合造纸厂热电站锅炉检修技术员。1962年2月进入武汉基地，汽机技术员、工程师。1982年1月起，任车间副主任、主任。主持设计完成了1000千瓦燃气轮机的全部生产工艺流程。1984年12月调水利电力物资总公司武汉公司，任副总经理、高级工程师。1963年获武汉市“五好职工”称号。

Zhang Liangqi

张良启（1931.7—2012.10） 湖北武汉人。1951年2月参加工作，曾在武汉万利翻砂厂、武汉动力二厂、武汉机械厂从事铸工。1962年2月进入列电局武汉装配厂，先后在铸造车间、二车间从事铸造工作。1982年2月退休。

Yan Xueyun

严学云（1940.5— ） 女，安徽和县人。1958年8月参加工作，曾在芜湖水产养殖场、芜湖红旗机械厂工作。1962年3月进入列电局武汉装配厂，先后在安装车间、二车间、三车间、四车间，从事车工、仓库保管、行车工工作。

Wang Kuan

王宽（1941.4— ） 北京市人，初中文化。1959年10月在北京西单电话26局（电报大楼）总机室从事接线工作。1962年4月调入列电局机关，在行政科从事后勤服务，曾于1968年7月到密云绿化队工作一年。1976年在局招待所从事后勤管理。1983年4月调入华北水利水电学院。1984年4月调入电力部招待所，在行政处从事后勤服务，后调入能源部车队。

Liu Shugui

刘淑桂（1929.2— ） 女，河北沧州人，沧州女子简易师范学校毕业。1956年6月参加工作，曾任北京西山八大处疗养院护士、北京干面胡同小学教师。1962年4月调入列电系统，先后在第28列车电站生计组从事技术管理，在29站从事化验工作。随电站调迁河南鹤壁、平顶山、信阳等地发电。1981年10月调至保定电力技工学校，从事保卫、收发等工作。1985年6月退休。

Lu Laixiang

陆来祥（1934.7—2017.2） 现名周孔荣，广东新会人，高小文化，中共党员。1954年入伍，1959年复员到广东乐昌罗家渡矿务局工作。1962年5月随煤炭部第2列车电站转入列车电业局，从事汽车驾驶。随电站调迁广东坪石，湖南金竹山，河南漯河，山西娘子关、闻喜、朔县等地发电。1974年6月调入32站，在广州发电，被评为1975年度广州供电公司先进生产者。1976年6月随电站到宜昌为葛洲坝水利枢纽建设供电，被评为三三〇工程局先进生产者和优秀共产党员。获1978年全国电力工业劳动模范称号。1984年7月调入葛洲坝水力发电厂工作。

Chen Yaoxiang

陈耀祥（1925.7—2016.7） 江苏常州人，1946年9月加入中国共产党。1945年8月参加新四军，1948年12月毕业于华东军政大学，曾任副排长、副指导员、指导员。参加了淮海、渡江战役，荣立二、三等功各一次。1953年8月赴朝参战。1954年1月转业到黑龙江省电力建设公司工程处，先后任科员、党支部书记。1962年5

月进入列电系统，历任第 36、21 列车电站党支部书记。随电站调迁吉林敦化，河南商丘，江苏徐州等地发电。1977 年 10 月调入华东基地，任工会副主席。1978 年 7 月离休。

Yi Nanchu

易南初（1919.9—1999.6） 湖南长沙人。1949 年 6 月参加工作，曾在湖南土建队泥瓦工。1962 年 5 月在湖南双峰进入煤炭部第 3 列车电站，锅炉瓦工。1965 年 7 月调入武汉基地，先后在一队、机修车间、一车间从事锅炉瓦工，行政科泥瓦工。曾借调西北基地工作。1975 年 12 月退休。

Zhou Guozhu

周国柱（1945.6— ） 河北保定人，保定电力学校（技工部）锅炉专业毕业。1962 年 5 月进入列电系统，先后在第 40、6、61 列车电站，从事锅炉运行与检修和车工专业。随电站调迁广东茂名，湖南衡阳，新疆雅满苏，河北沧州、保定，内蒙古伊敏等地发电。1982 年调入保定基地，铸造车间砂型工。1986 年退休。

Huang Shisheng

黄时盛（1929.1—2011.4） 重庆长寿人，中共党员，经济师。1949 年 11 月在上洞水电站参加工作，1953 年后先后任狮子滩水电工程局水电学校党总支书记、工程局团委副书记。1958 年调四川电管局紫坪铺水电工程局，先后任整风办公室组长、主任、党委办公室副主任等职。1962 年 5 月调入第 19 列车电站，任党支部书记。1963 年任 20 站党支部书记兼厂长。1971 年初任 1 站党支部书记。1973 年 1 月任保定电校领导小组副组长、党总支副书记。1975 年 3 月任西北基地党委副书记兼纪委书记。列电体制改革后，相继任中国水利水电第十工程局政治部办公室副主任、局办公室副主任、改革办公室主任、党委办公室主任等职。

Huang Yaojin

黄耀津（1933.7—2014.5） 河北沧县人，经济师，中共党员。1951 年 3 月在哈尔滨发电厂参加工作，历任汽机分场团小组长、运行班长、支部组织委员、党支部副书记、保卫科长。1962 年 5 月调入列电局第 36 列车电站，任副厂长。1963 年 5 月调入 17 站，任党支部书记。1965 年 6 月调入 41 站，任厂长兼党支部书记。随电站调迁黑龙江大庆、双鸭山、七台河，吉林敦化，河南平顶山，山东东营、潍坊等地发电。1975 年 10 月调入保定基地，任党委副书记兼政治处主任。列电体制改革后，历任列车电站管理处主任、保定电力修造厂副厂长。

Cao Qiuzhen

曹秋珍（1931.7— ） 女，湖南长沙人。1951 年 3 月在长沙裕湘纱厂参加工作。1962 年 5 月进入第 16 列车电站，从事汽机运行与检修。1976 年 11 月调入船舶 2

站。随电站调迁湖南资兴、邵阳、衡阳，内蒙古乌达、丰镇，广西桂林、宜山等地发电。1981 年 8 月退休。

Wang Licang

王里仓（1942.9— ） 河北安国人，保定电力学校热能动力装置专业毕业，中共党员。1962 年 6 月分配至第 18 列车电站，从事锅炉运行与检修。1975 年 5 月调入 41 站，任锅炉技术员。随电站调迁江西鹰潭、黑龙江伊春、山东昌邑、湖北荆门等地发电。1984 年 9 月调入湖北荆门葛洲坝水泥厂，在设备管理处工作。

Li Lanzhou

李兰州（1940.8— ） 河北安国人，保定电力学校热能动力专业毕业，副总工程师，中共党员。1962 年 6 月分配到第 13 列车电站，从事锅炉专业。随电站调迁河南鹤壁，青海海晏，广东广州，云南牟定等地发电，曾为二机部九局（221 厂）服务。1971 年调入保定基地，相继在锅炉车间、设计科任技术员。保定基地体制改革后，历任钢模板车间设计组长、车间主任兼技术组长，二分厂副厂长兼技术组长，设备科、工艺科科长，副总工程师。1996 年 6 月退休。

Zhao Huailiang

赵怀良（1935.11— ） 河北正定人，中共党员。保定电力学校热能动力装置专业毕业。1962 年 6 月分配到列电系统工作，先后在第 37、18 列车电站，从事锅炉运行及检修，历任锅炉车间工段长、技术员、工程师。随电站调迁内蒙古乌达、河南新乡、广东广州、河北沧州、内蒙古伊敏河等地发电。1965 年被列电局授予五好职工称号。1982 年随电站下放伊敏河矿区。

Dong Yuechang

董月昌（1940.1—1990.10） 河北涿州人，保定电力学校发电厂电力网及其系统专业毕业。1962 年 6 月分配到第 13 列车电站，从事电气运行及检修工作，随电站调迁河南鹤壁，青海海晏，广东广州、韶关，云南禄丰，山西大同，河南商水等地发电，曾为二机部九局（221 厂）服务。1984 年调入河南焦作发电厂。

Wan Jinshu

万金书（1924.7—?） 湖北武汉人。1952 年 4 月参加工作，曾在武昌南湖汽车学校、武汉水利局、武汉建设局疗养所工作，炊事员。1962 年 7 月调入列电局武汉装配厂，在行政科从事后勤工作。1975 年 8 月退休。

Wang Taihe

王太和（1941.5— ） 河北石家庄人，初中文化。1958 年 8 月在石家庄供电局参加工作，1959 年调入邯峰安电业局，先后参加了石家庄热电厂和邯郸电厂锅炉设备的安装工程。1962 年 7 月调入第 13 列车电站，从事锅炉运行与检修，随电站调迁河南鹤壁，青海海晏，广东广州、韶关，云南禄丰等地发电，曾为二机部九局（221厂）服务。1973年调至石家庄手表厂工作。

Wang Dengji

王登基（1938.11—2000.5） 甘肃武威人，嘉峪关电力技工学校锅炉专业毕业，高级技师。1956年3月分配到嘉峪关电厂，从事锅炉运行工作。1962年调入第8列车电站，从事锅炉运行及检修，随电站参加了茂名石油大会战。1966年10月茂名分站时调入6站，随电站调迁湖南衡阳，新疆哈密，河北沧州等地，1984年调入河北省沧州电力局，任钳工班班长。1997年5月退休。

Shi Guansheng

石关生（1936.7— ） 上海市人。50年代参加支边，曾在兰州郑家庄电厂工作。1962年7月进入第8列车电站，从事汽机运行与检修。随电站调迁甘肃酒泉，宁夏青铜峡，广东茂名，河北衡水，湖北武汉，北京清河等地发电，曾为青铜峡水电站、茂名石油开发会战服务。1983年随第15、46列车电站下放内蒙古阿尔山林业局。

Liu Keshun

刘克顺（1937.4—2004.10） 甘肃临洮人，甘肃省兰州工业学校毕业。1955年7月在嘉峪关电厂参加工作，从事锅炉运行与检修。1962年7月调入第8列车电站，在锅炉工段从事焊工，后调入6、17站。随电站调迁甘肃嘉峪关，宁夏青铜峡，广东茂名，河北沧州，新疆雅满苏，黑龙江海拉尔等地发电。1982年调入西北基地，曾任“五七”工厂负责人。

Liu Qingzhen

刘清珍（1939.4—2000.10） 女，湖北武汉人。1957年1月在武昌钢铁厂参加工作，从事化验。1962年7月进入列电局武汉装配厂，先后在金工车间、二车间、制造车间、设备动力车间、三车间从事车工、钳工、刨工等工作。

Ruan Zhenxiang

阮振香（1930.1— ） 河北曲阳人，中共党员。1945年在曲阳参加民兵，随后加入中国人民解放军，参加解放石家庄、太原战役。1962年转业进入列电系统，在第36、10列车电站从事后勤管理。随电站调迁黑龙江大庆、吉林敦化、黑龙江牡丹江、河南西平等地发电。1982年调入保定基地，后在厂长办公室、老干部工作部工作，1985年2月离休。

Li Wenming

李文明（1933.1—2008.7） 河北南宫人，初中文化。1951年12月在抚顺电厂参加工作，1952年11月调齐齐哈尔电厂，从事汽机运行工作。1962年7月调入第36列车电站，在吉林敦化发电，从事汽机运行与检修。1966年5月调入西北基地，参与基地的基本建设。在汽机工段安装检修班工作，后组建油漆班担任班长。

Zhang Shenrong

张慎荣（1939— ）江苏南通人，中专学历，化学专业，工程师。1962年7月进入第8列车电站，从事化验工作。1966年调入13站，1975年调入48站。随电站调迁甘肃酒泉，宁夏青铜峡，广东茂名、广州、韶关，云南禄丰，山西大同，湖南衡阳等地发电，曾为青铜峡水电站、茂名石油开发会战服务。后调江苏南通第一印染厂，任发电车间主任。

Shao Zhongqi

邵中奇（1936.1— ）江苏武进人，南京电力学校发电厂电力网及其系统专业毕业，工程师，中共党员。1957年7月参加工作，先后在福建南平电厂、福建水电厅机械修造厂任技术员。1962年7月进入第27列车电站，任生技组长，1965年5月任副厂长，1968年8月任革委会主任，1971年任厂长兼党支部书记。随电站调迁福建邵武、三明，甘肃山丹等地发电。1977年3月调入华东基地，任办公室主任。

Zhou Changqing

周常清（1936.9— ）湖北新州人。1957年8月参加工作，在武汉汉阳钢铁厂、武昌机械制造厂从事铸造。1962年7月进入列电局武汉装配厂，先后在铸造车间、二车间、五车间从事铸工、铸工检验、钢（门）窗检验，计量检验科质量检验。

Lang Yongxiu

郎永秀（1940.11— ）女，河北高碑店人。1962年7月进入船舶2站，从事汽机运行与检修。随电站调迁福建福州，四川五通桥，江西九江，湖南衡阳等地发电。1983年3月随电站下放衡阳电业局。1991年3月退休。

Xu Daozhen

徐道真（1941.2— ）河北石家庄人，初中文化。1958年8月在石家庄供电局参加工作，1959年调入邯峰安电业局，参加石家庄热电厂和邯郸电厂的电气设备安装工程。1962年7月调入第13列车电站，从事电气设备运行与检修，随电站调迁河南鹤壁，青海海晏，广东广州，云南禄丰等地，曾经为二机部九局（221厂）发电。1970年12月调入石家庄热电厂，任运行班长。

Guo Shouhai

郭守海（1928.12—2013.2）陕西佳县人。1946年6月参加中国人民解放军，同年10月加入中国共产党。1956年转业到西北电力系统，科级。1962年7月调入第8列车电站任秘书。1964年调入22站任副厂长。1971年奉命到西北基地组建58

站，任副厂长。1977年12月调入16站，任厂长、党支部书记。随电站调迁甘肃酒泉，宁夏青铜峡，广东茂名，海南昌江，山西永济，内蒙古丰镇等地发电，曾为茂名石油会战发电。1982年11月调保定基地，在调研室任顾问，1988年离休，享受县（处）级待遇。

Jiang Hao

蒋浩（1936.10— ） 四川三台人，重庆电力学校热能动力装置专业毕业。1959年3月参加工作，在四川火电安装公司第四工程处任汽机专业技术监察员。1962年7月调入第23列车电站从事汽机技术员。随电站调迁四川荣昌、甘洛，山西芮城、大同，内蒙古临河等地发电。1982年6月电站下放后，调入西北基地，在一车间任安全技术员。1990年调入厂开发公司做技术工作。

Cai Shuiqing

蔡水清（1919.2—?） 湖北武汉人。1954年7月始，先后在武汉市建设局机械供应站、机械制造厂工作。1962年7月进入列电局武汉装配厂，相继在机修车间、五车间行政科从事起重工及后勤服务。

Fan Jingrong

樊景荣（1941.10— ） 辽宁凤城人，佳木斯电力技工学校毕业，中共党员。1958年7月在佳木斯合江电业局参加工作，1962年7月调第34列车电站，从事汽机运行与检修，在内蒙古扎赉诺尔矿务局发电。1966年5月调入西北基地，在汽机车间参与基地的建厂、红心汽动给水泵和1500千瓦自由活塞燃气发电机组的安装制造。1981年调基建科。

Yu Guiling

于桂玲（1949.10— ） 女，河北保定人，保定电力学校发电厂电力网及其系统专业毕业。1962年8月分配至第20列车电站，从事电气运行与检修。随电站调迁天津唐官屯、河北衡水等地发电。1964年1月调武汉基地，先后在机修车间、三车间、一车间、五车间、设备科从事电气安装与检修。1990年11月退休。

Wang Shiyun

王士云（1942.10— ） 女，天津市人，保定电力学校发电厂电力网及其系统专业毕业，工程师，中共党员。1962年8月分配到第46列车电站，从事汽轮机运行及检修。1965年调入茂名中心站财务室，1966年10月调入6站，从事财务工作。随电站调迁湖南衡阳，新疆哈密等地发电。1971年10月调入山东德州电业局劳资科，后任教育科科长、培训中心主任等。

Wang Fenglu

王凤禄（1941.10— ） 河北保定人，保定电力学校热能动力装置专业毕业，中共党员。1962年8月分配到第21列车电站，从事锅炉运行与检修，曾任锅炉技术员、工段长、生技组长等。随电站调迁黑龙江克山、牡丹江，内蒙古集宁，江苏徐州等地发电，1983 年 7 月调入天津市塘沽碱厂，任生产准备科科长、车间主任等。

Wang Yonglu

王永录（1939.9—2015.7） 河北曲阳人，保定电力学校热能动力装置专业毕业，工程师。1962 年 8 月分配到第 26 列车电站，从事汽机运行与检修。1975 年调入 24 站，随电站调迁宁夏青铜峡，湖南湘潭、株洲等地发电。在 24、25 站双机合并技术革新、技术管理和人员培训工作中表现突出。1986 年随电站调入长沙重型机器厂，在设计处工作。

Wang Jiazeng

王加增（1941.11— ） 河北高碑店人，保定电力学校发电厂电力网及电力系统专业毕业，经济师，中共党员。1962 年 8 月分配到第 25 列车电站任材料员，随电站调迁吉林延边、蛟河，河南商丘，山西朔县等地发电。1979 年 3 月调入保定基地，在供应科工作。列电体制改革后，任保定电力修造厂供应科科长。1996 年 8 月退休。

Wang Huayuan

王华元（1924.12—2008.12） 湖北新州人，中共党员。1951 年 3 月在武汉市建设局参加工作。1962 年 8 月进入列电局武汉装配厂，在行政科从事后勤服务工作。1975 年 12 月退休。

Wang Kechen

王克臣（1940.11—2019.5） 河北新城人，保定电力学校发电厂及电力网专业毕业，政工师，中共党员。1962 年 8 月分配到第 18 列车电站，从事汽机运行与检修。1973 年 10 月起，先后任管理组组长、人事劳资员。1976 年 2 月调入西北基地，任政治处宣传组组长。1979 年 8 月起，任党办、厂办副主任，党委秘书。1981 年 8 月任工会副主席，1984 年 7 月任工会主席。曾任宝鸡市总工会委员，陕西省优秀工会干部，全国总工会优秀职工思想政治工作者。

Wang Jinluan

王金乱（1938.9— ） 河北定县人，保定电力学校发电厂电力网及其系统专业毕业，一级实习指导教师。1962 年 8 月参加工作，在第 40 列车电站从事锅炉设备运行与检修，随电站调迁山西晋城，河南遂平等地发电，1979 年 5 月调入保定电力技工学校，在动力科任教师，主要从事动力类专业的实习教学与指导。曾被评为 1990 年度华北电力联合公司优秀教师、优秀班主任等。

Wang Xin

王信（1944.7— ） 河北保定人，保定电力技工学校汽机专业毕业，中共党员。

1962年8月分配到第9列车电站，从事汽机运行与检修，随电站调迁四川广元，广东茂名、湛江，山西宁武，山东莱芜等地发电。1973年4月始，先后调入山东矿业学院济南分院、中国煤炭经济学院工作。

Wang Yanzhen

王艳珍（1935.9—2005.5） 女，河北滦南人，初中文化。自1955年11月起先后在新疆乌鲁木齐市粮食局、劳动局从事化验、文秘工作。1959年8月调入新疆哈密钢铁厂，党委办公室，文秘。1962年8月进入第35列车电站，劳资管理。1963年8月调入局机关，先后在办公室、北京供应站、局行政科工作，文秘、行政管理。1983年4月调入水利电力出版社。

Wang Shuqin

王淑琴（1937.11— ） 女，河北保定人，保定电力学校电气专业毕业。1962年8月分配至第48列车电站，从事电气运行与检修。1968年调入11站，1975年接新机19站，1977年调入56站，均从事电气工作。随电站调迁湖南双峰、株洲、衡阳，贵州六枝，山东官桥，江苏徐州等地发电。1982年调徐州市供电局，在计划科负责工程预算。

Wang Shuxia

王淑霞（1941.9— ） 女，河北文安人，保定电力学校热能动力专业毕业。1962年8月分配至第46列车电站，从事汽机运行与检修，曾为茂名石油开发会战发电。先后调入43、1站，1982年8月调入拖车电站保养站，从事柴油机运行与检修。1983年5月随电站成建制下放华北电管局机械建筑公司，后调电力科学研究院工作。

Tian Zhu

田筑（1941.6— ） 女，河北满城人，保定电力学校热能动力装置专业毕业。1962年8月分配到第9列车电站，从事汽机运行与检修。后调入43站，随电站调迁四川、湖北等地发电。1981年随电站调迁北京新型建筑材料厂发电，1983年3月随电站下放到该厂。

Shi Zhanduo

史占铎（1937.8— ） 河北涞源人，保定电力学校热动力专业毕业，工程师。1962年8月分配至第18列车电站，从事锅炉运行与检修。1966年9月调入21站，任锅炉技术员。1983年7月调入59站，1987年3月任副厂长。随电站调迁江西鹰潭，黑龙江克山、佳木斯，内蒙古集宁，江苏徐州，河北涿州等地发电。1989年9月随电站下放涿州市。

Bai Yongsheng

白永生（1941.2— ） 河北高碑店人，保定电力学校发电厂电力网及其系统专业毕业，中共党员。1962年8月分配至第33列车电站，从事汽机运行与检修，1968年6月任汽机工段长，1972年12月任副厂长。随电站调迁贵州贵阳、六枝、水城，湖南衡阳，山西运城，内蒙古朱日和等地发电。1983年4月调入宣化造纸厂，任自备电厂厂长。

Feng Quanyou

冯全友（1944.5— ） 河北蠡县人，保定电力学校热能动力装置专业毕业，工程师，中共党员。1962年8月分配至第44列车电站，从事锅炉运行与检修，后任副厂长。1978年7月任55站副厂长。随电站调迁山西晋城、运城、长治等地发电。1982年4月调入河北衡水地区劳动局，任锅炉科科长。1984年10月调河北经贸大学，任资产科科长。

Feng Fulu

冯福禄（1943.7— ） 河北唐县人，保定电力学校电气专业毕业。1962年8月进入第25列车电站，从事电气运行与检修。1964年起，先后调入35站、9站、61站，随电站调迁吉林延吉，青海海晏，贵州水城，山东烟台，内蒙古扎赉诺尔、伊敏河，河北保定等地，曾参与二机部九局（221厂）发电。1982年调保定供电局工作。1998年8月退休。

Xing Shuchang

邢树昌（1942.6— ） 河北石家庄人，保定电力学校发电厂电力网及其系统专业毕业，中共党员。1962年8月分配到第15列车电站，从事电气运行与检修。同年10月调入23站，随电站调迁四川荣昌、甘洛，山西芮城、大同等地发电。1969年10月调入石家庄第二印染厂，任动力处处长。1995年调入石家庄热电厂，在总工办任电气专工。1997年内退。

Ren Qingbo

任清波（1941.9— ） 河北保定人，保定电力学校发电厂电力网及其系统专业毕业，一级实习指导教师。1962年8月参加工作，在第48列车电站从事电气设备运行与检修，随电站调迁湖南双峰，贵州六盘水，湖北武汉，湖南衡阳等地发电。1972年10月调入保定热电厂工作，1979年10月调至保定电力技工学校电力专业任实习教师。曾被河北省劳动厅评为1994年度模范教师。1997年10月退休。

Ren Shukun

任淑坤（1942.6— ） 女，河北辛集人，保定电力学校热能动力装置专业毕业，助理工程师。1962年8月分配至第10列车电站，1975年调入38站，均从事汽机运行与检修。随电站调迁山东济宁、山西大同、河北迁安、江苏昆山等地发电。1983年随电站下放江苏昆山，在列车电厂工作。

Liu Zhixin

刘志欣（1940.9— ） 女，河北清苑人，保定电力学校发电厂电力网及其系统专业毕业，实验师。1962年8月参加工作，在第40列车电站任化验员，经历了保定基地机组大修和晋城发电。1964年8月调入保定电力技工学校，任电气专业实验员、实习教员。1971年5月学校并入保定基地在车间劳动，1972年12月复校后回校任实验员、实习教员。1993年8月退休。

Liu Shuchen

刘述臣（1941.3— ） 河北涿县人，中共党员，保定电力学校热能动力装置专业毕业。1962年8月分配到第7列车电站，从事热工仪表维护工作，随电站调迁浙江宁波、福建漳平等地发电。1975年5月调入1站。列电体制改革后，随电站下放北京煤矿机械厂，在电力车间工作。1996年10月退休。

Liu Shangqian

刘尚谦（1945.9—2000.3） 满族，河北易县人，保定电力学校技工部毕业，中共党员。1962年8月分配到第24列车电站工作。1965年12月参军，1970年1月复员到24站，历任副厂长、厂长。1976年3月调入列电局密云干校，任党总支副书记、副校长。1979年5月调入49站，任党支部书记、厂长。1985年10月调入保定基地，历任供应科科长、副厂长。1993年7月调入保定顺达实业开发总公司任副总经理。

Sun Liangwen

孙良文（1937.1—1998.11） 湖北汉川人。1956年6月在地方参加工作。1962年8月进入列电局武汉装配厂，先后在锅炉车间、铸造车间、二车间，从事车辆检修、铸造，曾任班长、车间生产调度。1979年2月起，任二车间副主任、行政科副科长。

Yan Tonggui

严童贵（1930.5—1985.8） 江苏南京人。1952年12月在中南电业局技工训练班学习，后在中南电业局工程公司工作。1962年8月进入列电系统，先后在第46、6列车电站，从事锅炉运行与检修，随电站为青铜峡水电站建设、茂名石油开发会战发电。1966年5月调入西北基地，锅炉工。1972年调入武汉基地，先后在检修车间、一车间工作。

Li Wenyi

李文毅（1942.3— ） 河北涞水人，保定电力学校电厂及电力网专业毕业，工程师，中共党员。1962年8月分配到船舶2站，从事电气运行与检修，曾任技术负责人、生技组长。1963年随电站赴福州执行战备发电任务期间，获得福州市五好青年、模范共青团员称号。1965年11月随电站调到上海江南造船厂进行船体大修，1966年7月、1970年7月先后随电站赴四川乐山、江西九江参与“三线”工程建设发电。1976年8月调入新5站，任生技组长。1979年调入河北涞水煤矿工作。2000年12月退休。

Li Shenhai

李申海（1943.8— ）河北徐水人，保定电力学校热能动力装置专业毕业。1962年8月分配至第40列车电站，从事锅炉运行与检修工作。1962年12月先后调入第6、22列车电站，1971年9月接新机58站，1975年3月调入17站，1981年8月调入58站，1983年3月调入44站，任锅炉工段长。随电站调迁广东茂名，海南昌江，黑龙江海拉尔，山西永济、晋城、长治等地发电。1998年退休。

Li Lianqi

李连奇（1941.11— ）河北曲阳人，保定电力学校发电厂电力网及电力系统专业毕业，工程师。1962年8月分配到第48列车电站，从事电气运行与检修，曾任电气技术员。1975年2月调入列电局中试所，在电气组从事电气设备试验工作。1986年3月后在河北电力职工大学电力系电机实验室任教。1998年7月退休。

Li Xiu

李秀（1940.1— ）河北徐水人，保定电力学校发电厂电力网及其系统专业毕业，工程师。1962年8月分配到第9列车电站，从事化验工作，随电站调迁四川广元，广东茂名、湛江等地发电。后调入43、8站，曾任化验室负责人。1981年随电站调迁至北京新型建筑材料厂发电。1983年3月随电站下放，1989年起任自备电厂副厂长。

Li Shuxian

李树贤（1942.8— ）河北望都人，保定电校发电厂电力网及其系统专业毕业，中共党员。1962年8月分配至第43列车电站，从事锅炉运行与检修，曾任锅炉工段长。随电站调迁广东英德，贵州六枝、水城、野马寨、贵定，广东韶关，湖北武汉，北京清河等地发电，1983年随第15、46列车电站下放内蒙古阿尔山林业局。

Li Zhendong

李振东（1943.11— ）河北涞水人，保定电力学校发电厂电力网及其系统专业毕业，工程师。1962年8月分配到第29列车电站，从事热工仪表维护工作，1971年随电站调迁到河南信阳发电。1986年9月调入59站。

Li Fulai

李福来（1941.11— ）河北石家庄人，保定电力技工学校毕业。1962年8月，进入船舶1站，从事汽机运行与检修。随电站调迁湖北枝城、浙江临海等地发电。1974年1月随船舶1站下放临海县，同年调入河北石家庄工作。

Yang Yubin

杨玉斌（1943.3—1995.7）河北石家庄人，保定电力学校发电厂电力网及其系统专业毕业，经济师，中共党员。1962年8月始，在第5列车电站从事锅炉设备运行与检修、材料员及食堂管理工作。随电站调迁湖南郴州、耒阳，广东韶关等地发电。1973年调入保定基地，焊工。1978年7月调至保定电校实习工厂，1986年7月任学生科副科长，1989年3月任劳动服务公司经理。

Yang Quan

杨权（1939.10— ）河北满城人，保定电力学校热能动力装置专业毕业，助理工程师、讲师。1962年8月参加工作，在第9列车电站从事锅炉设备运行与检修，随电站调迁四川广元，湖北武汉，广东茂名、湛江，山西宁武，河北保定，山东莱芜、烟台等地发电。1976年7月调入保定电力技工学校任教师，1989年主要从事锅炉设备及运行课程的教学工作。曾被评为1993年度华北电力集团公司优秀教师等。1997年10月退休。

Yang Youyi

杨有义（1941.4— ）湖北武汉人。1958年7月在武汉汉阳机械制造厂参加工作。1962年8月进入列电局武汉装配厂，先后在铸造车间、二车间和保卫科从事铸造、保卫值班等工作。1973年被评为武汉供电局先进生产工作者。1991年12月退休。

Yang Baokun

杨宝坤（1944.2— ）女，河北霸县人，保定电力学校发电厂电力网及其系统专业毕业，助理经济师。1962年8月分配至第16列车电站，从事电气运行与检修。随电站调迁湖南邵阳，内蒙古乌达、丰镇，广西桂林等地发电。1975年6月调入武汉基地，先后在制造车间、三车间计划科电火花工，销售业务员、成品库料账员。

Xiao Yuquan

肖玉泉（1940.11— ）河北定兴人，保定电力学校电气专业毕业。1962年8月分配至船舶2站，从事电气运行与检修，后从事财务工作。随电站调迁福建福州、四川五通桥、江西九江、湖南衡阳等地发电。1983年3月随电站下放衡阳电业局。1995年12月退休。

She Yujin

佘玉瑾（1940.11— ）女，河北定兴人，保定电力学校发电厂电力系统专业毕业，助理工程师。1962年8月分配到第9列车电站，从事热工专业。后调入15、8站。随电站调迁四川广元，广东茂名等地，曾为支援茂名石油会战发电。1966年调入西北基地，参与基地的基本建设，在热工室从事热工仪表的维护、检修、安装、调试工作。

Di Ruihua

邸瑞华（1938.11— ）女，河北涿县人，保定电力学校热能动力装置专业毕业，中共党员。1962年8月分配到第41列车电站，从事劳资工作。随电站调迁黑龙江勃利，河南平顶山，山东东营、昌邑，湖北荆门等地，曾为胜利油田会战供电。1978 年 8 月调入北京大兴中国化学工程重型机械化公司工作。

Zhang Wenying

张文英（1939.2— ） 河北安国人，保定电力学校发电厂电力网及其系统专业毕业，工程师，中共党员。1962 年 8 月分配至第 29 列车电站，从事锅炉运行与检修。1964 年至 1965 年，连续两年被评为平顶山市劳动模范。1975 年 8 月起，先后任 29、59 站副厂长。随电站调迁河南平顶山、信阳，黑龙江佳木斯等地发电。1986 年 5 月兼党支部副书记。1989 年 9 月电站下放更名为涿州市发电厂后，任厂长、党支部书记。1990 年 12 月任涿州市电力局审计科科长。

Zhang Shulin

张书林（1941.9— ） 河北雄县人，保定电力学校热能动力装置专业毕业，高级工程师，中共党员。1962 年 8 月分配到第 15 列车电站，从事汽机运行与检修。1966 年 10 月调入 6 站，曾任技术员、生技组长，随电站调迁湖南郴州、衡阳，广东茂名，新疆哈密，河北沧州等地发电。曾获茂名市 1963 年度先进工作者、沧州市 1976 年度先进工作者称号。列电体制改革后，调入天津大沽化工厂，任热电分厂副厂长。1997 年 12 月退休。

Zhang Ben

张本（1943.4—1998.6） 河北保定人，保定电力学校毕业。1962 年 8 月分配到第 34 列车电站，1974 年调入 30 站，从事化学专业工作。随电站调迁内蒙古扎赉诺尔、山东德州、黑龙江伊春等地发电。列电体制改革后调入保定基地，在汽机车间从事钳工，1996 年 7 月退休。

Zhang Chengfa

张成发（1927.11— ） 河北大名人，初中文化，中共党员。1943 年 2 月在山西大同平旺发电厂参加工作，1946 年 7 月至 1962 年 7 月，相继在晋绥军区兵工六厂、兰州电厂、甘肃工业厅、酒泉电厂、酒泉电业局，任军代表、厂长、党委书记。1959 年在酒泉电厂任职期间，曾参加全国群英会。1962 年 8 月调入列电系统，历任第 8 列车电站党支部书记，24、54 站厂长兼党支部书记。1975 年 10 月调入保定基地，先后任副主任、党委副书记、纪委书记。1987 年 10 月离休。

Zhang Qingchun

张庆春（1940.8—2008.3） 河北涿县人，保定电力学校电气专业毕业，中共党员。1962 年 8 月分配到第 9 列车电站，从事电气设备运行及检修，曾任值长，人事员。随电站调迁四川广元，广东茂名、湛江等地发电。1968 年 5 月调西北基地从事电气设备检修，后调子弟学校任教。1975 年 2 月始，先后任电气车间、实验室、一车间主任，校办工厂负责人。1983 年后，任厂党委副书记兼纪委书记。

Zhang Xiuhua

张秀花（1942— ）女，河北涿县人，保定电力学校热能动力装置专业毕业。1962年8月分配到第12列车电站，从事化学专业。随电站调迁安徽濉溪，甘肃酒泉，内蒙古赤峰、扎赉诺尔等地发电。1972年调入北京燕山石化公司工作。

Zhang Shangwen

张尚文（1941.7— ）河北涞水人，保定电力技工学校锅炉专业毕业，助理工程师。1962年8月分配到第21列车电站，从事锅炉运行与检修。1966年底调入西北基地，接新机52站。1971年3月接新机55站，任锅炉技术员。随电站调迁黑龙江克山，湖北襄樊，河北邯郸、唐山，山西垣曲、长治等地发电。1979年夏随电站返西北基地大修。1982年12月调入西北基地，在动力科管理组工作。

Zhou Qiuji

周秋季（1939.7— ）河北望都人，北京电力学校化学专业毕业，化学工程师，中共党员。1962年8月分配至第5列车电站，从事化验工作。随电站调迁湖南郴州、耒阳，广东韶关等地发电。1973年3月，在列电局举办的化学培训班任授课教师，同年7月调至列电局中试所。1977年3月随列电局工作组到12站检查工作，7月调入12站，从事化验工作。1984年12月调至张家口下花园电厂，1988年转入新筹建的沙岭子电厂，任化学车间主任兼党支部书记。

Zhou Junying

周俊英（1940.11— ）女，河北涿县人，保定电力学校电气专业毕业。1962年8月分配到第12列车电站，从事运行及检修。随电站调迁安徽濉溪，甘肃酒泉，内蒙古平庄、扎赉诺尔等地，曾为国家重点工程原子弹发射基地执行发电任务。1973年4月调入保定基地，在电气车间工作。

Zhou Junfeng

周俊峰（1940.5—2016.4）河北涿县人，保定电力学校热能动力装置专业毕业。1962年8月分配到第12列车电站，从事汽机运行和检修，1973年4月从事汽机技术。随电站22年，随电站调迁安徽濉溪，甘肃酒泉，内蒙古赤峰、扎赉诺尔等地发电。1984年11月调入张家口下花园发电厂工作。

Zheng Junru

郑俊儒（1939.2— ）女，河北曲阳人，保定电力学校热能动力装置专业毕业，中共党员。1962年8月分配至第27列车电站，从事汽机运行与检修。1975年6月调入40站任汽机技术员。1982年调船舶2站，从事锅炉运行与检修。随电站调迁福建邵武、三明，河南遂平，湖南衡阳等地发电。1983年3月随电站下放衡阳电业局。1990年4月退休。

Lang Qingrong

郎清荣（1939.11— ）女，河北清苑人，北京电力学校毕业，工程师。1962 年 8 月分配至保定基地，后调筹建中的第 41 列车电站，从事化验工作。1978 年调入 39 站，随电站调迁黑龙江勃利，河南平顶山，山东东营、昌邑、滕县等地发电。1983 年 10 月随电站人员调入山东十里泉发电厂。

Meng Fanzhi

孟繁志（1941— ）河北保定人，保定电力学校毕业，高级工程师。1962 年 8 月分配到第 7 列车电站，从事锅炉运行与检修，曾任生技组长。随电站调迁浙江宁波，福建漳平等地发电。1982 年 11 月，调天津化工厂热电分厂任副厂长。

Zhao Jinku

赵金库（1939.7— ）河北顺平人，保定电力学校热能动力装置专业毕业，工程师。1962 年 8 月分配到第 8 列车电站，从事锅炉运行与检修，曾任锅炉技术员，随电站调迁甘肃酒泉，宁夏青铜峡，广东茂名，河北衡水，湖北武汉，北京等地发电。1983 年 3 月随电站下放新型建筑材料厂，历任动力分厂工程师、主任工程师等职。

Zhao Shuzhen

赵淑珍（1940.1— ）女，河北涿县人，保定电力学校毕业，助理工程师。1962 年 8 月分配至第 6 列车电站，1965 年调入 9 站，均从事汽机运行与检修。随电站调迁广东茂名、湛江，陕西宁武，山东莱芜、烟台，内蒙古扎赉诺尔等地发电。1982 年调入河南周口棉纺厂自备电厂，从事汽机运行与检修。1987 年调入江苏昆山列车电厂。

Zhao Xinmin

赵新民（1941.5— ）河北辛集人，保定电力学校发电厂电力网及系统专业毕业，工程师。1962 年 8 月分配到第 22 列车电站，从事电气运行与检修。1971 年调入 58 站，1975 年调至 17 站，随电站调迁广东昌江，山西永济、晋城，内蒙古海拉尔等地发电。1982 年调入河北电力建设公司工作。

Hu Kun

胡昆（1941.12— ）河北涿州人，保定电力学校热能动力装置专业毕业，高级工程师，中共党员。1962 年 8 月分配到第 29 列车电站，从事锅炉运行与检修工作，曾任车间技术员。1975 年 8 月调至保定磨床厂，从事钳工工作。1978 年 1 月调入铁道部建厂局，机械工程总队，钳工。后任车间工程师、设备科长、生产调度中心主任等。曾赴约旦亚克巴电站工作。

Dun Ruyi

顿如一（1939.1— ）女，河北博野人，保定电力学校热能动力装置专业毕业。1962 年 8 月进入列电系统工作，先后在第

16、13 列车电站，从事汽机运行与检修，随电站调迁内蒙古乌达，广东广州、韶关，云南禄丰，山西大同等地发电。1974 年 12 月调入保定基地，在汽机车间从事维修。1978 年调入北京消防器材厂。

Xu Runtao

徐润涛（1937.6— ） 湖南长沙人，西安交通大学燃气轮机专业本科毕业，高级工程师。1962 年 8 月分配到第 31（32）列车电站，任气机技术员，参加大庆石油会战。1968 年 12 月分站在 32 站，随电站调迁山东济南，广东广州发电。1973 年 5 月参加筹建新 3 站，承接从英国引进的 23000 千瓦燃气轮发电机组在南京发电，历任气机技术员、气机工段长、生技组长。1982 年 9 月随新 3 站下放，任南京市自备电厂副厂长。

Guo Jixian

郭积先（1942.2— ） 山东烟台人，保定电力学校热能动力装置专业毕业，技术员，中共党员。1962 年 8 月分配至第 33 列车电站，从事锅炉运行与检修工作。1983 年 1 月调入 11 站，任锅炉技术员。随电站调迁贵州贵阳、六枝、水城，湖南衡阳，山西运城，内蒙古朱日和，山东枣庄等地发电。1984 年 6 月调至兖州矿务集团机械修造厂，任动力科锅炉技术员。

Huang Zhixiang

黄芝香（1938.8— ） 女，湖北武汉人，中共党员。1958 年 7 月在武汉汉阳机械制造厂参加工作，铸工。1962 年 8 月进入列电局武汉装配厂，先后在铸造车间、二车间，从事铸工、钳工，后任铸工班班长、维修班班长。曾为二车间女工委员、厂纪检监察委员。曾被评为武汉供电局先进生产工作者。1986 年 11 月退休。

Mei Qinghe

梅清河（1944.8— ） 河北蠡县人，保定电力技工学校锅炉专业毕业。1962 年 8 月分配到第 9 列车电站，从事锅炉运行与检修，后任锅炉车间工段长。随电站调迁四川广元，广东茂名、湛江，山西宁武，山东莱芜、烟台，内蒙古扎赉诺尔，黑龙江嫩江等地发电。1986 年调入河北涿州电厂工作。

Cui Sanqing

崔三庆（1940.8— ） 河北衡水人，保定电力学校发电厂电力网及系统专业毕业，工程师，中共党员。1962 年 8 月在第 40 列车电站参加工作，从事电气运行与检修，经历了保定基地机组大修和山西晋城列车电站的发电。1964 年 8 月调至保定电力技工学校，曾任教研室主任、实习工厂副主任。1971 年 5 月学校并入保定基地后在车间劳动，1972 年 12 月复校时回校任实习工厂副主任、主任等。1986 年 9 月任保定电力技工学校副校长。1993 年 9 月退二线工作。

Cui Shifang

崔轼芳（1941.9— ） 河北保定人，保定电力学校发电厂电力网及其系统专业毕业，工程师。1962 年 8 月分配到第 18 列车电站，从事电气运行与检修，随电站调迁江西鹰潭，黑龙江伊春等地发电。1975 年调入 30 站，1983 年 3 月调入伊春（101）电厂，任生技科长、副厂长。1986 年调苏州外跨塘热电厂，任副厂长。

Liang Shiwen

梁世闻（1942.8— ） 河北涞源人，保定电力学校热能动力装置专业毕业，中共党员。1962 年 8 月分配到第 46 列车电站，从事锅炉运行与检修。1964 年 7 月至 12 月在广东茂名发电时，任党总支干事。后调入 43 站，任锅炉工段长、副厂长。1975 年 5 月任 1 站副厂长。1982 年 9 月调入水电总局，历任组织干部处干事、行政处副处长、水利部监察局处长、纪检监察室（副局级）主任等职。

Dong Shuyi

董淑义（1940.12— ） 女，河北涿州人，保定电力学校热能动力装置专业毕业，中教一级。1962 年 8 月分配至第 37 列车电站，从事汽机运行与检修。随电站调迁河南新乡、河北沧州等地发电。1984 年 12 月调石家庄电力学校，从事实习教学工作。

Jiang Qinggui

蒋庆贵（1941.4— ） 河北清苑人，保定电力学校热能动力装置专业毕业，助理工程师。1962 年 8 月分配至第 10 列车电站，1975 年调入 38 站，从事汽机运行与检修。随电站调迁山东济宁，山西大同，河北迁安，江苏昆山等地发电。1983 年随电站下放江苏昆山，在列车电厂任安全员、安全科长。1994 年任锦港集团热电厂车间主任，1999 年任锦港集团能源科副科长。

Zang Tonglin

臧同林（1938.1— ） 河北唐县人，保定电力学校热能动力装置专业毕业，工程师。1962 年 8 月分配至第 38 列车电站，从事汽机运行与检修。1976 年唐山大地震后，赴 52 站抗震救灾。1980 年调入 34 站。1983 年调入 57 站，汽机技术员，随电站下放迁安首钢大石河矿。随电站调迁甘肃金川，广东韶关，江西九江，河北迁安，江苏昆山，黑龙江牡丹江等地发电。1996 年退休。

Ji Jingrong

冀景荣（1939.8— ） 河北涞水人，保定电力学校热能动力装置专业毕业，政工师，中共党员。1962 年 8 月分配至第 16 列车电站，从事锅炉运行与检修。1964 年 10 月调入 37 站，任技术员、材料员。1977 年初，任副指导员。1978 年任 38 站党支部副书记、副厂长。随电站调迁内蒙古乌达，河南新乡，广东广州，湖南临湘，福建福州，河北沧州、迁安，江苏昆山等地发电。1983年随电站下放江苏昆山，1986年任列车电厂党支部书记、厂长，1994年为昆山锦港集团党委委员。1991年被评为昆山市优秀党务工作者。

Ma Zhuo

马琢（1938.8—2017.9） 河北蔚县人，北京电力学校化学专业毕业，工程师，中共党员。1956年10月起，曾在北京电力学校、保定电力学校任教。1962年9月先后调入第34、42列车电站，从事锅炉运行与检修。1978年4月调入天津大港发电厂综合车间，获天津市劳动模范称号。1997年8月退休。

Wang Tonghe

王通和（1942.2—2002.9） 河北容城人，保定电力学校热能动力装置专业毕业，工程师。1962年9月分配到第9列车电站，后相继调入第15、43、11、6列车电站，从事汽轮机运行与检修。随电站调迁广东茂名、韶关，贵州六枝、水城、贵定，山东滕县，河北沧州等地。1985年9月调入石家庄电力学校，任汽机专业课教师。

Feng Xianying

冯宪英（1940.10—2010.1） 女，河北涿县人，保定电力学校热能动力装置专业毕业。1962年9月分配到列电系统，先后在第29、31、32、新5、60列车电站，从事锅炉、燃气轮机、汽轮机运行与检修。随电站调迁湖北黄石、宜昌，黑龙江萨尔图，山东济南，广东广州，河北秦皇岛，浙江海宁等地发电。1985年10月调华东基地，保卫科管理员。1992年6月退休。

Liu Chenghe

刘呈河（1942.6— ） 河北涿州人，保定电力学校发电厂电力网及其系统专业毕业，高级工程师。1962年9月分配至第43列车电站，从事电气运行与检修。1980年10月调入33站，电气技术员。随电站调迁广东英德，贵州六枝、水城、贵定，湖北武汉，内蒙古朱日和等地发电。1986年10月调入山西太原中煤总公司七处。

Sun Yongju

孙永聚（1930.7— ） 山东莱州人。1962年9月进入第36列车电站，从事锅炉运行与检修，后调入49站。1983年4月调入28站。随电站调迁吉林敦化，河南商丘，山东莱芜、烟台，内蒙古集宁、大雁等地。列电体制改革后，调入邹县发电厂，从事锅炉运检工作。1986年12月退休。

Li Congguo

李从国（1942.3— ） 河北安国人，保定电力学校热能动力装置专业毕业。1962年9月分配到第12列车电站，从事锅炉运行和检修。随电站调迁安徽濉溪，内蒙古酒泉、赤峰、扎赉诺尔等地发电。1983年2月调入锦州发电厂，1998年11月退休。

Zhang Zekai

张泽凯（1943.3— ） 河北吴桥人，保定电力学校电气专业毕业，工程师。1962年9月分配至第28列车电站，从事电气运行与检修。1965年8月接新机42站，1978年4月接新机60站，任电气技术员。随电站调迁四川峨眉、陕西略阳、湖南株洲、河北迁安、浙江海宁等地发电。1982年后，先后在53、56站，华东基地任技术员、工程师。1997年10月退休。

Zhang Jinghu

张景虎（1945.10— ） 河北清苑人，保定电力技工学校毕业。1962年9月分配至第10列车电站，从事机加工、修配工作。1982年8月调入9站，1983年9月调入59站。随电站调迁黑龙江牡丹江、佳木斯，吉林蛟河，山东济宁，湖北安陆，内蒙古扎赉诺尔，河北涿州等地发电。1989年9月电站下放更名涿州市发电厂后，从事机加工、修配工作。1991年被涿州市电力局评为先进工作者。

Ge Jingtong

葛敬桐（1940.3— ） 河北清苑人，保定电力学校热能动力装置专业毕业。1962年9月分配到第12列车电站，从事锅炉运行及检修。随电站调迁安徽濉溪，甘肃酒泉，内蒙古平庄，黑龙江扎赉诺尔等地发电，曾为国家重点工程原子弹发射基地供电。1972年10月调入保定基地，在锅炉车间从事技术工作。1986年12月退休。

Gong Yihou

公义厚（1921.12—1987.1） 山东沂南人，小学文化，1941年10加入中国共产党。1941年在鲁中军区参加八路军。自1945年起，先后在山东沂南县任民兵指导员、在黑龙江嘉荫县委任机要交通员。1949年10月后转业到双鸭山煤矿。1962年10月调入第17列车电站，从事管理工作。1974年9月调入58站。随电站调迁黑龙江双鸭山、虎林，河北邯郸，山西晋城等地。1976年10月调入西北基地，在保卫科工作。1979年11月离休。

Li Yin

李银（1921.5—2013.5） 河北康保人，中共党员。1944年2月参加革命工作，在察哈尔解放军骑兵旅任排长。二等乙级伤残军人。1948年10月在河北怀来县残废军人休养所休养。1952年4月进入河北省官厅水库工程局第二队，任保卫干部。1962年10月调入第19列车电站，任秘书。1970年8月调入武汉基地，保卫科干部。1981年12月退休，1983年12月改离休，享受副处级待遇。

Zhang Jianxu

张建须（1943.9— ） 女，河北石家庄人，保定电力学校发电厂电力网及系统专业毕业，劳资培训班毕业，高级经济师，中共党员。1964年12月分配到第2列车电站，从事劳资工作，随电站调迁广东韶关，湖北丹江口，陕西西乡，湖南株洲等地。1974年调入34站，并随电站到山东德州，河北衡水，黑龙江牡丹江等地发电。1978年调至天津大港电厂，从事劳资与财会工作。1986年调至天津电业局劳资处。

Zhang Hongjun

张洪军（1935.3— ）山东济南人，青岛海军第二航校毕业，中共党员。1956年12月入伍，1962年10月转业进入第44列车电站，从事电气运行与检修。1966年7月调入西北基地，历任团总支书记、政治处副主任、组织科科长。1984年7月调入华东基地，历任劳资科科长、工会副主席、列电工贸公司经理。

Zhang Jiayou

张嘉友（1925.12—1996.10）安徽滁县人，初中文化，中共党员。1941年参加新四军，历任排长、司务长、军需供给主任，荣立四等功。1958年转业后相继在水电工程局、四川水电厅职工医院工作。1962年10月调入第23列车电站，任秘书。1966年9月调入西北基地，在政治处工作。1967~1974年在木工车间劳动。1974年起先后任一车间党支部书记、主任。1982年9月离休。

Geng Xiesen

耿协森（1933.10—?）湖北红安人。1955年2月始，曾在北京电管局、河南三门峡工程局工作。1962年10月进入列电系统，先后在第22、50列车电站，从事材料采购、锅炉检修。随电站调迁广东昌江，湖南金竹山，河南漯河，山西阳泉等地。1974年12月调入武汉基地，先后在检修车间做钳工，五车间任管理员、卫生所任收纳员。

Zhai Jin

翟金（1941.10— ）女，河北涿州人，保定电力学校热能动力装置专业毕业。1959年进入保定电校学习，1962年10月分配到第21列车电站，从事汽轮机运行与检修。随电站调迁黑龙江克山、牡丹江，内蒙古集宁，江苏徐州等地，1967年10月随电站返保定基地大修。1983年调入天津市塘沽碱厂，从事用电管理工作。

Bai Yaodi

白耀第（1934.10—2017.6）山西清徐人，北京电力学院发电厂电力网及电力系统专业毕业，高级工程师。1952年10月在长春建筑工程学校学习，毕业留校任教。1956年10月至1962年10月先后在哈尔滨工业大学、北京电力学院学习。1962年11月进入列电系统，在第34列车电站、船舶1站任电气技术员。1973年4月调入武汉基地，任试验室电气技术员，后在技术设计部门任电气工程师。1979年与他人合编的《电站用复式励磁》文章在《电力科技通讯》发表。

Li Fengming

李凤鸣（1933.3—2010.7）女，四川宜宾

人，长江水利专科学校毕业，工程师。1952 年 9 月分配到水利部长江流域规划办公室。1962 年 11 月调入第 31 列车电站，任技术资料员。1963 年 12 月调入列电局技术改进所，任管理组组长。后到保定基地铸造车间劳动、基建科任基建审核预结算工程师，1980 年退休。

Yuan Changfu

袁长富（1931.6—2010.10） 黑龙江集贤人，初中文化，中共党员。1947 年 6 月参加中国人民解放军，在东北军政大学合江分校警卫连服役，1948 年 11 月起，历任第 4 野战军司令部保卫部警卫员、班长、书记、秘书。1954 年 5 月转业到水利部长江流域规划办公室，在测信处保卫科工作。1962 年 12 月调入列电局第 31 列车电站，任党支部副书记。1963 年 12 月调入保定基地，先后在保卫科、基建科任副科长，厂学大庆办公室、宣传组任负责人。1981 年 7 月任保定基地列车电站管理处副主任。列电体制改革后，任保定电力修造厂管理一支部党支部书记。1991 年 6 月离休。

Han Zhensheng

韩真生（1932.2—2002.4） 河北蓟县人，中共党员。1947 年 3 月参加革命工作，任某部警卫团测绘员、党支部书记，武汉市郊区人武部秘书、湖北军区训练团参谋、武汉市民办政治部科员。1962 年 12 月进入列电系统，曾任第 26 列车电站党支部书记、保定基地政治处秘书（副科级）、山西娘子关电厂锅炉车间党支部书记、教育科科长。1979 年 7 月调入武汉基地，历任管理支部代党支部书记、基地工会副主席、纪委副书记。1984 年 6 月离休（享受正处级待遇）。

Fan Yuhong

樊玉弘（1937.6— ） 女，山东济南人，曾用名樊玉红。1958 年 4 月参加工作，曾在济南铁路局、公安局、第四医院任职员、民警、干部。1962 年 12 月进入第 9 列车电站，从事汽机辅机运行与检修。随电站调迁四川广元，广东茂名、湛江等地发电。1966 年 12 月调入武汉基地，先后在机修车间、一车间、附属综合厂从事汽机检修、电焊等。1983 年 11 月退休。

Wang Xianhua

王先华（1938.5— ） 女，安徽合肥人。1956 年 7 月在安徽淮南市轻工业局参加工作。1963 年 1 月进入保定基地，从事化验工作。1977 年 2 月调入华东基地，试验室化验员。

Tian Qiu

田秋（1931.11—2012.8） 湖南泸溪人，中共党员。1950 年 4 月入伍，参加中国人民志愿军赴朝参战。1952 年 9 月复员，任中南荣军学校教员、长办勘测总队政治指导员、长江工程大学班主任。1963 年 1 月进入第 14 列车电站，任秘书。1964

年9月调入武汉基地，历任办公室秘书、“七二一”大学办事员、厂工会干事。1980年7月退休。

Han Guangyou

韩光佑（1934.11—2002.10） 湖北武汉人。1952年1月在武汉市第一建筑工程公司参加工作，木工。1963年2月进入武汉基地，先后在基建科、铸造车间、二车间、行政科维修队，木工。1983年8月退休。

Li Genmei

李根妹（1926.2—1994.2） 女，上海人。1949年4月参加工作，曾在申新第六纺织厂、西北纺织建设工程公司、西安电力学校任材料员。1963年3月进入列电系统，任第18、49、53列车电站管理员，武汉基地行政科总务员、西北基地车间管理员。1978年8月调入武汉基地，在材料科任材料记账员。1980年5月退休。

Li Weijia

李维家（1929.12—2017.5） 安徽寿县人，中共党员。1949年1月参加革命，解放军独立八团、二野十军30师89团战士。1953年10月转业到四川省水利厅，任民兵教员。1963年3月进入第19列车电站，任总务员。1970年8月调入武汉基地，供销科、材料科采购员，备品配件材料员。1980年10月退休，1983年1月改离休，享受正科级待遇。

Zhao Renyong

赵仁勇（1921.12—2011.3） 上海人，中共党员。1945年8月参加革命工作。1949年10月后曾任驻上海部队副班长、华东野战军军工保卫部科员、上海国营纺织一机厂党支部书记、西安电力学校实习工厂厂长兼党支部书记。1963年3月进入列电系统，历任第18列车电站党支部书记、西北基地金工车间主任、49站党支部书记、53站干部。1978年10月调入武汉基地，任政治处干事、知青办负责人。1983年5月离休（享受副处级待遇）。

Hou Yuanniu

侯元牛（1925.9—1993.3） 河南浚县人，中共党员。1945年7月参加革命工作，曾任泰岳军区四中队十旅32团9连班长、四兵团14军119团7连排长、北碚步兵学校连长、教导员。1959年12月转业至水电部长江流域规划办公室任干事。1963年3月进入列电系统，先后任船舶2站、第42列车电站党支部书记。随电站调迁福建福州，四川峨眉，陕西略阳，湖南株洲，河北迁安等地。1979年1月调入武汉基地，任人武部部长、保卫科科长。1983年12月离休（享受正处级待遇）。

Li Huanan

李华南（1925.3—2010.12） 山西黎城人。1941年1月在黎城县任村武装委员会主任，1943年11月加入中国共产党。1947

年 8 月参加中国人民解放军，在第 15 军教导大队任职。1958 年 10 月转业到水电部长江流域规划办公室三峡指挥部第一工区，任主任。1963 年 4 月调入列电系统，先后在第 9、33 列车电站任党支部书记。1972 年 12 月调入保定电力学校，任党总支书记。1977 年 10 月进入列电局干校，后调拖车电站工作。1982 年 11 月调入保定基地，任纪委副书记，1985 年 2 月离休，享受县（处）级待遇。

Xiao Houqing

肖厚清（1930.4—2010.8） 湖北武汉人，中共党员。1951 年 4 月在武汉市第一建筑工程公司参加工作，油漆工。1963 年 4 月进入武汉基地，先后在机修车间、一车间、检修队、总务科工作。1964 年获武汉市电业局安全标兵。1980 年 8 月退休。

Zhou Qi

周琦（1928.2—2011.7） 女，安徽阜阳人，南京师范学院肄业。1949 年 4 月就读 15 军 29 师军政干校，1949 年 12 月担任师机要科译电员。1951 年 3 月随 15 军后勤部机要股赴朝参战。1952 年 11 月调入 15 军任教。1955 年 2 月转业到长办三峡指挥部，在行政组及财务科等部门工作。1963 年 4 月进入第 9 列车电站，后调武汉基地，从事行政管理。1973 年 3 月调入列电局中试所，在管理组工作。1979 年 11 月提前离休。

Zhu Xuezhen

朱学珍（1931.10—2019.8） 女，浙江嘉兴人，北京电力学院电力系统自动化专业肄业，工程师。1960 年进入北京科技局，在技术室从事技术管理工作。1963 年 5 月调入列电局机关，在生技科（处）从事电气技术管理。1983 年 4 月调入水利电力出版社，在总编室工作。

Li Jingzhen

李敬真（1942.12— ） 女，山西太原人，初中文化。1963 年 5 月进入列电系统，在第 29 列车电站从事焊接工作，随电站调迁湖北黄石，河南平顶山等地发电。1966 年 4 月调入西北基地，锅炉车间焊工。后调入生产科工具室，从事工具检修维护管理。

Zhou Honggen

周鸿根（1942.7— ） 上海人。1958 年 9 月参加工作，曾在辽宁阜新电厂、福建电力安装公司，从事锅炉运行与安装。1963 年 5 月进入第 27 列车电站，从事锅炉运行与检修。随电站调迁福建三明、邵武，甘肃山丹等地发电。1976 年 9 月调入武汉基地，先后在机修车间、三车间、四车间、五车间从事锅炉工、钳工、机床维修工，在实业公司从事机电维修。1993 年 2 月退休。

Hu Yuanhui

胡元惠（1938.12— ） 女，四川江津人，中学文化。1956年在重庆电厂参加工作，1957年先后调成都跳蹬河热电厂、荣昌广顺场电厂工作。1963年5月调入第14列车电站，从事电气运行与检修。随电站调迁内蒙古平庄、黑龙江牡丹江、宁夏青铜峡等地发电。1966年5月调入西北基地，先后在电气车间、动力科从事电气设备安装、维修等工作。

Liu Da'an

刘大安（1931.5—2002.10） 湖北武汉人。1953年10月参加工作，曾在武汉市建筑一公司、武汉钢厂、湖北安陆水库，木工。1963年6月进入武汉基地，先后在铸造车间、二车间、总务科、服务公司从事木工。1986年3月退休。

Yang Changgen

杨长根（1920.5— ） 湖北武汉人，中共党员。1953年3月参加工作，曾在武汉市国营建筑工程公司、武汉市政一公司，木工。1963年6月进入武汉基地，先后在基建办公室、铸造车间、二车间、行政科工作。

Zha Shunchang

查顺昌（1936.9— ） 上海人，株洲铁道学院无线电通信与车辆专业毕业，高级工程师，中共党员。1951年1月入伍，东海舰队报务员。1956年8月起先后任中共西藏工委组织部队员、武汉铁路局江岸车辆段技术教员。1963年6月调入武汉基地，先后任车间车辆技术员，生技科、技术科车辆工程师。1985年4月起，历任设计科、总工程师办公室、全面质量管理办公室等主任工程师（享受正科级待遇）。主编了《电站辅机国外标准汇编》第一分册并出版。1964年获武汉市电业局安全标兵。

Lu Jinfeng

鲁金凤（1935.12— ） 女，江苏句容人。1958年8月始，先后在南京市浦口阳沟街居委会、南门派出所工作。1963年6月进入第31列车电站，后调筹建中的51站，任劳动工资员。曾为大庆石油开发会战发电。1968年4月调入武汉基地，先后任劳资科劳资员，生产科、技术科资料管理员。1983年8月退休。

Huo Jingjiang

霍景江（1929.8—2005.11） 河北清苑人，1954年3月在北京水电局参加工作。1956年起，先后在三门峡工程局、北京密云水利监理所、北京供电局工作，油漆工。1963年6月调入保定基地，先后在检修车间车辆班、锅炉车间油漆班工作。1979年9月退休。

Fang Zhende

方箴德（1939.12—2011.6） 四川隆昌（重庆市荣昌区）人，西安交通大学发电厂电力网及其系统专业毕业，工程师。1963年分配至第1列车电站。1964年调入38

站，任电气技术员。随电站调迁甘肃酒泉、金川，广东韶关，江西九江等地，曾为二机部十四局（404 厂）发电。1972 年调入四川隆昌煤矿，任机电工程师，后在隆昌煤矿自备电厂任总工程师。

Qi Zhixiang

齐志祥（1940.11— ） 河北献县人，保定电力学校热能动力装置专业毕业。1963 年 9 月分配至第 13 列车电站，从事汽机运行与检修。1971 年至 1978 年，在第 55、17、57 列车电站工作。随电站调迁青海海晏，广东广州，云南禄丰，山西垣曲、长治，内蒙古海拉尔，河南漯河，河北迁安等地发电，曾为二机部九局（221 厂）发电。1982 年 11 月随电站成建制下放迁安首钢矿山公司。

Tang Qisheng

汤其盛（1937.10—2019.2） 湖南湘潭人。1953 年在武汉铁路局参加工作。1963 年进入武汉基地，1966 年调西北基地，1970 年调入 54 站，1971 年调入 56 站，蒸汽吊车司机。随电站调迁江苏徐州、镇江等地。1985 年调华东基地，行政科管理员。1992 年退休。

Yang Xin

杨信（1932.7— ） 河北滦县人，北京电力学院热能动力装置和工程专业毕业，教授级高级工程师。1951 年相继在电业管理总局南京技工训练 2 队，修建工程局 2 队、11 队、抚顺队、34 队工作。1956 年起先后在北京电力学校、北京电力学院学习。1963 年 7 月分配到列电局机关，在生技科（处）从事技术管理，曾参加老 3 站"四清"。1972 年 1 月在计划基建科（处）从事电站调迁。1983 年 1 月调入水电部办公厅列电管理处。1984 年 1 月调入水电部思想政治工作办公室，在企管处任副处长，受聘《工业经济管理丛刊》特邀编辑。1988 年 10 月调入能源部政法司，在企改处任处长，受聘《中国国家级企业管理要览丛书》编委、《企业管理》杂志社通讯员。1994 年 6 月调入中电联。1998 年 1 月退休。

Yang Aihua

杨蔼华（1943.10— ） 女，山东德州人，保定电力学校热能动力装置专业毕业，实验师。1963 年 7 月参加工作，在第 40 列车电站从事化验专业，经历了保定基地机组大修，山西晋城，河南遂平发电和西北基地机组大修。1979 年 5 月调入保定电力技工学校任教，主要从事动力类专业的实验教学和实验室管理与建设等工作。曾多次被评为校级先进工作者、工会积极分子。

Zhao Jinghai

赵景海（1946.11—2007.6） 河南新乡人，初中文化。1961 年 8 月入伍，航空兵发报员。1963 年复员进入船舶 1 站，从事水手工作，后从事焊工。随电站调迁湖北丹江口、枝城，浙江临海等地发电。1974 年 1 月随船舶 1 站设备下放临海县，同年调临海电厂工作。

Yin Wenhui

殷文辉（1937— ） 上海人，沈阳电力技工学校毕业，中共党员。1958 年分配到水电部电力安装队，1963 年 7 月进入第 27 列车电站，从事锅炉运行与检修。1970 年调入武汉基地，机床维修工。1979 年调入 38 站，任锅炉工段长。随电站调迁福建邵武、三明，江苏昆山等地发电。1983 年随电站下放江苏昆山，1985 年任列车电厂保卫科长。

Liang Guoqing

梁国卿（1938— ） 河北深泽人。1955 年 6 月参加工作。1963 年 7 月进入第 41 列车电站，从事锅炉运行与检修。随电站调迁黑龙江勃利，河南平顶山，山东东营、昌邑，湖北荆门等地发电，曾为胜利油田会战发电。列电体制改革前调出列电系统。

Wen Zuguo

文祖国（1937.11—2011.7） 四川江津人，重庆大学热能动力装置专业毕业，高级工程师，中共党员。1963 年 8 月毕业分配到列电局，从事技术工作。1964 年 8 月调入局技术改进所，在汽机组工作，多年进行汽轮机调速系统摆动问题的研究及消除。1972 年完成《列车电站 2.3 万千瓦燃气轮机组调试大纲》的编写。1978 年参与研发列车电站逆流式冷水塔改进项目，获全国科学大会奖及列电局技术革新奖。1981 年参加研发列车电站Ⅰ、Ⅱ型横流式冷水塔项目，获列电局技术革新奖。1985 年 10 月在河北电力职工大学工作期间，曾任动力系专业教研室副主任及动力系主任。

Zhang Fusheng

张福生（1939.12— ） 北京人，北京电力学院本科毕业，高级工程师。1963 年 8 月分配到第 28 列车电站，任化验技术员。1973 年调入 1 站。随电站调迁河南鹤壁，山东枣庄、潍坊，北京房山等地发电。列电体制改革后，随电站下放北京煤矿机械厂，在电力车间历任化验技术员、工程师、高级工程师。

Lin Shaosui

林绍遂（1940.8— ） 四川重庆人，重庆大学热能动力装置专业毕业，高级工程师。1963 年 8 月分配到列电局生技科任技术员，1964 年 1 月调入第 26 列车电站，任技术员。1965 年 9 月调入列电局设计组，从事电站锅炉设计、安装、调试。1968 年 5 月调入保定基地。1975 年到试验室理化组从事物理试验，后调设计科工作。1982 年 1 月起，历任设计科副科长、科长，技术开发部副主任。1994 年 8 月退休。

Zhao Zhenshan

赵振山（1940.10— ） 河南新乡人，保定电力学校热能动力装置专业毕业，中共党员。1963年8月分配到第28列车电站，从事锅炉运行与检修工作，随电站调迁河北邢台，河南开封、云南昆明、山东济宁等地发电。1969年调入新乡发电厂，从事锅炉运行。1977年后历任安检科长、厂办主任、厂工会主席、党委委员、企协主任等职。荣获全国优秀工会工作者称号。

Xi Guangxiu

奚广秀（1939.9—　）女，辽宁金县人，大连铁道学院机械专业毕业，主任编辑，中共党员。1963年8月毕业分配到武汉基地，从事车辆检修。1964年9月调入列电局机关，在基建科（处）负责基地计划管理工作。1983年4月调入水利电力出版社，在总编室任副主任。1996年7月任中国水利水电出版社总编室和教材室主任，负责编审教材。多次获得先进工作者称号。1998年9月退休。

Kang Jian

康健（1923.2—2019.8）江苏如皋人。1943年1月参加革命，同年7月加入中国共产党，1949年到中国人民解放军总政治部第二政治学校学习，毕业后进入24军70师，曾任协理员、教导员，后转业到武汉长江工业大学工作。1963年8月调入第41列车电站，任党支部书记。1965年6月调任49站副厂长。1977年12月调保定基地，历任铸造车间副主任、基建科科长、党支部书记。1983年6月离休，享受县（处）级待遇。

Ding Xingjiu

丁兴久（1939.12—　）河北景县人，保定电力学校热能动力装置专业毕业。1963年9月分配至第21列车电站，从事锅炉运行与检修。1965年12月接新机52站，1971年11月调入34站。随电站调迁黑龙江克山、牡丹江，湖北襄樊，河北邢台、衡水，山东德州，内蒙古大雁等地。1984年3月调山西惠丰机械厂惠丰电厂。1995年退休。

Wang Yuping

王玉萍（1941.11—　）女，天津武清人，保定电力学校热能动力装置专业毕业，一级实习指导教师。1963年9月参加保定基地化学培训班学习，同年12月分配到第43列车电站，从事化验工作。后调入11站、6站。随电站调迁广东英德，贵州六枝、水城、贵定，广东韶关，山东滕县，河北沧州等地发电。1985年9月调入石家庄电力学校任实习教师。

Ye Naigui

叶乃贵（1945.2—1996.7）河北交河人，保定电力学校热能动力装置专业毕业，工程师，中共党员。1963年9月分配到列电局技术改进所，在柴油机组工作。1965年3月参军，在解放军4787部队服役。1969年3月复员回到技改所。1971年技改所并入保定基地后，在金工车间叶片班任班

长、车间技术组任技术员，质管科任技术管理及检验工程师。1995 年获保定市劳动模范荣誉称号。

Ren Hongzhen

任鸿臻（1943.12—1997.11） 河北故城人，保定电力学校热能动力装置专业毕业。1963 年 9 月分配到第 43 列车电站，从事汽机运行与检修。1965 年 1 月至 1971 年 3 月，随电站在贵州六枝、贵定等地为铁二局发电。1972 年 3 月调入 16 站，随电站调迁广西宜山，内蒙古丰镇等地发电，1978 年任汽机技术员。1983 年 1 月调入河北故城县电力局，曾任局办公室主任。

Liu Zhaoming

刘兆明（1942.1— ） 河北定州人，保定电力学校汽机专业毕业，后续保定职工大学热动、机械加工专业毕业，工程师，中共党员。1963 年 9 月分配到第 31（32）列车电站，从事燃气轮机运行及检修。1968 年 12 月随 32 站调迁济南，1972 年 5 月调入广州，1974 年 11 月调新 4（5）站，参加 9000 千瓦进口燃气轮机调试投产。1976 年 8 月随新 5 站紧急调迁秦皇岛为唐山大地震救灾发电。曾任气机工段长、生技组组长。1979 年调入保定基地，历任金工车间、设计科、一分厂技术负责人。1994 年 8 月退休。

Liu Xiuqing

刘秀清（1942.12— ） 河北保定人，保定电力学校热能动力装置专业毕业，1963 年 9 月分配到第 31（32）列车电站，从事燃气轮机运行及检修，曾为大庆油田建设发电。1970 年 11 月调入保定基地，在金工车间、汽机车间工作，曾任汽机车间副主任。

Liu Mingkun

刘明坤（1940.10— ） 天津武清人，保定电力学校热能动力装置专业毕业，工程师。1963 年 9 月分配到列电系统，相继在保定技改所从事热工专业，在保定基地汽机车间从事技术管理工作。列电体制改革后，在保定电力修造厂质管科任塔机检验员、副科长等职。1996 年退休。

Liu Jianming

刘建明（1943.6— ） 河北固安人，保定电力学校热能动力装置专业毕业，一级实习指导教师，中共党员。1963 年 9 月分配到第 31（32）列车电站，从事气机运行与检修，参加大庆石油会战。1965 年获得“五好”红旗手称号。1968 年 12 月后，随 32 站调迁到济南、广州发电。1972 年 3 月任气机工段长，同年 12 月任副指导员。1974 年 10 月筹建新 4（5）站，承接从加拿大进口的燃气轮机列车电站，任副指导员。1976 年 8 月，率新 5 站紧急赴秦皇岛为唐山抗震救灾发电，任党支部书记。1979 年 5 月调入中石油管道局职业教育中心，历任教研组长、副科长、党支部书记。曾获得管道局优秀党务工作者称号。1998年5月退休。

Liu Junji

刘俊己（1941.5— ） 河北曲阳人，保定电力学校热能动力装置专业毕业，一级实习指导教师。1963年9月分配到第28列车电站，从事锅炉运行与检修。1964年4月调入30站，1973年9月随电站到保定基地进行设备大修。1983年4月调入6站。随电站调迁河南鹤壁、吉林龙井、黑龙江伊春等地发电。1985年1月调入石家庄电力学校，从事电化教学工作。

Sun Qingfen

孙庆芬（1941.7— ） 女，河北固安人。1963年8月保定电力学校毕业，9月参加保定基地化学培训班学习，同年12月分配到第43列车电站从事化验工作，随电站调迁广东英德、韶关，贵州六枝、贵定，湖北武汉等地发电。1983年3月随电站下放北京新型建筑材料厂，任动力分厂副科长。

Su Dianzhen

苏殿祯（1943.8— ） 女，河北保定人，保定电力学校热能动力装置专业毕业，讲师，中共党员。1963年9月分配至第38列车电站，从事化验工作。1967年11月调入44站，1978年11月调入55站。随电站调迁甘肃金川，广东韶关，山西晋城、长治等地发电。1982年4月调入衡水市劳动局服务公司办公室。1984年10月调入河北经贸大学，任工商管理系办公室主任。

Li Shiqi

李仕琦（1943.3—2019.10） 河北南皮人，保定电力学校热能动力装置专业毕业，工程师。1963年9月分配到第38列车电站，先后从事锅炉运行与检修。随电站调迁甘肃永昌、广东韶关、江西九江、河北迁安等地发电。1977年调入保定基地，在金工车间任检修技术员、技术组工程师。1994年退休。

Li Chunkui

李春魁（1942.12— ） 河北涞源人，保定电力学校热能动力装置专业毕业，工程师，中共党员。1963年9月分配到第31列车电站，从事燃气轮机运行及检修，在大庆参加石油会战。1965年11月调入51站，承接首台国产6000千瓦燃气轮机发电机组。1968年7月随51站调迁山东济南、胶县等地。1974年11月调入新4（5）站，参加机组调试、运行等工作。1975年12月调入河北涞源，先后在县化肥厂、乡镇企业局任工程师。

Li Shuzhong

李树忠（1943.10— ） 河北阜平人，保定电力学校热能动力装置专业毕业，工程师。1963年9月分配到列电局技术改进所，在柴油机组从事热工专业，后调入保定基地，在锅炉车间从事安装、检修。列电体制改革后，在保定电力修造厂结构车

间从事管理，1986 年任结构车间副主任。

Li Weiting

李维亭（1941.6—1992.3） 河北景县人。保定电力学校热能动力装置专业毕业，1963 年 9 月分配到第 13 列车电站，从事汽机运行和检修。1968 年起，从事电站材料采购工作。随电站调迁青海海晏，云南禄丰，广东广州、韶关，山西大同，河南商水等地发电。1982 年调入第 6 列车电站，1983 年调天津碱厂。

Li Chaodong

李朝栋（1937.1—2000.6） 河北香河人，河北大学数学专业毕业，高级讲师，中共党员。1963 年 9 月参加工作，在保定电力（技工）学校任教师，主要从事数学等课程的教学工作。1971 年 5 月学校并入保定基地后在车间劳动，1972 年 12 月复校时回校任教，1974 年 10 月任锅炉专业队指导员，1978 年 2 月任教务科科长。在这期间，开展了大量教学设施与教材建设、师资培养、人才引进以及稳定教学、教学管理等富有成效的工作。1983 年 12 月任保定电力技工学校校长，1986 年 9 月任保定电校党委书记，1989 年 10 月退二线。

Li Huifen

李惠芬（1942.1— ） 女，河北枣强人，保定电力学校热能动力装置专业毕业。1963 年 9 月至 12 月参加列电局化学培训班学习，结业分配到第 13 列车电站，从事化学工作。随电站调迁青海海晏，广东广州、韶关，云南禄丰，山西大同，河南商水等地，曾为二机部九局（221 厂）发电。1982 年 4 月调河南周口棉纺织印染厂热电站，1985 年调入石家庄市东方热电厂。

Li Ruixiang

李瑞祥（1943.12—2018.12） 河北固安人，保定电力学校热能动力装置专业毕业，高级工程师。1963 年 9 月分配到第 29 列车电站，从事锅炉运行与检修。随电站调迁河南平顶山、信阳等地发电。1982 年 12 月调至天津碱厂，在设计所工作，1992 年 12 月任动力分厂设备科科长。

Zhang Shuren

张树仁（1943.10— ） 河北定州人，保定电力学校热能动力装置专业毕业，经济师，中共党员。1963 年 9 月分配到第 21 列车电站，从事汽机运行与检修。1965 年 11 月入伍。1969 年 2 月转业回 21 站。1974 年 11 月调入新 4（5）站，任管理组组长兼人事员，党支部委员。1976 年 8 月随新 5 站紧急赴秦皇岛为唐山抗震救灾发电。1978 年 8 月调入 16 站，任管理组长。1985 年 1 月调入河北电力建设公司。1998 年 8 月退休。

Zhang Simin

张思敏（1942.10— ） 河北阜平人，保定电力学校热能动力专业毕业。1963 年 9 月分配到第 28 列车电站工作，从事汽机运行与检修。1963年12月调入30站，任生技组技术员。1982年8月调入29站。曾随电站调迁河南鹤壁、吉林延边、黑龙江伊春、河南信阳等地发电。列电体制改革后，调入保定基地，在行政科水暖班从事维修。

Chen Sucai

陈素彩（1944.10— ） 女，河北故城人，保定电力学校热能动力装置专业毕业。1963年9月进入列电局技术改进所。同年11月，在化学训练班学习后调入第10列车电站，从事化验，后转电气运行与检修。1975年9月起，先后在55、42站工作。曾随电站调迁吉林蛟河，山东济宁，山西大同、垣曲、长治，江苏苏州等地发电。1983年3月调入苏州热电厂，从事电气运行。

Chen Defen

陈德芬（1942.4— ） 女，天津武清人，保定电力学校热能动力装置专业毕业，助理工程师。1963年9月调入列电局化学培训班学习，年末分配至第26列车电站，从事化验工作。1973年调入54站。随电站调迁内蒙古赤峰、通辽，宁夏青铜峡，湖南湘潭，山西大同，江苏无锡等地。1984年12月，随电站成建制下放无锡新苑集团公司热电厂，从事化验工作。

Meng Bingjun

孟炳君（1943.3— ） 河北枣强人，保定电力学校热能动力装置专业毕业，工程师，中共党员。1963年9月分配到第31列车电站。从事燃气轮机运行与检修，1965年11月参加首台国产燃气轮机51站的筹建。曾任气机工段长、技术员。随电站调迁黑龙江萨尔图，山东济南、胶州，新疆乌鲁木齐，湖北宜昌等地，曾为大庆石油开发会战、葛洲坝工程建设发电。1982年5月调入葛洲坝水力发电厂工作。

Jiang Yufen

姜玉芬（1941.9—2014.3） 女，河北满城人，保定师范学校毕业，小教一级。1963年9月分配到保定基地子弟学校，小学语文教师并兼任班主任。1986年5月调入北京市海淀区翠微路小学任教。1995年退休。

Luo Zhenlu

骆振录（1942.12— ） 河北故城人，保定电力学校热能动力装置专业毕业。1963年9月分配进入列电系统，先后在第12、61列车电站，从事锅炉运行及检修。随电站调迁安徽濉溪，甘肃酒泉，内蒙古平庄、扎赉诺尔、伊敏，河北保定等地发电，曾为国家重点工程核试验基地发电。1983年调入保定基地，在铸造、杆模车间工作。1994年12月退休。

Yuan Xiuwen

袁秀文（1941.12— ） 女，河北雄县人，保定电力学校热能动力装置专业毕业。

1963年9月分配到第16列车电站，从事化验工作。后调入12、61站从事汽机运行与检修。随电站调迁内蒙古乌达、平庄，扎赉诺尔，广西桂林，河北保定等地发电。1982年4月，随61站调入保定基地，在铸造、杆模车间工作。

Xu Peisheng

徐培生（1943.3— ）河北吴桥人，保定电力学校热能动力装置专业毕业，工程师。1963年9月分配至第46列车电站，从事汽机运行与检修。1985年10月调入56站，任汽机技术员。随电站调迁湖南临湘，福建福州、漳州，江苏镇江等地发电。1990年8月调入华东基地，在质量检验科任检验员、总检。1997年10月退休。

Gao Haiying

高海英（1940.1— ）女，山东东营人，保定电力学校热能动力装置专业毕业。1963年9月进入列电局化学训练班学习，同年12月分配至第11列车电站，1975年调入28站，从事汽机运行与检修。自1982年起，先后在60、53站、华东基地工作。曾随电站调迁山东官桥、枣庄，浙江海宁，江苏镇江等地。

Cui Qingshan

崔庆山（1943.3— ）河北清苑人，保定电力学校热能动力装置专业毕业，高级工程师，中共党员。1963年9月分配到第12列车电站，从事锅炉运行与检修。随电站调迁安徽濉溪，甘肃酒泉，内蒙古赤峰、扎赉诺尔等地发电。1983年10月调入天津大沽化工厂，曾任动力处处长、热电分厂副厂长、水汽分厂厂长等职。1998年12月退休。

Han Ming

韩明（1942.11— ）河北保定人，保定电力学校热能动力装置专业毕业。1963年9月分配到第28列车电站，从事锅炉运行及检修，曾任运行班长。随电站调迁河南鹤壁，河北邢台，云南昆明，山东济宁、潍坊、枣庄等地发电。1982年3月调入保定基地，在锅炉车间从事锅炉制造与检修。1986年12月退休。

Xue Yuxiang

薛玉香（1942.2— ）女，天津武清人，保定电力学校热能动力装置专业毕业，工程师。1963年9月参加列电局电厂化学培训班学习，1964年1月到第29列车电站实习，后留站从事化验工作。1971年随站调迁到信阳明港发电。1986年9月调入59站，1990年退休。

Ma Yanguang

马延光（1945.9— ）河北博野人，天津电力技工学校锅炉专业毕业，中共党员。1963年10月分配至第2列车电站，1975年调入6站，随电站调迁广东韶关、湖北丹江口、陕西汉中、湖南株洲、河北沧州等地。1982年调入华东输油管理局沧州输油管理处，历任副站长、安全科副科长、科长等。曾参加北京经济学院与管道局合办的安全工程专业培训班学习。2000 年退休。

Wen You

文友（1946.12— ）天津人，天津电力技工学校热工仪表专业毕业，中共党员。1963 年 10 月分配到第 29 列车电站，从事热工仪表维护工作。1965 年调入 19 站，1967 年调入 20 站。曾随电站调迁河南平顶山、四川广元、甘肃甘谷、陕西韩城等地发电。1973 年调四川公安厅荣山劳改劳教总队，从事内线电工、机务等工作。1989 年调入华北冶金矿山建设总公司，在机修厂任机电助理工程师。1998 年退休。

Liu Tiecheng

刘铁城（1945.2— ）天津人，天津电力技工学校锅炉运行与检修专业毕业。1963 年 10 月分配至第 2 列车电站，随电站调迁广东韶关、湖北丹江口、陕西西乡、湖南株洲等地。1974 年调入 34 站，随电站调迁山东德州、河北衡水、黑龙江牡丹江等地。1978 年调入天津大港发电厂，先后在化学、汽机车间从事检修工作，1988 年调入天津电业局热电公司。1998 年退休。

Qi Kejing

齐克敬（1944.11— ）天津宝坻人，天津电力技工学校锅炉运行与检修专业毕业、锅炉技师。1963 年 10 月分配到第 29 列车电站，从事锅炉运行与检修，随电站调迁河南平顶山、信阳等地。1983 年随电站下放信阳电业局，任锅炉技师、建筑监理等。1999 年退休。

Li Xueming

李学明（1945.5— ）天津人，天津电力技工学校锅炉运行与检修专业毕业。1963 年 10 月分配至第 28 列车电站，随电站调迁河南鹤壁、开封，河北邢台，云南昆明，山东济宁等地，1966 年随电站返保定基地大修。1970 年 9 月后，相继调至河北承德市红星电厂、兴隆县胜利木制品厂、天津第三家具厂、天津大港发电厂工作。1997 年 9 月退休。

Yang Deli

杨德利（1947.4— ）天津人，天津电力技工学校热工仪表专业毕业。1963 年 10 月分配至第 29 列车电站，从事热工专业。1965 年 10 月调入 21 站，1982 年 7 月调入 44 站。随电站调迁河南平顶山、黑龙江克山、内蒙古集宁、江苏徐州、山西长治等地发电。1983 年 7 月调天津大沽化工厂热电站。

Shen Huiqing

沈惠清（1942.10— ）女，河北玉田人，天津电力技工学校汽轮机专业毕业。1963 年 10 月分配到在河南平顶山发电的第 29 列车电站，从事汽机运行与检修。1967 年 4 月调入 20 站，随电站调迁四川广元、甘肃甘谷、陕西韩城等地。1974 年调入新 4（5）站。1978 年 10 月调入天津大港发电厂，先后在化学、汽机车间从事检修工作。

Luo Zhihua

罗致华（1942.6— ） 北京通州人，天津电力技工学校汽机专业毕业。1963 年 10 月分配到第 28 列车电站，从事汽机运行与检修。1965 年 3 月调入 42 站，1978 年 2 月调入 57 站。曾随电站调迁河南鹤壁，河北邢台、迁安，四川峨眉，陕西略阳，湖南株洲等地发电。1979 年 1 月调天津第二石油化工厂。2000 年 12 月退休。

Xuan Zhonghua

宣忠华（1942.12— ） 河北昌黎人，天津电力技工学校汽轮机专业毕业，工程师，中共党员。1963 年 10 月分配到第 29 列车电站，从事汽机运行与检修。1965 年 4 月调入 42 站，1968 年调入 20 站，1974 年调入新 4（5）站。曾于 1976 年 8 月，随新 5 站紧急赴秦皇岛发电，支援唐山抗震救灾。1979 年调至天津大港发电厂，先后在化学、汽机车间从事检修工作。1979 年退休。

Yan Delu

晏德禄（1945.6— ） 天津人，大专学历，锅炉技师、工程师，中共党员。1963 年 7 月天津电力技工学校锅炉运行与检修专业毕业，10 月分配到第 29 列车电站，从事锅炉运行与检修，后任锅炉工段长。1982 年调入 57 站，任锅炉工段长、电站主任。随电站调迁河南平顶山、信阳，河北迁安等地发电。1982 年 11 月随电站成建制下放迁安首钢矿山公司，后任电厂筹备组长、副厂长。2001 年退休。

Gao Jiquan

高吉泉（1945.5— ） 天津市人，天津电力技工学校锅炉运行与检修专业毕业、河北大学统计专业毕业，助理政工师，中共党员。1963 年 10 月分配到第 29 列车电站，从事锅炉运行与检修。1967 年曾借调 49 站，赴甘肃酒泉为“东方红一号”卫星工程发电 1 年。1980 年调至中石油管道局工作，1990 年任轮胎厂副厂长、工会主席。1998 年退休后，在新奥物业公司任安全总监、总工程师。

Gao Mingji

高明基（1926.9—2003.7） 河北阜平人，高中文化，1940 年 10 月加入中国共产党。1938 年 3 月参加革命，在晋察冀军区司令部先后任指导员、连长、参谋，1948 年荣立三等功。1950 年 10 月转业到水利部，在人事处工作，曾任秘书处行政科副科长、行政处基建科科长。1957 年 2 月任水利部农水局打井队队长。自 1960 年 1 月起，历任内蒙古水电厅农牧处副处长，牧区水利建设总队总队长、党委书记，商都农场场长。1963 年 10 月调入列电局机关，任办公室主任。1979 年 9 月先后在水利部干部学校、水电部干部进修学校，任党委委员、办公室主任。1983 年 10 月任水利电力出版社办公室主任。1985 年 10 月离休，享受副司局级待遇。

Gao Shen

高深（1944.11— ） 北京人，天津电力技工学校锅炉运行与检修专业毕业，工程师。1963 年 10 月分配到第 43 列车电站，1964 年调入 8 站。曾随电站调迁广东英德、茂名，河北衡水，湖北武汉等地发电。1981 年调入河北衡水内燃机配件厂，任助理工程师，从事设备技术管理工作。1988 年调入天津静海热电厂，历任工程师，检修车间副主任，技术科副科长等。1999 年内退后，从事电力工程监理。

Huang Yunhua

黄云华（1940.1— ） 女，江苏常州人，1955 年 9 月上海动力学校毕业，工程师。1959 年 3 月在武汉汉口火力发电厂参加工作。1963 年 10 月进入船舶 2 站，从事汽机运行与检修，随电站调迁福建福州、四川五通桥、江西九江等地发电。1972 年 1 月调武汉基地，任汽机技术员。1977 年 2 月调入华东基地，任技术员、工程师。

Li Futang

李辅堂（1920.12—2005.6） 山西襄垣人。1945 年 8 月在山西襄垣参加革命工作，1947 年 10 月加入中国共产党。在部队历任文书、司务长、科长等职。1960 年 7 月转业到水电部长江流域规划办公室。1963 年 11 月调入列电系统，先后在第 5、28 列车电站任党支部书记。1965 年调入保定基地，任印刷车间主任。1983 年 12 月离休，享受县（处）级待遇。

Zhang Cai

张彩（1931.11—2011.4） 天津宝坻人，高级政工师，中共党员。1947 年 12 月在宝坻县参加革命工作，任区委组织干事。1952 年 10 月参加中国人民解放军，先后在第 66 军 198 师任连副政治指导员、铁道兵第 9 师军事检察院任检察员。1960 年 7 月转业到水电部长江流域规划办公室，任组织部干事。1963 年 11 月调入列电局第 10 列车电站，任秘书，1965 年 4 月任副指导员。1965 年 11 月调入 24 站，任党支部书记兼厂长。1974 年 3 月调入 55 站，任党支部书记。1975 年 4 月调入武汉基地，任党委副书记。1978 年 12 月调入保定基地，任副主任、党委常委。列电体制改革后，任保定电力修造厂党委委员、工会主席。1991 年 11 月离休。

Yao Weilan

姚维兰（1932.4— ） 女，天津宝坻人。1950 年 3 月参加工作，相继在天津宝坻区供销合作社、江西景德镇商业局五金商场、辽阳市国营大华照相馆、水电部长江流域规划办公室机关第一幼儿园工作。1963 年 11 月调入列电系统，先后在第 10、24、55 列车电站工作，历任文书、干事、会计。1975年4月调武汉基地，1978年11月调入保定基地，均从事财务工作。1981年12月退休。

Wang Lunge

王伦阁（1941.9— ）河北盐山人，保定电力学校发电厂电力网及其系统专业毕业。1963年12月进入列电系统，1964年2月在水电部附设劳动工资班学习。1964年12月分配至列电局机关，任劳动工资员。1965年1月，先后在25站、东北基地筹备处、10站，任劳动工资员、电气值班员。1983年10月随电站调入武汉基地，先后在保卫科、电站检修队、储运站工作。1998年6月退休。

Yang Dexiu

杨德修（1922.10— ）山东广饶人，1947年6月加入中国共产党。1940年6月参加革命，先后在渤海军区特务三中队、徐州警备区任副班长、会计股长。1951年6月在志愿军某团任后勤股长。1952年5月在整编水利二师后勤供给科工作。自1955年6月起，先后在水利部水利工程总局、行政司、西北农场任科员、股长。1963年12月调入列电局，在仓库工作。1983年3月调入水电部机械制造局。1988年2月离休（享受副处级待遇）。

Cai Lizhen

蔡莉珍（1936.10— ）女，江苏吴县人，铁道部上海卫生学校医士专业毕业，主治医师。1957年8月毕业分配到铁道部山海关桥梁厂，在厂医院任内科、儿科医士。1963年12月先后调保定基地、西北基地，卫生所医士。1972年12月调入局机关，在医务室负责综合医疗。1983年4月调入中国水利电力对外公司，在医务室工作。

Wang Chunyan

王春彦（1926.5—2019.8）女，河北定县人，抗日军政大学毕业，1945年8月加入中国共产党。1942年1月参加革命，经历了“五一大扫荡”残酷斗争。1945年3月在冀中野战五纵队任测绘员、会计。1949年在军委工程兵20团卫生队任政治指导员。1955年转业到北京房管局，在修建公司监察室任主任。1958年在北京东城区房管局任机关党委专职副书记，局党组成员。1964年1月调列电局机关，任机关党总支副书记。1983年4月调入水电部机械制造局。曾获得抗日战争胜利60、70周年纪念章各一枚。1983年12月离休，享受司局级部分待遇。

Ren Zhaofu

任兆福（1942.1— ）河北保定人，保定电力学校电气专业毕业。1964年1月分配至第7列车电站，从事电气运行与检修。随电站调迁浙江宁波、福建漳平等地发电。1983年调入华东基地，从事电气工作。1994年4月退休。

Zhang Xingguo

张兴国（1933.11—1974.1） 河北深泽人，北京丰台技校车辆钳工专业毕业，中共党员。1955 年 3 月进入北京铁路局丰台车辆段任检车员，后调入石家庄车辆段任技术员、检车所党支部书记。1964 年 1 月调入保定基地，历任车辆车间工会主席、党支部书记，子弟学校工宣队队长、党支部书记，基地革委会主任、党委委员。1969 年被评为河北省劳动模范，并于当年参加国庆 20 周年观礼活动，在人民大会堂受到毛泽东主席的接见。

Wang Lianyuan

王连元（1942.7—2017.6） 河北景县人，先后毕业于保定电力学校发电厂电力网及其系统专业和劳动工资班，政工师，中共党员。1964 年 2 月进入保定电力学校劳动工资班学习，1965 年劳资班毕业后留保定电力技工学校任教。1971 年 5 月学校并入保定基地后，任团委副书记，1972 年 12 月复校时回校任教师。1974 年 4 月任学校团委书记，1979 年 7 月任政治处副主任。1987 年 2 月后，历任人事科长、办公室主任、校长助理兼人事科长等职。1993 年 8 月任保定电校党委副书记、纪委书记，1994 年 12 月借调华北电力集团公司人力资源部工作。曾被评为保定市先进工作者。

Wang Chengrong

王承荣（1943.1— ） 女，河北安次人，保定电力学校发电厂电力网及系统专业毕业，工程师。1964 年 2 月分配到第 31（32）列车电站，从事电气运行与检修，为大庆油田建设发电。1968 年 12 月分站到 32 站，随电站调迁山东济南、广东广州发电。1973 年 5 月参加新 3 站筹建，承接从英国引进的燃气轮发电机组在南京发电。1982 年 9 月随新 3 站下放，任南京市自备电厂电气技术员。

Wang Hao

王浩（1942.10—2019.5） 河北满城人，华北电力学院电力系统自动化（成人）专业毕业，中共党员，高级讲师。1964 年 2 月保定电力学校毕业，留校任教师。1971 年 5 月学校并入保定基地后在车间劳动，后分至列电局中试所从事高压试验。1972 年 12 月复校时回校任教，主要从事电工学等课程的教学工作，曾任教研室副主任。1987 年 2 月任电力专业科副主任，1989 年 3 月任主任。1998 年 4 月退二线后，回归教学一线从事教学工作。曾主编教材《电工学》等，兼任全国电力中专、技校教研会副秘书长。被评为 1981 年度河北省劳动厅模范教师、1991 年度华北电管局教育系统直属级优秀教师。

Liu Guangan

刘广安（1942.10—1993.12） 河北霸县人，保定电力学校发电厂电力网及系统专业毕业，发配电工程师。1964 年 2 月分配到第 31（32）列车电站，从事电气运行与检修，为大庆油田建设发电。1968 年 12 月分站，随 32 站到济南发电。1972 年 5 月随电站到广州为中国出口商品交易会发电，1976 年 6 月到宜昌为葛洲坝水利枢纽建设发电。1984 年 4 月调入葛洲坝水力发电厂。

Yan Shouzheng

闫守正（1941.2— ） 河北景县人，保定电力学校发电厂电网及电力系统专业毕业。1964 年 2 月分配到列电系统，先后在第 12、61 列车电站，任电气技术员。随电站调迁甘肃酒泉，内蒙古平庄、扎赉诺尔，河北保定等地发电，曾为国家重点工程核试验基地服务。1982 年调入保定基地，在电气车间从事技术工作。1996 年 12 月退休。

Su Wenbo

苏文波（1942.1— ） 河北景县人，保定电力学校发电厂及电力系统专业毕业、广播电视大学电子专业本科毕业，工程师，中共党员。1964 年 2 月毕业分配到第 43 列车电站，在热工组工作，兼任电站团支部书记。1975 年 3 月调入列电局中试所，在热工组工作。历时 5 年完成列车电站上煤除灰及燃煤计量方案调研报告。1986 年 3 月后，在河北电力职工大学历任电力系专职教师、学生科副科长、实业公司副总经理兼党支部书记等职。1998 年 7 月退休。

Li Qiule

李秋乐（1944.7— ） 河北完县人，保定电力学校发电厂电力网及其系统专业毕业，一级实习指导教师，中共党员。1964 年 2 月参加工作，先后在第 6、15 列车电站从事电气设备运行与检修，随电站调迁广东茂名、湖南衡阳、福建厦门等地。1977 年 6 月任 15 站副厂长，1979 年 6 月任 6 站副厂长。1982 年 1 月调至保定电力技工学校任教，主要从事电气专业的实习教学与建设，曾任教研组组长。自编《继电保护安装调试》讲义、《电工仪表实验》指导书等。被评为河北省劳动厅 1998 年度模范教师。

Yang Zhanzhong

杨占忠（1936.7—2013.6） 河北丰润人，保定电力学校发电厂电力网及其系统专业毕业，中共党员。1954 年 4 月参加工作，曾在丰润县任乡长。1960 年 9 月进入保定电校学习，1964 年 2 月留校任教。1966 年 7 月起任实习工厂支部副书记、保卫组负责人。1971 年 5 月学校并入保定基地在车间劳动，1972 年 12 月复校后回校从事保卫工作。1987 年 8 月任离退休科科长。

Shi Zhenqing

时振清（1945.11— ） 河北孟村人，保定电力学校毕业，工程师，中共党员。1964 年 2 月分配到第 30 列车电站，曾任生技组组长。1980 年调入保定基地，在电气车间、生技科任技术员，1986 年 12 月起，历任电气车间副主任、主任、党支部书记、绝缘子分厂厂长等。2001年退休。

He Shaojiang

何绍江（1941.2— ） 河北固安人，保定电力学校发电厂电力网及其系统专业毕业，工程师，中共党员。1964年2月分配至第31列车电站，从事电气运行与检修。1968年12月第31（32）列车电站分站时调入32站，1975年10月调入31站，任电气工段长。1981年10月调入拖车电站任技术员。1983年5月随电站成建制下放华北电管局机械建筑公司，同年7月调北京电力建设公司。1996年2月退休。

Zhang Yanyu

张延雨（1943.1—2018.3） 河北南皮人，保定电力学校发电厂电力网及其系统专业毕业，工程师。1964年2月分配到第29列车电站，从事电气运行及检修。1965年2月接新机42站，随电站调迁四川峨眉、陕西略阳、湖南株洲、河北迁安、江苏苏州等地发电。1980年调入6站，1984年4月赴新疆鄯善县，组织指导设备安装调试、运行检修与学员培训等工作。1987年调河北沧州石油化工厂，任电气工程师。2000年1月退休。

Zhang Tiexing

张铁兴（1944.10—2013.8） 河北霸县人，保定电力学校毕业，助理工程师。1964年2月分配至第30列车电站，从事电气运行与检修，曾任运行值长。1982年7月调入37站。随电站调迁吉林龙井、黑龙江伊春、河北沧州等地发电。1985年2月调入邢台电厂，任电气分厂电机技术员、助理工程师。1993年4月调入衡水发电厂，除尘分厂电气技术员。1998年6月退休。

Chen Yifen

陈以芬（1943.6— ） 女，河北霸县人，保定电力学校发电厂电力网及其系统专业毕业。1964年2月进入列电系统，先后在第3、20列车电站，从事电气运行与检修。随电站调迁浙江宁波、湖北丹江口、甘肃甘谷等地发电。1970年1月调入武汉基地，先后在机修车间、一车间从事焊接工作。1986年11月退休。

Chen Erru

陈尔如（1940.8— ） 河北霸县人，保定电力学校发电厂电力网及其系统专业毕业。1964年2月分配到第8列车电站，从事汽机运行与检修，曾任汽机工段长，参加了广东茂名石油会战并随电站调迁河北衡水、湖北武汉、北京等地发电。1983年3月随电站下放北京新型建筑材料厂，1989年起任自备电厂厂长、支部书记。

Ji Lisheng

季丽生（1944.6— ） 女，河北满城人，保定电力学校发电厂电力网及系统专业毕业，工程师，中共党员。1964年2月分配到第31列车电站，从事电气运行与检修，为大庆油田建设发电。1965年11月参加筹建首台国产燃气轮机电站51站。1971年5月接新机56站。1973年5月参加筹建新3站，承接从英国引进的燃气轮发电机组在南京发电。1981年12月调入国电环境保护研究院工作。

Zhou Bingze

周秉泽（1945.6—1999.10） 河北盐山人，保定电力学校发电厂电力网及其系统专业毕业，工程师，中共党员。1964年2月毕业分配到第32列车电站，从事电气运行与检修，随电站调迁黑龙江大庆、济南、广州等地发电，曾参加大庆石油会战。1974年5月调入6站，1984年调入河北沧州电力局，在用电科工作。

Hou Guozhang

侯国章（1944.9— ） 河北河间人，保定电力学校发电厂电力网及其系统专业毕业，工程师。1964年2月参加工作，在保定电力技工学校任教师。1971年5月学校并入保定基地后在车间劳动，1972年12月复校时回校任教师。1988年2月任学校服务公司副经理。曾被评为华北电力集团公司1989、1997和1999年度优秀教育工作者。

Tang Fengyu

唐凤羽（1942.11— ） 河北涞源人，保定电力学校发电厂电力网及系统专业毕业，高级工程师。1964年2月分配到第10列车电站，从事电气运行与检修，曾任工段长。随电站调迁吉林蛟河、河北保定、山东济宁、山西大同、湖北安陆等地发电。1983年8月调入天津大沽化工厂，在热电分厂任电气技术员、工程师、高级工程师等。1997年12月退休。

Xie Wenshui

颉文水（1943.11— ） 河北保定人，保定电力学校电气专业毕业。1964年2月分配到第48列车电站，在管理组从事劳资工作，随电站调迁湖南双峰、贵州六枝、湖南衡阳等地发电。1976年调入保定基地，在汽机车间柴油机班从事维修工作。

Han Wenxiu

韩文秀（1942.5— ） 女，河北永清人，保定电力学校发电厂电力网及其系统专业毕业，一级实习指导教师。1964年2月，进入第29列车电站，从事电气设备运行与检修，1965年春接42站新机后回29站，随电站调迁河南平顶山、信阳等地发电。1982年9月调入保定电力技工学校，电气专业实习教师。后转入电化教研室，从事电化教育的服务和设施建设等。曾多次担任班主任，并被评为优秀班主任。

Wang Tong

王通（1943.3— ） 天津人，保定电力学校发电厂电力网及其系统专业毕业，工程师。1964年3月分配至第6列车电站，电气技术员。1982年2月调入52站。随电站调迁广东茂名、湖南衡阳、新疆哈密、河北沧州、江苏吴县等地发电。1985年3月调入苏州市相城区蠡口热电厂，任生技科电气工程师。

Qiao Shanyu

乔善宇（1940.4—2014.10） 山东黄县人，初中文化，技师。1957年7月在北京青年农场工作。1959年3月在北京西八间房小学任教。1963年6月在北京卢沟桥农场工作。1964年3月进入列电系统，在列电局机关行政科（处）从事后勤服务。1983年5月调入中国水利水电科学研究院。1994年10月退休。

Yan Yongchang

闫永昌（1940.7— ） 河北清苑人，保定电力学校发电厂电力网及其系统专业毕业，工程师，中共党员。1964年3月分配至第10列车电站，从事电气运行与检修。1976年7月调入保定基地，在电气车间工作。1979年7月调入59站。随电站调迁吉林蛟河、山东济宁、山西大同、黑龙江佳木斯、河北涿州等地发电。1991年3月调涿州市电力局。

Chen Sulan

陈素兰（1940.8— ） 女，河北霸县人，保定电力学校发电厂电力网及其系统专业毕业。1964年3月进入列电系统，先后在第3、53、57列车电站，从事汽机运行与检修。随电站调迁浙江新安江、宁波，湖北丹江口，天津汉沽等地发电。1976年10月调入武汉基地，先后在一车间、四车间、设备科从事汽机检修和仓库管理工作。

Xiu Jiqing

修吉庆（1939.2— ） 河北景县人，保定电力学校热能动力装置专业毕业。1958年在沧县农机厂学徒，1960年进入保定电校学习，1964年3月分配到第6列车电站，从事汽轮机运行及检修。1966年10月调入15站，1968年12月调入8站，参加了茂名石油大会战，曾两次获先进生产者称号。1977年调回6站，1984年调入沧州电力局，在变电工程大队从事维修工作。1998年退休。

Qin Yongsheng

秦永生（1924.12—1996.7） 江苏吴县人，初中文化。1945年5月参加革命，1947年3月加入中国共产党。先后在新四军、华东野战军任粮管员、审计员。1952年9月参加抗美援朝，在空军团后勤处任油料主任、营参谋长、营长，1955年4月获得"解放奖章"一枚。1964年3月转业进入列电局机关，任财务科副科长。1968年4月任局革委会生产组副组长，1970年7月任组长。1972年4月在局革委会清产核资办公室工作，1973年4月任财务科科长。1977年9月在密云"五七"干校劳动，1978年8月任局财务处副处长。1983年

4月调入水利电力出版社，任计财处副处长、处长。1984年7月离休。

Cao Hongxin

曹洪新（1937.7— ）山东济宁人，初中文化，中共党员。1954年在山东陶庄电厂参加工作。1964年3月进入第50列车电站，从事电气运行与检修，后任电气工段长。1974年年底调51站，任电气工段长。随电站调迁湖南金竹山，河南漯河，山西娘子关、闻喜、朔县，新疆乌鲁木齐，湖北宜昌等地发电。1979年12月调入华东基地，任电气班班长。

Liu Shucan

刘书灿（1926.5—2018.1）山东潍坊人，初中文化。1945年6月参加革命，1947年3月加入中国共产党，先后在山东潍县武工队和山东独立营任班长、分队长、中队长。1949年起，在山东独立营、山东后备三师、西南军区任副连长、连长、指导员、教导员，1955年获解放奖章一枚。1964年4月转业进入列电局机关，任组织科科长，1978年5月任干部科科长，1981年9月任干部处副处长。1983年4月调入水电部机械局，在综合处任副处长。1985年2月离休，享受司局级待遇。

Chen Dihui

陈棣辉（1941.4— ）湖南湘乡人，高中文化。1964年4月进入第15列车电站，先后从事锅炉和材料采购工作。1977年5月调入船舶2站，从事锅炉运行与检修。随电站调迁广东茂名、陕西略阳、福建厦门、湖南衡阳等地发电，曾为茂名石油开发会战服务。1983年3月随电站下放衡阳电业局。1995年12月退休。

Zhao Yunzhong

赵允忠（1917.6—2009.6）山东海阳人，初中文化。1941年3月在海阳县参加工作，教员。1946年7月加入中国共产党。1948年参加中国人民解放军，曾任徐州空军22师组织科长，29师群工科科长。在部队期间，获三等功1次、四等功2次。1964年4月转业到保定基地，历任政治处主任、党总支书记、革委会第一副主任、党委书记等职。1971年当选为中共保定市党代会代表。1981年任保定基地电站管理处顾问。1982年12月离休。享受司（局）级待遇。

Jing Aiying

荆爱英（1948.4— ）女，山东青岛人。1964年4月进入列电系统，先后在第46、15、43列车电站，从事汽机运行与检修。随电站调迁广东茂名、湖南临湘、陕西略阳、福建厦门、湖北武汉、北京清河等地发电，曾为茂名石油开发会战发供电。1982年4月调武汉基地，先后在五车间、钢窗车间工作。

Mo Shoumei

莫守梅（1936.4— ）女，河南滑县人，中共党员。1960年3月在武汉长江塑料厂参加工作。1964年4月进入列电系统，先后在船舶2站、第42列车电站，从事化验专业。随电站调迁福建福州、四川峨眉、陕西略阳、湖南株洲、河北迁安等地发电。1979年9月调入武汉基地。1982年1月退休。

Cui Ying

崔瑛（1929.11—2016.4） 河北安平人，初中文化。1946年2月参加革命，在晋察冀军区后勤兴华商行工作。1947年5月起参加华北联大学习，1948年10月加入中国共产党。曾在晋察冀炮兵旅、北京防空军文工团、空军32师政治部宣传科任教员、队长、副科长，获解放奖章一枚。1964年4月转业到列电局机关，任政治部宣传科科长，后任政治部负责人（副处级），1971年为局党的核心小组成员。1978年12月调入中国音乐家协会，在民委会任组长。1981年1月后相继任水电部干校、干部进修学院的副校长。1983年9月调入水利电力出版社，任党委副书记。1990年7月离休。

Wan Shuyan

万树言（1942.1— ） 湖北武汉人。1964年6月进入武汉基地，先后在一车间、检修车间、结构车间、物资供应科、物资储运公司，从事车辆检修、冷作、起重等工作。1996年6月退休。

Wang Caihua

王才华（1945.9— ） 湖北武汉人。1964年6月进入武汉基地，先后在检修车间、一车间从事车辆检修、物资储运等工作。1995年获华中公司见义勇为通报表扬。1996年6月退休。

Wang Qiping

王启平（1946.3— ） 湖北武汉人。1964年6月进入武汉基地，先后在一车间、检修车间、结构车间从事焊工工作，曾任班长、检验员。担任过车间新员工焊接技术内培师。1998年5月退休。

Zhu Xiulan

朱秀兰（1941.12— ） 女，北京顺义人，北京电力学校化学专业毕业。1964年6月进入列电系统，先后在第13、47列车电站，从事化学专业，曾任47站化验室组长。随电站调迁青海海晏，广东广州、韶关，云南禄丰，山西大同、河南商水等地，曾为核工业重点工程发电。1981年5月调入保定基地，1992年10月退休。

Li Maohua

李茂华（1944.10— ） 湖南衡南人。1964年6月进入武汉基地，先后在检修车间、一车间、二车间、五车间、物资科，从事设备检修、安装、维修等工作，曾任车间安全员兼设备管理员。2000年5月退休。

Li Jingtao

李敬涛（1947.2—2007.8） 江苏南京人，焊接技师。1964年6月进入武汉基地，先后在检修车间、一车间、电站检修队、三车间、五车间，从事设备检修工作，曾任班长、车间焊工培训师。1998年5月退休。

Yang Muhua

杨木华（1948.9—2017.11） 湖北武汉人。1964年6月进入武汉基地，先后在二队、三队学徒。1965年1月入伍，在7240部队服役，曾获“五好战士”称号。1969年11月复员回到武汉基地，先后在运输班、汽车班、物资科、物资储运公司工作。2003年5月退休。

Yang Youtang

杨有堂（1945.9— ） 湖北武汉人。1964年6月进入武汉基地，先后在一车间、检修车间、电站检修队，总务科、服务公司、实业公司工作。1996年6月退休。

Yang Qizhang

杨棋樟（1942.2— ） 湖北安陆人，湖北黄冈医疗专科学校机械医疗专业毕业，钣金工技师，工程师，中共党员。1964年6月进入武汉基地，在车间从事检修工作，曾任车间技术员、技术组组长。1991年3月起，历任车间副主任，工艺科、生技科副科长。1981年获武汉市供电局先进生产者称号。1998年5月退休。

Yang Laxi

杨腊喜（1947.1— ） 湖北孝感人。1964年6月进入武汉基地，先后在检修车间、一车间、五车间、钢窗车间，从事设备检修、安装等工作，曾任油漆班班长，后调保卫科工作。1997年2月退休。

Xiao Zhanghai

肖章海（1946.10— ） 湖北武汉人。1964年6月进入武汉基地，先后在检修车间、一车间、五车间、钢窗车间工作，曾任班长，车间生产调度。1996年11月退休。

He Qiuzhen

何秋珍（1944.10— ） 女，湖北武汉人。1964年6月进入武汉基地，先后在一车间、检修车间、设备动力车间、四车间、设备动力科，从事设备检修、仓库保管、质量检验等工作。

Zhang Guangxi

张光喜（1945.12—2017.1） 湖北武汉人，中共党员。1964年6月进入武汉基地，在车间从事设备安装检修等工作，后任班长、车间调度。1987年3月起，历任车间副主任、主任、党支部书记、离退休办公室主任、社区居委会书记。1998年5月退休。

Chen Keqiang

陈克强（1946.8— ） 湖北武汉人。1964

年6月进入武汉基地，先后在检修车间、四车间、三车间、设备动力科，从事设备安装、检修和机修工作。在设备动力科期间代行机械技术人员职责，主管全厂金属切削机床大中修工艺的制订、验收及新机床的安装质检工作。1998年5月退休。

Luo Yong

罗勇（1940.5— ） 湖北武汉人，中共党员。1958年9月在武汉锅炉厂参加工作，锅炉工。1964年6月进入武汉基地，在机修车间、一车间结构车间、行政科工作，曾任班长。1973年出席武汉供电局先进生产者代表大会。1982年被评为武汉供电局先进个人。1990年6月退休。

Zhou Bolun

周伯伦（1947.1—2015.4） 湖北黄冈人，钣金工技师，中共党员。1964年6月进入武汉基地，先后在车间从事检修、检验工作，后任车间生产调度、技术员。1997年12月任结构总装分厂副厂长。1998年5月退休。

Zhou Wangxi

周望喜（1948.2—2017.3） 湖北武汉人。1964年6月进入武汉基地，在锅炉车间从事车辆检修工作。1966年6月起，先后调入西北基地、第35列车电站。1977年10月调回武汉基地，在机修车间、一车间、计量检验科工作。1998年5月退休。

Hu Qingxiu

胡清秀（1943.4— ） 女，湖北武汉人，助理政工师，中共党员。1964年6月进入武汉基地，在车间从事车辆检修，曾为班长、车间党支部委员、女工委员。1975年8月起，任车间党支部书记、分工会主席。1991年1月后，在劳动人事科从事人事调配兼人事档案、干部管理工作（享受正科级待遇）。1965年评为武汉市供电局“五好学员”。

Yin Changxiong

殷昌雄（1946.10— ） 湖北武汉人。1964年6月进入武汉基地，先后在检修车间、一车间、三车间从事车辆及设备检修等工作。在物资供销储运公司从事起重工作。1996年12月退休。

Qin Zhengyao

覃正尧（1943.10— ） 女，湖南石门人。1964年6月进入武汉基地，先后在机修车间、一车间、三车间从事汽机检修和机加工，在物资科从事工具保管，在保卫科从事保卫工作。

Qu Xiangao

瞿献高（1926.11—1985.6） 江苏如东人，初中文化，1944年11月加入中国共产党。1943年4月参加革命，先后在江苏南通县交通站、县委工作队任站长、副排长。1947年起，曾在如东警卫团、徐州空军基地22师任连长、副营长、团参谋长。1964年6月转业到列电局机关，在供应科任科长，1970年9月为局党的核心小组成员，1974年8月在小汤山“五七”干校劳动，1978年6月任局机关第一届总支委员会委员，1979年2月任供应处副处长。1983年4月调入水电部机械局，在物资处任处长。

Yu Lifen

于立芬（1945.5— ） 女，黑龙江富锦人。1964年7月进入列电系统，先后在第31、51列车电站从事后勤服务工作。随电站调迁黑龙江大庆、山东济南等地，曾为大庆石油会战发电。1972年5月调入武汉基地，从事材料物资保管等工作。

Ma Tianjun

马天俊（1942— ） 河南镇平人，工程师。1964年郑州电校发电厂电力网及其系统专业毕业，1967年2月分配至第43列车电站，从事电气运行与检修。在广东韶关凡口矿发电期间调至45站。随电站调迁贵州水城、贵定，湖南株洲，湖北宜昌等地，曾为贵昆铁路、葛洲坝水利枢纽工程建设发电。后调入葛洲坝电厂。

Ma Huashan

马华山（1930.12—2015.8） 山东掖县人，1960年在三门峡参加工作，自1964年先后在第17、41列车电站，从事汽机运行及检修，随电站调迁黑龙江双鸭山、虎林，河北邯郸，山东东营等地发电。列电体制改革后调入保定基地，在质管科从事检验工作。

Wang Xisen

王希森（1935.12—2007.5） 河北丰润人，北京钢铁工业学校冶金机械专业毕业，工程师。1964年7月进入保定基地，先后在人事组从事管理工作，在保定基地铸造车间、动力车间从事技术工作，1986年被保定市设备管理协会评为优秀工作者，被保定市科学技术学会评为优秀科协工作者。1986年退休。

Wang Zhenmin

王振民（1946.12— ） 山东潍坊人，山东泰安电力技工学校毕业。1964年7月进入第25列车电站，从事汽机运行与检修。1978年8月接新机60站。随电站调迁吉林延吉、蛟河，河南商丘，山西朔县，浙江海宁等地发电。1986年5月调入河北涿州59站。1987年10月调浙江海宁经济协作办公室。

Tian Zhenqi

田振琦（1942.11— ） 河北景县人，中共党员。1964年3月毕业于保定电力学校发电厂电力网及其系统专业，分配到第8列车电站，从事电气运行与检修，曾任管理组组长，随电站调迁广东茂名、河北衡水、湖北武汉、北京等地发电。1983年3月随电站下放北京新型建筑材料厂，历任北京新材厂自备电厂厂长、安全环保处处长、机修厂厂长、后勤处支部书记等职。

Liu Xiuying

刘秀英（1943—2008） 女，上海人，高中文化。1964 年进入第 50 列车电站，从事电气运行与检修。1974 年调入船舶 2 站，1979 年接新机 62 站。随电站调迁湖南金竹山、衡阳，河南漯河，山西娘子关、闻喜、朔县，江苏无锡等地发电。1982 年 10 月随电站成建制下放无锡市。

Liu Xinrong

刘新荣（1940.5—2018.3） 女，河北新乐人，河北正定师范学校毕业，中教一级。1962 年 8 月在正定县中学参加工作。1964 年进入船舶 2 站，随电站调迁江西九江、陕西宝鸡、河北保定等地发电。1973 年调入西北基地，任子弟中学数学教师。1981 年调入保定基地，在子弟学校任数学教师，1993 年 5 月退休。

Wu Yuzhen

吴玉珍（1946.1— ） 女，安徽淮南人，初中文化，技师。1964 年 7 月招工进入第 6 列车电站，从事化验工作，曾任站团支部书记、化验室负责人。参加茂名石油大会战时，获 1965 年度石油会战五好标兵称号。随电站调迁湖南衡阳、新疆哈密、河北沧州等地发电和西北基地机组大修。1983 年 8 月调入天津大沽化工厂，在热电分厂从事水处理及化验工作。1994 年被评为先进生产者。

Zhao Sen

赵森（1936.5—1987.11） 河北满城人，中共党员。1951 年 10 月在河北省高教局参加工作。1952 年至 1964 年，曾在北京铁路局双桥东站、永定门南货场、西直门站工作。1964 年 7 月调入保定基地。1966 年调入西北基地，在一车间相继任木工车间主任、车辆检修负责人。1977 年被评为宝鸡市工业学大庆先进个人，1979 年被评为全国电力工业学大庆先进生产者。

Wang Zhandong

王占东（1937.12—2017.11） 河南新野人，郑州电力学校热能动力专业毕业，高级工程师，中共党员。1964 年 8 月分配至第 13 列车电站，从事锅炉运行与检修，曾任团支部书记，1972 年 3 月任党支部副书记。1979 年 2 月任 36 站党支部副书记。随电站调迁青海海晏，广东广州、韶关，云南禄丰，山西大同，河南商水、西平等地发电，曾为二机部九局（221 厂）发电。1985 年 2 月随电站人员调入河南巩县电厂，任副厂长、厂长。1990 年任豫联集团中孚电力公司书记。

Wang Nianshan

王年山（1944.2— ） 江苏江都人，上海市劳动局第二技工学校机床制造专业毕业，一级实习指导技师。1964 年 8 月参加工作，在保定电力技工学校任教，从事实习工厂的生产教学。1971 年 5 月学校并入保定基地后在车间劳动，1972 年 12

月复校时回校任教，主要从事钳工工艺实习教学与指导，并进行有关教学和场地建设等。

Wang Mingui

王敏桂（1945.8— ）山东泰安人，山东泰安电力学校电厂化学专业毕业，高级政工师，中共党员。1964年8月，毕业后到第19、20列车电站从事化验工作。1974年11月调入39站，1977年6月起任副厂长、党支部副书记。1983年10月随电站人员调入山东十里泉发电厂，历任燃料车间主任、厂办主任、副厂长兼党委副书记、党委书记，山东日照电厂党委书记，华能日照电厂党委书记兼代厂长，华能国际山东分公司副经理。曾荣获全国五一劳动奖章、水电部火力发电厂输煤系统综合治理先进个人。

Qi Ruai

亓汝爱（1943.8— ）山东泰安人，山东泰安电力学校化学专业毕业，中共党员。1964年8月分配至第12列车电站，从事化验工作。1982年1月调入39站。随电站调迁甘肃酒泉、内蒙古平庄、黑龙江扎赉诺尔、山东滕县等地发电，曾为二机部十四局（404厂）发电。1983年10月随电站人员调入山东十里泉发电厂，在化学车间工作。

Zhu Xueling

朱学玲（1943.11— ）女，天津市人，高中文化，1963年8月参加工作，在北京“河北抗洪抢险斗争展览会”任讲解员。1964年8月进入列电局财务培训班学习，1965年1月分配到保定基地子弟学校任教，1996年12月退休。

Liu Xinghan

刘兴汉（1942.10— ）河南郑州人，郑州电力学院热动专业毕业。1964年8月进入船舶1站，任技术员。随电站调迁湖北丹江口、枝城，浙江临海等地发电。1974年1月随船舶1站设备下放临海县，同年调入河南开封开关厂工作。

Sun Yongmei

孙永美（1946.1— ）女，山东济南人，山东泰安技术学校毕业，助理工程师。1964年8月分配至第38列车电站，从事汽机运行与检修。随电站调迁甘肃金川、广东韶关、江西九江、河北迁安、江苏昆山等地发电。1983年随电站下放江苏昆山，任列车电厂汽机专业技术员。

Li Shijie

李士杰（1944.12— ）山东济南人，山东泰安电力学校锅炉专业毕业，工程师，中共党员。1964年8月分配至第18列车电站，从事锅炉运行及检修。在黑龙江伊春发电期间，曾被伊春翠峦林业局评为五好工人。1977年4月调入39站。随电站调迁江西鹰潭，黑龙江伊春、牡丹江，山东滕县等地发电。1981年8月，调入山东鲁南化肥厂（兖矿鲁南化工公司），任机械动力科科长。

Li Changlin

李长林（1933.10—2008.3） 湖北武汉人。1951 年 7 月始，先后在湖北荆江、汉江分洪工程，中南汽车运输处工作。1964 年 8 月进入列电系统，相继在武汉基地、第 42 列车电站从事汽车驾驶。1976 年 9 月调入武汉基地，在汽车队、保卫科工作。1983 年 5 月退休。

Yang Yuchun

杨玉春（1945.11— ） 女，天津人，会计师，中共党员。1963 年 9 月在天津市历史博物馆任讲解员。1964 年 8 月进入列电系统，在列电局密云财务训练班学习，1965 年 2 月分配至武汉基地，先后在财务科从事出纳、会计工作。1984 年 4 月起，任财务科副科长、科长、副总会计师兼财务科科长。1998 年 5 月退休。

Yang Baosheng

杨宝生（1943.5— ） 湖北武汉人，西安电力学校热能动力专业毕业，助理工程师。1964 年 8 月分配至第 14 列车电站，从事汽机运行与检修。随电站调迁宁夏青铜峡、甘肃酒泉、四川甘洛、陕西阳平关、江苏徐州、北京等地发电。1975 年 5 月调入武汉基地，先后在三车间、物资科工作。1998 年 5 月退休。

Yang Guizhen

杨桂珍（1945.10— ） 女，山东泰安人，泰安电力学校毕业。1964 年 8 月进入第 43 列车电站，从事化验工作。随电站调迁广东英德、韶关，贵州六枝、水城、贵定，湖北武汉，北京等地发电，到西北基地、武汉基地机组大修。1983 年 3 月随站下放北京新型建筑材料厂。

Song Guirong

宋桂荣（1947.2— ） 女，辽宁锦州人，初中文化。1964 年 8 月进入第 25 列车电站，从事汽机运行与检修。1966 年调入 18 站。随电站调迁河南商丘、吉林蛟河、黑龙江伊春等地发电。1975 年 5 月调入西北基地，在一车间汽机工段从事检修及安装。1980 年调基地幼儿园，1984 年被评为宝鸡市优秀幼儿教师。

Fan Yuquan

范玉全（1943.4— ） 女，湖北宜昌人，武汉市广播电视中等学校工业企业管理专业毕业，助理馆员。1964 年 8 月进入第 50 列车电站，从事汽机运行与检修。随电站调迁湖南金竹山、河南漯河、山西阳泉等地发电。1971 年 12 月调入武汉基地，先后在四车间、设备动力科、设备科从事资料管理工作。

Mao Yichen

茅亦沉（1944.7— ） 江苏常州人，毕业于上海电力学校电厂化学专业。1964 年 8

月分配至第6列车电站，从事化验工作。1966年6月调入46站，1973年10月调入16站，1979年8月任化验室负责人。1982年10月调入13站。随电站调迁湖南临湘、福建福州、内蒙古丰镇、河南商水等地发电。1984年10月调入平顶山姚孟发电厂，曾获河南省电力科技进步三等奖。

Zhou Mingqing

周明清（1924.12—2001.3） 湖北武汉人。1964年8月进入武汉基地，先后在行政科、五车间、一车间工作，曾任炊事班长。在厨艺方面有一定技术专长。1980年10月退休。

Bai Suqin

柏素琴（1942.12— ） 女，黑龙江桦南人，哈尔滨电力学校热能动力装置专业毕业，助理工程师。1964年8月分配至第14列车电站，从事锅炉运行与检修。1979年8月调入52站，任锅炉技术员。随电站调迁甘肃酒泉，四川甘洛，陕西阳平关，江苏徐州、吴县等地发电，曾为成昆铁路建设服务。1985年12月调入华东基地，在基建科从事技术工作。

Jiang Guofang

姜国方（1939.12— ） 江苏常州人，西安交通大学涡轮机专业毕业，教授，中共党员。1964年8月分配到船舶2站，1967年7月调入第19列车电站，任汽机技术员。1975年3月调入32站，在广州为中国出口商品交易会发电，任气机技术员。1976年6月随电站到宜昌，为葛洲坝水利枢纽建设供电，任生技组长。1980年调入葛洲坝水电工程学院任教。

Jiang Xiangsheng

姜响生（1940.8— ） 湖北武汉人。1958年8月参加工作，曾在武汉市汽车运输公司、武汉市商业局工作。1964年8月进入武汉基地，先后在汽车队、运输队、物资科工作。1990年4月退休。

Yao Shengying

姚圣英（1944.2— ） 女，山东淄博人，山东泰安电力学校热工仪表专业毕业。1964年8月分配到船舶2站，从事热工仪表维护工作。1967年7月调入第19列车电站。1975年3月调入32站，在广州为中国出口商品交易会发电。1976年6月随电站到宜昌，为葛洲坝水利枢纽建设发电。1980年调入葛洲坝水电工程学院，在实验室工作。

Yuan Zhenjiang

袁振江（1937.2— ） 河南洛阳人，郑州电力学院热能动力装置专业毕业，高级工程师，中共党员。1964年8月毕业分配到列电局技术改进所，在锅炉组从事技术工作。1973年至1974年间，自行设计了适合列车电站特点的高效锥形多管式旋风及平面旋风除尘器，陆续在17个电站得到应用。1986年3月后在河北电力职工大学，先后任动力系副主任、系党支部书记及校工会主席等职务。

Xu Songdi

徐松娣（1944.4—？） 女，浙江镇海人，上海电力学校电厂化学专业毕业，助理工程师。1964年8月分配至第7列车电站，在站工作18年，均从事化验工作。随电站调迁浙江宁波、福建漳平等地发电。1982年9月调入华东基地，先后从事钳工、化验工作。1992年10月退休。

Cheng Zhaodi

程兆娣（1947— ） 女，山东济宁人。山东电力学校毕业。1964年8月进入第21列车电站，从事汽机运行与检修。1979年接新机62站，随电站调迁黑龙江克山，内蒙古集宁，江苏徐州、无锡等地发电。1982年10月随电站成建制下放无锡市。1995年退休。

Tan Shuhuan

谭淑焕（1944.7— ） 女，山东济南人，山东泰安电力学校化学专业毕业。1964年8月分配至第9列车电站，从事化验工作。1980年4月调入39站。随电站调迁广东茂名、湛江，山西宁武，山东莱芜、烟台、滕县，内蒙古扎赉诺尔等地发电，曾为茂名石油开发会战服务。1983年10月随电站人员调入山东十里泉发电厂，在化学车间工作。

Wei Ronggen

魏荣根（1945.5—2016.2） 江苏江都人，上海劳动局第二技工学校机床制造专业毕业，一级实习指导教师。1964年8月参加工作，在保定电力技工学校任教，主要从事钳工工艺实习教学与指导。1971年5月学校并入保定基地后在车间劳动，1972年12月复校时回校，担任钳工实习指导教师，并进行实习场地的有关建设和管理等工作。

Yu Changxing

于长兴（1944—2014.8） 山东济南人，山东电力学校毕业。1964年9月进入第6列车电站，从事汽机运行与检修。1971年调入56站，1979年调入62站。随电站调迁广东茂名，湖南衡阳，新疆哈密，江苏徐州、无锡等地发电，曾为茂名石油开发会战服务。1982年10月随电站成建制下放无锡市。1999年退休。

Ma Meide

马美德（1945.8— ） 女，山东泰安人，泰安电力学校化学专业毕业。1964年9月分配至第33列车电站，从事化验工作。1983年1月调入11站，随电站调迁贵州贵阳、六枝、水城，湖南衡阳，山西运城，内蒙古朱日和，山东枣庄等地发电。1984年6月调入兖州矿务集团机械厂。

Wang Yuying

王玉英（1941.7— ） 女，山东济南人，泰安电力学校毕业。1964 年 9 月分配到第 45 列车电站，从事化验工作。随电站调迁黑龙江伊春，贵州六枝，吉林长春，湖南株洲，湖北宜昌等地发电。1978 年 7 月调入 43 站，随电站调迁广东韶关、湖北武汉等地发电。1981 年随电站至北京新型建筑材料厂发电。1983 年 3 月下放。

Wang Yurong

王玉荣（1944.11— ） 河北玉田人，高中文化。1964 年 9 月进入第 21 列车电站，从事锅炉运行与检修、吊车操作等工作，1967 年随电站返保定基地大修，随电站调迁黑龙江克山、牡丹江，内蒙古集宁，江苏徐州等地发电。1981 年调入河北玉田汽车运输二队。

Wang Yukui

王玉奎（1942.11—2019.7） 河北石家庄人，高中文化，技师。1964 年 9 月进入 29 列车电站，从事锅炉运行与检修，曾任班长、司炉长，随电站调迁河南平顶山和信阳等地发电。1988 年 9 月调至河北栾城热电厂，任锅炉车间主任。1996 年起在正定诚峰电厂等多个单位任锅炉车间负责人、讲师、工程师等。

Wang Yuquan

王玉泉（1946.6— ） 河北丰南人。1964 年 9 月进入第 31 列车电站，从事燃气轮机运行与检修，随电站参加了大庆油田的开发会战。1973 年 5 月调入新 3 站，任气机工段长。1976 年 10 月至 1986 年 10 月，相继在新 5、18、59 站工作。随电站调迁山东济南，广东广州，江苏南京，内蒙古伊敏，河北秦皇岛、涿州等地发电。1989 年 9 月电站下放，更名涿州市发电厂后，在锅炉车间工作。

Wang Xiulan

王秀兰（1942.4— ） 女，河北玉田人，高中文化。1964 年 9 月在列电局密云财训班学习。1965 年 2 月分配至第 6 列车电站，从事财务工作。1975 年 12 月调入 55 站。随电站调迁广东茂名、湖南衡阳、新疆哈密、河北沧州、山西长治等地发电，曾为茂名石油开发会战服务。1981 年 4 月调武汉丝绸印染厂经营科，先后任销售主任、经营科长、销售部经理。

Wang Zhenxing

王振兴（1944.1— ） 河北玉田人，高中文化，中共党员。1964 年 9 月至 11 月，在克山农场劳动锻炼，1964 年 12 月进入第 14 列车电站，从事电气运行与检修。1982 年年底调入江苏仪征化纤热电厂，在电气车间从事设备检修，1994 年年底在电厂技师组工作。1999 年内退，2004 年 12 月正式退休。

Wang Enmin

王恩敏（1945.10— ） 河北玉田人，河海大学管理系大专毕业，副研究馆员，中共党员。1964 年 9 月参加列电局密云财训班学习，1965 年 2 月结业后分配至列电局办公室，从事文秘工作。1973 年 9 月在水电部小汤山“五七”干校劳动。1975 年 12 月在局档案室从事档案管理。1983 年 4 月起，调入水电部办公厅档案处、综合处，任副处长、处长、党总支副书记、调研员、助理巡视员（副司局级）。曾被评为水利部优秀公务员、优秀党员及优秀党务工作者。被国家档案局授予全国模范档案工作者称号。2006 年 2 月退休。

Wang Hao

王浩（1944.4—　）河北遵化人，高中文化，中共党员。1964 年 9 月进入嘉峪关第 14 列车电站，材料员。随电站调迁四川甘洛、陕西宁强等地发电。1971 年 5 月随站返保定基地检修，同年 12 月调迁江苏徐州发电，汽车驾驶员。1983 年 3 月随电站下放仪征化纤公司，先后在热电厂、动力厂工作。1990 年 7 月被公司评为优秀共产党员。

Wang Moru

王墨儒（1945.5—　）河北唐山人，高中文化。1964 年 9 月进入第 31（32）列车电站，从事燃气轮机运行与检修，为大庆油田建设发电。1968 年 12 月分站到 32 站，随电站调迁山东济南，广东广州发电。1976 年任气机工段长，在宜昌为葛洲坝水利枢纽建设发电时，主持自制冷油器投入机组润滑油冷却系统，提高了设备安全性。1983 年 5 月调入葛洲坝水力发电厂。

Wang Dechun

王德纯（1946.8—　）河北滦南人，河北大学党政干部管理专业毕业，大专学历，工程师，中共党员。1964 年 9 月参加工作，先后在第 31、51 列车电站从事热工仪表维护工作，随电站调迁黑龙江大庆、山东胶县、新疆乌鲁木齐等地发电。1976 年 5 月起任第 51 站副指导员、副厂长等职。1979 年 9 月调至保定电力技工学校，在干部训练班从事管理工作，1987 年 2 月起任保定电校材料基建科副科长、离退休职工管理科科长等职。2001 年 10 月退二线，在党委工作部工作。曾被评为 2004 年度保定市先进工作者。

Shi Guirong

石桂荣（1942.10—2016.4）女，河北滦南人，高中文化。1964 年 9 月进入列车电业局密云财务培训班学习，1965 年 2 月分配到第 31 列车电站，从事财务工作。1965 年 11 月参加首台国产燃机电站 51 站筹建，1972 年 5 月调入 32 站。1973 年 5 月参加筹建新 3 站，承接从英国引进的燃机电站。随电站调迁黑龙江大庆、山东济南、广东广州、江苏南京等地发电。1982 年 9 月随新 3 站下放南京。

Feng Yuehua

冯月华（1943.2—　）女，河北抚宁人，会计师，中共党员。1964 年 9 月参加列电局财训班学习，1965 年 2 月分配到第 31 列车电站，从事财务工作，为大庆油田发电。1968 年 12 月，随 32 站先后调迁山东济南、广东广州发电。1974 年 11 月调入新 4（5）站，1976 年 8 月随新 5 站紧急赴秦皇岛为唐山抗震救灾发电。均从事财会工作。1979 年 5 月调入中石油管道局技工学校，1986 年 10 月调至中石油管道局，在财务处工作。

Si Xianghua

司向华（1945— ） 山东莱芜人，山东泰安电力学校毕业。1964 年 9 月起，在第 41 列车电站从事化验工作。随电站调迁山东昌邑、湖北荆门等地发电，曾为胜利油田会战服务。

Quan Run'e

全润娥（1943.9— ） 女，河北怀来人，北京财贸金融函授学院会计专业大专毕业，会计师。1964 年 9 月至 1965 年 2 月，在列电局密云财会班学习。结业后分配到第 24 列车电站，任管理组会计。随电站调迁宁夏青铜峡，湖南郴州、湘潭、株洲等地发电。1986 年 4 月至 1988 年 6 月参加北财函授学院学习。1992 年 4 月调入长沙重型机器厂铸钢厂，任财务科科长。

Liu Xiufang

刘秀芳（1943.2— ） 女，山东青岛人，山东泰安电力学校化学专业毕业。1964 年 9 月分配至第 38 列车电站，从事化验工作。1977 年 11 月调入 11 站，随电站调迁甘肃金昌、广东韶关、江西九江，河北迁安，山东枣庄等地发电。1983 年 4 月后调入邹县发电厂，在化验室工作。

Liu Jinmei

刘金梅（1944.3— ） 女，河北阳原人，高中文化，会计师。1964 年 9 月招工进入列电系统，参加列电局在密云举办的财务培训班，于 1965 年 2 月分配到第 14 列车电站，从事财务工作。随电站调迁甘肃酒泉、四川甘洛、陕西宁强、江苏徐州等地发电，随电站返回西北、保定基地进行机组大修。1983 年 3 月调入仪征化纤公司，在工会从事财务管理工作。

Liu Chengjian

刘承坚（1943.11— ） 山东泰安人，山东泰安电力学校锅炉专业毕业，工程师，中共党员。1964 年 9 月进入第 29 列车电站，1965 年 2 月接新机 42 站，从事锅炉运行与检修。随电站调迁河南平顶山、四川峨眉、陕西略阳、湖南株洲、河北迁安等地发电。1977 年 1 月调山东巨菱股份有限公司，任节能办副主任。多次被评为山东省机械工业节能管理先进工作者。

Liu Zhenlin

刘真林（1944.8—1999） 河北秦皇岛人，高中文化。1964 年 9 月进入列电系统，经保定基地培训后，分配到第 8 列车电站，从事汽机运行及检修，参加了茂名石油大会战。1966 年 10 月调入 6 站，随电站调迁湖南衡阳、新疆哈密、河北沧州等地发电。1984 年调入沧州电力局，在服务公司工作，1998 年退休。

Liu Enlu

刘恩禄（1944.3— ）河北唐山人，高中文化，中共党员。1964 年 9 月招工进入第 31 列车电站，气机工人，为大庆油田发电。1968 年 12 月后，随 32 站调迁山东济南、广东广州发电，1975 年 8 月任副厂长，曾获得广州供电公司社会主义建设积极分子称号。1976 年 6 月随 32 站赴宜昌为葛洲坝工程建设发电。1977 年 7 月调入武汉基地，筹建燃气轮机船舶电站。1978 年 9 月调入新 5 站，任副厂长。1983 年 3 月调入大连电业局，历任送变电工程处办公室副主任、局副食基地办公室主任。

Liu Haize

刘海泽（1942.9— ）河北遵化人，高中文化。1964 年 9 月进入第 21 列车电站，从事后勤管理工作。1982 年调入 59 站。随电站调迁黑龙江克山、牡丹江、佳木斯，内蒙古集宁，江苏徐州等地发电。1986 年随电站调入河北涿州。

Liu Jingtong

刘景桐（1944.8— ）河北遵化人。1964 年 9 月在保定基地参加工作，同年 11 月进入第 25 列车电站，从事电气运行与检修。随电站调迁河南商丘、吉林蛟河、山西朔县等地发电。1972 年调回保定基地，在电气车间从事电气安装与检修。

Yan Changgeng

闫长庚（1940— ）河北正定人，高中文化。1964 年 9 月进入第 44 列车电站，从事热工专业。1970 年 9 月在北京电力建设公司参加 55 站设备改造和设备安装。1971 年 1 月调入 55 站，任热工室负责人。随电站调迁山西晋城、垣曲等地发电。1975 年调河北石家庄炼油厂，在教育处工作。

Jiang Zhulin

江竹林（1945.7— ）河北唐山人，后续北京经济管理联合大学企业管理专业专科毕业，经济师，中共党员。1964 年 9 月进入列电系统，同年 10 月经培训分配到第 8 列车电站，从事锅炉运行与检修，后从事管理工作，1979 年 6 月调入保定基地，在水电部保定设备代管组工作。列电体制改革后，先后在保定电力修造厂企业管理办公室、列电服务公司工作，任企管办主任、厂副总经济师。2000 年 7 月退休。

Xu Yuxiang

许玉香（1944.7— ）女，河北唐县人，初中文化，会计师。1964 年 9 月在列电局财务训练班学习，1965 年 2 月到西北基地参加筹建，先后在财务科、材料科、人事科工作，后在一车间任管理员。1965 年被评为厂先进工作者。1978 年 9 月起，先后在北京怀柔区经委、四通储运公司、映彩阳光美术学校工作，任科员、办公室主任、副校长。2013年1月退休。

Sun Qinghai

孙庆海（1943.10— ）河北景县人，保定电力学校发电厂电力网及系统专业毕业，工程师，中共党员。1964年9月分配到第34列车电站，1966年接新机52站，从事电气运行与检修。1971年1月调入55站，任生技组组长。随电站调迁内蒙古扎赉诺尔，湖北襄樊，河北邢台，山西垣曲、长治等地发电。1981年调入保定基地，先后在纪委、组织科、电气车间工作。1996年6月退休。

Sun Kunxia

孙昆夏（1946.5— ）女，江西南昌人，沈阳电力学校发电厂电力网及其系统专业毕业，高级工程师，注册电气工程师，中共党员。1964年9月参加工作，在保定电力技工学校任教。1971年5月学校并入保定基地后在车间劳动，1972年12月复校时回校任教。1984年9月调入温州电业局设计室工作，1992年起任电力设计事务所负责人，2007年因变电所弱电系统防雷规范研究获浙江省电力公司科技成果二等奖。

Sun Xuehai

孙学海（1944— ）河北玉田人。1987年毕业于北京联合大学理工函授学校。1964年9月进入列电系统，在第35列车电站从事会计工作，后任站副指导员。1978年5月调任14站副指导员。先后随电站调迁青海海晏，湖北宜昌、江苏徐州等地发电。

Su Changsuo

苏长锁（1943.5—2001.2）河北栾城人，高中文化，助理会计师。1964年9月招工进入列电局，在密云财训班学习后于1965年12月分配到第17列车电站，在管理组从事财务工作，随电站调迁黑龙江双鸭山、虎林，河北保定、邯郸等地发电。1974年调入西北基地，先后在财务科、总务科、动力科从事会计和统计工作。1987年被评为宝鸡市统计局优秀统计工作者。

Li Yulian

李玉莲（1944.10— ）女，山东东平人，山东泰安电校化学专业毕业，中共党员。1964年9月分配至第24列车电站，从事化验工作。1969年11月调入54站，1971年任化验室负责人。随电站调迁宁夏青铜峡，贵州水城，湖南双峰、湘潭，山西大同，江苏无锡等地发电。1984年12月随电站成建制下放无锡新苑公司热电厂。

Li Weiqin

李伟勤（1945.1— ）女，河北石家庄人，高中文化，中共党员。1964年9月进入第49列车电站，从事财务工作。1972

年7月曾在山西晋城农业机械厂工作，1977年8月调入58站。随电站调迁甘肃酒泉、山东莱芜、山西晋城等地发电，曾为清水卫星发射基地供电。1992年5月随电站下放山西晋城矿务局自备电厂。

Li Mengzhi

李孟芝（1945.6— ）女，河北安平人，初中文化。1964年9月进入第24列车电站，从事汽机运行与检修。随电站调迁宁夏青铜峡，湖南耒阳、湘潭等地发电。1978年10月调入西北基地，在汽机车间从事安装检修。1980年11月在质量检验科从事产品及车辆检验工作。

Li Shaolan

李绍兰（1943.9— ）女，山东泰安人，山东泰安电力学校热工仪表专业毕业，工程师。1964年9月分配到第29列车电站，从事热工仪表维护工作，随电站调迁河南平顶山、信阳发电。1983年随电站下放信阳电业局，在电站生技科从事技术管理工作。

Li Jinwen

李晋文（1943.10— ）河北丰南人，高中文化，中共党员。1964年9月进入列电系统，在列电局甘南农场劳动锻炼。1964年10月分配至第31列车电站，从事电气运行与检修，一年后转热工专业，1965年在电站社教办公室工作，1969年3月被大庆油田水电指挥部任命为副指导员。1970年借调大庆油田工宣队，曾任大庆红旗镇工宣队队长。1973年11月调入38站，任副指导员。随电站调迁黑龙江萨尔图、湖南湘乡、北京长辛店、河北迁安等地发电。1979年曾调新5站，然后调河北迁安首钢大石河铁矿机动科，从事供电计量工作。

Li Guichun

李桂春（1943.4— ）河北涿鹿人，北京经济函授学院经济管理专业毕业，经济师，中共党员。1964年9月招工进入列电系统，经保定基地培训后，分配到第6列车电站，从事汽轮机运行及检修，曾任站团支部书记，随电站调迁广东茂名、湖南衡阳、新疆哈密、河北沧州等地发电。1976年8月调入张家口煤机厂，从事机械维修。1985年7月调入涿鹿县农机局，曾获1988年度市先进工作者称号。

Li Runfu

李润福（1944.10— ）河北蔚县人，高中文化，会计师，中共党员。1964年9月在列电局财务训练班学习，1965年2月结业后分配至船舶2站，从事会计工作。随电站调迁福建福州、四川五通桥、江西九江、湖南衡阳等地发电。1977年2月调入蔚县电厂任会计，后调供电局任主管会计。1993年撰写的《关于供电财务管理》论文，获华北电管局奖励。

Li Shuqing

李淑青（1940.1— ） 女，河北津县人，助理会计师。1964 年 9 月进入列电系统，在列电局北京密云财务训练班学习。1965 年 2 月分配至第 47 列车电站任会计。随电站调迁贵州六枝、广西玉林、黑龙江海林等地发电。1978 年 9 月调入武汉基地，先后任车间核算员兼统计员，财务科会计、审计科财务审核员，1995 年 1 月，任审计科副科长。

Yang Yunjiang

杨云江（1943.7— ） 河北玉田人，高中文化，中共党员。1964 年 9 月进入第 21 列车电站，从事后勤管理工作。1965 年入伍，1970 年复员回到 21 站，随电站调迁黑龙江克山、牡丹江，内蒙古集宁，江苏徐州等地发电。1981 年调入河北玉田交通局工作。

Yang Yufeng

杨毓凤（1943.12— ） 女，河北昌黎人，高中文化，会计师，1964 年 9 月进入列电局密云财训班学习，1965 年 2 月分配到第 25 列车电站，会计，曾参加 10、13、23、54 站财务互查工作，1977 年 9 月参加了列电局财务大检查工作，1979 年 3 月调入保定基地，先后在行政科、财务科任会计，1994 年 8 月退休。

Wu Zhiyuan

吴志远（1942.5— ） 河北抚宁人，中央党校干部管理专业毕业，高级经济师，中共党员。1964 年 9 月进入第 44 列车电站，从事汽机运行与检修，任团支部书记，曾被评为山西省优秀团干部，晋城矿务局、运城盐化局先进工作者。1972 年 5 月借调局机关工作。1973 年 6 月参加燃气轮机培训及 3 站筹建（燃机）。1974 年 10 月起在局政治部、办公室、大庆办等部门工作。1979 年 9 月参加中央落实政策检查团赴青海工作组。1980 年 2 月任局党组纪检组纪检员。1983 年 2 月调水电部干部司。1988 年 6 月起任能源部人劳司副处长、处长。1993 年 3 月任电力部人教司副司长。1997 年 7 月任国家电力公司人劳局副局长。1999 年 3 月任国家电力公司人力资源部主任。曾担任中国人才研究会第三届理事。

Wu Hongjian

吴宏建（1944.3— ） 河北石家庄人，上海电力学院电厂热能动力专业大专班毕业，中共党员。1964 年 9 月分配到第 29 列车电站，从事锅炉运行与检修。随电站调迁河南平顶山、信阳等地发电。1983 年随电站下放信阳电业局，任锅炉车间主任。1992 年调入首钢裴庄电厂，历任锅炉车间主任、安装队技术负责人等。2001 年退休。

He Chunyuan

何春元（1944.3— ） 河北玉田人，高中文化。1964 年 9 月进入第 21 列车电站，从事锅炉运行与检修，1967 年随电站回保定基地大修。随电站调迁黑龙江克山、牡丹江，内蒙古集宁，江苏徐州等地发电。1981 年调入河北唐山陡河电厂工作。

Yu Zhanru

余占儒（1943.7— ）河北张家口人，高中文化。1964 年 9 月参加工作，在第 8 列车电站从事电气运行与检修，参加了广东茂名石油会战，随电站调迁河北衡水、湖北武汉、北京等地发电。1983 年 3 月随电站下放北京新型建筑材料厂，任电气车间主任、站工会主席。

Xin Yongli

辛永利（1945.7— ）河北秦皇岛人，1986 年河北大学中文系（函授部）毕业，大专文化，经济师，国家一级乒乓球裁判员。1964 年 9 月分配到第 26 列车电站，从事汽机运行及检修，随电站调迁内蒙古赤峰、通辽，宁夏青铜峡，湖南湘潭、株洲等地发电。1974 年调入石油部管道局秦皇岛输油公司，先后在人事、教育、计划科工作。1990 年调入石油部管道局北戴河培训中心，任办公室主任。

Shen Jinggui

沈景贵（1944.9— ）河北遵化人，高中文化，经济师，中共党员。1964 年 9 月招工进入列电系统，经保定基地培训后，分配到第 44 列车电站，从事汽轮机运行及检修。1975 年调入 17 站，任管理组组长。1981 年调入 6 站。随电站调迁山西晋城、运城，内蒙古海拉尔，河北沧州等地发电。1982 年调入河北电力研究院，历任财务科长、基建主任等，曾获优秀共产党员称号。

Song Chengli

宋成立（1942.2— ）河北蔚县人，高中文化。1964 年 9 月进入列电系统，经保定基地培训后，分配到第 15 列车电站，从事汽轮机运行及检修，参加了茂名石油大会战，获先进生产者称号。1966 年 10 月调入 6 站，材料员。1984 年调入河北沧州电力局，任保卫科干事。1987 年调入沧州电厂物资科，曾被评为 1990、1991 年度先进生产者。1998 年 7 月退休。

Zhang Yiying

张义英（1943.9— ）女，山东泰安人，泰安电力学校热工仪表专业毕业，中共党员。1964 年 9 月分配到第 29 列车电站，从事热工仪表维护工作，后改转汽车驾驶和管理工作。随电站调迁河南平顶山、信阳等地发电。曾被评为 1965 年度列车电业局先进工作者。1992 年 10 月调入河北迁安首钢矿业公司发电厂，任电修公司会计。1997 年退休。

Zhang Yizhen

张以桢（1946.1— ）江苏常熟人，电气技师。1964 年 9 月进入第 24 列车电站，从事电气运行与检修。1982 年 2 月至

1984年6月，任电站工会主席，1987年任电气工段长。随电站调迁宁夏青铜峡，湖南郴州、湘潭、株洲等地发电。1990年调入郑州工作。

Zhang Ya'nan

张亚男（1942.11— ）女，天津市人，高中文化，中共党员。1963年9月参加工作，在北京"河北省抗洪抢险斗争展览会"任讲解员。1964年9月进入列电局财训班学习，1965年2月分配到保定基地职工子弟学校任教。1983年12月调入铁道部劳动卫生研究所工作。1998年11月退休。

Zhang Jin

张金（1943.8—2016.2）河北滦县人，高中文化，中共党员。1964年9月招工进入第29列车电站，从事锅炉运行与检修，随电站调迁河南平顶山、信阳等地发电。1983年随电站下放信阳电业局，任电站党支部书记。1997年退休。

Zhang Guiping

张桂平（1945.7— ）女，山东肥城人，山东泰安电力技工学校热工仪表及自动化专业毕业，助理工程师。1964年9月分配至第48列车电站，从事热工仪表维护。随电站调迁湖南双峰、衡阳，贵州六枝等地发电。1978年12月调入武汉基地，先后在试验室、计量检验科从事热工仪表兼部门管理工作。

Zhang Qinran

张勤然（1942.3— ）河北石家庄人，高中文化。1964年9月进入第44列车电站，从事汽机运行与检修。1971年1月调入55站。随电站调迁山西晋城、垣曲等地发电。1975年调石家庄化工机械厂。

Zhang Yaowu

张耀武（1943.3— ）辽宁沈阳人，高中文化。1964年9月进入第24列车电站，从事锅炉运行与检修。随电站调迁宁夏青铜峡，湖南耒阳、湘潭等地发电。1978年10月调西北基地，在锅炉车间从事安装与检修，在新产品开发公司参与红心泵、32米高空带电作业车的安装制造调试。后调生产科从事管理等工作。1998年5月退休。

Chen Rui

陈瑞（1940.5— ）河北遵化人，高中文化。1964年9月进入第21列车电站，从事锅炉运行与检修。1982年调入59站。随电站调迁黑龙江克山、牡丹江、佳木斯，内蒙古集宁，江苏徐州等地发电。1986年调河北唐山制药厂工作。

Miao Dexian

苗德先（1941.10— ）河北滦县人，高中文化。1964年9月进入第31（32）列车电站，为大庆油田建设发电。1968年12月分站到32站，随电站调迁山东济南、广东广州等地发电，从事燃气轮机运行与检修，后任材料员兼管理组长。1976年

6月到湖北宜昌为葛洲坝水利枢纽建设发电。1984年6月调入葛洲坝水力发电厂。

Luo Rengui

罗仁贵（1946.9—2007.3） 湖北武汉人。1964年9月进入武汉基地。同年11月调入第50列车电站，从事锅炉运行与检修。随电站调迁湖南金竹山，河南漯河，山西阳泉、闻喜、朔县等地发电。1974年10月调入武汉基地，先后在检修车间、一车间、电站检修队、结构车间工作。1998年5月退休。

Zhou Zuotao

周作桃（1941.3— ） 湖南醴陵人，湖南电力学院财会专业毕业，高级会计师，中共党员。1964年9月分配到列电局机关，先后在供应科负责材料设备管理、计划科负责计划统计、财务科从事财会、基建处负责电站调迁等工作。1983年4月调入中国水利电力对外公司，历任财务处、审计处副处长、处长，长期在国外项目经理部工作。1991年1月任公司副总会计师。

Zhou Yuezong

周跃宗（1946.1— ） 河北石家庄人，高中文化。1964年9月进入列电系统，在第8列车电站从事锅炉运行与检修，随电站调迁广东茂名，河北衡水，湖北武汉等地发电，曾为茂名石油会战服务。1983年3月随电站下放北京新型建筑材料厂，1990年任动力分厂副厂长。

Zong Shaolin

宗少林（1947.1— ） 山东潍坊人，山东泰安电力学校汽机专业毕业，高级技师。1964年9月分配至第40列车电站，从事汽机运行与检修。1970年12月调入41站。随电站调迁山西晋城，河南遂平，山东东营、昌邑等地发电，曾为胜利油田会战服务。1975年调山东潍坊坊子电厂，从事汽机运行工作。

Meng Jinzhong

孟金钟（1944.10— ） 天津人，中央党校函授经济管理专业毕业，经济师，中共党员。1964年9月在列电局财会训练班学习。1965年2月结业后分配至第11列车电站，材料员。1982年11月调入53站。随电站调迁山东官桥、江苏镇江等地发电。1985年7月调入华东基地，先后任供应科副科长、科长。1998年4月退休。

Meng Xiangquan

孟祥全（1945.5— ） 河北滦南人，高中文化，技师，中共党员。1964年9月进入第29列车电站，从事汽机运行与检修，后任汽机工段长。1982年调入57站，随电站调迁河南平顶山、信阳，河北迁安等地发电。1982年11月随电站成建制下放迁安首钢矿山公司。1998年8月退休。

Zhao Wentu

赵文图（1946.1— ） 河北高阳人，北京市成人高教自学考试首批毕业、北京职大中文专业毕业，高级编辑，中共党员。1964 年 9 月进入列电系统，同年 12 月分配到第 29 列车电站从事电气运行与检修，1975 年 8 月任副指导员（未到任）。1975 年 3 月调入局机关，从事工业学大庆等综合管理工作，曾任宣传科负责人、局党组秘书，主编内部刊物《列电》。1983 年 4 月调水电部报刊社，复刊并主编《人民电业》杂志，曾任中国电力报社副总编兼中国电业杂志主编，中国电力报社副社长兼副总编，长期主持新闻采编业务，编著若干电力新闻和电业书籍。退休后曾任中电影视中心新闻总监、《中国电力企业管理》杂志审读、《中国南水北调》报顾问等。

Zhao Enmin

赵恩民（1944.12— ） 安徽明光人，山东泰安电校锅炉专业毕业。1964 年 9 月分配至第 29 列车电站，从事锅炉运行与检修，随电站调迁河南平顶山、信阳等地发电。1977 年 7 月调入华东基地，从事锅炉检修。1988 年起，历任车间副主任，动力科代科长、行政科科长，实业总公司副总经理、燃料公司经理、中国电力企协列电协会秘书长。1998 年 5 月退休。

Zhao Fei

赵菲（1945.6— ） 江苏盱眙人，山东泰安电校热工仪表专业毕业，助理工程师。1964 年 9 月分配至第 40 列车电站，从事热工仪表专业，后任热工室组长。随电站调迁山西晋城、河南遂平等地发电。经历了 1975 年 8 月遂平的特大水灾，参与电站抢险救灾发电。1977 年 8 月调入华东基地，先后任车间电气组长、基地工会干事、计量科计量员、小火电热工班长。1998 年 6 月退休。

Duan Zonghua

段宗华（1945.10— ） 山东肥城人，山东泰安电校电厂化学专业毕业，助理工程师，中共党员。1964 年 9 月进入第 35 列车电站，从事汽机运行与检修，后任管理组组长。1972 年 11 月调入保定基地，在汽机车间从事安装与检修。曾参加过 6000 千瓦汽轮机本体及附属设备制造和列车电站设备安装。列电体制改革后，历任保定电力修造厂钢模板车间党支部书记、厂党委副书记、列电工程公司党支部书记，1997 年 10 月退休。

Yu Zhenfu

俞振富（1944.5—2015.12） 河北卢龙人，北京市高等教育自学考试党政干部专业毕业，高级会计师，中共党员。1964 年 9 月入列电局密云财训班学习，1965 年 2 月分配在列电局财务科从事会计工作。1973 年 9 月在水电部小汤山“五七”干校劳动。1974 年 9 月起，在局政治部任干事，1978 年 4 月至 1979 年 4 月任局党组秘书，1979 年 5 月在局财务处工作。1983 年 4 月调入华北电管局，在财务处综合科工作，1987 年 6 月任科长，1993 年 10 月任副处长。1993年12月起，先后任华北电力集团财务部经理、华北电力审计分局副局长、国家电网公司北京审计部副主任。

Zhu Guiping

祝桂萍（1945.1— ） 女，江苏苏州人，高中文化，审计师，注册会计师。1964年9月入列电局财务培训班学习。1965年2月分配至西北基地，参与基地基本建设，从事会计、机要文件收发等工作。1966年调总务科，任会计兼厂打字员。1980年调财务科。1983年1月调入天津大港区城建局。1985年调入大港区审计局，在工业审计科任副科长，曾多次被评为先进工作者。

Jia Yongyuan

贾永源（1944.5— ） 河北万全人，高中文化。1964年9月进入保定基地，12月调入第46列车电站，从事电气运行与检修、汽车驾驶。随电站调迁广东茂名，湖南临湘，福建福州、漳州等地发电，曾为茂名石油开发会战服务。1984年7月调入华东基地，从事汽车驾驶、桥架产品销售。1991年起任行政科副科长、华东列电工贸公司副经理。1998年5月退休。

Xia Jinling

夏金岭（1947.6— ） 山东德州人，泰安电力学校汽机运行与检修专业毕业，助理工程师，中共党员。1964年9月，分配到第31（32）列车电站，从事燃气轮机运行与检修，参加大庆石油会战。1968年12月分站后，随32站调迁山东济南、广东广州发电。1974年5月筹建新3站，参与承接从英国引进的燃气轮发电机组，在南京发电。1982年12月随机组下放，任南京市自备电厂办公室主任、工会主席，是南京下关区第15届人大代表。

Xu Yongliang

徐永亮（1938.7— ） 吉林九台人，吉林电力学院动力机械系动力热能装置专业毕业，高级工程师，中共党员。1964年9月进入第17列车电站，在生技组任汽机技术员。随电站调迁黑龙江双鸭山、虎林，河北邯郸，内蒙古海拉尔等地发电。1982年调入保定基地，先后在生产科、质管科、技术科从事技术工作，任质管科、技术科科长。

Xu Zuo

徐佐（1944.5— ） 河北滦县人，高中文化，中共党员。1964年9月进入第31（32）列车电站，从事电气运行与检修，为大庆油田开发发供电。1968年12月分站后，随32站调迁山东济南、广东广州等地发电。1976年6月调入湖北宜昌为葛洲坝水利枢纽建设发电。1984年10月随35、45站机组到海南三亚市，1989年调入三亚供电局。

Xu Zhenying

徐振英（1943.1— ） 河北栾城人，高中文化，助理工程师。1964年9月进入第44列车电站，从事锅炉运行与检修，1976年任电站管理员。1980年调入58站，1983年调入44站。随电站调迁山西晋城、运城、长治等地发电。1983年11月，随电站成建制下放山西惠丰机械厂。1984年，调石家庄栾城华北制药分厂。

Xu Hui

徐惠（1945— ） 河北迁安人。1964年9月进入列电系统，后调入第41列车电站，从事锅炉运行与检修。随电站在湖北荆门发电。列电体制改革后，调出列电系统。

Gao Qing

高青（1942.10— ） 女，河北石家庄人。1964年9月在列电局财会训练班学习，1965年2月结业后分配至第28列车电站，从事会计工作。1976年调入52站，1985年调入56站。随电站调迁河南开封，河北邢台、唐山，云南昆明，山东济宁、潍坊、枣庄，江苏吴县、镇江等地发电。1990年6月调入华东基地。

Gao Pengju

高鹏举（1939.4— ） 辽宁沈阳人，清华大学动力机械专业毕业，高级工程师，中共党员。1964年9月进入列电系统，在第31列车电站任技术员、副厂长。1971年筹建57站，任厂长。1973年调入列电局机关，在计划基建科（处）从事技术管理。1983年4月调入华北电业局计划处。1992年，调入大唐国际发电股份有限公司，任筹建计划发展处副经理。

Guo Tingwen

郭廷文（1944.4— ） 河北滦县人，大专文化，工程师，经济师，中共党员。1964年9月进入第8列车电站，从事锅炉运行及检修。1971年调保定基地，先后在制造车间、锅炉车间工作。1978年考入河北广播电视大学，毕业后在基地风力发电研究室工作。1984年起，先后任保定电力修造厂质管科副科长、厂办公室主任、企业管理办公室主任、副总经济师。1994年调任保定燕保工贸联合公司总经理。2000年退休。

Tang Zhenyun

唐振云（1940.11— ） 河北遵化人，高中文化。1964年9月进入第21列车电站，从事锅炉运行与检修，后为吊车司机。1982年调入59站。随电站调迁黑龙江克山、牡丹江、佳木斯，内蒙古集宁，江苏徐州等地发电。1986年随电站调入河北涿州。

Cao Jixiang

曹济香（1945.9— ） 女，河北滦县人，经济管理刊授联合大学厦门大学分校工业企业管理专业毕业，会计师，中共党员。1964年9月至1965年2月在列电局财训班学习，结业后分配至西北基地，在财务科工作。1973年7月调入24站，任会计，兼职工会女工委员。1983年8月调入

15站，从事财务工作。1984年10月调入厦门电业局岛内电厂，任筹建处财务负责人。1979年被评为湘潭纺织印染厂先进工作者。

Sheng Lijuan

盛莉娟（1946— ） 女，山东济南人。1964年9月进入第14列车电站，汽机专业。随电站调迁宁夏青铜峡、甘肃酒泉、四川甘洛、陕西宁强、江苏徐州等地发电。曾两次返回基地参加14站检修，支援船舶2站大修。1975年调入韩庄电厂，从事汽机运行值班。1989年调入山东齐鲁石化（淄博）自备电厂，1997年退休。

Chang Qing

常青（1944.12— ） 女，河北昌黎人，高中文化，中共党员。1964年9月进入列电局财务训练班学习，1965年2月结业后分配至第29列车电站从事财务工作。1982年9月调入57站，从事劳资工作。随电站调迁河南平顶山、信阳，河北迁安等地发电。1982年11月，随电站成建制下放迁安首钢矿山公司。1996年11月退休。

Chang Ru

常儒（1944.11— ） 河北阳原人，江苏省电大劳动经济管理专业大专毕业。1964年9月进入列电系统，经培训后分配到第27列车电站工作，从事电气运行与检修，曾任工段长、劳资人事员。1983年2月，随电站下放仪征化纤集团公司，先后在热电厂及公司本部任劳资科长、工资科长等职。2001年1月退休。

Dong Shulin

董书林（1945.7— ） 河北卢龙人，高中文化。1964年7月进入列电局保定技改所培训，同年11月分配至第46列车电站，从事汽机运行与检修。随电站调迁广东茂名，湖南临湘，福建福州、漳州等地发电，曾为茂名石油开发会战服务。1978年12月调入河北秦皇岛市邮电局，在邮政科工作。1997年10月退休。

Jiang Zhaohua

蒋昭华（1944.10— ） 河北玉田人，高中文化。1964年9月进入第14列车电站，1977年1月调入21站，从事锅炉运行与检修。在电站工作期间，先后支援参加过第1、34、25、8、47列车电站、船舶2站大修工作。1983年7月调入59站，1985年担任锅炉车间主任。1986年6月随电站调迁到河北涿州。2005年12月退休。

Lei Shengqing

雷胜清（1944.12— ） 河北遵化人，高中文化，中共党员。1964年9月进入第14列车电站，从事锅炉运行与检修。随电站调迁宁夏青铜峡、甘肃酒泉、四川甘洛、陕西宁强、江苏徐州等地发电。1983年4月随电站成建制下放仪征化纤公司。

Zhai Xiaowu

翟小五（1944.12—2015.8） 河北栾城人，高中文化。1964年9月分配到第29列车电站，从事锅炉运行与检修。随电站在河南平顶山、信阳等地发电。1983年随电站下放信阳地区电业局，历任电站车间工段长、副厂长、厂长、总工程师等职。

Huo Fuling

霍福岭（1940.8— ） 河北井陉人，高中文化，经济师，中共党员。1964年9月进入保定基地培训，12月分配至第29列车电站，从事锅炉运行与检修，曾任党支部委员、团支部书记。1968年8月调入54站，任热工负责人。1973年起，任党支部副书记、书记、厂长。1984年12月随电站成建制下放无锡新苑集团公司，任热电厂厂长、开发办副主任。1986年8月任59站副厂长。1990年3月后，历任河北涿州市热电厂筹建处办公室副主任，涿州市电力局副局长，涿州市发电厂党委书记、厂长。2002年8月在涿州市供电公司退休。

Wei Xipo

魏锡坡（1947.2— ） 山东济南人，山东泰安电力学校汽机专业毕业。1960年9月进入泰安电校学习，1964年9月分配到第23列车电站，从事汽机运行与检修。随电站调迁辽宁瓦房店，四川荣昌、甘洛，山西芮城、大同，内蒙古临河等地发电。1981年调入在山东滕县发电的11站，1984年调入山东邹县发电厂，1985年调入山东化工厂。

Bi Zhiling

毕芝龄（1934.7—1995.3） 北京市人，中专毕业，高级政工师，中共党员。1951年1月入伍，先后任副排长、站长、司务长、青年干事、副政治指导员。1964年10月转业到列电局机关，在组织干部部门工作，后在党总支负责党务工作。1966年7月至9月，曾在平顶山参加41站“四清”前期工作。1983年4月调入中国水利电力对外公司，在党委办公室先后任纪检员、副主任、主任。

Zhang Baoshan

张宝山（1918.2—？） 河南许昌人。1951年4月参加中国人民志愿军，随部队赴朝参战，汽车驾驶。复员后分配到四川公安厅劳改局，小车司机。1964年10月进入列电系统，先后在第19、54、26列车电站和西北基地，汽车驾驶。随电站调迁四川广元，贵州水城，湖南湘潭、株洲等地发电。1974年2月调入武汉基地。

Chen Hongping

陈洪萍（1941.7— ） 女，浙江绍兴人，北京电力学院化学专业毕业，高级工程师。1964年10月分配至列电局中试所，在化学组从事化学专业，助理工程师。1971年4月，中试所并入保定基地后，任检验科试验室检验员，1980年10月任工程师。1981年2月调入华东基地，任试验室化学工程师，在技术科从事消声器产品设计。1998 年任技术科高级工程师。

Luo Guibin

罗桂彬（1939.10—2018.2） 河北永清人，保定电力学校发电厂电力网及其系统专业毕业，实验师。1960 年 9 月进入保定电校学习，1964 年 10 月毕业留校任教师。1971 年 5 月学校并入保定基地后在电气车间工作，1972 年 12 月复校时回校任教，主要从事电气专业的实习教学与指导，多次带领学生到列车电站进行生产实习，后任电化教研室教师。

Zhou Fulin

周孚林（1937.2— ） 河北新乐人，北京铁道学院机械系车辆专业毕业，高级工程师。1964 年 10 月进入保定基地，先后在车辆车间装配组、生产科、技术科、电力设备研究所工作，历任技术员、工程师、高级工程师。曾参加基地发电车辆的设计、检修、改造，20 吨轨道吊车制造，风力发电设备制造，组合钢模工艺设计，BTQ2000T 塔吊制造等工作。

Han Zhilin

韩志林（1928.3—1990.8） 河北高阳人，初中文化，经济师，中共党员。1945 年 2 月参加革命，在冀中人民银行、冀中军校青训队工作和学习。自 1948 年 1 月起，在河北军区司令部、军校、华北军区空军任教员、参谋。1951 年 8 月参加抗美援朝，在安州指挥所任参谋。1953 年 9 月在北京军区空军司令部作战处任副科长，1953 年荣立三等功，1955 年获解放奖章一枚。1964 年 10 月转业到列电局机关，在劳资科（处）任副科长，1981 年 9 月任副处长。1983 年 4 月调水电部办公厅，任电业史志编辑室副处长。1988 年 4 月离休。

Zhang Zifang

张子芳（1924.1—2008.3） 河北河间人，初中文化，1945 年 11 月加入中国共产党。1945 年 4 月参加革命，先后任冀中八路军连部文书，四野某团政治处技术书记、保卫干事。1949 年 10 月起，在 45 军任股长、科长。1955 年 8 月始，任军事法院院长、保卫科科长。1964 年 11 月转业到列电局机关，任政治部副主任，为局党组成员，1965 年 11 月任局党委委员。1970 年 9 月调入西北基地，1972 年 11 月任革委会副主任，1973 年 3 月任党委书记。1977 年 1 月调任密云干校校长、党总支书记。1978 年 5 月返回局机关，任局政治部副主任、干部处处长、纪检组组长。1983 年 4 月调入水电部办公厅，任列电管理处处长。1984 年 2 月离休。1992 年被能源部老干部局评为优秀党务工作者。

Miao Baocheng

苗宝成（1941.10—1999.1） 河北景县人，保定电力技工学校电气专业毕业，经济师，中共党员。1964 年 2 月转入水电部附设劳动工资班，1964 年 12 月分配至列电局劳资科任劳资员。1965年2月调入武汉基地，历任人事科、劳资科科员，团总支书记、办事组机要秘书、保卫科干事。1982年12月起，先后任保卫科、组织科、劳动人事科副科长、科长。1995年1月退休。

Gui Xuekai

桂学开（1943.11—1995.5） 湖北武汉人。1958年12月在武汉市汉阳钢铁厂参加工作，电工。1959年9月入伍，在6976部队服役。1964年11月复员进入武汉基地，先后在三队、一车间，运输队、物资储运公司工作。1994年2月退休。

Liu Hongen

刘洪恩（1944.11— ） 河北南皮人，保定电力学校发电厂电力网专业毕业、中央党校经营管理专业毕业，高级经济师，中共党员。1964年2月电校毕业后在水电部附设劳动工资班学习。1964年12月进入列电局机关，在劳资科（处）从事劳动工资管理工作。1973年4月到第57列车电站挂职锻炼。1974年8月回到局机关劳资处。1983年4月调入水电部机械局，在人劳处任经济师。1989年4月后，任能源部机械局人劳处副处长、办公室主任。1991年3月，任能源部人劳司处长。1993年9月任电力部人教司工资处处长，1995年7月任助理巡视员兼社保局局长。1997年6月，任国家电力公司人事劳动局副局长兼社保中心主任。2003年11月，任国家电网公司社保中心主任，2005年8月任正局级调研员。2006年11月退休。

Su Xuebo

苏学波（1943.4— ） 河北景县人，保定电力技工学校发电厂电力网专业毕业、1984年水电经济管理学院劳动工资专业毕业，高级经济师，中共党员。1964年2月电校毕业后在水电部附设劳动工资班学习。1964年12月进入列电局机关，在劳资科（处）负责干部和工人调配、劳动工资、群众信访等。1983年4月调水电部人劳司，在工资处负责劳动工资管理，1987年6月任副处长。1993年5月，任水利部社会保险事业局处长。

Wu Qingyun

吴清云（1942.6— ） 河北孟村人，工程师。1963年9月保定电力学校电气专业毕业，毕业后转水电部附设劳动工资班学习。1964年12月进入列电局密云培训班，1965年2月结业后分配至第38列车电站，从事劳资工作，1973年兼后勤工作。随电站调迁甘肃金川、广东韶关、江西九江、河北迁安等地发电。1979年8月调迁安首钢矿业公司，在机动科、电厂生技科任电气专业负责人。1997年8月退休。

Zhang Wenlan

张文兰（1943.12— ） 女，河北孟村人，保定电力学校发电厂电网及其系统专业毕业，经济师，中共党员。1964年2月毕业后留校带薪进入水电部附设劳动工资班学习，同年12月转至密云干校财训班学习。1965年2月分配至第29列车电站。1968年8月调入54站，任管理组长、人事劳资员。1984年12月随电站成建制下放无锡新苑集团公司。1986年8月调入59站，任办公室副主任、劳资员。1990年12月任涿州市供电公司劳资科副科长、档案室主任。

Chen Jingshu

陈静树（1942.9— ）女，天津武清人，曾用名陈刚。保定电力学校电气专业毕业，经济师，中共党员。1964年2月毕业后继续在水电部附设劳动工资班学习，同年12月毕业，留校任教。1971年3月调入第43列车电站，在管理组任财务员。1975年3月调入保定基地，先后在人教科、生产车间、子弟学校工作，曾任子弟学校总务主任。1996年7月退休。

Zhao Jingming

赵景明（1942.2— ） 河北河间人，总会计师，中共党员。1964年2月毕业于保定电力学校电气专业，毕业后继续在水电部附设劳动工资班学习。1964年12月进入保定基地工作，先后在财务科、计划科等部门工作。1993年任保定电力修造厂财务科科长。1994年2月任副厂长、副总会计师。1995年5月任厂党委委员。2000年2月退休。

Sui Shulan

隋树兰（1944.4— ） 女，河北南皮人，保定电力学校电气专业毕业，中共党员。1964年2月在水电部附设劳动工资班学习，1964年12月转列电局密云财务训练班学习。1965年2月结业进入第17列车电站，从事劳资工作。1974年调入西北基地财务科，任会计主管。1979年调入56站，任会计。随电站调迁河北邯郸、黑龙江虎林、江苏徐州等地发电。1982年4月调入工商银行徐州市分行，任行政科会计主管。

Pei Junying

裴俊英（1943.9— ） 女，河北完县人，经济师，中共党员。1964年2月毕业于保定电力学校电气专业，毕业后转入在水电部附设劳动工资班学习，1964年12月进入列电局，在局机关办公室从事人事劳资工作。1970年8月调入保定基地，在劳资科工作，1994年8月退休。

Pan Kexiang

潘克香（1942.12— ） 女，河北固安人，保定电力学校发电厂电力网专业毕业，工程师，中共党员。1964年2月电校毕业后转入水电部附设劳动工资班学习，1964年12月进入列电局机关，在办公室从事档案管理。1965年12月调入第40列车电站，任人事员。1969年6月调入44站。1973年6月调入新3站。1975年3月调回局机关，从事物资供应。1983 年 4 月调入水利电力出版社，在计财处工作。1990 年 9 月调入物资局，在人事处工作。1996 年 3 月调入中国水电物资总公司，任社会保险管理办公室副主任。

Ji Zhicong

冀志聪（1939.4—　）河北完县人，统计师，中共党员。1964 年 2 月毕业于保定电力学校电气专业，毕业后转入水电部附设劳动工资班学习。1964 年 12 月进入列电局，在劳资科工作，1965 年 9 月调入第 33 列车电站，历任管理员、人事劳资员、保卫、出纳、管理组组长，团支部书记、党支部委员。1982 年 8 月调入保定基地，在人事科工作。1987 年被评为保定统计局年度先进个人、全国工业普查先进个人，1992 年被评为华北电力公司劳资统计先进工作者，1993 年被评为华北电力集团公司工资基金管理优秀个人。

Wang Shuchen

王树臣（1932.9—2015.11）辽宁绥中人，西北铁路干线公安学校、太原铁路局山西大同职业学校毕业。1950 年进入铁路第一设计院在公安处勘探队，负责苏联专家内部保卫和地质勘查记录等。1958 年调入呼和浩特铁路局，先后在车辆段、工会、公安处工作。1965 年 1 月进入列电系统，在保定基地车辆车间从事安装与检修。1967 年 2 月调入西北基地，先后在保卫科、工会、供应科工作。1981 年 9 月退休。

Mao Huide

毛惠德（1945.3—　）女，河南商水人，小学高级教师。1965 年 1 月分配至武汉基地，在子弟小学先后担任音乐、语文教师、班主任，兼代毕业班语文、学前班教育。1985 年至 1990 年期间，先后被武昌区教育局评为优秀教师、优秀班主任、优秀辅导员、优秀德育工作者。曾获华中电网局优秀论文三等奖。1998 年 8 月退休。

Zhang Juchen

张聚臣（1940.10—　）山东青岛人，北京经济函授大学经济管理专业毕业，中共党员。1959 年 1 月入伍，1962 年在部队荣立三等功。1965 年 1 月复员至第 10 列车电站，先后任人事保卫兼劳资员、革委会副主任兼团支部书记、党支部委员。1975 年 10 月调入 55 站，1979 年 5 月调入 42 站，任管理组长。1983 年 3 月调入苏州热电厂，经济核算员。

Guo Yiping

郭义平（1943.11—1999.3）江西赣州人，助理经济师。1964 年 1 月参加工作，在武汉沈阳路小学任教。1965 年 1 月进入武汉基地，在子弟小学担任 1～5 年级体育课教学，兼任美术绘画等课目。1980 年 1 月起，在材料科、物资供应科任计划员兼钢材库保管员。1996 年 6 月退休。

Wang Lunsheng

王伦生（1943.3— ） 湖北蕲春人，中共党员。江西南昌航空工业学校表面处理专业毕业。1965年2月进入第5列车电站，从事电气运行与检修。1971年3月调入38站。随电站调迁广东韶关、湖南耒阳、江西九江、河北迁安等地发电。1975年10月，调入江西九江铁道部大桥局九江船舶管理处“红旗1号发电船”，任电气行政和技术负责人。1995年7月退休。

Liu Yinjiang

刘引江（1943.5— ） 陕西华县人，西安电力学校热能动力装置与安装专业毕业，工程师，中共党员。1965年2月进入第23列车电站。1969年3月调入西北基地，先后从事锅炉、热工等专业，后任副班长。1982年8月任厂工会宣传干事。1988年11月起，先后任厂办副主任、主任、机关支部书记、科协秘书长、公司经理等职。1995年8月调入西安恒源公司任经理。1998年4月退休。1992年在《当代戏剧》发表《荒唐县令》大型剧作，受到宝鸡市文化局、市委宣传部多次表彰奖励。

Guo Shanhui

郭善惠（1944.1— ） 女，湖北武汉人，小学高级教师。1964年8月参加工作，在武汉市天兴洲小学任代课教师。1965年2月调入武汉基地，在子弟小学担任语文教师、班主任，兼数学、历史、地理等课目的教学。1982年任教导主任。1976、1987年两次被武昌区教育局评为优秀班主任。1998年5月退休。

Li Shumin

李淑敏（1938.11— ） 女，河北安平人，中共党员。1956年9月在水电部幼儿园参加工作，保育员。1965年3月调入武汉基地，先后担任幼儿园负责人、三车间管理员、设备科和技术科技术图书管理员。

Zhou Zuxiang

周祖祥（1940.1—2017.8） 重庆万洲人，成都电校工民建专业毕业，工程师，中共党员。1957年9月参加工作，曾在北京变电工程局、内蒙古电力建设公司任土建技术员。1965年3月调入西北基地，先后任总务科土建技术员、副科长和企业整顿办任主任、副厂长等职。1998年10月退休。1999年至2011年被聘为西北电管局银河电力建设工程监理公司监理。

Wang Weidong

王卫东（1946.6— ） 河北保定人，毕业于保定电力技工学校电气专业，中共党员。1965年4月分配到第16列车电站，从事电气运行及检修，曾任站团支部书记、电气工段长，1978年8月任副厂长。列电体制改革期间，负责电站移交协助职工安置等工作。1984年12月调入保定热电厂，历任教育科培训工程师、劳资科科员、行政科长、工程公司经理、培训中心主任等职。

Chen Jinfeng

陈金凤（1938.3— ）女，湖北鄂城人，武昌区建筑工程学校建筑测量专业毕业。1958年4月参加工作，曾在湖北勘查设计院、华北电力安装公司从事地质勘查、车工。1965年4月调入武汉基地，在三车间工作。

Wang Meisheng

王梅生（1936.1— ）湖北武汉人，武昌技工学校本体安装专业毕业。1955年5月始，在华北电力工程公司、天津塘沽火电一处、石家庄工程公司工作。1966年5月调入武汉基地，在机修车间、一车间从事锅炉检修，在总务科负责食堂采购。1994年11月退休。

Lü Yusuo

吕玉梭（1943.4— ）女，河北顺平人，保定电力学校汽机专业毕业。1965年5月分配到第15列车电站，后调入22、58、20站，均从事汽机运行与检修。1974年11月调入新4站，参加加拿大进口燃气轮发电机组调试投产。随电站调迁广东茂名、昌江，陕西韩城，辽宁旅大等地发电。1983年3月调入大连供电公司。

Wen Tingxin

问庭欣（1943.9— ）河北望都人，保定电力技工学校锅炉专业毕业。1965年5月分配到第16列车电站，从事锅炉运行及检修。曾随电站调迁广西宜山、内蒙古丰镇发电。1981年5月后先后调入保定帘子布厂、床单厂、棉纺厂等单位。

Tang Fulu

汤福禄（1941.11— ）河北新城人，保定电力技工学校汽机专业毕业，二级实习指导教师。1965年5月参加工作，在保定电力技工学校实习工厂任教师。1971年5月学校并入保定基地后在车间劳动，1972年12月复校时回校任教，主要从事金工工艺实习教学与指导，以及实习场地的建设与管理等。1997年9月退休。

Sun Yuhou

孙玉厚（1946.2— ）辽宁人，保定电力技工学校锅炉专业毕业。1965年5月分配到在广西桂林电厂的第16列车电站，从事锅炉运行及检修。随电站调迁广西宜山、内蒙古丰镇等地。1982年调入河北任丘华北油田管理处工作。

Sun Zhi

孙治（1944.10— ）河北保定人，保定电力学校电气专业毕业。1965年5月进入船舶1站，从事电气运行与检修。随电站先后调迁湖北枝城、浙江临海等地发电。1974年1月船舶1站设备下放浙江临海县后，调入河北保定第二变压器厂，任厂长。

Sun Shengxi

孙盛惜（1946.5— ）女，河北曲阳人，保定电力学校汽机专业毕业。1965年5月分配至第16列车电站，从事汽机运行与检修。1981年5月调入47站。随电站调迁广西桂林、宜山，内蒙古丰镇，黑龙江海林等地发电。1985年6月调入河北保定热电厂，在化学车间工作。

Li Jinwang

李金旺（1940.9— ）河北清苑人，保定电力学校热能动力装置专业毕业，锅炉专业工程师。1965年5月分配到第50列车电站，随电站返回武汉基地大修后，调迁河南漯河，山西娘子关、闻喜、神头等地发电。1974年10月调至在内蒙古扎赉诺尔发电的12站，均从事锅炉运行和检修。1984年11月调张家口下花园电厂。

Wu Fusheng

吴福生（1929.6—2006.10）湖北武汉人，中共党员。1952年12月参加工作，先后在武汉中南电业公司土木建筑工程大队、上海电业管理局望亭发电厂从事通讯员、锅炉瓦工工作。1965年5月调入武汉基地，在检修车间、一车间工作。1975年8月退休。

He Lanxu

何兰序（1946.10— ）河北石家庄人，保定电力技工学校汽轮机专业毕业，中共党员。1965年5月分配到第17列车电站，从事汽机运行与检修，曾任班长、值长。1974年8月调入西北基地，任汽机工段长。1975年10月，入武汉基地“七二一”大学燃气轮机专业学习。1983年4月在安装队任小火电汽机工段长。1993年8月任石家庄第二印染厂，任自备电站站长。2004年9月参与筹备石家庄南高营自备电厂。

Wang Lianzhen

汪连珍（1942.6—2014.11）女，河北保定人，保定电力学校电气专业毕业。1965年5月分配到第17列车电站，从事电气运行与检修，随电站调迁黑龙江双鸭山、虎林，河北邯郸，内蒙古海拉尔等地发电。1982年1月调入保定基地，在行政科电工班、幼儿园工作。1993年退休。

Song Chunshan

宋春山（1946.3— ）河北满城人，保定电力技工学校汽机专业毕业。1965年5月分配到在广西桂林的第16列车电站，从事汽机运行及检修。1970年9月调迁至广西宜山，1973年3月随电站返武汉基地大修，1973年10月随电站调内蒙古丰镇发电。1983年12月调入河北鹿泉沧州地区建材厂，1991年7月调入保定化工二厂工作。

Song Jizhong

宋继忠（1941.1— ）河北保定人，高中文化。1965年5月进入船舶1站，从事锅炉运行与检修。随电站调迁湖北枝城、浙江临海等地发电。1974年1月船舶1站设备下放临海县后，调入山西晋城。

Zhang Lisheng

张立生（1946.12— ）河北满城人，保定电力技工学校电气专业毕业，工程师。1965年5月进入第23列车电站，从事电气运行与检修，曾任团支部书记、电气工段长等职，随电站调迁四川荣昌、甘洛，山西芮城，云南昆明，内蒙古临河等地发电。1981年8月随23站调入西北基地，先后任电气班班长、计划科调度员、生产科计划员、经营部销售员。曾任宝鸡市灯迷协会理事。

Wu Shaoying

武少英（1943.2— ）女，河北保定人，保定电力技工学校毕业，经济师，中共党员。1965年5月分配到第31列车电站，从事燃气轮机运行与检修。1971年后在57、1站从事汽机运行与检修，曾任站党支部委员、工会主席。1975年被评为天津市工业学大庆先进个人，1976年参加水电部电力生产企业学大庆会议。1981年11月借调到列电局教育科工作。列电体制改革后，调入北京电力自动化设备厂。

Yue Wenfu

岳文甫（1945.7— ）河北保定人，保定电力技工学校汽轮机专业毕业，工程师。1965年5月毕业分配到第23列车电站，从事锅炉运行与检修。曾因抢修严重卡涩炉排、保供电有功，被评为先进个人。随电站调迁四川荣昌、甘洛，山西芮城、大同等地发电。1975年10月调入6站工作。1984年7月调入沧州市劳动局，在锅炉压力容器安全监察科工作，曾任检验室主任。

Zheng Wanling

郑万玲（1946.4— ）女，河北保定人，保定电力技工学校汽轮机专业毕业，工程师。1965年5月分配到第15列车电站，从事汽机运行与检修，参加了茂名石油大会战。1966年10月调入6站，随电站调迁湖南衡阳、新疆哈密、河北沧州等地发电。列电体制改革后，调入天津大沽化工厂，在热电分厂任汽机技术员、工程师。

Meng Yuru

孟玉茹（1946.6— ）女，山东武城人，初中文化。1965年5月招工到第20列车电站，随电站在四川广元发电，在维修班从事维护保养工作。1966年5月调入西北基地，在金工车间铣刨磨班从事刨工工作。参加了基地的基本建设，红心汽动给水泵、1500千瓦自由活塞燃气轮发电机组的加工制造。1988年后在厂车辆车间从事行车吊运工作。1998年5月退休。

Xiang Jinfa

相金发（1942.7— ）河北满城人，保定电力技工学校锅炉专业毕业，1965年5月分配到第10列车电站，从事锅炉运行与检修，随电站在吉林蛟河为煤矿发电。1971年7月调入保定基地，在锅炉车间从事制造与检修工作。

Jiang Qinghua

姜庆华（1945.9— ） 辽宁沈阳人，保定电力学校汽机专业毕业，助理经济师，中共党员。1965年5月进入列电系统，先后在第15、43（8）列车电站，从事汽机运行与检修、物资供应工作。随电站调迁广东茂名、陕西略阳、福建厦门、湖北武汉等地发电。1982年4月调入武汉基地。1985年1月起，先后任车间主任、储运站副主任（正科级待遇）、网架厂厂长、开源公司副总经理。2000年9月退休。

Geng Huimin

耿惠民（1943.9— ） 河北清苑人，保定电力学校锅炉专业毕业。1965年5月分配到第17列车电站，从事锅炉运行与检修。随电站调迁黑龙江双鸭山、虎林，河北邯郸，内蒙古海拉尔等地发电。1982年调入保定基地，从事起重、运输工作。工作期间，多次参加基地承揽的小电厂安装。1994年12月退休。

Gao Jinwei

高金位（1943.6— ） 河北定县人，保定电力技工学校锅炉专业毕业，工程师。1965年5月参加工作，保定电校教师。主要从事锅炉专业有关实习课程的教学。1971年5月学校并入保定基地后在车间劳动，1972年12月复校时回校任教，后转入基建、后勤等部门工作。1996年9月退休。

Zhang Beichen

章北辰（1945.10— ） 河北保定人，保定电力学校毕业，后续大专学历。1965年5月分配到船舶2站，车工。随电站在四川五通桥、江西九江等地发电。1973年7月调入保定基地，在制造车间工作。1979年考入河北广播电视大学，1982年毕业后到质管科技术组，曾任质管科副科长。1997年7月退休。

Li Maohui

李茂惠（1941.2— ） 河北满城人，保定电力技工学校汽机专业毕业，中共党员。1965年6月分配到第25列车电站，从事汽机运行及检修。1978年12月调入60站，任汽机工段长，随电站调迁吉林蛟河、山西朔县、浙江海宁等地发电。1982年调入保定基地，在汽机车间从事安装与检修。列电体制改革后，曾任杆模车间主任、党支部书记。1996年7月退休。

Huo Zhiyou

霍志有（1942.12—2018.10） 河北徐水人，保定电力技工学校锅炉专业毕业，讲师，中共党员。1965年6月参加工作，在船舶2站从事锅炉设备运行与检修。随电站调迁四川乐山，江西九江、瑞昌等地发电。在船2工作期间，曾先后参加社教运

动、短期培训、治安协警等工作。1974年11月调入保定电力技工学校任教，主要从事机械制图课程的教学。参编教材《电力工程识图与绘图》等书，由中国电力出版社出版。

Ma Yuzhen

马玉珍（1941.7— ） 女，河北保定人，保定电力学校发电厂电力网及其系统专业毕业。1965年7月进入列电系统，先后在第24、19、20列车电站，从事电气运行与检修。随电站调迁宁夏青铜峡、四川广元、甘肃甘谷、陕西韩城等地发电。1974年10月调入武汉基地，先后在四车间、物资科工作。

Wang Chengli

王成礼（1945.7— ） 河北清苑人。1962年9月进入保定电力技工学校汽机专业学习，1965年7月毕业，分配到第23列车电站，从事锅炉运行与检修。随电站调迁四川荣昌、甘洛，山西芮城、大同等地发电。1972年调入保定基地，在锅炉车间、金工车间、服务公司工作。

Wang Anxi

王安熙（1923.4— ） 山西晋城人。1945年6月参加革命，同年10月加入中国共产党，曾任中国人民解放军某部军械股股长。1952年11月转业到地方，先后任河北省卫生厅第二康复医院主任，定兴县计划统计局局长，保定热电厂计划科科长、锅炉分场党支部书记。1965年调入保定基地，任政治处主任。1971年10月调入山西娘子关发电厂，历任机关党支部书记，政治处副主任、主任、副厂长。1985年4月离休。

Wang Xuefei

王学斐（1945.12— ） 上海人，上海电力学校热能动力专业毕业，助理工程师。1965年分配至第7列车电站，从事汽机运行与检修。1966年到广东茂名15站实习，1967年返回7站后任汽机技术员。1979年接62站新机。随电站调迁浙江宁波、福建漳平、江苏无锡等地发电。1982年10月，随电站成建制下放无锡市后调无锡协联热电厂。

Wang Shusen

王树森（1941.11— ） 河北博野人，保定电力技工学校锅炉专业毕业，一级实习指导教师，中共党员。1965年7月参加工作，在保定电校任钳工实习教师。1971年5月学校并入保定基地后在车间劳动，1972年12月复校时回校任教，主要从事钳工工艺教学与指导，担任多班次班主任。曾被评为1990年度华北电业管理局优秀德育工作者、中电联优秀德育工作者。1997年9月退休。

Wang Xicai

王喜才（1947— ） 河北保定人，保定电力学校锅炉专业毕业。1965年7月进入船舶1站，从事锅炉运行与检修。随电站调迁湖北枝城、浙江临海等地发电。1974年1月船舶1站设备下放临海县后，调入石家庄工作。

Wang Jiaju

王嘉驹（1942.8— ） 河北保定人，保定电力学校锅炉专业毕业。1965年7月分配到第33列车电站，从事锅炉运行及检修。随电站调迁贵州都匀、六枝，湖南衡阳等地发电。1975年调入保定基地，在铸造车间维修班工作。2002年8月退休。

Wang Yi

王毅（1941.11—2016） 浙江海宁人，保定电力学校锅炉专业毕业，助理工程师，中共党员。1965年7月分配至第2列车电站，从事锅炉运行与检修。1974年9月调入已下放河南信阳的4站，先后任锅炉工段长、技术员。1984年4月调入53站，1985年9月调入56站。随电站调迁湖北丹江口，陕西西乡，湖南株洲、耒阳，河南信阳，江苏镇江等地发电。1990年12月调入华东基地。1997年9月退休。

Niu Chunguo

牛春国（1943.2— ） 河北新乐人，保定电力技工学校锅炉专业毕业，高级实习指导教师，中共党员。1965年7月参加工作，在保定电校任教。1971年5月学校并入保定基地后在车间劳动，1972年12月复校时回校任教，主要从事动力类专业的实习教学与指导，曾任实习组组长。参编《热力设备检修实习指导书》，由中国电力出版社出版，编导的《多级水泵检修》录像片由电力部电教中心发行。曾被评为1991年度河北省职业技术培训模范教师。

Yin Xing

尹兴（1924.9— ） 河北固安人，初小文化。1954年在北京市清洁队参加工作。1956年起，先后在水电印刷厂、水电部机关、电力学院，从事木工。1965年7月调入列电局机关，在行政科（处）工作。1983年4月调入水利电力出版社工作。

Tian Hongniu

田鸿牛（1949.7— ） 河北易县人。1965年7月进入西北基地，从事木工工作。1987年在厂党委工作部任宣传干事，同年荣获央视中华杯中华最佳猜迷手称号。组织主持西北地区猜谜活动50余次，主编《节日灯谜》《酒谜》等书籍。1995、1998年，获宝鸡市政府授予的有突出成绩的文学艺术家、优秀文艺工作者奖。曾任宝鸡市政协委员。所著《从谜传略7》已载入《中国当代文艺家辞典》《世界华人文学艺术名录》《中国专家人才库》等大型辞书。现任中华灯谜学术委员会顾问、西北谜友联谊会会长。

Feng Xiulan

冯秀兰（1948.1— ） 女，河北怀安人。1965年7月进入第17列车电站，随电站在黑龙江双鸭山发电。1966年5月调入西北基地，在金工车间工作，参与基地基本建设，以及红心汽动给水泵和1500千瓦自由活塞燃气轮发电机组的加工制造。1977年调入3车间。1983年后在车辆车间工作。

Liu Xiuzhen

刘秀珍（1945.5—2017.12） 女，河北阜城人，沈阳电校热工自动控制专业毕业，工程师。1965年7月分配到第8列车电站。后调入列电局技术改进所，从事热工专业。1971年2月，技术改进所与保定基地合并，相继在保定基地设计科、风力发电研究室、技术科，担任技术员、工程师。1998年退休。

Du Wenqing

杜文清（1933.3—2009.8） 女，河北衡水人，北京电力学院热能动力装置专业毕业，工程师，中共党员。1948年12月在北京师大女附中学习，参加中国民主联盟会，后转中国共产主义青年团。1951年7月在北京新华通讯社国际报房工作。1960年7月在北京电力学院学习。1965年7月毕业后在第42列车电站锻炼，后在局机关生产技术科（处）从事技术管理工作。1983年4月调入中国水利电力对外公司，在电力处任项目经理。1989年2月离休。

Li Yinchun

李印春（1940.9— ） 河北永清人，北京电力学院发电厂电力系统专业毕业，高级讲师，中共党员。1965年7月参加工作，在保定电力技工学校任教师。1971年5月学校并入保定基地后在车间劳动，1972年12月复校时回校任教。1976年8月调入第9列车电站，1979年6月回校任教。1987年7月后任电力专业科副科长、仿真机中心主任等职。自编教材《电气设备运行》供教学使用。曾被评为1985年度河北省劳动人事厅模范教师、华北电业管理局优秀教育工作者。

Li Chong

李冲（1946.6—2006.6） 河北保定人，保定电力学校锅炉专业毕业，后续电大中文专业及南开大学对外传播专业。1965年7月分配到列电系统，先后在第45、23列车电站从事锅炉运行及检修。1978年参与筹建《列电》杂志。1979年8月调入保定基地，曾任办公室主任。1983年调入保定市委“五四三办公室”工作，历任市委宣传部副部长、市政府新闻办公室主任等职。主编的《走进艺术殿堂》获河北省五个一工程优秀作品奖。1996年辞职，到阿根廷发展，任阿根廷中国经贸文化交流促进会秘书长、阿根廷旗立南美国际公司董事长。

Li Xueliang

李学良（1945.1— ） 河北保定人，保定电力学校毕业，电气工程师。1965年7月分配到第17列车电站，从事电气运行及检修。随电站调迁黑龙江双鸭山、虎林，河北邯郸，内蒙古海拉尔等地发电。1982年调入保定基地，先后在基建科、行政科、动力车间从事电气维修工作。1997年退休。

Li Zong

李棕（1944.9— ） 吉林永吉人，吉林电力学校电子技术专业毕业，后续广播电视大学电子专业本科毕业，工程师，中共党员。1965年7月毕业分配至列电局技术改进所，先后安排到第6列车电站及西北基地实习劳动，1967年3月在技术改进所电气仪表组和热工组任技术员。1977年作为项目负责人，组织完成57站集控改造项目。1978年完成3000千瓦燃气轮机快装电站热控装置、热工仪表布置及系统设计。1985年9月后在河北电力职工大学，先后任教务科副科长、科长及教务处主任等职。

Yang Pengju

杨鹏举（1943.2— ） 河北保定人，毕业于保定电力学校汽机专业，工程师。1965年7月分配到第45列车电站，从事汽轮机运行及检修。随电站调迁黑龙江伊春，贵州六枝、水城，吉林长春，湖南株洲等地发电。1975年调入保定基地，在铸造车间从事维修。列电体制改革后，先后在保定电力修造厂杆模车间、钢模板车间从事技术工作。在杆模车间工作期间，设计出小型油压机，获1986年度华北电管局先进生产者和保定市劳动模范荣誉称号。

Wu Bingjun

吴炳均（1945.12— ） 河北保定人，保定电力学校热能动力装置专业毕业，高级工程师。1965年7月分配到第10列车电站，从事锅炉运行与检修。随电站调迁吉林蛟河、河北邢台、山东济宁等地发电。1974年5月调入济宁电力局，在修试所任副班长。1978年10月调入济宁开关厂，任工程师、总工办主任等。1998年12月调至山东泰安泰开电气集团有限公司，任工艺科科长。

Wu Suzhen

吴素珍（1944.6— ） 女，河北滦县人，高中文化，会计师，中共党员。1964年招工进入列电系统，在列电局密云财务培训班学习。1965年分配到第2列车电站，1975调入6站任会计。随电站调迁广东韶关、湖北丹江口、陕西汉中、湖南株洲、河北沧州等地发电。1982年调入华东输油管理局沧州输油管理处，在供应科任会计。1992年退休。

Song Yantian

宋砚田（1943.10— ） 河北新城人，保定电力技工学校汽机专业毕业，一级实习指导教师。1965年7月参加工作，在保定电校实习工厂任教师。1971年5月学校并入保定基地后在车间劳动，1972年12月复校时回校任教。1987年2月任钳工教研室主任（副科级、主持工作）。参审教材《金工工艺实习》，由中国电力出版社出版，曾为保定市首批高级技师职业技能鉴定考评员。

Zhang Fengshan

张凤山（1941.11— ）辽宁沈阳人，东北电力学院锅炉专业毕业，工程师。1965 年 7 月分配到西北基地，在锅炉车间任技术员，参与了红心汽动给水泵和 1500 千瓦自由活塞燃气轮发电机组的制造。1979 年赴西藏支援边疆建设。1983 年后返回到西北基地，在厂技术科任工程师。1989 年调入宝鸡铁路司机学校，任教师，后任校办工厂厂长。曾获铁道部劳动模范荣誉称号。

Zhang Zhongle

张忠乐（1943.8— ）河北望都人，保定电力技工学校汽轮机专业毕业，政工师，中共党员。1965 年 7 月留校任教师。1971 年 5 月学校并入保定列电基地后在车间劳动，1972 年 12 月复校时回校任教师，曾任动力实习教研组组长。1984 年 1 月后，历任学生科副科长、科长、办公室主任等职。退二线后兼任教务组长、教学督导组长。自编教材《汽轮机辅助设备》供教学使用。1975 年 7 月带领学生在遂平 40 站实习中，抗击特大洪水，安全转移学生、群众，取得人员无伤亡、公私财物无损失的优异战绩，被评为 1975 年度保定市教育系统先进个人。1977 年度评为保定市先进个人。

Zhang Guichun

张贵春（1946.1— ）河北保定人，保定电力技工学校汽机专业毕业。1965 年 7 月分配到第 31（32）列车电站，从事燃气轮机运行与维修，为大庆石油会战发电。1968 年 12 月分站后，随 32 站调迁济南。1971 年调入保定基地，先后在电容器车间、检修车间、制造车间从事制造及检修，后任基地服务公司经理。1997 年退休。

Zhang Jun

张俊（1946.5—1999.3）河北保定人，保定电力学校电气专业毕业，工程师，中共党员。1965 年 7 月分配至第 7 列车电站，从事电气运行与检修，后任电气技术员。1975 年 4 月为中共福建漳平市第四次代表大会代表。1982 年 9 月调入华东基地，劳资科科员。1991 年 2 月起，先后任劳资科、劳资教育科副科长、科长。

Lu Yiwen

陆义文（1945— ）上海市人，上海电力学校毕业。1965 年分配到第 8 列车电站，从事汽机运行与检修，曾任生技组长。随电站调迁广东茂名石油会战、河北衡水等地发电。1978 年调入南通纺织系统自备电厂，历任办公室主任、贸易发展公司副总经理等职。

Chen Li

陈莉（1939.5—2008.8）女，河北安国人，初中文化，高级教师，中共党员。1954 年初中毕业后，经北京师范学校教师培训班进修，在青海省海东市民河县享堂学校任教。1959年，北京无线电二厂电工。1965年7月，调入保定基地铸造车间。1967年2月调入西北基地，在木工班、劳资科工作。4月起，在厂子弟学校任教、教导处工作，曾任政协委员，并多次荣获优秀教师、优秀党员、教育战线标兵及先进工作者称号。1994年至1997年返聘到原岗位。

Pang Xiushu

庞秀淑（1945.2—　）女，河北保定人，保定电力学校发电厂电力网及其系统专业毕业。1965年7月分配到第8列车电站，从事热工仪表维护。随电站参加广东茂名石油大会战，调迁河北衡水、湖北武汉等地发电。1983年3月随电站下放北京新型建筑材料厂，1984年起在石膏板厂任技术组工程师等。

Hao Qunfeng

郝群峰（1946.12—　）河北保定人，保定电力学校汽机专业毕业，工程师。1965年7月分配到第45列车电站，从事汽轮机运行及检修。随电站调迁黑龙江伊春，贵州六枝、水城，吉林长春，湖南株洲等地发电。1974年12月调入保定基地，先后在铸造车间、子弟学校、汽机车间、质量管理科工作，1996年7月退休。

Jiang Li

姜立（1947.2—　）女，北京市人，北京电力学校继电保护及自动装置专业毕业，工程师。1965年7月毕业分配到列电局技术改进所，相继在第6列车电站及西北基地电气车间实习劳动。1967年3月在技术改进所从事继电保护工作。1973年8月在列电局中试所电气组从事技术工作。1974年参与捷制电站晶体管继电保护研制应用。1976年完成苏式发电机自动调整励磁装置硒整流改为硅半导体二极管整流试验，在各电站推广。1979年自行设计并成功组装晶体管筛选试验台。1986年3月，任河北电力职工大学电力系继电保护实验室主任。1998年7月退休。

Yuan Daxing

袁大兴（1946.3—　）河北易县人，河北电力学院热力过程自动化专业毕业，讲师，中共党员。1965年7月参加工作，在保定电力技工学校任教。1971年5月学校并入保定基地后在车间劳动，1972年12月复校时回校任教。1975年9月进入河北电力学院学习，毕业后回校任教师，主要从事热力过程自动化课程的教学工作。1992年1月调入学生科任副科长，1998年4月任学校工会副主席。曾被评为1989年度华北电业管理局优秀工作者。

Geng Weixin

耿蔚欣（1940.9—　）河北保定人，保定电力学校电气专业毕业，工程师。1965年7月进入第50列车电站，从事电气运行与检修。1974年6月调船舶2站，从事热工专业。1979年接新机62站。随电站调迁湖南金竹山、衡阳，河南漯河，山西娘子关、闻喜、朔县，江苏无锡等地。1982年10月，随电站成建制下放无锡市。1991年调入无锡新苑集团公司热电厂，任热工组长、生技组长。

Jia Fugang

贾富钢（1954.6— ）北京市人，水电部北京水利发电学校电厂建筑专业毕业，工程师，中共党员。1965年7月分配到西北基地，土建技术员。1971年始，先后在第55、58、29列车电站，从事焊接、汽机运行及检修，曾借调列电局行政科、基建科工作。1980年12月调入保定基地，任基建科技术员、服务公司工程师。1997年7月退休。

Xu Zhusheng

徐竹生（1939.7— ）江苏海安人，清华大学动力工程系燃气轮机专业毕业，高级工程师。1965年分配至第31列车电站，从事燃气轮机运行与检修。1966年春到列电局克山农场劳动，同年10月返回31站，后任技术员、生技组长。随电站调迁黑龙江萨尔图、湖南湘乡、北京长辛店等地发电，曾为大庆石油开发会战供电。1976年12月调入拖车电站保养站，任技术组长。1983年5月随电站成建制下放华北电管局机械建筑公司。

Chang Yingzhi

常英智（1945.12— ）女，河北保定人，保定电力技工学校电气专业毕业。1965年7月进入列电系统，先后在第15、6、61列车电站从事电气运行及检修。随电站调迁广东茂名，湖南衡阳，新疆哈密，河北沧州、保定，内蒙古伊敏等地。列电体制改革后，调入保定基地，在铸造车间工作。

Dong Shiming

董仕铭（1939.10— ）女，福建福州人，北京石油学院炼制系肄业，小学高级教师。1962年在北京西城区工业局参加工作。1965年7月进入武汉基地，均在子弟小学工作，先后担任体育、语文教师，班主任，并兼6年级历史教学。1977、1979、1981年先后被武汉市、武汉供电局、武昌区教育局评为先进生产工作者、优秀体育教师、优秀班主任。

Huo Shengmin

霍胜民（1941.11— ）河北保定人，保定电力技工学校锅炉专业毕业，讲师。1963年9月进入保定电校学习，毕业后留校任教师。1971年5月学校并入保定基地后在车间劳动，1972年12月复校时回校任教，主要从事热工学理论基础课程的教学工作。1989年1月任保定电力学校讲师，1997年9月退休。

Wang Shizhen

王世珍（1946.2— ） 女，安徽淮南人，沈阳电力学校汽机专业毕业。1965 年 8 月进入列电系统，在船舶 1 站汽机工段从事运行与检修。同年 9 月参与广东茂名一区（46、6 站）发电。1966 年 4 月调入西北基地，参与基本建设，组装列车电站，红心汽动给水泵和 1500 千瓦自由活塞燃气轮发电机组的加工制造，后在金工车间从事维修钳工。1982 年 7 月调入安徽淮南电厂。

Wang Benyou

王本友（1938.12— ） 吉林市人，东北电力学院热能动力工程专业毕业，副教授。1965 年 8 月毕业分配到保定电力技工学校任教。1975 年 8 月调入列电局中试所，从事列车电站汽轮机组振动消缺工作，参与完成新 19 站、62 站国产 6000 千瓦汽轮机组验收鉴定试验工作。1982 年 9 月调入华北电力学院动力系，在热工教研室任教。

Wang Shanjie

王善杰（1946.3— ） 山东平度人，大连电力学校锅炉专业毕业。1965 年 8 月分配到第 29 列车电站，从事锅炉运行与检修，随电站调迁平顶山和信阳等地发电。1978 年调入西北基地。1982 年经新 4 站调入大连工学院分院，负责锅炉、水暖维修。1984 年调入大连第四建筑工程公司，任施工员、锅炉压力管道安装质量保证工程师、一级项目经理。2002 年自主创业。

Cong Rixin

丛日新（1946— ） 辽宁大连人，大连电力学校锅炉专业毕业。1965 年 8 月分配到第 29 列车电站，从事锅炉运行及检修。随电站调迁河南平顶山、信阳等地发电。1981 年调入大连油漆厂，任动力车间主任。2001 年退休。

Feng Xuexin

冯学信（1945.11— ） 山东荣成人，旅大电力学校锅炉运行及检修专业毕业，高级工程师，中共党员。1965 年 8 月，分配到在河南平顶山的第 29 列车电站，同年 10 月调入 19 站，1967 年 10 月又调到 20 站，均从事锅炉运行及检修。1974 年 11 月调到大连的新 4 站，从事热工仪表维护工作。1978 年调到交通部一航局三公司，在供暖科任科长，兼大连市锅炉压力容器安全监督员及供暖协会会员。

Gong Fuchang

巩福昌（1943.3— ） 河北保定人，保定电力技工学校动力专业毕业。1965 年 8 月进入列电系统，在第 8 列车电站从事锅炉运行与检修，随电站调迁广东茂名、河北衡水等地发电，曾为茂名石油大会战供电。1974 年 4 月调入局招待所，从事后勤工作，1975 年 4 月在局机关从事水、电、锅炉维修等。1983 年 4 月调入水利电力出版社，从事后勤工作。

Piao Suzhen

朴素贞（1938.12— ）女，吉林双阳人。1958年10月始，先后在北京市良乡周口店区糖酒淀粉联合厂、北京良乡食品厂工作。1965年8月进入武汉基地，先后在幼儿园、行政科、食堂、子弟小学从事后勤服务及管理工作。

Hua Liming

华立明（1942.2— ）女，上海市人，毕业于合肥工业大学电机制造专业，高级工程师。1965年8月进入列电系统，先在武汉基地短期实习，1966年1月进入列电局技术改进所，在高压组从事电气高压试验。1971年技改所并入保定基地后，先后在质管科试验室、技术科、安检科、电气车间、风力发电站从事技术工作。

Liu Ronghou

刘荣厚（1946.7— ）辽宁大连人，大连电校毕业，高级工程师，中共党员。1965年8月分配到第29列车电站，从事锅炉运行与检修。1967年曾借调49站为“东方红1号”卫星工程发电。1971年7月调入平顶山电厂，1986年11月调入华能大连电厂，任分场主任、检修部长、生产副厂长等。2003年3月任华能沁北电厂总经理，次年5月任华能大连电厂经理（厂长）。任职期间，华能大连电厂在全国大机组竞赛考评中连续4年获金奖。沁北电厂当年实现两台超临界60万千瓦机组优质高效投产，获鲁班奖。平顶山市、大连市劳动模范，河南省人大代表。2008年退休后，曾受聘于河南投资集团、河南豫能公司，任高级顾问。

Sun Yanshu

孙晏书（1945.12— ）山东掖县人，长春电力学校电气专业毕业，高级工程师。1965年8月分配到第31列车电站，从事电气运行及检修，为大庆油田发电。1972年，随电站调迁湖南湘乡、北京丰台发电。1974年11月调入新4（5）站，在大连参加进口燃气轮机电站调试发电，任电气工段长。1984年3月调入大连电业局，历任开关厂副厂长、电缆公司副经理等职。

Li Changjiang

李长江（1946.6—2015.6）河北青县人，大连电力学校锅炉专业毕业，中共党员。1965年8月，分配到第29列车电站，从事锅炉运行与检修。随电站在河南平顶山、信阳发电。1967年借调49站，赴甘肃酒泉参加“东方红一号”卫星工程发电一年。1982年调入大连第二水泥厂，在技术科从事管理工作。

Li Quan

李全（1939.12— ）吉林公主岭人，吉林电力学院热能动力装置专业毕业，工程师。1965年8月，分配到西北基地，参与基地的基本建设。1966年6月在汽机车间任技术员，1973年在厂生技科任汽机工程师，为Ⅰ型红心汽动给水泵的主要设计人之一，独立设计了Ⅱ型红心汽动给水泵、锅炉启动给水泵。其独立设计的煤炭漏斗车双向离合器获得陕西省优秀专利奖、宝鸡市科技进步一等奖、陕西省科技进步三等奖。1982年7月调入安徽淮南电厂。

Li Shuzhang

李树璋（1946.3— ）辽宁大连人，大连电力学校汽轮机专业毕业。1965年8月分配到第29列车电站，从事汽机运行与检修。随电站调迁河南平顶山、信阳等地发电。1967年借调到49站赴甘肃酒泉参加“东方红一号”卫星工程发电，1976年11月调至在大连的新4站，电站下放后调至大连液力有限公司技术科工作。2008年退休。

Lian Tianhuan

连天欢（1940.3—1992.2）福建龙岩人，印度尼西亚华侨，哈尔滨建筑工程学院结构与施工专业本科毕业，工程师。1965年8月进入列电系统，在列电局生技科任技术员。1970年5月调入武汉基地。先后在基建办公室、汽车队任技术员，在技术科任机械助理工程师，在教育科、安全教育科任教员。

Wu Shifa

吴士发（1944.2— ）上海人，上海电力学校热能动力装置专业毕业，工程师，中共党员。1965年8月，分配至第39列车电站，从事汽机运行与检修，后任汽机技术员、生技组成员。随电站调迁内蒙古平庄、湖南衡阳、河北束鹿、山东滕县等地发电。1981年10月，调入仪征化纤公司自备电厂，在设备科从事技术管理工作。

Shen Weirong

沈伟荣（1941.11— ）浙江平湖人，浙江大学电机工程系毕业，高级工程师。1965年8月进入列电系统，先后在列电局生技处、武汉基地、保定基地，第52、62列车电站工作。1992年1月退休。

Song Zundao

宋遵道（1938.11— ）山东即墨人，山东工学院热能动力专业毕业，高级工程师。1965年8月，分配到第11列车电站，同年9月到武汉基地实习。1966年11月返回11站，任汽机技术员，1982年1月晋升为工程师。1983年1月调入青岛东风化工厂，任动力车间副主任、高级工程师。1990年1月调入青岛化工厂，任热电站副站长。1997年8月退休。

Zheng Yuzi

郑玉子（1943.12— ）女，朝鲜族，吉林蛟河人，长春电力学校电气专业毕业。1965年8月，分配至第31列车电站，从事电气运行与检修，后转材料管理、财务出纳等工作。随电站调迁黑龙江大庆、湖南湘乡、北京丰台等地发电。1980年调入拖车电站。1982年调至电力科学院，在行政处工作。

Zhao Hongrui
赵洪瑞（1940.12— ）河北昌黎人，大连工学院金属材料及热处理专业毕业，高级工程师，中共党员。1965年8月毕业分配进入列电系统，先后在列电局技术改进所和保定基地任技术员。1986年10月后，在河北电力职工大学动力系专业教研室任教。1998年8月退休。

Yuan Lüan
袁履安（1943.1— ）北京市人，武汉水利电力学院电厂化学专业毕业，高级工程师。1965年8月毕业分配到第19列车电站，任化验技术员。1973年10月调入列电局中试所，在化学组从事列车电站炉内水处理技术工作。1974年首次将测钠法用于测定列车电站蒸汽品质。1978年完成列车电站炉内水处理培训教材的编写及化学训练班授课任务。1986年3月后，在河北电力职工大学教务处任教务管理高级工程师，为《河北电力教育期刊》责任编辑。1998年7月退休。

Xu Changfa
徐长发（1945.7— ）上海人，上海电力学校热能动力装置专业毕业，工程师。1965年8月分配至第10列车电站，从事技术工作，后任汽机技术员。随电站调迁吉林蛟河、山东济宁、山西大同、湖北安陆等地发电。1983年11月调入武汉基地，先后在培训队、总工办、计划科、经营计划科、经销公司任技术员、电站备品计划员。1984年4月编制了华中电网N100-90型机组备品目录。2000年7月退休。

Xu Yulin
徐玉林（1945.9— ）山东威海人，大连电力学校汽机运行与检修专业毕业。1965年8月，分配至第29列车电站，从事汽机运行与检修。1965年12月调入42站，随电站调迁河南平顶山、四川峨眉、陕西略阳、湖南株洲、河北迁安、江苏苏州等地发电。1983年3月调入苏州化工厂热电车间。1986年2月至2005年，先后在山东荣成拖拉机厂、荣成橡胶厂工作。

Gao Yuxia
高玉霞（1944.11— ）女，吉林公主岭人，长春电力学校毕业。1965年8月分配至第30列车电站，从事运行与检修，曾任运行值长。1982年7月调入37站。随电站调迁吉林龙井、黑龙江伊春、河北沧州等地发电。1985年2月调入河北邢台发电厂，在电气分厂任配电技术员。1995年1月退休。

Guo Xueben
郭学本（1946.1— ）辽宁大连人，旅大电力学校汽机专业毕业，中共党员。1965年8月，分配到第29列车电站，从事汽机运行及检修。1982年9月调入在大连的新4站，从事燃气轮机运行及检修。1983年4月调入大连电业局，在变电工区从事变电运检及计划工作。

Huang Dunlin

黄敦林（1945.6— ） 湖北武汉人，武汉电力专科学校热动专业毕业，助理工程师。1965年8月，分配至第9列车电站，从事汽机运行与检修。随电站调迁广东湛江、山西宁武等地发电。1970年12月调入武汉基地，先后在二车间、制造车间、三车间工作。后一直担任三车间技术员。1998年5月退休。

Liang Guozhong

梁国忠（1938.12— ） 河北定县人，保定电力技工学校汽机专业毕业。1965年8月，分配到第31（32）列车电站，从事燃气轮机运行与检修，为大庆石油大会战发电。1968年12月分站，随32站调迁山东济南、广东广州发电。1974年11月调旅大接新4（5）站。1976年8月随新5站急赴河北秦皇岛，为唐山抗震救灾发电。1977年12月调入保定基地，先后在汽机车间、质管科工作。

Liang Bihe

梁碧荷（1939.1— ） 女，广西容县人。1956年8月始，先后在兰州西藏工委办事处、长沙群众艺术馆、湖南柘溪水利发电工程局子弟小学工作。1965年8月进入武汉基地，任子弟小学数学老师、幼儿园负责人。1981年12月退休。

Kou Wanying

寇万英（1934.6—2013.2） 陕西黄陵人，西安电力学校毕业，助理经济师，中共党员。1956年在甘泉县小学任教，1962年10月在西安电校学习。1965年8月进入西北基地，参加了基地的基本建设。1965年11月、1966年2月两度参加列电局中试所电气试验训练班学习，曾在电气实验室任班长。1982年8月始，先后任电气实验室电气技术员、生技科和总务科科员、经营计划科材料定额员。

Lu Xiuchun

鲁秀春（1943.4— ） 女，河北玉田人，长春电校发电厂运行与检修专业毕业，图书馆员，中共党员。1965年8月进入第29列车电站，从事电气运行与检修，后转到化验室。1973年参加局组织的保定化学培训班学习。1975年12月调入局机关，在招待所工作。1983年4月，调入水电学院研究生部，从事图书馆管理工作，曾在北京大学图书馆系进修。

Zeng Heping

曾和平（1945.6— ） 湖北武汉人，武汉电力专科学校电厂热能动力装置专业毕业，工程师，中共党员。1965年8月，分配至第48列车电站，从事汽机运行与检修，后任汽机工段长。随电站调迁湖南双峰、衡阳，贵州六枝等地发电。1978年

12 月调入武汉基地，在车间从事汽机、钳工专业，后在生产科从事生产计划、生产调度。1989 年 8 月起，任生技科、生产计划科副科长、科长。1998 年 8 月退休。

Zhu Xiabao

朱遐宝（1941.3— ） 安徽西县人，安徽水利电力学院热能动力装置专业本科毕业，高级工程师。1965 年 9 月分配至武汉基地，车间技术员。1966 年 12 月调至第 27 列车电站，汽机技术员。1970 年 12 月调入武汉基地，先后任生技科计划员，三车间、工艺科、技术科工程师。1991 年 1 月任副总工程师。参与了 1979 年 500 吨油压机在原 C534 基础上的安装及实施，设计了 2300 千瓦燃机火焰筒过渡段模具。1998 年 5 月退休。

Zheng Xian

郑贤（1940.7—2018.6） 河南开封人，郑州工学院电机系毕业，教授级高级工程师，中共党员。1965 年 9 月分配到列电局，先到第 42 列车电站实习锻炼，后在局机关计划基建科（处）从事技术工作。1977 年下放到 29 站劳动锻炼。1978 年返回到局计划基建处，从事技术管理。1983 年 4 月调入水电部农电司，任小火电处副处长、处长。1987 年任水利部机械局局长。1991 年 10 月任水利部综合局局长。1994 年 8 月任水利部农电司司长。

Jia Hanming

贾汉明（1941.9— ） 北京市人，清华大学发电厂及电力自动化专业毕业，高级工程师，中共党员。1965 年 9 月毕业分配到武汉基地。1966 年 12 月调入列电局技术改进所，在高压组从事技术管理。1975 年参加 9000 千瓦燃气轮机电气及保护装置的调试验收工作。1983 年 10 月任华北电管局保定列车电站试验所主任工程师。1985 年 9 月后，在河北电力职工大学，先后任筹建处副组长、教学副校长。1982 年参与编写《中小型发电厂和变电所电气设备的测试》一书，并在水利电力出版社出版。

Zhang Fenglong

张凤龙（1949.9— ） 河北灵寿人，初中文化，中共党员。1965 年 11 月进入在湖北丹江口的第 2 列车电站学徒，1966 年 4 月调入西北基地，在机加工车间从事热处理工作。1982 年 10 月调入在河北沧州的 6 站。1985 年 4 月调入河北省电建二公司，先后在金属实验室、电建修造厂从事热处理工作。1998 年 7 月退休。

Qin Defeng

秦德凤（1931.7—2015.4） 湖北建始人，中共党员。1949 年 11 月入伍，曾在 148 师炮兵营任班长。1956 年 9 月复员，在长春送变电三局、北京热电厂从事变电工。1965 年 11 月进入第 42 列车电站，从事电气运行与检修。随电站调迁四川峨眉、陕西略阳、湖南株洲等地发电。1972 年 2

月调入武汉基地，在行政科食堂负责采购工作。

Fan Shiming

樊世明（1941.8—2017.6） 陕西延川人，高中文化。1961年4月入伍。1965年11月复员到西北基地，从事汽机安装与检修，参与了基地的基本建设，自制红心汽动给水泵、1500千瓦自由活塞燃气轮发电机组的安装制造。1983年后调入车辆车间，安装检修钳工、焊工。

Li Mingzhu

李明珠（1946.2— ） 女，安徽淮南人，初中文化。1965年12月招工进入第4列车电站学徒，1966年3月调入西北基地，车工。1975年9月调入第29列车电站，从事汽机运行与维修，1981年1月调入保定基地，在招待所从事管理员。1993年7月退休。

Li Peiqun

李培群（1949.4— ） 河北任丘人，河北电视大学中文专业毕业，政工师，中共党员。1965年12月进入保定基地，在铸造车间热处理班工作。自1984年12月起，历任保定电力修造厂工会副主席、副厂长、工会主席、党委委员、厂党委书记等职，2004年12月退二线工作。1998年被评为华北电力集团公司优秀工会工作者，2003年被评为华北电网有限公司思想政治工作先进个人。

Cheng Meifang

陈梅芳（1948.10— ） 女，江苏丹阳人。1965年12月进入第5列车电站，从事汽机运行与检修。随电站在广东茂名发电。1966年3月调入西北基地。1978年7月调入武汉基地，先后在四车间、三车间从事机修及金工检验等工作。1996年6月退休。

Gong DianZhang

宫殿章（1950.6— ） 山东乳山人，中共党员。1965年12月在保定基地参加工作。1966年3月调入西北基地，在金工车间学徒。1968年3月入伍，在后勤处从事机械修理。1973年5月复员回到西北基地，在锅炉转动班工作。1979年5月调入第40列车电站。1982年调回基地，先后任修车班、下料班班长，小火电工段长等。多次被评为厂先进个人、优秀党员，1988年被评为西北电管局优秀党员。

Chang Pingji

常平记（1945.7— ） 河北雄县人，初中文化，技师。1965年12月招工进入西北基地，金工车间钳工。1978年1月调入保定基地，在金工车间设备维修组，钳工。1988年被评为华北电业管理局先进生产者。

Qi Shiji

齐士及（1943.7— ） 河北保定人，曾用名齐仕及，高中文化。1961年12月参军，1965 年 12 月复员。1966 年 1 月进入保定基地，在金工车间钳工班工作，曾任班长。1987 年荣获华北电业管理局先进生产者荣誉称号。同年，被评为保定市劳动模范。1994 年 8 月退休。

Zhang Sulan

张素兰（1937.4— ）女，河北蓟县人，小学高级教师。1966 年 1 月进入保定基地，在子弟小学任教师。后调出列电系统，先后任保定新市区卫生队会计，山西娘子关电厂小学教师。1979 年 7 月返回列电系统，在武汉基地子弟小学主要担任语文教学和班主任工作。曾被评为山西娘子关电厂劳动模范、标兵，出席山西省和所在市劳动模范及妇女积极分子代表大会。

Wang Renxing

王仁星（1940.6—2015.8） 湖北五丰人，中共党员。1959 年 12 月入伍，在 6719 部队服役，任班长，获部队营级嘉奖二次。1966 年 2 月复员进入武汉基地，先后在铸造车间、二车间、农场、行政科、保卫科工作。1996 年 6 月退休。

Liu Xuexin

刘学信（1941— ） 陕西蓝田人，初中文化，中共党员。1957 年在高压电磁厂参加工作。1961 年 3 月入伍。1966 年 2 月复员到西北基地，先后在厂政治处、后勤科、金工车间工作，参与基地基本建设和红心汽动给水泵、1500 千瓦自由活塞燃气轮发电机组的加工制造。曾任后勤科待业队负责人，锅炉车间党支部书记。

Yang Houfu

阳厚福（1939.2—2009.3） 湖北宜都人。1956 年 1 月入伍，铁道兵第十师 48 团、福州军区 39 军 45 团，炮兵。1966 年 2 月复员进入武汉基地，先后在铸造车间、二车间、计划科、生产科、外协办公室某部门工作。1990 年 12 月退休。

Wang Qiaoming

王巧明（1948.9— ） 女，浙江绍兴人，初中文化。1966 年 3 月进入第 47 列车电站，从事化验工作，随电站为三线建设项目六枝煤矿供电。1967 年调入西北基地，车工。1980 年 12 月调入华东基地，车工，后从事车间管理员工作。1996 年 4 月退休。

Shi Wansheng

师万生（1940.10— ） 陕西西安人，小学文化。1958 年 5 月在西安电缆厂五车间工作。1961 年 4 月入伍，先后任电报员、通讯班长，于 1962、1964、1965 年被评为五好战士。1966 年 3 月复员到西北基地，先后在保卫科、总务科、新产品开发办、五车间工作。参与了 32 米带电高空作业车、底开门漏斗上煤车的安装制造。

Li Jianmin

李建民（1943.6— ） 甘肃天水人，初中文化，助理经济师，中共党员。1959

年11月入伍。1966年3月复员到西北基地，在金工车间从事车工专业。1970年10月调入第20列车电站，任食堂管理员、管理组长。1975年5月调回西北基地，任劳资科调配员、劳动服务队副队长。1980年9月任劳资科科长、1984年9月任厂办副主任、劳动服务公司经理兼支部书记等。1999年6月退休。

Hu Minlan

胡敏兰（1943.4—　）女，西安灞桥人，1959年甘肃嘉峪关酒泉钢铁公司卫生学校护理专业肄业。1960年7月在酒钢交际处招待所工作时，被评为先进工作者。1964年调甘肃永昌金川有色金属公司，在行政处招待所。1966年3月调入第38列车电站，从事水处理。随电站调迁广东韶关、江西九江发电。1972年7月调西北基地，在一车间从事汽机安装和检修。

Guo Fuxiang

郭福祥（1926.4—2008.12）湖北襄阳人，中共党员。1949年11月入伍，在西南军区、东北军区、步兵部队，从事汽车驾驶。1966年3月进入列电系统，先后在西北基地、第35列车电站工作。1976年12月调入武汉基地，在汽车队工作。1980年8月退休。

Wan Wujiu

万武久（1933.5—2009.7）湖北武汉人。1958年4月参加工作，武汉汉口精美化工油漆社、武汉水运学院、武汉友联油漆社油漆工。1966年5月进入武汉基地，先后在机修车间、一车间、二车间、附属综合厂工作。1986年9月退休。

Lan Shumei

兰淑梅（1946.2—　）女，辽宁抚顺人，抚顺师范学校毕业，小教高级。1966年5月调入西北基地子弟学校，任语文教研组组长。

Liu Dabao

刘大保（1947.11—2016.7）安徽肥东人，初中文化。1966年5月进入西北基地，在锅炉车间从事安装检修，并参与基地基本建设。后在金工车间参与红心汽动给水泵、1500千瓦自由活塞燃气轮发电机组的加工制造，在后勤科、劳动服务公司从事管理工作。

Zang Wendong

臧文东（1937.12—2016.1）河北安新人，初中文化。1956年12月参加工作，在河北省教师进修学院做铅印工。1958年9月调入河北省教育厅印刷厂，从事排版印刷。1966年5月调入保定基地，任印刷车间印刷班班长。1986年8月退休。

Li Zhenliang

李振良（1939.11—　）河北定兴人，曾用名李宝金，中共党员。1958年9月进入北京市劳动局技工学校学习，1961年毕业

后参军，在福建某部队服役。1966 年转业到保定基地，先后在汽机车间、印刷组等部门工作。

Zhang Shuiwang

张水旺（1945.10— ） 河南洛阳人，高中文化，中共党员。1966 年 7 月进入西北基地，参与基地的基本建设、子弟学校的组建，曾在学校任教。后在汽机车间工作，参与红心汽动给水泵、1500 千瓦自由活塞燃气轮发电机组的制造，在供应科、木工车间、工会图书室从事管理工作。

Zhou Li

周丽（1945— ） 女，江苏江宁人，北京工商管理专科学校毕业。1966 年分配到第 8 列车电站，随电站调迁广东茂名参加石油会战及河北衡水、湖北武汉、北京等地发电。1983 年随电站下放北京新型建筑材料厂，历任北新公司计划科科长、综合计划处处长等职。

Zang Xiaozhen

臧孝珍（1939.3— ） 女，江苏武进人，江苏省农业学校毕业。1961 年分配到江苏铜山县农林局，1964 年调入新疆共青团农场，1966 年进入第 14 列车电站，从事汽机运行与检修。随电站调迁甘肃酒泉、四川甘洛，陕西宁强，甘肃嘉峪关，江苏徐州等地发电。1982 年调入华东基地。1989 年退休。

Wan Xuefeng

万学峰（1947.4— ） 女，湖北武汉人，武汉市幼儿师范学校幼教专业毕业。1966 年 9 月进入列电系统，先后在西北基地、第 10 列车电站，从事幼儿保育工作。1979 年 10 月调入武汉基地，在幼儿园任幼教老师、幼儿园园长，后在物资供应科工作。

Wang Yongzhong

王永忠（1925.2—2010.7） 河南修武人。1938 年 1 月参加八路军赵县支队，1942 年 4 月派往白求恩医院学习，1943 年 3 月加入中国共产党。结业后，先后在长治 41 团、太行军区工作，曾任卫生队队长。1948 年 6 月转业，先后在新乡卫生所、西安航空保密厂、保定变压器厂卫生所工作，历任所长、门诊部主任。1966 年 9 月调入保定基地，先后任卫生所所长、厂办主任、行政科科长。1985 年 3 月离休，享受县（处）级待遇。

Chen Hezhan

陈和展（1946.11— ） 福建福清人，福清师范学校教师专业毕业，小学高级教师。1966 年 9 月分配至武汉基地，在子弟小学担任数学教师兼任绘画教学、课外辅导员等。在子弟小学转地方管理后，任工会干事。1987 年被评为武昌区青少年教育先进工作者。2000 年 12 月退休。

Zhou Jianchun

周建纯（1939.10— ） 湖北武汉人。

1954年6月始，曾在武汉新文京剧团学艺，武汉汉阳钢铁厂、湖北大冶炼钢厂、河南洛阳第六冶金建设公司工作。1966年9月进入武汉基地，先后在制造车间、设备动力车间、四车间、三车间工作。1996年4月退休。

Xu Daoji

许道纪（1943.5—2017.8） 海南海口人，华南工学院热工专业毕业，工程师。1967年1月分配到第9列车电站，从事汽机运行与检修。随电站调迁广东湛江、山西宁武、山东莱芜与烟台，内蒙古扎赉诺尔、黑龙江嫩江等地发电。后调入海南海口供电局。

Ruan Guozhen

阮国珍（1946.10— ） 女，上海人，上海电力学校毕业，工程师。1966年8月分配至第47列车电站，从事化验工作。1976年6月调入39站。随电站调迁贵州六枝、贵定，广西玉林，山东滕县等地发电。1982年3月调入华东基地，先后任教育科科员、工程部化水室主任。参与了新产品锅炉给水系统加药装置的开发和设计。1998年4月退休。

Li Jinhai

李金海（1946.1— ） 山东冠县人，大专学历，经济师，中共党员。1966年8月上海电力学校毕业，分配至第47列车电站，从事化验工作。1975年6月调入39站。1982年3月调入华东基地，均从事材料供应工作。1987年2月起，先后任基地人事劳资科副科长、职称改革办公室主任，组织干部科副科长、科长。1993年5月后，任副厂长、党委副书记、纪委书记、调研员。

Yang Liqun

杨立群（1945.10— ） 女，浙江宁波人，上海电力学校毕业，工程师。1966年8月分配至第47列车电站，从事汽机运行与检修。1969年12月调入53站。随电站调迁贵州六枝、浙江宁波、江苏镇江等地，曾为三线建设项目六枝煤矿、湘黔铁路建设供电。1984年5月调入华东基地，任技术科技术员、助理工程师、工程师。1997年12月退休。

Jin Xiaoming

金晓明（1946.9— ） 浙江绍兴人，上海电力学校毕业，工程师，中共党员。1966年8月分配至第47列车电站，从事锅炉运行与检修。1969年12月调入53站，任锅炉技术员。1984年5月调入华东基地，任车间技术员。1987年2月起，先后任车间副主任、主任，生产计划科副科长，技术科科长。1989年11月后，任基地副主任，1990年7月任副厂长。

Ding Zhengwu

丁正武（1943.10— ） 河南邓县人，郑州电力学校发电厂电力网及其系统专业毕业，经济师，中共党员。1967 年 2 月进入列电系统，先后在第 43、8 列车电站，任管理组长、人事员。随电站调迁贵州水城、广东韶关、北京清河等地发电。1982 年 6 月调武汉基地，任劳资科劳资员。1991 年 1 月起，先后任保卫科科长、劳动人事科副科长（正科级待遇）、主任经济师。1970 年评为贵州省六盘水地区先进生产者。1977 年评为广东韶关市先进生产者。1998 年 9 月退休。

Tian Qinghai

田清海（1943—2017） 河南辉县人，郑州电力学校毕业。1967 年 2 月分配到第 29 列车电站，从事锅炉运行与检修，曾任站团支部书记、副指导员，随电站调迁河南平顶山、信阳发电。1979 年调入 30 站，任副指导员。1982 年 6 月调回 29 站，任副厂长。后调入新乡市火电厂，任纪委书记。曾被评为河南省电力局优秀政工干部、纪检干部、新乡市优秀共产党员。

Ma Shufang

马淑芳（1939.10— ） 女，陕西泾阳人，西安电力学校发电厂及电力系统专业毕业，助理工程师。1967 年 1 月分配到第 33 列车电站，从事电气运行与检修，随电站在贵州水城发电。1968 年 8 月调入西北基地，在电气班高压组从事安装检修。1983 年后，在车间管理组负责油线室、挂瓦室技术工作，在动力科负责高压组（柴油发电机）管理工作。1995 年退休。

Shi Zhenmei

石珍梅（1944.2— ） 女，山西应县人，西安电力学校发电厂电力网及其系统专业毕业，高级工程师。1967 年 3 月分配至第 33 列车电站，从事电气运行与检修。1983 年 5 月调入 44 站。随电站调迁贵州水城，湖南衡阳，山西运城、长治，内蒙古朱日和等地发电。1983 年 5 月调入山西太原中煤总公司七处。

Dong Hongce

董洪策（1945.5— ） 辽宁盖县人，哈尔滨电机制造学校电机专业毕业，工程师。1966 年 9 月毕业后留校任办事员。1967 年 3 月调入西北基地，在电气工段从事安装与检修。1969 年 8 月借调宝鸡钢铁指挥部工作。自 1973 年 5 月起任技术科、三车间技术员，1984 年 9 月任动力科副科长，1988 年任发展公司副主任。参加 1500 千瓦发电机组转子配电系统、底开门煤车焊接工装、6000 千瓦发电机组转子安装工具的设计。1997 年 8 月退休。

Fang Xiulan

方秀兰（1947.4— ） 女，安徽蒙城人。1967 年 4 月进入第 23 列车电站，从事后勤管理。1974 年调 45 站，1978 年调船舶 2 站。随电站调迁山西大同，湖南株洲、衡阳，湖北宜昌等地发电。1983 年 3 月随电站下放衡阳电业局。1995 年 12 月退休。

Long Yi

龙毅（1944.9— ） 四川资中人，重庆电力学校发电厂电力网及其系统专业毕业。1967 年 4 月分配到第 43 列车电站，从事电气运行与检修。曾随电站调迁贵州水城、贵定等地，为三线建设发电。1977 年起任电气工段长。1982 年 4 月调入重庆电厂，任电气技术员、助理工程师等。

Zhang Chaoyang

张朝阳（1941.3— ） 重庆市人，重庆电力学校发电厂电力网及其系统专业毕业。1967 年 4 月分配到第 43 列车电站，从事电气运行与检修。随电站调迁贵州水城、贵定等地，为三线建设发电。1975 年 5 月调入重庆医疗机械厂。后调入重庆党校，正科级公务员。

Chen Tao

陈涛（1943.2— ） 女，四川资中人，重庆电力学校热能动力装置专业毕业。1967 年 4 月，分配到第 43 列车电站，从事汽机运行与检修。随电站调迁贵州水城、贵定，广东韶关，湖北武汉，北京清河等地。曾为国防三线建设供电。1983 年 3 月，随电站下放北京新型建筑材料厂。

Gu Shuiping

辜水平（1943.10— ） 四川眉山人，重庆电校热能动力装置专业毕业。1967 年 4 月，分配至第 43 列车电站，从事锅炉运行与检修。随电站调迁贵州水城、野马寨、贵定，广东韶关，湖北武汉，北京清河等地，曾为西南三线铁路建设供电。1983 年，随第 15、46 列车电站下放内蒙古阿尔山林业局。1986 年调回原籍四川眉山。

Ding Yi

丁毅（1947.1— ） 河北保定人，保定电力技工学校汽轮机专业毕业，后续华北电力联合大学职工大学毕业，大专学历。1967 年 7 月，分配到第 52 列车电站，从事汽轮机运行与检修。随电站调迁湖北襄樊，河北邢台、唐山等地发电。1976 年 12 月调入保定基地，在汽机车间任检修班长。列电体制改革后，在结构车间任副主任。

Ma Hongsheng

马洪生（1947.2— ） 河北保定人，回族。毕业于保定电力学校电气专业，后续学历中国计算机函授学院微机原理及应用专业。1967 年 7 月分配到第 28 列车电站，从事电气运行与检修。随电站调迁云南昆明、山东济宁等地发电。1971 年 10 月调入保定基地，在电气车间从事发电设备制造及检修，后到质管科从事电气专业工作。

Wang Erbang

王尔邦（1947.2— ） 河北徐水人，保定电力学校锅炉专业毕业，助理工程师。1967 年 6 月进入列电系统，先后在第

29、54列车电站，从事锅炉运行与检修，任副司炉、司炉、司炉长。曾借调49站赴甘肃酒泉为清水卫星发射基地供电。后调10站，从事热工仪表专业。1983年9月调入武汉基地，在电站检修队、五车间、计量检验科从事锅炉检修、冷作工、检验工作。1998年5月退休。

Wang Zhimin

王志民（1946.11— ）河北保定人，保定电力技工学校毕业，后续武汉水电大学大专学历。工程师，中共党员。1967年7月分配到列电系统，先后在第52、35列车电站，从事汽机运行及检修。随电站调迁湖北襄樊、贵州六盘水等地发电。1975年1月调入保定基地，先后在热处理车间、工艺科从事技术工作，1997年8月退休。

Wang Shuzu

王述祖（1945.12— ）辽宁金州人，旅大电力学校锅炉运行及检修专业毕业，高级经济师，中共党员。1967年7月，分配到第15列车电站，从事锅炉运行及检修。随电站调迁广东茂名、福建厦门发电。1977年9月调入在秦皇岛的新5站，从事气机检修工作。1983年4月调入大连电业局，历任劳资科科员、科长、人力资源处处长。曾获得水电部东北电管局劳资专业标兵、大连电业局先进工作者等称号。

Wang Ping

王萍（1947.5— ）女，河北徐水人，保定电力学校汽机专业毕业，工程师，中共党员。1967年7月分配到第29列车电站，1968年8月调入54站，从事汽机运行与检修。随电站调迁河南平顶山，贵州水城，湖南双峰、湘潭，山西大同，江苏无锡等地发电。1982年8月调入保定基地，先后在汽机车间、技术科、动力车间任技术员、工程师。

Wang Jingwu

王敬伍（1942.8— ）河南南阳人，郑州电力学校发电厂电力网及其系统专业毕业，中共党员。1964年至1966年12月待分配，1967年2月分配到贵阳电厂。同年调入第43列车电站，从事电气运行与检修。随电站调迁贵州水城、贵定，广东韶关，湖北武汉，北京清河等地发电。1983年3月随电站下放北京新型建筑材料厂。

Wang Xinyu

王新宇（1945.9— ）女，河北乐亭人，保定电力学校汽轮机专业毕业。1967年6月分配到第41列车电站，1971年6月调入29站，从事汽机运行及检修。1982年9月调到在大连的新4站，从事燃气轮机运行及检修。1983年4月调入大连电业局。

Shi Daming

石大明（1945.1— ）重庆人，重庆电力学校电气专业毕业。1967年7月分配至第

23列车电站，从事电气运行与检修。1969年11月调入54站，1979年任电气工段长。随电站调迁贵州水城，湖南洪山殿、湘潭，山西大同，江苏无锡等地发电。1981年年底调重庆牙膏厂。

Tian Xiuying

田秀英（1945.10— ） 曾用名田久红，女，山东阳谷人，北京电力学校毕业，工程师。1967年7月分配到第31列车电站，1968年8月调入1站，均从事水处理设备的运行与检修。随电站在黑龙江大庆、甘肃陇西、四川冕宁、北京房山等地发电。1982年，随电站下放北京煤矿机械厂，任电力车间技术员、工程师。

Feng Shande

冯善德（1944.1— ） 曾用名冯东飙，辽宁沈阳人，北京电力学校毕业，工程师。1967年7月毕业分配到第31列车电站，任化验员。1968年8月调入1站，吊车司机、化验员。随电站调迁黑龙江大庆、甘肃陇西、四川冕宁、北京房山等地发电。1982年，随电站下放北京煤矿机械厂，先后任电力车间化验技术员、厂安全环保处主管工程师等。

Ren Linxing

任林兴（1947.5— ） 河北保定人，保定电力学校热能动力装置专业毕业。1967年7月分配到第34列车电站，后调第43站，从事汽机运行与检修。随电站调迁山东德州、贵州贵定、广东韶关、湖北武汉、北京清河等地发电。1983年3月，随电站下放北京新型建筑材料厂，任自备电厂副厂长。

Liu Qiusheng

刘邱生（1946.12— ） 河北保定人，保定电力技工学校汽轮机专业毕业，一级实习指导教师，中共党员。1967年6月参加工作，在第41列车电站从事汽轮机运行与检修工作。随电站调迁河南平顶山，山东东营、昌邑，湖北荆门等地发电，任团支部书记。1979年11月调入保定电校，在动力科任实习教师、组长。主讲《汽轮机检修》音像教材，主编导《多级水泵检修》录像片。被评为1991年度华北电力联合公司网局级先进工作者。

Ruan Gang

阮刚（1947.8— ） 河北唐山人，河北广播电视大学中文和华北电力大学经济管理专业（函授）毕业，副教授，中共党员。1967年6月保定电力技工学校毕业，先后在第51、56、57列车电站从事电气设备运行与检修。1981年4月曾在《列电》编辑部工作。1982年4月调至保定电力技工学校，历任团委干事、图书管理员、中专语文高级讲师、学院副教授等。主编《语文补充教材》由河北人民出版社出版。1989年被评为保定市优秀工会积极分子。

Sun Xueyong

孙学用（1945.4— ）河北抚宁人，保定电力学校电气专业毕业。1967年7月分配到第51列车电站，从事电气运行及检修，随电站调迁山东济南发电。1971年调入保定基地，在电气车间从事电气技术工作。1997年4月退休。

Su Fengqin

苏风琴（1946.10— ）女，河北保定人，保定电力学校发电厂电力网及系统专业毕业，技术员。1967年6月分配到第51列车电站，从事电气运行与检修。1972年5月调入32站，赴广州为中国出口商品交易会发电。1974年5月参与筹建新3站，承接从英国引进的23000千瓦燃气轮发电机组在南京发电。1982年9月随新3站下放，任电气车间技术员。

Du Fengmei

杜凤梅（1946.5— ）女，江苏江阴人，保定电力技工学校电气专业毕业。1967年6月参加工作，在第51列车电站从事电气设备运行与检修。随电站调迁山东济南、胶县，新疆乌鲁木齐，湖北宜昌等地发电。1979年9月调入保定电校，在总务科、劳动服务公司等工作。

Li Shanli

李山立（1945.2— ）河北满城人，保定电力学校锅炉专业毕业，中共党员。1967年7月分配至第29列车电站，从事锅炉运行与检修。1967年11月借调49站，为甘肃酒泉清水卫星发射基地供电。1968年10月调入54站，后任工会主席，1976年6月起任副指导员。1981年8月任17站副厂长。随电站调迁河南平顶山，贵州水城，湖南双峰、湘潭，山西大同，江苏无锡等地发电。1984年11月后，任张家口下花园电厂、张家口沙岭子发电厂工会副主席，张家口沙岭子发电厂检修公司工会主席。

Li Wenguo

李文国（1945.6— ）辽宁大连市人，旅大电力学校汽机运行与检修专业毕业。1967年7月分配到第44列车电站，从事汽机运行与检修，1971年1月调入55站，曾任工段长。1980年10月调入在大连的新4站。电站下放后调大连木材公司工作。

Li Wenzhu

李文珠（1942.9— ）福建福清人，福清师范学校毕业，小学高级教师，中共党员。1967年7月分配入武汉基地，在子弟小学担任算术、语文课目的教学。1975年12月起，先后任子弟小学负责人、教育党支部宣传委员、副校长、武昌区教委视导员（校长级）。曾被评为武汉市供电局、武昌区教育局先进工作者。1995年12月退休。

Li Siju

李思聚（1947.1— ）山东禹城人，大连电力学校汽机专业毕业，工程师。1966 年 7 月毕业，1967 年 7 月分配到第 29 列车电站，从事汽机运行与检修，随电站到河南平顶山、信阳发电。1971 年 11 月调到大连港务局，先后在机修厂电工班、生活公司技术科等部门工作。

Li Suqin

李素芹（1945.6— ） 女，河北景县人，保定电力学校电气专业毕业，后续沈阳大学工业会计专业大专毕业，会计师。1967 年 7 月分配到第 52 列车电站，从事电气运行与检修。1971 年 1 月调入 55 站，从事管理工作，曾任工会主席。1981 年调入保定基地，先后在铸造车间、财务科从事财务工作。1994 年编写《工会财务制度》，被评为保定市优秀工会积极分子。

Yang Wanbo

杨万波（1946.6— ） 辽宁大连人，大连电力学校电气运行专业毕业，工程师。1967 年 7 月分配至第 52 列车电站，从事电气运行与检修。1968 年 1 月调入 30 站，1969 年 11 月接新机 54 站，任电气工段长、技术员。1981 年 5 月调入大连新金县农电局，任变电专职技术员。1988 年任兴莲电力设备有限公司主任工程师、副经理、总工程师。

Wu Xiangzheng

吴想正（1943.4— ） 湖北武汉人。1958 年 9 月进入武汉汽车制造厂工人技术学校学习汽车司机专业，毕业后在西安绝缘材料厂实习，在湖北宜昌市汽车站工作。1967 年进入武汉基地，先后在运输队、汽车队工作。1987 年 11 月退休。

Wu Zengping

吴增平（1947— ） 山东文登人，旅大电力学校电厂化学专业毕业，1990 年辽宁大学毕业，中共党员。1967 年 7 月分配到第 44 列车电站，1976 年随电站返回西北基地大修。后随电站调迁到山西长治发电，任副厂长。1982 年 10 月调入在大连的新 4 站，任副厂长。1983 年 4 月调入大连电业局，任行政科副科长、服务公司经理。

Song Yanshao

宋延韶（1946— ） 河北保定人，保定电力学校毕业。1967 年由电校分配至第 41 列车电站，从事锅炉运行与检修。随电站调迁河南平顶山、山东东营等地，曾为胜利油田会战发电。1972 年调到胜利油田。

Zhang Wenlan

张文兰（1947.8— ） 女，河北承德人，辽宁鞍山师范学校教师专业毕业，小学高级教师。1967 年 7 月分配至武汉基地，在厂子弟小学担任音乐、语文老师、班主任，并兼地理、体育、学前班教育。1982 年在语文教师“汉语拼音”测验中，成绩优异，获通报表扬。1983 年被武昌区教育局评为优秀班主任。1998 年 5 月退休。

Zhang Shihua

张世华（1946.7— ） 山东栖霞人，旅大电力学校电气专业毕业，政工师。1967 年 7 月分配到第 21 列车电站，同年 10 月随电站返回保定基地大修。1968 年后，先后调入 20 站、12 站、新 5 站，从事电气运行及检修。随电站调迁甘肃甘谷、内蒙古扎赉诺尔、河北秦皇岛等地发电。1980 年 6 月调入交通部一航局，先后在三公司、离退休办公室工作。

Zhang Shouxiang

张守香（1946.6— ） 女，辽宁鞍山人，鞍山师范学校教师专业毕业，小学高级教师。1967 年 7 月分配至武汉基地，在厂子弟小学担任语文老师、班主任，并兼多科教学。1979、1980、1983 年先后被武昌区教育局评为优秀班主任。1998 年 5 月退休。

Zhang Ruoyu

张若愚（1946.10—2013.7） 河北清苑人，保定电力技工学校锅炉专业毕业，高级工程师。1967 年 6 月分配到在河南平顶山的第 29 列车电站，从事锅炉运行与检修，1971 年随电站到河南信阳发电。1982 年 12 月调入天津碱厂，在设计所、动力分厂工作。曾获天津碱厂技术攻关奖励，多次主持录制天津碱厂“若愚攻关”节目。

Zhang Junxiang

张俊祥（1946.9— ） 辽宁大连人，旅大电力学校锅炉运行及检修专业毕业，高级经济师，中共党员。1967 年 7 月分配到第 29 列车电站，从事锅炉运行及检修，随电站在河南平顶山、信阳等地发电。1975 年 2 月调入新 4 站。1978 年 11 月调入大连电业局，在物资处历任计划员、副科长、科长、处长、万德物产公司总经理。曾多次获得大连市、大连电业局先进工作者、优秀共产党员称号。

Zhang Yufu

张裕阜（1947.10— ） 山东烟台人，中共党员，大连电力学校电厂化学专业毕业。1967 年 7 月分配到在平顶山的第 29 列车电站，从事化验工作。1967 年借调到 49 站，赴酒泉参加“东方红一号”卫星工程发电，后返回 29 站，随电站到河南信阳发电。1982 年 11 月调到在大连的新 4 站。列电体制改革后调至大连电业局，在电力电气集团公司从事管理工作。

Chen Jiurong

陈久荣（1946.11— ） 女，河北保定人，保定电力学校电气专业毕业，1967 年 7 月进入列电系统，先后在第 52、35 列车电站，从事电气运行与检修工作。1976 年调入保定基地，在质管科电气试验组从事仪表校验及维修工作。

Chen Yun

陈云（1943.10— ）重庆人，工程师。1966年6月毕业于重庆电力中等专业学校热能动力装置专业。1967年7月进入列电系统，先后在第23、54、25、60、61列车电站，从事锅炉专业工作。随电站调迁四川甘洛，山西芮城、大同，贵州水城，湖南双峰、湘潭，山西朔县，河北保定等地发电。1982年12月调入保定基地，相继在设计科和经营销售部工作。1996年退休。

Chen Runxiang

陈润祥（1947.5— ）辽宁大连人，旅大电力学校发电厂和变电所运行与检修专业毕业，助理工程师。1967年7月分配至第44列车电站，从事电气运行与检修。1971年1月调入55站，1983年2月调入新4站。随电站在山西晋城、垣曲、长治，大连甘井子等地发电。1983年5月调入大连电业局，任带电作业班、开关班技术员。

Fan Guiyun

范桂云（1945.11— ）女，北京人，北京电力学校毕业，中共党员。1967年7月分配至第41列车电站，从事化验工作。随电站调迁河南平顶山，山东东营、昌邑，湖北荆门等地，为胜利油田等重点工程发电。1983年7月调入山西大同化纤厂，任动力车间党支部书记。

Zhou Hong

周弘（1947.7— ）河南固始人，保定电力技工学校锅炉专业毕业，二级实习指导教师。1967年6月在第29列车电站参加工作，从事锅炉运行与检修，随电站调迁河南平顶山、信阳等地发电。1977年7月调入保定电力技工学校，在实习工厂任教，2003年9月任保定电力职业技术学院实习教师，主要从事钳工工艺的教学、指导和有关建设等工作，曾担任多班次班主任并评为优秀班主任。

Zheng Jisheng

郑吉盛（1945.11— ）辽宁新金人，大专学历，高级工程师，中共党员。旅大电力技工学校汽机专业毕业，1967年7月进入列电系统，先后在第52、30、54列车电站从事汽机运行与检修。1971年12月调入贵州水城钢厂。1976年6月返回列电系统，在35站从事汽机运行与检修。1977年9月调入武汉基地。1984年2月起，先后任车间副主任、主任，副总工程师兼总工办公室主任、全面质量管理办公室主任。1995、1997年参与开发的新产品XLJ800型悬链式链斗卸船机，分获华中电业管理局、电力部科学技术进步一等奖、二等奖。

Zheng Jinhua

郑金华（1944.6— ）曾用名郑铧，河南荥阳人，西安电力学校热能动力装置专业毕业。1967年分配到第43列车电站，从事锅炉运行与检修。随电站调迁贵州水城、贵定，广东韶关，湖北武汉等地，曾为国防三线建设发电，1981 年 43 站与 8 站合并后，随电站调至北京新型建筑材料厂。1983 年 3 月随电站成建制下放。

Zhao Jingyuan

赵经源（1945.12— ）北京市人，北京电力学校电厂化学专业毕业，工程师。1966 年 7 月毕业，1967 年 7 月进入第 41 列车电站，从事电站水处理设备运行与检修。1967 年 1 月调入保定基地，先后在检修车间、生产科、金工车间、计划科、经销科从事技术工作。1997 年 7 月退休。

Hao Jinyu

郝金玉（1947.1— ）河北永年人，长沙水电学院财会专业毕业。1967 年 8 月分配到山西晋城第 40 列车电站，从事财会工作，1970 年随电站在河南遂平发电。1972 年调入 33 站任会计，随电站调迁湖南衡阳、山西运城、内蒙古朱日和等地发电。1982 年调入大连电业局，2002 年退休。

Hao Jiacheng

郝家诚（1947.7— ）辽宁大连人，大连电力技校锅炉专业毕业，助理工程师。1967 年 7 月进入第 1 列车电站，从事锅炉运行与检修。随电站调迁甘肃陇西、四川泸沽、北京房山等地发电。1976 年 10 月调入拖车电站保养站。1983 年 5 月调入华北电力科学研究院高压所，1995 年 4 月任华北电力科学研究院盛凌电力公司副经理。

Zhong Fangzhou

钟芳洲（1947.5— ）山东乳山人，大连电力学校锅炉专业毕业，高级工程师，中共党员。1967 年 7 月分配到第 1 列车电站，从事锅炉运行与检修，曾任锅炉副工段长。随电站调迁甘肃陇西、四川冕宁、北京房山等地发电。1981 年主持的“锅炉节能燃油掺水超声乳化燃烧研究”项目，获北京市政府科技成果三等奖。1982 年随电站下放北京煤矿机械厂，历任工程队副队长、电力车间主任、动力分厂厂长等职。

Jiang Xiaoling

姜晓玲（1944.7— ）女，大连市人，旅大电力学校汽机运行与检修专业毕业，中共党员。1967 年 7 月分配到第 12 列车电站，从事汽机运行与检修。1970 年调入 44 站，1971 年 1 月 调 入 55 站，1980 年 10 月调入在大连的新 4 站。电站下放后调入大连供电局。1998 年 10 月退休。

Yao Zhiguan

姚志官（1947.8— ）山东蓬莱人，大连电力学校电气运行专业毕业，工程师。1967 年 7 月分配至第 52 列车电站，从事电气专业。1968 年 1 月调入 30 站，1969 年 11 月调入 54 站。随电站调迁湖北襄樊，吉林龙井，贵州水城，湖南双峰、湘潭，山西大同，江苏无锡等地发电。1984年12月随电站成建制下放无锡新苑公司热电厂。1988年6月，调大连市氯酸钾厂自备电厂，任运行总值长，安全主管。

Yuan Guoying

袁国英（1944.2—2018.11） 河北保定人，保定电力技工学校锅炉专业毕业。1967年7月分配到第52列车电站，从事锅炉运行及检修。随电站调迁湖北襄樊，河北邢台、唐山等地发电。在唐山大地震自救中荣立一等功。1979年12月调入保定基地，在锅炉车间任技术员。2000年1月退休。

Xia Songping

夏松平（1946.9— ） 辽宁大连人，大连电力学校电气运行专业毕业，工程师。1967年8月分配至第52列车电站，从事电气专业。1968年1月调入30站，同年10月接新机54站。随电站调迁湖北襄樊，吉林龙井，贵州水城，湖南双峰、湘潭，山西大同，江苏无锡等地发电。1984年12月随电站成建制下放无锡新苑集团公司热电厂。2001年退休。

Xu Shuyuan

徐书元（1944.2— ） 山东胶县人，旅大电力技工学校毕业。1967年7月分配至第21列车电站，从事电气运行与检修。1968年2月调入20站。1972年6月调入41站。随电站调迁黑龙江克山，河北保定，甘肃甘谷，陕西韩城，山东东营、昌邑，湖北荆门等地发电。1983年5月调入大连电业局，在预算中心工作。

Xu Yuqing

徐玉卿（1945— ） 河南南阳人，郑州电力学校发电厂电力网及其系统专业毕业，高级工程师。1967年2月分配至第48列车电站，从事电气运行与检修，后任电气技术员。随电站调迁贵州六枝、湖南衡阳等地发电。1985年12月调入河南石油勘探局水电厂，从事油田电网变配电运行。1993年起任水电厂供电大队副大队长、水电厂调度长、副厂长、厂长。

Xu Xuemin

徐学敏（1945.1— ） 女，山东栖霞人，旅大电力技工学校毕业。1967年7月分配至第21列车电站，从事电气运行与检修。1968年2月调入20站，1972年6月调入41站。随电站调迁黑龙江克山，河北保定，甘肃甘谷，陕西韩城，山东东营、昌邑，湖北荆门等地发电。1983年5月调入大连电业局，在市内供电局工作。

Xu Zongmin

徐宗民（1946.8— ） 辽宁大连人，大连电校电厂化学专业毕业，工程师。1967年7月进入列电系统，先后在第6、61列车电站从事汽机运行与维修和化验工作，曾任化验室负责人。随电站调迁新疆哈密，陕西宝鸡，河北沧州、保定，内蒙古伊敏河等地发电。列电体制改革后，调入保定基地，在结构车间工作，先后任班长、调度员、技术组组长、车间副主任。1997年退休。

Tang Changsuo

唐长锁（1947.3— ）河北保定人，保定电力学校电气专业毕业，工程师。1967年6月分配至第5列车电站，从事电气运行与检修。1974年5月调入31站，1976年9月调入拖车电站保养站，任电气班长。曾参与为江苏镇江谏壁电厂储油罐建造工程提供电源。1984年调入北京电力建设公司，任电气工程师。曾获华北电管局优秀工程师称号。

Dong Fuxiang

董福祥（1946.11— ）辽宁大连人，大专学历，中共党员。1967年7月大连电力学校汽机运行专业毕业，分配至第29列车电站，从事汽机运行与检修。1968年8月调入54站，参加电站安装和接机，1975年12月起任副厂长。随电站调迁河南平顶山，贵州水城，湖南双峰、湘潭，山西大同，江苏无锡等地发电。1981年9月调入辽宁发电厂，任实业公司车队党支部书记、水供分场党支部书记、厂审计室主任、物资供应部主任。

Jin Shurui

靳书瑞（1946.9— ）河北保定人，保定电力技工学校锅炉专业毕业，工程师。1967年6月分配到在河南平顶山的第29列车电站，从事锅炉运行与检修，1971年随电站调迁信阳明港发电。1983年调入天津碱厂，任生技处副主任科员，分管动力专业工作。曾获天津碱厂先进工作者、塘沽区先进工作者称号。2002年退休。

Jin Xuefeng

靳学锋（1946.5— ）河北涿州人，保定电力技校锅炉专业毕业。1967年7月分配至福建漳平第7列车电站，从事锅炉运行与检修及焊接工作。1982年9月调入华东基地。1986年制作的电缆桥架产品工装获镇江市总工会技术革新奖。1998年10月退休。

Pan Shiguang

潘世光（1947.1—2016.11）辽宁沈阳人，旅大电力学校电气专业毕业，工程师，中共党员。1967年7月分配到第31站，从事电气运行及检修，为大庆油田发电。1968年12月随32站先后赴山东济南、广州发电，兼任团支部书记。1974年11月调入新4（5）站，参加进口燃气轮机电站调试发电，从事热工仪表维护工作。1976年8月随新5站紧急赴河北秦皇岛为唐山抗震救灾发电，任热工组长。1980年12月调到大连电业局，先后在局办公室、生产部工作，任生产部经理。曾获得优秀共产党员、先进工作者称号。

Huo Hongwei

霍宏伟（1943.12— ）山西左权人，北京电力学校毕业。1967年7月分配至第41列车电站，从事化验工作。随电站调迁河南平顶山，山东东营、昌邑，湖北荆门等地发电，曾为胜利油田会战服务。1983年7月调山西大同化纤厂，在动力车间从事技术工作。

Wang Yuquan

王玉泉（1946.3— ） 辽宁抚顺人，抚顺师范学院毕业，政工师，中共党员。1967年9月分配至西北基地，在子弟学校任教，1971年8月任子弟学校校长。1978年任基地宣传科科长。列电体制改革后，任纪检委书记。

Xu Dianlin

许殿林（1945.9— ） 辽宁新滨人，抚顺师范学校毕业，助理经济师，中共党员。1967年9月分配至西北基地，在子弟学校任教。1979年5月调入基地供应科，1981年9月任科长，1996年4月任后勤主任兼劳动服务公司副经理。1998年4月退休。

Li Shuxian

李淑贤（1940.12— ） 女，辽宁沈阳人，东北电力学院锅炉专业毕业，工程师。1967年9月进入西北基地，在锅炉车间任技术员。曾参加基地基建工作，参与了红心汽动给水泵和1500千瓦自由活塞燃气轮发电机组的制造。自1986年起，任车辆车间主任、厂子弟学校中学部教师、劳资科劳动教育培训专职等。

Zhao Zhucong

赵祝聪（1942.1—2006.7） 四川荣县人，武汉水利电力学院电力工程系发配电专业毕业，高级工程师，中共党员。1966年8月毕业。1967年9月进入第42列车电站，从事技术管理工作。1973年6月调入31站，1975年7月任副厂长。1980年12月调入局机关，在干部处从事干部管理。1983年4月调入中国水利电力对外公司，在人事处任副处长、处长。1995年11月任公司党委委员、副总经理。曾被公司评为优秀党员、先进工作者。

Zhang Zhaosi

张昭泗（1941.4—1977.8） 山东东阿人，山东工学院电厂热能动力装置专业毕业。1961年7月入山东工学院第二机械系学习，1967年11月分配到第1列车电站，在生产技术组任汽机技术员。在职期间，先后解决了循环水泵水轮无图纸无备品以及汽轮机第2轴承过分臃肿、沙眼漏油等技术问题。

Zhang Changyun

张昌运（1944.11—2009.10） 湖北武汉人。1961年4月参加工作，曾在武汉探矿机械厂、武昌青菱养殖场、武汉染料厂，车工、机修工、钳工。1968年2月进入武汉基地，先后在二车间、制造车间、三车间、附属综合厂、五车间工作。1995年10月退休。

Wang Houkun

王厚坤（1941.8— ）湖北黄冈人。1965年1月在武昌机车车辆厂参加工作，从事车辆钳工。1968年6月进入武汉基地，先后在检修车间、一车间、结构车间，车辆钳工、冷作工、起重工。1996年4月退休。

Kang Dongsheng

亢东生（1942.1—1996.4）陕西大荔人。1958年10月参加工作，曾在上海齿轮厂、湖北绝缘材料厂、宜昌船厂，钳工。1968年6进入武汉基地，先后在金工车间、二车间、制造车间、三车间，车工、铣工，曾担任过班长，后在计划科、生产科储运站工作。1994年6月退休。

Liu Liankui

刘连奎（1949.3— ）河北徐水人，保定市劳动技术学校毕业，1968年6月分配到保定基地，在金工车间，车工。列电体制改革后，先后在动力车间任主任、党支部书记，在结构分厂任厂长，1983年被评为保定市优秀工会积极分子。2000年9月退休。

Li Qianxin

李乾鑫（1939.2—2008.10）湖北武汉人。1958年10月参加工作，曾在武汉齿轮厂、湖北宜昌绝缘厂、宜昌长航船厂，金工、化工、木工。1968年6月进入武汉基地，先后在铸造车间、二车间，木模工、木工，后在保卫科工作。1991年11月退休。

Wang Chengjin

王成金（1948.6— ）回族，河北唐山人，保定电力学校电气专业毕业，助理经济师。1968年7月分配至第38列车电站，从事锅炉运行与检修。随电站调迁广东韶关、江西九江、河北迁安、江苏昆山等地发电。1983年随电站下放江苏昆山，在列车电厂工作，曾任供应科科长。1997年调入昆山锦港集团销售部工作。

Li Guangshan

李广山（1939.6— ）北京市人，初中文化。1958年10月参加工作，在密云水库指挥部从事质检工作。1962年在密云基地工作。曾于1960、1962年被密云水库指挥部评为先进生产者。1968年7月进入列电系统，在第3列车电站从事汽机运行与检修。1969年调8站。1972年调入局机关仓库工作。1983年4月，调入水电部物资局，以工代干，从事管理工作。1987年调入机械局，任行政处干事（副处级）。1991年被评为机械局先进工作者。

Li Gengyin

李庚寅（1943.11— ）河北沧州人，1963年北京电力学院热能动力专业大专毕业，高级工程师，中共党员。1968年分配到第21列车电站，任锅炉技术员，随电站调迁内蒙古集宁、江苏徐州、黑龙江牡丹江等地发电。1980 年调入河北沧州炼油厂，从事技术管理工作。

Zhang Ruxin

张如新（1946.6— ）陕西户县人，西安电力学校锅炉专业毕业，中共党员，1968 年 7 月分配进入列电系统，先后在第 1、30 列车电站从事锅炉运行与检修，曾任值长、团支部书记、工会主席等职。随电站调迁甘肃陇西、四川泸沽、河北保定、北京房山、黑龙江伊春等地发电。1974 年荣获北京市先进生产者称号，1979 年评为黑龙江伊春市优秀共产党员。1982 年调入西北基地，在车辆车间从事安装检修，1983 年后在劳动服务公司铸造车间任负责人。

Shi Wenjiang

施文江（1945— ）浙江杭州人，浙江大学毕业，高级工程师。1968 年 7 月分配到第 21 列车电站，在生技组从事技术工作，随电站调迁内蒙古集宁、江苏徐州、黑龙江牡丹江等地发电。1981 年调入保定基地，在风力发电站、电力研究室等部门，从事风力发电技术设计工作，后被派到北京联合动力公司（龙威公司），历任研究室主任、龙威市场部副经理等职。1998 年退休。

Xu Huikun

徐惠坤（1943— ）浙江长兴人，浙江大学毕业，工程师。1968 年分配到列电系统工作，历任第 60、8 列车电站电气技术员、工程师、副厂长。1981 年 43 站与 8 站合并后，随电站调北京新型建筑材料厂发电。1990 年至 1995 年，任北新集团建材股份有限公司生产部主任工程师、动力厂厂长等职。

Fu Zhiying

傅志盈（1947.9— ）陕西铜川人，西安电力学校热能动力装置专业毕业，中共党员。1968 年 7 月分配到第 1 列车电站，从事锅炉运行与检修，1974 年为电站管理组专职司机。随电站调迁甘肃陇西、四川冕宁、北京房山等地。1983 年 4 月后调入农垦部。

Wei Wenchao

魏文超（1947.12— ）北京人，北京电力学校电气专业毕业，工程师，中共党员。1968 年 7 月分配至第 54 列车电站，从事电气工作。随电站调迁贵州水城，湖南双峰、湘潭，山西大同，江苏无锡等地发电。1984 年 12 月随电站成建制下放无锡新苑公司热电厂。1985 年 5 月调入北京新型建筑材料总厂，任自备电厂主任工程师，后任矿棉分厂生产厂长。

Wu Bizhong

吴必忠（1943— ）浙江德清人，太原工学院毕业，高级工程师。1966 年 8 月毕业留校工作。1968 年 8 月进入第 40 列车电站，任锅炉技术员、助理工程师。1978 年接新机 60 站，任锅炉工程师。随电站调迁河南遂平、浙江海宁等地发电。1983 年 8 月调入华东基地，在技术科从事产品设计和新产品的开发，先后任技术管理科、技术科副科长、科长，工程部副主任、副总工程师。

Zhou Liqiong

周莉琼（1942.8— ） 女，湖南宁乡人，华中工学院水利机械及液压专业毕业，高级工程师，中共党员。1965 年 8 月分配至石家庄水泵厂任技术员。1968 年 8 月调入武汉基地，历任金工班技术员、检修车间生产技术组长、车间生产调度、“七二一”大学教员、车间技术组助理工程师、计划科工程师。1984 年 3 月起，先后任教育科副科长、科长，安全教育科科长。1989 年被评为电力系统优秀教育工作者。1996 年 6 月退休。

Jia Pingkai

贾平凯（1947.10— ） 河北清苑人，河北保定师范学校毕业，高级教师。1968 年 8 月分配到保定基地子弟学校任教，先后在小学部、初中部任语文教师，曾任初中部教导主任及保定市教科所教研员。工作期间，被誉为保定市语文学科带头人，所教学科在保定市中考成绩中屡次获得优异成绩。1997 年 9 月退休。

Wang Shengan

王生安（1945.6—2000.6） 上海人，北京电力学院电力热能动力装置专业毕业，高级工程师。1968 年 9 月分配至第 12 列车电站，任电气技术员、生技组长。随电站调迁内蒙古赤峰、黑龙江扎赉诺尔等地发电。1977 年 12 月调入武汉基地，在技术科从事技术管理工作。1986 年 7 月起，先后任设计科、技术科副科长，综合服务公司、技术开发公司副经理，副总工程师兼科技开发公司副经理。1998 年 3 月退休。

Li Juying

李菊英（1947.11— ） 女，湖北武汉人，武汉电力学校热能动力装置专业毕业，助理政工师，技师，中共党员。1968 年 9 月分配至第 4 列车电站，从事锅炉运行与检修，随电站在河南信阳发电。1973 年 4 月调入武汉基地，车工，后任班长、车间党支部委员、女工委员。1990 年 12 月起，先后任车间党支部副书记、厂工会女工委员会主任。1982 年被评为武汉市供电局优秀党员。1987 年被授予华中电业管理局三八红旗手称号。1991 年被评为华中电管局优秀党员。

Gao Shulin

高树林（1948.7— ） 湖北武汉人，武汉电力学校热能动力装置专业毕业。1968 年 9 月分配至第 4 列车电站，从事锅炉运行与维修。随电站在河南信阳发电。1973 年 5 月调入武汉基地，先后在一车间、三车间和外协办公室工作。2003 年 7 月退休。

Zhao Shiqi

赵世祺（1937.4— ） 河南商丘人，郑州电力学院发电厂电力网及其系统专业毕业，高级工程师，中共党员。1968 年 10 月从广东茂名热电厂进入第 8 列车电站，任电气技术员。1973 年 5 月调入 41 站，任生技组长。1977 年 6 月接新机 59 站。随电站调迁河北衡水，山东东营、昌邑，黑龙江佳木斯等地发电。1982 年 4 月调入佳木斯纺织印染厂，任热电站厂长。

Yuan Yufang

袁玉芳（1946.6— ） 女，湖南湘潭人。1968 年 11 月进入第 15 列车电站，从事化验工作。1976 年 12 月调入船舶 2 站，随电站在湖南衡阳发电。1983 年 3 月随船舶 2 站下放衡阳电业局。1996 年 3 月退休。

Yu Wenxiang

于文祥（1948.3— ） 河北唐山人。保定电力技工学校（中专班）锅炉专业毕业，1968 年 12 月分配到第 53 列车电站，从事锅炉运行与检修，随电站在浙江宁波发电。1975 年 5 月调入保定基地，先后在锅炉车间、钢模板车间、基建科、行政管理处工作。

Ma Xiufen

马秀芬（1948.2— ） 女，河北保定人，保定电校电气专业毕业，1968 年 12 月分配到第 17 列车电站，从事电气运行及检修，随电站调迁河北邯郸、黑龙江虎林、内蒙古海拉尔等地发电。1981 年 9 月调入保定基地，在幼儿园工作。1992 年 5 月退休。

Wang Yuchun

王玉春（1947.12— ） 河北唐山人，保定电力学校锅炉专业毕业。1968 年 12 月分配至保定基地。1970 年 7 月调入第 54 列车电站，从事锅炉运行与检修。随电站调迁贵州水城，湖南双峰、湘潭，山西大同，江苏无锡等地发电。1984 年 2 月调入无锡新苑集团公司化工设备厂，任容器车间主任。

Wang Hesheng

王荷生（1947.3— ） 河北保定人，保定电力学校汽机专业毕业，1968 年 12 月分配到第 40 列车电站，从事汽机运行与检修。随电站调迁山西晋城、河南遂平等地发电。列电体制改革后，调入保定无线电材料总厂工作，先后在生产车间、技术处、机动处及总工办任职。

Ai Zhiquan

艾志泉（1947.12— ） 河北大厂人，机械技师。1964 年 9 月入保定电力学校汽机专业学习，1965 年第二学期改为半工半读。1968 年 7 月分配至第 19 列车电站，从事汽机运行与检修。1975 年 1 月调入武汉基地，先后在设备动力车间、一车间、计划科、售后服务部，从事汽机检修、安装钳工、产品售后服务，曾担任过机修班班长。2002 年 12 月退休。

Shi Wenkun

石文琨（1948.7— ）北京大兴人。保定电力技工学校汽机专业毕业，后续大专学历。1968 年 12 月分配到第 18 列车电站，从事汽轮机运行与检修。1974 年 9 月至 1975 年 2 月在列电局第 4 期干部培训班学习，1975 年 8 月至 1976 年 7 月在保定基地“七二一”大学学习。1981 年 6 月调入 57 站，1982 年 12 月调入保定列电服务公司，1986 年 10 月调回保定电力修造厂工作。

Lü Guangsheng

吕广生（1947.11— ）山东广饶人，保定电力技工学校锅炉专业毕业，工程师。1968 年 12 月分配到第 54 列车电站，从事锅炉运行与检修，随电站调迁贵州水城，湖南双峰、湘潭，山西大同等地发电。1975 年 8 月调入在河北沧州的 6 站。列电体制改革后，调入天津大沽化工厂，在热电分厂工作，从事技术管理工作。2002 年退休。

Ren Heping

任和平（1948.3— ）河北阳原人，保定电力学校汽机专业毕业，工程师。1969 年 1 月由学校分配至第 48 列车电站，从事汽机运行与检修，随电站在湖南衡阳发电。1976 年 7 月，调到河北宣化冶金环保设备制造厂。2008 年 1 月退休。

Liu Xueming

刘学铭（1947.12— ）天津市人，保定电力学校电气专业毕业，助理工程师。1968 年 12 月进入列电系统，先后在第 53、55 列车电站从事电气运行与检修。随电站调迁浙江宁波，山西垣曲、长治等地发电。1982 年调入西北基地，在车辆车间从事车辆检修焊接，1985 年 3 月任车间副主任，后在厂小火电电气工段工作。

Liu Shunfu

刘顺福（1948.9—2015.4）河北满城人，保定电力学校汽机专业毕业，后续河北广播电视大学毕业，工程师，中共党员。1968 年 12 月分配到第 48 列车电站，从事汽机运行与维修。1973 年调入保定基地，先后任汽机车间、金工车间技术员。1985 年起，历任金工车间副主任、主任，一分厂厂长，销售科科长，1993 年 6 月调到中日百赫公司任经理，2002 年退休。

An Zhiren

安智仁（1948.9— ）河北保定人，保定电力学校锅炉专业毕业，助理工程师，1969 年 1 月分配至第 10 列车电站，从事锅炉运行与检修，后任值长、锅炉工段长。随电站调迁山东济宁、山西大同、湖北安陆、黑龙江富拉尔基等地。1983 年 12 月随电站调入武汉基地，先后在物资科、电站检修队、一车间、计量检验科等部门工作，后任班长。2003 年 9 月退休。

Su Baoyi

苏保义（1948.2—　）河北徐水人，保定电力学校电气专业毕业，技师，中共党员。1968年12月分配到第17列车电站，从事电气运行及检修，曾任电气工段长。随电站调迁河北邯郸、黑龙江虎林、内蒙古海拉尔等地发电。1981年调入保定基地，在铸造车间工作。1983年4月到61站为伊敏河矿区发电。1984年5月返回保定电力修造厂，先后在杆模、塔机、结构车间，曾担任检修班长，在生产部技术组从事电气设计工作，2002年3月退休后曾返聘于生产部、资产处从事技术工作。

Li Guangping

李广平（1946.1—　）北京人，中共党员。北京电力学校发电厂电力网及系统专业毕业。1968年12月分配到第1列车电站，从事电气运行与检修。随电站调迁甘肃陇西、四川冕宁、北京房山等地。1978年9月始，先后在北京冶金局建筑安装公司、地铁供电段、最高人民检察院工作。

Li Zhanping

李战平（1949.3—　）河北威县人，保定电力学校汽机专业毕业，1988年中央党校函授学院毕业。1968年分配到第14列车电站，从事锅炉运行与检修，曾任锅炉工段长。随电站调迁四川甘洛、陕西阳平关、江苏徐州等地发电。1982年调入仪征化纤集团公司，在热电厂历任厂办秘书、办公室主任、科长、车间主任、支部书记等职。

Li Shunhua

李顺华（1944.3—　）浙江台州人，浙江大学热能专业毕业，中共党员。1968年12月分配至第38列车电站，从事锅炉运行与维修。1972年调入船舶1站。随电站调迁广东韶关、江西九江、浙江临海等地发电。1974年1月船舶1站设备下放临海县后，调至临海电厂。1982年调入临海食品工业公司，1984年任公司副经理。1986年任城关区工业委员会副主任兼镇党委委员。1989年任临海市经济协作办公室副主任、主任。1992年任临海市供电局党委书记。

Li Baojun

李保军（1947.5—　）山东宁津人，保定电力学校锅炉专业毕业，工程师，中共党员。1968年12月分配至西北基地，1970年12月调入第24列车电站，从事锅炉运行与检修、物资采购，任团支部书记、党支部委员。1976年4月至11月和1980年6月至8月，两次参加密云干部培训班，任二班班长和校党支部委员。1979年4月起，先后任第24、15站副厂长。1983年8月调天津大沽化工厂热电厂，任车间主任。2002年2月退休。

Li Hengmao

李恒茂（1946.9—　）河北深县人，保定电力学校锅炉专业毕业。1969年1月由学校分配至第47列车电站，从事锅炉运行与检修，曾负责后勤工作。随电站调迁贵州六枝、广西玉林、黑龙江海林等地发电，为湘黔铁路建设服务。1979 年调河北宣化工程机械厂。

Li Yong
李庸（1947.11— ） 河北保定人，保定电力学校热能动力装置专业毕业，中共党员。1968 年 12 月分配到第 13 列车电站，从事锅炉运行及检修，随电站调迁广东广州、韶关，云南禄丰，山西大同，河南商水等地发电。1984 年调入内蒙古锡盟查干诺尔碱矿，历任发电车间主任、动力车间副主任、电厂厂长和列电分厂厂长、设备处处长、支部书记、总工程师等职。

Li Luying
李璐莹（1947.11— ） 女，天津人，保定电力学校汽机专业毕业。1969 年 1 月分配至第 10 列车电站，从事汽机运行与检修。1974 年 12 月调入保定基地，在印刷车间工作。调入 60 站，1979 年 4 月调东北基地筹备处，参加电站安装和基地筹建。列电体制改革后，调哈尔滨第三热电厂，从事科技档案资料管理。

Yang Fengqing
杨凤清（1947.5— ） 天津人，保定电力技工学校锅炉专业毕业。1964 年 9 月进入保定电校学习，1968 年 12 月分配至第 24 列车电站，从事锅炉运行与检修，司炉。随电站调迁湖南耒阳、湘潭等地发电。1973 年 6 月调至天津市散热器厂，曾任锅炉班长。

Yang Xiaotian
杨晓天（1948.1— ） 河北完县人，保定电力学校电气专业毕业，中共党员。1969 年 1 月毕业分配到第 1 列车电站，从事电气运行与检修。随电站调迁甘肃陇西、四川冕宁、北京房山等地发电。1981 年 1 月调入北京市煤炭总公司一厂。

Shi Jidong
时继东（1947.2— ） 河北河间人，中专文化。1968 年保定电力技工学校电气专业毕业，分配到第 14 列车电站，从事电气运行与检修。随电站调迁四川甘洛、陕西宁强、江苏徐州等地发电，为北京门头沟供热。1983 年 4 月随电站调入仪征化纤公司，在热电厂工作。

Wu Xingyuan
吴兴元（1946.9— ） 辽宁沈阳人，沈阳电力技工学校毕业，后续华北电力联合职工大学毕业。1968 年 12 月分配到第 12 列车电站，从事汽机运行与维修。随电站调迁内蒙古平庄、扎赉诺尔等地发电。列电体制改革后，调入保定基地，先后在汽机车间、金工车间技术组工作，后调列电服务公司工作。

Wang Zhuosheng
汪灼生（1948.10— ） 湖北孝感人，大专学历，助理工程师。1965 年 11 月入武汉电力学校热能动力装置专业学习。1968年12月分配到第1列车电站，从事锅炉运行与维修。1978年10月调入武汉基地，先后在教育科、计划科、设计科、外协办公室工作。

Zhang Chunjing

张春经（1948.1— ） 河北保定人，保定电力学校电气专业毕业，工程师，全国注册监理工程师，中共党员。1968年9月分配至第54列车电站，从事电气工作。随电站调迁贵州水城，湖南双峰、湘潭，山西大同等地发电。1975年12月后，历任保定汽车制造厂设备科科员、保定电力线材厂生产科长、保定燃气公司电气车间主任。

Zhang Junfeng

张俊峰（1948.7—2013） 河北张家口人，保定电力学校电气专业毕业。1969年1月由电校分配至第46列车电站，1985年调入56站，从事电气运行与检修。随电站调迁湖南临湘，福建福州、漳州，江苏镇江等地发电。1986年调入华东基地，任行政科管理员。1993年9月退休。

Zhang Shankui

张善奎（1947.11— ） 安徽定远人，西安电力学校热能动力装置专业毕业，中共党员。1968年7月毕业分配到第1列车电站，从事锅炉运行与检修。随电站调迁甘肃陇西、四川冕宁、北京房山等地。1975年8月调入陕西户县热电厂工作。

Zhang Peng

张鹏（1948.11— ） 北京人，北京电力学校发电厂电力网及其系统专业毕业，工程师，中共党员。1968年12月分配至第17列车电站，从事汽机运行与检修，后任汽机工段长。1983年1月调入39站。1983年10月随电站人员调入山东十里泉发电厂，在电气车间从事开关检修工作。2008年调入厂生产部，后任检修公司副经理、电气车间主任。

Zhou Changjiang

周长江（1948.12— ） 河北唐山人，保定电力学校热能动力装置专业毕业，工程师。1968年12月分配到第54列车电站，任技术员。1969年12月后，调入24站。随电站调迁湖南耒阳、湘潭、株洲等地发电。1989年12月调入唐山开滦荆各庄矿，历任水暖队队长、生技组长、铆焊厂厂长等。1998年政策性退休。

Zhou Chunling

周春玲（1947.3— ） 河北满城人，曾用名周建东。1964年9月进入保定电力技工学校（中专班）电气专业学习，1968年12月分配到第49列车电站，从事电气运行与维修，1972年调入第52站。随电站调迁山东莱芜，河北邢台、唐山等地发电。1975年调入保定基地，在印刷车间工作至退休。

Zheng Shun

郑顺（1946.10— ） 河北唐山人，保定电力学校锅炉专业毕业。1968 年 12 月分配至第 54 列车电站，从事锅炉运行与检修。1986 年 6 月调入 59 站。随电站调迁贵州水城，湖南双峰、湘潭，山西大同，江苏无锡，河北涿州等地发电。1989 年 9 月电站下放、更名涿州市发电厂后，先后任燃料科、后勤科、安检科科长。

Zhao Suming

赵素明（1945.10— ）河北大城人，保定电力学校锅炉专业毕业，中共党员。1968 年 12 月分配到保定基地，1971 年 7 月调入第 54 列车电站，从事锅炉工作。1982 年 11 月调入 37 站。随电站调迁贵州水城，湖南双峰、湘潭，山西大同，江苏无锡，河北沧州等地发电。1983 年 7 月后，历任天津碱厂动力处科员、供气车间主任，天津开发区热电公司一厂、二厂厂长。

Duan Shanlin

段山林（1947.10— ）河北唐山人，保定电力学校锅炉专业毕业，助理工程师。1968 年 12 月分配至第 10 列车电站，1975 年调入 38 站，均从事锅炉运行与检修。随电站调迁山东济宁、山西大同、河北迁安、江苏昆山等地发电。1983 年随电站下放江苏昆山，在列车电厂工作，任锅炉技术员。1994 年调入昆山锦港集团热电厂，2000 年在锦港集团 75 吨锅炉筹建处工作。

Yu Chengqi

禹成七（1943.12—2018.10）黑龙江绥化人，朝鲜族，吉林电力学院发电厂及电力系统专业毕业，教授。1968 年 12 月分配到第 18 列车电站，任电气技术员。1976 年 7 月调入列电局中试所，在设计室工作。1978 年 5 月参与完成 6000 千瓦快装电站电气部分探讨方案初设。1980 年 12 月参与完成 12000 千瓦蒸汽轮机列车电站配电车厢初设方案设计。1985 年 7 月调入华北电力学院，在电力系电力与自动化教研室任教。1987 年至 1997 年间，曾两度受国家教委委派，以访问学者身份在日本东北大学访学。

Qin Huaixin

秦怀信（1948.7— ）河北唐山人，中共党员。1964 年 9 月在保定电力学校汽机专业学习，1968 年 12 月进入列电系统，在西北基地安装第 54 列车电站，1969 年 10 月调入 24 站，从事汽机运行与检修。1974 年 8 月调入 52 站，经历唐山地震，参与抗震救灾和电站的恢复生产。随电站调迁湖南耒阳、湘潭，河北唐山等地发电。1977 年调唐山开滦发电厂。

Xu Xueqin

徐学勤（1947.5— ）北京人，北京电力学校发电厂电力网及系统专业毕业，副教授。1968 年 12 月参加工作，在第 54 列车电站从事电气设备运行与检修，随电站调迁贵州水城，湖南双峰、湘潭，山西大同，江苏无锡等地发电。1982 年 7 月调入保定电力技工学校任教，曾任热自教研组组长、教研室主任等。主编《计算机控制系统》等教材由中国电力出版社出版。曾被评为1998年度华北电力集团公司优秀教师、2004年度华北电网有限公司优秀教师等。

Xu Zhenquan

徐振全（1947.1— ） 河北涞源人，保定电力学校锅炉专业毕业。1969年1月由学校分配至第40列车电站，从事锅炉运行与检修。随电站在山西晋城、河南遂平等地发电。1974年12月，调华北冶金机修厂，1988年随该厂并入宣化工程机械厂。2002年退休。

Guo Wuchang

郭武昌（1923.9—1990.8） 山东平邑人，中共党员。1944年9月参加革命工作，曾任山东警卫旅八团二营四连班长，四野40军工兵营排长、连长，工程兵208团二营营长。1964年2月转业到内蒙古通辽运输公司，任副经理、经理、党总支书记。1968年12月进入第26列车电站，任副指导员。随电站调迁湖南湘潭、株洲等地发电。1975年7月调入武汉基地，先后任教育支部党支部书记、工会副主席、纪委副书记。1980年5月退休，1981年5月改离休（享受正处级待遇）。

Huang Jingzheng

黄竞峥（1947.11— ） 北京市人，保定电力学校毕业，助理经济师，中共党员。1968年12月分配到保定基地，在锅炉车间培训后分配到第53列车电站，先后从事锅炉运行及材料管理。1982年10月调入保定基地，在供应科工作。列电体制改革后，历任厂供应科科长、生技部副部长。2001年3月退休。

Mei Jihong

梅继宏（1947.6— ） 湖北武汉人，武汉电力学校发电厂热能动力装置专业毕业，工程师、中共党员。1968年12月分配到第1列车电站，从事锅炉运行与检修。随电站调迁甘肃陇西、四川冕宁、北京房山等地发电。1983年随电站下放北京煤矿机械厂，历任电力车间工会主席、党支部书记等职。2000年7月退休。

You Zhenbang

游振邦（1947.11— ） 河北宣化人，保定电力学校锅炉专业毕业，工程师，中共党员。1968年12月分配至保定基地。1971年7月调入第54列车电站，从事锅炉运行与检修。1983年3月任生技组长。1984年12月随电站成建制下放无锡新苑公司热电厂。1985年4月调入河北宣化钢铁公司第二钢铁厂，先后任机动科科员，动力车间副主任、主任。

Xie Juchen

解居臣（1948.10— ） 河北石家庄人，保定电力学校汽机专业毕业，教授级高级工程师，中共党员。1968年12月毕业进入列电系统，先后在第 54、24 列车电站从事汽机专业。1976 年 3 月调入局机关，在供应处负责设备工作。1983 年 1 月调入水电部电力通信调度局，1986 年任燃料处副处长。1992 年在国家电力调度通信中心兼任纪委副书记。1993 年调中能电力工业燃料公司，任副总经理，2003 年 1 月任总经理（正局级），中电联常务理事、燃料分会会长。2006 年 5 月任公司党组书记，2008 年 3 月任正局级调研员。1993 年获电力部直属机关优秀党务工作者称号，2001、2002 年两次获得中国电力科学研究院科学技术进步二等奖。2010 年 3 月退休。

Zhai Zhenguo

翟振国（1946.3— ）河北张家口人，保定电力学校电气专业毕业。1964 年 9 月进入保定电校学习，1969 年 1 月分配到第 14 列车电站，从事热工仪表维护工作，随电站调迁四川甘洛、陕西阳平关、江苏徐州等地发电。1982 年调入中国矿业大学建筑设计研究院，从事建筑电气设计和工程监理。

Xue Zhong

薛忠（1948.2— ）河北张家口人。保定电力学校汽轮机专业毕业。1968 年 12 月进入列电系统，相继在第 1、52 列车电站从事汽轮机运行与检修，随电站调迁甘肃陇西、四川冕宁、北京房山、河北保定等地。1979 年 12 月调入保定基地，先后在汽机车间、厂工会及劳动服务公司工作，2003 年 1 月退休。

Wei Chao

魏超（1948.8— ）河北束鹿人，保定电力学校电气专业毕业。1968 年 12 月分配到第 1 列车电站，从事电气运行与检修。1972 年调入列电局中试所，在电气仪表组从事仪表校验。后调入保定基地，在质管科电气试验组从事电气仪表修理及校验工作。

Li Fengying

李凤英（1943.3—2012.12）女，河北清苑人，初中文化。1961 年在内蒙古包头市建工部八局八公司技校参加工作。1969 年 1 月调入第 12 列车电站，从事热工仪表维护工作。1983 年 8 月调天津大沽化工厂，在热电分厂从事热工仪表维护工作。

Hu Jinbo

胡金波（1930.12— ）辽宁营口人，助理经济师，中共党员。1951 年 8 月参加工作，曾任辽宁第二建筑公司团支部书记、团总支组织委员、团总支副书记，山西第一建筑工程公司、中条山有色金属公司中央机修厂党总支副书记、书记，山西第十二冶金建设公司工程处二工地工会主席。1969 年 1 月进入列电系统，历任西北基地工宣队队长、副主任。1978 年 11 月，任武汉基地副主任。1983 年 11 月，任调研员兼企业管理办公室主任。

Li Guizhen

李桂珍（1941.4—1996.7） 女，河北清苑人，内蒙古呼伦贝尔盟根河市财经学校毕业，中共党员。1966 年 7 月分配到根河林业局财务科工作。1969 年 6 月调入第 1 列车电站，在管理组任出纳、会计。随电站调迁甘肃陇西、四川冕宁、北京房山等地。1979 年调入北京新型建筑材料厂。

Zhang Yuzhong

张育忠（1948.7— ） 河北沧州人，河北省劳动局保定技工学校铸造专业毕业，中专学历。1969 年 6 月分配到保定基地，在铸造车间任技术员。列电体制改革后，任保定电力修造厂铸造车间副主任、厂科协委员。1994 年 10 月退休。

Qin Zhanjie

秦占杰（1946.10— ） 河北博野人，河北省劳动局保定技工学校钳工专业毕业，1969 年 6 月分配到保定基地，先后在制造车间、金工车间从事机加工。曾参加基地自制大型设备 250 吨冲床、加药泵及电站备品加工。

Zhang Meiyu

张美玉（1944.4— ） 女，湖南祁阳人，西安卫生学校护士专业毕业，中共党员。1964 年在陕西省人民医院参加工作。1969 年进入第 27 列车电站，从事医务工作。1972 年调入船舶 2 站。随电站调迁福建邵武、江西九江、湖南衡阳等地。1983 年 3 月随船舶 2 站下放衡阳电业局。曾评为西安市学雷锋标兵。1992 年 3 月退休。

Zhao Chunyan

赵春燕（1949.12— ） 女，河北保定人，保定市劳动技术学校毕业。1969 年 7 月分配到保定基地，在金工车间工作。曾任基地基干民兵连女子高炮班班长。1991 年退休。

Piao Jiying

朴吉滢（1943.8— ） 朝鲜族，吉林蛟河人，长春电力学校自动化专业毕业，中共党员。1962 年入伍，3027 部队通讯兵。1968 年复员至长春第一汽车制造厂，钳工。1969 年 8 月调入第 31 列车电站，从事气机运行与检修，随电站调迁黑龙江大庆、湖南湘乡、北京丰台等地发电。1980 年调入拖车电站。1982 年调入电力科学院，在通信科工作。

Kong Fanying

孔繁英（1942.5— ） 女，安徽淮南人。1958 年 7 月在保定市第一棉纺厂参加工作。1969 年 11 月进入第 54 列车电站，1972 年 3 月后相继在第 56、58、34 列车电站，从事汽机运行与检修。随电站调迁贵州水城，湖南双峰，江苏徐州，山西永济、晋城，山东德州，河北衡水，黑龙江牡丹江，内蒙古大雁等地发电。1982 年 7 月调入华东基地。

Jiang Jinping

蒋金平（1951.11— ）安徽亳州人。1969年7月进入第36列车电站，从事汽机运行与检修。1975年调入14站，1979年接新机62站。随电站调迁河南商丘、西平，江苏徐州、无锡等地发电。1982年10月，随电站成建制下放无锡市。2006年退休。

Jiang Yangcun

江秧存（1946.6— ）女，浙江宁波人，镇江职工学校财务专业毕业。1966年6月在湖北丹江口生产经营部参加工作。1969年12月进入第3列车电站，从事电气运行与检修。1979年6月调入7站，先后从事汽机、会计工作。随电站调迁湖北丹江口、陕西韩城、河南西平等地发电。1982年9月调入华东基地，财务科会计。

Guo Xiujuan

郭秀娟（1949.9— ）女，山东青岛人，初中文化。1969年12月参加工作，在第36列车电站从事汽机运行与检修，随电站调迁河南商丘、西平等地发电。1974年9月调入14站，随电站调迁北京门头沟（供热）和江苏徐州发电。1982年12月调入中国矿业大学，在后勤处机电科工作。

Yin Xiuling

尹秀岭（1945.9— ）河北青县人，中共党员。1965年1月入伍。1970年1月进入第9列车电站，从事锅炉运行与检修。1981年5月调入58站，随电站调迁山西宁武、晋城，山东莱芜、烟台，内蒙古扎赉诺尔等地发电。1992年5月随电站下放山西晋城矿务局自备电厂。2000年9月退休。

Bai Cunlao

白存劳（1946.7— ）陕西千阳人，初中文化，中共党员。1964年11月入伍。1970年1月复员进入第42列车电站，从事汽机运行与检修，后从事劳资人事管理。1979年调入55站，任管理组组长。随电站调迁陕西略阳、湖南株洲、河北迁安、山西长治、内蒙古满洲里等地。1976年夏参加唐山抗震救灾。1982年12月随55站调入西北基地，曾任厂办干事、党办副科长、劳资科科长、电站管理处负责人、车辆分厂副厂长、支部书记等职。1995、1996年被西北电管局评为先进党务工作者。

Mi Lanzhen

米兰振（1945.10— ）河北满城人，初中文化，中共党员。1965年参军，1970年1月进入保定基地，历任检修车间、金工车间副指导员、团委书记。1976年7月，随车辆班组赴天津塘沽执行抗震救灾任务，与同事用千斤顶将电站脱轨车辆全部复位，保证灾区用电，被评为列电局先进工作者。1980年到行政科工作，1986年10月退休。

Xu Lianshan

许连山（1945.12— ）山西浑源人，初中文化，中共党员。1965年入伍，1970年1月进入列电系统，先后在第25、30、58列车电站从事锅炉运行与检修。随电站调迁山西朔县、晋城，黑龙江伊春等地发电。1992年5月随电站下放山西晋城矿务局自备电厂。2000年12月退休。

Shen Shifen

沈士芬（1945.6— ）河北清河人，中共党员。1968年11月入伍，1970年1月复员进入第9列车电站，从事汽机运行与检修。1983年9月调入59站。随电站调迁山西宁武，山东烟台、莱芜，内蒙古扎赉诺尔，黑龙江嫩江、佳木斯，河北涿州等地发电。1989年9月电站下放更名涿州市发电厂后，在汽机车间工作。

Zhao Rongxian

赵荣显（1947.2— ）河南社旗人，中共党员。1965年12月入伍，1970年1月复员至第49列车电站，从事电气运行与检修。随电站调迁山东莱芜、烟台，内蒙古集宁、大雁等地发电。1987年12月调入新郑卷烟厂。在部队服役期间连续4年获得五好战士称号。

Duan Youquan

段有泉（1946.4— ）河北青县人，中共党员。1965年1月入伍，1970年1月复员至第9列车电站，从事锅炉运行与检修。1982年12月调入58站，随电站调迁山西宁武、晋城，山东莱芜、烟台，内蒙古扎赉诺尔、黑龙江嫩江等地发电。1985年12月调山西晋城矿务局成庄电厂，曾任车间主任、安监主任。2001年退休。

Nie Zhiping

聂志萍（1954.1— ）女，山西大同人。1970年1月进入第25列车电站，从事电气运行与检修。1978年8月在保定基地接新机60站。随电站调迁山西朔县、浙江海宁等地发电。1986年5月调入河北涿州59站。1987年10月调浙江海宁经济协作办公室工作。

Xu Yiguang

徐义光（1942.11— ）女，四川成都人，武汉水利电力学院电厂化学专业毕业，高级工程师。1965年8月毕业分配到四川省江油发电厂。1970年1月调入第19列车电站，在化验室工作。1973年10月调入列电局中试所，在化学组负责炉外水处理等，1978年首次在列电系统采用电渗析器作为电站化学水处理的预处理。1978年完成列车电站炉外水处理培训教材的编写及化学训练班授课任务。1981年完成列车电站热电合供改造项目的水处理设备改造方案设计及计算。1986年3月调入河北电力职工大学，从事教务管理。1996年12月退休。

Xu Quanzhi

徐全志（1944.10— ）河南南阳人，初中文化，中共党员。1964年12月入伍，

1970年1月复员，分配到第49列车电站，从事电气运行与检修。1971年9月调入14站，1982年5月调入金陵石化钟山化工厂，从事电气运行和检修，曾任班长。2005年8月退休。

Guo Liuzhang

郭留章（1946.10— ）河南社旗人。1964年12月入伍，1969年12月复员。1970年1月进入第21列车电站，1982年调入36站，从事电气运行与检修。随电站调迁内蒙古集宁、江苏徐州、黑龙江牡丹江、河南西平等地发电。1985年2月，随电站下放河南巩县电厂。

Cui Shuangzhan

崔双占（1946.9— ）河北安国人，中共党员。1965年3月入伍，1970年1月复员至第49列车电站，从事锅炉运行与检修。随电站调迁山东莱芜、烟台，内蒙古集宁、大雁等地发电。1987年调入华东基地，汽车驾驶。1998年4月退休。

Dong Tiandong

董天栋（1942.1— ）河北青县人，中共党员。1965年12月入伍，1970年1月复员至第9列车电站，从事锅炉运行与检修。1981年5月调入58站。随电站调迁山西宁武、晋城，河北保定，山东烟台，内蒙古扎赉诺尔等地发电。1992年5月随电站下放山西晋城矿务局自备电厂。1998年9月退休。

Niu Erbang

牛二棒（1946.7— ）山西兴县人。1968年入伍，1970年2月复员至第9列车电站，从事汽机运行与检修。1983年调入44站。随电站调迁山西宁武、长治，山东莱芜、烟台，内蒙古扎赉诺尔，黑龙江嫩江等地发电。1983年11月随电站成建制下放山西惠丰机械厂。2001年退休。

Liu Zhaohua

刘兆华（1934.11— ）江苏扬州人，政工师，中共党员。1951年1月入伍，曾在军委防空司令部作战处、勤务处总站、情报站任科员、参谋、站长。1970年2月转业至武汉基地，任政治处宣传干事。1981年5月起，先后任宣传科副科长、教育科科长兼教育党支部书记、管理第三党支部书记。1964年在空军3766部队获书面通令嘉奖。

An Quanhai

安全海（1945.2— ）河南舞阳人，中共党员。1965年11月入伍，1970年2月复员进入第18列车电站，在管理组从事劳资工作。1975年2月调入保定基地，先后在金工车间、杆模车间从事机械加工。

Chen Wenshan

陈文山（1946.12— ）河南南阳人，助理政工师，中共党员。1964年12月入伍，曾任排长。1970年2月转业进入第49列车电站，从事管理工作，1975年6

月任副厂长。1978年5月调任53站副厂长。随电站调迁山东莱芜、烟台，内蒙古集宁，浙江宁波，江苏镇江等地发电。1984年6月调入华东基地，先后任保卫科副科长、科长。1998年4月退休。

Pang Shuangji

庞双吉（1949.1— ）河北冀县人。1968年入伍，1970年2月转业至第9列车电站，从事锅炉运行与检修。1983年5月调入44站。随电站调迁山西宁武、长治，山东莱芜、烟台，内蒙古扎赉诺尔，黑龙江嫩江等地发电。1983年11月随电站成建制下放山西惠丰机械厂。2003年退休。

Wang Xiangping

王香平（1952.12— ）河北定州人。1970年3月进入第13列车电站，从事汽机运行及检修，随电站调迁云南禄丰、广东韶关、山西大同、河南商水等地发电。1984年调入内蒙古锡盟查干诺尔碱矿，在自备电厂，曾任副厂长。1995年调碱矿设备部工作。2009年退休。

Wang Zhuokun

王琢昆（1951.1— ）河北定州人。1970年3月进入第13列车电站，从事电气运行及检修。随电站调迁云南禄丰、广东韶关、山西大同、河南商水等地。1984年调入定州市电业局，任调度主任。

Li Guoqing

李国卿（1950.11— ）河北定州人，大专文化，工程师。1970年3月进入第13列车电站，从事电气运行与检修，随电站调迁云南禄丰、广东韶关、山西大同、河南商水等地发电。1983年12月调至内蒙古大雁39站，任电气车间主任。1988年调入在河北辛集的原42站，任副厂长。2003年调入河北梅花集团热电厂，任电气工程师。

Song Guojun

宋国军（1953.1— ）河北定州人，中共党员。1970年3月进入第13列车电站，从事电气运行及检修，随电站调迁云南禄丰、广东韶关、山西大同、河南商水等地。1979年调入山西大同机车厂，在电工车间工作。

Zheng Zhanjun

郑占军（1952.7— ）河北定州人。1970年3月进入第13列车电站，从事汽机运行及检修，随电站调迁云南禄丰、广东韶关、山西大同、河南商水等地发电。1984年调入内蒙古锡盟查干诺尔碱矿，在自备电厂任汽机工段长，值长组组长。1999年任设备检查员，2008年退休。

Zheng Guoqi

郑国旗（1948.1— ）河北定州人，中共党员。1965年12月入伍，1970年3月复员进入第13列车电站，负责后勤工作。

随电站调迁云南禄丰、广东韶关、山西大同、河南商水等地发电。1984 年调入河南郑州电力学校。

Jia Yongnian

贾永年（1931.11— ）辽宁桓仁人，中共党员。1952 年 6 月参加工作，曾任鹤岗矿务局建设公司基层工会副主席，黑龙江煤矿支援西南铁路建设大队工会主席、党总支书记，基建工程兵第 403 大队宣传股长、俱乐部主任。1970 年 3 月进入列电系统，历任第 47 列车电站革委会主任兼党支部书记，39 站厂长、指导员。随电站调迁贵州六枝、广西玉林、山东滕县等地发电。1978 年 10 月调入武汉基地，先后任副主任、工会主席。

Wang Mingqing

王明卿（1944.12— ）女，湖南长沙人。1959 年 6 月在湖南鲤鱼江电厂参加工作。1970 年 4 月进入第 46 列车电站，先后从事汽机运行和会计工作。1982 年 6 月调入 7 站。随电站调迁湖南临湘，福建福州、漳州等地发电。1984 年 6 月调入华东基地，服务公司会计。1995 年 1 月退休。

Wang Shengrong

王升荣（1945.8— ）甘肃天水人，初中文化。1967 年 2 月入伍，兰州军区某部战士。1970 年 5 月复员进入第 1 列车电站，从事汽轮机运行与检修。随电站调迁甘肃陇西、四川冕宁、北京房山等地。1978 年调回甘肃天水。

Deng Fa

邓发（1923.10—2017.6）广东宝安人，中共党员。1943 年 5 月参加革命，曾任三野二纵二团排长，珠江独立十六团连长、指导员，珠江军分区人武部部长。1954 年 3 月，任广东江山军区德宁兵役局科长、国防科委十六研究所四处党支部书记、广东英德县监委副书记。1970 年 5 月进入第 38 列车电站，任革委会主任、党支部书记。1972 年 8 月任 13 站党支部书记。1976 年调入武汉基地，先后任“七二一”大学、二车间、管理党支部书记。1980 年 6 月退休。1981 年 5 月改离休（享受正处级待遇）。

Zhang Yuqing

张玉清（1929.7—2019.8）女，广东宝安人，中共党员。1951 年 10 月入伍，1953 年 6 月，先后在广东梅县水产公司批发部、广宁县食品公司、英德招待所任收银员、记账员。1968 年调入广东英德县劳动局任科员。1970 年 5 月进入第 38 列车电站，任材料管理员。1972 年调入 13 站，任食堂收银员。1976 年 2 月调入武汉基地，在行政科工作。

Fu Zhiqi

付智琪（1946.6— ）陕西千阳人，小学文化，中共党员。1965 年 5 月入伍。1970 年 6 月复员进入列电系统，先后在第 42、

56列车电站从事汽机运行与检修。随电站调迁陕西略阳、江苏徐州等地。1976年8月调入西北基地。1989年4月调入小火电公司，任汽机班班长。因舍己救人1978年被宝鸡市武装部记三等功。

Xing Haisheng

邢海生（1946.10— ）甘肃天水人，初中文化。1967年2月入伍，1970年5月复员进入第1列车电站，从事汽轮机运行与检修。随电站调迁甘肃陇西、四川冕宁、北京房山等地。1976年3月调入天水海林机械厂。

Zhang Xiuying

张秀英（1948.5— ）女，河北石家庄人。1965年1月在石家庄国棉三厂参加工作，1970年6月进入第44列车电站，从事汽机运行与检修。1980年调入58站，1983年又调回44站。随电站调迁山西晋城、运城、长治等地发电。1983年11月随电站成建制下放山西惠丰机械厂。1984年底调石家庄栾城华北制药分厂，从事锅炉化验工作。1997年8月退休。

Ma Dongsheng

马东升（1948.4— ）河北唐县人，保定电力学校电气检修及运行专业毕业，1970年7月分配到第28列车电站，从事锅炉运行及检修，随电站调迁山东济宁、潍坊、枣庄等地发电。1979年6月调入保定基地，从事锅炉技术专业工作，2001年1月退休。

Wang Erquan

王二全（1947.5—2017.3）山西盂县人，保定电力学校汽机专业毕业，经济师，中共党员。1970年7月分配至第44列车电站，从事锅炉运行与检修，1983年任锅炉工段长。随电站调迁山西晋城、运城、长治等地发电。1983年11月随电站成建制下放山西惠丰机械厂。1984年从事计划调度工作。

Wang Gongcheng

王功成（1947.2— ）河北保定人，保定电力学校锅炉专业毕业。1969年7月分配至第46列车电站，从事锅炉运行与检修。1985年10月调入56站。随电站调迁湖南临湘，福建福州、漳州，江苏镇江等地发电。1990年调入华东基地。1997年10月退休。

Wang Longfu

王龙富（1941.2—1982.4）河南临汝人，初中文化，中共党员。1959年10月入伍，后复员至河南平顶山工作。1970年7月进入第41列车电站，汽车司机。随电站调迁河南平顶山，山东东营、昌邑，湖北荆门等地，曾为胜利油田会战发电。

Wang Zhanhai

王占海（1949.7— ）河北张家口人，保定电力学校电气专业毕业。1970年7月分配至第 37 列车电站，先后从事汽机、化验工作。随电站调迁湖南临湘、福建福州、河北沧州等地发电。1977 年调入拖车电站保养站，任车辆班班长，曾参与为北京建国门立交桥、南苑飞机场大桥、水电部印刷厂建厂等项工程提供电源。1983 年 5 月调入林业部办公厅，汽车驾驶员。

Wang Xingyan

王兴彦（1949.3— ）河北保定人，保定电力技工学校热能动力装置专业毕业，政工师、一级门球裁判。1970 年 7 月进入列电系统，先后在第 11 列车电站、新 19 站，从事锅炉运行与检修。1977 年 12 月调入保定基地，在锅炉车间、老干部工作处工作。曾担任第四届全国电力系统门球赛副裁判长。2001 年退休。

Wang Zhongyi

王忠义（1949.3— ）河北宣化人，工程师，中国民主建国会会员。1969 年 7 月保定电力学校锅炉专业毕业，留校一年。1970 年 7 月分配至第 39 列车电站，从事锅炉运行及检修，后任运行班长。1977 年 10 月调入一机部宣化工程机械厂，任动力分厂技术组组长兼办公室主任。1989 年 6 月，他所在的“提高沸腾炉出力飞灰再燃”节能 QC 小组，被河北省总工会、科协等四部门评为年度优秀质量小组。

Wang Baoshan

王宝山（1949.12— ）河北保定人，保定电力技工学校电气专业毕业。1970 年 6 月分配到在湖南临湘发电的第 37 列车电站，从事汽机运行及检修。1971 年至 1974 年，随电站调迁福建福州、河北沧州等地发电。1979 年调入内蒙古丰镇 16 站，任汽机工段长。1983 年 12 月调入河北鹿泉沧州地区建材厂，1988 年 5 月调入保定化工二厂。

Wang Hongru

王鸿儒（1948.8— ）天津人，保定电力学校汽机专业毕业，助理工程师。1970 年 7 月分配至武汉基地，先后在二车间、制造车间、三车间、基建办公室、钢窗车间任技术员。参与主持完成钢、纱窗生产工艺流程设计。2003 年 8 月退休。

Wang Ximin

王喜民（1948.11— ）河北临漳人，保定电力学校汽机专业毕业，工程师，中共党员。1970 年 6 月分配至第 38 列车电站，从事汽机运行与检修。随电站调迁广东韶关、江西九江、河北迁安等地发电。1974 年 12 月调入河北邯郸峰峰发电厂，任汽机技术员。1993 年 9 月调入河北衡水发电厂，任燃料车间安全工程师、车间副主任、党支部书记。

Shen Changli

申长利（1948.9— ）北京长辛店人，保定电力技工学校汽轮机专业毕业。1970 年 7 月分配到第 31 列车电站，从事汽机运行与检修。同年 7 月参军，1973 年 5 月复员回31站工作。1974年调入新4站，随电站调迁黑龙江萨尔图、湖南湘乡、北京长辛店、辽宁旅大等地发电。1983年3月调入大连电业局，1987年12月调入河北保定四八二厂。

Bai Jianzhong

白建中（1948.9— ）山西阳泉人，大专学历，讲师，中共党员。1970年7月保定电力学校电气专业毕业，分配至第44列车电站，从事锅炉运行与检修，1979年年底任电站管理员。随电站调迁山西晋城、运城、长治等地发电。1983年11月随电站成建制下放山西惠丰机械厂。1986年7月调入惠丰机械厂职工工学院任教。

Bi Weiguo

毕卫国（1949.3— ）河北沧州人，保定电力学校发电厂电力网及其系统专业毕业。1970年分配至第41列车电站，从事电气运行与检修。随电站调迁河南平顶山，山东东营、昌邑，湖北荆门等地发电，曾为胜利油田会战服务。1988年4月调入中石化沧州分公司工作。

Liu Naiqi

刘乃器（1947.4— ）天津人，保定电力学校锅炉专业毕业，工程师，中共党员。1970年6月进入列电系统，在第54、57、47列车电站，先后担任副司炉、司炉、司炉长兼运行班长及检修班长、热工仪表专业负责人。在57站集控改造工程中，获技术能手奖励。1982年11月随电站成建制下放迁安首钢矿山公司，在列电车间任计量专业员、热工专业主任，被评为首钢先进计量工作者。1991年5月起，在天津大港发电厂任生技处热工专工、计量办主任，文印中心经理、党支部书记。2001年被天津市大港区评为2000年城市集体经济工作先进个人。

Liu Weizhen

刘卫珍（1953.3— ）女，河北满城人，初中文化。1970年进入第41列车电站，从事化验工作。随电站调迁河南平顶山，山东东营、昌邑，湖北荆门等地发电，曾为胜利油田会战服务。1985年5月调湖北沙市热电厂，在化学车间工作。

Liu Chenghai

刘成海（1949.3— ）河北保定人，保定电力学校汽机专业毕业，中共党员。1970年7月分配到第40列车电站，从事汽机检修及运行。1976年5月调入保定基地，在汽机车间从事检修工作。1995年8月借调到北京龙威公司，从事汽机改造工作并任工段长，2007年5月被国电联合动力公司总装车间聘为顾问。

Liu Hongmei

刘红梅（1943.3— ）女，回族，河北沧州人，河北沧州庆云卫生学校毕业。1961年在孟村回族自治县医院参加工作。1970年7月进入第38列车电站，从事气机运行与检修。随电站调迁广东韶关、江西九江、河北迁安等地发电。1979 年调迁安首钢大石河矿，从事财会工作。1998 年退休。

Liu Zhi'an

刘志安（1948.10— ）河北保定人，保定电力学校电气专业毕业，中共党员。1969 年 7 月分配至第 37 列车电站，从事电气运行与检修。随电站调迁湖南临湘、福建福州、河北沧州等地发电。1982 年调入华东基地，从事电气专业、工会俱乐部管理、厂工会劳动保护等工作。1998 年 5 月退休。

Liu Guoying

刘国英（1950.7— ）河北保定人，保定电力技工学校锅炉专业毕业。1969 年 9 月分配到在内蒙古集宁发电的第 21 列车电站，从事锅炉运行与检修。1971 年随电站返回保定基地大修，后随电站调迁江苏徐州、黑龙江牡丹江等地发电。1982 年调入保定市赛片厂，在自备电厂工作。

Liu Baozhen

刘宝珍（1949.7— ）女，河北保定人。保定电力技工学校（中专班）电气专业毕业，1970 年 7 月分配到保定基地，在金工车间工作，任厂工会女工委员。曾兼任基地广播站广播员，热爱文艺，为厂文艺宣传骨干。1994 年 8 月退休。

Liu Jianmin

刘建民（1950.8— ）河北武安人，保定电力学校锅炉专业毕业，政工师，中共党员。1970 年 8 月分配至第 24 列车电站，从事锅炉工作。1972 年 3 月调入 57 站，曾任团支部书记。随电站调迁湖南耒阳、天津汉沽、河南漯河等地发电。1980 年 8 月调入河北峰峰集团制品厂，先后任锅炉工段长，政工科干事，车间党支部副书记、书记，政工科长。2004 年 10 月退休。

Liu Junping

刘俊平（1949.11—2009）河北张家口人，保定电力技工学校电气专业毕业。1970 年 7 月分配到在浙江宁波的第 53 列车电站，从事汽机运行及检修。1978 年 1 月调内蒙古丰镇 16 站。1982 年调张家口市毛条厂，任自备电厂汽机工段长。

Liu Zhenke

刘振珂（1947.4— ）女，河北东光人。1965 年 9 月考入保定电力学校汽轮机专业，1970 年 7 月分配到第 40 列车电站，从事汽轮机运行与检修。曾随电站在河南遂平、广东韶关等地发电。列电体制改革后，调入保定无线电材料总厂，先后在检验处、质检处工作。

Liu Zengfu

刘增福（1948.4— ）河北保定人，保定电力技工学校锅炉专业毕业，中共党员。1970 年 7 月分配到第 13 列车电站，从事锅炉运行及检修，随电站调迁云南禄丰，广东韶关，山西大同，河南商水等地发电。1984年调入内蒙古查干诺尔碱矿，任电厂厂长兼书记。1992年调入邯郸五矿，任电厂副厂长。2005年调邯郸市电业公司。2006年退休。

Liu Decai

刘德才（1948.1— ） 河北张家口人，保定电力学校锅炉专业毕业，中共党员。1970年7月分配至第54列车电站，从事锅炉运行与检修。随电站调迁贵州水城，湖南双峰、湘潭，山西大同，江苏无锡等地发电。1984年12月随电站成建制下放无锡新苑公司热电厂。1985年调张家口第五毛纺织厂。2003年5月退休。

Yan Xiuqin

闫秀琴（1949.2— ） 女，河北丰润人，保定电力学校电气专业毕业。1970年7月由电校分配至第53列车电站，从事电气运行与检修。随电站调迁浙江宁波、江苏镇江等地发电。1984年5月调入华东基地，先后从事电气、质量检验科资料管理工作。1997年5月退休。

Mi Wanqin

米万琴（1949.10— ） 女，河北张家口人，保定电力学校电气专业毕业。1970年7月分配至第16列车电站，从事电气运行与检修。1975年10月调到第46站，从事热工专业。1985年10月调入56站。随电站调迁广西宜山、内蒙古丰镇、福建漳州、江苏镇江等地发电。1990年10月调入华东基地，质量检验科热工计量员。1997年10月退休。

Su Xigang

苏锡刚（1949.2— ） 河北保定人，1977年武汉基地“七二一”大学燃机专业毕业，在职大专学历，中共党员。1970年7月保定电力技工学校电气专业毕业后，分配至第31列车电站，从事电气运行与检修。随电站调迁黑龙江大庆、湖南湘乡、北京丰台等地发电。1980年10月调入钓鱼台宾馆管理局，曾任副处长。

Li Wenjiang

李文江（1944.8— ） 河北易县人，中共党员。1965年入伍，1970年复员进入第21列车电站，从事汽车驾驶。1983年7月调入59站。随电站调迁内蒙古集宁，江苏徐州，黑龙江牡丹江、佳木斯，河北涿州等地发电。1989年9月随电站下放涿州市，在发电厂从事汽车驾驶。

Li Yuwen

李玉文（1947.2— ） 山西平遥人，保定电力学校锅炉专业毕业，工程师。1970年7月分配至西北基地，从事锅炉维修。1982年2月调到第58列车电站，从事锅炉运行与检修，随电站在山西晋城发电。1992年5月随电站下放山西晋城矿务局自备电厂。

Li Quanyou

李全友（1948.3— ） 河北宣化人，中共党员。保定电力学校电厂锅炉专业毕业，工程师。1970年7月分配进入武汉基地，在锅炉车间。1976年1月调至第28列车电站，从事锅炉运行与检修。1982年8月调入保定基地，司机。1983年8月调入保定市劳动局锅检所，司机兼检验员。1990年12月调入保定市社会保险所，先后任办公室主任、副所长。

Li Zongze

李宗泽（1949.11— ） 女，河北保定人，曾用名李忠泽，保定电力学校毕业，助理会计师。1969年7月分配到第53列车电站，从事电气运行与检修，兼电站宣传工作，曾任值长。1982年10月调入保定基地幼儿园，任幼儿教师、会计、副园长等。1994年8月退休。

Li Xinjiang

李新江（1947.12— ） 河北衡水人，保定电力技工学校锅炉专业毕业。1970年7月分配到第33列车电站，从事锅炉运行与检修，随电站调迁贵州水城、湖南衡阳、山西运城、内蒙古朱日和等地发电。1983年5月调入在信阳明港的29站，1987年12月调至保定市化工二厂工作。

Yang Tongsheng

杨同生（1949.3— ） 河南安阳人，保定电力技工学校锅炉专业毕业，1970年7月分配到西北基地，在金工车间从事铣工工作。参与了红心汽动给水泵、1500千瓦自由活塞燃气轮发电机组的制造。1976年调河北峰峰发电厂，1984年在峰峰矿区劳动局工作。2000年调入河北省邯郸市峰峰矿区技术监督局。1988年至2000年为矿区政协委员。

Yang Yingxun

杨英勋（1952.8— ） 河北定县人，初中文化。1970年招工进入第13列车电站，从事锅炉运行与检修。1975年调入23站。随电站调迁云南牟定、广东韶关、山西大同、云南昆明、内蒙古临河等地发电。1981年8月调入西北基地。

Yang Xueshu

杨学书（1949.8— ） 女，辽宁海城人，保定电力技工学校电气专业毕业。1970年7月分配至第31列车电站，从事电气运行与检修，随电站调迁黑龙江大庆、湖南湘乡、北京丰台等地发电。1980年10月调至北京市房管局房管公司，修缮、电气工程预决算员。

Yang Baolu

杨宝录（1948.10— ） 河北唐山人，保定电力学校锅炉专业毕业。1970年7月分配至第54列车电站，从事锅炉运行与检修。1986年6月调至59站。随电站调迁贵州水城，湖南双峰、湘潭，山西大同，江苏无锡，河北涿州等地发电。1989年9

月随电站下放涿州市，在发电厂从事锅炉专业。

Yang Qing

杨卿（1948.6— ）河北宣化人，保定电力学校电气专业毕业。1970 年 7 月由电校分配至第 53 列车电站，先后从事电气、汽车驾驶。随电站调迁浙江宁波、江苏镇江等地发电。1984 年 5 月调入华东基地，从事汽车驾驶。1998 年 6 月退休。

Yang Zengxian

杨增宪（1948.3— ）女，河北保定人，保定电力学校汽机专业毕业。1970 年 7 月分配到武汉基地。1976 年 1 月调至第 28 列车电站，从事汽机运行与检修。1982 年 8 月调入保定基地，先后在汽机车间、厂长办公室工作。1993 年 6 月退休。

Wu Zhonggui

吴忠贵（1947.9— ）山西介休人，保定电力学校汽轮机专业毕业。1970 年 7 月分配到在济南发电的第 32 列车电站，从事燃气轮机运行与检修。1972 年 5 月随电站赴广州为中国出口商品交易会发电，1976 年 6 月到湖北宜昌为葛洲坝工程建设发电。1984 年 4 月调入葛洲坝水力发电厂。

He Lirong

何丽荣（1948.12— ）女，天津人，保定电力学校汽机专业毕业。1969 年 7 月由电校分配至第 7 列车电站，从事汽机运行与检修，随电站在福建漳平发电。1983 年调入华东基地，先后从事热处理、档案管理工作。

Tong Jiye

佟继业（1950.6— ）河北保定人，保定电力学校锅炉专业毕业，工程师，中共党员。1970 年 6 月分配至第 50 列车电站。1973 年 12 月调至 25 站，1978 年 12 月接新机 60 站，1982 年 12 月调入 53 站，均从事锅炉运行与检修。1984 年 5 月调入华东基地，技术员。1991 年 12 月起，先后任经营销售科副科长、桥架分厂厂长、市场营销部党支部书记。

Shen Chengjun

沈承俊（1949.3— ）河北武清人，大专学历，工程师，中共党员。1970 年 7 月保定电力技工学校汽机专业毕业，分配至武汉基地，车工、安装钳工，后在生产科、计划科任计划员。1985 年 1 月起，任经营计划科副科长、科长，开源公司总经理、设备基建科科长、副总经济师。

Zhang Wenfa

张文法（1949.6— ）河北沧州人，保定电力学校汽机专业毕业，助理工程师，中共党员。1970 年 7 月分配至武汉基地，先后在二车间、制造车间、三车间工作，曾任三车间生产计划员、业务员、管理组长。1974 年，完成基地表演唱节目《八大嫂去看样板戏》作词部分，并被武汉人民广播电台录音播放。1975年又完成了《燃气轮机把歌唱》的作词，并在《列电》杂志刊登。1971年被《长江日报》聘为通讯员。

Zhang Yusheng
张玉生（1948.2— ）山东烟台人，保定电力技工学校锅炉专业毕业，经济师，中共党员。1970年7月分配到西北基地，在金工车间车工班工作。1975年9月入“七二一”大学学习机械制造。1978年7月起，先后在计划科、销售科工作。

Zhang Yuzhen
张玉珍（1948.4— ）女，河北宣化人，保定电力技工学校汽轮机专业毕业。1970年7月分配到第31列车电站，从事气机运行与检修。随电站调迁黑龙江萨尔图、湖南湘乡、北京长辛店等地发电。1974年调入新4站，1983年3月调入大连电业局，1987年12月调入河北保定铸造机械厂。1998年4月退休。

Zhang Jicai
张吉才（1948.12— ）河北邯郸人，1977年武汉基地“七二一”大学燃机专业毕业，在职大专学历，工程师，中共党员。1970年7月保定电力技工学校锅炉专业毕业，分配至第31列车电站，从事气机运行与检修、技术管理等。随电站调迁黑龙江大庆、湖南湘乡、北京丰台等地发电。1980年10月调至北京二七车辆厂，在设备科从事设备大修、维护等管理工作。

Zhang Jianyu
张建宇（1947.12— ）山西文水人，保定电力学校锅炉专业毕业，政工师，中共党员。1970年7月分配至西北基地。1977年10月调入第59列车电站，任人事劳资员、管理组组长。1986年5月任59站党支部副书记、工会主席。1989年9月，电站下放更名涿州市发电厂后，历任厂办公室主任、副厂长、党支部书记兼副厂长。

Zhang Xiangtai
张祥泰（1950.7— ）河北武安人，保定电力技工学校锅炉专业毕业，助理工程师。1970年7月分配到西北基地，在金工车间车工班工作。参与了红心汽动给水泵、1500千瓦自由活塞燃气轮发电机组的加工制造。1983年后任生产调度，在生产技术科32米高空作业车筹备小组从事描图工作。1986年3月起，调入涿州中外合资企业、保定化工二厂。

Zhang Shuying
张淑英（1947.3— ）女，河北易县人，保定电力学校汽轮机专业毕业，助理会计师，中共党员。1970年7月分配到保定基地，先后在金工车间、厂卫生所、汽机车间、电气车间、绝缘子分厂工作，后兼任工会主席。曾被评为保定市优秀工会积极分子。1997年7月退休。

Zhang Weiquan

张维全（1949.8—　）山西交城人，保定电力技工学校锅炉专业毕业，中共党员。1970年7月分配至第31列车电站，从事气机运行与检修，曾任工段长。随电站调迁黑龙江大庆、湖南湘乡、北京丰台等地。1979年调入山西丝织印染厂，曾任副厂长，在1984年山西省组织的劳动竞赛中获立三等功。

Zhang Huiyuan

张惠元（1946.5—　）山西平遥人，保定电力技工学校锅炉运行及检修专业毕业，助理工程师。1970年1月分配至第5列车电站，从事锅炉运行与检修。1975年调入55站，1981年调入58站。随电站调迁湖南耒阳，山西晋城、垣曲、长治等地发电。1992年调山西晋城矿务局成庄矿电厂，任锅炉技术员。2001年退休。

Zhang Manshuan

张满栓（1946.10—2019.5）河北曲阳人，保定电力学校电气专业毕业。1970年7月分配至第17列车电站，从事电气运行与检修。1975年8月调入49站。随电站调迁黑龙江虎林，贵州六枝，山东烟台，内蒙古集宁、大雁等地发电。1983年10月调入河北宣化啤酒厂。

Lu Rongming

陆荣明（1947—　）上海人，浙江大学热动专业毕业。1970年7月分配至船舶1站，从事锅炉运行与检修。随电站在浙江临海发电。1974年1月船舶1站设备下放临海县后，调至临海机械厂工作。

Chen Jianhua

陈建华（1949.8—　）河北涿鹿人，保定电力技工学校汽机专业毕业。1970年7月分配到广西桂林第16列车电站，从事汽机运行及检修。随电站调迁广西宜山，内蒙古丰镇发电。1984年6月调入内蒙古丰镇供电局，从事变电运行管理工作。

Miao Runlou

苗润楼（1946.10—　）河北唐山人，保定电力学校热能动力装置专业毕业，工程师。1970年7月分配到第5列车电站，从事锅炉运行与检修及技术培训工作。1976年8月调入24站，任生技组技术员，1983年3月起从事技术管理工作。1986年6月随电站调入长沙重型机器厂，先后在列电分厂、设备处技术科、配件处、销售处等部门工作。曾获长沙重型机器厂全面质量管理成果二等奖、技术改造能手称号。

Yuan Zhen'ai

苑振爱（1950.1—　）女，河北石家庄人，保定电力学校汽机专业毕业，助理工程师。1970年7月进入列电系统，在第13、49、15、10列车电站，从事化验、汽机运行与检修。随电站调迁山东莱芜、云南禄丰、广东韶关、湖北安陆、黑龙江富拉尔基热电厂等地发电。1983年12月随电站成建制调入武汉基地，先后在行政科、服务公司、生产科工作。1996年6月退休。

Lin Zhenxi

林振喜（1949.3—　）河北保定人，保定电力学校发电厂电力网及其系统专业毕业，讲师。1970年7月在第6列车电站参加工作，从事电气设备运行与检修，随电站调迁新疆哈密、陕西宝鸡、河北沧州等地发电。1974年11月调入保定电力技工学校实习工厂，维修电工。1990年1月调入电力科任实习教师，2003年5月在保定电力职业技术学院任实习教师。曾被评为1995年度华北电网公司级优秀教师、2000年度华北电力集团公司集团级优秀教师等。

Zhou Wei

周卫（1947.9—　）女，河北沧州人，保定电力技工学校汽轮机专业毕业，助理工程师。1970年7月分配到第32列车电站，从事燃气轮机运行与检修，随电站调迁山东济南，广东广州发电。1973年5月参加筹建新3站，承接从英国引进的23000千瓦燃气轮发电机组在南京发电，从事电气运行与检修。1982年9月随新3站下放，在南京市自备电厂生技科从事统计工作。

Zhou Jiyu

周继余（1949.9—　）河北玉田人，保定电力学校汽轮机专业毕业，助理工程师，中共党员。1970年7月分配到保定基地，在金工车间工作。1986年1月任保定电力修造厂钢模板车间主任，1988年1月任一分厂副厂长兼金工车间主任，1991年1月任结构车间主任，1994年1月任燕保工贸联合公司副总经理、总经理，2003年3月退休。

Zhou Caifang

周彩芳（1949.8—　）女，山西文水人，保定电力学校电气专业毕业。1970年分配至第52列车电站，从事电气运行与检修，后从事管理兼女工工作。随电站调迁河北邢台、唐山、保定，江苏吴县等地发电。1996年调至苏州市吴中区江远热电厂。

Zhou Jinyu

周锦玉（1945.11—　）河北涞源人，工程师，中共党员。1964年9月入保定电力学校汽机专业学习（中途因病休学1年），1969年9月在校待分配。1970年6月分配至第37列车电站，从事汽机专业，后转热工专业。1978年8月调入57站，曾对57站集控系统设备进行改进。1982年11月下放迁安首钢矿山公司列电车间，任热工室组长、热工专工。2005年11月退休。

Zheng Taiyong

郑泰永（1949.5—　）河北张家口人，保定电力学校毕业，工程师。1970年7月由电校分配至第40列车电站，随电站在河南遂平发电。1974年调入张家口煤矿机械厂工作。

Meng Qingrong

孟庆荣（1948.11—2017.11） 山西文水人，保定电力学校毕业、陕西省电大党政干部管理专业毕业，行政管理师，中共党员。1970年7月分配至西北基地，1975年5月起先后任团委书记、二车间支部书记、基地落实政策办公室负责人、纪检委专职副书记。1984年9月电大毕业后，任基地子弟学校校长、党支部书记。1992年获陕西电力系统先进教育工作者称号，1995年荣获陕西省学校安全教育先进个人。

Zhao Yadong

赵亚东（1948.5— ） 河北任丘人，保定电力技工学校锅炉专业毕业，技师。1970年7月分配到西北基地，在金工车间车工班工作，参与了红心汽动给水泵、自由活塞的制造。1980年在检验科从事检验工作。

Zhao Mingqi

赵明岐（1947.11— ） 河北灵寿人，保定电力学校锅炉专业毕业。1970年7月进入第54列车电站，吊车司机。随电站在贵州水城，湖南洪山殿、湘潭，山西大同等地发电。1978年调至张家口市下花园区五金公司。

Duan Futang

段福堂（1948.11— ） 河北保定人，保定电力技工学校汽机专业毕业，工程师，中共党员。1970年7月分配至武汉基地，先后任三车间金工班班长、车间技术组组长。1985年1月起，任三车间副主任、机械加工分厂厂长兼党支部书记、人力资源部主任。1993年参加燃气轮机叶片研制，获电力部科技进步一等奖、华中网局科技进步一等奖。

Jia Zhanshan

贾占山（1950.9— ） 河北蠡县人，大专学历，工程师，中共党员。1970年7月保定电力学校电气专业毕业，分配至第38列车电站，从事电气运行与检修。随电站调迁广东韶关、江西九江、河北迁安等地发电。1974年11月，调至河北张家口下花园电厂，历任技术员、车间主任、科长、三产公司支部书记、运输公司经理、人才中心主任、科协秘书长。

Jia Tongqun

贾桐群（1949.6—2008） 河北保定人，保定电力学校汽机专业毕业，政工师，中共党员。1970年7月分配到第16列车电站，从事汽机运行与维修。1973年调入保定基地，在制造车间从事安装与检修。1978年6月起，先后担任基地团委书记、车间党支部书记。列电体制改革后，历任保定电力修造厂党委宣传部长、厂志办公室主任，顺达公司、电力实业总公司副总经理、总经理兼党支部书记，电力安装工程处经理。2003 年 2 月退休。

Yuan Shijiu
原世久（1948.5— ）山西祁县人，保定电力技工学校汽轮机专业毕业，政工师，中共党员。1970 年 7 月分配到第 6 列车电站，从事汽机运行与检修，曾任运行值长，电站团支部书记。1983 年 8 月调入天津大沽化工厂，在热电分厂历任值长组长、党支部副书记、书记，曾兼任大化技校汽轮机专业教师。多次获得厂优秀党务工作者称号，1999 年获得塘沽区优秀党务工作者奖章。

Xu Guilan
徐桂兰（1942.11— ）女，河北保定人，高小文化。1958 年在保定被服厂参加工作。1970 年 6 月调至第 41 列车电站，从事锅炉运行与检修。随电站调迁河南平顶山，山东东营、昌邑等地发电。1977 年 10 月调入西北基地，先后在汽机、金工车间。参与了自主设计的 I 型、Ⅱ型红心泵、1500 千瓦自由活塞燃气轮发电机组的制造安装。1983 年后在外制动班工作。曾多次被评为厂级先进个人。

Gao Meike
高美科（1948.10— ）山西平定人，保定电力技工学校电气专业毕业。1970 年 6 月分配到在新疆哈密的第 6 列车电站，车工。1973 年 10 月随电站调迁至河北沧州发电，1976 年 7 月调入云南昆明 23 站，后调迁内蒙古临河发电。1979 年调入内蒙古丰镇 16 站。1984 年 12 月调入山西大同第二发电厂，任公安保卫处经警队队长。

Guo Rugui
郭如贵（1947.3— ）山西文水人，保定电力学校汽轮机专业毕业，中共党员。1970 年 7 月分配到第 32 列车电站，从事燃气轮机运行与检修，在济南发电。1972 年 5 月随电站赴广州为中国出口商品交易会发电，1976 年 6 月到宜昌为葛洲坝水利枢纽建设发电。1984 年 4 月调入葛洲坝水力发电厂工作。

Guo Shunlong
郭顺龙（1948.11— ）北京人，保定电力技工学校电气专业毕业，助理工程师。1970 年 7 月分配到第 32 列车电站，从事电气运行与检修，随电站调迁山东济南、广东广州发电。1973 年 5 月参加筹建新 3 站，承接从英国引进的燃气轮发电机组在南京发电。1982 年 9 月随新 3 站下放，任南京市自备电厂值长组组长、电气车间主任等。

Guo Runzhi
郭润芝（1949.10— ）女，山西灵石人，保定电力技工学校汽轮机专业毕业，高级教师，中共党员。1970 年 6 月分配到西北基地，在金工车间从事机加工，曾任车间副指导员。1979 年调入基地子弟学校，任副校长。1980年在全国中小学科技比赛中，主抓的科技作品4项获奖。1982年12月调入6站，1984年4月调入河北电建子弟学校邢台分校，任负责人。曾多次获得先进工作者、优秀共产党员称号。

Shang Zhimin

商志敏（1949.3— ） 河北望都人，曾用名商丙年。保定电力学校毕业，中专学历，助理工程师，中共党员。1970年7月分配到武汉基地，1977年7月调保定基地。列电体制改革后，在保定电力修造厂杆模车间、质管科从事计量等管理工作。

Liang Xinghao

梁星浩（1949.5— ） 山西介休人，保定电力学校汽轮机专业毕业，高级技师，中共党员。1970年7月分配到第32列车电站，随电站在山东济南发电。1972年5月随电站赴广州为中国出口商品交易会发供电，1976年6月到宜昌为葛洲坝水利枢纽建设发供电。1984年4月调入葛洲坝水力发电厂，任水轮机调速器检修班长。

Liang Tao

梁涛（1949.11—2013.11） 山西平遥人，保定电力学校电气专业毕业。1970年7月分配至第54列车电站，从事热工专业，后任热工室负责人。随电站在贵州水城，湖南双峰、湘潭，山西大同等地发电。1979年调至山西长治钢铁厂，从事电气技术工作。

Dong Huizhen

董惠珍（1949.3— ） 女，河北怀来人，保定电力学校汽机专业毕业。1970年7月进入列电系统，先后在第11、54、10列车电站从事汽机运行与检修。随电站调迁山东官桥、山西大同、湖北安陆等地发电。1983年9月随电站成建制调入武汉基地，在生产科、外协办任毛坯库保管员、核算员。1995年5月退休。

Han Zhifeng

韩志峰（1948.8— ） 河北保定人，保定电力学校锅炉专业，中专学历，助理工程师。1970年7月分配到西北基地，在金工车间从事镗床加工、设备管理，后调车间技术组负责加药泵制造。1982年8月调入保定基地，在金工车间做镗床工，在技术组任设备员，在设备科负责全厂设备的行政、技术管理工作，2001年3月病退。

Han Xiufeng

韩秀凤（1948.9— ） 女，天津蓟县人，保定电力学校汽机专业毕业，助理工程师。1970年7月进入第8列车电站，从事汽机工作。1973年6月调入54站。1984年12月随电站成建制下放无锡新苑集团公司热电厂。1986年6月调入59站，1990年3月调入河北涿州市发电厂，从事汽机工作。1993年9月退休。

Cheng Mengsheng

程孟生（1949.1— ） 河北保定人，保定电力技工学校汽机专业毕业，助理工程师，中共党员。1970 年 7 月分配至武汉基地，先后在车间从事车工、铣工、机床维修，在物资科负责材料采购。1991 年 3 月起，任车间副主任、列电居委会主任、物业公司经理兼离退休办公室主任。主持完成第一条钢窗生产流水线工艺、工装、模具制定设计。1999 年获国家电力公司系统尊老敬老先进个人。2005 年 12 月退休。

Xie Jinsheng

谢金生（1947.2— ） 河北保定人，保定电力技工学校电厂锅炉专业毕业，二级实习指导教师。1970 年 7 月在西北基地参加工作，曾任锻工车间班长。1976 年 10 月调入保定电校任实习教师，主要从事锻工等方面的实习教学与指导。2003 年 5 月后任保定电力职业技术学院实习教师。

Zhen Shuhui

甄淑辉（1948.11— ） 女，河北唐县人，保定电力学校电气专业毕业。1970 年 7 月分配至武汉基地。先后在医疗培训机构学习医护知识和在地方医院进修学习儿童预防保健知识，分配在医务室工作，从事药房管理，外科护士、化验兼儿童预防疫苗接种专职医生。1977 年至 1979 年评为武昌区卫生防疫先进个人。

Liao Wenyuan

廖文媛（1949.7— ） 女，河北张家口人，保定电力技工学校电气专业毕业。1970 年 6 月分配到湖南临湘第 37 列车电站，从事锅炉运行与检修。1971 年至 1974 年，随电站调迁福建福州、河北沧州等地发电。1979 年调入在内蒙古丰镇的 16 站，从事化验工作。1983 年 12 月调入河北鹿泉沧州地区建材厂，1987 年 10 月调入保定化工二厂工作。

Xue Shumin

薛淑敏（1949.6— ） 女，河北保定人，保定电力学校毕业，经济师。1969 年 7 月由电校分配至第 45 列车电站，从事电气运行与检修，“三八”运行班班长。随电站调迁贵州水城、吉林长春、湖南株洲、湖北宜昌等地，曾为葛洲坝水利枢纽工程建设发电。1981 年调葛洲坝电厂，在计划合同处工作。

Yu Shuizhi

于水芝（1946.9— ） 女，山东威海人，青岛冶金建筑学校给排水专业毕业。1968 年 12 月在马鞍山冶金建筑公司参加工作。1970 年 8 月进入第 42 列车电站，车工，1975 年 4 月后从事化验工作。随电站调迁陕西略阳、湖南株洲、河北迁安、江苏苏州等地发电。1983 年 3 月调入苏州化工厂，任热电车间化验室主任。1986 年 2 月至 1997 年，先后在山东荣成拖拉机厂、荣成橡胶厂工作。

Liu Xiu

刘秀（1940.3— ） 女，江苏宝应人，

小学文化。1966年4月在陕西大荔生产建设兵团参加工作。1970年8月进入西北基地，在机电炉车间锅炉工段从事安装检修。1983年后到车辆车间焊工班。

Zhou Fengming

周凤鸣（1942.4—2000.9） 辽宁喀左人，北京航空学院航空飞行器制造工艺专业毕业，工程师，中共党员。1963年8月分配到沈阳102厂。1970年8月调入西北基地，先后在金工车间、小金工车间、生产技术科任技术员、工程师，参与红心汽动给水泵、1500千瓦自由活塞燃气轮发电机组、32米高空带电作业车的设计制造工作。列电体制改革后，任厂生产技术科科长。参加设计的翻斗上煤车获得陕西省优秀专利奖及个人奖章。

Liu Baosheng

刘保生（1952.5— ） 河北清苑人，北京管理联合会大学企业管理专业毕业，工程师，中共党员。1970年9月在保定基地参加工作，先后在制造车间、金工车间做车工。1975年8月到列电局办"七二一"大学机械制造专业学习，毕业后返回金工车间任技术员。1994年2月任保定电力修造厂副厂长，党委委员。1997年2月任厂长，党委委员。2001年3月退休。

Zhang Zhicheng

张志诚（1949.10— ） 河北张家口人，保定电力学校电气专业毕业，中共党员。1970年9月分配至第38列车电站，电动吊车司机，1972年转汽车驾驶。随电站调迁广东韶关、江西九江、河北迁安等地发电。1976年调至河北张家口地区运输局，任驾驶员、运输队队长。1988年调入张家口农业银行。

Guo Lingzhen

郭玲珍（1933.12— ） 女，河北深县人。1953年7月在林业部幼儿园参加工作。1970年9月进入西北基地，从事幼儿教育、仓库管理工作。1982年11月后，先后调入第7列车电站、华东基地工作。

Wang Guosheng

王国生（1945.3— ） 河南驻马店人。1962年4月进入第29列车电站，燃料工、吊车司机，1970年10月正式转入列电系统，随电站调迁河南平顶山、信阳等地发电。1983年随电站下放信阳地区电业局。曾获安全文明生产达标十佳优秀班（站）长、安全生产先进个人等称号，1997年退休。

Cheng Guangde

陈广德（1939.6— ） 河南光山人。1962年4月进入第29列车电站，燃料工、吊车司机。1970年10月正式转入列电系统，随电站调迁河南平顶山、信阳等地发电。1983年随电站下放信阳电业局，任吊车班班长。1989 年起，从事电厂服务公司安全技术工作，1996 年 12 月退休。

Wei Jinmei

魏金梅（1944.10— ）女，河北涿鹿人，张家口医专中医专业毕业，中医师，中共党员。1965 年 9 月分配到涿鹿县医院工作，1970 年 10 月调入第 6 列车电站，医务室大夫。随电站调迁新疆哈密、河北沧州等地发电。1976 年 8 月调回涿鹿县医院工作。

Zhang Chunzhai

张春斋（1951.2— ）女，河北安新人，保定卫生学校医疗专业毕业，医师，中共党员。1970 年 11 月进入保定基地，在金工车间工作。1971 年 3 月到保定地区卫生学校医疗专业学习，学习期满回保定基地卫生所工作，曾任卫生所副所长、支部书记。1989 年获华北电业管理局三八红旗手荣誉称号，1996 年 2 月退休。

Ma Kezhen

马克珍（1943.5— ）女，河南新野人，山东煤矿技校煤矿专业毕业。1961 年 10 月始，曾在山东张庄煤矿、贵州水城特区平洞煤矿工作。1970 年 12 月进入列电系统，先后在第 43、8（43）列车电站，从事电气运行与检修、材料供应工作。随电站调迁贵州贵定，广东韶关，湖北武汉，北京清河等地发电。1982 年 6 月调入武汉基地，先后在物资科、三车间工作。

Wu Hechun

吴和春（1951.2— ）河北满城人，高中文化。1970 年 12 月进入保定基地，先后在铸造车间、电气车间、动力车间从事电气维修。1977 年获保定市青年积极分子荣誉，1980 年因救死扶伤、助人为乐，被保定市团市委记三等功，1981 年被评为保定市遵纪守法树新风先进人物。2008 年因自愿为汶川地震灾区服务，受到保定市政府表彰，后入选“中国好人榜”。

Miao Qing

苗青（1943.7— ）女，河北河间人，曾用名苗章盼。河北泊头师范专科学校毕业，中教一级，中共党员。1964 年 8 月分配到河间南留路学校任教。1971 年 1 月调入保定基地，在子弟学校任教。1985 年 2 月到基地教育科工作。1994 年 8 月退休。

Li Qingtu

李庆图（1951.9— ）江西瑞昌人，江西共产主义劳动大学瑞昌分校农业机械专业毕业。1971 年 2 月进入船舶 2 站，从事化验工作。随电站在江西九江、湖南衡阳等地发电。1983 年 3 月随电站下放衡阳电业局。1996 年 5 月退休。

Wu Sumin

武素敏（1937.10—2001.3）女，山东济南人，重庆卫生学校毕业，医师。1957 年 7 月分配到重庆煤炭管理局，在安装公司四工地从事医务保健工作。1958 年 10 月在煤炭学校任校医。1960年4月调入永荣矿务局，在综合医院任外科医生。1971年2月调入西北基地，在医务室任医士，并从事计划生育工作。1986年12月退休。

Xia Mingding

夏铭鼎（1953.11— ）江西瑞昌人，大专学历。1971年2月进入船舶2站，从事电气运行与检修，后任电气工段长。1975年9月至1977年8月，在列电局保定“七二一”大学学习。随电站调迁江西九江、湖南衡阳等地发电。1983年3月随船舶2站下放衡阳电业局。1996年5月退休。

Liang Guangcai

梁光才（1953.1— ）江西瑞昌人。1971年2月进入船舶2站，从事电气运行与检修。随电站在江西九江、湖南衡阳等地发电。1983年3月随电站下放衡阳电业局。1996年5月退休。

Ding Yuanke

丁元科（1944.11— ）山东栖霞人，高中文化，中共党员。1965年12月入伍，在8341部队服役。1971年3月复员进入第32列车电站，从事燃气轮机运行与检修。1976年12月起任副指导员，1983年1月任党支部书记。随电站调迁山东济南、广东广州、湖北宜昌等地，曾为广州出口商品交易会、葛洲坝水利枢纽工程建设供电。1983年12月任51站党支部书记。1987年调入葛洲坝水力发电厂，在水工分厂管理科工作。

Zhu Congzhou

朱从洲（1949.12— ）江苏淮安人，中共党员。1968年3月入伍，1971年3月复员至第56列车电站，从事锅炉运行与检修。1977年8月调入59站，1982年5月调入56站。随电站调迁江苏徐州、黑龙江佳木斯发电。1983年6月，调入江苏徐州合成洗涤剂厂工作。

Liu Zaixin

刘在欣（1949.8— ）曾用名李文松，山东龙口人，小学文化，中共党员。1963年3月入伍，1971年3月转业到在济南的第32列车电站，从事电气运行及检修。1974年11月调到新4（5）站，承接加拿大进口燃气轮发电机组。1976年8月随新5站紧急赴秦皇岛为唐山抗震救灾发电，任电气工段长、党支部委员。1980年6月调入内蒙古海拉尔17站，任管理组长。1985年3月调入呼伦贝尔发电厂，任电气技术员。1995年5月退休。

Zhong Fengying

钟凤英（1937.8—1992.8）女，辽宁昌图人，小学文化。自1955年1月起先后在黑龙江鸡西矿务局选煤厂、内蒙古阿尔山电厂、阿尔山林业局伊尔施电厂、乌达三矿机修厂等单位从事行车专业。1971年3月调入西北基地，先后在锅炉车间、车辆车间从事行车吊运工作。1987 年 8 月退休。

Cao Shixiang

曹士香（1945.12— ）江苏泗洪人，中共党员。1964 年 12 月入伍，在第二炮兵部队服役。1971 年 3 月复员进入第 56 列车电站，从事汽车驾驶。1977 年调入 59 站。随电站调迁江苏徐州、黑龙江佳木斯发电。1985 年调入华东基地工作。1998 年 4 月退休。

Wang Wenxiu

王文秀（1955.4— ）吉林松原人，初中文化，中共党员。1971 年 4 月进入第 12 列车电站，从事锅炉运行与检修。1975 年调入 55 站。随电站调迁山西垣曲、长治等地发电。1982 年随电站到内蒙古扎赉诺尔发电，任锅炉工段长。1988 年随电站调迁石家庄鹿泉县，任运煤车间主任。

Wang Guimei

王桂梅（1941.12— ）女，山西汾阳人，初中文化。1958 年 11 月在太原铁路局参加工作。1971 年 4 月调入列电系统，先后在第 15、19、29 列车电站从事汽机运行与检修。1982 年 3 月调到信阳地区电业局，在物资站工作。1992 年 3 月退休。

Wang Zengtian

王增田（1942.7—2011.9）女，河北满城人。涿县师范学校轮训班结业。1960 年参加工作，在本县顺民公社永安庄小学任教。1971 年 4 月调入第 1 列车电站，从事化验工作，随电站调迁四川冕宁、北京房山等地发电。1982 年随电站下放北京煤矿机械厂，在电力车间工作。1992 年 5 月退休。

Zhang Aiyu

张爱玉（1951.2— ）江苏淮安人，中共党员。1968 年入伍，曾在山东胶南 9638 部队服役。1971 年 4 月复员进入第 56 列车电站，从事锅炉运行与检修。1976 年调入 1 站，1980 年调入 62 站，曾任团支部书记。随电站调迁江苏徐州、无锡，北京房山等地发电。1982 年 10 月，随电站成建制下放无锡市。1983 年调入江苏淮阴食品总厂。

Niu Zunrong

牛尊荣（1950.5— ）女，山东枣庄人，初中文化，高级电工。1968 年 12 月，陕西省白水县插队知青。1971 年 5 月招工进入第 20 列车电站，从事电气运行与检修。1974 年 11 月，20 站建制撤销后调入西北基地。1987 年 12 月调入水利部引滦工程管理局。

Xie Songyun

谢松云（1951.6— ）江西玉山人，大连铁道学院铁道车辆自动控制专业毕业，高级工程师，中共党员。1968 年 10 月，陕西省白水县插队知青。1971 年 5 月招工进入第 20 列车电站。1974 年 10 月调入西北基地。1975年9月进入大连铁道学院学习。1978年毕业后返回西北基地，先后参加恒温挂瓦炉革新，煤炭漏斗车设计，在恒源电力有限公司代理经理，在产品研究所任副所长。煤炭漏斗车设计获专利。论文《锅炉膛检修用升降平台》发表于《起重运输机械》，被收入国家科技文库。侧开门车设计获能源部科技进步三等奖。

Zi Zhengyin

訾正印（1938.8— ） 山东泰安人。1957年入伍，沈阳军区汽车教导连驾驶员。1971年5月复员进入第33列车电站，汽车驾驶员。随电站调迁湖南衡阳、山西运城等地发电。1978年10月调入山西太原中煤总公司七处。1996年8月退休。

Wang Ling

王玲（1951.11— ） 女，安徽蚌埠人，初中文化。1971年6月进入第55列车电站，从事汽机运行与检修。1974年调入51站，后又调入41站。随电站调迁山西垣曲，新疆乌鲁木齐，山东胶县、昌邑，湖北荆门等地发电。列电体制改革后，调海南三亚供电局工作。

Jiang Zhongyun

江仲云（1945.10— ） 女，四川宜宾人。1961年9月在四川宜宾商业局参加工作，营业员。1971年6月进入列电系统，曾在第3列车电站、西北基地从事后勤工作。1978年11月调入武汉基地，先后在三车间、四车间工作。1994年10月退休。

Li Jicai

李继才（1947— ） 陕西西安人，高中文化。1968年12月陕西省白水县插队知青。1971年6月进入第20列车电站，从事电气运行与检修。1974年11月随电站调入西安交通大学，在教学工厂工作。

Li Shanlin

李善林（1952— ），山东长清人，西安交通大学机械系毕业，工程师，中共党员。1968年12月，陕西省白水县插队知青。1971年6月招工进入第20列车电站，从事锅炉运行与检修。1974年11月，20站建制撤销后调入西北基地。1975年10月入西安交通大学学习，毕业回西北基地，历任焊接技术员、助理工程师、工程师、焊接责任工程师、车间副主任等职。2007年退休。

Yang Zhongxian

杨仲贤（1950—1982） 陕西西安人，初中文化，中共党员。1968年12月，陕西省白水县插队知青，曾担任村民兵连长。1971年6月招工进入第20列车电站，从事锅炉运行与检修。1974年11月，20站建制撤销后调入西北基地，从事锅炉检修工作，曾任班长、车间工会委员等。

Tao Dayin

陶大银（1951— ） 女，江苏扬州人，初中文化。1968年12月，陕西省白水县插队知青。1971年6月招工进入第20列车电站，从事化学检验工作。1974年11月，20站建制撤销后调入西北基地，在化验室工作。1998年退休。

Cheng Xuezeng

程学增（1948.1—　）河南许昌人，高中文化，机械技师。1968年12月，陕西省白水县插队知青。1971年6月招工进入第20列车电站，从事锅炉运行与检修，先后担任电站团支部委员、书记。1974年11月20站建制撤销后调入西北基地，从事锅炉检修等工作，曾任基地团委委员。1998年退休。

Li Ming

黎明（1950—　）湖北人，中学文化。1968年12月，陕西省白水县插队知青。1971年6月招工进入第20列车电站，从事汽机运行与检修。1974年11月，20站建制撤销后调入西北基地，从事汽机检修。1979年调入西安市森林工业机械厂工作。

Ma Fengqin

马凤琴（1937.8—　）女，河北满城人，中共党员。1958年在保定火车站参加工作，从事客运服务。1962年因国民经济实行调整方针，被下放回家。1964年在河北省建筑公司第2工程处任材料保管员。1971年调入保定基地，在锅炉车间油漆组工作。

Wang Zhencai

王振财（1954.1—　）山东鄄城人，初中文化，中共党员。1971年7月进入第23列车电站，从事锅炉运行与检修。1979年调入山西大同铁路分局水电段，曾任工长。1979年又调入大同铁路西供电段任工长、记工员、副主任、主任。2015年退休。

Wang Ailing

王爱玲（1955.1—　）女，河北井陉人，初中文化。1971年9月招工进入西北基地，在金工车间铣刨磨班从事铣工。参与了红心汽动给水泵、1500千瓦自由活塞燃气轮发电机组、底开门漏斗上煤车的加工制造。在加工转向架的工装及刀具上提出改革建议。1996年代表西北电管局参加陕西省首届金刀工程比赛，荣获优秀选手称号。2001年退休后返聘回金工车间。

Ji Changde

吉长德（1951.10—2003.3）陕西西乡人，大专学历，中共党员。1968年陕西西乡插队知青。1971年7月进入第2列车电站，从事锅炉运行与检修。1977年10月在列电局中试所“七二一”大学热工自动化专业学习。1974年7月，2站下放湖南耒阳白沙煤矿后，调至56站，负责热工室工作。

liu Xiufang

刘秀芳（1955.8—　）女，山东汶上人。

1971年7月进入第50列车电站，从事电气运行与检修。1973年12月调入25站，1978年12月接新机60站，1982年12月调入53站。随电站调迁山西闻喜、朔县，浙江海宁、江苏镇江等地发电。1984年5月调入华东基地，先后从事钳工、仓库管理。1998年5月退休。

Sun Jingying

孙静颖（1946.7— ）女，山东牟平人，中央财政金融学院会计系大专毕业、中央党校涉外经济管理专业本科毕业，高级会计师，中共党员。1968年12月，山西垣曲县插队知青。1971年7月进入第55列车电站，从事会计工作。1974年1月调入1站。1976年3月在拖车电站从事机械维修兼医务工作。1978年6月调入局机关，在仓库任会计。1983年4月调入水电部机械局，任财务处副处长。1992年4月调中国华电电站管道工程公司，任综合部副经理。1995年1月任中国华电电站装备工程总公司副经理。

Li Donglin

李东林（1945.11— ）女，河北保定人，中专学历，机械制造专业毕业。1966年12月在保定水泵厂参加工作。1971年进入第10列车电站，从事化验工作。1979年接新机60站，1985年调入56站。随电站调迁山东济宁、山西大同、浙江海宁、江苏镇江等地发电。1990年调入华东基地。

Yang Lean

杨乐安（1952.5— ）湖北孝感人。1969年12月湖北孝感市道店公社插队知青。1971年8月进入武汉基地，先后在铸造车间、二车间、五车间、钢窗车间工作，后调入计量检验科任检验员。2002年5月退休。

Sha Shanmin

沙善民（1952.8— ）江西瑞昌人，曾用名沙爱军，江西共产主义劳动大学农业机械专业毕业。1971年8月进入船舶2站，从事汽机运行与检修，随电站在江西九江、湖南衡阳发电。1983年3月随电站下放衡阳电业局。1996年2月退休。

Song Haimin

宋海民（1955.7— ）辽宁锦州人，哈尔滨船舶工程学院本科毕业，中共党员。1971年7月招工进入第23列车电站，从事汽轮机运行与检修。1975年5月调入1站。1977年3月在哈尔滨船舶工程学院学习，1980年毕业后回到1站。1983年4月后调入拖车电站，后调入清河毛纺动力厂工作。

Chen Wei

陈薇（1956.3— ）女，吉林永吉人，初中文化。1971年7月进入第23列车电站，1981年7月调入60站，1982年调入新19站，均从事汽机运行与检修。1983年随电站下放衡阳冶金机械厂。2001年退休。

Zhao Wei

赵伟（1954.11— ） 河北石家庄人，主治医师，中共党员。1971 年进入保定基地，在卫生所工作，外科主治医师。列电体制改革后，任保定电力修造厂职工医院院长。1995 年被评为全国青年优秀医师。

Hou Yingjie

侯英杰（1954.1— ）北京市人，大连铁道学院机车车辆专业毕业，高级工程师，中共党员。1971 年 7 月进入列电系统，在保定基地检修车间工作。1975 年 9 月入大连铁道学院学习，1978 年 9 月毕业后调入列电局机关，在生产技术科（处）从事发电车辆检修管理和底开门运煤车研发制造等工作。1983 年 4 月调水电部机械局，从事部属修造企业机械设备供应管理。1987 年 7 月调入国家防汛抗旱总指挥部，在办公室从事中央防汛抗旱物资管理工作（正处级）。1998 年获得全国水利系统先进工作者称号。

Xu Fengyun

徐凤云（1954.12—2013.12） 女，河南安阳人，初中文化，中共党员。1971 年 7 月进入保定基地，在金工车间工作，曾任车工班班长、车间女工委员。热爱文艺，为厂文艺宣传骨干。1998 年退休。

Wang Yugang

王玉刚（1946.9— ） 北京市人，北京市委党校经济管理专业研究生毕业，经济师，中共党员。1968 年山西省垣曲县插队知青。1971 年 8 月招工进入第 55 列车电站，从事锅炉运行与检修，1978 年任电站工会主席。1982 年 12 月随 55 站调入西北基地，在供应科任助理经济师、材料员。1991 年调入北京市计划生育委员会，先后任干部培训中心教师、教务科长、培训中心副主任。2001 年任北京市计划生育协会副秘书长。

Wang Zhenggen

王正根（1953.10— ） 江西南昌人，中共党员。1971 年 8 月进入船舶 2 站，从事电气运行与检修。随电站调迁江西九江、湖南衡阳等地发电。1983 年 3 月随船舶 2 站下放衡阳电业局。1996 年 5 月退休。

Wang Huaying

王华英（1947.5— ） 女，湖南湘南人，长沙师范专科学校毕业，中共党员。1967 年 1 月参加工作，在临湘某幼儿园任教。1971 年 8 月调入第 46 列车电站，从事化验工作。1982 年 8 月调入新 19 站。1983 年 1 月随电站调入衡阳冶金机械厂，在幼儿园任教。

Wang Yan

王艳（1946.10— ） 女，吉林梨树人。1965 年参加工作，1971 年 8 月进入第 33 列车电站，从事电气运行与检修，随电站调迁湖南衡阳、山西运城等地发电。1978 年 10 月调入山西太原中煤总公司七处工作。

Wang Xiaoju

王晓菊（1955.11— ） 女，北京人，初中文化。1971 年 8 月招工进入第 55 列车电站，从事锅炉运行与检修。随电站调迁山西垣曲、长治等地发电。1980 年 12 月调入第十二冶金建设公司工作。2004 年 7 月退休。

Wang Chao

王超（1953.3— ） 山东莱阳人，山东电力学校发电厂及电力系统专业毕业，技师，助理工程师，中共党员。1971 年 8 月进入第 55 列车电站，从事锅炉运行与检修。1982 年 12 月调入 11 站。曾随电站调迁山西垣曲、长治，山东官桥等地。1985 年至 2005 年，先后在邹县电厂、德州华鲁电厂、烟台开发区热电厂工作。2005 年后为自由职业者。

Mao Huilan

毛惠兰（1952.9— ） 女，湖北武汉人。1970 年 2 月湖北大悟县插队知青。1971 年 8 月进入武汉基地，先后在制造车间、一车间、附属综合厂、总务科从事电工工作，后在厂工会阅览室任图书管理员。1998 年 5 月退休。

Yin Jianguo

尹建国（1950.6— ） 安徽涡阳人，中央党校函授经济管理专业本科毕业，人力资源管理师，高级政工师，中共党员。1968 年 12 月湖北孝感插队知青。1971 年 8 月进入武汉基地，刨工，班长，兼任过厂团委书记、三车间党支部委员。1987 年 1 月起，任四车间党支部书记、主任，厂政治工作部副主任。1995 年 12 月任副厂长。撰写的《国企实行年薪制及有关问题的探讨》文章刊登于省级刊物。

Zuo Jun

左军（1947.10— ） 湖北孝感人，武汉广播电视大学电子专业毕业，助理工程师，中共党员。1969 年 1 月湖北孝感郭铺公社插队知青。1971 年 8 月进入武汉基地，焊工，后在质量检验科、工艺科、技术科任焊接检验员、工艺设计师。1996 年 3 月起，先后任电力机械设计研究所副所长、计量检验科副科长。1995、1997 年，参与开发的 XLJ800 型悬链式链斗卸船机分获华中电业管理局、电力部科学技术进步一、二等奖。1998 年 5 月退休。

Long Jun

龙军（1954.6— ） 河北内邱人，河北电力学院电厂热工仪表及自动化专业毕业，工程师，中共党员。1971 年 8 月进入保定基地，在金工车间工作，为保定团市委委员。1973 年 8 月入河北电力学院学习，毕业后调入拖车电站。1977 年 11 月调入列电局机关，在计划基建处负责新型列车电站（60、61 站）的设计制造，曾在大同机车厂工作近一年。1983 年 4 月调入中国水利电力对外公司，任进出口处副处长。1995 年 1 月辞职自谋职业。

Tian Hanzhi

田汉芝（1949.4—　）女，湖北汉川人。1970年1月湖北黄陂插队知青。1971年8月进入武汉基地，先后在铸造车间、物资科、二车间、三车间、金工车间工作。1996年6月退休。

Lü Boqing

吕柏清（1952.9—　）湖北武汉人，东北重型机械学院铸造专业毕业，工程师，中共党员。1971年2月湖北黄陂插队知青。1971年8月进入武汉基地，在铸造车间从事铸造工作。后任二车间铸工技术员，技术科、工艺科技术员，总工程师办公室标准化管理专工，市场开发部产品价格预算专责。

Liu Yubin

刘玉斌（1956.6—　）黑龙江五常人，焊接技师。1971年8月起，第55、42列车电站焊工。1982年4月调东北基地筹备处。1983年9月调入哈尔滨第三发电厂，任焊工班长、技术员。1989年、1991年先后获黑龙江省电力系统第五届、第六届焊接技术表演赛第一名，1989年获东北电管局焊工状元选拔赛火电厂第一名。2015年3月退休。

Liu Zhengsheng

刘正生（1948.4—　）湖北武汉人。1970年1月湖北黄陂县滠口公社插队知青。1971年8月进入武汉基地，先后在铸造车间、二车间、三车间、外协办公室工作，后在质量检验科任检验员。2001年7月退休。

Liu Baicun

刘白村（1953.6—　）江西九江人。1970年2月，湖北大悟县高店公社插队知青。1971年8月进入武汉基地，先后在机修车间、一车间、电站检修队、结构车间从事焊接工作。2008年6月退休。

Liu Jinping

刘金萍（1953.6—　）女，天津市人，初中文化。1971年8月进入第55列车电站，在锅炉车间从事运行与检修，随电站在山西垣曲、长治发电。1979年随电站返西北基地大修，1982年12月调入西北基地，在锅炉车间、车辆车间从事检修工作。

Yan Libing

闫立兵（1955.1—　）山西稷山人，山西政法干部学院大专毕业，中共党员。1971年8月进入第55列车电站，从事锅炉运行与检修，后任材料员。1981年6月调入58站。曾随电站调迁山西垣曲、长治、晋城等地发电。1984年9月调入山西省司法厅，任离退休人员管理处处长。2011年被评为全国老龄委员会先进个人，2012年在山西省司法厅荣立三等功一次。

Sun Qingcai

孙庆才（1955.3—　）河南济源人，初中文化。1971 年 8 月招工进入第 55 列车电站，从事汽机运行与检修。随电站调迁山西垣曲、长治等地发电。1982 年调入河南济源地方工作。2008 年退休。

Li Qingping

李庆萍（1954.11— ）女，河南济源人，初中文化。1971 年 8 月招工到西北基地，金工车间镗工。1976 年 10 月调入三车间，小金工、车工。1984 年 2 月调入开发公司，曾参与 32 米高空带电作业车、翻斗上煤车加工制造。1990 年 7 月调保卫科工作。2001 年 8 月退休。

Li Shouan

李寿安（1952.1— ）湖北武汉人。1970 年 7 月，湖北应山县徐店公社插队知青。1971 年 8 月进入武汉基地，后调山西临汾第 19 列车电站，从事汽机运行与检修。1974 年 5 月调入武汉基地，先后在四车间、动力车间、三车间、钢窗车间等工作。2003 年 8 月退休。

Li Zhiyan

李致言（1952.1— ）湖北武汉人，大专学历，助理工程师。1970 年 2 月，湖北大悟县邓畈公社插队知青。1971 年 8 月进入武汉基地，在检修车间工作。1976 年 11 月入兰州铁道学院车辆专业学习，1980 年 1 月毕业后回基地，任一车间技术员、物资科采购员。2007 年 12 月退休。

Wu Liyan

吴丽艳（1953.1— ）女，天津人，晋东南医专护理专业大专毕业，政工师。1971 年 8 月招工进入第 55 列车电站，热工专业。随电站调迁山西垣曲、长治等地发电。1977 年高考进入晋东南医科职业技术学校学习，毕业后分配到山西省工程职业技术学院工作。

Zou Jiefa

邹节法（1952.7— ）江西南昌人。1971 年 8 月进入船舶 2 站，从事锅炉运行与检修。随电站调迁江西九江、湖南衡阳等地发电。1983 年 3 月随电站下放衡阳电业局。1975 年被评为衡阳市先进生产工作者，1988 年被评为湖南省电业局先进生产工作者。1996 年 5 月退休。

Wang Xiuzhen

汪秀珍（1953.11— ）女，湖北武汉人。1970 年 2 月，湖北应城插队知青。1971 年 8 月进入武汉基地，先后在二车间、制造车间、三车间、五车间、金加工车间等工作。1998 年 11 月退休。

Wang Dehui

汪德惠（1952.4— ）湖北孝感人。1970 年 2 月，湖北孝感龙店公社插队知青。1971 年 8 月进入武汉基地，先后在制造车间、三车间、设备动力车间、四车间从事机加工。2007 年 4 月退休。

Shen Jianxin

沈建新（1953.2— ）江苏无锡人，湖北经济管理干部学院企业管理专业毕业，助理经济师，中共党员。1970年2月，湖北大悟县插队知青。1971年8月进入武汉基地，从事锅炉检修，后任团委干事、团委副书记、知青带队干部。1988年7月起，先后任车间副主任、党支部副书记，生活服务公司副经理、物业公司党支部书记、厂长工作部副主任、离退休办公室副主任兼党支部书记。

Shen Jian

沈健（1952.12— ）山东新泰人，东北工学院钢铁冶金系电冶金专业毕业，工程师，中共党员。1970年2月，湖北大悟县插队知青。1971年8月进入武汉基地，锅炉瓦工，后任车间铸压助理技术员、技术科助理工程师。1985年1月起，先后任车间副主任，经营计划科、经营销售科科长。

Song Shumao

宋树茂（1951.1—2012.11）北京市人，初中文化。1968年，山西垣曲县插队知青。1971年8月进入第55列车电站，随电站调迁山西垣曲、长治等地发电。1982年12月调入西北基地。1985年12月调入秦皇岛中外合资企业，任工会副主席。1995年12月调任北京诺必达物资供应中心经理。为太极拳名师，杨氏太极第六代传人，载入人民体育出版社出版的《中国太极拳大百科》。

Zhang Tongzhong

张同忠（1954.9— ）河南温县人，初中文化。1971年8月进入第55列车电站，同年调到24站，从事锅炉运行与检修。随电站调迁湖南耒阳、湘潭等地发电。1978年9月调入中条山有色金属公司电厂，1985年5月调入有色金属公司，驾驶员。2009年8月退休。

Zhang Yuansheng

张垣生（1955.3— ）河南济源人，初中文化。1971年8月招工进入第55列车电站，汽车驾驶。随电站调迁山西垣曲、长治等地。1979年随电站返回西北基地大修。1982年12月随55站调入西北基地。2010年3月退休。

Zhang Xiaohua

张晓华（1954.1— ）湖北孝感人，本科学历，电气工程师，中共党员。1971年8月进入武汉基地，在试验室从事电气工作。1975年4月在武汉供电局“七二一”大学学习。1984年10月调入孝感地区电力局，从事电力通信检修工作。后在南京电力学校、华北电力学院学习。1996年5月后，任孝感电力调度通信局生技办主任、通信科科长。撰写的论文，曾获中电联技术成果一等奖。2014年2月在孝感供电公司《芳亚创新工作室》任技术顾问。

Zhang Shuqin

张淑琴（1954.9— ） 女，天津宝坻人，高中文化。1971年6月进入列电系统，先后在第55、24列车电站从事汽机运行与检修。随电站调迁山西垣曲，湖南湘潭、株洲等地发电。1983年1月调入保定基地，在汽机、金工车间工作。1997年7月退休。

Chen Songgen

陈松根（1950.10— ） 上海人，高中文化，中共党员。1970年8月在贵州水城钢铁厂参加工作。1971年8月进入第35列车电站，从事热工专业。1982年6月调入54站，任热工室负责人。随电站调迁贵州水城、湖北宜昌、江苏无锡等地发电。1984年12月随电站成建制下放无锡新苑集团公司热电厂，1991年10月任热电厂办公室主任。

Chen Qiuhong

陈秋红（1955.6— ） 女，山西临汾人，中国公安大学公安管理专业本科毕业，中共党员。1971年8月进入第55列车电站，从事锅炉运行与检修。1981年6月调入58站，任化验室主任。随电站调迁山西垣曲、长治、晋城等地发电。1985年10月调入山西省公安厅，后任后勤处处长。

Zhou Xianchen

周显臣（1953.9— ） 湖北沔阳人。1970年2月湖北大悟县姚店公社插队知青。1971年8月进入武汉基地，先后在医务室从事药剂化验，在试验室、质量检验科、电站检修队、计量检验科、安全质量环保部从事热工专业。

Zhou Yan'e

周艳娥（1951.9— ） 女，湖北武汉人。1970年7月湖北应山县关夜公社插队知青。1971年8月进入武汉基地，后调在山西临汾的第19列车电站，从事汽机运行与检修。1974年5月调入武汉基地，先后在制造车间从事刨工、油漆工专业，在汽车队、二车间、五车间、钢窗车间从事电瓶车驾驶。1998年5月退休。

Zhou Chongxin

周崇新（1953.9—2007.5） 湖北武汉人，西北电业职工中等专业学校电力物资管理专业毕业，经济员，中共党员。1970年2月，湖北大悟县插队知青。1971年8月进入武汉基地，1972年12月入伍。1976年3月复员回到基地，安装钳工，后在物资科任定额员、服务公司业务员。1995年1月起，先后任经营计划科、经营销售科、经营销售公司副科长、经理，市场开发部主任。

Hu Zhubo

胡竹波（1951.6— ） 湖北孝感人，武汉市广播电视中专工业企业管理专业毕业，助理政工师，中共党员。1968年12月，湖北孝感插队知青。1971年8月进入武汉基地，1972年12月入伍。1976年3月复员回到武汉基地，磨工，后任人武部保卫干事。1984 年 6 月起，先后任附属厂党支部副书记、人武部部长、保卫科科长、物业公司经理、物业管理公司党支部书记兼离退休党支部书记。

Duan Shenggen

段生根（1953.4— ） 四川金堂人，江西共产主义劳动大学农业机械专业毕业。1971 年 8 月进入船舶 2 站，车工。随电站在江西九江、湖南衡阳发电。1983 年 3 月随电站下放衡阳电业局。1996 年 4 月在船舶 2 站退休。

Xia Changqing

夏长清（1952.12— ） 湖北武汉人，中共党员。1970 年 2 月，湖北黄陂县横店公社插队知青。1971 年 8 月进入武汉基地，先后在检修车间、一车间、行政科工作，曾担任过班长。后在生产科、计划科、经营计划科任生产调度。

Xia Baoqing

夏宝卿（1952.3— ） 湖北武汉人，中共党员。1970 年 2 月湖北黄陂县滠口公社插队知青。1971 年 8 月进入武汉基地，先后在检修车间、一车间、五车间、钢窗车间从事锅炉瓦工、钳工、钢窗工。2008 年 6 月退休。

Xia Ronghua

夏荣华（1953.10— ） 湖北孝感人，中共党员。1970 年 6 月，湖北孝感杨店插队知青。1971 年 8 月进入武汉基地，先后在运输队、物资运输公司工作，曾任汽车班班长。1995 年 1 月起，先后任实业公司副总经理，运输分公司、储运分公司副经理。2013 年 10 月退休。

Guo Jinrong

郭津荣（1954.6— ） 女，山西阳城人，初中毕业。1971 年 8 月进入第 55 列车电站，1979 年调入 33 站，从事锅炉运行与检修。1982 年 12 月调至葛洲坝水力发电厂，2004 年 8 月在长江电力公司退休。

Huang Jianzhong

黄建中（1953.12— ） 湖北武汉人，武汉经济管理干部学院工业企业管理专业毕业，政工师，中共党员。1970 年 2 月，湖北黄陂插队知青。1971 年 8 月进入武汉基地，铸造车间铸工。1976 年 8 月起，先后任车间副指导员、党支部副书记、主任，多种经营办公室、综合服务公司、实业公司副主任、总经理，市场开发部党支部书记，技术质量部、产品质量部、质量管理部、企业管理部主任。

Huang Zhen

黄珍（1951.1— ） 女，湖北武汉人。1970 年 1 月，湖北京山县徐店公社插队知青。1971 年 8 月进入武汉基地，后调入山西临汾的第 19 列车电站，从事汽机运行与检修。1974 年 5 月调入武汉基地，先后在制造车间、三车间、物资科、经营计划科工作。1998年12月退休。

Zhang Qinghua

章青华（1953.4— ）湖北武汉人，河海大学物资专业毕业，助理经济师，中共党员。1970年2月，湖北黄陂滠口插队知青。1971年8月进入武汉基地，车工，后任班长。1986年6月起，先后任车间副主任、设备动力科科长、电气分厂党支部书记兼厂长，开源电力设备有限公司总经理，副总经济师、人力资源部主任（兼）、厂长助理，飞宇公司总经理。

Zhang Qiumei

章秋梅（1953.1— ）女，湖北武汉人。1970年2月湖北黄陂县横店公社插队知青。1971年8月进入武汉基地，先后在机修车间、一车间、结构车间从事车辆钳工、冷作工、电焊条保管等工作。1998年5月退休。

Liang Guangcai

梁光彩（1956.2— ）黑龙江齐齐哈尔人，中学文化。1971年8月招工到第55列车电站，从事锅炉运行与检修。1979年随电站返西北基地大修，1982年12月随55站调入西北基地。2011年2月退休。

Peng Linhua

彭林华（1954.1— ）江西南昌人，江西共产主义劳动大学永修分校化学专业毕业，中共党员。1971年8月进入船舶2站，从事化验工作。1972年至1974年，先后在38、29、15站学习，1976年支援40站。1983年3月随电站下放衡阳电业局。1992年至1994年，由湖南省煤炭厅借调，赴坦桑尼亚执行援外任务。1994年后任船舶2站工会主席。1996年2月退休。

Dong Chaoli

董超力（1955.3— ）山西介休人，华东交通大学劳动经济专业本科毕业，高级经济师，中共党员。1971年8月进入第55列车电站，从事汽机专业，团支部书记。1981年8月后，历任临汾铁路分局机务段、列车段、劳资处（科）科员、主任，企管处政研室主任，山西南铁集团公司总经济师，太铁联合物流有限公司直属公司书记兼副总经理。1990年，专业论文在《中国劳动报》刊登，1992年有专业书籍在中国铁道出版社三次再版发行。

Zeng Niansheng

曾年生（1953.2— ）湖北武汉人。1970年2月湖北应山县插队知青。1971年8月进入武汉基地，后调第33列车电站从事电气运行与检修。随电站调迁山西运城、内蒙古朱日和等地发电。1978年2月调回武汉基地，先后在一车间、售后服务部、结构车间从事电工、产品售后服务工作。2009年2月退休。

Zeng Xiandong

曾宪东（1953.1—2016.10） 湖北武汉人，上海机械学院机械制造专业毕业，工程师，中共党员。1970 年 2 月，湖北大悟县姚店公社插队知青。1971 年 8 月进入武汉基地，车工、车间助理技术员。1984 年 2 月起，先后任车间主任、经营核算科科长、产品设计部主任兼设计科科长、副总工程师兼质量管理部主任。

Zeng Xiangyi

曾祥义（1952.7— ） 湖北武汉人。1970 年 2 月，湖北应山县天子公社插队知青。1971 年 8 月进入第 19 列车电站，从事锅炉运行与检修，随电站在山西临汾发电。1974 年 12 月调入武汉基地，先后在三车间、四车间、钢窗车间、汽车队等工作。2007 年 12 月退休。

Wen Jinbao

温金宝（1955.4— ） 黑龙江桦南人。1971 年 8 月进入第 55 列车电站，从事汽机运行与检修。1980 年调入 51 站，1981 年调入 59 站。随电站调迁山西垣曲、长治，湖北宜昌，黑龙江佳木斯等地发电。1983 年 9 月调入佳木斯市纺织印染厂热电站。

Xie Wenkang

谢文康（1952.12— ） 浙江余姚人，湖北省委党校政治专业毕业，高级政工师，中共党员。1970 年 2 月，湖北大悟县白云公社插队知青。1971 年 8 月进入武汉基地，铸造车间炉工，后任团委干事、团支部副书记、知青点带队干部、组织科干事。1987 年 2 月起，任三车间党支部副书记、书记，纪检监察室主任。1996 年 7 月，先后任基地纪委书记、党委副书记兼纪委书记、党委书记。2010 年 12 月调入华中电网公司任协理员。

Lei Zumu

雷祖木（1952.10— ） 湖北武汉人。1970 年 2 月湖北应山县徐店公社插队知青。1971 年 8 月调入武汉基地，后调入第 19 列车电站，从事汽机运行与检修。1974 年 5 月调入武汉基地，先后在制造车间、三车间、金工车间工作。2008 年 11 月退休。

Pan Qiuyuan

潘秋元（1950.8— ） 女，山西临汾人，初中文化，中共党员。1971 年 8 月进入第 55 列车电站，从事汽机运行与检修，曾任团支部副书记。随电站调迁山西垣曲、长治等地发电。1976 年 12 月调入山西永济电机厂工作。1998 年 7 月退休。

Ding Changhua

丁昌华（1952.5— ） 贵州遵义人。1971 年 9 月进入第 54 列车电站，从事锅炉运行与检修。随电站在贵州水城，湖南双峰、湘潭，山西大同，江苏无锡等地发电。1982 年 5 月调贵州遵义卷烟厂工作。

Ma Wenying

马文英（1954.12— ） 女，河南密县人，初中文化。1971 年 9 月进入西北基地，在金工车间工作。曾参与红心汽动给水泵和 1500 千瓦自由活塞燃气轮发电机组的加工制造。1983 年后在厂保卫科负责保卫等工作。2001 年退休。

Ma Shen

马申（1951.7— ） 女，河南信阳人，初中文化。1971 年 9 月进入在信阳明港的第 29 列车电站，从事电气运行与检修。1982 年调至大连麻纺厂，在退休管理办公室工作，2006 年退休。

Ma Fuxiang

马福祥（1953.10— ） 河北顺平人，初中文化，中共党员。1971 年 9 月进入第 14 列车电站，从事汽机运行与检修。1982 年 8 月调入保定基地，先后在金工车间、结构车间工作。1998 年在华北电管局党校学习后，任结构车间主任、结构分厂厂长、支部书记等职。2008 年 10 月退休。

Wang Huaiwu

王怀武（1947.4— ） 河南洛阳人，高中文化。1968 年 10 月，陕西省宝鸡市马营公社插队知青。1971 年 9 月进入西北基地，在生产科动力班从事起重工作，后调入动力科机修班，从事设备保养维修，并任班长。曾带领班组成员改进安装了大型设备油压机。1983 年后在车辆车间从事安装检修工作。

Wang Hang

王杭（1954.7— ） 山西洪洞人，天津大学金属材料热处理及设备专业毕业，工程师。1971 年 9 月进入西北基地，在金工车间工作。1975 年 10 月入天津大学学习，1978 年 10 月毕业后回到西北基地。1979 年 10 月后，相继在陕西省金堆城钼业公司、杭州机床厂、浙江省机械进出口公司、浙江省外贸公司工作。

Wang Dijin

王迪津（1951.12— ） 江西南昌人，长沙铁道学院机械专业毕业，工程师。1968 年 10 月，陕西宝鸡硖石公社插队知青。1971 年 9 月进入西北基地，在金工车间工作。1974 年 9 月入长沙铁道学院学习，1977 年 7 月毕业后返西北基地，在车辆车间从事技术管理。1985 年 12 月起，先后调入西安邮电科学技术第四研究所、陕西西安国家无线电频谱研究所工作。

Wang Yanqin

王艳琴（1953.5— ） 女，辽宁昌图人，初中文化。1971 年 9 月招工进入西北基地，在金工车间车工班工作。曾参与红心汽动给水泵、燃气轮机、1500 千瓦自由活塞燃气轮发电机组的加工制造。1989 年 4 月，调入动力科试验室从事水处理化验。

Wang Shujuan

王淑娟（1954.9— ）女，河北秦皇岛人，初中文化。1971年9月招工进入西北基地，在金工车间铣刨磨镗班工作，曾参与红心汽动给水泵和1500千瓦自由活塞燃气轮发电机组零部件加工。1990年7月，调入河北省秦皇岛热电厂，在检修公司从事检修工作。2004年10月退休。

Wang Xin'ai

王新爱（1954.4— ）女，河南郸城县人，初中文化。1971年9月进入西北基地，在金工车间车工班工作。曾参与红心汽动给水泵、1500千瓦自由活塞燃气轮发电机组的加工制造。自1985年4月起，先后在车辆车间、库房从事管理工作。2001年退休。

Bai Yuhong

白育红（1955.1— ）女，辽宁沈阳人，中学文化。1971年9月招工进入西北基地，在金工车间工作，曾参与红心汽动给水泵、1500千瓦自由活塞燃气轮发电机组的生产制造。后调入金属材料热处理班。1983年后，在供应科分管库房管理，大型设备、材料吊运以及工具室管理等，曾任班长。

Zhu Zhenqin

朱振琴（1954.4— ）安徽蚌埠人，初中文化。1971年9月进入第2列车电站，从事电气运行与检修。1974年7月，2站下放湖南耒阳时调56站。曾随电站调迁陕西西乡，湖南株洲、耒阳，江苏徐州等地发电。1982年调入徐州市热电公司工作。

Ren Baisheng

任百胜（1953.10— ）陕西商洛人，初中文化。1971年9月招工进入西北基地，在总务科从事后勤服务工作。1976年在车辆车间从事安装检修，后调入劳动开发公司工作。曾参与32米高空带电作业车、底开门翻斗上煤车制造相关工作。1983年后，在车辆车间从事焊接工作。2008年退休。

Wu Yuzhong

邬宇众（1954.7— ）贵州遵义人。1971年9月进入第54列车电站，从事吊车及汽车驾驶工作。随电站调迁贵州水城，湖南双峰、湘潭，山西大同，江苏无锡等地发电。1983年6月，调入贵州遵义市长征电器公司工作。

Liu Weize

刘卫泽（1949.7— ）河北大城人，初中文化，中共党员。1971年9月进入第14列车电站，从事锅炉运行与检修。1979年9月调入62站，1982年5月调入53站。随电站调迁陕西阳平关，北京门头沟，江苏徐州、无锡、镇江等地发电和供热。1984年4月调入华东基地。1998年10月退休。

Liu Lixia

刘丽霞（1952.12— ）女，陕西宝鸡人，初中文化。1968 年 10 月，陕西宝鸡县石坝河插队知青。1971 年 9 月进入西北基地，在金工车间工作。曾参与红心汽动给水泵和 1500 千瓦自由活塞燃气轮发电机组的加工制造。后在三车间小金工组工作。1983 年 7 月调入宝鸡有机化工厂，在中控化验室任班长。1993 年 1 月调入宝鸡重油公司。

Liu Baohua

刘宝花（1952.4— ）女，河南郑州人，凤翔师范学校毕业。1968 年 10 月，陕西宝鸡县陵园公社插队知青。1971 年 9 月进入西北基地，在金工车间工作。曾参与红心汽动给水泵、1500 千瓦自由活塞燃气轮发电机组加工制造。1980 年在车辆车间从事焊接工作，后调入后勤科、厂幼儿园，从事后勤服务工作。

liu Zhenxing

刘振兴（1949.10— ）河北顺平人，中共党员。1968 年 2 月入伍，1971 年 9 月复员到第 14 列车电站，从事锅炉运行与检修、汽车驾驶工作，随电站在徐州发电。1981 年 5 月调入 47 站，1983 年调入保定热电厂。

Liu Xuehua

刘雪花（1953.11— ）女，河南孟县人，高中文化。1971 年 9 月招工进入西北基地，金工车间车工。曾参与红心汽动给水泵、1500 千瓦自由活塞燃气轮发电机组的加工制造。1989 年调入金工车间库房，管理半成品工件及材料，负责车间刀具的管理及焊接。1998 年退休。

Sun Lianghong

孙良宏（1950.4— ）河南巩义人，中学文化，技师。1968 年，陕西宝鸡县插队知青。1971 年 9 月招工进入西北基地，先后在二车间、动力科工作，曾任班长，参与红心汽动给水泵、1500 千瓦自由活塞燃气轮发电机组的加工制造。1983 年后调电缆公司，任总调度、分厂厂长、分工会主席。1984 年获宝鸡市机械行业技术比武钳工第二名，被授予市级技术标兵称号。

Song Shefen

孙社芬（1955.8— ）女，河南封丘人，初中文化，技师，中共党员。1971 年 9 月进入西北基地，在金工车间工作。曾参与红心汽动给水泵和 1500 千瓦自由活塞燃气轮发电机组的加工制造。1986 年 9 月调入西安邮电局，1987 年 5 月调入西安邮电科学技术第四研究所。

Sun Chunmei

孙春梅（1955.2— ）女，河南郑州人，中学文化。1971 年 9 月进入西北基地，在金工车间车工班工作。曾参与红心汽动给水泵、1500 千瓦自由活塞燃气轮发电机组的加工制造。1983 年后在金属加工车间从事行车吊运。

Li Xiuqi

李秀岐（1954.8— ）女，山西稷山人，高中文化。1971年9月进入西北基地，在金工车间铣刨磨班工作。曾参与红心汽动给水泵和1500千瓦自由活塞燃气轮发电机组的加工制造。1975年9月被选送到基地“七二一”大学学习。1977年8月毕业后返回金工车间，后调新产品开发公司小金工班，参与32米高空作业车、翻斗上煤车的制造。2001年退休。

Li Xiuqing

李秀清（1956.5— ）女，陕西宝鸡人，中学文化，1971年9月进入西北基地，在金属加工车间铣刨磨镗班工作。曾参与红心汽动给水泵和1500千瓦自由活塞燃气轮发电机组的加工制造。1991年7月调入动力科，从事水处理化验工作。

Li Qiuxia

李秋霞（1949.8— ）女，陕西临潼人，初中文化。1968年10月，陕西宝鸡县高家村公社插队知青。1971年9月招工进入西北基地，先后在厂办公室、财务科、厂工会，从事文书、会计、播音等工作。1983年后调入第三产业劳动服务发展公司。1998年5月退休。

Li Junting

李俊婷（1954.12— ）女，河南偃师人，初中文化，中共党员。1971年9月招工进入西北基地，金工车间车工，参与红心汽动给水泵、1500千瓦自由活塞燃气轮发电机组的加工制造。曾任车间团支部书记。1985年4月，调入厂检验科，从事备品及底开门车加工件检验。后从事长度计量工作。

Li Yinxia

李银霞（1952.10— ）女，陕西宝鸡人，初中文化。1971年9月进入西北基地，在金工车间车工班工作。曾参与红心汽动给水泵和1500千瓦自由活塞燃气轮发电机组的加工制造。1975年4月起，在一车间、车辆车间从事行车专业。

Yang Baozhi

杨宝芝（1951.10— ）女，湖北武汉人，初中文化。1968年10月，宝鸡市陵园公社插队知青。1971年9月进入西北基地，金工车间钳工。参与红心汽动给水泵、1500千瓦自由活塞燃气轮发电机组的加工制造。1978年调入新产品开发公司小金工车间，参与32米带电高空作业车的制造，后调入五车间任钳工班班长。1998年退休。

He Hua

何华（1955.6— ）女，河北石家庄人，西安电校汽轮机专业毕业，中国民主建国会会员。1971年9月进入西北基地，在金工车间从事镗工工作，参与红心汽动给水泵和1500千瓦自由活塞燃气轮发电机组的加工制造。1973年12月被选送到西安电校学习，毕业后曾借调到西安电校工作。1977年1月回到西北基地。1986年12月调入秦皇岛外企，在进出口部任经理。1995年12月任民建北京海淀区委宣传委员会委员。1999年10月被评为民建北京市市级优秀会员。

He lu

何鲁（1955.8— ） 河南南阳人，1985年西北政法学院法律专业函授毕业，经济员。1971年9月进入西北基地，金工车间车工，参与红心汽动给水泵、1500千瓦自由活塞燃气轮发电机组的加工制造。1985年7月调入厂计划科。1991年8月任销售科副科长。曾为宝鸡市第7、8、9届政协委员。

Song Xinyu

宋新玉（1955.3— ） 女，河南郑州人，“七二一”大学机械制造专业毕业。1971年9月招工进入西北基地，在金工车间车工班学徒，后从事镗工工作，参与红心汽动给水泵和1500千瓦自由活塞燃气轮发电机组的加工制造。1975年9月被选送到“七二一”大学学习，1977年9月毕业后返回西北基地。1992年调入后勤科库房，从事管理工作。

Zhang Xuebin

张学斌（1955.2— ） 辽宁铁岭人，中央党校大专班毕业。1971年9月进入西北基地，在金工车间车工班工作。曾参与红心汽动给水泵和1500千瓦自由活塞燃气轮发电机组的加工制造。后调入厂检验科，从事加工件的检验。1990年7月调入河北省秦皇岛热电厂，在纪委工作。2015年3月退休。

Zhang Baolian

张宝莲（1950.6— ） 女，河南西平人，清华大学燃气轮机专业毕业，工程师，中共党员。1971年9月进入西北基地，在金工车间从事镗工工作。1972年5月入清华大学学习。1975年12月毕业后分配到第31列车电站，后在武汉基地“七二一”大学工作。1977年10月返回西北基地，先后在汽机车间、质检科、总工办、生产经营部从事技术工作，后任经营部副主任。

Chen Guozhen

陈国珍（1955.10— ） 女，上海人，初中文化。1971年9月进入第54列车电站，从事汽机运行与检修。随电站调迁贵州水城，湖南双峰、湘潭，山西大同，江苏无锡等地发电。1984年12月随电站成建制下放无锡新苑公司热电厂。1985年5月调入北京新型建筑材料总厂，在自备电厂从事汽机专业，在塑钢车间从事仓库管理。2002年6月退休。

Chen Yanyan

陈燕燕（1954.8— ） 女，贵州遵义人，技师。1971年9月进入第54列车电站，从事电气工作。随电站调迁贵州水城，湖南双峰、湘潭，山西大同，江苏无锡等地发电。1984 年 12 月随电站成建制下放无锡新苑集团公司热电厂，1987 年 8 月任列电车间电气工段长。1988 年 5 月调入大连市氯酸钾厂自备电厂，任电气运行班长、厂工会女工委员。

Zhou Juxiang

周菊香（1955.5— ）女，河南许昌人，大连工学院机械制造及工艺设备专业毕业，工程师，中共党员。1971 年 9 月进入西北基地，在金工车间车工班工作。曾参与红心汽动给水泵、1500 千瓦自由活塞燃气轮发电机组、底开门煤炭漏斗车的加工制造。1980 年入大连工学院学习，毕业后返回基地，先后任金工车间技术员、生技组长、生产部副主任。在《铁道车辆》1994 年第 11 期、1996 年第 4 期、《水力电力机械》1995 年第 6 期发表 3 篇论文。

Zhou Cuiqin

周翠琴（1952.5— ）女，河南温县人，初中文化。1968 年 10 月，陕西省宝鸡市陵园公社插队知青。1971 年 9 月进入西北基地，在金工车间车工班学徒，后调入钳工班从事安装检修。曾参与红心汽动给水泵和 1500 千瓦自由活塞燃气轮发电机组的加工制造。1983 年后在供应科库房从事管理工作。

Zheng Xueren

郑学仁（1954.5— ）贵州遵义人，初中文化。1971 年 9 月进入第 54 列车电站，从事汽机运行与检修。随电站调迁贵州水城，湖南双峰、湘潭，山西大同，江苏无锡等地发电。1984 年 12 月随电站下放无锡新苑公司热电厂，任列电车间汽机工段长、副主任。2009 年退休。

Meng Yujun

孟玉君（1954.1— ）女，山东武城人，初中文化。1971 年 9 月进入西北基地，从事铸造工作。1979 年调入第 27 列车电站，从事汽机运行与检修，随电站在江西为大光山煤矿发电。1982 年调回西北基地，金工车间、车辆车间钳工。2001 年退休。

Zhao Shunsheng

赵顺生（1949.7— ）河北曲阳人，初中文化，中共党员。1968 年 2 月入伍，在北京卫戍区 4510 部队服役，1971 年 9 月复员，进入第 14 列车电站，从事化验工作，后任人事员。随电站调迁江苏徐州、北京门头沟等地发电和供热。1977 年 6 月后调入 34、47 站，1985 年调入保定热电厂。

Gong Dianying

宫殿英（1955.10— ）女，山东乳山人，初中文化。1971 年 9 月进入西北基地，在金工车间车工班学徒。1972 年调入铣刨磨镗班，曾参与红心汽动给水泵、1500 千瓦自由活塞燃气轮发电机组的加工制造。

1983 年起，在后勤部门工作。2001 年 10 月退休。

Qin Yang

秦阳（1955.4— ） 江苏无锡人，初中文化。1971 年 9 月进入西北基地，在金工车间学徒。1972 年 7 月从事铣工工作。参与红心汽动给水泵、1500 千瓦自由活塞燃气轮发电机组的加工制造。1983 年 5 月调入生产技术科，从事描图工作。1995 年 3 月后从事技术资料、图书管理。

Xia Qiuxia

夏秋霞（1950.6— ） 女，陕西华县人，初中文化。1968 年 9 月，陕西宝鸡高家村公社插队知青。1971 年 9 月进入西北基地，在金工车间钳工班工作，曾参与红心汽动给水泵和 1500 千瓦自由活塞燃气轮发电机组的加工制造。1979 年 3 月调入第 40 列车电站，任财务出纳，随电站在广东韶关发电。1982 年 5 月返回西北基地，在一车间起重班、空压机房工作。

Dang Weihua

党卫华（1953.3— ） 女，河南许昌人，高中文化，后自考药剂学基础理论专业毕业，药剂师。1971 年 9 月进入西北基地，在金工车间工作，曾参与红心汽动给水泵、1500 千瓦自由活塞燃气轮发电机组的制造。后调入工会图书馆，任管理员。1974 年 3 月调入基地卫生所，从事护理和药剂工作，后任药房负责人。

Huang Yewei

黄叶薇（1937.11—2018.1） 女，浙江宁波人。1958 年 10 月起，在上海杨树浦电厂、贵州都匀电厂工作。1971 年 1 月进入第 33 列车电站，1977 年 1 月调入 7 站，均从事汽机运行与检修。随电站调迁湖南衡阳、福建漳平等地发电。1982 年 9 月调入华东基地工作。

Gong Zijian

龚自坚（1952.11— ） 广东中山人，高中文化。1971 年 9 月招工进入第 54 列车电站，从事锅炉运行与检修，随电站调迁贵州水城、湖南双峰、湘潭，山西大同等地发电。1976 年 3 月调入 1 站，1983 年 4 月随电站下放北京煤矿机械厂，在电力车间工作。

Cui Yuan

崔远（1954.9— ） 山东青州人，技师，中共党员。1971 年 9 月进入第 54 列车电站，从事锅炉运行与检修。1972 年 7 月接新机 57 站，1975 年 12 月调入第 10 站。1978 年 3 月至 6 月，借调密云干校工作。曾随电站调迁贵州水城、湖南双峰、天津汉沽、山西大同等地发电。1979 年 9 月调入贵州遵义荣誉军人康复医院。

Han Baoru

韩宝茹（1953.9— ） 女，河南巩义人，初中文化。1971 年 9 月进入西北基地，在金工车间工作，曾参与红心汽动给水泵和燃气轮机、自由活塞的加工制造，后在车间管理班从事行车吊运工作。曾获厂加工技术改革奖励。

Jing Yunhua

景云华（1954.11— ）贵州遵义人，司法警官教育学院监所管理专业毕业。1971 年 9 月进入第 54 列车电站，从事吊车及汽车驾驶工作。随电站调迁贵州水城，湖南双峰、湘潭，山西大同，江苏无锡等地发电。1981 年 12 月调入贵州茅草铺监狱工作。

Yu Jianxin

喻建新（1954.10— ）湖南宁乡人。1971 年 9 月进入第 54 列车电站，从事热工仪表工作。随电站调迁贵州水城，湖南双峰、湘潭，山西大同，江苏无锡等地发电。1983 年 8 月调入遵义长征电气公司工作。

Cheng Anmei

程安每（1948.11— ）女，安徽黄山人，陕西师范大学中文专修科毕业、北京人文学院法律和中央党校经济专业毕业，中共党员。1968 年 9 月，陕西宝鸡县插队知青。1971 年 9 月进入西北基地，在厂办、厂政治宣传科工作。1978 年 5 月入陕西师范大学学习。1980 年 9 月分配到陕西省人大办公厅，历任秘书处干事、副处长、处长，省人大常委会研究室副主任。1999 年 1 月调任中共陕西省委省直机关工作委员会副书记，2008 年 3 月任正厅级巡视员。

Lu Yinku

鲁银库（1955.8— ）河南荥阳人，列电局西北基地“七二一”大学机械制造专业毕业，工程师，中共党员。1971 年 9 月招工进入西北基地，在金工车间工作。1975 年 9 月被选送“七二一”大学学习，1977 年 9 月毕业后返回金工车间负责技术培训。后在动力科负责设备管理及维修，在银河远东电缆有限公司负责设备技术。

Xue Baoqin

薛保勤（1952.11— ）河南潢川人，初中文化。1971 年 9 月进入第 29 列车电站，从事锅炉运行与检修。1983 年随电站下放信阳电业局。1992 年后在信阳电业局 220 千伏变电站载波室、变电工区检修班工作。2000 年退休。

Wei Yuru

卫玉茹（1948.11— ）女，北京市人，高中文化。1971 年 10 月进入在信阳的第 29 列车电站，从事电气运行与检修。1976 年 11 月调至在大连的新 4 站。后调入大连液力有限公司，在教育科工作。

Tang Min

汤敏（1955.5— ）女，山东济宁人。

1971 年 12 月进入第 10 列车电站，从事电气运行与检修。1977 年 8 月调入 54 站。随电站调迁山东济宁、山西大同、江苏无锡等地发电。1983 年 8 月调入遵义长征电气公司工作。

Sun Mingxin

孙明新（1953.3— ）湖北武汉人，初中文化，知青，中共党员。1971 年 10 月进入第 33 列车电站，从事汽机运行与检修工作。1980 年 10 月调入武汉化工二厂，在动力车间工作。1990 年至 1991 年在一轻局学校学习两年。1992 年任车间主任兼党支部书记，曾连续两年被评为一轻局优秀共产党员。1994 年调入新材料公司，任副厂长。

Sun Tao

孙涛（1951.11— ）女，陕西岐山人，初中文化。1968 年 10 月，陕西宝鸡县高家村公社插队知青，曾任妇女队长。1971 年 10 月进入西北基地，在金工车间铣刨磨班工作。曾参与红心汽动给水泵、1500 千瓦自由活塞燃气轮发电机组的加工制造。曾调入一车间小金工班，后又返回金工车间铣刨磨班。1998 年退休。

Zhang Yuling

张玉玲（1947.10— ）女，陕西耀县人，陕西省广播电视大学机械设计专业毕业，助理工程师，助理政工师，中共党员。1968 年 10 月，陕西宝鸡晁峪公社插队知青。1971 年 10 月进入西北基地，先后在金工车间厂资料室工作，在厂子弟学校任代课老师。1985 年 10 月调入西安冷冻机厂，任生产科科长、厂工会主席。1993 年 5 月调入陕西省苹果气调储藏技术研究中心，在技术科实验室工作，兼任工会主席。

Nie Junhua

聂俊华（1954.5— ）女，黑龙江哈尔滨人，初中文化。1971 年 10 月招工进入西北基地，金工车间刨工。曾参与红心汽动给水泵和 1500 千瓦自由活塞燃气轮发电机组的加工制造。1986 年 3 月调入河北涿州中资企业。1987 年 12 月调入河北保定化工二厂。退休后经营民营企业。

Mo Xiuzhen

莫秀珍（1955.7— ）女，浙江萧山人，中技毕业，中共党员。1971 年 10 月进入第 3 列车电站，从事化验工作。1973 年 4 月至 6 月参加列电局举办的化验训练班学习。1978 年 10 月调入 32 站，在湖北宜昌参加为葛洲坝工程建设发电。1981 年 8 月调入 24 站，1986 年 8 月随电站调入长沙重型机器厂。

Xu Shuo

徐硕（1947.10— ）湖北武汉人，湖北广播电视大学机械专业毕业，工程师，中共党员。1968 年 11 月，湖北钟祥长滩公社李河大队插队知青。1971 年 10 月进入武汉基地，车工。1984年2月起，先后任车间副主任，设计科科长，副总工程师兼科技开发公司经理多种经营办公室副主任。曾参与完成燃气轮机高温合金叶片的加工工艺及冷却液配方的试验。1998年3月退休。

Guo Quansheng

郭泉生（1956.1— ）陕西佳县人，初中文化。1971年10月进入西北基地，1978年调入第37列车电站，1979年1月调入61站，从事机加工工作。1983年1月调入保定基地，先后在金工车间、铸造车间、杆模车间、塔机车间、列电服务公司工作。曾任加工班班长、列电服务公司机械制造厂厂长。1997年停薪留职，创办保定先奇电力技术设备有限公司，任总经理。

Xie Juhong

解菊红（1952.11— ）女，湖北武汉人，初中文化。1969年12月湖北应山县插队知青。1971年10月进入第33列车电站，从事汽机运行与检修。随电站调迁贵州水城、湖南衡阳、山西运城、内蒙古朱日和等地发电。1983年5月调入29站。1987年11月调入河北保定化工二厂。

Cai Zhengwen

蔡正文（1952.10—2015.5）湖北武汉人，中共党员。1970年2月，湖北枝江县石岭公社插队知青。1971年10月到湖北330基建分局。1975年1月进入武汉基地，在三车间工作，后在保卫科任消防干事兼保卫干事。曾因与盗窃犯罪分子搏斗负伤。1989年被评为全国能源工业劳动模范。

Yu Suling

于素玲（1936.12—2018.11）女，天津人。1958年4月在吉林辉南县棉纺厂参加工作，1967年9月调入河北定县化学制药厂。1971年11月进入保定基地，先后在印刷组、厂工会工作。1976年8月调入武汉基地，从事后勤工作。1983年6月退休。

Bai Xuming

白绪铭（1930.8—2011.4）山西平定人，北京建筑工程学院给排水专业中专毕业，中共党员。1948年7月参加革命工作，先后在华北军区所属石家庄益增银行、北京人民银行任科员、干事。1956年5月调入北京市政四公司，在党委办公室从事党务工作。1958年9月入北京建筑工程学院中专部学习。1962年8月起，在密云水库机电工程队、水电总局任支部书记、人事处科员。1969年7月在水电部青铜峡“五七”干校劳动。1971年11月进入列电局机关，在供应科、政治部工作。1983年4月调中国水利电力对外公司，任总经办、离退办副处长、处长。1985、1986、1987、1989年获公司先进工作者、优秀共产党员称号。1991年2月离休。

Yao Yuping

要玉萍（1940.1—　）女，河北满城人，河北保定师范学校毕业，高级教师。1960年9月在满城要庄学校任教，后调入满城顺民学校。1971年11月调入西北基地，在厂子弟学校任教。

Wang Zuwei

王祖伟（1953.6—　）湖北武汉人，初中文化。1968年，湖北应山余店区天子公社插队知青。1971年招工进入第33列车电站，从事汽机运行与检修。随电站调迁湖北武汉、湖南衡阳、山西运城、内蒙古朱日和等地发电，曾任汽机工段长。1982年调入在宜昌的35站。1985年调入葛洲坝水力发电厂，任葛洲坝水电厂驻北京办事处处长。

Liu Benquan

刘本权（1954.4—　）山东单县人，初中文化。1971年5月在扎赉诺尔矿务局参加工作，同年12月调至第12列车电站，从事汽机运行与检修。1977年调入扎赉诺尔矿务局，在运销处工作。1983年调回扎赉诺尔矿务局的12（55）站，2004年4月退休。

Wang Xianghe

汪祥和（1929.5—1983.7）湖北武汉人。1950年4月参加工作，曾在湖北大冶炼钢厂后勤部工作。1971年12月进入武汉基地，先后在铸造车间、二车间从事铸造工作，曾任班长。

Zhao Yijuan

赵一娟（1955.4—　）女，上海人，高中文化。1971年12月进入第49列车电站，从事汽机运行与检修。1979年调54站。随电站调迁山东莱芜、烟台，内蒙古集宁，山西大同，江苏无锡等地发电。1984年12月，随电站下放无锡新苑公司热电厂。

Zhao Xiyuan

赵锡元（1955.12—　）天津静海人，初中文化。1971年5月在扎赉诺尔矿务局参加工作，1972年12月调到第12列车电站，从事汽机运行和检修。1979年1月调入扎赉诺尔矿务局露天矿，1983年6月调回扎赉诺尔矿务局12（55）站，在汽机工段任工段长。2005年9月退休。

Gao Yongyao

高永耀（1950.5—　）陕西榆林人，初中文化。1968年8月陕西定边县插队知青，1971年8月在陕西韩城矿务局参加工作。1971年12月进入已下放的原第3列车电站，从事锅炉运行与检修。1975年随电站调迁至河南西平县。1978年调在内蒙古丰镇的16站，从事电气运行与检修。1983年调入西安市供电局工作。

Sun Mengdong

孙孟东（1954.11— ）山东昌邑人，西安交通大学热能动力专业专科毕业。1971年5月在扎赉诺尔矿参加工作，1972年1月调入第12列车电站，从事化学运检工作。1983年6月随电站下放扎赉诺尔矿务局，1984年1月调入扎赉诺尔矿务局55站，在生技组任组长，后任副厂长。1988年11月任机电处特种设备科科长。2006年12月退休。

Zhang Yueguang

张月光（1952.1— ）河北安新人，初中文化。1971年5月在扎赉诺尔矿参加工作，1972年1月调入第12列车电站，从事汽机运行与检修。1983年6月随电站下放扎赉诺尔矿务局，在矿务局列电汽机工段工作。2004年8月退休。

Chen Weiguo

陈卫国（1955.12— ）浙江镇海人，中共党员。1972年1月进入第53列车电站，从事化验工作。1982年11月调入60站。随电站调迁浙江宁波、海宁，江苏镇江等地发电。1985年11月调入浙江镇海发电厂工作。

Chen Chengxian

陈成宪（1954.1— ）山东齐河人，初中文化。1971年5月在扎赉诺尔矿务局参加工作，1972年1月调入第12列车电站，从事汽机运行和检修。1983年6月随电站下放扎区矿务局，在矿务局列电汽机工段工作。2004年11月退休。

Fan Huizhi

范惠智（1941.4— ）女，河北徐水人，河北容城师范学校教育专业毕业，政工师，中共党员。1959年在徐水县参加工作，曾任教员、会计、商店营业员。1972年调入第10列车电站，从事财务出纳工作，1975年任副指导员，1982年任党支部书记。随电站调迁山东济宁、山西大同、湖北安陆等地发电。1983年调入天津大沽化工厂，历任热电分厂工会主席、党支部书记、总厂计划生育办公室主任等。

Huang Jingan

黄竟安（1956.2— ）浙江宁波人，初中文化，工程师，中共党员。1972年1月进入第53列车电站，从事锅炉运行与检修，随电站调迁浙江宁波、江苏镇江等地发电。1984年5月调入华东基地，从事锅炉检修，小火电锅炉安装工作。1990年2月调入国电浙江北仑第一发电厂，从事锅炉运行，后任锅炉工程师。

Xie Hong

谢宏（1947.9— ）女，山东威海人，大连友谊医院护校毕业，主管护师。毕业分配到辽宁盖县医院工作。1972年1月调入在甘肃甘谷的第20列车电站，1974年11月调到在黑龙江扎赉诺尔的12站，1977年10月调入在秦皇岛的新5站，均从事医务工作。1981 年 1 月调入大连市老虎滩工人疗养院，在医务科工作。

Niu Xiulan

牛秀兰（1954.8— ） 女，安徽临泉人，大专学历，工程师。1972 年 3 月被招入保定基地，在金工车间工作，铣工。1975 年 8 月入列电局西北基地“七二一”大学机械制造专业学习。1977 年 8 月返回保定基地。列电体制改革后，在机械分厂技术组、厂生产技术部，历任技术员、助理工程师、工程师。1997 年 7 月退休。

Yang Yuqin

杨玉琴（1937.11— ） 女，河南商丘人，北京农业大学气象系毕业。1960 年 7 月分配到新疆哈密巴里坤气象站，从事气象分析工作。1972 年 3 月调入西北基地，在子弟学校任英语教师。

Xu Qi

许启（1933.1—2018.4） 湖南湘潭人，中共党员。1949 年 10 月参加中国人民解放军，1958 年 1 月复员到武汉第二机床厂。1972 年 4 月进入武汉基地，先后在二车间、制造车间、设备动力车间从事机加工工作。在计划科、生产科从事仓库管理。

Su huifang

苏惠芳（1939.1— ） 女，上海人，湖北宜都卫校毕业，内科医师。1961 年 9 月在湖北兴山县人民医院参加工作。1972 年 4 月进入第 58 列车电站，从事医务工作。随电站调迁山西永济、晋城等地发电。1979 年 4 月调入华东基地，任医务室医师。

Lin Ying

林英（1939.5—1999.6） 女，湖北武汉人，武汉市第一师范学校教师专业毕业，小学高级教师。1960 年 2 月参加工作，1972 年 4 月进入武汉基地，在幼儿园工作，后在子弟小学任语文教师、班主任、语文教研组长。1983 年被武昌区教育局评为优秀班主任。

Yin Li

尹力（1932.11—2006.3） 山东历城人，高中文化，会计师。1948 年 6 月参加革命，先后在山东省章丘县独立营、泰山军分区警卫营、华东警卫团任通讯员。1950 年 11 月在 99 师后勤供训队会计训练班学习。1953 年 7 月在建筑工程 5 师 14 团任会计。1956 年 6 月起，相继在建工部北京工业设计院、二机部二院任会计。1972 年 5 月调入列电局机关，在财务处从事会计工作。1983 年 4 月调入中国水利电力对外公司。1986 年 5 月在突尼斯经理部因财务报表工作突出，获公司通报表扬。1993 年 2 月离休。

Yin Lian

尹炼（1953.11— ） 湖北黄冈人，清华大学电力系燃气轮机专业毕业，教授级高级工程师，中共党员。1971 年 1 月，湖北省黄陂插队知青。1972 年 5 月进入武汉基地工作。1973 年 2 月在清华大学学习，1976 年 7 月分配到列电局机关，在生技科（处）从事技术管理工作，参与的列车电站冷水塔技术改造项目获电力部科技三等奖，加拿大奥伦达 9000 千瓦燃机燃烧筒和透平叶片事故分析报告获电力部科技司优秀论文奖。1983 年 4 月调入中国水利电力对外公司，任项目经理。后相继调任能源部新能处副处长、处长，贵州省电力公司副总经理、党组成员，中国南方电网海南电网公司党组书记等。

Zhong Cuizhen

钟翠珍（1943.6— ） 女，湖北武汉人，武汉市外语专科学校英语专业毕业，小学高级教师。1967 年 9 月在湖北圻春县彭思高中任英语教师。1972 年 5 月，进入武汉基地，在子弟小学任英语教师。1987 年 3 月任子弟小学校长。1989 年 8 月后在总工程师办公室任技术资料管理员。

Ren Chaohai

任潮海（1927.1— ） 北京通县人，初小文化，中共党员。1956 年 10 月起相继在水电建设总局、水科院等单位从事后勤服务。1972 年 6 月调入列电局机关，在行政科从事后勤服务。1983 年 4 月调入水利电力出版社，在行政处膳食科工作。

Yang Changsheng

杨长生（1942.11— ） 湖北嘉鱼人，华中工学院水利机械液压技术及金属切削专业本科毕业，工程师，中共党员。1965 年 9 月在石家庄水泵厂任技术员。1972 年 6 月进入武汉基地，任车间技术员、助理工程师。1979 年 2 月起，先后任车间副主任、主任，曾组织首台翻车机的生产。1979 年评为全国电力战线先进工作者。1983 年调入武汉市委，任市委组织部组织处副处长、青年干部处处长。1989 年 12 月调入武汉长飞光纤光缆有限公司，任人事部经理、党委副书记。

Deng Jinghua

丁菁华（1953— ） 女，江苏无锡人，中共党员。1970 年江西宜春插队知青。1972 年进入第 38 列车电站，从事电气运行与检修。1978 年调入 56 站，1980 年调入 62 站，先后任办公室副主任、主任、工会主席。随电站调迁江西九江，河北迁安，江苏徐州、无锡等地发电。1994 年，调入无锡协联热电有限公司，任工会主席。

Wang Zhiyou

王志有（1945.11—1990.5） 河北完县人，河北农业大学林学系毕业。1968 年毕业后到涞源县锻炼。1972 年调入在陕西韩城的第 20 列车电站，1974 年 11 月调入在辽宁大连的新 4 站，均从事材料供应工作。1983 年 3 月调入大连供电公司，在计划处任职员。曾被评为大连市节水工作先进个人。

Wang Huiqin

王慧琴（1946.10— ） 女，天津人，天津电力技工学校电气仪表专业毕业、自学大专统计专业毕业。1963 年分配到新疆石油管理局克拉玛依电厂，从事电气仪表与试验工作。1972 年调至在信阳明港的第 29 列车电站，从事电气运行与检修。1980 年调至河北廊坊石油管道局基地管理处，在电力队从事电度表校验、人事劳资员等工作，1992 年退休。

Tian Guizhen

田桂珍（1958.6— ） 女，河北新乐人。1972 年进入第 38 列车电站，从事化验工作，曾任团支部书记。随电站调迁江西九江、河北迁安、江苏昆山等地发电。1983 年随电站下放江苏昆山，曾任化验负责人。1997 年调入昆山锦港集团热电厂。

Bai Jinyun

白金云（1950.2— ） 福建邵武人，初中文化。1972 年 7 月进入第 27 列车电站，从事锅炉运行与检修。1981 年调入 56 站。随电站调迁福建邵武、甘肃山丹、江西安福、江苏徐州等地发电。1982 年 12 月调入徐州市热电公司。

Lü Wanping

吕万萍（1953.7— ） 黑龙江齐齐哈尔人，中共党员。1972 年进入第 31 列车电站，从事燃气轮机运行及检修，在北京丰台二七车辆厂发电。1974 年 11 月调入新 4（5）站，参加进口燃气轮机电站调试发电。1976 年 8 月随新 5 站紧急赴秦皇岛为唐山抗震救灾发电。1979 年 12 月调入 17 站，从事汽机运行与检修。1983 年 1 月调入辽宁锦州电厂，历任治安队长、房产处工会主席、环卫队长。

Sun Shuhua

孙淑华（1956— ） 女，中国记协新闻学院毕业。1972 年 11 月进入第 1 列车电站，从事电气运行与检修，随电站在北京房山发电。1979 年调入拖车电站，从事电气工作。1983 年 5 月调入国家机关单位，从事宣传工作。

Su Qirong

苏齐荣（1955.3— ） 江苏徐州人，高中文化，中共党员。1972 年进入第 21 列车电站，从事锅炉运行与检修，曾任团支部书记，随电站调迁黑龙江牡丹江发电。1984 年调入牡丹江市地毯厂，从事地毯销售，后任销售科长，2016 年退休。

Du Shujun

杜书君（1954.5— ） 江苏徐州人，高中文化。1972 年进入第 21 列车电站，从事热工仪表维护工作，随电站调迁黑龙江牡丹江发电。1984 年调入江苏昆山 38 站。1995 年调入昆山锦江集团热电厂。

Li Pingwei

李平伟（1956.7— ）河南信阳人。1972年进入第4列车电站。1974年4月调入14站，1979年调入62站，均从事锅炉运行和检修。随电站调迁河南信阳，江苏徐州、无锡等地发电。1984年调入信阳的29站，1987年调入平桥电厂，从事锅炉运行工作。2010年退休。

Yang Shulan

杨淑兰（1949.6— ）女，河北曲阳人，初中文化，电气助理技师。1961年1月在河北曲阳电厂参加工作，从事电气运行及检修。1972年7月调入第26列车电站，1975年7月调入24站，曾任运行值长及维修组长。1986年随电站调入长沙重型机器厂，在结构车间工作。

Wu Yiling

吴伊玲（1954— ）女，浙江宁波人。1972年7月进入第53列车电站，从事电气运行与检修。1982年调入60站。随电站调迁浙江宁波、海宁，江苏镇江等地发电。1986年调浙江镇海电厂，1988年调入宁波北仑电厂。

Wu Zhongwang

吴忠旺（1954.2— ）上海人。1970年，江西宜春分宜插队知青。1972年7月进入第38列车电站，从事锅炉运行与检修，曾任团支部书记。1976年唐山大地震后，赴52站参加抗震救灾。1983年1月调入53站。随电站调迁江西九江，河北迁安，江苏昆山、镇江等地发电。1985年调入华东基地。1986年调入苏州热电厂。

He Yafang

何亚芳（1939.2— ）女，江苏东台人，武汉水电学院发电厂电力网及电力系统专业毕业，高级工程师。1967年9月分配到四川515工程指挥部。1972年7月进入第42列车电站，从事电气运行与检修。1973年6月调入31站，任生技组电气负责人。1976、1978年被二七车辆厂评为先进生产者和“三八”红旗手，1978年获列电局燃气轮机程序自动控制工程革新成果奖。1982年1月调入局机关，在办公室从事档案管理。1983年4月调入中国水利电力对外公司，在电力处从事对外工程投标。1986、1991年被评为公司先进工作者。

Zou Chenghua

邹成华（1955.9— ）江苏徐州人，高中文化。1972年进入第21列车电站，从事锅炉运行与检修。1977年随电站调迁黑龙江牡丹江发电。1986年调入仪征化纤公司，在自备电厂从事锅炉运行与维护，2016年退休。

Zou Chengying

邹成英（1953.1— ）江苏徐州人，高中文化。1972年参加工作，进入在徐州的第21列车电站，从事汽机运行与检修，1977

年随电站调迁黑龙江牡丹江发电。1986年调入在河北涿州的59站，1996年调至涿州热电厂。2003年退休。

Zhang Yanhui

张燕辉（1956.2— ）广东宝安人。1972年7月进入第38列车电站，电动吊车司机。1976年唐山大地震后，赴52站参加抗震救灾。随电站调迁江西九江、河北迁安、江苏昆山等地发电。1983年随电站下放江苏昆山，1986年任列车电厂燃料车间副主任。1994年调入昆山锦港集团热电厂。

Wu Lianfang

武莲芳（1937.1— ）女，河北邯郸人，邯郸医学院毕业，主治医师。1962年分配到成安县防疫站工作，曾任防疫站副站长。1972年调入在九江的船舶2站，随电站调迁江西九江、瑞昌，上海，湖南衡阳等地发电。1976年调入第8列车电站，随电站调迁河北衡水、湖北武汉、北京等地发电。1983年3月随电站下放北京新型建筑材料厂。

Lin Chunguo

林春国（1954— ）浙江镇海人，中共党员。1972年进入第53列车电站，从事锅炉运行与检修。1973年入伍，在长春46师服役。1977年复员回到53站。1982年调入60站。随电站调迁浙江宁波、海宁，江苏镇江等地发电。1985年调入镇海发电厂，后在北仑电厂、浙电燃料公司、越华能源检测公司工作。

Meng Pingfen

孟平芬（1948.8— ）女，江苏东台人。1968年海南岛648团军垦农场战士。1972年进入第37列车电站，从事汽机运行与检修。随电站调迁湖南临湘、福建福州、河北沧州等地发电。1982年调入华东基地。

Xu Zhihua

徐芝桦（1955.6— ）女，浙江镇海人。1972年1月进入第53列车电站，从事汽机运行与检修。1982年11月调入60站。随电站调迁浙江宁波、海宁，江苏镇江等地发电。1985年11月调入镇海发电厂工作。

Guo Junfeng

郭俊峰（1927.12— ）北京人，中国人民大学工厂管理系毕业，高级经济师。1945年在华北电业公司任助理员。1949年后历任天津电业局团总支书记、国家计委燃料动力局电力处组长、国家经委电力局电力处副处长。1972年7月调入列电局机关，任办公室副主任、计划基建处副处长。1983年4月后，先后任国家能源节能局处长、国家经委能源局电力处处长、中国科学院能源研究所所长、华能综合利用公司董事长等职。曾参加编写《我国电力发展中的能源问题和前景》一书，发表过

《中国能源结构的现状和将来的展望》《坚持改革搞活电力工业》等论文。

Ge Wencan

葛文灿（1956.5— ）江苏徐州人，高中文化。1972年进入第21列车电站，从事锅炉运行与检修。1977年随电站赴黑龙江牡丹江发电，1980年调入在江苏徐州的56站。1983年调入徐州市轻工业局酒厂，1989年调入中国矿业大学工作。

Ge Wenke

葛文科（1954.8—2006.3）江苏徐州人，高中文化。1972年进入第21列车电站，从事汽机运行与检修。1977年随电站调迁黑龙江牡丹江发电，1982年调入在江苏徐州的56站。

Shen Chuanyun

沈传云（1942.12— ）湖北武汉人。1958年12月参加工作，曾在武汉轴承厂、武汉汽车标准件厂从事金加工。1961年10月至1963年3月参与安隆水利工程建设。1972年8月进入武汉基地，先后在制造车间、三车间、二车间、物资科等部门工作。

Zhang Baoquan

张保全（1950.10— ）安徽霍邱人，中共党员。1972年8月进入第20列车电站，从事热工专业。1974年8月20站下放西安交通大学后转33站，1977年3月调入船舶2站。随电站调迁陕西韩城、湖南衡阳等地发电。1983年3月随电站下放衡阳电业局。1996年5月退休。

Peng Guifen

彭桂芬（1954— ）女，河北定兴人。1972年8月进入第25列车电站，1975年9月入保定电力技工学校汽机专业学习，1977年7月毕业分配至33站，从事化验专业。1979年12月调入16站，1982年9月调入48站。随电站调迁山西朔州、运城，内蒙古丰镇，湖南衡阳等地发电。1985年1月下放衡阳轧钢厂。

Ou Shaofang

区少芳（1953.11— ）女，广东广州人，高中文化。1972年9月进入第32列车电站，从事燃气轮机运行与检修，在广州为中国出口商品交易会发电。1976年6月随电站调迁宜昌为葛洲坝水利枢纽建设发电。1983年3月调入在韶关的40站，从事汽机运检。1987年4月受聘到深圳沙角B电厂工作。

Ye Zhuosheng

叶卓升（1955.2— ）广东广州人，高中文化。1972年9月进入第32列车电站，从事电气运行与检修，在广州为中国出口商品交易会发电。1976年6月随电站调迁宜昌，为葛洲坝水利枢纽建设发电。1983年3月调入在韶关的40站。1987年4月受聘到深圳沙角B电厂工作，历任电气、脱硫控制工程师。

Feng Chunping

冯春萍（1954.7— ）上海市人，哈尔滨电力学校电厂热能动力设备专业毕业，后续大专学历，电气工程师，中共党员。1972 年 9 月分配到在徐州的第 21 列车电站，从事汽机运行与检修，1977 年随电站到牡丹江发电，曾任站团支部书记。1980 年调入牡丹江市第二发电厂，历任运行班班长、车间主任等职。

Feng Min

冯敏（1957.10— ）女，江苏无锡人，助理工程师。1972 年 9 月进入第 47 列车电站，从事汽机运行与检修。1979 年 9 月至 1982 年 10 月，相继在第 19、60、54 列车电站工作。随电站调迁广西玉林、湖南衡阳、浙江海宁、江苏无锡等地发电。1984 年 12 月随电站下放无锡新苑公司热电厂。1987 年 12 月调入无锡市热电厂。2005 年 10 月退休。

Wu Huifen

伍惠芬（1954.4— ）女，广东广州人，高中文化。1972 年 9 月进入第 32 列车电站，从事电气运行与检修，在广州为中国出口商品交易会发电。1976 年 6 月随电站调迁宜昌，为葛洲坝水利枢纽建设服务。1984 年 4 月调入葛洲坝水力发电厂，1987 年 11 月调至广州黄埔发电厂工作。

Liu Mingzhan

刘铭湛（1953.6— ）广东广州人，高中文化，中共党员。1972 年 9 月进入第 32 列车电站，从事电气运行与检修，在广州为中国出口商品交易会发电。1976 年 6 月随电站调迁宜昌，为葛洲坝水利枢纽建设发电，曾代理过电气技术员工作。1984 年 4 月调入葛洲坝水力发电厂，1987 年 12 月调至广州石油化工厂工作。

Jiang Degui

江德贵（1954.5— ）江苏徐州人，初中文化。1972 年 9 月在徐州第 21 列车电站参加工作。从事电气设备运行与检修。1977 年 3 月随电站调迁黑龙江牡丹江发电，1982 年 12 月调入在江苏徐州的 56 站，1985 年 3 月调入徐州发电厂，从事电气设备运行与检修。

An Haishu

安海书（1955.9— ）河北邢台人，高中文化。1972 年 9 月进入第 52 列车电站，从事锅炉运行与检修，随电站调迁河北邢台、唐山等地发电。1976 年 7 月在唐山地震中受重伤，由电站安置在原籍休养。电站下放后，行政关系转华东基地，1994 年 7 月退休。

Yang Zhilan

杨志兰（1945.1— ）女，陕西延安人，高中文化。1966 年 12 月在陕西省西安市碑林区参加地区社教，后在碑林区下属公社从事财务工作。1972年9月调入西北基地，在三车间油漆班工作。1983后调入车辆车间。2004年退休。

He Qigang

何启岗（1954.10— ）广东广州人，高中文化，技师。1972年9月进入第32列车电站，从事燃气轮机运行与检修，在广州为中国出口商品交易会发电。1976年6月随电站调迁宜昌，为葛洲坝水利枢纽建设发电。1984年4月调入葛洲坝水力发电厂工作。

Zhang Pulian

张普莲（1948.6— ）女，河北沧州人，初中文化。1972年9月进入列电系统工作，先后在第45、23列车电站，从事电气运行与检修。随电站调迁湖南株洲、山西大同、内蒙古临河等地发电。1979年10月调入保定基地。

Zhang Qin

张勤（1949.3— ）河南汝南人。1968年10月河南汝南县插队知青。1972年9月进入列电系统，先后在第40、10列车电站，从事化验专业，后任化验组负责人。随电站调迁河南遂平、山西大同、湖北安陆等地发电。1983年5月随电站调入武汉基地，在物质科任仓库保管员、业务员。2005年12月退休。

Chen Jun

陈军（1956.8— ）河北安平人，河北师范大学中文系毕业。1972年9月在衡水的第8列车电站参加工作，从事锅炉运行与检修。1978年9月考入河北师大学习，1982年7月毕业回到在北京新型建筑材料厂的8站，同年调厂教育科。1983年1月调入国家经委团委，1984年1月调回中国新型建材集团，任团委副书记兼新型建材厂团委书记。

Hu Anhua

胡安华（1954.10— ）女，江苏徐州人，高中文化。1972年9月在徐州第21列车电站参加工作，从事电气设备运行与检修，1977年3月随电站调迁黑龙江牡丹江发电。1982年12月调入在徐州的56站。1985年3月调入徐州发电厂，从事电气设备运行与检修。

Xie Dianfeng

谢殿峰（1957.8— ）山东掖县人，高级技师，中共党员。1972年9月进入第52列车电站，从事汽机运行与检修。1978年10月调入1站。随电站调迁河北邢台、唐山、保定，北京房山等地发电。1982年随电站下放北京煤矿机械厂，1992年8月调入北京新型建筑材料厂。

Shi Gailan

史改兰（1956.9— ）女，河南郑州人。1972年10月进入第38、8列车电站，从事电气运行与检修，1977 年出席河北迁安首钢大石河铁矿先进职工大会。随电站调迁江西九江、河北迁安、江苏昆山、北京清河等地发电。1982 年 5 月调入武汉基地，先后在五车间、四车间、设备科、后勤服务公司工作，2001 年 9 月退休。

Li Fuping

李福平（1953.7— ） 广西临桂人，技师。1969 年 10 月广西河池县插队知青。1972 年 10 月进入第 16 列车电站，从事锅炉运行与检修。1982 年 9 月调入 48 站。随电站调迁内蒙古丰镇、湖南衡阳等地发电。1985 年 1 月随电站下放衡阳轧钢厂。

Shen Baozhen

沈宝珍（1948.4— ） 女，上海人，上海轻工业局技校毕业。1966 年 10 月在新疆哈密雅满苏矿参加工作。1972 年 10 月进入第 6 列车电站，从事电气运行与检修。1982 年 10 月调入 52 站。随电站调迁河北沧州、江苏吴县等地发电。1986 年 12 月调入苏州市相城区蠡口热电厂。

Xu Wenxiu

徐文秀（1947.9— ） 女，上海人，初中文化。1966 年支边到新疆哈密雅满苏铁矿，从事汽车修理。1972 年 10 月调入第 6 列车电站，从事化验工作。1976 年 11 月调入 48 站。随电站调迁河北沧州、湖南衡阳等地发电。1986 年调入华东基地，从事化验工作。1993 年退休。

Wang Zhenglin

王政林（1956.11— ） 山东汶上人，中共党员。1972 年 11 月进入第 28 列车电站，从事汽机运行与检修。随电站调迁山东潍坊、枣庄等地发电。1982 年 4 月调入黑龙江佳木斯市纺织印染厂热电站，1994 年调入佳木斯热电厂。

Wen Yimin

文毅民（1955.3— ） 湖北孝感人，高级技师，中共党员。1972 年 8 月，广西宜山庆远镇龙江大队插队知青。1972 年 11 月进入第 16 列车电站，焊工。1982 年 1 月调入 45 站。随电站调迁内蒙古丰镇、湖北宜昌等地发电。1984 年 5 月调入葛洲坝电厂，1984 年获葛洲坝电厂焊接比赛第二名，1997 年代表宜昌市和葛洲坝电厂赴乌克兰国巴顿焊接研究所学习交流。

Bi Qiaoyan

毕乔燕（1955.11— ） 女，江苏无锡人。1972 年 11 月进入第 48 列车电站，车工。1977 年调入新 19 站，1982 年 10 月调入 62 站，从事修配工作。随电站调迁湖南衡阳、江苏无锡等地发电。1982 年 10 月，随电站成建制下放无锡市。

Sun Weicheng

孙维成（1954.9—2014.8） 北京市人，初中文化。1972 年 11 月进入第 46 列车电站参加工作，从事锅炉运行与维修，曾随电站在福建漳州发电。1980 年 11 月调入保定基地，先后在钢模板车间、动力车间从事金属加工与设备维修。

Su Hongli

苏洪礼（1956.8— ）山东沂南人，电视中专，中共党员。1972 年 11 月进入第 1 列车电站，从事电气运行与检修，随电站调迁四川冕宁、北京房山等地。1982 年随电站下放北京煤矿机械厂，曾任电力车间电气工段长。后相继调入北京空调器厂、青云航空仪器仪表厂。

Su Jianying

苏健婴（1953.11— ）广西融安人，高中文化。1972 年 11 月，在广西宜山进入第 16 列车电站，从事电气运行与检修。1973 年 10 月，随 16 站调迁内蒙古丰镇发电。1979 年 12 月调回广西，先后在广西科学器材公司和广西药物研究所工作。后从事自由职业，热心公益事业。自 2005 年以来，一直坚持深入边远山区扶贫助学。2016 年中央电视台福彩演播室报道了他的模范事迹。

Yang Chuanzhong

杨传忠（1953.3— ）安徽怀远人，初中文化。1972 年 11 月进入第 28 列车电站，1977 年调 41 站，均从事锅炉运行与检修。随电站调迁山东济宁、潍坊、枣庄、昌邑，湖北武汉、荆门等地发电，曾为胜利油田会战服务。1982 年调入仪征化纤公司，在服务公司工作。

Lian Wen

连文（1955.10— ）福建福州人，初中文化。1972 年 11 月在广西宜山进入第 16 列车电站，从事锅炉运行及检修。1973 年 3 月随电站到武汉基地进行机组大修。1973 年 10 月随电站调迁至内蒙古丰镇发电，1980 年 8 月调入广西水电工程局工作。

Xiao Jianhua

肖建华（1954.11— ）女，山东济南人，高中文化，中共党员。1972 年 11 月在广西宜山进入第 16 列车电站，从事化验工作。1973 年 3 月随电站返武汉基地大修，10 月调迁至内蒙古丰镇发电。1982 年 9 月调入广西柳州市锌品厂，任化验室班长、质检科化验工程师。

Zhang Xiuang

张修昂（1956.12— ）山东滕县人，初中文化。1972 年 11 月在第 11 列车电站参加工作，从事汽机运行与检修。1984 年 5 月调至山东邹县发电厂，在灰水分场工作，曾任运行班长和灰泵班班长。

Zhou Yongjiang

周永江（1953.8— ）重庆江津人，高中文化。1972 年 11 月在广西宜山进入第 16 列车电站，从事锅炉运行及检修，1973 年 3 月随电站返武汉基地大修，10 月随电站调迁至内蒙古丰镇发电。1982 年 9 月调入 24 站，1986 年 6 月随电站调入长沙重型机器厂。

Bao Houhao

宝厚浩（1950.10— ） 浙江宁波人。1969 年 3 月，吉林延吉县石井公社插队知青。1972 年 11 月进入第 30 列车电站。1982 年 6 月调入 60 站，1985 年 7 月调入 56 站，从事汽机运行与检修。随电站调迁黑龙江伊春、浙江海宁、江苏镇江等地发电。1990 年调入华东基地，从事小火电机组安装。1998 年 4 月退休。

Feng Xianming

封先明（1954.1— ） 女，重庆市人，高中文化。1972 年 11 月在广西宜山进入第 16 列车电站，从事汽机运行及检修。随电站到武汉基地进行机组大修，调迁至内蒙古丰镇发电。1982 年 10 月调入贵阳市人民防空综合管理处。

Zhao Jianyun

赵建云（1954.11— ） 女，湖南邵阳人。1972 年 8 月广西宜山庆远镇龙江大队插队知青。1972 年 11 月进入第 16 列车电站，从事化验工作。1982 年 1 月调入 45 站。随电站调迁内蒙古丰镇、湖北宜昌等地，为葛洲坝水利枢纽工程建设发电。1984 年 5 月调入葛洲坝电厂。

Hu Duansheng

胡端生（1950.5— ） 湖南永州人，初中文化。1969 年 11 月，广西河池插队知青。1972 年 11 月在广西宜山进入第 16 列车电站，从事锅炉运行及检修。后随电站返回武汉基地大修，调迁至内蒙古丰镇发电。1981 年 6 月后，调入广西柳州市广播电视局 238 台、广播电视技术中心柳州分中心。

Jiang Yuanhua

姜元华（1956.6— ） 女，山东济宁人，河北电力学院热力过程自动化专业毕业，中共党员。1972 年 11 月在第 11 列车电站参加工作，从事热工仪表维护。1975 年 9 月入河北电力学院学习，1978 年 8 月分配至保定电力技工学校任教师。1992 年 8 月起在保定电校（院）学生科（处），任主管科员。1992、2001 年度被评为华北电力集团公司优秀教育工作者。

Gao Zengli

高增力（1952.8— ） 辽宁大连人，高中文化，中共党员。1971 年 10 月，广西插队知青。1972 年 11 月在广西宜山进入第 16 列车电站，从事汽机运行与检修。1973 年 3 月随电站到武汉基地大修，1973 年 10 月随电站到内蒙古丰镇发电。1980 年 7 月调到广西河池供电局汽车修理厂，先后任班长、厂长，并获交通安全中级管理师职业资格证书。

Huang Zhao

黄钊（1956.6— ） 山西万荣人，中央党校经济管理专业本科学历，高级工程师，中共党员。1972 年 11 月进入第 58 列车电站，从事锅炉运行与维修。随电站调迁山西永济、晋城等地发电。1979年1月调入山西运城广播局，后任运城电视台技术中心主任、总工程师。在国家级刊物发表技术论文十余篇，曾获国家广播电视部科技进步三等奖。

Huang Minglin

黄明林（1954.10— ）四川蓬溪人，高中文化。1972年11月进入第16列车电站，从事电气运行与检修。1982年9月调入船舶2站。随电站调迁广西宜山、内蒙古丰镇、江西九江、湖南衡阳等地发电。1983年3月随船舶2站下放衡阳电业局。1992年荣获国家能源部颁发的从事电力运行20年荣誉奖章。1996年5月退休。

Peng Peimin

彭佩民（1954.11— ）湖南长沙人，初中文化。1972年11月在广西宜山进入第16列车电站，从事汽机运行及检修。后随电站到武汉基地进行机组大修，调迁内蒙古丰镇发电。1978年调入在湖南衡阳的新19站。

Qin Xiujuan

覃秀娟（1954.10— ）女，壮族，广西宜山人，高中文化。1972年11月在广西宜山进入第16列车电站，从事电气运行与检修。1973年3月随电站返回武汉基地大修，10月随电站调迁内蒙古丰镇发电。1982年9月调入在湖南长沙的24站，1986年6月随电站调入长沙重型机器厂。1998年1月调入民营企业。

Yu Jixin

于继新（1955.5— ）女，河南信阳人，初中文化。1972年12月进入第4列车电站，从事电气运行与检修，在信阳发电。1974年9月调入32站，在广州为中国出口商品交易会发电。1976年6月随电站到宜昌为葛洲坝水利枢纽建设发供电。1984年4月调入葛洲坝水力发电厂，1987年12月调至广州石油化工厂。

Wang Shiyun

王式云（1955.12— ）女，山东滕州人，列电局中心试验所“七二一”大学毕业。中共党员。1972年12月进入第39列车电站，从事化验工作，随电站在山东滕县发电。1983年2月调山东鲁南化肥厂子弟学校，任办公室主任。1996年7月调入山东滕州市劳动局，任办公室主任。

Wang Tongzhi

王同芝（1956.12— ）女，河南信阳人，初中文化。1972年12月进入在信阳明港的第29列车电站，从事汽机运行与检修。1978年调到已下放信阳的4站。后调至信阳市磷肥厂。2004年12月退休。

Wang Suping

王素萍（1956.5— ）女，山东济南人，初中文化。1972年12月进入第9列车电站，从事电气运行与检修。1978年2月调入 39 站。随电站调迁山东莱芜、烟台、滕县等地发电。1983 年 10 月随电站人员调入山东十里泉发电厂，在电气车间从事高低压电机维修。1989 年 2 月调入山东华能德州发电厂，在电气车间从事电气检修。1997 年 7 月退休。

Wang Ping

王萍（1959.4— ）女，安徽肥东人，初中文化，1972 年 12 月进入列电系统，先后在第 6、61 列车电站，从事电气运行与维修。随电站调迁河北沧州、保定发电。1982 年 3 月调入保定基地，动力车间电工。1997 年 7 月退休。

Wang Shumin

王淑敏（1951.10— ）女，河北秦皇岛人，初中文化。1968 年 10 月，陕西眉县插队知青。1972 年 12 月进入第 6 列车电站，从事汽轮机运行及检修。1985 年 3 月调入河北电建一公司，从事汽轮机设备安装。1996 年 10 月退休。

Che Renhui

车仁辉（1956.11— ）女，黑龙江双城人，大专学历，助理馆员，中共党员。1972 年 12 月进入第 49 列车电站，从事电气运行与检修。1981 年 9 月调入 39 站。随电站调迁内蒙古集宁，山东烟台、滕县等地发电。1982 年 7 月调入山东潍坊市寒亭区供电公司。

Fang Huamei

方华梅（1955.7— ）女，湖南衡阳人。1972 年 12 月进入第 42 列车电站，从事热工专业。随电站在河北迁安、江苏苏州等地发电。1985 年调入华东基地，先后从事钳工、仓库管理工作。1998 年 4 月退休。

Ye Jingbin

叶经斌（1956.10— ）山东莱州人，初中文化，中共党员。1972 年 12 月进入第 41 列车电站，车工。1982 年 12 月调入 54 站。随电站调迁山东东营、昌邑，湖北荆门，江苏无锡等地发电，曾为胜利油田会战服务。1983 年 7 月调入山东滨州市农资公司。

Bi Jinxuan

毕金选（1954.3— ）天津市人，初中文化，技师。1972 年 12 月进入在信阳明港的第 29 列车电站，从事汽机运行与检修，为团支部委员。1983 年随电站下放，任汽机车间副主任。1985 年调至河南焦作电厂，任汽机监理。2008 年退休。

Lü Xiuhai

吕秀海（1956.1— ）山东海阳人，青岛医学院临床医学系毕业。1972 年 12 月进入第 11 列车电站，从事锅炉运行与检修。1977 年 8 月调入 59 站。随电站调迁山东滕县、黑龙江佳木斯等地发电。1982 年 5 月调入山东海阳医院系统，先后在海阳中医院、海阳第三人民医院任副主任医师。

Zhu Sanhu

朱三虎（1951.7— ）上海人。1969 年 3 月，吉林延边插队知青。1972 年 12 月进入第 30 列车电站，从事汽车驾驶。随电站调迁吉林龙井、黑龙江伊春等地发电。1977 年 5 月调入华东基地，曾任列电工贸公司汽车配件部经理。1998 年 5 月退休。

Zhu Feiquan

朱飞泉（1952.8— ）上海宝山人。1972 年 12 月进入第 7 列车电站，从事锅炉运行与检修。随电站调迁福建漳平发电。1982 年 9 月调入华东基地，从事锅炉维修，后从事小火电机组安装。2007 年 5 月退休。

Liu Linying

刘林英（1955.6— ）女，山东威海人。1972 年 12 月在第 11 列车电站参加工作，从事锅炉运行与检修。1984 年 5 月调至山东邹县发电厂，在综合分厂任核算员。1992 年调入华能威海发电厂，任运行部管理员。1997 年内退，2004 年退休。

Liu Yanming

刘炎明（1954.6— ）女，河南信阳人，初中文化。1972 年 12 月进入在信阳明港的第 29 列车电站，车工。1981 年调至大连有机化工厂工作。

Liu Shuqin

刘淑琴（1957.12— ）女，安徽太和人，初中文化。1972 年 12 月进入第 6 列车电站，从事汽机运行及检修。1976 年调入在厦门的第 15 站，1980 年调入在河南周口的 13 站。1984 年调入平顶山发电厂。1989 年调入湖北汉川电厂。

Liu Luxia

刘露霞（1954.11— ）女，山东龙口人，高中文化。1972 年 12 月进入第 41 列车电站，从事化验工作。随电站调迁山东东营、昌邑，湖北荆门等地发电，曾为胜利油田会战服务。1981 年调入山东济南黄台电厂，在化学车间工作。

Xu Jianliang

许建良（1953.3— ）山东宁津人，1994 年中央党校经济专业毕业，高级会计师，中共党员。1969 年 9 月，黑龙江生产建设兵团战士。1972 年 12 月进入第 31 列车电站，从事电气运行与检修。1977 年 9 月调入拖车电站。1980 年 4 月调入局机关，在财务处从事会计工作。1983 年 4 月调入机械局，先后任财务处副处长、处长。1997 年 4 月任副总会计师、机关党委副书记。1997 年机械局改制为中国华电工程集团公司后，任机关党委书记、总会计师、党组成员、副总经理、巡视员（正局级）。曾获国家电力公司优秀党务工作者称号。2015 年 4 月退休。

Na Dakui

那达奎（1955.10— ） 辽宁辽阳人，初中文化，中共党员。1972 年 12 月在山东滕县进入第 39 列车电站，从事锅炉运行与检修，后任运行班长。1981 年 7 月，调入山东鲁南化肥厂，在水汽车间从事维修。

Sun Jianyi

孙建义（1955.10— ） 河北张家口人，华北电业管理局电视函授劳动人事管理专修班毕业。1972 年 12 月进入第 42 列车电站，1977 年 6 月调入 1 站，均从事锅炉运行与检修。随电站调迁湖南株洲、河北迁安、北京房山等地。1981 年 10 月调入拖车电站，从事柴油机运行，1983 年 5 月随电站成建制下放华北电管局电力机械建筑公司。

Sun Juling

孙菊岭（1956.3— ） 天津人，高中文化，中共党员。1972 年 12 月进入第 41 列车电站，从事汽车驾驶。随电站调迁山东东营、昌邑，湖北荆门等地，曾为胜利油田会战服务。1980 年调入山东淄博市公安局工作。

Li Weijian

李伟健（1956.8— ） 河南信阳人，初中文化。1972 年 12 月进入在信阳明港的第 29 列车电站，从事蒸汽吊车运行及检修工作。1983 年随电站下放信阳电业局，曾任信阳市电力公司变电站站长。

Li Qinsheng

李钦生（1956.5— ） 广东韶关人，大专学历，中共党员。1972 年 12 月进入第 13 列车电站，从事汽机运行与检修。1980 年调入 40 站。随电站调迁广东韶关，山西大同，河南商水、遂平等地。1994 年调入韶关工商行政管理局工作。

Li Xiaofeng

李晓峰（1955.12— ） 黑龙江桦南人，河北电力学院计算机技术专业毕业，高级工程师，中共党员。1972 年 12 月参加工作，在第 17 列车电站从事锅炉运行与检修。1976 年 12 月进入河北电力学院学习，1979 年 12 月毕业后分配到东北电力设计院工作。

Li Xuling

李绪岭（1951.6— ） 山东济宁人，初中文化，工程师。1972 年 12 月在第 17 列车电站参加工作，从事汽机运行与检修。随电站在黑龙江虎林、内蒙古海拉尔等地发电，并到西北基地机组大修。1982 年 8 月调滕县 11 站。1985 年 5 月调至山东邹县发电厂，任汽机检修负责人。1991 年 11 月调入潍坊发电厂，任汽机筹建办公室负责人、汽机检修专工、安监专工。

Li Qiang

李强（1956.2— ） 山东威海人，高中文化。1972 年 12 月进入第 41 列车电站，从事汽机运行与检修。随电站调迁山东东营、昌邑，湖北荆门等地，曾为胜利油田会战服务。1980 年调入山东滨州胜利油田滨南采油厂工作。

Li Xinhua

李新华（1955.9— ） 山东滕县人，初中文化。1972 年 12 月在第 11 列车电站参加工作，从事锅炉运行与检修。1984 年 4 月调至山东邹县发电厂，先后从事锅炉运行、燃料检修工作。

Wu Yixiang

吴宜祥（1956.9— ） 山东枣庄人。1972 年 12 月进入第 49 列车电站，从事锅炉运行与检修。随电站调迁山东莱芜、烟台，内蒙古集宁、大雁等地发电。1982 年 9 月调入山东兖州磷肥厂，1984 年 7 月调入莱芜钢厂。2011 年 9 月退休。

He Jie

何杰（1956.11— ） 河南信阳人，初中文化。1972 年 12 月进入在信阳明港的第 29 列车电站，从事汽机运行与检修。1983 年随电站下放信阳电业局。1983 年 4 月调信阳医药公司工作。

Wang Qingmei

汪青梅（1943.9— ） 女，河南新野人，曾用名汪清梅，中共党员。1972 年 12 月进入第 13 列车电站，从事总务工作。1979 年调入 36 站。曾随电站调迁广东韶关、山西大同、河南西平等地发电。1985 年 2 月，随电站人员下放河南巩县电厂。

Song Lianjie

宋连杰（1957.7— ） 山东章丘人，初中文化。1972 年 12 月进入第 12 列车电站，1982 年 10 月调入 59 站，均从事锅炉运行和检修。随电站调迁内蒙古扎赉诺尔、黑龙江佳木斯等地发电。1983 年 9 月调入佳木斯纺织印染厂热电站，从事电站锅炉运行。

Zhang Shuyi

张书义（1956.9— ） 河北献县人，石家庄电校（成人教育）热动专业毕业，工程师。1972 年 12 月进入第 12 列车电站，1978 年 7 月调入 47 站，1979 年 9 月调入 6 站，1982 年 12 月调入 47 站，均从事汽机运行与检修。曾随电站调迁内蒙古扎赉诺尔、黑龙江海林、河北沧州等地发电。1984 年调入保定热电厂，任检修部燃料专业专责工程师。

Zhang Yuping

张玉屏（1958.2— ） 河北定州人。1972 年 12 月进入第 57 列车电站，从事锅炉运行与检修。随电站调迁天津汉沽、河南漯河、河北迁安等地发电。1982 年 11 月随电站成建制下放迁安首钢矿山公司。

Zhang Xin

张欣（1956.9— ） 河南信阳人，中共党员。1972年12月进入在信阳明港的第29列车电站，从事锅炉运行与检修，曾为团支部委员。1983年随电站下放信阳电业局，历任厂工会委员、企管会委员、车间安监员等。2011年9月退休后，受聘为社区法律监督员、民事调解员。

Zhang Aiguo

张爱国（1955.6— ） 山东滕州人，初中文化。1972年12月在第11列车电站参加工作，1975年6月调入30站，从事汽机运行与检修。1980年12月调到枣庄汽运公司六队，1988年又调到滕州农资公司工作。2010年退休。

Zhang Shuyun

张淑云（1957.2— ） 女，天津宝坻人，初中文化。1972年12月进入第42列车电站，从事化学专业。随电站调迁湖南株洲、河北迁安、北京等地发电和供热。1978年12月调入保定基地，在质管科电厂化学组从事化验工作，后转金属化学分析。1997年7月退休。

Lu Yongjian

陆永坚（1955.1— ） 广东韶关人，大专文化。1972年12月进入第13列车电站，1981年调40站，均从事锅炉运行与检修。随电站调迁广东韶关、仁化，山西大同，河南商水等地发电。列电体制改革后，随电站下放韶关凡口铅锌矿，在水电车间从事管理工作。1994年调广东佛山市体育局。

Chen Qingli

陈庆利（1955.3— ） 山东滕州人，初中文化。1972年12月在第11列车电站参加工作，从事锅炉运行与检修。1975年6月调入30站，从事吊车和汽车驾驶。1981年7月后，相继调入39、28站。1984年调邹县发电厂，在基建办公室小车班、电厂加油站、车队维修管理等部门工作。

Chen Yongjun

陈甬军（1954.11— ） 浙江宁波人，厦门大学政治经济学专业毕业，教授、博士生导师，中共党员。1972年12月进入第46列车电站，从事汽机运行与维修，兼团支部书记。1978年10月考入安徽财贸学院会计学专业。1986年8月厦门大学研究生毕业后，曾在国家计委从事地区经济规划与发展工作。1992年12月获经济学博士学位后，相继在厦门大学和中国人民大学任教，历任处长、院长、校区党委书记、中国经济改革与发展研究院副院长。国家重点学科产业经济学学科带头人，国务院政府特殊津贴专家，美国富布赖特基金高级访问学者。所著《"一带一路"经济读本》已翻译成英、法、德、阿拉伯、土耳其文等，在世界发行。

Chen Guozhu

陈国祝（1955.10— ）山东泰安人，初中文化，1972年12月进入列电系统，先后在第6、61列车电站从事化学专业，随电站调迁河北沧州、保定等地发电。1982年3月调入保定基地，先后在汽车队、厂办小车班工作。2010年10月退休。

Zhou Lanfang

周兰芳（1954.2— ）女，广东五华人，高中文化，中共党员。1972年12月进入第4列车电站，从事电气运行与检修，在河南信阳发电。1974年9月调入32站，在广州为中国出口商品交易会发电。1976年6月随电站调迁湖北宜昌，为葛洲坝水利枢纽建设服务。1981年7月调到葛洲坝水力发电厂，1988年8月调入中石化广州分公司工作。

Zhou Jianxin

周建新（1954.3— ）江苏常州人。1972年12月进入第49列车电站，从事锅炉运行与检修。1982年12月调入52站。随电站调迁山东莱芜、烟台，内蒙古集宁、大雁，江苏吴县等地发电。1988年7月调入江苏吴县重型机械厂。

Zhou Jinling

周锦玲（1957.10— ）女，湖南长沙人。1972年12月进入列电系统，先后在第9、48列车电站，从事热工专业。随电站调迁山东烟台、湖南衡阳等地发电。1982年8月调入武汉基地，先后在一车间、计量检验科工作。2002年11月退休。

Zheng Zhesheng

郑哲升（1957.1— ）河北大名人，初中文化。1972年12月在山东滕县进入第39列车电站，从事热工专业。1981年12月调入河北石家庄热电厂，在热工车间从事热工仪表维修与保养，后从事化学仪表维护、热工环保设备维护等工作。2016年1月退休。

Meng Fanhui

孟凡辉（1948.11— ）山东枣庄人。1972年12月进入第10列车电站，从事锅炉运行与检修、蒸汽吊车驾驶。随电站调迁山东济宁、山西大同、湖北安陆等地发电。1983年4月随电站调入武汉基地，先后在物资科、电站检修队、一车间工作。2003年8月退休。

Meng Xiangling

孟香玲（1945.8— ）女，河北涿鹿人，天津轻工业学院化工专业毕业，工程师，中共党员。1970年7月在内蒙古鄂托克旗工作。1972年12月进入第25列车电站，从事化验专业。1978年8月接新机60站，任化验室负责人。随电站调迁山西朔县、河北保定、浙江海宁等地。1986年5月调入河北涿州59站，在生技组工作。

Zhao Yimin

赵一敏（1956.8— ） 上海人。1972 年 12 月进入第 49 列车电站，从事锅炉运行与检修。随电站调迁山东莱芜、烟台，内蒙古集宁等地发电。1982 年 5 月调入武汉基地，先后在钢窗车间、电站检修队、结构车间工作。2011 年 8 月退休。

Zhao Yuelan

赵月兰（1955.11— ） 女，山东滕县人，初中文化。1972 年 12 月在第 11 列车电站参加工作。1984 年 5 月调至山东邹县发电厂，均为吊车司机。1992 年 4 月调入华电潍坊发电有限公司。1997 年 10 月退休。

Zhao Guanglin

赵光林（1955.11— ） 河南信阳人，初中文化。1972 年 12 月进入在信阳明港的第 29 列车电站，从事电气运行与检修。1983 年随电站下放信阳电业局，后调至信阳自来水公司工作。

Zhao Baohua

赵保华（1955.1— ） 满族，吉林长春人，中共党员。1972 年 12 月进入第 42 列车电站，从事锅炉运行与检修。随电站调迁湖南株洲、河北迁安、江苏苏州等地发电。1983 年 3 月调入苏州热电厂。

Hu Da

胡达（1935.8—2017.12） 江西奉新人，哈尔滨工业大学动力机械制造系汽轮机专业毕业，教授级高级工程师，中共党员。1959 年 9 月分配到北京发电设备修造厂，从事技术管理工作。1960 年 8 月调入水电部电力建设总局企业处。1962 年 4 月调入水电部北京业余动力学院任教。1969 年 12 月在水电部密云“五七”干校劳动。1972 年 12 月调入列电局机关，在生产技术科（处）从事技术管理。1983 年 4 月调入中国水利电力对外公司，任电力处主任工程师，从事火力发电厂项目咨询、投标、合同谈判和项目技术管理。

Zhu Huibin

祝惠滨（1956.4— ） 山东烟台人，中央党校函授学院政治专业本科毕业，中共党员。1972 年 12 月进入第 41 列车电站，从事电气运行与检修，曾任团支部书记、电气副工段长、代理工段长。随电站调迁山东东营、昌邑，湖北荆门等地，曾为胜利油田会战发电。1981 年 4 月调入山东滨州市司法局。

Yuan Zhongping

袁中平（1954— ） 女，河南信阳人。1972 年 12 月进入在信阳明港的第 29 列车电站，从事汽机运行与检修，曾担任团支部书记。1983 年随电站下放信阳电业局，后调入信阳市粮食系统。

Yuan Kai

袁凯（1953.10— ） 湖北黄冈人，技师，中共党员。1971年3月河南鲁山县张良公社插队知青。1972年12月进入第46列车电站，从事汽机运行与维修。1982年2月调入武汉基地，冷作工。1997年2月起，先后任车间党支部副书记，分厂厂长，生产计划部、物资供应部、设备（基建）部主任。2002年获国家电网公司华中分公司劳动模范。

Gu Yingxin

顾迎新（1956.12— ） 河北昌黎人，高中文化。1972年12月进入第12列车电站，从事汽轮机运行和检修。1980年1月调入内蒙古扎赉诺尔矿务局，在生活服务处工作。2016年12月退休。

Qian Wenhua

钱文华（1955.5— ） 山东滕州人，审计师，中共党员。1972年12月在第11列车电站参加工作，从事锅炉运行与检修。1975年6月调至30站。1979年12月调入滕州糖茶公司任批发部经理。1989年任滕州日用工业品贸易中心经理，1993年任滕州市友谊商场副总经理，1995年任滕州市商业物资总公司总经理。

Ni Shiyong

倪诗勇（1956.2—2017.7） 山东滕县人，南京河海大学物资管理专业毕业，中共党员。1972年12月在第11列车电站参加工作，从事锅炉运行与检修，曾任站团支部书记，1982年任材料员。1984年5月调入山东邹县发电厂，材料科计划员。1992年调至华能威海发电厂，在物资公司历任营销组长、副经理、燃料供应部主任、供应部主任等。

Xu Zhuomin

徐卓民（1948.2— ） 安徽淮南人，宝鸡工业技术学校机械制造及维修专业毕业，助理工程师，中共党员。1969年1月，陕西太白县插队知青。1972年12月进入第6列车电站，从事锅炉运行及检修。1985年3月调入河北电建一公司，从事锅炉设备安装。

Gao Changshan

高长山（1955.2— ） 山东莱芜人，莱芜钢铁技校机械专业毕业，技师，中共党员。1972年12月进入第49列车电站，从事汽机运行与检修。随电站调迁山东莱芜、烟台，内蒙古集宁、大雁等地发电。1981年8月调入山东莱芜钢铁厂。

Cao Yuzhen

曹玉珍（1956.9— ） 女，山东桓台人，高中文化。1972年12月进入第41列车电站，从事汽机运行与检修。随电站调迁山东东营、昌邑，湖北荆门等地发电，曾为胜利油田会战服务。1980年调入山东滨州市政府办公室工作。

Liang Rong

梁荣（1957.9— ）河北卢龙人，技师，中共党员。1972 年 12 月进入列电系统，先后在第 9、29 列车电站，从事车工、焊工专业。随电站调迁山东莱芜、河南信阳等地发电。1983 年 3 月调入武汉基地，先后从事焊接、检验和生产调度等工作。

Dong fang

董芳（1956.4— ）女，山东滨州人。1972 年 12 月进入第 49 列车电站，从事汽机运行与检修。随电站调迁山东莱芜、烟台，内蒙古集宁、大雁等地发电。1982 年 5 月调山东兖州玻璃制品厂，1983 年 7 月调入山东莱芜钢铁厂工作。

Zeng Changying

曾嫦英（1956.12—1997.1）女，广东梅州人，初中文化。1972 年 12 月进入第 13 列车电站，1981 年 6 月调入 40 站，均从事汽机运行和检修。随电站调迁广东韶关、山西大同、河南商水等地发电。列电体制改革后，随电站下放韶关凡口铅锌矿。1994 年调入广东佛山。

Bao Chengxun

鲍成训（1949.7.5—2017.12）山东滕县人，中共党员。1968 年 3 月入伍空军，1972 年 12 月复员，分配到在山东滕县的第 11 列车电站工作，曾任副指导员。1984 年 4 月调至山东枣庄矿业集团二机厂，2009 年 7 月退休。

Wei Zhong

魏忠（1954.6— ）天津市人，中共党员。1972 年 12 月在第 11 列车电站参加工作，从事电气运行与检修。1981 年 12 月调至济南铁路局，在济南供电段工作。

Lan Pengfu

兰鹏富（1954.2— ）山东青岛人，初中文化。1972 年 12 月在山东胜利油田参加工作。1973 年 1 月进入第 41 列车电站，从事锅炉运行与检修。随电站调迁山东东营、昌邑，湖北荆门等地发电。1984 年 12 月调海南三亚供电局，在河西检修所高压班工作。

Zhang Yuzhen

张玉珍（1955.3— ）女，山东青岛人。1973 年 1 月进入第 41 列车电站。1976 年调 49 站，1982 年 12 月调 52 站，均从事电气运行与检修。随电站调迁山东东营、昌邑，内蒙古集宁、大雁，江苏吴县等地发电。1988 年 7 月调入江苏吴县重型机械厂。

Zhou Guojun

周国鋆（1919.5—1987）北京市人，北京大学工学院机械系毕业，高级工程师，中共党员。自 1942 年起先后在华北电业公司和冀北电力公司任技术员、助理工程师。1949 年 7 月在华北电管局峰峰电厂工程队任主任工程师、总工程师。1956 年由于采用新技术改进热力管道保湿取得显著成绩，获全国先进生产者称号，1956 年 4 月参加全国先进生产者代表会议，被授予劳动光荣纪念章。1958 年 10 月任援越专家组副组长、总工程师。1961 年 5 月任水电部对外工程公司副总工程师。1969 年 8 月后相继在水电部北安、平舆干校劳动。1973 年 1 月调入列电局机关，在计划基建处工作，1979 年 2 月任副处长、主任工程师。1983 年 4 月调入水电部机械制造局。

Zhou Li

周莉（1935.5— ）女，浙江宁波人，浙江大学化工分析专业毕业，高级工程师。1956 年 9 月分配到电力部技术改进局，在化学室负责锅炉防腐。1963 年调入西安热工研究所，负责电力系统电厂水处理、锅炉防腐。1973 年 1 月调入列电局机关，在生产技术科（处）从事化学管理工作。1983 年 4 月调入电力科学研究院高压所。1991 年 6 月退休。

Jiang Liyong

蒋立勇（1954.4— ）山东济宁人，青岛广播电视大学汉语言专业毕业，记者。1972 年 12 月在山东胜利油田参加工作，1973 年 1 月进入第 41 列车电站，从事锅炉运行与检修，曾任团支部书记。1986 年 3 月调入山东第三电力建设工程公司，1997 年在青岛电视二台任新闻记者。1999 年调入中国食品质量报社，任青岛记者站站长。2001 年 4 月策划拍摄的 30 集电视系列剧《夕阳里的故事》，获山东省第十三届优秀电视艺术“电视短剧”二等奖。2012 年退休。

Li Hong

李洪（1955.9—2016.5）北京市人，初中文化。1973 年 2 月在保定基地附属金属制品厂参加工作。1974 年 12 月调基地行政科从事后勤服务。1978 年 2 月起，在汽机车间从事钳工、焊工专业。1983 年 1 月起，相继在保定电力修造厂钢模板车间、金属结构分厂任焊工班班长。2010 年 9 月退休。

Zhao Bin

赵斌（1944.3— ）河北辛集人，保定职工大学机械制造工艺设备专业毕业。1967 年在山西轴承厂参加工作。1973 年 2 月调入西北基地，先后在金工车间、供应科工作。1980 年 11 月调入保定基地，在基建科工作。1987 年 10 月，调入河北涿州第 59 列车电站，从事汽机运行与检修。

Liu Hongqin

刘洪勤（1951.11— ）女，山东淄博人，初中文化，技师。1967 年 6 月在冶金部 113 铝加工厂参加工作。1973 年 3 月调入第 1 列车电站，从事电气运行与检修，随电站调迁北京煤矿机械厂发电。1975 年 5 月在局密云“五七”干校劳动。1981 年 1 月调入局机关行政科，从事维修电工。1983 年 4 月调入水利电力出版社。

Yang Zonghua

阳宗华（1940.8—2006.4） 女，四川中江人。1972 年 4 月在广西宜山电厂参加工作。1973 年 4 月进入第 16 列车电站，从事化学专业。随电站调迁广西宜山、内蒙古丰镇等地发电。1981 年 12 月调入华东基地，从事汽机检修。

Wu Di

吴迪（1932.11—2017.2） 湖北武汉人，武汉工学院电机电器专业毕业，工程师。1949 年 10 月参加工作，曾在大成斋文化用品商店任主管会计，在武汉市东西湖农管局、肉联厂任技术员。1973 年 4 月进入武汉基地，先后任铸造车间、试验室热工技术员，设备科技术专责。1979 年参与第 42 列车电站返厂大修，通过设计改造管道线路等工艺，节约了原材料，降低了成本。

Zhu Aiguo

朱爱国（1954— ） 山东青岛人，初中文化。1972 年在胜利油田参加工作。1973 年进入第 41 列车电站，从事锅炉运行与检修。随电站调迁山东东营、昌邑，湖北荆门等地，曾为胜利油田会战、葛洲坝工程建设发电。

Sun Xiuyun

孙秀云（1950.4— ） 山东郯城人。1973 年进入第 41 列车电站，从事锅炉运行与检修。随电站调迁山东东营、昌邑，湖北荆门等地，曾为胜利油田会战、葛洲坝工程建设发电。1981 年调入山东临沂汽车运输公司工作。

Sun Xiufa

孙秀法（1954.12— ） 山东郯城人，高中文化。1973 年进入第 41 列车电站，从事汽机运行与检修。随电站调迁山东东营、昌邑，湖北荆门等地发电，曾为胜利油田会战、葛洲坝工程建设发电。1981 年调入山东省计算机中心。

Tan Xiuhua

谭秀华（1943.3— ） 女，山东济南人。1961 年 12 月在济南参加工作。1973 年 7 月进入第 49 列车电站，1981 年 8 月调入 44 站，均从事化验专业。随电站调迁山东烟台、内蒙集宁、山西长治等地发电。1983 年 11 月随电站成建制下放山西惠丰机械厂。1993 年退休。

Wang Zhifang

王志芳（1955.6— ） 女，上海市人，保定电力技工学校电气专业、河北电力学院热力工程自动化专业毕业。1973 年 8 月电校毕业分配到第 29 列车电站，从事电气运行与检修。1975 年被推荐到河北电力学院学习，1978 年毕业后返回 29 站电气工段。1983 年随电站下放信阳电业局，后调至信阳市自来水公司。

Xia Guizhen

夏桂珍（1947.4— ） 女，湖北武汉人，武汉粮食学校加工专业毕业。1968 年 7 月始，曾在浙江临海粮食机械厂、六机部中南物资供应站工作。1973 年 9 月进入武汉基地，先后在制造车间、三车间从事车车工专业，在设备动力科任设备管理员。

Xu Dingzheng

徐定铮（1952.2—2016.11） 上海人，工程师。1969 年 4 月，吉林延边插队知青。1971 年 7 月在吉林延边电业局参加工作。1973 年 9 月进入第 30 列车电站，从事锅炉运行与检修。1978 年 12 月调入保定基地，1980 年 7 月调入 53 站。1981 年 7 月调入华东基地，1994 年任车间副主任。1998 年 4 月退休。

Xie Guilin

谢桂林（1936.1—2015.7） 湖南郴州人，华中工学院机械专业毕业，工程师，中共党员。1960 年分配到二机部十四局（404 厂）。1973 年 11 月调入西北基地，在金工车间任技术员，参与红心汽动给水泵的设计工作。后任生产技术科科长，曾参与 32 米高空作业车、煤炭漏斗车的设计。列电体制改革后，任厂总工程师。

Wang Chunsheng

王春生（1954.12— ） 湖北鄂州人，大专学历。1974 年 3 月武汉燃气化工技校塑料专业毕业，分配至武汉基地。先后在机修车间、一车间、结构车间从事电气维修等工作。2012 年 12 月退休。

Zhou Yueying

周月英（1949.8— ） 女，浙江诸暨人，贵州水利电力专科学校中专毕业，工程师。1968 年 11 月在贵州安顺轿子山煤矿参加工作，1974 年 3 月调入在广东韶关的第 43 列车电站，从事财务工作，随电站调迁广东韶关、湖北武汉、北京清河等地。1983 年 3 月随电站下放北京新型建筑材料厂，历任北新集团服务公司财务科科长、推广销售部业务科科长等。

Chen Zuoji

陈作楫（1930.4— ） 河北抚宁人，高中文化，中共党员。自 1952 年 5 月起，先后在吉林市国营松江印刷厂、吉林丰满水电工程局供应科、水电建设总局水电勘测设计院工作。1974 年 4 月调入列电局机关，任仓库运输计划员。1983 年 4 月调入水电部机械局，从事行政后勤工作。

Liu Shumin

刘淑敏（1946.6— ） 女，河北玉田县人，初中文化。1969 年 6 月在郑州水工机械厂参加工作，从事幼儿教育。1974 年 5 月调入西北基地，任厂幼儿园教师和园长。1983 年后调入厂总务科，负责后勤管理工作。

Wu Baoyuan

吴宝源（1944.12— ） 河南郑州人，中学文化。1961 年 8 月入伍，任报务员、文秘等职。1966 年 9 月复员到郑州水工机械厂。1974 年 5 月调入西北基地，在金工车间曾任班长。1976 年调入生产科。1982 年在新产品开发公司任副经理，参与了底开门车、32 米高空带电车、水隔离泵等产品的开发。

Chen Yilun

陈一伦（1933.12— ） 四川隆昌人，中共党员。1951 年 1 月入伍，任班长。1964 年 10 月转业，曾在湖北商业厅政治部工会、湖北省“五七”干校、7003 工程指挥部工作。1974 年 5 月调入武汉基地，先后任行政科、基建办公室现场管理，工会干事、离退休办公室管理员。

Qin Meihua

秦梅花（1945.10— ） 女，河北宣化人，河北张家口财经学校毕业。1967 年 5 月在河北宣化县供销社工作。1974 年 5 月进入第 54 列车电站，任财务出纳员。随电站在山西大同、江苏无锡等地发电。1985 年 4 月调入河北宣化钢铁公司，在第二炼铁厂总务科工作。

Jin Qinhua

金勤华（1947.7— ） 湖北武汉人。1965 年 12 月始，曾在水电部长江流域规划办公室施工试验总队、宜昌 505 工地、葛洲坝工地工作。1974 年 6 月进入武汉基地，先后在检修车间、一车间、物资科、电站检修队、物资储运公司工作。1998 年 7 月退休。

Wang Dehai

王德海（1954.8— ） 河南获嘉人，初中文化。1971 年在山东胜利油田水电厂参加工作。1974 年 7 月进入第 41 列车电站，从事电气运行与检修。随电站调迁山东东营、昌邑，湖北荆门等地发电，曾为胜利油田会战、葛洲坝工程建设服务。1985 年 5 月调入湖北沙市热电厂工作。

Wu Sirong

武思荣（1949.10— ） 女，湖北武汉人。1969 年 2 月湖北武昌县插队知青。1970 年 10 月被招工到武汉市江汉印刷厂。1974 年 7 月进入武汉基地，先在职工食堂、招待所做炊事员，后为实业公司冷作工。1994 年 11 月退休。

Zhao Lihua

赵丽华（1950.6— ） 女，黑龙江东宁人，东宁绥远林业卫生学校护理专业毕业。1974 年 7 月进入第 17 列车电站，从事电气运行与检修。1983 年 1 月调入在山东滕县发电的 39 站。1983 年 10 月随电站人员调入山东十里泉发电厂，从事后勤、账务管理工作。

Su Chuanfen

苏传芬（1945.7— ） 女，湖北武汉人，武汉第一师范学校教师专业毕业，小学高级教师。1964 年 8 月参加工作，曾在武汉硚口区新合村小学、武昌区白沙洲小学任教。1974 年 8 月进入武汉基地，在子弟小学任语文、数学教师兼班主任，后任数学教研组长。1998 年 5 月退休。

Guo Dingxian

郭定贤（1942.10— ） 回族，河北保定人。1962 年 12 月毕业于保定电力学校继电保护自动化专业，中共党员，政工师。1963 年 3 月分配到安徽电力系统工作，先后在安徽响洪甸水电站、安徽电管局劳动工资处工作。1974 年 8 月调入保定基地，先后任宣传科副科长、党委办公室主任、党群工作部部长等职务。1994 年退休。

Liu Guangyou

刘光有（1933.10—2015.5） 湖北丹江口人，中共党员。1951 年 4 月入伍，曾任文书、教员。1958 年 11 月复员到湖北丹江口工程局工作。1959 年调入船舶 1 站，任管理员。1974 年 10 月调入武汉基地，在基建办公室，从事起重专业。1983 年 9 月退休。

Li Taoying

黎桃英（1951.10— ） 女，湖南耒阳人。1969 年 3 月，湖南耒阳龙塘公社插队知青。1969 年 10 月起，在湖南耒阳插秧机厂、湘潭纺织印染厂工作。1974 年 10 月进入第 24 列车电站，从事化验专业。1977 年 7 月调入 7 站。随电站在湖南湘潭、福建漳州等地发电。1982 年 9 月调入华东基地。1997 年 9 月退休。

Xu Zhengming

许正明（1943.8— ） 湖北黄冈人，经济师，中共党员。1958 年 10 月参加工作，先后在湖北水利厅机械大队一团、鄂西工程指挥部八团、三三〇工程局开挖分局等单位工作。1974 年 12 月进入武汉基地，磨工，后任企业整顿办公室干部。1984 年 10 月起，历任劳动人事科副科长、科长、副总经济师兼劳动人事科科长。1977 年获武汉供电局先进工作者称号。1998 年 5 月退休。

Zhan Xueyuan

詹学元（1938.12— ） 湖北谷城人，中共党员。1957 年 11 月入伍，历任班长、排长、政治指导员、政治部干事。1958 年曾荣立三等功。1974 年 11 月转业至武汉基地，在人保科任保卫干事。1977 年 9 月起，先后任人武部副部长、五车间副主任、基建办副主任、主任。

Ma Jinhua

马金花（1957.2— ） 女，河北清苑人，初中文化。1974 年 12 月，在保定电力技工学校参加工作，实习工厂车工。1987 年 2 月调入学校伙食科，任财务出纳员，2003 年 5 月后，在保定电力职业技术学院师创电力实业公司工作。2007 年 2 月退休。

Wang Zhensheng

王镇生（1951.3— ） 河北束鹿人，大专学历，中共党员。1969年8月，内蒙古建设兵团战士。1974年12月进入保定基地，车辆车间木工。1978年考入广播电视大学，毕业后到经营计划科从事管理工作，1983年12月任计划科副科长。1984年5月起，任保定电力修造厂副厂长、厂长、厂党委书记。1993年12月调入中国三峡经济发展总公司工作，任部门主任、总经理助理、副总经理、党委书记等职。

Tian Guodeng

田国登（1934.2— ） 湖北武汉人，中共党员。1952年10月入伍，1956年3月复员。先后在湖北省水利设计院、湖北宜昌三三〇工程局工作，曾任副指导员。1974年12月进入武汉基地，先后在材料科任仓库保管员，在储运站、物资储运公司从事起重工作。1992年12月退休。

Liu Guixuan

刘桂萱（1947.11— ） 女，山东潍坊人。山东泰安电力技工学校汽机检修及运行专业毕业。1964年9月分配至水电部四平线路器材厂，从事热处理工作。1974年4月进入武汉基地，先后在铸造车间、二车间、外协办公室工作。1996年8月退休。

Xiao Huiyu

肖会雨（1954.7— ） 河北容城人，保定电力学校（成人）供用电专业毕业。1974年12月，在保定电力技工学校从事后勤服务。2003年5月后在保定电力职业技术学院师创电力实业总公司工作。

Xiao Zhenbin

肖振斌（1931.7—2017.6） 湖北武汉人。1950年5月始，曾在湖北省水利厅、宜昌三三〇工程局指挥部工作。1974年12月进入武汉基地，先后在行政科、总务科基建办公室工作。1986年3月退休。

Gao Dashen

高大申（1954.8— ） 北京人，初中文化。1974年12月进入列电系统，在保定电力技工学校从事后勤服务。后转入学校劳动服务公司从事服务和管理。2001年8月退休。

Ren Yuan

任远（1954.7— ） 河北望都人，初中文化，二级厨师。1975年1月进入列电系统，在保定电力技工学校从事后勤服务。2003年5月在保定电力职业技术学院师创电力实业公司工作。

Xie Qingzuo

谢卿作（1934.5— ） 浙江平阳人，杭州化工学校分析化学光源性试验专业毕业，工程师。1955年8月始，曾在中南水力发电工程局、武汉水力发电设计院、水利水电科学院、武汉水利电力学院从事技术工作。1975年1月进入武汉基地，历任“七二一”大学教员、电大班主任、教育科职工培训专责。

Yu Cuirong

于翠荣（1950.9— ） 女，山东临沂人，初中文化。1968 年 1 月在山东桓台县农机厂参加工作。1975 年 2 月进入第 41 列车电站，从事化验专业。随电站调迁山东昌邑、湖北荆门等地发电，1988 年 4 月调入中石化沧州分公司。

Wang Shoulin

王守林（1936.11— ） 陕西凤翔人，小学文化。先后在陇县前风木器厂、陇县木器厂、红星木器厂、毛纺厂、运输公司、省建七公司等单位从事木工专业。1975 年 4 月调入西北基地，在总务科维修班工作。1980 年退休。

Liu Xiuhua

刘秀花（1945.11— ） 女，河北景县人，河北衡水师范学校教师专业毕业。1967 年 8 月始，曾在河北景县教育局工作，在景县河渠、广川中学任教，在景县东风农机厂任统计员。1975 年 4 月进入第 40 列车电站。同年 5 月调入武汉基地，在材料科、物资供应科任仓库保管员兼料账员。1998 年 10 月退休。

Li Guilan

李桂兰（1937.7— ） 女，江苏丹徒人，中共党员。1958 年在河北保定棉纺厂参加工作。1975 年 4 月进入武汉基地，任幼儿园负责人。1977 年 4 月调入华东基地，从事后勤管理工作。

Li Minghuang

李铭煌（1945.5—2016.9） 浙江镇海人，武汉机械学院铸造工艺及设备专业毕业，工程师。1965 年 7 月分配至水电部四平线路器材厂工作，铸造工、技术员。1975 年 4 月调入武汉基地，先后任铸造车间精铸技术员、劳资科工时定额员、技术科助理工程师、成本核算科核算员、生产科生产工时核算员、设计科工程师。2000 年 7 月退休。

Zhang Nailiang

张乃良（1947.6— ） 陕西宝鸡人，四川成都铁路工程学校毕业。1968 年在成都铁路局工程段从事测量勘探。1975 年 4 月调入西北基地，在供应科负责材料统计及采购、五金库管理等。在无锡安装第 62 列车电站中负责工程材料采购。后在动力科从事设备、配件采购。

Fan Lezhang

范乐章（1936.8—2015.1） 湖北武汉人，中共党员。1950 年 6 月始，在武昌水利工程处、武昌食品厂、武昌钢铁厂工作。1975 年 4 月进入武汉基地，工会干事、综合服务公司行政管理人员。1987 年 3 月起，任综合服务公司副经理、经理，武汉众星精细化工联营公司经理。曾被评为水电部直属单位劳动服务公司先进生产工作者。1995 年 12 月退休。

Cai Guilan

蔡桂兰（1945.9— ） 女，河北大城人。1967 年在大城机械厂参加工作。1975 年 4 月进入第 54 列车电站，从事汽机运行与检修。1982 年 11 月调入 37 站。曾随电站调迁山西大同、江苏无锡、河北沧州等地发电。1983 年 7 月调入天津碱厂供应科工作。

Tian Xiuzhen

田秀珍（1943.10— ） 女，河北完县人，保定电力学校发电厂电力网及其系统专业毕业，技术员、经济管理师。1964 年 2 月，在云南省电业局劳资处任劳资科员，1971 年 7 月调入云南省送变电工程公司，从事工资管理。1975 年 5 月调入保定电力技工学校，负责学籍、教材等教务工作。

Liu Xiaoyan

刘肖燕（1954— ） 女，河南邓州人，华北电力学院研究生班毕业。1975 年 5 月进入第 1 列车电站，任电气技术员。1979 年 4 月调入列电局机关，在计划基建处工作。1983 年 4 月后，调入水利电力技术研究所、英国 SINO-ASIA 资源有限公司，任项目经理等职。1985 年获国家科委、水电部颁发的科学进步三等奖。

He Ping

何平（1957.8— ） 女，浙江武义人。1975 年 5 月进入第 39 列车电站，吊车司机。1977 年 8 月调入 59 站，从事化验专业。1982 年 10 月调入 54 站。随电站调迁山东滕县、黑龙江佳木斯、江苏无锡等地发电。1985 年 10 月调入华东基地，曾任幼儿园园长。工笔人物画和篆刻作品被镇江市展出和收藏。1998 年 4 月退休。

Zhu Zhenyu

祝振瑜（1942.11— ） 河北新城人，保定电力学校发电厂电力网及其系统专业毕业，讲师，中共党员。1964 年 2 月参加工作，在云南送变电工程公司劳资科任劳资员。1975 年 5 月调入保定电力技工学校任教，主要从事电工学等课程的教学。1987 年 2 月起，历任教务科副科长、科长，办公室副主任，教育科技研究室副主任等职。曾被评为 1993 年度华北电管局教育系统优秀教育工作者。

Zheng Juxian

郑聚仙（1945.8—2011.11） 女，江苏无锡人。1962 年 12 月在福建邵武参加工作。1975 年 6 月进入第 27 列车电站，从事会计工作。1978 年 4 月调入华东基地。1997 年 10 月退休。

Ma Zhaoyun

马照云（1952.8— ） 女，河南商丘人。1975 年在商丘市机引农具厂工作。1975 年 7 月进入第 14 列车电站，车工。1979 年接 62 站新机。随电站调迁江苏徐州、无锡等地。1982 年 10 月，随电站成建制下放无锡市。

Wang Linxian

王临仙（1947.10— ） 女，山西隰县人。1969 年在山西运城盐化局参加工作。1975 年 7 月进入第 44 列车电站，从事锅炉运行与检修，后从事化验工作。随电站在山西运城、长治等地发电。1983 年 11 月随电站成建制下放山西惠丰机械厂，1985 年 3 月在技术科工作。1989 年 1 月调入惠丰医院职业病防治办公室。1991 年退休。

Wang Zenghai

王增海（1942.8— ） 河北赞皇人，哈尔滨工业大学工业企业管理专业毕业，高级讲师。1975 年 7 月，在保定电力（技工）学校任教，从事机械制图、数学等课程的教学工作。负责筹建计算机房，后任计算机教研组组长、计算机高级讲师等。在开展计算机培训教学、机房建设、网络建设与管理等方面发挥了重要作用。

Liu Yunxiang

刘云香（1941.8— ） 女，江苏邗江人。1958 年 9 月在四机部 710 厂参加工作。1975 年进入武汉基地，三车间磨工班，磨工。1980 年 8 月调入华东基地，曾任磨工班班长。

Liu Yuanyuan

刘媛媛（1954.10— ） 女，河北石家庄人，初中文化。1970 年参加工作，1975 年调入第 21 列车电站，从事汽轮机运行与检修。随电站在江苏徐州、黑龙江牡丹江等地发电。1982 年调入保定基地，先后在汽机车间、幼儿园工作。2008 年退休。

Zhang Heye

张荷叶（1947.5— ） 女，山西运城人。1964 年在山西运城南华农场参加工作。1975 年 7 月进入第 44 列车电站，从事锅炉运行与检修，1982 年从事材料管理。随电站在山西运城、长治等地发电。1983 年 11 月随电站成建制下放山西惠丰机械厂。1993 年退休。

Zhang Zengxiang

张增祥（1952.4— ）河北雄县人，大专学历，副研究员。1975 年 7 月保定电力学校锅炉专业毕业，分配至第 44 列车电站，从事锅炉运行与检修。随电站在山西运城、长治等地发电。1983 年 11 月，随电站成建制下放山西惠丰机械厂。1984 年 11 月起，先后在长治市日报社、吉林珲春市报社、山西省社会科学院哲学所工作。

Lu Aihua

陆爱花（1932.9—1997.8） 女，浙江萧山人。第 3 列车电站随车合同临时工，食堂炊事员。1975 年转为正式职工，从事锅炉运行与检修。1977 年随原 3 站调迁河南西平发电。1978 年 10 月调入在宜昌发电的

32站。1984年6月调入葛洲坝水力发电厂，在综合后勤科工作。

Chen Jinsong

陈金松（1943.10— ） 湖北武汉人。1958年9月始，先后在武汉市国营棉纺一厂、3510工厂工作。1975年7月进入武汉基地，在三车间、四车间从事柴油机发电，后调总务科维修队。1996年6月退休。

Xu Guolan

徐国兰（1939.6— ） 女，河南安阳人，郑州冶金工业学校轻金属冶炼专业毕业。1961年分配到安阳市锻压设备厂，从事生产计划和统计，1962年转为干部编制。1975年7月进入第23列车电站，从事材料管理。1980年调入38站，从事财会专业。随电站调迁山西大同、内蒙古临河、江苏昆山等地发电。1983年随电站下放江苏昆山。

Huang Yuanchun

黄元春（1948.2— ） 女，河北唐山人，天津师范专科学校物理专业毕业，高级讲师，中共党员。1968年10月，辽宁北票县插队知青，1972年7月在锦州铁路分局大虎山中学任教。1975年7月调入第57列车电站，任化验室负责人。1978年9月入天津师专学习，1982年8月分配至保定电力技工学校任教师，曾任教研组长。1996年12月任党委工作部副部长。参编教材《中专物理学》，由新华出版社出版。

Huang Cuifen

黄翠芬（1952.7— ） 女，山西大同人。1970年在山西大同矿务局配电所工作。1975年7月进入第10列车电站。1977年调入38站，均从事电气运行与检修。随电站调迁山西大同、河北迁安、江苏昆山等地发电。1983年随电站下放江苏昆山，在列车电厂工作。1994年调入昆山锦港集团销售部。

Ge Yuan

葛原（1950.2— ） 女，山东日照人，初中文化。1975年进入武汉基地，1976年调入第14列车电站工作。1983年4月后随电站下放仪征化纤公司。

Lai Meifang

赖梅芳（1945.12— ） 女，福建龙岩人。1967年在龙岩储木场参加工作。1975年7月进入第7列车电站，从事热工专业。1979年调入38站。在1983年随电站下放江苏昆山，在列车电厂任热工负责人。

Su Wenyi

苏文义（1948.8— ） 河北保定人，四平师范学校数学专业毕业，讲师。1967年8月吉林四平市插队知青，1971年8月在四平十六中学任教，1975年8月调入保定电力技工学校任教，主要从事数学课程的教学工作。2003年5月起在保定电力职业技术学院任讲师。曾被评为1995年度保定市技工学校系统模范教师。

Li Xigeng

李锡耕（1946.10— ） 河北安国人，高中文化，中共党员。1965年12月进入公安部队北京总队服役，后转入解放军警卫第二师。1975年8月转业到保定基地，先后在印刷车间、政治处、基地党委组织部工作。列电体制改革后，在保定电力修造厂老干部处任副科长、科长、党支部书记。曾获保定市军队转业、老干部工作先进个人，能源部、电力部老干部工作先进个人荣誉。2001年退休。

Deng Anqi

邓安琪（1955.6— ） 女，湖南湘潭人。1972年4月，武汉洪山区青菱公社插队知青。1975年9月进入武汉基地，制造车间、三车间刨工，后在总务科、后勤服务公司工作。2000年11月退休。

Liu Xinmin

刘新民（1955.9— ） 黑龙江佳木斯人。1975年9月进入武汉基地，在检修车间、一车间、安装公司从事锅炉检修等。后在物资储运公司、储运站任货运业务员、调度员、负责人。

Wu Lili

吴丽丽（1953.6— ） 女，江西宁都人，幼教一级。1972年4月，湖北武汉洪山区石咀公社插队知青。1975年9月进入武汉基地，先后在制造车间、三车间、服务队做磨工、绿化工，后任幼儿园幼教教师、园长。1998年5月退休。

Cheng Zhixiong

程智雄（1953.3— ） 女，湖北武汉人，湖北省委党校政治专业毕业，政工师，中共党员。1973年4月，湖北京山县插队知青。1975年9月进入武汉基地，金工。后任知青点带队干部、厂办公室科员。1984年2月任团委副书记。1989年1月起，任子弟小学校长、工贸公司副经理、多种经营第二党支部书记。2001年6月退休。

Wang Heping

王和平（1953.12— ） 湖北武汉人，武汉市广播电视中等专业学校工商管理专业毕业，助理工程师，中共党员。1970年2月，湖北钟祥县插队知青。1975年10月进入武汉基地，后任铣工班长。1993年12月起，任车间副主任、党支部副书记，计量检验科、技术质量部、物资供应部、质量管理部主任，设备（基建）管理部副主任。

Wang Daoyun

王道云（1954.7— ） 女，安徽淮南人，技师，中共党员。1973年4月湖北洪湖县马口公社插队知青。1975年10月进入武汉基地，三车间插齿工，连续多年担任班长。曾兼任车间分工会副主席、党支部委员。任车间专职技师期间，1999 年被评为华中公司直属单位女职工岗位立功先进个人。2000 年 11 月退休。

Feng Xianrong

冯先荣（1955.1—2012.8） 女，湖北武汉人，中共党员。1972 年 5 月，湖北钟祥县东桥公社插队知青。1975 年 10 月进入武汉基地，三车间工人，后任学大庆办公室干事、知青点带队干部、纪委办公室干事、财务科科员。1985 年 5 月调中国人民保险公司湖北省分公司。1990 年 12 月调入海口市分公司，任财务科长。

Zhu Qingsheng

朱庆生（1954.11— ） 湖北咸宁人，湖北省广播电视大学中文专业毕业，政工师，中共党员。1973 年 4 月湖北洪湖县插队知青。1975 年 10 月进入武汉基地，先后任试验室、质量检验科检验员，夜明珠酒店副经理。1991 年 1 月起，任厂办公室副主任、纪检监察室副科长、纪委副书记兼监察审计部主任。

Liu Chunxiang

刘春香（1953.5— ） 女，湖北武汉人。1973 年 4 月，湖北洪湖县新滩公社插队知青。1975 年 10 月进入武汉基地，先后在制造车间、三车间、五车间、服务队、钢窗车间工作。1998 年 4 月退休。

Yang Guibao

杨贵宝（1954.06— ） 内蒙古丰镇人，高中文化，技师。1970 年 5 月，内蒙古丰镇插队知青。1975 年 10 月进入第 16 列车电站，同年 12 月调 32 站，从事燃气轮机运行与检修，随电站在广州为中国出口商品交易会发电。1976 年 6 月随电站调迁湖北宜昌为葛洲坝水利枢纽建设发供电。1984 年 4 月调入葛洲坝水力发电厂。

Xiao Guobao

肖国保（1954.6— ） 湖北武汉人，武汉广播电视中等专业学校工业企业管理专业毕业，中共党员。1973 年 4 月，湖北洪湖新滩公社插队知青。1975 年 10 月进入武汉基地，先后在铸造车间、二车间、三车间、机械加工车间，精铸工、钢门工、钳工工作，后任班长、业务组长、现场调度。

Luo Xiaomei

罗晓梅（1953.10— ） 女，湖北武汉人。1973 年 4 月，湖北洪湖县燕窝公社插队知青。1975 年 10 月进入武汉基地，先后在制造车间、三车间，从事车工专业，后在保卫科、服务公司、后勤服务公司工作。2000 年 12 月退休。

Yuan Jiqun

袁济群（1951.5— ） 江苏镇江人。1969 年 1 月，湖北洪湖县烽口公社插队知青。1975 年 10 月进入武汉基地，先后在检修

车间、五车间、钢窗车间、一车间，从事锅炉瓦工、钳工、钢窗工、冷作工工作。2006年6月退休。

Yuan Min
袁敏（1954.12— ） 女，湖北武汉人，武汉广播电视中专学校工业企业管理专业毕业，中共党员。1973年4月，湖北京山县城畈公社插队知青。1975年10月进入武汉基地，先后在制造车间、三车间、四车间、金工车间从事镗工专业。1994年获华中电管局直属单位优秀共产党员称号。2000年11月退休。

Weng Jinwu
翁金武（1955.8— ） 湖北洪湖人，中共党员。1973年4月，湖北洪湖曹市公社插队知青。1975年10月进入武汉基地，先后在一车间、四车间、液压电气车间，从事汽机安装、检修，曾任班长、车间生产调度。参加过新第19列车电站机组的安装，32、20、船舶2站的检修。

Tang Dongming
唐东明（1953.11— ） 女，四川江北人，武汉市广播电视中专工业企业管理专业毕业，助理馆员，中共党员。1970年2月，湖北钟祥县长城公社插队知青。1975年10月进入武汉基地，先后任广播员、厂办公室打字员、机要秘书。1997年2月起，任厂办公室副主任、人事教育科副科长。1999年获华中公司直属单位女职工岗位立功先进个人。2001年7月退休。

Peng Guangyu
彭光玉（1953.12— ） 女，湖北钟祥人，武汉广播电视中专工业企业管理专业毕业，助理政工师，中共党员。1973年3月，湖北钟祥县插队知青。1975年10月进入武汉基地，先后在制造车间、一车间、五车间从事车工、钢窗工专业，后任厂工会组织干事、招待所负责人。2000年11月退休。

Jiang Xuguo
蒋旭国（1950.8— ） 天津人。1969年2月，河北海兴县苏基公社插队知青。1975年10月进入第37列车电站。1976年调入6站，1979年10月接新机61站，1982年2月调入53站，1986年调入56站，均从事锅炉运行与检修。随电站调迁河北沧州、保定，江苏镇江等地发电。1987年9月调入华东基地。1997年10月退休。

Wang Qingyuan
王清元（1953.5— ） 湖北洪湖人。1970年5月，湖北洪湖曹市公社插队知青。1975年11月进入武汉基地，先后在铸造车间、二车间、五车间、钢窗车间、三车间，从事铸造工、钢门工、钳工等专业。

Ba Weiling
巴为玲（1944.10— ） 女，北京市人，

1989年1月大专毕业，经济师。1963年8月参加工作，在北京勘测设计院试验室任试验员兼文书。1965年11月调入北京水利水电科学研究院，从事描图工作。1970年1月在水电部平舆“五七”干校劳动。1975年11月调入列电局机关，在计划基建科（处）从事文书档案管理工作。1983年4月调入水电部机械制造局。

Tian Guilan

田桂兰（1939.6—2018.2） 女，陕西凤翔人，初中文化。1959年在凤翔木材厂工作。1975年11月调入西北基地，在车辆车间维修班从事钳工检修。1983年后，在厂车辆车间电石房从事管理工作。

Zhu Bingxiao

朱秉孝（1956.7— ） 内蒙古丰镇人，初中文化。1973年5月，内蒙古丰镇插队知青。1975年11月进入第16列车电站，同年12月调入32站，从事电气运行与检修，在广州为中国出口商品交易会发电。1976年6月随电站到湖北宜昌为葛洲坝工程建设服务。1979年6月调回16站，1980年5月调到内蒙古丰镇供电局工作。

Sun Yueying

孙月英（1958.5— ） 女，山东德州人，初中文化。1974年8月，山东武城县鲁权屯公社插队知青。1975年11月进入第34列车电站。1976年1月调入在滕县发电的39站，均从事汽机运行与检修。1983年10月随电站人员调入山东十里泉发电厂，在汽机车间从事运行。1989年2月调入德州华能发电厂。2004年8月退休。

Sun Yong

孙勇（1955.9— ） 河南固始人，湖北广播电视大学中文专业毕业，助理工程师，中共党员。1971年1月，北京山县插队知青。1975年11月进入湖北武汉基地，刨工。1992年2月起，先后任安全科、教育科、人教科副科长，政治处、厂长办公室、企业管理办公室、人力资源部副主任；兼子弟小学校长、管理二党支部书记。

Li Shiying

李士英（1952.11— ） 女，安徽淮南人。1968年12月，山西垣曲县长直公社插队知青，后在县印刷厂参加工作。1975年11月进入第55列车电站，1979年7月调入36站，1980年8月调入53站，均从事电气运行与检修。随电站调迁山西垣曲、河南西平、江苏镇江等地发电。1985年5月调入华东基地。1997年10月退休。

Xiao Hanming

肖汉明（1953.1— ） 湖北武汉人，湖北省委党校经济管理专业本科毕业，政工师，中共党员。1973年4月，湖北洪湖龙口插队知青。1975年11月进入武汉基地，车工，后任厂办公室秘书。1984年

5月起，先后任厂长办公室兼企业管理办公室副主任，综合档案室、厂长办公室、后勤服务中心、企管管理部主任，厂长助理，管理党支部书记。

Wang Xinzhong

汪新钟（1956.8— ）辽宁新金人，北京钢铁学院金属学及热处理专业本科毕业，高级工程师，中共党员。1973年5月，湖北钟祥县长滩区插队知青。1975年11月进入武汉基地，铸工车间造型工。1976年被选送北京钢铁学院在职学习，1980年毕业后返回基地，任计量检验科技术员。1987年3月起，任计量检验科副科长、科长，副总工程师兼电力机械设计研究所所长。1995年12月任副厂长。2001年7月调入国网华中分公司任物管处处长。曾获电力部科技进步二、三等奖各一次。

Zhang Tiebing

张铁兵（1953.2— ）河北河间人，初中文化，中共党员。1969年4月，内蒙古建设兵团战士。1975年11月进入第25列车电站，之后相继调入第10、54、1站，从事电气运行与检修。随电站调迁山西朔县、大同、江苏无锡、北京房山等地。1982年随电站下放北京煤矿机械厂，在总装分厂工作。

Chen Jinfang

陈金芳（1950.12— ）女，北京市人，初中文化。1968年，内蒙古丰镇插队知青。1975年11月进入第16列车电站，同年12月调至广州32站，从事电气运行与检修。1976年6月随电站调迁至湖北宜昌，为葛洲坝工程建设发电。1980年2月调入内蒙古丰镇16站。1982年后，先后在丰镇新建小学、丰镇幼儿园任教，1989年调入北京童装厂工作。

Zhou Mouhua

周谋华（1955.2— ）湖北武汉人，大专学历，助理工程师。1972年8月，武汉市东西湖农场二大队插队知青。1975年11月进入武汉基地，检修车间焊工。后被选送天津大学学习焊接专业，1980年8月毕业后相继任一车间焊接技术员、电焊培训中心教员、液电车间安全员兼设备管理员。

Zhao Baozhen

赵宝珍（1952.10— ）女，内蒙古丰镇人，初中文化。1969年1月，内蒙古丰镇插队知青。1975年12月进入第16列车电站，同月调入32站，从事燃机运行与检修，在广州为中国出口商品交易会发电。1976年6月随电站到湖北宜昌为葛洲坝工程建设服务。1979年5月和1981年11月，先后调入45站，又调回16站，均从事化验工作。1984年12月调山西大同第二发电厂。

Hu Changlian

胡昌廉（1951.2— ）湖北武汉人，中共党员。1972年4月湖北京山县罗店公社插队知青。1975年11月进入武汉基地，先后在制造车间、三车间、金加工车间、机械加工车间，从事车工专业，曾任班长、车间现场调度员。

Jiang Baoshan

姜宝山（1956.1— ） 山东济南人，山东泰安电力学校热动专业（函授）毕业，中共党员。1974年12月山东武城县城关公社插队知青。1975年11月进入第34列车电站。1976年1月调入在滕县发电的39站，均从事汽机运行与检修。1983年10月随电站人员调入山东十里泉发电厂，在汽机车间从事运行。1989年2月调入华能德州发电厂，从事管理工作。

Tao Baoyong

陶宝勇（1951.2— ） 安徽凤台人。1970年1月湖北钟祥县插队知青。1971年1月招工到湖北066工程指挥部江河化工厂。1975年11月进入列电系统，先后在第28、8列车电站，从事锅炉运行与检修。随电站调迁山东枣庄，湖北武汉，北京清河等地发电。1982年5月调入武汉基地。2006年2月退休。

Qi Wuying

戚务英（1952.5— ） 女，山东威海人。1975年11月进入第10列车电站，从事电气运行与检修。随电站调迁山西大同、湖北安陆、黑龙江富拉尔基等地发电供热。1983年12月随电站调入武汉基地，先后在行政科、电站检修队、物资储运公司工作。1998年5月退休。

Dong Zhiqiang

董志强（1934.2— ） 陕西凤翔人，初中文化，中共党员。1975年11月进入西北基地，一车间钳工。1981年后在带锯房传达室工作。1987年7月退休。

Wei Jinyuan

魏金元（1952.12— ） 内蒙古丰镇人，初中文化。1970年6月，内蒙古丰镇插队知青。1975年12月进入第16列车电站，同月调入32站，从事电气运行与检修，后转为汽车司机。1976年6月随电站到湖北宜昌，为葛洲坝工程建设发电。1979年5月调45站，1981年调回16站。1985年1月调入山西大同第二发电厂。1998年获大同市优秀驾驶员称号。

Wei Xiaojing

魏晓京（1953.7— ） 山西大同人。1971年2月，湖北钟祥县张集公社插队知青。1975年11月进入武汉基地，先后在设备动力车间、四车间、一车间、结构车间，从事铣工、机修工等专业。2000年退休。

Ding Ping

丁平（1952.10— ） 河北唐山人，保定电力技工学校锅炉专业毕业，工程师，中共党员。1975年12月分配至第53列车电站，从事锅炉运行与检修。1980 年 9 月调入 56 站，任司炉长。随电站调迁浙江宁波，江苏镇江、徐州等地。1983 年 5 月调入徐州市热电有限公司，任锅炉输煤分厂党支部书记、热电公司办公室主任、党委工作部部长。

Yu Zhimei

于志美（1952.5— ）女，天津人，保定电力技工学校汽机专业毕业。1975 年 12 月分配至第 33 列车电站，1983 年 4 月调入 29 站，均从事汽机运行与检修。随电站调迁湖南衡阳、山西运城、内蒙古朱日和、河南信阳等地发电。1989 年 5 月调入天津微型轴承厂。

Yu Guoqi

于国旗（1954.4— ）河北吴桥人，保定电力技校汽机专业毕业，工程师，中共党员。1975 年 12 月分配至第 49 列车电站，从事汽机运行与检修。随电站调迁山东烟台，内蒙古集宁、大雁等地。1983 年 12 月调山东德州锅炉厂。1987 年 5 月获山东省富民兴鲁劳动模范奖章。2009 年 4 月退休。

Yao Yuxiang

么玉祥（1953.4— ）河北丰南人，保定电力技工学校汽机专业毕业，中共党员。1975 年 12 月分配至新 19 站，从事汽机运行与检修。1982 年 8 月调入在河北迁安发电的 57 站。1982 年 11 月随电站成建制下放迁安首钢矿山公司，任汽机车间主任、生产科长。2008 年退休。

Ma Kejia

马克家（1956.11— ）浙江海宁人，武汉市广播电视中等专业学校机械制造专业毕业，技师。中共党员。1975 年 12 月进入武汉基地，曾任车工班长。1996 年 7 月起，任机械加工车间副主任、主任，液压电气车间主任。

Ma Xiaofeng

马筱凤（1952.2— ）女，河北容城人，保定电力技工学校汽机专业毕业。1975 年 12 月进入列电系统，先后在第 40、44 列车电站，从事汽机运行与检修。1981 年调保定基地，在车队从事统计工作。1996 年退休。

Wang Youli

王友力（1952.10— ）湖北鄂州人，保定电力技工学校锅炉专业毕业。1975 年 12 月分配到在湖南衡阳发电的船舶 2 站，从事锅炉运行与检修，曾冲入火海奋力抢救邻居财产。1983 年 3 月随电站下放衡阳电业局。1996 年 3 月退休。

Wang Yuwu

王玉武（1955.2— ）河北涞水人，保定电力技工学校锅炉专业毕业，中共党员。1975 年 12 月分配到在衡阳的第 33 列车电站，从事锅炉运行及检修，随电站到山西运城、内蒙古朱日和等地发电。1982年6月调入河北涞水县供电局，任供电所所长、农电科科长、纪委书记等职。曾被河北省电力局评为服务明星。

Wang Zhenghua

王正华（1951.3— ） 天津人。1968年12月河北黄骅县插队知青。1975年12月进入第6列车电站，从事锅炉运行与检修。1976年9月至1977年5月，赴唐山支援52站抗震救灾。1978年7月调入52站。随电站调迁河北沧州、江苏吴县等地发电。1986年6月调入河北涿州发电厂。

Wang Zhaojin

王兆金（1954.3— ） 河北秦皇岛人，大专学历，中共党员。1975年12月保定电力技工学校锅炉专业毕业，分配至新19站，从事锅炉运行及检修。1976年11月调入在山东滕县发电的39站。1980年调河北秦皇岛市水电局水务局工作，后任水力发电站站长、总工程师。

Wang Kangmei

王抗美（1951.2— ） 北京通州人，保定电力技工学校锅炉专业毕业、大专学历，中共党员。1968年，河北获鹿县插队知青。1975年12月分配到第15列车电站，从事锅炉运行与检修。1979年调入1站，1981年调北京市公安局西城分局，曾任监察科科长，三级警监。

Wang Xiuying

王秀英（1954.8— ） 女，河北吴桥人，初中文化。1970年在山西大同机床厂参加工作。1975年12月调入第23列车电站，从事汽机运行与检修。随电站调迁山西大同、云南昆明、内蒙古临河等地发电。1981年8月调入西北基地。

Wang Guozhong

王国忠（1954.5— ） 河北衡水人，保定电力技工学校锅炉专业毕业。1969年11月，衡水县北诏公社协助员。1974年2月进入保定电校学习，1975年12月毕业分配到在衡阳的新第19列车电站，从事锅炉运行与检修。1979年11月调入衡水县农业机械修造厂。1988年任衡水市人造板厂业务科长。2002年2月起，历任黄河工程橡塑有限公司车间主任、办公室主任。

Wang Xueli

王学礼（1950.10— ） 天津人，初中文化。1969年10月，河北黄骅县插队知青。1975年12月进入第6列车电站。1979年7月，调入在河南西平的36站，从事锅炉运行与检修。1984年8月随电站下放河南巩义电厂，1989年在行政科任科员。1992年10月调北京北郊农场在办公室从事管理工作。

Wang Meihua

王美华（1953.3— ） 女，山东青岛人，高中文化。1975年12月进入第41列车电站。1976年1月调入56站，从事汽机运行与检修。1979年接新机62站。随电站在山东昌邑，江苏徐州、无锡等地发电。1982年10月，随电站成建制下放无锡市。1986年调青岛市第二纺织机械厂，从事劳动工资工作。

Wang Xiaomei

王晓梅（1956.12— ）女，黑龙江呼兰人，初中文化。1975年8月，黑龙江伊春插队知青。1975年12月进入第30列车电站，从事汽机运行与检修。1982年5月调入60站，1985年11月调入56站。随电站在黑龙江伊春、浙江海宁、江苏镇江等地。1990年9月调入华东基地。1997年10月退休。

Wang Yueming

王悦明（1954.10— ）北京市人，兰州铁道学院机械系铁道车辆专业毕业，1993年2月获北方交通大学硕士学位，首席研究员。1974年4月，北京昌平小汤山公社插队知青。1975年12月进入列电局机关，在招待所工作。1976年10月入兰州铁道学院学习。1980年1月毕业后回列电局机关计划处工作。1983年4月调水电部列电处。1984年4月调中国铁道科学研究院，后任研究员、学术委员会委员、博士生导师。从事铁道车辆试验研究和产品开发工作，主持并完成多项国家和部级重大科技攻关项目。2005年获得铁道科学技术成就奖，2012年获得茅以升铁道科学技术奖。

Wang Ting

王婷（1956.7— ）女，北京市人，初中文化。1974年3月，北京昌平小汤山公社插队知青。1975年12月进入列电局机关，在招待所从事后勤服务。1983年4月调入华北水利水电学院研究生部，从事后勤服务工作。

Wang Xinhua

王新华（1953.11— ）山东潍坊人，大专学历，中共党员。1970年10月在潍坊动力机械配件厂参加工作。1974年2月入保定电力技工学校汽机专业学习，1975年12月分配至第39列车电站，从事汽机运行与检修。1982年8月，调山东潍坊市坊子区广播电视局工作，曾被评为山东省化工厅新长征突击手，省、市广播电视局先进工作者。

Wang Desheng

王德胜（1953.7— ）山东安丘人。1970年10月在山东安丘化肥厂参加工作。1974年2月在保定电力技工学校学习，1975年12月分配至第48列车电站，1977年10月调入41站，均从事汽机运行与检修。随电站调迁湖南衡阳、山东昌邑、湖北荆门等地发电。1986年10月调入江苏昆山列电厂。1988年10月调入石家庄热电二厂，在汽机车间工作。

Zhi Guangsen

支广森（1953.10— ）河北衡水人，保定电力技工学校电气专业毕业。1975年12月在山东滕县进入第39列车电站，从事电气运行与检修，后任电气技术员、团支部书记。1983年10月随电站人员调入山东十里泉发电厂，在电气车间从事高低压电机维修。1984年调河北衡水市桃城区电力处，在生技科从事技术工作。

Gui Hongxin

归洪信（1953.5— ）河北青县人，保定电力技校汽机专业毕业。1975年12月由技校分配至第44列车电站，从事汽机运行与检修。1980年12月调入37站。曾随电站在山西运城、长治，河北沧州等地发电。1982年2月调入中石化沧州炼油厂。2004年退休。

Tian Youling

田友玲（1953.3— ）女，天津人。1968年9月天津南郊区新兴大队插队知青。1974年2月在保定电力技工学校学习。1975年12月分配至新第19列车电站，1977年10月调入41站，从事汽机运行与检修。随电站在湖南衡阳、山东昌邑、湖北荆门等地发电。1986年10月调入江苏昆山列车发电厂。1988年10月调入石家庄热电二厂，在汽机车间工作。

Tian Zhanfang

田占芳（1955.7— ）河北安平人，保定电力技工学校锅炉专业毕业。1975年12月分配至新第19列车电站，汽车驾驶员。1982年5月调入8站，同年8月调入57站。随电站在湖南衡阳、北京、河北迁安等地发电。1982年11月随电站成建制下放河北迁安首钢矿山公司。2014年退休。

Tian Jie

田杰（1956.1— ）女，山东高密人，大专学历，会计师，中共党员。1971年10月在山东高密参加工作。1974年2月入保定电力技工学校电气专业学习，1975年12月分配至第39列车电站，从事电气运行与检修。1979年7月调山东高密市外贸公司，先后任企管科长、审计科长。

Tian Suyun

田素云（1953.5— ）女，河北唐山人，保定电力技工学校汽机专业毕业，中共党员。1975年12月分配到在大连的新4（5）站，从事燃气轮机运行及检修。1976年8月随新5站紧急赴秦皇岛为唐山抗震救灾发电。1979年12月调入在内蒙古海拉尔的17站。1983年1月调入辽宁锦州电厂，从事后勤管理，曾任社区党支部书记。

Tian Runzhi

田润志（1951.12—2015.12）河北衡水人，保定电力技工学校锅炉专业毕业，经济师，中共党员。1970年7月，衡水市任坑乡插队知青，曾任民兵连长。1974年2月进入保定电校学习，1975年12月分配到第 18 列车电站，从事锅炉运行与检修，后任统计员。1983 年 7 月调入衡水针织厂，任车间副主任。1984 年 7 月调入衡水地区第二建筑材料厂，先后任办公室主任、副厂长。

Feng Shifeng

冯士峰（1952.12— ） 河北深泽人，保定电力技工学校汽机专业毕业，工程师，中共党员。1975 年 12 月分配至第 33 列车电站，从事汽机运行与检修，曾任团支部书记。1983 年 4 月调入保定造纸厂，1987 年 10 月受聘到石家庄热力煤气有限公司，历任汽机车间主任、生技科科长兼总值长，湾里庙热源厂副厂长兼工会主席、厂长、书记。

Bi Xiaosheng

毕孝圣（1952.11— ） 山东潍坊人，大专学历，中共党员。1971 年 9 月在山东潍坊化肥厂参加工作。1974 年 2 月入保定电力技工学校锅炉专业学习，1975 年 12 月分配至第 39 列车电站，从事锅炉运行与检修，1977 年 6 月起任副厂长、副书记。1982 年 2 月调入潍坊第一织布厂，历任车间主任、厂长。后任潍坊市纺织工业局副局长，潍坊第四棉纺厂厂长、党委书记，潍坊裕华纺织有限公司总经理、党委书记，潍坊四棉纺织有限公司董事长、党委书记，帛方纺织有限公司董事长、党委书记。

Lü Zhishu

吕志书（1950.5— ） 女，北京人。1968 年河北深县插队知青。1974 年 2 月在保定电力技工学校汽机专业学习，1975 年 12 月分配到列电系统，先后在第 48、47 列车电站，从事汽机运行与检修。随电站调迁湖南衡阳、黑龙江海林等地发电。1985 年调入保定热电厂工作。1996 年退休。

Zhu Huale

朱华乐（1954.8— ） 山东济南人。1975 年 12 月进入第 34 列车电站，从事电气运行与检修。1976 年调入 39 站，1977 年 8 月调入 59 站，随电站调迁山东德州、滕县，黑龙江佳木斯等地发电。1983 年调入黑龙江佳木斯纺织印染厂热电站。

Ren Shuyu

任书玉（1954.10— ） 河北正定人，保定电力技工学校电气专业毕业，高级技师。1975 年 12 月分配至第 56 列车电站，从事电气运行与检修，随电站在江苏徐州发电。1984 年调河北石家庄市河北电机股份有限公司工作，曾获石家庄市职工技术比赛状元称号。

Ren Shanghua

任尚华（1953— ） 女，湖北随州人，保定电力技工学校汽机专业毕业，中共党员。1975 年 12 月分配到在衡阳的新第 19 列车电站，从事汽机运行与检修。1982 年随电站下放衡阳冶金机械厂，1984 年任机电工段长兼支部书记。1995 年 3 月调入冶金街道互助里居委会，任主任。2001 年 3 月退休。曾被评为冶金总厂十佳模范共产党员，江东区模范共产党员。曾是江东区人大代表。

Ren Ying

任颖（1955.10— ）山东阳谷人，北京化工大学化工机械专业毕业，高级讲师。1974 年 4 月，北京昌平小汤山公社插队知青。1975 年 12 月进入列电局机关，在财务科（处）从事会计工作，1977 年 5 月参加水电部在湖南长沙水电财会学校组织的会计培训。1978 年 2 月在北京化工大学学习。1982 年毕业后分配到中石化燕山石化公司，在教育培训中心任教师。

Liu Zhengwei

刘正伟（1948.10— ）上海人，高级技师，中共党员。1975 年 12 月进入第 16 列车电站，同月转入 32 站，从事燃气轮机工作，曾随电站为葛洲坝水利枢纽工程建设发电。1979 年 4 月调新 5 站，1980 年调入 62 站，从事热工专业。1982 年 10 月，随电站成建制下放无锡市。1993 年 5 月调入中船重工 703 研究所。

Liu Xilai

刘西来（1951.1— ）河北保定人，中共党员。1969 年 4 月参军，1972 年复员。1974 年 2 月在保定电力技工学校锅炉专业学习，1975 年 12 月分配到第 55 列车电站，从事锅炉运行与检修，随电站在山西垣曲、长治等地发电。1980 年 12 月调入保定基地，从事锅炉制造、安装与检修工作。2001 年 1 月退休。

Liu Liancheng

刘连成（1956.2— ）北京市人，初中文化。1974 年 4 月，北京昌平小汤山公社插队知青。1975 年 12 月进入列电局机关，在行政科（处）从事电工专业。1983 年 4 月调入水利水电学院。1996 年 12 月病退。曾被聘为嘉德拍卖公司（网络）古钱币鉴定师、中商胜嘉拍卖公司鉴定师。现为北京钱币学会会员、中国收藏协会会员。

Liu Yinjiao

刘荫椒（1956.2—2017.11）北京市人，工商大学公共管理专业毕业，高级政工师，中共党员。1974 年 4 月，北京昌平小汤山公社插队知青。1975 年 12 月进入列电局机关，在行政科（处）从事行政、基建工作。1983 年 4 月调入水利电力出版社，负责离退休人员管理工作。

Liu Bingsheng

刘炳胜（1954.9— ）山东安丘人，大专学历，工程师，中共党员。1970 年 12 月在昌邑机械厂参加工作，1974 年 2 月进入保定电力技工学校学习，1975 年 12 月分配至第 11 列车电站，从事电气运行与检修，曾任值长。1979 年 12 月调入昌邑县供电局，历任继电保护班班长、变电工区副主任、电力调度所主任、农电科科长、（局）公司副经理（党委委员）、公司调研员等职。1989年曾获山东省经委、共青团省委七五功勋杯创新优秀成果奖。

Liu Guisong

刘桂松（1952.8— ） 河北东光人，保定电力技工学校锅炉专业毕业。1974年2月进入保定电校学习，1975年12月分配到在衡阳的新第19列车电站。1979年4月调入河北东光县电力局，1982年任五里供电所会计，1984年任所长，1995年任用电股股长。曾先后评为省、市电业局先进个人。

Liu Peijun

刘培军（1958.2— ） 河南项城人，初中文化，中共党员。1975年12月进入第16列车电站，同月调到32站从事热工专业，随电站在广州为中国出口商品交易会发电。1976年6月随电站调宜昌为葛洲坝水利枢纽建设服务。1978年3月入伍，1981年1月复员返回到32站。1984年4月调入葛洲坝水力发电厂，曾任长江电力检修厂电修车间主任。

Liu Ying

刘瑛（1951.1— ） 女，北京人。1975年12月进入第10列车电站，从事热工专业。1978年8月接新机60站。随电站调迁山东济宁、河北保定、浙江海宁等地发电。1988年调海宁市经济协作办公室，从事统计工作。

Liu Xinqun

刘新群（1950.7— ） 女，河北石家庄人，保定电力技工学校汽机专业毕业。1975年12月分配至第33列车电站，从事汽机运行与检修。1983年6月调入44站，随电站调迁湖南衡阳、山西运城、内蒙古朱日和、山西长治等地发电。1985年12月调入华北制药厂工作。

Yan Ruiquan

闫瑞泉（1955.9— ） 河北涞水人，高级政工师，中央党校经济管理（函授）本科毕业，中共党员。1975年12月保定电力技工学校锅炉专业毕业，留校任教。1977年10月调入第16列车电站，曾任热工室负责人。1983年1月始，先后在河北涞水县政府办公室、北京房山区政府办公室、北京城乡建设集团等单位工作，两次获局级优秀共产党员称号。

Jiang Dasheng

江大胜（1950.8— ） 湖北鄂州人，黄冈中等技术工人学校机制钳工专业毕业，保定电力技工学校锅炉专业毕业，助理经济师。1975年12月电校毕业后分配到在衡阳的新第19列车电站，从事锅炉运行与检修。1982年8月调入黄冈地区电力局，1985年10月调入鄂州供电局鄂城供电分局。

Xu Longqi

许龙启（1953.10— ） 河北黄骅人，保定电力技工学校锅炉专业毕业，工程师。1975年12月分配到新第19列车电站，从事锅炉运行及检修。1979年10月调入6站，1984年4月随电站下放新疆鄯善县，任锅炉技术员，负责培训学员、指导运行与检修工作。1987年11月调入盐山县机械厂，在生技科从事技术工作。2011年12月退休。

Sun Shundi

孙顺地（1956.1— ） 河北博野人，保定电力技校电气专业毕业。1975年12月分配至新第19列车电站，1982年10月调入53站。随电站调迁湖南衡阳、江苏镇江等地发电，从事电气运行与检修。1984年调入华东基地，先后从事电气、电气试验、无损检测检验（渗透探伤Ⅱ级、X射线探伤Ⅲ级资质）工作。

Sun Fuhong

孙福宏（1950.7— ） 天津人，本科学历，中共党员。1968年9月，河北黄骅县插队知青。1974年2月在保定电力学校锅炉专业学习，1975年12月分配至第56列车电站，从事锅炉运行及检修，随电站在江苏徐州发电。1978年1月调水电部天津物资管理处工作。

Yuan Zheng

远征（1951.3— ） 女，河北任丘人，中共党员。1968年12月，河北任丘插队知青。1975年12月进入第6列车电站，从事热工专业。1976年9月至1977年5月，赴唐山支援52站抗震救灾。1978年7月调入52站。随电站调迁河北沧州、江苏吴县等地发电。1986年6月调入河北涿州发电厂。

Su Guifang

苏桂芳（1956.4— ） 女，河北肃宁人。1974年2月入保定电校汽机专业学习，1975年12月分配至第11列车电站，从事汽机检修与运行。1982年12月调河北迁安首钢矿山公司。随电站调迁山东官桥、河北迁安等地发电。2001年退休。

Du Yanxin

杜艳新（1955.8— ） 女，河北保定人，初中文化，会计。1971年2月参加工作，保定市第21中学教师。1975年12月调入保定电力（技工）学校，食堂炊事员，后任伙食科会计。2001年6月退休。

Li Zhongsu

李中苏（1957.10— ） 河北衡水人，驾驶技师。1972年12月在衡水电厂参加工作。1974年2月入保定电力技工学校锅炉专业学习，1975年12月分配至第56列车电站，汽车驾驶，1976年被徐州市供电局团委评为雷锋式青年。1979年接新机62站。随电站调迁江苏徐州、无锡发电。1982年10月，随电站成建制下放无锡市。1984 年 4 月调入河北衡水市粮食局，1986 年 7 月调入衡水市妇幼保健院。

Li Gang

李刚（1952.3— ） 天津人，中共党员。1969 年 12 月河北迁安县张官营公社插队知青。1975 年 12 月进入第 42 列车电站，从事锅炉运行与检修。1976 年 6 月到 6 站培训，同年 8 月赴唐山 52 站支援抗震救灾，后调入 52 站。随电站调迁河北迁安、沧州、唐山等地发电。1979 年 10 月调入航空工业部保定向阳精密机械厂，1991 年后任动力车间调度、主任助理、党支部书记兼副主任。2007 年退休。

Li Xiurong

李秀荣（1955.5— ） 河北唐山人。1974 年 2 月入保定电力技工学校汽机专业学习，1975 年 12 月分配至第 48 列车电站，从事汽机运行与检修，随电站在湖南衡阳发电。1985 年 1 月随电站人员调入衡阳轧钢厂。1999 年退休。

Li Huixin

李惠欣（1952.12— ） 女，河北安平人，保定电力技工学校电气专业毕业，中共党员。1970 年 6 月在原籍任民办教师，1974 年 2 月进入保定电校学习，1975 年 12 月毕业留校任教。曾在政治教研室、团委等部门工作。1981 年调入学校财务科，先后从事会计、审计等工作。

Li Xinhua

李新华（1954.7— ） 湖北鄂州人，保定电力技工学校锅炉专业毕业，工程师中共党员。1971 年 2 月在鄂州任民办教师。1974 年 2 月进入保定电校学习，1975 年 12 月分配到新第 19 列车电站，从事锅炉运行与检修。1982 年 7 月调入 41 站。1984 年 7 月调至鄂州苎麻纺织厂，历任工段长、生产科副科长、安全环保科科长、车间主任等。1992 年 4 月调入市政府礼堂，后转入鄂州市群艺馆工作，历任办公室主任、副馆长。

Yang Lianru

杨连儒（1950.4— ） 河北抚宁人，初中文化。1972 年 6 月在山西大同狼儿沟石料厂参加工作，1975 年 12 月调入在大同机车厂的第 23 列车电站，随电站调迁云南昆明、内蒙古临河等地发电。1981 年 8 月调入大同机车厂，在材料科工作。

Yang Xishun

杨喜顺（1951.5— ） 河北井陉人，保定电力技校汽机专业毕业。1975 年 12 月分配至第 34 列车电站，从事汽机运行与检修。1982 年 10 月调入 44 站。随电站调迁山东德州、河北衡水、黑龙江牡丹江、内蒙古大雁、山西长治等地发电。1983 年 11 月，随电站成建制下放山西惠丰机械厂。2006 年退休。

Yang Kuilan

杨魁兰（1953.5— ）女，天津人，本科学历，中共党员。1969 年 5 月河北黄骅县插队知青。1974 年 2 月入保定电力技工学校电气专业学习，1975 年 12 月分配至第 56 列车电站，从事电气运行与检修，随电站在江苏徐州发电。1983 年 5 月调入徐州市自来水公司，历任劳资科科长、办公室主任、企业管理科科长。1987 年获徐州市职工教育先进个人称号。

Wu Zhen'ai

吴珍爱（1953.7— ）女，湖北武汉人。1972 年 4 月，武汉市东西湖区汉南农场插队知青。1975 年 12 月进入武汉基地，先后在铸造车间、二车间、五车间、服务队、钢窗车间等部门工作。1998 年 5 月退休。

Zhang Wenfa

张文发（1951.9— ）天津市人，初中文化，1969 年 12 月，河北沧州插队知青。1975 年 12 月进入到第 6 列车电站，从事锅炉运行及检修。1985 年 5 月调入到沧州电力局，配电工程处电工。1998 年 10 月内退。

Zhang Yuying

张玉英（1946.11— ）女，辽宁海城人，天津体育学院游泳专业毕业。1966 年 7 月在河北辛集支农。1971 年 8 月在河北辛集市化工二厂参加工作。1975 年 10 月在山东滕县进入第 39 列车电站，从事锅炉运行与检修。1983 年 10 月随电站人员调入山东十里泉发电厂，在厂子弟小学任体育老师。1989 年 2 月调入山东华能德州发电厂，从事后勤管理工作。

Zhang Chuanxiu

张传秀（1954.1— ）山东临朐人，保定电力技工学校锅炉专业毕业，中共党员。1970 年 6 月在临朐内燃机配件厂参加工作，1974 年 2 月进入保定电校学习，1975 年 12 月分配到第 11 列车电站，从事吊车驾驶。1984 年 6 月调至邹县发电厂，在锅炉检修分场任班长、主任。1992 年 6 月调入潍坊发电厂，历任锅炉车间主任，检修公司副经理、党支部书记等职。1990 年获山东省优秀生产管理者称号，被山东省总工会授予富民兴鲁劳动奖章。

Zhang Xingju

张杏菊（1951.2— ）女，河北元氏人。1968 在原籍任小学民办教师。1974 年 2 月在保定电力技工学校汽机专业学习，1975 年 12 月分配至第 18 列车电站。后调入 44 站，从事汽机专业。随电站调迁黑龙江牡丹江、山西长治等地发电。1983 年 11 月随电站成建制下放山西惠丰机械厂。1988 年调至河北元氏县热电厂，任车间主任。1995 年调石家庄开发区热电厂。

Zhang Fengchun

张奉春（1954.10— ）北京市人，北京医科大学医学系毕业，主任医师。1974年4月，北京昌平小汤山公社插队知青。1975年12月进入列电局机关，在办公室从事机要工作。1977年9月在北京医科大学学习。1982年在协和医院从事风湿免疫病学专业。1993年至1995年赴美国做博士后研究。2002年后担任北京协和医院风湿免疫科主任、协和医院内科学系主任、博士生导师。主编多部学术专著，获北京市科技进步二等奖、中华科技进步三等奖。发表400余篇核心期刊文献，近五年发表SCI论文50余篇。

Zhang Chang

张昌（1953.12— ）河北保定人，保定电力技工学校锅炉专业毕业，中共党员。1970年在本村为民办教师。1974年2月进入保定电校学习，1975年12月分配到第18列车电站，从事锅炉运行与检修，随电站调迁黑龙江牡丹江、内蒙古呼伦贝尔等地发电。1985年9月被分配到山西省电力建设三公司，从事大型锅炉的安装、试运等工作，曾任班长、专业队长、技师等职。

Zhang Mingwen

张鸣文（1955.9— ）山东烟台人，中国改革发展（海南）研究院工商管理专业硕士毕业，高级政工师，中共党员。1975年12月进入第49列车电站，从事电气工作。1976年1月调入56站。随电站调迁山东烟台、江苏徐州等地发电。1982年2月调山东烟台合成革厂热电厂，后任烟台万华热电公司党委书记兼副总经理、工会主席。2014年，任烟台万华山西国际物流公司副总经理。

Zhang Fadong

张法栋（1952.10— ）河北冀县人，保定电力技工学校毕业。1969年在冀县柏芽公社北张家庄任会计。1975年12月毕业后相继在第25、23、60列车电站工作。随电站调迁山西朔县、内蒙古临河、浙江海宁等地发电。1982年7月调入西北基地，曾借调55站培训学员。1985年7月调入四机部第8130工厂。1994年8月调入河北中意玻璃钢有限公司。

Zhang Baoguo

张宝国（1957.4— ）山东烟台人。1974年6月山东文登县侯家公社插队知青。1975年11月进入第49列车电站，1976年年初调56站，从事锅炉运行与检修。随电站调迁山东烟台、江苏徐州等地发电。1982年11月调入徐州市热电厂。2003年5月退休。

Zhang Junxiu

张俊秀（1957.3— ）女，河北任丘人，初中文化，1975年12月进入列电系统，先后在第37、6、61列车电站，从事汽机运行及检修。随电站调迁河北沧州、内蒙古伊敏等地发电。在61站工作期间，曾为伊敏河矿区培训工作人员。1984年4月调回保定电力修造厂，在水处理分厂工作。1997 年 12 月退休。

Zhang Sugai

张素改（1954.3—　）女，河北保定人，保定电力技工学校电气专业毕业。1975 年 12 月分配至第 34 列车电站，从事电气运行与检修。1977 年 5 月调入 39 站。随电站调迁河北衡水、山东滕县等地发电。1983 年 10 月调入山东十里泉发电厂。1984 年调衡水电池厂。

Zhang Xiaoqu

张晓渠（1952.4—　）河北容城人，保定电力技工学校电气专业毕业，中共党员。1975 年 12 月分配到第 44 列车电站，从事电气运行与检修。1981 年调入保定基地，先后在电气车间、绝缘子分厂工作，1991 年任绝缘子分厂副厂长，1996 年荣获华北电业管理局 9511 工程功臣奖。2003 年退休。

Zhang Fengtai

张峰太（1951.3—　）河北平山人，保定电力技校电气专业毕业，中共党员。1975 年 12 月分配第 44 列车电站，从事劳资工作。随电站调迁山西运城、长治等地发电。1983 年 11 月随电站成建制下放山西惠丰机械厂，1986 年任惠丰电厂副主任（副处级）。1988 年调河北元氏县热电厂，1995 年调入石家庄开发区热电厂。

Zhang Tielin

张铁林（1955.7—　）北京市人，高中文化。1974 年 4 月，北京昌平小汤山公社插队知青。1975 年 12 月进入列电局机关，在仓库从事汽车驾驶。1983 年 4 月调入中国水利电力对外公司，在行政处汽车队工作。1997 年 1 月调入电力技术进出口公司行政处。

Zhang Haiping

张海平（1958.10—　）山东济南人，初中文化。1975 年在广东韶关凡口矿参加工作，后调入第 43 列车电站，电焊工。1978 年底随电站返武汉基地大修，同年 7 月调迁武汉国棉二厂发电。1981 年 43 站与 8 站合并后，随电站调迁北京新型建筑材料厂，1983 年 3 月随电站成建制下放。1992 年起任自备电厂党支部副书记、工会主席等职。

Zhang Zilan

张紫兰（1954.2—　）女，天津人，保定电力技工学校电气专业毕业。1975 年 12 月分配至第 48 列车电站，从事电气运行与检修。1982 年 9 月调入 57 站。随电站调迁湖南衡阳、河北迁安等地发电。1982 年 11 月随电站成建制下放迁安首钢矿山公司。1993 年 10 月调天津色织十二厂，从事变电室运行与检修工作。

Lu Lu

陆璐（1953.12—　）女，河北唐山人。

1970年4月在唐山无线电制修厂参加工作。1975年12月保定电力技工学校电气专业毕业，分配至新4站，从事电气运行与检修。1976年8月随新5站赴秦皇岛为唐山抗震救灾发电。1980年调62站。1982年10月，随电站成建制下放无锡市。1987年调入无锡市黄巷热电厂，后调入无锡市热电厂。

Chen Shangmu

陈尚木（1953.8— ）湖北随州人，中共党员。1969年11月入伍，1973年3月复员。1974年2月入保定电力技工学校锅炉专业学习，1975年12月由技校分配至新第19列车电站，从事锅炉运行与检修，曾任团支部书记，1982年6月任锅炉工段长，随电站在湖南衡阳发电。1982年随电站成建制下放衡阳冶金机械厂。

Chen Ming

陈明（1954.12— ）山东高密人，大专学历，中共党员。1970年8月在山东高密内燃机配件厂工作。1974年2月入保定电力技工学校汽机专业学习，1975年12月分配至新第20列车电站，从事汽机运行与检修。1976年11月调入39站。随电站调迁湖南衡阳、山东滕县等地发电。1978年10月，调山东高密市纪检委员会，从事检察工作，后任监察局局长。

Gou Shumin

苟淑敏（1949.9— ）女，天津人，保定电力技工学校汽轮机专业毕业，中共党员。1969年10月，天津插队知青。1974年2月进入保定电校学习，1975年12月毕业留校工作，曾在教务科学生工作组负责学生日常管理等工作。1984年2月在学生科负责学生日常管理，后在调教务科从事教材征订、发放与管理等工作。2001年9月退休。

Yuan Lijun

苑里军（1951.8— ）河北安平人，大专学历，注册安全工程师。1975年12月保定电力技校锅炉专业毕业，分配至第10列车电站，从事锅炉运行与检修。随电站调迁山西大同、湖北安陆、黑龙江双鸭山热电厂等地发电和供热。1983年12月随电站成建制调入武汉基地，先后在子弟小学、三车间、安全监察科等部门工作。

Fan Shuhua

范淑华（1953.2— ）女，河北石家庄人，中共党员。1971年在原籍任民办教师。1974年2月入保定电力技工学校电气专业学习，1975年12月分配至新第19列车电站，从事电气运行与检修。1982年8月调入57站。随电站调迁湖南衡阳、河北迁安等地发电。1982年11月随电站成建制下放迁安首钢矿山公司。1998年8月退休。

Fan Weiyi

范维一（1956.11— ）山东泰安人，高中文化。1975年12月进入列电系统参加工作。先后在第41、56、59列车电站，从事汽机运行与检修，随电站调迁山东昌邑、江苏徐州、黑龙江佳木斯等地发电。1982年5月调入保定基地，相继在汽机、钢模板、塔机车间工作。

Lin Guoqing

林国庆（1951.2— ）河北青县人，保定电力技工学校汽轮机专业毕业，技术员，中共党员。1975年12月分配到新第19列车电站，从事汽机运行及检修。曾任汽机工段长，1980年3月调入6站，1984年4月下放电站到新疆鄯善县，负责培训学员。1987年3月调入沧州炼油厂工作。曾获优秀共产党员、先进工作者称号。2004年退休。

Shang Xueru

尚学茹（1953.4— ）女，天津人，保定电力技工学校汽机专业毕业。1975年12月分配至第56列车电站，从事汽机运行与检修，随电站在江苏徐州发电。1982年5月调入徐州市热电有限公司，先后在汽机分厂电气热工分厂工作。

Yi Hongmei

易红梅（1960.6— ）女，湖南常宁人，高中文化，中共党员。1975年12月进入第16列车电站，同月调入32站，从事电气运行与检修，在广州发电。1976年6月随电站到宜昌为葛洲坝工程建设发电，曾被评为1977年度三三〇工程局先进工作者。1982年8月调入新19站，随电站下放衡阳冶金机械厂。1989年10月调至中石化广州分公司工作，获1994年度广东省青年突击手和中石化系统劳动模范称号。

Luo Kaijun

罗凯军（1955.5— ）山东肥城人，中央党校函授学院经济管理专业毕业，中共党员。1974年4月，北京昌平小汤山公社插队知青。1975年12月进入列电局机关，在行政科（处）司机班从事汽车驾驶，1977年9月在办公室从事机要工作。1983年4月调入北方交通大学北京彩虹世纪商务网络公司，任总经理。

Zhou Wei

周伟（1954.3— ）浙江宁波人，华北电力职工大学热力过程自动化专业毕业，工程师、讲师。1974年2月进入保定电力技工学校学习，1975年12月毕业留校任教，主要从事热力过程自动化专业有关课程的教学和专业建设工作。参与“热自专业一体化教学改革”，获第三届电力职业技术教育优秀科研成果三等奖。

Zhou Aimin

周爱民（1952.8— ）山东莱州人，大专学历，工程师，中共党员。1972年4月在山东潍县化肥厂参加工作。1973年入保定电力技工学校电气专业学习，1975年12

月分配至第49列车电站，从事电气运行与检修。1981年9月调入39站。1982年7月调山东潍坊市寒亭区供电公司。1981年6月，被共青团内蒙古集宁市委授予新长征突击手称号。

Zhou Yu

周煜（1952.8— ）河北栾城人，大专学历，助理政工师，中共党员。1975年12月保定电力技工学校锅炉专业毕业，分配至第56列车电站，从事锅炉运行与检修，随电站在江苏徐州发电。1981年1月调入河北栾城供电公司，任办公室主任、党委委员。

Zheng Shuangan

郑双安（1954.4— ）河北容城人，保定电力技工学校锅炉专业毕业。1971年在容城县修造厂工作。1974年2月进入保定电校学习，1975年12月毕业分配到伊春第30列车电站，从事锅炉运行及检修。1981年4月调入在保定基地大修的47站。1983年调入保定热电厂，1987年调至固安县工程机械厂。2009年退休。

Zhao Jiujin

赵久金（1950.12— ）河北唐县人，保定电力技工学校锅炉专业毕业。1969入伍，1973年2月复员。1974年2月进入保定电校学习，1975年12月分配到在福建漳平的第7列车电站，从事锅炉运行与检修。1982年调到河北唐县化肥厂，历任车间主任、设备科科长。2003年退休。

Zhao Tianrong

赵天荣（1954.10— ）女，河北东光人，中央党校函授（本科）经济管理专业毕业，高级政工师，中共党员。1974年4月，北京昌平小汤山公社插队知青。1975年12月进入列电局机关，先后在行政科、党总支办公室工作，任团总支书记。1983年4月调中国水利电力对外公司，在人事处从事管理工作。1990年4月调中国电力企业联合会，历任党办副主任、主任、副书记兼纪委书记、人力资源部主任兼机关党委副书记（正局级），被评为三八巾帼建功积极分子、优秀职工、优秀党务工作者、优秀共产党员。

Zhao Taiping

赵太平（1950.12—1997.7）天津人，初中文化。1969年河北沧州插队知青。1975年12月进入第6列车电站，从事汽机运行与检修。1976年9月调入52站，支援电站震后重建。1978年12月调回6站。随电站调迁河北沧州、唐山等地发电。1985年5月调入河北第二电力建设公司，从事汽机安装。

Zhao Fengju

赵风菊（1958.11— ）河北冀县人，初中文化。1975年12月招工进入在内蒙古丰镇的第16列车电站，同月调入32站，从事燃气轮机运行与检修。1976年6月随电站到宜昌为葛洲坝水利枢纽建设供电。1984 年 4 月调入葛洲坝水力发电厂工作。

Zhao Fengying

赵凤英（1951.2— ） 女，北京市人，初中文化。1968 年 12 月从北京到内蒙古丰镇插队，知青。1975 年 12 月招工进入第 16 列车电站，同月调入 32 站，车工。1976 年 6 月随电站到宜昌为葛洲坝工程建设发电。1984 年 4 月调入葛洲坝水力发电厂工作。

Zhao Zhanliang

赵占良（1957.5— ） 河北河间人，初中文化，高级技工。1974 年 4 月，北京昌平小汤山公社插队知青。1975 年 12 月进入列电局，在招待所从事后勤服务，后调入局行政科。1983 年 4 月调入电力部招待所。1985 年 4 月调入中国水利水电科学研究院，在服务公司工作。2003 年 7 月在院保卫处。

Zhao Zhenbing

赵振兵（1954.6— ） 河北辛集人，大专学历，主治医师，中共党员。1972 年 3 月在河北辛集市仁慈公社医务室工作。1974 年 2 月入保定电力技工学校锅炉专业学习，1975 年 12 月毕业分配至第 56 列车电站，从事锅炉运行与检修，兼医务室、团支部书记。1977 年至 1978 年先后获江苏省电力系统、西北基地管区先进个人。1983 年 2 月调入江苏徐州市自来水公司卫生所。

Hu Dan

胡丹（1951.1— ） 女，湖北武汉人。1972 年 2 月武汉市东西湖区汉南农场插队知青。1975 年 12 月进入武汉基地，先后在三车间、五车间、钢窗车间，从事铣工、钳工、钢窗工，后任班长。1998 年 4 月退休。

Hou Yuqin

侯玉琴（1951.7— ） 女，天津市人，初中文化。1969 年河北沧州插队知青，1975 年 12 月进入第 6 列车电站，车工。1985 年 5 月调到河北省电建二公司供应科，从事管理工作。1998 年 8 月退休。

Jiang Shijia

姜世甲（1955.8— ） 河北南皮人，保定电力技工学校锅炉专业毕业、中央党校领导干部函授班本科毕业，高级经济师，中共党员。1975 年 12 月分配到第 11 列车电站，1977 年 1 月调入 1 站，从事锅炉运行与检修，后转干在管理组当材料员。1982 年随电站下放北京煤矿机械厂，历任组织部干事、电镀分厂厂长、人力资源部部长等。

Zu Zhenhua

祖振华（1952.12— ） 河北望都人，保定电力学校（成人）供用电专业毕业。1975 年 12 月，在保定电校工作，食堂炊事员。1978 年 10 月起从事基建管理，1986 年 8 月转入校实习工厂，从事设备制造与组装。1996年10月调入校师创电力实业总公司，任水暖班班长。

Jia Yongxiu

贾永秀（1955.4—　）女，河北易县人，保定电力技工学校电气专业毕业，会计师，中共党员。1975年12月分配至新4（5）站，从事电气运行及检修。1976年8月随新5站为唐山紧急抗震救灾发电。1980年5月调入39站，从事财会工作。1983年3月调山东鲁南化肥厂。

Qian Zhongwei

钱忠伟（1953.9—　）山东荣成人，河北师范大学美术专业毕业，后续中央美院研修班毕业，本科学历。1970年5月，插队知青，山东昌邑村校教师。1975年12月始，在第41、56列车电站从事热工专业。1980年11月借调列电局《列电》编辑部。1982年3月调入保定基地子弟学校任教。1998年，中学美术课《小型雕塑的制作》获教育部一等奖，2001年论文《论美术教学的科学互组时空》获教育部二等奖。

Xu Delin

徐德林（1955.2—　）江苏南京人，高中文化。1974年8月山东滕县插队知青。1975年12月进入第39列车电站，从事汽机运行与检修。1982年5月，调山东鲁南自行车厂，任质检科长。曾被评为山东省优秀质检科长、济宁市先进质检科长。2010年2月退休。

Yin Zhixiang

殷芝祥（1951.12—　）天津市人，初中文化，高级技师，中共党员。1969年11月河北沧州插队知青。1975年12月进入第6列车电站，从事锅炉运行及检修。1984年调入沧州啤酒厂，任锅炉工段长。1987年9月调入天津碱厂，在高压电站锅炉车间任班长、运行工段长。2006年12月退休。

Guo Youli

郭友丽（1957.5—　）女，湖北恩施人，高中文化。1975年12月进入第49列车电站，1976年1月调入56站，从事汽机运行及检修。1977年7月到西北基地参加接新机59站培训，同年12月调入59站。随电站调迁山东烟台、江苏徐州、黑龙江佳木斯等地发电。1982年5月调入保定基地，在汽机车间工作。

Guo Shaogang

郭绍刚（1953.6—　）河北容城人，保定电力技工学校电气专业毕业。1975年12月分配至第33列车电站，从事电气运行与检修。随电站调迁湖南衡阳、山西运城、内蒙古朱日和等地发电。1984年调入河北容城农业银行工作。

Guo Limin

郭莉敏（1951.12—　）女，河北饶阳人，保定电力技工学校汽机专业毕业，后续保定市党校大专毕业，中共党员。1969 年 3 月，河北饶阳县插队知青。1974 年 2 月进入保定电力技工学校学习，1975 年 12 月分配到第 49 列车电站，从事劳资工作。1976 年 4 月至 11 月，参加列电局密云干校第一期培训班学习。1979 年 12 月调入保定基地，曾任组织科、团委干事。1984 年 12 月调入保定市总工会。曾获河北省总工会优秀工会工作者称号。

Tang Qiaoling

唐巧玲（1951.5— ）女，安徽天长人。1970 年 1 月广东海南岛国营农场兵团战士。1975 年 12 月进入武汉基地，先后在制造车间、三车间、四车间、金加工车间工作。1998 年 5 月退休。

Tao Jianhua

陶建华（1952.1— ）女，天津市人，初中文化。1968 年 10 月，河北沧州插队知青。1975 年 12 月进入到第 6 列车电站，从事电气运行及检修。1985 年 5 月调入沧州电力局，从事幼儿教育。1987 年 8 月调入天津碱厂，在高压电站从事维修工作。

Huang Jie

黄杰（1958.10— ）河北沧县人，河北大学毕业，大学讲师、高级政工师，中共党员。1975 年 12 月进入列电系统，先后在第 41、56、59 列车电站，从事锅炉运行与检修。1981 年 3 月调入列电局中试所，在电气仪表组工作。1985 年 9 月河北大学在职学习。1988 年 8 月后，在河北电力职工大学，先后任电力系教学秘书、学生科长、校办公室及培训部主任等职。

Cao Shan

曹山（1953.12— ）河北易县人，保定电力技工学校电气专业毕业，助理工程师，中共党员。1975 年 12 月分配至第 47 列车电站，从事电气运行与检修。1980 年 8 月调入 60 站，1982 年 10 月调入 54 站。随电站调迁广西玉林、黑龙江海林、浙江海宁、江苏无锡等地发电。1984 年 12 月随电站成建制下放无锡新苑公司热电厂。1989 年 9 月调入无锡市热电厂，任电气车间检修主任、供应科科长。

Cao Yizhen

曹以真（1955.8— ）女，北京市人，北京广播电视大学文秘专业毕业，高级经济师，中共党员。1974 年 4 月，北京昌平小汤山公社插队知青。1975 年 12 月进入列电局机关，在办公室从事文秘工作。1983 年 4 月调入中国水利电力对外公司，先后在办公室、人力资源部从事文秘和人力资源工作。1991 年被水利部人劳司评为劳资统计先进个人，2009 年被中国水利电力对外公司评为先进工作者。

Cao Weili

曹伟利（1955.3— ）山东青州人，本科学历，中共党员。1970 年 12 月在山东青州阀门厂参加工作。1974 年 2 月入保定电力技工学校锅炉专业学习，1975年12月分配至第39列车电站，汽车驾驶员。1981年6月起，先后任山东鲁南化肥厂车队队长，滕州市委办公室行政科长兼车队队长、滕州市接待处处长，滕州墨子研究中心主任。

Cao Xiaoqin

曹晓芹（1951.7— ） 女，江西新建人，高级经济师，中共党员。1969年2月，河北黄骅县插队知青。1974年2月入保定电力技工学校汽机专业学习，1975年12月分配至第47列车电站，从事汽机运行与检修。1978年1月调天津第二石油化工厂，从事物资管理工作。1986年7月调入水电部调度通信局，在办公室负责物资管理。1997年调入国家电力公司离退休干部工作部综合处，后任副处长。

Cao Xinlai

曹新来（1953.10— ） 天津人，保定电力技工学校锅炉专业毕业，中共党员。1975年12月分配至第48列车电站，从事锅炉运行与检修。1982年9月调入57站。随电站调迁湖南衡阳、河北迁安等地发电。1982年11月随电站成建制下放迁安首钢矿山公司。1993年10月调天津测量仪器一厂，从事销售与生产管理，后任厂党支部书记、工会主席。2006年获天津市劳动模范称号。2008年10月退休。

Cui Baoxin

崔保新（1956.4— ） 河北易县人，河海大学常州机械学院机械制造专业毕业，工程师。1975年12月毕业后分配到第55列车电站，从事锅炉运行与检修，后任技术员。1982年12月随电站调入西北基地。2012年退休。

Dong Chuanlong

董传龙（1954.9— ） 湖北枣阳人，中共党员。1971年，湖北枣阳县董岗公社插队知青。1974年2月入保定电力技工学校锅炉专业学习，1975年12月分配到在湖南衡阳的船舶2站，从事锅炉运行与检修。1983年3月随电站下放衡阳电业局。1996年2月退休。

Dong Shuran

董树然（1957.1— ） 女，北京市人，初中文化。1974年4月，北京昌平小汤山公社插队知青。1975年12月进入列电局，在局招待所从事后勤服务工作。1983年4月调入华北水利水电学院工作。

Dong Guizhi

董桂芝（1955.6— ） 女，山东济宁人，本科学历，中共党员。1974年8月，山东滕县插队知青。1975年12月进入第39列车电站，从事锅炉运行与检修，后从事财务管理。1980年12月调山东济宁市中区交通局从事宣传工作，先后任财务科长、纪委书记、副局长。曾被评为山东省交通厅、济宁市先进个人。

Han Guoxiang

韩国祥（1949.3— ） 河南西平人。1968年11月，先后在湖北随县华宝公社、武汉市东西湖农场知青。1975年12月进入武汉基地，先后在制造车间、三车间、金加工车间工作。2001年7月退休。

Jiao Cunxi

焦存喜（1954.6— ） 河北枣强人，保定电力技工学校电气专业毕业。1972年至1973年，在本村担任赤脚医生。1974年3月进入保定电校学习，1975年12月分配到第34列车电站，从事电气运行与检修，1977年随电站先后在山东德州，河北衡水，黑龙江牡丹江发电。1979年10月调入石家庄灯泡厂，1989年调入石家庄煤气热力公司东方热电厂，在汽机车间工作。

Tong Xiping

童希平（1954.10— ） 湖北武汉人。1972年4月武汉市东西湖汉南农场知青。1975年12月进入武汉基地，先后在制造车间、三车间、储运站，从事车工、起重等工作。后在设备基建科、后勤服务公司任基建施工员。

Zeng Qingxin

曾庆鑫（1954.11— ） 河北乐亭人，保定电力技工学校电气专业毕业，中共党员。1975年12月分配至第39列车电站，从事电气运行与检修，随电站在山东滕县发电。1983年10月随电站人员调入山东十里泉发电厂，先后任宣传干事，多经党支部书记、后勤公司经理。

Zhen Junguo

甄俊国（1954.10— ） 河北唐县人，保定电力技工学校汽机专业毕业，中共党员。1975年12月分配至第33列车电站，从事汽机运行与检修，随电站调迁湖南衡阳、山西运城、内蒙古朱日和等地发电。1982年6月调入河北唐县供电公司，后任工会主席。

Xie Shibin

解世彬（1955.3— ） 山东五莲人，中共党员。1970年12月在山东五莲县农具厂参加工作，1974年2月入保定电力技工学校汽机专业学习，1975年12月分配至第39列车电站，从事汽机运行及检修。1983年10月随电站人员调入山东十里泉发电厂，在汽机车间从事汽机运行。1988年2月调济南市北郊热电厂工作。

Lian Yanshou

廉延寿（1956.2— ） 北京市人，初中文化，库房高级管理师。1974年4月，北京昌平小汤山公社插队知青。1975年12月进入列电局机关，在行政科（处）从事后勤服务工作。1983年4月调入水利电力出版社。1995年4月在中国水利水电出版社办公室秘书科任机要通信员，1997年9月到发行部储运科从事库房管理工作。

Tan Yali

谭亚利（1957.7— ） 籍贯重庆石柱，江苏电大中文专业、中央党校法律专业本科毕业，高级政工师，中共党员。1974 年 7 月，山东昌邑围子公社插队知青。1975 年 12 月进入列电系统，相继在第 41、56、59、54 列车电站工作，车工。1985 年 10 月调入华东基地，1986 年 5 月起，先后任团委副书记、新闻站副站长、车间党支部书记、主任，政工部主任、工会主席、纪委书记。参与编辑《列电》杂志，《镇江华东电力设备制造厂志》、“羽道客 GIF”和“列电人”公众号等。

Xue Liangyan

薛良炎（1949.10— ） 北京市人，初中文化，技师。1968 年 12 月，内蒙古丰镇插队知青。1975 年 12 月招工进入第 16 列车电站，同月调入 32 站，从事燃气轮机运行与检修。1976 年 6 月随电站到宜昌为葛洲坝水利枢纽建设发电。1984 年 4 月调入葛洲坝水力发电厂工作。

Wang Junpang

王君滂（1920.11—2005.8） 辽宁海城人，东北大学法律专业毕业，高级经济师。1949 年 1 月在华北人民革命大学学习。1949 年 12 月在水利部规划司任科员。自 1957 年 3 月起在水利部、水电部干校任教员。1969 年 5 月在宁夏青铜峡及河南平舆“五七”干校劳动。1976 年 2 月进入列电局密云“五七”干校。1978 年 3 月调入局机关教育科。1983 年 3 月调入水电部机械局，在劳资处主管企业培训。1988 年 3 月离休（享受处级待遇）。

Chen Delun

陈德伦（1954.5— ） 湖北汉川人，初中毕业，1984 年 4 月陕西师范大学经济管理专业毕业，中共党员。1971 年 2 月入伍，曾荣立三等功。1973 年 6 月转业到扶风县委组织部，任干事。1974 年 5 月任段家公社团委书记。1976 年 1 月调西北基地，先后任团委干事、团委负责人、团委书记、行政科副科长。1987 年 5 月起，历任宝鸡车辆修造厂办公室副主任，计划经营科副科长、科长，经营部主任，副厂长兼经营开发公司总经理、董事长。1988 年获西北电管局企业现代管理三等奖。2004 年起任西北电建器材总厂副厂长，西安电力机械厂调研员。

Yi Beiying

易北迎（1958.6— ） 女，湖南长沙人。1976 年 1 月进入武汉基地，先后在制造车间、三车间、四车间、金加工车间、机械加工分厂工作，铣工。2003 年 6 月退休。

Gu Jiuxin

顾久信（1952.8— ） 北京人。1969 年 9 月黑龙江生产建设兵团甘南县五师 67 团工程连战士。1976 年 1 月进入第 25 列车电站，同年调入 10 站，从事锅炉运行与检修。1980年调入60站，吊车司机。随电站调迁山西朔县、大同，浙江海宁等地。1985年调入华东基地在供应科工作。

Wei Sujing

魏苏静（1953.7— ） 女，上海人。1970年12月黑龙江生产建设兵团甘南县五师67团工程连战士。1976年1月进入第25列车电站，从事化验工作。同年调10站，1980年调入60站。随电站调迁山西朔县、大同，浙江海宁等地发电。1985年9月调入华东基地，先后从事幼儿园管理、产品销售工作。1997年9月退休。

Wang Zhisheng

王智生（1940.2— ） 陕西渭南人，西北农林科技大学农机专业毕业，工程师，中共党员。1968年8月在咸阳拖拉机配件厂参加工作。1976年3月调入西北基地，先后任金工车间管理组技术员、动力科设备管理员、技术科工程师。曾参与32米高空作业车、煤炭漏斗车的设计。后在总工办负责技术及标准化工作。

Bai Yun

白云（1947.10— ） 女，河南新密人，高中文化。1968年10月，陕西省岐山县曹家公社插队知青。1971年10月招工到太白森工二处女子筑路队。1976年3月调入西北基地，在铸造车间工作。1983年后在车辆车间、检修班工作。

Li Zuofeng

李佐峰（1939.7— ） 湖北武汉人，中共党员。1960年3月在鞍山钢铁公司参加工作，在工务连任排长、副段长。1976年3月进入第35列车电站，任管理员。随电站调迁贵州水城、湖北宜昌等地，曾为葛洲坝水利枢纽工程建设供电。1979年5月调武汉基地，先后任食堂管理员、储运站管理干部。1994年10月退休。

Fan Cuilan

范翠兰（1946.8— ） 女，河北怀安人。1960年2月在河北怀安饮食服务公司参加工作。1976年3月进入第46列车电站，从事食堂管理和会计工作。随电站在福建漳州发电。1984年9月调入华东基地，服务公司会计。

Guan Denghou

官登厚（1938.4— ） 湖北孝感人，中共党员。1956年5月在湖北大冶钢厂参加工作，曾任副指导员、党支部副书记。1976年3月调武汉基地，先后在铸造车间、物资科、二车间任技术员，后在计划科、物资科从事技术管理。1986年2月退休。

Duan Yongli

段永立（1958— ） 云南昆明人，初中文化。1974年3月，山西晋城重南头公社插队知青。1976年3月进入列电系统，先后在58站、51站、新3站工作，1982年3月调入58站。随电站调迁山西晋城、新疆乌鲁木齐、江苏南京等地发电。1992年5月随电站下放山西晋城矿务局自备电厂。2015年7月退休。

Jiang Jun
姜俊（1948.7— ）女，湖北华容人。1968年12月，湖北枣阳县蔡阳公社插队知青。1970年9月，先后在武汉市粮食局水上储运站、人民油厂工作。1976年3月进入武汉基地，先后在五车间、钢窗车间、一车间工作。1996年6月退休。

Ye Huimin
叶惠民（1945.3— ）浙江镇海人，上海机器制造学校毕业，工程师，中共党员。1967年6月在陕西9929厂参加工作。1976年5月调入西北基地，车工。1980年11月调入华东基地，任车工班班长。1986年3月起，先后任车间、企质办、总工办副主任，质量计量科科长。

Ren Yuee
任月娥（1939.1— ）女，山西天镇人，张家口师范专科学校生化专业毕业，小学高级教师。1960年8月始，在河北赤城县干部业余学校、龙关中学、小学任教。1976年5月进入武汉基地，在“七二一”大学任数学教师，后在子弟小学任数学教师，兼自然、手工绘画等教学工作。

Leng Guiyun
冷桂云（1949.10— ）女，黑龙江哈尔滨人，初中文化。1966年7月在西北113厂工作。1976年5月调入第1列车电站，从事化验工作。1980年5月调入54站。1984年12月随电站成建制下放无锡新苑公司热电厂。1988年3月先后在保定市化工二厂热电站、保定市石油化工厂工作，任化验室负责人兼技术员。

Zhang Hongfeng
张鸿凤（1936.3—2014.4）女，四川涪陵人，四川成都工学院塑料专业本科毕业，工程师。1959年9月参加工作，曾在北京化工二厂、武汉建汉化工厂任技术员。1976年5月进入武汉基地，在试验室任物理试验技术员、助理工程师、工程师。1983年1月退休。

Bi Xueping
毕学平（1954.1— ）河南安阳人，保定电力技工学校电气专业毕业，中共党员。1974年9月进入保定电校电气专业学习，1976年6月在第14列车电站实习并参加工作。1982年10月调入河南安阳碳素厂，1990年调入安阳彩色玻壳有限公司，1992年10月调入安阳县劳动局。2015年1月退休。

Sun Xiufen
孙秀芬（1949.4— ）女，北京人，初中文化。1971年招入陕西宝鸡氮肥厂工作。1976年6月调入西北基地，在一车间从事车工、焊工专业。1982年7月调入保定基地，先后在金工车间、电气车间工作。1994 年 4 月退休。

Li Jianxin

李建新（1953.3— ）河北邢台人，保定电力技工学校电气专业毕业，中共党员。1974 年 9 月进入保定电力技工学校电气专业学习，1976 年 6 月在第 14 列车电站实习并参加工作，从事电气运行与检修。1983 年 5 月调入河北邢台供电局。

Wang Chunhua

王春华（1950— ）女，河北抚宁人，中专文化。1976 年进入在昆明的第 23 列车电站，后随电站在内蒙古临河发电。1980 年 12 月调山西大同矿区工作。

Mao Liying

毛丽英（1957.2— ）女，山东高青人。1976 年在山东枣庄进入第 28 列车电站，从事锅炉运行与检修。1979 年接新机 62 站。随电站调迁江苏无锡发电。1982 年 10 月随电站成建制下放无锡市。1988 年调入无锡市热电厂。

Qu Zhaolin

曲兆林（1933.1—2008.3）河北静海人。1952 年 1 月入伍，在后勤部队从事汽车驾驶。1956 年 6 月复员，先后在山西太原电厂、雁北大同电厂汽车班工作。1976 年 7 月调入第 23 列车电站，随电站调迁云南昆明、内蒙古临河等地发电。1981 年 9 月调入西北基地，在供应科汽车班工作。

Yao Zhumei

姚竹梅（1950.3— ）女，山西文水人，初中文化，助理会计师。1968 年 10 月起，先后在文水县杭城村、交城县大营村任教师。1975 年借调到交城县委秘书办公室工作。1976 年 7 月调入西北基地，在子弟学校任教师，1978 年 6 月，在供应科从事材料核算。1983 年在上海水电部财会培训班学习。1986 年起先后在电管处、一车间、财务科、审计科任会计。

Geng Fengyang

耿凤阳（1943.12— ）河北高邑人，北京钢铁学院冶金机械专业本科毕业，工程师，中共党员。1968 年 12 月分配至贵州水城钢铁焦化厂，历任机修车间、炼焦车间技术员，政工组宣传干事、党委秘书兼代团委书记。1976 年 7 月调入武汉基地，任党委办公室秘书。1981 年 5 月起，任生产计划科副科长。1983 年 11 月，先后任党委副书记、纪委书记、副厂长。1995 年 4 月退休。

Jia Xiaochun

贾晓春（1961.3— ）女，四川三台人。1976 年 7 月进入第 55 列车电站。1977 年 6 月调入 58 站，1980 年 5 月调入 60 站，1981 年 8 月调入 44 站。均从事化验工作。随电站调迁山西长治、晋城，浙江海宁等地发电。1983 年 11 月随电站成建制下放山西惠丰机械厂。1992年8月调入山西晋城矿务局。2000年退休。

Huang Jupu
黄菊圃（1933—1995） 女，辽宁绥中人，1950年辽宁干部学院财务系毕业。1976年7月，由水电部河南平舆“五七”干校调入列电局密云“五七”干校，从事出纳工作。1979年在局机关财务处任出纳。1983年4月调水电部机械局，在财务处从事财会工作。退休后曾被聘到水利部企业管理协会，任会计。

Xing Shouliang
邢守良（1955.12— ） 黑龙江庆安人，中共党员。1974年10月就读保定电力技工学校汽机专业，1976年8月分配到在内蒙古扎赉诺尔的第12列车电站，从事汽机设备运行与检修，1980年12月任人事员。1982年2月调回原籍，历任庆安工业局科员、人事局科员、致富乡副乡长、县科协主席、县科委主任。1995年6月起任庆安县工商局长、北林区工商局长、市工商局副调研员等职。

Su Chuncheng
苏春成（1952.3— ） 河南安阳人，保定电力技工学校电气专业毕业，中共党员。1970年3月，安阳市西郊北流寺插队知青。1974年10月进入保定电校学习，1976年8月毕业分配到在徐州发电的第14列车电站，从事电气运行与检修。1981年3月调出列电系统。

Li Jin
李进（1955.11— ） 山西阳高人，保定电力技工学校电气专业毕业，中共党员。曾任小学代课教师。1976年8月分配到第16列车电站，从事电气运行与检修，1981年7月任电气工段长。1984年12月调入山西大同第二发电厂，从事电气运行工作。

Li Huixian
李慧贤（1942.9— ） 女，吉林双辽人。1958年10月参加工作，曾在齐齐哈尔市沙区学校、山西大同机车厂第二小学任教。1976年8月进入第10列车电站，任出纳。随电站调迁山西大同、湖北安陆、黑龙江富拉尔基等地发电供热。1983年12月随电站成建制调入武汉基地，在二车间从事成本核算。1994年4月退休。

Song Xiuhua
宋秀华（1950.2— ） 女，辽宁大连人，初中文化。1970年7月招工到12冶金建筑公司。1976年8月调入第55列车电站，从事汽机运行与检修，随电站在山西长治为钢铁厂发电。1979年4月随电站到西北基地大修，1982年12月调入西北基地，在汽机车间、车辆车间从事安装与检修工作。1998年退休。

Fang Huie
房惠娥（1952.7— ） 女，陕西汉中人，保定电力技工学校汽机专业毕业。1976年8月分配至第35列车电站，从事汽机运行与维修。1979年调入56站。随电站调迁湖北宜昌、江苏徐州等地，曾为葛洲坝水电枢纽工程建设供电。1982年调入徐州热电厂，从事汽机工作。

Tao Baozhi

陶宝智（1943.2— ）安徽淮南人，中共党员。1967年10月在湖北仙桃市邮电局参加工作，从事长途电信维修。1976年8月进入第53列车电站，从事电气运行与检修。随电站调迁浙江宁波、江苏镇江等地发电。1982年6月调入武汉基地，先后在五车间、钢窗车间、结构车间、设备基建科从事电气维修。1998年5月退休。

Dong Hong

董宏（1955.4— ）湖北钟祥人，保定电力技工学校汽机专业毕业，汽机技师。1974年11月入读保定电力技工学校，1976年8月分配到第32列车电站，从事燃气轮机运行与检修，在宜昌为葛洲坝水利枢纽建设发电。1981年7月调入葛洲坝水力发电厂水工分厂，1988年8月调入中石化广州分公司，在动力事业部工作。

Ma Yunle

马运乐（1957.3— ）女，山西永济人，保定电力技工学校电气专业毕业，1976年9月分配至第54列车电站，从事电气运行与检修。随电站调迁山西大同、江苏无锡等地发电。1983年6月调贵州遵义市长征电器研究所计量室工作。

Ma Fachang

马法厂（1955.7— ）河北廊坊人，保定电力技工学校电气专业毕业。1970年在廊坊农业科研试验所参加工作，1974年10月就读保定电校，1976年9月分配到第21列车电站，从事电气设备运行及检修，曾任电气正值、团支部副书记。1982年调入廊坊供电公司文安分公司，历任用电科长、供电所长等职。

Wang Kaiqiang

王开强（1953.4— ）陕西安康人，保定电力技工学校汽机专业毕业、四川省委党校经济管理专业本科毕业，高级经济师，中共党员。1969年2月入伍。1974年9月入保定电力技工学校学习，1976年9月分配到第23列车电站，从事汽机运行与检修。1980年8月调入55站。1982年12月随电站调入西北基地，在二车间四班任班长。1987年4月调四川江油发电厂，任企业协会秘书长。

Wang Qinglin

王庆林（1955.7— ）河南安阳人，中共党员。1972年2月在河南安阳县曲沟公社工作。1974年10月入保定电力技工学校锅炉专业学习，1976年9月分配至第40列车电站，从事锅炉运行与检修。1980年9月调入河南安阳县水利局，1981年8月调入安阳县劳动局。

Zhi Runmei

支润梅（1952.2— ）女，河南内黄人，中共党员。1972年在内黄县一中任教。1974年10月就读保定电力技工学校锅炉专业，1976年9月分配至第36列车电站，从事锅炉运行与检修。1981年调河南鹤壁市公路管理局，1995年起任材料设备科科长，曾被河南省交通运输厅评为先进工作者、优秀共产党员。

Mao Changjin

毛昌金（1955.12— ）湖北洪湖人，保定电力技工学校锅炉专业毕业。1976年9月由技校分配至船舶2站，从事锅炉运行与检修，随电站在湖南衡阳发电。在船舶2站工作期间，曾冲入火海奋力抢救邻居财产。1983年3月随电站下放衡阳电业局。

Kang Hansheng

亢汉生（1953.6— ）陕西大荔人。1969年11月，湖北监利县柘木公社插队知青。1974年10月入保定电力技工学校电气专业学习。1976年9月分配至武汉基地，先后在机修车间、四车间、后勤服务公司从事电气维修。2008年12月退休。

Wu Xiaomin

毋孝民（1952.9— ）陕西长安人，保定电力技工学校汽机专业毕业，中共党员。1970年12月入伍，在宁夏军区服役。复员后于1974年10月入读保定电力技工学校，1976年9月分配到在甘肃山丹的第27列车电站，从事汽机运行与检修。1988年12月调到陕西宝鸡啤酒厂，在热电站工作，历任汽机工段长、发电车间副主任、车间党支部书记等职。曾多次被评为车间和厂级先进个人。

Ye Fengkun

叶凤昆（1953.12— ）天津人，保定电力技工学校电气专业毕业，中共党员。1976年9月进入列电系统，曾在第42、57列车电站实习，后调入61站，从事电气设备运行及检修。1981年3月调入保定供电局，从事变电检修，担任变电工区团支部书记。

Fu Jiaxing

付家兴（1956.1— ）山东成武人，保定电力技工学校锅炉专业毕业，技师，中共党员。1976年9月分配到第58列车电站，从事锅炉运行及检修。1992年12月调入保定电力修造厂，先后在列电服务公司、厂工程处等部门工作，2010年11月退休。

Xian Jiaohua

仙教化（1954.12— ）陕西淳化人，保定电力技工学校电气专业毕业。1976年9月分配到第23列车电站，从事电气运行与检修。随电站调迁云南昆明、内蒙古临河等地发电。1981年8月调入西北基地。

Ren Limin

任利民（1956.2— ）河北景县人，保定电力技工学校电气专业毕业。1971 年在景县服装厂参加工作。1974 年 10 月进入保定电校读书，1976 年 9 月分配到第 33 列车电站，从事电气运行及检修，随电站调迁山西运城，内蒙古朱日和等地发电。1983 年调入沧州地区外贸公司，历任抽纱进出口公司抽纱科科长、抽纱厂副厂长等。1998 年下海经商。

Xiang Taiqing

向太清（1953.3— ）湖北洪湖人，保定电力技工学校汽机专业毕业，中共党员。1972 年 5 月洪湖插队知青，后任当地小学民办教师。1974 年 10 月就读保定电校，1976 年 9 月分配到第 26 列车电站，从事汽机设备运行与检修，任电站团支部书记。1983 年调株洲市企业整顿办公室工作，1985 年调入下放株洲钢厂的 26 站，任汽机工段长。1991 年任株钢动力分厂副厂长。

Liu Kaiwan

刘开万（1946.7— ）湖北武汉人，武汉广播电视大学机械设计与制造专业毕业，工程师，中共党员。1969 年 1 月，湖北洪湖县插队知青。1970 年 7 月招工到武汉储运公司汽配厂从事修理。1976 年 9 月进入武汉基地工作。1984 年 6 月起，先后任附属工厂厂长、多种经营办公室副主任（正科级）、安全监察科科长。2001 年 7 月退休。

Liu Yuying

刘玉英（1953.1— ）女，湖南长沙人。1972 年 5 月，武汉市农业科学研究所插队知青。1974 年 10 月入保定电力技工学校汽机专业学习。1976 年 9 月分配至武汉基地，先后在制造车间、三车间物资科工作。1998 年 5 月退休。

Liu Xiangduo

刘向朵（1954.8— ）女，河北深州人，保定电力技工学校汽机专业毕业，1990 年在职北京电视中专毕业。1976 年 9 月分配到第 8 列车电站，从事汽机运行与检修，随电站调迁河北衡水，湖北武汉，北京清河等地发电。1983 年 3 月随电站下放北京新型建筑材料厂。1994 年任自备电厂副厂长。

Liu Xueliang

刘学亮（1957.8— ）山西浑源人，中共党员。1974 年 10 月在保定电力技工学校汽机专业学习，1976 年 9 月分配至山西晋城第 58 列车电站，从事汽机运行与检修。1980 年 12 月调山西浑源县恒山发电厂工作。

Liu Jianping

刘建萍（1956.1— ）女，湖北钟祥人，大专学历，经济师，中共党员。1973 年 3 月，湖北钟祥县罗集公社插队知青。1974 年 9 月入保定电为技工学校电气专业学习。1976 年 9 月分配至武汉基地，电工，后任计划科经销员。1997 年 2 月起，任经营销售公司、市场开发部主任科员。2005 年被评为国网公司华中分公司巾帼建功标兵。2006 年评为湖北省劳动模范。

Guan Minghua

关明华（1955.9— ） 满族，黑龙江望奎人，高级政工师，中共党员。1972 年 7 月本县望奎镇公社插队知青。1974 年 10 月入保定电力技工学校汽机专业学习，1976 年 9 月分配至第 32 列车电站，从事燃气轮机运行与检修，后任电站管理员。1978 年 4 月调武汉基地，任学大庆办公室干事。1979 年 12 月后，先后在黑龙江绥化地区县委、地委机关工作，任副科长、科长、副局长。1993 年 2 月起，先后任黑龙江塑料工业研究所书记、黑龙江省文教体育用品公司总经理。任中国人生科学学会副会长、人生管理科学研究中心主任。

Sun Tongsheng

孙同生（1959.1— ） 山西大同人，保定电力技工学校电气专业毕业。1976 年 9 月分配到在河南遂平的第 40 列车电站，从事电气运行及检修。1978 年调入在内蒙古丰镇的 16 站。1983 年调入内蒙古丰镇县财政局，任综合科科长。

Li Shiping

李士平（1954.4— ） 陕西汉阴人，保定电力技工学校电气专业毕业。1976 年 9 月分配到第 32 列车电站，从事电气运行与检修，在宜昌为葛洲坝水利枢纽工程建设发电。1984 年 4 月调入葛洲坝水力发电厂。

Li Yulan

李玉兰（1953.6— ） 女，北京人，初中文化。1969 年 6 月，黑龙江生产建设兵团战士。1976 年 9 月进入列电系统，先后在第 42、57 列车电站，从事锅炉运行与检修。随电站调迁河北迁安、天津汉沽、江苏苏州等地发电。1983 年 3 月调至苏州热电厂工作。

Li Shengmin

李生民（1954.5— ） 陕西永寿人，保定电力技工学校锅炉专业毕业，中共党员。1972 年 7 月回乡务农。1974 年 10 月在保定电力技工学校学习。1976 年 9 月分配到第 58 列车电站，从事锅炉运行与检修。1980 年 5 月接新机 60 站。1982 年 11 月调入西北基地，先后从事生产、供应、后勤、劳资、基建等管理工作。

Li Fangying

李芳英（1954.5— ） 女，河南鹤壁人。1970 年在鹤壁鹤山造纸厂参加工作，1974 年 10 月就读保定电力技工学校汽机专业，1976 年 9 月分配到广东韶关第 43 列车电站，从事汽机运行与检修，曾任电站团支部书记。1980 年调鹤壁无线电专用设备厂，划线钳工，后任质检员、质检科长等。2004 年调入新乡长垣宏远起重机械有限公司，任质检部长。

Li Xiuchun

李秀春（1953.7— ） 女，黑龙江肇源人。1974 年 9 月就读保定电力技工学校汽机专业，1976 年 9 月分配到第 8 列车电站，从事汽机运行与检修。1981 年调入黑龙江省兰西化工机械厂，1989 年 9 月调至天津静海热电厂工作。2003 年退休。

Li Jinsui

李金岁（1955.7— ） 山西太原人。1972 年 9 月，太原北郊柏板村插队知青。1974 年 9 月在保定电力技工学校锅炉专业学习，1976 年 9 月分配至第 42 列车电站，从事锅炉运行与检修。随电站调迁河北迁安、江苏苏州等地发电。1984 年 8 月调入华东基地。2012 年 8 月退休。

Li Chunhai

李春海（1955.9— ） 黑龙江海伦人，中共党员。1974 年 9 月入保定电校汽机专业学习，1976 年 9 月分配至保定基地，1977 年 4 月在第 42 列车电站培训。1978 年调入 57 站，从事汽机运行与检修。1981 年 5 月调入 11 站，从事锅炉运行与检修。随电站调迁河北迁安、河南漯河、山东官桥等地发电。1982 年 12 月调迁安首钢矿山公司。1990 年在首钢矿业公司所属电修公司，先后担任运行值长、机动科科长、经营科科长。2009 年 3 月退休。

Li Jing

李静（1957.6— ） 女，河北枣强人，华北电力学院函授大专毕业，政工师，中共党员。1976 年 9 月进入第 8 列车电站，从事电气运行及检修，1977 年 5 月调入 58 站。1990 年 12 月调入晋城煤业集团新建电厂，先后任电气车间副主任、主任兼生产车间党支部书记，运行分厂书记兼副主任。曾被评为集团公司劳动模范，山西省煤炭系统先进个人。2000 年 4 月任本单位居委会主任兼书记。

Xiao Qingyu

肖庆玉（1946.8— ） 女，辽宁新宾人，辽宁抚顺师范学校毕业，小教高级。1967 年 7 月在辽宁新宾县大四平中心小学任教。1970 年 9 月调入西北基地，在列电子弟学校任教。1999 年 4 月退休。

Wu Shengwu

吴生武（1951.10— ） 陕西西安人，保定电力技工学校锅炉专业毕业，中共党员。1976 年 9 月分配到第 43 列车电站，从事锅炉运行与检修兼汽车驾驶，随电站调迁广东韶关，湖北武汉等地发电。1981 年 43 站与 8 站合并，随电站调北京新型建筑材料厂。1983 年 3 月电站下放新型建筑材料厂，任储运公司配件门市部经理。

Wu Jianhua

吴建华（1955.6— ） 湖北武汉人，本科学历，会计师，中共党员。1972 年 4 月，武汉市洪山区九峰公社插队知青。1974年9月入保定电力技工学校电气专业学习。1976年9月分配至武汉基地，在一车间从事电气检修，后任财务科会计。1992年12月起，先后任财务科副科长、科长、副总会计师。2000年3月后，任总会计师、副厂长、党委委员。

Wu Tao

吴涛（1951.9— ）陕西旬邑人，中专学历，中共党员。1970年在旬邑中学高中部机电班学习，毕业后回乡务农，曾任大队会计、团支部书记。1974年10月入保定电力技工学校电气专业学习，1976年9月分配到第23列车电站，从事电气设备运行及检修。1981年11月调入保定基地，先后在铸造车间、汽机车间、电气车间、绝缘子车间工作。

Wu Daofeng

吴道凤（1953.7— ）女，湖北洪湖人，中共党员。1972年5月，湖北洪湖县螺山林场插队知青。1974年9月入保定电力技工学校汽机专业学习，1976年9月由技校分配至船舶2站，从事汽机运行与检修，在湖南衡阳发电。1983年3月随电站下放衡阳电业局。1996年3月退休。

Zou Junzheng

邹君政（1952.8— ）陕西咸阳人，保定电力技工学校汽机专业毕业，中共党员。1976年9月分配到西北基地，从事汽机检修工作，后任制造班班长。曾参与红心汽动给水泵的制造。1982年3月到金工车间任钳工班班长。1989年调到小火电安装处，参与对外10余台汽轮机组的安装、调试工作。

Zhang Yonggui

张永贵（1955.1— ）黑龙江兰西人，中共党员。1972年5月，兰西星火种畜繁殖场插队知青。1974年9月就读保定电力技工学校锅炉专业，1976年9月分配到第8列车电站，从事锅炉运行与检修。随电站调迁河北衡水，湖北武汉等地发电。1981年调回原籍，先后在兰西县化工厂、低压电器厂、乳品厂工作。在乳品厂研制强化婴儿奶粉，获得兰西县科技成果奖。1989年9月调入天津静海热电厂，任锅炉车间主任、安监科长等职。

Zhang Minghai

张明海（1952.2— ）陕西南郑人，中共党员。1969年3月入伍，1973年1月复员。1974年10月入保定电力技工学校电气专业学习，1976年9月分配至第32列车电站，从事电气运行与检修。1978年10月调入40站。随电站调迁湖北宜昌、河南遂平等地，曾为葛洲坝水利枢纽工程建设供电。1989年9月调广东韶关制药厂。2001年5月创办民营企业。

Zhang Jinzong

张金宗（1955.5— ）河北霸州人，高中文化。1974年10月入保定电力技工学校电气专业学习，1976年9月分配至第38列车电站，从事电气运行与检修。1977年8月调入42站，1978年8月调入57站。随电站调迁河北迁安、天津汉沽等地发电。1983年调廊坊地区钻井机械厂，后任配电室主任。2003年后从事个体职业。

Zhang Jianxin

张建新（1954.10— ）女，湖北洪湖人，保定电力技工学校锅炉专业毕业。1973年3月，插队知青。1974年10月就读保定电校，1976年9月分配到在湖南湘潭的第24列车电站，从事锅炉设备运行及检修。1983年8月调湖北洪湖粮食系统，营业员，后从事会计工作。1985年3月起，脱产在荆州粮食职工中专粮食企业管理专业学习，获中专学历。

Zhang Gao

张皋（1953.6— ）河北滦县人，保定电力技工学校汽机专业毕业。1976年9月分配至第38列车电站，从事汽机运行与检修。随电站调迁河北迁安、江苏昆山等地发电。1988年12月调入石家庄热力公司，在热电三厂从事汽机运行与检修。

Zhang Kangshun

张康顺（1953.3— ）陕西西安人，保定电力技工学校电气专业毕业，中共党员。1970年回乡务农，1972年9月任生产队长。1974年9月在保定电力技工学校学习。1976年9月分配到西北基地。1981年7月调入西安供电局，曾任变电站长。2000年被评为西安供电局安全先进个人。

Zhang Jingyun

张景云（1957.1— ）女，北京人，保定电力技工学校电气专业毕业。1976年9月分配至在内蒙古丰镇的第16列车电站，从事电气运行与检修。1980年8月调入山西原平县钢厂，从事电气维护及检修工作。后调入大同市新荣区国税局。

Zhang Xiangsheng

张湘生（1949.4— ）河南林州人，保定电力技工学校汽机专业毕业。1968年12月，插队知青。1974年9月在保定电力技工学校学习。1976年9月分配到西北基地，在汽机车间工作。1980年调入西安航空电气公司，先后任科长、协作单位耀县水泥厂副厂长等职。1985年为中国国家级钱币学会会员，1982年获全国国防工业声乐比赛男声独唱二等奖。

Zhang Xinxuan

张新选（1954.10— ）陕西汉中人，保定电力技工学校电气专业毕业。中共党员。1971年8月，陕西汉中铺镇插队知青。1974年9月在保定电力技工学校学习。1976年9月分配到第23列车电站，从事电气运行与检修，随电站调迁云南昆明，内蒙古临河等地发电。1982年9月调入西北基地，历任设备分厂副厂长、动力科科长、生产动力部主任等职。曾获西北电管局优秀党员、陕西省电力公司优秀党务工作者称号。2009年10月退休。

Lu Huilin

陆惠霖（1952.1— ）江苏江阴人，高中文化，中共党员。1970年1月先后在江苏镇江万山煤矿、镇江国营车队工作。1976年9月进入华东基地，汽车驾驶，后任汽车班班长。1991年2月起，先后任汽车队队长，厂办公室主任科员、副主任。

Chen Youshuang

陈幼爽（1954.3— ）河北冀县人，保定电力技工学校锅炉专业毕业。1976年9月分配到第8列车电站，从事锅炉运行与检修。随电站调迁河北衡水，湖北武汉，北京清河等地发电。1983年3月随电站下放北京新型建筑材料厂，曾任农达公司经理。

Chen Zenglu

陈增录（1954.1— ）陕西城固人，保定电力技工学校电气专业毕业，助理工程师，中共党员。1971年参加阳安铁路建设。1974年10月在保定电力技工学校学习。1976年9月分配到第23列车电站，从事电气运行与检修。1981年9月调入西北基地，先后在组织干部科、发展公司、后勤工作部、离退休管理办公室、党委工作部、行政工作部任副科长、科长、主任和党支部书记等职。曾被评为西北电管局、宝鸡市、陕西电力系统先进党务工作者、优秀政工干部。

Fan Luzhen

范录珍（1955.10— ）女，陕西高陵人，保定电力技工学校汽机专业毕业。1974年10月就读保定电校，1976年9月分配到在湖南湘潭的第24列车电站，从事汽机设备运行及检修。1982年初调陕西高陵粮食部门工作，任保管员、会计。

Luo Ruiyi

罗瑞义（1954.3— ）陕西旬阳人，保定电力技工学校锅炉专业毕业，中共党员。1976年9月由技校分配至第53列车电站，从事锅炉运行与检修。1986年调56站。随电站调迁浙江宁波、江苏镇江等地发电。1989年调入华东基地，从事劳动工资工作。

Zheng Fusheng

郑福生（1953.8— ）河南鹤壁人，中共党员。1971年6月中学毕业回乡务农，1974年10月就读保定电力技工学校锅炉专业，1976年9月分配至第36列车电站，从事锅炉运行与检修。1980年10月调入河南鹤壁市劳动局工作，1985年7月调入鹤壁市锅炉压力容器检验所，任检验室主任、所长。

Meng Qingfen

孟庆芬（1953.6— ）女，黑龙江海伦人，保定电力技工学校电气专业毕业，中共党员。1972 年在原籍从事妇女工作。1974 年进入保定电校学习，1976 年 9 月分配到在辽宁大连的新第 4 列车电站，从事电气设备运行及检修。列电体制改革后，调入大连电业局计量所工作。

Meng Yanping

孟艳萍（1954.3— ）女，黑龙江绥化人。1971 年绥化插队知青。1976 年 9 月保定电力技工学校汽机专业毕业，分配到第 32 列车电站，从事燃气轮机运行与检修，后转电站医务室工作，护士。1979 年 12 月调至绥化县人民医院，历任护士、医师、主治医师。1993 年 10 月调入黑龙江省塑料厂，厂医。2001 年 2 月调入黑龙江生物职业技术学院，在医务室任医师。

Zhao Fenghai

赵凤海（1952.12— ）黑龙江绥化人，保定电力技工学校汽机专业毕业，中共党员。1970 年 9 月，黑龙江绥化县插队知青。1974 年 10 月就读保定电校，1976 年 9 月分配到第 17 列车电站，从事汽机运行与检修。1979 年 3 月调至绥化县机床厂，后任厂工会主席。1986 年 9 月调入绥化市总工会，任组织部干事、经济部部长等职。1991 年 5 月被黑龙江省总工会聘为职工代表培训教师。

Hu Xianjiang

胡献江（1952.8— ）河北赵县人，中共党员。1969 年 1 月入伍，曾在北京军区司令部警卫营服役，任代理排长。1974 年 10 月入保定电力技工学校锅炉专业学习，任学生会主席、74 级学生党支部书记。1976 年 9 月分配至第 57 列车电站，先后从事汽车驾驶、电站管理工作，担任过团支书。1982 年 6 月调入石家庄车辆厂，1986 年 6 月调河北赵县，先后任赵州宾馆经理、赵县文物旅游局长，后任石家庄鹿泉双龙山森林公园总经理。

Liu Shuxiang

柳书香（1956.4— ）女，河北磁县人，吉林大学检测技术及仪器专业毕业，高级讲师，中共党员。1974 年 10 月进入保定电力技工学校电气专业学习，1976 年 9 月毕业后留校任教，主要从事电工基础等课程的教学工作。1984 年 6 月调入邯郸市工业学校任教，曾被评为邯郸市优秀教师、师德标兵、优秀党务工作者、河北省优秀教师、优秀班主任等。

Yuan Cunhou

袁存厚（1956.1— ）河北赤城人，大学学历，中共党员。1973 年 12 月在赤城县供销社工作。1974 年 10 月入保定电力技工学校锅炉专业学习，1976 年 9 月分配至第 57 列车电站，从事人事管理，后任管理组长。随电站调迁天津汉沽、河南漯河、河北迁安等地发电。1982 年 11 月随电站下放迁安首钢矿山公司，先后任动力厂办公室主任，公司纪委副书记、监察委

主任。多次获首钢总公司先进工作者、优秀党员、纪检监察先进工作者称号。

Suo Xianfa

索宪法（1954.7— ） 河南安阳人。1971年1月河南中旺农科院棉研所插队知青。1974年9月入保定电力技工学校汽机专业学习。1976年9月进入列电系统，先后在第43、8列车电站，从事汽机运行与检修。随电站调迁广东凡口、北京清河等地发电。1982年5月调入武汉基地，先后在一车间、电站检修队、售后服务部工作。

Yan Guizhen

晏桂珍（1953.8— ） 女，陕西安康人，保定电力技工学校汽机专业毕业，中共党员。1970年4月起参加襄渝铁路建设，曾任卫生员、文书、党委委员、团总支书记等职。1974年10月在保定电力技工学校学习。1976年9月分配到西北基地，历任车间支部委员、团支书、团总支委员、民兵连指导员等职。1981年5月调陕西安康丝织印染厂，先后在企管办、行政办、销售部工作。

Xu Lingzhen

徐玲珍（1952.4— ） 女，湖北武汉人。1972年4月，湖北蒲圻赵李桥茶场插队知青。1974年9月入保定电力技工学校电气专业学习。1976年9月毕业进入列电系统，先后在第33、8列车电站，从事电气运行与检修。随电站调迁湖南衡阳、山西运城等地发电。1981年2月调入武汉基地，先后在一车间、结构车间工作。1998年5月退休。

Xu Ping

徐萍（1953.3— ） 女，湖北钟祥人。1972年12月，湖北钟祥县长滩公社插队知青。1974年9月入保定电力技工学校电气专业学习，1976年9月由技校分配至第7列车电站，从事电气运行与检修，随电站在福建漳平发电。1982年9月调入华东基地，在生产技术科从事描晒图工作。1998年5月退休。

Guo Aiye

郭爱叶（1954.1— ） 女，河南鹤壁人，保定电力技工学校电气专业毕业。1976年9月由技校分配至第53列车电站，从事电气运行与检修。1986年调入56站。随电站调迁浙江宁波、江苏镇江等地发电。1989年调入华东基地。1998年5月退休。

Xi Qingjie

席清杰（1957.8— ） 山西临汾人，保定电力技工学校汽机专业毕业，政工师，中共党员。1976年9月分配至第58列车电站，从事汽机运行与检修。1982年11月调山西晋城矿务局，先后任科长、副处长。后调晋城市公安局北石店分局，任副局长。1996年在山西省打团扫恶斗争中获省委、省政府嘉奖，2005年在侦破特大入室抢劫案件中荣立公安系统三等功。

Hai Tao

海涛（1955.10—　）回族，河南滑县人，中共党员。1972年5月插队知青，1974年10月就读保定电力技工学校汽机专业，1976年9月分配至第36列车电站，从事汽机运行与检修。1979年12月调入滑县，先后任县委宣传部科长、桑村乡党委书记、县委党史研究室主任、县委统战部副部长（党组书记）兼民族宗教局局长、滑县第一高中校长兼党委书记。

Chang Anjun

常安俊（1956.5—　）山西垣曲人，本科学历，中共党员。1973年3月在原籍任小学民办教师。1974年10月入保定电力技工学校电气专业学习，1976年9月分配至第53列车电站，从事电气运行与检修。随电站调迁浙江宁波、江苏镇江等地发电。1982年2月调入山西垣曲中条山有色金属公司自备电厂，1983年10月调入垣曲县电业局，先后任副股长、股长、副局长。

Cui Jinying

崔金英（1953.4—　）女，黑龙江绥化人，保定电力技工学校汽机专业毕业。1974年11月入读保定电力技工学校。1976年9月分配到第32列车电站，从事燃气轮机运行与检修，在宜昌为葛洲坝水利枢纽建设发电。1982年5月调到黑龙江绥化木材加工厂，1995年12月调入绥化复合板厂工作。

Cui Yong

崔勇（1950.4—　）黑龙江明水人，保定电力技工学校汽机专业毕业，中共党员。1969年1月入伍，1973年12月复员。1974年10月就读保定电校，1976年9月分配到第23列车电站，从事汽轮机运行及检修。1981年8月调入明水糖厂热电站，1986年6月调入下放新疆吐鲁番的23站。1991年7月调入宝鸡啤酒厂，在热电站任汽机车间主任。

Hui Jiuli

惠玖丽（1951.9—　）女，陕西西安人，保定电力技工学校锅炉专业毕业。1972年9月在长安县农机厂工作。1974年10月在保定电力技工学校学习。1976年9月分配到西北基地。1988年12月调入西安电力树脂厂工作。

Yu Zhonglin

喻忠林（1953.12—　）湖北洪湖人，保定电力技工学校电气专业毕业。1976年9月分配到第32列车电站，从事电气运行与检修，在宜昌为葛洲坝水利枢纽工程建设发电。曾任电站食堂管理员。1984年4月调入葛洲坝水力发电厂。

Cheng Yongxi

程用西（1953.1—　）陕西平利人，经济师。1972年9月进入平利县广播系统工作，1974年10月就读保定电力技工学校汽机专业，1976年9月毕业分配到第23

列车电站，从事汽机运行及检修。1981 年 9 月调至 61 站，1984 年 9 月调入保定基地。1985 年 9 月到北京电校进修两年，1987 年 9 月调保定基地供应科工作。

Wen Lianzhi

温连枝（1954.11—　）女，山西浑源人，保定电力技工学校锅炉专业毕业，中共党员。1973 年 7 月回乡务农。1974 年 10 月在保定电力技工学校学习。1976 年 9 月分配到第 58 列车电站，从事锅炉运行与检修。1980 年 5 月到浙江海宁接新机 60 站。1982 年 11 月调入西北基地，从事设备检修工作，后任居委会主任、计划生育专职干部、厂工会女工委员等。

Xie Wenli

谢文礼（1952.2—　）山西大同人，中共党员。1969 年入伍，1973 年复员。1974 年 9 月入保定电力技工学校汽机专业学习。1976 年 9 月毕业分配至第 54 列车电站，从事汽机运行与检修，随电站调迁山西大同、江苏无锡等地。1980 年 3 月调入大同市第一热电厂，从事汽机运行工作，后任运行科工会主席、厂修志办公室编辑、工会干事、工会办公室主任、厂科协副秘书长。

Pan Zelin

潘泽林（1954.10—　）黑龙江绥化人，保定电力技工学校汽机专业毕业，中共党员。1974 年 11 月入读保定电力技工学校，1976 年 9 月分配到第 32 列车电站，从事燃气轮机运行与检修，在宜昌为葛洲坝水利枢纽建设发电。1982 年 5 月调入黑龙江绥化木材加工厂，1995 年 12 月调入绥化复合板厂工作。

Xue Zhonghua

薛中华（1954.11—　）湖北洪湖人，大专学历，中共党员。1972 年，插队知青。1976 年 9 月保定电力技工学校汽机专业毕业，分配到第 35 列车电站，从事汽机运行及检修。1984 年 7 月转入葛洲坝水力发电厂大江分厂，历任班长、车间主任、处长等职。2006 年调入中国三峡总公司机电局，任处长。

Deng Xiuting

邓秀亭（1941.3—　）河南邓州人，中共党员。1959 年 1 月入伍，曾任七机部二院工程队队长、遵义 061 运输队班长、水城钢铁厂机要员、运输分厂科长、副连长、指导员。1976 年 10 月转业至武汉基地，任汽车队副队长。1981 年 10 月起，先后任物资科副科长，储运站主任、经理，多种经营第三党支部书记等。1998 年 3 月退休。

Liu Yan

刘彦（1954.2—　）女，河北饶阳人，高中文化。1971 年，插队知青，曾任小学民办教师。1976 年 10 月进入第 8 列车电站，从事电气运行与检修。1977 年 5 月调入 58 站，1979 年 12 月调入 33 站，1981 年调入 16 站。随电站调迁河北衡水，山西晋城，内蒙古丰镇等地发电。1983 年 6 月调入西安市供电局工作。

Sun Shaoqin

孙绍勤（1953.12—　）女，北京密云人，中央党校函授学院经济管理专业本科毕业，高级经济师，中共党员。1976 年 11 月进入列电局密云“五七”干校，从事后勤、财会工作。1982 年 5 月调水电部行政司，1984 年 5 月为部长专车驾驶员。1992 年 9 月在水利部机关服务局办公室工作。1993 年 5 月在审计署驻水利部审计局任主任科员。1994 年被水利部直属机关评为优秀共产党员。1998 年 10 月先后在水利部经济局、开发管理中心工作。1998 年荣获水利部直属机关巾帼建功标兵称号。2000 年 8 月在综合事业局人教处从事干部管理工作。

Li Suolin

李锁林（1957.4—　）山西平定人，中共党员。1974 年 3 月，插队知青。1976 年 11 月进入第 55 列车电站。1977 年 6 月调入 58 站，1980 年 5 月调入 60 站，1981 年 8 月调入 44 站，均从事汽机运行与检修。随电站调迁山西长治、晋城，浙江海宁等地发电。1983 年 11 月随电站成建制下放山西惠丰机械厂，1992 年调入晋城矿务局。

Wang Lusheng

汪禄生（1950.10—　）湖北蕲春人。1968 年 12 月湖北洪湖龙口插队知青。1970 年 7 月在武汉流量仪表厂工作，车工。1976 年 11 月进入武汉基地，先后从事汽机检修和三产管理工作。1997 年 2 月起，任电力机械设计研究所经理、经销公司副经理。1999 年评为国家电力系统劳动模范。

Chen Hehui

陈和慧（1953.3—　）女，湖南湘潭人。1972 年 2 月湖南耒阳农科所插队知青。1976 年 11 月进入第 33 列车电站，从事汽机运行与检修。1981 年 7 月调入 41 站。随电站调迁湖南衡阳、山西运城、内蒙古朱日和、湖北荆门等地发电。1987 年 7 月调湖北沙市热电厂，在汽机车间工作。

Mo Hengfu

莫恒富（1939.10—　）江苏江都人，中共党员。1956 年 7 月入伍，在海军部队服役，参加了 1965 年大陆与台湾的“东引”海战，荣立三等功一次。复员后在武汉船厂工作。1976 年 11 月进入武汉基地，钳工。1980 年 8 月调入华东基地。1997 年 11 月退休。

Wang Pin

王品（1956.10—　）山东枣庄人，山东公安专科学校公安管理专业毕业，一级警督，中共党员。1975 年 5 月，插队知青，1976 年 12 月进入第 11 列车电站，先后从事化验、锅炉运行和吊车驾驶等工作。1980 年 7 月调枣庄市公安局，先后从事行政拘留、预审、刑事侦查等工作。历任收审行政科副科长、拘留所副所长，刑侦大队大队长。

Wang Yaozhong

王耀忠（1959.11— ）辽宁抚顺人，中共党员。1976 年 12 月进入第 39 列车电站，从事锅炉运行与检修。1980 年 12 月调入 62 站，后任锅炉工段长。随电站调迁山东滕县、江苏无锡等地发电。1982 年 10 月随电站成建制下放无锡市。1995 年调入无锡环境保护有限公司。

Long Jianping

龙建萍（1956.2— ）女，贵州贵阳人，高中文化，助理经济师。1974 年 12 月，云南安宁县温泉公社插队知青。1976 年 12 月进入第 23 列车电站，1977 年 3 月调入 39 站，均从事热工工作，随电站调迁云南昆明，山东滕县等地发电。1981 年 5 月调入云南省第二监狱，从事计量、劳动工资及考核工作。

Fu Geping

付戈萍（1960.10— ）女，河北石家庄人，初中文化。1976 年 10 月在第 46 列车电站参加工作，1979 年 5 月调入 43 站，从事锅炉运行和化验工作。随电站调迁福建漳州、湖北武汉发电。1983 年调入武汉基地，从事仓库管理工作。

Bai Jianli

白建立（1960.5— ）山西平定人，水电部常州电力职工大学机械制造设备与工艺专业毕业。1976 年 12 月进入第 55 列车电站，从事锅炉运行与检修。1977 年 6 月调入 58 站，1980 年 12 月调入 60 站，1982 年 4 月调入 53 站。随电站调迁山西长治、晋城，浙江海宁，江苏镇江等地发电。1984 年 6 月调入华东基地，先后从事电缆桥架产品设计、产品销售等工作。

Li Guoping

李国萍（1957.8— ）女，山东枣庄人，初中文化。1976 年 12 月在第 11 列车电站参加工作，从事锅炉运行与检修。1984 年 5 月调入山东邹县发电厂，从事锅炉检修工作。1997 年退休。

Yang Guohua

杨国华（1956.6— ）浙江临安人，大专学历，政工师，中共党员。1974 年 12 月云南安宁县插队知青。1976 年 12 月进入第 23 列车电站，1977 年 3 月调入 39 站，均从事锅炉运行与检修。1982 年 12 月调入云南省第二监狱，从事狱政管理。1991 年 12 年调中国银行云南省分行，从事监察保卫工作。曾被评为中国银行云南省分行先进工作者、优秀共产党员。

Wang Huiling

汪慧玲（1954.3—2018）女，湖北蕲春人。1972 年湖北京山县插队知青。1976

年12月由武汉基地招工分配到第43列车电站，从事电气运行与检修。随电站调迁广东韶关，湖北武汉，北京清河等地发电。1983年3月随电站下放北京新型建筑材料厂。

Zhang Luoying

张洛英（1956.2— ）女，河南南阳人，中共党员。1972年，湖北京山县插队知青。1976年12月由武汉基地招工分配到第43列车电站，从事热工仪表维护工作，随电站调迁广东韶关，湖北武汉等地发电。1983年3月随电站下放北京新型建筑材料厂。

Chen Chunxiang

陈春香（1950.4— ）女，湖南祁阳人，武汉广播电视中等专业学校机械专业毕业。1969年1月，湖北监利县汴河公社插队知青。1970年7月招工到武汉汉阳汽车变速箱厂，磨工。1976年12月进入武汉基地，在四车间、三车间、金加工车间工作。1996年6月退休。

He Sufang

贺素芳（1957.8— ）女，重庆荣昌人，高中文化。1976年12月，在第23列车电站参加工作。1977年3月调入39站，从事锅炉运行与检修，随电站调迁云南昆明、山东滕县等地发电。1983年3月调入山东鲁南化肥厂，在造气车间工作。

Gu Shufang

顾树芳（1958.6— ）上海人，高中文化。1976年12月在江苏镇江进入第53列车电站，从事食堂管理工作。1984年5月调入华东基地，先后从事焊工、钳工、后勤服务、安全保卫等工作。

Xu Lisha

徐莉莎（1956.1— ）女，江苏南通人，华中师范大学图书情报专业毕业，中共党员。1972年，湖北京山县插队知青。1976年12月，由武汉基地招工分配到第43列车电站，从事电气运行与检修。随电站调迁广东韶关，湖北武汉等地发电。1981年10月调入武汉鼓风机厂，1988年调入湖北工业大学图书馆。

Cao Xiaoxia

曹晓霞（1960.12— ）女，河南西峡人，初中文化。1976年12月进入第23列车电站，1977年3月调入39站，从事水处理化学监督，随电站调迁云南昆明，山东滕县等地发电。1980年9月调云南昆明医药公司化学试剂玻璃仪器批发站，任会计。1997年8月调入昆明市市级机关事务管理局，从事房产基建管理工作。

Wei Jianguo

魏建国（1955.12— ）北京人，大专学历，中共党员。1976年12月进入列电局密云“五七”干校，从事后勤维修。1981年1月密云“五七”干校撤销后，继续在密云绿化基地工作，归属水利部机关服务局。中国水利摄影家协会主席，中国水利水电出版社签约摄影师，中国摄影家协会会员，国家一级摄影师。

Liu Zhiying

刘志英（1955.11— ） 女，河南偃师人。1974年10月湖北京山县徐店公社插队知青。1977年1月进入武汉基地，后调入第43、8列车电站，从事汽机运行与检修。随电站调迁广东凡口、北京清河等地发电。1982年5月调入武汉基地，先后在五车间、服务队、保卫科工作。2000年11月退休。

Li Ping'an

李平安（1948.2— ） 山东嘉祥人，中学文化。1966年4月在陕西大荔军垦农场参加工作，后调入陕西渭南纺织厂。1977年1月调入西北基地，先后在木模车间、车辆车间、木工房工作。

Li Zhiqiang

李志强（1951.3— ） 辽宁沈阳人。1969年内蒙古生产建设兵团战士，后在4师师部医院工作。1977年进入第18列车电站，从事汽机运行与检修。1980年调入60站。随电站调迁黑龙江牡丹江、浙江海宁等地发电。1986年5月调入河北涿州59站。1989年调保定石油化工厂热电站。

Xiao Xiaoli

肖晓莉（1956.1— ） 女，湖北麻城人，湖北大学秘书学专业毕业。1974年10月湖北京山县徐店公社插队知青。1977年1月进入武汉基地，后调入第43、8列车电站，从事汽机运行与检修。随电站调迁广东凡口、北京清河等地发电。1982年5月调入武汉基地，在五车间工作。2001年4月退休。

Wu Junling

吴俊岭（1949.12—2014） 河北涿县人，大专学历，中共党员。1968年12月入伍，1977年1月转业到保定基地，在技术科、厂办档案室从事技术档案管理工作，参与编写《电力修造企业档案分类标准》一书。1997年在保定市开展开发利用档案信息资源服务活动中获得优秀成果奖。2001年退休。

Wang Qiumei

汪秋梅（1955.8— ） 女，湖北武汉人。1974年10月，湖北京山县徐店公社插队知青。1977年1月进入武汉基地，后调第43、8列车电站，从事汽机运行与检修。随电站调迁广东凡口、北京清河等地发电。1982年5月调武汉基地，先后在五车间、服务队、招待所、保卫科工作。2000年11月退休。

Zhang Guoxiu

张国秀（1955.1— ） 山西太原人，高中文化，中共党员。1977年1月进入列电系统，先后在第42、57列车电站，从事锅炉运行与检修。随电站调迁河北迁安、天津汉沽、河南漯河等地发电。1980年5月调入保定基地，先后在锅炉车间、钢模板车间、绝缘子分厂从事机电维修工作。2001年被评为保定市劳动模范。2010年1月退休。

Zhang Xinming

张新明（1954.1— ）女，湖北武汉人。1973年4月，湖北京山县曹武公社插队知青。1977年1月进入武汉基地，先后在行政科、招待所、服务公司、运行公司工作。2000年11月退休。

Zhou Wuchang

周武昌（1955.2— ）湖北武汉人。1974年10月，湖北京山县徐店公社插队知青。1977年1月进入武汉基地，后调第43、8列车电站，从事锅炉运行与检修。随电站调迁广东凡口、北京清河等地发电。1982年5月调入武汉基地，先后在五车间、钢窗车间、一车间工作。2010年5月退休。

Gao Guangru

高广如（1952.1— ）江苏泰州人。1973年2月在江苏镇江中学参加工作，食堂炊事员。1977年1月进入华东基地，负责食堂采购和管理。1998年5月退休。

Fan Meili

樊美丽（1954.8— ）女，安徽凤台人。1977年2月进入保定基地，同年3月调入第42列车电站。1977年9月调入57站，1979年10月接新机61站，1982年12月调入53站，均从事化验工作。随电站调迁河北迁安、江苏镇江等地发电。1987年9月调入华东基地，从事钳工工作。1997年10月退休。

Yu Chengji

余承冀（1958.6— ）安徽长丰人，首钢矿山技工学校车工专业毕业，中共党员。1976年4月在北京首钢矿山公司机修厂参加工作，车工。1977年3月进入列电系统，先后在第42、8列车电站，从事锅炉运行与检修。1982年4月调入武汉基地，同年9月借调10站为黑龙江富拉尔基热电厂供热。1983年4月回武汉基地，在三车间从事生产调度等工作。

Ma Huiping

马慧萍（1952.9— ）女，江苏镇江人，中央党校经济管理专业毕业，经济师，中共党员。1968年3月，先后为江苏射阳生产建设兵团战士，镇江汝山公社插队知青。1977年4月进入华东基地工作。1980年11月调入镇江市罐头厂。后在镇江市纺织机械公司退休。

Wang Ruolan

王若兰（1953.10— ）女，江苏镇江人，高中文化。1969年3月，先后为江苏射阳生产建设兵团战士，丹阳县界牌公社、镇江汝山公社插队知青。1977年4月进入华东基地，先后从事焊工、检验等工作。1997年12月退休。

Yin Keji

尹克己（1954.8— ）江苏镇江人，中央党校行政管理专业毕业，高级技师，中共党员。1974年1月，江苏镇江汝山公社插队知青。1977年4月进入华东基地，从事汽车驾驶员。1983年9月调入江苏镇江人大常委会工作，后任行政处处长。

Yin Xueyu

尹学玉（1952.7— ）江苏滨海人，初中文化，中共党员。1973年6月，江苏镇江汝山公社插队知青。1977年4月进入华东基地，汽车驾驶员。1990年兼厂办公室小车班班长。

Yin Ling

尹玲（1956.2— ）女，江苏镇江人，初中文化。1973年6月，江苏镇江汝山公社插队知青。1977年4月进入华东基地，车工，后从事厂办公室总机话务工作。1998年5月退休。

Kong Fanyin

孔繁寅（1956.11— ）江苏宝应人，江苏广播电视大学劳动经济管理专业毕业，馆员，中共党员。1974年4月，江苏镇江汝山公社插队知青。1977年4月进入华东基地，先后从事焊接、企业档案管理、人事档案管理、企业管理、办公室秘书等工作。主持编辑《镇江华东电力设备制造厂志》（1996—2004年）。

Zhu Yuanshou

朱元寿（1956.10— ）江苏镇江人，初中文化。1974年4月，江苏镇江汝山公社插队知青。1977年4月进入华东基地。先后被选派到武汉基地、镇江动力机厂学习铸造技术，学习结束在华东基地从事焊接工作。后任工会俱乐部电影放映员、工会干事、电缆桥架产品销售员。

Liu Hongguang

刘红光（1958.9— ）湖北武汉人，中共党校函授学院经济管理专业毕业，助理经济师，中共党员。1977年4月进入武汉基地，钳工，后任生产计划科综合计划员。1996年10月起，先后任生产计划科副科长、开源有限公司总经理兼书记、结构总装车间副主任、生产管理部主任、副总经济师。

Ji Guohua

纪国华（1955.2— ）江苏扬州人，初中文化。1973年6月，江苏镇江汝山公社插队知青。1977年4月进入华东基地，被选派到武汉基地学习筑炉技术，学习结束回华东基地，先后从事锅炉、钳工、质量检验工作。

Yan Zhongru

严忠如（1956.12— ）江苏镇江人，初中文化。1974年4月，江苏镇江汝山公社插队知青。1977年4月进入华东基地，被选派到武汉基地、镇江动力机厂学习铸造技术。先后从事钳工、保卫科护厂等工作。

Li Ye

李晔（1956.12— ）江苏镇江人，初中文化，中共党员。1974年4月，江苏镇江汝山公社插队知青。1977年4月进入华东基地，被选派到武汉基地、镇江动力机厂学习锻工技术。学习结束回华东基地从事钳工工作，后任钳工班班长。1995年后任吸尘装置车间副主任。

Zou Simei

邹思梅（1952.12— ）女，江苏镇江人，镇江机械中等专科学校工业企业管理专业毕业，中共党员。1969年3月起，江苏射阳生产建设兵团战士，镇江汝山公社插队知青。1977年4月进入华东基地，在办公室从事文书、档案管理工作。1994年7月任生活服务公司经理、审计科审计员。

Zhang Shufen

张淑芬（1957.8— ）女，江苏丹阳人，镇江师范学校文秘专业毕业，中共党员。1973年6月，江苏镇江汝山公社插队知青。1977年4月进入华东基地，曾在厂办从事总机话务、文书等工作。1998年5月退休。

Chen Wenzhi

陈文志（1956.5— ）江苏扬州人，初中文化，中共党员。1974年4月，江苏镇江汝山公社插队知青。1977年4月进入华东基地，曾被选派到武汉基地学习油漆工技术。学习结束回华东基地，从事锅炉检修，后任保卫科、审计科干事。曾多次代表单位参加镇江市老年乒乓球比赛。

Jia Yulong

贾玉龙（1956.1— ）江苏镇江人，初中文化。1974年4月，江苏镇江汝山公社插队知青。1977年4月进入华东基地，先后从事钳工、桥架产品外协、检验工作，曾任消声器车间综合班班长。

Xu Dingzhen

徐定镇（1955.3— ）浙江东阳人，江苏广播电视大学机械专业毕业，工程师。1973年6月，江苏镇江汝山公社插队知青。1977年4月进入华东基地，被选派到武汉基地、镇江动力机厂学习锻工技术。先后从事电缆桥架、消声器产品设计、产品销售工作。

Guo Yong

郭勇（1952.3— ）吉林怀德人，初中文化，技师，中共党员。1968年10月，陕西插队知青。1971年10月进入西北冶金地质勘探公司。1973年1月入伍，服役期间曾获嘉奖3次，记三等功1次。1977年4月复员到西北基地，后调保定基地，从事机加工工作。多次被评为市局级先进生产者、优秀共产党员、劳动模范。2000年荣获河北省五一劳动奖章。2007年3月退休。

Tang Xiaolan

唐小兰（1955.1— ）女，湖南辰溪人，江苏广播电视大学商业会计专业毕业。1973年6月，江苏镇江汝山公社插队知青。1977年4月进入华东基地，从事电气工作。1980年4月调入镇江市供销社果品公司，后在镇江大鹏物资公司退休。

Cai Zhendong

蔡镇东（1956.9—2001.1） 江苏淮阴人，初中文化。1973年6月，江苏镇江汝山公社插队知青。1977年4月进入华东基地，被选派到武汉基地学习筑炉技术。学习结束从事锅炉检修，后任桥架车间下料班、小火电安装锅炉班班长。

Tan Qinying

谭琴英（1947.6— ）女，重庆市人。1966年8月在辽宁鞍山钢铁公司参加工作。1977年4月进入第54列车电站，从事锅炉运行与检修。随电站调迁山西大同、江苏无锡等地。1984年12月随电站成建制下放无锡新苑公司热电厂。1985年调张家口第五毛纺织厂。

Huang Guonan

黄国南（1944.4— ）女，湖南湘乡人，广东茂名石油公司半工半读学校电气专业毕业。1967年5月在广东茂名市石油公司露天矿机电厂参加工作。1977年5月进入船舶2站，从事电气运行与检修，在湖南衡阳发电。1983年3月随电站下放衡阳电业局。

Liu Peiyan

刘培岩（1960.12— ） 河南项城人，初中文化。1977年6月进入第13列车电站，从事财务工作。1984年9月调入平顶山姚孟电厂，任仓库保管员。

Yuan Qiufen

袁秋芬（1956.8— ）女，河南郑州人，中共党员。1977年6月进入第13列车电站，从事化验工作。1981年调入40站，随电站调迁河南商水、广东韶关等地发电。列电体制改革后，随电站下放韶关凡口铅锌矿，在水电车间工作。1985年调入广东韶关市房管局，任人秘股长。

Wang Zhigang

王志刚（1948.4— ） 黑龙江鸡西人，保定电力学校电气专业毕业。1969年由电校分配至西安供电局工作。1977年进入西北基地，1979年调入江苏无锡的第62列车电站，从事电气运行与检修。1982年10月随电站成建制下放无锡市。

Wang Jihong

王继红（1946.4— ）女，河北张北人，高中文化。1977年进入第8列车电站，从事材料管理工作，随电站调迁河北衡水，湖北武汉等地发电。1981年10月调迁北京，1983年3月随电站下放北京新型建筑材料厂。

Li Xian

李喜安（1951.3— ） 湖北武汉人。1968年12月，湖北洪湖龙口公社插队知青。1970年7月招工到武汉市仪表模具厂。1977年7月进入武汉基地，车工，后任班长、车间生产调度。1991年1月起，先后任三车间副主任，生产科副科长。2001年8月退休。

Yang Guangdong

杨广栋（1943.6— ） 北京人，陕西工业大学发电厂电力网及电力系统专业毕业，工程师。1967年3月在宝鸡电厂电气实验室从事技术工作。1977年7月调入西北基地，负责电气设备实验安装调试和自动保护装置等工作。曾在列电局密云干校学习。1981年起，先后任机动科电气工程师，生产计划科副科长、科长。宝鸡电机工程学会理事。

Qu Shuqun

屈树群（1952.12— ） 女，四川重庆人，高中文化。1968年，陕西韩城插队知青。1971年在第十冶金建设公司工作。1977年进入西北基地，1979年调在江苏无锡的第62列车电站，从事汽机运行与检修。1982年10月随电站成建制下放无锡市。

Zhao Jinrong

赵金荣（1944.3— ） 女，河北孟村人，山东庆云县卫生学校西医专业毕业，中共党员。1961年分配到庆云县板营卫生院，后调入孟村县辛店卫生院。1977年调入在河北沧州的第6列车电站，医务室医生。1984年调入沧州电力局职工医院，妇科、儿科医生。1998年退休。

Peng Jinlian

彭金莲（1955.6— ） 女，湖南澧县人，保定电力技工学校汽机专业毕业。1977年7月由技校分配至船舶2站，从事汽机运行与检修，在湖南衡阳发电。1983年3月随电站下放衡阳电业局。1996年6月退休。

Wang Guiqin

王桂芹（1949.10— ） 女，河北沙河人。1970年7月在河北邢台砂轮厂参加工作。1977年8月进入第53列车电站，从事化验工作。随电站调迁浙江宁波、江苏镇江等地发电。1984年5月调入华东基地。1996年4月退休。

Xiang Lianghua

向亮华（1954— ） 湖南慈利人，保定电力技工学校汽机专业毕业。1977年8月分配至第23列车电站，从事汽机运行与检修。1980年4月调入60站，1982年

8月调入新19站。随电站调迁内蒙古临河、浙江海宁、湖南衡阳等地发电。后调入衡阳冶金机械厂。2006年退休。

Liu Yuyun

刘玉云（1945.2— ）女，湖北均县人，高中文化。曾在第3列车电站托儿所工作，在陕西下峪口矿职工子弟学校做合同工。1977年8月进入第7列车电站，从事汽机运行与检修，在福建漳平发电。1983年调入华东基地，先后从事汽机检修和档案管理工作。

Shi Guohua

施国华（1953.5— ）女，湖南常德人。1971年11月在河北省衡水医药公司参加工作，保管员。1977年8月进入第26列车电站，从事热工专业，随电站在湖南株洲发电。1981年8月调入武汉基地，在行政科、物资科从事绿化、仓库保管工作。2000年11月退休。

Gao Anchu

高岸初（1952.5— ）湖南慈利人，保定电力技工学校锅炉专业毕业，中共党员。1977年8月由技校分配至船舶2站，从事锅炉运行与检修。随电站在湖南衡阳发电。1983年3月随电站调入衡阳电业局。1996年5月退休。

Yu Jinyong

于金用（1954.11— ）女，河北肃宁人，保定电力技工学校电气专业毕业。1977年9月分配至第33列车电站，从事电气运行与检修，随电站调迁山西运城，内蒙古朱日和等地发电。1982年1月调入沧州电业局，从事会计工作。

Wang Jinbu

王进步（1953.2— ）福建惠安人，保定电力技工学校锅炉专业毕业，中共党员。1977年9月分配到第43列车电站，从事锅炉运行与检修，随电站调迁广东韶关，湖北武汉等地发电。1981年43站与8站合并后，随电站调迁北京新型建筑材料厂发电，1983年3月随电站成建制下放该厂。

Wang Yongdou

王勇斗（1955.9— ）河北定州人，保定电力学校汽机专业毕业，工程师，中共党员。1977年9月进入新第5列车电站，从事燃气轮机运行及检修。1980年5月调入保定基地，汽机车间钳工。1985年5月调入河北定州供电局，历任定州供电局副局长、定州供电公司副经理、定州供电局电力实业有限公司总经理。

Zhu Guanghua

朱光华（1953.3— ）北京人，中共党员。1969年9月黑龙江生产建设兵团战士。1975年11月入保定电力技工学校汽机专业学习，1977年9月分配至第42列车电站，从事汽机运行与检修。随电站调迁河北迁安、江苏苏州等地发电。1983年3月调入常州化工厂，历任常州市第一热电厂汽机主任、检修部主任，常州市龙润水业有限公司总经理兼常州热电公司安监部长。2001年获常州市经委机关党委优秀党员称号。

Xiang Hui

向晖（1956.10— ） 女，山东聊城人，保定电力技工学校汽机专业毕业。1977年9月分配至第21列车电站，从事汽机运行与检修。1980年调入18电站，1982年调第59站。随电站调迁黑龙江牡丹江、佳木斯等地发电。1986年随电站调至河北涿州，1992年调入首都钢铁公司。

Liu Changying

刘长英（1953.9— ） 女，湖南沅陵人。1972年3月，湖南桃园县知台山林场插队知青。1975年9月入保定电力技工学校电气专业学习，1977年9月分配至第48列车电站，从事电气运行与检修。1980年2月调入船舶2站，在湖南衡阳发电。1983年3月随电站下放衡阳电业局。1996年5月退休。

Liu Dezhong

刘德忠（1954.10— ） 河北沧州人，保定电力技工学校汽机专业毕业。1977年9月分配至第49列车电站，从事汽机运行与检修。随电站调迁内蒙古集宁、大雁等地发电。1983年电站归地方管理后，继续在49站培训地方接收人员，1984年9月调入河北沧州电力局。

Wu Jiangbo

吴江波（1957.4— ） 河北博野人，保定电力技工学校汽机专业毕业。1977年9月分配到在内蒙古丰镇的第16列车电站，从事汽机运行及检修。1983年调入河北博野县供销联社，后调博野县烟草公司工作。

Chen Shulan

陈淑兰（1947.4— ）女，河北遵化人，河北滦县师范学校毕业。1968年8月参加工作。1977年9月调入第14列车电站，从事财务出纳工作。1983年4月后随电站下放仪征化纤公司。

Yao Taosheng

姚陶生（1957.11— ） 山西芮城人，保定电力技工学校电气专业毕业，后续太原理工大学电机及自动化本科毕业，教授级高工，中共党员。1977年9月分配至第33列车电站，从事汽机运行与检修。1980年5月调入中国中车永济电机厂，从事电机设计工作，后任永济新时速电机电器有限责任公司副总经理。曾获2010年度国家科技进步一等奖，编号为J-254-1-02，项目名称《六轴7200kW大功率交流传动电力机车的研发及应用》，享受国务院特殊贡献专家津贴。

Xu Weizhi

徐伟志（1948.12— ） 女，浙江宁波人，高中文化。1970 年 9 月在福建漳平县农业机械厂参加工作。1977 年 9 月进入第 7 列车电站，在福建漳平发电。1982 年 9 月调入华东基地，先后从事车工、检验等工作。1997 年 10 月退休。

Gao Lumin

高鲁民（1956.1— ） 山东聊城人，山东省干部管理函授学院毕业，高级工程师，中共党员。1975 年 9 月进入保定电力技工学校学习，1977 年 9 月毕业分配到第 34 列车电站，从事锅炉运行与检修。1981 年 5 月调入聊城电机厂，先后在聊城市劳动局锅检所、聊城市质量技术监督局工作。曾获得山东省安全生产先进个人、质监系统先进个人和优秀共产党员等称号。

Cao Xiaomin

曹效民（1955.9— ） 山西朔州人，保定电力技工学校锅炉专业毕业，中共党员。1977 年 9 月分配至第 54 列车电站，从事锅炉运行与检修，随电站在江苏无锡发电。1982 年 12 月调入华东基地，曾任焊工班长、焊工培训中心教员。

Cui Qingyun

崔青云（1949.10— ） 女，山东临清人。1965 年 12 月在邯郸纺织厂参加工作。1977 年 9 月进入第 7 列车电站，从事化验工作，随电站在福建漳平发电。1982 年 9 月调入华东基地。1997 年 10 月退休。

Liang Weiping

梁维平（1953.7— ） 北京人，保定电力技工学校锅炉专业毕业，中共党员。1969 年黑龙江生产建设兵团战士。1975 年 9 月进入保定电校学习，1977 年 9 月分配到第 42 列车电站，从事锅炉运行与检修。1982 年调入在北京新型建筑材料厂的 8 站，任锅炉工段长。1997 年在矿棉吸声板厂任第一作业班班长。曾多次被评为北新厂先进生产者。

Wei Xiyu

魏喜玉（1954.8— ） 河北满城人，保定电力技工学校锅炉专业毕业。1970 年 12 月入伍，1974 年 12 月复员。1975 年 9 月进入保定电校学习，1977 年 10 月毕业分配到第 16 列车电站，从事锅炉运行及检修。1984 年 12 月调入山西大同第二发电厂工作。

Wang Sunfeng

王孙峰（1955.8— ） 曾用名王峰，福建平潭人，保定电力技工学校锅炉专业毕业。1977 年 10 月分配到第 43 列车电站，从事锅炉运行与检修，随电站调迁广东韶关，湖北武汉等地发电和武汉基地机组大修。1981 年 43 站与 8 站合并后，随电站调迁北京新型建筑材料厂发电，1983 年 3 月调入

Yin Jianguo

尹建国（1955.2—　）江苏无锡人，1994年宝鸡市委党校经济管理大专班毕业，中共党员。1971年3月参加“三线”学兵连，1973年在扶风电影院从事美工、放映等工作。1977年10月调入西北基地，任工会宣传干事、工会主席。1992年获宝鸡市电影放映技术优胜选手称号，2005年获西北电力系统工会积极分子称号，2009年获陕西省电力公司优秀党务工作者称号。

Shi Meifeng

史美凤（1955.4—　）女，山西大同人，保定电力技工学校电气专业毕业，中共党员。1977年10月分配至第49列车电站，从事电气运行与检修，后转劳资管理。随电站调迁内蒙古集宁、大雁等地发电。1983年7月调入大同市供销社工作。

Feng Jielian

冯结连（1955.10—　）河北涞源人，保定电力技工学校锅炉专业毕业，中共党员。1975年10月在保定电力技工学校学习。1977年10月分配到第23列车电站，从事锅炉运行与检修，随电站在内蒙古临河发电。1981年8月调入西北基地。2010年10月退休。

Zhu Yuhong

朱玉红（1953.11—　）女，湖南澧县人。1970年1月湖南澧县澧西茶场插队知青。1975年9月入保定电力技工学校锅炉专业学习。1977年10月分配至第43列车电站，从事锅炉运行与检修。1981年9月调入武汉基地，先后从事后勤服务、资料管理等工作。1987年评为湖北省职工生活服务战线先进工作者。2000年9月退休。

Liu Zhiping

刘志平（1954.2—　）湖南澧县人，大专学历，中共党员。1973年1月湖南澧县插队知青。1975年9月入保定电力技工学校锅炉专业学习。1977年10月分配至武汉基地，在车间从事锅炉检修、钳工等工作。1991年1月起，任车间副主任、结构总装分厂厂长，安全监察科、生产计划部主任。

Liu Shumei

刘淑梅（1956.8—　）女，山东日照人。1973年6月在黑龙江梧桐河农场参加工作，幼儿教师。1975年9月入保定电力技工学校锅炉专业学习，1977年10月分配至第12列车电站，从事锅炉运行与检修，1980年从事化验工作。1982年10月调入59站。随电站调迁内蒙古扎赉诺尔、黑龙江佳木斯等地发电。1983年9月调入佳木斯纺织印染厂热电站，从事化验工作。2004年7月退休。

Sun Jie

孙杰（1955.4—　）河北盐山人，保定电力技工学校电气专业毕业。1973年6月盐山县民办教师。1975年10月进入保定电校学习，1977年10月分配到第12列车电站，从事电气运行与检修。1983年1月调入37站，1985年1月调入沧州供电公司，变电站值班员，曾任站长。

Sun Shasha

孙莎沙（1955.6— ）吉林磐石人，本科学历，高级经济师，中共党员。1973年5月，湖南汉寿县清水坝插队知青。1975年9月入保定电力技工学校锅炉专业学习。1977年10月分配至武汉基地，从事锅炉检修，后在劳动人事科从事统计、社会保险统筹管理、薪酬管理与部门承包结算工作。1992年6月调入华中电网公司，任人力资源部劳动组织处副处长、处长。

Li Guang

李光（1957.4— ）女，河南郑州人，中共党员。1973年5月，河南罗山县插队知青。1975年9月入保定电力技工学校锅炉专业学习。1977年10月分配至武汉基地，先后在一车间、电站检修队从事锅炉检修等，后任班长、实业公司办公室主任、劳资科人事调配员。2002年5月退休。

Li Minglan

李明兰（1954.5— ）女，安徽淮南人，中共党员。1975年9月入保定电力技工学校学习，1977年10月分配到第33列车电站。1979年10月调入14站，1983年4月，随电站成建制下放江苏仪征化纤厂。

Li Mandun

李满囤（1954.2— ）河北雄县人，助理工程师，中共党员。1972年8月在雄县任民办教师，1975年8月入保定电力技工学校锅炉专业学习，1977年10月毕业分配到第12列车电站，从事锅炉运行和检修。1981年5月调入雄县供电公司，历任供电所长、生技部长等职。

He Ping

何平（1958.6— ）女，吉林浑江人，保定电力技工学校电气专业毕业。1977年10月分配到第33列车电站，从事电气运行与检修。1980年5月调入保定基地，相继在电气车间、绝缘子分厂工作。2003年7月退休。

Ma Kaixuan

祃开宣（1956.8— ）河北东光人，河北行政函授学院行政管理专业毕业，大专学历，三级工艺美术师，中共党员。1975年9月入保定电力技工学校锅炉专业学习，1977年10月毕业分配到第6列车电站，从事锅炉运行及检修。1982年抽调到沧州供电局，在落实政策办公室工作。1984年1月调入沧州市博物馆，1999年4月任博物馆副馆长。曾获沧州市政府2006年度三等功奖励。

Zhang Guangfu

张光富（1955.8— ）湖南石门人，本科学历，中共党员。1977年10月保定电力技工学校锅炉专业毕业，分配至武汉基地，车辆钳工。1995年1月起，先后任结构总装车间副厂长、党支部副书记、书记，管理、运行公司、生产部、液电车间支部书记，离退休办公室主任、安全监察部副主任。

Zhang Jiqin

张继琴（1955.11— ） 女，山东聊城人，山东省干部管理函授学院毕业，高级技师。1975年9月进入保定电力技工学校学习，1977年10月毕业分配到第18列车电站，从事汽机运行与检修。1979年9月调入34站，在牡丹江发电。1980年12月调入山东聊城电讯十一厂，后又调入聊城市水利局工作，2008年11月退休。

Luo Jiafan

罗家凡（1952.11— ） 湖南桃源人，保定电力技工学校电气专业毕业，中共党员。1977年10月分配到第43列车电站，从事电气运行与检修。随电站调迁广东韶关、湖北武汉等地发电和武汉基地机组大修。1981年43站与8站合并后，调迁至北京新型建筑材料厂，1983年3月，随电站下放北京新型建筑材料厂。

Zhou Baosheng

周宝生（1961.9— ） 安徽和县人。1977年10月进入第56列车电站，从事锅炉运行与检修。1978年3月调入39站，1981年11月调入62站。随电站调迁江苏徐州、无锡，山东滕县等地发电。1982年10月随电站成建制下放无锡市。1995年5月调入无锡市协联热电有限公司。

Zhou Houfen

周厚芬（1953.8— ） 女，湖南临澧人，保定电力技工学校电气专业毕业。1977年10月分配到第35列车电站，从事电气运行与检修。后调入43站，材料员。随电站调迁宜昌、武汉、北京等地发电。1983年3月随电站成建制下放北京新型建筑材料厂，1991年任家属委员会主任。1993年被评为北京市先进市民，1995年任职期间所在家委会被评为海淀区先进居委会。

Gao Jianying

高建英（1956.3— ） 女，河北易县人，保定电力技工学校电气专业毕业，技师。1977年10月分配至新5站，1980年5月调入39站，从事热工专业。随电站调迁河北秦皇岛、山东滕县等地发电。1982年5月调至秦皇岛市山海关化纤厂，从事电气自动化。1996、1997年度被评为秦皇岛市先进工作者。

Jie Shiming

揭世明（1954.6— ） 湖南桃源人。1973年2月，湖南桃源县东湖垸插队知青。1975年10月入保定电力技工学校锅炉专业学习。1977年10月分配至武汉基地，先后在机修车间、一车间、三车间从事锅炉检修、钳工。2012年6月退休。

Zi Yuehua

訾月华（1955.2— ）女，山东阳谷人，保定电力技工学校汽机专业毕业。1977年10月分配至第41列车电站，从事汽机运行与检修。随电站调迁山东昌邑、湖北荆门等地发电，曾为胜利油田会战供电。1982年调入江苏仪征化纤公司自备电厂，在汽机维修车间工作。

Wang Xiaorong

王晓荣（1959.5— ）女，黑龙江呼兰人，初中文化。1977年12月进入第30列车电站。1978年5月调入37站，从事锅炉运行与检修。1982年5月调入34站，从事化验工作，1982年12月调入53站。随电站调迁黑龙江伊春、河北沧州、内蒙古大雁、江苏镇江等地发电。1988年10月调入华东基地。1998年4月退休。

Wu Xiaohong

吴晓红（1961.11— ）女，江苏武进人。1977年12月进入新第19列车电站，从事电气运行与检修。1981年7月调入53站。随电站调迁湖南衡阳、江苏镇江等地发电。1984年调入华东基地，后任消声器车间打孔班班长。2003年退休。

Fan Yixian

范意贤（1940.10— ）湖北黄冈人，政工师，中共党员。1963年3月入伍，曾任指导员。1977年12月转业至武汉基地，先后任基建办公室、劳资科、电站管理处科员。1984年2月起，任五车间党支部副书记、书记、二车间主任兼书记、储运公司书记。1996年6月退休。

Jia Weiyuan

贾威远（1959.10— ）辽宁桓仁人，中共党员。1977年12月进入第39列车电站，从事汽机运行与检修。1979年2月调入武汉基地，下料工、机床设备维修工。1995年1月起，先后任机械加工分厂副厂长、党支部副书记，设备（基建）管理部副主任、主任。

Wang Zhanzong

王占宗（1958.7— ）北京人，高中文化，中共党员。1978年1月进入拖车电站保养站，汽车驾驶。1983年5月调入北京紫竹院公园工作，1984年调入北京西郊食品冷冻厂，后调入北京银建出租汽车公司。

Zhang Haijun

张海军（1961.3— ）北京人。1978年1月进入拖车电站保养站，汽车驾驶员，曾随电站为北京建国门立交桥、南苑飞机场大桥、水电部印刷厂建厂等项工程提供电源。1983年5月随电站成建制下放华北电管局机械建筑公司。

Chen Yu

陈羽（1957.12— ）黑龙江哈尔滨人，中央党校文秘专业毕业，中共党员。1978年1月进入拖车电站保养站，汽车驾驶员。1981 年 11 月调入财政部办公厅。

Shao Rongli

邵荣丽（1956.11— ） 女，陕西扶风人，初中文化。1975 年，陕西省太白县插队知青，曾任民兵连长。1978 年 1 月进入西北基地，先后在锅炉车间从事运行与检修，在车辆车间从事焊接，在电石房从事管理工作。

Qin Fuping

秦福平（1957.1— ） 女，江苏苏州人，高中文化。1978 年 1 月进入拖车电站，从事电气运行与检修。1979 年 4 月至 7 月曾随电站为江苏镇江谏壁电厂储油罐建造工程提供电源。1983 年 5 月随电站成建制下放华北电管局机械建筑公司，同年 8 月调入神华集团国华北京热电分公司。

Wang Daquan

王大权（1950.6— ） 湖北武汉人，清华大学机械制造工艺及设备专业本科毕业，高级政工师，中共党员。1968 年 3 月入伍，在 310 部队服役。1973 年 1 月退伍后回原籍，后选送清华大学学习。1978 年 2 月分配至武汉基地，在车间和设备科任技术员、生技组长。1985 年 4 月起，任工艺科、生产科副科长、科长。1987 年 9 月起，先后任厂工会主席、党委副书记、代理生产副厂长、党委书记、厂长兼党委书记。2008 年 6 月调入华中电网公司任协理员。1989 年为武昌区第九届人代会代表。

Lu Huanying

卢焕英（1943.11—2016.8） 女，山东泰安人。1966 年 10 月在保定第二商业局新市分局列电百货商店工作。1978 年 2 月进入华东基地，先后任行政科、生活服务公司会计。1997 年 9 月退休。

Zhang Guojun

张国俊（1945.6— ） 北京人，北京交通大学内燃机车专业毕业，副教授，中共党员。1970 年 7 月参加工作，先后在湖北随州、北京内燃机务段实习，1972 年 5 月在武汉铁路局花园内燃技工学校任教师。1978 年 3 月调入保定电力技工学校任教师，2004 年 1 月任保定电力职业技术学院副教授。主编教材《机械设计基础》和《机械基础》由中国电力出版社出版。曾被评为保定市先进工作者、模范教师等。

Jiang Shugui

姜书贵（1955.9— ） 陕西宝鸡人，中央党校宝鸡分校经济管理专业毕业。1971 年 9 月在甘肃天水棉纺厂参加工作。1978 年 3 月调入西北基地，在金工车间从事机加工工作。1986 年 4 月在设备检验科任检验员。1998 年 5 月调入银河远东电缆有限公司，在销售科从事销售工作。

Fang Huaxiang

方华香（1957.11— ） 女，湖南衡阳人。1976 年 7 月在首钢矿山汽车修配厂参加工作，汽车修理工。1978 年 4 月进入第 42

列车电站，从事锅炉运行与检修，随电站赴江苏苏州发电。1981年7月调入武汉基地，先后在五车间、钢窗车间、三车间，从事钳工等工作。2002年3月退休。

Jin Longfeng

靳陇凤（1950.5— ） 女，山西平陆人，初中文化。1971年2月在陕西省河阳县“三线”学兵团参加工作，修建战备铁路。1973年7月调西安铁路局宝鸡车辆段。1978年4月调入西北基地，在车辆车间从事安装检修。自1986年11月起，先后在厂办、厂劳动服务公司从事内务管理等工作。1998年5月退休。

Qi Rubo

亓汝柏（1953.11— ） 山东莱芜人，初中毕业，中共党员。1972年12月入伍，1977年10月复员。1978年5月招工进入在扎赉诺尔的第12列车电站，从事汽机运行和检修。1979年12月调入30站，1982年8月调入28站。1984年4月调入邹县电厂，在煤管办任班长。1987年被评为山东省电力局先进生产者，1994年获济宁市总工会授予的“八五建功”奖章。

Chen Wei

陈维（1950.3— ） 北京市人，初中文化。1968年9月，陕西省宝鸡县磻溪镇插队知青，曾任民办教师。1971年9月在陕西地震局宝鸡地震台从事监测预报数据工作。1978年5月调入西北基地，先后在金工车间钳工班任班长、在车辆车间维修班从事设备维护维修、在计划销售科从事销售、内务管理等工作。

Ma Bo

马波（1963.1— ） 河北滦县人，中央党校在职研究生学历，经济师，中共党员。1978年进入第38列车电站。1982年4月调入57站，从事汽机运行与检修。随电站调迁河北迁安，江苏昆山等地发电。1983年4月随电站成建制下放迁安首钢矿业公司，先后任公司党委秘书、物资公司副经理、劳资处处长、组织部副部长，首钢矿业公司杏山铁矿党委书记、工会主席、纪委书记。

Wang Jianhua

王建华（1962.1— ） 辽宁喀左人，1986年北京广播电视大学毕业。1978年进入第8列车电站，从事电气运行与检修，随电站调迁河北衡水，湖北武汉，北京等地发电。1983年随电站下放北京新型建筑材料厂，1988年起任管理科科长、龙达公司副经理、经理兼支部书记等职。1995年被评为北新集团建材股份有限公司劳动模范，国家建材局优秀青年。

Wang Jitang

王济棠（1939.12— ） 北京市人，北京师范学院政教专业毕业，高级讲师，中共党员，1978年7月进入列电系统。1968年4月分配至陕西汉江机床厂工作，1978

年7月调入保定电力技工学校任教师，主要从事思想政治教育方面课程的教学。主编《新编社会主义政治经济学》，由中国经济出版社出版。曾被评为1995、1996年度华北电力集团网局公司级优秀教师。

Shi Shaoli

石绍利（1962.5— ） 山东济南人，初中文化。1978年进入第38列车电站。从事汽机运行与检修。随电站调迁河北迁安、江苏昆山等地发电。1983年随电站下放江苏昆山，在江苏昆山列车电厂从事汽机运行与检修。1996年调昆山锦港集团热电厂。2017年退休。

Tian Guizhu

田桂珠（1959.12— ） 女，河北新乐人，初中文化。1978年进入第38列车电站，从事化验工作。随电站调迁河北迁安、江苏昆山等地发电。1983年随电站下放江苏昆山，在列车电厂从事化验工作。1997年调昆山锦港集团纯碱厂，高压机房值班员。

Liu Guangping

刘广平（1960.2— ） 河北武清人，初中文化。1978年进入第38列车电站，从事锅炉运行与检修。1982年调入37站。同年调入38站。随电站调迁河北迁安、沧州，江苏昆山等地发电。1983年随电站下放江苏昆山，在列车电厂工作。1994年调昆山锦港集团热电厂，从事锅炉维修兼焊工。2016年退休。

Liu Tiejun

刘铁军（1961.10— ） 河北迁安人，初中文化。1978年进入第38列车电站，从事汽机运行与检修。随电站调迁河北迁安、江苏昆山等地发电。1983年随电站下放江苏昆山，在列车电厂从事汽机运行与检修。1994年调昆山锦港集团热电厂。2016年退休。

Liu Ying

刘颖（1943.7— ） 女，北京市人，北京师范学院数学专业毕业，高级讲师。1968年8月参加工作，至1970年7月在北京6465部队锻炼。1970年8月调入陕西汉中汉红机床厂学校任教师，1978年7月调入保定电力技工学校任教师，主要从事数学等课程的教学并兼任班主任工作。

Qi Anji

齐安吉（1931.5— ） 河北高阳人，高中文化，1948年1月加入中国共产党。1947年11月参加中国人民解放军，先后在三纵队七旅、山西军区工作，曾任干事、科长、副政委。1978年转业到保定基地，历任保卫科科长、工会副主席。1990年4月离休。

Zhang Shuming

张树明（1954.2— ） 山东平阴人。1975年由广东韶关凡口矿参加工作，1978年进入第43列车电站，从事电气运行与检修。随电站调迁韶关、武汉等地发电和武汉基地机组大修。1981年43站与8站合并后，随电站调迁北京新型建筑材料厂发电。1983年3月随电站下放，曾任行政科科长。

Zhao Weihua

赵伟华（1958.2— ） 满族，吉林长春人。1976年5月在河北迁安首都钢铁公司大石河矿机修车间工作。1978年7月进入第42列车电站，从事汽车驾驶。1983年3月调至苏州热电厂。

Zhao Tinggui

赵庭贵（1935.10—2015.1） 河北保定人，保定农业学校毕业。1956年3月在内蒙古甘河纤维板厂参加工作。1962年调入黑龙江塔河电厂，1978年调入第6列车电站，从事热工仪表维护工作。列电体制改革后，调入沧州电力局工作。

Kang Jinying

康锦英（1950.3— ） 女，山西平定人，初中文化。1969年山西平定县插队知青，1971年在当地供销社参加工作。1978年调入第23列车电站，从事锅炉运行与检修。1979年调入16站，从事化验工作。1984年12月调入山西大同第二发电厂，任化学车间煤试验班技术员。

Peng Mei

彭玫（1962— ） 女，四川乐山人，高中文化。1978年在徐州第14列车电站参加工作，从事电气运行与检修。1982年调入仪征化纤公司，在电厂电气车间工作。

Wang Wenmin

王文敏（1947.7— ） 女，河北静海人，初中文化。1964年8月在浙江新安江电厂参加工作。1978年9月进入第7列车电站，从事电气运行与检修，随电站在福建漳平发电。1978年12月调入华东基地，从事电气、计量管理工作。1996年4月退休。

Wang Xiuchuan

王秀川（1959.3— ） 北京人，高中文化。1978年9月进入拖车电站保养站，先后从事柴油机发电、机加工工作，曾参与为北京三间房工艺美术仓库工程提供电源。1983年5月调入华北电力科学研究院。

Liu Guojun

刘国军（1959.5— ） 河北河间人，高中文化。1978年9月进入拖车电站，从事柴油机发电工作，曾参与为江苏镇江谏壁电厂储油罐建造工程、北京鲜鱼口建筑公司打桩提供电源。1983年5月随电站成建制下放华北电管局机械建筑公司，汽车修理工。后调至北京风机二厂，在财务科从事成本核算工作。

Lu Qiyun

芦起云（1959.2— ） 山西大同人，山西省委党校函授大专班政治理论专业毕业，中共党员。1975年7月，山西大同南郊区插队知青。1978年9月进入第54列车电站，从事锅炉运行与检修。1981年调入大同矿务局，先后任工程处党办干事、副主任，大同煤矿集团机械化施工处办公室主任、副处长，宏远工程建设有限责任公司机械化工程部党支部书记、项目经理。

Li Xuewen

李学文（1958.2— ） 山西大同人。1975年7月，山西大同市南郊区插队知青。1978年9月进入第54列车电站，从事锅炉运行与检修。随电站调迁山西大同、江苏无锡等地发电。1982年5月调入大同矿务局。2016年6月退休。

Yang Guorong

杨国荣（1957.6— ） 山西大同人，中央党校函授学院经济管理专业本科毕业，经济师，中共党员。1975年7月，山西大同矿务局五七农场插队知青。1978年9月进入第54列车电站，吊车司机。1981年5月后，历任大同矿务局器材供应处材料计划员、副科长、科长、副处长，中国煤炭物资天津公司总经理、党委副书记，北京中煤生产技术开发公司处长。

Zhang Yuzhu

张予竹（1958.2— ） 山西大同人，山西广播电视大学毕业，中共党员。1975年7月，山西大同矿务局五七农场插队知青。1978年9月进入第54列车电站，从事热工工作。1981年7月调入大同矿务局，后任永定庄矿材料科副科长，永煤公司供电科党支部书记。山西省剪纸协会理事、民间文艺家协会会员、一级民间艺术家。

Zhang Runxiang

张润祥（1959.3— ） 山西原平人，中央党校函授学院政治理论专业毕业，政工师，中共党员。1976年7月，山西大同市南郊区插队知青。1978年9月进入第54列车电站，从事锅炉专业。随电站调迁山西大同、江苏无锡等地发电。1981年5月调入大同矿务局，任大同煤矿集团技师学院校园管理处处长。

Chen Lin

陈琳（1958.4— ） 山西大同人，山西省委党校经济管理专业毕业，中共党员。1975年7月，山西大同市南郊区插队知青，1978年9月进入54列车电站，从事锅炉运行与检修。随电站调迁山西大同、江苏无锡等地发电。1982年3月调入大同矿务局，从事材料计划、采购工作，后任材料科副科长，党支部书记。

Fan Guoying

范国英（1959.4— ） 女，湖南衡阳人，北京广播电视大学财会专业毕业。1978年9月进入拖车电站保养站，从事电气运行与检修，后在管理组从事行政工作。1983年5月随电站成建制下放华北电管局机械建筑公司，在劳动服务公司行政科从事后勤工作，后调入北京电力建设公司第四工程公司，财务科会计。

Zhao Guangran

赵广然（1953.8— ） 河北文安人，河北电力学院热能动力设备专业毕业，副教授。1975 年 9 月进入河北电力学院学习，1978 年 9 月参加工作，在保定电力（技工）学校任教师，主要从事流体力学和泵与风机课程的教学及建设工作，曾任教研组组长和兼任多班次班主任，2003 年 5 月起在保定电力职业技术学院任副教授。

Jiang Jianjing

姜建京（1959.1— ） 山东安丘人，曾用名姜文革，中共党员。1978 年 9 月进入拖车电站保养站，从事材料管理工作。1983 年 5 月随电站成建制下放华北电管局机械建筑公司，从事管理工作，后调入中国建材报社。

He Yuhua

贺玉华（1959.7— ） 女，北京人。1978 年 9 月进入拖车电站保养站，先后从事电气、机加工工作，曾参与为北京建国门立交桥、南苑飞机场大桥、水电部印刷厂建厂等项工程提供电源。1983 年 5 月随电站成建制下放华北电管局机械建筑公司，1985 年调入北京地铁公司工作。

Ni Quanzhong

倪全忠（1952.11— ） 北京人。1969 年 8 月，黑龙江生产建设兵团一师五团七连战士。1978 年 2 月回北京，同年 9 月进入拖车电站保养站，吊车司机，曾参与为北京建国门立交桥、南苑飞机场大桥、水电部印刷厂建厂等项工程提供电源。1983 年 5 月随电站成建制下放华北电管局机械建筑公司。

Tan Shaogang

谭绍纲（1932.9— ） 湖北襄樊人，中共党员。1949 年 7 月参加革命工作，曾在湖北宜城区中队、公安队、湖北军区转业团、志愿军 15 军 45 师 133 团、空降兵第 45 师任班长、排长、连长、作战参谋、副营长。1978 年 9 月，转业至武汉基地，先后任材料科、物资供应科副科长，人武部副部长。1983 年 12 月离休，享受正处级待遇。

Wang Yongxian

王永先（1959.7— ） 山西大同人。1976 年 7 月，山西大同市南郊区插队知青。1978 年 10 月进入第 54 列车电站，从事锅炉运行与检修。随电站调迁山西大同、江苏无锡等地发电。1981 年 7 月调入大同矿务局工作。

Fu Huixin

付会欣（1950.8— ） 女，河北定州人，华北电力学院热工仪表测量自动控制专业毕业，讲师、高级实验师。1978 年 10 月毕业分配到列电局中心试验所，任设计室和热工组技术员。1978 年 9 月参加列电局 3000 千瓦燃气轮机快装电站热控装置及热工仪表部分的系统设计工作。1986 年 3 月后在河北电力职工大学任电力系电子实验室教师及电力基础教研室专职教师。

Zhu Caiqin

朱彩琴（1951— ）女，回族，河北唐山人，本科学历，政工师。1976 年 9 月河北农业学院会计专业毕业后，在唐山市农林局工作。1978 年 10 月进入第 38 列车电站，从事汽机运行与检修，后任材料管理员。1983 年随电站下放江苏昆山，在列车电厂工作。曾当选昆山市第十、十一届人大代表。1997 年退休。退休后任昆山民族团结进步促进会常务副会长，2005 年至 2011 年评为江苏省民族团结进步模范。

Liu Changjiu

刘长久（1941.11—2013.2） 河北清苑人，初中文化，中共党员。1959 年 3 月入伍，第 69 军某团汽车连学员、战士。服役期间历任班长、排长，1969 年 9 月任内蒙古建设兵团 53 团后勤处管理员。1978 年 10 月转业至保定电力技工学校，任总务组组长，1987 年 2 月起，任后勤管理科副科长、科长。

Yang Junlian

杨俊莲（1958.10— ）女，山西大同人。1976 年 9 月，山西大同南郊区插队知青。1978 年 10 月进入第 54 列车电站，从事锅炉运行与检修。随电站先后在山西大同、江苏无锡等地发电。1981 年 9 月调入大同矿务局晋华宫矿工会工作。

Chen Wenqin

陈文琴（1960.11— ）女，山西大同人。1976 年 7 月，山西大同南郊区插队知青。1978 年 10 月进入第 54 列车电站，从事热工专业。随电站调迁山西大同、江苏无锡等地发电。1981 年 5 月调入大同矿务局中央机厂，在热处理车间、中心计量室工作，高级热学检定员兼检验科女工委员会主任。

Wen Genbo

温根波（1930.2—2016.11） 河北阜城人，装甲兵学院战车专业毕业，1947 年 5 月加入中国共产党。1945 年 8 月参加革命，东北民主联军保安一旅战士、通讯员、警卫员，1948 年 8 月任战车一师教导团班长，1950 年 2 月起历任第一战车学校班长、区队长、排长、副连长、连长，第一坦克学校战术教员、教务处考核参谋、速成队副队长、坦克学校二队队长，617 军工厂供运营工作组长、党委副书记，5460 军事工程指挥部副指挥、党委常委，装甲兵技术学校内训大队副大队长等职。1978 年 10 月转业至保定电力技工学校任副校长、副书记，1984 年 1 月任保定电校调研室组长。1990 年 2 月离休。

Dai Jun

代军（1960.7— ） 女，黑龙江庆安人，高中文化。1978 年 11 月进入保定基地工作，先后在金工车间从事钳工、厂工会从事管理、经营销售部从事内勤工作。2005 年 7 月退休。

Zhu Fengshun

朱凤顺（1958.4— ） 山西大同人，高中文化。1976 年，山西大同市南郊区插队知青。1978 年 11 月进入第 54 列车电站，焊工。随电站在山西大同、江苏无锡等地发电。1983 年 7 月调大同水泥厂工作。2013 年退休。

Li Shulin

李树林（1959.4— ） 河北行唐人。1976 年 7 月，山西大同市南郊区插队知青。1978 年 11 月进入第 54 列车电站，从事化验工作，随电站在山西大同、江苏无锡发电。1981 年 5 月调山西大同矿务局中央机厂，历任大同市煤炭运销公司办公室副主任、煤运公司驻北京办事处主任，大同市南郊区政府驻北京办事处主任、南郊区机关事务管理局副局长。

Tao Jie

陶杰（1957.11— ） 女，江苏溧阳人，华北电力学院电厂热能动力专业毕业，副教授。1978 年 11 月参加工作，保定电力技工学校实验员、实验师、高级实验师。2005 年 1 月任保定电力职业技术学院副教授，主要从事流体力学、泵与风机课程的教学。2003 年被评为华北电网有限公司优秀教师。

Han Qinchao

韩勤超（1953.11— ） 河南邓州人，高中文化。1970 年 2 月，从武汉到钟祥插队知青。1971 年 9 月进入松宜矿务局工作。1978 年 11 月调入第 32 列车电站，从事电气运行与检修，随电站在宜昌为葛洲坝水利枢纽建设发电。1979 年底转当材料员。1984 年 4 月调入葛洲坝水力发电厂，1987 年 11 月调至广州黄埔发电厂。

Ma Suping

马素萍（1958.6— ） 女，河北完县人，初中文化。1978 年 12 月进入第 52 列车电站，从事汽机运行与检修。随电站调迁河北保定、江苏吴县等地发电。1981 年调 47 站，1983 年 8 月，调保定热电厂。1998 年 10 月退休。

Wang Lijuan

王丽娟（1957.8— ） 女，黑龙江哈尔滨人，初中文化。1978 年 12 月在保定基地参加工作，经培训后分配到第 34 列车电站，从事锅炉运行与检修。随电站调迁黑龙江牡丹江、内蒙古大雁、山东德州等地发电。1983 年 4 月后调入德州发电厂。

Wang Shuzhen

王淑珍（1958.2— ） 女，安徽濉溪人，山东鲁南化肥厂高等技工学校热动专业毕业。1976年7月，山东滕县鲍沟公社插队知青。1978年12月进入第11列车电站，从事锅炉运行与检修。1981年12月调入39站。随电站调迁山东官桥、滕县等地发电。1983年4月，调入山东兖矿集团鲁南化工有限责任公司。

Fang Shuifu

方水福（1959.12—　）湖北鄂城人，湖北省委党校经济管理专业毕业，中共党员。1978年12月进入武汉基地，先后从事铸工、冷作工、生产调度、物资采购等工作。2013年11月起，任钢结构工程公司副总经理。

Feng Jiangang

冯建刚（1958.10—　）湖北武汉人，中央党校函授学院经济管理专业毕业，中共党员。1978年12月进入武汉基地，先后在车间、计量检验科从事铸工、钳工、检验。1996年3月起，任电力机械设计研究所副所长，厂办公室主任，机械加工车间党支部书记、主任。曾在武汉市防汛抗灾中被记功一次。

Zhu Wuqing

朱武清（1957.2—　）湖南湘阴人，湖北广播电视大学机械制造工艺及设备专业毕业，工程师。1974年10月，湖北京山县徐店公社插队知青。1978年12月进入武汉基地，二车间、钢窗车间的铸造工、钳工。1985年1月起，任五车间副主任、企业管理部绩效考核专责。

Liu Huandi

刘焕娣（1956.2—　）女，河北保定人。1974年12月，河北保定韩庄公社插队知青。1978年12月进入第34列车电站，从事锅炉运行与检修。1982年4月调入60站，1985年10月调入56站。随电站调迁河北衡水、黑龙江牡丹江、内蒙古大雁、浙江海宁、江苏镇江等地发电。1990年6月调入华东基地，1997年9月退休。

Liu Shenqin

刘慎勤（1926.9—2011.3）江苏丰县人，1947年9月加入中国共产党。1945年1月参加革命，鲁中南门团战士，历任十团排长、徐州警备团副连长。1951年10月转业至永定河工程局，任上马岭工程队副队长。1961年1月调入永定河工程局勘测设计大队任副队长。1978年12月调至保定电力技工学校，任办公室副主任，1978年12月任学校工会主席。1986年12月离休。

An Zhanguo

安占国（1946.12—　）河北定县人，河海大学物资管理专业结业，助理经济师，中共党员。1965年1月入伍，4688部队战士，服役期间，历任电台主任、团代理参谋、副连长、团通讯参谋等职。1978年12月转业至保定电力技工学校，后任落实政策办公室主任、材料基建科材料组组长。

Du Xiaoying
杜啸英（1962.10— ） 女，天津人，上海电力学院热能与动力专业函授本科学历，高级讲师。1978 年 12 月进入第 14 列车电站，从事汽机运行与检修。1979 年 10 月，调入 62 站，1982 年调入 56 站。随电站调迁江苏徐州、无锡等地发电。1984 年调徐州电力工业学校任教师。

Yang Suhua
杨素华（1957.5— ） 女，安徽淮南人。1976 年 6 月，湖北京山县徐店公社插队知青。1978 年 12 月进入武汉基地，在车间相继从事铸工、钳工、钢窗工、油漆工工作，后调入保卫科、后勤服务公司。2002 年 5 月退休。

Yang Sujuan
杨素娟（1956.2— ） 女，安徽淮南人。1976 年 2 月，湖北京山县徐店公社插队知青。1978 年 12 月进入武汉基地，先后在铸造车间、五车间、钢窗车间、二车间从事炉工、钳工、钢窗工、热处理工等工作。2001 年 4 月退休。

Shen Hongtao
沈洪涛（1956.10— ） 黑龙江双城人，中央党校函授本科毕业，政工师，中共党员。1978 年 12 月在第 34 列车电站参加工作，从事汽机运行与检修。1982 年 10 月调入航空部惠阳机械厂，先后任厂团委书记、工会主席、副厂长、纪委书记、党委副书记等职。曾获全国技协工作先进个人、全国优秀工会积极分子称号。

Zhang Fang
张芳（1959.8— ） 女，辽宁法库人，高中文化。1976 年 8 月湖北当阳县育溪插队知青。1978 年 12 月进入第 32 列车电站，从事电气运行与检修，随电站为葛洲坝水利枢纽工程建设发电。1979 年 4 月调入 51 站。1985 年 8 月调入葛洲坝水力发电厂工作。热爱京剧，多次代表三峡集团公司参加中央电视台 CCTV11、13 频道演出和外出比赛。

Zhang Jianwen
张建文（1959.12— ） 女，河北河间人。1976 年 8 月，湖北京山县徐店公社插队知青。1978 年 12 月进入武汉基地，先后在铸造车间、二车间、一车间、结构车间，从事铸工、钢门工、油漆工等工作。2009 年 12 月退休。

Zhang Tieshan
张铁山（1957.3— ） 河北河间人，中共党员。1978 年 12 月进入拖车电站保养站，汽车驾驶。1980 年 6 月为山西保德水电站运送发电机组，1981 年 5 月为浙江某地运送发电机组。1983 年 5 月随电站成建制下放华北电管局机械建筑公司，后调入中纺公司任汽车驾驶员。

Zhang Liang

张凉（1960— ） 山东济宁人，高中文化。1978 年 12 月在第 11 列车电站参加工作，从事锅炉运行与检修。1984 年调至枣庄十里泉发电厂，在锅炉车间辅机班工作。1990 年调入华能德州发电厂。

Zhang Yafang

张雅芳（1961.10— ） 女，辽宁喀左人，高中文化。1978 年 12 月进入第 32 列车电站，从事电气运行与检修，随电站为葛洲坝水利枢纽工程建设发电。1979 年 4 月调入 51 站。1983 年 12 月调入葛洲坝水力发电厂从事管理工作。

Zhang Yan

张燕（1962.8— ） 女，河北献县人，初中文化，中共党员。1978 年 12 月进入第 37 列车电站，从事热工专业。1982 年调入保定基地，先后在电气车间电机班、绝缘子分厂穿伞组工作。1996—1997 年度获保定市劳动模范荣誉称号。

Chen Jiangong

陈建功（1960.7— ） 河北涿鹿人，初中文化，中共党员。1978 年 12 月在北京房山进入第 1 列车电站，从事锅炉运行与检修。1983 年 4 月随电站下放北京煤矿机械厂，曾任电力车间检修班班长、小锅炉房工段长等。

Zhou Shuping

周树萍（1963.2— ） 女，安徽和县人。1978 年 12 月进入第 14 列车电站，从事汽机运行与检修。1979 年 10 月接 62 站新机。随电站调迁江苏徐州、无锡等地发电。1982 年 10 月随电站成建制下放无锡市。后调入无锡大众化工厂。

Zhao Shunli

赵顺利（1957.1— ） 河南新乡人。1976 年 7 月，湖南衡南县黄狮公社林场插队知青。1978 年 12 月进入船舶 2 站，从事汽机运行与检修，在湖南衡阳发电。1983 年 3 月随电站下放衡阳电业局。1996 年 10 月退休。

Duan Zongrun

段宗润（1958.7— ） 安徽淮南人，中共党员。1976 年 8 月，湖北京山县插队知青。1978 年 12 月进入武汉基地，先后在铸工车间、二车间、五车间、钢窗车间、三车间，从事铸工、钳工、钢门冷作工、钢窗冷作工、钢窗车间生产调度、钻工。2014 年 7 月退休。

Shi Hong

施红（1958.4— ） 女，江苏淮安人，高中文化。1976 年 8 月，湖北当阳县育溪插队知青。1978 年 12 月进入第 32 列车电站，从事燃气轮机运行与检修，为葛洲坝水利枢纽工程建设发电。1979 年 4 月调入 51 站。1984 年 3 月调入葛洲坝水力发电厂工作。

Qian Wanping

钱婉萍（1959.4— ）女，江苏无锡人。1978年12月进入武汉基地，先后在铸造车间、二车间、一车间、综合服务公司、结构总装车间工作，行车工。

Liang Hong

梁虹（1958.11— ）女，广东南海人，初中文化。1974年12月河北保定郊区南奇公社插队知青。1978年12月经保定基地培训后分配到第34列车电站，1981年6月调入58站，从事锅炉运行及检修。随电站调迁河北衡水、黑龙江牡丹江、内蒙古大雁、山西晋城等地发电。1992年12月调入保定电力修造厂，为服务公司机械厂钳工。2003年11月退休。

Han Xueli

韩学丽（1960.12— ）女，山东滨州人，山东鲁南化肥厂高等技工学校热动专业毕业。1976年7月，山东滕县鲍沟公社插队知青。1978年12月进入第11列车电站，从事锅炉运行与检修，后转吊车司机。1981年12月调入39站。在滕县发电。1983年4月调入山东兖矿集团鲁南化工有限责任公司，从事档案管理工作。

Han Xiaoguang

韩晓光（1958.11— ）江苏徐州人，江苏广播电视大学工业与民用建筑专业毕业，助理工程师，中共党员。1976年3月，安徽马鞍山卜塘公社插队知青。1978年12月进入西北基地，从事汽机维修。1984年4月调入华东基地，从事汽机维修，后任教育科干事。1993年12月起，任桥架分厂副厂长，劳资教育科科长兼厂办公室主任、人力资源部主任。

Wang Zhaoying

王兆英（1948.10— ）女，山西介休人，山西太谷师范学校毕业。1968年7月后，相继在介休石河小学、上乐村小学、降家寨小学任教。1979年1月调入第32列车电站，从事财务工作，在宜昌为葛洲坝水利枢纽工程建设发电。1984年4月调至葛洲坝水力发电厂大江电厂，任会计。

An Shiping

安世平（1952.9— ）女，河南安阳人，初中文化。1969年8月，内蒙古建设兵团战士。1974年在山西阳泉石油公司政工科工作。1979年1月调入第41列车电站，从事化验工作，随电站在湖北荆门发电。1985年6月调入河南洛阳热电厂。

Qiu Chenxu

邱晨旭（1951.10— ）江苏无锡人，北京人文函授大学法律专业毕业，中共党员。1971年7月在保定铸锅厂参加工作。1979年1月进入第52列车电站，从事锅炉运行与检修。1985年11月调入华东基地，先后从事钳工、工时计划定额、外协工作。担任过生活服务公司维修班班长、民工管理队队长。2003 年 6 月退休。

Zhang Shichang

张世昌（1953.6— ） 山西阳泉人，初中文化。1970 年 12 月在阳泉石油公司消防队工作。1979 年 1 月进入第 41 列车电站，从事电气运行与检修，随电站在湖北荆门发电。1985 年 6 月调入洛阳热电厂，在建安公司从事管理工作。

Zhang Fangqin

张芳芹（1949.8— ） 女，河北献县人，河北沧州卫生学校医学专业毕业，医（护）师。1966 年 12 月始，曾在河北沧州东村、沧州刘表庄卫生院，从事医务工作。1979 年 3 月进入武汉基地，均在医务室任妇科医生兼护士。1998 年 7 月退休。

Zhang Xiuyun

张秀云（1949.3— ） 女，河南温县人，初中文化。1964 年 4 月在陕西省渭南市大荔国营农场参加工作。1979 年 3 月调入西北基地，在车辆车间油漆班、钳工班从事安装检修。1991 年在厂绿化办公室从事管理。1995 年 5 月退休。

Hu Yingren

胡应仁（1944.4— ） 安徽芜湖人，天津工学院农业机器制造与设计专业毕业，高级讲师。1968 年 3 月参加工作，望都机械厂工人，后任车间技术员、厂级技术员等。1979 年 3 月调入保定电力技工学校任教师，中专高级讲师。主要从事工程力学、金属材料等课程的教学工作。制作的《机械知识》课件获河北省中专学校计算机应用一等奖、中国教育技术协会职业技术教育专业委员会 2003 年年会二等奖。

Yu Bei

于北（1956.10— ） 山东济南人，保定电力技工学校汽机专业毕业。1979 年 4 月分配至第 33 列车电站，从事汽机运行与检修。1982 年 6 月调入 41 站，1983 年 9 月调入新 19 站。随电站调迁山西运城、内蒙古朱日和、湖北荆门、湖南衡阳等地发电。1988 年 10 月调至山东十里泉发电厂。

Ma Zhanlin

马占林（1956.4— ） 内蒙古赤峰人，保定电力技工学校电气专业毕业，中共党员。1979 年 4 月分配到第 23 列车电站，在内蒙古临河发电。1981 年 8 月随电站到新疆吐鲁番的机组从事安装、运行、培训、移交工作。1982 年 6 月调入西北基地，先后任精密铸造厂厂长、银杉电力配件有限公司总经理、人力资源部和党政工作部主任等职。2001 年被评为省电力公司优秀共产党员。

Feng Runlan

丰润兰（1957.3— ） 女，山西大同人，保定电力技工学校汽机专业毕业。1979 年

4月分配至第49列车电站，从事汽机运行与检修，在内蒙古集宁发电。1981年3月调入山西大同银行工作。

Wang Fengxian

王凤先（1961.11— ）女，山西长治人，保定电力技工学校锅炉专业毕业。1979年4月分配至第33列车电站，从事锅炉运行与检修。随电站调迁山西运城、内蒙古朱日和等地发电。1981年9月调入山西壶关县工商银行。

Wang Guanghe

王光和（1957.11— ）山东高密人，河北广播电视大学机械制造专业毕业，高级讲师，中共党员。1975年2月参加工作，高密县邮电局工人。1977年3月进入保定电力技工学校学习，1979年4月毕业留校任教。1978年4月至1980年6月，在水电部师资班、东北电力学院脱产学习。主要从事汽轮机设备及运行课程的教学工作。1993年3月任学校工贸公司副经理，2001年11月退休。

Wang Xiuqin

王秀琴（1955.9— ）女，上海川沙人，初中文化，中共党员。1975年，内蒙古丰镇巨宝庄公社插队知青。1979年4月进入第41列车电站，从事化验工作。1982年12月调入54站。随电站调迁湖北荆门、江苏无锡等地发电。1983年7月调入山东滨州市农资公司工作。

Wang Lingxian

王玲仙（1956.6— ）女，河北安新人，保定电力技工学校发变电电气设备运行与检修专业毕业，中共党员。1977年3月进入保定电校学习，1979年4月毕业留校，在学校办公室任科员，后任档案室档案管理员等。曾被评为华北电力集团公司先进档案工作者。

Wang Shushan

王树山（1954.3— ）山东临朐人，华北电力学院电厂热能动力工程专业毕业，副教授，中共党员。1973年1月在家乡任民办教师，1977年3月进入保定电力技工学校学习，毕业留校任教。1987年2月起，历任动力科副主任、培训中心副主任、主任，保定电力职业技术学院教育培训鉴定中心（处）主任、处长、副总培训师等职。2012年4月借调中电联“职业分类大典”修订办公室工作。曾被评为华北电力集团公司优秀教育工作者、先进工作者等。

Wang Jiaming

王家鸣（1956.8— ）北京人，保定电力技工学校锅炉专业毕业。1979年4月分配至第33列车电站，从事锅炉运行与检修，随电站调迁山西运城、内蒙古朱日和等地发电。1983年4月调入保定热电厂工作。

Wang Shufen

王淑芬（1955.6— ）女，河北保定人，保定电力技工学校汽机专业毕业。1979年

4月分配至第33列车电站，从事汽机运行与检修，随电站调迁山西运城、内蒙古朱日和等地发电。1983年4月调入保定热电厂工作。

Niu Zhiping

牛志平（1958.8— ） 山西长治人，保定电力技工学校锅炉专业毕业，中共党员。1979年4月分配至第33列车电站，从事锅炉运行与检修，随电站调迁山西运城、内蒙古朱日和等地发电。1981年9月调入山西壶关县税务局工作。

Kong Jie

孔洁（1954.12— ） 女，河北安国人，保定电力技工学校汽机专业毕业。1979年4月分配至第49列车电站，从事汽机运行与检修。1980年11月调入33站，随电站调迁集宁、朱日和等地发电。1983年4月调入保定第一造纸厂，基建科科员。1987年10月调入石家庄东方热电厂，从事汽机运检工作。

Kong Xiangniu

孔祥牛（1955.9— ） 安徽合肥人，保定电力技工学校锅炉专业毕业。1979年4月由技校分配至船舶2站，从事锅炉运行与检修，在湖南衡阳发电。1983年3月随电站下放衡阳电业局，1996年5月退休。

Tian Shuping

田淑萍（1956.3— ） 女，河北宣化人，保定电力技工学校锅炉专业毕业，助理工程师，中共党员。1979年4月分配至第49列车电站，从事锅炉运行与检修，随电站在内蒙古集宁发电。1981年3月调入张家口供电公司。

Feng Jian

冯健（1959.6— ） 江苏无锡人，保定电力技工学校机汽机专业毕业。1979年4月分配至第53列车电站。从事汽机运行与检修。随电站调迁浙江宁波、江苏镇江等地发电。列电体制改革后，1983年6月调入江苏无锡的62站。1987年5月调入无锡721厂计量处。

Zhu Yicong

朱益聪（1958.3— ） 广西北海人，保定电力技工学校锅炉专业毕业。1979年4月分配至第41列车电站，从事锅炉运行与检修。1982年调入24站。随电站调迁湖北荆门、湖南株洲等地发电。1986年调入湖南长沙重型机器厂。

Qiao Jihong

乔继红（1959.3— ） 女，河南尉氏人，保定电力技工学校电气专业毕业。1979年4月分配至第33列车电站，从事电气运行与检修。1981年6月调入29站，从事热工仪表维护。随电站调迁山西运城、内蒙古朱日和、河南信阳等地发电。1988年8月调入河南焦作电厂。

Liu Zhian

刘治安（1957.3— ） 山西长治人，北京理工大学机电专业毕业，教授，中共党员。1975 年 12 月插队知青，1977 年 3 月入保定电力技工学校学习，毕业留校任教。2001 年 5 月后任动力计算机科副主任、保定电力职业技术学院动力工程系副主任、信息工程与管理系党总支书记兼主任等。主编《计算机原理与应用》等教材由中国电力出版社出版。曾是第五届华北技术院院级专家，被评为 1999 年度华北电力集团先进工作者等。

Liu Meiling

刘美玲（1958.1— ） 女，山东昌乐人，保定电力技工学校汽机专业毕业，电气助理工程师，中共党员。1977 年 3 月进入保定电校学习，1979 年 4 月分配到第 12 列车电站，从事汽机运行与检修。1982 年 6 月调入山东昌乐县供电公司，在计量室从事仪表鉴定和技术管理工作。2008 年 1 月退休。

Yan Jiandang

闫建党（1957.7— ） 河北涞水人，中央党校（函授）经济管理专业大学本科毕业，政工师，中共党员。1977 年 3 月进入保定电力技工学校学习，1979 年 4 月分配到第 12 列车电站，从事汽机运行和检修。1984 年 12 月调入下花园发电厂，从事汽机检修。历任检修综合管理处副处长、处长、安全培训工程师。2007 年 10 月调入河北大唐国际张家口热电有限责任公司，任消防、保卫处长。

Sun Changchun

孙长春（1959.2— ） 河北涞水人，保定电力技工学校电气专业毕业，中共党员。1979 年 4 月分配到在山西长治的第 44 列车电站，从事电气运行与检修。1980 年 6 月调入河北新城县电力局，调度员。1984 年 10 月后，相继调入张八屯乡及杨漫撒乡，历任团委书记兼党委秘书、副乡长、乡党委副书记、乡长、党委书记兼乡长。1992 年 10 月任高碑店市电力局党委书记兼局长，1995 年 9 月任涞水县副县长，1997 年 6 月任望都县政府党组副书记、常务副县长。曾荣获 1991 年度河北省尊师重教先进乡党委书记、1993 年度保定市优秀共产党员、1996 年度保定市优秀公务员等称号。

Su Chuanhua

苏传华（1956.4— ） 山东青州人，保定电力技工学校电气专业毕业、山东轻工业学院企业管理专业毕业，中共党员。1979 年 4 月进入第 31 列车电站，从事电气运行与检修，同年 12 月调入列电局机关，在劳资处从事劳资统计。1982 年 10 月调入水电部机械局，在劳资处工作。1984 年 3 月调入山东青州市供电公司，从事农电管理。1991 年被评为潍坊电业局先进生产者。

Du Wenjian

杜文建（1956.5— ） 河北保定人，保定电力技工学校电气专业毕业。1979 年 4 月分配到在牡丹江发电的第 21 列车电站，从事电气设备运行与检修。1981 年 5 月调入 29 站。1989 年调入保定市开关厂，在自备电厂从事电气运维工作，曾任电气工段长。1994 年调入保定市纸箱厂，任厂区变电所所长。2010 年退休。

Du Lingxiu

杜玲秀（1953.2— ） 女，河北易县人，保定电力技工学校汽机专业毕业。1979 年 4 月分配到第 23 列车电站，从事汽机运行与检修。1982 年 7 月调入保定基地，相继在汽机、杆模、塔机车间工作。1996 年 7 月退休。

Li Zilan

李子岚（1958.6— ） 女，四川广元人，保定电力技工学校锅炉专业毕业。1979 年 4 月分配至船舶 2 站，从事锅炉运行与检修，在湖南衡阳发电。1983 年 3 月随电站调入衡阳电业局。1996 年 4 月退休。

Li Jisuo

李记锁（1958.8— ） 河北定州人，保定电力技工学校汽机专业毕业，中共党员。1977 年 3 月进入保定电校学习，1979 年 4 月分配到第 13 列车电站，从事汽机运行与检修，随电站在河南商水发电。列电体制改革后，调入大唐洛阳热电厂，从事汽机运行。历任发电部主管、生产技术部主管、安全监察部高级主管等。

Li Gang

李刚（1954.4— ） 内蒙古丰镇人，保定电力技工学校锅炉专业毕业，中共党员。1979 年 4 月分配到第 16 列车电站，从事锅炉运行与检修，1982 年 9 月从事财会工作。1983 年至 1984 年在 16 站下放过程中，负责财务、劳资、人事等多项事务工作。1984 年 12 月调到山西大同第二发电厂，从事财务工作。

Li Hongchu

李红初（1960.1— ） 女，湖南长沙人，保定电力技工学校锅炉专业毕业。1979 年 4 月分配至船舶 2 站，从事锅炉运行与检修，在湖南衡阳发电。1983 年 3 月随电站下放衡阳电业局，1996 年 5 月退休。

Li Ming

李明（1959.1— ） 河北定州人，保定电力技工学校电气专业毕业。1979 年 4 月分配至第 57 列车电站，从事电气运行与检修，担任过团支部书记。随电站调迁河南漯河、河北迁安等地发电。1982 年 11 月随电站成建制下放迁安首钢矿山公司，1988 年 7 月调入河北涿州 59 站。1994 年 8 月调入河北高碑店市电业局，后任白沟分局副局长。

Li Mingzhong

李明忠（1954.8— ） 江苏新沂人，大专学历。1979 年 4 月保定电力技工学校锅炉专业毕业，分配至第 41 列车电站，从事锅炉运行与检修，随电站在湖北荆门发电。1987 年 7 月调入湖北荆州沙市热电厂。

Li Chunyou

李春友（1958.1— ） 山西长治人，保定电力技工学校锅炉专业毕业，中共党员。1979 年 4 月分配至第 44 列车电站，从事锅炉运行与检修，随电站在山西长治发电。1983 年 11 月随电站成建制下放山西惠丰机械厂，1998 年任锅炉工段长。2013 年退休。

Li Hongjian

李洪建（1956.2— ） 河北蠡县人，河北广播电视大学工商管理专业毕业，讲师，中共党员。1977 年 3 月进入保定电力技工学校学习，毕业留校任教。1987 年 7 月后，曾先后任教务科副科长、办公室主任、校长助理等。1995 年 9 月起历任学校工会主席、副校长、保定电力职业技术学院副院长、党委副书记兼纪委书记、党委书记等职，2012 年 7 月任调研员。1992、1993 年度被评为华北电力集团公司先进生产者、优秀教育工作者等。

Li Hehua

李荷花（1958.1— ） 女，山西长治人，保定电力技工学校锅炉专业毕业。1979 年 4 月分配至第 44 列车电站，从事锅炉运行与检修，1983 年任电站管理员，随电站在山西长治发电。1983 年 11 月随电站成建制下放山西惠丰机械厂。2001 年退休。

Li Huijuan

李惠娟（1962.1— ） 女，安徽利辛人，保定电力技工学校电气专业毕业。1979 年 4 月分配至第 41 列车电站，1982 年调入 24 站。从事电气运行与检修。随电站调迁湖北荆门、湖南株洲等地发电。1986 年调入湖南长沙重型机器厂，在结构分厂工作，材料管理员。

Yang Desheng

杨德生（1957.9— ） 山东德州人。1977 年 3 月入保定电力技工学校汽机专业学习，1979 年 4 月分配至第 18 列车电站。1983 年 3 月调入 52 站，1985 年 8 月调入 56 站，均从事汽机运行与检修。1988 年 7 月调入华东基地，从事小火电汽机安装与检修。1994 年 9 月调入天津联合化学有限公司，从事乙烯设备维护与检修。

Xiao Wenbin

肖文斌（1957.8— ） 湖南衡阳人。1975 年湖南衡阳群英公社插队知青。1979 年 4 月保定电力技工学校锅炉专业毕业，分配至船舶 2 站，从事锅炉运行与检修，在湖南衡阳发电。1983 年 3 月随电站下放衡阳电业局。1996 年 7 月退休。

Wu Zhongrong

吴中荣（1950.9— ） 女，河北武强人，衡水基建学校毕业。1975 年分配到衡水电力局，1979 年 4 月调入第 8 列车电站，从事电气运行与检修，随电站调迁河北衡水，湖北武汉，北京等地发电。1983 年 3 月随电站下放北京新型建筑材料厂，曾任办公室主任等职。

Wu Baoqun

吴宝群（1955.5— ） 女，江苏邳县人，保定电力技工学校锅炉专业毕业，中共党员。1979 年 4 月进入第 42 列车电站，从事锅炉运行与检修，在江苏苏州发电。1983 年 3 月调入江苏苏州化工农药集团，在热电车间工作。

Song Hongbin

宋洪彬（1957.8— ） 河北定州人，保定电力技工学校锅炉专业毕业，中共党员。1977 年 3 月进入保定电校学习，1979 年 4 月分配到第 12 列车电站，从事锅炉运行和检修，后改高压焊工。1982 年 12 月调入首钢矿业公司列电（57 站），曾任班长，后从事生产、设备管理等工作。2012 年 8 月退休。

Zhang Shuli

张书利（1959.5— ） 河北献县人，高中文化，高级电气技师。1976 年 7 月，扎赉诺尔矿区农林处二分场知青，1976 年 11 月进入扎赉诺尔矿务局露天矿，机修处电工。1979 年 4 月调入第 12 列车电站，同年 5 月调入 47 站，从事电气运行和检修。随电站调迁扎赉诺尔、牡丹江等地发电。1984 年 11 月调至保定供电局。

Zhang Jianwei

张建伟（1956.12— ） 湖南醴陵人，大专学历，经济师。1968 年 12 月，湖南醴陵县长岭公社插队知青。1977 年 2 月入保定电力技工学校锅炉专业学习。1979 年 4 月分配至第 8 列车电站，从事锅炉运行与检修。1982 年 5 月调武汉基地，先后任计划科销售员、市场开发部产品发运组长。

Zhang Shaofen

张绍芬（1954.7— ） 女，河北易县人，保定电力技工学校汽机专业毕业。1977 年 3 月进入保定电校学习，1979 年 4 月分配到第 12 列车电站，从事汽机运行与检修。1980 年 8 月调入 30 站，1982 年 8 月调入 28 站，均在化学组工作。1984 年 5 月调到邹县发电厂。1997 年 7 月退休。

Zhang Ming

张铭（1957.11— ） 江苏新沂人，江苏省电视大学行政管理专业大专毕业，电气工程师，中共党员。1977 年 3 月进入保定电力技工学校电气专业学习，1979 年 4 月毕业分配到在北京的第 31 列车电站，从事电气运行与检修。1982 年调入江苏新沂市供电公司，1987 年始任生技科、安监科专职安全员、副科长、科长、公司调度中心主任。2003年任江苏爱迪电子有限责任公司董事长兼总经理，2007年至2017年任新沂市茂源电力实业工程公司党支部书记、调研员等。曾获江苏省电力系统十佳安全卫士称号。

Zhang Fuzhong

张富中（1957.5— ）山西大同人，保定电力技工学校汽机专业毕业，中共党员。1979年4月分配至内蒙古丰镇第16列车电站，从事汽机运行与检修，1980年转入热工室工作。1983年6月调入山西大同616厂，在党委宣传部工作。后调入山西煤炭运销总公司大同公司，历任南郊公司党委委员、工会主席、高山煤业公司董事长。

Chen Zhiquan

陈志全（1956.11— ）河北涿县人，保定电力技工学校锅炉专业毕业，中共党员。1979年4月分配至第12列车电站，从事汽机工作。1982年7月调入57站。随电站调迁内蒙古扎赉诺尔、河北迁安等地发电。1982年11月随电站成建制下放迁安首钢矿山公司，历任大石河铁矿值班主任、锅炉车间党支部书记、机电分公司经理兼党支部书记。2015年7月退休。

Chen Guoping

陈国平（1960.2— ）浙江绍兴人，保定电力技工学校汽机专业毕业。1979年4月分配到第24列车电站，从事汽机运行与检修，曾为站工会委员和团支部委员。1992年4月起，在长沙重型机器厂木制件车间工作。2015年获长沙市见义勇为先进个人称号。

Chen Min

陈敏（1960.8— ）江苏溧阳人，江苏广播电视大学机械专业毕业。1979年4月进入华东基地，车工。后从事仓库管理、产品外协、车间管理等工作。

Fan Xiuli

范秀莉（1959.12— ）女，辽宁沈阳人，高中文化。1979年4月进入华东基地，先后在生产车间从事刨工、电子装配工。1990年2月调入国电浙江北仑第一发电厂，从事安装预算工作。

Zhou Sixi

周四喜（1957.2— ）湖南祁东人，湖南广播电视大学机械专业毕业，工程师。1979年4月进入船舶2站，从事锅炉运行与检修，在湖南衡阳发电。1983年3月随电站下放衡阳电业局。1985年4月后任锅炉技术员。1996年4月退休。

Zhou Zhaoguo

周兆国（1954.7— ）山东胶州人，保定电力技工学校锅炉专业毕业，高级技师，中共党员。1979年4月分配至第59列车电站，从事锅炉运行与检修，在黑龙江佳木斯发电。1983年调入佳木斯市纺织厂自备电厂，任锅炉检修班班长。

Meng Xiangen

孟祥恩（1954.12— ） 山东郓城人，保定电力技工学校锅炉专业毕业，建筑工程监理工程师。1974 年 3 月满洲里扎赉诺尔开河农场知青，1977 年 3 月进入保定电校学习，1979 年 4 月分配到第 12 列车电站，从事锅炉运行与检修。1983 年 7 月调入满洲里扎区乳品厂，从事设备检修。2004 年 12 月调入呼伦贝尔建威工程监理公司，先后任监理员、监理工程师等。

Zhao Guixiang

赵桂香（1960.1— ） 女，河南新乡人，保定电力技工学校电气专业毕业，中共党员。1979 年 4 月分配至船舶 2 站，从事电气运行与检修，后任电气技术员，在湖南衡阳发电。1983 年 3 月随电站下放衡阳电业局。1996 年 6 月退休。

Zhao Xiangren

赵祥仁（1956.5— ） 山东胶南人，中共党员，保定电力技工学校锅炉专业毕业。1977 年 3 月进入保定电校学习，1979 年 4 月分配到第 33 列车电站，从事化验工作，随电站调迁山西晋城、内蒙古朱日和等地发电。1984 年调入张家口下花园发电厂，从事化学运行，曾任化学车间技术员，后改做汽机检修工作，2013 年退休。

Yao Jinlong

姚锦龙（1954.9— ） 江苏徐州人，保定电力技工学校锅炉专业毕业，中共党员。1974 年 7 月在邳县县委参加工作。1977 年 3 月在保定电力学校学习，1979 年 4 月分配至第 42 列车电站，从事锅炉运行与检修。1983 年 3 月调入苏州热电厂，2014 年 9 月退休。

Xia Yingqin

夏英芹（1954.2— ） 女，山东荣成人，保定电力技工学校电气专业毕业，中共党员。1979 年 4 月分配到第 16 列车电站，从事电气设备运行与检修。1984 年 12 月调到山西大同第二发电厂，在电气车间工作，1997 年 10 月提前退休。

Gao Wenjie

高文杰（1955.7— ） 山东潍坊人，保定电力技工学校锅炉专业毕业。1979 年 4 月分配到第 29 列车电站，从事锅炉运行与检修。1981 年调入 11 站，1983 年调入潍坊第一轻工机械厂，1986 年调入潍坊第四棉纺厂工作。2010 年退休。

Gao Shuming

高树明（1957.3— ） 河北东光人。1974 年 4 月北京昌平插队知青。1976 年 1 月在北京水泥制品厂参加工作。1979 年 4 月进入拖车电站保养站，从事柴油机运行，曾参与为北京建国门立交桥、南苑飞机场大桥、水电部印刷厂建厂等项工程提供电源。1983 年 5 月随电站成建制下放华北电管局机械建筑公司。

Guo Yumei

郭玉梅（1955.2— ） 女，河北万全人，保定电力技工学校锅炉专业毕业，中共党员。1979年4月分配至第49列车电站，从事锅炉运行与检修，后转化验工作。随电站调迁内蒙古集宁、大雁等地发电。1982年12月调入张家口下花园前山煤矿工作。

Guo Yaobin

郭要斌（1954.4— ） 河北安国人，1979年3月保定电校汽机专业毕业、1988年8月北京师范大学政教系毕业、1992年12月中央党校经济管理专业毕业，高级经济师，中共党员。1974年2月在河北安国西长仕村小学任教，4月在东河公社任报道员。1977年3月在保定电校汽机专业学习。1979年4月分配到第31列车电站，在气机工段工作。1980年5月先后在局机关宣传科、干部处工作。1983年4月调入水电部机械局干部处先后任主任科员、副处级监察员。1991年3月后相继任能源部人劳司干部处副处长、电力部人教司干部处副处长、机关人事处处长、国家电力公司人事劳动局机关人事处处长。1999年3月任中国华北电力集团公司（华北电业管理局）副总经理（副局长）、党组成员。2004年12月任国家电网北京市电力公司党委书记。2011年9月任国家电网华北电网党组书记。北京市第十四届人民代表大会代表。

Guo Aixiang

郭爱香（1956.11— ） 女，山西长治人，保定电力技工学校电气专业毕业。1979年4月分配至第33列车电站，从事电气运行与检修，随电站调迁山西运城，内蒙古朱日和等地发电。1981年调入兵器工业部304厂，从事技术档案工作。

Tang Liping

唐莉萍（1957.11— ） 女，原籍河南洛阳，重庆电力职工大学热动专业毕业，副教授。1975年10月，插队知青。1977年3月入保定电力技工学校学习，毕业留校任教，曾任热动教研室主任。2004年1月起任保定电力职业技术学院副教授。主编《热工基础》等多本教材由中国电力出版社出版。保定市第九届人大代表、保定市新市区第十二届人大代表。多次被评为华北电管局先进工作者、华北电力联合公司优秀教师等。

Ji Zhitian

姬志田（1958.5— ） 河南驻马店人，保定电力技工学校电气专业毕业，助理工程师，中共党员。1979年4月分配到在信阳明港的第29列车电站，从事电气运行与检修。1983年随电站下放信阳电业局，历任电气车间副主任、检修部部长、副厂长、机电计控副部长等。

Cao Yunqi

曹运启（1950.1— ） 河南信阳人，保定电力技工学校锅炉专业毕业，中共党员。1979年4月分配到在信阳明港的第29列车电站，从事锅炉运行与检修。1983年随电站下放信阳电业局，历任电站运行值长、运行部部长等职务。2015年被评为河南省节能减排标兵。

Liang Yonglu

梁永路（1956.3— ）河北容城人，保定电力技工学校锅炉专业毕业，助理工程师。1979年4月分配至第59列车电站，从事锅炉运行与检修。随电站调迁黑龙江佳木斯、河北涿州等地发电。1989年9月电站下放更名涿州市发电厂后，在发电厂锅炉车间工作。

Han Ling

韩玲（1959.11— ）女，河北高阳人，北京广播电视大学电类专业毕业，工程师。1979年4月进入拖车电站保养站，从事电气工作。1983年5月随电站成建制下放华北电管局机械建筑公司，任机械处材料会计，1986年1月调入华北电力科学研究院有限责任公司，在沙河试验站任工程师。

Xie Yanhua

谢燕华（1958.11— ）女，山东龙口人，高中文化。1975年12月在陕西宝鸡市石油钢管厂参加工作，从事电气工作。1979年4月进入华东基地，先后在生产车间、汽车队、小火电从事电气安装和维修。1998年4月退休。

Cai Rongxin

蔡荣欣（1958.4— ）河北易县人，中央党校公共管理专业毕业，二级实习指导教师，中共党员。1977年3月进入保定电力技工学校学习，毕业留校任电力专业实习教师。1988年3月调入学生科任副科长。1990年7月后历任电力科副主任、劳动服务公司经理、多经办公室主任、师创实业总公司副总经理、师创电力实业公司支部书记、总经理等职，2012年7月任正职协理员。

Ji Mei

冀梅（1956.8— ）女，河北唐县人，保定电力技工学校电气专业毕业，助理会计师，中共党员。1979年4月分配至第33列车电站，从事电气运行与检修。随电站调迁山西运城，内蒙古朱日和等地发电。1982年6月调入河北唐县广播电视局工作。

Wang Yong

王勇（1957.11— ）上海宝山人，江苏广播电视大学机械制造与加工专业毕业，工程师，中共党员。1974年12月入伍，在27军服役。1979年5月复员进入保定基地，从事机加工维修。1979年11月调入第52列车电站，同年12月调入华东基地，钳工。1986年3月起，先后任车间副主任、主任，生产计划科科长，实业总公司副总经理。

Bai Yu

白宇（1963.6— ）北京人。1979年5月进入第14列车电站，从事锅炉运行与检修。同年10月调入62站，铲车司机。随电站调迁江苏徐州、无锡等地发电。1982年10月随电站成建制下放无锡市。1984年1月调入南京电影机械厂工作。

Zhu Nianchun

朱年春（1951.2— ）女，湖北黄石人，1992年7月湖北广播电视大学图书馆学专业毕业，图书管理员。1969年1月，从丹江到竹溪插队知青。1971年1月进入黄龙滩水利工程局工作。1977年1月调入宜昌三三〇工程局沙石分局。1979年5月调入第32列车电站，从事锅炉运行与检修，随电站为葛洲坝水利枢纽建设发电。1984年4月调入葛洲坝水力发电厂工作。

Xiao Shuping

肖蜀平（1963.6— ）湖北武汉人，初中文化。1979年5月进入第14列车电站，从事锅炉运行与检修。同年10月调入62站，铲车司机。随电站调迁江苏徐州、无锡等地发电。1982年10月随电站成建制下放无锡市。1996年调入无锡市友谊毛纺厂，2006年调入无锡市翔泰毛纺织厂。2013年退休。

Zhang Jinping

张金萍（1959.8— ）女，陕西宝鸡人，中华会计函授学校财务会计专业毕业。1976年4月，陕西太白县插队知青。1979年6月进入西北基地，从事汽机维修，后转焊工。1984年4月调入华东基地。后任工会广播员、工会干事兼财务。1999年7月，任女职工委员会主任。

Chao Xinhui

晁新晖（1960.1— ）吉林公主岭人，初中文化。1979年6月进入第59列车电站，吊车司机，随电站在黑龙江佳木斯发电。1983年调入佳木斯市纺织印染厂热电站。2003年后，先后在广州火电公司、福建龙岩雁石镇发电厂工作。

Wang Guofan

王国范（1954.3— ）女，吉林长春人，初中文化，中共党员。1979年进入第29列车电站，从事锅炉运行与检修。1983年12月调至45站，在锅炉工段工作。1985年6月调至葛洲坝水力发电厂。1992年曾获全国电力系统优秀教育工作者称号。

Ren Yu

任俞（1933.1—1999.10）山西祁县人，高中文化。1948年10月参加革命，在冀东军区招待所工作。1951年1月在华北军区通信学校学习无线电报务。自1951年11月起先后在通信学校、军委通校训练部、沈阳通信兵学校任军事教员、制图摄影员。1958年5月在河北廊坊训练二团。1959年转业到水利水电学院。1979年7月进入列电局机关，在行政处从事电工工作。1983 年 4 月调入水利电力出版社，后任科长、副处长。1999 年离休。

Liu Shuxiang

刘淑湘（1963.3— ）女，河北清苑人，高中文化。1979 年在徐州第 14 列车电站参加工作，从事电气运行与检修。1982 年随电站下放，调入江苏仪征化纤公司热电厂，先后在电气车间、供应科等部门工作。

Sun Yuhuan

孙渝环（1963.10— ）女，河北秦皇岛人，高中文化。1979 年 7 月在第 14 列车电站参加工作，先后从事锅炉、汽机运行与检修。1983 年调入仪征化纤公司热电厂工作。2013 年退休。

Ji Jing

纪静（1963.11— ）女，湖北汉阳人，高中文化。1979 年 7 月在第 14 列车电站参加工作，从事锅炉运行与检修。1983 年调入南京金陵石化公司化工二厂，在动力车间电气班工作，2013 年退休。

Zhang Shengli

张胜利（1953.3— ）黑龙江牡丹江人，吉林冶金工业学校冶金选矿专业毕业，助理工程师，中共党员。1972 年分配到吉林通化钢铁公司，1979 年调入牡丹江第 21 列车电站，从事锅炉运行与检修。1982 年调入佳木斯 59 站，1986 年随电站调入河北涿州发电。1990 年调至涿州电厂筹建处，任设备材料科科长。

Zhang Yong

张勇（1950.11— ）河南叶县人，初中文化，中共党员。1979 年进入第 29 列车电站，从事锅炉运行与检修。1983 年 12 月调至湖北宜昌 45 站，在锅炉工段工作，1985 年调至葛洲坝水力发电厂。

Yao Xueshan

姚学善（1947— ）北京人，中共党员。曾在齐齐哈尔市劳动局技工学校任教师。1979 年 7 月进入第 60 列车电站，材料员。1986 年调入河北涿州 59 站，1989 年 9 月电站下放更名涿州市发电厂后任工会主席。1994 年调入北京中光现代科技信息有限公司工作。

Jia Leiming

贾雷鸣（1956.4— ）陕西宝鸡人，在职研究生学历，高级记者（正高职称），中共党员。1974 年 2 月，陕西省太白县终南公社插队知青。1979 年 7 月招工进入西北基地，在子弟学校任教。1985 年 2 月起，历任记者、主持人、编辑、编导、导演、陕西省电视艺术家协会副主席、宝鸡电视台台长等。曾创作发表作品 200 余万字，导演过大型晚会 30 余场，拍摄编导过电视纪录片、专题片、音乐电视等 20 余部。主要作品获第八届巴黎中国电影节最佳编剧奖、第六届德国科隆电影节中国最佳影片奖等。为陕西省十佳电视艺术工作者、最佳编剧，被宝鸡市委市政府授予有突出成就的文学艺术家称号。

Yuan Qing
原青（1960.12— ） 女，河南济源人，高中文化。1979 年 7 月进入第 53 列车电站，从事电气运行与检修。曾参加保定电力学校青年训练班学习。随电站调迁浙江宁波、江苏镇江等地发电。1982 年调入华东基地，先后在电气班和工会工作，曾被推荐到南京师范大学学习国画。1987 年调入苏州铁道师范学院附属中学，后随校并入苏州科技大学。

Peng Tao
彭涛（1963— ） 四川乐山人，高中文化。1979 年进入第 14 列车电站，从事汽机运行与检修，在江苏徐州发电。1982 年调入仪征化纤公司电厂，在汽机车间工作。

Wei Xiurong
魏秀荣（1953— ） 女，北京人。曾在齐齐哈尔市第 13 中学任教师。1979 年 7 月调入第 60 列车电站，从事财务工作。1986 年调河北涿州 59 站，1989 年 9 月电站下放更名涿州市发电厂后，于 1994 年调入北京中光现代科技信息有限公司工作。

Zhu Jianhui
朱建辉（1951.10— ） 女，河北武阳人，河北大学哲学系毕业，高级讲师，中共党员。1979 年 8 月参加工作，在保定电力技工学校任教师。1984 年 6 月任团委书记，1987 年 12 月后，在保定电校、保定电力职业技术学院任教师，主要从事思想政治类课程的教学工作。参编教材《马克思主义哲学原理》由中国经济出版社出版。

Zhao Guozhen
赵国珍（1950.5— ） 河北完县人，初中文化，厨师、面点工程师，红案 3 级。1968 年 5 月参加工作，顺平县腰山国营饭店厨师。1979 年 8 月调入第 10 列车电站食堂炊事员。1981 年 8 月调入保定电力技工学校，食堂炊事员、班长。2010 年 5 月退休。

Guo Quanling
郭泉玲（1962.5— ） 女，陕西佳县人，高中文化。1979 年 8 月进入第 16 列车电站，1980 年 1 月调入 17 站，从事热工专业。随电站调迁内蒙古丰镇、海拉尔等地发电。1982 年 12 月调入保定基地，先后在电气车间从事维修，在绝缘子分厂从事配料、仓库管理工作，2007 年退休。

Gan Dianfeng
甘典凤（1950.9— ） 女，湖南衡南人，湖南衡阳卫生学校医疗专业毕业，医师。1968 年在湖南衡阳市职业病医院参加工作，1979 年 9 月进入船舶 2 站，从事医务工作，在湖南衡阳发电。1983 年 3 月随电站下放衡阳电业局。1996 年 5 月退休。

Zhuang Cuiying

庄翠英（1951.12— ） 女，河南沈丘人，高中文化。1972 年 12 月在河南千阳县供销社参加工作。1979 年 9 月进入第 42 列车电站，从事汽机运行与检修。1983 年 3 月调入苏州热电厂，从事汽机运行。

Li Xinbao

李新宝（1959.2— ） 山东嘉祥人，高中文化。1979 年 9 月进入西北基地，在动力科从事设备维护及检修，后任电工班班长。1983 年后在厂动力科电工班任班长。1994 年 10 月调入电缆分厂，任电工班班长。

Zhou Xuan

周宣（1962.8— ） 安徽芜湖人，河北广播电视大学毕业。1979 年 9 月进入列电系统，先后在第 13、41、49 列车电站，从事电气运行与维修。随电站调迁河南商水、湖北荆门、内蒙古大雁等地发电。1982 年调入保定基地，先后在电气车间、生产计划科工作。1997 年起，历任经营科副科长、生产处处长（兼管金工分厂）、压力容器分厂厂长、绝缘子分厂厂长、质管处处长。

Li Yuai

李玉爱（1946.10— ） 女，山西介休人，初中文化。1965 年 4 月进入山西介休纺织厂工作。1979 年 10 月调入第 32 列车电站，从事锅炉运行与检修，随电站在宜昌为葛洲坝水利枢纽工程建设发电。1984 年 4 月调入葛洲坝水力发电厂工作。

Yang Qun

杨群（1962.10— ） 安徽淮南人。1979 年 10 月进入武汉基地，先后在四车间，三车间从事机修工作，后任财务资产部固定资产专责、设备（基建）管理部设备设施管理员。

Ping Zhong

平忠（1927.5— ） 河北安国人，初中文化，1947 年加入中国共产党。1946 年参加革命，在中国人民解放军海军某部任职。1979 年 11 月转业到保定基地，历任党委副书记、副主任。列电体制改革后，任保定电力修造厂顾问。1985 年 12 月离休，享受司（局）级待遇。

Liu Liping

刘丽萍（1959.9— ） 女，河北顺平人，初中文化。1979 年 11 月进入第 17 列车电站，从事电气运行与检修，随电站在内蒙古海拉尔发电。1982 年 7 月调入西北基地，车辆车间行车工，1986 年 10 月在动力科电工班，从事设备电气维护及修理。

Zhang Rong

张荣（1959.3— ） 女，陕西安康人，初中文化。1975年进入陕西省太白林业局，在办公室从事文秘工作。1979年11月调入西北基地，在后勤科食堂任出纳员，1982年2月在幼儿园从事幼教。1986年10月在办公室从事文秘工作，1996年11月起，先后在厂工会、图书室、退休办工作。

Hu Lin

胡琳（1958.11— ）女，江苏苏州人。1976年12月在保定石油化工厂参加工作。1979年11月进入第52列车电站，车工，随电站在江苏吴县发电。1981年12月调入华东基地，刨工，后从事计量管理工作。1998年4月退休。

Liang Qingren

梁庆仁（1940.8—2004.8）河北辛集人，装甲兵第二坦克学校装甲车辆专业毕业，政工师，中共党员。1958年12月入伍，坦克某团、军区文化学校、装甲兵坦克学校学员。1963年12月后，历任坦克某团政治处干事、政治指导员、江苏省泰兴县人武部干事等。1979年11月转业至保定电力技工学校，任党办室副主任，纪检专职副书记等职。曾被评为1998年度华北电业管理局教育系统优秀党务工作者。

Dai Ping

代萍（1958.10— ）女，黑龙江庆安人，初中文化。1979年12月进入保定基地，在印刷车间印刷班，工人。1987年12月到结构车间工作，1990年3月到厂招待所，管理员。1991年6月借调到厂宣传部，1993年6月到厂办公室，任资料、收发员，曾担任基地团委委员。2003年10月退休。

Sun Xiuju

孙秀菊（1957.11— ）女，北京人，高中文化。1975年5月，陕西太白县终南公社插队知青。1979年1月在河北保定第九中学任体育教师，同年12月进入保定基地，先后在印刷厂、结构车间、燕保工货联合公司经营部工作。爱好体育，曾为陕西省自行车队运动员，擅长乒乓球和篮球，曾多次代表西北基地、保定基地参加各市和跨区域系统的职工比赛。1997年7月退休。

Li Zhifan

李志凡（1948.11— ）辽宁沈阳人，中共党员。1969年6月内蒙古生产建设兵团战士，1978年在内蒙古乌海市团委工作。1979年12月进入第60列车电站，任管理组长。随电站调迁河北保定、浙江海宁等地发电。1986年5月调入河北涿州59站，任办公室主任。1989年9月电站下放更名涿州市发电厂后，于1992年12月调入保定师范专科学校，在勤工俭学管理处工作。

Lu Xiurong

陆秀荣（1953.11— ）天津人，中共党员。1970年9月内蒙古生产建设兵团战士。1979 年 1 月在内蒙古乌海市农机研究所工作。1979 年 12 月进入第 60 列车电站，食堂管理员。随电站调迁河北保定、浙江海宁等地发电。1986 年 5 月调入河北涿州 59 站，从事锅炉专业，后从事财务管理。1993 年 3 月调入保定华强纺织有限责任公司。

Wu Chengping

武成平（1956.10— ） 安徽宿州人，保定电力技工学校汽机专业毕业，中共党员。1979 年 12 月分配到第 29 列车电站，从事汽机运行与检修。1983 年随电站下放信阳电业局，历任电站汽机车间安全员、车间副主任、运行部副部长兼厂安全员等职，2011 年 10 月退休。

Zhou Mi

周密（1961.3— ） 安徽芜湖人。1979 年在保定第九中学高中毕业，同年 12 月进入保定基地，分配到电气车间工作，曾在省市报刊发表小说、征文、论文等。1984 年，调厂工会工作，负责文体宣传民主管理等。2005 年任厂工会副主席。曾在单位策划、组织实施企业各类大型活动及建厂 40、50、60 年庆典系列活动，并主编采编《历程》《足迹》两本书，记录老列电人口述历史。2017 年内退，在列电丛书编辑部任副主编。

Guo Baoxia

郭宝霞（1963.11— ） 女，山东济南人，高中文化。1979 年 12 月进入列电系统，先后在第 45、41、61 列车电站，从事锅炉运行与检修，随电站调迁湖北宜昌、内蒙古大雁、河北保定等地。1982 年调入保定基地，先后在铸造车间、杆模车间、动力车间、厂办电话室、供应处等部门工作。2008 年 11 月退休。

Xie Rongxin

谢荣新（1945.1— ） 江苏镇江人，上海铁路局蚌埠铁路机械学校铁路车辆专业毕业，工程师，中共党员。1963 年 5 月参加工作，曾在上海铁路局蚌埠铁路分局车辆段、南京梅山工程指挥部机务段从事铁路车辆维护。1979 年 12 月进入华东基地，从事列车电站车辆维护。1989 年 1 月起，先后任车间副主任、主任、厂办公室主任。1998 年 5 月退休。

Sun Yuxia

孙玉霞（1958.10— ） 女，河北新城人，保定电力技工学校电气专业毕业。1980 年 1 月分配到第 12 列车电站，从事电气运行与检修。1984 年 12 月调入下花园发电厂，从事电气运行，后任图书室管理员。2008 年 11 月退休。

Zhang Dingping

张定平（1950.3— ） 湖北武汉人，中共党员。1969 年 9 月在广州黄埔造船厂参加工作，钳工。1980 年 1 月进入武汉基地，先后在行政科、总务科、服务公司工作。

2005年3月退休。

Jiang Xiaodong

蒋晓东（1961.11— ）河北唐山人，北京市委党校行政管理专科、经济管理本科毕业，中共党员。1980年1月进入列电局机关，在行政科工作。1983年4月调入水利电力出版社，先后在办公室、房管科、行政科任副科长、科长。1994年2月转入电力出版社，在办公室、实业管理与开发部任副主任（副处级），2015年9月任离退休支部书记，负责离退休人员管理。

Xue Guoqing

薛国庆（1947.10— ）河北清苑人，高中文化，中共党员。1969年12月入伍，南空后勤部队战士，历任班长、排长等职。1980年1月转业到保定电力技工学校，任保卫组负责人。1987年2月后，历任保卫科副科长、科长等职，2006年6月任保定电院社区支部书记。

Zhang Xiufen

张秀芬（1953.9— ）女，河北安平人，小学高级教师，中共党员。1971年8月，河北安平县马店公社插队知青。1974年8月入河北衡水师范学校教师专业学习。1976年9月在原籍任小学老师。1980年2月进入第10列车电站，从事行政管理。1982年9月调入武汉基地，在子弟小学任数学教师兼班主任。1991年1月起，任子弟小学副校长，物业、开源公司副书记、书记。1986年被评为武汉市青年教育先进工作者。

Yu Ruhai

于汝海（1956.12— ）山东东平人，保定电力技工学校电气专业毕业。1980年3月分配至第47列车电站，从事电气运行与检修。1980年12月调入59站。随电站调迁黑龙江牡丹江、佳木斯，河北涿州等地发电。1988年停薪留职自谋职业。

Ma Gaimin

马改敏（1959— ）河北博野人，保定电力技工学校锅炉专业毕业。1980年3月分配至第62列车电站，从事锅炉运行与检修。1982年10月随电站成建制下放无锡市。1995年5月调入无锡市协联热电有限公司锅炉分厂。

Wang Fang

王芳（1957.4— ）女，山西大同人，助理工程师。1975年后曾在内蒙古丰镇一中、机械厂工作。1978年3月入保定电力技工学校电气专业学习，1980年3月分配至第47列车电站，从事电气运行与检修。1980年12月调入59站。随电站调迁黑龙江牡丹江、佳木斯，河北涿州等地发电。1989年9月电站下放更名涿州市发电厂后，在电气车间工作，后任发电厂妇联主任、工会主席、厂办中专班教师。

Wang Shujun

王淑军（1957.10— ） 河北阜平人，保定电力职业技术学院供用电专业大专毕业，电气工程师，中共党员。1978 年 3 月进入保定电力技工学校学习，1980 年 3 月分配到第 21 列车电站，从事电气运行与检修。1983 年 7 月调入阜平县电力局，从事用电与安全监察工作，历任用电科科长、电力局副局长（公司副经理）等职。

Wang Xuzheng

王绪政（1959.1— ） 山东昌邑人，保定电力技工学校汽机专业毕业，电气工程师，高级技师，中共党员。1978 年 3 月进入保定电校学习，1980 年 3 月分配到第 12 站列车电站，从事汽机运行和检修。1982 年 11 月调入山东昌乐县供电公司，先后在生产、修试、变电运行、调度部门工作，历任科员、专工，副主任、主任等职。1989 年被评为山东电力集团先进工作者。

Wang Jingfu

王景富（1959.2— ） 吉林德惠人，保定电力技工学校锅炉专业毕业，工程师，中共党员。1980 年 3 月分配至第 12 列车电站，从事锅炉运行与检修。1981 年 7 月调入 30 站，1982 年 8 月调入 59 站。随电站调迁内蒙古扎赉诺尔，黑龙江伊春、佳木斯等地发电。1983 年 9 月调入佳木斯市纺织印染厂热电站，从事锅炉运行与检修。2011 年 2 月退休。

Lü Yuelan

吕月兰（1961.4— ） 女，山西大同人，保定电力技工学校汽机专业毕业，中共党员。1980 年 3 月分配至第 16 列车电站，从事汽机运行与检修。1982 年 7 月调入山西大同国营 616 厂，在机械动力处工作。后调入山西煤炭运销总公司大同第二发电厂，在厂用煤管理站任科长。

Liu Yulan

刘玉兰（1957.1— ） 女，黑龙江哈尔滨人，保定电力技工学校锅炉专业毕业。1980 年 3 月分配至第 59 列车电站，从事热工专业，随电站在黑龙江佳木斯发电。1984 年 8 月调入佳木斯纺织印染厂，在热电站工作。2003 年退休。

Liu Weiqin

刘伟勤（1958.9— ） 广东揭阳人，技师，中共党员。1975 年 7 月，福建漳平赤水公社插队知青。1978 年 2 月在保定电力技工学校锅炉专业学习，1980 年 3 月分配至第 7 列车电站，从事锅炉运行与检修。1982 年 9 月调入华东基地，先后从事钳工、焊工，后任焊工班班长、焊工培训中心教员。

Yan Zhenkai

闫振凯（1958.5— ） 河北肃宁人，保定电力技工学校锅炉专业毕业。1980 年 3 月分配至第 60 列车电站，从事锅炉运行与检修，随电站在浙江海宁发电。1986 年 5

月调入河北涿州59站，2013年退休。

Su Jian

苏俭（1958.2— ）黑龙江呼兰人，经济师，中共党员。1975年黑龙江伊春美溪区插队知青。1978年3月入保定电力技工学校锅炉专业学习，1980年3月分配至第59列车电站，从事锅炉运行与检修。1983年调入佳木斯市纺织印染厂，历任副科长、科长、经理助理，佳木斯市发改委调研员、汤原县副县长（正处级），政协主席、党组书记，人大主任。

Li Fenglan

李凤兰（1959.7— ）女，山东蓬莱人，保定电力技工学校汽机专业毕业，高级技师。1980年3月分配至第12列车电站，从事汽机运行与检修。1981年7月调入30站，1982年8月调入59站，从事化验工作。随电站调迁内蒙古扎赉诺尔，黑龙江伊春、佳木斯等地发电。1983年9月调入佳木斯纺织印染厂热电站，从事化验工作。

Li Yonghong

李永红（1960.5— ）女，湖北汉川人，保定电力技工学校锅炉专业毕业。1980年3月分配至第45列车电站，从事锅炉运行与检修，为葛洲坝水利枢纽工程建设发电。1981年7月调入7站，从事管理工作。1982年9月调入华东基地。1998年10月退休。

Li Xizhu

李西柱（1960.12— ）河北东光人，保定电力技工学校锅炉专业毕业。1980年3月分配至第60列车电站，从事锅炉运行与检修，在浙江海宁发电。1983年1月调入河北东光县供电局工作。

Li Baisuo

李百锁（1958.8—2014.8）陕西眉县人，陕西广播电视大学企业管理专业毕业。1978年3月进入保定电力技工学校学习，1980年3月毕业分配到第12列车电站，从事汽机运行与检修。1983年3月调入西北基地、车间锻工，1988年后调入供应科任科员，2002年辞职，成为个体工商户。

Li Hua

李华（1956.6— ）女，黑龙江肇源人，保定电力技工学校锅炉专业毕业，助理工程师。1980年3月分配至第59列车电站，从事化验工作。随电站调迁黑龙江佳木斯、河北涿州等地发电。1989年9月电站下放更名涿州市发电厂后，在发电厂化验室工作。1996年任化验室负责人。2002年在发电厂生产技术组工作。

Li Shurong

李树荣（1957.5— ）内蒙古凉城人，保定电力技工学校电气专业毕业。1978年3月进入保定电校学习，1980年3月分配到第21列车电站，从事电气运行与检修。

1984 年调入在内蒙古丰镇的 16 站工作。

Li Xianglai

李祥来（1959.1—　）河北元氏人。1977 年 9 月，湖北京山县徐店公社插队知青。1978 年 3 月入保定电力技工学校锅炉专业学习。1980 年 3 月分配至第 8 列车电站，从事锅炉运行与检修。1982 年 4 月调入武汉基地，先后为一车间钳工、化兴公司业务员、质检科检验员。

Yang Junde

杨俊德（1956—　）河北固安人，保定电力技工学校锅炉专业毕业，中共党员。1980 年 3 月分配至第 60 列车电站，从事锅炉运行与检修，在浙江海宁发电。1986 年 5 月调入河北涿州 59 站，1989 年 9 月电站下放更名涿州市发电厂后，1996 年任厂长。2011 年退休。

Zhang Ping

张平（1960.3—　）山西永济人，保定电力技工学校锅炉专业毕业，电工高级技师，中共党员。1978 年 3 月进入保定电校学习，1980 年 3 月毕业分配到第 12 列车电站，从事锅炉运行和检修。1982 年 10 月调入山西运城县供电公司，从事检修和调度运行管理工作。

Zhang Ping

张平（1958.10—　）安徽寿县人，保定电力技工学校汽机专业毕业。1976 年 8 月，湖北京山县插队知青。1980 年 3 月电校毕业分配至第 8 列车电站，从事汽机运行与检修。随电站调迁湖北武汉、北京清河等地发电。1982 年 9 月调武汉基地，先后在一车间、电站检修队、结构车间、备料车间工作，曾任车间生技组长。

Zhang Qingtang

张庆堂（1957.3—　）河北固安人，保定电力技工学校锅炉专业毕业，中共党员。1980 年 3 月分配至第 47 列车电站，从事锅炉运行与检修。同年 12 月调入 59 站。随电站调迁黑龙江牡丹江、佳木斯等地发电。1983 年 9 月调入佳木斯纺织印染厂热电站。2000 年被评为佳木斯市劳动模范。2003 年 9 月调入广东拓奇电力技术有限公司。

Chen Shumin

陈书民（1956.3—　）河北满城人，保定电力技工学校、中央党校经济管理专业毕业，中共党员。1974 年 1 月参加工作，在河北满城石井中学任教。1978 年考入保定电力技工学校，1980 年 3 月分配到第 61 列车电站。1982 年调入保定基地，先后在铸造车间、人事科工作。1997 年 2 月起，任保定电力修造厂党委副书记、纪委书记、工会主席、党委委员。

Fan Enjie

范恩杰（1957.7—　）辽宁沈阳人，江苏广播电视大学工业企业管理专业毕业，政工师，中共党员。1974年12月入伍，曾在内蒙古乌兰浩特302部队服役。1980年3月复员进入华东基地，任热处理班班长，后任审计、监察、组织干事。1994年4月起，任车间主任、保卫科科长。

Lin Fen

林焚（1958.10— ）福建闽清人，保定电力技工学校锅炉专业毕业。1980年3月由技校分配至第62列车电站，从事锅炉运行与检修，在江苏无锡发电。1982年10月随电站成建制下放无锡市。1983年6月调入福建闽清县工作。

Zheng Yaguang

郑亚光（1956.9— ）河北安国人，华北电力学院电气工程自动化专业毕业，副教授，中共党员。1978年3月进入保定电力技工学校学习，毕业留校任教师。1994年5月后，历任教务科副科长、科长，教科研信息中心主任、保定电力职业技术学院科研处长兼信息中心主任、教务处长等职，2012年7月任正职协理员。曾被评为1993年度河北省优秀教师、1997年度华北电力集团优秀教师等。

Zhao Yuchuan

赵玉川（1957.12— ）河南信阳人。1975年在农村插队。1980年3月保定电力技工学校锅炉专业毕业，分配至第62列车电站，从事锅炉运行与检修。1982年10月随电站成建制下放无锡市。1987年5月调入无锡市热电厂工作。

Zhao Yali

赵亚丽（1957.5— ）女，河北安国人，中央党校函授经济管理专业本科毕业，高级会计师，中共党员。1976年8月，内蒙古满洲里扎区插队知青，1978年3月进入保定电力技工学校学习，1980年3月毕业分配到第12列车电站，从事汽机运行和检修，1981年6月转财务工作。1984年12月调入下花园电厂。

Zhao Fujun

赵福军（1957.8— ）河北满城人，重庆大学网络教育学院机械设计制造及自动化专业毕业，技师、一级实习指导教师。1978年3月进入保定电力技工学校学习，毕业后留校任教师，主要从事钳工工艺教学、指导和建设工作，曾任钳工教研室主任。被评为1997年河北省职业学校钳工技能比赛优秀指导教师，1998年度华北电力集团公司优秀教师等。

Hao Weixing

郝卫星（1958.3— ）山西武乡人，保定电力技工学校锅炉专业毕业，中共党员。1980年3月分配至第12列车电站，从事锅炉运行与检修。1982年8月调入44站。随电站调迁内蒙古扎赉诺尔、山西长治等地发电。1983年11月随电站成建制下放山西惠丰机械厂。1985年6月调入长治市盐业公司，任办公室主任。

Hou Gufeng

侯谷丰（1956.1— ）江苏南京人，保定电力技工学校锅炉专业毕业。1980 年 3 月由技校分配至第 62 列车电站，从事锅炉运行与检修，在江苏无锡发电。1982 年 10 月随电站成建制下放无锡市。1991 年调入双河尖热电厂工作，2011 年 1 月在无锡市国联集团物业公司退休。

Qin Zhiqiang

秦志强（1959.4— ）浙江宁波人，保定电力技工学校锅炉专业毕业。1980 年 3 月由技校分配至第 62 列车电站，从事锅炉运行与检修。1982 年 10 月随电站成建制下放无锡市。1995 年 5 月调入无锡市协联热电有限公司。2013 年退休。

Gao Changrong

高长荣（1957.10— ）河北衡水人，保定电力技工学校锅炉专业毕业，中共党员。1980 年 3 月由技校分配至第 62 列车电站，从事锅炉运行与检修，在江苏无锡发电。1982 年 10 月随电站成建制下放无锡市。1983 年 11 月调入河北衡水冀州区国税局工作。

Gao Jianzhong

高建忠（1957.8— ）河北固安人，保定电力技工学校汽机专业毕业。1980 年 3 月分配至第 36 列车电站，1982 年 5 月调入船舶 2 站，均从事汽机运行与检修。随电站调迁河南西平、湖南衡阳等地发电。1983 年 3 月船舶 2 站下放衡阳电业局。1996 年 12 月调湖南湘潭发电厂，后任汽机专工和安检部主任。

Gou Zhongqiu

郭忠秋（1958.4— ）女，辽宁丹东人，保定电力技工学校电气专业毕业。1980 年 3 月分配至第 59 列车电站，从事电气运行与检修。1983 年调入佳木斯纺织印染厂热电站，先后在计量科、燃料公司工作。

Chang Jianping

常建萍（1959.12— ）女，山西长治人，保定电力技工学校电气专业毕业。1980 年 3 月分配至第 33 列车电站，从事电气运行与检修。1982 年调入 44 站。随电站调迁内蒙古朱日和、山西长治等地发电。1983 年 11 月随电站成建制下放山西惠丰机械厂。2005 年 12 月退休。

Zhang Jiwu

章继武（1959.6— ）江苏南京人，大专学历。1976 年 7 月南京浦口农场插队知青。1980 年 3 月保定电力技工学校锅炉专业毕业，分配至第 62 列车电站，从事锅炉运行与检修。1982 年 10 月随电站成建制下放无锡市。1983 年 1 月任无锡列车发电厂生技组锅炉技术员。1999 年 9 月调无锡泰德科教发展有限公司，任董事、总经理。

Liang Zuoqin

梁作勤（1958.4— ）河北丰南人，保定电力技工学校发变电电气设备运行与检修专业毕业，高级技师。1980 年 3 月分配至第 9 列车电站，从事电气运行与检修。1982 年 9 月调入 57 站。随电站调迁内蒙古扎赉诺尔、河北迁安等地发电。1982 年 11 月随电站成建制下放迁安首钢矿山公司，在列电车间从事电气工作。1989 年 2 月调入河北唐山三友集团。曾被迁安首钢矿山公司授予青工技术能手。

Dong Chaode

董朝德（1931.7— ）四川阆中人，中共党员。1951 年 4 月入伍，随部队参加了抗美援朝，曾任班长、排长、连长、副营长、铁道部浦镇车辆厂军代表。1964 年 1 月至 1965 年 2 月，在北京第三工程机械学院学习。1979 年 10 月转业至江苏镇江无线电厂，任副厂长。1980 年 3 月进入华东基地，先后任行政科、保卫科科长。

Jiang Youqiang

蒋友强（1959.9— ）浙江奉化人，大专学历，工程师，中共党员。1980 年 3 月保定电力技工学校锅炉专业毕业，分配至第 7 列车电站，从事锅炉运行与检修。1982 年 9 月调入华东基地，从事汽机检修。1992 年 12 月起，先后任车间副主任、主任，物资供应部主任、厂办公室主任。2006 年 9 月后，任党委副书记、副厂长、工会主席、纪委书记。

Xie Yulai

解雨来（1956.6— ）曾用名解振峰，河北石家庄人，华北电力学院热能动力工程专业专科毕业，汽机工程师。1978 年 3 月进入保定电力技工学校学习，1980 年 3 月毕业分配到第 12 列车电站，从事汽机运行与检修。1982 年 2 月调入石家庄发电厂，从事汽机运行，1988 年从事电厂生技部汽机专工。

Fan Hengxiu

樊衡秀（1957.7— ）女，瑶族，湖南衡阳人，保定电力技工学校锅炉专业毕业。1980 年 3 月由技校分配至第 62 列车电站，从事锅炉运行与检修，在江苏无锡发电。1982 年 10 月随电站成建制下放无锡市。1994 年 5 月调入无锡蠡园中北商业银行工作，后在无锡市国联集团新康建材有限公司退休。

Li Qile

黎启乐（1957.4— ）河北清苑人，保定电力技工学校锅炉专业毕业，中共党员。1978 年 3 月进入保定电校学习，1980 年 3 月分配到第 12 列车电站，从事锅炉运行和检修。1984 年 12 月调入下花园发电厂，从事锅炉运行。1996 年 5 月起，历任车间运行专工、副主任、主任等职。2004 年 4 月任下花园电厂托克托项目部经理，2008 年 5 月调入内蒙大唐多伦煤化工公司，任输煤分厂厂长，2012 年 10 月退休。

Gu Lihua

古理华（1947.2—2015.8） 四川威远人。1964年10月在四川水电局参加工作，1966年8月入伍，曾在水电工程兵部队服役。1970年复员至甘肃汶县碧口水电部第5工程局，从事推土机车辆驾驶。1977年2月由水电部第5工程局委派参加华东基地土地平整建设。1980年7月进入华东基地，从事基地内部铁路管理和维护工作。

Shi Tiansheng

史天生（1949.5— ） 河南南阳人，江苏省委党校大专毕业，政工师，中共党员。1968年10月在水电部第5工程局参加工作，从事推土机车辆的维护和维修。1976年7月由水电部第5工程局委派参加华东基地土地平整建设。1980年7月进入华东基地，从事汽车维修。1994年4月起，先后任车间副主任、主任，实业总公司副总经理。

Zhu Kangbin

朱康斌（1960.11— ） 江苏南京人。1980年7月进入武汉基地，先后在五车间、钢窗车间、一车间、结构车间工作，后任班长、车间检验员。2019年1月退休。

Zhao Lanxiang

赵兰香（1959.1— ） 女，河北满城人。1975年5月，陕西省太白县终南公社插队知青。1980年7月进入西北基地，在电气车间从事安装检修、设备保养维护等，后在生产科起重班、车辆车间工作。2004年6月退休。

Duan Zongying

段宗英（1964.7— ） 女，安徽淮南人。1980年7月进入武汉基地，先后在五车间、钢窗车间从事钳工、焊工，在设备基建科、后勤服务公司从事变电站操作。1981年被评为武汉市供电局先进生产者并出席表彰大会。

Yao Baohong

姚保洪（1956.3— ） 上海人，初中文化。1972年在水电部第5工程局参加工作，从事推土机车辆驾驶。1976年7月由水电部第5工程局委派参加华东基地土地平整建设。1980年7月进入华东基地，先后从事钳工、汽车驾驶，曾任厂办公室小车班班长。

Guan Yande

管炎德（1932.9— ） 浙江萧山人，中共党员。1949年6月参加中国人民解放军，曾在石家庄水利二师服役。1954年复员至河北磁县水利机械三纵队任组长，1966年5月调水电部第5工程局施工队任队长。1977年2月由水电部第5工程局委派参加华东基地土地平整建设。1980年7月进入华东基地，任工会俱乐部管理员。1986年3月退休。

Wang Xuemei

王学梅（1962.8— ） 女，山东济南人，高中文化。1980 年 9 月进入华东基地，先后在车间从事汽机和钳工工作，1994 年 3 月在工会离退休办公室任图书管理员，1998 年 10 月起，任车间管理员。

Wang Hui

王惠（1959.1— ） 女，江苏扬中人，高中文化。1976 年 8 月江苏镇江蚕种场插队知青。1980 年 9 月进入华东基地，焊工，后从事车间二级仓库管理。1998 年 5 月退休。

Tu Zanhe

屠赞和（1939.7— ） 江苏江阴人，南京电力学校发电厂电网及其系统专业毕业，工程师，中共党员。1959 年 4 月在浙江省电力安装公司参加工作，从事发电厂电气及热工技术工作，曾任电气副分队长。1980 年 10 月进入华东基地，电气技术员。1985 年 7 月起，先后任车间主任，质量计量科、技术科副科长，工程部主任工程师。1997 年 10 月退休。

Shi Haiquan

史海泉（1958.3— ） 河南郑州人。1975 年 10 月湖北京山县徐店公社插队知青。1978 年 11 月入保定电力技工学校锅炉专业学习。1980 年 11 月分配至武汉基地，先后在一车间、生产部、结构总装车间、售后服务部工作。2014 年 3 月退休。

Liu Zhigang

刘志刚（1958.10— ） 河南偃师人，中共党员。1975 年 10 月湖北京山县徐店公社插队知青。1978 年 11 月入保定电力技工学校热动专业学习。1980 年 11 月分配至武汉基地，先后在一车间，三车间、四车间售后服务部工作。

Tang Qiaoling

汤巧玲（1960.11— ） 女，江苏镇江人，保定电力技工学校电气专业毕业。1980 年 11 月由技校分配至华东基地，先后在生产车间、小火电安装队从事电气安装和维修。1998 年 4 月退休。

Sun Peng

孙蓬（1960.7— ） 湖北武汉人。1977 年 9 月，湖北京山县徐店公社插队知青。1978 年 11 月入保定电力技工学校锅炉专业学习。1980 年 11 月分配至武汉基地，先后在一车间、生产部、售后服务部、结构总装车间工作。2015 年 7 月退休。

Hu Baosheng

胡宝胜（1957.5— ） 辽宁营口人，大专学历，助理经济师。1975 年 5 月陕西太白县插队知青。1978 年 10 月入保定电力技工学校锅炉专业学习。1980 年 11 月分配至武汉基地，锅炉维修工，后任计划科销售员、附属综合厂生产负责人。1992 年 1 月起，先后任附属厂副厂长、市场开发部副主任。

Ni Bao

倪宝（1959.6— ） 湖北武汉人。1977年9月湖北京山县徐店公社插队知青。1979年10月入保定电力技工学校锅炉专业学习。1980年11月分配至武汉基地，先后在一车间、结构车间、结构总装车间工作，后任班长。2014年6月退休。

Fu Lan

傅岚（1959.12— ） 女，吉林榆树人。1976年8月，湖北京山县徐店公社插队知青。1978年11月入保定电力技工学校热动专业学习。1980年11月分配至武汉基地，先后在一车间、电站检修队、服务公司工作，曾任科技开发公司管理员、市场开发部成品库组长。

Dai Yaping

戴亚平（1958.10— ） 浙江宁波人，大专学历，中共党员。1976年8月，湖北京山县插队知青。1978年9月入保定电力技工学校锅炉专业学习。1980年11月分配至武汉基地，先后在一车间、电站检修队从事锅炉检修，后任结构车间安全员、计量检验科检验员、市场开发部营销员。

Wan Xiaokun

万小坤（1961.10— ） 女，吉林人，中专毕业，助理会计师，中共党员。1979年5月在水利电力科学研究院从事试验工作。1980年12月进入列电局机关，在行政处从事电工工作。自1983年4月起先后在水利电力出版社、中国电力出版社从事财务会计工作。

Wang Qiangyue

王强跃（1964.1— ） 陕西凤翔人，中央党校函授学院经济管理专业毕业，陕西省委党校在职研究生学历，中共党员。1980年12月进入西北基地，焊工。1984年7月，厂团委干事。1987年9月至1989年7月在陕西青年干部学院学习。1992年12月起任团委书记、党委工作部主任、厂属发展总公司副总经理兼书记、厂人力资源科主任。2006年3月后，任厂党委副书记、纪委书记、工会主席。2007年2月被陕西省电力公司授予优秀纪检干部称号。

Shao Pingxia

邵萍霞（1959.2— ） 女，安徽淮南人，保定电力技工学校锅炉专业毕业。1980年12月由技校分配至船舶2站，从事锅炉运行与检修，随电站在湖南衡阳发电。1983年3月随电站下放衡阳电业局。1996年12月退休。

Hou Yulan

侯玉兰（1946.10— ） 女，山东蒙阴人，初中文化。1970年5月在吉林省延边朝鲜自治州龙井市安民小学任教。1980年12月调入西北基地，先后在供应科从事库房管理、在劳资科任干事、在开发公司办公室从事内勤。1987年后多次被评为西北电管局劳资处先进个人。

Yuan Mingguang

袁明广（1961.1— ） 女，湖北黄冈人。1979年7月湖北省京山县罗店公社插队知青。1980年12月进入武汉基地，先后在五车间、钢窗车间、厂办公室工作，后任资料管理员。

Xu Lixiang

徐立祥（1962.11— ） 湖北武汉人，中共党员。1980年12月进入武汉基地，先后在五车间、钢窗车间、开原公司工作，后任班长、物业公司民事调解员、社区居委会党支部书记。

Qiu Chenxi

邱晨曦（1950.10— ） 女，江苏无锡人，大学学历。1977年12月进入保定基地，在基地子弟学校任教师。1981年1月调入华东基地，教育科专职培训教师，曾借调江苏省镇江中学一年。1998年4月退休。

Yi Zhiming

易志明（1956.10— ） 湖北黄陂人，中央党校函授学院经济专业本科毕业，高级经济师，中共党员。1975年12月，保定郊区插队知青。1977年1月入伍，1981年2月复员到列电局，在仓库工作。自1983年5月起相继在水电部机械局、物资局、中国水利电力物资总公司，任副经理、经理、政工部主任、上海公司党委书记。2016年1月调入中国水利电力物资集团有限公司，任大唐碳资产有限公司党委书记、副总经理。

Song Li

宋莉（1960.11— ） 女，安徽肥东人，高中文化。1977年，安徽宿州插队知青。1981年3月进入华东基地，从事钳工、电子装配工、质量检验、仓库管理等工作。2010年12月退休。

Wu Houqiong

伍厚琼（1951.9— ） 女，四川自贡人，北京信息管理学院会计专业毕业。1971年12月在陕西飞机制造公司参加工作，任文书。1981年4月调入保定基地，在铸造车间工作，电工、核算员。1991年2月调入北京经科出租汽车服务部，任财务经理。2001年9月退休。

Qiu Jichun

邱继春（1965.3— ） 女，四川成都人，中共党员。1981年4月进入第7列车电站，从事电气运行与检修，在福建漳平发电。同年9月调入武汉基地，在行政科一车间、结构车间、物资储运公司工作，曾任班长。

Zhao Haiyi

赵海一（1952.8— ） 湖南长沙人，澳门科技MBA，中共党员。1968年12月，陕西延长县，插队知青。1970年9月，陕西飞机制造公司木模工。1981年4月调入保定基地，在铸造车间任调度员。1991年

2月调入北京市信息公司任办公室主任，1993年12月在北京嘉华东方集团有限公司任董事会秘书长。2012年8月退休。

Li Baihua

李伯华（1963.2— ）湖南安仁人，保定电力技工学校汽机专业毕业。1981年7月由技校分配至第33列车电站，从事汽机运行与检修。1982年8月调入船舶2站，随电站调迁内蒙古朱日和、湖南衡阳等地发电。1983年3月随电站下放衡阳电业局。1996年7月退休。

Li Hua

李桦（1960.1— ）四川重庆人，保定电力技工学校电气专业毕业，后续华北电力大学函大本科毕业，高级经济师，中共党员。1981年8月分配到保定基地，历任厂长办公室主任、社会保险办公室主任、企业管理办公室主任、副总经济师、工会主席、党委书记。

Zhang Zhenhua

张振华（1959.10— ）江苏徐州人，大专学历，中共党员。1981年7月保定电力技工学校热动专业毕业，分配至第59列车电站，从事锅炉运行与检修，曾担任团支部书记。1982年10月调入56站。随电站调迁黑龙江佳木斯、江苏徐州等地发电。1982年获佳木斯市新长征突击手称号。1983年5月调入徐州热电厂，后任燃料、锅炉分场主任兼党支部书记。

Zheng Qi

郑旗（1963.7— ）辽宁复县人，中央党校经济管理专业本科毕业，政工师，中共党员。1981年7月进入第46列车电站，车工。1982年7月调入7站，同年9月调入华东基地，从事汽车维修。后任团委副书记，组织科、政工部干事。1998年10月起，任政工部主任科员、主任，后勤部主任。2002年5月至2003年8月为厂党委委员。

Jia Chunxiang

贾春香（1962.7— ）女，河南淮滨人，保定电力技工学校电气专业毕业。1981年7月分配到第40列车电站，从事电气运行与检修。1982年调入29站，从事汽机运行与检修。1983年随电站下放信阳电业局，先后在电气车间、安教科、生产科任车间技术员、安全员等。

Guo Yongjie

郭永洁（1953.4— ）女，内蒙古丰镇人，高中文化。1981进入第56列车电站，从事化验工作。1983年调第62站，随电站调迁江苏徐州、无锡等地发电。1982年10月随电站成建制下放无锡市。

Tan Hongyong

谭红咏（1962.10— ）女，河南信阳人，保定电力技工学校电气专业毕业，工程师。1981年7月分配到第29列车电站，从事电气运行与检修。1983年随电站下放信阳电业局，1989年9月进入河南电力职工学校学习，1991年7月毕业回厂，调至电厂生技科工作。

Huo Dianjiu

霍佃玖（1929.7—2016.2）山东龙口人，浙江大学机电系毕业，高级工程师，中共党员。1947年9月参加革命工作，曾在内蒙古军政大学、吉林工专、浙江大学学习。1956年7月起，相继在内蒙古水电厅生技处、乌达电业局生技处、呼盟电业局中试所、汇流河发电厂从事技术工作。1980年研制200瓦风力发电机获省级科技成果奖。1981年调入列电局保定基地，先后在风能研究室、技术开发部任主任工程师。为中国科协、空气动力研究会、风能专委会会员。1985年12月离休，享受县处级待遇。

Liu Zhiguo

刘志国（1961.7— ）湖北武汉人，大专学历，工程师，中共党员。1979年10月入保定电力技工学校热动专业学习。1981年8月分配至武汉基地，先后任一车间汽机检修技术员，计量检验科和飞宇公司工程技术管理，安装公司总工程师，市场开发部主任科员。2016年12月退休。

Li Jing

李敬（1962.2— ）山西汾阳人，大专学历，工程师，中共党员。1981年8月保定电力技工学校汽机专业毕业，分配至第18列车电站，从事汽机运行与检修，随电站在内蒙古伊敏河发电。1987年7月调入58站，1992年5月随电站下放山西晋城矿务局自备电厂，后任值长、总调度长。

Xiao Yanping

肖焱平（1961.2— ）湖北武汉人，大专学历。1981年8月保定电力技工学校热动专业毕业，分配至武汉基地，先后在一车间、总务科、五车间、飞宇公司、结构总装车间、备料车间工作。2016年2月退休。

Zhang Huizhen

张会珍（1960.9— ）女，河北深泽人，保定电力技工学校热动专业毕业，大专文化，工程师。1981年8月分配到保定基地，在汽机车间从事制造与维修，1982年考入河北广播电视大学机械制造专业学习，毕业后分在钢模板车间技术组。1989年到质管科计量室，从事长度计量管理检定及修理，并负责全厂的计量管理工作，2005年9月退休。

Zhang Zhongli

张忠利（1961.11— ）山东新汶人，大专学历，工程师。1979年10月入保定电力技工学校电气专业学习。1981年8月分配至武汉基地，在一车间从事电气专业，后任结构车间技术员、产品设计部助理工程师、备料车间技术专责、售后服务部技术服务。

Zhang Baoyu

张宝昱（1964.1— ）女，河北徐水人，曾用名张宝玉，大专学历，工程师，中共党员。1981年8月保定电力技工学校汽机专业毕业，分配至第58列车电站，从事汽机运行与检修，后转热工专业。1992年5月随电站下放山西晋城矿务局自备电厂，任热工技术员、电气车间副主任、安监室主任。

Guo Huien

国惠恩（1964.10— ）吉林榆树人，保定电力技工学校热能动力专业毕业，助理工程师。1981年8月分配至第18列车电站，从事电气工作。1982年10月调入59站。随电站调迁内蒙古伊敏河、黑龙江佳木斯、河北涿州等地发电。1989年9月电站下放更名涿州市发电厂后，在电气车间工作。2015年10月为自由职业者。

Yuan Zhaoyi

袁朝熠（1962.1— ）女，湖北武汉人，保定电力技工学校汽机专业毕业。1981年8月分配到第12列车电站，1982年8月调到29站，从事汽机运行和检修。1990年5月调入保定化工二厂，在自备电站任化学值班员、技术员、电站统计员。

Huang Jianping

黄建平（1963.9— ）江苏宜兴人，大专学历，助理工程师，中共党员。1981年8月保定电力技工学校电气专业毕业，分配至第17列车电站，从事电气运行与检修。1982年11月调入54站。随电站调迁内蒙古海拉尔、江苏无锡等地发电。1983年1月调入江苏宜兴市供电局，任变电所副所长、所长、工区监控中心副主任。

Fan Meirong

樊美荣（1961.8— ）女，安徽凤台人，大专学历，工程师，中共党员。1981年8月保定电力技工学校热动专业毕业，分配至华东基地，从事钳工工作，后任生产计划科生产计划员、劳资教育科劳动工资员。

Zhang Fulin

张福林（1943.9— ）黑龙江宾县人，大学文化，教授级高级工程师。1970年8月在哈尔滨电业局参加工作。1981年9月调入保定基地，先后在风力发电试验室从事风力发电设计及试验、电气设备研究所从事复合绝缘子设计工作。列电体制改革后，历任绝缘子分厂技术厂长、研究所所长，并担任复合绝缘子工艺改进、研发负责人。1998年被聘为国家电力系统高压工作网防污闪专家工作组成员，1999年1月任绝缘子研究所技术顾问。

Hu Haochang

胡浩昌（1950.9— ）安徽淮南人，江苏广播电视大学工业企业管理专业毕业。1968年12月，山东台儿庄杨庙公社插队知青，后在山东枣庄矿务局工作。1981年9月进入华东基地，先后从事电气、产品

销售工作，后任列电工贸公司经理。

Fu Taozhi

符桃芝（1949.9— ）女，河南南阳人。1968年10月河南新野县沙堰公社插队知青，后在河南新野纱厂工作。1981年9月进入华东基地，幼儿园保育员，钳工。1998年5月退休。

Liu Zhiqiang

刘志强（1960.7— ）河南偃师人。1979年12月入伍，在新疆陆军五师服役。1981年11月复员进入武汉基地，先后在一车间、三车间、结构总装车间工作，担任过焊工班长。2015年7月退休。

Zhou Hanjun

周汉军（1961.10— ）湖北武汉人。1979年12月入伍，在新疆陆军五师服役。1981年11月复员进入武汉基地，先后在一车间、五车间、结构车间工作，后任焊培中心内训师等。2016年10月退休。

Qian Yiping

钱逸平（1961.8— ）江苏无锡人。1977年9月，湖北京山县罗店公社插队知青。1981年11月进入武汉基地，先后在一车间、结构车间、结构总装车间工作，冷作工。2016年8月退休。

Wang Qifa

王启发（1943.7—2017.1）安徽朗溪人，安徽水利电力学校热动专业毕业，工程师。1964年8月在安徽铜陵发电厂参加工作，从事汽机运行。1981年12月进入华东基地，从事汽机维修。后任车间技术员、助理工程师、工程师、工程部主任工程师。1997年10月退休。

Xu Fashun

徐发顺（1941.1— ）贵州威宁人，中共党员。1958年12月入伍，在解放军铁道兵1师服役，1961年1月至1963年12月，相继在铁道兵宝鸡铁道兵速成文校、绵阳铁道兵学校学习。服役期间历任排长、团保卫干事、连指导员、团后勤协理员等。1981年12月转业进入保定基地，在印刷车间任主任兼支部书记。列电体制改革后，任保定电力修造厂纪委副书记，1994年8月退休。

Pei Fei

裴棐（1942.11— ）安徽含山人，安徽水利电力学校发配电电力网及电力系统专业毕业，工程师，中共党员。1963年8月参加工作，先后在安徽宣城发电厂、安徽铜陵电厂任维修技术员。1981年12月进入华东基地，后任电工班班长、厂专职安全员。1997年10月退休。

Li Ning

李宁（1960.7— ）河北束鹿人，大专学历，助理工程师。1979年10月入伍，在新疆军区31116部队服役。1982年1月复员进入武汉基地，一车间焊工、检验，后在质量检验科从事金属切削探伤兼检验。

Wang Zhihui

王志惠（1955.11— ） 女，河北静海人，东北电力学院发电厂及电力系统专业毕业，副教授，中共党员。1982年2月参加工作，在保定电力技工学校任教师，2003年5月在保定电力职业技术学院任副教授，2008年调入学校思想政治处任（高岗）科员。曾被评为保定市优秀教师、华北电业管理局优秀教师、华北电业管理局优秀共产党员。

Zhang Shuo

张硕（1960.9— ） 安徽寿县人，湖北省委党校经济管理专业毕业，中共党员。1979年10月入伍，在陆军第五师炮兵团服役。1982年2月复员进入武汉基地，任一车间班长、生产调度。1997年6月起，任结构分厂副厂长、液压电气分厂主任兼书记、结构总装车间主任，市场开发部书记。

Zhao Min'ai

赵民爱（1962.10— ） 女，河南新乡人。1982年2月进入船舶2站，从事汽机运行与检修，随电站在湖南衡阳发电。1983年3月随电站下放衡阳电业局。1996年6月退休。

Zhao Fengxia

赵凤霞（1962.3— ） 女，河北衡水人，北京广播电视中等学校管理工程专业毕业，助理会计师。1979年12月在武汉国棉二厂工作，1982年3月调入第29列车电站，1983年调至8站，均从事水化验工作。1984年调至北京新型建筑材料厂，先后任会计员、科长。

Sun Jianping

孙建平（1965.6— ） 河南兰考人，电力工程自动化自学本科学历，工程师，中共党员。1982年5月进入第36列车电站，从事汽机运行与检修。1985年6月在安阳电力学校学习，1988年6月毕业后回到河南巩县电厂工作，后任汽机运行主任、生技科科长。

Li Changyi

李长义（1950.7— ） 河北满城人，华北电力学院热能动力工程专业毕业，高级工程师。1978年10月毕业分配至内蒙乌海电力局。1982年5月调入列电局中心试验所，在热机组从事锅炉专业技术管理工作。1983年8月在华北电管局保定列电试验所从事环保工作，曾参加陡河电厂5号机组调试。1986年3月后在河北电力职工大学基建科任职。

Wang Aihua

王爱华（1959.1— ） 女，浙江义乌人。1977年7月，福建漳平森水农场插队知青，后在福建永定高陂供销社工作。1982年8月进入第7列车电站，1984年8月调

入华东基地，车工。1998 年 4 月退休。

Wang Min

王敏（1962.12— ） 女，安徽怀远人，保定电力技工学校热动专业毕业。1982 年 8 月分配至华东基地，先后在生产车间从事锅炉检修、电子装配等工作。2003 年退休。

Lü Guangyu

吕广宇（1962— ） 河北石家庄人，保定电力技工学校变电专业毕业。1982 年 8 月分配到保定基地，先后在汽机车间、结构车间工作，工人。后调销售科、机加工分厂从事销售业务。擅长中国画艺术及美学研究，所创作品曾有出版和展出。

Qiao Jilei

乔继雷（1963.7— ） 河南尉氏人，大专学历，工程师，中共党员。1982 年 8 月保定电力技工学校热动专业毕业，分配至武汉基地，随第 10 列车电站到黑龙江富拉尔基热电厂供热。1983 年 5 月返厂后在三车间，镗工。1996 年 5 月起，先后任安装公司、售后服务部、电力机械设计研究所、物资供应科、经销公司副主任，市场开发部主任。

Liu Lijuan

刘丽娟（1962.10— ） 女，河北丰润人，保定电力技工学校发电及变电专业毕业，大专文化，经济师，会计师，中共党员。1982 年 8 月毕业分配到保定基地，在电气车间工作。1983 年 6 月到党委办公室任机要打字员，1984 年 12 月到厂长办公室任打字员。1986 年 8 月考入广播电视大学工业企业管理专业学习，毕业后到企业管理办公室，先后从事综合管理及审计，2007 年 11 月退休。

An Zhijun

安志军（1962.4— ） 湖北武汉人，大专学历，工程师，中共党员。1982 年 8 月保定电力技工学校热动专业毕业，分配至武汉基地，随第 10 列车电站到黑龙江富拉尔基热电厂供热。1983 年 5 月返厂后在三车间，镗工。1998 年 8 月起，先后任液压电器分厂副书记兼副厂长，人力资源部、结构车间副主任，市场开发部书记。

Sun Yongjun

孙勇军（1964.3— ） 河北徐水人，大专学历，中共党员。1982 年 8 月保定电力技工学校热能动力专业毕业，分配至第 41 列车电站，从事汽机运行与检修。1985 年 10 月调入河北经贸大学，在校园服务中心工作。

Zhang Gang

张刚（1957.9— ） 河南清丰人，华北电力学院发电厂及电力系统专业毕业，高级讲师。1982 年 8 月参加工作，在保定电力技工学校任教师，主要从事电力系统自动化等方面的课程教学。1994 年 7 月任保定电校科技公司经理，1996 年 10 月回教学部门开展仿真培训和有关设施建设工作，任仿真教研室主任。曾被评为 1987 年度华北电业管理局优秀教师。2001 年 4 月退休。

Zhang Hong

张宏（1961.2—　）江苏沭阳人，大专学历，助理工程师。1979 年 10 月湖北京山县罗店公社插队知青。1980 年 9 月入保定电力技工学校热动专业学习。1982 年 8 月分配至武汉基地，随第 10 列车电站到黑龙江富拉尔基热电厂供热。1983 年 5 月返厂，在三车间从事铣工，后任结构车间、生产部技术员，车间生产调度、售后服务部技术服务。

Zhang Juan

张娟（1964.8—　）女，山东济南人，保定电力技工学校毕业。1982 年 8 月由技校分配至第 62 列车电站。1982 年 10 月随电站成建制下放无锡市。1995 年 8 月调入无锡市协联热电有限公司技术部工作。

Jin Mei

金梅（1962.12—　）女，福建霞浦人，保定电力技工学校电气专业毕业，后续河北电视大学专科毕业，中共党员。1982 年 8 月分配到保定基地，先后在电气车间、金工车间、动力车间，从事机械制造专业。列电体制改革后，相继在保定电力修造厂设备能源部、行政管理处，从事能源管理工作。2012 年退休。

Zhou Lichen

周利臣（1962.10—　）湖北武汉人，大专学历，工程师，中共党员。1982 年 8 月保定电力技工学校热动专业毕业，分配至武汉基地，随第 10 列车电站到黑龙江富拉尔基热电厂供热。1983 年 5 月返厂后在三车间，车工。1997 年 9 月起，任售后服务部副主任、主任。

Zhou Shumin

周殊敏（1963.10—　）女，辽宁锦州人，保定电力技工学校热能动力专业毕业，后续华北电力学院（函授）热能动力专业本科学历，经济师。1982 年 8 月分配到保定基地，先后在汽机车间、生产经营计划科、财务科、工艺科、顺达公司、绝缘子分厂，从事汽机制造与检修、统计、财务等工作。2008 年 12 月退休。

Zhou Cuixian

周翠仙（1961.11—　）女，湖北新州人，大专学历，统计师，中共党员。1982 年 8 月保定电力技工学校热动专业毕业，分配至武汉基地，1982 年 9 月随第 10 列车电站到黑龙江富拉尔基热电厂供热。1983 年 5 月返厂后，在车间从事行车司机，后在郑州电力学校统计培训班学习。1984 年 9 月起，先后在计划科、经营计划科、生产计划科任厂综合统计员。

Tang Lihong

唐莉红（1963.11—　）女，河南嵩县人，保定电力技工学校电气专业毕业，后续大专学历，会计师。1982年8月分配至保定基地。1983年在北京电校在职财会班学习，1985年7月毕业后在财务科从事出纳、总账会计、财务分析等工作。1991年2月至1993年7月任财务科副科长并主持全面工作。为“列电人”公众号轮值主编。

Tang Yanping

唐雁平（1962.3— ）江苏无锡人，大专学历，助理经济师，中共党员。1980年9月入保定电力技工学校热动专业学习。1982年8月分配至武汉基地，在三车间从事金加工，后任计划科货品清点统计、销售员，市场开发部营销员。

Dai Haiping

戴海平（1961.6— ）浙江宁波人，大专学历，工程师，中共党员。1982年8月保定电力技工学校电气专业毕业，分配至武汉基地，在一车间从事冷作工。后入武汉广播电视大学机械设计与制造专业脱产学习三年，毕业后相继在四车间、服务公司、飞宇公司、技术中心从事产品技术设计。

Ning Shuangzhe

宁双哲（1954.11— ）河北雄县人，保定学院英文系毕业，中共党员，特级英语教师。1982年9月进入保定基地子弟学校，任初中英语教师，后任校长兼党支部书记。1986年被评为河北省首届优秀园丁，1989年被评为全国优秀教师。主持“初中英语环境教学法”研究成绩突出，1990年被授予河北省中小学优秀教研成果奖。2001年获特级英语教师称号。并获河北省教育系统先进工作者、电力系统“优秀党支部书记”称号。工作期间，子弟学校被评为河北省素质教育先进学校、省艺术示范校并载入《河北名校通鉴》。

Zhang Junhua

张俊华（1957.9— ）河北玉田人，华北电力学院机械工程学专业本科毕业，高级工程师，中共党员。1982年9月分配至武汉基地，先后任车间技术员、技术科机械设计师、设计科机械设计工程师。1997年6月起，任结构总装分厂副厂长、副书记，运行公司副经理，副总工程师兼总检验师、兼设计科科长、兼工艺管理部主任。

Gong Qin

宫芹（1955.5— ）女，山东垦利人，初中文化。1977年12月在福建漳平麦园木材厂工作。1982年10月进入华东基地，从事钳工和工会俱乐部管理。1998年5月退休。

Zhang Tianhu

张天虎（1964.1— ）陕西宝鸡人，宝鸡市委党校新闻函授专业毕业，中共党员。1982年11月进入西北基地，先后在一车间、金工车间从事钳工工作。1986年12月在厂史志办公室任编辑，后在厂电缆公司任副经理。2006年12月在厂党政办任主任。曾被评为机电商报、中国电线电缆网优秀撰稿人。

Chen Yi

陈逸（1963.8— ） 安徽无为人，湖北省委党校经济管理专业本科毕业，工程师，中共党员。1981年10月入伍，在88710部队服役。1982年11月复员进入武汉基地，钳工，后任车间技术员。2000年11月起，任市场开发部副主任、智能停车仓储事业部总经理。

Cao Yuezhen

曹月珍（1953.8— ） 女，上海人。1970年5月，安徽泗县插队知青。1976年10月在安徽轻工业学校纺织专业学习，1978年8月毕业后在淮北市第一棉纺厂、镇江市纺织厂工作。1982年11月进入华东基地，先后从事工会女工、计划生育、产品销售工作。1998年4月退休。

Wan Xin

万馨（1963.6— ） 女，四川邻水人，北京经济管理学院毕业。1983年进入保定基地，先后在金工车间、财务科工作，相继任出纳员，材料、销售核算及内部审计等主岗会计师，后负责厂结算中心全面工作。退休后继续留职，负责结算中心工作。工作期间，参加过总厂、局、市及全国性财务大检查及清产核资工作，曾参加过厂志编纂工作。

Gao Jinyu

高金玉（1952.2— ） 女，河北保定人，初中文化。1973年1月起在河北保定市糖果厂、蔬菜公司工作。1983年3月进入第54列车电站，从事化验工作，后转入56站。1990年8月调入华东基地，保卫科门卫管理。1997年9月退休。

列电人简历姓名索引

（按姓名汉语拼音字母顺序排列）

列电人简历，11 位局领导按照任职先后排序，3500 多位干部职工按照入职列电时间排序。

本索引，按姓名汉语拼音字母顺序排列。姓名第一个字同音时，按声调顺序排列；同音同声调时，按笔画数及笔顺顺序排列；第一个字或音、声调、笔画数和笔顺顺序都相同时，按姓名第二个字顺序排列，余类推。姓名完全相同者，按进入列电系统年月顺序排列。

A

[ai]

艾志泉…… 531

[an]

安德顺…… 142
安海书…… 593
安继祯…… 357
安魁杰…… 405
安　林…… 226
安　民…… 267
安全海…… 542
安世平…… 688
安守仁…… 150
安永松…… 369
安占国…… 685
安志军…… 722
安智仁…… 532

B

[ba]

巴为玲…… 620

[bai]

白春桃…… 264
白存劳…… 540
白建立…… 662
白建中…… 547
白金云…… 589
白乃玺…… 160
白绪铭…… 584
白耀第…… 442
白　义…… 131
白永生…… 430
白　宇…… 700
白育红…… 576
白　云…… 645
白增彦…… 396
白占春…… 160
白治帮…… 226
柏素琴…… 472

[bao]

包祥安…… 144
包振环…… 398
宝厚浩…… 597
鲍成训…… 607

[bi]

毕华序…… 237
毕金选…… 599
毕乔燕…… 595
毕庶泽…… 264
毕万达…… 346
毕万宗…… 133
毕卫国…… 547
毕孝圣…… 628
毕学平…… 646
毕永贤…… 264
毕跃敏…… 377
毕芝龄…… 488

[bian]

边玉栋…… 223
卞述中…… 225

[bie]

别士杰…… 207

[bu]

卜凡志…… 260
卜祥发…… 399
步同龙…… 179

C

[cai]

蔡保根…… 138

蔡翠敏…… 351
蔡大稷…… 191
蔡风录…… 344
蔡根生…… 166
蔡桂兰…… 615
蔡俊善…… 216
蔡郡尉…… 312
蔡克强…… 173
蔡莉珍…… 458
蔡荣欣…… 699
蔡水清…… 428
蔡元恺…… 329
蔡镇东…… 668
蔡正文…… 584
蔡祖元…… 255

[cao]
曹德华…… 232
曹洪新…… 464
曹济香…… 486
曹秋珍…… 424
曹荣俊…… 319
曹　山…… 641
曹士香…… 562
曹树斌…… 412
曹树声…… 135
曹天秋…… 229
曹伟利…… 641
曹文胜…… 419
曹晓芹…… 642
曹晓霞…… 663
曹效民…… 672
曹新来…… 642
曹以真…… 641
曹友成…… 280
曹玉珍…… 606
曹月珍…… 725
曹运启…… 698
曹振宇…… 351
曹志红…… 386

[chai]
柴国良…… 242
柴淑贞…… 335

[chang]
常安俊…… 659
常粉明…… 232
常建萍…… 711
常敬干…… 356
常平记…… 511
常　青…… 487
常　儒…… 487
常素琴…… 343
常锡祥…… 343
常英智…… 504
常永振…… 280

[chao]
晁新晖…… 700

[che]
车导明…… 167
车启智…… 394
车仁辉…… 599

[chen]
陈敖虎…… 401
陈帮富…… 169
陈本生…… 275
陈秉山…… 173
陈成宪…… 586
陈成玉…… 234
陈　冲…… 146
陈春香…… 663
陈道金…… 364
陈德芬…… 453
陈德伦…… 644
陈德义…… 172
陈棣辉…… 464
陈典祯…… 296
陈尔如…… 461
陈芳文…… 209
陈付芬…… 361
陈光才…… 322
陈光荣…… 219
陈广德…… 559
陈国平…… 696
陈国珍…… 579
陈国祝…… 604
陈汉林…… 328
陈和慧…… 661
陈和展…… 514
陈恒德…… 134
陈洪奎…… 384
陈洪萍…… 488
陈惠芬…… 205
陈惠忠…… 409
陈建功…… 687
陈建华…… 553
陈金芳…… 622
陈金凤…… 494
陈金龙…… 296
陈金松…… 617
陈精文…… 422
陈景太…… 157
陈静树…… 491
陈久荣…… 522
陈　军…… 594
陈克强…… 466
陈兰荣…… 219
陈　莉…… 502
陈　琳…… 681
陈玲珍…… 330
陈满长…… 409
陈梅芳…… 511
陈孟权…… 139
陈　敏…… 696
陈　明…… 636
陈念芳…… 392
陈启明…… 231
陈庆利…… 603
陈庆祥…… 296
陈庆祥…… 308
陈庆元…… 257
陈秋红…… 571
陈荣文…… 137
陈　瑞…… 482

陈瑞峰…… 341
陈润祥…… 523
陈尚木…… 636
陈绍珍…… 355
陈士礼…… 224
陈士平…… 157
陈士土…… 249
陈书民…… 709
陈淑兰…… 671
陈树潮…… 362
陈松根…… 571
陈素彩…… 453
陈素兰…… 463
陈　涛…… 517
陈廷章…… 333
陈　薇…… 565
陈　维…… 678
陈维祥…… 322
陈卫国…… 586
陈文琴…… 683
陈文山…… 542
陈文志…… 667
陈兴发…… 393
陈秀荣…… 275
陈秀云…… 168
陈燕燕…… 579
陈阳见…… 364
陈耀祥…… 423
陈一伦…… 611
陈宜豹…… 146
陈以芬…… 461
陈　逸…… 725
陈颖琴…… 317
陈甬军…… 603
陈幼爽…… 656
陈　羽…… 676
陈玉生…… 228
陈　云…… 523
陈云书…… 308
陈运校…… 170
陈运新…… 296
陈增录…… 656
陈志全…… 696
陈周毅…… 379
陈转弟…… 399
陈紫凡…… 384
陈作楫…… 610

[cheng]
成君召…… 420
成雪恨…… 357
成源沪…… 223
程安每…… 582
程　舵…… 303
程发荣…… 397
程建华…… 191
程洁敏…… 186
程骏德…… 329
程礼和…… 168
程理和…… 247
程孟生…… 557
程汝敏…… 393
程同行…… 282
程文荣…… 326
程学增…… 564
程用西…… 659
程兆娣…… 473
程智雄…… 618

[chu]
初丽华…… 181
褚国荣…… 413
褚孟周…… 216

[cong]
丛日新…… 505

[cui]
崔保新…… 642
崔秉重…… 419
崔恩华…… 251
崔　富…… 158
崔　恒…… 165
崔金英…… 659
崔青云…… 672
崔庆山…… 454
崔三庆…… 438
崔轼芳…… 439
崔树伦…… 343
崔双占…… 542
崔砚君…… 302
崔　瑛…… 465
崔　勇…… 659
崔　远…… 581
崔正芳…… 302
崔正仁…… 311
崔芝庆…… 370
崔志申…… 419

D

[dai]
代　军…… 684
代　萍…… 704
代文富…… 366
戴海平…… 724
戴行彧…… 191
戴亚平…… 715
戴耀基…… 259
戴云霞…… 345
戴致和…… 304

[dang]
党卫华…… 581

[deng]
邓安琪…… 618
邓达云…… 165
邓道清…… 368
邓　发…… 544
邓吉光…… 255
邓　嘉…… 236
邓淑兰…… 413
邓淑贤…… 420
邓文谋…… 393
邓秀亭…… 660
邓秀云…… 376
邓秀中…… 212

邓致逵…… 124
邓钟岱…… 225

[di]
邸瑞华…… 434
邸树强…… 416

[ding]
丁曾安…… 232
丁昌华…… 574
丁菁华…… 588
丁敬义…… 171
丁菊明…… 175
丁俊玲…… 282
丁兰贵…… 320
丁　平…… 623
丁树敏…… 198
丁文法…… 248
丁兴久…… 449
丁　旭…… 259
丁　毅…… 517
丁元科…… 561
丁正武…… 515
定景尧…… 276

[dong]
冬渤仓…… 382
董炳祥…… 149
董超力…… 573
董朝德…… 712
董崇庆…… 349
董传龙…… 642
董大庚…… 356
董　芳…… 607
董福祥…… 526
董桂芝…… 642
董国通…… 280
董国祥…… 351
董　宏…… 649
董洪策…… 516
董惠珍…… 557
董金玉…… 281
董景杰…… 344
董敬天…… 235
董庆云…… 170
董善卿…… 397
董仕铭…… 504
董书坤…… 170
董书林…… 487
董淑琴…… 281
董淑义…… 439
董树然…… 642
董天栋…… 542
董文生…… 185
董月昌…… 425
董长胜…… 243
董志强…… 623

[du]
杜尔滨…… 253
杜凤梅…… 520
杜桂兰…… 387
杜玲秀…… 693
杜敏玲…… 269
杜培云…… 353
杜瑞来…… 269
杜书君…… 589
杜文建…… 693
杜文清…… 500
杜小毛…… 289
杜啸英…… 686
杜秀琴…… 415
杜艳新…… 631
杜玉杰…… 289

[duan]
段成玉…… 183
段福堂…… 555
段金明…… 385
段清海…… 258
段荣昌…… 184
段山林…… 536
段生根…… 572
段书桂…… 299
段秀明…… 277
段延宗…… 342
段永立…… 645
段友昌…… 183
段有泉…… 541
段玉桥…… 132
段宗华…… 484
段宗润…… 687
段宗英…… 713

[dun]
顿如一…… 437

F

[fan]
樊宝璐…… 186
樊炳耀…… 303
樊改明…… 198
樊衡秀…… 712
樊景荣…… 428
樊美丽…… 665
樊美荣…… 719
樊泉先…… 186
樊世明…… 511
樊廷明…… 344
樊玉弘…… 443
范翠兰…… 645
范恩杰…… 709
范桂芳…… 174
范桂云…… 523
范国英…… 681
范红梅…… 196
范惠智…… 586
范敬全…… 246
范奎凌…… 142
范乐章…… 614
范录珍…… 656
范茂凯…… 214
范世荣…… 151
范淑华…… 636
范维俭…… 388
范维一…… 636
范秀莉…… 696
范炎林…… 350

范炎松…… 308
范意贤…… 676
范玉全…… 471
范玉祥…… 323
范正华…… 201
范正谦…… 240
范志明…… 220
范仲禹…… 166

[fang]
方华梅…… 599
方华香…… 677
方建舟…… 346
方菊英…… 329
方丽华…… 381
方梅云…… 324
方润屋…… 313
方水福…… 685
方秀兰…… 516
方一民…… 229
方有元…… 313
方云楚…… 249
方箴德…… 446
房春生…… 197
房德勇…… 318
房惠娥…… 648
房养懿…… 417

[fei]
费荣生…… 147

[feng]
丰润兰…… 689
封先明…… 597
冯春萍…… 593
冯大申…… 237
冯福禄…… 431
冯建刚…… 685
冯　健…… 691
冯结连…… 673
冯克明…… 382
冯　敏…… 593
冯全友…… 431
冯善德…… 519
冯士峰…… 628
冯万美…… 421
冯先荣…… 619
冯宪英…… 440
冯秀兰…… 499
冯学信…… 505
冯炎申…… 187
冯元琴…… 264
冯月华…… 475
冯　振…… 264

[fu]
符桃芝…… 720
付戈萍…… 662
付会欣…… 682
付继先…… 403
付家兴…… 650
付连伙…… 159
付守信…… 159
付智琪…… 544
傅　岚…… 715
傅相海…… 163
傅志盈…… 529

G

[gan]
甘承裕…… 176
甘典凤…… 702

[gao]
高岸初…… 670
高昌瑞…… 131
高大申…… 613
高　斐…… 350
高广如…… 665
高海英…… 454
高鸿翔…… 148
高慧芳…… 184
高吉泉…… 456
高建英…… 675
高建忠…… 711
高金位…… 497
高金玉…… 725
高俊臣…… 279
高礼泉…… 342
高连库…… 184
高连增…… 418
高鲁民…… 672
高美科…… 556
高明基…… 456
高鹏举…… 486
高　青…… 486
高　仁…… 279
高　深…… 457
高世雄…… 310
高树林…… 530
高树明…… 697
高颂岳…… 153
高文纯…… 156
高文杰…… 697
高秀端…… 397
高彦琴…… 318
高永耀…… 585
高玉霞…… 508
高云峰…… 258
高增力…… 597
高长荣…… 711
高长山…… 606
高肇仁…… 242
高竹泉…… 184

[ge]
葛慧英…… 303
葛敬桐…… 441
葛君义…… 154
葛　磊…… 243
葛青山…… 302
葛瑞娥…… 302
葛文灿…… 592
葛文科…… 592
葛永森…… 280
葛玉琦…… 365

葛　原…… 617
葛宗永…… 229
葛祖彭…… 205

[geng]
耿凤阳…… 647
耿惠民…… 497
耿蔚欣…… 503
耿协森…… 442

[gong]
公义厚…… 441
官成谦…… 385
官殿英…… 580
官殿章…… 511
官　芹…… 724
官振祥…… 156
龚博环…… 355
龚国兴…… 372
龚联霜…… 258
龚荣春…… 221
龚瑞兰…… 355
龚自坚…… 581
巩福昌…… 505

[gou]
苟淑敏…… 636

[gu]
辜水平…… 517
古理华…… 713
谷　慎…… 292
谷永昌…… 292
谷子林…… 245
顾金兴…… 329
顾久信…… 644
顾龙妹…… 389
顾树芳…… 663
顾文伯…… 300
顾锡荣…… 138
顾耀勋…… 215
顾迎新…… 606
顾宗汉…… 229

[guan]
关惠兰…… 387
关明华…… 652
官登厚…… 645
管祖裕…… 303
管金良…… 393
管炎德…… 713
贯瑞安…… 276

[gui]
归洪信…… 627
桂学开…… 490

[guo]
郭爱香…… 698
郭爱叶…… 658
郭宝霞…… 705
郭宝珍…… 301
郭葆良…… 411
郭春明…… 389
郭定贤…… 612
郭福祥…… 513
郭福玉…… 301
郭广范…… 153
郭化民…… 190
郭　辉…… 279
郭积先…… 438
郭家强…… 335
郭　健…… 393
郭津荣…… 572
郭俊峰…… 591
郭俊思…… 389
郭俊岩…… 380
郭开祥…… 392
郭莉敏…… 640
郭玲珍…… 559
郭留章…… 542
郭孟寅…… 221
郭泉玲…… 702
郭泉生…… 584
郭荣德…… 132
郭荣珍…… 401
郭如贵…… 556
郭润芝…… 556
郭善惠…… 493
郭绍刚…… 640
郭守海…… 427
郭淑文…… 368
郭树林…… 355
郭树清…… 251
郭顺龙…… 556
郭廷文…… 486
郭武昌…… 537
郭新安…… 197
郭秀娟…… 540
郭秀敏…… 301
郭学本…… 508
郭要斌…… 698
郭义平…… 492
郭永洁…… 717
郭永沛…… 251
郭　勇…… 667
郭友丽…… 640
郭玉梅…… 698
郭煜恒…… 411
郭跃彩…… 380
郭云志…… 389
郭增仁…… 279
郭长明…… 301
郭忠秋…… 711
国惠恩…… 719
国　友…… 365

H

[hai]
海　涛…… 659

[han]
韩宝茹…… 581
韩承宝…… 197
韩春礼…… 381
韩道玉…… 419
韩凤云…… 281

韩光佑…… 444
韩国栋…… 130
韩国祥…… 643
韩洪志…… 311
韩　玲…… 699
韩　明…… 454
韩勤超…… 684
韩勤政…… 386
韩秋祥…… 412
韩树志…… 259
韩天鹏…… 186
韩文秀…… 462
韩晓光…… 688
韩星宇…… 421
韩秀凤…… 557
韩学丽…… 688
韩永良…… 281
韩幼花…… 311
韩幼珍…… 324
韩越辰…… 412
韩占民…… 412
韩真生…… 443
韩志峰…… 557
韩志华…… 344
韩志林…… 489
韩志英…… 419

[hang]
杭　祥…… 134

[hao]
郝凤鸣…… 298
郝家诚…… 524
郝金芳…… 298
郝金玉…… 524
郝群峰…… 503
郝森林…… 134
郝士英…… 277
郝世凯…… 323
郝淑珍…… 277
郝卫星…… 710

[he]
何昌国…… 325
何春元…… 480
何　华…… 578
何惠民…… 387
何　杰…… 602
何兰序…… 495
何立君…… 150
何丽荣…… 551
何　鲁…… 579
何　平…… 615
何　平…… 674
何其枫…… 316
何其坤…… 168
何启岗…… 594
何沁芳…… 230
何秋珍…… 466
何绍江…… 461
何世雄…… 170
何味琴…… 316
何文峰…… 272
何雅文…… 364
何亚芳…… 590
何以然…… 239
何玉柱…… 207
何运发…… 392
何泽民…… 399
何自治…… 218
和文江…… 417
贺福云…… 394
贺连春…… 175
贺素芳…… 663
贺玉华…… 682

[heng]
恒东立…… 334
衡家月…… 390

[hong]
洪晶元…… 365
洪美英…… 328
洪　淼…… 309
洪森林…… 277
洪素梅…… 372

[hou]
侯宝富…… 399
侯谷丰…… 711
侯国章…… 462
侯文光…… 299
侯英杰…… 566
侯永仁…… 206
侯玉兰…… 715
侯玉琴…… 639
侯玉卿…… 168
侯元牛…… 444
侯长山…… 215
侯照星…… 334

[hu]
胡安华…… 594
胡宝胜…… 714
胡博闻…… 299
胡昌廉…… 622
胡昌林…… 318
胡　达…… 605
胡　丹…… 639
胡德望…… 183
胡德宣…… 183
胡德选…… 326
胡端生…… 597
胡观涛…… 147
胡浩昌…… 719
胡金波…… 538
胡　昆…… 437
胡　琳…… 704
胡眉倩…… 147
胡敏兰…… 513
胡清秀…… 467
胡尚奎…… 164
胡惟法…… 147
胡献江…… 657
胡新志…… 250
胡信媛…… 410
胡应仁…… 689
胡永哲…… 410

胡玉英…… 355
胡元惠…… 445
胡仲礼…… 241
胡竹波…… 571
扈润科…… 381

[hua]
华立明…… 506
华应岚…… 237

[huang]
黄传坤…… 343
黄翠芬…… 617
黄敦林…… 509
黄桂茹…… 359
黄国南…… 668
黄　河…… 279
黄建平…… 719
黄建中…… 572
黄　杰…… 641
黄竞安…… 586
黄竞峥…… 537
黄菊圃…… 648
黄开生…… 310
黄明林…… 598
黄清华…… 343
黄生秀…… 390
黄石林…… 201
黄时盛…… 424
黄天晴…… 381
黄位中…… 234
黄锡义…… 349
黄耀津…… 424
黄叶薇…… 581
黄益舜…… 348
黄银舟…… 390
黄应彬…… 235
黄有荣…… 348
黄玉金…… 247
黄玉佩…… 208
黄元春…… 617
黄元治…… 351
黄月英…… 392
黄云华…… 457
黄　钊…… 597
黄　珍…… 572
黄振江…… 418
黄芝香…… 438
黄忠秀…… 243

[hui]
惠玫丽…… 659

[huo]
霍佃玖…… 718
霍凤芝…… 375
霍福岭…… 488
霍宏伟…… 526
霍锦华…… 304
霍景江…… 446
霍胜民…… 504
霍志有…… 497

J

[ji]
姬惠芬…… 221
姬志田…… 698
稽同懋…… 247
吉长德…… 564
籍砚书…… 141
戢志成…… 394
计万元…… 248
纪敦忠…… 178
纪国华…… 666
纪　静…… 701
季诚龙…… 125
季丽生…… 461
季茂兰…… 388
季益妤…… 388
继文成…… 310
冀景荣…… 439
冀　梅…… 699
冀志聪…… 492

[jia]
贾臣太…… 367
贾春香…… 717
贾富钢…… 504
贾格林…… 126
贾汉明…… 510
贾雷鸣…… 701
贾平凯…… 530
贾　森…… 370
贾守忠…… 300
贾素珍…… 348
贾铁流…… 220
贾桐群…… 555
贾威远…… 676
贾锡昌…… 342
贾　熙…… 220
贾晓春…… 647
贾永年…… 544
贾永秀…… 640
贾永源…… 485
贾玉龙…… 667
贾增明…… 141
贾占启…… 133
贾占山…… 555

[jiang]
江大胜…… 630
江德贵…… 593
江德寿…… 352
江德有…… 267
江　平…… 346
江仁宪…… 390
江秋存…… 540
江尧成…… 233
江仲云…… 563
江竹林…… 477
姜宝山…… 623
姜国昌…… 410
姜国方…… 472
姜建京…… 682

姜静芝…… 258
姜　俊…… 646
姜　立…… 503
姜林林…… 138
姜美来…… 421
姜庆华…… 497
姜世甲…… 639
姜书贵…… 677
姜响生…… 472
姜晓玲…… 524
姜玉芬…… 453
姜元华…… 597
蒋国平…… 202
蒋　浩…… 428
蒋继周…… 319
蒋金平…… 540
蒋峻夫…… 349
蒋立勇…… 608
蒋庆贵…… 439
蒋如东…… 336
蒋晓东…… 706
蒋旭国…… 620
蒋友强…… 712
蒋增基…… 311
蒋昭华…… 487

[jiao]
焦存喜…… 643
焦玉存…… 356

[jie]
揭世明…… 675

[jin]
金家杰…… 231
金克昌…… 189
金兰英…… 275
金　梅…… 723
金勤华…… 611
金仁福…… 326
金晓明…… 515
金秀华…… 211
金学海…… 276
金长聚…… 189
靳惠哲…… 412
靳陇凤…… 678
靳世芳…… 351
靳书瑞…… 526
靳学锋…… 526

[jing]
荆爱英…… 464
荆德才…… 215
荆淑华…… 370
荆树云…… 172
景茂祥…… 281
景明新…… 363
景云华…… 582

K

[kan]
阚　宇…… 232
阚照兰…… 191

[kang]
康保良…… 124
康殿举…… 215
康桂英…… 319
康家山…… 311
康　健…… 449
康锦英…… 680
康瑞辰…… 311
康同恩…… 280
康希尧…… 280
康锡福…… 375
康远志…… 360
康中顺…… 259
亢东生…… 528
亢汉生…… 650

[kong]
孔凡敏…… 285
孔繁寅…… 666
孔繁英…… 539
孔繁玉…… 236
孔　洁…… 691
孔祥春…… 255
孔祥牛…… 691

[kou]
寇万英…… 509

L

[lai]
赖梅芳…… 617

[lan]
兰鹏富…… 607
兰淑梅…… 513

[long]
郎德生…… 317
郎起增…… 249
郎清荣…… 437
郎永秀…… 427

[lei]
雷慧英…… 191
雷胜清…… 487
雷秀君…… 344
雷玉川…… 368
雷祖木…… 574

[leng]
冷桂云…… 646

[li]
黎　明…… 564
黎启乐…… 712
黎桃英…… 612
李百锁…… 708
李保军…… 533
李　波…… 315
李伯华…… 717
李朝栋…… 452
李　臣…… 160
李成彬…… 289
李成章…… 178

李　冲……500
李春海……653
李春和……339
李春魁……451
李春友……694
李春忠……349
李从国……440
李　德……129
李　德……291
李德福……161
李德浩……233
李东林……565
李　娥……374
李恩柏……150
李芳新……157
李芳英……652
李凤兰……708
李凤鸣……442
李凤英……538
李福纯……253
李福来……433
李福平……595
李福兴……256
李辅堂……457
李　刚……632
李　刚……693
李根妹……444
李庚寅……528
李　光……674
李广平……533
李广山……528
李广忠……269
李桂春……479
李桂兰……614
李桂香……194
李桂珍……539
李桂珠……353
李国刚……315
李国高……290
李国华……200
李国良……211
李国萍……662
李国卿……543
李国清……270
李海林……270
李海泉……325
李汉明……203
李汉宁……332
李汉征……135
李荷花……694
李恒茂……533
李恒松……136
李红初……693
李　洪……608
李洪建……694
李洪江……339
李鸿生……188
李鸿生……270
李　华……708
李华南……444
李　桦……717
李焕新……406
李惠芬……452
李惠娟……694
李惠萍……291
李惠欣……632
李慧贤……648
李基成……371
李记锁……693
李继才……563
李家栋……333
李家骅……238
李建春……290
李建民……512
李建新……647
李建云……290
李杰祥……357
李金海……515
李金树……315
李金岁……653
李金旺……495
李锦熙……374
李　进……648
李晋文……479
李晶莹……378
李景明……291
李　敬……718
李敬敏……256
李敬涛……466
李敬真……445
李　静……653
李菊英……530
李俊婷……578
李克贞……155
李来福……290
李兰英……339
李兰州……425
李连奇……433
李连栓……135
李璐莹……534
李　满……230
李满囤……674
李茂华……465
李茂惠……497
李孟芝……479
李名江……422
李　明……693
李明川……188
李明兰……674
李明忠……694
李明珠……511
李铭煌……614
李　宁……720
李培林……291
李培群……511
李培元……194
李丕真……289
李平安……664
李平伟……590
李乾鑫……528
李　强……602
李钦生……601
李　琴……270
李庆华……223
李庆萍……569
李庆珊……269
李庆图……560
李秋乐……460

李秋霞…… 578
李　全…… 506
李全友…… 550
李汝强…… 178
李瑞恒…… 271
李瑞祥…… 452
李润福…… 479
李山立…… 520
李善林…… 563
李善仪…… 347
李尚春…… 125
李绍兰…… 479
李申海…… 433
李生惠…… 129
李生民…… 652
李士杰…… 139
李士杰…… 470
李士平…… 652
李士义…… 133
李士英…… 621
李仕琦…… 451
李守义…… 213
李寿安…… 569
李淑菊…… 374
李淑梅…… 209
李淑敏…… 493
李淑青…… 480
李淑贤…… 527
李淑英…… 357
李淑云…… 398
李蜀琴…… 321
李树林…… 684
李树荣…… 708
李树贤…… 433
李树玉…… 213
李树璋…… 507
李树忠…… 451
李顺东…… 161
李顺华…… 533
李顺茹…… 353
李思聚…… 520
李素莲…… 416
李素芹…… 521
李锁林…… 661
李　涛…… 230
李庭元…… 164
李维家…… 444
李维亭…… 452
李伟健…… 601
李伟勤…… 478
李文国…… 520
李文江…… 549
李文魁…… 230
李文明…… 426
李文毅…… 432
李文忠…… 339
李文珠…… 520
李武超…… 353
李西柱…… 708
李锡耕…… 618
李锡光…… 421
李喜安…… 669
李咸霞…… 391
李祥来…… 709
李晓峰…… 601
李新宝…… 703
李新华…… 602
李新华…… 632
李新江…… 550
李新田…… 271
李兴发…… 398
李　秀…… 433
李秀春…… 653
李秀芬…… 363
李秀君…… 179
李秀岐…… 578
李秀清…… 578
李秀荣…… 208
李秀荣…… 332
李秀荣…… 632
李秀英…… 363
李绪岭…… 601
李选引…… 167
李学良…… 500
李学明…… 455
李学文…… 681
李　岩…… 125
李琰琳…… 406
李燕虎…… 383
李　晔…… 667
李义凯…… 339
李　银…… 441
李银霞…… 578
李印春…… 500
李应棠…… 150
李　庸…… 534
李永红…… 708
李永生…… 269
李玉爱…… 703
李玉芳…… 238
李玉兰…… 652
李玉莲…… 478
李玉强…… 367
李玉琴…… 250
李玉善…… 346
李玉文…… 549
李云奇…… 363
李占昌…… 171
李战平…… 533
李樟海…… 398
李长春…… 141
李长江…… 506
李长林…… 471
李长义…… 721
李振东…… 433
李振良…… 513
李振声…… 145
李振声…… 416
李正蓉…… 307
李志斌…… 253
李志凡…… 704
李志钧…… 383
李志明…… 290
李志强…… 664
李志修…… 307
李致生…… 233
李致言…… 569
李　智…… 291

李智君…… 270
李中苏…… 631
李竹恩…… 339
李竹云…… 160
李柱国…… 210
李祝善…… 371
李子芳…… 125
李子岚…… 693
李自明…… 307
李宗泽…… 550
李　棕…… 501
李祖培…… 290
李佐峰…… 645

[lian]
连焕清…… 347
连天欢…… 507
连伟参…… 209
连　文…… 596
廉延寿…… 643

[liang]
梁碧荷…… 509
梁成达…… 302
梁崇禄…… 401
梁光才…… 561
梁光彩…… 573
梁国卿…… 448
梁国忠…… 509
梁　虹…… 688
梁洪滨…… 185
梁建华…… 422
梁民安…… 185
梁庆仁…… 704
梁　荣…… 607
梁森全…… 362
梁世闻…… 439
梁　涛…… 557
梁维平…… 672
梁星浩…… 557
梁英华…… 243
梁永路…… 699
梁远基…… 154
梁月霞…… 302
梁子富…… 201
梁作勤…… 712

[liao]
廖复勋…… 375
廖国华…… 232
廖庆光…… 401
廖文媛…… 558

[lin]
林宝霞…… 275
林春国…… 591
林　焚…… 710
林国琛…… 297
林国庆…… 637
林启坤…… 297
林瑞肖…… 417
林绍遂…… 448
林盛灵…… 334
林　英…… 587
林振喜…… 554
林振馨…… 396
林灼禄…… 309

[liu]
刘爱卿…… 288
刘白村…… 568
刘宝慈…… 314
刘宝花…… 577
刘宝珍…… 548
刘保生…… 559
刘本权…… 585
刘丙军…… 377
刘炳胜…… 629
刘　超…… 404
刘成海…… 547
刘呈河…… 440
刘承坚…… 476
刘春香…… 619
刘纯福…… 314
刘大安…… 446
刘大保…… 513
刘大生…… 325
刘　德…… 229
刘德才…… 549
刘德林…… 338
刘德义…… 267
刘德忠…… 671
刘涤华…… 210
刘东权…… 265
刘恩禄…… 477
刘恩硕…… 173
刘丰盈…… 396
刘凤朵…… 314
刘　福…… 386
刘福生…… 332
刘根堂…… 134
刘庚田…… 338
刘冠三…… 127
刘光荣…… 400
刘光有…… 612
刘广安…… 459
刘广平…… 679
刘广顺…… 193
刘广忠…… 377
刘桂福…… 404
刘桂荣…… 396
刘桂松…… 630
刘桂萱…… 613
刘桂云…… 193
刘桂芝…… 253
刘国军…… 680
刘国权…… 126
刘国顺…… 287
刘国学…… 237
刘国英…… 548
刘国桢…… 265
刘海泽…… 477
刘汉宗…… 177
刘红光…… 666
刘红梅…… 547
刘洪恩…… 490
刘洪勤…… 608
刘鸿仙…… 266

刘厚祥……394
刘焕娣……685
刘惠卿……288
刘惠荣……405
刘惠忠……288
刘纪平……383
刘继光……325
刘建民……548
刘建明……450
刘建萍……651
刘建群……188
刘金榜……266
刘金凤……306
刘金梅……476
刘金萍……568
刘金祥……265
刘景春……164
刘景桐……477
刘聚臣……332
刘　珏……287
刘俊已……451
刘俊灵……378
刘俊平……548
刘开敏……287
刘开万……651
刘克德……187
刘克顺……426
刘兰亭……287
刘　磊……223
刘立华……287
刘丽娟……722
刘丽萍……703
刘丽霞……576
刘连成……629
刘连奎……528
刘林英……600
刘露霞……600
刘曼琴……327
刘茂全……256
刘美玲……692
刘　敏……266
刘明坤……450
刘明耀……200
刘铭湛……593
刘乃器……547
刘培军……630
刘培仁……226
刘培岩……668
刘钦敬……361
刘清华……404
刘清泉……404
刘清珍……426
刘邱生……519
刘　权……237
刘荣厚……506
刘荣柱……213
刘润轩……266
刘尚谦……432
刘慎勤……685
刘世燕……177
刘仕科……177
刘书灿……464
刘淑桂……423
刘淑鸿……267
刘淑梅……673
刘淑敏……346
刘淑敏……610
刘淑琴……600
刘淑湘……701
刘淑英……315
刘述臣……432
刘树福……144
刘顺福……532
刘铁城……455
刘铁军……679
刘万山……165
刘伟勤……707
刘卫国……265
刘卫泽……576
刘卫珍……547
刘西来……629
刘喜花……349
刘向朵……651
刘肖燕……615
刘小良……265
刘晓森……157
刘燮儒……267
刘新莉……374
刘新民……618
刘新群……630
刘新荣……469
刘兴汉……470
刘　秀……558
刘秀芳……476
刘秀芳……564
刘秀花……614
刘秀金……314
刘秀清……450
刘秀英……469
刘秀珍……500
刘学安……200
刘学斌……223
刘学亮……651
刘学铭……532
刘学信……512
刘雪花……577
刘延鑑……212
刘炎明……600
刘砚田……266
刘　彦……660
刘彦明……338
刘瑶翡……325
刘一荣……325
刘荫椒……629
刘引江……493
刘　瑛……630
刘　颖……679
刘永臣……252
刘永俊……154
刘玉斌……568
刘玉兰……707
刘玉林……160
刘玉生……321
刘玉英……651
刘玉云……670
刘媛媛……616
刘月娥……352
刘月轩……366

刘云香…… 616
刘在欣…… 561
刘增福…… 548
刘增录…… 267
刘占欣…… 256
刘章堃…… 315
刘长久…… 683
刘长英…… 671
刘兆华…… 542
刘兆明…… 450
刘真林…… 476
刘振华…… 330
刘振环…… 374
刘振珂…… 548
刘振伶…… 306
刘振旺…… 346
刘振兴…… 577
刘振远…… 288
刘正生…… 568
刘正伟…… 629
刘芝臣…… 130
刘志安…… 548
刘志刚…… 714
刘志国…… 718
刘志平…… 673
刘志强…… 720
刘志欣…… 431
刘志英…… 664
刘治安…… 692
刘治英…… 306
刘智远…… 178
刘忠义…… 327
刘忠元…… 361
刘紫英…… 368
刘宗敏…… 266
柳景滨…… 255
柳世保…… 392
柳书香…… 657
柳长德…… 255

[long]
龙建萍…… 662
龙　军…… 567
龙　毅…… 517
龙云腾…… 373

[lu]
卢凤岐…… 187
卢焕良…… 212
卢焕英…… 677
卢焕禹…… 236
卢俊杰…… 403
卢淑真…… 218
卢志明…… 414
芦起云…… 680
芦英章…… 406
芦长江…… 378
鲁　池…… 282
鲁春元…… 163
鲁焕庭…… 372
鲁金凤…… 446
鲁秀春…… 509
鲁银库…… 582
陆爱花…… 616
陆根林…… 384
陆焕儒…… 317
陆惠霖…… 656
陆来祥…… 423
陆林祥…… 274
陆玲玉…… 196
陆　璐…… 635
陆敏华…… 204
陆佩琴…… 214
陆荣明…… 553
陆世英…… 257
陆慰萱…… 146
陆锡旦…… 214
陆秀荣…… 704
陆义文…… 502
陆永坚…… 603
路延栋…… 331

[luan]
栾尚前…… 154
栾秀珍…… 348

[lü]
吕柏清…… 568
吕广生…… 532
吕广宇…… 722
吕宏兴…… 377
吕鸿才…… 324
吕美忠…… 245
吕淑珍…… 373
吕树海…… 177
吕万萍…… 589
吕文海…… 128
吕秀海…… 599
吕玉梭…… 494
吕月兰…… 707
吕赞魁…… 314
吕志彬…… 226
吕志书…… 628
吕卓华…… 143

[luo]
罗大巩…… 379
罗法舜…… 241
罗凤珍…… 240
罗桂彬…… 489
罗家凡…… 675
罗凯军…… 637
罗礼中…… 362
罗仁贵…… 483
罗瑞义…… 656
罗时造…… 162
罗慰擎…… 275
罗晓梅…… 619
罗　勇…… 467
罗致华…… 456
罗宗武…… 228
骆光金…… 326
骆启光…… 359
骆振录…… 453

M

[ma]
马爱萍…… 392
马百克…… 349
马　波…… 678
马伯岑…… 143
马德惠…… 402
马德泰…… 175
马东升…… 545
马法厂…… 649
马凤美…… 370
马凤琴…… 564
马福祥…… 575
马改敏…… 706
马海明…… 217
马洪生…… 517
马华山…… 468
马惠彬…… 376
马慧萍…… 665
马　鉴…… 260
马金花…… 612
马进孝…… 402
马静华…… 207
马克家…… 624
马克珍…… 560
马林奎…… 304
马洛永…… 127
马美德…… 473
马漆波…… 217
马清祥…… 260
马秋芝…… 312
马　申…… 575
马淑芳…… 516
马树敏…… 244
马素萍…… 684
马天俊…… 468
马同顺…… 401
马文华…… 352
马文英…… 575
马文志…… 368
马祥令…… 413
马筱凤…… 624
马新发…… 192
马秀芬…… 531
马延光…… 454
马义琴…… 413
马永祥…… 198
马玉珍…… 498
马元斗…… 244
马运乐…… 649
马增荣…… 395
马占川…… 282
马占林…… 689
马照云…… 615
马贞龙…… 345
马之平…… 336
马治国…… 376
马　琢…… 440
犸开宣…… 674

[mai]
麦志强…… 378

[mao]
毛昌金…… 650
毛恩贵…… 352
毛惠德…… 492
毛惠兰…… 567
毛丽英…… 647
毛淑琴…… 285
毛燕霞…… 395
茅亦沉…… 471

[mei]
梅继宏…… 537
梅清河…… 438

[men]
门殿卿…… 312

[meng]
孟炳君…… 453
孟凡辉…… 604
孟繁长…… 254
孟繁志…… 437
孟广安…… 205
孟金钟…… 483
孟　林…… 258
孟平芬…… 591
孟庆芬…… 656
孟庆荣…… 555
孟庆友…… 210
孟淑兰…… 417
孟宪泰…… 129
孟香玲…… 604
孟祥恩…… 697
孟祥全…… 483
孟祥瑞…… 164
孟艳萍…… 657
孟玉君…… 580
孟玉茹…… 496
孟　钺…… 182

[mi]
米建旗…… 374
米兰振…… 540
米淑琴…… 213
米万琴…… 549
米玉姑…… 250

[miao]
苗宝成…… 489
苗德先…… 482
苗　青…… 560
苗润楼…… 553
苗文彬…… 297

[min]
闵恩营…… 161

[mo]
莫德灿…… 138
莫恒富…… 661
莫　健…… 242
莫瑞绮…… 328
莫守梅…… 464
莫秀珍…… 583

[mou]
穆瑞林…… 140

N

[na]
那达奎…… 601

[nan]
南猷军…… 299

[ni]
倪　宝…… 715
倪保初…… 411
倪华庭…… 209
倪全忠…… 682
倪诗勇…… 606
倪振初…… 201

[nie]
聂俊华…… 583
聂志萍…… 541

[ning]
宁双哲…… 724

[niu]
牛春国…… 499
牛二棒…… 542
牛冠英…… 285
牛录林…… 324
牛秀兰…… 587
牛志平…… 691
牛尊荣…… 562

O

[ou]
区少芳…… 592

P

[pan]
潘光弼…… 363
潘克香…… 491
潘秋元…… 574
潘升华…… 304
潘世光…… 526
潘顺高…… 222
潘禹然…… 282
潘泽林…… 660

[pang]
庞明凤…… 182
庞善玉…… 140
庞双吉…… 543
庞秀淑…… 503
庞永元…… 201

[pei]
裴　棐…… 720
裴俊英…… 491
裴悌云…… 222
裴庭奇…… 398
裴玉华…… 420

[peng]
彭殿琪…… 362
彭光玉…… 620
彭桂芬…… 592
彭洪章…… 381
彭金莲…… 669
彭金荣…… 390
彭林华…… 573
彭　玫…… 680
彭佩民…… 598
彭全发…… 362
彭树华…… 336
彭　涛…… 702
彭细恒…… 381
彭玉鑫…… 311
彭玉宗…… 419
彭正国…… 166
彭祖坤…… 191

[ping]
平　忠…… 703

[piao]
朴吉滢…… 539
朴素贞…… 506

Q

[qi]
戚丰玉…… 155
戚美贞…… 319
戚务英…… 623
漆惠玲…… 312
亓汝爱…… 470
亓汝柏…… 678
齐安吉…… 679
齐国祯…… 405
齐浩然…… 415
齐吉通…… 338
齐克敬…… 455
齐士及…… 511
齐玉林…… 405
齐志祥…… 447
祁凤书…… 415

[qian]
钱仁福…… 175
钱如高…… 220
钱婉萍…… 688
钱文华…… 606
钱文娟…… 310
钱小毛…… 173
钱耀泽…… 234
钱逸平…… 720
钱镇龙…… 329
钱志昌…… 318
钱忠伟…… 640

[qiao]
乔继红…… 691
乔继雷…… 722
乔　木…… 172

乔善宇…… 463

[qin]
秦德凤…… 510
秦福平…… 677
秦怀信…… 536
秦梅花…… 611
秦秀萍…… 355
秦　阳…… 581
秦永生…… 463
秦占杰…… 539
秦志强…… 711
覃秀娟…… 598
覃正群…… 251
覃正尧…… 467

[qiu]
邱晨曦…… 716
邱晨旭…… 688
邱继春…… 716
邱素莲…… 292
邱文英…… 292
邱子政…… 180
裘东平…… 320

[qu]
屈安志…… 297
屈树群…… 669
屈耀武…… 410
瞿润炎…… 222
瞿献高…… 467
瞿长琪…… 356
曲培芝…… 369
曲淑仪…… 386
曲兆林…… 647

[quan]
全润娥…… 476

R

[ran]
冉银起…… 414

[ren]
任百胜…… 576
任炳英…… 286
任潮海…… 588
任和平…… 532
任鸿臻…… 450
任惠英…… 177
任景秀…… 332
任利民…… 651
任林兴…… 519
任清波…… 431
任尚华…… 628
任书玉…… 628
任淑坤…… 431
任淑学…… 187
任宪德…… 256
任　颖…… 629
任　俞…… 700
任　远…… 613
任月娥…… 646
任兆福…… 458

[rong]
荣家亮…… 299

[ruan]
阮　刚…… 519
阮国珍…… 515
阮振香…… 426

S

[shan]
单钦贡…… 385

[sang]
桑诚斌…… 301

[sha]
沙朝均…… 293
沙善民…… 565

[shang]
商志敏…… 557
尚学茹…… 637

[shao]
邵瑾荣…… 182
邵坤鑫…… 328
邵连生…… 209
邵萍霞…… 715
邵荣丽…… 677
邵志顺…… 393
邵中奇…… 427

[she]
佘玉瑾…… 434

[shen]
申锡纯…… 285
申永联…… 187
申长利…… 546
沈宝珍…… 595
沈承俊…… 551
沈传云…… 592
沈汉江…… 245
沈浩然…… 361
沈洪涛…… 686
沈惠清…… 455
沈建新…… 570
沈　健…… 570
沈景贵…… 481
沈来昌…… 137
沈美英…… 364
沈佩萍…… 361
沈荣洲…… 246
沈绍儒…… 347
沈士芬…… 541
沈淑英…… 293
沈伟荣…… 507
沈芝兰…… 180

[sheng]
盛怀恩…… 185

盛莉娟…… 487
盛林春…… 336

[shi]
师万生…… 512
施国华…… 670
施　红…… 687
施惠林…… 355
施连舫…… 234
施文江…… 529
石大明…… 518
石关生…… 426
石广玉…… 285
石桂荣…… 475
石宏才…… 403
石金洪…… 263
石明海…… 369
石绍利…… 679
石文琨…… 532
石义荣…… 414
石长春…… 382
石珍梅…… 516
石志晶…… 199
时继东…… 534
时振清…… 460
史才金…… 305
史春人…… 305
史德才…… 169
史二喜…… 286
史改兰…… 594
史海泉…… 714
史丽文…… 366
史洛套…… 338
史美凤…… 673
史青录…… 403
史天培…… 400
史天生…… 713
史文玉…… 321
史有宾…… 205
史占铎…… 430

[shu]
舒立珍…… 312
舒占荣…… 130

[si]
司向华…… 476
司长连…… 422

[song]
宋宝森…… 317
宋昌业…… 224
宋成立…… 481
宋崇贤…… 325
宋春山…… 495
宋奉勤…… 317
宋贵祯…… 272
宋桂荣…… 471
宋国军…… 543
宋海民…… 565
宋洪彬…… 695
宋继忠…… 495
宋家宁…… 239
宋昆山…… 135
宋　莉…… 716
宋连杰…… 602
宋佩斌…… 293
宋世昌…… 333
宋树茂…… 570
宋文荣…… 293
宋新玉…… 579
宋新泽…… 195
宋秀华…… 648
宋延韶…… 521
宋砚田…… 501
宋玉林…… 155
宋正锦…… 388
宋　智…… 293
宋遵道…… 507

[su]
苏保义…… 533
苏传芬…… 611
苏传华…… 692
苏春成…… 648
苏殿祯…… 451
苏东京…… 398
苏凤琴…… 520
苏桂芳…… 631
苏洪礼…… 596
苏惠芳…… 587
苏计昌…… 378
苏　俭…… 708
苏健婴…… 596
苏敏敏…… 213
苏齐荣…… 589
苏庆禄…… 406
苏全珍…… 238
苏文波…… 460
苏文义…… 617
苏锡刚…… 549
苏学波…… 490
苏长锁…… 478
苏振英…… 289

[sui]
隋树兰…… 491

[sun]
孙伯源…… 206
孙春梅…… 577
孙福宏…… 631
孙富贵…… 415
孙桂宗…… 268
孙吉寿…… 171
孙继新…… 268
孙建平…… 721
孙建义…… 601
孙　杰…… 673
孙晋云…… 289
孙景明…… 141
孙静颖…… 565
孙九如…… 203
孙菊岭…… 601
孙俊记…… 268
孙俊卿…… 406
孙昆夏…… 478
孙良宏…… 577

孙良文…… 432
孙孟东…… 586
孙明佩…… 178
孙明新…… 583
孙培贤…… 307
孙 蓬…… 714
孙品英…… 145
孙庆才…… 568
孙庆芬…… 451
孙庆海…… 478
孙汝庚…… 288
孙莎沙…… 674
孙绍勤…… 661
孙社芬…… 577
孙圣章…… 339
孙盛惜…… 495
孙诗圣…… 145
孙士杰…… 268
孙书信…… 128
孙淑华…… 589
孙顺地…… 631
孙 颂…… 208
孙 涛…… 583
孙同生…… 652
孙维成…… 595
孙文海…… 338
孙秀法…… 609
孙秀芬…… 646
孙秀菊…… 704
孙秀琴…… 268
孙秀云…… 609
孙旭文…… 155
孙绪策…… 203
孙学海…… 478
孙学用…… 520
孙彦斌…… 141
孙彦博…… 194
孙晏书…… 506
孙雁君…… 400
孙永聚…… 440
孙永美…… 470
孙 勇…… 621
孙勇军…… 722
孙友歧…… 378
孙渝环…… 701
孙玉厚…… 494
孙玉琦…… 132
孙玉泰…… 128
孙玉霞…… 705
孙月英…… 621
孙长春…… 692
孙长源…… 268
孙 钊…… 415
孙照录…… 129
孙 治…… 494
孙子谋…… 168

[suo]
索宪法…… 658

T

[tan]
谭柏源…… 351
谭红咏…… 717
谭胡妹…… 386
谭琴英…… 668
谭绍纲…… 682
谭淑焕…… 473
谭秀华…… 609
谭亚利…… 644

[tang]
汤福禄…… 494
汤 敏…… 582
汤名武…… 203
汤其盛…… 447
汤巧玲…… 714
汤颂光…… 306
唐存勖…… 153
唐东明…… 620
唐凤羽…… 462
唐行礼…… 319
唐开福…… 185
唐莉红…… 723
唐莉萍…… 698
唐巧玲…… 641
唐若蕴…… 279
唐绍荣…… 221
唐守文…… 399
唐松友…… 330
唐素真…… 251
唐小兰…… 668
唐秀国…… 380
唐雁平…… 724
唐英功…… 342
唐长锁…… 526
唐振云…… 486

[tao]
陶宝勇…… 623
陶宝智…… 649
陶保福…… 411
陶大银…… 563
陶建华…… 641
陶 杰…… 684
陶 洁…… 342
陶开典…… 242
陶开杰…… 242
陶瑞平…… 197
陶晓虹…… 231
陶秀荣…… 301

[tian]
田殿银…… 264
田恩亭…… 286
田桂兰…… 621
田桂珍…… 589
田桂珠…… 679
田国登…… 613
田汉芝…… 568
田鸿牛…… 499
田 杰…… 627
田金录…… 193
田金有…… 403
田清海…… 516
田 秋…… 443
田瑞云…… 193

田润志…… 627
田胜才…… 236
田世芳…… 250
田淑萍…… 691
田素云…… 627
田同道…… 286
田锡三…… 144
田秀英…… 519
田秀珍…… 615
田银芝…… 377
田友玲…… 627
田玉镜…… 286
田占芳…… 627
田振华…… 199
田振琦…… 468
田正春…… 286
田志棉…… 331
田　筑…… 430

[tong]
佟惠兰…… 180
佟继业…… 551
佟祥兰…… 383
佟又敏…… 308
童希平…… 643

[tu]
屠赞和…… 714

W

[wan]
万福荣…… 260
万金书…… 425
万树言…… 465
万武久…… 513
万小坤…… 715
万　馨…… 725
万星现…… 211
万学峰…… 514

[wang]
汪彩银…… 330
汪传章…… 316
汪德惠…… 569
汪海涛…… 227
汪惠英…… 194
汪慧玲…… 662
汪嘉声…… 214
汪连珍…… 495
汪禄生…… 661
汪青梅…… 602
汪秋梅…… 664
汪祥和…… 585
汪新钟…… 622
汪秀珍…… 569
汪　战…… 387
汪灼生…… 534
王阿根…… 144
王爱华…… 721
王爱玲…… 564
王爱明…… 327
王安熙…… 498
王宝山…… 546
王保祥…… 262
王本友…… 505
王冰华…… 320
王炳义…… 252
王才华…… 465
王才旺…… 304
王昌民…… 262
王　超…… 567
王朝美…… 371
王成根…… 345
王成金…… 528
王成礼…… 498
王成祥…… 207
王承荣…… 459
王春富…… 159
王春华…… 156
王春华…… 647
王春生…… 610
王春彦…… 458
王翠金…… 263
王大权…… 677
王道云…… 618
王德纯…… 475
王德海…… 611
王德胜…… 626
王登基…… 426
王迪津…… 575
王东林…… 143
王恩敏…… 474
王恩普…… 284
王恩余…… 235
王尔邦…… 517
王二全…… 545
王　芳…… 706
王丰太…… 373
王凤禄…… 428
王凤先…… 690
王凤燕…… 261
王伏林…… 371
王福均…… 176
王福全…… 263
王福祥…… 164
王福长…… 211
王振财…… 564
王庚乐…… 283
王功成…… 545
王光和…… 690
王桂红…… 327
王桂兰…… 376
王桂林…… 149
王桂梅…… 562
王桂芹…… 669
王桂如…… 176
王桂英…… 373
王桂英…… 402
王国范…… 700
王国生…… 559
王国忠…… 625
王行俊…… 283
王　杭…… 575
王　浩…… 459

王　浩……475
王和平……618
王荷生……531
王鹤林……218
王　虹……169
王洪胜……225
王鸿儒……546
王厚坤……528
王华英……566
王华元……429
王化东……260
王怀武……575
王　会……128
王　惠……714
王慧琴……589
王济棠……678
王继福……199
王继红……668
王继宗……199
王加增……429
王家鸣……690
王家治……262
王嘉驹……499
王建华……678
王建军……376
王　健……368
王杰天……198
王金凤……381
王金华……337
王金乱……429
王金堂……176
王金铁……262
王锦福……136
王锦秋……202
王进步……670
王荆州……395
王景富……707
王敬伍……518
王　静……337
王君滂……644
王俊昌……205
王开强……649
王　凯……244
王抗美……625
王克臣……429
王　宽……423
王昆岗……283
王腊仙……284
王来法……136
王里仓……425
王理均……284
王立淳……320
王丽娟……684
王连元……459
王良祥……139
王两已……244
王临仙……616
王　玲……563
王玲娣……248
王玲仙……690
王　龙……402
王龙富……545
王龙吟……283
王龙源……235
王伦阁……458
王伦生……493
王梅生……494
王美华……625
王梦麟……284
王　敏……722
王敏桂……470
王名权……360
王明卿……544
王明喜……365
王墨儒……475
王年山……469
王宁保……305
王　品……661
王　萍……518
王　萍……599
王　岐……252
王启发……720
王启平……465
王强跃……715
王巧明……512
王琴华……199
王清元……620
王庆林……649
王秋雯……313
王仁星……512
王　茸……337
王　儒……305
王若兰……665
王善杰……505
王少林……345
王绍聿……232
王升荣……544
王生安……530
王士湘……244
王士云……428
王士忠……223
王世春……244
王世珍……505
王式云……598
王守林……614
王守仁……211
王守玉……262
王书田……261
王淑芬……690
王淑娟……576
王淑军……707
王淑敏……599
王淑琴……430
王淑霞……430
王淑珍……684
王述祖……518
王树臣……492
王树民……352
王树森……498
王树山……690
王树新……252
王素萍……598
王素云……394
王孙峰……672
王太和……425
王庭斌……284
王　婷……626
王　通……462

王通和…… 440
王同芝…… 598
王万德…… 373
王维先…… 159
王卫东…… 493
王文慧…… 283
王文利…… 394
王文林…… 283
王文敏…… 680
王文秀…… 562
王文玉…… 261
王希森…… 468
王喜才…… 498
王喜民…… 546
王先华…… 443
王香平…… 543
王晓菊…… 567
王晓梅…… 626
王晓荣…… 676
王新爱…… 576
王新华…… 626
王新宇…… 518
王　信…… 429
王　兴…… 192
王兴国…… 360
王兴彦…… 546
王秀川…… 680
王秀兰…… 474
王秀琴…… 690
王秀婷…… 206
王秀英…… 376
王秀英…… 625
王绪政…… 707
王学斐…… 498
王学礼…… 625
王学梅…… 714
王学群…… 262
王雪芳…… 356
王　勋…… 360
王　艳…… 566
王艳琴…… 575
王艳珍…… 430
王耀忠…… 662
王　义…… 304
王　艺…… 187
王　毅…… 499
王毅刚…… 263
王　引…… 313
王永安…… 336
王永录…… 429
王永顺…… 261
王永先…… 682
王永兴…… 249
王永学…… 202
王永忠…… 514
王　勇…… 699
王勇斗…… 670
王友金…… 176
王友力…… 624
王有民…… 217
王玉春…… 531
王玉德…… 402
王玉刚…… 566
王玉奎…… 474
王玉萍…… 449
王玉泉…… 474
王玉泉…… 527
王玉荣…… 474
王玉武…… 624
王玉英…… 331
王玉英…… 473
王玉珍…… 283
王玉芝…… 399
王远赛…… 167
王悦明…… 626
王再兴…… 159
王赞韶…… 202
王造福…… 337
王则荣…… 261
王增海…… 616
王增田…… 562
王占东…… 469
王占海…… 545
王占兴…… 261
王占宗…… 676
王召南…… 337
王兆金…… 625
王兆荣…… 252
王兆英…… 688
王振刚…… 284
王振民…… 468
王振兴…… 474
王震东…… 212
王镇生…… 612
王正根…… 566
王正华…… 625
王政林…… 595
王志芳…… 609
王志刚…… 668
王志惠…… 721
王志民…… 518
王志有…… 588
王志贞…… 421
王智生…… 645
王忠义…… 546
王仲先…… 365
王重旭…… 217
王琢昆…… 543
王自靖…… 176
王祖伟…… 585

[wei]
韦德忠…… 192
卫玉茹…… 582
尉银海…… 202
蔚启民…… 216
魏伯荣…… 164
魏　超…… 538
魏春凤…… 345
魏光辉…… 173
魏桂荣…… 320
魏汉禄…… 158
魏建国…… 663
魏金梅…… 560
魏金祥…… 304
魏金元…… 623
魏　铭…… 252
魏庆华…… 345

魏荣根…… 473
魏苏静…… 645
魏文超…… 529
魏锡坡…… 488
魏喜玉…… 672
魏晓京…… 623
魏秀荣…… 702
魏长瑞…… 216
魏　忠…… 607

[wen]
温根波…… 683
温金宝…… 574
温连枝…… 660
温彦华…… 373
文皓辉…… 285
文毅民…… 595
文　友…… 455
文长松…… 263
文祖国…… 448
问庭欣…… 494

[weng]
翁金武…… 620

[wu]
邬宇众…… 576
毋树金…… 391
毋树银…… 373
毋孝民…… 650
吴宝秋…… 379
吴宝群…… 695
吴宝源…… 610
吴必忠…… 529
吴标荣…… 180
吴炳均…… 501
吴伯欣…… 354
吴纯莹…… 174
吴道凤…… 654
吴　迪…… 609
吴芳鳌…… 209
吴福生…… 495
吴功信…… 350
吴国栋…… 321
吴国良…… 137
吴和臣…… 194
吴和春…… 560
吴宏建…… 480
吴宏良…… 354
吴怀光…… 364
吴建华…… 653
吴江波…… 671
吴锦石…… 239
吴俊岭…… 664
吴魁元…… 161
吴立维…… 171
吴立云…… 180
吴丽丽…… 618
吴丽艳…… 569
吴清云…… 490
吴荣福…… 307
吴荣兴…… 407
吴尚贤…… 407
吴生武…… 653
吴士发…… 507
吴世菊…… 214
吴素珍…… 501
吴　涛…… 654
吴希敏…… 272
吴想正…… 521
吴晓红…… 676
吴兴义…… 350
吴兴元…… 534
吴秀荣…… 224
吴伊玲…… 590
吴宜芳…… 245
吴宜祥…… 602
吴英智…… 249
吴玉珍…… 469
吴增平…… 521
吴兆铨…… 230
吴珍爱…… 633
吴志远…… 480
吴中荣…… 695
吴忠贵…… 551
吴忠旺…… 590
伍厚琼…… 716
伍惠芬…… 593
伍惠英…… 324
伍　新…… 250
武成平…… 705
武莲芳…… 591
武少英…… 496
武思荣…… 611
武素敏…… 560

X

[xi]
奚广秀…… 449
席连荣…… 143
席清杰…… 658
席廷玉…… 319

[xia]
夏宝卿…… 572
夏桂珍…… 609
夏金岭…… 485
夏竞芳…… 197
夏铭鼎…… 561
夏秋霞…… 581
夏荣华…… 572
夏水泉…… 335
夏松平…… 525
夏英芹…… 697
夏友芳…… 310
夏长清…… 572
夏昭昌…… 251
夏振钤…… 389
夏志强…… 224

[xian]
仙教化…… 650

[xiang]
相金发…… 496
向方荣…… 306
向　晖…… 671

向济民…… 248
向亮华…… 669
向太清…… 651
项　如…… 350
项书臣…… 158

[xiao]
肖德新…… 272
肖国保…… 619
肖汉明…… 621
肖厚清…… 445
肖会雨…… 613
肖建华…… 596
肖金城…… 292
肖金岭…… 179
肖开英…… 350
肖立汉…… 395
肖明利…… 387
肖庆玉…… 653
肖仁发…… 358
肖绍良…… 131
肖淑珍…… 387
肖蜀平…… 700
肖文斌…… 694
肖晓莉…… 664
肖焱平…… 718
肖玉泉…… 434
肖章海…… 466
肖章禄…… 340
肖振斌…… 613

[xie]
颉文水…… 462
解居臣…… 537
解菊红…… 584
解世彬…… 643
解雨来…… 712
谢德亮…… 221
谢殿峰…… 594
谢芳庭…… 149
谢桂林…… 610
谢　宏…… 586
谢家鑫…… 198
谢金生…… 558
谢林芳…… 373
谢卿作…… 613
谢荣新…… 705
谢胜才…… 386
谢松云…… 562
谢文康…… 574
谢文礼…… 660
谢希宗…… 163
谢燕华…… 699
谢永琴…… 370
谢长江…… 303

[xin]
辛永利…… 481

[xing]
邢海生…… 545
邢守良…… 648
邢树昌…… 431
邢晰苑…… 203
邢玉文…… 414

[xiong]
熊国良…… 363
熊　忠…… 243

[xiu]
修吉庆…… 463

[xu]
徐宝珍…… 411
徐道逊…… 278
徐道真…… 427
徐德林…… 640
徐定镇…… 667
徐定铮…… 610
徐端庭…… 190
徐敦才…… 411
徐发顺…… 720
徐凤云…… 566
徐广祥…… 385
徐桂兰…… 556
徐国兰…… 617
徐国平…… 142
徐海明…… 348
徐　惠…… 486
徐惠坤…… 529
徐济安…… 138
徐建国…… 342
徐　谨…… 300
徐井水…… 348
徐立祥…… 716
徐莉莎…… 663
徐良甫…… 148
徐玲珍…… 658
徐明功…… 323
徐培生…… 454
徐　萍…… 658
徐全志…… 541
徐润涛…… 438
徐世范…… 278
徐书元…… 525
徐　硕…… 583
徐松娣…… 473
徐伟志…… 672
徐慰国…… 397
徐文明…… 148
徐文秀…… 595
徐武英…… 220
徐西轩…… 370
徐先林…… 318
徐学敏…… 525
徐学勤…… 536
徐义光…… 541
徐银普…… 300
徐应祥…… 249
徐永亮…… 485
徐玉林…… 508
徐玉卿…… 525
徐长发…… 508
徐振全…… 537
徐振英…… 485
徐芝桦…… 591

徐竹生……504
徐卓民……606
徐宗民……525
徐宗善……158
徐宗尧……359
徐祖福……142
徐　佐……485
许道纪……515
许殿林……527
许贯中……315
许汉清……178
许建良……600
许静安……394
许静文……193
许连山……540
许连升……415
许龙启……631
许　启……587
许玉香……477
许云茂……405
许正明……612
许志富……238

[xuan]
宣恒淦……190
宣建生……277
宣美英……147
宣忠华……456

[xue]
薛保勤……582
薛大国……344
薛国庆……706
薛金秀……139
薛良炎……644
薛淑敏……558
薛玉香……454
薛中华……660
薛　忠……538

Y

[yan]
闫殿俊……352
闫关东……188
闫建党……692
闫金海……226
闫金堂……288
闫立兵……568
闫瑞泉……630
闫守正……460
闫秀琴……549
闫　英……367
闫永昌……463
闫长庚……477
闫振凯……707
严举贤……328
严童贵……432
严学云……423
严忠如……667
晏德禄……456
晏桂珍……658

[yang]
阳厚福……512
阳正兰……371
阳宗华……609
杨蔼华……447
杨宝坤……434
杨宝录……550
杨宝善……271
杨宝生……471
杨宝芝……578
杨　彬……210
杨秉富……271
杨成华……358
杨成荣……200
杨传金……179
杨传忠……596
杨春泉……393
杨代娅……271
杨德利……455
杨德山……407
杨德生……694
杨德修……458
杨　鼎……248
杨风林……161
杨凤琴……188
杨凤清……534
杨广栋……669
杨贵宝……619
杨桂珍……471
杨国华……662
杨国荣……681
杨　鹤……227
杨洪轩……253
杨家忠……179
杨九林……307
杨聚明……292
杨俊德……709
杨俊莲……683
杨开耀……416
杨克鹤……208
杨魁兰……633
杨腊喜……466
杨乐安……565
杨立群……515
杨立滋……194
杨连儒……632
杨伦昌……407
杨敏华……239
杨木华……466
杨鹏举……501
杨棋樟……466
杨　卿……551
杨庆俭……145
杨　权……434
杨　群……703
杨儒善……391
杨寿先……358
杨淑兰……590
杨素华……686
杨素娟……686
杨同生……550
杨万波……521
杨望香……395
杨文贵……406

杨文荣…… 227
杨文翔…… 315
杨文章…… 127
杨锡臣…… 316
杨喜顺…… 632
杨香记…… 271
杨晓天…… 534
杨　孝…… 340
杨新国…… 291
杨　信…… 447
杨兴友…… 333
杨绪飞…… 166
杨学书…… 550
杨义杰…… 378
杨银牌…… 271
杨英勋…… 550
杨永钧…… 245
杨永林…… 383
杨有堂…… 466
杨有义…… 434
杨佑卿…… 238
杨玉斌…… 433
杨玉春…… 471
杨玉华…… 333
杨玉洁…… 379
杨玉兰…… 354
杨玉琴…… 587
杨毓凤…… 480
杨元英…… 353
杨远千…… 208
杨月娥…… 391
杨云江…… 480
杨运珊…… 316
杨灶土…… 291
杨增宪…… 551
杨占忠…… 460
杨长根…… 446
杨长生…… 588
杨志超…… 218
杨志兰…… 593
杨仲贤…… 563
杨祖德…… 238
姚竹梅…… 647
要恒祥…… 341
要玉萍…… 585

[yao]
么玉祥…… 624
么子臣…… 360
姚保洪…… 713
姚凤奎…… 367
姚慧生…… 385
姚锦龙…… 697
姚菊珍…… 184
姚　起…… 299
姚圣英…… 472
姚陶生…… 671
姚维兰…… 457
姚文林…… 418
姚学善…… 701
姚宜奎…… 184
姚玉发…… 367
姚志官…… 524

[ye]
叶方剑…… 167
叶凤昆…… 650
叶桂兰…… 313
叶惠民…… 646
叶经斌…… 599
叶　钧…… 382
叶美兰…… 313
叶乃贵…… 449
叶年治…… 330
叶瑞琪…… 313
叶淑美…… 369
叶治经…… 305
叶卓升…… 592

[yi]
易北迎…… 644
易承寄…… 254
易红梅…… 637
易金珍…… 196
易南初…… 424
易　云…… 140
易志明…… 716

[yin]
阴法海…… 353
殷昌雄…… 467
殷国强…… 225
殷维启…… 208
殷文辉…… 448
殷芝祥…… 640
尹春林…… 402
尹德新…… 357
尹国英…… 236
尹建国…… 567
尹建国…… 673
尹金锡…… 199
尹克己…… 666
尹　力…… 587
尹　炼…… 587
尹　玲…… 666
尹南洲…… 356
尹树清…… 331
尹喜明…… 421
尹　兴…… 499
尹秀岭…… 540
尹学玉…… 666
尹燕琪…… 192
尹耀华…… 212

[ying]
应书光…… 245

[you]
游本厚…… 206
游振邦…… 537

[yu]
于　北…… 689
于翠荣…… 614
于德利…… 260
于桂玲…… 428
于国旗…… 624
于翰林…… 282

于继新…… 598
于金用…… 670
于立芬…… 468
于庆祥…… 282
于汝海…… 706
于淑德…… 336
于水芝…… 558
于素玲…… 584
于天维…… 149
于文祥…… 531
于学哲…… 192
于学周…… 132
于长兴…… 473
于振声…… 156
于志美…… 624
余爱华…… 354
余彩莹…… 367
余陈荣…… 189
余承冀…… 665
余玉普…… 383
余云凤…… 354
余占儒…… 481
余志道…… 155
余竺林…… 321
俞占鳌…… 126
俞振富…… 484
虞良品…… 186
禹成七…… 536
玉荣绵…… 136
郁维哲…… 384
喻汉洲…… 360
喻建强…… 281
喻建新…… 582
喻忠林…… 659

[yuan]
袁朝熠…… 719
袁存厚…… 657
袁大兴…… 503
袁光煜…… 300
袁国英…… 525
袁华雄…… 359
袁济群…… 619
袁　健…… 148
袁　凯…… 606
袁克文…… 335
袁　廉…… 309
袁履安…… 508
袁　敏…… 620
袁明广…… 716
袁秋芬…… 668
袁蓉华…… 375
袁　慎…… 169
袁天成…… 255
袁天印…… 278
袁维清…… 335
袁秀清…… 278
袁秀文…… 453
袁宜根…… 228
袁有成…… 278
袁玉芳…… 531
袁玉珍…… 422
袁长富…… 443
袁兆璋…… 148
袁振江…… 472
袁中平…… 605
原敬民…… 380
原　青…… 702
原世久…… 556
原有成…… 204
远　征…… 631
苑国欣…… 372
苑里军…… 636
苑振爱…… 553
苑振河…… 334
苑志斌…… 341

[yue]
岳文甫…… 496

Z

[zang]
臧文东…… 513
臧　定…… 222
臧尔谦…… 320
臧荣华…… 329
臧铁诚…… 235
臧同林…… 439
臧文东…… 513
臧孝珍…… 514

[zeng]
曾嫦英…… 607
曾和平…… 509
曾民生…… 191
曾年生…… 573
曾庆鑫…… 643
曾宪东…… 574
曾宪皋…… 235
曾祥义…… 574
曾学岩…… 412

[zha]
查顺昌…… 446

[zhai]
翟　金…… 442
翟启忠…… 303
翟庆录…… 420
翟松彩…… 365
翟小五…… 488
翟雨芬…… 413
翟云康…… 135
翟振国…… 538

[zhan]
詹多松…… 170
詹学元…… 612
展宪宗…… 342
战广学…… 334

[zhang]
张爱国…… 603
张爱玉…… 562
张宝辰…… 274
张宝国…… 634
张宝珩…… 224

张宝莲…… 195
张宝莲…… 579
张宝林…… 295
张宝山…… 488
张宝英…… 200
张宝昱…… 719
张保全…… 592
张　本…… 435
张秉廉…… 408
张秉仁…… 133
张秉智…… 317
张炳宪…… 182
张　彩…… 457
张　昌…… 634
张昌运…… 527
张朝阳…… 517
张成发…… 435
张成良…… 240
张成如…… 333
张承根…… 388
张崇权…… 325
张传秀…… 633
张春经…… 535
张春轩…… 392
张春斋…… 560
张春贞…… 295
张翠云…… 196
张达人…… 384
张道芳…… 326
张定平…… 705
张东振…… 195
张法栋…… 634
张　帆…… 273
张　芳…… 686
张芳利…… 395
张芳芹…… 689
张峰太…… 635
张凤龙…… 510
张凤岐…… 256
张凤山…… 502
张奉春…… 633
张　福…… 409
张福林…… 719
张福生…… 369
张福生…… 448
张福智…… 358
张富保…… 134
张富中…… 696
张　刚…… 722
张　皋…… 655
张根深…… 361
张光富…… 674
张光喜…… 466
张光作…… 294
张广笙…… 137
张广义…… 142
张贵春…… 502
张桂平…… 482
张桂生…… 146
张国华…… 233
张国俊…… 677
张国秀…… 664
张海军…… 676
张海平…… 635
张荷叶…… 616
张恒造…… 347
张　宏…… 723
张洪军…… 442
张鸿凤…… 646
张会珍…… 718
张惠元…… 553
张吉才…… 552
张济国…… 388
张继良…… 274
张继琴…… 675
张嘉友…… 442
张建伟…… 695
张建文…… 686
张建新…… 655
张建须…… 441
张建宇…… 552
张　健…… 196
张　金…… 295
张　金…… 482
张金萍…… 700
张金茹…… 408
张金祥…… 340
张金玉…… 416
张金宗…… 654
张景虎…… 441
张景云…… 655
张敬仁…… 340
张静鹗…… 151
张聚臣…… 492
张　娟…… 723
张　俊…… 420
张　俊…… 502
张俊峰…… 214
张俊峰…… 535
张俊华…… 724
张俊祥…… 522
张俊秀…… 634
张开润…… 358
张康顺…… 655
张来根…… 137
张立德…… 366
张立华…… 181
张立生…… 496
张良启…… 423
张　凉…… 687
张洛英…… 663
张律芬…… 295
张满栓…… 553
张茂生…… 145
张茂英…… 181
张梅芬…… 189
张美玉…… 539
张门芝…… 239
张明海…… 654
张明琪…… 408
张鸣文…… 634
张　铭…… 695
张乃良…… 614
张沛兴…… 375
张　鹏…… 535
张　平…… 709
张　平…… 709
张普莲…… 594

张黔滨……172
张芹元……227
张　勤……594
张勤然……482
张庆春……435
张庆富……165
张庆堂……709
张庆玉……181
张庆芝……195
张人桂……294
张　仁……131
张　荣……703
张荣良……165
张如新……529
张瑞启……240
张瑞子……296
张润华……322
张润祥……681
张若愚……522
张善奎……535
张尚文……436
张绍芬……695
张慎荣……427
张胜才……274
张胜利……701
张世昌……689
张世华……522
张世铨……231
张仕荣……273
张守香……522
张守忠……257
张书坤……372
张书利……695
张书林……435
张书田……322
张书义……602
张书益……400
张书中……407
张淑芳……207
张淑芬……667
张淑兰……358
张淑琴……571
张淑银……340
张淑英……552
张淑云……603
张淑贞……364
张树美……295
张树明……679
张树仁……452
张双立……294
张水旺……514
张　硕……721
张思敏……452
张素改……635
张素兰……512
张天虎……724
张铁兵……622
张铁林……635
张铁山……686
张铁兴……461
张同忠……570
张维全……553
张文斌……294
张文发……633
张文法……551
张文怀……273
张文兰……490
张文兰……521
张文彦……207
张文英……435
张文占……294
张文忠……162
张希未……340
张锡武……409
张湘生……655
张祥泰……552
张向奎……294
张晓华……570
张晓渠……635
张　欣……603
张新民……254
张新明……665
张新选……655
张兴国……459
张兴义……151
张杏菊……633
张修昂……596
张修伦……181
张秀芬……706
张秀花……436
张秀华……274
张秀荣……322
张秀山……295
张秀亭……408
张秀英……308
张秀英……371
张秀英……545
张秀月……322
张秀云……273
张秀云……689
张绪杰……219
张学斌……579
张学山……369
张学义……219
张雅芳……687
张雅秋……227
张亚男……482
张延雨……461
张　燕……687
张燕辉……591
张耀武……482
张以桢……481
张义英……481
张英杰……172
张　瑛……408
张永池……211
张永贵……654
张永喜……273
张　勇……701
张予竹……681
张雨桐……171
张玉林……162
张玉玲……583
张玉屏……602
张玉琦……416
张玉清……544
张玉生……552
张玉英……633

张玉珍…… 552
张玉珍…… 607
张玉枝…… 371
张育忠…… 539
张裕阜…… 522
张毓梅…… 240
张垣生…… 570
张月光…… 586
张月英…… 347
张跃忠…… 167
张云福…… 375
张泽凯…… 441
张增厚…… 257
张增明…… 274
张增祥…… 616
张增友…… 151
张昭泗…… 527
张兆义…… 195
张振华…… 717
张振家…… 308
张振祥…… 296
张志诚…… 294
张志诚…… 559
张志锟…… 273
张忠乐…… 502
张忠利…… 718
张忠秋…… 189
张子芳…… 489
张子爵…… 233
张子频…… 219
张紫兰…… 635
张宗卷…… 204
张作强…… 340
章北辰…… 497
章继武…… 711
章青华…… 573
章秋梅…… 573
章汪盛…… 330

[zhao]

赵宝珍…… 622
赵保华…… 605
赵　斌…… 608
赵春燕…… 539
赵代业…… 362
赵德义…… 298
赵德英…… 162
赵恩民…… 484
赵　菲…… 484
赵凤菊…… 638
赵凤海…… 657
赵凤霞…… 721
赵凤英…… 639
赵福军…… 710
赵光林…… 605
赵广然…… 682
赵贵才…… 158
赵桂香…… 697
赵国才…… 359
赵国檀…… 174
赵国祥…… 397
赵国绪…… 215
赵国珍…… 702
赵国桢…… 174
赵海生…… 341
赵海一…… 716
赵洪瑞…… 508
赵怀良…… 425
赵惠云…… 328
赵惠智…… 298
赵建云…… 597
赵金库…… 437
赵金荣…… 669
赵经源…… 524
赵景海…… 447
赵景明…… 491
赵久金…… 638
赵菊茂…… 366
赵坤皋…… 140
赵兰香…… 713
赵立华…… 246
赵丽华…… 611
赵连城…… 401
赵民爱…… 721
赵明岐…… 555
赵泮增…… 410
赵佩贞…… 210
赵　平…… 174
赵清山…… 420
赵仁勇…… 444
赵荣显…… 541
赵荣珍…… 298
赵　森…… 469
赵世祺…… 531
赵淑珍…… 437
赵顺利…… 687
赵顺生…… 580
赵素明…… 536
赵太平…… 638
赵天荣…… 638
赵廷泽…… 247
赵庭贵…… 680
赵旺初…… 309
赵　伟…… 566
赵伟华…… 680
赵文图…… 483
赵锡英…… 298
赵锡元…… 585
赵祥仁…… 697
赵新爱…… 247
赵新民…… 437
赵兴才…… 380
赵秀玲…… 190
赵亚东…… 555
赵亚丽…… 710
赵一娟…… 585
赵一敏…… 605
赵永民…… 418
赵永祥…… 379
赵幼军…… 298
赵　玉…… 418
赵玉川…… 710
赵育新…… 341
赵月兰…… 605
赵云浩…… 241
赵允忠…… 464
赵在玑…… 182
赵占良…… 639

赵占廷……204
赵桢祥……130
赵振兵……639
赵振山……448
赵志芳……197
赵志香……380
赵陟华……153
赵忠达……385
赵祝聪……527

[zhen]
甄凤凯……259
甄俊国……643
甄淑辉……558
甄玉梅……175

[zheng]
郑凤梅……417
郑福生……656
郑国旗……543
郑国忠……254
郑汉清……250
郑吉盛……523
郑金华……523
郑久义……190
郑聚仙……615
郑俊儒……436
郑理治……347
郑　旗……717
郑乾戌……169
郑双安……638
郑　顺……535
郑泰永……554
郑万飞……417
郑万玲……496
郑万松……297
郑　贤……510
郑学仁……580
郑亚光……710
郑玉子……507
郑源芳……391
郑增楼……215
郑占军……543
郑哲升……604

[zhi]
支广森……626
支润梅……650
支义宽……337

[zhong]
钟翠珍……588
钟芳洲……524
钟凤英……561
钟其东……162
钟晓东……277
钟振荣……397
仲跻铭……286

[zhou]
周爱民……637
周柏泉……276
周宝生……675
周　冰……152
周秉泽……462
周伯伦……467
周彩芳……554
周常清……427
周崇新……571
周传英……389
周春霖……152
周春玲……535
周纯密……276
周翠琴……580
周翠仙……723
周凤鸣……559
周孚林……489
周光发……241
周贵朴……323
周国吉……152
周国鋆……607
周国柱……424
周汉军……720
周　弘……523
周鸿根……445
周鸿逵……139
周鸿香……190
周厚芬……675
周惠根……379
周继余……554
周稼田……228
周建纯……514
周建新……604
周锦玲……604
周锦玉……554
周景辉……309
周菊香……580
周俊峰……436
周俊英……436
周兰芳……604
周　丽……514
周利臣……723
周　莉……608
周莉琼……530
周良彦……246
周茂友……152
周　密……705
周明清……472
周墨林……234
周谋华……622
周　琦……445
周秋季……436
周仁萱……323
周荣和……258
周瑞娟……372
周瑞林……228
周绍敏……359
周世厚……359
周殊敏……723
周树萍……687
周四喜……696
周通友……347
周望喜……467
周维新……384
周　伟……637
周　卫……554
周文友……370
周武昌……665

周西安…… 257
周显臣…… 571
周兴云…… 197
周　宣…… 703
周学增…… 204
周艳娥…… 571
周英华…… 228
周永江…… 596
周玉梅…… 341
周　煜…… 638
周元芳…… 146
周月英…… 610
周跃欧…… 189
周跃宗…… 483
周泽彦…… 201
周长江…… 535
周兆国…… 696
周智生…… 241
周智翔…… 409
周柱涛…… 254
周祖祥…… 493
周作桃…… 483

[zhu]
朱爱国…… 609
朱秉孝…… 621
朱彩琴…… 683
朱彩求…… 327
朱从洲…… 561
朱存山…… 199
朱飞泉…… 600
朱凤顺…… 684
朱福弟…… 143
朱光华…… 670
朱桂花…… 396
朱华乐…… 628
朱建辉…… 702
朱开成…… 212
朱康斌…… 713
朱连惠…… 327
朱　明…… 404
朱年春…… 700
朱　琦…… 414
朱庆生…… 619
朱三虎…… 600
朱士珍…… 314
朱廷国…… 136
朱文光…… 163
朱武辉…… 134
朱武清…… 685
朱遐宝…… 510
朱秀芬…… 377
朱秀兰…… 465
朱学玲…… 470
朱学山…… 332
朱学珍…… 445
朱益聪…… 691
朱永光…… 265
朱玉红…… 673
朱玉华…… 331
朱元寿…… 666
朱振琴…… 576
朱振山…… 400
朱志平…… 382
朱志香…… 321
祝桂萍…… 485
祝惠滨…… 605
祝振瑜…… 615

[zhuang]
庄翠英…… 703
庄新宝…… 248

[zi]
訾月华…… 676
訾正印…… 563

[zong]
宗少林…… 483

[zou]
邹成华…… 590
邹成英…… 590
邹积德…… 272
邹节法…… 569
邹君政…… 654
邹思梅…… 667

[zu]
祖振华…… 639

[zuo]
左　军…… 567
左俊岩…… 357
左培美…… 324
左舜玲…… 390

列电人简历姓名索引

（按姓名笔画顺序排列）

本书简历，11 位局领导按照任职先后排序，3500 多位干部职工按照入职列电时间排序。

本索引，按姓名笔画顺序排列，即按收录人物姓名第一个字的笔画数顺序排列；笔画数相同者，按笔顺横 [一]、竖 [丨]、撇 [丿]、点 [、]、折 [㇕] 为序排列。第一个字相同者，按第二个字的笔画数和笔顺排列，余类推。姓名完全相同者，按进入列电系统年月顺序排列。

二画

[一]

丁元科…… 561
丁文法…… 248
丁正武…… 515
丁　平…… 623
丁兰贵…… 320
丁　旭…… 259
丁兴久…… 449
丁昌华…… 574
丁树敏…… 198
丁俊玲…… 282
丁菁华…… 588
丁菊明…… 175
丁敬义…… 171
丁曾安…… 232
丁　毅…… 517

[丨]

卜凡志…… 260
卜祥发…… 399

三画

[一]

于天维…… 149
于水芝…… 558
于长兴…… 473
于文祥…… 531
于　北…… 689
于立芬…… 468
于庆祥…… 282
于汝海…… 706
于志美…… 624
于国旗…… 624
于金用…… 670
于学周…… 132
于学哲…… 192
于素玲…… 584
于振声…… 156
于桂玲…… 428
于继新…… 598
于淑德…… 336
于翠荣…… 614
于德利…… 260
于翰林…… 282
万小坤…… 715
万武久…… 513
万金书…… 425
万学峰…… 514
万树言…… 465
万星现…… 211
万福荣…… 260
万　馨…… 725

[丿]

么子臣…… 360
么玉祥…… 624

[、]

门殿卿…… 312

[㇕]

卫玉茹…… 582
马义琴…… 413
马之平…… 336
马天俊…… 468
马元斗…… 244
马凤美…… 370
马凤琴…… 564
马文华…… 352
马文志…… 368
马文英…… 575
马玉珍…… 498
马东升…… 545
马占川…… 282
马占林…… 689
马　申…… 575
马永祥…… 198

马百克…… 349
马贞龙…… 345
马同顺…… 401
马延光…… 454
马华山…… 468
马进孝…… 402
马运乐…… 649
马克珍…… 560
马克家…… 624
马秀芬…… 531
马伯岑…… 143
马改敏…… 706
马林奎…… 304
马金花…… 612
马法厂…… 649
马　波…… 678
马治国…… 376
马树敏…… 244
马秋芝…… 312
马美德…… 473
马洪生…… 517
马洛永…… 127
马素萍…… 684
马爱萍…… 392
马海明…… 217
马祥令…… 413
马清祥…… 260
马淑芳…… 516
马　琢…… 440
马惠彬…… 376
马　鉴…… 260
马照云…… 615
马筱凤…… 624
马新发…… 192
马福祥…… 575
马静华…… 207
马漆波…… 217
马慧萍…… 665
马增荣…… 395
马德泰…… 175
马德惠…… 402

四画

[一]

王二全…… 545
王士云…… 428
王士忠…… 223
王士湘…… 244
王才华…… 465
王才旺…… 304
王大权…… 677
王万德…… 373
王　义…… 304
王卫东…… 493
王丰太…… 373
王开强…… 649
王　艺…… 187
王太和…… 425
王友力…… 624
王友金…… 176
王少林…… 345
王升荣…… 544
王仁星…… 512
王化东…… 260
王凤先…… 690
王凤禄…… 428
王凤燕…… 261
王文玉…… 261
王文利…… 394
王文秀…… 562
王文林…… 283
王文敏…… 680
王文慧…… 283
王　引…… 313
王书田…… 261
王玉芝…… 399
王玉刚…… 566
王玉武…… 624
王玉英…… 331
王玉英…… 473
王玉春…… 531
王玉珍…… 283
王玉荣…… 474
王玉奎…… 474
王玉泉…… 474
王玉泉…… 527
王玉萍…… 449
王玉德…… 402
王巧明…… 512
王正华…… 625
王正根…… 566
王功成…… 545
王世春…… 244
王世珍…… 505
王本友…… 505
王　龙…… 402
王龙吟…… 283
王龙富…… 545
王龙源…… 235
王东林…… 143
王占东…… 469
王占兴…… 261
王占宗…… 676
王占海…… 545
王生安…… 530
王尔邦…… 517
王立淳…… 320
王宁保…… 305
王永先…… 682
王永兴…… 249
王永安…… 336
王永忠…… 514
王永学…… 202
王永录…… 429
王永顺…… 261
王加增…… 429
王召南…… 337
王式云…… 598
王再兴…… 159
王有民…… 217
王成礼…… 498
王成金…… 528
王成根…… 345
王成祥…… 207
王光和…… 690
王同芝…… 598
王则荣…… 261

王年山……469
王先华……443
王伏林……371
王仲先……365
王伦生……493
王伦阁……458
王华元……429
王华英……566
王自靖……176
王行俊……283
王　会……128
王兆英……688
王兆金……625
王兆荣……252
王名权……360
王冰华……320
王庆林……649
王　兴……192
王兴国……360
王兴彦……546
王守仁……211
王守玉……262
王守林……614
王安熙……498
王孙峰……672
王进步……670
王远赛……167
王抗美……625
王志民……518
王志有……588
王志贞……421
王志刚……668
王志芳……609
王志惠……721
王　芳……706
王克臣……429
王两已……244
王丽娟……684
王来法……136
王连元……459
王里仓……425
王　岐……252
王秀川……680
王秀兰……474
王秀英……376
王秀英……625
王秀琴……690
王秀婷……206
王希森……468
王怀武……575
王良祥……139
王启平……465
王启发……720
王君滂……644
王阿根……144
王若兰……665
王　杭……575
王杰天……198
王述祖……518
王昆岗……283
王国生……559
王国范……700
王国忠……625
王昌民……262
王明卿……544
王明喜……365
王迪津……575
王忠义……546
王　凯……244
王和平……618
王金凤……381
王金华……337
王金乱……429
王金铁……262
王金堂……176
王庚乐……283
王学礼……625
王学梅……714
王学斐……498
王学群……262
王宝山……546
王建华……678
王建军……376
王承荣……459
王绍聿……232
王春生……610
王春华……156
王春华……647
王春彦……458
王春富……159
王　玲……563
王玲仙……690
王玲娣……248
王政林……595
王荆州……395
王　茸……337
王树山……690
王树民……352
王树臣……492
王树森……498
王树新……252
王厚坤……528
王临仙……616
王　虹……169
王　品……661
王　勋……360
王香平……543
王秋雯……313
王重旭……217
王保祥……262
王　信……429
王俊昌……205
王庭斌……284
王美华……625
王炳义……252
王洪胜……225
王济棠……678
王祖伟……585
王　勇……699
王勇斗……670
王　艳……566
王艳珍……430
王艳琴……575
王素云……394
王素萍……598
王振民……468
王振刚……284
王振兴……474

王振财…… 564
王荷生…… 531
王桂兰…… 376
王桂如…… 176
王桂红…… 327
王桂芹…… 669
王桂英…… 373
王桂英…… 402
王桂林…… 149
王桂梅…… 562
王晓荣…… 676
王晓菊…… 567
王晓梅…… 626
王恩余…… 235
王恩敏…… 474
王恩普…… 284
王造福…… 337
王　健…… 368
王爱华…… 721
王爱明…… 327
王爱玲…… 564
王　浩…… 459
王　浩…… 475
王悦明…… 626
王　宽…… 423
王家鸣…… 690
王家治…… 262
王　通…… 462
王通和…… 440
王继红…… 668
王继宗…… 199
王继福…… 199
王理均…… 284
王　萍…… 518
王　萍…… 599
王梦麟…… 284
王梅生…… 494
王雪芳…… 356
王　敏…… 722
王敏桂…… 470
王清元…… 620
王鸿儒…… 546
王淑军…… 707
王淑芬…… 690
王淑珍…… 684
王淑娟…… 576
王淑敏…… 599
王淑琴…… 430
王淑霞…… 430
王绪政…… 707
王维先…… 159
王琴华…… 199
王琢昆…… 543
王　超…… 567
王喜才…… 498
王喜民…… 546
王敬伍…… 518
王朝美…… 371
王　惠…… 714
王景富…… 707
王智生…… 645
王腊仙…… 284
王善杰…… 505
王道云…… 618
王强跃…… 715
王　婷…… 626
王登基…… 426
王锦秋…… 202
王锦福…… 136
王新华…… 626
王新宇…… 518
王新爱…… 576
王福长…… 211
王福全…… 263
王福均…… 176
王福祥…… 164
王　静…… 337
王嘉驹…… 499
王翠金…… 263
王慧琴…… 589
王增田…… 562
王增海…… 616
王震东…… 212
王墨儒…… 475
王镇生…… 612
王德纯…… 475
王德胜…… 626
王德海…… 611
王　毅…… 499
王毅刚…… 263
王鹤林…… 218
王赞韶…… 202
王　儒…… 305
王耀忠…… 662
亓汝柏…… 678
亓汝爱…… 470
韦德忠…… 192
支广森…… 626
支义宽…… 337
支润梅…… 650
区少芳…… 592
车仁辉…… 599
车导明…… 167
车启智…… 394

[丿]

丰润兰…… 689
牛二棒…… 542
牛志平…… 691
牛秀兰…… 587
牛录林…… 324
牛春国…… 499
牛冠英…… 285
牛尊荣…… 562
毛丽英…… 647
毛昌金…… 650
毛恩贵…… 352
毛淑琴…… 285
毛惠兰…… 567
毛惠德…… 492
毛燕霞…… 395
公义厚…… 441

[、]

卞述中…… 225
文　友…… 455
文长松…… 263
文祖国…… 448

文皓辉…… 285
文毅民…… 595
亢东生…… 528
亢汉生…… 650
方一民…… 229
方云楚…… 249
方水福…… 685
方有元…… 313
方华香…… 677
方华梅…… 599
方丽华…… 381
方秀兰…… 516
方建舟…… 346
方润屋…… 313
方菊英…… 329
方梅云…… 324
方箴德…… 446
计万元…… 248

[㇕]
尹　力…… 587
尹　兴…… 499
尹克己…… 666
尹秀岭…… 540
尹国英…… 236
尹金锡…… 199
尹学玉…… 666
尹建国…… 567
尹建国…… 673
尹春林…… 402
尹　玲…… 666
尹南洲…… 356
尹树清…… 331
尹　炼…… 587
尹喜明…… 421
尹德新…… 357
尹燕琪…… 192
尹耀华…… 212
孔凡敏…… 285
孔　洁…… 691
孔祥牛…… 691
孔祥春…… 255
孔繁玉…… 236
孔繁英…… 539
孔繁寅…… 666
巴为玲…… 620
邓文谋…… 393
邓　发…… 544
邓吉光…… 255
邓达云…… 165
邓安琪…… 618
邓秀云…… 376
邓秀中…… 212
邓秀亭…… 660
邓钟岱…… 225
邓致逵…… 124
邓淑兰…… 413
邓淑贤…… 420
邓道清…… 368
邓　嘉…… 236
毋孝民…… 650
毋树金…… 391
毋树银…… 373

五画

[一]
玉荣绵…… 136
甘典凤…… 702
甘承裕…… 176
艾志泉…… 531
古理华…… 713
左　军…… 567
左俊岩…… 357
左培美…… 324
左舜玲…… 390
石大明…… 518
石广玉…… 285
石义荣…… 414
石长春…… 382
石文琨…… 532
石关生…… 426
石志晶…… 199
石宏才…… 403
石明海…… 369
石金洪…… 263
石绍利…… 679
石珍梅…… 516
石桂荣…… 475
龙云腾…… 373
龙　军…… 567
龙建萍…… 662
龙　毅…… 517
平　忠…… 703

[丨]
卢凤岐…… 187
卢志明…… 414
卢俊杰…… 403
卢焕良…… 212
卢焕英…… 677
卢焕禹…… 236
卢淑真…… 218
归洪信…… 627
叶乃贵…… 449
叶凤昆…… 650
叶方剑…… 167
叶年治…… 330
叶卓升…… 592
叶治经…… 305
叶经斌…… 599
叶　钧…… 382
叶美兰…… 313
叶桂兰…… 313
叶淑美…… 369
叶惠民…… 646
叶瑞琪…… 313
申长利…… 546
申永联…… 187
申锡纯…… 285
田友玲…… 627
田玉镜…… 286
田正春…… 286
田世芳…… 250
田占芳…… 627
田汉芝…… 568
田同道…… 286

田志棉…… 331
田秀英…… 519
田秀珍…… 615
田　杰…… 627
田国登…… 613
田金有…… 403
田金录…… 193
田　秋…… 443
田胜才…… 236
田素云…… 627
田振华…… 199
田振琦…… 468
田桂兰…… 621
田桂珍…… 589
田桂珠…… 679
田恩亭…… 286
田润志…… 627
田银芝…… 377
田清海…… 516
田鸿牛…… 499
田淑萍…… 691
田　筑…… 430
田瑞云…… 193
田锡三…… 144
田殿银…… 264
史二喜…… 286
史才金…… 305
史天生…… 713
史天培…… 400
史文玉…… 321
史占铎…… 430
史有宾…… 205
史丽文…… 366
史改兰…… 594
史青录…… 403
史春人…… 305
史美凤…… 673
史洛套…… 338
史海泉…… 714
史德才…… 169
冉银起…… 414

[丿]
付戈萍…… 662
付会欣…… 682
付守信…… 159
付连伙…… 159
付家兴…… 650
付继先…… 403
付智琪…… 544
代文富…… 366
代　军…… 684
代　萍…… 704
仙教化…… 650
白乃玺…… 160
白　义…… 131
白　云…… 645
白占春…… 160
白永生…… 430
白存劳…… 540
白　宇…… 700
白金云…… 589
白育红…… 576
白治帮…… 226
白建中…… 547
白建立…… 662
白春桃…… 264
白绪铭…… 584
白增彦…… 396
白耀第…… 442
从日新…… 505
冬渤仓…… 382
包振环…… 398
包祥安…… 144

[、]
冯士峰…… 628
冯大申…… 237
冯万美…… 421
冯元琴…… 264
冯月华…… 475
冯先荣…… 619
冯全友…… 431
冯克明…… 382
冯秀兰…… 499
冯炎申…… 187
冯学信…… 505
冯建刚…… 685
冯春萍…… 593
冯宪英…… 440
冯结连…… 673
冯　振…… 264
冯　健…… 691
冯　敏…… 593
冯善德…… 519
冯福禄…… 431
兰淑梅…… 513
兰鹏富…… 607
宁双哲…… 724

[乛]
司长连…… 422
司向华…… 476
边玉栋…… 223

六画

[一]
邢玉文…… 414
邢守良…… 648
邢树昌…… 431
邢海生…… 545
邢晰苑…… 203
吉长德…… 564
巩福昌…… 505
朴吉滢…… 539
朴素贞…… 506
成君召…… 420
成雪恨…… 357
成源沪…… 223
毕万达…… 346
毕万宗…… 133
毕卫国…… 547
毕永贤…… 264
毕芝龄…… 488
毕乔燕…… 595
毕华序…… 237
毕孝圣…… 628

毕金选……599
毕学平……646
毕跃敏……377
毕庶泽……264

[丨]
师万生……512
曲兆林……647
曲培芝……369
曲淑仪……386
吕万萍……589
吕广生……532
吕广宇……722
吕月兰……707
吕文海……128
吕玉梭……494
吕志书……628
吕志彬……226
吕秀海……599
吕宏兴……377
吕卓华……143
吕柏清……568
吕树海……177
吕美忠……245
吕鸿才……324
吕淑珍……373
吕赞魁……314

[丿]
朱三虎……600
朱士珍……314
朱飞泉……600
朱开成……212
朱元寿……666
朱从洲……561
朱凤顺……684
朱文光……163
朱玉华……331
朱玉红……673
朱永光……265
朱存山……199
朱光华……670
朱年春……700
朱廷国……136
朱华乐……628
朱庆生……619
朱志平……382
朱志香……321
朱连惠……327
朱秀兰……465
朱秀芬……377
朱武清……685
朱武辉……134
朱　明……404
朱秉孝……621
朱学山……332
朱学珍……445
朱学玲……470
朱建辉……702
朱振山……400
朱振琴……576
朱桂花……396
朱爱国……609
朱益聪……691
朱彩求……327
朱彩琴……683
朱康斌……713
朱　琦……414
朱遐宝……510
朱福弟……143
乔　木……172
乔继红……691
乔继雷……722
乔善宇……463
伍厚琼……716
伍惠芬……593
伍惠英……324
伍　新……250
仲跻铭……286
任月娥……646
任书玉……628
任百胜……576
任兆福……458
任　远……613
任利民……651
任林兴……519
任尚华……628
任和平……532
任　俞……700
任炳英……286
任宪德……256
任清波……431
任鸿臻……450
任淑坤……431
任淑学……187
任惠英……177
任景秀……332
任　颖……629
任潮海……588
华立明……506
华应岚……237
向太清……651
向方荣……306
向亮华……669
向济民……248
向　晖……671
全润娥……476
邬宇众……576

[、]
庄新宝……248
庄翠英……703
刘一荣……325
刘乃器……547
刘大生……325
刘大安……446
刘大保……513
刘万山……165
刘小良……265
刘广平……679
刘广安……459
刘广忠……377
刘广顺……193
刘卫国……265
刘卫泽……576
刘卫珍……547
刘丰盈……396
刘开万……651

刘开敏…… 287
刘云香…… 616
刘长久…… 683
刘长英…… 671
刘月轩…… 366
刘月娥…… 352
刘凤朵…… 314
刘引江…… 493
刘书灿…… 464
刘玉云…… 670
刘玉生…… 321
刘玉兰…… 707
刘玉英…… 651
刘玉林…… 160
刘玉斌…… 568
刘正生…… 568
刘正伟…… 629
刘世燕…… 177
刘本权…… 585
刘丙军…… 377
刘东权…… 265
刘占欣…… 256
刘仕科…… 177
刘白村…… 568
刘立华…… 287
刘兰亭…… 287
刘汉宗…… 177
刘永臣…… 252
刘永俊…… 154
刘芝臣…… 130
刘　权…… 237
刘西来…… 629
刘在欣…… 561
刘成海…… 547
刘光有…… 612
刘光荣…… 400
刘伟勤…… 707
刘延鑑…… 212
刘向朵…… 651
刘兆华…… 542
刘兆明…… 450
刘兴汉…… 470
刘红光…… 666
刘红梅…… 547
刘纪平…… 383
刘志平…… 673
刘志刚…… 714
刘志安…… 548
刘志英…… 664
刘志国…… 718
刘志欣…… 431
刘志强…… 720
刘克顺…… 426
刘克德…… 187
刘丽娟…… 722
刘丽萍…… 703
刘丽霞…… 576
刘连成…… 629
刘连奎…… 528
刘肖燕…… 615
刘呈河…… 440
刘　秀…… 558
刘秀花…… 614
刘秀芳…… 476
刘秀芳…… 564
刘秀英…… 469
刘秀金…… 314
刘秀珍…… 500
刘秀清…… 450
刘邱生…… 519
刘纯福…… 314
刘茂全…… 256
刘林英…… 600
刘述臣…… 432
刘尚谦…… 432
刘国权…… 126
刘国军…… 680
刘国英…… 548
刘国学…… 237
刘国顺…… 287
刘国桢…… 265
刘明坤…… 450
刘明耀…… 200
刘忠义…… 327
刘忠元…… 361
刘金凤…… 306
刘金祥…… 265
刘金萍…… 568
刘金梅…… 476
刘金榜…… 266
刘庚田…… 338
刘炎明…… 600
刘治安…… 692
刘治英…… 306
刘学安…… 200
刘学信…… 512
刘学亮…… 651
刘学铭…… 532
刘学斌…… 223
刘宝花…… 577
刘宝珍…… 548
刘宝慈…… 314
刘宗敏…… 266
刘建民…… 548
刘建明…… 450
刘建萍…… 651
刘建群…… 188
刘承坚…… 476
刘春香…… 619
刘　珏…… 287
刘荣柱…… 213
刘荣厚…… 506
刘荫椒…… 629
刘树福…… 144
刘厚祥…… 394
刘砚田…… 266
刘钦敬…… 361
刘顺福…… 532
刘保生…… 559
刘俊己…… 451
刘俊平…… 548
刘俊灵…… 378
刘　彦…… 660
刘彦明…… 338
刘美玲…… 692
刘炳胜…… 629
刘洪恩…… 490
刘洪勤…… 608

刘冠三…… 127
刘振华…… 330
刘振兴…… 577
刘振远…… 288
刘振伶…… 306
刘振环…… 374
刘振旺…… 346
刘振珂…… 548
刘真林…… 476
刘桂云…… 193
刘桂芝…… 253
刘桂松…… 630
刘桂荣…… 396
刘桂萱…… 613
刘桂福…… 404
刘根堂…… 134
刘晓森…… 157
刘恩硕…… 173
刘恩禄…… 477
刘铁军…… 679
刘铁城…… 455
刘爱卿…… 288
刘海泽…… 477
刘涤华…… 210
刘润轩…… 266
刘继光…… 325
刘培仁…… 226
刘培军…… 630
刘培岩…… 668
刘雪花…… 577
刘曼琴…… 327
刘铭湛…… 593
刘　敏…… 266
刘章堃…… 315
刘焕娣…… 685
刘清华…… 404
刘清珍…… 426
刘清泉…… 404
刘鸿仙…… 266
刘淑英…… 315
刘淑桂…… 423
刘淑梅…… 673
刘淑敏…… 346
刘淑敏…… 610
刘淑鸿…… 267
刘淑琴…… 600
刘淑湘…… 701
刘　瑛…… 630
刘　超…… 404
刘喜花…… 349
刘惠忠…… 288
刘惠荣…… 405
刘惠卿…… 288
刘紫英…… 368
刘景春…… 164
刘景桐…… 477
刘智远…… 178
刘媛媛…… 616
刘　颖…… 679
刘新民…… 618
刘新荣…… 469
刘新莉…… 374
刘新群…… 630
刘慎勤…… 685
刘　福…… 386
刘福生…… 332
刘瑶翡…… 325
刘聚臣…… 332
刘增录…… 267
刘增福…… 548
刘　磊…… 223
刘　德…… 229
刘德才…… 549
刘德义…… 267
刘德林…… 338
刘德忠…… 671
刘燮儒…… 267
刘露霞…… 600
齐士及…… 511
齐玉林…… 405
齐吉通…… 338
齐安吉…… 679
齐志祥…… 447
齐克敬…… 455
齐国祯…… 405
齐浩然…… 415
闫长庚…… 477
闫立兵…… 568
闫永昌…… 463
闫关东…… 188
闫守正…… 460
闫秀琴…… 549
闫　英…… 367
闫金海…… 226
闫金堂…… 288
闫建党…… 692
闫振凯…… 707
闫瑞泉…… 630
闫殿俊…… 352
问庭欣…… 494
关明华…… 652
关惠兰…… 387
米万琴…… 549
米玉姑…… 250
米兰振…… 540
米建旗…… 374
米淑琴…… 213
江大胜…… 630
江仁宪…… 390
江　平…… 346
江尧成…… 233
江竹林…… 477
江仲云…… 563
江秧存…… 540
江德有…… 267
江德寿…… 352
江德贵…… 593
汤巧玲…… 714
汤名武…… 203
汤其盛…… 447
汤颂光…… 306
汤　敏…… 582
汤福禄…… 494
安世平…… 688
安占国…… 685
安永松…… 369
安　民…… 267
安全海…… 542

安守仁…… 150
安志军…… 722
安　林…… 226
安海书…… 593
安继祯…… 357
安智仁…… 532
安魁杰…… 405
安德顺…… 142
祁凤书…… 415
许云茂…… 405
许玉香…… 477
许正明…… 612
许龙启…… 631
许汉清…… 178
许志富…… 238
许连山…… 540
许连升…… 415
许　启…… 587
许建良…… 600
许贯中…… 315
许道纪…… 515
许殿林…… 527
许静文…… 193
许静安…… 394

[㇕]

那达奎…… 601
阮　刚…… 519
阮国珍…… 515
阮振香…… 426
孙九如…… 203
孙士杰…… 268
孙子谋…… 168
孙友岐…… 378
孙长春…… 692
孙长源…… 268
孙月英…… 621
孙文海…… 338
孙书信…… 128
孙玉厚…… 494
孙玉泰…… 128
孙玉琦…… 132
孙玉霞…… 705
孙永美…… 470
孙永聚…… 440
孙圣章…… 339
孙吉寿…… 171
孙同生…… 652
孙旭文…… 155
孙庆才…… 568
孙庆芬…… 451
孙庆海…… 478
孙汝庚…… 288
孙　钊…… 415
孙秀云…… 609
孙秀芬…… 646
孙秀法…… 609
孙秀菊…… 704
孙秀琴…… 268
孙伯源…… 206
孙良文…… 432
孙良宏…… 577
孙社芬…… 577
孙　杰…… 673
孙昆夏…… 478
孙明佩…… 178
孙明新…… 583
孙　治…… 494
孙学用…… 520
孙学海…… 478
孙诗圣…… 145
孙建义…… 601
孙建平…… 721
孙孟东…… 586
孙绍勤…… 661
孙春梅…… 577
孙品英…… 145
孙顺地…… 631
孙俊记…… 268
孙俊卿…… 406
孙彦博…… 194
孙彦斌…… 141
孙　勇…… 621
孙勇军…… 722
孙晋云…… 289
孙莎沙…… 674
孙桂宗…… 268
孙晏书…… 506
孙　颂…… 208
孙　涛…… 583
孙继新…… 268
孙培贤…… 307
孙菊岭…… 601
孙盛惜…… 495
孙淑华…… 589
孙绪策…… 203
孙维成…… 595
孙雁君…… 400
孙景明…… 141
孙渝环…… 701
孙富贵…… 415
孙　蓬…… 714
孙照录…… 129
孙福宏…… 631
孙静颖…… 565
阳正兰…… 371
阳宗华…… 609
阳厚福…… 512
阴法海…… 353
纪国华…… 666
纪敦忠…… 178
纪　静…… 701

七画

[一]

麦志强…… 378
远　征…… 631
严忠如…… 667
严学云…… 423
严举贤…… 328
严童贵…… 432
芦长江…… 378
芦英章…… 406
芦起云…… 680
苏长锁…… 478
苏凤琴…… 520
苏文义…… 617

苏文波…… 460
苏计昌…… 378
苏东京…… 398
苏传华…… 692
苏传芬…… 611
苏全珍…… 238
苏庆禄…… 406
苏齐荣…… 589
苏学波…… 490
苏春成…… 648
苏保义…… 533
苏　俭…… 708
苏洪礼…… 596
苏振英…… 289
苏桂芳…… 631
苏健婴…… 596
苏敏敏…… 213
苏惠芳…… 587
苏锡刚…… 549
苏殿祯…… 451
杜小毛…… 289
杜凤梅…… 520
杜文建…… 693
杜文清…… 500
杜书君…… 589
杜玉杰…… 289
杜尔滨…… 253
杜秀琴…… 415
杜玲秀…… 693
杜艳新…… 631
杜桂兰…… 387
杜培云…… 353
杜啸英…… 686
杜敏玲…… 269
杜瑞来…… 269
李士义…… 133
李士平…… 652
李士英…… 621
李士杰…… 139
李士杰…… 470
李山立…… 520
李广山…… 528
李广平…… 533
李广忠…… 269
李义凯…… 339
李子芳…… 125
李子岚…… 693
李云奇…… 363
李中苏…… 631
李长义…… 721
李长江…… 506
李长林…… 471
李长春…… 141
李从国…… 440
李凤兰…… 708
李凤英…… 538
李凤鸣…… 442
李文江…… 549
李文国…… 520
李文明…… 426
李文忠…… 339
李文珠…… 520
李文魁…… 230
李文毅…… 432
李玉文…… 549
李玉兰…… 652
李玉芳…… 238
李玉莲…… 478
李玉爱…… 703
李玉琴…… 250
李玉善…… 346
李玉强…… 367
李正蓉…… 307
李丕真…… 289
李平伟…… 590
李平安…… 664
李东林…… 565
李占昌…… 171
李申海…… 433
李生民…… 652
李生惠…… 129
李仕琦…… 451
李印春…… 500
李兰州…… 425
李兰英…… 339
李汉宁…… 332
李汉明…… 203
李汉征…… 135
李　宁…… 720
李记锁…… 693
李永生…… 269
李永红…… 708
李　臣…… 160
李西柱…… 708
李百锁…… 708
李成彬…… 289
李成章…… 178
李　光…… 674
李　刚…… 632
李　刚…… 693
李竹云…… 160
李竹恩…… 339
李伟健…… 601
李伟勤…… 478
李　华…… 708
李华南…… 444
李自明…… 307
李　全…… 506
李全友…… 550
李名江…… 422
李　冲…… 500
李庆华…… 223
李庆图…… 560
李庆珊…… 269
李庆萍…… 569
李汝强…… 178
李兴发…… 398
李守义…… 213
李红初…… 693
李寿安…… 569
李　进…… 648
李志凡…… 704
李志明…… 290
李志钧…… 383
李志修…… 307
李志斌…… 253
李志强…… 664
李芳英…… 652

李芳新…… 157
李克贞…… 155
李来福…… 290
李连奇…… 433
李连栓…… 135
李　秀…… 433
李秀芬…… 363
李秀岐…… 578
李秀君…… 179
李秀英…… 363
李秀春…… 653
李秀荣…… 208
李秀荣…… 332
李秀荣…… 632
李秀清…… 578
李佐峰…… 645
李伯华…… 717
李应棠…… 150
李武超…… 353
李茂华…… 465
李茂惠…… 497
李杰祥…… 357
李尚春…… 125
李国刚…… 315
李国华…… 200
李国良…… 211
李国卿…… 543
李国高…… 290
李国萍…… 662
李国清…… 270
李　明…… 693
李明川…… 188
李明兰…… 674
李明忠…… 694
李明珠…… 511
李　岩…… 125
李金岁…… 653
李金旺…… 495
李金树…… 315
李金海…… 515
李庚寅…… 528
李　波…… 315
李学文…… 681
李学良…… 500
李学明…… 455
李宗泽…… 550
李建云…… 290
李建民…… 512
李建春…… 290
李建新…… 647
李孟芝…… 479
李绍兰…… 479
李春友…… 694
李春忠…… 349
李春和…… 339
李春海…… 653
李春魁…… 451
李柱国…… 210
李树玉…… 213
李树林…… 684
李树贤…… 433
李树忠…… 451
李树荣…… 708
李树璋…… 507
李咸霞…… 391
李战平…… 533
李思聚…… 520
李钦生…… 601
李选引…… 167
李秋乐…… 460
李秋霞…… 578
李顺东…… 161
李顺华…… 533
李顺茹…… 353
李保军…… 533
李俊婷…… 578
李庭元…… 164
李　洪…… 608
李洪江…… 339
李洪建…… 694
李恒茂…… 533
李恒松…… 136
李祖培…… 290
李祝善…… 371
李素芹…… 521
李素莲…… 416
李振东…… 433
李振声…… 145
李振声…… 416
李振良…… 513
李荷花…… 694
李晋文…… 479
李桂兰…… 614
李桂春…… 479
李桂珍…… 539
李桂香…… 194
李桂珠…… 353
李　桦…… 717
李根妹…… 444
李致生…… 233
李致言…… 569
李晓峰…… 601
李　晔…… 667
李恩柏…… 150
李　涛…… 230
李海林…… 270
李海泉…… 325
李润福…… 479
李家栋…… 333
李家骅…… 238
李祥来…… 709
李　娥…… 374
李继才…… 563
李培元…… 194
李培林…… 291
李培群…… 511
李基成…… 371
李菊英…… 530
李乾鑫…… 528
李辅堂…… 457
李铭煌…… 614
李　银…… 441
李银霞…… 578
李　庸…… 534
李焕新…… 406
李鸿生…… 188
李鸿生…… 270
李淑云…… 398

李淑青……480
李淑英……357
李淑贤……527
李淑菊……374
李淑梅……209
李淑敏……493
李绪岭……601
李维亭……452
李维家……444
李　琴……270
李琰琳……406
李喜安……669
李　敬……718
李敬真……445
李敬涛……466
李敬敏……256
李朝栋……452
李　棕……501
李惠芬……452
李惠欣……632
李惠娟……694
李惠萍……291
李晶莹……378
李景明……291
李锁林……661
李　智……291
李智君……270
李善仪……347
李善林……563
李　强……602
李瑞恒……271
李瑞祥……452
李蜀琴……321
李锡光……421
李锡耕……618
李锦熙……374
李新田……271
李新华……602
李新华……632
李新江……550
李新宝……703
李　满……230
李满囤……674
李福平……595
李福兴……256
李福来……433
李福纯……253
李　静……653
李慧贤……648
李樟海……398
李　德……129
李　德……291
李德浩……233
李德福……161
李燕虎……383
李璐莹……534
杨九林……307
杨万波……521
杨广栋……669
杨义杰……378
杨开耀……416
杨元英……353
杨云江……480
杨木华……466
杨长生……588
杨长根……446
杨月娥……391
杨风林……161
杨凤清……534
杨凤琴……188
杨文荣……227
杨文贵……406
杨文章……127
杨文翔……315
杨玉兰……354
杨玉华……333
杨玉春……471
杨玉洁……379
杨玉琴……587
杨玉斌……433
杨占忠……460
杨代姃……271
杨乐安……565
杨立滋……194
杨立群……515
杨永林……383
杨永钧……245
杨　权……434
杨有义……434
杨有堂……466
杨成华……358
杨成荣……200
杨同生……550
杨传忠……596
杨传金……179
杨仲贤……563
杨伦昌……407
杨庆俭……145
杨兴友……333
杨寿先……358
杨远千……208
杨运珊……316
杨　孝……340
杨志兰……593
杨志超……218
杨克鹤……208
杨连儒……632
杨佑卿……238
杨灶土……291
杨英勋……550
杨国华……662
杨国荣……681
杨秉富……271
杨学书……550
杨宝生……471
杨宝芝……578
杨宝坤……434
杨宝录……550
杨宝善……271
杨春泉……393
杨贵宝……619
杨香记……271
杨　信……447
杨俊莲……683
杨俊德……709
杨洪轩……253
杨祖德……238
杨素华……686

杨素娟…… 686
杨桂珍…… 471
杨晓天…… 534
杨　卿…… 551
杨家忠…… 179
杨　彬…… 210
杨银牌…… 271
杨敏华…… 239
杨望香…… 395
杨淑兰…… 590
杨绪飞…… 166
杨喜顺…… 632
杨棋樟…… 466
杨　鼎…… 248
杨腊喜…… 466
杨锡臣…… 316
杨魁兰…… 633
杨鹏举…… 501
杨新国…… 291
杨　群…… 703
杨聚明…… 292
杨蔼华…… 447
杨毓凤…… 480
杨增宪…… 551
杨德山…… 407
杨德生…… 694
杨德利…… 455
杨德修…… 458
杨　鹤…… 227
杨儒善…… 391
连天欢…… 507
连　文…… 596
连伟参…… 209
连焕清…… 347

[丨]

步同龙…… 179
肖开英…… 350
肖仁发…… 358
肖文斌…… 694
肖玉泉…… 434
肖立汉…… 395
肖汉明…… 621
肖会雨…… 613
肖庆玉…… 653
肖国保…… 619
肖明利…… 387
肖金岭…… 179
肖金城…… 292
肖建华…… 596
肖绍良…… 131
肖厚清…… 445
肖振斌…… 613
肖晓莉…… 664
肖章海…… 466
肖章禄…… 340
肖淑珍…… 387
肖焱平…… 718
肖蜀平…… 700
肖德新…… 272
时振清…… 460
时继东…… 534
吴士发…… 507
吴中荣…… 695
吴玉珍…… 469
吴功信…… 350
吴世菊…… 214
吴生武…… 653
吴立云…… 180
吴立维…… 171
吴必忠…… 529
吴伊玲…… 590
吴兆铨…… 230
吴江波…… 671
吴兴义…… 350
吴兴元…… 534
吴志远…… 480
吴芳鳌…… 209
吴丽丽…… 618
吴丽艳…… 569
吴秀荣…… 224
吴伯欣…… 354
吴希敏…… 272
吴怀光…… 364
吴宏良…… 354
吴宏建…… 480
吴纯莹…… 174
吴英智…… 249
吴尚贤…… 407
吴国良…… 137
吴国栋…… 321
吴　迪…… 609
吴忠旺…… 590
吴忠贵…… 551
吴和臣…… 194
吴和春…… 560
吴宝秋…… 379
吴宝源…… 610
吴宝群…… 695
吴宜芳…… 245
吴宜祥…… 602
吴建华…… 653
吴珍爱…… 633
吴荣兴…… 407
吴荣福…… 307
吴标荣…… 180
吴俊岭…… 664
吴炳均…… 501
吴素珍…… 501
吴晓红…… 676
吴　涛…… 654
吴清云…… 490
吴道凤…… 654
吴想正…… 521
吴锦石…… 239
吴魁元…… 161
吴福生…… 495
吴增平…… 521
别士杰…… 207

[丿]

邱子政…… 180
邱文英…… 292
邱素莲…… 292
邱继春…… 716
邱晨旭…… 688
邱晨曦…… 716
何文峰…… 272

何以然…… 239
何玉柱…… 207
何世雄…… 170
何　平…… 615
何　平…… 674
何立君…… 150
何兰序…… 495
何亚芳…… 590
何　华…… 578
何自治…… 218
何运发…… 392
何丽荣…… 551
何沁芳…… 230
何启岗…… 594
何其坤…… 168
何其枫…… 316
何　杰…… 602
何味琴…… 316
何昌国…… 325
何泽民…… 399
何绍江…… 461
何春元…… 480
何秋珍…… 466
何惠民…… 387
何雅文…… 364
何　鲁…… 579
佟又敏…… 308
佟祥兰…… 383
佟继业…… 551
佟惠兰…… 180
佘玉瑾…… 434
余云凤…… 354
余玉普…… 383
余占儒…… 481
余志道…… 155
余陈荣…… 189
余竺林…… 321
余承冀…… 665
余爱华…… 354
余彩莹…… 367
谷子林…… 245
谷永昌…… 292
谷　慎…… 292
邸树强…… 416
邸瑞华…… 434
邹节法…… 569
邹成华…… 590
邹成英…… 590
邹君政…… 654
邹思梅…… 667
邹积德…… 272

[、]
应书光…… 245
冷桂云…… 646
辛永利…… 481
闵恩营…… 161
汪传章…… 316
汪连珍…… 495
汪秀珍…… 569
汪灼生…… 534
汪青梅…… 602
汪　战…… 387
汪秋梅…… 664
汪海涛…… 227
汪祥和…… 585
汪彩银…… 330
汪惠英…… 194
汪禄生…… 661
汪新钟…… 622
汪嘉声…… 214
汪慧玲…… 662
汪德惠…… 569
沙朝均…… 293
沙善民…… 565
沈士芬…… 541
沈汉江…… 245
沈芝兰…… 180
沈伟荣…… 507
沈传云…… 592
沈来昌…… 137
沈佩萍…… 361
沈宝珍…… 595
沈建新…… 570
沈承俊…… 551
沈绍儒…… 347
沈荣洲…… 246
沈美英…… 364
沈洪涛…… 686
沈　健…… 570
沈浩然…… 361
沈淑英…… 293
沈惠清…… 455
沈景贵…… 481
宋文荣…… 293
宋玉林…… 155
宋正锦…… 388
宋世昌…… 333
宋成立…… 481
宋延韶…… 521
宋连杰…… 602
宋秀华…… 648
宋奉勤…… 317
宋昆山…… 135
宋国军…… 543
宋昌业…… 224
宋佩斌…… 293
宋宝森…… 317
宋春山…… 495
宋树茂…… 570
宋砚田…… 501
宋贵祯…… 272
宋洪彬…… 695
宋　莉…… 716
宋桂荣…… 471
宋海民…… 565
宋家宁…… 239
宋继忠…… 495
宋崇贤…… 325
宋　智…… 293
宋新玉…… 579
宋新泽…… 195
宋遵道…… 507
初丽华…… 181
祃开宣…… 674

[乛]
张人桂…… 294

张乃良…… 614
张广义…… 142
张广笙…… 137
张门芝…… 239
张义英…… 481
张子芳…… 489
张子频…… 219
张子爵…… 233
张开润…… 358
张天虎…… 724
张云福…… 375
张水旺…… 514
张　仁…… 131
张月光…… 586
张月英…… 347
张凤山…… 502
张凤龙…… 510
张凤岐…… 256
张文占…… 294
张文兰…… 490
张文兰…… 521
张文发…… 633
张文怀…… 273
张文英…… 435
张文忠…… 162
张文法…… 551
张文彦…… 207
张文斌…… 294
张以桢…… 481
张予竹…… 681
张双立…… 294
张书义…… 602
张书中…… 407
张书田…… 322
张书利…… 695
张书坤…… 372
张书林…… 435
张书益…… 400
张玉生…… 552
张玉英…… 633
张玉林…… 162
张玉枝…… 371
张玉珍…… 552
张玉珍…… 607
张玉玲…… 583
张玉屏…… 602
张玉清…… 544
张玉琦…… 416
张世华…… 522
张世昌…… 689
张世铨…… 231
张　本…… 435
张　平…… 709
张　平…… 709
张东振…… 195
张仕荣…… 273
张立生…… 496
张立华…… 181
张立德…… 366
张永池…… 211
张永贵…… 654
张永喜…… 273
张吉才…… 552
张亚男…… 482
张达人…… 384
张成发…… 435
张成如…… 333
张成良…… 240
张光作…… 294
张光喜…… 466
张光富…… 674
张同忠…… 570
张　帆…… 273
张　刚…… 722
张传秀…… 633
张延雨…… 461
张向奎…… 294
张会珍…… 718
张兆义…… 195
张庆玉…… 181
张庆芝…… 195
张庆春…… 435
张庆堂…… 709
张庆富…… 165
张兴义…… 151
张兴国…… 459
张守忠…… 257
张守香…… 522
张如新…… 529
张志诚…… 294
张志诚…… 559
张志锟…… 273
张芹元…… 227
张　芳…… 686
张芳芹…… 689
张芳利…… 395
张杏菊…… 633
张来根…… 137
张秀山…… 295
张秀云…… 273
张秀云…… 689
张秀月…… 322
张秀华…… 274
张秀花…… 436
张秀芬…… 706
张秀英…… 308
张秀英…… 371
张秀英…… 545
张秀荣…… 322
张秀亭…… 408
张作强…… 340
张希未…… 340
张沛兴…… 375
张　宏…… 723
张良启…… 423
张奉春…… 633
张若愚…… 522
张茂生…… 145
张茂英…… 181
张英杰…… 172
张雨桐…… 171
张尚文…… 436
张国华…… 233
张国秀…… 664
张国俊…… 677
张　昌…… 634
张昌运…… 527
张明海…… 654

张明琪…… 408
张忠乐…… 502
张忠利…… 718
张忠秋…… 189
张鸣文…… 634
张秉仁…… 133
张秉智…… 317
张秉廉…… 408
张　欣…… 603
张　金…… 295
张　金…… 482
张金玉…… 416
张金宗…… 654
张金茹…… 408
张金祥…… 340
张金萍…… 700
张育忠…… 539
张法栋…… 634
张泽凯…… 441
张学山…… 369
张学义…… 219
张学斌…… 579
张宝山…… 488
张宝辰…… 274
张宝英…… 200
张宝林…… 295
张宝国…… 634
张宝昱…… 719
张宝珩…… 224
张宝莲…… 195
张宝莲…… 579
张宗卷…… 204
张定平…… 705
张建文…… 686
张建伟…… 695
张建宇…… 552
张建须…… 441
张建新…… 655
张承根…… 388
张绍芬…… 695
张春贞…… 295
张春轩…… 392
张春经…… 535
张春斋…… 560
张垣生…… 570
张　荣…… 703
张荣良…… 165
张树仁…… 452
张树明…… 679
张树美…… 295
张昭泗…… 527
张贵春…… 502
张思敏…… 452
张修伦…… 181
张修昂…… 596
张保全…… 592
张　俊…… 420
张　俊…… 502
张俊华…… 724
张俊秀…… 634
张俊峰…… 214
张俊峰…… 535
张俊祥…… 522
张律芬…… 295
张胜才…… 274
张胜利…… 701
张美玉…… 539
张炳宪…… 182
张洪军…… 442
张洛英…… 663
张济国…… 388
张恒造…… 347
张　勇…… 701
张素兰…… 512
张素改…… 635
张振华…… 717
张振家…… 308
张振祥…… 296
张荷叶…… 616
张桂平…… 482
张桂生…… 146
张根深…… 361
张晓华…… 570
张晓渠…… 635
张峰太…… 635
张铁山…… 686
张铁兴…… 461
张铁兵…… 622
张铁林…… 635
张　健…… 196
张　皋…… 655
张爱玉…… 562
张爱国…… 603
张　凉…… 687
张海平…… 635
张海军…… 676
张润华…… 322
张润祥…… 681
张祥泰…… 552
张　娟…… 723
张继良…… 274
张继琴…… 675
张梅芬…… 189
张　硕…… 721
张跃忠…… 167
张崇权…… 325
张　铭…… 695
张　彩…… 457
张康顺…… 655
张鸿凤…… 646
张淑云…… 603
张淑兰…… 358
张淑贞…… 364
张淑芬…… 667
张淑芳…… 207
张淑英…… 552
张淑银…… 340
张淑琴…… 571
张绪杰…… 219
张维全…… 553
张　瑛…… 408
张敬仁…… 340
张朝阳…… 517
张惠元…… 553
张雅芳…… 687
张雅秋…… 227
张紫兰…… 635
张景云…… 655

张景虎……441
张善奎……535
张普莲……594
张道芳……326
张湘生……655
张富中……696
张富保……134
张裕阜……522
张瑞子……296
张瑞启……240
张　勤……594
张勤然……482
张锡武……409
张　鹏……535
张新民……254
张新明……665
张新选……655
张满栓……553
张慎荣……427
张　福……409
张福生……369
张福生……448
张福林……719
张福智……358
张静鹗……151
张嘉友……442
张聚臣……492
张毓梅……240
张翠云……196
张增友……151
张增明……274
张增厚……257
张增祥……616
张　燕……687
张燕辉……591
张黔滨……172
张耀武……482
陆义文……502
陆世英……257
陆永坚……603
陆来祥……423
陆秀荣……704
陆林祥……274
陆佩琴……214
陆玲玉……196
陆荣明……553
陆根林……384
陆爱花……616
陆敏华……204
陆焕儒……317
陆惠霖……656
陆锡旦……214
陆慰萱……146
陆　璐……635
陈一伦……611
陈士土……249
陈士平……157
陈士礼……224
陈久荣……522
陈广德……559
陈卫国……586
陈　云……523
陈云书……308
陈文山……542
陈文志……667
陈文琴……683
陈以芬……461
陈书民……709
陈玉生……228
陈本生……275
陈付芬……361
陈尔如……461
陈兰荣……219
陈汉林……328
陈幼爽……656
陈成玉……234
陈成宪……586
陈光才……322
陈光荣……219
陈廷章……333
陈　冲……146
陈庆元……257
陈庆利……603
陈庆祥……296
陈庆祥……308
陈兴发……393
陈　军……594
陈阳见……364
陈　羽……676
陈运校……170
陈运新……296
陈志全……696
陈芳文……209
陈克强……466
陈秀云……168
陈秀荣……275
陈作楫……610
陈启明……231
陈甬军……603
陈松根……571
陈转弟……399
陈尚木……636
陈国平……696
陈国珍……579
陈国祝……604
陈　明……636
陈典祯……296
陈和展……514
陈和慧……661
陈秉山……173
陈金凤……494
陈金龙……296
陈金芳……622
陈金松……617
陈念芳……392
陈周毅……379
陈宜豹……146
陈建功……687
陈建华……553
陈孟权……139
陈绍珍……355
陈春香……663
陈帮富……169
陈玲珍……330
陈荣文……137
陈树潮……362
陈秋红……571
陈洪奎……384

陈洪萍……488
陈恒德……134
陈敖虎……401
陈素兰……463
陈素彩……453
陈　莉……502
陈　涛……517
陈润祥……523
陈梅芳……511
陈　敏……696
陈　逸……725
陈淑兰……671
陈　维……678
陈维祥……322
陈　琳……681
陈棣辉……464
陈惠芬……205
陈惠忠……409
陈紫凡……384
陈景太……157
陈道金……364
陈　瑞……482
陈瑞峰……341
陈颖琴……317
陈满长……409
陈静树……491
陈精文……422
陈增录……656
陈德义……172
陈德伦……644
陈德芬……453
陈燕燕……579
陈　薇……565
陈耀祥……423
邵中奇……427
邵志顺……393
邵连生……209
邵坤鑫……328
邵荣丽……677
邵萍霞……715
邵瑾荣……182

八画

[一]

武少英……496
武成平……705
武思荣……611
武素敏……560
武莲芳……591
苗文彬……297
苗　青……560
苗宝成……489
苗润楼……553
苗德先……482
苟淑敏……636
苑志斌……341
苑里军……636
苑国欣……372
苑振河……334
苑振爱……553
范玉全……471
范玉祥……323
范正华……201
范正谦……240
范世荣……151
范乐章……614
范仲禹……166
范红梅……196
范志明……220
范秀莉……696
范茂凯……214
范国英……681
范炎林……350
范炎松……308
范录珍……656
范奎凌……142
范桂云……523
范桂芳……174
范恩杰……709
范淑华……636
范维一……636
范维俭……388
范敬全……246
范惠智……586
范意贤……676
范翠兰……645
茅亦沉……471
林灼禄……309
林启坤……297
林　英……587
林国庆……637
林国琛……297
林宝霞……275
林绍遂……448
林春国……591
林振喜……554
林振馨……396
林盛灵……334
林　焚……710
林瑞肖……417
杭　祥……134
郁维哲……384

[丨]

尚学茹……637
国　友……365
国惠恩……719
易　云……140
易北迎……644
易红梅……637
易志明……716
易金珍……196
易承寄……254
易南初……424
罗大巩……379
罗仁贵……483
罗凤珍……240
罗礼中……362
罗时造……162
罗凯军……637
罗法舜……241
罗宗武……228
罗　勇……467
罗桂彬……489
罗致华……456
罗晓梅……619
罗家凡……675

罗瑞义…… 656
罗慰擎…… 275

[丿]
和文江…… 417
季丽生…… 461
季茂兰…… 388
季诚龙…… 125
季益好…… 388
岳文甫…… 496
金长聚…… 189
金仁福…… 326
金兰英…… 275
金克昌…… 189
金秀华…… 211
金学海…… 276
金晓明…… 515
金家杰…… 231
金　梅…… 723
金勤华…… 611
周　卫…… 554
周元芳…… 146
周长江…… 535
周仁萱…… 323
周月英…… 610
周凤鸣…… 559
周文友…… 370
周玉梅…… 341
周世厚…… 359
周四喜…… 696
周兰芳…… 604
周汉军…… 720
周永江…… 596
周　弘…… 523
周西安…… 257
周光发…… 241
周　伟…… 637
周传英…… 389
周兆国…… 696
周　冰…… 152
周兴云…… 197
周　丽…… 514
周利臣…… 723
周作桃…… 483
周伯伦…… 467
周孚林…… 489
周良彦…… 246
周纯密…… 276
周武昌…… 665
周茂友…… 152
周英华…… 228
周国吉…… 152
周国柱…… 424
周国鋆…… 607
周明清…… 472
周秉泽…… 462
周泽彦…… 201
周学增…… 204
周宝生…… 675
周建纯…… 514
周建新…… 604
周绍敏…… 359
周春玲…… 535
周春霖…… 152
周荣和…… 258
周柏泉…… 276
周柱涛…… 254
周树萍…… 687
周厚芬…… 675
周显臣…… 571
周贵朴…… 323
周秋季…… 436
周俊英…… 436
周俊峰…… 436
周　宣…… 703
周祖祥…… 493
周艳娥…… 571
周　莉…… 608
周莉琼…… 530
周殊敏…… 723
周爱民…… 637
周通友…… 347
周继余…… 554
周菊香…… 580
周常清…… 427
周跃欧…… 189
周跃宗…… 483
周崇新…… 571
周彩芳…… 554
周望喜…… 467
周鸿香…… 190
周鸿根…… 445
周鸿逵…… 139
周　密…… 705
周谋华…… 622
周维新…… 384
周　琦…… 445
周惠根…… 379
周景辉…… 309
周智生…… 241
周智翔…… 409
周瑞林…… 228
周瑞娟…… 372
周锦玉…… 554
周锦玲…… 604
周　煜…… 638
周翠仙…… 723
周翠琴…… 580
周墨林…… 234
周稼田…… 228

[、]
庞双吉…… 543
庞永元…… 201
庞秀淑…… 503
庞明凤…… 182
庞善玉…… 140
郑万飞…… 417
郑万松…… 297
郑万玲…… 496
郑久义…… 190
郑凤梅…… 417
郑双安…… 638
郑玉子…… 507
郑占军…… 543
郑汉清…… 250
郑吉盛…… 523
郑亚光…… 710

郑　贤…… 510
郑国忠…… 254
郑国旗…… 543
郑金华…… 523
郑学仁…… 580
郑　顺…… 535
郑俊儒…… 436
郑泰永…… 554
郑哲升…… 604
郑理治…… 347
郑乾戌…… 169
郑源芳…… 391
郑福生…… 656
郑聚仙…… 615
郑　旗…… 717
郑增楼…… 215
单钦贡…… 385
宝厚浩…… 597
宗少林…… 483
定景尧…… 276
官登厚…… 645
郎永秀…… 427
郎起增…… 249
郎清荣…… 437
郎德生…… 317
房春生…… 197
房养懿…… 417
房惠娥…… 648
房德勇…… 318

[㇕]
屈安志…… 297
屈树群…… 669
屈耀武…… 410
孟凡辉…… 604
孟广安…… 205
孟玉君…… 580
孟玉茹…… 496
孟平芬…… 591
孟庆友…… 210
孟庆芬…… 656
孟庆荣…… 555
孟　林…… 258
孟金钟…… 483
孟香玲…… 604
孟炳君…… 453
孟宪泰…… 129
孟艳萍…… 657
孟　钺…… 182
孟祥全…… 483
孟祥恩…… 697
孟祥瑞…… 164
孟淑兰…… 417
孟繁长…… 254
孟繁志…… 437
贯瑞安…… 276

九画

[一]
封先明…… 597
项书臣…… 158
项　如…… 350
赵一娟…… 585
赵一敏…… 605
赵久金…… 638
赵广然…… 682
赵天荣…… 638
赵云浩…… 241
赵太平…… 638
赵仁勇…… 444
赵月兰…… 605
赵凤菊…… 638
赵凤英…… 639
赵凤海…… 657
赵凤霞…… 721
赵文图…… 483
赵允忠…… 464
赵　玉…… 418
赵玉川…… 710
赵世祺…… 531
赵　平…… 174
赵占廷…… 204
赵占良…… 639
赵代业…… 362
赵立华…… 246
赵兰香…… 713
赵永民…… 418
赵永祥…… 379
赵民爱…… 721
赵幼军…… 298
赵亚东…… 555
赵亚丽…… 710
赵在玑…… 182
赵光林…… 605
赵廷泽…… 247
赵　伟…… 566
赵伟华…… 680
赵兴才…… 380
赵志芳…… 197
赵志香…… 380
赵丽华…… 611
赵连城…… 401
赵秀玲…… 190
赵怀良…… 425
赵坤皋…… 140
赵旺初…… 309
赵国才…… 359
赵国珍…… 702
赵国桢…… 174
赵国祥…… 397
赵国绪…… 215
赵国檀…… 174
赵明岐…… 555
赵忠达…… 385
赵佩贞…… 210
赵金库…… 437
赵金荣…… 669
赵育新…… 341
赵泮增…… 410
赵宝珍…… 622
赵建云…… 597
赵经源…… 524
赵春燕…… 539
赵荣珍…… 298
赵荣显…… 541
赵贵才…… 158
赵顺生…… 580

赵顺利…… 687
赵保华…… 605
赵庭贵…… 680
赵洪瑞…… 508
赵祝聪…… 527
赵陟华…… 153
赵素明…… 536
赵振山…… 448
赵振兵…… 639
赵桂香…… 697
赵桢祥…… 130
赵恩民…… 484
赵海一…… 716
赵海生…… 341
赵祥仁…… 697
赵　菲…… 484
赵菊茂…… 366
赵清山…… 420
赵淑珍…… 437
赵　森…… 469
赵惠云…… 328
赵惠智…… 298
赵景明…… 491
赵景海…… 447
赵　斌…… 608
赵锡元…… 585
赵锡英…… 298
赵新民…… 437
赵新爱…… 247
赵福军…… 710
赵德义…… 298
赵德英…… 162
郝士英…… 277
郝卫星…… 710
郝凤鸣…… 298
郝世凯…… 323
郝金玉…… 524
郝金芳…… 298
郝家诚…… 524
郝淑珍…… 277
郝森林…… 134
郝群峰…… 503
荆树云…… 172
荆爱英…… 464
荆淑华…… 370
荆德才…… 215
荣家亮…… 299
胡元惠…… 445
胡　丹…… 639
胡玉英…… 355
胡永哲…… 410
胡　达…… 605
胡竹波…… 571
胡仲礼…… 241
胡安华…… 594
胡观涛…… 147
胡应仁…… 689
胡尚奎…… 164
胡　昆…… 437
胡昌林…… 318
胡昌廉…… 622
胡金波…… 538
胡宝胜…… 714
胡信媛…… 410
胡眉倩…… 147
胡浩昌…… 719
胡敏兰…… 513
胡清秀…… 467
胡惟法…… 147
胡　琳…… 704
胡博闻…… 299
胡献江…… 657
胡新志…… 250
胡端生…… 597
胡德选…… 326
胡德宣…… 183
胡德望…… 183
南献军…… 299
查顺昌…… 446
相金发…… 496
柏素琴…… 472
柳长德…… 255
柳书香…… 657
柳世保…… 392
柳景滨…… 255
要玉萍…… 585
要恒祥…… 341
战广学…… 334

[丿]

钟凤英…… 561
钟芳洲…… 524
钟其东…… 162
钟振荣…… 397
钟晓东…… 277
钟翠珍…… 588
段山林…… 536
段友昌…… 183
段书桂…… 299
段玉桥…… 132
段生根…… 572
段永立…… 645
段有泉…… 541
段成玉…… 183
段延宗…… 342
段秀明…… 277
段金明…… 385
段宗华…… 484
段宗英…… 713
段宗润…… 687
段荣昌…… 184
段清海…… 258
段福堂…… 555
修吉庆…… 463
禹成七…… 536
侯元牛…… 444
侯长山…… 215
侯文光…… 299
侯玉兰…… 715
侯玉卿…… 168
侯玉琴…… 639
侯永仁…… 206
侯谷丰…… 711
侯英杰…… 566
侯国章…… 462
侯宝富…… 399
侯照星…… 334
俞占鳌…… 126

俞振富……484

[、]
施文江……529
施　红……687
施连舫……234
施国华……670
施惠林……355
姜元华……597
姜书贵……677
姜玉芬……453
姜世甲……639
姜　立……503
姜庆华……497
姜林林……138
姜国方……472
姜国昌……410
姜宝山……623
姜建京……682
姜响生……472
姜　俊……646
姜美来……421
姜晓玲……524
姜静芝……258
洪美英……328
洪素梅……372
洪森林……277
洪晶元……365
洪　淼……309
恒东立……334
宣忠华……456
宣建生……277
宣美英……147
宣恒淦……190
宫成谦……385
宫　芹……724
宫振祥……156
宫殿英……580
宫殿章……511
祖振华……639
祝振瑜……615
祝桂萍……485
祝惠滨……605

[乛]
费荣生……147
姚凤奎……367
姚文林……418
姚玉发……367
姚圣英……472
姚竹梅……647
姚志官……524
姚学善……701
姚宜奎……184
姚保洪……713
姚　起……299
姚陶生……671
姚菊珍……184
姚维兰……457
姚锦龙……697
姚慧生……385
贺玉华……682
贺连春……175
贺素芳……663
贺福云……394
骆光金……326
骆启光……359
骆振录……453

十画

[一]
秦占杰……539
秦永生……463
秦　阳……581
秦志强……711
秦秀萍……355
秦怀信……536
秦梅花……611
秦福平……677
秦德凤……510
袁大兴……503
袁天印……278
袁天成……255
袁中平……605
袁长富……443
袁玉芳……531
袁玉珍……422
袁有成……278
袁存厚……657
袁光煜……300
袁华雄……359
袁兆璋……148
袁克文……335
袁秀文……453
袁秀清……278
袁国英……525
袁明广……716
袁　凯……606
袁宜根……228
袁秋芬……668
袁济群……619
袁振江……472
袁　健……148
袁　敏……620
袁维清……335
袁朝熠……719
袁蓉华……375
袁　廉……309
袁　慎……169
袁履安……508
耿凤阳……647
耿协森……442
耿惠民……497
耿蔚欣……503
聂志萍……541
聂俊华……583
莫守梅……464
莫秀珍……583
莫恒富……661
莫　健……242
莫瑞绮……328
莫德灿……138
桂学开……490
索宪法……658
贾玉龙……667
贾平凯……530
贾占山……555

贾占启…… 133
贾汉明…… 510
贾永年…… 544
贾永秀…… 640
贾永源…… 485
贾臣太…… 367
贾守忠…… 300
贾春香…… 717
贾威远…… 676
贾素珍…… 348
贾桐群…… 555
贾格林…… 126
贾晓春…… 647
贾铁流…… 220
贾　森…… 370
贾富钢…… 504
贾雷鸣…… 701
贾锡昌…… 342
贾　熙…… 220
贾增明…… 141
夏友芳…… 310
夏水泉…… 335
夏长清…… 572
夏志强…… 224
夏英芹…… 697
夏松平…… 525
夏金岭…… 485
夏宝卿…… 572
夏荣华…… 572
夏昭昌…… 251
夏秋霞…… 581
夏振铃…… 389
夏桂珍…… 609
夏竞芳…… 197
夏铭鼎…… 561
原世久…… 556
原有成…… 204
原　青…… 702
原敬民…… 380
顾久信…… 644
顾文伯…… 300
顾龙妹…… 389
顾迎新…… 606
顾金兴…… 329
顾宗汉…… 229
顾树芳…… 663
顾锡荣…… 138
顾耀勋…… 215
顿如一…… 437

[丨]

柴国良…… 242
柴淑贞…… 335
党卫华…… 581
晁新晖…… 700
晏桂珍…… 658
晏德禄…… 456

[丿]

钱小毛…… 173
钱仁福…… 175
钱文华…… 606
钱文娟…… 310
钱如高…… 220
钱志昌…… 318
钱忠伟…… 640
钱逸平…… 720
钱婉萍…… 688
钱镇龙…… 329
钱耀泽…… 234
倪华庭…… 209
倪全忠…… 682
倪　宝…… 715
倪诗勇…… 606
倪保初…… 411
倪振初…… 201
徐广祥…… 385
徐义光…… 541
徐井水…… 348
徐长发…… 508
徐凤云…… 566
徐文秀…… 595
徐文明…… 148
徐书元…… 525
徐玉林…… 508
徐玉卿…… 525
徐世范…… 278
徐立祥…… 716
徐永亮…… 485
徐发顺…… 720
徐芝桦…… 591
徐西轩…… 370
徐先林…… 318
徐竹生…… 504
徐伟志…… 672
徐全志…… 541
徐　佐…… 485
徐应祥…… 249
徐良甫…… 148
徐武英…… 220
徐松娣…… 473
徐卓民…… 606
徐国平…… 142
徐国兰…… 617
徐明功…… 323
徐学敏…… 525
徐学勤…… 536
徐宝珍…… 411
徐宗民…… 525
徐宗尧…… 359
徐宗善…… 158
徐定铮…… 610
徐定镇…… 667
徐建国…… 342
徐玲珍…… 658
徐济安…… 138
徐祖福…… 142
徐振全…… 537
徐振英…… 485
徐莉莎…… 663
徐桂兰…… 556
徐海明…… 348
徐润涛…… 438
徐培生…… 454
徐　萍…… 658
徐　硕…… 583
徐银普…… 300
徐　惠…… 486

徐惠坤…… 529
徐敦才…… 411
徐道逊…… 278
徐道真…… 427
徐　谨…… 300
徐端庭…… 190
徐德林…… 640
徐慰国…… 397
殷文辉…… 448
殷芝祥…… 640
殷国强…… 225
殷昌雄…… 467
殷维启…… 208
奚广秀…… 449
翁金武…… 620

[、]
栾秀珍…… 348
栾尚前…… 154
高大申…… 613
高广如…… 665
高云峰…… 258
高长山…… 606
高长荣…… 711
高　仁…… 279
高文纯…… 156
高文杰…… 697
高玉霞…… 508
高世雄…… 310
高礼泉…… 342
高永耀…… 585
高吉泉…… 456
高竹泉…… 184
高连库…… 184
高连增…… 418
高秀端…… 397
高　青…… 486
高昌瑞…… 131
高明基…… 456
高岸初…… 670
高金玉…… 725
高金位…… 497
高建英…… 675
高建忠…… 711
高树林…… 530
高树明…… 697
高俊臣…… 279
高彦琴…… 318
高美科…… 556
高颂岳…… 153
高海英…… 454
高鸿翔…… 148
高　深…… 457
高　斐…… 350
高鲁民…… 672
高鹏举…… 486
高肇仁…… 242
高慧芳…… 184
高增力…… 597
郭广范…… 153
郭义平…… 492
郭开祥…… 392
郭云志…… 389
郭友丽…… 640
郭长明…… 301
郭化民…… 190
郭玉梅…… 698
郭永沛…… 251
郭永洁…… 717
郭廷文…… 486
郭守海…… 427
郭如贵…… 556
郭秀娟…… 540
郭秀敏…… 301
郭武昌…… 537
郭忠秋…… 711
郭学本…… 508
郭宝珍…… 301
郭宝霞…… 705
郭定贤…… 612
郭孟寅…… 221
郭绍刚…… 640
郭春明…… 389
郭玲珍…… 559
郭荣珍…… 401
郭荣德…… 132
郭树林…… 355
郭树清…… 251
郭要斌…… 698
郭顺龙…… 556
郭泉生…… 584
郭泉玲…… 702
郭俊岩…… 380
郭俊思…… 389
郭俊峰…… 591
郭津荣…… 572
郭　勇…… 667
郭莉敏…… 640
郭积先…… 438
郭　健…… 393
郭爱叶…… 658
郭爱香…… 698
郭留章…… 542
郭润芝…… 556
郭家强…… 335
郭跃彩…… 380
郭淑文…… 368
郭葆良…… 411
郭　辉…… 279
郭善惠…… 493
郭新安…… 197
郭煜恒…… 411
郭福玉…… 301
郭福祥…… 513
郭增仁…… 279
席廷玉…… 319
席连荣…… 143
席清杰…… 658
唐小兰…… 668
唐开福…… 185
唐长锁…… 526
唐凤羽…… 462
唐巧玲…… 641
唐东明…… 620
唐存勖…… 153
唐行礼…… 319
唐守文…… 399
唐秀国…… 380

唐若蕴…… 279
唐英功…… 342
唐松友…… 330
唐绍荣…… 221
唐素真…… 251
唐振云…… 486
唐莉红…… 723
唐莉萍…… 698
唐雁平…… 724
海　涛…… 659

[㇕]
展宪宗…… 342
陶大银…… 563
陶开杰…… 242
陶开典…… 242
陶秀荣…… 301
陶　杰…… 684
陶宝勇…… 623
陶宝智…… 649
陶建华…… 641
陶保福…… 411
陶　洁…… 342
陶晓虹…… 231
陶瑞平…… 197
姬志田…… 698
姬惠芬…… 221
桑诚斌…… 301
继文成…… 310

十一画

[一]
黄开生…… 310
黄天晴…… 381
黄元治…… 351
黄元春…… 617
黄云华…… 457
黄月英…… 392
黄玉佩…… 208
黄玉金…… 247
黄石林…… 201
黄叶薇…… 581
黄生秀…… 390
黄芝香…… 438
黄有荣…… 348
黄传坤…… 343
黄时盛…… 424
黄　钊…… 597
黄位中…… 234
黄应彬…… 235
黄　杰…… 641
黄国南…… 668
黄明林…… 598
黄忠秀…… 243
黄　河…… 279
黄建中…… 572
黄建平…… 719
黄　珍…… 572
黄振江…… 418
黄桂茹…… 359
黄竞安…… 586
黄竞峥…… 537
黄益舜…… 348
黄菊圃…… 648
黄银舟…… 390
黄清华…… 343
黄敦林…… 509
黄锡义…… 349
黄翠芬…… 617
黄耀津…… 424
梅继宏…… 537
梅清河…… 438
曹士香…… 562
曹　山…… 641
曹天秋…… 229
曹友成…… 280
曹月珍…… 725
曹文胜…… 419
曹以真…… 641
曹玉珍…… 606
曹伟利…… 641
曹运启…… 698
曹志红…… 386
曹荣俊…… 319
曹树声…… 135
曹树斌…… 412
曹秋珍…… 424
曹洪新…… 464
曹济香…… 486
曹振宇…… 351
曹晓芹…… 642
曹晓霞…… 663
曹效民…… 672
曹新来…… 642
曹德华…… 232
戚丰玉…… 155
戚务英…… 623
戚美贞…… 319
龚自坚…… 581
龚国兴…… 372
龚荣春…… 221
龚博环…… 355
龚联霜…… 258
龚瑞兰…… 355
盛怀恩…… 185
盛林春…… 336
盛莉娟…… 487

[丨]
常平记…… 511
常永振…… 280
常安俊…… 659
常　青…… 487
常英智…… 504
常建萍…… 711
常素琴…… 343
常粉明…… 232
常敬干…… 356
常锡祥…… 343
常　儒…… 487
崔三庆…… 438
崔双占…… 542
崔正仁…… 311
崔正芳…… 302
崔芝庆…… 370

崔庆山…… 454
崔　远…… 581
崔志申…… 419
崔青云…… 672
崔秉重…… 419
崔金英…… 659
崔树伦…… 343
崔砚君…… 302
崔保新…… 642
崔　恒…… 165
崔　勇…… 659
崔轼芳…… 439
崔恩华…… 251
崔　瑛…… 465
崔　富…… 158

[丿]
符桃芝…… 720

[、]
康中顺…… 259
康同恩…… 280
康远志…… 360
康希尧…… 280
康保良…… 124
康桂英…… 319
康　健…… 449
康家山…… 311
康瑞辰…… 311
康锡福…… 375
康锦英…… 680
康殿举…… 215
章北辰…… 497
章汪盛…… 330
章青华…… 573
章秋梅…… 573
章继武…… 711
商志敏…… 557
梁子富…… 201
梁月霞…… 302
梁世闻…… 439
梁永路…… 699
梁民安…… 185
梁成达…… 302
梁光才…… 561
梁光彩…… 573
梁庆仁…… 704
梁远基…… 154
梁作勤…… 712
梁英华…… 243
梁国忠…… 509
梁国卿…… 448
梁建华…… 422
梁　荣…… 607
梁星浩…… 557
梁　虹…… 688
梁洪滨…… 185
梁　涛…… 557
梁崇禄…… 401
梁维平…… 672
梁森全…… 362
梁碧荷…… 509
寇万英…… 509
扈润科…… 381

[乛]
尉银海…… 202
屠赞和…… 714
隋树兰…… 491

十二画

[一]
颉文水…… 462
揭世明…… 675
彭玉宗…… 419
彭玉鑫…… 311
彭正国…… 166
彭光玉…… 620
彭全发…… 362
彭　玫…… 680
彭林华…… 573
彭佩民…… 598
彭金荣…… 390
彭金莲…… 669
彭细恒…… 381
彭树华…… 336
彭洪章…… 381
彭祖坤…… 191
彭桂芬…… 592
彭　涛…… 702
彭殿琪…… 362
葛文灿…… 592
葛文科…… 592
葛玉琦…… 365
葛永森…… 280
葛君义…… 154
葛青山…… 302
葛宗永…… 229
葛祖彭…… 205
葛　原…… 617
葛敬桐…… 441
葛瑞娥…… 302
葛慧英…… 303
葛　磊…… 243
董大庚…… 356
董天栋…… 542
董长胜…… 243
董月昌…… 425
董文生…… 185
董书坤…… 170
董书林…… 487
董仕铭…… 504
董传龙…… 642
董庆云…… 170
董志强…… 623
董　芳…… 607
董　宏…… 649
董国祥…… 351
董国通…… 280
董金玉…… 281
董树然…… 642
董炳祥…… 149
董洪策…… 516
董桂芝…… 642
董崇庆…… 349
董淑义…… 439
董淑琴…… 281
董超力…… 573

董敬天…… 235
董朝德…… 712
董惠珍…… 557
董景杰…… 344
董善卿…… 397
董福祥…… 526
蒋友强…… 712
蒋立勇…… 608
蒋旭国…… 620
蒋庆贵…… 439
蒋如东…… 336
蒋国平…… 202
蒋金平…… 540
蒋昭华…… 487
蒋晓东…… 706
蒋峻夫…… 349
蒋　浩…… 428
蒋继周…… 319
蒋增基…… 311
韩天鹏…… 186
韩凤云…… 281
韩文秀…… 462
韩占民…… 412
韩永良…… 281
韩幼花…… 311
韩幼珍…… 324
韩光佑…… 444
韩志华…… 344
韩志英…… 419
韩志林…… 489
韩志峰…… 557
韩秀凤…… 557
韩国栋…… 130
韩国祥…… 643
韩　明…… 454
韩学丽…… 688
韩宝茹…… 581
韩承宝…… 197
韩春礼…… 381
韩　玲…… 699
韩树志…… 259
韩星宇…… 421
韩秋祥…… 412
韩洪志…… 311
韩真生…… 443
韩晓光…… 688
韩越辰…… 412
韩道玉…… 419
韩勤政…… 386
韩勤超…… 684
戢志成…… 394
辜水平…… 517
惠玖丽…… 659
覃正尧…… 467
覃正群…… 251
覃秀娟…… 598
景云华…… 582
景茂祥…… 281
景明新…… 363

[丨]
喻汉洲…… 360
喻忠林…… 659
喻建强…… 281
喻建新…… 582

[丿]
程文荣…… 326
程用西…… 659
程礼和…… 168
程发荣…… 397
程同行…… 282
程兆娣…… 473
程汝敏…… 393
程安每…… 582
程学增…… 564
程建华…… 191
程孟生…… 557
程洁敏…… 186
程骏德…… 329
程理和…… 247
程　舵…… 303
程智雄…… 618
傅志盈…… 529
傅　岚…… 715
傅相海…… 163
焦玉存…… 356
焦存喜…… 643
舒占荣…… 130
舒立珍…… 312
鲁　池…… 282
鲁秀春…… 509
鲁金凤…… 446
鲁春元…… 163
鲁银库…… 582
鲁焕庭…… 372

[、]
童希平…… 643
曾年生…… 573
曾庆鑫…… 643
曾民生…… 191
曾和平…… 509
曾学岩…… 412
曾宪东…… 574
曾宪皋…… 235
曾祥义…… 574
曾嫦英…… 607
温连枝…… 660
温金宝…… 574
温彦华…… 373
温根波…… 683
游本厚…… 206
游振邦…… 537
谢长江…… 303
谢文礼…… 660
谢文康…… 574
谢永琴…… 370
谢芳庭…… 149
谢希宗…… 163
谢　宏…… 586
谢林芳…… 373
谢松云…… 562
谢金生…… 558
谢荣新…… 705
谢胜才…… 386
谢桂林…… 610
谢卿作…… 613
谢家鑫…… 198

谢殿峰…… 594
谢德亮…… 221
谢燕华…… 699

十三画

[一]

靳书瑞…… 526
靳世芳…… 351
靳陇凤…… 678
靳学锋…… 526
靳惠哲…… 412
裘东平…… 320
赖梅芳…… 617
甄凤凯…… 259
甄玉梅…… 175
甄俊国…… 643
甄淑辉…… 558
雷玉川…… 368
雷秀君…… 344
雷胜清…… 487
雷祖木…… 574
雷慧英…… 191

[丨]

訾月华…… 676
訾正印…… 563
虞良品…… 186
路延栋…… 331

[丿]

詹多松…… 170
詹学元…… 612
鲍成训…… 607
解世彬…… 643
解雨来…… 712
解居臣…… 537
解菊红…… 584

[、]

廉延寿…… 643
褚国荣…… 413
褚孟周…… 216

十四画

[一]

蔡大稷…… 191
蔡元恺…… 329
蔡水清…… 428
蔡风录…… 344
蔡正文…… 584
蔡克强…… 173
蔡荣欣…… 699
蔡保根…… 138
蔡俊善…… 216
蔡祖元…… 255
蔡郡尉…… 312
蔡莉珍…… 458
蔡桂兰…… 615
蔡根生…… 166
蔡翠敏…… 351
蔡镇东…… 668
蔚启民…… 216
臧文东…… 513
臧尔谦…… 320
臧同林…… 439
臧孝珍…… 514
臧　定…… 222
臧荣华…… 329
臧铁诚…… 235

[丨]

裴玉华…… 420
裴俊英…… 491
裴庭奇…… 398
裴悌云…… 222
裴　棐…… 720

[丿]

管金良…… 393
管炎德…… 713
管昶裕…… 303

[、]

廖文媛…… 558
廖庆光…… 401
廖国华…… 232
廖复勋…… 375
阚　宇…… 232
阚照兰…… 191
漆惠玲…… 312
谭亚利…… 644
谭红咏…… 717
谭秀华…… 609
谭绍纲…… 682
谭胡妹…… 386
谭柏源…… 351
谭淑焕…… 473
谭琴英…… 668

[乛]

翟小五…… 488
翟云康…… 135
翟庆录…… 420
翟启忠…… 303
翟松彩…… 365
翟雨芬…… 413
翟　金…… 442
翟振国…… 538
熊国良…… 363
熊　忠…… 243

十五画

[一]

樊玉弘…… 443
樊世明…… 511
樊廷明…… 344
樊改明…… 198
樊宝璐…… 186
樊泉先…… 186
樊美丽…… 665
樊美荣…… 719
樊炳耀…… 303
樊景荣…… 428
樊衡秀…… 712

[丿]
稽同懋…… 247
黎启乐…… 712
黎　明…… 564
黎桃英…… 612

[、]
潘升华…… 304
潘世光…… 526
潘光弼…… 363
潘克香…… 491
潘泽林…… 660
潘秋元…… 574
潘顺高…… 222
潘禹然…… 282

十六画

[一]
薛大国…… 344
薛中华…… 660
薛玉香…… 454
薛良炎…… 644
薛国庆…… 706
薛　忠…… 538
薛金秀…… 139
薛保勤…… 582
薛淑敏…… 558
霍凤芝…… 375
霍志有…… 497
霍佃玖…… 718
霍宏伟…… 526
霍胜民…… 504
霍景江…… 446
霍锦华…… 304
霍福岭…… 488
冀志聪…… 492
冀　梅…… 699
冀景荣…… 439

[丿]
穆瑞林…… 140
衡家月…… 390

十七画

[一]
戴云霞…… 345
戴亚平…… 715
戴行彧…… 191
戴致和…… 304
戴海平…… 724
戴耀基…… 259

[丿]
魏长瑞…… 216
魏文超…… 529
魏汉禄…… 158
魏光辉…… 173
魏庆华…… 345
魏苏静…… 645
魏秀荣…… 702
魏伯荣…… 164
魏　忠…… 607
魏金元…… 623
魏金祥…… 304
魏金梅…… 560
魏建国…… 663
魏春凤…… 345
魏荣根…… 473
魏桂荣…… 320
魏晓京…… 623
魏　铭…… 252
魏　超…… 538
魏喜玉…… 672
魏锡坡…… 488

十八画

[丨]
瞿长琪…… 356
瞿润炎…… 222
瞿献高…… 467

二十画

[丿]
籍砚书…… 141

后　记

列车电站是新中国经济建设的开路先锋，“哪里需要哪里去，哪里艰苦哪安家”，被誉为新中国电力工业的“轻骑兵”。广大列电职工志在四方、甘于奉献，吃苦耐劳、艰苦创业，谱写了新中国电力工业史的独特篇章。“为八千列电人立传”，这是我们编纂《中国列电》丛书之三《列电名录》的初衷。

1956年列车电业局成立之初，全局共有职工678人，主要是5台列车电站的随车流动职工。1979年，全局职工8279人，其中随电站流动职工4812人，这是列电局职工最多时的人数。1983年4月，列电局撤销之前，因部分流动职工已经落地，全局职工数已经不足8000人。大体上讲，列电系统解体前后有职工8000名，这就是“八千子弟兵”的来历。

《列电名录》包括列电人名册和列电人简历两部分，收录时间上限为1950年我国第1台列车电站即老2站的组建，下限为1983年4月列电局撤销。

列电人名册以原列电单位为收集单元，凡是在本单位工作过的职工都收录在内。由于职工在单位之间经常调动，名册名单是有重复的，所以77个统计单位达到21000多人次。名册以原列电系统单位组合，单位历任领导列前，按任职时间排序，职工按进入列电先后排列。

列电人简历遴选，以老列电职工为重点，不受职级数量限制，侧重列电时期，但不限于列电时期。经过多方努力，实际收录3500余份。内容包括自然状况、工作经历、特殊贡献等。简历排序，不分单位，历任局领导列前，按任职时间排序，其余职工均按进入列电的先后排列。

这么多列电人的名册和简历，历时3年的采集与编纂，工作烦琐，历程曲折，不断改进，逐步规范，成果来之不易。

3月6日，《列电人》公众号创刊，发出“列电人的昨天不应该忘记”的呼吁，这是最初的动员。同年10月，在编委会组织领导下，列电丛书编纂工作正式启动，并建立起原列电单位职工微信群。各位群主和信息采集人任劳任怨、不厌其烦地承担起了联络、采集任务。

各单位的微信工作群，对汇总职工名册非常热情，投入了大量精力。在列电人信息采集中，各群主解困排难、耐心动员，上下沟通、审核细节，起到了关键作用。一些“列二代”到父母单位，请求档案部门帮忙提供信息，更多的同学、同事、师徒，把填表作为大事、善事。各单位采编者，不论耄耋之年的“老列电”，还是已逾花甲的“年轻人”，都以极大的热情和责任感，投入到信息采集工作中，查档案、打电话、送群审，务求真实准确，恰如其分。

原保定、武汉、西北、华东基地以及中试所、保定电校新建制还在，人事档案资料相对完整，现任领导和人力资源部门，对采编者给予了大力支持。因此，这些单位的名册和简历数量，占了较大比重，并有档案资料支撑。

针对采集、梳理过程中发现的问题，编辑部及时调整工作思路。加强编辑部力量，提倡采编合一；强调定向采集，向老列电人倾斜；重视工作统筹，建立数据库等。为规范采集编纂，制订了《列电名录采集和编辑指南》《列电名录排序规定》《列电名录群审互审会审办法》等工作制度。每一份简历都要经过群审、互审、会审，从内容到形式进行严格把关。

《列电名录》分册，编撰人员的分工是：曹以真负责列电局机关、西北基地、中试所和全系统简历统筹；王树山负责保定电校，1至35站，新3、4、5、19、20站简历；孔繁寅负责华东、武汉基地，36至62站和船舶电站、拖车电站、密云干校简历；万馨负责保定基地简历和全系统名册统筹。谭亚利、张淑云、孙秀菊参与了采编全过程，包括综合通联、采编会审、档案查询、图片征集、史料核实、校样核对，以及数据库维护、地方志列电人信息搜集等工作。

《列电名录》涉及人物多、线头多、时间点多，加之年代久远，人事档案缺失，更由于编纂力量不足和编纂水平所限，一定会留有遗憾。敬请包括列电人在内的所有读者，给予理解、谅解，并批评指教。

《列电名录》是众人入志，也是众手成志，感谢所有为《列电名录》提供信息或给予关心支持的朋友们！

编　者

2019年10月

《列电名录》信息主要采集人员

丁正武　于晶　万馨　么玉祥　马法厂　王士湘　王玉刚　王有民　王兴彦
王学梅　王春富　王树山　王桂莲　王恩敏　王敏桂　王绪政　车导明　孔繁寅
左建敏　叶经斌　叶钧　田瑞云　白乃玺　白建中　冯士峰　任清波　刘乃器
刘世燕　刘丙军　刘建明　刘振伶　刘恩禄　闫瑞泉　关明华　米明森　孙秀菊
孙秀琴　孙建平　孙涛　芦起云　苏建婴　苏保义　李中苏　李光　李刚
李武超　李岩　李战平　李敬敏　李新华　李静　杨万昌　杨文贵　杨文章
杨国荣　杨信　杨卿　杨魁兰　吴炳君　邱子政　何自治　何浩波　佟继业
佘玉锦　沈惠俭　宋世昌　宋连成　张作强　张明海　张忠乐　张欣　张宝莲
张宗卷　张建宇　张铁勇　张淑云　张增友　陆永坚　陆秀荣　陈文勤　陈光荣
陈松根　陈秉山　陈孟权　苑高飞　周卫　周西安　周锦玉　郑旗　孟庆荣
赵天荣　赵文图　赵泮增　赵保华　赵起福　郝家诚　段宗秀　贺军　原世久
原有成　倪世绥　倪诗勇　殷法海　高文纯　高吉泉　高鸿翔　郭莉敏　席乃玲
唐行礼　黄开生　黄杰　黄建中　梅继宏　曹山　曹以真　曹济香　曹峰
崔远　章继武　梁虹　隋树兰　彭林华　董桂芝　蒋立勇　韩英　韩林
韩萍　嵇明颐　曾庆鑫　褚小刚　褚国荣　管予兵　霍福岭　戴亚平　魏建国

《列电名录》图片资料提供人员

（按姓氏笔画排列）

王玉刚	王加增	王有民	王春华	王　萍	王敏桂	王德海	文世昌
归承修	白乃玺	冬渤仓	朱一聪	朱振华	刘运芬	刘振华	刘桂云
孙伯源	阴法海	杜尔滨	李兰州	李竹云	李春兰	李战平	李培群
李敬敏	吴兆铨	何　平	何兰序	何自治	何春元	辛永利	沈惠俭
张予竹	张作强	张宝珩	张宗卷	陈松根	陈春祥	范桂芳	周宝生
赵建芳	赵保华	赵菊初	贺　军	徐竹生	高鸿翔	郭秀娟	郭孟寅
唐行礼	黄元治	梅继宏	常　儒	崔　远	梁作勤	韩　林	韩　萍
裘东平	蔡保根	蔡根生	管予兵	霍福岭	籍文忠		

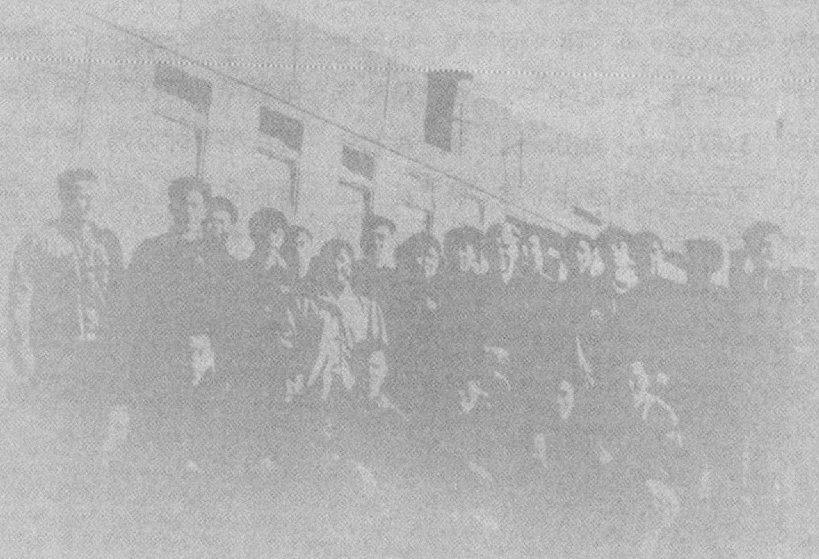